ОЛМА
МЕДИАГРУПП

АНГЛО-РУССКИЙ ТОЛКОВЫЙ СЛОВАРЬ

МАРКЕТИНГ И ТОРГОВЛЯ

МОСКВА
Экономическая школа
ОЛМА-ПРЕСС Образование
2005

ББК 81.2 Англ-4
А 64

Общая редакция: *Сторчевой М. А.*
Научный редактор по маркетингу: Кущ С. П.
Научный редактор по праву: *Батлер У.*
Лексикографическая концепция:
Селегей В. П., Сторчевой М. А.
Лексикографическая редакция:
Багринцев А. Ф., Назаров И. И.,
Павлова В. А., Савельев В. Е.
Лексикографы-составители:
Апанасенко Т. Е., Борисова Н. Ю., Величкина И. В.,
Куликова О. С., Маляревская Ю. Н., Скоробогатов А. С.

Научное редактирование словаря выполнено при поддержке одной из ведущих университетских школ бизнеса в России — *факультета менеджмента Санкт-Петербургского государственного университета* (http://www.som.pu.ru).

А 64 **Англо-русский** толковый словарь. Маркетинг и торговля. — М.: Экономическая школа, ОЛМА-ПРЕСС Образование, 2005. — 832 с.
ISBN 5-94849-859-X

Основное содержание данного словаря составляют термины из трех областей: *маркетинг*, *реклама* и *торговля*. Словарные статьи содержат как перевод термина, так и его толкование, примеры употребления, а также систему ссылок на другие статьи, что позволяет всесторонне раскрыть значение того или иного термина и понятия, облегчает поиск необходимых сведений, делает словарь доступным не только профессионалам-маркетологам, рекламистам, сотрудникам отделов по связям с общественностью, менеджерам отделов продаж, но и студентам высших учебных заведений самого широкого профиля.

ББК 81.2 Англ-4

ISBN 5-94849-859-X

О словарях Economicus

Серия словарей *Economicus* является уникальным лексикографическим проектом, в котором используется новая технология составления словарей, предусматривающая тесное взаимодействие специалистов разных профилей.

Основную работу по составлению словника и описанию терминов всех словарей серии выполняет коллектив лексикографов Института **«Экономическая школа»** — это профессиональные экономисты, которые имеют многолетний опыт перевода англоязычной литературы по экономике и бизнесу.

Для всех словарей серии разработана единая лексикографическая концепция, максимальным образом настроенная на удовлетворение потребностей читателей: в каждой статьей есть не только точный *перевод*, но краткое *толкование* термина, *примеры* его употребления, а также *ссылки* на другие статьи. Тщательно выверенная сеть ссылок превращает словарь в мощную и сбалансированную терминологическую систему. В разработке этой концепции, а также лингвистической экспертизе словарей сыграли важную роль лексикографы и лингвисты компании **ABBYY Software House**.

Высокое качество словарей *Economicus* было бы недостижимо без участия экспертов по отдельным областям экономики и бизнеса, которые имеют многолетний опыт практической работы и хорошо знакомы с профессиональной англо- и русскоязычной литературой в своей области. В области бизнес-дисциплин (маркетинг, менеджмент, финансы, международный бизнес) такую экспертизу выполняют преподаватели одной из ведущих университетских школ бизнеса в России — **факультета менеджмента СПбГУ**. Преподаватели факультета являются высококвалифицированными специалистами по англо-русской бизнес-терминологии, имеют большой опыт преподавания в зарубежных вузах и регулярно работают с российскими менеджерами на программах MBA. В научной экспертизе словарей принимали также участие профессора ГУВШЭ и СПбГУ, специалисты аудиторской компании МКД и Национальной ассоциации участников фондового рынка (НАУФОР), Международного валютного фонда и других организаций. Общее число редакторов и экспертов *Economicus* насчитывает более 40 специалистов, что обеспечивает высокое качество словарей, которые по надежности источников, охвату терминов, точности перевода и удобству использования не имеют аналогов. Мы уверены, что наш читатель оценит все достоинства серии, и словари *Economicus* станут его надежными помощниками на многие годы.

Более подробную информацию о проекте и его участниках, можно найти на сайте *http://dictionary.economicus.ru*. Поделиться своим мнением о словарях или высказать пожелания по их совершенствованию можно по адресу *economicus@mail.ru*. Любой вопрос, связанный с трудностями перевода каких-либо терминов или выражений, можно задать на форуме *http://forum.lingvo.ru*, где ежедневно общаются опытные специалисты в области экономической и юридической терминологии из разных городов и стран.

Благодарности

Ключевую роль в истории проекта *Economicus* сыграли три замечательных человека. Идея проекта принадлежит директору Института «Экономическая школа» *Михаилу Алексеевичу Иванову*. Финансирование разработки словарей обеспечил петербургский предприниматель *Василий Георгиевич Черказьянов*. Лексикографическое становление проекта стало возможным только благодаря руководителю лингвистического отдела компании ABBYY Software House *Владимиру Павловичу Селегею*. Без участия этих творческих людей успешное развитие *Economicus* представить невозможно.

За четыре года многие «тонны словесной руды» проанализировал и переработал высокопрофессиональный коллектив лексикографов-экономистов: *Ю. Маляревская, Н. Борисова, Т. Апанасенко, И. Величкина, А. Скоробогатов, О. Куликова, Е. Бормотова, О. Малец, М. Корсакова, М. Данилова* и другие.

Важнейшую роль в лексикографической экспертизе и поддержке проекта сыграли сотрудники компании ABBYY: *В. Павлова, А. Багринцев, И. Назаров, М. Селегей, М. Амалицкая* и *А. Проничев*. Высокий филологический стандарт проекта задан именно их усилиями.

Основную работу по редактированию маркетинговой терминологии осуществил заведующий кафедрой маркетинга факультета менеджмента СПбГУ *Сергей Павлович Кущ*. Корректность переводов и толкований юридических терминов проверил известный специалист в области сравнительного правоведения, профессор Лондонского университета *Уильям Батлер*.

М. А. Сторчевой,
руководитель проекта
«Серия словарей *Economicus*»

О построении словаря

Заголовки статей даются в британской орфографии за исключением тех случаев, когда описываемый термин является американизмом. Римскими цифрами обозначаются грамматические варианты (части речи), арабскими цифрами — отдельные значения термина, кириллическими буквами — подзначения или очень близкие значения. Аббревиатуры и условные обозначения вынесены в отдельный список в конце словаря.

Каждая статья может включать 5 элементов: *помету, перевод, толкование, примеры и ссылки*.

Помета — это специальное обозначение, указывающее на предметную, региональную или стилистическую принадлежность термина. В статье может стоять несколько предметных помет, если термин относится к нескольким областям.

Перевод — это устоявшийся эквивалент термина, реально используемый в письменной или разговорной речи. Если различные варианты перевода незначительно отличаются друг от друга, то с целью экономии места они оформляются с помощью квадратных скобок. Если отдельное слово в переводе является факультативным, оно заключается в круглые скобки. Если устоявшийся перевод термина еще не сформировался или представляется лексикографам и редакторам неудачным, они предлагают новый вариант перевода, пометив его звездочкой.

Толкование приводится для того, чтобы исключить неправильное понимание термина и дать необходимые пояснения, в которых особенно нуждаются пользователи-неэкономисты или начинающие специалисты

Примеры помещаются после обозначения **EX:** и демонстрируют сочетаемость термина с другими словами, а также контекст, в котором термин имеет описываемое значение.

В словаре активно используется *система ссылок*, которые позволяют читателю лучше разобраться в той терминологической области, к которой относится переводимое им понятие и получить дополнительную информацию о его содержании. Большинство ссылок помещаются после знака **SEE:** и указывают на родственные понятия и понятия, которые упоминаются в толковании к данному термину. *Синонимы* приводятся после обозначений **SYN:**, а *противопоставляемые понятия* и *антонимы* после обозначения **ANT:**. Продуманная система ссылок превращает словари *Economicus* в удобные справочные пособия, которое можно использовать в качестве учебников.

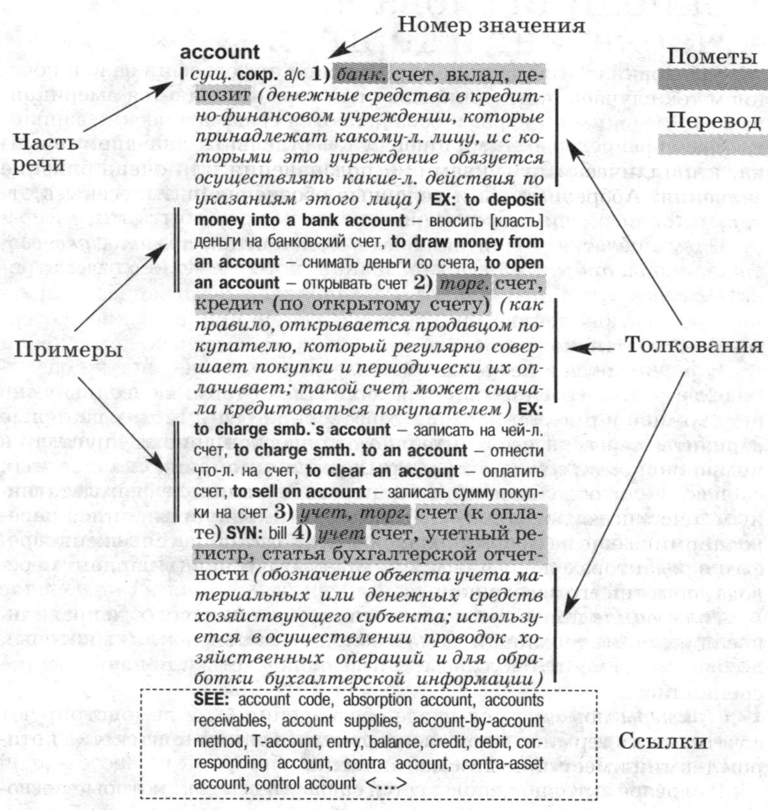

Номер значения
Пометы
Перевод
Часть речи
Примеры
Толкования
Ссылки
account
I сущ. сокр. a/c 1) банк. счет, вклад, депозит (денежные средства в кредитно-финансовом учреждении, которые принадлежат какому-л. лицу, и с которыми это учреждение обязуется осуществлять какие-л. действия по указаниям этого лица) EX: to deposit money into a bank account – вносить [класть] деньги на банковский счет, to draw money from an account – снимать деньги со счета, to open an account – открывать счет 2) торг. счет, кредит (по открытому счету) (как правило, открывается продавцом покупателю, который регулярно совершает покупки и периодически их оплачивает; такой счет может сначала кредитоваться покупателем) EX: to charge smb.`s account – записать на чей-л. счет, to charge smth. to an account – отнести что-л. на счет, to clear an account – оплатить счет, to sell on account – записать сумму покупки на счет 3) учет, торг. счет (к оплате) SYN: bill 4) учет счет, учетный регистр, статья бухгалтерской отчетности (обозначение объекта учета материальных или денежных средств хозяйствующего субъекта; используется в осуществлении проводок хозяйственных операций и для обработки бухгалтерской информации)
SEE: account code, absorption account, accounts receivables, account supplies, account-by-account method, T-account, entry, balance, credit, debit, corresponding account, contra account, contra-asset account, control account <...>

Концепция словаря «Маркетинг и торговля»

Основное содержание данного словаря составляют термины из трех больших областей: *маркетинг*, *реклама* и *торговля*. Эти сферы невозможно отделить друг от друга четкой границей и зачастую один и тот же термин с одинаковым успехом может быть отнесен сразу к двум областям. Но, тем не менее, это относительно самостоятельные области деятельности и знания, которые можно рассматривать отдельно.

Маркетинг (помета *марк.*)

К маркетингу в словаре отнесены теоретические понятия об устройстве рынка и рыночных стратегиях компаний. Более подробно эту терминологию можно представить в виде следующих разделов: 1) *сущность маркетинга* и маркетинговые концепции управления компанией, 2) *структура рынка* и различные *состояния спроса*, 3) *поведение потребителей* (экономические, социологические, психологические подходы), 4) *сегментирование* рынка (виды сегментирования, выбор сегмента), 5) *разработка продукта* (позиционирование, выбор модельного ряда), 6) *торговая марка* (виды, разработка, развитие), 7) *виды цен* и *методы ценообразования*, 8) *управление продажами* (система дистрибьюции, отношения с посредниками, стимулирование продаж), 9) *управление маркетингом* (структуры, должности, документы, принципы).

Реклама (помета *рекл.*)

В отдельную область выделены рекламные термины, так как рекламная деятельность является довольно обширной и обособленной сферой деятельности. Сюда относятся различные *виды рекламы* (наружная, журнальная и пр.), содержание рекламного сообщения, условия размещения рекламы в средствах массовой информации, рекламные приемы, изучение рекламной аудитории, виды рекламных агентств, а также регулирование рекламной деятельности.

Торговля (помета *торг.*)

К торговле мы отнесли все понятия и выражения, касающиеся реальной организации оптовых или розничных рынков товаров или услуг. Сюда относятся виды *сделок*, *контракты* и их условия, различные *типы оптовых* и *розничных торговцев*, персонал и оборудование *розничных магазинов* (включая предприятия общественного питания или предприятия по оказанию других услуг населению). Кроме этого, сюда отнесена вся лексика, связанная с *хранением* товаров, которая не выделяется в словаре в отдельную область и также помечается пометой *торг*.

В словаре отражены *юридические термины* из области торговли: правовые понятия, касающиеся передачи прав собственности на товары, различные виды контрактов и понятия контрактного права, названия законодательных актов и многое другое.

В словарь не включена терминология, связанная с торговлей ценными бумагами или срочными сделками (фьючерсы, опционы и пр.), так как она не используется в обыкновенной оптовой и розничной торговле. Эта терминология описана в словаре «Финансовые рынки» из серии *Economicus*.

Также в словарь практически не включена лексика, связанная с *международной торговлей*, операциями экспорта или импорта, таможенными операциями. Полный состав этой терминологии достаточно обширен и нашел отражение в отдельном словаре из серии *Economicus*, посвященном международной экономике и международному бизнесу.

Другие области

В словарь включены термины из некоторых других областей, которые могут фигурировать в маркетинговой деятельности: некоторые названия групп потребительских благ и некоторые термины из области защиты потребительских прав (помета *потр.*), некоторые термины из области полиграфии, издательского дела, теле- и радиовещания, а также терминология о методике организации социологических и маркетинговых исследований и анализа их результатов.

Список помет

австр.	австралийское
амер.	американское
англ.	английское
банк.	банковское дело
биол.	биология
бирж.	биржи
брит.	британское
воен.	военное дело
гос. фин.	государственные финансы
демогр.	демография
ЖКХ	жилищно-коммунальное хозяйство
ирланд.	ирландское
иссл. опер.	исследование операций
ист.	историческое
итал.	итальянское
кан.	канадское
комп.	компьютеры
лат.	латинское
легк.	легкая промышленность
марк.	маркетинг
мат.	математика
мед.	медицина
мет.	методология науки
метал.	металлургическая промышленность
обр.	образование
общ.	общая лексика
пат.	патенты и товарные знаки
пол.	политология
полигр.	полиграфия
потр.	потребление
псих.	психология
разг.	разговорное
редк.	редкое
рекл.	реклама
связь	связь
сленг	сленг
СМИ	средства массовой информации
сов.	советское
соц.	социология
стат.	статистика
страх.	страхование
с. х.	сельское хозяйство
т. вер.	теория вероятностей
т. игр	теория игр
тех.	техника
ТМО	теория массового обслуживания
торг.	торговля
трансп.	транспорт
упр.	менеджмент
устар.	устаревшее
учет	бухгалтерский и управленческий учет
фин.	финансы
фр.	французское
шотл.	шотландское
эк.	общеэкономическое
эк. прир.	экономика природопользования
эк. тр.	экономика труда
юр.	право

A Classification of Residential Neighbourhoods сокр. ACORN *марк.* классификация жилых районов* *(сегментация рынка, в соответствии с которой все домохозяйства США и Великобритании классифицируются по географическому, социально-экономическому и демографическому признакам, в том числе по величине домохозяйства, уровню потребления, семейному положению и т. п.)* **SEE:** market segmentation

A county *рекл., амер.* округ «А»* *(любой округ в составе одного из 25 крупнейших городов США или консолидированных с ними городских зон)* **SEE:** ABCD counties

A-frame 1) *общ.* А-образная конструкция* *(любая конструкция в форме треугольника, напр., заградительный дорожный знак в форме буквы «А», опора для какого-л. оборудования, имеющая форму треугольника или буквы «А», и т. п.)* **2)** *рекл.* А-образный щит*, двухсторонний складной щит* *(состоит из двух плоских панелей, устанавливаемых в форме буквы «А»)*

a la carte

I *прил. торг.* предлагаемый [покупаемый] на выбор, по выбору [из списка] *(в переводе с фр. «по меню»; означает возможность клиента выбрать товар или услугу из заранее определенного списка товаров или услуг, которые может предложить фирма)* **EX: We had an a la carte dinner.** — Мы заказали обед в ресторане. **SEE:** a la carte food, a la carte restaurant

II *сущ. торг.* = menu a la carte

a la carte agency *марк.* агентство a la carte*, a la carte агентство* *(агентство по оказанию услуг, которые клиент может выбрать из предлагаемого списка)* **SEE:** a la carte service, exclusive product, full-service agency, one-stop shopping, single-service agency, limited-service agency

a la carte food *торг.* блюда a la carte, блюда по выбору [из меню] *(порционные блюда с фиксированной ценой, представленные в меню ресторана)* **SEE:** a la carte restaurant

a la carte restaurant *торг.* ресторан a la carte *(ресторан, в котором покупатель выбирает блюда, которые он хочет заказать, из меню; в отличие от шведского стола или комплексного обеда)* **SEE:** buffet restaurant, a la carte food

a la carte service 1) *торг.* услуга a la carte*, стандартная услуга *(услуга из заранее определенного списка услуг, которые может оказать фирма)* **2)** *торг.* обслуживание a la carte [по меню] **SEE:** a la carte

A-B split *марк.* разбивка «первый-второй»* *(метод произвольной выборки, применяемый при проверке эффективности прямой почтовой рекламы, при котором производится разбивка списка имен на две равные группы по принципу «через одного», что исключает возможность ошибок выборки при использовании непрерывных фрагментов списка)* **SEE:** nth-name selection, split test

Aaker, David A. *марк.* Аакер, Давид А. *(1938-, профессор Школы бизнеса им. У. Хааса Калифорнийского универси-*

тета, г. Беркли; известный специалист по маркетингу, рекламе и брендингу; автор известных книг «Создание сильных брендов», «Управление ценностью бренда», «Бренд-лидерство») **SEE:** branding, advertising, marketing

abandon rate *марк.* показатель несостоявшихся телефонных разговоров* *(доля звонков, выполненных автоматическим устройством, которые были прерваны абонентами до того, как оператор успел подключиться к линии)* **SEE:** no-op, telemarketing

ABC account classification *марк.* классификация клиентов ABC* *(разбиение клиентов на три группы в соответствии с их размером и потенциалом: A — наиболее важные, B — средние, C — наименее важные)* **SEE:** account management, customer size

ABC analyzed issue *марк., СМИ, амер.* контрольный номер издания* *(номер периодического издания, отправляемый раз в полгода в Бюро по контролю за тиражом и являющийся представителем всех остальных номеров данного издания, вышедших в течение полугода)* **SEE:** Audit Bureau of Circulations

ABC data bank *марк., амер.* банк данных «эй-би-си»* *(банк данных о читательской аудитории газет Бюро по контролю за тиражами, предоставляющий демографические данные по читателям всех ежедневных и воскресных газет, издаваемых членами Бюро)* **SYN:** ABC Newspaper Audience Research Data Bank **SEE:** Audit Bureau of Circulations

ABC method *марк.* метод «эй-би-си»* *(метод продаж, при котором используется следующая схема взаимодействия с потребителем: привлечение внимания, представление полезных свойств товара, заключение сделки; сокр. от attention, benefit, close method)*

ABC Newspaper Audience Research Data Bank *СМИ, амер.* = ABC data bank

ABC statement *марк., амер.* издательский отчет, отчет «эй-би-си»* *(отчет со статистическими данными о периодическом издании, предоставляемый издателем два раза в год в специальные контролирующие органы: в Бюро по контролю за тиражами или в Организацию по контролю тиражей деловых публикаций; должен содержать информацию об оплаченных тиражах каждого из номеров за последние 6 месяцев)* **SEE:** Audit Bureau of Circulations, Business Publications Audit of Circulations

ABCD counties *рекл., амер.* округа ABCD* *(введенное компанией «Эй-Си-Нильсен» обозначение территориальных округов США в зависимости от численности населения в округе и его близости к центральному городу или району; округа A — наиболее населенные, округа D — наименее населенные; классификация используется рекламными агентствами при подготовке планов рекламы)* **SEE:** A county, B county, C county, D county, ACNielsen company

abeyance order *рекл.* условно принятый заказ* *(заказ на трансляцию точечной телерекламы во время, которое на момент его закупки предоставлено быть не может)* **SEE:** spot advertising, spot

abnormal sale *эк.* нетипичная продажа* *(для сложившейся на рынке ситуации)* **SEE:** fire sale

aboveground storage *с.-х., торг.* = ground storage

above-the-line над чертой*, выше черты [линии]* *рекл. (о расходах на рекламные мероприятия, заказываемые в сторонних организациях, а не осуществляемые сотрудниками фирмы)* **ANT:** below-the-line **SEE:** above-the-line advertising, above-the-line promotion

above-the-line advertising **сокр.** ATL *рекл.* заказанная реклама* **а)** *(для рекламного отдела компании: реклама, заказываемая рекламным агентствам, периодическим изданиям, радио- и телекомпаниям, в отличие от организуемой сотрудниками фирмы)* **б)** *(для рекламного агентства: стои-*

мость рекламы, которую рекламное агентство заказывает в интересах заказчика в средствах массовой информации и т. п.; не входит в стоимость услуг рекламного агентства, то есть находится «над чертой») **SEE:** below-the-line advertising, above-the-line, below-the-line, above-the-line promotion

above-the-line promotion *марк.* продвижение «над чертой»* *(мероприятия по продвижению товара фирмы, которые заказываются сторонней организации, а не выполняются сотрудниками фирмы)* **SEE:** above-the-line, above-the-line advertising

absolute contract *эк., юр.* безусловный договор [контракт]* **а)** *(договор, выполнение которого не ставится в зависимость от предшествующих или последующих условий)* **б)** *(договор, не содержащий условий, выполняющих функции основной оговорки, нарушение которой дает основание считать нарушенным весь договор)*

absolute cost advantage *марк., упр.* абсолютное [безусловное] преимущество в затратах* *(преимущество в затратах, возникающее в результате владения патентом, контроля над ресурсами и т. п.)* **SEE:** comparative cost advantage

absolute product failure *марк.* полный провал [неудача] продукта* *(ситуация, когда новый продукт не окупил производственных затрат, в результате чего компания оказалась в убытке)* **SEE:** product failure

absolute sale *торг.* безусловная продажа **а)** *(продажа, которая осуществляется на основании контракта между продавцом и покупателем и не подразумевает никаких дополнительных ограничительных условий)* **SEE:** conditional sale **б)** *(на аукционе: продажа товара по самой высокой цене предложения без учета каких-л. условий, напр., любая продажа с аукциона, проводимая без установления резервированной цены)*

absorption pricing *эк.* ценообразование путем поглощения затрат* *(все переменные и постоянные затраты включаются в цену продукта вместе с процентной надбавкой, основанной на запланированной рентабельности)* **SEE:** variable costs, mark-up pricing

abundant goods *эк.* товары в изобилии*, недефицитные товары *(товары, имеющиеся в достаточных для удовлетворения спроса количествах)*

abuse of market power *торг., юр.* злоупотребление рыночной властью *(запрещенное законом использования рыночной власти с целью ограничения конкуренции и влияния на цены)* **SYN:** misuse of market power **SEE:** antitrust laws, monopoly

accept *гл.* **1)** *общ.* принимать, брать; соглашаться, признавать, считать приемлемым **EX:** **to accept a proposal [offer, suggestion]** – принять предложение, **to accept an offer conditionally** – принять предложение условно [с условиями, с оговорками], **to accept liability for smth.** – принять на себя обязательства по чему-л. **to accept responsibility for smth.** – взять на себя ответственность за что-л. **to accept delivery of goods** – принимать [акцептовать] поставку товаров, принимать [акцептовать] доставленные товары, **to accept an amendment to the agreement** – соглашаться с изменением к соглашению [договору] **2)** *банк., фин.* акцептовать *(вексель, чек, счет)*, принимать к оплате **EX:** **to accept a bill** – акцептовать вексель, **to accept a draft** – акцептовать тратту **SEE:** acceptance **3)** *юр., пол.* одобрить, утвердить *(преимущественно о законодательном органе, но также о любом другом органе власти)* **EX:** **to accept the bill** – одобрить законопроект, **to accept a patent application** – утвердить заявку на патент

acceptable product **1)** *эк.* = qualified product **2)** *марк.* = conforming product **ANT:** unacceptable product

acceptance *сущ.* **1)** **а)** *общ.* получение, прием, принятие, согласие **EX:** **acceptance of a bribe** – получение взятки, **acceptance of offer** – принятие предложения, принятие [акцепт] оферты, **acceptance of order** – принятие заказа **б)** *эк.* приемка *(готовой продукции, выполненных работ, оказанных услуг)* **EX: acceptance of goods** – приемка товаров, **acceptance of work by the customer** – приемка работ клиентом **2)** акцепт, акцептование **а)** *банк., фин. (принятие плательщиком обязательства оплатить вексель, чек или счет; согласие плательщика оплатить денежные или товарные документы)* **EX: acceptance date, date of acceptance** – дата акцепта, дата акцептования; **to present for acceptance** – предъявлять к акцепту **SEE:** documents against acceptance **б)** *торг., юр. (стадия заключения договора: положительный ответ лица, которому адресована оферта; согласие принять предлагаемые условия, напр., согласие страховщика предоставить страховое возмещение или согласие торговца приобрести партию товара по предложенной цене)* **SEE:** offer, commercial contract **3)** *банк., фин.* акцептованный переводной вексель; акцептованная тратта; банковский акцепт

acceptance of goods *юр., торг., амер.* принятие [получение] товара *(согласно определению Единообразного торгового кодекса США, принятие товара происходит, когда покупатель:* **а)** *получив разумную возможность осмотреть товары, объявляет продавцу, что товары соответствуют договору о продаже,* **б)** *не осуществляет отказ от получения товаров так, как это формально закреплено в законодательстве, но такое получение товара не считается действительным до того, пока покупатель не получит разумную возможность осмотреть товары,* **в)** *совершает какое-л. действие, не совместимое с правами собственности продавца, но такое действие является принятием товара только с согласия продавца, а в противном случае оно считается нарушением прав продавца; принятие части коммерческой единицы считается принятием коммерческой единицы целиком)* **SEE:** Uniform Commercial Code, commercial unit

accepted offer **сокр.** AO *торг.* принятое предложение *(метка, проставляемая агентом для обозначения предложений на покупку, принятых адресатами предложения)* **SEE:** offer

accepted pairing *рекл.* допустимое сравнение *(рекламирование своей продукции без нанесения ущерба продукции конкурента)* **SEE:** brand X

access barriers *эк.* барьеры для доступа* *(тарифы, законодательное регулирование и другие факторы, препятствующие приобретению определенного товара рядом покупателей и тем самым ограничивающие размер рынка)* **SEE:** discriminatory price

access to market *эк.* = market access

accessorial charges *трансп.* дополнительная плата* *(при оплате транспортных услуг: плата за дополнительные услуги, связанные с перевозкой (упаковка, распаковка и т. д.), взимаемая сверх платы за собственно перевозку)* **SEE:** accessorial services, freight charges, freight bill

accessorial services *трансп.* дополнительные услуги* *(в контексте организации перевозок: любые услуги, оказываемые транспортными организациями в дополнение к собственно перевозке; напр., упаковка, распаковка грузов и т. д.)* **SEE:** accessorial charges

accessory advertising *рекл.* вспомогательная реклама *(рекламные материалы, не предназначенные для опубликования по каналам СМИ и выдаваемые изготовителями дилерам для стимулирования продаж: буклеты, каталоги, брошюры, выставочные образцы, стенды и плакаты наружной рекламы)* **SYN:** auxiliary advertising, dealer

accessory product *марк.* = ancillary product

accidental sample *стат.* **SEE:** accidental sampling

accidental sampling *стат.* случайная выборка *(способ статистического* *исследования, при котором произвольно отобранная среди индивидов или предметов группа, рассматривается как некая совокупность, отражающая характеристики целого, из которого она была отобрана)* **SEE:** accidental sample, sample, sampling

accommodation desk *торг.* секция обслуживания *(секция в магазине, где производится упаковка покупок, оформление оплаты покупок чеком, оплата места на автостоянке и т. п.)* **SYN:** service desk **SEE:** selling floor

accompaniment **1)** *общ.* сопровождение, аккомпанемент **2)** *марк.* сопутствующий продукт *(потребление которого подразумевается в связи с потреблением основного продукта)* **SEE:** ancillary product, complementary goods

accompanying document *торг.* сопроводительный документ *(документ, сопровождающий перевозимый груз или иные передаваемые материальные ценности, а также документ, который прилагается к основному документу и содержит дополнения и пояснения к нему)* **SYN:** accompanying note **SEE:** shipping documents

accompanying literature **1)** *обр.* (прилагаемая) литература *(напр., литература по определенной тематике предлагаемая для прочтения при подготовке к лекции или семинарскому занятию)* **2)** *рекл.* сопроводительная (рекламно-коммерческая) литература *(отправляется вместе с коммерческим предложением, прилагается к товару или его образцу)* **SEE:** business proposal, sample

accompanying note *торг.* сопроводительная накладная *(сопроводительный документ к перевозимому грузу, передаваемому товару или каким-л. иным материальным ценностям)* **SYN:** accompanying document **SEE:** shipping documents

account

I *сущ.* **сокр.** acct, a/c **1) а)** *банк.* счет *(денежные средства в кредитно-финансовом учреждении, которые принадлежат какому-л. лицу и с которыми это учреждение обязуется осуществлять определенные действия по указаниям этого лица)* **EX: to deposit money into a bank account** – вносить [класть] деньги на банковский счет, **to draw money from an account** – снимать деньги со счета, **to open [close] an account** – открывать [закрыть] счет **SEE:** credit card account **б)** *торг.* счет; кредит (по открытому счету) *(как правило, открывается продавцом покупателю, который регулярно совершает покупки и периодически их оплачивает; такой счет может предварительно кредитоваться покупателем)* **EX: to charge smb.'s account** – записать на чей-л. счет, **to charge smth. to an account** – отнести что-л. на счет, **to clear an account** – оплатить [погасить] счет, **to sell on account** – записать сумму покупки на счет, продать в кредит, **for the account and risk of (smb.)** – за счет и на риск (кого-л.) **SYN:** charge account **SEE:** stop an account, open account **2)** *учет, торг.* счет-фактура *(расчетный документ, который составляется продавцом при реализации товаров или услуг и служит основанием для уплаты налогов)* **EX: to issue an account** – выписать счет-фактуру, **to send an account** – послать счет-фактуру, **to pay [to settle] an account** – заплатить по счету, расплатиться; **account for the goods** – счет-фактура на товар **SEE:** invoice **3)** *учет* счет (бухгалтерского учета), учетный регистр, статья бухгалтерской отчетности **SEE:** current account, credit account **4) а)** *общ.* отчет; доклад, сообщение **EX: an accurate [detailed, itemized] account of smth.** – подробный доклад [отчет] о чем-л. **to give [to render, to send in] an account** – давать [представлять] отчет, отчитываться **б)** *фин., учет* финансовый [бухгалтерский] отчет; *мн.* финансовая [бухгалтерская] отчетность; бухгалтерские книги **EX: accounts of a business [company]** – финансовая отчетность компании, **5)** *общ.* расчет, подсчет **EX: to keep account of smth.** – вести счет чему-л., **to take an account of smth.** – подсчитать что-л., составить список чего-л., произвести инвентаризацию чего-л. **6)** **а)** *общ.* важность, значение **EX: to be of no account** – не иметь никакого значения, **to be of little account** – не иметь большого значения, **to be reckoned of some account** – иметь некоторый вес, пользоваться определенным авторитетом, **б)** *общ.* внимание *(к чему-л.);* принятие в расчет *(чего-л.)* **EX: to take into account** – принимать во внимание, **to leave out of account** – не принимать во внимание **7)** **а)** *общ.* мнение, оценка, отзыв **EX: according to all accounts, by [from] all accounts** – по общему мнению, по словам всех; **not to hold of much account** – быть невысокого мнения, невысоко ценить; **to give a good account of oneself** – хорошо себя зарекомендовать **б)** *мн., соц.* мнения* *(совокупность характеристик и причин, которые члены группы или социальной общности приписывают своему поведению)* **8)** *общ.* основание, причина **EX: on this account** – по этой причине, **on what account?** – на каком основании? **at all accounts** – в любом случае; во что бы то ни стало, **not on any account, on no account** – ни в коем случае, ни под каким видом, никоим образом, **on account of** – из-за, вследствие, ввиду, по случаю, по причине; **9)** *марк., рекл.* клиент **а)** *рекл.* заказчик рекламного агентства, рекламодатель **SYN:** advertising account **SEE:** account conflict, account group, account planner **б)** *марк.* заказчик *(любой)*, покупатель, клиент **EX: new account development** – поиск [привлечение] новых клиентов **SEE:** ABC account classification, account executive, account class, account penetration ratio

II *гл.* **1)** *общ.* считать, рассматривать, признавать **EX: He was accounted one of the best economists of his day** – Его считали одним из лучших экономистов своего времени. **2)** *общ.* отчитываться *(перед кем-л.)*, давать отчет *(кому-л.)* **EX: to account to the manager for the expenses** – отчитываться перед руководителем за потраченные суммы **3)** *общ.* отвечать, нести ответственность **EX: He will account for his crime.** – Он ответит за свое преступление. **4)** *стат.* составлять *(как правило, в процентном отношении)* **EX: Imports from Japan accounted for 40% of the total.** – Импорт из Японии составлял 40% от общего объема. **Women accounted for 40% of the audience.** – Женщины составляли 40% аудитории. **5)** *общ.* вызывать что-л., приводить к чему-л., служить причиной чего-л. **EX: A driver's negligence has accounted for a bus accident.** – Причиной автобусной аварии стала невнимательность водителя.

account class *эк.* категория клиентуры *(напр., рекламного агентства)* **SEE:** national account, local account, account manager

account conflict *рекл.* клиентский конфликт*, конфликт заказов *(проблема, возникающая тогда, когда рекламная деятельность для двух конкурирующих изделий осуществляется одним рекламным агентством)* **SEE:** account management

account executive **сокр.** AE *эк.* менеджер по работе с клиентами* *(лицо, ответственное за работу и поддержание отношений с существующими клиентами, а также за привлечение новых клиентов; часто о работнике рекламного агентства, уполномоченном на ведение дел с определенным рекламодателем или несколькими рекламодателями)* **SYN:** account manager **SEE:** management supervisor

account group *эк.* группа по работе с клиентами, рабочая группа клиента* *(подразделение компании, ответственное за работу с конкретным клиентом или несколькими клиентами; напр., подразделение рекламного агентства, помогающее данному клиенту разрабатывать и проводить рекламную кампанию)* **SEE:** account manager, account man, account planner

account handler *упр.* = account manager

account handling *эк.* работа по обслуживанию клиента, работа с клиентурой **SEE:** account management

account man *эк.* ответственный исполнитель *(руководитель рабочей группы, обслуживающей конкретного клиента)* **SEE:** account group, accounts department

account management 1) *учет* ведение счетов *(учет движения средств на счетах бухгалтерского учета)* **2)** *фин., банк., бирж.* управление счетом *(управление денежными средствами на сберегательном или ином счете в банке или ином финансовом учреждении)* **3)** *марк., упр.* управление заказами* *(руководство службой исполнения заказов клиентов)* **SEE:** account management department, account manager, account supervisor, account man, account group, ABC account classification, account penetration ratio, account turnover, account conflict

account management department *эк., упр.* = accounts department

account manager *упр.* персональный менеджер *(сотрудник компании, напр., рекламного агентства или банка, который работает с определенным клиентом или группой клиентов)* **EX: key account manager** – менеджер по работе с ключевыми клиентами, менеджер по работе с основными партнерами **SYN:** account handler, accounts manager, account executive **SEE:** account group, management supervisor, client executive

account party *банк., торг.* приказодатель (аккредитива), заявитель (аккредитива), аппликант *(сторона, подавшая в банк заявление об открытии аккредитива, т. е. лицо, по поручению и за счет которого открывается аккредитив; обычно в роли приказодателя выступает покупатель)* **SYN:** accountee, opener, applicant **SEE:** letter of credit, beneficiary

account penetration ratio *марк.* коэффициент охвата клиентов* *(процент клиентских счетов, по которым был получен заказ; используется для оценки работы торговых агентов, так как позволяет предположить, насколько тщательно агент обслуживает свою территорию)* **SEE:** account management

account planner *рекл.* планировщик клиентского задания* *(участник группы по работе с клиентами рекламного агентства, чья работа заключается в предоставлении участникам группы всей информации, необходимой для понимания целей данного клиента и расстановки рекламных акцентов; в его обязанности входят первичное рассмотрение целей заказчика, изучение информации от внешних источников, участие в выработке рекламных идей, предварительное испытание рекламных идей, мониторинг рекламной компании)* **SEE:** account group

account representative *эк.* сотрудник по связям с клиентами *(представитель компании, поддерживающий постоянный контакт с определенной группой клиентов, отвечающий на почтовые, телефонные и личные запросы клиентов, дающий консультации и т. д.)* **SEE:** account conflict

account service 1) *эк.* служба работы с клиентами* *(подразделение компании, отвечающее за работу с клиентами, ответы на запросы, проведение консультаций и т. п.)* **SEE:** account representative **2)** *эк.* обслуживание клиента*, работа с клиентом* **EX: We place an extremely high emphasis on customer account service, and that results in an increased customer base, customer satisfaction and customer loyalty.** – Мы придаем необычайно большое значение обслуживанию клиентов, и это приводит к увеличению клиентской базы, удовлетворенности клиентов и их лояльности к нашей компании.

account supervisor *марк.* старший менеджер* *(работник рекламного агентства, которому подчиняются менеджеры, работающие с отдельными клиентами или заказами)* **SEE:** account management

account turnover *эк.* текучесть клиентов *(характеризует скорость с которой старые клиенты уходят и заменяются новыми; высокая текучесть свидетельствует о неудовлетворенности клиентов поставляемым продуктом)* **SEE:** account management

accountee *сущ. банк., торг.* = account party

accounts department 1) а) *учет, упр.* бухгалтерия, бухгалтерский отдел б) *воен.* финансовая часть 2) а) *упр.* отдел по работе с клиентами [заказчиками] *(ведет дела с клиентами; в т. ч. отвечает на запросы, управляет выполнением заказов и т. п.)* **SYN:** account management department **SEE:** account group, account man, account manager б) *фин., банк.* отдел расчетов [счетов] *(отдел в банке, финансовой компании и т. д., отвечающий за ведение счетов клиентов)* **SEE:** account management

accounts manager 1) *учет, упр.* руководитель отдела расчетов, главный бухгалтер 2) *упр.* = account manager 3) *фин., банк.* администратор счета [счетов] *(в обязанности которого входит следить за правильным оформлением движения средств на счете)*

accumulated audience *рекл.* накопленная [суммарная] аудитория *(полная аудитория полученная в течение определенного периода времени)* **SYN:** audience accumulation

achat au comptant *эк., фр.* = cash purchase

achiever преуспевающий [успешный] человек*, баловень успеха [удачи], счастливчик а) *общ. (человек, добившийся успеха в делах, в жизни и т. п. и стремящийся к дальнейшим успехам)* **EX: achiever in business** – успешный в бизнесе б) *марк., амер. (лицо, занимающее ведущее положение в какой-л. области; напр., политических лидер, крупный предприниматель и т. п.; такие люди склонны к упорному труду и ориентации на успех, обычно любят комфорт, приобретают товары, свидетельствующее о высоком статусе своего владельца; по классификации VALS — одна из групп внешне управляемых потребителей, по классификации VALS 2 — одна из групп покупателей, ориентированных на поддержание своего общественного статуса)* **SEE:** VALS, outer-directed, VALS 2, status-oriented

ACNielsen company *марк., амер.* компания «Эй-Си Нильсен» *(исследовательская фирма, оказывающая маркетинговые услуги: маркетинговые исследования, составление рейтингов по СМИ и т. д.; является дочерней фирмой крупнейшего медиа-холдинга VNU)* **SEE:** VNU, Nielsen Index, ABCD counties

acquisition cost 1) *фин., учет* первоначальная стоимость, стоимость приобретения а) *учет (затраты на приобретение новых активов)* **SYN:** first cost б) *учет (цена, уплаченная при поглощении компании плюс стоимость дополнительных услуг, необходимых для совершения сделки)* 2) *марк.* стоимость привлечения (клиента) *(затраты на рекламно-пропагандистскую деятельность, связанные с получением нового подписчика или клиента)* **SYN:** acquisition expense

acquisition expense *учет, фин., страх., марк.* = acquisition cost

acquisition price *учет* цена приобретения [покупки] *(сумма, которая фактически была уплачена за какой-л. актив, в отличие от текущей рыночной цены аналогичного актива)* **SYN:** buying price

across the board *нареч.* 1) *эк.* включая все [всех] *(распространяясь на все объекты в группе)* 2) *рекл.* в течение всей недели *(о заказе на трансляцию рекламы одной и той же станцией в одно и то же время во все свободные дни недели)*

act of God *юр.* деяние Бога, форс-мажор, форс-мажорные обстоятельства, непреодолимая сила *(явления природы, напр., наводнение, землетрясение, ураган, последствия которых ни предвидеть, ни предотвратить не во власти человека; освобождает от ответственности за вред и убытки)* **SYN:** force majeure **SEE:** force majeure clause

action device *рекл.* прием побуждения к действию* *(элемент или тех-*

нология прямого маркетинга, предназначенная для вовлечения читателя рекламы в процесс оценки сообщения или ответа на него, напр., включение в комплект почтовой рекламы бланков для ответов) **SYN:** involvement device **SEE:** direct mail advertising, direct marketing

action for nondelivery *торг., юр.* иск о недопоставке *(иск о возмещении убытков, причиненных недопоставкой товара)* **SEE:** nondelivery, delivery contract

action-oriented *марк., амер.* ориентированный на действие [деятельность]* *(в классификации VALS 2: о лицах, чье поведение основывается прежде всего на стремлении к социальной и психической активности, к участию в рискованных мероприятиях и т. п.; к этой категории относят «создателей» и «экспериментаторов»)* **SEE:** maker, experiencer, VALS 2, principle-oriented, status-oriented

activation interview *соц.* побуждающее интервью*, интервью по методу активации* *(методика, разработанная Дж. Гэллапом в 1957 г.: покупателям предлагается рассказать об обстоятельствах, предшествующих покупкам, которые были сделаны впервые, и вспомнить, что было главной причиной покупки новых товаров; опрос идет от процесса покупки к рекламе, а не традиционно, от рекламы к покупке)* **SEE:** interview; Gallup, George

active *прил.* **1)** *общ.* деятельный, активный; действующий **2)** *эк.* оживленный, активный *(о спросе или рынке)* **EX: Real estate market is most active during the spring and the fall.** – Наибольшая активность на рынке недвижимости наблюдается весной и осенью. **3)** активный **а)** *марк. (о клиенте фирмы, который недавно сделал покупку)* **SEE:** active subscriber, active buyer, active member **б)** *фин., банк. (о счете, с которым регулярно проводятся операции)* **в)** *стат. (о населении, которое работает либо ищет работу)*

active buyer *марк.* активный покупатель *(покупатель, который на протяжении определенного периода осуществил покупку)* **EX: Active buyers are highly likely to buy again and are considered «hot» leads in direct marketing.** – Существует большая вероятность того, что активные покупатели совершат еще одну покупку и поэтому в прямом маркетинге они рассматриваются как наиболее ценные контакты. **SEE:** former buyer

active member *марк.* активный член *(делает взносы или покупки, принятые для члена определенной организации)* **SYN:** active buyer

active subscriber 1) *марк.* активный подписчик *(потребитель какой-л. услуги, которая предоставляется на абонементной основе, у которого в настоящее время оформлена подписка; в отличие от всего множества подписчиков, которые когда-л. оформляли подписку в прошлом)* **SEE:** subscription

activities, interests, and opinions **сокр.** AIO *марк.* действия, интересы и мнения *(характеристики индивидуума, используемые исследователями для описания сегментированных психографических групп потребителей; эти характеристики дают картину предпочтений группы потребителей)* **SYN:** attitudes, interests, and opinions **SEE:** psychographics

activity quota *марк., упр.* показатель активности *(целевые показатели, устанавливаемые для деятельности какого-л. лица; обычно речь идет о целевых показателях деятельности торгового агента, напр., количестве сделанных звонков, заключенных сделок, количестве новых клиентов и т. п.)* **SEE:** sales control

actual audience *марк.* фактическая аудитория *(реально существующая в данный момент в отличие от потенциально возможной)* **SEE:** potential audience

actual experience with the product *марк.* опыт использования товара *(реальные знания о товаре, приобретенные в ходе его использования; в отличие от рекламной информа-*

ции) **SYN:** product-use experience **SEE:** experience goods, adverse selection

actual product *марк.* конкретный [реальный] продукт *(вариант реального исполнения продукта с точными характеристиками: функциональными свойствами, качеством, оформлением, марочным названием и т. п.)* **SYN:** tangible product, formal product **SEE:** core product, augmented product

actual product performance *марк.* фактические характеристики продукта* *(оценка покупателем свойств товара; от степени соответствия данной оценки ожиданиям зависит удовлетворенность потребителя данным товаром)* **SEE:** consumer satisfaction, actual experience with the product

actual sales *марк.* фактические продажи *(в отличие от плановых)* **SYN:** sales results **SEE:** planned sales, sales analysis

actual service 1) *марк.* реальная услуга* *(полная услуга, получаемая потребителем; состоит из основной и дополнительных услуг)* **SEE:** core service, augmented service **2)** *тех.* реальная работа, реальные условия работы [эксплуатации] **EX: actual service test** – испытания в реальных условиях работы

actualizer *марк., амер.* реализатор* *(по классификации VALS 2: лицо с наибольшими доходами и накопленным имуществом; такие люди обычно обладают ярко выраженным чувством собственного достоинства, придают большое значение собственному имиджу как способу выражения своих вкусов, характера и независимости)* **SEE:** VALS 2

ad-a-card *марк., амер.* отрывной купон* *(перфорированный купон, прикрепляемый к рекламным объявлениям в комиксах и приложениях воскресных выпусков некоторых американских газет)* **SEE:** advertising coupon

ad budget *рекл.* = advertising budget

ad creator *рекл.* составитель [создатель] рекламы *(полностью оформляет рекламный плакат, радио или телевизионный ролик и т. п.; в отличие от копирайтера, создающего тексты для рекламы)* **SYN:** advertisement originator, ad maker **SEE:** copywriter, advertising balance

ad frequency *рекл.* частотность [частота показа] рекламы **а)** *среднее число раз, которое человек из целевой аудитории столкнется с рекламным объявлением за период времени* **б)** *в интернет-рекламе: усредненная величина, указывающая количество показов рекламы уникальному пользователю за определенный промежуток времени* **SYN:** frequency **SEE:** ad impression, frequency discount

ad hoc research *соц., лат.* специальное исследование *(единовременное исследование, сфокусированное на решении конкретной проблемы и на определенном клиенте, проводимое как разовое исследование; большинство маркетинговых исследований являются таковыми)* **EX: Any ad hoc research project requires a considered, tailored approach to provide information and answers on specific issues.** – Любое специальное исследование требует тщательного подхода, чтобы дать ответы и необходимую информацию по исследуемым вопросам. **SEE:** research

ad impression *рекл., комп.* показ рекламы, просмотр рекламы, показ рекламного носителя *(отображение рекламного носителя на HTML-странице, просматриваемой пользователем; считается, что показ был осуществлен, если браузер пользователя загрузил баннер)* **SYN:** ad view, banner view, banner impression **SEE:** advertising impression, cost per mile, context impression

ad law *рекл.* рекламное законодательство; рекламное право **SEE:** advertising legislation, advertising code, advertising abuse

ad maker *рекл.* = ad creator

ad makeup *рекл.* = advertisement makeup

ad man *рекл.* = advertising man

ad matrix *рекл.* = advertisement matrix

ad-noter *рекл.* заметивший рекламу *(о читателе, заметившем конкретное рекламное объявление)* **SEE:** noted score

ad-page exposure **сокр.** APX *рекл.* читаемость рекламы* *(показывает число вероятных просмотров данного рекламного объявления)* **SEE:** advertising exposure, advertising performance

ad pitch *рекл.* = advertising appeal

ad reach *рекл.* рекламный охват **а)** *количество потенциальных потребителей, которым была показана реклама в заданный промежуток времени)* **SYN:** advertising coverage, advertising exposure **SEE:** advertising impression **б)** *количество уникальных посетителей, которым была показана реклама в заданный промежуток времени*

ad response *рекл., комп.* отклик на рекламу,отклик на рекламный носитель* *(в интернет-рекламе: реакция посетителя на рекламный носитель, выражающаяся щелчком мышки на нем с последующим попаданием пользователя непосредственно на веб-сайт рекламодателя)* **SYN:** advertising response, direct response **SEE:** clickthrough rate, response

ad spending *рекл.* = advertising cost

ad valorem **сокр.** a/v, A/V, AV, ad val *гос. фин., торг., межд. эк., лат.* адвалорный, в соответствии со стоимостью [объявленной ценой]* *(о платежах за перевозку грузов, таможенных пошлинах и других налогах и платежах, которые исчисляются не за единицу груза, а в процентах от его стоимости)* **ANT:** specific **SEE:** ad valorem rate

ad valorem rate *эк.* адвалорная ставка *(ставка налога, сбора, тарифа за грузоперевозки и т. п., выраженная в виде процента от стоимости перевозимого товара, недвижимого имущества и т. п.)* **ANT:** specific rate **SEE:** ad valorem

ad view *рекл., комп.* = ad impression

ad wedge *рекл.* = advertising wedge

ad woman *рекл.* = adwoman

adaptation of product *марк.* адаптация [модификация] продукта* *(подгонка товара под новые требования, возникшие в связи с изменением потребностей покупателей или с появлением новых областей применения товара)* **EX: adaptation of product to real customer needs** – приспособление продукта к реальным нуждам потребителей **SYN:** product adaptation, customization of product **SEE:** customization

adapted marketing mix *марк.* адаптированный комплекс маркетинга* *(комплекс маркетинговых мероприятий, корректируемый в зависимости от особенностей каждого целевого рынка сбыта; обычно применяется в международной торговле)* **SEE:** marketing mix

adaptive control model *марк., амер.* модель адаптивного контроля* *(модель для планирования рекламных расходов, учитывающая изменения в количестве откликов на рекламу)* **SEE:** objective-and-task method, affordable method, competitive-parity method

adaptive selling *торг.* ситуационные продажи, адаптивная торговля* *(подход к торговле, при котором торговый представитель меняет стиль работы в зависимости от ситуации и особенностей конкретного клиента)* **SEE:** sales agent, assumptive close, adviser approach, emotional close, incentive close

Adbusters *соц.* «Эдбастерз» *(канадский политический журнал, направленный против консьюмеризма и глобализма; публикует идеологическую рекламу и шаржи на рекламу; учредил «День без покупок», поддерживает «Неделю без телевизора»; в 2004 г. выпустила туфли с логотипом anti-logo; выпускается организацией Adbusters Media Foundation; имеет подзаголовок Journal of the Mental Environment)* **SEE:** Buy Nothing Day, anti-logo, Blackspot Sneaker, anti-consumerism, culture jamming

add-on selling *марк.* = added selling

add-on-sale *марк.* дополнительная продажа, продажа сопутствующих товаров *(попытки продать, а также продажа сопутствующих товаров и услуг уже сделавшему покупку по-*

купателю) **SYN:** added selling, add-on selling, add-on sale **SEE:** cross-sell

added selling *марк.* дополняющие продажа* *(продажи сопутствующих товаров, напр., постельных принадлежностей при покупке матрацев)* **SYN:** add-on selling, add-on-sale **SEE:** ancillary goods, suggestion selling

additional markup *торг.* дополнительная наценка *(в результате общего роста цен или повышения спроса на товар)* **SEE:** initial markup

Address Change Service **сокр.** ACS *марк., амер.* Служба оповещения об изменении адресов* *(подразделение Почтовой службы США для компаний, занимающееся почтовым маркетингом)* **SEE:** Postal Service, National Change of Address

address list *связь, марк.* = mailing list

address verification system [service] **сокр.** AVS *торг., фин.* система [служба] подтверждения [проверки, верификации] адресов [адреса]* *(электронная система, позволяющая торговым предприятиям сверять адрес, указанный покупателем при осуществлении покупки с помощью кредитной карты, с адресом владельца карточки по данным банка – эмитента карты; позволяет продавцу проверить, действительно ли лицо, оплачивающее покупку, является владельцем кредитной карты; используется для предотвращения мошенничества с кредитными картами при размещении заказов и оплате покупок по Интернету, телефону или почте)* **SYN:** address verification service **SEE:** credit card

Addy Award *рекл., амер.* «Эдди» *(награда, присуждаемая Американской рекламной федерацией за творческие достижения в рекламе)* **SEE:** American Advertising Federation

adequate sample *стат.* адекватная выборка, достаточная выборка *(выборка, минимально необходимая для получения достоверных результатов)* **SEE:** sample

adjacency **1)** *общ.* соседство, примыкание, смежность, близость **2)** *СМИ, рекл.* **а)** соседняя программа*, соседняя передача* *(непосредственно предшествующая или следующая за другой программа радио или телевидения, также рекламное объявление, следующее непосредственно за определенной передачей)* **б)** примыкающий период времени, соседнее время *(временной интервал непосредственно предшествующий или следующий за определенной программой; обычно продается под рекламу)*

adjustable price *торг.* регулируемая цена *(цена, которая может быть скорректирована продавцом в зависимости от условий контракта)* **SYN:** non-firm price **ANT:** firm price **SEE:** adjusted price

adjusted price *торг., фин.* скорректированная цена* *(первоначальная цена, пересчитанная с учетом какого-л. фактора; напр., цена товара, пересчитанная с учетом инфляции или конкретных условий поставки)* **SEE:** price adjustment, adjustable price

adjustment of price *торг.* = price adjustment

adless *рекл.* без рекламы, безрекламный *(напр., о средстве информации, не использующем или не содержащем рекламы)* **EX:** **adless page** – страница без рекламы, **adless sites** – сайты без рекламы, безрекламные сайты, **adless newspaper** – безрекламная газета, **Most marketers, agencies and media companies are deciding that they would rather go adless or limit their advertising.** – Большинство маркетологов, агентств и информационных компаний решают, что они скорее станут безрекламными или ограничат свою рекламную деятельность. **SYN:** advertisingless

adman *сущ. рекл.* = advertising man

admass

I *сущ. рекл., преим. брит.* **1)** легковерные массы*, легковерная [рекламная] публика* *(публика, легко поддающаяся влиянию рекламы, пропаганды)* **SEE:** advertising, publicity, propaganda **2)** массовая реклама* **а)** *активная реклама в средствах массовой инфор-*

мации **б)** *состояние общества, на которое воздействуют постоянная, активная реклама, пропаганда*

II *прил. марк.* массовый, рассчитанный на массового потребителя *(о рекламе, пропаганде и т. п.)* **EX: admass society** – обывательское общество; общество массовых потребителей, **admass culture** – массовая культура **SEE:** mass marketing, mass consumption

administered channel *марк.* управляемый канал распределения *(канал распределения, используемый сотрудничающими компаниями)* **SEE:** distribution channel

administered price 1) *эк.* = monopoly price **2)** *эк.* административная цена, регулируемая цена, директивная цена, жесткая цена *(установленная (регулируемая) государственными органами)* **SEE:** market price **3)** *торг., амер.* жесткая отпускная цена*, жесткая цена производителя* *(цена, установленная производителем и не подлежащая изменению со стороны торговца)* **SEE:** adjustable price

administered vertical marketing system *марк.* управляемая вертикальная маркетинговая система* *(объединенная не за счет общей принадлежности, а за счет размеров или мощи одного из участников, напр., когда крупный производитель с сильной торговой маркой в значительной степени контролирует деятельность посредников, являющихся независимыми предприятиями)* **SEE:** corporate vertical marketing system, contractual vertical marketing system, vertical marketing system

administrative lead time *марк.* период оформления заказа*, время на оформление заявки *(промежуток времени между принятием решения о необходимости приобретения товаров и размещением заказа на покупку)* **SYN:** internal lead time **SEE:** lead time, purchasing lead time

administrative lead-time *марк.* = administrative lead time

administrative pricing *эк.* административное ценообразование *(формирование цен через их директивное назначение государственными органами)* **SYN:** planned pricing

admission charge = admission price

admission price *эк.* входная плата, стоимость входа; сумма входной платы *(напр., плата, взимаемая с посетителей музея, парка развлечений, зоопарка, дискотеки и т. п.)* **SYN:** admission charge, price of admission

adnorm *марк.* запоминаемость рекламы *(доля читателей издания, запомнивших конкретный рекламный материал, помещенный в этом издании)* **SEE:** noted score, advertising performance

adopter 1) *юр.* усыновитель, приемный родитель **2)** *общ.* последователь, адепт, приверженец *(в маркетинге: потребитель, отдавший предпочтение определенному продукту)* **SEE:** innovator, early adopter, late adopter, laggard, product life cycle

adopter category *марк.* категория последователей *(группы потребителей, выделенные в соответствие с их готовностью к приобретению новой продукции, напр., группы лиц, которые покупают новый товар первыми, в период его наибольшей популярности или когда пик популярности уже пройден)* **SEE:** innovator, early adopter, early majority, late adopter, late majority, laggard, product life cycle

adoption curve *марк.* кривая восприятия [принятия, усвоения]* *(показывает динамику числа покупателей нового продукта, начиная с его первой презентации; обычно имеет форму нормального распределения: сначала товар признается немногими, потом количество его сторонников увеличивается, потом начинает уменьшаться и сходит на нет)*

adoption process 1) *псих.* процесс усвоения *(напр., информации)* **2)** *марк.* процесс принятия (товара-новинки) *(последовательность событий, начинающаяся с получения потребителем информации о новинке и заканчиваю-*

щаяся регулярным использованием нового продукта) **SEE:** adoption curve

adperson *рекл.* = advertising man

adshel *рекл.* рекламная обшивка [оболочка]*, эдшел* *(фирменное название рекламных плакатов, размещаемых на стенках автобусных остановок; по названию международной корпорации наружной рекламы «Эдшел»)* **SEE:** transit advertising, transportation display

adsmith *рекл.* рекламодел*, рекламописец* *(создатель рекламных объявлений)* **SEE:** advertising man

adspend *рекл.* = advertising cost

adulterate

I *гл. общ.* фальсифицировать; подделывать, подмешивать **EX: It is unlawful for any person to adulterate food as well as manufacturing, selling, delivering, holding, or offering for sale any food that is adulterated.** – Незаконно фальсифицировать продукты питания, так же как и производить, продавать, поставлять, хранить или предлагать на продажу любые фальсифицированные продукты. **SEE:** adulterated, food adulteration

II *прил.* **1)** *общ.* фальсифицированный *(о продукте и т. п.)*, с примесью **EX: adulterate products** – фальсифицированные продукты, продукты с примесью **SYN:** adulterated

adulterated *прил. общ.* фальсифицированный, испорченный *(напр., о продукте)*, с примесями **EX: adulterated milk** – разбавленное молоко **SYN:** adulterate **SEE:** adulterated product, food adulteration

adulterated product *марк.* фальсифицированный товар* *(товар, не соответствующий принятым стандартам для данного вида товаров, напр., товар, не содержащий указанных ингредиентов или содержащий какие-л. не указанные ингредиенты; реализация таких товаров запрещена законом)* **SEE:** food adulteration

adulteration *сущ.* **1)** *общ.* фальсификация, фальсифицирование; подмешивание **EX: adulteration of honey with low cost sugar syrup** – подмешивание в мед дешевого сахарного сиропа **SEE:** food adulteration **2) а)** *общ.* фальсифицированный продукт; подделка, фальшивка **б)** *общ.* добавка, примесь **EX: How many of you use adulterations such a milk, cream, and sugar in your coffee?** – Многие ли из вас используют такие добавки в кофе как молоко, сливки и сахар? **We should have identification for the adulterations in the product.** – Нам следует найти способы обнаружения примесей в продукте. **Our essential oils are 100% pure, which means no additives, adulterations or added fragrances.** – Наши эфирные масла на 100% чисты, т. е. без каких-либо добавок, примесей или дополнительных ароматизирующих веществ.

adulteration of food *пищ., потр.* = food adulteration

advance

I *сущ.* **1)** *общ.* движение вперед, продвижение; прогресс, улучшение **EX: qualitative advance** – качественное совершенствование [улучшение], **technological advance** – технический прогресс **2)** *эк.* увеличение, повышение, рост *(напр., цен, стоимости)* **EX: advance in the cost of living** – повышение стоимости жизни [прожиточного минимума], **advance in prices** – рост цен **3) а)** *фин.* аванс, авансирование *(выплата в счет будущих сумм, напр., выплата поставщику части стоимости товаров до фактической поставки, выплата работникам определенной суммы в счет будущей заработной платы и т. д.)* **EX: to make an advance** – авансировать, выдавать аванс, **to obtain an advance** – получать аванс, **advance in the amount of $__** – аванс на сумму $__ **SEE:** advance freight, cash in advance **б)** *фин., банк.* ссуда, заем; аванс *(напр., сумма, выплачиваемая заемщику по кредитной линии или по кредитной карте, частичный платеж по выделенному целевому кредиту; частичный платеж в счет причитающейся к получению дебиторской задолженности и т. п.)* **SEE:** advance against documents

II *гл.* **1)** *общ.* продвигать(ся), идти [двигаться] вперед **2)** *общ.* способствовать *(чему-л.)*; приближать, ускорять **EX: to advance growth** – ускорять рост

3) *общ.* переносить на более ранний срок **EX: to advance the date (of the meeting)** – переносить день (собрания) на более ранний срок **4)** *фин.* платить авансом **EX: to advance a month's salary** – выплатить месячную зарплату авансом, **He advanced me fifty dollars.** – Он ссудил мне $50. **5) а)** *эк.* повышать *(цену и т. п.)* **EX: to advance the rate of discount** – повысить учетную ставку **б)** *эк.* повышаться, возрастать *(в цене)* **EX: to advance in price** – дорожать, повышаться в цене, **Coal advanced.** – Цена на уголь повысилась.

III *прил.* **1)** *общ.* передовой, продвинутый; передний **EX: advance section of a train** – головная часть [головные вагоны] поезда **2)** *эк.* предварительный, заблаговременный; авансовый, выплаченный авансом **EX: advance payment** – авансовый платеж; досрочная выплата (долга и т. п.), **advance sale** – предварительная продажа *(билетов)*

advance advertisement *рекл.* предварительное рекламное объявление; анонс **SEE:** advance advertising

advance advertising *рекл.* предварительная реклама *(реклама, осуществляемая до выхода товара на рынок, в которой сообщается о его предстоящем выходе)* **SYN:** pre-launch advertising **SEE:** launch advertising

advance against documents *фин., торг.* ссуда под документы* *(ссуда, предоставленная под обеспечение документами, подтверждающими отправку товара)* **SEE:** post-shipment finance

advance freight **сокр.** AF *трансп.* аванс фрахта, авансовый фрахт* *(фрахт, уплачиваемый до отправки товара; обычно это часть фрахта, авансируемая грузоотправителем на оплату судовых расходов в порту погрузки)* **SYN:** prepaid freight **SEE:** collect freight, freight, freight bill

advance man 1) *рекл., СМИ* организатор выступлений, антрепренер *(лицо, рекламирующий представление или концерт и продающий билеты на него до прибытия исполнителей)* **2)** *пол., рекл.* доверенное лицо (кандидата), руководитель передового отряда* *(представитель кандидата на выборный пост, направляемый заблаговременно в избирательный округ, где намерен баллотироваться претендент, для организации политической рекламы, встреч претендента с общественностью; обычно выезжает на место с командой помощников)*

advance payment *фин., торг., учет* авансовый [досрочный] платеж, аванс *фин., торг., учет (суммы, выплаченные покупателем за товары или услуги до их физического поступления или получения; производятся по принципу начисления доходов и расходов в момент их возникновения; в бухгалтерских книгах фиксируются как текущие обязательства)* **SEE:** advance payment bond

advance payment bond *эк., юр.* гарантия предоплаты [авансового платежа]* *(гарантия, что авансовый платеж, уплаченный клиентом, будет ему возвращен, если компания не сможет выполнить свои обязательства по соответствующему контракту; обычно выдается банком, обслуживающим данную компанию)* **SEE:** advance payment

advance publicity *рекл.* опережающее [заблаговременное] информирование *(сообщение о каком-л. событии, которое должно состояться)* **SEE:** advance advertising

advanced product design *марк.* улучшенный дизайн, направленный дизайн* *(разработка нескольких предложений по одному и тому же изделию, нацеленных на различные группы потребителей)* **SEE:** customization

adverse publicity *рекл.* антиреклама, черный пиар *(неблагоприятное освещение деятельности компании, должностного лица и т. п. в средствах массовой информации)* **SEE:** publicity

adverse selection неблагоприятный [негативный] отбор *эк. (тенденция,* *состоящая в том, что на рынке остаются только продавцы товаров с низким качеством; это связано с отсутствием у потребителей информации о качестве товаров при их покупке; наличие риска купить плохой товар снижает цену покупателя, в результате чего продавцы хороших товаров уходят с рынка, а продавцы плохих товаров остаются)* **SYN:** anti-selection **SEE:** lemons market

advert *рекл., брит., разг.* = advertisement

advertecture *рекл.* адвертектура* *(рекламное изображение крупных размеров, размещенное на стене или стенах здания; от «advertisement» — реклама и «architecture» — архитектура)* **SEE:** advertisement

advertise *гл.* **1)** *рекл.* рекламировать *(товар, услугу, идею, организацию)*; извещать [объявлять, информировать] *(о чем-л.)* **SEE:** outadvertise **2)** *рекл.* размещать рекламу, помещать объявление *(в средствах массовой информации)* **EX: to advertise for sale** – помещать объявление о продаже **3)** *общ.* афишировать *(предавать огласке что-то произошедшее или происходящее)*, привлекать внимание *(к чему-л.)*

advertised price **1)** *марк.* публикуемая [рекламируемая] цена *(приводится в каталогах и рекламных объявлениях)* **SEE:** price list, retail price **2)** *рекл.* цена размещения рекламы, цена рекламного времени [места] *(стоимость рекламы своей продукции для рекламодателя)* **SYN:** advertising price

advertisement *сущ.* **1)** *рекл.* реклама, рекламное объявление; объявление *(сообщение о предлагаемых товарах или услугах, предстоящих событиях и т. д., размещенное в прессе, на радио или телевидении, в Интернете и т. п.)* **EX: to insert [place, post, run] an advertisement** – разместить рекламу, **to key an advertisement** – кодировать рекламное объявление..., **magazine advertisement** – рекламное объявление в журнале, **advertisement size** – размер рекламного объявления, **advertisement column** – рекламная колонка, **newspaper advertisement** – рекламное объявление в газете, **advertisement file** –- картотека рекламных материалов, **advertisement position** – расположение рекламы **SYN:** advert **SEE:** commercial, advertising, advertisement copy, all-text advertisement, advertecture **2)** *рекл.* = advertising

advertisement canvasser *рекл.* = advertising agent

advertisement copy *рекл.* текст рекламного объявления, рекламный текст *(содержание рекламного объявления)* **SYN:** advertising text, advertising copy **SEE:** advertisement, copywriting

advertisement department *рекл., упр.* = advertising department

advertisement dummy **1)** *рекл.* рекламная сетка *(план размещения рекламных объявлений на странице печатного издания или в эфире)* **SEE:** advertising space, advertisement-packed **2)** *рекл.* (оригинал-)макет рекламы, (оригинал-)макет рекламного объявления, макет объявления *(образец готового рекламного объявления)* **SEE:** advertisement matrix

advertisement hoarding *рекл., брит.* = advertising panel

advertisement makeup *рекл.* компоновка рекламного объявления *(подчинение всех компонентов объявления (текст, слоган, изображение) задуманной идее)* **SYN:** ad makeup

advertisement manager *рекл.* менеджер [управляющий] по рекламе *(лицо, ответственное за продажу рекламного места или времени от имени издателя, радио- или телестанции и т. п., и координирующее работу рекламного отдела)* **SYN:** advertising manager **SEE:** advertisement department

advertisement matrix *рекл.* образец [шаблон] рекламного объявления **SYN:** ad matrix **SEE:** advertisement dummy

advertisement originator *рекл.* = ad creator

advertisement page *рекл.* = advertising page

advertisement panel *рекл.* = advertising panel

advertisement performance *рекл.* действенность [эффективность] рекламного объявления **SEE:** advertising performance

advertisement rate *рекл.* = advertising rate

advertisement recognition test *рекл.* тест на узнаваемость рекламы* *(опрос респондентов с целью определить, насколько аудитории знакома реклама той или иной продукции)* **SEE:** copy testing

advertisement space *рекл.* = advertising space

advertisement test *рекл.* = copy testing

advertisement-packed *прил. рекл., СМИ* (пере)насыщенный рекламой *(о печатном издании)* **SEE:** advertisement dummy, advertising space

advertiser *сущ.* **1)** *рекл.* рекламодатель *(человек или организация, оплачивающие создание и размещение рекламного объявления)* **EX: advertiser index** – индекс рекламодателей (перечень рекламодателей, объявления которых помещены в издании) **SYN:** advertising spender **SEE:** advertising account, major advertiser, offending advertiser, business advertiser **2)** *рекл.* рекламное издание *(журнал или газета с рекламой)* **SEE:** advertising supplement

advertiser network *рекл., комп.* рекламная сеть *(включает в себя, как правило, от нескольких десятков до нескольких тысяч интернет-сайтов, издатели которых вступают в сеть, потому что не хотят или не могут продавать часть или все рекламное место на своем сайте самостоятельно; администрация рекламной сети осуществляет посредничество между рекламодателями и издателями; оплата производится пропорционально количеству показов рекламы)* **SYN:** affiliate network **SEE:** advertiser, ad impression, cost per mile, exchange system, targeting

advertiser's copy **1)** *рекл.* рекламный материал *(рекламные объявления или ролики, предоставленные рекламодателем для публикации)* **2)** *рекл.* = checking copy

advertiser's schedule *рекл.* график рекламодателя *(расписание рекламных вставок на телевидении и радио или размещения рекламных объявлений в прессе, составленное рекламодателем)* **SEE:** gross impressions, advertising clutter

advertising *сущ.* **1)** *рекл.* = advertisement **2)** *рекл.* рекламное дело, рекламная деятельность, рекламный бизнес *(создание рекламы, закупка рекламного места, оценка эффективности и т. п.)* **EX: advertising counsellor, advertising consultant** – рекламный консультант, консультант по рекламе, **advertising expert** – рекламный эксперт, эксперт по рекламе, **advertising textbook** – учебник по рекламе **SYN:** advertising business **SEE:** advertising agency, media buy, copywriting, advertology **3)** *рекл.* реклама, рекламирование *(любая оплачиваемая форма неличного представления и продвижения идей, товаров или услуг через средства распространения информации)* **SYN:** advertisement **SEE:** publicity, admass, propaganda

advertising abuse *рекл.* злоупотребление рекламой *(размещение рекламы в неположенных местах или в ненадлежащее время)* **SEE:** offending advertiser, advertising code, advertising ethics

advertising acceptance policy *рекл.* рекламные стандарты, требования к рекламе *(официально установленные нормы по содержанию и форме составления рекламы, принимаемой к размещению в печати или на телевидении; напр., требование отсутствия в рекламном объявлении оскорбляющих заявлений или требование определенного размера шрифта)* **SYN:** advertising standards **SEE:** Advertising Standards Authority, unacceptable advertising

advertising account **1)** *рекл.* рекламный клиент [заказчик] *(клиент рекламного агентства, покупающий рекламные услуги)* **SYN:** advertising customer **SEE:** advertiser **2)** *рекл.* рекламный счет **а)** *счет в банке, открытый для финансирования рекламной кампании* *фирмы* **б)** *счет на оплату рекламных услуг, выставленный рекламодателю*

advertising action *рекл.* рекламная акция, рекламное действие *(проведение рекламной кампании)* **SYN:** advertising operation

advertising activities *рекл.* рекламная деятельность *(создание и размещение рекламы, проведение рекламных кампаний)* **SYN:** advertising operation

advertising agency *рекл.* рекламное агентство, рекламная фирма [компания] *(компания, занимающаяся созданием и размещением рекламы по поручению рекламодателей)* **EX:** **accredited advertising agency** – аккредитованное рекламное агентство (имеющее исключительные права и условия на размещение рекламы), **advertising agency manager** – менеджер [директор] рекламного агентства **SYN:** advertising company, advertising firm, media firm **SEE:** advertising, advertising contractor

advertising agent *рекл.* рекламный агент, агент по рекламе *(сотрудник, занимающийся сбором заказов на рекламу в определенном издании или на определенной теле- или радиостанции)* **SYN:** advertisement canvasser, advertising canvasser

advertising agreement *рекл.* = advertising contract

advertising aids *рекл.* = advertising material

advertising allowance **1)** *рекл.* рекламная скидка *(скидка с оптовой цены поставляемого товара, предоставляемая производителем дистрибьютору, с целью компенсации затрат на рекламу)* **2)** *рекл.* возмещение рекламных расходов, зачет за рекламу *(возврат производителем дистрибьютору затрат на рекламу)* **SEE:** advertising discount

advertising analysis *марк.* анализ рекламы **а)** = copy testing **б)** *(исследование рынка рекламы: какие продукты рекламируются, какие СМИ пользуются наибольшим спросом при размещении рекламы и т. д.)* **SEE:** advertising statistics

advertising and promotion budget *рекл.* бюджет рекламы и стимулирования продаж*, бюджет рекламы и продвижения* *(смета расходов фирмы на рекламу и стимулирование продаж ее товара)* **SEE:** marketing budget, advertising budget, promotion budget, advertising and promotion specialist

advertising and promotion specialist *рекл.* специалист по рекламе и продвижению *(сотрудник компании, занимающийся рекламой и продвижением ее продуктов)* **SEE:** advertising and promotion budget

advertising appeal *рекл.* рекламный крючок [трюк]* *(визуальный или вербальный элемент рекламного сообщения, привлекший потребителя и заставивший его обратить внимание на рекламируемый товар; напр., необычные слова, выражения, иллюстрации)* **SYN:** advertising cue, ad pitch **SEE:** advertising gimmick, immediate appeal, rational appeal, recreational appeal, mass appeal, masculine appeal, health appeal, game appeal, moral appeal, snob appeal, price appeal, consumer appeal, marketing appeal, service appeal, sales appeal, emotional appeal, female appeal, sex appeal, advertising claim

advertising approach **1)** *рекл.* = advertising strategy **2)** *пол.* рыночный [маркетинговый] подход* *(проведение избирательной кампании подобно коммерческой: разработка приемлемого имиджа кандидата или партии и «продажа» его целевым группам максимально технологичным способом)* **3)** *марк.* рекламный подход *(основной акцент при создании продукта делается на разработке названия, логотипа и упаковки товара)* **SEE:** marketing approach

advertising appropriation *рекл.* ассигнования на рекламу, рекламные ассигнования *(часть доходов рекламодателя, которые идут на рекламные цели)* **SEE:** advertising and promotion budget

advertising assistant *рекл.* младший сотрудник отдела рекламы, помощник по рекламе **SEE:** advertising man

Advertising Association 1) *рекл., брит.* Рекламная ассоциация [Ассоциация рекламы] Великобритании *(основана в 1926 г.; некоммерческое объединение представителей крупнейших медиа, профессиональных ассоциаций и агентств, занимающихся рекламой, маркетингом и сопутствующими сферами деятельности)* **2)** *рекл., брит.* Рекламная ассоциация [Ассоциация рекламы] *(профессиональная ассоциация рекламных агентств, работающих в определенных сферах или регионах)* **SEE:** Advertising Association of the West, Business/Professional Advertising Association, International Advertising Association, Outdoor Advertising Association of America, Outdoor Advertising Association of Great Britain, Premium Advertising Association of America, Public Utilities Advertising Association, Specialty Advertising Association International

Advertising Association of the West **сокр.** AAW *рекл., амер.* Рекламная ассоциация западных штатов, Рекламная ассоциация Западного побережья* *(ассоциация рекламных клубов на западном побережье США, созданная для осуществления обмена информацией и идеями; в 1967 г. она объединилась с Рекламной федерацией Америки, в результате чего была образована Американская федерация рекламы)* **SEE:** American Advertising Federation, Advertising Association

advertising audience *марк.* рекламная аудитория *(потребители рекламной информации, передаваемой в СМИ)* **SEE:** audience share

advertising audit *рекл.* рекламный аудит *(проверка эффективности рекламы, анализ расходования рекламного бюджета и т. п.)* **SEE:** advertising performance

advertising awareness *марк.* осведомленность о рекламе, рекламная осведомленность* *(знание и корректная интерпретация рекламы потребителем)* **SEE:** aided awareness, unaided awareness

advertising balance *рекл.* рекламное равновесие* *(сочетание звуков, таких как музыка и диалог в телевизионной или радиорекламе, или искусное соединение иллюстраций, фотографий и другого декоративного материала в печатной рекламе, позволяющее достигнуть желаемого результата)* **SEE:** ad creator

advertising band *марк.* = package band

advertising believability *рекл.* правдоподобность [достоверность] рекламы *(степень доверия, которую вызывает рекламное сообщение у клиентов)* **SYN:** advertising credibility

advertising break *рекл.* = commercial break

advertising brief *рекл.* рекламный бриф, креатив-бриф, креативная платформа, рекламное резюме *(соглашение между рекламным агентством и рекламодателем по рекламной кампании; содержит основные цели и инструкции относительно рекламной кампании, которые дает рекламодатель рекламному агентству; согласно поставленным целям, агентство подготавливает средства рекламного воздействия и оценивает их стоимость, составляет план распространения рекламы)* **SYN:** creative brief

advertising brochure *потр., рекл.* рекламная брошюра *(содержит информацию о продуктах компании)* **SYN:** pamphlet, advertising literature, advertising circular, advertising catalogue **SEE:** brochure

advertising broker *рекл.* = space broker

advertising budget *рекл.* рекламный бюджет *(смета расходов фирмы на рекламу)* **SYN:** ad budget **SEE:** marketing budget, advertising and promotion budget

advertising business 1) *рекл.* = advertising **2)** *рекл.* = advertising community

advertising campaign *рекл.* рекламная кампания *(комплекс рекламных и сопутствующих мероприятий, осуществляемых с целью стимулирования продаж)* **EX:** **to develop advertising campaign** – разрабатывать рекламную кампанию **SYN:** advertising drive, campaign, sales campaign

advertising canvasser *рекл.* = advertising agent

advertising catalogue *рекл.* рекламный каталог *(журнал с перечнем и кратким описанием предлагаемых фирмой товаров)* **SEE:** advertising circular, advertising brochure, advertising literature

Advertising Checking Bureau сокр. ACB *рекл., амер.* Бюро по контролю за рекламной деятельностью *(организация, издающая отчеты по рекламной деятельности и рассылающая рекламные вырезки из газет, издаваемых в США)* **SEE:** advertising control

advertising circular *рекл.* рекламный проспект *(рекламная брошюра, каталог, буклет или листовка, содержащие информацию о товаре или группе товаров родственного назначения, предлагаемых одной фирмой)* **SYN:** advertising folder, circular **SEE:** advertising literature, advertising brochure, advertising catalogue, store circular

advertising claim 1) *рекл.* рекламное заявление [утверждение], рекламный довод *(позитивная характеристика продукта, на которой делается акцент в рекламном сообщении)* **SEE:** advertising appeal **2)** *юр.* иск против рекламы, рекламный иск* *(судебный иск, обвиняющий рекламодателя в предоставлении ненадлежащей (недостоверной) рекламы)* **SEE:** offending advertiser

advertising club *рекл.* рекламный клуб *(общественная организация, объединяющая людей, занятых в рекламной сфере, в целях общения, обмена опытом и т. д.; обычно предполагает членские взносы)* **SEE:** Advertising Club of New York, American Academy of Advertising

Advertising Club of New York *рекл., амер.* «Нью-Йоркский рекламный клуб» *(ассоциация профессиональных работников сферы рекламы, маркетинга, торговли, СМИ и т. д.)* **SEE:** advertising club, Andy Award, Advertising Women of New York

advertising clutter *рекл.* рекламная толкучка*, перегруженность рекламой, рекламная теснота *(возникает, если множество рекламодателей используют одно и тоже средство распространения рекламы)* **SEE:** advertiser's schedule

advertising code *рекл.* рекламный кодекс *(систематический свод законов, регулирующий этические и эстетические стороны рекламной деятельности)* **SEE:** Advertising Standards Authority, British Codes of Advertising and Sales Promotion, advertising abuse, offending advertiser, advertising ethics, deceptive advertisement, deceptive advertising, kidvid rules, advertising self-regulation, affirmative disclosure

advertising column *рекл.* = = advertisement column

advertising communication *рекл.* рекламная коммуникация *(коммуникация между компанией и общественностью с целью продвижения услуг компании)* **SEE:** public relations

advertising community *рекл.* рекламные круги, рекламное сообщество *(совокупность индивидуумов и организаций, занятых в рекламной сфере)* **SYN:** advertising business

advertising company *рекл.* = advertising agency

advertising competition 1) *рекл.* рекламная конкуренция, конкуренция в рекламе **а)** *конкуренция между рекламными компаниями за клиентов* **б)** *конкуренция между средствами распространения информации за права размещения определенной рекламы* **в)** *конкуренция между рекламными сообщениями компаний, производящих однотипную продукцию* **SEE:** advertising race, price competition, product competition, quality competition, promotional competition **2)** *рекл.* рекламный конкурс *(конкурс на лучшую рекламу)*

advertising consideration 1) *рекл.* рекламные соображения [цели] **EX: Prizes may have been furnished for promotional or advertising consideration** – Раздача призов могла осуществляться с целью рекламирования или продвижения товара **SEE:** advertising management **2)** *рекл.* компенсация [оплата] рекламой* *(оплата каких-л. услуг путем размещения рекламы)* **EX: No editorial material will be published in a publication in return for any monetary compensation or advertising consideration** – Никакие редакционные материалы не будут публиковаться за деньги или в обмен на рекламу. **SEE:** barter time

advertising contract *рекл.* рекламный контракт [договор], контракт [договор] на рекламу, соглашение о рекламе **а)** *(соглашение между рекламистом и рекламодателем о размещении рекламы последнего на определенных условиях)* **б)** *(соглашение между розничным торговцем и поставщиком товара о том, что первый будет рекламировать продукцию последнего)* **SYN:** advertising agreement

advertising contractor *рекл.* рекламный подрядчик *(исполнитель заказов на рекламу)* **SEE:** advertising agency

advertising control *рекл.* контроль за рекламой, рекламный контроль *(законодательные акты и меры, регулирующие рекламную деятельность)* **SEE:** Advertising Checking Bureau, advertising legislation

advertising cooperative *рекл.* рекламный кооператив *(объединение фирм для проведения совместной рекламы)* **SEE:** joint advertising, cooperative advertising

advertising copy *рекл.* = advertisement copy

advertising copywriting *рекл.* = copywriting

advertising cost *рекл.* затраты на рекламу [рекламную кампанию], рекламные издержки *(затраты на организацию и проведение рекламной кампании)* **SYN:** advertising expense, advertising expenditure, adspend, advertising outlay, ad spending, advertising spending **SEE:** marketing cost, selling cost

Advertising Council *рекл., амер.* Совет по рекламе, Рекламный совет *(некоммерческая организация, проводящая кампании рекламно-информационного и рекламно-пропагандистского характера по проблемам общественной значимости, напр., призывы экономить энергию; на момент своего основания в 1941 г. назывался Военно-рекламный совет)* **SEE:** War Advertising Council

Advertising Council, Inc. **сокр.** ACI *рекл., амер.* = Advertising Council

advertising coupon *рекл.* рекламный купон *(рекламная листовка или прилагаемый к рекламе товара талон, предъявитель которых получает скидку на рекламируемый товар при его покупке)* **SYN:** in-ad coupon **SEE:** cents-off coupon, ad-a-card, trading stamp, coupon ad

advertising coverage *рекл.* = ad reach

Advertising Creative Circle *рекл., брит.* Творческое объединение рекламистов*, Творческое рекламное объединение* *(основанное в 1945 г. сообщество творческих работников рекламы, призванное содействовать обмену опытом между ними, повышению стандартов творчества в рекламе и роли в ней текстовиков и художников)* **SEE:** ad creator

advertising credibility *рекл.* = advertising believability

advertising cue *рекл.* = advertising appeal

advertising customer *рекл.* = advertising account

advertising decay *рекл.* забывание рекламы *(исчезновение рекламы из памяти увидевшего или услышавшего рекламное сообщение человека)* **SEE:** advertising wearout

advertising deception *рекл.* рекламный обман *(предоставление в рекламе недостоверных сведений о товаре)* **SEE:** deceptive advertising

advertising department *рекл., упр.* рекламный отдел, отдел рекламы **а)** *отдел в издательстве, телевизионной компании или другой подобной организации, занимающийся продажей рекламного места или времени рекламным агентствам или непосредственно клиентам* **б)** *отдел в компании, занимающийся разработкой рекламы производимых товаров* **SYN:** advertisement department, advertising office, advertising section

SEE: advertisement manager, advertising representative

advertising device **1)** *рекл.* рекламное приспособление, рекламная конструкция *(различные установки для размещения рекламы: рекламные щиты, рекламные стенды, световые короба, рекламные дирижабли и т. д.)* **SEE:** banner, light box, aerial advertising **2)** *рекл.* = advertising gimmick

advertising director *рекл., упр.* директор по рекламе *(руководитель рекламной службы организации)* **SEE:** advertising manager

advertising directory *рекл.* = advertising register

advertising discount *рекл.* рекламная скидка, скидка на рекламу *(скидка с тарифа на размещение рекламы)* **SEE:** advertising allowance, advertising rate, discount

advertising display *рекл.* рекламный дисплей [стенд, плакат, вывеска] **SEE:** display equipment, display stand, poster, placard

advertising drive *рекл.* = advertising campaign

advertising effect *рекл.* = advertising performance

advertising effectiveness *рекл.* = advertising performance

advertising effectiveness control *рекл.* контроль эффективности рекламы *(посредством планирования рекламной кампании, контроля за процессом создания и размещения рекламы, оптимизации количества рекламных показов с учетом изменений в потребностях и мнениях целевой группы, а также с учетом фактора устаревания рекламы и т. д.)* **SEE:** copy testing

advertising effectiveness study *рекл.* = advertising effectiveness test

advertising effectiveness test *рекл.* изучение эффективности рекламы *(исследование воздействия или предполагаемого воздействия рекламного объявления или рекламной кампании на объем продаж продукта)* **SYN:** advertising effectiveness study **SEE:** copy testing

advertising efficiency *рекл.* = advertising performance

advertising emphasis *рекл.* рекламный акцент *(аспект рекламного сообщения, на котором заостряется внимание рекламной аудитории)* **SEE:** advertising claim

advertising environment *рекл.* = advertising landscape

advertising ethics *рекл.* этика рекламы, рекламная этика *(система универсальных и специфических нравственных требований и норм поведения, реализуемых в профессиональной рекламной деятельности)* **SEE:** offending advertiser, advertising abuse, advertising code, deceptive advertisement, deceptive advertising, marketing ethics

advertising evaluation *рекл.* = copy testing

advertising exaggeration *рекл.* рекламное преувеличение *(высказывание о продукте с использованием возвышенных и звучных фраз; напр., «суперкоммерческий фильм», «головокружительные трюки», «паста для всей полости рта», «волосы как шелк» и т. д.)* **SYN:** advertising puffery, product puffery **SEE:** advertising device, advertising gimmick, boastful advertising, advertising method, advertising claim

advertising exchange *рекл.* рекламный обмен *(размещение рекламы одного журнала (сайта, телеканала) в другом журнале (на другом сайте, телеканале) в обмен на размещение рекламы последнего в первом)* **SEE:** exchange advertisement

advertising executive **1)** *рекл., упр.* менеджер по работе с клиентами в рекламном агентстве **SEE:** account executive **2)** *рекл.* творческий работник рекламного агентства, творческий рекламный работник* *(рекламный работник, специализирующийся на создании рекламы: инициировании идей, разработке текстов, графики, дизайна, создании сюжетов для видеороликов и т. д.)* **SYN:** advertising talent **SEE:** copywriter

advertising expenditure *рекл.* = advertising expenses

advertising expense *рекл.* = advertising cost

advertising exposure 1) *рекл.* рекламное покрытие* *(термин используется в отношении конкретной фирмы и означает наличие на рынке рекламы товара данной фирмы)* 2) *рекл.* рекламный контакт *(аудио или визуальный контакт с рекламным сообщением одного человека или группы людей)* **SEE:** advertising impression, depth of exposure 3) *рекл.* = ad reach

advertising factor *рекл.* рекламный фактор, фактор рекламы **а)** *(элемент рекламы, влияющий на воздействие рекламного сообщения; это может быть средство рекламы (напр., Интернет), форма передачи рекламы (напр., реклама прямого отклика, прямой маркетинг), использование нестандартного рекламного приема)* **б)** *(доля в изменении продаж или прибыли, приходящаяся на использование рекламы как средства стимулирования продаж)*

Advertising Federation of America **сокр.** AFA *рекл., ист., амер.* Рекламная федерация Америки* *(профессиональная ассоциация рекламных организаций, с 1967 г. известная как Американская рекламная федерация)* **SEE:** American Advertising Federation

advertising film *рекл.* рекламный фильм *(короткометражный документальный или художественный фильм, имеющий целью сообщить о товарах, услугах, событиях)* **SEE:** film advertisement

advertising firm *рекл.* = advertising agency

advertising folder *рекл.* = advertising circular

advertising frequency *рекл.* частота появления рекламы *(количество конкретных рекламных объявлений за определенный период: год, квартал, месяц)* **SEE:** advertising intensity, heavy advertising

advertising gift *рекл., потр.* рекламный [памятный] подарок [сувенир] *(небольшие предметы с фирменной символикой, раздаваемые бесплатно в рекламных целях; напр., кружки, ручки, зажигалки, брелки, футболки, ежедневники)* **SYN:** free gift, promotional gift, advertising novelty, advertising premium, advertising specialty, specialty advertising item, consumer premium **SEE:** promotional advertising, advertising sample

advertising gimmick *рекл.* рекламная уловка, рекламный трюк [прием, ход] *(используемые для привлечения внимания аудитории рекламные преувеличения; дразнящая реклама; необычные звуки, яркие цвета, эротические картинки в рекламе товара; нестандартные рекламные методы, напр., надпись на витрине магазина: «Если у нас чего-нибудь нет, значит, вам это не нужно», необычные подарки и др.)* **SYN:** advertising device, gimmick, gizmo **SEE:** advertising exaggeration, teaser, advertising method, advertising appeal

advertising guide *рекл.* рекламный гид* *(каталог фирм, занимающихся изготовлением и размещением рекламы)* **SEE:** advertising register

advertising handbill *рекл.* = circular

advertising hoarding *рекл., брит.* = billboard

advertising image 1) *рекл.* рекламное изображение, рекламная картинка *(иллюстрация рекламного характера в журнале, на сайте, на рекламном щите)* **SEE:** banner 2) *рекл.* рекламный образ *(представление о компании или продукте у потребителей, полученное в результате ознакомления с рекламой)* **SEE:** corporate identity

advertising impact *рекл.* сила воздействия рекламы [рекламного воздействия] *(степень влияния на аудиторию рекламного сообщения, рекламной кампании или отдельного средства распространения рекламы)* **SEE:** advertising influence

advertising impression 1) *рекл.* рекламное впечатление, рекламный контакт *(получение данного рекламного сообщения отдельным человеком или домохозяйством)* **SYN:** consumer impression **SEE:** advertising exposure, gross impressions, cost per mile 2) *рекл.* рекламное впечатление, впечатление от рекламы *(впечатление, полученное аудиторией или человеком от просмотра рекламы)*

advertising industry *рекл.* рекламная индустрия, индустрия рекламы, рекламная сфера *(совокупность организаций, деятельность которых связана с производством и размещением рекламы)* **SEE:** advertising agency, advertising firm

advertising influence *рекл.* рекламное влияние [воздействие], влияние [воздействие] рекламы *(эффект, оказываемый рекламой на мнения о продукте и потребности целевой аудитории)* **SEE:** advertising impact

advertising insert 1) *рекл.* = free standing insert 2) *рекл.* = drop in

advertising intensity *рекл.* интенсивность рекламы *(темпы распространения и частота повторений рекламы определенного продукта)* **SEE:** advertising frequency, heavy advertising

advertising jingle *рекл.* рекламный джингл, музыкальный логотип [рекламный ролик] *(короткая, легко запоминающаяся мелодия или песенка, используемая в теле- и радиорекламе)* **SYN:** publicity jingle, jingle track, commercial jingle, singing commercial **SEE:** jingle house

advertising label *рекл.* рекламный ярлык, рекламная этикетка *(наклейка с рекламой товара, прикрепляемая как к самому товару, так и к средствам распространения информации, напр., к печатным изданиям, к почтовым отправлениям, к рекламным сувенирам, к транспортным средствам и т. д.)* **SYN:** promotional label **SEE:** label

advertising landscape *рекл.* рекламное пространство* *(совокупность всех видов рекламной информации на какой-л. территории, в т. ч. СМИ, наружная реклама, интернет и др.)* **EX:** **The advertising landscape is changing more than ever. In the last 20 years, the explosion of devices from cell phones, hand held computers and the Internet has created a myriad of advertising choices.** – Сегодня рекламное пространство меняется сильнее, чем когда-л. раньше. За последние 20 лет, стремительное распространение мобильных телефонов, карманных компьютеров и интернета создало тысячи новых рекламных возможностей. **SEE:** advertising environment

advertising leaflet *рекл.* = circular

advertising legislation *рекл.* рекламное законодательство *(свод законов о рекламе, норм и стандартов рекламной деятельности)* **SEE:** ad law, advertising control

advertising letter *рекл.* рекламное письмо *(письма с рекламой продукта, рассылаемые на почтовые или электронные адреса как по запросу адресата, так и в форме спама)* **SEE:** spam

advertising linage *рекл.* = advertising lineage

advertising lineage *рекл.* объем строк рекламы* *(количество дюймов колонки или число строк, занятых рекламой; основа для определения стоимости размещения рекламы в печатном издании)*

advertising literature 1) *рекл., потр.* рекламная литература *(рекламные издания, рекламные проспекты, каталоги, брошюры)* **SEE:** sales literature, consumer brochure, advertising brochure, advertising circular, advertising catalogue, leaflet, consumer magazine 2) *рекл.* литература по рекламе *(книги или учебники о рекламе)*

advertising man *рекл.* рекламист, специалист по рекламе *(человек, имеющий рекламное образование и/или работающий в рекламной сфере; напр., составитель рекламы, специалист по размещению рекламы, рекламный агент и т. д.)* **SYN:** ad man, adman, advertising specialist, advertising professional, advertising practitioner, adperson **SEE:** adwoman, advertising assistant

advertising management *рекл., упр.* рекламный менеджмент, управление рекламной деятельностью **SEE:** advertising manager, advertising consideration

advertising manager *эк. тр., рекл., амер.* менеджер по рекламе, заведующий отделом рекламы *(лицо, от-*

ветственное за рассмотрение и утверждение планов рекламных кампаний, непосредственное создание рекламных объявлений и т. п.) **SEE:** advertisement manager

advertising material *рекл.* рекламный материал, рекламные средства *(совокупность различных средств, предназначенных для рекламы товара: рекламные проспекты, рекламные плакаты и щиты, рекламные ролики)* **SYN:** advertising matter, advertising aids

advertising matter *рекл.* = advertising material

advertising media *рекл., мн.* средства распространения рекламы *(СМИ, средства наружной рекламы, почтовая реклама и др. средства доведения информации о продукте до сведения потенциальных потребителей)* **SEE:** broadcast advertising, print advertising, outdoor advertising, indoor advertising, marketing media, mass media

advertising medium *рекл.* средство рекламы, средство распространения рекламы **SEE:** advertising media

advertising method *рекл.* метод рекламы, рекламный метод *(способ создания рекламы или проведения рекламной кампании)* **SEE:** advertising spoof, advertising exaggeration, advertising gimmick, deceptive advertising, denigratory advertising, joint advertising, analogy advertising, testimonial advertising, comparison advertising, alternative advertising, ambient advertising, traditional advertising, aerial advertising, advertising wedge, direct advertising, advance advertising, test advertising

advertising mix *рекл.* рекламный микс *(совокупность отрезков эфирного времени и рекламных площадей, закупаемых рекламодателем в разных средствах массовой информации)* **SEE:** marketing mix

advertising monopoly *рекл.* рекламная монополия, монополия на рекламу **а)** *(исключительное право той или иной рекламной фирмы на размещение рекламы в определенных средствах распространения рекламы)* **б)** *(исключительное право определенного средства распространения рекламы, напр., телевидения, на распространение рекламы)* **SEE:** monopoly

advertising network рекламная сеть **а)** *рекл. (сеть рекламных агентств)* **б)** *рекл., комп. (структурированная совокупность сайтов, предлагающих рекламные места; в рекламную сеть может входить от нескольких десятков до нескольких тысяч сайтов)*

advertising novelty *рекл., потр.* = advertising gift

advertising office *рекл.* = advertising department

advertising operation 1) *рекл.* = advertising activities **2)** *рекл.* = advertising action

advertising order *рекл.* заказ на рекламу, рекламный заказ *(заказ на предоставление рекламных услуг)* **SEE:** advertising portfolio

advertising outlay *рекл.* = advertising cost

advertising page *рекл.* рекламная полоса, страница рекламы; рекламный раздел *(печатного издания)* **SYN:** advertising section **SEE:** full-page advertisement, special advertising section

advertising pamphlet *рекл.* = advertising brochure

advertising panel 1) *рекл.* = billboard **2)** *рекл., комп.* рекламное место *(часть экрана или веб-страницы, на которой размещаются рекламные объявления)* **SYN:** advertisement panel

advertising penetration *рекл.* рекламное проникновение **SEE:** advertising recall

advertising people *рекл.* рекламные специалисты, рекламные работники **SEE:** advertising man

advertising performance *рекл.* действенность [эффективность, результативность] рекламы *(показатель воздействия рекламы на рост объема продаж; измеряется как отношение финансового результата, полученного от рекламы, к затраченным средствам)* **SYN:** advertising effect, advertising effectiveness, advertising efficiency, productivity of advertising **SEE:** advertisement performance, advertising audit, copy testing, ad-page exposure, adnorm, noted score, advertising readership, share of voice, advertising weight, Defining Advertising goals for Measured Advertising Results, Effie award

advertising personality *рекл.* = trade character

advertising personnel *рекл.* рекламный персонал **SEE:** advertising man, advertising executive

advertising plan *рекл.* план рекламы, рекламный план, рекламная программа *(план проведения рекламной кампании)* **SYN:** advertising programme **SEE:** advertising planning

advertising planner *рекл.* специалист по рекламному планированию* **SEE:** advertising planning

advertising planning *рекл.* рекламное планирование *(процесс планирования рекламной кампании; состоит из следующих этапов: определение и изучение целевой аудитории, постановка целей рекламы, определение рекламного бюджета, разработка плана использования средств рекламы, создание рекламного обращения, оценка эффективности рекламы)* **SEE:** advertising plan, advertising planner

advertising playback воспроизведение рекламы **а)** *рекл. (демонстрация рекламного объявления или рекламного ролика)* **б)** *марк. (описание респондентом увиденной им рекламы определенного товара в ходе маркетингового опроса; используется для исследования запоминаемости рекламы)* **SEE:** advertising performance

advertising portfolio *рекл.* рекламный портфель *(совокупность рекламных заказов у рекламного агента или агентства)* **SEE:** advertising order

advertising post-test *рекл.* посттестирование рекламы *(оценка качества рекламы после проведения рекламной кампании; предполагает оценку эффективности рекламной кампании, а также проведение опросов рекламной аудитории с целью определить уровень запоминаемости рекламы, познавательный эффект рекламы)* **SYN:** post-testing **SEE:** advertising pre-test, copy testing, advertising effectiveness test

advertising practice *рекл.* рекламная практика *(практическая деятельность в рекламной сфере: создание рекламы, размещение рекламы, оценка эффективности рекламы)* **SEE:** advertising theory

advertising practitioner *рекл.* = advertising man

advertising premium *рекл., потр.* = advertising gift

advertising pre-test *рекл.* предварительное тестирование [предтестирование] рекламы *(оценка качества рекламы до начала рекламной кампании; проводится путем демонстрации рекламы в фокус-группе и последующего опроса ее членов с целью определить уровень запоминаемости рекламного сообщения, познавательный и эмоциональный эффект рекламы и т. п.)* **SYN:** pre-testing **SEE:** advertising post-test, copy testing

advertising price *рекл.* = advertised price

advertising professional *рекл.* = advertising man

advertising programme *рекл.* = advertising plan

advertising puffery *рекл.* = advertising exaggeration

advertising pylon *рекл.* = pylon

advertising race *рекл.* рекламная гонка *(соперничество фирм-конкурентов в рекламном отношении, когда каждая фирма стремится с помощью рекламы убедить потребителей в превосходстве своего товара над товарами конкурентов)* **SEE:** advertising competition

advertising rate *рекл.* рекламный тариф **а)** *(цена рекламной площади в печатном издании)* **б)** *(цена эфирного времени на на радио, телевидении)* **SYN:** advertisement rate **SEE:** advertising discount

advertising readership *рекл.* читаемость рекламы *(количество читающих рекламу в определенном издании* *в отношении к общему объему читателей издания)* **SEE:** advertising performance

advertising recall *рекл.* припоминаемость рекламы, припоминание рекламы *(процент членов рекламной аудитории, вспомнивших рекламу при упоминании названия товара)* **SEE:** advertising retention, advertising performance

advertising register *рекл.* рекламный справочник, каталог рекламных организаций *(справочники по рекламодателям общенационального значения или рекламным агентствам, публикуемые в большинстве зарубежных стран ежегодно)* **SYN:** advertising directory **SEE:** advertising guide

advertising representative *рекл.* рекламный представитель *(рекламного агентства или СМИ)* **SEE:** advertising department

advertising research *рекл.* рекламное исследование *(исследование, проводимое с целью разработки эффективной рекламной кампании, а также для оценки качества проведенной рекламной кампании; включает определение и изучение целевой аудитории, определение целесообразности затрат на рекламу, предтестирование рекламы, посттестирование рекламы и т. д.)* **SEE:** marketing research, copy testing, advertising pre-test, advertising post-test

Advertising Research Foundation **сокр.** ARF *рекл., амер.* Фонд рекламных исследований [исследований рекламы] *(некоммерческое объединение рекламодателей, рекламных агентств, средств рекламы и университетов США, занимающееся контролем за исследованиями в области средств массовой информации и научными работами по рекламе и маркетингу)*

advertising response *рекл.* рекламный отклик, отклик на рекламу *(ответная реакция на рекламу, напр., заказ товара или запрос дополнительной информации; в интернет рекламе проявляется в виде клика по баннеру)* **SYN:** ad response

advertising restrictions *рекл., юр.* рекламные ограничения, ограничения на рекламу *(определенные рамки дозволенности, за которые нельзя выходить при рекламировании определенных товаров, напр., алкоголя, сигарет, лекарств; обычно выделяют следующие основные рекламные ограничения: показ рекламы только в отведенное время, размещение рекламы только в определенных местах, напр., специализированных журналах)* **SEE:** advertising acceptance policy

advertising retention *рекл., псих.* запоминаемость рекламы *(длительность сохранения определенной рекламы в памяти потенциального потребителя)* **SEE:** advertising recall

advertising sample *рекл., потр.* рекламный [бесплатный] образец *(товар, раздаваемый бесплатно в рекламных целях, чтобы потребители могли опробовать товар; обычно имеет меньшую расфасовку, чем выставленные на продажу экспонаты)* **SYN:** product sample, free sample **SEE:** advertising gift

advertising schedule *рекл.* = insertion schedule

advertising section 1) *рекл.* = advertising department 2) *рекл.* = advertising page

advertising self-regulation *рекл.* рекламное саморегулирование, саморегулирование в рекламе *(регулирование рекламной деятельности со стороны различных негосударственных рекламных ассоциаций, комитетов и др. органов, имеющих отношение к рекламной сфере; в отличие от регулирования рекламы государственными органами)* **SEE:** advertising code, American Academy of Advertising

advertising services *рекл.* рекламные услуги *(услуги по изготовлению и размещению рекламы)* **SEE:** advertising agency

advertising slogan *марк.* рекламный слоган [девиз] *(короткая запоминающаяся фраза, характеризующая основную идею и цель рекламного сооб-*

щения или рекламной кампании) **SEE:** slogan

advertising space *рекл.* рекламное место, рекламная площадь *(место в печатном издании, выделяемое под размещение рекламного объявления)* **EX: to sell advertising space** – продавать рекламное место **SEE:** space buyer, white space, air, advertisement dummy, advertisement-packed, agate line

advertising specialist *рекл.* = advertising man

advertising specialty *рекл., потр.* = advertising gift

advertising spender *рекл.* = advertiser

advertising spending *рекл.* = advertising cost

advertising sponsorship *рекл.* рекламное спонсорство *(финансирование какого-л. мероприятия или программы в обмен на рекламу товаров или услуг спонсора в процессе проведения мероприятия или демонстрации программы)* **SEE:** ambush marketing, brand sponsor

advertising spoof *рекл.* рекламная мистификация, рекламный розыгрыш *(приведение в рекламе будоражащих внимание, но не соответствующих действительности сведений с целью заинтересовать аудиторию или ради шутки; напр., «наши сигареты на все 100% безопасны»)* **SEE:** advertising exaggeration, advertising method

advertising spot *рекл.* = commercial

advertising standards *рекл.* = advertising acceptance policy

Advertising Standards Authority сокр. ASA *рекл., брит.* Комиссия [Совет] по рекламным стандартам, Управление по рекламным нормам* *(орган, финансируемый сферой рекламного бизнеса и призванный следить за соблюдением норм Британских кодексов рекламы и стимулирования сбыта в сфере печатной рекламы)* **SEE:** advertising acceptance policy, British Codes of Advertising and Sales Promotion

advertising statistics *рекл.* рекламная статистика *(сбор и учет информации о контактах потенциальных потребителей с рекламными сообщениями и продуктами компании, а также о покупках, совершаемых клиентами на основании рекламной информации фирмы)* **SEE:** advertising analysis

advertising strategy *марк.* стратегия рекламы, рекламная стратегия, рекламный подход *(способ организации рекламной кампании или составления рекламного сообщения, зависящий от приоритетности целей, стоящих перед рекламодателем; напр., рекламодатель будет использовать один рекламный подход, если он хочет привлечь внимание к марке, и другой, если акцент делается на привлечении внимания аудитории к высокому качеству товара)* **SYN:** advertising approach **SEE:** marketing strategy

advertising structure *рекл.* рекламная конструкция *(сооружение для размещения наружной рекламы)* **SEE:** advertising vehicle

advertising substantiation *рекл.* рекламное доказательство* *(концепция, согласно которой компании должны быть способны доказать обоснованность своих рекламных заявлений)* **SEE:** advertising code

advertising supplement *рекл.* рекламное приложение *(дополнительная часть журнала или газеты, содержащая рекламу)*

advertising support *рекл.* рекламная поддержка *(организация рекламных мероприятий, предоставление рекламных материалов; может проводиться рекламными агентствами по поручению заказчиков или производителями, чтобы помочь розничным продавцам в сбыте своих товара)*

advertising talent 1) *рекл.* = advertising executive 2) *рекл.* рекламный талант, способности к рекламной деятельности

advertising testing *рекл.* = copy testing

advertising text *рекл.* = advertisement copy

advertising theory *рекл.* теория рекламы *(теоретические и практические* *концепции планирования и проведения рекламной деятельности)* **SYN:** advertology **SEE:** advertising practice

advertising threshold *рекл.* рекламный порог* *(момент, с которого потенциальный потребитель начнет реагировать на рекламное сообщение)* **SEE:** advertising wearout

advertising time *рекл.* рекламное время, время под рекламу *(допустимое время на один час работы станции, в течение которого разрешено передавать коммерческую рекламу)* **SYN:** commercial time

advertising to business *рекл.* = business-to-business advertising

advertising value *рекл.* рекламная ценность *(значимость средства распространения рекламы; напр., большую рекламную ценность будет иметь журнал или программа, имеющие большую читательскую и зрительскую аудиторию)* **SEE:** customer value

advertising variable *рекл.* рекламная переменная* *(величина, изменяющаяся в зависимости от изменения объема рекламы, величины рекламной аудитории и др. параметров, связанных с рекламой; используется в маркетинговых исследованиях для определения влияния различных факторов на продажи)* **SEE:** advertising factor

advertising vehicle *рекл.* рекламный носитель *(предмет, содержащий рекламное сообщение, напр., щит, газета, веб-страница, плакат, транспортное средство и т. д.)* **SYN:** vehicle for advertising, advertising structure

advertising wearout *рекл.* устаревание [истощение] рекламы* *(ситуация, когда рекламная кампания становится повторяющейся и однообразной, а следовательно неэффективной)* **SYN:** wear-out factor **SEE:** advertising decay, advertising threshold

advertising wedge *рекл.* рекламный таран* *(превосходство товара или услуги, которое может послужить основой для создания рекламы)* **SYN:** ad wedge

advertising weight 1) *рекл.* эффект рекламы, рекламный вес **а)** *(планируемый или достигнутый на практике охват аудитории рекламной кампанией)* **б)** *(часть периодического издания, содержащая рекламу и определяемая делением числа рекламных страниц на общее число страниц издания)* **2)** *рекл.* = share of voice **SEE:** advertising performance

Advertising Women of New York **сокр.** AWNY *рекл., амер.* «Нью-Йоркские женщины в рекламе»* *(профессиональная ассоциация)* **SEE:** Advertising Club of New York

advertising/sales ratio *рекл., фин.* = advertising-to-sales ratio

advertisingless *рекл.* = adless

advertising-supported software *рекл.* = adware

advertising-to-editorial ratio *рекл.* соотношение (объемов) рекламы и редакционных материалов *(в печатном издании)*

advertising-to-sales ratio *рекл., фин.* показатель реклама/продажи *(отношение затрат на рекламу к общей выручке от продаж)* **SYN:** advertising/sales ratio

advertology *рекл.* адвертология, рекламоведение, наука о рекламе **SYN:** advertising theory **SEE:** marketing science

advertorial *сущ. рекл.* «эдверториал»* *(переделанное «editorial»; рекламное объявление, имеющее вид редакционного материала, т. е. обычной статьи; используется для публикации информации, представляющей общественный интерес, личных мнений, мнений по экономическим и политическим вопросам; при отсутствии указаний на рекламный характер такого объявления оно считается приемом недобросовестной конкуренции)* **SYN:** editorial style ad **SEE:** editorial

advice of dispatch *торг.* = dispatch note

adviser approach *марк.* подход советчика*, консультативный подход* *(метод выстраивания разговора с по-

тенциальным клиентом, когда торговый представитель подчеркивает, что необходимо клиенту для решения его проблемы, и советует приобрести предлагаемый товар) **SYN:** counsellor close **SEE:** assumptive close, emotional close, incentive close, puppy-dog close

Advisor on Consumer Affairs *потр., гос. упр., амер.* советник по делам потребителей *(при Президенте США)* **SEE:** Consumer Protection Advisory Committee

Advisory Commission on Electronic Commerce сокр. ACEC *торг., амер.* Консультативная комиссия по электронной торговле* *(комиссия, созданная Конгрессом в 1998 г. с целью изучения влияния налогообложения на торговлю через интернет и выработку рекомендаций по налогообложению электронной торговли; прекратила существование в 2000 г.)* **SEE:** Internet Tax Freedom Act, e-commerce

Advisory Committee Report *юр., торг., брит.* заключение Консультативной комиссии (по защите потребителей)* *(выносится на предмет того, нарушены или нет права потребителей в конкретном случае торговой практики; в случае если заключение признает права нарушенными, судебному преследованию и законодательной инициативе может быть дан ход с помощью распоряжения министра на основании заключения)* **SEE:** Consumer Protection Advisory Committee, consumer trade practices

advocacy advertising *рекл., пол.* разъяснительно-пропагандистская реклама, пропагандистская реклама *(рекламная деятельность по разъяснению и отстаиванию какой-л. идеи или мнения относительно спорной общественной проблемы; часто выполняет роль промежуточной рекламы, предваряя рекламу того или иного товара)* **SEE:** testimonial advertising, informational advertising, idea advertising, issue advertising

advocacy campaign *рекл., пол.* пропагандистская [разъяснительно-пропагандистская] кампания **SEE:** advocacy advertising, campaign

adware *рекл. (компьютерная программа, которая помимо своей основной функции демонстрирует пользователю рекламные объявления; показ рекламы часто является основным источником дохода для разработчиков таких программ)* **SYN:** advertising-supported software **SEE:** commercial radio, commercial television

Adweek *СМИ, рекл., амер.* «Эдвик» *(общенациональный профессиональный журнал работников рекламной отрасли, выходящий еженедельно семью региональными выпусками)*

adwoman *рекл. (женщина-рекламный специалист)* **SYN:** ad woman **SEE:** advertising man

aerial advertising *рекл.* воздушная реклама, реклама в воздухе [небе], аэрореклама *(рекламные сообщения и транспаранты на воздушных шарах и дирижаблях; буксировка транспарантов с рекламой легкими самолетами или вертолетами; рекламные сообщения в небе, написанные дымовой струей самолета)* **SYN:** sky advertising, air advertising **SEE:** air advertisement, airplane banner

aerial banner *рекл.* воздушный транспарант*, транспарант воздушной рекламы* **SEE:** airplane banner

affective stage эмоциональный этап, этап эмоций* *марк. (этап состояния покупательской готовности, предполагающий формирование благорасположения, предпочтения, убежденности, желания приобрести товар)* **SEE:** cognitive stage, behavioural stage, standard learning hierarchy, dissonance attribution model, low-involvement model, AIDA, affect-referral heuristic

affect-referral heuristic *марк.* аффектированное решение* *(принятие решения о покупке, основанное на сделанной прежде общей оценке альтернатив)* **SEE:** affective stage

affidavit of performance *рекл., юр.* эфирная справка, свидетельство об исполнении* *(нотариально заверен-*

ный документ, подтверждающий выполнение рекламных услуг, напр., рекламы по телевидению с указанием ее качественных и количественных характеристик)

affiliate

I *сущ.* **1)** *эк., юр.* филиал, отделение **EX: to establish [form] an affiliate** – открыть филиал, **network of affiliates** – сеть филиалов [отделений] **2)** *общ.* член, участник, компаньон *(человек, являющийся частью некоторой структуры или группы)*

II *гл.* **1)** *общ.* принимать в члены, присоединять; становиться членом, присоединяться **EX: to be affiliated to a company** – являться филиалом компании, **to affiliate oneself with** – становиться членом (чего-л.), **2)** *общ.* выявлять, устанавливать *(происхождение, авторство, связи и т. д.)*

affiliate network *рекл., комп.* партнерская сеть *(аналог рекламной сети; отличается от нее большим количеством схем оплаты и обязательным личным утверждением предложения от рекламодателя издателем)* **SYN:** advertiser network **SEE:** cost per mile, cost per sale, cost per action, exchange system

affiliate programme *рекл.* партнерская программа *(современная технология продажи веб-рекламы, при которой интернет-магазины размещают объявления в Интернете, предлагающие рекламировать свои товары путем размещения ссылок на веб-сайтах, в электронных газетах, в письмах рассылки и т. д.; на основе информации о сайтах, с которых пришли покупатели, ведется учет заказов и выплачивается комиссия)*

affiliated chain *торг.* филиальная сеть **а)** *(региональная сеть магазинов)* **б)** *амер. (группа розничных магазинов или других компаний, объединенных в целях получения выгоды от совместных закупок, совместной рекламы и т. п.)* **SEE:** buying group, affiliated retailer, affiliated wholesaler

affiliated retailer 1) *торг.* сетевой магазин *(магазин, являющийся частью розничной торговой сети)* **2)** *торг.* сетевой розничный торговец *(независимый розничный торговец, объединившийся с другими такими же под общим фирменным названием с целью совершенствования сбыта)* **SEE:** affiliated chain, affiliated wholesaler

affiliated store *торг.* = branch store

affiliated wholesaler 1) *торг.* владелец розничной сети *(оптовик, который является спонсором или владельцем группы розничных магазинов)* **SEE:** retailer **2)** *торг.* сетевой оптовик* *(оптовик, который кооперируется с другими оптовыми фирмами для получения определенных коммерческих преимуществ)* **SEE:** affiliated retailer, affiliated chain

affinities *марк.* родственные магазины* *(группа магазинов, расположенных поблизости друг от друга и предлагающих одинаковые товары)* **SEE:** spatial competition, affinity marketing

affinity *сущ.* **1)** *общ.* сходство, близость, родство **SEE:** affinity group **2)** *рекл.* показатель однородности целевой аудитории *(отражает степень соответствия данной группы респондентов целевой аудитории рекламной кампании по полу, возрасту, уровню доходов, социальному статусу и т. д., менее 100 свидетельствует о несоответствии данной социально-демографической группы характеристикам целевой аудитории)* **SEE:** audience composition

affinity group 1) *общ.* группа единомышленников [по интересам] **2)** *марк.* группа родственных товаров

affinity marketing 1) *марк.* дружественный маркетинг* *(подход к маркетингу, при котором различные фирмы и организации с общими целями и интересами объединяются для совместного продвижения своих товаров потребителям, связанным общими* *потребностями и предпочтениями; при этом компании объединяют усилия по поиску потребителей, имеющих определенные потребности, а затем самостоятельно предлагают им свои товары)* **SEE:** affinities **2)** *марк.* = symbiotic marketing

affirmative disclosure *рекл.* явное раскрытие информации* *(раскрытие в рекламе не только позитивных, но и негативных сторон товара, напр., сообщение об ограничениях по использованию товара; требуется от рекламодателей органами государственного регулирования)* **SEE:** advertising code

affluent *прил. общ.* богатый, состоятельный; зажиточный; изобильный **EX: affluent buyer** – состоятельный [богатый] покупатель, **affluent suburb** – зажиточный пригород **SEE:** upscale market

affluenza *соц.* потреблудие*, консьюмопатия*, изобилиенция* *(поведение, при котором человек очень много работает и влезает в долги, чтобы постоянно повышать уровень своего потребления)* **SEE:** consumerism

affordable method *марк., учет* метод исчисления «от наличных средств» *(метод разработки бюджета (рекламного, бюджета стимулирования и др.), когда фирма выделяет на конкретные цели только такие суммы, которые она может себе позволить истратить после покрытия основных расходов)* **SYN:** all-you-can-afford budgeting, available funds method **SEE:** competitive-parity method, objective-and-task method

after cost *учет, марк.* = after-purchase cost

after-market demand *марк.* вторичный спрос *(возникающий на запасные части, комплектующие и другие изделия в связи с увеличением производства и спроса на сложную товарную продукцию)* **SEE:** aftermarket

after-purchase cost *учет, марк.* послепродажные затраты *(затраты продавца/производителя на послепродажное обслуживание проданных им товаров)* **SEE:** whole-life cost

after-sales service *торг.* послепродажное обслуживание *(услуги, оказываемые продавцом покупателю после сделанной им покупки, напр., ввод в эксплуатацию (установка, подключение), консультации по использованию, гарантийный ремонт, замена бракованных товаров и т. д.)* **SYN:** after-sale support, post sales support, post-purchase service, post-sale service **SEE:** pre-purchase service

after sales support *торг.* = post sales support

aftermarket *эк.* рынок запчастей *(рынок запасных частей и аксессуаров для автомобилей и др. техники)* **SEE:** after-market demand

afternoon drive *рекл., СМИ* = afternoon drive time

afternoon drive time *рекл., СМИ* вечерний драйв-тайм*, вечерний часпик, вечернее пиковое время *(период, когда люди возвращаются с работы; обычно считается, что это период с 14:00-15:00 до 18:00-19:00)* **SYN:** afternoon drive **SEE:** drive time, morning drive time

aftersale service *торг.* = after sales service

aftersale support *торг.* = post sales support

aftersales service *торг.* = after sales service

afterservice *торг.* = after sales service

against cash payment *торг.* после [против] наличного платежа* *(условие поставки)* **EX: We deliver the product against cash payment of the billed amount.** – Мы поставляем товар против наличного платежа указанной в счете суммы. **SEE:** against payment

against payment *торг.* против платежа *(условие торговой сделки, означающее, что покупатель может получить товар или документы на товар только после его оплаты)* **EX: delivery against payment** – поставка против платежа **SEE:** documents against payment, against cash payment

agate 1) *полигр.* «агат» *(шрифт размером 5,5 английского пункта = 1,8 мм.)* **2)** *рекл.* «агат» *(рекламное место в газете, равное 1/14 дюйма)* **SEE:** agate line

agate line *рекл., полигр.* строка «агат» *(служит основой для расчета стоимости места под рекламу и предста-*

вляет собой строку, равную ширине стандартной колонки издания и набранную шрифтом кегля 5,5 пунктов ила около 1,8 мм) **SEE:** advertising space

age and life-cycle segmentation *марк.* сегментация по возрасту и жизненному циклу* *(сегментация рынка по возрастным группам с учетом стадий жизненного цикла: дети, молодежь, взрослые, пожилые)* **SEE:** life cycle, market segmentation

ageing product *марк.* стареющий продукт *(давно находящийся на рынке и характеризующийся постепенным снижением интереса со стороны потребителей)* **EX: Advertising can also help revitalize an ageing product.** – Реклама также может восстановить интерес потребителей к стареющему продукту. **SEE:** product life cycle

agency *сущ.* **сокр.** agcy **1)** *гос. упр.* агентство, орган, учреждение, организация, бюро, служба, ведомство **SYN:** commission **2)** *эк.* агентство, посредническая организация, организация-посредник *(специализирующаяся на предоставлении услуг другим компаниям, напр., рекламных, страховых, информационных и т. п.)* **EX: information agency** – информационное агентство, **recruitment agency** – кадровое [рекрутинговое] агентство **SEE:** advertising agency, financing agency **3)** *общ.* посредничество, содействие, поддержка; действие, деятельность *(в качестве посредника)* **EX: by the agency of, through the agency of** – посредством, при помощи, при содействии (чего-л. или кого-л.); **4)** *общ.* фактор, средство *(достижения какого-л. результата)* **5)** *юр., эк.* агентские отношения, поручительство, представительство *(взаимоотношения между доверителем (принципалом) и агентом, представляющим интересы первого в различных операциях; в американском праве — юридическая форма предпринимательства)* **6)** *соц.* свобода действия *(способность людей действовать независимо от ограничений, накладываемых социальной структурой)*

agency of record *рекл.* агентство-координатор*, координирующее агентство *(рекламное агентство, координирующее деятельность других рекламных агентств, обслуживающих одного и того же клиента, производящего несколько видов продукции или работающего на нескольких рынках)* **SEE:** advertising agency

agent commission *эк.* агентское (комиссионное) вознаграждение, (комиссионное) вознаграждение агента *(вознаграждение, выплачиваемое агенту за оказание определенных услуг и обычно устанавливаемое в виде процента от объема заключенных сделок, стоимости товаров и т. п.)* **SEE:** commission agent

agent's ostensible authority *юр., торг., брит.* очевидные полномочия агента* *(согласно нормам общего права, касающимся отношений агента и принципала, полномочия агента, подразумеваемые по умолчанию; так, агент собственника товаров может продать эти товары без разрешения собственника, если его полномочия это сделать «очевидны»; данное положение противоречит нормам общего права, касающихся защиты собственности, и закону «О продаже товаров» от 1979 г., однако, может применяться)* **SEE:** agent's usual authority, estoppel by negligence, nemo dat quod not habet, Sale of Goods Act 1979

agent's usual authority *юр., торг., брит.* обычные полномочия агента* *(согласно нормам общего права, касающимся отношений агента и принципала, полномочия агента, сложившиеся в определенных обстоятельствах; так, агент собственника товаров может продать эти товары без разрешения собственника, если обычно в аналогичных случаях он мог это делать без разрешения собственника; данное положение противоречит нормам общего права, касающихся защиты собственности, и закону «О* *продаже товаров» от 1979 г., однако может применяться)* **SEE:** agent's ostensible authority, estoppel by negligence, nemo dat quod not habet, Sale of Goods Act 1979

aggregate consumer demand *эк.* совокупный потребительский спрос *(общий объем спроса на потребительские блага в экономике)*

aggregate forecasting and replenishment **сокр.** AFR *торг., упр.* сводное прогнозирование и пополнение* *(при планировании товарных запасов: прогнозирование спроса и определение необходимых объемов и графика поставок определенной группы товаров с агрегированием информации по товарам, рынкам и срокам поставок)* **SEE:** inventory management

aggregate lead time *упр.* = cumulative lead time

aggregated discount *торг.* = cumulative discount

aggregated rebate *торг.* = cumulative discount

aggregation *сущ.* **1)** *общ.* агрегирование, агрегация, соединение частей *(объединение однородных или разнородных элементов в одно целое)* **а)** *стат. (объединение, укрупнение показателей по какому-л. признаку)* **б)** *марк. (маркетинговая стратегия, направленная на расширение базы потребителей путем выявления универсальных нужд и предпочтений людей и налаживания массового производства, массового распределения и проведения массовых рекламных компаний)* **SYN:** unitizing **2)** *общ.* агрегат, конгломерат, агрегация; концентрация, сосредоточение

aggressive **1)** *общ.* агрессивный **а)** *захватнический, диктаторский* **б)** *вызывающий, задиристый* **в)** *активный, энергичный, деятельный, настойчивый, напористый* **EX: aggressive advertising** – агрессивная реклама, **aggressive salesman** – напористый торговый агент, **aggressive campaign against terrorism** – активная кампания против терроризма, **Banks are getting too aggressive on consumer lending.** – Банки начинают предлагать кредитные услуги населению слишком активно. **SEE:** aggressive approach, aggressive seller **2)** *фин.* агрессивный, рисковый *(использующий проекты, которые могут принести хорошую прибыль, но связаны с повышенным риском)*

aggressive approach **1)** *марк., упр.* агрессивный [решительный, фундаментальный, активный, революционный, настойчивый, энергичный] подход [метод] *(подход к осуществлению каких-л. действий, который предполагает не пассивное реагирование на создающуюся ситуацию и следование стандартным схемам действия, а стремление изменить саму ситуацию или применение новых нестандартных схем, которые должны привести к успеху; напр., крупные вложения в рекламу или R&D, максимально настойчивое предложение товара покупателю и т. п.)* **EX: Today's market demands a more aggressive approach.** – Сегодняшний рынок требует более решительных действий. **You must take an imaginative and aggressive approach to supply management. This means going beyond managing suppliers to creating suppliers.** – Вам следует более основательно и более творчески подойти к вопросу управления поставками. Необходимо управлять не только уже имеющимися поставщиками, но и привлекать новых. **The US government is taking an aggressive approach to import/export trade automation. Over ten years, their import initiative — Automated Brokerage System, has been very successful, basically automating the import transaction for both customs brokers and U.S.-based importers.** – Правительство США предпринимает решительные шаги в области автоматизации экспортно-импортной торговли. На протяжении 10 лет «Система автоматического заключения сделок», автоматизировавшая импортные сделки для таможенных брокеров и импортеров США, была чрезвычайно эффективна. **SEE:** aggressive seller **2)** *фин. (использование проектов, которые могут принести хорошую прибыль, но связаны с повышенным риском)*

aggressive competitor *марк.* агрессивный конкурент *(конкурент, предпринимающий активные действия по увеличению своей рыночной доли)* **EX: How to manage an aggressive competitor?** – Как противостоять агрессивному конкуренту? **Intel is an aggressive competitor with market-leading manufacturing and strong R&D.** – «Интел» активно стремится к захвату рынка, пользуясь своим лидерством в области производства и НИОКР. **SEE:** aggressive approach

aggressive seller *торг.* = tough seller

agreement *сущ.* **1)** *эк., юр.* соглашение, договор *(взаимная письменная или устная договоренность двух или более сторон по поводу условий и деталей тех или иных действий, имеющих четкие юридические последствия; обычно такая договоренность сама по себе является юридически обязывающей, но может подразумевать и последующее заключение контракта между соответствующими сторонами)* **EX: to break [cancel, dissolve, rescind] an agreement** – расторгнуть [аннулировать, отменить] договор, **to terminate an agreement** – прекратить действие договора, **to conclude [to make] an agreement** – заключить соглашение, договориться, **to enter into an agreement** – вступить в соглашение, заключить договор, **to draft an agreement** – составлять проект соглашения, **to satisfy an agreement** – исполнить договор, **breach of an agreement** – нарушение соглашения, **provided for by agreement** – предусмотренный договором, **clause in an agreement** – оговорка в договоре, **as per agreement** – согласно договору, **terms and conditions of an agreement** – условия договора, **agreement on [about] smth.** – соглашение о (чем-л.) **SEE:** barter agreement, buy-back agreement, cartel agreement, market-sharing agreement, quota agreement, supply agreement, contract, buy-back agreement, deposit agreement, merchant agreement **2)** *общ.* согласие, договоренность **EX: agreement of opinion** – единство мнений, единомыслие, **to come to an agreement about [on] smth. with smb., to reach an agreement** – договориться о чем-л. с кем-л., прийти к соглашению о чем-л. с кем-л., **by mutual agreement** – по взаимному соглашению, по обоюдному согласию, **be in agreement with**– соглашаться (с чем-л. или кем-л.) **3)** *общ.* согласие, совпадение, соответствие **EX: to bring into agreement** – приводить в соответствие, согласовывать

agreement of purchase *юр., торг.* = agreement of purchase and sale

agreement of purchase and sale *юр., торг.* договор [соглашение] купли-продажи, договор [соглашение] о купле-продаже *(соглашение, согласно которому одна сторона обязуется продать, а другая — купить определенный актив за определенную сумму в оговоренный срок и с соблюдением других оговоренных соглашением условий)* **SYN:** agreement of sale and purchase, contract of purchase and sale, contract of sale and purchase, sales contract, sale contract, contract of sale, contract for sale, agreement of purchase, purchase agreement, agreement of sale, sales agreement, sale agreement **SEE:** credit sale contract, instalment sale, international sales contract

agreement of sale *юр., торг.* = agreement of purchase and sale

agreement of sale and purchase *юр., торг.* = agreement of purchase and sale

agricultural advertising *рекл., с.-х.* = farm advertising

agricultural commodities *эк.* = agricultural goods

agricultural goods *эк.* сельскохозяйственные товары *(товарная продукция, произведенная в сельском хозяйстве)* **SYN:** agricultural commodities **SEE:** manufactured goods, primary goods

agricultural market *торг.* сельскохозяйственный рынок, рынок сельскохозяйственной продукции **SEE:** agricultural goods, consumer market, producer market

agricultural marketing *марк.* сельскохозяйственный маркетинг *(маркетинг сельскохозяйственной продукции)* **SYN:** agrimarketing, farm marketing

Agricultural Marketing Act *гос. упр., торг., с.-х., юр., амер.* закон «О реализации сельскохозяйственной продукции»* *(уполномочил Министерство сельского хозяйства США соби-*

рать, систематизировать и распространять статистические данные по рынку сельхозпродукции, напр., информацию об объемах предложения товаров, о запасах на складах, о качестве продукции и т. д.; принят в 1946 г.) **SEE:** Department of Agriculture, agricultural market

Agricultural Marketing Service сокр. AMS *гос. упр., торг., амер.* Служба сельскохозяйственного маркетинга *(ведомство Министерства сельского хозяйства, способствующее продаже сельхозпродукции фермерских хозяйств; издает ежедневные обзоры о состоянии урожая, спроса на продукцию, цен и другой информации общенационального и местного характера)* **SEE:** Department of Agriculture, agricultural goods

Agricultural Trade and Marketing Information Center сокр. ATMIC *гос. упр., торг., СМИ, амер., ист.* Информационный центр сельскохозяйственной торговли и маркетинга* *(создан при Министерстве сельского хозяйства США; поддерживает сайт, содержащий публикации по вопросам глобального сельскохозяйственного маркетинга ссылки на сайты аналогичной тематики, напр., на сайты сельскохозяйственных ассоциаций США; прекратил работу в 1999 г.)* **SEE:** Department of Agriculture

agrimarketing *марк.* = agricultural marketing

AIDA сокр. от awareness-interest-desire-action, attention-interest-desire-action *марк.* «АИДА», модель «АИДА»*, процесс «АИДА»* **а)** *(модель потребительского поведения, описывающая последовательность событий, ведущих к принятию решения о покупке: «знакомство-интерес-потребность-действие»)* **SEE:** affective stage, cognitive stage, behavioural stage, awareness-trial-reinforcement **б)** *рекл. (формула рекламного воздействия на аудиторию: привлечь внимание, вызвать интерес, вызвать желание воспользоваться рекламным предложением, побудить к покупке (по первым буквам английских слов «внимание», «интерес», «желание», «действие»)*

aided awareness *марк.* узнавание с подсказкой, наведенная осведомленность* *(отношение потребителя к марке, при котором он выбирает этот марку из списка названий, набора упаковок или совокупности логотипов)* **SYN:** prompted awareness **SEE:** unaided awareness, advertising awareness

aided recall метод припоминания по подсказке, припоминание по подсказке **а)** *псих. (исследовательский прием с использованием намеков и наводящих вопросов, помогающих обследуемым вспомнить ранее виденное или слышанное)* **б)** *рекл. (метод исследования запоминаемости рекламных объявлений: опрашиваемому предлагается какая-л. подсказка, которая могла бы помочь ему вспомнить, когда он видел рекламу данного товара)* **SYN:** aided recall test **SEE:** unaided recall

aided recall test *псих., рекл.* = aided recall

AIDMA *марк., соц.* **сокр. от** Attention, Interest, Desire, Memory, Action модель АИДМА; «внимание, интерес, желание, память, действие» *(один из вариантов модели восприятия рекламного сообщения)* **SEE:** AIDA

aids to trade *марк.* средства торговли *(приемы улучшения условий торговли, напр., реклама, банковские услуги, страхование, транспорт и т. п.)* **SEE:** marketing strategy

air

I *сущ.* **1)** *общ.* воздух, атмосфера **2)** *СМИ* эфир **EX: the programme goes on the air** – программа выходит в эфир, **We are on the air and call in with questions.** – Мы в эфире и ждем ваших звонков. **3)** *рекл.* воздух* *(незаполненное место в рекламном объявлении)* **SEE:** advertising space, white space

II *гл.* **1)** *общ.* проветривать, вентилировать **2)** *СМИ* передавать в эфир

air advertisement *рекл.* рекламное объявление в небе [в воздухе]*, воздушное рекламное объявление* **SEE:** aerial advertising

air advertising *рекл.* = aerial advertising

air bill *трансп.* = air waybill

air bill of lading *трансп.* = air waybill

air-bubble packing *торг.* воздушно-пузырьковая пленка *(защитная упаковка из пластика с воздушными карманами)* **SEE:** avenue packing

air consignment note *трансп.* = air waybill

air waybill **сокр.** AWB *трансп.* авиагрузовая [авиационная] накладная, авианакладная, авиационный коносамент* *(документ, который выдается перевозчиком грузоотправителю в подтверждение факта принятия груза к авиаперевозке и содержит обязательства передать груз грузополучателю; содержит условия транспортировки товара, оговоренные перевозчиком и грузоотправителем)* **SYN:** airwaybill, air consignment note, airbill, air bill, air bill of lading **SEE:** bill of lading

airbill *трансп.* = air waybill

airplane banner *рекл.* самолетный транспарант* *(рекламный транспарант, буксируемый самолетом)* **SEE:** aerial advertising, outdoor advertising

airtight container *потр., торг.* герметичная тара **SEE:** airtight packaging

airtight packaging *потр., торг.* герметичная [воздухонепроницаемая] упаковка *(изготовлена из материалов, не пропускающих воздух; такая упаковка более всего сохраняет свежесть товара, не позволяет выдыхаться аромату продукта и т. п.; используется преимущественно для пищевых продуктов)* **EX: sealed in airtight packaging to maintain freshness** – запечатан в воздухонепроницаемую упаковку для сохранения свежести **SEE:** waterproof packing, sealed package

airtight wrapper *потр., торг.* герметичная упаковка **SEE:** airtight packaging

airwaybill *трансп.* = air waybill

aisle *сущ* проход **а)** *общ. (между рядами в театре, церкви, поезде, автобусе и т. п.)* **б)** *торг. (между полками, на которых выставлены товары в магазине самообслуживания)* **SEE:** spot display, aisle advertising, aisle display, end-aisle display **в)** *торг. (между полками в складских помещениях)*

aisle advertising *рекл.* реклама в проходах* *(рекламирование товара с помощью специальных стендов, размещаемых в магазинах и имеющих характерное для всей рекламной кампании оформление)* **SEE:** aisle display

aisle display *марк.* экспозиция в проходе* *(размещение товаров и рекламных материалов в проходе торгового зала)* **SEE:** aisle advertising, end-aisle display, merchandising

Akerlof, George A. *эк.* Акерлоф, Джордж А. *(1940-, американский экономист; получил нобелевскую премию в 2001 г. совместно с М. А. Спенсом и Дж. Е. Стиглицем за «анализ рынков с асимметричной информацией»; впервые описал и проанализировал в экономической литературе рынок «лимонов»; много занимался построением моделей экономического поведения, которые включали бы различные неэкономические переменные: психологические, социологические и т. д.)* **SEE:** lemons market

Aldridge v. Jonson *юр., торг., брит.* «Олдридж против Джонсона»* *(судебный прецедент 1895 г., сыгравший важную роль в различении английским коммерческим правом договора о продаже товаров и договора об обмене, в частности, указавший, что в случае если какие-л. товары, принадлежащие одной стороне, обмениваются на товары и часть денег, принадлежащие другой стороне, данный договор следует рассматривать как договор о продаже товаров, если деньги как предмет обмена играют главную роль в данной сделке, и как договор об обмене, если деньги играют подчиненную роль)* **SEE:** contract of sale of goods, contract of exchange, good

all-commodity rate *трансп.* тариф для всех грузов* *(тариф на перевозку, *применимый к множеству различных грузов, транспортируемых одновременно одним транспортом от грузоотправителя к грузополучателю; базируется на фактических транспортных затратах)* **SYN:** freight all kinds

all-in *прил. эк.* включающий все, «все включено», полный *(напр., о цене, включающей не только собственно стоимость товара, но и транспортные, страховые и другие расходы; о заработной плате с учетом всех надбавок и т. д.)* **SEE:** all-in price

all-in price *торг.* полная цена, паушальная цена *(цена, включающая как стоимость самого товара, так и все налоговые сборы, расходы на страховку, транспортные затраты и т. д.)* **SYN:** all-inclusive price, overall price, all-in rate **SEE:** all-in

all-in rate *торг.* = all-in price

all-inclusive *эк.* включающий все, учитывающий все; комплексный *(напр., о цене, в которую включена стоимость всех сопутствующих услуг; об отчете, в котором отражены все расходы и доходы, и т. п.)* **SEE:** all-in price, American plan, all-inclusive study

all-inclusive price *торг.* = all-in price

all-inclusive study *рекл., амер.* комплексный [всеобъемлющий] отчет *(отчет исследовательской фирмы «Эй Си Нильсен» со статистическими данными о динамике размера телеаудитории за последние четыре недели; данные используются для расчета охвата и частотности рекламы)* **SEE:** ACNielsen company

all risk clause *страх.* оговорка о всех рисках* *(условие в полисе страхования грузов о предоставлении широкого страхования, покрывающее почти все риски потерь, вызванных любой причиной кроме производственного брака перевозимого товара и некоторых других)* **SYN:** all risks clause **SEE:** inherent vice, cargo insurance

all risks clause *страх.* = all risk clause

all-text advertisement *рекл.* текстовая реклама *(рекламное объявление без графических элементов)* **SEE:** advertisement

all-you-can-afford budgeting *марк., учет* = affordable method

alliance strategies *марк.* стратегии объединения* *(стратегии маркетинговой войны, которые предполагают создание компаниями различных союзов, партнерств, соглашений и т. д. для совместной защиты от конкурентов)* **SEE:** marketing warfare, exclusive distribution

allied products *марк.* = related goods

allocation *сущ.* **1) а)** *общ.* размещение, распределение **EX: allocation of responsibilities** – распределение обязанностей, **allocation of labour** – распределение рабочей силы **б)** *фин.* ассигнование; отчисление, выделение (денежных) средств *(на определенные цели)* **EX: allocation of funds to research** – выделение средств на исследование **в)** *СМИ* выделение канала *(выделение коммерческой организации государственным органом частоты для радио- или телевизионных передач)*, распределение частот *(между радиовещательными станциями)* **г)** *марк.* выделение объема товаров* *(выделение определенного объема товаров для данного рынка)* **д)** *учет* отнесение [распределение] затрат *(по объектам затрат или различным периодам)* **2) а)** *общ.* доля, часть **б)** *фин.* ассигнования *(денежные средства, выделенные на целевые расходы)*

allowable order cost *марк.* допустимые издержки на заказ *(средства, которые могут быть истрачены на склонение потенциального покупателя к покупке без снижения необходимой прибыли)* **SEE:** sales management

allowance

I *сущ.* **1)** *эк. тр.* содержание *(напр., суточные)*; денежное пособие, денежная помощь; прибавка*, надбавка* *(сумма, выплачиваемая в дополнение к обычному вознаграждению в качестве компенсации или поощрения; также любые выплаты, призванные* *компенсировать расходы, понесенные данным лицом, напр., выплаты в счет покрытия транспортных расходов коммивояжера, командировочные и т. п.)* **2)** **а)** *общ.* рацион, порция; паек; норма отпуска, норма выдачи; квота **EX: at no allowance** – неограниченно, **to put on short allowance** – перевести на ограниченную норму, урезать норму **б)** *общ.* норма времени **3)** *торг.* скидка *(вычет из фактурной стоимости товара, предоставляемый продавцом покупателю в случае быстрой оплаты товара, особых условий сделки (напр., обещание покупателя рекламировать товар) либо в случае, если товар был поставлен позже оговоренного срока или прибыл в поврежденном состоянии; термин обычно не распространяется на скидки с прейскурантной цены товара)* **EX: to grant an allowance** – предоставить скидку **SYN:** deduction **SEE:** advertising allowance, bill-back allowance, breakage allowance, cooperative advertising allowance, distribution allowance, off-invoice allowance, promotional allowance, retail display allowance, slotting allowance, trade-in allowance, invoice price, discount **4)** *гос. фин.* налоговая скидка **5)** *эк., юр., пат.* признание *(обоснованным, законным и т. п., напр., решение предварительной экспертизы о патентоспособности)* **EX: allowance of claim** – признание обоснованности претензии **6)** *учет, фин., банк.* резерв *(средства, зарезервированные для будущего покрытия запланированных расходов и компенсирования возможных убытков, напр., резерв под обесценение финансовых вложений, по сомнительным долгам и т. п.)* **7)** *эк.* допуск, допустимое отклонение; допустимая потеря* *(потеря количества или качества, рассматриваемая как нормальная для данного производства)*

alpha error *стат.* альфа-ошибка, ошибка первого рода *(ошибка, которая заключается в непринятии верной гипотезы; в маркетинговых исследованиях: ошибка, связанная с неправильно определенным мнением или возможной реакции, которой фактически не существует на целевом рынке)* **SEE:** beta error

Alpha Kappa Psi Award *марк., амер.* премия «Альфа Каппа Пси»* *(присуждается за достижения в области маркетинга американским журналом «Джорнэл оф маркетинг»)* **SEE:** Journal of Marketing

alpha testing *марк.* альфа тестирование* *испытание нового продукта внутри компании; первая стадия в системе тестирования альфа-бета)* **SEE:** beta testing

alternate sponsorship *рекл.* попеременное спонсорство*, попеременное финансирование* **а)** *(ситуация, когда одна и та же программа поочередно спонсируется несколькими рекламодателями, напр. ситуация, когда программа спонсируется двумя рекламодателями, каждый из которых финансирует программу в течение недели)* **б)** *(поочередное использование одного рекламного времени двумя рекламодателями)*

alternative advertisement *рекл.* альтернативное рекламное объявление* **SEE:** alternative advertising

alternative advertising *рекл.* альтернативная реклама *(реклама товара нетрадиционными средствами: кинореклама, наружная реклама, транзитная реклама, реклама в Интернете, в отличие от традиционной рекламы на телевидении, радио и в прессе)* **SEE:** alternative advertisement, traditional advertising, ambient advertising, advertising method

alternative close *марк.* альтернативное завершение*, завершение альтернативным вопросом* *(метод завершения разговора с потенциальным покупателем, при котором торговый агент не спрашивает напрямую, согласен ли покупатель приобрести товар, а задает вопрос, предлагающий возможность выбора, но не дающий прямой возможности сказать «нет»,* *напр., спрашивает: «доставить вам товар в первой половине дня или вечером?», «так вы какой хотите: синий или зеленый?»)* **SEE:** assumptive close, puppy-dog close, alternative question

alternative meaning *общ., марк.* = secondary meaning

alternative media *рекл., СМИ* альтернативные средства информации *(нетрадиционные средства распространения информации, напр., в контексте рекламной деятельности это могут быть носители рекламы, не относящиеся к стандартной радио-, телевизионной, печатной, транспортной или наружной рекламе, напр., телемониторы в супермаркетах, рекламные листовки и т. п.)* **SEE:** mass media

alternative products *марк.* = like goods

alternative question *соц.* альтернативный вопрос *(вопрос, в котором предоставляются варианты ответа)* **SEE:** survey, question, alternative close

ambient advertising *рекл.* нетрадиционная реклама *(реклама товара в нетрадиционных местах: рекламные объявления на тележках для покупок, на ступеньках, на колесах транспорта, на сиденьях для унитазов и т. д.)* **SEE:** traditional advertising, advertising method

ambush marketing *марк.* паразитический маркетинг *(попытки ассоциировать компанию или торговую марку с каким-л. значимым событием, напр., олимпиадой, без уплаты комиссионных организатору данного события; такой маркетинг нарушает права организаторов события и вводит общественность в заблуждение относительно того, кто в действительности является спонсором события)* **SEE:** events marketing

American Academy of Advertising *рекл., амер.* Американская академия рекламы *(организация с личным членством, объединяющая специалистов в области рекламы, которые заинтересованы в развитии своих профессиональных знаний, штаб-квартира расположена в г. Колумбия, Калифорния)* **SEE:** advertising club

American Advertising Federation **сокр.** AAF *рекл., амер.* Американская рекламная федерация, Американская федерация рекламы *(объединение рекламных организаций, рекламодателей, рекламных агентств, средств распространения рекламы и фирм, имеющих отношение к рекламе, ставящее себе задачей сделать рекламу более эффективной для предпринимателя и более полезной для потребителей)* **SEE:** Advertising Federation of America, Addy Award, Advertising Association of the West

American Association of Advertising Agencies **сокр.** AAAA *рекл., амер.* Американская ассоциация рекламных агентств *(ассоциация, объединяющая крупнейшие рекламные агентства США и оказывающая помощь в регулировании рекламной деятельности)* **SYN:** American Association of Advertising Agents **SEE:** Standards of Practice of the American Association of Advertising Agencies

American Customer Satisfaction Index **сокр.** ACSI *потр., стат., амер.* американский индекс удовлетворенности потребителей *(введенный в октябре 1994 г. экономический индикатор, характеризующий степень удовлетворенности американскими домохозяйствами качеством товаров и услуг как отечественного производства, так и импортируемых)* **SEE:** customer satisfaction

American Marketing Association **сокр.** AMA *марк., амер.* Американская ассоциация маркетинга [маркетинговая ассоциация] *(профессиональная организация, созданная для содействия сотрудничеству в маркетинговой деятельности и повышения профессионального уровня маркетологов, обеспечения соответствия маркетинговой деятельности законодательству и этическим нормам)* **SEE:** Journal of Marketing, Effie award

American Newspaper Publishers Association **сокр.** ANPA *СМИ, рекл., амер.*

Американская ассоциация издателей газет *(объединяет более тысячи издателей газет Западного полушария с целью содействия прессе в поддержании ее экономической стабильности и независимости; издает информационные справочники и ведет исследовательскую работу в области технологии печати, регулирования отношений с профсоюзами, формирования цен на печатную продукцию и почтовую пересылку; осуществляет раскрутку газет как средства рекламы)* **SEE:** Bureau of Advertising

American Plan американский план **сокр.** AP *торг. (разновидность гостиничного обслуживания, при котором цена включает стоимость комнаты, трехразового питания и ряда других услуг)* **SEE:** Modified American Plan

American Society of Advertising and Promotion *рекл., амер.* Американское общество рекламы и стимулирования продаж* *(ставящее своей целью распространение практической информации обо всех формах рекламы и стимулирования)*

American Television and Radio Commercials Festival *рекл., амер.* Американский фестиваль телевизионной и радиорекламы* *(проводимый ежегодно конкурс рекламных кампаний на радио и телевидении; победителям вручается золотая статуэтка Клио)* **SEE:** radio advertising

amongst matter *рекл., СМИ* между материалом* *(ситуация, когда рекламное объявление размещается между абзацами других текстов)* **SEE:** advertorial

amount of contract *эк., юр.* сумма контракта *(общая стоимость товаров или услуг, поставляемых в рамках данного контракта)* **SEE:** contract price

amount of discount *фин., банк., бирж., торг.* = discount amount

amount of sampling *стат.* объем выборки *(общее число единиц обследования, включенное в выборочную совокупность)* **SEE:** sampling, sample

analogy advertising *рекл.* реклама на основе аналогий* *(метод рекламы, в котором для описания рекламируемой продукции используется ее сравнение с другой продукцией)* **SEE:** comparison advertising, anonymous product, testimonial advertising, advertising method

anchor

I *сущ.* **1)** *мор.* якорь **2) а)** *упр.* «опора» *(ключевая фигура, лицо, вносящее основной вклад в какое-л. дело)* **EX: Mike is the anchor of our team.** – Майк является ключевой фигурой нашей команды. **б)** *СМИ* ведущий *(напр., телепрограммы)*; репортер *(ведущий репортажи с места событий)* **3)** *торг.* «якорь» *(самый крупный магазин в торговом центре)* **SYN:** anchor store **SEE:** anchor tenant **4)** *псих.* якорь *(в НЛП: любой стимул, связанный с определенной реакцией; якоря возникают естественным путем, но их можно устанавливать преднамеренно, напр., звонить в колокольчик, чтобы привлечь внимание людей)*

anchor store *торг.* якорный магазин* *(популярный магазин в торговом центре или пассаже, привлекающий в него основную массу покупателей)* **SEE:** anchor tenant, shopping mall, shopping centre

anchor tenant *торг.* якорный арендатор* *(главный арендатор в торговом центре, привлекающий в него покупателей)* **SEE:** anchor store

ancillaries-to-trade *торг.* = aids to trade

ancillary customer service *торг.* дополнительное обслуживание покупателей *(дополнительные услуги, предоставляемые потребителю при покупке, напр., возможность предварительных заказов, комплектация подарочных наборов, доставка товара на дом и т. д.)* **SEE:** customer service

ancillary goods *торг.* вспомогательные товары **SEE:** ancillary product

ancillary product *торг.* вспомогательный продукт *(выполняет вспомогательную функцию при потреблении некоторого основного товара; напр., автомагнитола для автомобиля, ков-*

рик для мыши и т. п.) **EX: Large companies are able to internalise the production and supply of ancillary products and services.** – Большие компании в состоянии самостоятельно организовать производство и продажу вспомогательных продуктов и услуг. **SYN:** accessory product, ancillary goods **SEE:** tied products, complementary goods, joint goods

Andy Award *рекл., амер.* премия «Энди» *(присуждается за достижения в области рекламы Нью-Йоркским рекламным клубом)* **SEE:** Advertising Club of New York

angled poster *рекл.* плакат угловой установки* *(стоит под углом к потоку движения и виден только движущимся в каком-то одном направлении)* **SEE:** poster, outdoor advertising

anniversary sale *марк.* юбилейная распродажа *(продажа товара по сниженным ценам в честь какого-л. юбилея)* **SEE:** sale, event marketing

announcement *сущ.* **1) а)** *общ.* объявление, сообщение; извещение, уведомление; анонс **EX: to issue [to make] an announcement** – сделать объявление, **announcement of a new project** – сообщение о новом проекте, **announcement about a conference** – сообщение о конференции, **public announcement** – официальное сообщение, **The chairman of the council made an announcement about the development plans.** – Председатель совета сообщил о планах развития. **б)** *общ.* объявление, уведомление, оглашение, оповещение *(само действие)* **2)** *рекл., СМИ* реклама, рекламное объявление, рекламное сообщение **SYN:** advertisement, commercial, advertising

annual fair *торг.* ежегодная ярмарка *(напр., сельскохозяйственной продукции)* **SEE:** fair

annual rebate *торг.* годовая скидка, скидка по итогам года *(скидка, предоставляемая исходя из общей стоимости заказов на товар или услугу, размещенных данным клиентом за год)* **SEE:** cumulative discount

annual sales *эк.* годовые продажи, годовой объем продаж *(количество проданного за год товара в стоимостном или натуральном выражении)* **EX: The average annual sales is about $117,000.** – Средний годовой объем продаж составляет $117.000. **Our annual sales is about 15,000 metric tons.** – Наш годовой объем продаж составляет примерно 15.000 метрических тонн. **SYN:** yearly sales, yearly sale

anonymous product **1)** *рекл.* безымянный продукт *(продукт X, с которым сравнивается рекламируемый товар)* **SEE:** anonymous product testing, analogy advertising **2)** *марк.* анонимный [безымянный] продукт *(товар, выпущенный на рынок без марки, с отсутствием элементов фирменного стиля)* **SYN:** generic product

anonymous product testing *марк.* тестирование безымянных товаров* *(маркетинговое исследование, при котором участникам исследования предлагается оценить ряд продуктов, запакованных в одинаковые упаковки без указания марки)* **SEE:** anonymous product

Ansoff matrix *марк.* матрица Ансоффа *(матрица, разработанная Игорем Ансоффом, которая позволяет выбрать маркетинговую стратегию исходя из степени новизны продукта и степени освоенности рынка: по горизонтали откладывается степень новизны продукта (существующий продукт, новый продукт), а по вертикали степень освоенности рынка (существующий рынок, новый рынок), в ячейках матрицы указывается характерная для данной ситуации стратегия роста, напр., диверсификация (новый продукт, новый рынок), проникновение на рынок (старый продукт, старый рынок), развитие рынка (новый рынок, старый продукт), разработка продукта (новый продукт, существующий рынок))* **SEE:** market development, market penetration, product development, Boston matrix; Ansoff, H. Igor;

Ansoff, H. Igor *упр., марк.* Ансофф, Игорь *(1918-2002 гг.: американский*

экономист, специализировался на разработке теории стратегического менеджмента; наиболее известная работа — «Корпоративная стратегия» (Corporate Strategy), опубликованная в 1962 г.) **SEE:** Ansoff matrix

answer print пробная [контрольная] копия, монтажная копия **а)** *СМИ (первая звуковая копия фильма с окончательно совмещенного негатива, представляемая на рассмотрение и оценку режиссера или продюсера)* **б)** *рекл. (законченный и смонтированный материал коммерческой рекламы со всеми необходимыми киноэффектами и титрами; представляется клиенту на одобрение, затем корректируется по цвету, качеству и синхронизации, после чего изготавливается окончательная копия)*

anti-consumerism *сущ. эк., соц.* антиконсьюмеризм* *(движение против культуры потребления (консьюмеризма), направленное на более скромное, избирательное потребление благ с учетом экологических принципов и естественных духовных потребностей человека, освобождение от рекламного «зомбирования» и т. п.)* **SEE:** consumerism, Adbusters, Buy Nothing Day, affluenza

anti-counterfeiting *торг.* антиконтрафактный* *(направленный на борьбу с подделками)* **EX: anti-counterfeiting campaign** – программа мер по борьбе с подделками **SEE:** Anti-Counterfeiting Group

Anti-Counterfeiting Group сокр. ACG *торг., юр.* Антиконтрафактная группа* *(организация, основанная несколькими крупными компаниями в 1980 г. для защиты известных торговых марок от подделок; в настоящее время объединяет около 200 компаний из 30 стран)* **SEE:** counterfeit, Brand Protection Group

anti-logo *соц.* антилоготип* **SEE:** Blackspot sneaker

anti-selection *страх.* = adverse selection

anticipated sales *марк.* ожидаемый сбыт, ожидаемые продажи **SYN:** planned sales

anticipatory credit *банк., торг.* = anticipatory letter of credit

anticipatory letter of credit *банк., торг.* предварительный кредит [аккредитив]* *(разновидность аккредитива, при которой получатель средств по аккредитиву может получить часть суммы до выполнения всех условий аккредитива; обычно речь идет об аккредитиве, при котором поставщик может получить часть выделенной ему суммы до фактической отгрузки товара и использовать ее на производство данного товара, на организацию доставки и т. п.; существует в двух формах: с красной или зеленой оговоркой)* **SYN:** anticipatory credit **SEE:** letter of credit, red clause letter of credit, green clause letter of credit

anticompetitive conduct *эк., юр.* антиконкурентное [неконкурентное] поведение *(поведение экономического субъекта, направленное на или связанное с ограничением свободной конкуренции)* **SYN:** restrictive trade practice **SEE:** antitrust laws

antique shop *торг.* антикварный магазин, магазин антиквариата **SYN:** antique store, curiosity shop, old curiosity shop

antique store *торг.* = antique shop

antitheft tag *торг.* ярлык, предохраняющий от кражи* *(напр., ярлык, содержащий магнитную вставку, на которую при попытке вынести неоплаченный предмет из магазина отреагирует сканер в дверях; при покупке такой ярлык удаляется в кассе или при выдаче товара после предъявления чека)*

antitrust laws *эк., юр.* антитрестовские законы, антимонопольное законодательство *(законы, направленные на поощрение свободной конкуренции и борьбу с монополистической деятельностью и сговорами в области ценообразования; антитрестовское законодательство в системе общего права США превратилось в самостоятельную отрасль правового регули-*

рования, осуществляемого главным образом федеральными законами) **SEE:** competition policy

apathetic shopper *торг.* равнодушный [апатичный] покупатель *(практически не сравнивает товары при принятии решения и совершает покупки в любом ближайшем удобном для него магазине)* **SEE:** comparison shopping, shopping behaviour, convenience shopping centre

apparel store *торг.* магазин готового платья **SYN:** clothing store

apparel textile *потр.* одежная ткань **SEE:** cotton goods, fabric, textiles

apparent good order and condition *торг., трансп.* хорошее внешнее состояние товара*, без видимых повреждений *(надпись на коносаменте, означающая, что товары были отправлены в хорошем состоянии, без каких-л. повреждений)* **SEE:** bill of lading

appetitive behaviour *псих.* аппетитивное [поисковое, подготовительное] поведение *(поведение, связанное с поиском раздражителей, свидетельствующих о возможности удовлетворения наличной потребности)*

appliance shop 1) *торг.* магазин бытовой техники **2)** *торг.* хозяйственный магазин **SEE:** shop

applicant *сущ.* **1)** *общ.* проситель, заявитель **а)** *общ. (в самом общем смысле: тот, кто подает заявку на что-л.)* **б)** *пат. (физическое или юридическое лицо, подающее заявку на регистрацию объекта промышленной собственности, регистрацию торговой марки и т. п.)* **в)** *банк. (любое лицо, подающее запрос на кредит)* **г)** *банк., торг.* = account party **д)** *юр. (податель апелляции)* **е)** *фин.* подписчик *(на ценные бумаги)* **2)** *общ.* кандидат, претендент, кандидатура, соискатель **EX: applicant for a job, job applicant** – претендент на работу [рабочее место, должность]

approach *сущ.* **1)** *общ.* приближение; приход, наступление **2)** *мет.* подход *(к решению проблемы, задачи и т. п.)*; метод *(решения проблемы и т. п.)* **EX: an approach to a problem** – подход к проблеме, **an approach to policy making** – метод выработки политики **SEE:** advertising approach, adviser approach, aggressive approach **3)** *общ., часто мн.* попытка вступить в переговоры; попытка установить [наладить] контакты **EX: We made an approach to their chairman but no offer was ever made.** – Мы попытались наладить контакты с их председателем, но никакого предложения сделано не было. **4)** *трансп.* заход на посадку *(воздушного судна)* **5)** *мат.* приближение, аппроксимация **6)** *рекл.* дистанция [расстояние] беспрепятственной видимости *(расстояние свободного обзора в наружной рекламе, т. е. расстояние, с которого щитовая установка видна целиком)* **SEE:** flash approach, long approach, medium approach, short approach

approval sale *торг.* = sale on approval

approved label *торг.* апробированная этикетка* *(официально одобренная этикетка, закрепленная за каким-л. товаром)* **SEE:** label, label approval, Fair Packaging and Labeling Act

arbitrary trademark *пат., марк.* произвольный товарный знак* *(товарный знак, состоящий из слов, имеющих реальное значение в данном языке, но значения таких слов не имеют отношения к продукту как таковому или каким-л. его свойствам; напр., Apple (яблоко) для компьютера или Camel (верблюд) для сигарет; при использовании такого товарного знака отсутствует прямая ассоциация знака с продуктом, что требует более интенсивного маркетинга для утверждения такой ассоциации в сознании потребителя)* **SEE:** word trademark, fanciful trademark, suggestive trademark

arcade *торг., потр.* пассаж *(с магазинами)*

area manager *упр.* = district manager

area rate *торг.* зональный тариф *(расценки на какой-л. товар или услугу, устанавливаемые в зависимости от зоны (региона), выделяемого поставщиком/продавцом товара/услуги* *в качестве района, где действует режим ценообразования, отличный от режима в другом районе)* **SYN:** zone price **SEE:** zone pricing

area sales *марк.* региональные продажи* *(объем продаж, ограниченный сделками, совершенными на территории какого-л. региона)*

area sampling *стат.* региональная [районированная, стратифицированная] выборка *(вид случайной выборки, при котором процедурам отбора единиц наблюдения предшествует разделение генеральной совокупности на однородные части)* **SEE:** sample

area-by-area allocation **сокр.** ABA порайонное распределение **а)** *эк.* *(распределение денежных средств по районам с учетом пропорциональной значимости или потенциала каждого из них)* **б)** *рекл.* *(метод размещения средств на рекламу, при котором деньги выделяются на каждый рынок в соответствии с достигнутой или планируемой долей этого рынка в объеме продаж товаров или услуг рекламодателя)* **SYN:** market-by-market allocation

armchair research *соц.* кабинетное [вторичное] исследование *(сбор, обработка и анализ вторичных данных, взятых из газет, журналов, правительственных и специальных публикаций; как правило, информация, собранная в результате кабинетного исследования, проверяется в ходе экспертных интервью с экономистами; руководителями ключевых предприятий; государственными служащими; журналистами, специализирующимися по данной тематике)* **EX: Most of our armchair research can be done in libraries but if we can't find all the date through armchair research we shall have to conduct own market survey.** – Большинство наших кабинетных исследований может быть сделано в библиотеках, но если мы не сможем найти все данные, нам придется провести собственное маркетинговое исследование. **SYN:** desk research, secondary research, off-the-peg research **SEE:** secondary data, questioning, field

armchair shopping *торг.* заочные покупки, магазин на диване*, домашний магазин* *(покупки, осуществляемые потребителем дома с помощью почты, телефона, телефакса, компьютера или интерактивного телевидения)* **SYN:** home shopping, homeshopping, in-home shopping, remote shopping **SEE:** home shopping catalogue, shopping channel, telecommunication shopping

army post exchange *торг., амер.* военный магазин *(обычно представляет собой универсальный магазин, в котором продаются разнообразные товары за исключением бакалейных)*

arrangement of goods *торг.* расположение товара [товаров] *(в магазине или на складе)* **SEE:** merchandising

art and mechanical **сокр.** A&M *учет, рекл.* иллюстративный материал и монтаж* *(статья расходов, в которую включают расходы на изготовление и монтаж иллюстративного материала; существует в организациях, которые занимаются изготовлением печатной рекламы)*

art buyer *рекл.* закупщик художественного оформления *(представитель рекламного агентства или коммерческой художественной студии)*

art dealer *торг.* = arts dealer

art of display *марк.* искусство экспонирования [представления товара] *(искусство представить товар в магазине, на рекламном стенде, при проведении рекламной акции и т. п., в наиболее привлекательном виде)* **SEE:** merchandising

artery of commerce *торг.* торговый путь, торговый канал *(путь доставки товара потребителям; может быть наземным, водным, воздушным)* **EX: We know the river today as an important artery of commerce.** – Эта река в настоящее время считается важным торговым путем.

article

I *сущ.* **1) а)** *общ.* предмет, вещь; товар **EX: toilet articles** – туалетные принадлежности, **article of supply** – предмет снабжения, **article of value** – ценный предмет, ценный товар **SEE:** article of commerce, articles of food, branded article, non-conforming article, saleable article **б)** *торг.* артикул *(тип изделия, товара, а также его цифровое или буквенное обозначение)* **SEE:** article numbering system **2)** *СМИ* статья *(в печатном издании)* **EX: magazine article** – журнальная статья, статья в журнале;**newspaper article** – газетная статья, статья в газете; **3)** *эк., юр.* статья, пункт, параграф *(отдельная рубрика в законе, контракте, завещании или ином документе)* **EX: under article 9 of the international convention** – в соответствии со статьей 9 международной конвенции, **article of contract** – статья контракта **SEE:** Article 9 **4)** *мн., эк., юр.* договор, соглашение

Article 9 статья 9 *банк., фин., торг., амер. (статья Единообразного торгового кодекса, которая регулирует движение документов, относящихся к кредитам под залог личной собственности, включая кредиты под дебиторскою задолженность и нематериальные активы)* **SEE:** Uniform Commercial Code

article numbering system *торг.* система кодирования товаров, (штриховое) кодирование товаров *(метод представления информации о товаре в виде группы знаков (цифр и штрихов); кодирование позволяет представить информацию о товарах в удобном для ее автоматизированного сбора, передачи и обработки виде)* **SEE:** bar code, universal product code, commodity coding

article of commerce *торг.* предмет торговли, товар *(какой-л. предмет, предлагаемый для продажи на рынке)* **SEE:** goods, merchandise

articles of food *потр.* пищевые продукты **SYN:** food

articles of prime necessity *потр.* предметы первой необходимости **SYN:** necessities

artificial food *потр.* искусственный пищевой продукт *(искусственное питание или искусственный корм для животных)* **SEE:** food, genetically modified food

artificial obsolescence *марк.* искусственное устаревание *(намеренное придание продукту имиджа устаревшего товара для продвижения аналогичного товара с незначительными усовершенствованиями; используется, напр., в торговле бытовыми приборами, автомобилями, модной одеждой и т. п., когда производитель регулярно выводит на рынок новые модели, незначительно отличающиеся от старых, и пытается склонить покупателей приобрести новую модель в замену еще вполне функциональной старой модели)*

arts dealer *торг.* арт-дилер *(оказывает услуги по подбору и продаже произведений искусства)* **SYN:** art dealer

as a unit *торг.* в комплекте, «как одно целое» *(о продаже, упаковке и т. п. нескольких товаров как единого целого)* **EX: Firms may be able to generate greater profits by engaging in bundling, where large numbers of goods are sold as a unit.** – Фирмы могут получить большую прибыль, используя создание товарных наборов, когда большое количество товаров продаются в комплекте.

as is *нареч. торг., юр.* «как есть», без гарантии *(условие сделки, согласно которому товар приобретается в том состоянии, в каком находится на момент покупки, с возможностью наличия различных дефектов; в этом случае покупатель уже не может обратиться к продавцу с жалобой на качество)* **EX: we deliver our software as it is** – мы поставляем наше программное обеспечение без гарантии **SYN:** in its present condition **SEE:** as is, where is; as seen

as is agreement *торг.* соглашение о покупке «как есть»* **SEE:** as is

as is sale *торг., юр.* продажа (на условиях) «как есть» *(т. е. без гарантии)* **SEE:** as is

as is, where is *торг., юр.* как есть и где есть* *(условие сделки, согласно которому товар приобретается в том состоянии и в том месте, в котором он находится в настоящий момент,* *т. е. покупатель не получает гарантии качества и сам занимается вопросами транспортировки товара в нужное ему место)* **SEE:** as is

as seen *марк.* после проверки* *(метод торговли, когда покупателю предлагается самому проверить качество товара, а затем принять решение о покупке; в случае покупки продавец не обязан предоставлять никакой гарантии качества покупателю)* **EX: sale as seen** – продажа после проверки **SEE:** sale by description, sale by sample, as is

ascertain *гл.* **1)** *общ.* устанавливать; определять, удостоверять, выяснять, узнавать **EX: to ascertain smb's guilt [smb's innocence]** – установить чью-л. вину [чью-л. невиновность] **2)** *торг., юр.* индивидуализировать *(о товарах)* **SEE:** unascertained goods, identified goods

ascertained *прил.* **1)** *общ.* выясненный; установленный **EX: ascertained fact** – установленный факт **2)** *торг., юр.* индивидуализированный *(о вещи, товаре)* **SEE:** identified goods **ANT:** unascertained

ascertained goods *торг., юр.* = identified goods

ashcanning *рекл., амер.* реклама [рекламирование] неходового товара*; неудачная реклама

Ashington Piggeries case *юр., торг., брит.* = Ashington Piggeries Ltd v Christopher Hill Ltd

Ashington Piggeries Ltd v Christopher Hill Ltd *юр., торг., брит.* «"Эшингтон Пиггериз Лтд" против "Кристофер Хилл Лтд"»* *(название судебного прецедента 1972 г., давшего определения описания товара применительно к будущим товарам: описание проданного, но не произведенного товара есть слова договора, выражающие намерение сторон точно определить качества данного товара)* **SYN:** Ashington Piggeries case **SEE:** description, sale by description, future goods

ask

I *гл.* **1)** *общ.* спрашивать **2)** *общ.* просить, требовать **3)** *эк.* запрашивать (цену, какую-л. сумму), назначать цену **EX: The salesperson asked $100 for it.** – Торговец попросил за товар $100. **SEE:** offer price

II *сущ. эк.* запрашиваемая цена **SYN:** offer price **SEE:** bid

ask price *эк.* = offer price

asked price *эк.* = offer price

asking price *эк.* = offer price

assemble-to-order **сокр.** ATO *эк.* сборка по заказу [на заказ] *(метод производства, при котором накапливаются основные детали и комплектующие, необходимые для сборки и упаковки готового продукта, а сама сборка начинается только после поступления заказа)* **SEE:** make-to-order, make-to-stock, engineer-to-order

assent

I *сущ.* **1)** *общ.* согласие, одобрение; утверждение, разрешение, санкция **SYN:** agreement **2)** *юр., торг., брит.* согласие покупателя *(принять проданный товар; согласно закону «О продаже товаров» 1979 г., договор о продаже товаров считается выполненным, как только продавец уведомляет покупателя о поставке, но в некоторых случаях требуется еще согласие покупателя принять поставку, которое может быть дано как до, так и после обращения товара в собственность покупателя)* **SEE:** Sale of Goods Act 1979, delivery

assigned storage time *торг.* = limiting storage period

assignee *сущ.* **1)** *эк., юр.* цессионарий, цессионар, правопреемник *(лицо, к которому переходит собственность или право)* **2)** *юр.* представитель, уполномоченный, агент; назначенное лицо *(лицо, назначенное судом или другими лицами для совершения некоторой сделки)* **SEE:** creditor

assignment of customers *торг., ТМО* распределение потребителей *(между разными продавцами продукции (в случае картеля), между разными терминалами обслуживания и т. п.)*

assignment of space *торг., упр.* выделение площади *(напр., выделение ча-*

сти торговой площади магазина для определенного товара, выделение выставочной площади определенному товару или участнику выставки, выделение места на складе и т. п.)

assistant *сущ.* **сокр.** asst **1)** *общ.* помощник, подручный, ассистент, референт **2)** *упр.* заместитель **3)** *торг.* = shop assistant **EX: When you buy your guitar, ask the assistant to show you how to tune your guitar properly.** – Когда вы покупаете гитару, попросите продавца показать вам, как ее правильно настраивать. **4)** *общ.* вспомогательное средство

assistant buyer *эк. тр., торг., амер.* помощник закупщика *(сотрудник отдела снабжения компании, который проверяет количество и качество поставленной продукции)* **SEE:** buyer

Associated Advertising Clubs of America *рекл., амер.* Объединение [Ассоциация] рекламных клубов Америки* *(организованное в 1904 г. объединение рекламных агентств, рекламодателей и представителей СМИ с целью координации усилий по предотвращению недобросовестной рекламы)* **SEE:** advertising club, deceptive advertising

associated trademark *пат., торг.* связанный товарный знак* **а)** *(идентичный другому товарному знаку, который либо уже зарегистрирован, либо вскоре будет зарегистрирован на имя того же владельца и в отношении подобных товаров)* **б)** *(похож на другой товарный знак для аналогичных товаров)* **SEE:** like goods, defensive trademark

association advertising *рекл.* = joint advertising

Association of Industrial Advertisers **сокр.** AIA *рекл., амер.* Ассоциация рекламодателей товаров промышленного назначения, Ассоциация промышленных рекламодателей *(профессиональная организация, объединяющая рекламных работников, возглавляющих сферу рекламы и маркетинга промышленных товаров)* **SEE:** business-to-business advertising

Association of National Advertisers **сокр.** ANA *рекл., амер.* Ассоциация национальных [общенациональных] рекламодателей *(торгово-промышленная ассоциация производственных и обслуживающих компаний, рекламируемых в общенациональном масштабе)*

assorted goods *торг.* рассортированные товары *(товары, сгруппированные по определенным признакам; напр., обувь: дорогая и дешевая; одежда: колготки-носки, платья-юбки-блузы, пальто-куртки; подарки: косметика, украшения, сувениры)* **SEE:** class of goods

assortment *сущ.* **1) а)** *торг.* ассортимент, выбор товаров *(совокупность предлагаемых магазином товаров)* **EX: to expand the assortment** – расширять ассортимент, **to diversify the assortment** – диверсифицировать ассортимент, **broad [wide, rich] assortment** – широкий [богатый] ассортимент [выбор товаров], **narrow assortment** – узкий ассортимент, **in assortment** – в ассортименте **SYN:** choice **SEE:** deep assortment, scrambled assortment, exclusive assortment, assortment breadth, assortment depth, assortment plan, assortment display, brand assortment, product assortment **б)** *метал., торг.* сортамент *(в металлургической промышленности — совокупность, подбор различных сортов, марок, видов, типов, профилей и размеров каких-л. однородных изделий или материалов)* **2)** *эк.* сортировка, сортирование, классификация

assortment breadth *торг.* широта ассортимента *(количество различных товарных категорий, представленных в магазине или отделе)* **SYN:** assortment width **SEE:** assortment depth

assortment depth *торг.* глубина ассортимента *(количество различных моделей в рамках одной товарной категории, представленное в магазине или отделе)* **SEE:** assortment breadth

assortment display *торг.* показ ассортимента*, смешанная выкладка товара* *(размещение на одной витрине, полке или стенде нескольких видов* *товаров в целях демонстрации ассортимента магазина)* **SEE:** in-store display, closed display, open display, bulk display, cross merchandising

assortment plan *торг.* ассортиментный план, ассортиментная программа *(план торговой точки, касающийся поддержания в течение периода определенного ассортимента продукции, т. е. детализирующий, какие товары, каких моделей, размеров, цветов, ценовых категорий и т. п. будут продаваться в данном магазине, каков должен быть резервный запас каждого товара каждой категории, как будут распределены торговые, выставочные и складские площади между разными товарами и т. п.)* **SEE:** basic stock list, never out list, model stock list

assortment selection *торг.* подбор [комплектование] ассортимента **SEE:** assortment plan

assortment strategy *торг.* стратегия (формирования) ассортимента* *(определенный подход к формированию ассортимента торговой точки)* **SEE:** broad assortment, deep assortment, exclusive assortment, scrambled assortment

assortment width *торг.* = assortment breadth

assumptive close *марк.* завершение на основе допущения* *(метод завершения переговоров с потенциальным клиентом, при котором торговый представитель исходит из предположения, что покупатель уже согласился приобрести товар, и осталось только обсудить детали, подписать договор и упаковать покупку; в этом случае торговый представитель завершает разговор фразами типа «а теперь подпишите этот бланк», «товар будет поставлен 3-го числа» и т. п.)* **SYN:** assumptive closing **SEE:** adviser approach, emotional close, incentive close, alternative close, puppy-dog close

assumptive closing *марк.* = assumptive close

assured market *марк.* гарантированный рынок сбыта *(рынок, на котором компания сможет гарантированно сбыть свой товар)* **EX: Farmers can't plant kenaf on a large scale with no assured market.** – Фермеры не могут выращивать кенаф в больших объемах, не имея гарантированного рынка сбыта.

asterisk law *марк.* закон «звездочки»* *(закон по защите тех потребителей, которые заявили о своем нежелании быть объектами телефонного маркетинга, пометив свои имена звездочкой в телефонном справочнике)* **SEE:** telemarketing

astroturfing *сущ. пол., рекл. (ироничное название организованных рекламных или пропагандистских акций, которые преподносятся как инициатива со стороны простых людей; название происходит от компании AstroTurf, которая производит искусственное травяное покрытие artificial turf, используемое на стадионах или общественных мероприятиях вместе естественной травы)*

asymmetric information *эк.* асимметричная информация *(информация, неравномерно распределенная между участниками сделки или иного экономического процесса)* **SEE:** lemons market

at a discount 1) а) *торг.* со скидкой, по сниженной цене; обесцененный **EX: His company receives the goods at a discount.** – Его компания получает эти товары со скидкой. **ANT:** at a premium **2)** *общ., разг.* неуважаемый, непопулярный, потерявший в весе [значении] **EX: Individuality, however, is at a discount with us.** – Однако, яркая индивидуальность среди нас непопулярна.

at a premium 1) *торг.* с премией, с надбавкой, по завышенной цене *(напр., о товарах, продаваемых по цене выше обычной или выше, чем цены конкурентов)* **EX: Alternatively, it can sell its goods or services at a premium to the cost leader by pursuing a strategy of differentiation.** – Или, он может продавать свои товары и услуги по цене выше, чем у лидера по затратам, придерживаясь стратегии диверсификации.;**It sells at**

a premium price compared to regular apple juice. – По сравнению с обычным яблочным соком, этот сок продается по более высокой цене.; **ANT:** at a discount **2)** *общ.* очень модный, в моде; в большом почете; пользующийся большим спросом **EX: This is a trip to suit those for whom time is not at a premium.** – Этот тур предназначен для тех, кто не очень дорожит временем. **Space is at a premium, with products stored closely together and stacked on high racks in narrow aisles and walkways.** – Места не хватает, поэтому товары хранятся близко друг к другу и укладываются на высоких стойках в узких проходах и дорожках.

at buyer's option *торг.* по выбору покупателя **SYN:** at the customer's option

at cost *торг.* по себестоимости *(о продаже товара без торговой наценки)* **EX: When you are a distributor, you are entitled to purchase all the products at cost!** – Когда вы являетесь дистрибьютором, вы имеете право приобретать все товары по себестоимости!

at factor cost 1) *эк.* по факторным издержкам* *(способ измерения валового внутреннего продукта, когда ВВП рассчитывается как сумма добавленной стоимости всех отраслей и сфер экономики, иначе называется «по производству» или «по добавленной стоимости»)* **2)** *торг.* по ценам факторов* *(о продаже товара по рыночным ценам за вычетом косвенных налогов)*

at full cost *торг.* за полную стоимость *(без скидок с цены товара)*

at the customer's option *торг.* по желанию [выбору] клиента **EX: At the customer's option, Bell Atlantic's Internet affiliate will subscribe to the service for the customer.** – Если клиент выскажет такое желание, то интернет-подразделение компании «Бэлл Атлантик» подпишется на данную услугу для него. **At the customer's option, ITI will either return your equipment in its disassembled state, or dispose of it.** – В зависимости от решения клиента, ITI может либо вернуть оборудование в разобранном виде, либо утилизировать его. **SYN:** at buyer's option

at the seller's option *торг.* по выбору продавца

at-home audience *рекл.* домашняя аудитория *(аудитория слушателей или зрителей программы или рекламы, находящихся дома)* **SYN:** in-home audience **SEE:** out-of-home audience

atmospherics 1) *СМИ* атмосферики, атмосферные помехи *(электрические сигналы, создаваемые радиоволнами, излучаемыми разрядами молний; создают атмосферные помехи радиоприему в виде шумов и свистов)* **2)** *торг.* элементы окружающей среды, «атмосферики» *(такие элементы, как освещение, температура, запахи, покрытие стен в магазине, которые воздействуют на эмоции покупателей, создают продавцу определенный имидж и могут повлиять на решение о покупке)*

atomistic competition *эк.* атомистическая конкуренция **SYN:** perfect competition

attention-getter *рекл.* фактор [средство] привлечения внимания *(нечто, привлекающее внимание, напр., громкий звук, яркий цвет, крупный заголовок и т. п.)* **SEE:** attention-getting, eye-catcher

attention-getting *рекл.* привлекающий внимание, притягивающий внимание; броский; вызывающий *(о поведении и т. п.)* **EX: attention-getting sound** – привлекающий внимание звук, **attention-getting colour** – броский цвет, **attention-getting headline** – притягивающий внимание заголовок **SEE:** attention-getter, eye-catching, attention-getting power

attention-getting capacity *рекл.* способность привлекать внимание, притягательность **SYN:** attention-getting power

attention-getting power *рекл.* способность привлекать внимание, притягательная сила **EX: The attention-getting power of a headline can be enhanced more by extra white space around it than by large type.** – Притягательная сила заголовка может быть усилена за счет дополнительного белого пространства вокруг заголовка гораздо в большей степени, чем за счет крупного шрифта. **SYN:** attention-getting capacity

attention value *рекл.* притягательная сила *(степень способности рекламы привлечь первоначальное внимание* *читателя, зрителя или слушателя; часто выражается в виде специальных рейтингов)* **SEE:** Starch ratings

attitude *сущ.* **1)** *общ.* отношение *(к чему-л., кому-л.)* **EX: attitude information** – сведения о мнениях, отношениях (к кому-л., чему-л.), **irreverent attitude** – непочтительное отношение, **negative attitude** – отрицательное отношение, **positive attitude** – положительное отношение, **reverent attitude** – благоговейное отношение, **scornful attitude** – презрительное отношение, **show-me attitude** – скептическое отношение **2)** *общ.* позиция *(по отношению к кому-, чему-л.)* **EX: waiting attitude** – выжидательная позиция, **user attitude** – позиция пользователя, **uncomplying attitude** – жесткая (твердая, непреклонная) позиция, **liberal attitude** – либеральная позиция **3)** *псих.* аттитюд, установка *(психологическая готовность в определенных условиях действовать определенным образом)* **EX: deep-seated attitude** – укоренившаяся установка

attitude audit *марк.* исследование установок, проверка аттитюда* *(опрос потребителя с целью выяснения отношения к товару или услуге)* **EX: One of the best ways to determine the prevailing perceptions and attitudes throughout your organization is to conduct an employee perception and attitude audit.** – Одним из лучших способов определить отношение к вашей организации может стать опрос сотрудников об их установках и предпочтениях.

attitude measurement *марк.* исследование [оценка] отношения [мнений] *(исследование и оценка отношения потребителей к товару, магазину, фирме)* **EX: Many questions in marketing research are designed to measure attitudes.** – Многие вопросы в маркетинговых исследованиях направлены на изучение потребительских установок. **SEE:** attitude

attitude research *соц.* исследование установок *(изучение внутренних установок и ориентаций индивидов и предрасположенности их к определенным действиям; напр., изучение отношений потребителей к товарам, сотрудников к начальству и т. д.)* **EX: In my attitude research, I examine people's attitudes, especially toward consumer choice issues.** – Мои исследования посвящены изучению установок к проблемам потребительского выбора. **The course begins with a historical sketch of the development of attitude research within academic psychology.** – Курс начинается с исторического экскурса, рассказывающего о развитии исследования установок в академической психологии. **SYN:** attitude survey **SEE:** research, attitude

attitude score *псих.* (суммарный) оценочный показатель отношений* **EX: Twenty-four directional attitude statements were used to determine a standardized attitude score and construct a standardized attitude scale.** – Для определения стандартизованных оценочных показателей отношений и конструирования стандартизованной шкалы отношений было использовано двадцать четыре направленных утверждения. **SEE:** attitude

attitude segment *марк.* сегмент по отношению* *(сегмент потребителей, выделенный по отношению к какому-л. товару или услуге)* **SEE:** attitude segmentation, market segmentation, market segment

attitude segmentation *марк.* сегментирование по отношению* *(сегментирование потребителей по отношению к какому-л. товару или услуге; для проведения такой сегментации опрашиваемым предлагают выразить свое отношение (напр., согласен, не совсем согласен, не согласен) к ряду утверждений о характеристиках продуктовой группы и свойствах конкретного товара или услуги; часто совмещается к демографической или поведенческой сегментацией)* **SEE:** market segmentation, behavioural segmentation, demographic segmentation, attitude segment

attitude survey *соц.* = attitude research

attitudes, interests, and opinions *марк.* установки, интересы и мнения **SYN:** activities, interests, and opinions

attornment *сущ.* **1)** *юр.* *(признание третьим лицом факта существования юридических взаимоотношений между двумя другими сторонами, напр., признание арендатором нового* *собственника недвижимости в качестве арендодателя)* **2)** *юр.* передача аренды вместе с недвижимостью* **3)** *юр., торг., брит.* признание третьим лицом прав покупателя* *(согласно закону «О продаже товаров» 1979 г.: признание лицом, которое не является продавцом товара, но во владении которого находится проданный товар, прав покупателя на этот товар, напр., принятие товарораспорядительного документа владельцем склада)* **SEE:** Sale of Goods Act 1979, document of title

attribution theory 1) *соц., псих.* атрибуционная теория, теория атрибуции *(предметом которой выступает механизм объяснения людьми своего поведения и поведения других; в частности, человек может объяснять поведение как результат влияния внешних сил (внешняя атрибуция) или как результат собственных усилий, личных качеств и др. (внутренняя атрибуция))* **2)** *марк.* теория атрибуции [приписывания] *(согласно данной теории, мнение людей о каком-л. товаре или ситуации формируется на основе личного опыта, индивидуальных характеристик и установок)*

audience *сущ.* **1)** *общ.* публика, аудитория, зрители *(в театре; на лекции; на концертном выступлении и т. д.)* **EX: square audience** – консервативная публика, **to attract, draw an audience** – привлекать внимание публики; привлекать зрителей, собирать аудиторию **SYN:** public **2)** *общ.* аудиенция *(официальная встреча с очень важной персоной)* **EX: to give [grant] an audience** – давать аудиенцию, **The queen granted us an audience.** – Королева назначила нам аудиенцию. **SYN:** interview **3)** аудитория **а)** *СМИ (общее число лиц, которые являются потребителями для какого-л. средства массовой информации)* **EX: to identify audience** – идентифицировать [определять, устанавливать] аудиторию, **restricted audience** – ограниченная аудитория, **viewing audience** – зрительская аудитория, **programme audience** – аудитория программы, **TV audience** – аудитория телевизионного вещания, **internet audience** – аудитория пользователей сети интернет, **ad page audience** – аудитория рекламной полосы, **initial audience** – первоначальная [исходная] аудитория, **audience size** – размер аудитории, **audience data** – информация об аудитории **SEE:** advertising audience, broadcast audience, cable audience, network audience, household audience, magazine audience, holdover audience **б)** *рекл. (общее число лиц, которые могут воспринять рекламное сообщение)* **EX: preselected audience** – выбранная [отобранная] аудитория **SEE:** audience composition, audience duplication, audience selectivity, audience accumulation, audience builder, national audience, target audience, audience research, average audience, bedrock audience, business audience, cinema audience, downscale audience, expanding audience, household audience, intended audience, gross audience, newspaper audience, one-issue audience, outside audience, pass-along audience, potential audience, projected audience, radio audience, available audience

audience accumulation 1) *рекл.* накопление [аккумулирование] аудитории *(процесс расширения аудитории за определенный период времени, в течение которого постоянно использовалось одно или несколько средств распространения рекламы)* **2)** *рекл.* суммарная аудитория *(полная аудитория, полученная в результате рекламной компании во всех возможных средствах распространения рекламы: в газетах/журналах, на радио/телевидении, наружная реклама и т. д.)* **SEE:** accumulated audience

audience builder 1) *СМИ, рекл.* создатель аудитории* *(средство привлечения аудитории)* **EX: The announcement that Allen Roberts was on the program was always an audience builder, and listeners did not go away disappointed.** – Объявление о том, что в программе примет участие Аллен Робертс всегда привлекало большую аудиторию, и слушатели не уходили разочарованными. **Turn your site into a revenue generator and audience builder.** – Превратите ваш сайт в генератор прибыли и средство привлечения аудитории. **2)** *СМИ, рекл. (программа радио или телевидения с постоянно растущей аудиторией)* **EX: We help your morning show become an audience builder.** – Мы помогаем вашему утреннему шоу стать программой с постоянно растущей аудиторией.

audience composition 1) *рекл.* состав рекламной аудитории *(удельный вес различных демографических категорий в общей рекламной аудитории)* **SEE:** audience **2)** *СМИ* состав аудитории, демографический состав аудитории *(доля группы зрителей (слушателей) определенного пола и возраста в общей аудитории конкретной телевизионной или радиопрограммы)* **SEE:** psychographics, audience, affinity

audience duplication *СМИ, рекл.* дублирование аудитории, дублированное воздействие на аудиторию* *(охват аудитории, уже подвергавшейся воздействию другого средства информации или другой программы/издания этого же средства информации, напр., охват слушателей данной программы программами других радио станций или другими программами той же радио станции)* **SEE:** duplicated audience

audience flow 1) *СМИ* динамика аудитории *(изменение аудитории в процессе трансляции программы, происходящее в результате включения/выключения телевизоров или переключения каналов)* **SEE:** audience **2)** *СМИ, марк.* исследование динамики аудитории* *(проводимый службами подсчета рейтингов анализ поведения радио- и телевизионной аудитории определенной программы: откуда приходит аудитория и куда уходит после окончания программы)* **EX: Audience flow diagrams are used to show the movement of audiences from period to period.** –Диаграммы динамики аудитории используются, чтобы показать движение аудитории во времени. **SEE:** audience

audience flow diagram *СМИ, марк.* график текучести [движения] аудитории* **SEE:** audience flow

audience investigation *соц., СМИ* = audience research

audience measurement *марк.* измерение [исследование] аудитории *(установление величины и состава аудитории рекламного объявления, средства распространения рекламы или рекламной кампании)* **EX: Some large audience measurement companies, such as one in Switzerland, have been developing wristwatch-like meters for measuring radio audiences.** – Некоторые большие компании, занимающиеся исследованием аудитории, в частности, одна швейцарская компания разрабатывает счетчики наподобие часов для измерения радиоаудитории. **SEE:** audience

audience rating *марк., СМИ* рейтинг аудитории [популярности] *(процент слушателей, смотрящих или слушающих данную телевизионную или радиопрограмму в тот или иной момент времени)* **SEE:** average audience rating, total audience rating

audience research *соц.* изучение аудитории *(исследование демографических характеристик, поведения, потребностей, привычек аудитории и т. д.)* **EX: Apart from media structure, sociological and psychological aspects of audience research are heavily emphasised.** – Помимо медиа-структуры, значительное внимание уделяется социологическим и психологическим аспектам исследования аудитории. **SYN:** audience investigation **SEE:** research, audience

audience segment *марк.* сегмент аудитории **EX: to select an audience segment** – выбрать сегмент аудитории **SEE:** audience segmentation, audience

audience segmentation *марк.* сегментирование аудитории **EX: Audience segmentation is a recognised technique for subdividing a whole population into identifiable subunits according to specific needs that can be more easily satisfied. It provides a way for differentiating customer needs more accurately.** – Сегментирование аудитории – общепризнанный метод для разделения целой группы на подгруппы в соответствии со специфическими требованиями, которые могут быть более легко удовлетворены.

Это обеспечивает более точную дифференциацию требований покупателей. **EX: methods of audience segmentation** – методы сегментирования аудитории **SEE:** audience segment, market segmentation

audience selectivity *СМИ, рекл.* избирательность аудитории *(способность средства информации достигать только целевой аудитории, не охватывая или минимально охватывая не входящих в целевую группу лиц)* **SEE:** target audience

audience share 1) *СМИ* доля аудитории *(доля слушателей данной радиостанции в общем количестве радиослушателей, потенциально способных принимать эту станцию в тот или иной момент времени)* **2)** *марк.* доля рекламной аудитории **а)** *(общее число лиц, которые могут увидеть (услышать, прочитать) определенное рекламное сообщение, переданное конкретным источником информации)* **б)** *(группа людей, которая представляет интерес для рекламодателя и фактически получила рекламное сообщение)* **SYN:** share of audience **SEE:** advertising audience, audience segment

audience survey *марк.* исследование аудитории *(изучение аудитории по различным характеристикам: социально-демографическим и т. д.)* **EX: audience survey report** – отчет об исследовании аудитории, **The UK's Internet Advertising Bureau is planning its first ever National Audience Survey, designed to provide online users with regular and objective facts about their demographics and behavior.** – Британское бюро интернет-рекламы планирует провести свое первое общенациональное исследование аудитории, которое должно предоставить пользователям интернета объективную информацию об их демографическом составе и поведении. **SEE:** audience

audiovisual advertising *рекл.* аудиовизуальная реклама *(реклама, передаваемая посредством аудио и видео сигналов; напр., радиореклама и телереклама)* **SEE:** broadcast advertising, visual advertising

audit bureau *марк., СМИ, амер.* = Audit Bureau of Circulations

Audit Bureau of Circulations **сокр.** ABC **1)** *марк., СМИ, амер.* Бюро по контролю за тиражами *(созданная в 1914 г. независимая некоммерческая аудиторская организация, членами которой являются рекламодатели, рекламные агентства, газетные и журнальные издательства, а также издатели деловой и разнородной литературы; Бюро осуществляет аудиторские проверки в интересах своих членов и подтверждает данные о тиражах; является основным источником данных для специалистов по составлению планов использования средств массовой информации; публикует ежегодный аудиторский отчет, содержащий данные аудиторских проверок, и полугодовой сборник издательских отчетов)* **SEE:** ABC analyzed issue, ABC statement, Business Publications Audit of Circulations **2)** *марк., СМИ, брит.* Бюро по контролю за тиражами *(некоммерческая организация с аналогичными функциями, созданная в 1931 г. в Великобритании)*

audit for quality *упр., потр.* = quality control

audited circulation *СМИ* удостоверенный [проверенный] тираж* *(тираж, данные о распространении которого подтверждены независимым контролирующим органом)* **SEE:** circulation audit, Audit Bureau of Circulations

augmented product *марк.* расширенный продукт *(товар с комплексом дополнительных услуг и выгод, которые получает покупатель: личное внимание к покупателю, доставка на дом, гарантия возврата денег, кредитование, послепродажное обслуживание и т. д.)* **SEE:** complementary services, core product, actual product

augmented service *торг.* дополнительная услуга **SEE:** actual service, core service

Australian Advertising Rate and Data Service **сокр.** AARDS *рекл., австр.* Австралийская служба рекламных расценок и информации* *(предоставляет подробные списки австралийских газет и журналов, радиостанций и телевизионных каналов, агентств наружной рекламы и т. п. с указанием подробных условий заключения контрактов и расценок за размещение рекламы)*

Australian Association of National Advertisers **сокр.** AANA *рекл., австр.* Австралийская ассоциация общенациональных рекламодателей *(общенациональная организация рекламного бизнеса; представляет интересы рекламных компаний всех размеров и доводит их точку зрения до общественности, организует образовательные и исследовательские программы)*

Australian Competition and Consumer Commission **сокр.** ACCC *эк., австрал.* Австралийская комиссия по защите потребителей и конкуренции *(создана в 1995 г. для обеспечения выполнения законов «О торговой практике» от 1974 г. и «О надзоре за ценами» от 1983 г.; способствует повышению конкуренции и следит за соблюдением прав потребителей)* **SEE:** Trade Practices Act, consumer protection

authorized dealer *торг.* уполномоченный агент по продаже, официальный дилер, уполномоченный дилер *(имеет исключительную привилегию на торговлю определенными товарами фирмы-производителя в определенном секторе рынка)* **SYN:** recognized dealer

authorized dealership *юр.* уполномоченное представительство *(в гражданском праве обособленное подразделение юридического лица, расположенное вне места его нахождения, которое представляет интересы юридического лица и осуществляет их защиту)* **EX: Now our company is organizing an authorized dealership network all over the country, primarily oriented towards regional sales.** – В настоящее время наша компания формирует сеть уполномоченных представительств по всей стране, главным образом ориентированных на региональные продажи. **SEE:** judicial person

auto dealer *торг.* = automobile dealer

auto merchandising machine operators *торг.* = merchandising machine operators

automated guided vehicle **сокр.** AGV *торг.* автоматическая самоходная тележка *(самоходная транспортная тележка, управляемая программируемой компьютерной системой; в автоматическом режиме не требует человеческого управления)* **SEE:** automated guided vehicle system

automated guided vehicle system **сокр.** AGVS *торг.* (складская) система автоматических самоходных тележек* *(автоматизированная складская система с использованием автоматических самоходных тележек)* **SEE:** automated guided vehicle, automated storage and retrieval system, automated warehouse

automated storage and retrieval system **сокр.** AS/RS, ASRS **1)** *упр., торг.* автоматизированная складская система, автоматизированная система хранения и поиска* *(включает в себя подъемно-транспортное оборудование и компьютерную систему управления; служит для складирования, определения местонахождения каждого изделия на складе и выдачи изделия по команде; степень автоматизации может быть различной)* **SYN:** Warehouse Management System **2)** *торг.* автоматизированный склад **SYN:** automated warehouse, automated storage/retrieval system **SEE:** storage, handling machinery, Automatic Identification System, automatic sortation, bar coding, automated guided vehicle system, storage and retrieval machine, sorting conveyor

automated storage/retrieval system *торг.* = automated storage and retrieval system

automated warehouse *торг.* автоматизированный склад, склад-автомат *(использующий автоматизацию складских операций: складирование, поиск, выдача грузов)* **SYN:** automated storage and retrieval system, automatic warehouse **SEE:** warehouse, handling machinery, Automatic Identification System, automatic sortation, bar coding

automatic downstairs store *торг., амер.* подвал автоматических уценок* *(секция розничного магазина, в которую товары, не проданные в течение определенного срока в обычных секциях, передаются с уценкой)*

Automatic Identification System **сокр.** AIS *торг.* система автоматической идентификации *(система ввода и обработки данных о товарах и грузах с применением различных технологий, таких как штрих-коды, распознавание изображений, распознавание голоса и т. д.)* **SEE:** automated warehouse, automated storage and retrieval system, bar coding, sorting conveyor

Automatic Interaction Detector Analysis *стат., марк.* анализ автоматического детектора взаимодействия, метод AID *(метод статистического анализа, используемый в многомерном анализе для группирования объектов в зависимости от их характеристик; в маркетинге используется для определения характеристик, отличающих покупателей от непокупателей, и заключается в ряде последовательных группировок, приводящих к выявлению групп покупателей с подобными демографическими характеристиками и покупательским поведением, напр., вначале покупатели могут быть сгруппированы исходя из годового размера заказов, потом мелкие покупатели могут быть разделены на тех, кто совершил покупку в течение последнего месяца и тех, кто не совершил, и т. д.)* **SYN:** AID analysis **SEE:** multivariate analysis

automatic markdown *торг.* автоматическая уценка *(товары автоматически уцениваются по прошествии определенного времени с момента поступления товаров)* **SEE:** markdown

automatic merchandising *торг.* автоматическая торговля *(продажа товаров через торговые автоматы)* **SYN:** automatic vending, vending **SEE:** vending machine

automatic merchandising machine operators *торг.* = merchandising machine operators

automatic reorder *марк.* система автоматических повторных заказов* *(регулярное пополнение поставщиком запасов заказчика без оформления новых заказов, т. е. на основе одного общего заказа)* **SEE:** reorder

automatic reordering system *упр.* система автоматической подачи заказов* *(компьютерная система, обеспечивающая автоматическое составление заказов на покупку в том случае, если величина запаса соответствующего материала, товара и т. п. достигнет установленного минимума)* **SEE:** reorder

automatic selling *торг.* продажа через торговые автоматы **SEE:** vending machine

automatic selling machine *торг.* = vending machine

automatic sortation *торг.* автоматическая сортировка *(автоматическое электронное распознавание упаковок по размеру или штрих-коду с последующей сортировкой)* **SEE:** automated storage and retrieval system, automated warehouse, bar coding, Automatic Identification System

automatic vending *торг.* = automatic merchandising

automatic vending machine *торг.* = vending machine

automatic warehouse *торг.* = automated warehouse

automobile dealer *торг.* агент по продаже автомобилей, автодилер, торговец автомобилями **SYN:** auto dealer

auxiliary advertising *рекл.* = accessory advertising

auxiliary storage **1)** *торг.* дополнительное хранение *(хранение сверх заранее установленного срока)* **2)** *торг.* дополнительный [вспомогательный] склад, дополнительное [вспомогательное] хранилище *(склад, хранилище, дополняющее основное* *хранилище)* **SYN:** temporary storage **SEE:** storage, warehouse

availability *сущ.* **1)** *общ.* годность, пригодность; полезность **2) а)** *общ.* наличие *(напр., товаров)*, присутствие; доступность **SEE:** availability of goods, in-store availability, offer subject to availability **б)** *банк.* доступность средств *(возможность изъятия средств со счета)* **3)** *рекл., часто мн.* доступное эфирное время, доступный эфир *(время в эфире, которое может быть приобретено рекламодателем для размещения рекламы)* **SEE:** avails **4)** *пол., амер.* перспективность, популярность *(напр., кандидата в президенты)*

availability of commodities *торг.* = availability of goods

availability of goods *торг.* наличие товаров *(наличие конкретного товара у продавца и возможность его продажи покупателю)* **SYN:** availability of commodities **SEE:** in-stock, out of stock

available at option *торг.* поставляемый по выбору заказчика *(не входящий в серийный комплект — о товаре, запчасти к нему)* **SEE:** optional product

available at request *общ.* поставляемый по требованию*; предоставляемый по требованию* **EX: Special adjustments and sizes are available at request.** – Особые приспособления и размеры предоставляются по требованию. **Details regarding the plan are available at request.** – Детали данного плана предоставляются по требованию. **SEE:** available at option

available audience *рекл., СМИ* наличная аудитория* *(совокупность лиц, способных принимать радио- или телевизионную программу в определенный момент времени)* **SEE:** audience

available for sale **сокр.** AFS *торг., фин.* имеющийся в продаже *(о товарах, ценных бумагах и т. п.)* **EX: be available for sale** – продаваться, иметься в продаже, быть в продаже, быть предназначенным для продажи **T-shirt is not available for sale.** – Футболка не продается. **This is a business logo and is not available for sale.** – Это товарный знак и он не продается. **This information is not available for sale to anyone.** – Эта информация не предназначена для продажи всем желающим.

available funds method *марк., учет* = affordable method

available stock *торг.* наличный запас *(материалы, товары и т. п., готовые к немедленному отпуску в производство или отгрузке покупателям)*

avails **сокр. от** availabilities *рекл.* доступные (эфирное) время*, доступное место* *(эфирное время, доступное для размещения рекламы, т. е. рекламные паузы и другие промежутки эфирного времени, которые могут быть куплены под рекламу)* **SEE:** availability

avenue packing *торг., трансп.* упаковка для транспортировки **SEE:** air-bubble packing

average audience *марк., амер.* средняя [обычная] аудитория **EX: This process reduces the average audience size per channel, i. e., fragments the audience.** – Этот процесс сокращает размер обычной аудитории относительно канала, т. е. фрагментирует аудиторию. **SEE:** audience

average audience rating **сокр.** AA rating *марк., СМИ* средний рейтинг аудитории*, средний показатель популярности *(среднее число домохозяйств, смотрящих или слушающих программу, в расчете на минуту времени трансляции)* **SEE:** total audience rating

average buyer *марк.* = average consumer

average consumer **1)** *марк.* средний потребитель *(потребитель со средним уровнем дохода)* **2)** *марк.* типичный [средний, рядовой] потребитель **а)** *(любой человек, рассматриваемый в качестве потребителя товаров и услуг; обычно ему приписываются стандартные характеристики и потребности)* **б)** *(классический потребитель определенного товара; типичным потребителем конкретного товара является человек определенного пола, возраста, профессии и уровня дохода)* **SYN:** average customer, conventional consumer, average buyer, common buyer

average cost pricing *эк.* = mark-up pricing

average customer *марк.* = average consumer

average farm-gate price *с.-х.* средняя цена «у ворот фермы» *(средняя цена франко-ферма)* **SEE:** farm gate price **EX: The lowering of average farm-gate prices for meat and the growth of meat production costs reduce the profitability of meat production.** – Понижение средних цен франко-ферма на мясо и рост затрат на мясопроизводство снижают прибыльность производства мяса.

average frequency *рекл.* средняя частота (рекламного воздействия) *(показатель, отражающий среднее по целевой аудитории количество контактов с рекламным сообщением)* **SEE:** advertising exposure

average gross sales *торг.* средние брутто-продажи* *(суммарные продажи в денежном выражении, деленные на число сделок продажи)* **SEE:** gross sales, average net sales

average net sales *торг.* средние нетто-продажи* *(сумма нетто-продаж, деленная на число сделок по продажам)* **SEE:** net sales, average gross sales

average price *эк.* средняя цена *(товара или финансового инструмента за какой-л. период, либо усредненный уровень цены актива, предлагаемого разными продавцами)*

average quality product *марк.* товар среднего (уровня) качества **SEE:** high-quality product

award-winning *рекл.* отмеченный наградой [наградами] *(рекламная фраза, употребляемая по отношению к продуктам или специалистам, получившим признание на конкурсах, ярмарках и т. д.)*

awareness *сущ. общ.* осведомленность; информированность *(о чем-л.)*; осознание *(чего-л.)* **EX: to create awareness** – давать представление, информировать, **awareness level** – уровень информированности *(о чем-л.)* **SEE:** advertising awareness, conscious awareness

awareness product set *марк.* диапазон осведомленности о товарах* *(множество известных потребителю товаров, из которых он будет выбирать наиболее подходящий для себя товар)* **SEE:** awareness set

awareness set *марк.* диапазон осведомленности *(часть общего количества существующих торговых марок, известная потребителю)* **SEE:** awareness product set

awareness threshold *марк.* порог осведомленности*, нижняя граница уровня осведомленности* *(минимальное значение уровня осведомленности, необходимое для достижения какой-л. цели, напр., успешной рекламной акции, предвыборной кампании и т. д.)* **EX: This product was too poorly advertised to even break the awareness threshold.** – Этот продукт рекламировался так плохо, что был не в состоянии преодолеть даже нижнюю границу осведомленности о нем покупателей.

awareness-trial-reinforcement **сокр.** ATR *марк.* знакомство-испытание-закрепление* *(модель потребительского поведения, согласно которой известность марки может привести к пробной покупке, в результате чего покупатель более подробно ознакомится с продуктом и сформирует собственное мнение о нем)* **SEE:** awareness-trial-repeat, AIDA, low-involvement model

awareness-trial-repeat **сокр.** ATR *марк.* знакомство-испытание-повторение *(модель потребительского поведения, состоящая из трех этапов движения потребителя к принятию продукции)* **SEE:** awareness-trial-reinforcement

B

B county *рекл., амер.* округ «B»* *(любой округ, с населением свыше 150 000 или являющийся частью консолидированной статистической зоны с таким населением, но не относящийся к округам класса A)* **SEE:** ABCD counties

baby billboard *рекл.* = car card

baby boomer *сущ.* **1)** *демогр., амер.* бэби-бумер, дитя бума *(о человеке, родившемся в США в период резкого увеличения рождаемости: 1946—1960 гг.)* **2)** *мн., демогр., марк., амер.* поколение бэби-бума [бума рождаемости], бэби-бумеры *(составляет значительную часть потребителей и является целевой аудиторией для многих рекламодателей)*

baby food *потр.* детское питание, продукт (для) детского питания **SYN:** infant food **SEE:** food, baby goods

baby goods *потр.* товары для младенцев, товары для самых маленьких *(весь спектр товаров, необходимых маленьким детям: гигиенические, косметические средства, одежда, игрушки и т. д.)* **EX: baby goods store** – магазин для новорожденных, магазин детских товаров **SEE:** baby food

baby goods store *торг., потр.* магазин для новорожденных, магазин детских товаров **SEE:** baby goods

back cover *полигр.* задняя обложка, задняя сторона [сторонка] обложки *(четвертая страница обложки книги или журнала, часто используемая в рекламных целях)* **SYN:** fourth cover **SEE:** front cover, inside front cover, inside back cover, cover advertisement, back of book

back dating *эк., юр.* = backdating

back end **1)** *общ.* конец, задняя часть **2)** *комп.* внутренний интерфейс **3)** *марк.* обратная связь *(деятельность, направленная на упрочнение связей с потенциальными и настоящими покупателями и превращение их в постоянных клиентов)* **SEE:** back end marketing, follow-up service **ANT:** front end

back end marketing *марк.* маркетинг обратной связи*, интенсивный маркетинг* *(стратегия и тактика организации продаж дополнительных товаров потребителям, с которыми уже работали)* **EX: Back-end marketing is a very inexpensive form of marketing because the largest expense relating to marketing (customer acquisition) has already been incurred.** – Интенсивная форма маркетинга – весьма недорогая форма, так как основные затраты, связанные с маркетингом (приобретение клиентов), были уже произведены. **ANT:** front end marketing **SEE:** back end

back of book **1)** *общ.* конец книги *(последние несколько листов книги с оглавлением и другой информацией)* **2)** *рекл.* задняя часть издания *(раздел журнала или книги, который идет после основной части редакционного материала; как правило, используется под рекламу)* **EX: back of book position** – расположение (рекламы) в конце издания **See details and coupons in back of book.** – Смотрите подробности и купоны в конце издания. **ANT:** front of book **SEE:** back cover

back of the house *торг., упр.* служебная территория, служебные помещения; кухня *(часть территории* *ресторана, кафе, гостиницы, парка отдыха и т. п. заведений, которая предназначена только для персонала и куда закрыт доступ посетителям)* **SYN:** working area **ANT:** front of the house **SEE:** back room, back of the house services

back of the house services *торг.* вспомогательные [обеспечивающие] службы *(для гостиниц, ресторанов, парков и т. п. заведений: службы, которые не находятся в непосредственном контакте с посетителями, а выполняют вспомогательные работы на служебной территории)* **SEE:** back of the house

back order *тж.* backorder

I сущ. *торг.* невыполненный [задержанный] заказ *(заказ, который из-за отсутствия товара у продавца, не может быть выполнен в данный момент, но может быть выполнен позже; выполнение заказа задерживается, если клиент согласен подождать и не отказывается от заказа сразу; записанный продавцом в качестве задержанного заказа, товар немедленно перезаказывается у поставщика)* **EX: When you place an order and some items are not in stock, we put them on back order for you.** – Когда вы делаете заказ, и некоторых наименований в наличие нет, мы записываем их в качестве задержанного заказа для вас. **SYN:** backorder, back-order, outstanding order, unfilled order, unfulfilled order, logged order **SEE:** back ordering, back-order cost, back-ordered shortage

II *гл. торг.* записать [принять] в качестве задержанного заказа*; заказать товар по задержанному заказу* *(записать заказанный, но отсутствующий на данный момент товар в качестве задержанного заказа и заказать его у поставщика)* **EX: If we unfortunately have an item out of stock and we back order for you, we will not charge for the second delivery.** – Если у нас, к несчастью, не окажется какого-л. необходимого вам товара и мы запишем его в качестве задержанного заказа, то доставим его бесплатно. **SYN:** back-order, backorder **SEE:** back ordering

back-order cost *торг., учет* расходы [издержки] по задолженным заказам* *(расходы по заказам, сделанным в прошлом периода, но понесенные в текущем периоде)* **SEE:** back order

back-ordered shortage *торг.* задолженный спрос, недопоставленная продукция **SYN:** back-ordered unit **SEE:** back order

back-ordered unit *торг.* задолженное изделие **SYN:** back-ordered shortage

back ordering *торг.* задалживание заказов* **EX: If an item is not available immediately, back ordering is allowed only if the vendor is willing to not bill the bank until all items are shipped.** – Если товар недоступен немедленно, задалживание заказов допускается только если продавец отказывается выставлять счет до тех пор, пока все товары не отгружены. **SEE:** back order

back room *сущ.* **1)** *торг.* подсобное помещение [магазина] *(в отличие от торгового зала)* **SEE:** back of the house **2)** *общ.* секретный объект [отдел] *(лаборатория, конструкторское бюро и т. д.)*

back start *СМИ, марк.* = backdating

back-to-back commercials *рекл.* последовательные [спаренные] (рекламные) ролики, реклама «впритык» *(два рекламных ролика подряд по радио или телевидению; обычно используется компаниями, продающими похожие или взаимодополняющие товары)* **SEE:** piggyback commercial

back-to-back interviews *соц.* интервью, следующие «впритык» [друг за другом] **EX: The process of back-to-back interviews and training in questioning technique gives data that allows the team to compare and contrast the candidates.** – Процесс интервьюирования «впритык» и обучение технике интервьюирования дают данные, которые позволяют команде сравнить кандидатов. **SEE:** interview

back-to-school goods *потр.* товары для школьников [студентов], школьные товары *(используемые в учебном процессе товары; напр., книги, тетради, пишущие принадлежности и т. д.)* **SEE:** writing utensils, stationery

backdating *тж.* back dating *сущ.* **1)** датировка [проведение] задним числом **2)** *СМИ, марк.* подписка задним числом *(подписка на журнал, начиная с какого-л. номера, выпущенного в прошлом)* **SYN:** back start **3)** *юр.* наделение обратной силой, распространение на прошедшее *(условие, обозначающее, что закон распространяется также и на те случаи, которые имели место до его вступления в силу)* **EX: backdating the law** – наделение закона обратной силой **SYN:** back dating, back-dating

backdoor selling *марк.* «продажа через черный ход», «продажа исподтишка» **а)** *(неодобряемая практика осуществления поставок, при которой продавец продукции пытается обойти отдел закупок компании и продать товар непосредственно конечному пользователю этого товара в организации, чтобы избежать детального изучения рыночной стоимости данного товара специалистами отдела закупок)* **б)** *(недекларируемая продажа оптовиком товаров конечным потребителям в обход розничных распространителей)* **SEE:** bypassing the retailer

backer card **1)** *рекл.* задняя стенка [задник] витрины *(пространство для размещения рекламы, расположенное в задней части витрин с товаром; используется для стимулирования импульсивных покупок)* **2)** *рекл.* реклама на задней стенке, рекламный задник *(рекламный плакат на задней стенке корзины с товаром или на стойке в торговом зале)* **SYN:** background display

background display *рекл.* = backer card

backload **1)** *рекл.* завершающий нажим*, концентрация усилий в конце* *(сосредоточение рекламных усилий во второй половине кампании)* **SEE:** frontload **2)** *трансп.* обратный груз *(груз, который перевозит транспортное средство, возвращающееся в начальный пункт отправления)*

backlogging model *торг.* модель накопления задолженности* *(предполагает, что у компании есть продукт, пользующийся постоянным спросом; поэтому с целью снижения стоимости товарно-материальных запасов компания сокращает объем резервного запаса товара и откладывает закупку этого продукта у поставщика)* **SEE:** safety stock

backorder *торг.* = back order

backup ad *рекл.* дублирующая реклама *(реклама, дублирующая содержание публикации)*

backup merchandise *торг.* магазинный [товарный] запас* *(имеющийся запас товара в магазине)* **SEE:** stock of goods, merchandise space, merchandise on hand

backup space **1)** *рекл.* «подкладка»*, «связанное [добавочное] место»* *(рекламное место в журнале, которое граничит с вкладышем, напр., купон с обратным адресом, и продается только вместе с ним)* **SEE:** bind-in, blow-in **2)** *комп.* место для резервных копий

backup space *рекл.* компенсирующее место, компенсирующая площадь *(которую необходимо закупить в газете или журнале, чтобы получить право на размещение в издании вкладки или вклейки; обычно эквивалентна одной черно-белой полосе)*

backwall exhibit *торг.* оборотный экспонат* *(выставочный экземпляр, поставленный встык к другому экспонату)*

backward channel *эк.* обратный канал (распределения)* *(при продаже отходов производства для вторичной переработки)* **SEE:** distribution channel

backward invention *марк.* упрощенная новинка* *(вид стратегии международного маркетинга, при которой фирма производит упрощенные формы своих продуктов для продажи их в развивающихся и слаборазвитых странах)* **ANT:** forward invention **SEE:** product invention

bad

I *прил.* **1) а)** *общ.* дурной, плохой, скверный **2)** *эк.* с дефектами, недоброкачественный, негодный *(напр., о продукте);* неисправный, испорченный; гнилой **EX: in bad repair** – в неисправном состоянии **SEE:** bad order freight **3)** *юр.* юридически необоснованный, недействительный *(о документе)* **EX: The claim is bad.** – Иск недействителен. **4)** *фин., учет* безнадежный *(о долге)* **5)** *эк.* невыгодный **SEE:** bad bargain, bad buy

II *сущ.* **1) а)** *общ.* плохое, дурное **б)** *эк., обычно мн.* антиблаго *(предметы, состояния окружающей среды и т. п., которые не являются желательными с точки зрения потребления, напр., ядовитые вещества, громкий шум и т. п.)* **EX: Conversely, without collective action, public bads (such as pollution, noise, street crime, risky bank lending, and so on) would be over-provided.** – И наоборот, при отсутствии коллективных действий общественные антиблага (такие как загрязнение, шумы, уличная преступность, рисковое банковское кредитование и т. п.) могут производиться в избыточном количестве. **ANT:** good **2)** *общ.* плохое состояние, качество **3)** *фин., сленг* дефицит; потеря, проигрыш, убыток; долг **SYN:** loss, damage

bad bargain *эк.* невыгодная сделка *(уплаченная цена не соответствует качеству товара или услуги)* **SYN:** hard bargain **ANT:** good bargain **SEE:** bargain

bad buy *эк.* невыгодная [неудачная] покупка *(приобретение товара по несоответствующей его качеству цене)*

bad order cargo *торг.* = bad order freight

bad order freight *торг.* груз в плохом состоянии, забракованный груз *(груз, состояние которого предполагает частичную недостачу или повреждение)* **SYN:** bad order cargo

bag

I *сущ.* **1) а)** *общ.* мешок; пакет; сумка **EX: paper bag** – бумажный пакет, **plastic bag** – целлофановый пакет **SEE:** package, bagman, polybag **б)** *общ.* мешок, пакет *(как мера веса или количества чего-л.)* **EX: bag of cement** – мешок цемента, **a bag of chips** – пакет чипсов **2)** *потр.* кошелек

II *гл. общ.* упаковывать в мешки [пакеты], раскладывать по мешкам [сумкам] **SEE:** bagged

bag storage 1) *с.-х., торг.* хранилище для мешков *(с зерном, с мукой и т. п.)* **2)** *с.-х., торг.* хранение в мешках **ANT:** bin storage **SEE:** storage

bagged *прил. общ.* упакованный в мешки; помещенный в мешок; в мешке **EX: bagged cargo** – груз в мешках; груз, упакованный в мешки **SEE:** bag

bagman *сущ.* **1)** *торг., преимущ. брит.* лоточник, продавец с лотка; старьевщик; коммивояжер *(разъездной торговец, имеющий при себе образцы товара)* **SYN:** commercial traveller **2)** *амер., сленг* рэкетир, вымогатель *(человек, который занимается распределением денег, полученных путем рэкета, вымогательства и т. п.)* **3)** *пол., фин., преимущ. кан.* сборщик средств*, проситель* *(лицо, собирающее взносы в пользу какой-л. политической партии)*

bailee *сущ.* **1)** *эк., юр.* хранитель *(ответственное лицо, которому передано на хранение какое-л. имущество)* **2)** *торг., юр., амер.* ответственный хранитель*, зависимый держатель* *(согласно определению Единообразного торгового кодекса США: лицо, которое на основании складской расписки, коносамента или иного товарораспорядительного документа вступает во владение товарами и участвует в договоре поставки)* **SEE:** Uniform Commercial Code, warehouse receipt, bill of lading, document of title, delivery

Bain Index *эк.* индекс Бейна *(отражает экономическую прибыль фирмы, рассчитывается путем вычитания из валовой выручки расходов, обесценения капитала и альтернативной стоимости инвестиций; при совершенной конкуренции на рынке индекс

Бейна должен быть нулевым, а при наличии рыночной концентрации может быть положительным для отдельных фирм) **SEE:** market concentration

bait

I *сущ.* **1)** *общ.* приманка, наживка **2)** *рекл.* = bait advertising **3)** *марк.* товар-приманка* *(товар, продаваемый по низкой цене с целью привлечения покупателей)* **EX: The shop's best bargains were displayed in the window as bait.** – Лучшие товары были выставлены на витрине для привлечения покупателей. **SEE:** bait advertising, bait ad, switch advertising, bait pricing, bait-and-switch advertising

II *гл.* **1)** *общ.* заманивать, завлекать **2)** *марк.* завлекать (покупателей) *(напр., предлагая в рекламе очень низкие цены на товар)* **SEE:** bait advertising, bait ad, switch advertising, bait pricing, bait-and-switch advertising, bait and switch

bait ad *рекл.* = bait advertising

bait advertising *рекл.* заманивающая реклама* *(реклама, предлагающая соблазнительно низкие розничные цены на товар с целью привлечения покупателей в магазин; иногда реальная цена может оказаться выше рекламируемой, в таком случае клиента пытаются убедить купить заинтересовавший его товар по более высокой цене или обратить его внимание на другие товары)* **SYN:** bait ad, switch advertising **SEE:** bait pricing, bait-and-switch advertising, switch selling, suggestion selling, bait-and-switch pricing

bait and switch *рекл., разг.* = bait-and-switch advertising

bait-and-switch pricing *марк.* ценообразование «заманить и подменить»* *(привлечение клиентов низкой ценой с последующим объявлением о том, что данный товар закончился или на самом деле имеет недостаточное качество; целью является привлечение клиентов в торговую точку в расчете на то, что пришедший клиент все равно совершит какую-л. покупку; во многих странах считается незаконной)* **SEE:** bait-and-switch advertising, bait pricing, loss leader pricing, deceptive pricing, call bird

bait pricing *марк.* соблазнительное ценообразование* *(установление очень низкой цены на товар с целью привлечения покупателей)* **SEE:** bait-and-switch pricing

bait-and-switch advertising *рекл.* реклама «заманить и подменить»* *(привлечение клиентов чрезвычайно выгодными ценами или условиями покупки, воспользоваться которыми по тем или иным причинам становится невозможным; рассматривается как недобросовестная реклама)* **SYN:** bait advertising, switch advertising **SEE:** bait-ad, bait pricing

bake goods *потр.* = baked goods

baked goods *потр.* выпечка; хлебобулочные изделия **SYN:** bake goods, bakery goods

baker's shop *торг., брит.* = bakery

bakery *сущ. торг.* булочная **SYN:** baker's shop

bakery goods *потр.* = baked goods

balanced stock *торг.* сбалансированный запас *(запас разного ассортимента товаров, разных ценовых категорий, размеров и т. п., составленный таким образом, чтобы как можно лучше удовлетворять потребностям потребителей)* **SEE:** assortment

balanced tenancy *торг.* сбалансированная аренда* *(ситуация, когда магазины в торговом центре удачно дополняют друг друга с точки зрения количества и разнообразия предлагаемых ими товаров, т. е. когда имеющиеся магазины наилучшим образом соответствуют потребностям населения)* **SEE:** shopping centre

balloon *сущ.* **1)** *общ.* воздушный шар **2)** *банк., фин.* *(схема погашения долга с нерегулярными платежами, при которой основной (самый крупный) платеж приходится на конец периода заимствования)* **3)** *рекл.* = balloon copy

balloon copy *рекл.* овальный текст*, реплика персонажа *(изобразительное средство, представляющее собой текст, заключенный в круг или овал, который соединен линией с изображением говорящего персонажа; изначально использовалось в комиксах, впоследствии стало использоваться в рекламе)*

ballpark *общ. (диапазон, внутри которого возможно сопоставление)* **SEE:** ballpark pricing

ballpark pricing *марк.* оценочное ценообразование*, ценообразование по принципу соответствия* *(практика установления цены продукта или услуг путем сравнения со сходными продуктами, выбора значения в интервале выявленных цен и корректировки исходя из особенностей конкретного заказа с учетом желаемой доходности)* **SEE:** customer value map

ballyhoo

I *сущ. общ., амер., сленг* громкая реклама, шумиха, ажиотаж

II *гл. рекл.* назойливо [настойчиво] рекламировать

banded offer *марк.* связанное [сопутствующее] предложение* *(метод увеличения продаж, состоящий в предложении дополнительного товара вместе с главным)* **SEE:** tie-in

banded pack *марк.* упаковка-комплект, товарный набор *(упаковка из двух сопутствующих товаров, продаваемая по цене, которая ниже суммы цен входящих в нее товаров)* **SYN:** bundle **SEE:** tie-in

banded premium *марк.* = on-pack premium

bangtail *сущ. рекл.* отрывной талон с предложением покупки товара*, конверт-письмо с предложением товаров на оборотной стороне* *(который продавец направляет клиенту вместе со счетом или рекламой; обычно выглядит как конверт с отрывным перфорированным клапаном, который может использоваться в качестве бланка заказа; такие конверты часто используются для рекламы фильмов во вставках в газеты или журналы)*

bank advertising *рекл., банк.* банковская реклама *(реклама банковских учреждений и оказываемых ими услуг)* **SEE:** financial advertising, bank marketing

bank marketing *марк.* банковский маркетинг *(маркетинг банковских учреждений и банковских услуг)* **SEE:** Bank Marketing Association, bank advertising, financial marketing

Bank Marketing Association **сокр.** BMA *марк., банк., амер.* Ассоциация банковского маркетинга *(филиал Американской банковской ассоциации; насчитывает более 2 тыс. национальных и около 40 иностранных членов; является лидером в банковской отрасли по организации маркетингового образования, предоставлению маркетинговой информации о тенденциях в банковской отрасли и возможностей профессионального роста (информирует о вакансиях, карьерных возможностях); является связующим звеном между специалистами отрасли)* **SEE:** bank marketing

banner 1) *общ.* знамя, флаг, вымпел **2)** баннер **а)** *рекл., комп. (рекламный носитель: статическая или анимированная картинка, размещаемая на веб-страницах в рекламных целях; обычно эта картинка является ссылкой, по которой можно перейти на рекламируемый сайт или на страницу, содержащую более развернутую информацию о рекламируемом товаре)* **SYN:** banner ad **SEE:** internet advertising, web site banner, business banner, personal banner, commercial banner, noncommercial banner, flash banner, banner view, banner advertising, banner burn-out, text block, flash banner, interactive banner, clickthrough rate, advertising image **б)** *рекл. (в рекламе на месте продажи: прямоугольный или треугольный рекламный планшет из пластика, ткани или бумаги, подвешиваемый в витринах, на стенах или в проходах торгового помещения;*

транспарант) **SEE:** window banner, point-of-purchase sign, point-of-purchase advertising, point-of-purchase material **3)** *рекл.* = showcard **4)** *СМИ, рекл.* = banner headline **5)** *рекл.* транспарант, баннер, баннер-транспарант, растяжка *(материал, повешенный между двумя стенами или зданиями, содержащий рекламное сообщение)* **SEE:** outdoor advertising, airplane banner, overwire hanger **6)** *СМИ, марк.* = nameplate

banner ad *рекл., комп.* = banner 2

banner advertising *рекл., комп.* баннерная реклама *(интернет-реклама, использующая баннеры в качестве рекламных носителей)* **SEE:** banner, internet advertising

banner burn-out *рекл., комп.* «сгорание» баннера *(по мере показа баннера в определенной баннерной системе или на определенном веб-сайте увеличивается вероятность того, что он будет показан одному и тому же пользователю несколько раз; это, в свою очередь, приводит к падению отклика баннера)* **SEE:** banner, clickthrough rate, site frequency, site reach

banner caching *рекл., комп.* «кеширование» баннера, помещение баннера в кеш-память *(помещение баннера в специальную область высокоскоростной памяти, используемой для хранения данных, доступ к которым недавно был произведен или будет произведен в ближайшее время; при следующем показе баннер будет загружен не с сервера, а из кеш-памяти, что занижает статистику показа баннера)* **SEE:** banner, banner view, cached banner

banner exchange system [network] *рекл., комп.* система обмена баннерами **SYN:** banner exchange network **SEE:** exchange system, banner

banner headline *СМИ, рекл.* (центральный) заголовок, «шапка» *(заголовок во всю ширину газетной полосы)* **SYN:** banner, bannerhead, headline

banner impression *рекл., комп.* = banner view

banner view *рекл., комп.* показ баннера, просмотр баннера **SYN:** ad impression, banner impression **SEE:** banner

bannerhead *СМИ, рекл.* = banner headline

bar code *торг.* штриховой код, штрих-код *(набор параллельных линий различной ширины, наносимых на товары, пластиковые карты, почтовые отправления, документы, контейнеры на складе и др. предметы, с целью создать возможность их быстрой обработки при помощи электронных считывающих устройств)* **SEE:** universal product code, bar code label, bar coding

bar code label *торг.* этикетка со штриховым [универсальным товарным] кодом **SEE:** label, bar code

bar coding *торг.* штриховое кодирование, использование штрих-кода *(для автоматического машинного распознавания товара и считывания информации о нем по штрих-коду на упаковке)* **SEE:** bar code, automatic sortation, automated storage and retrieval system, automated warehouse, Automatic Identification System

bargain

I *сущ.* **1)** *эк.* соглашение, сделка, торговая сделка, договор о покупке **EX:** **to make [strike, close, conclude, drive] a bargain** – заключить сделку, прийти к соглашению, **to drive a hard bargain** – много запрашивать, торговаться, **to bind a bargain** – дать задаток, **to be off (with) one's bargain** – аннулировать сделку, **corrupt bargain** – бесчестная сделка, **criminal bargain** – преступная сделка, **time bargain** – сделка на срок, срочная сделка **SYN:** transaction **SEE:** bad bargain, bargain offer, bargainer, real bargain, blind bargain **2) а)** *эк.* товар *(полученный в результате заключения сделки)* **б)** *торг.* выгодная (дешевая) покупка **SYN:** bargain purchase **в)** *мн., торг.* товары по сниженным ценам, дешевые товары **SYN:** cheap, cheap purchase **SEE:** bargain basement, bargain day **3)** *юр.* соглашение, договоренность **4)** *юр.* договор по купле-продаже земли **5)** *общ.* небольшой земельный участок **6)** *бирж., брит.* биржевая сделка *(напр., сдел-*

ка на Лондонской фондовой бирже) **SYN:** haggle

II *гл.* **1)** *эк.* торговаться о цене **SYN:** haggle **SEE:** outbargain **2)** *общ.* вести переговоры, договариваться **SYN:** hold negotiations, carry on talks, handle negotiates, hold talks, make negotiates, transact negotiates **3)** *общ.* прийти к соглашению, условиться, заключить сделку **SYN:** do a deal, make a bargain, close a bargain, make a deal **SEE:** outbargain **4)** *общ.* рассчитывать **EX: to bargain on the development of new programmes** – рассчитывать на развитие новых программ

bargain advertisement *рекл.* рекламное объявление о специальном предложении **SEE:** bargain advertising

bargain advertising *рекл.* реклама специальных предложений *(напр., реклама типа «две пары по цене одной», «скидка 50%» и т. д.)* **SYN:** bargain-basement advertising **SEE:** bargain advertisement, price appeal, special offer, special price

bargain and sale *торг., юр.* = sales contract

bargain and sale deed *юр., торг.* документ (акт) о купле-продаже *(документ, подтверждающий передачу прав на собственность, который при этом не гарантирует титул или использование собственности)*

bargain away *гл. торг.* отдавать за бесценок; уступать по дешевке

bargain basement *сущ. торг.* отдел уцененных товаров *(отдел большого магазина, который обычно находится в подвальном помещении здания и специализируется на торговле самыми дешевыми товарами, особенно — уцененными вследствие низкого качества или устаревания)* **SYN:** bargain counter **SEE:** bargain

bargain counter *торг.* = bargain basement

bargain day *торг.* день распродажи **SEE:** bargain, bargain sale

bargain hunter *марк.* охотник за сниженными ценами [за скидками]*, завсегдатай распродаж *(покупатель, активно ищущий возможность приобрести товар по сниженной цене)* **SEE:** bargain hunting

bargain hunting *марк., брит.* «охота» за дешевой покупкой [за низкими ценами, за скидками] *(стремление купить товар по максимально низкой цене, которое делает покупателя завсегдатаем распродаж)* **SEE:** bargain hunter

bargain offer **1)** *торг.* «специальное предложение» *(продажа определенной разновидности товаров по сниженной цене)* **2)** *эк.* предложение о заключении сделки [о продаже] **SEE:** bargain

bargain price *торг.* льготная [сниженная] цена; низкая цена *(выгодная покупателю)* **SYN:** bargain sale price

bargain purchase *торг.* покупка со скидкой *(покупка актива или товара по значительно более низкой цене, по сравнению с рыночной)* **SYN:** bargain

bargain sale **1)** *торг.* дарственная продажа* *(продажа собственности по сниженной цене благотворительной организации; в данном случае часть продаваемого товара является подарком, а часть — продажей)* **EX: When mortgaged property is donated, it is subject to bargain sale rules.** – Когда заложенная собственность становится объектом дарения, она подпадает под правила дарственной продажи. **SEE:** bargain sale price, fair market value, sale **2)** *торг.* полная распродажа *(продажа всех товаров в магазине по сниженным ценам)* **SYN:** bargain sales **SEE:** sale, clearance sale, bargain day

bargain sale price *торг.* сниженная цена *(цена ниже рыночной; такая цена может устанавливаться при распродаже, когда перед фирмой стоит задача очистить склад от товаров, не пользующихся большим спросом, или поощрить покупателя)* **ANT:** fair market value **SEE:** bargain sale

bargain sales *торг.* = bargain sale

bargain square *рекл.* квадрат выгодных покупок [сниженных цен]* *(рекламное объявление в виде квадрата, состоящего из четырех частей, в каждой из которых рекламируются то-*

вары по сниженным ценам или со скидкой; обычно такие объявления даются в периоды сезонных распродаж)

bargain-basement *прил. торг.* дешевый, недорогой, удешевленный *(особенно вследствие низкого качества или устаревания);* худшего качества **EX: bargain-basement goods** – дешевые товары, **bargain-basement prices** – низкие цены, сниженные цены **SEE:** bargain basement

bargain-basement advertising *рекл.* = bargain advertising

bargainer *сущ.* **1)** *торг.* торговец, продавец **2)** *торг.* торгующийся *(о цене товара)* **3)** *эк.* участник сделки; участник переговоров по сделке *(по поводу условий заключения сделки, напр., стоимости, формы оплаты, условий поставки, сроков и т. д.)* **SEE:** bargain

bargaining behaviour *торг.* поведение при ведении переговоров [при заключении сделки]

bargaining chip *эк.* козырь *(преимущество на переговорах)* **SEE:** bargaining tool

bargaining position *эк.* позиция на переговорах *(определяется соотношением сил между участниками переговоров; хорошей (сильной) позицией считается такая, которая позволяет влиять на ход и результат переговоров)* **EX: weak [strong, favourable] bargaining position** – слабая [сильная, благоприятная] позиция на переговорах, **Sonera's heavy debt load weakens its bargaining position in a possible merger negotiation.** – Большой долг «Сонеры» ослабляет ее позицию на переговорах по слиянию. **The seller's agent is obligated to disclose any information that may enhance the seller's bargaining position.** – Агент по продаже обязан раскрывать любую информацию, которая может улучшить позицию продавца на переговорах. **SEE:** bargaining chip, bargaining tool, market power

bargaining tariff *эк.* переговорный тариф* *(более низкая цена в обмен на определенные уступки от другой стороны переговоров)* **EX: Congress delegated much of its authority to executive branch officials through a vehicle known as the «bargaining tariff», giving the President the power to reduce tariffs in exchange for reductions by America's trading partners.** – Конгресс передает значительную часть своей власти чиновникам исполнительной власти через механизм, известный как «переговорный тариф», дающий президенту право снижать тарифы в обмен на сокращения со стороны торговых партнеров Америки.

bargaining tool *эк.* инструмент давления на переговорах *(способ получения уступок при переговорах)* **SEE:** bargaining chip

bargaining transaction *эк.* товарообменная (торговая) сделка **SEE:** barter

bargain-sales advertisement *рекл.* = bargain advertisement

barker 1) *общ.* собака **2)** *рекл.* крикун, зазывала **EX: fairground/circus barker** – ярмарочный/цирковой зазывала **3)** *рекл., СМИ* кричащий заголовок *(короткий крупный заголовок, выше стандартного заголовка)* **SEE:** banner headline

barrelhouse 1) *торг., амер., сленг* дешевая забегаловка, салун **SEE:** public catering enterprises **2)** *торг., амер., сленг* третьеразрядная гостиница

barriers to (market) entry *эк.* барьеры входа [на вход] *(одна из характеристик рыночной структуры, состоящая в наличии препятствий к появлению на рынке новых продавцов; к ним могут относиться патенты и лицензии, экономия от масштабов производства у существующих фирм и т. д.)* **SYN:** barriers to market entry **SEE:** market structure, economies of scale, barriers to exit

barriers to (market) exit *эк.* барьеры выхода [ухода] *(одна из характеристик рыночной структуры; факторы, препятствующие уходу фирмы с рынка, напр., большой объем затрат по перепрофилированию или ликвидации мощностей, когда для этого имеются экономические основания)* **SYN:** barriers to market exit **SEE:** access to market, barriers to entry

barter

I *сущ.* **1) а)** *эк.* меновая торговля, бартер, натуральный [бартерный] обмен, товарообмен *(обмен товара на товар без использования денег; форма встречной торговли)* **SYN:** trade by barter, exchange of commodities, exchange of goods, commodity exchange, commodities exchange, goods exchange **SEE:** countertrade, buy-back agreement **б)** *рекл.* бартер *(оплата эфирного времени товарами фирмы-рекламодателя)* **2)** *торг.* товарообменная [бартерная] сделка **EX: barter partner** – партнер по бартеру [бартерной сделке, операции] **SYN:** exchange **SEE:** barter agreement, barter broker, barter company, barter contract, barter deal, barter exchange, barter house, barter organization, barter syndication, barter time, barter trade, barter transaction, contract of barter **3)** *эк.* средство [товар для] обмена **EX: I took a supply of coffee and cigarettes to use as barter.** – Я запасся кофе и сигаретами, чтобы использовать их как средство обмена [чтобы обменивать их на другие товары].

II *гл. торг.* менять, обменивать, вести натуральный обмен [меновую торговлю] **EX: an item that you want to barter** – предмет, который вы хотите обменять, **to barter goods and services** – вести меновую торговлю товарами и услугами

barter agreement *юр., эк.* договор мены [бартера], бартерное соглашение, бартерный [товарообменный] договор, соглашение [договор] о товарообмене *(соглашение, по которому стороны обмениваются какими-л. товарами без осуществления денежных платежей)* **SYN:** barter contract, contract of barter, contract of exchange **SEE:** barter, barterer

barter broker *марк.* брокер по бартерным сделкам, бартерный брокер *(организует оплату закупаемого эфирного времени товарами фирмы-рекламодателя, которые используются радиостанциями или телевизионными каналами в качестве призов)* **SYN:** prize broker **SEE:** barter

barter company *торг.* бартерная компания *(компания, специализирующаяся на организации бартерных сделок)* **SYN:** barter organization, barter house, bartering company **SEE:** barter exchange

barter contract *эк., юр.* = barter agreement

barter deal *торг.* бартерная сделка [операция], товарообменная сделка [операция] *(операция по обмену определенного количества одного товара на определенное количество другого товара без прямого использования денежных расчетов)* **SYN:** barter transaction **SEE:** barter, barter agreement, barter trade, barterer

barter exchange 1) *торг., бирж.* бартерная биржа *(организация, содействующая в поиске потенциальных партнеров по бартерным сделкам: составляет список товаров, которые участники биржи хотели бы обменять на что-л., а также списки товаров, которые кто-л. из участников хотел бы приобрести в результате обмена)* **SEE:** barter house **2)** *торг.* бартерный обмен **SEE:** barter, barter deal

barter house *торг.* бартерная контора, бартерный (торговый) дом* *(компания, осуществляющая посредничество при совершении бартерных сделок)* **SYN:** barter organization, barter company **SEE:** barter exchange

barter organization *торг.* = barter company

barter syndication *рекл.* бартерное синдицирование* *(приобретение синдицированной программы с согласия покупающих эту программу станций на продажу части рекламного времени в ней самим синдикатором)* **SEE:** syndication, syndicated program

barter time *рекл., СМИ* бартерное время *(эфирное время, предоставляемое в обмен на товары или услуги рекламодателя)* **SEE:** advertising consideration

barter trade *торг.* бартерная [меновая] торговля *(форма торговли, при которой один товар непосредственно, без использования денег, обменивается на другой товар)* **SEE:** barter, barter deal, barter agreement

barter transaction *торг.* = barter deal

barterer *сущ. торг.* участник бартерной [меновой] сделки *(лицо, обменивающие какой-л. товар на другой товар в ходе бартерной операции)* **SEE:** barter

Bartholomew fair *торг., англ.* Варфоломеева ярмарка *(ежегодная ярмарка, проводимая в Лондоне в день св. Варфоломея, 24 августа)* **SEE:** fair

base depot *торг.* склад-база **SYN:** warehouse

base line **1)** *общ.* базовая [базисная, основная, нулевая] линия, линия отсчета **2)** *рекл.* нижняя [опорная] строка *(часть рекламного материала, содержащая основную информацию об организации, такую как ее название и адрес)*

base-point pricing *марк.* установление цен [ценообразование] по базисным пунктам* *(метод ценообразования, при котором в цену товара включается стоимость перевозки товара, рассчитанная исходя из затрат на транспортировку товара покупателю из определенного географического пункта, который может не совпадать с фактическим местом отгрузки товара; базисный пункт выбирается по соглашению сторон и обычно совпадает с местом производства либо ближайшим к покупателю торговым пунктом производителя)* **SYN:** basing-point pricing **SEE:** geographic pricing, phantom freight, Pittsburgh-plus pricing, pricing point

base price базовая [базисная] цена *торг. (первоначальная цена товара до различных корректировок, в отличие от цены, скорректированной с учетом конкретных условий поставки и оплаты, скидок, налогов и т. п.)* **SYN:** basic price, basis price **SEE:** adjusted price

base rate **1)** *банк., фин.* базовая (процентная) ставка **а)** *(ставка процента, используемая в качестве индекса для ценообразования на все виды банковского кредита)* **б)** *брит. (ставка, по которой Банк Англии предоставляет ссуды учетным домам, позволяющая эффективно контролировать ставку процента в банковской системе)* **SEE:** discount house **в)** *(ставка процента, устанавливаемая банками для своих лучших корпоративных клиентов)* **2)** *рекл.* базовый тариф, открытая [базовая] цена *(первоначальная цена за размещение рекламы без скидок, но предусматривающая скидки в дальнейшем в зависимости от объема или частотности рекламы)* **SYN:** open rate **SEE:** card rate, earned rate

basic commodities **1)** *марк.* = staple goods **2)** *с.-х., амер.* базовые [основные] сельскохозяйственные продукты* *(шесть сельскохозяйственных культур, для которых установлена государственная поддержка цен: кукуруза, хлопок, арахис, табак, рис, пшеница)* **SEE:** Agricultural Marketing Act **3)** *эк.* = primary goods **4)** *марк.* основные товары* *(продукция основной деятельности фирмы, т. е. товары, на производстве которых компания специализируется и от реализации которых, как правило, получает наибольшую часть своего дохода)* **SEE:** cash cow

basic foodstuffs *потр.* = staple foods

basic price **1)** *торг.* = base price **2)** *СМИ* = basic rate

basic product **1)** *марк.* = core product **2)** *марк.* основа продукта* *(основной элемент приобретаемого товара, который определяет его качество; напр., мотор или сверло электродрели)* **SEE:** core product, characteristic product

basic question *соц.* основной [программный] вопрос *(вопрос, с помощью которого решаются главные задачи исследования; служит критерием выбора конкретных вопросов, включаемых в анкету; как правило, сформулирован в общих терминах и содержит абстрактные понятия, не всегда очевидные для опрашиваемых)* **SEE:** question

basic stock базовый запас **а)** *торг. (запас товаров, который торговая точка в течение длительного периода поддерживает на одном и том же уровне; обычно такие запасы создаются для товаров, спрос на которые относительно стабилен)* **б)** *упр. (ми-*

нимальный запас сырья, полуфабрикатов или готовых товаров, который необходим для поддержания непрерывности производства/обслуживания клиентов)

basic stock list *торг.* список основных [базовых] товарных запасов*, перечень основного [базового] ассортимента* *(список размеров, цветов, марок и т. п., а также величины запасов по каждой категории для товаров, составляющих основу ассортимента данного магазина; составляется торговцем при планировании деятельности магазина)* **SEE:** model stock list, never out list

basic stock method *торг.* метод базового запаса *(метод управления запасами в торговых точках, при котором необходимая величина товарного запаса на плановый период определяется как сумма базового запаса и среднемесячных продаж)* **SEE:** basic stock

basic wants *марк.* фундаментальные [существенные] потребности *(напр., в безопасности, здоровье, обеспеченности, стабильности)* **EX: Stimulate their interest in whatever you're selling by appealing to their basic wants.** – Стимулируйте их интерес ко всему, что бы вы ни продавали, обращаясь к их фундаментальным потребностям.

basing point *марк.* базисный пункт *(место, выбранное в качестве базы для расчета цены на продукцию, транспортируемую в разные районы; для данного места фиксируется базовая цена., напр., франко-завод или франко-склад, а потом к базовой цене добавляется стоимость транспортировки до указанного покупателем места)* **SEE:** base-point pricing, ex works

basing-point price *марк.* цена в базисном пункте* *(цена, включающая издержки по доставке продукции от базисного пункта, обычно — пункта производства, до места потребления)* **SEE:** base-point pricing

basing-point pricing *марк.* = base-point pricing

basis price *торг.* = base price

SEE: basket of goods *эк.* = consumer basket

batch number *торг., учет* номер партии *(код, по которому можно идентифицировать партию для обработки, хранения, проверки выполнения заказов, бухгалтерского учета, аудиторской проверки и т. п.)* **SEE:** bar code

batch quantity *торг.* размер [объем] партии **EX: optimum batch quantity** – оптимальный размер партии

battle of the brands *марк.* война брендов *(конкуренция на рынке между существующими товарными марками)* **SEE:** brand, marketing warfare

battleground map карта битвы, карта поля боя **а)** *воен. (карта театра боевых действий)* **б)** *марк. (карта, на которую нанесены все отделения конкретной сети магазинов и магазины конкурентов на определенной территории, которую данная торговая фирма считает своей)* **SEE:** marketing warfare

Baudrillard, Jean *соц.* Бодрийяр, Жан *(1929-, французский философ, социолог; внес вклад в развитие семиологии и теории постмодерна, социологии культуры и потребления; современное общество, по мнению Бодрийяра, становится обществом потребления, в котором потребляются не вещи как таковые, а знаки и символы, олицетворяемые этими вещами; согласно его взглядам, реклама необходима современному индивиду, так как она перестает быть просто маркетинговым инструментом и становится, будучи «дискурсом вещи», средством социализации; наиболее известные работы: «Система вещей», «Общество потребления»)* **SEE:** consumer society

Baumol, William Jack *эк.* Баумоль, Уильям Джек *(1922-; американский экономист, профессор Принстонского университета; первым предложил модель, в которой фирмы максимизируют не прибыль, а объем продаж; яв-*

ляется главным основателем теории состязательных рынков; известен также тем, что на базе метода оптимального размера заказа разработал модель, позволяющую определить оптимальный остаток денежных средств; изучал модели несбалансированного роста)

bazaar 1) *торг.* восточный базар **EX: But this place is like one huge Middle East bazaar where the prices aren't fixed, negotiations are conducted with passion, loud volume and deceit.** – Но это место подобно огромному ближневосточному базару, на котором цены не фиксированы, переговоры о цене ведутся страстно и яростно, всюду галдеж и обман. 2) *торг.* (большой) универсальный магазин **SYN:** department store **SEE:** penny bazaar 3) *торг.* благотворительная распродажа **EX: There was a bazaar to raise funds to help unemployed women in March.** – В марте состоялась распродажа с целью привлечения средств для помощи безработным женщинам. **He worked on a bazaar to raise funds for needy students.** – Он помогал организовывать распродажу для привлечения средств для нуждающихся студентов. **SEE:** charity bazaar, charity shop

be browsing *торг., комп.* = go windowshopping

be in demand *эк., торг.* пользоваться спросом, быть ходким *(характеристика рыночной конъюнктуры относительно какого-л. товара, услуги или профессии)* **EX: be in good [great] demand** – пользоваться большим спросом, хорошо продаваться (о товаре, который востребован потребителями) **Project managers, tax analysts, engineers will be in demand in 2003.** – В 2003 г. особенно цениться будут руководители проектов, налоговые аналитики и инженеры. **I feel that good fantasy will always be in demand.** – Я чувствую, что хорошая фантастика всегда будет пользоваться спросом. **SYN:** sell well, be sought after

be on sale 1) *торг.* = be available for sale **EX: Over 200 different posters are on sale!** – В продаже есть более двухсот различных плакатов. **SEE:** available for sale 2) *торг.* продаваться со скидкой **EX: If frequently-used items are on sale and can be stored easily, consider buying several at the low price.** – Если товары повседневного пользования продаются со скидкой и могут долго храниться, подумайте о покупке нескольких предметов по низкой цене.

be on the buy *эк., разг.* (собираться) производить покупки *(обозначает намерение, в т. ч. уже реализуемое, совершить покупку)* **EX: Wunderlich Securities is on the buy again, this time acquiring Chicago Capital, Inc.** – Компания «Вундерлих секьюритиз» вновь делает приобретения, на этот раз покупая корпорацию «Чикаго кэпитал».

be shopping *торг.* ходить за покупками [в магазин, по магазинам] *(с целью купить что-л.)* **EX: His father reads the paper for as long as his mother is out shopping.** – Его отец читает газету все время, пока мать ходит за покупками. **I was shopping all day but didn't find what I need.** – Я целый день ходил по магазинам, но так и не нашел то, что мне нужно. **SYN:** go shopping **SEE:** do the shopping

be sought after *эк., торг.* = be in demand

bean wagon *торг., амер., сленг* «забегаловка» *(маленький дешевый ресторанчик без столов)* **SEE:** public catering enterprises

beanery *торг., амер., сленг* дешевый ресторанчик **SEE:** public catering enterprises

bearer *сущ.* 1) носитель, переносчик **EX: bearer of rumours** – переносчик слухов, **bearer of dispatches** – дипломатический курьер 2) а) *фин., банк.* предъявитель *(лицо, предъявляющее к оплате вексель или иной долговой документ; владелец ценной бумаги на предъявителя)* **EX: bearer of a cheque** – предъявитель чека. б) *юр., торг., амер.* владелец документа* *(согласно Единообразному торговому кодексу США: лицо, владеющее финансовым инструментом, товарораспорядительным документом или ценной бумагой на предъявителя либо ценной бумагой, имеющей передаточную надпись на бланке)* **SEE:** Uniform Commercial Code, document of title, endorsement

beat *сущ.* 1) *общ.* удар; биение (сердца) 2) *общ.* такт, ритм, размер 3) *рекл.* пауза на счет «раз» *(термин исполь-*

зуется режиссером при записи и редактировании рекламных сообщений для радио или телевидения) **4)** *амер., разг.* газетная сенсация *(нечто, опубликованное раньше других)* **5)** *амер., сленг (район или территория, где человек работает)*

beauty aid store *торг.* магазин косметических товаров, парфюмерия и косметика **SEE:** beauty aids

beauty aids *потр.* косметические средства **EX: Our beauty aids have also had to stand the test of time.** – Нашим косметическим средствам также пришлось пройти проверку временем. **SEE:** professional beauty aids, health and beauty aids

beauty shot *рекл., СМИ* **а)** парадный план *(крупный, долго держащийся на экране план товара в рекламном ролике)* **б)** *(изображение лица или отдельной части лица (губ, глаз и т. п.) крупным планом, помещенное на обложке журнала или в рекламном объявлении, напр., при рекламе косметических средств)*

bedrock

I *прил.* **1)** *геол.* коренная подстилающая порода **2)** *общ.* основные принципы, суть **EX: to get down to bedrock** – добраться до сути дела

II *сущ.* **1)** *общ.* основной, принципиальный, сущностный **2)** *эк.* минимальная, самая низкая *(о цене)* **EX:** to sell at a bedrock price – продавать по минимальной цене

bedrock audience *марк.* основная постоянная аудитория **SEE:** audience

beef 1) *пищ., потр.* говядина **SEE:** meat products **2)** *общ., амер., сленг* жалоба, недовольство **3)** *торг., амер., сленг* счет*, чек* *(получаемый покупателем в ресторане, отеле, ночном клубе и т. п.)* **SEE:** public catering enterprises

before-and-after situations ситуации «до» и «после» **а)** *мет. (оценка воздействия какого-л. фактора путем сравнения ситуаций до и после)* **EX: Let's create a diagram which will allow us to visualise the before and after situations.** – Нарисуем диаграмму, которая позволит нам наглядно представить различие между ситуациями «до» и «после». **б)** *рекл. (понятие, связанное с анализом эффективности рекламной компании, при котором сравниваются характеристики спроса на рекламируемый товар до и после рекламной акции)* **SEE:** benchmark

before hours *бирж., банк., торг.* до открытия [начала работы] **EX: We provide you with the ability to match orders in before-hours trading.** – Мы предоставляем вам возможность согласовать заказы до начала торгов.

behaviour segmentation *марк.* = behavioural segmentation

behavioural segment *марк.* поведенческий сегмент *(группа покупателей в соответствии с их привычками и особенностями употребления товаров)* **SEE:** behavioural segmentation, segment

behavioural segmentation *марк.* поведенческая сегментация, поведенческое сегментирование *(разделение покупателей на группы в соответствии с покупательскими привычками, поведением при покупке, употреблением товаров и т. п., напр., выделение групп покупателей, которые регулярно покупают данный товар, и покупателей, которые покупают товар время от времени; покупателей, которые рассматривают данный товар как товар постоянного использования, и покупателей, которые считают, что данный товар имеет ограниченное применение и т. п.)* **SYN:** behaviour segmentation, behaviouristic segmentation **SEE:** market segmentation, behavioural segment

behavioural stage 1) *псих.* этап поведения [действия]* *(этап, на котором человек совершает какое-л. действие)* **2)** *марк.* поведенческий этап, этап поведенческих проявлений *(один из этапов состояния покупательской готовности, выражающийся в совершении покупки)* **EX: This facilitates the identification of what will be required to move people from one behavioural stage to the next.** – Это помогает понять, что потребуется для перехода людей с одного поведенческого этапа на другой. **SEE:** affective stage, cognitive stage, standard learning hierarchy, dissonance attribution model, low-involvement model, AIDA, purchase phase

behaviouristic segmentation *марк.* = behavioural segmentation

believability *сущ.* **1)** *общ.* достоверность, надежность **EX: the believability of the information** – достоверность информации **2)** *рекл.* правдоподобность *(рекламного сообщения; с точки зрения эффективности, имеет большее значение, чем правда)* **EX: believability of ad claims** – правдоподобность рекламных заявлений

believer 1) *общ.* верящий, верующий; сторонник, приверженец **2)** *марк., амер.* верующий*, приверженец* *(по классификации VALS 2: консервативный, предсказуемый потребитель, предпочитающий отечественные товары и известные торговые марки; такие люди обычно характеризуются средним уровнем доходов, их жизнь сконцентрирована на семье, религии и общественных проблемах)* **SEE:** VALS 2, principle-oriented

bell cow 1) *с.-х.* корова-вожак* *(корова, за которой следует стадо; на шею такой корове привязывается колокольчик, что позволяет легко отслеживать передвижение стада)* **2)** *упр.* ориентир *(лидер в какой-л. отрасли, за которым следуют другие представители отрасли, лидер команды и т. п.; напр., авторитетный инвестор, примеру которого при принятии инвестиционных решений следуют остальные инвесторы)* **EX: The Railroad Commission of Texas is a bell cow for domestic energy policy.** – Железнодорожная комиссия Техаса в отечественной энергетической политике играет роль ориентира. **3)** *марк.* «дойная корова» *(товар, хорошо раскупаемый в розницу, продажная цена которого значительно превышает издержки его производства)* **EX: This new product is a real bell cow!** – Этот новый продукт отлично продается! **SYN:** blue chip, cash cow

below cost *торг.* ниже покупной цены; ниже (себе)стоимости **EX: Stores can sell some goods below cost and mark up others to cover the difference.** – Магазины могут продавать некоторые товары по цене ниже покупной стоимости и накручивать цену других товаров, чтобы покрыть разницу. **SEE:** below cost bidder

below cost bidder *торг.* предлагающий ниже стоимости* *(фирма, сбивающая цену на торгах; фирма, предлагающая на торгах свою продукцию по цене ниже себестоимости)* **SEE:** predatory pricing, kamikaze pricing

below costs *торг.* = below cost

below-the-line под чертой, ниже черты [линии] *учет, рекл. (о рекламе, за которую компания не платит комиссионных рекламному агентству; напр., работа персонала на производственной выставке, прямые рассылки, бесплатные образцы и т. д.)* **SEE:** below-the-line advertising, below-the-line promotion **ANT:** above-the-line

below-the-line advertising **сокр.** BTL *рекл.* внутреннее рекламирование*, рекламирование своими силами* **а)** *(для рекламного отдела компании: рекламные мероприятия, выполняемые сотрудниками компании, а не заказываемые на стороне)* **б)** *(для рекламного агентства: стоимость услуг самого агентства, в отличие от стоимости рекламных мероприятий, которые это агентство планирует и организует с участием СМИ, наружной рекламы и т. п.)* **SEE:** above-the-line advertising, above-the-line, below-the-line, below-the-line promotion, in-store promotion

below-the-line promotion *марк.* продвижение своими силами *(мероприятия по продвижению товара фирмы, которые выполняются сотрудниками фирмы)* **ANT:** above-the-line promotion **SEE:** below-the-line

benchmark *сущ.* **1)** *общ.* точка [начало] отсчета **2) а)** *общ.* база (сравнения), ориентир, эталон, стандарт для сопоставлений, отправная (контрольная) точка *(любой показатель,* *выбранный за основу при сравнении или оценке других показателей)* **б)** *марк. (какой-л. переменный показатель, который измеряется до и после проведения маркетинговой кампании для определения ее эффективности)* **SEE:** before-and-after situations **3)** *комп.* база*, ориентир* *(исходные данные, вводимые в компьютерную систему для проверки ее работы)*

benchmarketing *марк.* бенчмаркетинг *(деятельность по формированию стратегии предпринимательства, основывающейся на лучшем опыте партнеров и конкурентов; представляет собой процесс поиска, изучения и освоения наиболее передового опыта практической деятельности и технологии, применяемых организациями в различных странах по всему миру, с целью использования полученных знаний для повышения эффективности своей организации; бенчмаркетинг основывается на сборе и анализе общедоступной информации)* **SEE:** marketing intelligence

beneficiary *сущ.* **1)** *юр., фин.* бенефициар, бенефициарий *(лицо, получающее выгоду, доход, наследство, пособие и т. д.; напр., лицо, которому платятся деньги при заключении сделки, напр., продавец в отличие от покупателя)* **2)** *страх.* выгодоприобретатель *(лицо, в пользу которого заключен договор страхования)*

benefit segment *марк.* сегмент, выделяемый на основе (искомой) выгоды* **SEE:** benefit segmentation

benefit segmentation *марк.* сегментирование на основе (искомых) выгод *(разделение покупателей на группы исходя из того, какие выгоды потребители рассчитывают получить от товара, напр., одни покупатели при покупке зубной пасты прежде всего рассчитывают на защиту от кариеса, другие — на отбеливание зубов, третьи — на освежение дыхания)* **SEE:** market segmentation, behavioural segmentation, benefit segment

berthage *сущ.* **1)** *мор., трансп.* причальная линия, причальный фронт *(территория, отведенная для причаливания и стоянки судов)* **2)** *мор., трансп.* причальный сбор *(плата, взимаемая с судов за право пользования причалом, т. е. плата, взимаемая с судов, стоящих у причала)* **SEE:** dockage, wharfage

bespoke department *марк., преимущ. брит.* отдел индивидуальных заказов *(отдел компании, работающий на клиентов, которые предъявляют индивидуальные требования к товарам или услугам; занимается предоставлением товаров или услуг на заказ)* **EX: For an individual service, contact our bespoke department.** – Если вы желаете получить эксклюзивную услугу, обратитесь в наш отдел индивидуальных заказов. **SYN:** bespoke division **SEE:** exclusive product

bespoke division *марк.* = bespoke department

best before *потр.* годен до *(указание срока годности на товарной этикетке)* **SEE:** best before date

best before date *потр.* дата истечения срока годности *(указывается на товарной этикетке)* **SEE:** best before

best bid *эк.* лучшее предложение* *(наилучшее для данного лица предложение среди всех имеющихся; напр., предложение наивысшей цены со стороны покупателя на обычном аукционе или в биржевой торговле либо предложение наименьшей цены в случае обратного аукциона)* **SEE:** auction, Dutch auction, best offer

best buy **1)** *бирж., торг.* покупка по наиболее выгодной цене **2)** *потр.* наиболее выгодная покупка **EX: Best buy of the month** – лучшая покупка месяца

best food day *СМИ, рекл., амер.* день здоровой еды* *(день, когда американские газеты помещают подборки редакционных материалов о питании, что благоприятствует рекламе производителей и розничных торговцев пищевыми продуктами)*

best offer наилучшее предложение *торг.* *(предложение наиболее выгодной цены со стороны продавца)*

best price *марк.* лучшая [наилучшая, самая выгодная, наиболее благоприятная] цена *(наиболее привлекательная для покупателя цена, т. е. наиболее низкая среди цен на товары или услуги сопоставимого качества)* **EX: at the best price** – на самых выгодных условиях, по лучшей [наилучшей] цене, **The best courier service at the best price.** – Лучшие курьерские услуги по лучшей цене.

best price guarantee *торг.* = price guarantee

best seller *торг.* = bestseller

best-selling product *марк.* наиболее ходовой [самый продаваемый] товар *(компании)* **EX: The company's best-selling product is antidandruff shampoo.** – Самый продаваемый товар этой компании – шампунь против перхоти. **SEE:** fast-moving goods, bestseller

best time available **сокр.** BTA *рекл., СМИ* наиболее удобное время *(время, которое вещательная станция считает наиболее приемлемым для размещения рекламы, обычно задается в виде временного интервала, напр., с 6 утра до 12 вечера; также сама схема размещения рекламы, когда станция самостоятельно выбирает наиболее удобное, по ее мнению, время размещении рекламы, а не предоставляет возможность выбора времени рекламодателю)* **SYN:** run of schedule

bestseller *тж.* best seller *торг.* бестселлер *(наиболее ходовой товар, особенно — пользующаяся высокой популярностью среди читателей книга, наиболее раскупаемый фильм, музыкальный диск, компьютерная игра и т. п.)* **SYN:** best seller, best-seller **SEE:** blockbuster

bestseller list *торг.* список бестселлеров *(регулярно корректируемый перечень наиболее ходовых товаров из данной продуктовой группы, особенно перечень наиболее продаваемых книг, кинофильмов, музыкальных дисков и т. п.)*

beta 1) *общ.* бета *(вторая буква греческого алфавита)* **2)** *марк.* бета *(обозначение версии продукта или стадии его испытания, когда продукт разрешают попробовать внешним потребителям для выявления естественной потребительской реакции и возможных недостатков)* **EX: beta version** – бета-версия, **beta release** – бета-выпуск **SEE:** beta testing, beta error

beta error *стат.* бета ошибка, ошибка второго рода *(риск, состоящий в том, что гипотеза будет отвергнута, тогда как, в действительности, является правильной; в маркетинговых исследованиях: неспособность выявить отношение, мнение или вероятную реакцию на целевом рынке)* **SEE:** alpha error

beta testing *марк.* бета-тестирование* *испытание нового продукта у внешних пользователей; вторая стадия в системе тестирования альфа-бета)* **SEE:** alpha testing

Better Business Bureau **сокр.** BBB *эк., амер.* Бюро по улучшению деловой практики*, Бюро по совершенствованию бизнеса* *(некоммерческая организация, основанная в 1916 г. крупными предпринимателями, рекламными агентствами и СМИ для распространения этических принципов деловой практики и защиты интересов потребителей от мошеннической и вводящей в заблуждение деловой практики, включая недобросовестные рекламу и сбыт; организация существует как система, состоящая из местных отделений, финансируемых местными деловыми кругами, и общенационального бюро, финансируемого более чем 100 тыс. компаний, входящих в организацию; Бюро контролирует правила рекламной деятельности и борется со злоупотреблениями в этой сфере, являясь центром внесудебного разрешения споров между бизнесменами и потребителями; ведет просветительскую работу,* *развивая потребительскую грамотность населения и широко используя для этого средства массовой информации)* **SEE:** Council of Better Business Bureaus

better offer complaint *торг.* жалоба на лучшее предложение* *(жалоба, подаваемая потребителем, обнаружившим предложение аналогичного товара за меньшую цену, чем та, которую он уже заплатил; продавцы часто удовлетворяют такие претензии путем возврата части денег)* **SEE:** price guarantee

between merchants *юр., торг., амер.* между торговцами* *(согласно определению Единообразного торгового кодекса США: любая сделка, в связи с которой обе стороны сделки должны обладать знаниями и мастерством торговцев)* **SEE:** merchant, Uniform Commercial Code

beverage *потр.* напиток **EX: ready-to-drink beverage** – готовый к употреблению напиток **SYN:** drink

biased sample *соц., стат.* нерепрезентативная [смещенная, необъективная, пристрастная] выборка *(выборка, неточно отражающая структуру генеральной совокупности)* **SEE:** sample, representative sample

bid

I *сущ.* **1)** *эк.* предложение; заявка **а)** *торг. (предложение цены на аукционе)* **EX: to put in the highest bid for smth.** – предложить самую высокую цену за что-л. **б)** *эк. (предложение о заключении контракта, т. е. предложение выполнить какую-л. работу или поставить какие-л. товары по определенной цене)* **EX: to make a bid for smth.** – делать предложение, предлагать что-л., **to make a cash bid** – предложить расплатиться наличными **в)** *бирж. (предложение купить ценные бумаги, валюту, депозиты на соответствующем рынке)* **г)** *фин. (предложение купить акции другой компании; покушение на поглощение)* **д)** *банк. (предложение приобрести обанкротившийся банк на ликвидационном аукционе)* **SYN:** tender **2)** *общ.* предложение *(чего-л.)* **EX: bid for disarmament** – предложение о разоружении **3)** *общ.* претензия; домогательство; попытка **EX: to make a bid for sympathy** – попытаться вызвать симпатию, добиваться расположения

II *гл.* **1)** *эк.* предлагать цену *(особенно на аукционе или конкурсе на размещение контракта)*; набавлять цену *(against)* **2)** *торг.* принимать участие в торгах

big-box store *торг.* гипермаркет, магазин большого формата* *(большой магазин самообслуживания с простым интерьером; снаружи и внутри напоминает большую коробку (отсюда название), торгует широким ассортиментом: продукты питания, одежда, хозтовары, мебель и др., отличается более низкими, чем в обычных магазинах ценами; напр., Price Club, Wal-Mart в США)* **EX: Local businesses that are selling the same merchandise as the big-box store will lose sales unless they reposition themselves.** – Если местные магазины, торгующие тем же ассортиментом, что и гипермаркеты, не перепозиционируют себя, их продажи упадут. **SYN:** warehouse store **SEE:** mom-and-pop store, box store, box food store, box store

big ticket 1) *торг.* дорогой товар **SYN:** big-ticket item **2)** *торг.* продажа ценной [дорогой] вещи **3)** *торг.* счет на большую сумму

big-ticket *прил.* **1)** *торг.* дорогой, дорогостоящий **EX: big-ticket item** – дорогой товар **2)** *эк.* крупный, крупномасштабный *(напр., о программе, требующей больших ресурсов)* **SEE:** big-ticket order, big-ticket sales

big-ticket item *торг.* дорогой товар *(в широком смысле: любой дорогостоящий товар, особенно — дорогостоящий товар длительного использования, при покупке которого покупатели часто прибегают к потребительскому кредиту, напр., автомобиль, кухонная плита и т. п.; в аукционной торговле: товар с очень высокой стартовой ценой)* **SYN:** high-ticket item **SEE:** consumer credit

big-ticket order *торг.* крупный заказ *(заказ на дорогостоящий товар)* **SEE:** big-ticket item

big-ticket sales 1) *торг.* крупномасштабные продажи **EX: The big-ticket sales are a great indicator of coming economic health in the valley.** – Крупномасштабные продажи – замечательный показатель наступающего экономического оздоровления в долине. **SYN:** mega-selling 2) *торг.* продажи дорогостоящих товаров

bilateral oligopoly *эк.* двусторонняя олигополия *(рыночная структура, характеризующаяся небольшим количеством продавцов и небольшим количеством покупателей)* **SEE:** market structure

bill

I *сущ.* 1) *торг.* счет (к оплате) *(документ с указанием суммы, причитающейся за что-л.)* **EX: the bill amounts to twenty five** – счет равен двадцати пяти, **the bill from an agency** – счет от агентства, **the bill comes to...** – счет составляет..., **bill drawn on (smb.)** – счет, выставленный на имя (кого-л.), **bill in the name of (smb.)** – счет на имя (кого-л.), **to make out a bill** – выписать счет, **to foot the bill** – платить по счету **SEE:** bill enclosure 2) *пол., юр.* билль, законопроект **EX: to pass a bill** – принять законопроект, **to throw out a bill** – отклонить законопроект **SEE:** clean bill, closure 3) а) *общ.* список, инвентарь; опись **SEE:** bill of parcels б) *общ.* документ **SEE:** bill of sale 4) *торг.* накладная а) *учет (первичный бухгалтерский документ, предназначенный для оформления операций по отпуску и приему товарно-материальных ценностей)* б) *трансп.* транспортная накладная *(документ, вручаемый перевозчику товара, с дубликатом, который вручается лицу, имеющему право получить товар; удостоверяет взаимные права и обязанности перевозчика и грузополучателя)* **SYN:** bill of lading 5) *фин.* вексель *(письменное долговое обязательство установленной законом формы, выдаваемое заемщиком кредитору и предоставляющее последнему право требовать с заемщика уплаты при наступлении срока обозначенной в векселе денежной суммы)* **SEE:** clean bill, commercial bill, documentary bill, payee 6) *эк., амер.* банкнота, купюра **EX: Please note: if paying by cash, bring only small bills.** – Пожалуйста, обратите внимание: если расплачиваетесь наличными, приносите только мелкие купюры. 7) *общ.* афиша, плакат **SYN:** poster 9) а) *эк., сленг* сумма в $100 б) *эк., сленг* счет на $100 10) *рекл.* = billing

II *гл.* 1) *фин., торг.* выписывать [выставлять] счет; предъявлять счет (к оплате) **EX: He had been billed □3000 for his licence.** – За лицензию ему был выставлен счет в размере □3000. **SEE:** biller 2) *рекл.* представлять, объявлять, рекламировать *(в т. ч. описывать что-л. или кого-л. определенным образом в целях рекламы)* **EX: This book was billed as a «riveting adventure story».** – Эта книга рекламировалась как «захватывающая приключенческая история».

bill-back allowance *тж.* billback allowance *торг.* условная скидка*, скидка обратным счетом* *(скидка, которая предоставляется только по выполнении определенных условий; представляет собой возмещение покупателю части фактурной стоимости товара; в отличие от обычной скидки с фактурной цены указывается не на самом счете-фактуре, а на отдельном документе, направляемом покупателю только после предоставления последним доказательств выполнения всех условий; обычно речь идет о скидке, предоставляемой производителем или оптовым торговцем розничному торговцу, если последний в течение определенного периода рекламировал данный товары или выполнял другие действия по его продвижению на рынке)* **SYN:** billback allowance **SEE:** off-invoice allowance

bill enclosure *рекл.* приложение к счету *(рекламный материал, вкладываемый в конверт с регулярной выпиской по счету клиента с целью получения* *дополнительного результата от уже понесенных почтовых затрат)* **SYN:** statement stuffer, bill insert, bill stuffer

bill group **1)** *торг.* партия кредитных заказов* *(группа заказов в кредит, полученных за небольшой период времени, объединяются для удобства контроля последующей оплаты, отсрочки оплаты или отмены в случае неуплаты)* **SEE:** bill key, credit order **2)** *связь (группа пользователей, которые совершат одинаковое количество определенных телефонных звонков)*

bill insert *рекл.* = bill enclosure

bill key *торг.* код партии кредитных заказов* *(код, приписываемый партии заказов на товары, покупаемые в кредит, поступивших примерно в одно и то же время)* **SEE:** bill group, credit order

bill of lading **сокр.** B/L, BOL *трансп., торг., фин.* коносамент *(товарораспорядительный документ, выдаваемый перевозчиком грузоотправителю в подтверждение факта принятия груза к перевозке и обязательства передать его грузополучателю; содержит условия транспортировки товара, оговоренные перевозчиком и грузоотправителем; удостоверяет право собственности на товар; в Великобритании является основным товарораспорядительным документом по определению закона «О торговых агентах» от 1889 г. и закона «О продаже товаров» от 1979 г.)* **SEE:** air waybill, freight, document of title, documentary draft, apparent good order and condition, Factors Act 1889, Sale of Goods Act 1979, Bills of Lading Act 1855, Carriage of Goods by Sea Act, Carriage of Goods by Sea Act 1971, Carriage of Goods by Sea Act 1992, Uniforms Bills of Lading Act, Federal Bills of Lading Act, Carmack Amendment to the Interstate Commerce Act, Harter Act, Carriage of Goods by Sea Act of 1936, dock receipt

bill of parcels **1)** *торг.* фактура *(счет, выписываемый продавцом на имя покупателя, удостоверяющий фактическую стоимость товара или услуг и/или их поставку)* **2)** *торг.* накладная *(сопроводительный документ к перевозимому грузу, передаваемому товару или каким-л. иным материальным ценностям)*

bill of sale **сокр.** BS, B/S **1) а)** *торг., юр.* купчая *(нотариально заверенный документ о передаче прав собственности на какой-л. продукт одним лицом другому)* **б)** *мор.* корабельная крепость *(документ, фиксирующий переход права владения при продаже судна)* **2)** *торг.* чек на проданный товар **EX: Regardless of the motor vehicle, it's wise to complete a bill of sale before the buyer drives off into the sunset.** – Независимо от марки автомобиля, разумно заполнить чек на проданный товар до того, как покупатель отбудет в неизвестном направлении. **3)** *юр., фин., устар.* закладная* *(расписка, дающая кредитору право в случае неуплаты долга на продажу имущества должника)*

bill poster *тж.* billposter *рекл.* расклейщик объявлений [афиш, плакатов] **SYN:** billsticker, poster

bill sticker *рекл.* = bill poster

bill stuffer *рекл.* = bill enclosure

bill to and ship to *тж.* bill to/ship to *торг.* выставить счет и доставить *(заказ с просьбой выставить счет и послать товар по разным адресам; может иметь место в случае, когда предприниматель хочет, чтобы заказ был доставлен ему домой, а со счетом иметь дело в офисе)* **EX: You must enter your ship to and bill to information here.** – Вы должны указать информацию об адресах доставки и выставления счета. **If voice mail answers, please leave your name, order, bill to and ship to address and credit card number with expiration date.** – Если ответит автоответчик, пожалуйста, оставьте ваше имя, заказ, адреса отгрузки и выставления счета и номер кредитной карты с датой окончания ее действия.

bill-to party *торг.* получатель счета* *(лицо, которому должен быть выставлен счет за товары или услуги)*

bill to/ship to *торг.* = bill to and ship to

billback allowance *торг.* = bill-back allowance

biller *сущ. эк.* лицо, выставившее [выписавшее, предъявившее] счет*; предъявитель счета* *(лицо, которое выписало счет за поставленные им товары или оказанные им услуги)* **EX: In an automatic bill payment arrangement, a consumer authorizes a biller, such as a utility company, to deduct funds automatically from the consumer's account for the regular payment of bills.** – В случае схемы автоматической оплаты счетов, потребитель наделяет выставляющее счета лицо, напр., компанию коммунальных услуг, правом автоматически вычитать средства со счета потребителя для регулярной оплаты счетов за услуги. **SEE:** billing

billing *сущ.* **1)** *торг., фин.* выставление счета **SEE:** biller, billing cycle **2)** *связь* биллинг *(выставление счетов абонентам на основе учета вызовов и времени разговора)* **EX: the billing of phone calls** – учет телефонных звонков **3)** *трансп.* составление [выдача] транспортной накладной **4)** *рекл.* реклама, продвижение *(какого-л. товара или имени человека)* **5)** *иск.* сообщение в афише *(о составе актеров и т. п.)* **6)** *мн., торг. (себестоимость товара, на который выписан счет)* **7)** *эк.* размах деятельности* *(общий объем работ, выполненный организацией за период, измеренный на основе понесенных затрат и выставленных счетов; термин обычно употребляется при оценке объемов деятельности рекламных организаций; рассматривается как индикатор роста организации)* **SYN:** gross billing

billing cycle *торг., фин.* биллинговый цикл, цикл выставления счетов* *(период между двумя последовательными актами выставления счетов за проданные товары или предоставленные услуги; обычно 30 дней)* **SEE:** billing

billing series *марк.* серия выставления счетов*, почтовое выставление счетов* *(прямая почтовая рассылка, имеющая своей целью сбор денег за товары, поставленные в кредит, напр., за журналы, полученные по подписке)* **SEE:** telecollections

billposter *рекл.* = bill poster

billposting *сущ.* **1)** *общ.* расклейка объявлений [афиш] **2)** *рекл.* реклама с помощью афиш **SEE:** bill poster, poster advertising

Bills of Lading Act 1855 *фин., торг., юр., брит.* закон «О коносаментах», 1855 г. *(закон, на протяжении длительного времени регламентирующий выпуск и обращение коносаментов в Великобритании; положения закона уточнялись в законе «О перевозке груза морем», принимавшемся в редакциях 1924, 1936, 1971 гг.; с принятием в 1992 г. очередной редакции специальный закон «О коносаментах» свое действие утратил)* **SEE:** Carriage of Goods by Sea Act, Carriage of Goods by Sea Act 1971, Carriage of Goods by Sea Act 1992

Bills of Sale Act 1878 *юр., торг., брит.* закон «О купчих»*, 1878 г. *(наряду с законом «О купчих» 1882 г. регулирует институт купчих в случаях, когда переход прав собственности происходит не одновременно с заключением торгового договора)* **SYN:** Bills of Sale Act of 1878 **SEE:** Bills of Sale Act 1882, bill of sale, hire-purchase

Bills of Sale Act 1882 *юр., торг., брит.* закон «О купчих»*, 1882 г. *(наряду с законом «О купчих» 1878 г. регулирует некоторые вопросы продаж в рассрочку; ввел купчие как финансовый инструмент в тех торговых сделках, где переход прав собственности растянут во времени или не совпадает с моментом оплаты товара)* **SYN:** Bills of Sale Act 1882 **SEE:** Bills of Sale Act of 1878, hire-purchase, contract of hire-purchase, bill of sale

billsticker *рекл.* = bill poster

bimodal distribution бимодальное распределение **а)** *стат. (распределение, при котором результаты наблюдения отражены, как имеющие две от-*

личающиеся вершины) **б)** *марк. (явление, возникающее при изучении мнения покупателей: в анкетах на какой-л. вопрос с одинаковой частотой появляется два разных ответа и, при этом, эти ответы появляются значительно чаще других ответов)*

bin *сущ.* **1)** *общ.* ящик, ларь **SEE:** bin card **2)** *общ.* мусорное ведро **3)** *торг.* бункер *(на складе)*, контейнер *(напр., промышленный контейнер для угля или зерна)*, приемник, емкость, карман *(для хранения чего-л.)*, винный погреб **EX: the bin for vegetables and fruits** – контейнер для овощей и фруктов **SEE:** bin storage, prestorage bin, display bin **4)** *стат.* столбик гистограммы, ширина столбика гистограммы

bin card *учет, торг.* складская карточка, карточка складского учета [учета запасов] *(содержит записи о поступлении, списании и остатке материалов, полуфабрикатов и т. п. на складе; для каждого типа материалов и товаров заводится отдельная карточка)* **SYN:** store card **SEE:** inventory management

bin storage **1)** *с.-х., торг.* бункерное [силосное] хранилище; элеватор **SYN:** grain silo, silo storage **ANT:** bag storage **2)** *с.-х., торг.* хранение в бункерном [силосном] хранилище, хранение в элеваторе **SYN:** silo storage **ANT:** bag storage **3)** *торг.* ячейное хранение, хранение в (складских) ячейках **SYN:** shelf storage **ANT:** bulk storage, floor storage **SEE:** storage bin **SEE:** storage bin, storage

bind-in *рекл. (рекламная часть страницы журнала с ответом или бланком заказа)* **SEE:** print advertising, bind-in card, blow-in, backup space

bind-in card *рекл.* отрывной вкладыш, вклеенный купон *(вклеенная в журнал открытка с какой-л. рекламной информацией или формой подписки на журнал)* **EX: Each copy of the magazine includes a bind-in card that you can fill out and send to enter the drawing.** – Каждый журнал содержит вклеенный купон, который вы можете заполнить и отослать, чтобы принять участие в лотерее. **SEE:** bind-in

bind the bargain *торг.* скрепить [удостоверить] сделку *(подписью, давая задаток, напр., при покупке)* **EX: Finally four families managed to make a small payment to bind the bargain.** – Наконец четыре семьи смогли внести небольшой платеж, чтобы удостоверить сделку.

bingo card *рекл.* = reader service card

bipolar scale *марк.* двухполюсная шкала *(используется в анкетах и содержит два противоположных ответа, который должен выбрать опрашиваемый)* **SEE:** questionnaire design

Bishopsgate Motor Finance Corpn v Transport Brakes Ltd *юр., торг., брит.* «“Бишопсгейт Мотор Файненс Корпорейшн” против “Транспорт Брэйкс Лтд.”»* *(судебный прецедент 1949 г., провозгласивший два принципа, действующих в системе английского права применительно к договору о продаже товаров: принципа, суть которого в том, что «никто не может дать того, чего не имеет», и принципа защиты торговых сделок)* **SEE:** contract of sale of goods, protection of commercial transactions

black and white advertisement *рекл.* черно-белое рекламное объявление, черно-белая реклама *(реклама, выполненная черными чернилами на белой бумаге; является более дешевой, чем цветная)* **SEE:** colour advertisement

black box model *мет.* модель черного ящика *(в социальных науках: подход к изучению поведения человека или организации, при котором исследователь фиксирует только реакцию человека или организации на определенные ситуации, не пытаясь смоделировать внутренний процесс принятия решений; данная модель используется при изучении поведения потребителей)*

black goods *потр.* черные товары *(электрические потребительские товары: телевизоры, радиоприемни-*

ки, стереосистемы; первоначально в основном были окрашены в черный или темный цвета) **SEE:** brown goods, white goods, red goods, orange goods, yellow goods

black market 1) *эк.* черный рынок **а)** *(рынок запрещенных к торговле товаров или рынок, на котором заключаются незаконные сделки)* **SEE:** grey market **б)** *(подпольная рыночная экономика в социалистических странах, где имело место распределение дефицитных товаров по рыночным ценам, существенно отличающимся от установленных государством)* **EX: black market prices** – цены черного рынка **SYN:** illicit market **2)** *марк., амер.* черный рынок *(рынок, на котором большая часть потребителей – афро-американцы)*

black week черная неделя **а)** *общ. (время неблагоприятных, трагических событий)* **б)** *рекл., амер. (период, когда не проводятся общенациональные замеры аудитории рекламы. «Черные» недели обычно приходятся на апрель, июль, август и декабрь)*

Blackspot *соц.* «Блэкспот» *(торговая марка, представляющая собой нарисованное от руки черное круглое пятно диаметром 3-4 см; создана Adbusters Media Foundation в качестве «антилоготипа» (anti-logo), который должен стать инструментом в борьбе с властью крупных корпораций, создающих зависимость потребителей от своих торговых марок)* **SEE:** Blackspot Sneaker, Blackspot Anticorporation

Blackspot Anticorporation *соц.* антикорпорация «Блэкспот» *(компания, созданная Adbusters Media Foundation и выпускающая кеды «Блэкспот»; ее акции распространяются покупателям (в каждой коробке одна акция), голосование акционеров происходит через веб-сайт; акции не торгуются на бирже)* **SEE:** anti-logo, Blackspot Sneaker

Blackspot sneaker *соц.* кеды «Блэкспот» *(первый продукт под маркой Blackspot, выпущенный как средство борьбы с властью корпораций; в каждой коробке лежит акция, дающая потребителю право голоса при управлении корпорацией «Антикорпорейшн», которая выпускает эти кеды)* **SEE:** anti-logo, Blackspot Sneaker, Blackspot Anticorporation

blank item *соц.* незаполненный пункт, пустой пункт*, пропуск в анкете *(позиция вопросника, оставленная без ответа)*

blanket agreement 1) *эк.* общее соглашение, аккордное соглашение*, аккордный договор* **а)** *эк. (любое соглашение, охватывающее несколько товаров, событий, ситуаций)* **б)** *рекл. (соглашение между рекламодателем и средством распространения рекламы о предоставлении скидки с тарифа при условии рекламирования нескольких товаров через различные рекламные агентства)* **в)** *эк. (контракт между покупателем и продавцом, по которому покупатель в течение определенного срока может заказать несколько партий данного товара по установленной в контракте цене)* **2)** *эк. тр., брит.* общее (коллективное) соглашение *(коллективное соглашение, которое распространяется на всех занятых работников данной отрасли или любую крупную группу работников)*

blanket authorization сокр. B/A *марк.* общее разрешение *(предоставление права на возврат, которое охватывает все партии товаров, т. е. не требуется получения нового разрешения для каждой партии)* **SEE:** return authorization

blanket brand *марк.* = family brand

blanket branding *марк.* брендинг товарной линии* *(подбор названия, служащего торговой маркой для целой группы товаров (товарной линии)* **SEE:** family brand, corporate branding, brand strategy

blanket contract *эк.* общий контракт, мастер-контракт, аккордный контракт [договор]* **а)** *эк. (любой конт-*

ракт, касающийся нескольких товаров, услуг, событий и т. п.) **б)** *рекл. (соглашение между рекламодателем и распространителем рекламы о предоставлении скидки при условии рекламирования нескольких товаров через различные рекламные агентства)* **SYN:** master contract **в)** *рекл. (контракт на аренду устройств для размещения наружной рекламы)* **г)** *рекл. (соглашение между рекламодателем и распространителем рекламы, охватывающее всю рекламируемую продукцию)* **SYN:** master contract **д)** *эк. (соглашение, по которому поставщик обязуется поставлять покупателю определенный товар в течение определенного периода в пределах установленного общего количества или суммарной стоимости)*

blanket coverage *марк.* сплошной [полный] охват **а)** *(одновременный охват всей территории рынка)* **б)** *(реклама для широкой публики, т. е. не имеется в виду какая-л. целевая аудитория)* **SYN:** complete coverage

blanket family name *марк.* единое марочное название *(для всего семейства товаров)* **EX: Where a company produces quite different products, it is not desirable to use one blanket family name.** – Если компания производит достаточно разные товары, нежелательно использовать единое марочное название.

blanket mailing *марк.* массовая рассылка *(почтовая рассылка писем, анкет, опросных листов всем адресатам и/или во все почтовые ящики в районе)* **EX: Instead of blanket mailing to everyone on your list you should try to send e-mails to specific target groups.** – Вместо массовой рассылки каждому в вашем списке вы должны попытаться отправить электронные письма определенной целевой группе. **SEE:** mailing list

blanking paper *рекл.* чистая закраина* *(в наружной рекламе: кайма из белой (незапечатанной) бумаги, отделяющая рекламное изображение от обрамления щитовой установки)*

bleed advertisement *рекл.* рекламное объявление без полей [«в обрез»]* *(объявление, текст или изображение которого попадают на кромку газетной полосы)*

bleed in the gutter *рекл.* реклама на центральном развороте* *(рекламная иллюстрация, размещенная на двух страницах в середине журнала)* **SEE:** centre spread, print advertising

blended commercial *рекл.* = integrated commercial

blind ad *рекл.* = blind advertisement

blind advertisement *рекл.* анонимная реклама *(объявление рубричной рекламы без указания реквизитов рекламодателя с просьбой присылать отклики на определенный почтовый или электронный адрес)* **SYN:** blind ad **ANT:** open advertisement **SEE:** classified advertising

blind bargain *торг.* сделка вслепую*, покупка «кота в мешке» **SEE:** bargain

blind comparison *марк.* сравнение вслепую, слепое сравнение *(сравнение, при котором товары передаются участникам теста без этикеток и иной маркировки)* **SEE:** blind testing

blind headline *СМИ, рекл.* слепой заголовок *(заголовок, который не дает никакого представления о содержании статьи или рекламы; нельзя понять, что за ним скрывается, не прочитав весь текст)* **SEE:** headline

blind offer *марк.* = buried offer

blind product test *марк.* = blind test **SEE:** blind testing

blind selling *торг.* слепая продажа *(продажа без предварительного осмотра товара покупателем, напр., ситуация, когда права на прокат фильма продаются кинотеатру до того, как представитель кинотеатр сможет его просмотреть)*

blind test *марк.* слепой тест, тест «вслепую» **SYN:** blind product test **SEE:** blind testing

blind testing *марк.* тестирование вслепую, слепое тестирование *(разновидность холл-теста, при котором* *респондентам не сообщается название продукта, который они тестируют, для исключения влияния торговой марки)* **SEE:** hall-test, open test, single blind, double blind, blind test

blister pack *торг.* блистерная [пузырчатая] упаковка *(прозрачная пластиковая упаковка в виде пузыря над твердой подложкой; в такой упаковке продаются, напр., таблетки)* **SYN:** blister packaging, bubble pack

blister packaging *торг.* = blister pack

blitz *сущ.* **1)** *общ.* молниеносная война, блицкриг **2)** *общ.* стремительное вторжение **EX: a blitz of commercials every few minutes** – реклама врывается каждые пять минут **3)** *марк.* блиц-кампания *(короткая маркетинговая или рекламная компания, которая интенсивна с самого начала, в отличие от постепенно усиливающихся кампаний)* **SYN:** blitz campaign **SEE:** marketing warfare, sales blitz, soft launch

blitz campaign *марк., пол.* блиц-кампания *(военная, политическая или рекламная)* **SYN:** blitz 3

block advertisement *рекл.* блочное рекламное объявление, блочная реклама **SEE:** block advertising

block advertising *рекл.* блочная реклама *(реклама, передаваемая в неизменном виде в течение определенного периода; объявление блочной рекламы имеет определенное содержание и размещается в конкретном месте в журнале (газете, на веб-странице) в течение всего рекламного периода)* **EX: 12 months block advertising** – 12 месяцев блочной рекламы

block sale 1) *торг.* крупная продажа *(продажа очень большой партии товара или значительного процента акций)* **EX: the block sale of 51 percent of shares** – крупная продажа 51% акций **2)** *торг.* блочная распродажа*, квартальная распродажа*, масштабная гаражная распродажа* *(гаражная распродажа, организуемая сразу несколькими домами в квартале)* **EX: If you and your neighbors are planning a block sale you must first send a petition signed by 75 percent of the residents on both sides of your block to the Office of the Village Clerk at least two weeks before the event. Block sales can be held in front and side yards and the street can be blocked with barricades.** – Если вы и ваши соседи планируете проведение блочной распродажи, вы должны обратиться за разрешением в администрацию по крайней мере за две недели до нее, при этом 75% жильцов квартала должны подписать письмо с просьбой провести распродажу. Блочная распродажа должна проводиться во дворах жильцов, а улицу квартала разрешено блокировать на это время. **SEE:** garage sale

blockbuster 1) *воен.* блокбастер *(авиационная бомба большой мощности, которая использовалась во время Второй мировой войны и могла мгновенно разрушить целый квартал)* **2)** *торг., СМИ* блокбастер, бестселлер *(книга, фильм, телепрограмма и т. п., которые имеют огромный успех на рынке, напр., значительно превосходящие ожидаемые рейтинги, и приносят высокую прибыль от продаж)* **SEE:** bestseller, advertising audience **3)** *торг., сленг* спекулянт недвижимостью*, недобросовестный агент по недвижимости* *(агент по недвижимости, уговаривающий домовладельцев продать свою собственность ниже обычной цены, пугая их появлением нежелательных соседей или падением цен на недвижимость в их районе)* **SEE:** blockbusting **4)** *сленг* большой успех

blockbusting *сущ. торг.* разрушение [квартала]* **а)** *(убеждение домовладельцев продать дома дешевле их реальной цены, пугая их грядущим снижением цен на недвижимость, ка правило, путем распространения ложной информации, чтобы потом перепродать по более высокой цене; данная практика используется недобросовестными агентами по недвижимости)* **б)** *(перепродажа или сдача в аренду недвижимости, скупленной* *по ценам ниже рыночных у домовладельцев, напуганных снижением цен)*

blow-in *рекл.* рекламная вклейка, рекламный вкладыш *(в печатном издании)* **EX: Blow-ins are inserted loose within the pages of the magazine, so their specific placement in the magazine can't be guaranteed.** – Рекламные вкладыши свободно вложены в страницы журнала, так что их точное местонахождение в журнале не может быть гарантировано. **SYN:** insert **SEE:** bind-in, backup space

blue chip 1) *фин., бирж.* голубая фишка **а)** *(активно торгуемая первоклассная акция, риск снижения доходов по которой минимален)* **б)** *(крупная солидная компания, известная своей надежностью, качеством товаров и услуг и стабильной прибылью)* **2)** *марк.* = bell cow

blurb 1) *рекл.* реклама [аннотация] от издательства* *(издательское рекламное объявление, положительная рецензия, статья, содействующая коммерческому успеху, помещаемая на обложке книги)* **EX: She is also responsible for a small blurb of praise on the back cover.** – Она также ответственна за небольшую аннотацию на задней обложке. **2)** *полигр., сленг* (краткая) аннотация *(о книге, помещаемая в каталоге издательства)* **EX: A brief blurb of the book – maximum 150 words.** – Краткая аннотация книги – максимум 150 слов. **3)** *рекл.* заметка* *(краткое упоминание компании, ее персонала, продукции или рекламной компании в редакторской колонке торгового журнала или газеты)*

board foot *торг., амер.* досочный фут* *(единица измерения объема древесины, соответствующая параллелепипеду с шириной и длиной в один фут и с толщиной от 1 дюйм, или, что тоже самое, параллелепипед с площадью 12 квадратных дюймов и длиной 1 фут)* **SEE:** thousand board feet

Board of Trade *эк., брит., ист.* Министерство торговли *(министерство британского правительства, отвечавшее за внешнеторговую политику, стимулирование экспорта, промышленную политику, политику поощрения конкуренции и защиту прав потребителя, научно-техническую политику; разработку законодательства, регулирующего деятельность компаний и т. д.; в 1970 г. вошло в состав Министерства торговли и промышленности)*

boastful advertising *рекл.* хвастливая реклама *(реклама товара, отрицающая наличие каких-л. товаров-конкурентов)* **SEE:** advertising exaggeration

body copy *рекл., СМИ* основной текст *(книги, статьи или рекламного объявления; в отличие, напр., от заголовка, приложений и т. п.)* **SEE:** headline

body label *торг.* корпусная этикетка *(для корпуса банки или цилиндрической части бутылки)* **SEE:** label

Bogardus scale *соц.* шкала Богардуса *(шкала для измерения социальной дистанции; метод предложен Э. Богардусом измерения установки одной социальной группы относительно установок других социальных групп; респондентам предлагается выразить свое согласие или несогласие с семью монотонными (кумулятивными) суждениями, относящимися к определенной социальной группе; групповая установка измеряется как сумма оценок членов групп или как среднее по группе)* **SEE:** Bogardus, Emory Stephen; scale

Bogardus social distance scale *соц* = Bogardus scale

Bogardus, Emory Stephen *соц.* Богардус, Эмори Стефен *(1882-1973, американский социолог, создатель шкалы измерения социальной дистанции, названной его именем)* **SEE:** Bogardus scale

boilerplate 1) *СМИ, разг.* газетный материал **2)** *юр.* шаблон [образец] документа *(форма для составления контракта или любого другого юридического документа)* **3)** шаблон, стереотип **а)** *юр. (стандартные установленные юридические положения* *и формулировки в документах, которые обычно не являются предметом переговоров)* **б)** *рекл. (стандартные разделы основной части текста, которые постоянно используются в печатных рассылках и рекламных объявлениях)*

bona fide purchaser *юр.* добросовестный приобретатель [покупатель] *(который заплатил деньги, не получил уведомлений о каких-л. притязаниях на предмет сделки со стороны третьих лиц и действовал без скрытых намерений)* **SEE:** buyer in ordinary course of business

bona fide sale *торг., юр.* честная продажа *(продажа товаров, при которой продавец честно сообщает обо всех условиях, не имеет никакого тайного умысла и не знает о каких-л. обстоятельствах, которые могли бы препятствовать продаже)*

bond for deed *эк., торг., юр.* = contract for deed

bond for title *эк., торг., юр.* = contract for deed

bonification *сущ.* **1)** *эк.* бонификация, улучшение *(напр., условий сделки, проживания, труда и т. п.)* **2)** *торг.* надбавка *(к обусловленной в договоре цене товара, если его качество окажется выше оговорного)* **3)** *торг.* скидка *(снижение установленной суммы)* **SYN:** rebate **4)** *гос. фин.* освобождение от налога, возврат налогов

bonus *сущ.* **1)** *общ.* бонус, премия, награда, приз *(нечто дополнительное, получаемое сверх уже имеющегося или причитающегося)* **2)** *упр.* премия, надбавка, бонус *(вознаграждение, выплачиваемое в дополнение к обычной заработной плате)* **EX: to pay a bonus** – выплатить премию, **cash bonus** – денежная премия **3)** *страх.* бонус *(процентная скидка с суммы страховой премии, которую предоставляет страховщик за оформление договора страхования на особо выгодных для него условиях)* **4)** *марк.* бонус, премия, награда *(дополнительное вознаграждение покупателю, заказчику и т. п. в виде приложения подарка к покупаемому товару, предоставления бесплатного рекламного времени при условии размещения заказов на покупку определенного рекламного времени, скидки при покупке упаковки товара определенного размера и т. д.)* **SYN:** premium **SEE:** bonus offer, bonus circulation, bonus goods, bonus pack, bonus plan, bonus size, bonus spot

bonus circulation *рекл., СМИ* премиальный [бонусный] тираж *(дополнительный тираж периодического издания сверх того, который планировался и на основе которого исчислялся тариф для рекламодателя; в случае дополнительного тиража с рекламодателя обычно не взимается дополнительная плата)* **SEE:** rate base

bonus goods *торг.* товарная премия* *(товар, предлагаемый производителем розничному торговцу в качестве вознаграждения за закупку большой партии товара)*

bonus offer *марк.* льготное предложение *(с предоставлением скидки)* **SEE:** bonus, bonus pack

bonus pack 1) *марк.* бонусная упаковка *(упаковка с включением дополнительного товара, продаваемая по обычной цене)* **SEE:** pack, bonus offer, bonus size **2)** *марк.* = twin pack **SYN:** bonus package

bonus package *марк.* = bonus pack

bonus plan бонус-план *марк. (маркетинговая техника, состоящая в стимулировании большого количества покупок, напр., бесплатная книга за каждые три купленные книги)* **EX: For years, the bonus plan has been based on increases in sales volume and gross margin.** – На протяжении многих лет бонус-план был основан на увеличении объема продаж и валовой прибыли.

bonus size *марк.* дополнительный размер (объем) *(увеличенный размер упаковки, продаваемый по обычной цене, как форма стимулирования сбыта)* **EX: Bonus size 50% more for free.** – Дополнительный размер – еще 50 процентов бесплатно. **SEE:** bonus pack

bonus spot *рекл.* премиальный [поощрительный, бонусный, льготный] ролик* *(выпускаемый в эфир бесплатно в качестве поощрения дальнейших закупок времени, за закупку большого количества рекламного времени или в качестве компенсации за несостоявшуюся ранее или некачественную трансляцию)*

book club *торг., потр.* книжный клуб *(коммерческая организация, стимулирующая регулярные покупки книг путем предоставления скидок, подарков и т. п. в обмен на обязательство покупать определенное количество книг в определенный период)* **SEE:** positive option, negative option

book fair *торг., потр.* книжная ярмарка, книжный базар

book of stamps *торг.* книжечка для марок *(иногда выдается покупателям при покупке определенных товаров)* **SYN:** stamp-saver book

book price **1)** *торг.* справочная [прейскурантная, каталожная] цена, цена по прейскуранту [по каталогу, по прайс-листу] *(официальная, опубликованная в каталоге или прайс-листе цена товара или услуги)* **EX: For a free catalog of over 3000 items just email us. Everything is 20% off the book price.** – Для получения каталога на более чем 3000 предметов просто пошлите нам запрос по электронной почте. Все товары продаются по цене на 20% ниже каталожной. **SYN:** list price, catalogue price **2)** *учет* учетная цена *(цена какого-л. актива по данным бухгалтерского учета)*

book shop *торг., брит.* книжный магазин **SYN:** bookstore, book store

book store *торг., амер.* = book shop

book table *торг.* книжный лоток **EX: In spite of the difficult economic situation, more books than ever were sold from the book table.** – Несмотря на тяжелую экономическую ситуацию, с книжных лотков было продано больше книг, чем обычно. **SEE:** bookstall

book token *торг., потр.* книжный ваучер [купон]* *(карточка, на которой указана определенная сумма и которая может быть обменена на книгу соответствующей стоимости в любом книжном магазине; часто выдается книжными магазина в качестве подарка покупателям)* **SEE:** gift token

book week *рекл., амер.* неделя книги *(ежегодное рекламно-пропагандистское мероприятие)* **EX: children's book week** – неделя детской книги, **Book week is the single most important nation-wide festival of books and reading.** – Неделя книги – единственный наиболее важный национальный фестиваль книг и чтения.

book wrapper *потр.* суперобложка *(защитная, обычно съемная обертка из плотной бумаги, надеваемая на переплет книги или обложку)* **SYN:** wrapper **SEE:** printed products

bookend **1)** *потр.* книгодержатель, подпорка для книг *(стойка, помещаемая у края ряда книг на полке или столе, чтобы книги стояли ровно)* **2)** *рекл.* *(часть телевизионного рекламного ролика, разбитого на два сегмента, которые показываются в течение одной и той же рекламной паузы, но разделенных другими рекламными роликами, напр., в первом сегменте показывают женщину, страдающую головной болью и приобретающую рекламируемые таблетки, а во втором сегменте показывают ту же женщину, уже принявшую таблетки, избавившуюся от головной боли)*

booklet *сущ. полигр., рекл.* буклет, брошюра, проспект *(небольшая, обычно объемом не более 24 полос, книжечка в мягкой обложке, содержащая рекламный материал, инструкцию по применению и т. п.)* **SYN:** leaflet, brochure, pamphlet

bookmark **1)** *потр.* книжная закладка **2)** *рекл., потр.* рекламная закладка *(с информацией об издательстве)* **SEE:** printed products

bookstall *торг., брит.* книжный киоск **SEE:** book table

bookstore *торг., амер.* = book shop

boom

I *сущ.* **1)** *эк.* бум *(фаза делового цикла, следующая за подъемом)* **2)** *эк.* быстрое повышение *(цен, спроса)* **3)** *СМИ* шумиха, шумная реклама, сенсация

II *гл.* **1)** *общ.* гудеть, рокотать **2)** *эк.* быстро расти, повышаться *(о ценах, спросе)* **EX: The state's business is booming.** –Деловая активность в штате быстро растет. **World oil demand is booming.** – Мировой спрос на нефть быстро растет. **3)** *общ.* создавать шумиху [сенсацию] *(напр., вокруг человека, товара);* рекламировать, распространяться; греметь **EX: Their churches, their clubs, their pulpits, their press have boomed him and insisted he was the leader of his race.** – Их церкви, клубы, проповедники, пресса создали вокруг него шумиху и настаивали на том, что он является предводителем их расы.

boost

I *сущ.* **1)** *общ.* повышение, рост *(цен, спроса и т. п.)* **EX: tax boost** – повышение налогов, **boost of sale** – рост продаж, **boost in prices** – рост цен **2)** *марк.* поддержка, проталкивание; стимулирование **EX: to give a boost to demand** – стимулировать спрос, **a boost to the economy** – стимулирование экономики, **Union endorsement is a good boost for a political candidate.** – Поддержка профсоюза – это хорошая реклама для кандидата на политический пост.

II *гл.* **1)** *общ.* повышать, поднимать; стимулировать **EX: to boost prices** – повышать цены, **the way to boost the economy** – способ поднять экономику **2)** *марк.* рекламировать; способствовать росту популярности **EX: He was under the patronage of the Washington Post, which started boosting him as a suitably conservative black candidate for mayor.** – Он находился под покровительством «Вашингтон Пост», которая начала продвигать его как консервативного чернокожего кандидата, подходящего на пост мэра.

booster *сущ.* **1)** *эк.* стимулятор *(экономической активности)* **2)** *торг.* = shoplifter

bootleg

I *сущ.* **1)** *общ.* голенище **2) а)** *торг., потр., сленг (спиртные напитки, производимые и/или продаваемые нелегально во время «сухого» закона)* **б)** *торг., потр., сленг* пиратская копия *(копия видео записи, программного продукта и т. п., продаваемая без лицензии)* **EX: audio/video bootlegs** – пиратские аудио/видеозаписи **SEE:** bootlegger, bootlegging

II *прил. торг.* незаконный, нелегальный; пиратский *(продаваемый тайно, без соответствующего разрешения);* контрабандный **EX: bootleg trade** – незаконная торговля, **bootleg copies of the latest 'Star Wars'** – пиратские копии последний серии «Звездных войн»

III *гл. торг.* нелегально [тайно] продавать, вести незаконную торговлю, нелегально [тайно] распространять *(первоначально — спиртные напитки, в настоящее время — пиратские копии музыкальных записей и т. п.)* **EX: They bootleg adult videos and DVDs, victimizing both the companies and their customers who unknowingly purchase the poor quality rip-offs.** – Они незаконно торгуют видеофильмами и DVD для взрослых, обманывая как компании, так и своих клиентов, которые, сами того не зная, покупают низкокачественные пиратские копии.

bootleg industry *торг.* незаконная торговля* *(првоначально: отрасль хозяйственной деятельности, связанная с производством и продажей спиртных напитков во времена «сухого» закона; в настоящее время термин также относиться к производству и продаже нелицензионных копий аудио- и видеозаписей, программного обеспечения и т. п)* **EX: bootleg music industry** – незаконная торговля музыкальными записями **SEE:** bootlegger

bootlegger *сущ. торг.* бутлегер *(первоначально лицо, нелегально производящие и/или продающее спиртные напитки, в настоящее время термин может относиться к любому продав-*

цу товаров без соответствующей лицензии) **EX: A bootlegger who sells a pirated, unauthorized recording gives the artist no chance at artistic control over what even goes on a release.** – Бутлегер, продающий пиратские, нелицензионные записи, не оставляет артисту возможности контролировать даже то, какие именно записи продаются. **SEE:** bootlegging

bootlegging *сущ. торг.* бутлегерство *(изначально незаконная торговля спиртными напитками в годы сухого закона в США, в настоящее время термин употребляется по отношению к любой торговле без соответствующего разрешения)* **EX: bootlegging of video tapes** – незаконная торговля видеокассетами **SEE:** bootlegger

borax *торг., разг.* халтура, хлам *(о дешевом, бросовом, низкокачественном или искусственном материале, товаре, плохо написанной или напечатанной рекламе и т. п.; особенно — о товаре, который рекламировался как качественный, а на деле оказался некачественным)*

border price *межд. эк., торг.* цена франко-границы *(экспортная или импортная цена, включающая затраты на транспортировку и страхование реализуемого товара до оговоренного в контракте пограничного пункта)* **SEE:** cost, insurance, freight; free on board

borderless advertisement *рекл.* необрамленное рекламное объявление*, рекламное объявление без рамки* **SEE:** box advertisement

borrowed interest *рекл.* заемный интерес* *(об объявлении, основной притягательный мотив которого напрямую никак не связан с рекламируемым товаром)*

Boston Box *марк., упр.* = Boston matrix

Boston Consulting Group Portfolio Analysis Matrix *марк., упр.* = Boston matrix

Boston Consulting Group approach *марк., упр.* = Boston matrix

Boston matrix *марк., упр.* Бостонская матрица, матрица рост/доля рынка *(график, характеризующий стратегические бизнес-единицы компании и измеряющий отдачу от производства различных товаров; на вертикальной оси отмечается темп роста рынка, на горизонтальной – доля фирмы на рынке; стратегические бизнес-единицы компании попадают в определенную категорию («звезды», «собаки», др.) в зависимости от их положения в системе координат; используется для разработки маркетинговой стратегии)* **SYN:** growth-share matrix, Boston Box, Boston Consulting Group approach, Boston Consulting Group Portfolio Analysis Matrix **SEE:** strategic business unit, star, cash cow, dog, question mark, growth vector matrix, kennel-keeper

bottle hanger *рекл.* бутылочный ошейник [воротник]*, бутылочная подвеска* *(реклама в форме ярлыка, наклеиваемого вокруг горлышка бутылки или согнутого и надетого на горлышко бутылки)*

bottom-of-the-line product *марк.* низкосортный [дешевый] товар *(товар невысокого качества, продаваемый по низкой цене)*

bounce back *марк.* попутный*, повторный* *(о маркетинговом средстве, состоящем в приглашении покупателя сделать еще одну покупку у того же продавца; напр., еще одно предложение, посылаемое по почте вместе с выполненным заказом)* **EX: bounce back offer** – попутное предложение, **We are extremely pleased with our response rates. For example, on average the 'bounce back' rate would be about four to six percent.** – Мы крайне довольны процентом откликов на наши предложения. Например, показатель повторных заказов составляет в среднем 6 процентов. **A bounce-back catalogue is a circular containing descriptions and order information for your complete line of related information products. When a customer orders your lead product, you insert the bounce-back in the package and ship it with the order. Ideally, he sees the catalogue, scans it, orders more items... and his order «bounces back» to you.** – Попутный каталог представляет собой рекламный проспект с описаниями всех сопутствующих продуктов вашей фирмы и информацией об их заказе. Когда кто-то заказывает ваш основной продукт, вы вкладываете в пакет попутное предложение и отправляете вместе с заказом. В идеале, покупатель видит каталог, просматривает, хочет купить еще что-то... и вы снова получаете его заказ.

boutique *сущ.* **1)** *фр.* бутик *торг. (модный магазин (салон) - небольшой магазин модной одежды и аксессуаров с узкой специализацией товаров)* **SEE:** market nicher **б)** *торг. (небольшой магазин с узкой специализацией товаров)* **SEE:** media boutique **2)** *рекл., фр.* творческое ателье, творческая мастерская *(небольшое агентство, оказывающее минимальное количество услуг, главным образом творческого порядка, напр., по выработке шрифта и изображения для торгового знака, составлению рекламного слогана и т. п.)* **SYN:** creative boutique

box

I *сущ.* **1)** *общ.* ящик, коробка **EX: box of chocolates** – коробка шоколадных конфет **SEE:** bag **2)** *полигр.* часть текста, заключенная в рамку; врезка **3)** *мат.* многомерная таблица, матрица **4)** *общ.* сейф **7)** *общ., сленг* холодильник, переносной радиоприемник

II *гл. общ.* упаковывать *(в коробки или ящики)* **SEE:** boxed

box advertisement *рекл.* рекламное объявление в рамке*, обрамленное рекламное объявление* **SYN:** framed advertisement, boxed advertisement

box food store *торг., амер.* продовольственный магазин-склад* *(розничный магазин, торгующий основными продуктами питания в ограниченном ассортименте, при этом продукты выставляются прямо в упаковочных картонных коробках или иной таре в целях снижения затрат и соответственно цен)* **SEE:** food store, box store, big box store

box store 1) *торг.* магазин складского типа, склад самообслуживания *(предполагает минимум услуг и рекламы; товары продаются из упаковок поставщика, что обеспечивает более низкие цены; этимология от box в значении «упаковочная коробка»; часто имеет ограниченный ассортимент)* **SYN:** limited line store, box food store **2)** *торг.* = big-box store **3)** *торг.* магазин упаковки [тары] **4)** *торг. (склад, в котором сельскохозяйственные продукты хранятся в коробках)* **EX: From the harvested crop, 1800 tons are stored in a refrigerated box store.** – 1800 тонн из всего собранного урожая хранятся в коробках на складе с охлаждением. **SEE:** storage

boxed *прил.* **1)** *потр., торг.* упакованный в ящик, коробку; продающийся в ящике, коробке **EX: boxed cigars** – сигары в коробке **2)** *общ.* в рамке, заключенный в рамку; ограниченный рамками **EX: boxed announcement** – объявление в рамке; объявление, заключенное в рамку, **boxed headline** – заголовок в рамке **SEE:** box advertisement

boxed advertisement *рекл.* = box advertisement

boxed announcement *рекл.* объявление в рамке *(объявление, заключенное в рамку)* **EX: Information may be in article format or as a boxed announcement.** – Информация может быть представлена в формате статьи или в виде объявления, заключенного в рамку.

boxed exhibit *общ.* экспонат *(на выставке, в витрине и т. д.)*; показ, выставка

boxed set *потр., торг.* коробочный набор *(набор товаров, продаваемых вместе в ящике или коробке: от кондитерских изделий до тематических музыкальных антологий на CD)*

boxtop offer *марк.* крышечное предложение* *(поощрение потребителя подарком, возвратом части средств, скидкой на будущую покупку или иной премией в обмен на предъявление крышки, упаковки или этикетки как доказательства приобретения товара)*

boycott *сущ.* бойкот **а)** *пол., эк. (полное или частичное прекращение отношений с кем-л. в знак протеста; слово образовано от имени капитана Дж. Бойкота, управляющего имением, по отношению к которому в 1880 г. Лига земли, организация ирландских арендаторов, впервые применила эту форму протеста)* **EX: to set up a boycott, to impose a boycott** – объявить бойкот **б)** *пол. (разновидность экономических санкций, применяемых по политическим или экономическим причинам, заключающихся в прекращении международной торговли с отдельной страной со стороны других стран; полном или частичном запрете на экспорт или импорт определенного товара)* **в)** *торг. (прекращение поставок производителем сбытовику, чтобы заставить его перепродавать эти товары только на условиях, определенных производителем; в прошлом часто использовалось как средство принуждения к поддержанию розничных цен)* **г)** *торг. (отказ покупать или использовать определенные товары)* **SEE:** primary boycott

bracket pricing *марк.* рамочное рамочное ценообразование* *(метод ценообразования, при котором устанавливаются интервалы для количества покупок и для каждого интервала устанавливается своя цена, при этом все изделия, продаваемые в данной сделке оцениваются по единой цене за единицу, напр., для покупки от 1 до 10 единиц может быть установлена цена в $5, а для покупки от 10 до 50 единиц — $4 и т. д., в этом случае общая стоимость заказа на 20 единиц будет определяться как 20 * $4= $100)* **SEE:** price bracket, quantity discount, discount schedule

bracketing **1)** *мат.* заключение в скобки **2)** *торг.* бракераж *(проверка соответствия качества товара требованиям стандарта или условиям договора о поставке; осуществляется государственными контрольными органами или бракеражными бракерами)*

branch of business *эк., торг.* отрасль бизнеса [торговли] **EX: The best selling item of this branch of business is white pigment titanium.** – Бестселлером этой отрасли бизнеса является белый пигментный титан. **SYN:** branch of trade

branch of trade *эк., торг.* = branch of business

branch store *торг.* филиал магазина **SYN:** affiliated store **SEE:** parent store

brand

I *сущ.* **1)** *марк.* торговая марка, товарный знак *(определенное название, знак (символ) или дизайн продукта, которые отличают его от конкурента и помогают потребителю находить этот продукт в магазинах)* **SYN:** brand name, brand mark **SEE:** brand name, brand mark, brand image, branded goods, battle of the brands, family brand, brand advertising, brand loyalty, brand assortment, brand cannibalization, brand choice, brand communications, brand comparison, brand competitor, brand differentiation, brand equity, brand extension, brand harvesting, store brand, manufacturer's brand, packer's brand, national brand, regional brand, local brand, household brand, corporate brand, individual brand, brand X, trademark, mark **2)** *марк.* бренд *(хорошо известная торговая марка или хорошо знаменитый производитель, которые значительно способствуют реализации продуктов; может употребляться в переносном смысле по отношению к людям, идеям и т. п.)* **SEE:** brand manager, brand attributes, top-selling brand, regular brand, gift brand, flanker brand, elite brand, controlled brand

II *гл.* **1)** *общ.* ставить клеймо [марку] **2)** *торг.* маркировать *(товар)* **SEE:** misbranded product

brand acceptance *марк.* = brand loyalty

brand advantage *марк.* преимущество торговой марки *(положительный элемент, отличающий данную марку товара от других марок аналогичных товаров и дающий данной марке товара конкурентное преимущество)*

brand advertising *рекл., марк.* реклама торговой марки [товарного знака] *(реклама конкретного товарного знака; имеет целью убедить потребителя в том, что данный товар является наилучшим среди однородных товаров)* **SYN:** brand name advertising, trademark advertising **SEE:** corporate advertising, product advertising

brand allegiance *марк.* = brand loyalty

brand association *марк.* = share of mind

brand assortment *марк.* марочный ассортимент, ассортимент марочных товаров *(совокупность разнообразных товаров определенной торговой марки, производимых компанией или предлагаемых в магазине)* **EX: to expand brand assortment** – расширять марочный ассортимент **SYN:** brand selection **SEE:** product assortment

brand attitude *марк.* отношение к марке *(мнение потребителей относительно товара, определяемое путем маркетинговых исследований)*

brand attributes *марк.* атрибуты марки **а)** *(объективные характеристики товара определенной марки (цвет, фактура ткани, материал, качество, надежность и т. д.) или самой торговой марки (марочное название, марочный знак, слоган, стиль и т. д.), которые не зависят от восприятия потребителя)* **SEE:** brand name, brand mark, slogan **б)** *(основные ассоциации, возникающие у покупателей (клиентов) при восприятии марки; могут быть положительные и отрицательные, на разных сегментах рынка имеют разную степень важности для покупателя; напр., атрибуты марки Мерседес: элитный, дорогой, высшее качество)* **SEE:** brand image

brand awareness *марк.* знание марки *(осознание широкой публикой факта существования марки и качества выпускаемых под ним продуктов)* **SYN:** brand familiarity

brand beliefs *марк.* мнения [убеждения] о торговой марке *(устойчивая позиция потребителя в отношении товара данной марки; формируется либо посредством личного опыта с товаром, либо посредством рекламы и рекомендаций других людей; влияет на принятие решения о покупке товара данной марки или какой-л. другой марки)* **SEE:** brand image, brand attributes

brand cannibalization *марк.* каннибализация марки *(продажи марки, которые получены за счет поглощения продаж другой марки той же самой компании)* **SEE:** brand proliferation

brand category *марк.* = product class

brand choice *марк.* выбор марки, марочный выбор *(выбор товара определенной марки из группы аналогичных товаров других марок)* **SYN:** brand selection **SEE:** brand preference, brand switching

brand choice behaviour *марк.* поведение при выборе марки* *(последовательность действий, используемая потребителем при выборе марки товара, который он хочет купить)* **SEE:** brand choice, consumer behaviour

brand communications *марк.* марочные коммуникации* *(способы и процесс распространения сведений о марке; позволяют потребителю понять, что представляет собой товар данной марки)* **SEE:** marketing communications

brand comparison *марк.* сопоставление [сравнение] марок *(элемент поведения потребителей при выборе торговой марки и принятия решения о покупке; предполагает оценку потребителем свойств и качеств товаров разных марок для выбора одной из них)* **SEE:** brand choice behaviour, brand choice

brand competition *марк.* конкуренция марок *(имеет место в случае, когда компания рассматривает в качестве своих конкурентов фирмы, предлагающие сходный продукт и услуги тем же целевым покупателям по сходным ценам)* **SYN:** brand rivalry **SEE:** brand competitor

brand competitor *марк.* конкурирующая марка, марка конкурента *(тор-*

говая марка, конкурирующая с данной торговой маркой; напр., торговые марки «Пепси» и «Кока-Кола» являются марками-конкурентами по отношению друг к другу) **SYN:** competing brand

brand consciousness *марк.* осознание марки* *(степень осведомленности потребителя о марке товара; предполагает, что потребитель может рационально объяснить, что представляет собой товар данной марки и почему он склонен или не склонен приобретать его)* **SEE:** brand awareness, brand recognition, price consciousness

brand conviction *марк.* убежденность в марке* *(уверенность потребителя в том, что ему нужен товар именно этой марки)* **SEE:** brand insistence

brand development *марк.* разработка [развитие] марки **SYN:** market positioning, branding **SEE:** brand development index

brand development index **сокр.** BDI *марк., стат.* индекс развития марки *(показатель продаваемости товаров данной марки в определенном районе страны; рассчитывается как отношение процентной доли национальных продаж товаров данной марки, приходящейся на данный район, к процентной доле населения этого района в общем населении страны)*

brand differentiation *марк.* дифференциация марки*, брендовая дифференциация* *(придание марке отличительных атрибутов, позволяющих ей приобрести свой уникальный имидж и отдельную позицию на рынке среди марок-конкурентов)* **SEE:** brand attributes, brand image, brand position

brand discount *марк.* скидка за представление бренда* *(скидка розничному торговцу, предоставляемая в зависимости от того, сколько у него в ассортименте наименований производителя; создает заинтересованность в представлении полного ассортимента)* **SEE:** full-line forcing

brand domination *марк.* монополия [доминирование] торговой марки *(ситуация, когда товар определенной торговой марки доминирует на рынке среди товаров конкурентов)* **SYN:** brand monopoly

brand equity *марк., фин.* марочный капитал, ценность марки* *(совокупность прав на торговые марки, увеличивающие или уменьшающие ценность, которую имеет продукты фирмы с точки зрения ее клиентов; является дополнительным активом и позволяет получить дополнительную прибыль)* **SEE:** brand management

brand essence *марк.* сущность [душа] марки* *(ключевая характеристика товара данной марки, т. е. то, что потребитель отмечает при каждом опыте потребления товара)* **SYN:** brand soul

brand establishment *марк.* разработка марки *(процесс создания марки на начальных стадиях жизни продукта; разработка включает в себя создание сети распространения продукта и способы убеждения потребителей покупать его)* **SEE:** branding

brand extension *марк.* расширение марки *(использование существующей торговой марки применительно к новым или модифицированным продуктам; данная стратегия позволяет новому товару воспользоваться хорошей репутацией товара, уже завоевавшего себе место на рынке)* **SYN:** brand transference, brand leveraging, product leveraging, brand extension strategy, trademark extension **SEE:** brand leverage, product extension

brand extension strategy *марк.* = brand extension

brand familiarity *марк.* = brand awareness

brand family *марк.* семейство марок *(группа марок одного производителя)* **EX: The company's brand family also includes well-known brands of motor oil.** – Семейство марок компании также включает известные марки моторного масла.

brand franchise **1)** *пат., марк.* франшиза [лицензия] на марку* *(соглашение между собственником торго-*

вой марки и розничным или оптовым торговцем, в соответствии с которым последний получает эксклюзивное право торговли товарами данной марки на определенной территории) **2)** *марк.* = brand loyalty

brand harvesting *марк.* ориентация на продажи за счет приверженности марке* *(снижение маркетинговых затрат на поддержание торговой марки до нулевого уровня в расчете на то, что товар будет покупаться приверженными к данной марке потребителями; данная мера обычно предшествует выведению бренда с рынка и имеет целью направить освободившиеся ресурсы на разработку новых товаров и создание новых брендов)* **SEE:** brand life cycle, brand loyalty, brand insistence

brand identification 1) *марк.* идентификация марки *(определение типа торговой марки для товара, т. е. принятие решения относительно того, под какой торговой маркой продавать товар; существуют следующие основные альтернативы: индивидуальная торговая марка, корпоративная торговая марка, семейственная торговая марка)* **SEE:** individual brand, corporate brand, family brand **2)** *марк.* идентификация с маркой *(представление потребителей о какой-л. торговой марке как о характеризующей их личность и стиль жизни; выражается в уверенности потребителя в правильности выбора данной марки и в положительных воспоминаниях, связанных с брендом; главным образом касается марок дорогих товаров или предметов роскоши)*

brand identity *марк.* = brand personality

brand image *марк.* имидж [образ] марки *(комплекс сложившихся в сознании потребителя представлений о достоинствах или недостатках марочного товара; формируется под воздействий рекламы, личного опыта потребителей товара данной марки)* **EX: brand-image campaign** – кампания по созданию имиджа марки **SEE:** brand attributes

brand image advertising *марк.* имиджевая реклама марки* *(использование рекламы для формирования в сознании потребителей желаемое образа марки)* **SEE:** brand advertising, image advertising

brand insistence *марк.* верность бренду* *(исключительная преданность бренду; выражается в том, что потребитель порой не может рационально объяснить преимущество данной торговой марки перед другими, но при этом не рассматривает возможность покупки товара альтернативной марки и готов потратить время и усилия на поиск и покупку товара данной марки)* **SEE:** brand recognition, brand preference, brand loyalty, brand conviction

brand label *марк.* марочный ярлык, марочная этикетка *(содержит марочное название товара)* **SYN:** brand tag **SEE:** brand name

brand leader *марк.* лидирующая марка *(наиболее успешный товар в определенной товарной категории, т. е. занимающий самую большую долю рынка среди аналогичных товаров)* **SEE:** market leader

brand leverage *марк.* подъемная сила марки *(способность марки распространяться за счет увеличения количества потребителей, распространения на новые группы продуктов, новые рынки и в новом качестве; характеризует разницу в усилиях, которые нужно приложить к одному и тому же продукту, если продвигать его с использованием уже имеющейся марки или начинать «с нуля»)* **SEE:** brand extension

brand leveraging *марк.* = brand extension

brand licensing *марк.* выдача лицензии на марку *(продажа другой компании права использования торговой марки данной компании в течение определенного периода)* **SEE:** brand protection

brand life cycle *марк.* жизненный цикл марки *(период времени, отра-*

жающий основные этапы развития торговой марки: этап выведения (внедрения), этап роста популярности и продаж, этап зрелости (насыщения), этап упадка, этап ухода с рынка; на каждом этапе необходима определенная стратегия управления марки) **SEE:** product life cycle, brand management

brand logo *марк.* марочный логотип* *(изображение, символ, слова, буквы, которые служат опознавательным знаком данной торговой марки)* **SYN:** brand logo type **SEE:** brand name, brand mark, slogan

brand logo type *марк.* = brand logo

brand loyalty *марк.* приверженность марке *(поддержка потребителями определенной марки или продукта; является результатом удовлетворенности потребителей товарами данной марки и приводит к росту продаж товаров данной марки)* **SYN:** brand acceptance, brand allegiance, brand franchise **SEE:** dual brand loyalty, brand insistence, brand harvesting, consumer favour, customer goodwill, consumer loyalty, consumer inertia

brand management *марк., упр.* управление (торговой) маркой*, бренд-менеджмент *(планирование и общая координация маркетинговой деятельности компании, относящейся к определенной марке товара)* **SEE:** brand management system

brand management system **1)** *марк.* система управления (торговыми) марками **а)** *(система органов, принимающих участие в управлении торговыми марками фирмы)* **б)** *(совокупность методов, приемов и техник, используемых в управлении маркой)* **SEE:** brand management **2)** *упр.* управление по торговым маркам *(система менеджмента, при которой управление фирмой ориентируется в первую очередь на создание нескольких марок и их поддержку)*

brand manager *марк.* бренд-менеджер, менеджер продукта *(ответственный за общий маркетинг и продвижение товара определенной марки)* **SYN:** product manager **SEE:** market manager, group manager

brand map *марк.* = perceptual map

brand mark **1)** *марк.* марочный [товарный] знак* *(нечитаемая часть марки, напр., символ, окрас или особенный дизайн товара)* **SEE:** brand name **2)** *марк.* = brand

brand marketing *марк.* бренд-маркетинг, маркетинг торговой марки *(деятельность по созданию осведомленности о конкретной торговой марке на рынке, по приданию торговой марке должного имиджа)* **SEE:** branding

brand monopoly **1)** *марк.* = brand domination **2)** *эк.* монополия марки* *(монополия, существующая благодаря популярности торговой марки)*

brand name

I *сущ.* **1)** *марк.* название марки, марочное название *(та часть бренда, которую можно произнести, напр., Нестле, Пепси и т. д.; состоит из букв, слов или цифр)* **SYN:** word mark **SEE:** single brand name, individual brand name, generic name **2)** *марк.* = brand

II *прил. марк.* известный, знаменитый *(о товаре или изделии с известным именем или торговой маркой)* **EX:** **brand name foods** – всем известные блюда, **brand name recipes** – рецепты знаменитых блюд, **brand name shoes** – обувь известных торговых марок **SEE:** household name

brand name advertising *рекл., марк.* = brand advertising

brand name awareness *марк.* осведомленность о торговой марке *(знание потребителями наименования марки какой-л. фирмы)* **SEE:** brand name, brand awareness

brand name product *марк.* марочный [фирменный] товар* **SEE:** branded goods

brand name recognition *марк.* = brand recognition

Brand Names Education Foundation **сокр.** BNEF *марк.* Образовательная организация по торговым маркам* *(финансируемая государством не-*

коммерческая организация, созданная в 1987 г. с целью содействия углублению знаний во всем мире относительно природы, целей и ценности торговых марок, а также ответственности, связанной с их использованием продавцами) **SEE:** brand management

Brand Names Foundation **сокр.** BNF *марк., амер.* Фонд пропаганды торговых марок* *(некоммерческая организация, состоящая из производителей продукции с фирменными названиями или торговыми марками, средств распространения рекламы и продавцов-консультантов; организация была создана в 1943 г. с целью поддержания благоприятного общественного мнения в отношении продукции с товарным знаком и связанной с ней маркетинговой практики; организация финансирует программы и общественные кампании, направленные на объяснение потребителям и продавцам того, как конкуренция товарных знаков стимулирует прогресс, и как покупка продукции с товарным знаком гарантирует максимальный доход на истраченный доллар)* **SEE:** brand management

brand of goods *торг.* марка товара, товарный бренд *(товарный знак, под которым товар известен потребителям)* **SYN:** brand of merchandise **SEE:** brand

brand of merchandise *торг.* = brand of goods

brand perception *марк.* восприятие торговой марки *(сложившееся у потребителя впечатление о торговой марке в зависимости от опыта, получаемого при потреблении товара данной марки)* **SEE:** perceptual map

brand personality *марк.* индивидуальность марки *(совокупность всех характеристик, формирующих неповторимость марки, выделяет его из ряда других марок)* **SYN:** brand identity

brand plan *марк.* план торговой марки* *(представлен в форме документа, описывающего цели и задачи марочной политики и способы их достижения)* **SEE:** brand policy

brand policy *марк., упр.* марочная политика, товарно-знаковая политика *(совокупность действий, применяемых при создании и развитии марки; осуществляется посредством различных стратегий: стратегия марочного роста, корпоративный брендинг, брендинг товарной линии, индивидуальный брендинг и др.)* **EX:** **international brand policy** – меры по продвижению бренда на мировом рынке **SEE:** brand plan, branding, brand development, brand proliferation, corporate branding, blanket branding, individual brand

brand position *марк.* позиция марки *(место, которое занимает марка в умах целевого сегмента рынка по отношению к конкурентам)* **SYN:** brand positioning **SEE:** brand positioning

brand positioning **1)** *марк.* позиционирование марки **а)** *(маркетинговые действия фирмы по закреплению определенной марки в сознании потребителя как отличной от марок аналогичных конкурирующих товаров)* **SEE:** brand personality, brand repositioning, market positioning **б)** *(деятельность по поиску или созданию рыночного сегмента с наибольшим потенциалом успеха для данной марки товара)* **SEE:** market segment **2)** *марк.* = brand position

brand potential index *марк.* индекс потенциала марки *(отношение индекса развития рынка к индексу развития марки для определенного региона)* **SEE:** brand development index, market development index

brand power *марк.* сила марки* *(способность марки доминировать в данной товарной категории благодаря уровню осведомленности о нем потребителей)* **SEE:** brand recognition, brand domination

brand preference *марк.* предпочтение марки *(выбор товара определенной марки из группы аналогичных товаров других марок)* **EX:** **build brand preference** – формировать предпочтение бренда **SEE:** brand loyalty

brand product *марк.* марочный товар **SEE:** branded goods

brand profile *марк.* профиль марки* *(репутация и престиж торговой марки на рынке)* **EX: to enhance brand profile** – улучшить репутацию бренда, **to raise brand profile** – поднять престиж бренда

brand proliferation 1) *марк.* марочный рост, марочное изобилие *(ситуация, когда число торговых марок конкретного продукта возрастает, или же когда на рынке уже существует большое количество сходных брендов)* **SEE:** product proliferation **2)** *марк.* стратегия марочного роста*, стратегия марочного изобилия* *(предполагает увеличение фирмой числа торговых марок конкретного товара без значительного изменения его свойств; стратегия увеличения количества торговых марок часто применяется фирмами для борьбы с конкурентами, для увеличения продаж; однако такая стратегия может привести к каннибализации бренда)* **SEE:** brand cannibalization

brand protection *пат., юр., марк.* бренда, защита торговой марки, охрана товарных знаков *(законное запрещение использования зарегистрированного знака или торговой марки другими компаниями)* **SEE:** weak trademark, strong trademark

Brand Protection Group *марк., юр.* Группа по защите фирменных торговых марок* *(часть Антиконтрафактной группы, занимающаяся вопросами защиты брендов, в т. ч. исследованиями, стратегическим консультированием, разработкой технологий защиты брендов и т. д.)* **SEE:** Anti-Counterfeiting Group, brand protection

brand rating *марк.* рейтинг торговой марки *(уровень популярности данного бренда по сравнению с другими; определяется путем проведения опроса потребителей товара данной марки и аналогичных товаров других марок)* **SEE:** brand power, brand monopoly

Brand Rating Index *рекл., СМИ, амер.* «Индекс рейтингов марок» *(ежегодный сборник данных о сравнительных особенностях воздействия на взрослое население рекламы, транслируемой по сетевому телевидению и по радио, размещаемой в газетах и журналах)*

brand recall *марк.* припоминаемость марки* *(способность потребителя вспомнить марку без каких-л. подсказок, только при упоминании названия категории товара)* **SEE:** aided awareness, advertising awareness

brand recognition *марк.* узнаваемость марки, осведомленность о марке *(покупатель знает о существовании марки, хотя и не имеет определенного предпочтения покупать товар именно данной марки)* **SYN:** brand name recognition **SEE:** brand preference, brand loyalty

brand reinforcement *марк.* укрепление позиций марки *(деятельность фирмы, направленная на убеждение покупателей снова купить товар данной марки или на привлечение новых потребителей)* **SEE:** brand position, brand positioning, return customer

brand repositioning 1) *марк.* перепозиционирование марки *(действия фирмы по изменению отношения потребителей к определенной торговой марке)* **2)** *марк.* перемещение марки* *(корректировка существующей марки с целью перенесения ее на новый рыночный сегмент)* **SEE:** market positioning, repositioning, customization

brand revitalisation *марк.* оживление [обновление] марки *(стратегия, направленная на повышение дохода от марки, когда он достиг стадии зрелости и доход начинает уменьшаться; может происходить за счет расширения марки на новые рынки, модификации товара или перепозиционирования марки)* **SEE:** market development, product modification, brand repositioning, brand revival

brand revival *марк.* воскрешение марки* *(возвращение марки, которая бы-*

ла истощена или даже выведена с рынка; иногда данная стратегия более привлекательна, чем создание абсолютно нового марки) **SEE:** brand revitalisation

brand rivalry *марк.* = brand competition

brand selection 1) *марк.* = brand assortment **2)** *марк.* = brand choice

brand sensitivity *марк.* чувствительность к торговой марке* *(показывает атель озабоченности потребителей насколько важно для потребителя определенной товарной категории выбрать и купить товар какой-л. конкретной торговой марки; используется для оценки товарной категории по признаку высокой, нормальной и низкой чувствительности)*

brand share *марк.* доля марки [рынка] *(выраженное в процентах отношение суммы, потраченной потребителями на товар определенной марки, к общему объему потребительских расходов на товары данной товарной категории, напр., доля продаж какого-л. автомобиля в общем объеме продаж автомобилей за период)* **SYN:** market share, share of market

brand soul *марк.* = brand essence

brand sponsor *марк.* владелец торговой марки *(компания, являющаяся владельцем торговой марки и осуществляющая инвестиции в ее продвижение)* **SEE:** store brand, manufacturer's brand, generic brand

brand strategy *марк.* марочная стратегия *(способ создания марки и управления маркой; можно выделить три стратегии: корпоративный брендинг, брендинг товарной линии, индивидуальный брендинг)* **SEE:** corporate branding, blanket branding, individual brand

brand switcher *марк.* неверный потребитель* *(способный легко перейти от одной марки товара к другой)* **ANT:** loyal consumer **SEE:** brand switching

brand switching *марк.* смена марки *(решение потребителя заменить марку приобретаемого продукта)* **SEE:** brand loyalty, brand switcher

brand tag *марк.* = brand label

brand team *марк., упр.* марочный отдел*, марочная команда*, группа брендинга*, бренд-группа* *(отдел или группа работников компании, которая занимается разработкой, созданием, развитием и управлением марки)* **SEE:** branding, brand development, brand management, product team

brand transference *марк.* = brand extension

brand value *марк.* ценность марки *(способность марки давать организации дополнительную прибыль; основана на существовании групп потребителей, которые готовы платить дополнительные деньги по сравнению со стоимостью других подобных товаров за обладание этой маркой)*

brand X *рекл.* марка X *(анонимная торговая марка, используемая в телерекламе для сравнения с рекламируемой называемой маркой)* **SEE:** anonymous product, accepted pairing

brand-conscious *прил. марк.* чувствительный к торговой марке* *(о потребителе, которому не безразлично, какую марку товара покупать)* **EX:** **brand-conscious consumer** – чувствительный к марке потребитель **SEE:** brand sensitivity, loyal consumer, fickle consumer, brand switcher

branded article *марк.* марочный товар **SEE:** branded goods

branded food items *марк.* марочные продукты питания *(продукты, произведенные очень известными компаниями, продукты известных торговых марок)* **SEE:** brand

branded goods [merchandise, products] *торг.* марочные товары *(товары, продаваемые под торговой маркой (производителя или продавца), т. е. имеющие идентифицирующие их названия и символы)* **SYN:** branded merchandise, trademark goods, branded products **SEE:** brand, major brand, store brand, manufacturer's brand

branded item *марк.* марочный товар **SEE:** branded goods

branding *сущ. марк.* брендинг *(процесс создания бренда и управления им; за-*

ключается в формировании у потребителей особого впечатления о продукте данного производителя и поддержании у потребителей доверия к качеству товара; включает в себя создание, усиление, перепозиционирование, обновление и изменение бренда, его расширение и углубление) **SYN:** product branding, brand development **SEE:** brand, brand establishment

brand-loyal market *марк.* рынок марочной приверженности* *(рынок, на котором большая доля покупателей демонстрирует безоговорочную приверженность к одной из имеющихся на нем марок)* **SEE:** loyal consumer

brand-new *потр.* совершенно новый, только что появившийся *(о товаре на рынке)*

bread-and-butter lines *торг.* «хлеб с маслом»* *(виды товаров, которые имеются во всех магазинах определенной категории и которые создают надежную основу для продолжительных продаж)*

break

I *сущ.* **1)** *общ.* разрыв, прорыв *(напр., резкое изменение во взглядах, отношении к чему-л. и т. д.)* **EX: a break in one's way of living** – изменение в образе жизни, **Both agenda items signal a break with past ideas.** – Оба пункта повестки дня свидетельствуют о отказе от старых идей. **2)** *общ.* перерыв; пауза, интервал **EX: We work without a break.** – Мы работаем без перерыва. **SEE:** dinner hour **3)** *рекл., СМИ* пауза, перерыв *(запланированная приостановка теле- или радиопрограммы для передачи рекламного сообщения)* **EX: Join us again after the break!** – Смотрите нас снова после рекламной паузы! **SEE:** commercial break **3)** *общ.* пролом; разрыв; отверстие, щель; дыра, брешь; трещина **4)** *торг.* перелом* *(при ступенчатом предоставлении скидок за количество: объем покупок, дающий изменение цены)* **SEE:** bracket pricing

break-even pricing *тж.* breakeven pricing *эк.* безубыточное ценообразование*, ценообразование на основе точки безубыточности* *(метод ценообразования, при котором цена устанавливается исходя из величины издержек и определения безубыточного объема производства, т. е. искомая цена получается из частного издержек и количества единиц продукции, определенного в точке безубыточности)* **SEE:** target pricing

break rating *рекл.* рейтинг пауз* *(интервалов между радио- или телепрограммами)*

breakage allowance *торг.* скидка за повреждение [поломку]* *(скидка, предоставляемая в случае, если товар был поврежден во время транспортировки к покупателю)*

breakeven pricing *эк.* = break-even pricing

breaking bulk 1) *мор., торг.* *(разделение грузовых партий на более мелкие партии для розничной торговли)* **2)** *мор., торг.* начало разгрузки

breakthrough advertising *рекл.* новаторская [разрывная] реклама *(реклама, выделяющаяся какими-л. особыми элементами, привлекающими внимание к рекламируемому товару даже в случае ее невыгодного расположения, напр., среди редакционного материала или другой рекламы)*

bridge

I *сущ.* **1)** *общ.* мост **2)** *СМИ, рекл.* переход, связка *(звуковой эффект, комментарий, музыка и т. д. между двумя эпизодами теле- или радиопрограммы или рекламы)* **3)** *рекл.* реклама на развороте *(журнала или книги)* **4)** *упр.* мост, горизонтальная связь *(связь, посредством которой могут общаться специалисты различных отделов одного уровня иерархии)*

II *гл.* **1)** *общ.* соединять мостом; строить [наводить] мост **EX: to bridge one's way** – медленно, но верно двигаться вперед **2)** *общ.* ликвидировать разрыв **EX: to bridge the gap between smth. and smth.** – ликвидировать разрыв между чем-л. **3)** *рекл.*

(разместить рекламное объявление на двойном развороте журнала)

bring-and-buy sale *торг.* благотворительная ярморка *(с целью сбора средств в пользу нуждающихся; каждый приносит что-л. на продажу и каждый обязательно что-нибудь покупает)* **SEE:** charity bazaar

brisk market *эк.* оживленный рынок* *(рынок с большим или растущим спросом на товар и, как следствие, ростом продаж)* **EX: China witnessed a brisk market for computers for home use throughout 2000, with total sales jumping nearly 50 percent from last year.** – В Китае на протяжении всего 2000 г. наблюдался оживленный рынок домашних компьютеров, в результате чего общий объем продаж увеличился на 50% по сравнению с прошлым годом. **SYN:** brisk trade **SEE:** consumer boom

brisk taste *рекл., потр.* выраженный вкус *(рекламное клише)* **EX: the brisk taste of peppermint** – выраженный вкус мятного масла

brisk trade 1) *торг.* оживленная торговля, бойкая торговля **EX: They built up brisk trade** – Они устроили бойкую торговлю. **SYN:** lively trade **2)** *эк.* = brisk market

British Code of Advertising Practice *юр., рекл.* Британский кодекс рекламной практики *(содержит свод правил, регулирующих рекламную деятельность, за исключением телевизионной и радиовещательной рекламы)*

British Code of Sales Promotion Practice *юр., марк., брит.* Британский кодекс практики стимулирования сбыта* *(принят в 1974 г.; последняя редакция датируется 1990 г.; регулирует такие формы стимулирования сбыта как предложение с премией всех видов, снижение цены, распространение гарантий платежа и пробных образцов товара, рекламы с участием известных людей, стимулирование сбыта, связанного с благотворительностью, призами и т. п.; надзор за соблюдением кодекса осуществляет Комиссия по рекламным стандартам и Комиссия по рекламной практике)* **SEE:** personality advertising, Advertising Standards Authority, Committee of Advertising Practice

British Codes of Advertising and Sales Promotion *юр., марк., брит.* Британские кодексы рекламы и стимулирования сбыта *(стандарты рекламной деятельности, устанавливаемые Комитетом рекламных стандартов Великобритании)* **SEE:** advertising code, Advertising Standards Authority

British Direct Marketing Association *марк., брит.* Британская ассоциация директ-маркетинга *(крупнейшая европейская ассоциация в области директ-маркетинга; была основана в 1992 г. в результате слияний различных торговых ассоциаций; цели Ассоциации: защита индустрии директ-маркетинга от чрезмерного законодательного регулирования, представление интересов своих членов на различных уровнях, защита потребителей от неэтичного поведения компаний, продвижение индустрии директ-маркетинга, завоевание доверия потребителей и поднятие имиджа директ-маркетинга и Ассоциации)* **SEE:** direct marketing

British Institute of Marketing *марк., брит.* Британский институт маркетинга **SEE:** Chartered Institute of Marketing

British Standard сокр. BS *торг., брит.* британский стандарт *(стандарт качества для конкретного вида товаров, разработанный Британской организацией по стандартизации)* **SEE:** British Standards Institution

British Standards Institution сокр. BSI *торг., брит.* Британская организация по стандартизации *(создана в 1901 г. для установки стандартов качества для строительства, химической отрасли, текстильной промышленности, страхования и др. национальных отраслей)* **SEE:** kitemark, British Standard

broad assortment *торг., марк.* широкий ассортимент *(включающий множество разных, но связанных друг с другом товаров, напр., книги и канцелярские принадлежности)* **SEE:** assortment breadth, scrambled assortment, deep assortment, exclusive assortment, assortment strategy

broad range of goods *торг.* широкий [большой] ассортимент, большой выбор товаров *(напр., в магазине)* **SEE:** product line

broadcast

I *сущ.* **1)** *СМИ* (радио)вещание; трансляция, выход в эфир, передача *(радио или телевизионная)* **2)** *рекл. (единовременная рассылка рекламной литературы)*

II *гл.* **1)** *СМИ* вещать, передавать по радио [телевидению] **2)** *СМИ* вести радио [теле]передачу

broadcast advertisement *рекл.* вещательная реклама, рекламное объявление по радио, рекламное объявление по телевидению, ролик вещательной рекламы **SYN:** broadcast commercial **SEE:** broadcast advertising

broadcast advertising *рекл.* эфирная [вещательная] реклама *(реклама по радио и телевидению)* **SEE:** television advertising, radio advertising, print advertising, cinema advertising, media advertising

Broadcast Advertising Reports, Inc. *рекл., амер.* «Компания исследования вещательной рекламы», «Бродкаст Эдвертайзинг Рипотс, Инк.» *(предоставляет своим подписчикам– вещательным СМИ – сведения о рекламируемых товарах, времени трансляции рекламы и длительности рекламных объявлений)*

broadcast audience *марк.* аудитория средств вещания **EX: We investigate the estimation of the size of a broadcast audience.** – Мы проверяем достоверность данных о размере аудитории средств вещания. **SEE:** audience

broadcast commercial *рекл.* = broadcast advertisement

broadcast media *СМИ* средства вещания, вещательные средства *(всевозможные средства радио и телевидения, в т. ч. радиостанции, телевизионные сети, кабельное телевидение и т. д.)* **SYN:** broadcast medium

broadcast medium *рекл., СМИ* средство вещания *(телевизионного или радио)* **SEE:** broadcast media

broadcast order *рекл.* заказ на трансляцию *(объявления по радио или телевидению)*, заказ на вещательную рекламу **EX: The broadcast order is issued by the advertiser or advertising agency and specify the length of the advertisement, the daypart etc.** – Заказ на трансляцию поступает от рекламодателя или рекламного агентства, и в нем будет указывается продолжительность рекламного объявления, время суток и т. д.

broadsheet *рекл.* мини-плакат *(форматом около 38 см × 56 см)*; крупноформатная листовка, листовка-афиша

broadside **1)** *полигр.* разворот книги **2)** *воен.* борт (корабля); артиллерия одного борта, бортовой залп **3)** *рекл.* бортовой залп* *(единовременное массовое распространение рекламных материалов)* **SYN:** broadcast **4)** *рекл., амер. (крупноформатная рекламная листовка)* **SYN:** broadsheet

broadside advertisement *рекл.* крупноформатная [широкоформатная] реклама *(наружная реклама на больших плакатах или щитах; реклама на развороте журнала или газеты)* **ANT:** small-space advertisement **SEE:** full-page advertisement, double-truck advertisement

brochure *потр., рекл.* брошюра, проспект, буклет *(многополосный печатный материал небольшого объема (в международной практике не менее 5 и не более 48 страниц); часто рекламного характера)* **EX: This brochure contains our latest information including details of all upcoming projects.** – Эта брошюра содержит нашу последнюю информацию, включая детали будущих проектов. **descriptive brochure** – описательная брошюра, **folding brochure** – складная брошюра **SYN:** booklet **SEE:** pamphlet, consumer brochure, advertising brochure, printed products

brood hen *торг., сленг* «наседка»* *(закупщик товаров для всех магазинов данной сети)*

brown goods *потр.* коричневые товары *(электрооборудование для домашнего хозяйства и отдыха: тостеры, утюги, электрические чайники, телевизоры, радиоприемники, стереосистемы и т. д.)* **SEE:** white goods, red goods, orange goods, yellow goods, black goods

brown paper *потр.* «коричневая бумага» *(неотбеленная оберточная бумага коричневого оттенка, используется для упаковки товаров и производства бумажных пакетов)* **SEE:** package

brown ware *потр.* = pottery

bubble pack 1) *торг.* = blister pack 2) *торг.* = bubble wrap

bubble wrap *торг.* пузырчатая упаковка *(лист прозрачного пластика с воздушными пузырями внутри; используется в качестве защитного упаковочного материала при транспортировке грузов)* **SYN:** bubble pack

bucket

II *гл.* 1) *общ.* мчаться, спешить, вести *(транспортное средство)* рывками [неровно] 2) *торг., сленг* мошенничать, обманывать, подтасовывать *(напр., продавать товар, которого нет в наличии, осуществлять (часто нелегальные) сделки с ценными бумагами, с нарушением интересов клиентов)* **EX: He took into his own trading account the purchase or sale of futures contracts which he originally executed for a customer, and then indirectly bucketed his customer's order opposite another floor broker.** – Он относил на свой торговый счет покупки или продажи по фьючерсным контрактам, которые он оформлял для покупателей, и затем незаметно подтасовывал их другим брокерам. **SEE:** bucket shop

bucket shop *тж.* bucketshop 1) *торг., ист., амер., разг.* разливочная, салун *(бар, в котором спиртные напитки разливались или хранились в открытых емкостях)* 2) *торг., разг.* забегаловка *(небольшой бар с дешевыми напитками)* **SYN:** bucket-shop, bucketshop **SEE:** corner shop 3) *эк., сленг* лавка, лавочка *(нелицензированная фирма, которая пытается составить конкуренцию серьезным компаниям)* 4) *торг.* точка* *(место продажи товаров с «черного рынка»)* **SEE:** black market 5) *торг.* *(бюро путешествий, специализирующееся на торговле дешевыми авиабилетами)*

bucketshop *эк., торг., бирж., сленг* = bucket shop

buckeye 1) *биол., амер.* американский конский каштан *(дерево и плод)* 2) *торг., сленг* дешевка *(о каком-л. некачественном, ненужном товаре)* 3) *рекл., сленг* безвкусица *(зрительно грубое, безвкусное объявление)*

budget constraint *эк.* бюджетное ограничение *(ограничение покупательной способности потребителя величиной его дохода; на графике изображается в виде совокупности точек, представляющих различные наборы товаров, которые может приобрести покупатель с заданной величиной дохода при данных ценах на товары)* **SYN:** budget line

budget line 1) *эк.* бюджетная линия *(линия на графике, которая отражает различные комбинации двух товаров, доступные потребителю при заданном уровне дохода)* **SYN:** budget constraint **SEE:** price line 2) *фин.* строка [статья] бюджета* *(строка в бюджете, которая выделена для отражения определенной категории расходов или доходов)*

budget shopper *торг.* покупатель с ограниченными средствами **EX: For the budget shopper, we offer standard web page designs that provide an online presence quickly and at a very low cost.** – Покупателям с ограниченными средствами мы предлагаем стандартный дизайн веб-страниц, который позволяет создать сайт быстро и с минимальными затратами. **SEE:** price-conscious consumer, price-sensitive consumer, cost-conscious shopper

budget store *торг.* = discount store

buffer stock *эк.* буферный [страховой] запас **а)** *(запас товаров, поддержива-*

емый государством, общественной организацией или иным лицом с целью регулирования объемов предложения и, тем самым, уровня цен; такие запасы могут быть предметом международных торговых соглашений, предполагающих, что при понижении цены ниже согласованного минимума должна быть осуществлена покупка соответствующих товаров, а при повышении цены — продажа) **б)** *(запас сырья, создаваемый предприятием для поддержания производства в случае задержки поставки новой партии сырья либо запас готовой продукции, поддерживаемый для обслуживания клиентов в случае непредвиденного увеличения спроса, и т. п.)* **SEE:** inventory management **SYN:** safety stock

buffet **1)** *торг.* недорогое кафе, закусочная **2)** *торг.* буфет *(кафе на вокзале, в аэропорту и т. п.)* **3)** *торг.* = buffet restaurant

buffet car *торг., трансп.* вагон-буфет, вагон-ресторан *(пассажирский вагон, в котором можно приобрести напитки и легкие закуски; может быть не оборудован сидячими местами)* **SYN:** dining car

buffet restaurant *торг.* ресторан самообслуживания, шведский стол *(ресторан, в котором посетители могут свободно выбирать различные количества уже приготовленных блюд, заплатив фиксированную цену; в отличие от ресторана a la carte)* **SEE:** a la carte restaurant

built-in equipment *потр.* встроенная аппаратура, встроенное оборудование *(технические средства, встраиваемые в другие аппараты; бытовое оборудование, встроенное в мебельный модуль и т. п.)* **EX:**

built-in obsolescence *марк.* плановое [запланированное] устаревание *(преднамеренная политика производителя, состоящая в ограничении срока службы его продукта, напр., изменение внешнего вида, использование менее качественных материалов, постепенное добавление новых качеств; осуществляется с целью стимулирования потребителя быстрее совершить повторную покупку)* **SYN:** planned obsolescence

build the market *гл. марк.* создать рынок* *(найти подходящий рынок сбыта и организовать систему распространения товара на этом рынке)* **EX: More competition between them would attract users, which would have helped to build the market.** – Растущая конкуренция между ними привлекла бы дополнительных потребителей, что помогло бы создать рынок для товара. **We had helped Bridgestone to build the market here and had also benefited from being its sole-distributor in Singapore.** – Мы помогли компании Бриджстоун создать здесь рынок, а также получили дополнительные преимущества, являясь эксклюзивным дистрибьютором товаров компании в Сингапуре. **SYN:** establish a market

build up **1)** *общ.* наращивать, накапливать **2)** *тех.* монтировать, строить **3)** *рекл.* рекламировать; создавать репутацию [имя, популярность] **EX: to build yourself up** – создавать себе репутацию, **They built him up with a series of articles and broadcasts.** – Они создали ему имя (популярность), сделав о нем ряд статей и радиопередач.

builder's certificate *торг.* заводское свидетельство, свидетельство предприятия-изготовителя **EX: A copy of the bill of sale or builder's certificate is sufficient for provisional registration.** – Копии закладной или свидетельства предприятия-изготовителя достаточно для временной регистрации.

buildup method *марк., учет* = objective-and-task method

bulk

I *сущ.* **1)** *общ.* масса, большое количество **EX: to sell in bulk** – продавать оптом, **It is cheaper to buy it in bulk.** – Дешевле купить это оптом. **SEE:** bulk buyer, bulk buying, sale in bulk, bulk circulation, bulk discount, bulk display, bulk storage, in bulk **2)** *трансп.* груз *(крупная партия груза, перевозимая навалом, т. е. сложенная на борт транспортного сред-*

ства масса продукции без какой-л. упаковки; напр., зерно, уголь) **SEE:** bulk cargo, bulk carrier, in bulk, store in bulk **3)** *общ.* большая часть, основная часть *(суммы, груза и т. д.)* **EX: the bulk of the goods** – основная масса товаров, **The bulk of the goods of this company is intended for export.** – Основная масса товаров компании предназначена для экспорта. **The bulk of the goods is transported by rail and ships.** – Основная масса товаров перевозится железнодорожным и морским транспортом. **The bulk of the debt was paid.** – Основная часть долга выплачена. **4)** *связь, амер.* массовая почта* *(почтовые отправления определенных классов, посылаемые в больших количествах по специальным почтовым тарифам; включают большинство видов почтовой рекламы: брошюры, письма, каталоги, буклеты и т. п.)* **5)** *СМИ* групповая подписка*, массовый заказ* *(подписки или заказы на один номер, продаваемые в количествах, больших чем одна на выпуск для одного покупателя)*

II *прил. эк.* массовый, оптовый, большими партиями *(о закупках, поставках)*; бестарный, насыпной, навалочный, наливной *(о грузах)* **EX: bulk buying** – оптовая покупка **SEE:** bulk cargo, bulk carrier, bulk commodities, bulk circulation, quantity discount

bulk buyer *торг.* = wholesale customer

bulk buying *торг.* оптовая покупка [закупка] *(покупка каких-л. товаров в больших количествах, что позволяет покупателю сэкономить за счет скидок, предоставляемых оптовым торговцем)* **SYN:** bulk purchase, purchase in bulk, purchase in volume **SEE:** quantity discount, wholesale

bulk cargo *трансп., торг.* навалочный [насыпной, бестарный] груз; наливной груз *(неупакованный груз, т. е. груз, не сложенный в контейнеры, мешки или другие емкости; так перевозятся массовые, однородные грузы: зерно, нефть, руду и др.)* **SEE:** general cargo, bulk carrier

bulk carrier *трансп.* балктанкер; балкер, балкерное судно; сухогруз *(судно для перевозки массовых, навалочных, наливных или насыпных грузов)* **SEE:** bulk cargo

bulk circulation *СМИ, торг.* оптовое распространение, распространение оптом *(метод распространения печатных изданий, при котором несколько копий издания высылается одному адресату, который впоследствии самостоятельно распространяет отдельные копии)*

bulk commodities *эк.* оптовые товары* *(товары, продаваемые и покупаемые крупными партиями, напр., зерно, металлы, нефть, хлопок, кофе, сахар и т. п.)* **SYN:** bulk goods **SEE:** bulk cargo

bulk discount скидка с объема [за количество] **а)** *марк., торг.* = quantity discount **б)** *рекл.* *(скидка со стоимости места или времени, закупленного под рекламу, в случае покупки места или времени в больших количествах)* **SEE:** space discount

bulk display 1) *торг.* выкладка (товара) навалом *(наиболее дешевый способ выкладки товара, используемый чаще всего для товаров повседневного спроса; осуществляется путем вываливания товара в какую-л. емкость)* **EX: Bulk Display is ideal for cross-merchandising seasonal and monthly sale items.** – Выкладка навалом идеальна для совместной выкладки товаров сезонных или ежемесячных распродаж. **SEE:** merchandising, assortment display, in-store display, box store **2)** *торг.* емкость для выкладки (навалом)* *(магазинная тележка, проволочная корзина, бачок, стол или комплект емкостей, поставляемый производителями продуктов (коробки, ящики, контейнеры)* **SEE:** display bin, wholesale pack

bulk feed store *с.-х., торг.* склад для бестарного хранения кормов **SEE:** feed storage, bulk storage, store

bulk freight *торг.* = bulk cargo

bulk goods *эк.* = bulk commodities

bulk load *торг.* = bulk cargo

bulk lot *трансп., торг.* партия навалом*, партия навалочных грузов [товаров]* *(пария товаров, продаваемых и перевозимых навалом, без упаковки)* **EX: a bulk lot of raw material** – партия сырья навалом **SEE:** bulk cargo

bulk purchase *торг.* = bulk buying

bulk purchase discount *торг.* = quantity discount

bulk quantity *торг.* оптовая [крупная] партия, большое количество **EX: the bulk quantity of the Brazilian coffee** – оптовая партия бразильского кофе **SEE:** bulk commodities

bulk sale 1) *торг.* массовая продажа, продажа большого количества [всего товарного запаса, груза целиком] **2)** *юр., торг., амер.* массовая продажа *(согласно определению Единообразного торгового кодекса США, 1) продажа считается массовой в случае, когда продажа с аукциона и продажа, состоящая из серии продаж, производится ликвидатором от имени продавца, когда продажа, состоящая из серии продаж, производится не как часть обычной деловой практики продавца и представляет собой продажу более, чем половины имущества продавца, как это установлено по стоимости на дату соглашения о массовой продаже, если на эту дату акционер или ликвидатор имеет уведомление или после разумного усилия по наведению справок может получить уведомление, что продавец не сможет заниматься этим же или сходным бизнесом после этой продажи или серии продаж и 2) во всех других случаях массовой является продажа не как часть обычной деловой практики продавца и более, чем половины имущества продавца, как это установлено по стоимости на дату соглашения о массовой продаже, если на эту дату покупатель имеет уведомление или после разумного усилия по наведению справок может получить уведомление, что продавец не сможет заниматься этим же или сходным бизнесом после этой продажи)* **SEE:** Uniform Commercial Code, ordinary course of the seller's business

bulk selling *торг.* = bulk sale

bulk space discount *рекл., СМИ* = space discount

bulk storage 1) *торг.* бестарное хранение, хранение навалом *(хранение грузов в больших количествах в крупных контейнерах, танкерах или насыпным способом, без использования упаковок или тары)* **ANT:** bin storage, shelf storage **2)** *торг.* хранилище для бестарного хранения **SEE:** storage, bulk feed store, store in bulk

bulk-purchase discount *торг.* = quantity discount

bulky *общ.* громоздкий, объемный, объемистый, большой **SEE:** bulky items, bulky product

bulky items *торг.* = bulky product

bulky product *эк., трансп.* громоздкий товар *(большой и тяжелый товар, требующий специальных условий транспортировки)*

bulletin *сущ.* **1)** *общ.* официальное сообщение; сводка (новостей) **EX: daily bulletin** – ежедневная сводка (новостей) **2)** *СМИ, рекл.* бюллетень, вестник, известия *(периодическое издание, напр., научного общества; может быть использовано для размещения рекламы)* **EX: to issue a bulletin** – выпустить бюллетень **3)** *рекл.* = bulletin board **SEE:** bulletin board system **4)** *рекл.* (большой) рекламный щит *(примерно 427×1460 см)* **SEE:** painted bulletin, poster bulletin, roof bulletin

bulletin board 1) *рекл., амер.* доска объявлений *(щит для размещения коммерческих и некоммерческих объявлений)* **SYN:** bulletin, notice board **2)** *комп.* доска объявлений, конференция, форум *(электронная информационная система в интернете, предназначенная для размещения сообщений, ведения дискуссий и т. д.; как правило, используется людьми с близкими интересами; место для эффективного размещения рекламы)* **SYN:** bulletin board system

bulletin board system *комп.* **сокр.** BBS = bulletin board

bullpen 1) *с.-х.* загон **2)** *сленг* «загон», «обезьянник» **а)** *общ.* *(небольшая тюремная камера при полицейском участке)* **б)** *рекл.* *(художественная студия в рамках рекламной компании, в которой пишутся сценарии рекламных роликов, а также могут отрабатываться специальные методы и эффекты)*

bull's eye *тж.* bullseye1**)** *общ.* «яблочко» *(центр мишени)* **2)** *рекл.* мишень*, концентрические окружности *(используется в т. ч. как вариант графического представления рекламы: несколько вложенных окружностей с идущими по ним надписями)* **SEE:** wafer seal **3)** *потр., сленг* драже *(твердая круглая конфета)* **SYN:** bull's-eye, bulls-eye, bulls eye, bullseye

bullseye *общ.* = bull's eye

bumper 1) *общ.* бампер; амортизатор, буфер *(автомобиля или вагона, располагающаяся в передней или задней части и предназначенная для погашения толчков при несильных столкновениях)* **SEE:** bumper sticker **2)** *рекл.* (музыкальная, рекламная) заставка [вставка], рекламная пауза *(в теле- или радиопередаче)* **EX: TV bumper** – телевизионная заставка **SEE:** fixed break

bumper sticker *рекл.* бамперная наклейка*, наклейка на бампер* *(наклейка с какой-л. информацией, прикрепляемая на бампер машины; обычно содержит информацию о владельце автомобиля или рекламный лозунг)*

bundle

I *сущ.* **1)** *общ.* пакет, пачка**EX: a bundle of bank-notes** — пачка банкнот, **a bundle of letters** — пакет писем **2)** *эк.* набор, комплект *(товаров или услуг, предоставляемых организацией)* **EX: a bundle of products and services** – набор товаров и услуг **3)** *торг.* (товарный) набор, комплект *(из нескольких товаров по единой цене)* **SYN:** banded pack **SEE:** product-bundle pricing, bundling **4)** *сленг (крупная денежная сумма)*

II *гл.* **1)** *общ.* связывать, обвязывать (пакет), пакетировать **2)** *эк.* предоставлять в комплекте, комплектовать, объединять в набор *(объединять товары в единый набор и продавать их вместе по цене комплекта)* **SEE:** bundling

bundle pricing *марк.* = product-bundle pricing

bundling *эк.* связывание, складывание; пакетирование, объединение *(нескольких продуктов в набор; относится к любым рынкам, в том числе услугам связи, банковским услугам и т. д.)* **SYN:** product bundling **SEE:** bundle

bung *сущ.* **1)** *общ.* пробка, затычка, втулка **2)** *общ.* владелец пивной [закусочной, бара]; трактирщик **SYN:** innkeeper

burden of establishing *юр., торг., амер.* бремя [обязанность] доказательства* *(согласно определению Единообразного торгового кодекса США: обязанность убеждения третьих лиц в том, что вероятность существования факта более велика, чем вероятность его отсутствия)* **EX: meet the burden of establishing** – предоставить требуемые доказательства, доказать **SEE:** Uniform Commercial Code

Bureau of Advertising *рекл., амер.* Рекламное бюро *(некоммерческая организация, осуществляющая исследования рынков и читательской аудитории газет и обеспечивающая рекламодателей результатами исследований; является частью Американской ассоциации издателей газет)* **SEE:** American Newspaper Publishers Association

Bureau of Consumer Protection *потр., юр., амер.* Бюро защиты потребителей *(специальная организация при Федеральной торговой комиссии США, занимающаяся защитой потребителей от мошенничества со стороны производителей и продавцов товаров (услуг); бюро следит за исполнением законов по защите прав потребителей и норм торговой практики, проводит расследования на уровне *фирм и отраслей, организует просветительскую работу с фирмами и потребителями, а также информирует Конгресс и правительство о возможных результатах принятия тех или иных мер)* **SEE:** Federal Trade Commission

Bureau of International Expositions **сокр.** BIE *межд. эк., марк., рекл.* Бюро международных выставок *(организация, ответственная за проведение международных выставок-ярмарок; основана в 1928 г.)* **SEE:** international marketing

buried advertisement *рекл.* погребенное рекламное объявление *(помещенное в окружении других объявлений или помещенное в конце полосы газеты, что делает его незаметным для читателей)* **SEE:** island advertisement, semisolus

buried offer *марк., рекл.* скрытое [слепое] предложение *(незаметное предложение, добавленное в текст рекламы для определения удобочитаемости рекламного текста или внимательности читателя рекламы, напр., скрытое в тексте предложение о скидке, не выделенное в специальном купоне и не акцентированное каким-л. другим способом)* **SYN:** hidden offer, blind offer

buried position *рекл.* погребенная позиция*, погребенное положение* *(размещение рекламы в таком месте печатного издания, где она останется незамеченной и не принесет результата)* **SEE:** buried advertisement

burn out of a banner *рекл., комп.* = banner burn-out

burst *сущ.* **1)** *общ.* взрыв, разрыв **2)** *рекл.* «взрыв», «вспышка», «звездочка», «шестеренка» *(графическое средство в форме зазубренной окружности или зазубренного овала, которая обычно содержит короткое, привлекающее внимание рекламное сообщение)* **SEE:** wafer seal **3)** *рекл.* взрыв, всплеск *(большое количество рекламы товара, помещаемое в течение короткого времени)* **EX: A massive national advertising burst will hit at that time and continue through Christmas.** – Всплеск массированной национальной рекламы начнется в это время и продолжится в период Рождества. **SYN:** flight saturation **SEE:** burst advertising, flight **4)** *эк.* крах *(разорение компании)*

burst advertising *марк.* залповая [взрывная] реклама *(рекламная стратегия, при которой рекламная активность возрастает в определенный период: во время праздников, каникул и т. п.)* **SEE:** pulsing advertising strategy, burst

bus-o-rama *рекл.* = busorama

business *сущ.* **1)** *общ.* дело, занятие *(в отличие от отдыха и развлечений)* **EX: business appointment** – деловая встреча, **business contacts** – деловые контакты [связи], **business letter** – деловое письмо, **business correspondence** – деловая переписка **2)** *упр.* специальность, работа, профессиональная деятельность **SEE:** business audience **3)** *общ.* дело, долг, круг обязанностей, сфера ответственности, назначение **EX: It's your own business.** – Это ваше личное дело. **4)** *общ.* коммерческая деятельность, бизнес; торговля **EX: business relations** – деловые отношения, торговые связи; **business advertising** – деловая реклама, промышленная реклама (реклама товаров производственного назначения); **business decisions** – решения по коммерческим вопросам, деловые решения; **to be out of business** – обанкротиться; **to do [conduct, transact; drum up] business** – вести коммерческую деятельность; **travel business** – туристический бизнес, **retail [wholesale] business** – розничная [оптовая] торговля; **business is brisk [booming, flourishing, thriving]** – торговля идет оживленно [процветает, расширяется]; **business is slack [at a standstill]** – торговля идет вяло [стоит на месте] **A good product doesn't mean it's a good business.** – Хороший продукт не означает хороший бизнес. **SEE:** recovery of business, business banner, business customer, business representative, census of business, spot business, business demographic information, business law **5)** *эк.* предприятие *(обычно, торговое)*, фирма **EX: small business** – малое предприятие, **business name** – наименование фирмы, **to manage [operate, run] a business** – управлять торговым предприятием, **to run [be in charge of] a business** – руководить предприятием, **to buy into [buy out] a business** – купить долю в предприятии [выкупить предприятие], **His business is growing very fast.** – Его фирма быстро набирает обороты. **SEE:** business-to-business **6)** *эк.* сделка *(особенно, удачная)* **7)** *юр., брит.* деловая активность *(закон «О недобросовестных условиях контракта», 1977 г. определяет данное понятие как профессиональную деятельность или деятельность, связанную со службой в правительственных структурах и в любом органе государственной власти или местного самоуправления)* **SEE:** Unfair Contract Terms Act 1977, sale in the course of business **8)** *эк.* бизнес, деловые круги *(как противопоставление государству или государственному сектору)* **9)** *торг., амер.* клиентура, покупатели, аудитория **EX: to play to enormous business** – выступать перед огромной аудиторией

business advertisement *рекл.* объявление деловой рекламы, деловая реклама **SYN:** industrial advertisement **SEE:** business advertising, trade advertising

business advertiser 1) *рекл.* рекламное бизнес-издание* *(журнал или газета с рекламой промышленного характера)* **SEE:** advertiser **2)** *рекл.* промышленный рекламодатель *(рекламирующий товары промышленного назначения)* **SEE:** business-to-business advertising

business advertising *рекл.* = business-to-business advertising

business audience *марк.* профессиональная аудитория, промежуточные потребители *(врачи, юристы, менеджеры, в отличие от пациентов, клиентов юридических консультаций и т .д.)* **SYN:** professional audience **SEE:** consumer audience, audience, professional advertising

business banner *рекл., комп.* бизнес-баннер *(реклама в форме баннера, содержащая название компании, организации, сайта и любых наименований, связанных с бизнесом)* **SEE:** banner, web site banner, internet advertising

business client *марк.* = business customer

business customer *марк.* коммерческий клиент, бизнес-клиент *(клиент фирмы (организации), сам являющийся юридическим лицом и использующий товар в профессиональных целях или для перепродажи)* **SYN:** commercial customer, institutional customer, business client **SEE:** individual consumer, government customer

business demographic information [data] *марк., стат.* коммерческая демографическая информация, демография предприятий (и организаций), фирмография *(подробная информация о коммерческих предприятиях, а именно их адреса, телефоны, отрасли, в которых они работают, их годовой объем продаж, количество сотрудников, данные о географическом положении, имущественная информация и т. д.)* **SYN:** firmographic information, firmographic data, firmographics

business efficiency exhibition *рекл.* выставка достижений в области организации бизнеса* *(выставка, на которой демонстрируются товары, призванные способствовать увеличению эффективности бизнеса, напр., компьютеры, программное обеспечение и т. д.)* **EX: A prototype was exhibited at the Business Efficiency Exhibition in London in 1953.** – Прототип был выставлен на выставке достижений в области организации бизнеса в Лондоне в 1953.

business format franchise *юр., торг., пат.* франчайзинг бизнес формата, франчайзинг организации бизнеса* *(сочетает элементы франчайзинга товара, производственного франчайзинга, сервисного франчайзинга, причем франчайзер передает франчайзи технологию организации и ведения бизнеса, а франчайзи полностью растворяется в общей коммерческой структуре франчайзера)* **SEE:** good franchise, industrial franchise, service franchise, franchisor, franchisee

business law 1) *юр., торг.* = commercial law 2) *эк., юр.* предпринимательское право *(в некоторых странах не полностью тождественно коммерческому праву, поскольку регулирует отношения, направленные на извлечение прибыли не только в связи с переходом товаров от одних лиц к другим, но также в связи с выполнением работ, пользованием имуществом и т. п.)* **SEE:** commercial law

business market 1) *эк.* деловой рынок *(продавцы и покупатели товаров, использующих их не для конечного потребления; товары на данном рынке продаются и приобретаются для их использования в производстве других товаров, для их перепродажи конечным потребителям, для использования их в профессиональной, благотворительной, образовательной и иной деятельности)* **SYN:** organizational market **SEE:** producer market, trade market, professional market, consumer market, government market, institutional market 2) *эк.* = producer market

business marketing *марк.* = industrial marketing

business media *рекл.* деловые СМИ, СМИ для специалистов *(средства массовой информации, рассчитанные на специалистов и привлечение деловых партнеров)* **SEE:** business-to-business

business name *юр., эк.* фирменное наименование, название фирмы **SYN:** trade name

business paper advertising *рекл.* реклама в отраслевых изданиях, реклама в специализированных изданиях *(деловая реклама, публикуемая в специальных печатных изданиях, освещающих деятельность в определенной сфере, напр., в сфере авиаперевозок)* **SYN:** business publication advertising **SEE:** business-to-business advertising

business products *эк.* = industrial goods

business proposal *эк.* коммерческое предложения **SEE:** accompanying literature

business publication advertising *рекл.* = business paper advertising

Business Publications Audit of Circulations **сокр.** BPA *марк., СМИ, амер.* Организация по контролю тиражей деловых публикаций* *(основанная в 1931 г. независимая некоммерческая организация, членами которой являются издатели (главным образом издатели промышленных и потребительских изданий; интернет-сайты, размещающие рекламу), рекламодатели и рекламные агентства; осуществляет аудиторские проверки тиражей деловых изданий и трафика веб-сайтов; выпускаемые доклады являются полезным источником проверенной информации для маркетинга и СМИ)* **SEE:** ABC statement, Audit Bureau of Circulations, consumer magazine

business reply card **сокр.** BRC *связь* оплаченная открытка* *(рекламная почтовая карточка с адресом отправителя и почтовым штампом, разрешающим направление ответа без оплаты почтового сбора)* **SEE:** business reply mail, business reply envelope

business reply envelope **сокр.** BRE *связь* оплаченный конверт* *(конверт для ответа с адресом отправителя и почтовым штампом, разрешающим направление ответа без оплаты, предназначенный для заказов, платежей или запросов)* **SYN:** response envelope, reply envelope **SEE:** business reply card, business reply mail

business reply mail **сокр.** BRM *связь.* почта с оплаченным ответом *(почтовые карточки, конверты, ярлыки или коробки с обратным адресом, которые могут быть отправлены по почте без оплаты; после доставки таких почтовых отправлений Почтовая служба США подсчитывает почтовый сбор по напечатанному на конверте номеру, определяющему адресата)* **SEE:** business reply card, business reply envelope

business reply service *связь* услуга «оплаченного ответа»* *(услуга поч-*

товой службы, позволяющая компании обеспечивать имеющихся или потенциальных клиентов заранее оплаченными для ответа открытками, конвертами или этикетками, которые рассылаются вместе с рекламными проспектами или брошюрами) **SYN:** reply service, freepost **SEE:** business reply mail, business reply envelope, business reply card

business representative *марк.* торговый представитель **EX: As a business representative of your organization, you have influence over daily business decisions.** – Как торговый представитель вашей организации вы влияете влияете на принимаемые ежедневно коммерческие решения.

business sales 1) *эк., бирж., стат.* коммерческие продажи *(сумма продаж всех торгово-промышленных предприятий страны, валовой оборот; увеличение данного показателя положительно характеризует экономику страны и служит сигналом к повышению курса национальной валюты)* **2)** *марк.* продажи бизнесу* *(объем продаж продукта компании другим компаниям, в отличие от продаж населению или правительству)* **EX: Slow business sales should be offset by solid growth of consumer sales.** – Низкий уровень продаж бизнесу следует компенсировать стабильным ростом продаж населению. **SEE:** consumer sales, business-to-business sales

business site 1) *эк.* зона хозяйственной [коммерческой] застройки *(земельный участок, предназначенный для застройки и создания промышленной или коммерческой зоны)* **SEE:** business site marketing **2)** *комп., рекл.* бизнес-сайт, коммерческий сайт *(интернет-сайт компании, предназначенный для размещения коммерческой и рекламной информации, проведения маркетинговых исследований и т. д.)*

business site marketing *марк.* маркетинг зон хозяйственной [коммерческой] застройки *(маркетинговые мероприятия, направленные на привлечение организаций в зоны коммерческой застройки для покупки или аренды земли, застройки пустых участков или реконструкции имеющихся зданий и создания промышленных и коммерческих зон)* **SEE:** place marketing

business street *эк.* деловой центр, деловая улица *(улица, на которой сконцентрированы основные финансовые и торговые предприятия города)* **EX: Market Street, the principal business street, is more than 3 km. long and 120 ft. broad.** – Маркет-стрит, главная деловая улица города, имеет ширину 120 футов и протяженность 3 км. **As more businesses were established, Front Street became the main business street in town.** – По мере появления новых предприятий, Фронт-стрит стала основным деловым центром города. **SYN:** high street, main street

business-to-business сокр. B2B *эк.* взаимодействие «бизнес-бизнес», «бизнес для бизнеса», операции между компаниями* *(сфера рыночных отношений, соответствующая трансакциям между юридическими лицами (компаниями), напр., рынок промышленных товаров для предприятий)* **SYN:** business to business **ANT:** business-to-consumer **SEE:** business-to-business sales, business-to-business interview, organizational marketing, business-to-business research, business-to-business firm

business-to-business advertising *рекл.* деловая реклама, промышленная реклама, реклама товаров производственного назначения *(реклама в адрес деловых людей и предприятий, покупающих продукцию в производственных целях)* **EX: Business to business advertising will increase your sales and profits.** – Деловая реклама увеличит ваши продажи и прибыли. **SYN:** industrial advertising, business advertising, advertising to business, vocational advertising **ANT:** consumer advertising **SEE:** industrial goods, business advertisement, business paper advertising, trade advertising, professional advertising, farm advertising

business-to-business firm сокр. B2B firm *эк., комп.* B2B фирма*; фирма бизнес-посредник* *(фирма, продукция которой ориентирована на поддержку отношений между компаниями как таковыми, в отличие от B2C фирмы)* **ANT:** business-to-consumer firm **SEE:** business-to-business

business-to-business interview *марк.* опрос руководителей высокого ранга *(опрос директоров, заместителей, начальников отделов и т. д.)* **SEE:** interview

business-to-business marketing *марк.* = organizational marketing

business-to-business (marketing) research *марк.* маркетинговое исследование корпоративных клиентов*, промышленное маркетинговое исследование* *(маркетингового исследование рынка промышленных потребителей, которые покупают товары и услуги для производственного/профессионального использования, а не для удовлетворения личных потребностей)* **SYN:** business-to-business marketing research, industrial marketing research **SEE:** industrial consumer, business-to-business advertising

business-to-business sales деловые продажи **а)** *торг. (продажи товаров производственного назначения)* **EX: identifying individual buying functions in business to business sales** – определение функции индивидуальной покупки в деловых продажах, **б)** *торг., стат. (объем продаж товаров производственного назначения за определенный период; позволяет судить о потребностях расширения производства в национальном масштабе, косвенно — о прогнозах бизнеса относительно спроса, следовательно, данный показатель является индикатором экономического цикла)* **SYN:** business-to-business selling

business-to-business selling *торг.* = business-to-business sales

business-to-consumer **сокр.** B2C *эк.* взаимодействие «бизнес-потребитель», «бизнес для потребителя», операции на потребительском рынке* *(сфера рыночных отношений, соответствующая трансакциям между фирмами и конечным потребителем)* **SYN:** business-to-customer, business to customer **ANT:** business-to-business **SEE:** business-to-consumer firm, disintermediation

business-to-consumer firm **сокр.** B2C firm *эк., комп.* B2C фирма* *(фирма, продукция которой ориентирована на физических лиц или поддержку отношений между компаниями и клиентами, в отличие от B2B фирмы)* **ANT:** business-to-business firm **SEE:** business-to-consumer

business-to-customer *эк.* = business-to-consumer

business usage *эк.* = commercial usage

Business/Professional Advertising Association **сокр.** B/PAA *рекл., амер.* Ассоциация деловой рекламы* *(организация, созданная в 1922 г. в Нью-Джерси с целью повышения профессионализма во всех отраслях деловой коммуникации и дальнейшего развития деловой, промышленной и профессиональной рекламы)* **SEE:** Advertising Association

busorama *тж.* bus-o-rama *рекл.* басорама, бусорама *(рекламная панель с подсветкой, устанавливаемая на крыше автобуса или иного транспортного средства)* **SYN:** bus-o-rama **SEE:** transit advertising

butcher

I *сущ.* **1) а)** *торг., с.-х.* мясник, торговец мясом **б)** *торг.* мясной магазин **SYN:** butcher shop **2)** *амер., сленг* разносчик, продавец вразнос *(особенно торгующий мелкими товарами в поездах или театре)* **SEE:** peddler

butcher shop **1)** *торг., брит.* мясной магазин **SYN:** butcher's shop, meat market **2)** *общ., сленг* больница

butcher's shop *торг., брит.* = butcher shop

buy

I *гл.* **1)** *эк.* купить, покупать, закупать **EX: to buy wholesale** – покупать оптом, **to buy retail** – покупать в розницу, **to buy from the store [shop]** – покупать в магазине, **to buy from the retailer** – покупать у розничного торговца, **to buy**

a pig in a poke – покупать «кота в мешке», **to buy at a bargain** – покупать по дешевке, **to buy in lots** – покупать партиями **SYN:** purchase **ANT:** sell **SEE:** buy for cash, buy in, buy-or-die **2)** *общ.* подкупать, давать взятку

II *сущ.* **1)** *эк.* покупка, приобретение; закупка *(как процесс)* **SEE:** be on the buy, buyback, market-by-market buy, media buy, rebuy **2)** *эк., разг.* сделка *(с точки зрения приобретающей стороны)* **SEE:** good buy, bad buy **3)** *эк.* покупка, приобретение *(купленный товар)* **SEE:** impulse buy **SYN:** purchase

buy ahead *торг.* покупать товар с будущей доставкой

buy back *гл.* выкупать; осуществлять обратную покупку **а)** *эк. (выкупать ранее проданное имущество)* **EX: He changed his mind about moving, but was unable to buy the house back.** – Он передумал переезжать, но выкупить свой старый дом не смог. **б)** *торг. (выкупить у дилера ранее проданные ему товары при определенных условиях)* **в)** *эк. (купить со скидкой товары, произведенные с помощью ранее поставленного оборудования; ситуация имеет место, когда продавец фабрики или оборудования из экспортирующей страны согласен принять какое-л. количество произведенных на них продуктов в импортирующей стране как часть оплаты)* **SEE:** buyback

buy-back *сущ. эк.* = buyback

buy-back agreement договор [соглашение] об обратной покупке [об обратной закупке, об обратном выкупе] **а)** *торг. (соглашение, в котором продавец обязуется выкупить проданный товар у покупателя по оговоренной цене, если в течение определенного срока произойдет то или иное событие, напр., если покупатель за определенный срок не сможет перепродать данный товар)* **б)** *межд. эк., торг. (соглашение, по которому продавец фабрики или оборудования из экспортирующей страны согласен принять определенное количество произведенных на них продуктов в импортирующей стране как часть уплаты)* **SEE:** reciprocal buying **в)** *фин. (соглашение должника с кредиторами о досрочном выкупе и погашении долговых обязательств, обычно — с дисконтом к номинальной стоимости)* **SYN:** buy-back arrangement **SEE:** buyback, buy-back price

buy-back allowance *торг.* скидка за объем прошлой покупки *(скидка, предоставляемая покупателю при следующей покупке; сумма скидки зависит от объема первоначальной покупки)*

buy-back arrangement *фин.* = buy-back agreement

buy-back price *тж.* buyback price *торг.* выкупная цена, цена обратной покупки *(цена, по которой продавец обязуется выкупить товары в соответствии с договором об обратной покупке)* **SEE:** buy-back agreement, buyback

buy classes *торг. (категории покупок, выделяемые на основе того, насколько изменились покупательские решения организации со времени предыдущей покупки)*

buy for cash *эк.* покупать за наличные *(с немедленной поставкой)*

buy in

I *гл.* **1)** *торг.* закупать *(крупную партию каких-л. товаров для последующего использования или продажи)* **EX: to buy in coffee as long as prices are low** – закупать кофе, пока цены на него остаются низкими **2)** *бирж.* скупать акции **EX: The company seems to be doing so well that I would like to buy in.** – У этой компании дела идут настолько хорошо, что я хотел бы приобрести ее акции. **3)** *торг.* снять с продажи* *(на аукционе)*

II *сущ. торг.* встречная закупка *(форма встречной торговли, предусматривающая встречные обязательства экспортера по закупке у импортера товарной массы в пределах стоимости экспорта; предусматривает заключение двух юридически самостоя-

тельных, но фактически взаимозависимых сделок купли-продажи)

Buy Nothing Day *соц.* День без покупок* *(неформальный ежегодный день протеста против консьюмеризма, в который участники этого протеста отказываются от совершения каких-л. покупок; учрежден журналом «Эдбастерз»; следующий день после Дня благодарения, который является днем наибольшей покупательской активности в году)* **SEE:** Adbusters, TV-Turnoff Week

buy on credit
I *гл., эк.* покупать в кредит **SYN:** buy on tick
II *сущ.,торг.* покупка в кредит **SYN:** credit purchase

buy on tick *общ., торг.* покупать в кредит **SYN:** buy on credit **SEE:** go on tick, sell on tick

buy-or-die 1) *рекл.* невозможно устоять [отказаться]* *(рекламный слоган)* **EX: For any rock connoisseur, this is a 'buy or die' album.** – Ни один ценитель рока не устоит перед соблазном купить этот альбом. **SEE:** killer sales letter, hard sell 2) *марк.* последнее предупреждение *(высылка неактивному покупателю каталога товаров с сообщением о том, что он может быть удален из списков рассылки, если не сделает какую-нибудь покупку)* **EX: buy-or-die message** – письмо с последним предупреждением **SEE:** direct mail marketing **SYN:** buy or die

buy-out *тж.* buyout *сущ.* 1) *фин., упр.* выкуп; поглощение; приобретение контроля *(приобретение компании путем выкупа контрольного пакета акций, особенно работниками и менеджерами компании)* 2) *торг.* закупка [покупка] всей партии *(товара, ценных бумаг и т. д.)* 3) *СМИ, рекл.* откуп*, гонорар*; выкуп (исполнительских прав)* *(единовременная выплата актеру, участвовавшему в радио- или телерекламе, которая обеспечивает исключительные права на ее передачу или показ)* **SEE:** talent payment, royalty

buy price *эк.* = buying price

buy retail *торг.* покупать в розницу *(т. е. мелким партиями у розничных продавцов и по розничной цене)*

buyback *сущ. тж. buy-back эк.* обратная покупка, обратный выкуп, «бай-бек» **а)** *эк. (покупка со скидкой товаров, произведенных с помощью ранее поставленного оборудования; обычно осуществляется в случае, когда продавец фабрики или оборудования из экспортирующей страны согласен принять какое-л. количество произведенных на них продуктов в импортирующей стране как часть платы)* **SEE:** countertrade **б)** *торг. (имеет место, когда продавец обязуется выкупить проданный товар у покупателя по оговоренной цене, если в течение определенного срока произойдет то или иное событие, напр., если покупатель за определенный срок не сможет перепродать данный товар)* **SEE:** buy-back agreement, buy back

buyback price *торг., фин.* = buy-back price

buyer *сущ.* 1) **а)** *марк.* покупатель, приобретатель **EX: bulk buyer** – оптовый покупатель **SYN:** purchaser **SEE:** active buyer, at buyer's option, buyer check, buyer concentration, buyer credit, buyer decision process, buyer group, buyer in possession, buyer readiness stage, buyer readiness state, buyers' competition, buyers' cooperative, buyers office, buyers over, buyer's right of routing, buyer's risk, cash buyer, catalogue buyer, charge buyer, commercial buyer, conditional buyer, credit buyer, discriminating buyer, duties of the buyer, experienced buyer, final buyer, first-time buyer, former buyer, gift buyer, head buyer, heavy buyer, high-potential buyer, ideal buyer, impulse buyer, individual buyer, industrial buyer, infrequent buyer, instalment buyer, irregular buyer, knowledgeable buyer, light buyer, list buyer, mail order buyer, manufacturing buyer, media buyer, medium buyer, moderate buyer, multiple buyer, non-buyer reader, one-time buyer, order buyer, organizational buyer, premium buyer, print buyer, qualified buyer, regular buyer, resident buyer, sample buyer, slaughter buyer, sophisticated buyer, sovereign buyer, space buyer, specialist buyer, steady buyer, target buyer, time buyer, trade buyer, travelling buyer, trial buyer, average buyer, bulk buyer,

buyer behaviour, buyer behaviour model, buyer needs, buyer wants, class of buyers, common buyer, current buyer, exclusive buyer, marginal buyer, potential buyer, present buyer, price-conscious buyer, prospective buyer, repeat buyer **б)** *юр., торг., амер.* покупатель *(согласно Единообразному торговому кодексу США: лицо, которое покупает товары или вступает в договор о покупке товаров)* **SEE:** Uniform Commercial Code, buyer in ordinary course of business, seller, sales contract **2)** *эк. тр., торг., амер.* закупщик *(сотрудник отдела снабжения компании или магазина, работа которого заключается в закупке товаров для компании или магазина)* **SYN:** purchasing agent, buying agent, purchase agent **SEE:** assistant buyer, art buyer, chief buyer, professional buyer

buyer behaviour *эк., марк.* = consumer behaviour

buyer behaviour model *марк.* = consumer behaviour model

buyer check *фин., торг., амер.* чек покупателя *(небольшая квитанция, удостоверяющая внесение денег в кассу покупателем; обычно в системе розничной торговли; магазинный или кассовый чек)*

buyer cheque *фин., торг., брит.* = buyer check

buyer concentration *эк.* концентрация спроса [покупателей] *(та степень, в которой покупательская способность сосредоточена в руках относительно небольшой доли покупателей на рынке; высокая концентрация спроса на рынке означает усиление конкуренции со стороны продавцов и более благоприятные условия для покупателей)* **SEE:** monopsony, oligopsony, market concentration

buyer credit *фин., торг.* кредит покупателя, покупательский кредит *(кредит, предоставляемый покупателю для финансирования покупки товаров или услуг; термин используется главным образом в международной торговле)* **SEE:** trade credit, factoring, supplier credit

buyer decision process *марк.* принятие решения о покупке **SYN:** purchase decision process **SEE:** buyer readiness states

buyer-driven global commodity chain *эк., соц.* глобальная продуктовая цепь с доминирующим дистрибьютором* **SEE:** global commodity chain

buyer group 1) *марк.* = consumer group **2)** *торг.* = buying group

buyer in ordinary course of business *юр., торг., амер.* покупатель в стандартной ситуации купли-продажи* *(согласно определению Единообразного торгового кодекса США: ситуация, когда покупка осуществляется добросовестно, и покупатель не располагает сведениями о том, что он своими действиями нарушает чьи-л. права на собственность)* **SEE:** bona fide purchaser, Uniform Commercial Code

buyer in possession *юр., торг., брит.* покупатель, владеющий товарами* *(согласно закону «О продаже товаров» 1979 г., лицо, купившее или согласившееся купить товары, вступившее в обладание, с согласия продавца, товарами или документами, подтверждающими право собственности на товары; если покупатель, владеющий товарами, или его торговый агент осуществил поставку этого товара или передал товар еще какому-то лицу в рамках продажи, залога, какого-то иного распоряжения относительно этого товара или соглашения о продаже, залоге и т. п., то лицо, получившее этот товар и доказавшее, что оно не знало, что первоначальный продавец не был собственником товара или был им не в полной мере, будет иметь те же юридические последствия своих действий, какие имело бы, если бы товар был продан с согласия настоящего собственника)* **SEE:** Sale of Goods Act 1979, buyer's risk

buyer needs *марк.* = consumer needs

buyer-reader *СМИ* первичный читатель *(купивший издание или получивший по подписке)* **SEE:** pass-along reader

buyer readiness stages [states] *марк.* стадии готовности покупателя *(шесть этапов процесса принятия решения, которые обычно проходит покупатель до совершения покупки: осознание, знание, желание, предпочтение, убеждение и покупка)* **SYN:** buyer readiness stages **SEE:** buying stage

buyer wants *марк.* = consumer needs

buyergraphics *марк.* покупкография* *(совокупность покупательских привычек определенной группы потребителей)* **SEE:** psychographics

buyer's check [cheque] *фин., торг.,* = buyer check

buyers' competition *марк.* конкуренция (среди) покупателей *(конкуренция с целью привлечения продавцов в ситуации, когда общий объем предложения ниже общего объема спроса)* **SEE:** sellers' competition

buyers' cooperative *торг.* = buying cooperative

buyer's credit *фин., торг.* = buyer credit

buyers office 1) *эк., торг.* офис покупателя *(место работы покупателя; имеет значение, если купленный товар должен быть доставлен покупателю на работу)* **2)** *торг.* отдел по работе с клиентами, отдел продаж *(занимается заключением сделок с покупателями: прием и выполнение заказов, ответы на вопросы о продукции и т. д.)*

buyers over *эк.* спрос превышает предложение *(ситуация на рынке, когда спрос больше предложения; может привести к росту цен)* **SEE:** sellers over, buyers' competition

buyer's over *эк., торг.* = buyers over

buyer's right of routing *торг., эк.* право покупателя на выбор маршрута *(право покупателя на выбор маршрута доставки товара при оплате покупателем, а не продавцом, транспортных издержек)*

buyer's risk *торг.* риск покупателя *(вероятность убытка после того, как покупатель оплатил товар, т. е. фактически вступил в права собственника и несет ответственность за сохранность товара)* **SEE:** buyer in possession

buying *торг.* покупка, закупка **SYN:** purchase **SEE:** bulk buying, buying agent, buying allowance, buying attitude, buying behaviour, buying centre, buying club, buying commission, buying committee, buying cooperative, buying decision, buying department, buying frequency, buying guide, buying habit, buying headquarters, buying incentive, buying influence, buying intention, buying list, buying loader, buying office, buying organization, buying pattern, buying potential, buying price, buying principle, buying response, buying service, buying spree, buying stage, buying-in, buying-up, cash buying, consumer buying decision, cooperative buying, credit buying, customer buying process, forward buying, gift buying season, habit buying, impulse buying, instalment buying, key buying influence, media buying, media buying department, media buying service, off-premise buying, pressure buying, print buying, rate of rebuying, reciprocal buying, retail buying, retailers' buying group, space buying, spot buying, time buying, time-buying service

buying agent *торг.* = purchasing agent

buying allowance *торг.* = purchase discount

buying attitude *марк.* покупательское отношение, установки покупателей *(отношение покупателей к товару, услугам и т. д.)* **EX: Questions, which are concerned with terms, delivery, quantity and service, usually indicate a positive buying attitude.** – Вопросы, связанные с условиями, поставкой и обслуживанием, обычно указывают на положительное отношение покупателей. **A market segment consists of a large identifiable group within a market with similar wants, purchasing power, geographical location, buying attitude or buying habits.** – Сегмент рынка состоит из большой опознаваемой группы в пределах рынка со схожими потребностями, покупательской способностью, географическим положением, покупательским отношением или покупательскими привычками.

buying behaviour *марк.* = consumer behaviour

buying centre 1) *упр.* закупочный центр *(совокупность работников организации, участвующих в принятии* *решений о закупках)* **2)** *торг.* = shopping centre

buying club *торг.* закупочный клуб* *(объединение потребителей, созданное с целью централизованной закупки товаров для участников объединения и, тем самым, для экономии средств за счет получения оптовых скидок)* **SYN:** buying cooperative **SEE:** quantity discount

buying commission *торг.* комиссионные за закупку [за покупку] *(комиссионные, уплаченные данным лицом агенту по закупкам или другому торговому посреднику, организовавшему закупки товаров для данного лица)* **SEE:** purchasing agent, selling commission

buying committee *торг.* закупочный комитет, комитет [комиссия] по закупкам, закупочная комиссия *(группа специалистов, закупающих товары для данной организации или группы организаций, напр., для сети предприятий розничной торговли)*

buying cooperative *торг.* объединенное закупочное агентство*, снабженческий кооператив* *(промышленных фирм)* **SYN:** buying club **EX: He has suggested that several states in the region should form a buying cooperative to negotiate lower prices from pharmaceutical firms.** – Он предложил, что несколько штатов в регионе должны создать объединенное закупочное агентство, чтобы договариваться о низких ценах с фармацевтическими фирмами.

buying decision *марк.* = purchase decision

buying department *торг., упр.* = purchasing department

buying forward *торг.* = forward buying

buying frequency *марк.* = purchase frequency

buying group *марк., эк.* закупочная группа* *(лица или организации, организовавшие совместное снабжение какими-л. ресурсами)* **EX: chain-owned buying group** – закупочная группа сети розничных магазинов **SYN:** buyer group **SEE:** individual buyer, joint purchaser

buying guide *торг.* справочник покупателя, руководство покупателя, руководство по закупкам, руководство по покупкам *(справочник, содержащий описания характеристик определенной категории товаров и рекомендации по выбору наиболее подходящего товара из данной категории)* **EX: digital camera buying guide** – справочник покупателя по цифровым фотоаппаратам, руководство по покупке цифровых фотоаппаратов, **wine buying guide** – справочник покупателя по винам, руководство по покупке вин **SEE:** shop guide

buying habit *марк.* покупательская привычка *(устоявшаяся модель поведения при выборе и покупке товаров, напр., приверженность определенному стилю или модели, склонность к импульсивным покупкам, частота покупок, время совершения покупок, привязанность к торговым маркам или торговым точкам и т. п.)* **SEE:** consumer habit, impulse purchasing

buying headquarters *торг.* закупочный центр*, главное управление закупок* *(торговая точка, выступающая в роли поставщика для сети предприятий розничной торговли или оптовых фирм)* **EX: Pocahontas is buying headquarters for more than 170 independent food distributors.** – «Покахонтас» служит закупочным центром для более чем 170 независимых дистрибьюторов продуктов питания. **SYN:** buying organization **SEE:** buying office

buying in *торг., эк., бирж.* = buying-in

buying incentive *марк.* покупательский стимул, стимул для совершения покупки *(вознаграждение в форме дополнительного товара, скидки или подарка, предлагаемое покупателю с целью стимулирования продаж)* **SYN:** purchase incentive

buying influence *сущ.* **1)** *торг., рекл.* определитель покупки* *(лицо, влияющее на решение вопроса о покупке определенного товара или услуги; обычно рассматривается в качестве наиболее важного объекта воздействия при рекламировании какого-л. товара или услуги)* **EX: In virtually any situation where you have to sell to a group you need**

a failsafe way of identifying the key players. These key players, or buying influences, often come with very deceptive titles. – Практически в каждом случае, когда вам приходится продавать что-то группе людей, вам нужно отыскать способ определения ключевых лиц в этой группе. Этими ключевыми лицами – определителями покупки – часто оказываются весьма неожиданные люди. **SEE:** decision-making unit, key buying influence **2)** *марк.* влияние на покупателя [на покупки] **EX: Called Net Buying Influence, Exhibitor Show's rating refers to the percentage of Exhibitor Show 2004 attendees who had recommended for purchase one or more of the products or services displayed on the exhibit hall floor.** – Рейтинг выставочного шоу, называемый «рейтинг чистого влияния на покупателя», отражает процентную долю тех посетителей выставочного шоу 2004 г., которые выразили желание приобрести один или более из числа товаров или услуг, представленных в выставочном зале. **3)** *общ.* приобретение влияния

buying intention *марк.* намерение совершить покупку, покупательское намерение, намерение покупателя *(характеристика склонности потребителя к выбору той или иной торговой марки или покупке определенного товара)* **SYN:** purchase intention **SEE:** buying intentions survey, pre-purchase behaviour

buying intentions survey *марк.* изучение покупательских планов *(для формирования реалистичных прогнозов относительно ожидаемого в будущем спроса на продукцию компании)* **EX: A buying intentions survey will focus on current and future product purchasing decisions.** – Изучение планов покупателей нацелено на изучение текущих и будущих решений потребителей.

buying list 1) *торг.* перечень [список] покупок *(упорядоченный список товаров со списком цен, которые желает приобрести организация)* **SEE:** price list **2)** *торг., учет* закупочная ведомость *(документ, содержащий информацию о наименовании, объеме, цене купленной продукции, об ее продавце и т. д.)*

buying loader *марк.* = dealer loader

buying office *торг.* закупочная контора, закупочный офис *(торговая организация, которая по заказу другой организации занимается закупкой необходимых ресурсов или товаров, в том числе: изучает рынок, заключает контракты, отслеживает поставку и пр.; центральный офис, где закупщики покупают товары для всей цепи магазинов)* **EX: We have a well-established factory and buying office in that area.** – У нас есть хорошо оборудованный завод и закупочная контора в том районе. **SEE:** buying headquarters, merchandise broker

buying organization 1) *торг.* закупочная организация [компания] *(торгово-посредническая организация, специализирующаяся на подборе поставщиков товара для своих клиентов)* **SYN:** buying headquarters, buying service **2)** *эк.* организация-покупатель *(юридическое лицо, выступающее в качестве покупателя)*

buying pattern *марк.* модель [характер] покупательского поведения* *(частота и объем покупок, время совершения покупок, тип посещаемых торговых точек и т. п.)* **SEE:** buying habit, consumer behaviour, buying principle

buying potential *марк.* покупательный потенциал *(ценность потенциального клиента, выраженная максимальным предполагаемым объемом его покупок)* **EX: This allows the organisation both to focus on the segments that best fit the customer profile and to avoid customers with less buying potential.** – Это позволяет организации одновременно сфокусироваться на сегменте, который лучше соответствует потребительскому профилю и избежать покупателей с более низким покупательным потенциалом. **SEE:** lifetime proceeds, market potential

buying price *эк.* цена покупки [приобретения], покупная [закупочная] цена *(цена, фактически уплаченная при покупке какого-л. актива, либо цена, которую покупатель согласился уплатить за актив, напр., указан-*

ная в контракте купли-продажи, но еще не уплаченная или уплаченная частично; в биржевой и обычной аукционной торговле термин относится к цене покупателя) **SYN:** purchase price, purchasing price, purchases price, acquisition price, buy price, procurement price **SEE:** wholesale price, retail price, selling price

buying principle *марк.* принцип совершения покупок; принцип покупательского поведения *(принцип, которым руководствуется покупатель при выборе товара и совершении покупок)* **SEE:** buying pattern, consumer behaviour

buying response *марк.* реакция покупателей, покупательская реакция *(ответная реакция покупателей на событие или рекламную акцию, выражающаяся в изменении объема покупок)* **EX: An advertisement should generate a buying response.** – Реклама должна порождать ответную реакцию в виде покупок.

buying service 1) *рекл., упр.* = media buying service **2)** *торг.* торгово-посредническая компания *(сводит вместе покупателей и продавцов определенных товаров, напр., автомобилей, компьютеров, предоставляя покупателям информацию о ценах и ассортименте; организует торговые сделки)* **SEE:** selling service

buying spree *торг.* = shopping spree

buying stage этап [стадия] (совершения) покупки **а)** *эк. (стадия совершения покупки как одна из стадий некоторого общего процесса)* **EX: Product safety begins for us at the buying stage – when we purchase top-quality raw materials.** – Безопасность продукции начинается для нас на стадии покупки, - когда мы приобретаем высококачественное сырье. **б)** *марк. (в маркетинге: одна из стадий процесса совершения покупки; напр., получение информации о товаре, осознание потребности, собственно покупка и т. д.)* **EX: Throughout the buying process, significant psychological shifts occur within a buyer, causing them to move from one buying stage to another.** – В процессе покупки с покупателем происходят значительные психологические изменения, направляющие его от одной стадии совершения покупки к другой. **SEE:** buyer readiness states

buying-in 1) *торг.* снятие с торгов, снятие (своего) лота **SEE:** buy in **2)** *бирж., брит.* закупка брокером* *(вынужденная закупка биржевым брокером ценных бумаг для исполнения срочного контракта на поставку; происходит при неисполнении продавцом своих обязательств)* **ANT:** selling-out **3)** *эк.* скупка (валюты) *(скупка правительством валюты своей страны для поддержания ее курса на международном рынке)* **ANT:** selling-out

buying-up скупка *торг. (напр., подержанных мобильных телефонов, металлолома, стеклотары и т. п. у населения или мелких поставщиков с целью перепродажи)*

buyout *эк.* = buy-out

buzz marketing *марк.* сарафанный маркетинг* *(продвижение продукта путем распространения информации о продукте из уст простых людей в общественных местах, на веб-форумах и т. п.; распространяемая информация носит неформальный и интригующий широкую публику характер)* **SYN:** viral marketing, exponential marketing, grassroots marketing, organic marketing, referral marketing, word of mouse **SEE:** word-of-mouth advertising, friend-of-a-friend, member-get-a-member

by lots *торг.* партиями *(о товарах или ценных бумагах)* **EX: The advantage is that you can also sell by lots.** – Преимущество в том, что вы также можете продавать партиями. **SYN:** in lots

by-product *эк., упр., марк.* = byproduct

by-product pricing *марк.* ценообразование [установление цен] на побочные продукты *(установление цен на побочные продукты производства; позволяет перенести часть себестоимости производства на субпродукты, что снижает цену основного продукта и делает его более конкурентоспособным)* **SYN:** byproduct pricing **SEE:** byproduct, product-mix pricing, co-product, sideline product

by retail *торг.* = retail

by the gross *нар.* **1)** *торг.* гроссами *(по двенадцать дюжин, т. к. гросс в двенадцатеричной системе счисления равняется дюжине дюжин, т. е. 144)* **EX: Sold only by the gross (12 dozen).** – Продается только гроссами (12 дюжин). **2)** *торг.* оптом, большими партиями **EX: They're strictly wholesale, so be prepared to buy by the gross.** – Эти вещи продаются только оптом, так что будьте готовы приобрести большую партию. **SYN:** wholesale **SEE:** dealer in gross

by the weight *торг.* на вес; в развес *(о купле-продаже товаров в случае, когда цена назначается не за единицу товара, а за единицу массы)* **EX: The silver is also sold by the weight.** – Серебро также продается на вес. **SYN:** by weight

by wholesale *нареч. торг.* = wholesale

bypassing the retailer

I *дееприч. торг.* минуя розницу **EX: Drop shipping is the process of shipping a product from the warehouse to the customer, bypassing the retailer who processed the order.** – Прямая поставка – это процесс поставки товара со склада конечному потребителю, минуя розничного торговца, организовавшего заключение сделки. **SEE:** drop shipment

II *сущ. торг.* прямые поставки, прямое распространение; отказ от услуг розничной сети *(прямые поставки продукции производителями или оптовиками конечным потребителям, минуя розничных распространителей)* **EX: In theory, by bypassing the retailer and the distributor, publishers can both lower the selling price of games titles and increase their own margins.** – Теоретически, отказавшись от услуг розничных торговцев и распространителей, издатели компьютерных игр могли бы одновременно снизить продажную цену и увеличить свою долю в наценке. **SYN:** drop shipment **SEE:** bypassing the wholesaler, backdoor selling

bypassing the wholesaler

I *дееприч. торг.* минуя оптовика *(то есть закупая непосредственно у производителя)* **EX: Retail chains would like to purchase truck loads of wine direct from the producer, thereby bypassing the wholesaler.** – Сетевые розничные предприятия хотели бы закупать вино целыми трейлерами непосредственно от производителя, таким образом минуя оптовиков.

II *сущ. торг.* прямые закупки у производителя; прямые поставки производителей, отказ от услуг оптовиков **EX: By bypassing the wholesaler, retailers «eliminate the middleman» and realize savings on purchases.** – Используя прямые закупки у производителя [отказываясь от услуг оптовиков], розничные предприятия могут «избавиться от посредника» и сэкономить на своих закупках. **SEE:** bypassing the retailer

byproduct *тж.* by-product **1)** *эк.* сопутствующий [побочный] продукт, субпродукт* **SYN:** co-product **SEE:** by-product pricing **2)** *эк., упр.* побочный продукт*, издержки **EX: unpleasant by-products of civilization** – издержки цивилизации **3)** *марк.* дополнительный товар* *(товары, высылаемые издателем журнала подписчику, как правило, не связанные с самим журналом; напр., календари, книги, подшивки старых изданий)*

C

C&F price сокр. от cost and freight price *межд. эк., торг.* цена каф, цена «стоимость и фрахт», цена CFR *(стоимость, в которую включены цена товара, расходы по транспортировке товара от продавца к месту, где товар примет покупатель, но не включены расходы по страхованию)* **SYN:** CFR price **SEE:** cost and freight

C county *рекл., амер.* округ «С»* *(любой округ с населением более 40 тыс. человек, не относящийся к округам категорий A и B)* **SEE:** ABCD counties

cable audience *марк.* аудитория кабельного телевидения **EX: The final game of the Stanley Cup attracted what was the highest cable audience in South Florida history with a 28.6 rating.** – Финальная игра Кубка Стенли имела рейтинг 28,6, что являлось самой большой аудитории кабельного телевидения за всю историю Южной Флориды. **SEE:** audience

cable catalogue *марк.* кабельный каталог* *(акция прямого маркетинга, когда на телеэкране показывают подборку товаров, которые зрители могут немедленно заказать по телефону)* **SEE:** direct marketing, catalogue marketing

Cable Television Administration and Marketing Society сокр. CTAM *марк., амер.* Административно-маркетинговая ассоциация кабельного телевидения* *(профессиональное объединение менеджеров и маркетологов кабельного телевидения; образована в 1976 г.)*

cached banner *рекл., комп.* кешированный баннер* **SEE:** banner caching

cafe 1) *торг.* кафе **SYN:** coffee-house, restaurant **2)** *торг.* закусочная, буфет

cafeteria question *соц.* = closed question

caff *торг., сленг, брит.* кафе, забегаловка *(дешевый ресторан, кафе с низким качеством обслуживания)* **SYN:** greasy spoon

call-back *сущ.* **1)** *эк. тр., упр.* вызов на работу *(возврат сотрудников на работу после локаута, т. е. после закрытия предприятия и массового увольнения рабочих)* **2)** *упр.* вызов на сверхурочную работу, сверхурочный вызов* *(вызов на работу сотрудника, уже отработавшего свою смену)* **3)** *общ.* ответный звонок **EX: I waited for his call-back but no return call was made.** – Я ждал от него ответного звонка, но он так и не перезвонил. **4)** *марк.* повторный вызов* **а)** *обращение к потребителю в целях завершения сделки* **б)** *телефонные звонки, сделанные интервьюером, для того чтобы застать ранее недоступного респондента либо чтобы задать дополнительные вопросы* **SEE:** outbound telemarketing **5)** *марк., сленг* обратный вызов* *(предложение вернуться в магазин, чтобы купить вещь, которая понравилась)*

call bird 1) *общ.* приманная [подсадная] птица, манок *(ручная птица, используемая охотниками для приманивания диких птиц)* **2)** *марк.* приманка*, манок* *(дешевый товар, рекламируемый для привлечения покупателей к месту продажи, где они, возможно, будут покупать и более дорогие товары)* **SEE:** bait-and-switch pricing

call blockage *марк.* блокирование телефонной линии *(в телефонном мар-*

кетинге: невозможность принять входящий телефонный звонок, из-за занятости телефонной линии) **SEE:** telemarketing, inbound telemarketing, outbound telemarketing

call-in audience research *соц.* исследование аудитории методом «звоните нам»* *(исследование, проводимое социологической службой по поручению агентства, представляющего какой-л. материал на суд широкой общественности, как правило, через средства массовой информации; чтобы высказать свое мнение, респондент должен позвонить по указанному номеру телефона)* **SEE:** research, audience

call-in-poll *соц.* опрос по телефону *(разновидность выборочного опроса общественного мнения, осуществляемого по ТВ с целью выяснить реакцию населения на текущие события; проводится путем приглашения зрителей позвонить по нескольким предлагаемым телефонным номерам, каждый из которых регистрирует определенный ответ)* **SEE:** poll

call report 1) *банк., амер.* отчет по требованию* *(отчет о финансовом состоянии, подготавливаемый по требованию регулирующего органа)* **SEE:** Comptroller of the Currency **2)** отчет о встрече с клиентом [клиентами]* **а)** *торг. (отчет коммивояжера о его визитах к клиентам перед своей компанией)* **б)** *рекл. (отчет представителей рекламного агентства перед своей компанией о встрече с рекламодателем)* **SEE:** sales management

call to action *рекл.* призыв к действию *(фраза, завершающая рекламное сообщение и своим содержанием побуждающая потребителя совершить покупку; напр., фраза «звоните сейчас и заказывайте»)* **SEE:** slogan

callback *сущ., эк. тр., упр., марк., СМИ* = call-back

camera store *торг.* магазин фототоваров *(фотоаппаратов, пленки для фотографирования и т. п.)* **SYN:** photographic equipment store

campaign

I *сущ.* **1)** *пол.* (общественная) кампания **EX: campaign for tobacco-free kids** – кампания за искоренение табакозависимости у детей, **environmental campaign** – кампания по защите окружающей среды, **campaign against smoking** – кампания по борьбе с курением, **The government has launched a campaign against drunken drivers.** – Правительство начало кампанию по борьбе с проблемой вождения в нетрезвом виде. **SEE:** advocacy campaign **2)** *марк.* маркетинговая [рекламная] кампания *(комплекс мероприятий по продвижению определенного товара на определенном рынке)* **EX: to develop a(n) (advertising) campaign** – разрабатывать рекламную кампанию, **Toyota campaign** – рекламная кампания марки «Тойота», **to carry on [conduct, wage] a campaign** – проводить кампанию, **to launch [mount, organize] a campaign** – организовывать [запускать] кампанию; **to inflate campaign** – раздувать кампанию, **campaign evaluation** – оценка результатов эффективности кампании, **campaign overview** – общий обзор кампании, **campaign period** – срок проведения кампании, **campaign plan** – план кампании, **campaign planning** – планирование кампании, **campaign profile** – краткое описание кампании, **campaign strategy** – стратегия кампании **SYN:** advertising campaign, marketing campaign, sales campaign, promotion campaign **SEE:** campaign build-up, advocacy campaign, blitz campaign, campaign identity, campaign theme, multimedia campaign, collective campaign, communications campaign, consistent campaign, direct mail campaign, hard-sell campaign, soft-sell campaign, imaginative campaign, institutional campaign, launch campaign, low-key campaign, massive campaign, major campaign, test campaign, point-of-purchase campaign, premium campaign, sampling campaign, teaser campaign, tie-in campaign

II *гл. пол., марк.* проводить кампанию *(рекламную, общественную, политическую и т. п.)* **EX: They are campaigning for the abolition of the death penalty [against the death penalty].** – Они проводят кампанию за отмену смертной казни [против смертной казни].

campaign build-up 1) *общ.* подготовка кампании *(рекламной, политичес-*

кой и т. д.) **2)** *общ.* развертывание кампании *(фаза нарастания интенсивности кампании)*

campaign identity *рекл.* лицо (рекламной) кампании *(как правило, известная личность, которая заключает договор с фирмой, проводящей рекламную кампанию, и участвует во всех мероприятиях кампании; напр., в съемке рекламных роликов)*

campaign sponsor спонсор кампании **а)** *рекл.* *(спонсор проведения какой-л. общественной кампании, который получает за это возможность рекламировать себя на всех мероприятиях кампании)* **б)** *пол.* *(спонсор предвыборной кампании кандидата или партии, получающий поддержку с их стороны в случае победы)* **SEE:** patronage

campaign theme *марк., пол.* центральная тема [лейтмотив] кампании *(предвыборной или маркетинговой; основная идея, на которой основывается кампания)*

Canadian Code of Advertising Standards *рекл., юр.* Канадский кодекс рекламной практики *(занимается установлением профессиональных стандартов в рекламе, согласно которым реклама должна быть правдивой, справедливой и качественной)*

cancellation of sale *торг.* отказ от продажи; аннулирование торговой сделки **SEE:** cash cancellation

candy store **1)** *торг., амер.* = sweet shop **2)** *торг., амер., сленг* = happy shop

canned approach *марк.* запланированная [задуманная] схема* *(подход к процессу продажи товара, основанный на расчете, что определенный стимул, воздействующий на психику покупателя, вызовет у него определенную реакцию)* **SYN:** stimulus-response approach

canned presentation *рекл.* заранее подготовленная [отработанная, продуманная] презентация *(любая презентация продаж или рекламная акция, которая готовится заранее и затем осуществляется исполнителем по памяти на основании заранее записанного сценария; часто используется при проведении презентации неопытным персоналом, не способным осуществить такую презентацию спонтанно; постоянно используется в процессе отработки (тренинга) продаж)* **EX: These scenarios work fine for showing the standard set of canned presentation material.** – Эти сценарии хорошо работают при показе стандартной заранее подготовленной презентации.

cannibalisation *сущ. общ.* = cannibalization

cannibalise *гл. общ.* = cannibalize

cannibalism **1)** *общ.* каннибализм *(поедание себе подобных)* **2)** *марк.* каннибализм* **а)** *(нанесение ущерба сбыту существующих товаров появлением нового товара)* **б)** *(нанесение ущерба сбыту существующей торговой точки открытием новой торговой точки)* **EX: The method also reveals any cannibalism between shops or branches of the same company.** – Данный метод также позволяет выявить каннибализм между магазинами или филиалами одной и той же компании. **SEE:** cannibalization

cannibalization *сущ. тж.* cannibalisation **1)** *тех.* снятие годных деталей [агрегатов] *(с неисправной или поврежденной техники для ремонта других изделий)* **2)** *марк.* каннибализация* **а)** *(«поедание» доли рынка одних товаров другими из одной и той же ассортиментной группы, т. е. продажи одного товара снижаются в результате возрастания продаж другого товара, имеющего небольшие отличия от первого)* **SEE:** brand cannibalization **б)** *(ситуация, когда продажи магазина падают в результате открытия новых торговых точек)*

cannibalize *гл. тж.* cannibalise **1)** *общ.* практиковать каннибализм **2)** *марк.* каннибализировать* **а)** *(отбирать продажи у текущего товара путем вывода на рынок нового товара, незначительно отличающегося от старого)*

EX: New products frequently just cannibalize sales of existing goods. – Новые товары часто просто каннибализируют продажи существующих товаров. **б)** *(отбирать рыночную долю у существующего магазина путем открытия нового)* **EX: A big box store, for example, will cannibalize sales from existing local businesses and shopping centres.** – Большой магазин складского типа, напр., каннибализирует продажи существующих местных деловых и торговых центров. **SEE:** cannibalization, cannibalism

canvasser *сущ.* **1)** *пол.* сборщик голосов*, агитатор *(кандидат на выборах или его сторонник, обходящий дома для собирания голосов)* **2)** *торг.* агент *(представитель фирмы, страхового общества, газеты и т. п.); коммивояжер (разъездной торговый агент какой-л. фирмы, заключающий торговые сделки и имеющий при себе образцы товаров, прейскуранты, каталоги и т. п.)* **EX: Our company are looking to take on a canvasser to develop new business and win new clients.** – Нашей компании требуется коммивояжер для развития нового бизнеса и завоевания новых клиентов. **SEE:** product sample, price list, catalogue, canvassing **3)** *общ.* сборщик пожертвований **4)** *соц. (лицо, проводящее выявление общественного мнения путем опроса)* **SEE:** canvassing

canvassing *сущ.* **1)** *пол.* агитация **EX: house-to-house canvassing** – (амер.) агитация на дому **2)** *торг.* коммивояжерство, сбор заказов **SEE:** canvasser **3)** *соц.* опрос *(выявление общественного мнения путем личной беседы с каждым из группы опрашиваемых)* **SEE:** canvasser

capacity of market *марк.* = market capacity

Caples award *марк.* премия Кейплса *(присуждается за лучшую рекламу в области прямого маркетинга)* **SEE:** direct marketing

captive audience *пол., рекл.* пойманная [невольная] аудитория* *(группа слушателей или зрителей, вынужденная выслушивать выступления политического или рекламного характера, не имея возможности их оставить или покинуть помещение, напр., в общественном транспорте)*

captive product *марк.* принадлежность, зависимый товар* *(товар, созданный специально для его использования совместно с другим товаром и не имеющий самостоятельной ценности; напр., стержень для ручки, лезвие для бритвенного станка, батарейка для фонарика и т. д.)* **SEE:** captive product pricing, optional product, tied products, complementary goods

captive product pricing *марк.* установление цен на принадлежности [зависимые товары]* *(установление цены на дополнительные принадлежности (напр., бритвенные лезвия, фотопленки), которые не могут использоваться без основных товаров)* **SEE:** captive product, two-part pricing, optional-product pricing, product-mix pricing

captive reader *рекл.* читатель поневоле *(вынужденный читать определенную информацию, в т. ч. рекламные сообщения, во время ожидания на вокзале, автобусной остановке, в метро и т. п.)* **SEE:** captive audience

captive warehouse *торг.* собственный склад *(склад, принадлежащий фирме и обслуживающий только подразделения этой фирмы)* **SYN:** private warehouse

car card *рекл.* внутрисалонный рекламный планшет* *(планшет, на котором размещается реклама, размещаемая в салоне транспортного средства; напр., доска под стеклом в метро для наклеивания на нее рекламы)* **EX: car-card space** — место под внутрисалонные рекламные планшеты **SYN:** inside transit advertisement, transit advertisement, baby billboard, inside advertisement **SEE:** transit advertising, car-card advertising, car sticker

car sticker *рекл.* автомобильная наклейка *(наклейка на легковой автомобиль, может содержать рекламное сообщение)* **SEE:** car card

car-card advertising *рекл., марк.* внутрисалонная транспортная реклама *(реклама в виде плакатов и баннеров* *в общественном транспорте)* **SEE:** car card, transit advertising

carcooning *соц. (изоляция от внешнего мира путем использование автомобиля в качестве основного места жизнедеятельности)* **SEE:** consumer culture

card account *банк.* картсчет, карточный счет *(счет в финансовом учреждении, которым клиент финансового учреждения распоряжается с помощью пластиковой карты, т. е. счет, открытый финансовым учреждением при выдаче клиенту кредитной или дебетовой карты и предназначенный для отражения операций по карте)* **EX: credit card account** – счет кредитной карты, кредитный карточный счет, **debit card account** – счет дебетовой карты, дебетовый карточный счет **SEE:** plastic card, debit card, credit card

card-activated terminal *банк., торг.* терминал, активируемый картой* *(любой терминал, который может быть активирован с помощью пластиковой карты, напр., при совершении платежа за кокой-л. товар или услугу)* **SEE:** customer activated terminal, point-of-sale terminal

card rate *рекл.* тарифная расценка, справочный тариф *(расценки на размещение рекламы, указанные в прейскурантах расценок средств распространения рекламы)* **SEE:** rate card

card reader *торг., комп.* устройство для чтения [для считывания] карт [карточек], картридер *(устройство, считывающее информацию с магнитной полоски на обратной стороне пластиковой карты или из микросхемы, встроенной в карту)* **EX: credit card reader** – устройство для чтения кредитных карт **SEE:** plastic card, magnetic stripe, smart card

cardboard box *торг., потр.* картонная коробка, картонный ящик **SEE:** package

cargo *сущ. мн.* cargoes *или* cargos *трансп.* груз *(корабля, самолета и т. д.)* **EX: to carry cargo** – перевозить груз, **to load cargo** – осуществлять погрузку, **to unload cargo** – осуществлять разгрузку, **bulk cargo** – насыпной или наливной груз, **bagged cargo** – груз в мешках, **bale cargo** – груз в кипах, киповый груз, **deck cargo** – палубный груз, **homeward [return] cargo** – обратный груз, **cargo aircraft** – грузовой самолет, **cargo ship** – грузовое судно, **cargo container** – грузовой контейнер **SEE:** consignment, cargo dispatcher, cargo handling, cargo insurance, cargo receipt, cargo receiver, cargo ship, cargo-handling company

cargo dispatcher *торг., трансп.* = freight dispatcher

cargo handling *трансп.* обработка [переработка] груза *(погрузочно-разгрузочные работы, перевалка, сортировка, взвешивание, упаковка, маркировка и прочие работы с грузом, осуществляемые обычно в портах, аэропортах и на железнодорожных станциях)* **SYN:** freight handling **SEE:** handling agent, handling charges

cargo-handling company *трансп., торг.* компания-грузообработчик* *(фирма, занимающаяся погрузочно-разгрузочными работами, складированием грузов и т. д.)* **SYN:** freight-handling company **SEE:** freight handling

cargo insurance *страх.* страхование грузов *(вид имущественного страхования, обеспечивающий защиту от убытков, связанных с повреждением и потерей груза в процессе перевозки водным, воздушным, автомобильным или железнодорожным транспортом)* **SEE:** inherent vice, all risk clause

cargo receipt *трансп., торг.* расписка в получении груза, грузовая квитанция *(документ, который выдается перевозчиком или его агентом и удостоверяет принятие перевозчиком указанного груза к перевозке)* **SEE:** mate's receipt, dock receipt

cargo receiver *трансп., торг.* = freight receiver

cargo ship *трансп., торг.* грузовое судно *(предназначенное только для перевозки грузов, в отличие от пассажирских судов)* **SYN:** freighter

Carlill v Carbolic Smoke Ball Co *юр, торг., брит.* «Карлилл против "Карболик Смоук Бол Ко"»* *(название*

знаменитого судебного прецедента 1893 г., единственного в системе английского законодательства, решившего проблему возможности иска покупателя к производителю за вводящую в заблуждение рекламу в пользу покупателя; прецедент решает данный вопрос так же, как его решает американское законодательство; английское же законодательство решает данную проблему в пользу производителя в соответствии с доктриной договорных отношений) **SEE:** damage, claim for damage, Donoghue v Stevenson, Henningsen v Bloomfield Motors

Carmack Amendment to the Interstate Commerce Act *юр., торг., фин., амер.* поправка Кармака к закону «О торговле между штатами» *(принята в 1906 г.; наряду с законом Хартера, законом «О перевозке груза морем», 1936 г. и Единообразным торговым кодексом регулирует институт коносамента)* **SEE:** Interstate Commerce Act, Harter Act, Carriage of Goods by Sea Act of 1936, Uniform Commercial Code, bill of lading

carriage *сущ.* **1) а)** *трансп.* железнодорожный вагон; вагонетка **EX: first-class carriages** – вагоны первого класса **б)** *трансп.* коляска, экипаж, карета, кэб *(любая повозка с гужевой тягой)* **2) а)** *общ.* перевозка, транспортировка; провоз; доставка **EX: carriage by rail** – железнодорожная перевозка, **carriage by air** – авиаперевозка, **carriage of goods by sea** – морская перевозка грузов **б)** *эк.* стоимость перевозки [доставки] **EX: All prices shown include VAT and carriage.** – Все указанные цены включают НДС и стоимость доставки. **3) а)** *общ.* каретка *(пишущей машинки, станка и т. п.)* **б)** *тех.* суппорт *(деталь металлорежущих станков для закрепления и перемещения режущего инструмента или изделия при обработке)* **в)** *общ.* лафет, станок *(орудия)* **4)** *общ.* манера себя держать; поведение; осанка **5)** *общ.* выполнение, проведение *(какого-л. мероприятия, законопроекта и т. п.)*

carriage and insurance paid to *межд. эк., торг.* = CIP

Carriage of Goods by Sea Act *юр., торг., трансп., фин., брит.* закон «О перевозке груза морем» *(основной законодательный акт Великобритании, наряду с законом «О коносаменте», 1855 г. регулирующий выпуск и обращение коносамента; принимался в редакциях 1924, 1936, 1971, 1992 гг.)* **SEE:** bill of lading, Bills of Lading Act 1855, Carriage of Goods by Sea Act 1971, Carriage of goods by Sea Act 1992

Carriage of Goods by Sea Act 1971 *торг., трансп., фин., юр., брит.* закон «О перевозке груза морем», 1971 г. *(закон, содержащий ряд важных положений о выпуске и обращении коносамента в Великобритании; согласно закону, коносамент может быть как на предъявителя, так и ордерным; в случае если коносамент выдан на определенное лицо и не содержит оговорки «по приказу», такой документ не подлежит отчуждению, следовательно, не является товарораспорядительным документом)* **SEE:** bill of lading, document of title, Carriage of Goods by Sea Act

Carriage of Goods by Sea Act 1992 *торг., трансп., фин., юр., брит.* закон «О перевозке груза морем», 1992 г. *(основной закон, регулирующий выпуск и обращение коносамента в Великобритании в настоящее время; отменил действие закона «О коносаментах», 1855 г.; ввел институт электронного коносамента; в законе были утверждены правила об электронных коносаментах)* **SEE:** bill of lading, Carriage of Goods by Sea Act, CMI Rules for Electronic Bills of Lading

Carriage of Goods by Sea Act of 1936 **сокр.** COGSA *торг., фин., юр., амер.* закон «О перевозке груза морем», 1936 г. *(наряду с Единообразным торговым кодексом США, законом Хартера и положением ст. 20 закона «О торговле между штатами» с учетом изменений Кармака регулирует инсти-*

тут коносамента при перевозке груза через океан из иностранного государства в тот или иной штат) **SEE:** Uniform Commercial Code, Harter Act, Carmack Amendment to the Interstate Commerce Act, bill of lading, Federal Bills of Lading Act

carriage paid to *межд. эк., торг.* = CPT

carriage trade **1)** *общ., ист.* экипажная публика *(в конце 19 — начале 20 вв.: богатая театральная публика, прибывавшая в собственных экипажах)* **2)** *торг.* экипажная торговля* **а)** *(торговля для богатых потребителей)* **б)** *(торговля для потребителей, имеющих автомобили)*

carrier *сущ.* **1)** *общ.* носильщик **2)** *трансп.* перевозчик; транспортная контора, транспортное агентство **EX: air carrier** – воздушный перевозчик, авиаперевозчик, **rail carrier** – железнодорожный перевозчик **SEE:** forwarder, shipping agent, freight, free carrier **3)** **а)** *трансп.* транспортное средство, грузовое средство **б)** *трансп.* транспортный самолет **EX: freight carrier** – грузовой самолет **в)** *трансп.* транспортное судно **EX: aircraft carrier** – авианосец, **crude carrier** – танкер **г)** *трансп.* транспортер *(механическое устройство для беспрерывного перемещения грузов)* **д)** *трансп.* контейнер *(стандартное емкость для перевозки в нем грузов без упаковки разными видами транспорта)* **EX: anhydrous ammonia carrier** – автоцистерна для перевозки аммиака **4)** *связь* курьер, посыльный, рассыльный; почтальон **SEE:** carrier route

carrier route *связь* маршрут доставки *(географический район, охватываемый данным почтовым курьером, т. е. совокупность домохозяйств и других адресатов, которым доставляет почту данный почтовый курьер; в почтовом маркетинге используется для сегментирования рассылочных списков)* **SEE:** carrier route coding, carrier route presort, list enhancement, list segment, direct mail advertising

carrier route coding *связь* кодирование маршрутов доставки *(определение номера маршрута доставки, соответствующего данному почтовому отправлению; в почтовом маркетинге термин относиться к процессу добавления кодов маршрутов доставки к каждому имени и адресу в рассылочном списке для их сортировки по маршрутам)* **SEE:** carrier route, carrier route presort, direct mail advertising

carrier route presort *связь* предварительная сортировка по маршрутам доставки *(процесс подготовки почты, осуществляемый отправителями и заключающийся в предварительной ее сортировке в соответствии с маршрутами доставки, что позволяет получить скидку с почтовых тарифов)* **SEE:** carrier route

carry a good choice *гл. торг.* предлагать широкий ассортимент, предлагать большой выбор *(товаров и услуг)* **EX: We also carry a good choice of accessories, gifts and lamps.** – Мы также предлагаем большой выбор аксессуаров, подарков и ламп. **SYN:** provide a wide range

carry on talks *общ.* = bargain

carry on trade *торг.* вести торговлю

carry-out *тж.* carryout *торг., амер.* на вынос *(о продуктах питания, которые клиент не употребляет на предприятии сферы обслуживания, напр., в буфете, ресторане, а уносит с собой или заказывает их доставку на дом)* **EX: a carry-out pizza** – пицца на вынос **SYN:** carryout **SEE:** carry-out service

carry-out service **1)** *торг., амер.* услуги на вынос*;обслуживание на вынос* *(термин обычно используется в ресторанном бизнесе или торговле продуктами питания; заключается в том, что клиентам разрешено заказывать продукт и уносить его с собой или получать его с доставкой на дом иди в офис)* **SEE:** off-premise catering **2)** *эк.* вывоз мусора из дома* *(услуга заключается в том, что контейнеры или мешки с мусором забираются сборщиками мусора прямо из дома клиента; услуга пользуется спросом у пожилых или больных людей)*

carry-over storage **1)** переходящий запас *торг. (неиспользованные остатки продукции (товара) на конец отчетного периода)* **2)** *торг.* хранение с переходящим остатком [запасом] *(то есть без полного расходования запасов)*

carrying charge **1)** *эк.* стоимость [издержки, затраты] хранения *(стоимость хранения наличного товара, включая страхование, складские расходы и процентные платежи)* **а)** *торг.* стоимость хранения запасов **SYN:** storage expenses **б)** *фин. (стоимость хранения товаров во фьючерсной торговле)* **2)** *эк.* = fixed cost **3)** *торг.* стоимость кредита *(при продаже товаров в рассрочку)* **SYN:** carrying charges

carrying market *торг.* рынок с доставкой* *(рынок, на котором цены включают стоимость доставки товара покупателю)*

carryout *торг., амер.* = carry-out

cartel agreement *эк.* картельное соглашение, картельный договор *(соглашение между несколькими независимыми производителями либо об установлении цены и квот на объем выпуска, либо о географическом разделе рынка)* **SEE:** quota agreement

case allowance *торг.* = quantity discount

case display *торг.* особая [специальная] витрина*, специальная выкладка* **а)** *(выкладка образцов товаров, которые ввиду своего размера, веса и др. параметров, не могут быть выставлены на полках магазина)* **SEE:** display model **б)** *(выкладка единичных, особенных, дорогих товаров в отдельной витрине; напр., ювелирных украшений, эксклюзивных аксессуаров, антикварных товаров и т. п.)* **SEE:** merchandising, display case

case pack **1)** *торг.* ящичная упаковка **SEE:** pack **2)** *торг.* объем упаковки *(число товарных единиц в стандартном упаковочном ящике)* **EX: They offer the case pack of 12 little boxes.** – Они предлагают упаковку объемом в 12 маленьких коробочек.

casework *сущ.* адресная работа [помощь]* **а)** *соц. (метод в социологии и социальной работе, предполагающий изучение конкретных случаев, в частности социально незащищенных лиц и их семей, условий их существования, насущных проблем и т. п., и оказание индивидуальной социальной и иной помощи)* **б)** *марк. (индивидуальная работа с клиентами, решение конкретных проблем, с которыми последние обращаются в фирму)*

caseworker *соц., марк.* специалист по адресной работе* **SEE:** casework

cash

I *сущ.* **1)** *эк.* деньги, денежные средства *(бумажные деньги, монеты, чеки, кредитные карты)* **EX: out [short] of cash** – не при деньгах, **cash assets** – денежные активы, имущество в денежной форме, **spare cash** – свободные денежные средства, **ready cash** – денежные средства в распоряжении [для немедленного платежа], **cash in/on/at hand** – доступные денежные средства, **reserve cash** – резервные денежные средства, **Those who have cash, come here to spend it.** – У кого есть деньги, приходят сюда тратить их. **2)** *эк.* наличные (деньги), наличность **EX: cash price** – цена при уплате наличными, **cash payment** – наличный расчет, **cash sale** – продажа за наличные, **for cash** – за наличный расчет, **net cash** – наличными без скидки, **prompt cash** – немедленный расчет наличными **You can also pay by cheque, or by cash.** – Вы также можете заплатить чеком или наличными. **3)** *фин., учет* касса, денежные средства в кассе **EX: cash receipts** – кассовые поступления, **cash balance** – остаток денежных средств в кассе, кассовый остаток; **cash audit** – ревизия кассы

II *гл. фин., банк.* получать деньги *(по чеку, по векселю и т. п.);* платить деньги *(по чеку и т. п.)* **EX: to cash a bill [a paycheque]** – получать деньги по векселю [по чеку на заработную плату] **SEE:** cheque

cash acknowledgement *марк.* подтверждение получения заказа *(уведомление потребителю, приславшему заказ на товар вместе с оплатой товара; часто используется в случае* *задержки поставки заказанного товара для поддержания хороших отношений с покупателем)*

cash against documents сокр. CAD *фин., торг.* платеж [наличные] против документов *(форма расчетов, при которой покупатель может получить документы на товар только после уплаты соответствующей суммы)* **SYN:** payment against documents, documents against payment, documents against presentation **SEE:** documentary collection

cash against invoice *фин., торг.* наличные против счета-фактуры*, наличный платеж против счета-фактуры* **SYN:** payment against invoice

cash-and-carry 1) *торг.* кеш-энд-керри, «плати и забирай»* *(форма мелкооптовой торговли, при которой покупатель посещает склад или магазин, оплачивает товар на месте и самостоятельно забирает его)* **SEE:** cash-and-carry warehouse, cash-and-carry retailer, cash-and-carry wholesaler, cash-and-carry store

cash-and-carry retailer [store] *торг.* (розничный) магазин «кеш-энд-керри» [«плати и забирай»] *(крупный магазин со значительной степенью самообслуживания, предлагающий очень большой ассортимент товара и предоставляющий скидки на крупные партии товара)*

cash-and-carry warehouse *торг.* склад «кеш-энд-керри», склад самообслуживающийся *(склад для отпуска товаров за наличный расчет без доставки)* **SEE:** warehouse

cash-and-carry wholesaler *торг.* оптовик «кеш-энд-керри» [«плати и забирай»]* *(оптовый торговец, продающий товары розничным торговцам со значительной скидкой при условии крупного размера покупки, оплаты наличными и самовывоза товара со склада)* **SEE:** limited service wholesaler

cash-and-delivery *торг.* продажа с доставкой* *(продажа за наличный расчет с доставкой покупки на дом)* **SEE:** charge-and-delivery

cash buyer *торг.* = cash customer

cash buying *эк.* = cash purchase

cash cancellation *торг.* отмена оплаченного заказа* *(просьба отменить уже оплаченный заказ, что требует возврата денег продавцом покупателю)* **SEE:** cancellation of sale

cash collection agent *фин., торг.* агент по инкассо наличности* *(лицо, уполномоченное на инкассирование и депонирование наличной выручки торговой точки)*

cash control *торг.* контроль кассовых операций *(контроль за работой кассиров в магазине, в банке или в какой-л. другой кассе, с целью предотвратить воровство)*

cash cow *марк.* «дойная корова» *(направление деятельности или товар с низкими темпами роста и большой долей рынка; такие устойчивые и приносящие доход элементы бизнеса компания использует для оплаты своих счетов и для поддержки других элементов бизнеса, требующих инвестирования)* **SYN:** bell cow **SEE:** Boston matrix

cash crop 1) *с.-х.* товарная культура *(сельскохозяйственная культура, производимая для продажи на рынке, напр., кофе, табак)* **SYN:** money crop, commercial crop, sale crop 2) *с.-х.* товарная часть урожая *(часть урожая, предназначенная для продажи на рынке)*

cash customer *торг.* покупатель за наличный расчет* *(оплачивающий покупаемый товар (услугу) наличными, а не кредитной картой или иным образом)* **SYN:** cash buyer **SEE:** credit customer

cash discount *торг.* скидка за наличный расчет [за расчет наличными] *(скидка с цены за уплату наличными либо за погашение задолженности ранее обычного срока, на который данный продавец/производитель обычно предоставляет торговый кредит)* **SYN:** discount for cash, discount for cash payment **SEE:** trade discount, trade credit

cash discounting *торг.* предоставление скидки за расчет наличными **SEE:** cash discount

cash down payment *торг.* = down payment

cash field agent *марк.* агент на местах* *(агент по подписке, продающий подписки путем обхода жилых помещений на данной территории)*

cash in advance сокр. CIA *торг.* предоплата *(метод оплаты покупки, при котором покупатель оплачивает товар до его отправления продавцом)* SEE: cash with order, cash against documents

cash incentive *марк.* стимулирование немедленной оплаты *(маркетинговый метод, при котором покупателю предлагается какой-л. подарок или льгота в обмен на немедленную оплату заказа)* SEE: cash discount, commercial discount

cash item 1) *фин., банк.* денежный предмет [элемент, документ]* *(банкнота, монета, чек или любой другой документ, который можно обналичить сразу по предъявлении)* SEE: cheque, float 2) *учет* денежная статья, статья денежных средств 3) *торг.* товар за наличные *(товар, подлежащий продаже за наличные)*

cash-keeper *сущ. эк.* = cashier

cash-memo *торг.* товарный чек *(финансовый документ, удостоверяющий факт продажи; выписывается продавцом по установленной форме и выдается покупателю; в товарном чеке указываются вид и количество проданного товара, цена и уплаченная сумма)*

cash-on-delivery sale *торг.* продажа наложенным платежом *(предполагает оплату товара в момент его фактического получения; напр., на почте)* SEE: collect on delivery

cash-only sale *торг.* продажа только за наличный расчет *(без предоставления кредита)* SEE: cash sale, split payments, on account sale, smart card, magnetic stripe

cash offer *торг., фин.* предложение покупки за наличные SEE: cash-up offer, instalment offer

cash on delivery *торг.* = collect on delivery

cash option *торг.* = cash-up offer

cash order 1) *эк.* кассовый ордер *(денежный документ, по которому осуществляется и которым оформляется операция по приему и выдаче наличных денег в кассе предприятия)* 2) *торг.* предоплаченный заказ *(заказ товара, сопровождающийся необходимой оплатой)* SEE: cash with order, credit card order, credit order

cash out *гл.* 1) а) *эк., амер.* заработать на продаже, продать ради прибыли, обратить в наличные деньги, извлечь выгоду *(продать какой-л. актив, который находился в собственности долгое время, с целью получить прибыль)* **EX: He finally decided to cash out and sell the land that had been in his family for three generations.** – Он наконец-то решил извлечь выгоду из земель, принадлежащих его семье уже несколько поколений, и продать их. б) *фин., банк., амер.* обратить в наличные деньги* *(какой-л. актив путем привлечения кредита под его залог)* 2) *учет, торг., амер.* снимать кассу, подсчитывать деньги [выручку] *(в конце рабочего дня в магазине или в иной коммерческой организации)* **EX: I am not ready to go home, I'm still cashing out.** – Я еще немного задержусь, я подсчитываю выручку.

cash price *эк.* = spot price

cash purchase *эк.* покупка за наличные SYN: purchase for cash, ready-money purchase, spot buying, cash buying ANT: cash sale

cash rebate *эк.* возмещение [возврат] наличными* *(выплата наличными ранее излишне уплаченной суммы, в отличие зачета такой суммы в счет долгов по другим операциям; напр., в случае досрочного погашения долга это может быть выплата кредитором заемщику излишне уплаченных процентов; в торговле — возврат денег за отмененный заказ, либо сумма возвращенная клиенту, купившему за определенный период определенное количество товара и получившему кумулятивную скидку и т. п.)* SEE: cumulative discount

cash refund offer *марк.* = refund offer

cash sale *торг.* продажа за наличные [с немедленной оплатой] *(сделка, при которой покупатель сразу же оплачивает свою покупку, в отличие от продажи в кредит)* **SYN:** sale for cash **ANT:** sale on account

cash trade *торг.* торговля за наличные *(в отличие от продажи в кредит)* **SEE:** credit sale

cash trader *торг.* продавец [торговец] за наличные [за наличный расчет]* *(торговец, отпускающий товар только на условиях немедленной оплаты)* **ANT:** credit trader

cash with order **сокр.** CWO *торг.* оплата при заказе *(метод оплаты покупки, при котором покупатель заказывает товар и одновременно оплачивает его)* **SEE:** cash in advance, cash against documents, collect on delivery

cash-up offer *торг.* предложение оплаты наличными *(со скидкой против оплаты в рассрочку)* **SEE:** instalment offer, cash offer

cashier *сущ. эк.* кассир *(напр., в магазине, ресторане, банке, на предприятии)* **SYN:** cash-keeper **SEE:** cashier's office

cashier *гл.* **1)** *упр.* увольнять со службы, давать расчет, исключать **2)** *общ.* свергать, смещать **3)** *общ.* лишать **EX: to cashier of all dignity and power** – лишать всех званий и полномочий

cashier's office *торг.* касса; помещение кассы **EX: At the cashier's office, you can pay your tuition balance.** – В кассе вы можете оплатить ваше обучение.

cashless payment *торг., фин.* безналичный платеж *(платеж за товары или услуги, осуществляемый путем перевода соответствующих сумм со счета покупателя на счет продавца/поставщика услуг, напр., при расчетах по кредитной карте)* **SYN:** non-cash payment **SEE:** down payment

cashless vending machine *торг.* безмонетный [безналичный] торговый автомат* *(приводится в действие с помощью пластиковой карты или каким-л. др. способом без использования монет или банкнот)* **SEE:** vending machine, coin-operated vending machine

cast commercial *СМИ, рекл.* *(рекламный ролик с участием известных людей или ведущих телепрограмм)* **SEE:** commercial

casual shopper *торг.* случайный покупатель **SYN:** infrequent buyer **ANT:** regular shopper

catalog *торг., амер.* = catalogue

catalogue

I 1) *торг.* каталог *(издание, содержащее описание товаров и используемое как инструмент организации торговли по почте)* **EX: selling through catalogues** – торговля по каталогам **These people are not used to buying through catalogues and the internet.** – Эти люди не привыкли делать покупки по каталогам и через интернет. **SEE:** slim-jim **2)** *общ.* список **3)** *торг.* каталог, прайс-лист **SYN:** price-list **SEE:** catchall category

II *гл. торг.* включать в каталог [прайс-лист]

catalogue buyer *марк.* покупатель по каталогу *(потребитель, делающий покупки по каталогу)* **SEE:** catalogue house

catalogue corner *торг.* отдел посылочной торговли [торговли по каталогам] *(в универмаге)*

catalogue exhibition *марк.* каталожная выставка* *(выставка, на которой представлены не сами товары и компании, а каталоги товаров)* **SEE:** exhibition

catalogue fair *торг.* каталожная ярмарка* *(ярмарка на которой представлены каталоги, информационные листки и т. п., в которых изложена информация о продаваемых товарах)* **SEE:** fair, trade fair

catalogue house *торг.* = catalogue store

catalogue marketing *торг.* = catalogue sale

catalogue merchandising *торг.* торговля по каталогам, посылочная торговля *(продвижение товаров посредством распространения каталогов)* **SYN:** catalogue sale **SEE:** merchandise catalogue

catalogue of samples *торг.* каталог [альбом] образцов товара

catalogue order form *торг.* форма заказа по каталогу *(бланк, обычно в составе каталога, с полями для указания имени и адреса заказчика, названия и цены товара)* **SEE:** catalogue buyer, catalogue house

catalogue price *торг.* = list price

catalogue request *торг.* запрос каталога *(просьба потенциального покупателя выслать ему каталог товаров фирмы для просмотра)* **SEE:** catalogue buyer, catalogue house

catalogue retailer *торг.* торговец по каталогу *(использует принципы торговли по каталогам плюс принципы торговли по сниженным ценам для сбыта широкого ассортимента ходовых марочных товаров, продающихся обычно с высокой наценкой: ювелирные изделия, механический инструмент, чемоданы и т. п.)* **SEE:** direct to home retailing

catalogue retailing *торг.* розничная торговля по каталогам **SYN:** catalogue sale

catalogue sale 1) *торг.* продажа по каталогам *(продажа товаров посредством рассылки каталогов потенциальным покупателям, из которых они могут выбрать понравившийся товар и заказать его)* **SYN:** catalogue merchandising, catalogue marketing **SEE:** commercial catalogue, catalogue buyer, catalogue house, catalogue retailer, non-store selling **2)** *тж. мн., торг., стат.* объем продаж по каталогу *(статистический показатель, отражающий количество продаж по каталогу за определенный период)*

catalogue showroom *торг.* = catalogue store

catalogue showroom company *торг.* компания, торгующая по каталогам* *(торговая компания с продажей потребительских товаров по каталогам)*

catalogue store *торг.* каталожный магазин* *(магазин, в котором торговля ведется по образцам, каталогам; покупатель выбирает и заказывает товар в магазине, а через некоторое время получает его там же или с доставкой на дом)* **SYN:** catalogue house, catalogue showroom **SEE:** commercial catalogue, catalogue buyer, catalogue sale

catchall category *торг.* позиция «прочие» *(в перечне различных видов продукции)* **SEE:** catalogue

catchment area *торг.* район охвата обслуживанием *(территория, обслуживаемая больницей, школой и т. п.; также территория, в пределах которой владелец магазина может рассчитывать на спрос населения)* **SYN:** trade area

categorical scale *стат.* категориальная шкала *(другое название номинальной шкалы)* **EX: If you are using a categorical scale, you may say that a proposition belongs to the category of truthful propositions or the category of false propositions.** – Если вы используете категориальную шкалу, вы можете сказать, что суждение принадлежит к категории правдивых утверждений или к категории ложных суждений. **SYN:** nominal scale **SEE:** interval scale, ordinal scale, ratio scale, scale

category killer *марк., сленг* дешевый специализированный магазин* *(розничный магазин, торгующий товарами только одной группы по сниженным ценам; имеет преимущество перед конкурентами за счет продажи товаров по низким ценам, большой торговой площади и удобства для покупателя; обычно существует сеть таких магазинов)* **SYN:** destination store, limited line store **SEE:** specialty store, single-line retailer, specialty retailer

cater *гл.* **1) а)** *общ.* поставлять *(продукцию, продовольствие)*, снабжать *(продовольствием и т. п.)*; обеспечивать; обслуживать **EX: We specialize in catering for tourist bus tours.** – Мы специализируемся на обслуживании экскурсионных автобусных туров. **б)** *торг.* обслуживать *(в ресторане и т. п.)* **2)** *общ.* ориентироваться *(на что-л.)*; угождать, приспосабливаться *(к вкусам, запросам)* **EX: It**

needs to be reminded that businesses need to cater to consumers if they want to make money. — Необходимо напомнить, что фирмы должны удовлетворять запросы потребителей, если они хотят получать деньги.

catering *сущ. торг.* ресторанное [банкетное] обслуживание, кейтеринг *(приготовление и доставка блюд и напитков на различные банкеты, празднества, свадьбы и иные торжественные мероприятия, проходящие как в месте приготовления блюд и напитков (ресторан, гостиница), так и в указанном заказчиком месте (банкетный зал предприятия, места отдыха на открытом воздухе и т. п.)* **SEE:** off-premise catering, on-premise catering

catering pack *марк.* мелкооптовая упаковка *(для предприятий общественного питания)* **SEE:** retail pack, wholesale pack

cats and dogs **а)** *фин., бирж., сленг (высокоспекулятивные акции, не имеющие длительной истории обращения на вторичном рынке или выплат по ним дивидендов)* **SEE:** stock **б)** *фин., бирж., сленг (сомнительные ценные бумаги, не могущие служить обеспечением ссуды)* **в)** *марк., сленг (медленно продающиеся, т. е. пользующиеся плохим спросом товары)*

cause advertising *рекл.* = public service advertising

cause-related marketing *марк.* маркетинг через благотворительность* *(маркетинговая деятельность, связывающая продажи продукции компании с финансированием ею благотворительных или общественных мероприятий)* **SEE:** event marketing

caution money **1)** *торг.* = deposit **2)** *обр., брит.* залог *(вносится студентом при поступлении в университет для покрытия возможных долгов, а также расходов в случае нанесения им ущерба имуществу университета)*

caveat emptor *юр., торг., лат.* «пусть покупатель будет бдителен [осмотрителен]», качество на риске покупателя *(положение общего права, согласно которому, покупатель принимает на себя риск, связанный с качеством товаров и условиями сделки, т. е. сам отвечает за проверку качества товара; после совершения сделки продавец может не принять от него никаких претензий и не согласиться аннулировать сделку; в системе английского права большой шаг в преодолении данного положения сделал закон «О продаже товаров» 1893 г. и последующие законодательные акты, такие как закон «О предложении товаров (с включенными терминами)» 1973 г., закон «О недобросовестных условиях контракта» 1977 г., закон «О продаже товаров» 1979 г.)* **SEE:** caveat venditor, Sale of Goods Act 1893, Supply of Goods (Implied Terms) Act 1973, Unfair Contract Terms Act 1977

caveat subscriptor *юр., торг., лат.* = caveat venditor

caveat venditor *юр., торг., лат.* «пусть продавец будет бдителен [осмотрителен]», качество на риске продавца *(продавец действует на свой риск, т. е. несет ответственность за качество товара и другие аспекты сделки; после совершения сделки недовольный, покупатель может возбудить против него иск)* **SYN:** caveat subscriptor **SEE:** caveat emptor

CE mark **сокр. от** франц. Conformite Europeen («европейское соответствие») *торг.* европейский знак соответствия*, знак соответствия европейским стандартам*, знак CE* *(знак, указывающий на соответствие товара стандартам качества и безопасности Европейского Союза; наличие такого знака является необходимым условием для ввоза ряда товаров в страны ЕС)*

ceiling *сущ.* **1)** *общ.* потолок **2)** *общ.* максимум, предел, пик, потолок *(максимальное допустимое значение)* **3)** *учет* максимальная учетная стоимость* *(максимальная стоимость, по которой товарно-материальные запасы могут быть отражены в бух-*

галтерских записях; численно совпадает с чистой возможной ценой реализации) **SEE:** market value, floor **4)** *фин., банк.* потолок *(предел кредитования, процентных ставок, цен и т. п., установленный регулирующим органом или самим хозяйствующим субъектом)* **5)** *торг., учет* максимальная цена *(цена, которую руководитель хотел бы назначить на свою продукцию и фактически должен достигнуть в долгосрочном периоде)* **SEE:** range of flexibility **ANT:** floor

ceiling display *торг.* потолочная экспозиция* *(размещение товара или рекламы на потолке торгового зала)* **EX: ceiling display fixtures** – приспособления для размещения товара на потолке **SEE:** window display, shelf display, in-store display, counter display, floor display

celebrity marketing *марк.* маркетинг знаменитостей *(управление отношением общественности к известным людям; размещение информации о «звезде» в средствах массовой информации, планирование графика появления в общественных местах и т. п.)* **SEE:** person marketing, political marketing

census of business *стат., торг.* перепись предприятий торговли и сферы услуг *(как правило, включена в экономическую перепись страны)*

census of retail trade *стат., торг., амер.* перепись предприятий розничной торговли *(включена в перепись предприятий торговли и сферы услуг)* **SEE:** Census of Business

census questionnaire *соц.* опросный лист переписи

centre spread **1)** *СМИ* центральный разворот *(издания)* **2)** *рекл.* реклама на развороте *(место под рекламное объявление на двух центральных страницах издания)* **SEE:** double-page spread

cents-off coupon *марк.* купон на скидку *(дает право на скидку при покупке определенного товара)* **SYN:** discount coupon **SEE:** advertising coupon

cents-off deal *торг.* сделка со скидкой *(сделка, совершаемая с предоставлением скидки с цены)* **SEE:** cents-off retail price

cents-off retail price *торг., марк.* розничная цена со скидкой **SEE:** discount retailing market, off-price retailer

certificate of inspection *торг., межд. эк.* сертификат проверки [осмотра, инспекции]* *(документ, в котором независимый от продавца эксперт подтверждает, что товары были подвергнуты осмотру в соответствии с национальными или международными стандартами и до погрузки находились в хорошем состоянии)* **SYN:** inspection certificate **SEE:** quality certificate

certificate of origin *межд. эк., торг., гос. фин.* сертификат [свидетельство] происхождения, сертификат [свидетельство] о происхождении *(документ, в котором указывается страна, где был произведен данный товар, и откуда он был отправлен; предъявляется таможенным органам для определения размера таможенной пошлины)* **SEE:** country of origin, mark of origin, manufacturing country, Madrid Agreement for the Repression of False or Deceptive Indication of Source on Goods

certificate of quality *торг.* = quality certificate

certificate of weight *торг.* = weight note

certification mark *торг.* сертификационный знак, знак сертификации *(удостоверяет соответствие представляемой продукции установленным стандартам качества; достоверность сведений о производителе, составе, способе производства продукта и т. д.)* **SYN:** certification trademark **SEE:** quality certificate, mark of origin

certification of goods *торг.* сертификация [аттестация] продукции *(установление и документальное подтверждение качества продукции уполномоченными органами)*

certification trademark *торг.* = certification mark

chain discount *торг.* цепная [серийная] скидка* *(наличие двух или более разных скидок, предоставленных по одному и тому же товару; для таких случаев часто рассчитывают единую ставку скидки, которая определяется как единица минус произведения разностей единицы и величины различных скидок, напр., при предоставлении скидок в размере 30%, 20% и 10%, единая ставка будет равна 49,6%, т. е. 100%×(1–0,7×0,8×0,9))* **SYN:** discount series, series discount

chain of distribution *марк.* = distribution channel

chain of production and distribution *эк.* производственно-распределительная цепочка *(совокупность звеньев, через которые должен пройти продукт, чтобы попасть к потребителю; напр., молоко производится на фермах, затем обрабатывается на молокозаводе, после чего попадает в магазины и реализуется населению)*

chain of retail stores *торг.* = retail chain

chain store **1)** *торг.* магазин сети* *(магазин, который является частью розничной сети)* **SYN:** multiple shop, multiple store, multistore **SEE:** retail chain **2)** *торг., мн.* = retail chain

chain store paradox *т. игр* парадокс розничной сети* *(сформулирован Р. Зелтеном; национальная компания (НК) розничной торговли владеет магазинами в N городах и в каждом городе существует опасность входа на рынок местной компании (МК), что уменьшит прибыль национальной компании на каждом рынке; на каждом рынке НК может не пустить МК путем ценовой войны, но в этом случае ее прибыль на этом рынке будет еще меньше, чем в случае мирного сосуществования; парадокс заключается в том, что с одной стороны, НК выгодно устроить войну на первом рынке, который подвергнется вторжению, и «напугать» остальных МК, чтобы предотвратить вход на других рынках; но с другой стороны, если МК уже вошли на все рынки кроме последнего, на этом последнем рынке не выгодно устраивать войну, и обещание войны не будет правдоподобной угрозой, а следовательно и обещание войны на предпоследнем рынке не будет правдоподобным и т. д. вплоть до первого рынка)*

chain supermarket *торг.* сетевой супермаркет [универсам] *(магазин, являющейся частью розничной сети)* **SEE:** supermarket chain, store chain

chain warehouse *торг.* сетевой склад*, один из сети складов *(склад, входящий в сеть складов)*

chainwide *торг.* во всей сети, по всей сети **EX: The bakery sales grew chainwide by $1 million.** – Продажи хлебобулочных изделий выросли во всей сети магазинов на 1 миллион долларов.

challenged advertising *рекл.* = controversial advertising

Chamber of Commerce *эк.* торговая палата *(общественная организация в форме объединения торгово-промышленных кругов определенного региона (города, страны, группы стран и т. п.), содействующая развитию торговли и промышленности; в задачи торговых палат входят оценка экономической конъюнктуры, изыскание рынков сбыта, предоставление информации своим членам и т. д.; по правовому положению являются либо частными ассоциациями, образуемыми на началах добровольного членства, либо организациями, имеющими государственный характер)* **EX: The Spanish Chamber of Commerce in Britain** Испанская торговая палата в Британии **SYN:** Chamber of Trade, Chamber of Commerce and Industry

Chamber of Commerce and Industry *эк.* торгово-промышленная палата *(название существующей во многих странах общественной организации, содействующей развитию торговли и промышленности)* **SYN:** Chamber of

Commerce **SEE:** International Chamber of Commerce, London Chamber of Commerce and Industry

Chamber of Trade *торг.* = Chamber of Commerce

chandler **1)** *торг.* торговец свечами; свечной фабрикант, производитель свечей **2)** *торг., часто пренебрежительно* лавочник; мелочный торговец *(особенно торгующий мелкими предметами домашнего потребления, напр., мылом, косметикой, бакалейными товарами и т .п.);* бакалейщик **SEE:** chandlery **3)** *торг., мор.* шипчандлер, судовой поставщик *(торговец, снабжающий суда продовольствием и корабельным оборудованием)* **SYN:** ship chandler **4)** *торг.* торговец *(при использовании в качестве компонента сложных слов)* **EX: corn-chandler** – хлеботорговец

chandlery *гл.* **1)** *торг.* свечная кладовая, свечной склад **2)** *торг., часто мн.* мелкий товар; бакалея **3)** *торг.* **а)** торговля мелким товаром **SEE:** chandler **б)** торговля свечами

channel *сущ.* **1)** *общ.* канал, русло; пролив **2)** *марк.* = distribution channel **3)** *упр.* канал связи *(средство передачи информации)* **4)** *общ.* канал *(телевизионный, радио)* **EX: TV channel** – телеканал

channel allocation scheme *марк.* = channel design

channel arrangement *марк.* = channel design

channel capacity *марк.* пропускная способность канала (распределения)* *(максимальный объем товара или информации, который может быть доставлен через этот канал)* **SEE:** distribution channel

channel captain *марк.* лидер канала распределения* *(главный участник канала распределения или цепочки поставщиков)* **SEE:** distribution channel, supply chain

channel competition **1)** *марк.* внутриканальная конкуренция* *(конкуренция организаций, занимающихся сбытом товаров в рамках одного канала распределения)* **2)** *СМИ* межканальная конкуренция *(конкуренция между вещательными каналами)*

channel conflict *марк.* внутриканальный конфликт* *(конфликт в рамках канала распределения)*

channel decision *марк.* выбор канала распределения* *(решение относительно канала распределения)* **SEE:** distribution channel

channel design *марк.* схема [структура] канала распределения **SYN:** channel allocation scheme, channel arrangement

channel letter signs *рекл.* наружные вывески с подсветкой* **SEE:** outdoor advertising

channel management *марк.* управление каналом распределения *(осуществляемый производителем процесс увеличения эффективности работы торгового аппарата фирмы и торговых посредников в процессе сбыта определенного вида товаров определенной группе потребителей)* **SEE:** distribution channel

channel member *марк.* участник канала распределения **SEE:** distribution channel

channel of distribution *марк.* = distribution channel

channel of sales **1)** *марк.* = distribution channel **2)** *связь* источник заказов на подписку *(напр., прямая почтовая реклама, подписные агентства, газетные киоски)*

channel strip *торг.* торцевая (рекламная) наклейка *(рекламная наклейка, которая крепится на наружном торце магазинной полки и служит для размещения информации о ценах и рекламных материалов)* **SEE:** display shelf

chapman *торг.* = peddler

characteristic product *марк.* характерный товар [продукт]* *(товар или услуга, считающиеся типичным для какой-л. отрасли или сферы обслуживания, страны, магазина; напр., характерными услугами в сфере туризма считаются гостиничные услуги, рес-*

торанные услуги и т. д.) **SEE:** core product, basic product

charge account *сущ. фин., торг., амер.* кредит по открытому счету, открытый счет* *(счет, открываемый клиенту в торговом центре, ресторане и т. п. и позволяющий приобретать товары в кредит с условием периодического погашения задолженности)* **SYN:** credit account **SEE:** charge card, trade credit, consumer credit

charge buyer *торг.* = credit customer

charge card *фин., банк.* платежная [расчетная] карта, платежная [расчетная] карточка *(пластиковая карта, дающая своему владельцу право на приобретение товаров в кредит в пределах оговоренной суммы и, в отличие от обычных кредитных карт, подразумевающая периодическое погашение накопленной задолженности в полном размере; обычно выдаются владельцам открытого счета в торговых центрах, ресторанах и т. п., но выпускаются также и банками)* **SEE:** charge account, credit card, consumer credit

charge for storage *торг.* сбор [плата] за хранение **SYN:** warehouse charges, storage charge, storage fee, storage **SEE:** storage

charge-account customer *торг., фин.* = credit customer

charge-and-delivery *торг.* безналичная продажа с доставкой* *(продажа с записью на счет покупателя и доставкой покупки на дом)* **SEE:** cash-and-delivery

charges for delivery **1)** *торг.* затраты на доставку **SYN:** delivery cost **2)** *торг.* плата за доставку **SYN:** delivery charge, delivery fee

charges forward *торг.* доставка за счет покупателя *(условие в торговле, означающее, что расходы по транспортировке товара подлежат оплате грузополучателем)*

charity advertisement *рекл.* благотворительное рекламное объявление **SEE:** charity advertising

charity advertising *рекл.* благотворительная реклама *(реклама, имеющая целью стимулирование пожертвований, благотворительных мероприятий, некоммерческих проектов)* **SEE:** noncommercial advertising, public service advertising, commercial advertising

charity bazaar *торг.* благотворительный базар [ярмарка] *(распродажа, организованная в благотворительных целях)* **SEE:** charity shop, church fair

charity shop *торг.* благотворительный магазин* *(магазин, торгующий подержанными вещами, отдающий выручку на благотворительные цели)* **SEE:** church fair, charity bazaar

Chartered Institute of Marketing **сокр.** CIM *марк., брит.* (Королевский) Чартерный институт маркетинга *(основан в 1911 г. для содействия исследовательской деятельности в области маркетинга и продвижения принципов маркетинга в экономическую деятельность; сейчас Институт является крупнейшей и самой престижной маркетинговой ассоциацией в мире, а также официально уполномоченным органом по установлению стандартов маркетингового образования; предоставляет образовательные услуги тысячам студентов из 80 стран мира; прежнее название Британский институт маркетинга)*

chaser border *рекл.* световое обрамление* *(электрические лампы по периметру вывески, которые горят постоянно, либо зажигаются по очереди, создавая эффект движения)*

cheap *прил.* **1)** *эк.* дешевый, недорогой *(о продукте с низкой ценой)* **EX:** **cheap dress** – дешевое платье **SYN:** low-price, low-priced, inexpensive **SEE:** cheap purchase **2)** *эк.* дешевый, низкосортный *(о продукте низкого качества)* **3)** *торг.* дешевый, недорогой *(о магазине)* **EX:** **very cheap store** – очень дешевый магазин **4)** *эк.* обесцененный, имеющий низкую покупательную силу *(о валюте)*

cheap purchase *торг.* = bargain

cheater question *соц.* вопрос на проверку лжи* *(стандартизованная процедура, используемая составителями анкет для выявления искренности респондента)* **EX: One of the questions is the «sleeper» or «cheater» question designed to let you assess the reliability of the responses.** – Один из вопросов – это вопрос на проверку лжи, разработанный, чтобы оценить достоверность ответов. **SEE:** question

check
I *сущ.* **1)** *общ.* препятствие, остановка, задержка; сдерживающий фактор **EX: a check on the growth of job opportunities** – препятствие для роста занятости **2)** *общ.* контроль; проверка; сличение **EX: the usual check by customs officers** – обычная проверка служащими таможни **3)** *эк., амер.* контрольный штемпель; «галочка»; отметка *(в документе как знак проверки)* **4)** *амер.* чек **а)** *банк., фин. (документ, подписанный владельцем банковского счета и содержащий распоряжение, данное банку, уплатить указанную сумму указанному лицу)* **EX: check handling [processing]** – обработка чеков, **check sorting** – сортировка чеков **SYN:** cheque **б)** *торг., фин. (согласно Единообразному торговому кодексу США: любой переводной вексель, выписанный на банк, не относящийся к категории учитываемых банком и оплачиваемый по требованию; в этом случае инструмент считается чеком, даже если на его лицевой стороне написано иное, напр., «приказ о выдаче денег»)* **SEE:** Uniform Commercial Code
II *гл.* **1)** *общ.* останавливать, сдерживать; препятствовать *(продвижению);* удерживать; обуздывать, ограничивать **2)** *общ.* проверять, контролировать; ревизовать, сверять **EX: to check an account** – выверять счет **3)** *общ., амер.* соответствовать, совпадать **4)** *общ., амер.* отмечать галочкой, значком **EX: to check the mistakes** – отмечать ошибки
III *прил.* **1)** *общ.* проверочный, контрольный, испытательный **EX: check specimen** – контрольный экземпляр **2)** *общ.* запирающий, задерживающий **EX: check dam** – задерживающая плотина

check-out *сущ. общ., торг.* = checkout

check-out computer *комп., торг.* кассовый компьютер *(компьютер, установленный на кассе магазина для упрощения и ускорения обслуживания и отчетности)*

check-out counter *торг.* касса, контрольно-кассовый пункт *(место в магазине самообслуживания, где покупатель оплачивает купленный товар)* **SEE:** self-service, shopping basket

check-out procedure *торг.* процедура расчета *(в кассовом узле магазина)*

checker *сущ.* **1)** *общ.* контролер, учетчик **2)** *общ.* счетчик **3)** *торг., амер.* кассир *(в магазине самообслуживания)* **SEE:** cashier

checker *сущ. общ., амер.* шашка *(игральная; мн. шашки)*

checkerboard 1) *т. игр, амер.* шахматная доска **2)** *рекл.* схема шахматной доски *(схема использования площади при размещении рекламы в газете)*

checking copy *рекл.* контрольный экземпляр *(экземпляр издания, представляемый рекламодателю (рекламному агентству) в качестве документа, подтверждающего публикацию его объявления)* **SYN:** advertiser's copy

checkout *тж.* check-out *сущ.* **1)** *общ.* испытание, контроль, проверка **2)** *торг.* касса *(в магазине самообслуживания),* контрольно-кассовый аппарат **3)** *торг.* подсчет стоимости сделанных покупок

chemist's shop *торг., брит.* аптека **SEE:** drug store

cheque *сущ. фин., банк., брит.* чек *(денежный документ установленной формы, содержащий безусловный приказ чекодателя кредитному учреждению о выплате держателю чека указанной в нем суммы)* **EX: to issue [draw, write out, make out] a cheque** – выписывать чек, **to sign a cheque** – подписать чек, **to cancel**

a cheque – аннулировать чек, **to stop a cheque** – приостанавливать платеж по чеку, **to pay by a cheque** – оплачивать чеком, **unpaid cheque** – неоплаченный чек **SYN:** check **SEE:** buyer check, endorsement

cherry-picking отбор лакомых кусков*, захват ягодных мест* **а)** *эк. (при ликвидации компании: выбор покупателем наиболее инвестиционно привлекательных ее элементов)* **б)** *марк. (выбор из предложенных товаров, клиентов и т. п. только тех, которые позволяют увеличить полезность потребления или прибыль; напр., отбор медицинской клиникой из всех потенциальных клиентов только тяжелобольных с целью иметь исключительно высокую прибыль от сложных операций)* **SEE:** skimming, harvesting

chewing-gum machine *торг.* автомат по продаже жевательной резинки **SEE:** vending machine

chief buyer *эк. тр., торг., амер.* = buyer

children's advertising *рекл.* детская реклама *(реклама, адресованная детям)* **SEE:** Children's Advertising Review Unit

Children's Advertising Review Unit *рекл., амер.* Бюро по обзору детской рекламы *(саморегулирующая организация, созданная в рамках Национального совета по наблюдению за рекламной деятельностью с целью разработки кодекса поведения в области детской рекламы)* **SEE:** children's advertising, National Advertising Review Council

chill cabinet *торг.* холодильник *(в магазине: шкаф с охлаждением для хранения пищевых продуктов)* **EX: supermarket chill cabinet** – холодильник в супермаркете **SEE:** chilled goods

chilled commodity *потр.* охлажденный продукт **SEE:** chilled goods

chilled goods *потр.* охлажденные продукты *(продовольственные товары, хранящиеся в холодильнике до продажи; напр., масло, сыр, напитки и т. д.)* **SEE:** frozen goods, service cabinet

chilled item *торг.* охлажденный продукт **SEE:** chilled goods

chilled storage *торг.* хранение в охлажденном состоянии **SYN:** cold storage, chilled storage, frozen storage **ANT:** hot storage **SEE:** cold-storage warehouse, storage, storage temperature, storage conditions, controlled atmosphere storage, service cabinet

china shop *потр., торг.* посудная лавка, магазин фарфора *(магазин, торгующий китайским фарфором)*

Chinese copy «китайская копия» **а)** *общ. (точная копия чего-л., повторяющая дефекты оригинала)* **б)** *эк., пат. (подделка под фирменный товар)* **EX: This camera is often listed as a Chinese copy of the Minolta SRT101.** – Эта камера часто упоминается как китайская копия модели «Минолта SRT101».

chip card *эк., комп.* микропроцессорная [чиповая] карточка [карта], чип-карта, чип-карточка *(пластиковая карта с микропроцессором)* **SYN:** smart card **SEE:** plastic card

chip terminal *комп., торг.* чиповый терминал, терминал для микропроцессорных [чиповых] карточек [карт]* *(компьютерный терминал, который позволяет считывать информацию из микропроцессора, встроенного в карту)* **SEE:** chip card, card reader, point-of-sale terminal, magnetic stripe terminal

choice *сущ.* **1)** *общ.* выбор **2)** *торг.* ассортимент, выбор **EX: a wide choice of styles and colours** – широкий выбор фасонов и расцветок **SYN:** assortment, set **SEE:** safety stock **3)** *эк.* выбор *(в моделях поведения: решение о распределении ограниченных ресурсов, которое принимает потребитель, фирма, государство и т. д.)* **SEE:** consumer choice

choice grade *торг.* отборный сорт

choice of goods **1)** *торг.* выбор [разнообразие, ассортимент] товаров *(набор товаров, предлагаемых на продажу)* **EX: wide choice of goods** – большой выбор товаров **SYN:** range of goods, range of products, product variety **2)** *эк.* выбор товара *(потребителем из группы предложенных на продажу)* **SYN:** product choice

chop-and-nest *марк.* «разрежь и сложи в конверт»* *(метод изготовле-*

ния компонентов почтовой рекламы, состоящий в разрезании листа бумаги для получения двух и более элементов, составляющих комплект почтовой рекламы)

Christmas selling *марк.* рождественская продажа *(продажа со скидкой, приуроченная к рождественским праздникам)* **SEE:** sale

Christmas shopping *торг.* покупки к Рождеству, рождественские покупки **SEE:** shopping season

chrome **1)** *общ.* хром (металл) **2)** *общ.* хромированное изделие *(покрытое сплавами хрома)* **3)** *рекл.* *(цветной фотографический постер с блестящей поверхностью)*

chromo *сленг* покупатель-зануда

church fair *торг.* церковный базар *(как правило, благотворительный)* **SEE:** charity bazaar, charity shop, fair

churn rate *марк.* текучесть абонентов* *(соотношение числа абонентов телефонной или телевизионной сети к числу покинувших данную сеть)*

CIF price *межд. эк., торг.* цена СИФ, цена CIF *(цена с включением издержек, страхования и фрахта, т. е. цена, рассчитанная по условию «стоимость, страхование, фрахт»)* **SEE:** cost, insurance, freight;

cinema advertisement *рекл.* кинореклама *(рекламный ролик перед началом или в перерыве киносеанса)* **SYN:** film advertisement, movie advertisement **SEE:** cinema advertising

cinema advertising *рекл.* кинореклама *(рекламирование в кинозале перед началом или в перерыве киносеанса)* **SYN:** film advertising **SEE:** screen advertising, broadcast advertising, media advertising

cinema audience *марк.* киноаудитория *(аудитория посетителей кинотеатров)* **SEE:** audience

cinema campaign **1)** *марк.* кампания кинорекламы *(рекламная кампания с применением рекламных роликов, проигрываемых перед показами фильмов в кинотеатрах)* **SEE:** on-air campaign, press campaign, multimedia campaign **2)** *марк.* рекламная кампания кинотеатра

CIP **сокр. от** carriage and insurance paid to *межд. эк., торг.* «доставка и страховка оплачены до» *(стандартное условие внешнеторгового контракта, в соответствии с которым продавец несет те же обязательства, что и при условии «доставка оплачена до», но кроме этого обязан застраховать товар на время его перевозки и подготовить товар к экспорту; употребляется с указанием места прибытия груза)* **SEE:** Incoterms, CPT

CIP price *межд. эк., торг.* цена СИП, [CIP] *(цена, рассчитанная по условию «доставка и страховка оплачены до»)* **SEE:** CIP

circ *рекл.* = circular

circle of customers *марк.* круг потребителей *(люди, покупающие определенный продукт)* **EX:** **widening the circle of customers** – расширение круга потребителей **SEE:** market segment, consumer segment, circle of customers, customer market

circuit rider [walker] *эк. тр., торг., амер.* = head tobacco buyer

circuiteer *сущ.* **1)** *торг.* обходчик* *(коммивояжер или агент, который объезжает или обходит какой-л. район)* **2)** *юр.* судья [адвокат] окружного (выездного) суда

circular *сущ.* **1)** *упр.* циркуляр, циркулярное письмо *(распоряжение или иной документ, рассылаемый подведомственным учреждениям, подчиненным должностным лицам и т. п.)* **2)** *рекл.* реклама; рекламная листовка, рекламный проспект, рекламный листок *(напечатанное на листе бумаги рекламное сообщение; рассылается по почте или передается из рук в руки)* **SYN:** leaflet, flier, handbill, sales leaflet, advertising handbill, advertising leaflet, advertising circular, circ **3)** *общ.* листовка, информационное письмо **SYN:** circ, handout, flyer, flier, handbill, throwaway

circularise *гл. упр., рекл.* = circularize

circularize *гл. тж.* circularise **1)** *СМИ, упр.* циркулярно рассылать *(сообщения для печати и т. п.);* рассылать циркуляры [циркулярные письма] **EX: The secretary then circularized the members who were unable to attend this meeting and gave them a short resume of the problem together with the actions taken at this special meeting.** – Впоследствии секретарь разослал циркуляры всем членам, которые не смогли присутствовать на собрании, и привел краткое описание проблемы и мер, предпринятых по решению собрания. **2)** *рекл.* рассылать рекламные листовки, проспекты и т. п. **EX: They circularized all their customers with a new list of prices.** – Они разослали проспекты с новым списком цен всем своим клиентам. **SEE:** circular

circulation *сущ.* **1)** *общ.* круговорот, циркуляция; круговое движение **EX: circulation of information among departments** – обмен информацией между отделами. **2)** *общ.* распространение *(информации, изданий и т. п.)* **SEE:** bulk circulation **3)** *СМИ* тираж *(газет, журналов)* **EX: circulation promotion** – стимулирование роста тиража, содействие росту тиража, **circulation area** – район распространения тиража **4)** *эк.* обращение *(процесс обмена, оборота денежных средств, капитала, товара)* **EX: money circulation** – денежное обращение **5)** *общ.* абонемент, выдача книг на дом

circulation audit *СМИ* аудит [ревизия, проверка] тиража *(проверка данных о распространении тиража; включает в себя не только контроль за достоверностью сведений о численных показателях, но и учет целого ряда характеристик, таких как зона охвата, способ оплаты и т. п.)* **SEE:** audited circulation

circulation marketing *марк., СМИ* маркетинг изданий* *(деятельность по привлечению внимания к какому-л. печатному изданию, привлечению новых читателей и подписчиков)* **EX: She has over 20 years experience in the circulation marketing.** – У нее 20-ти летний стаж работы в сфере маркетинга изданий.

city delivery **1)** *связь* доставка по городу **2)** *связь, торг.* = local delivery

civilian goods *эк.* товары гражданского назначения *(в отличие от товаров военного назначения)* **SEE:** military goods

claim for damage *юр., торг.* иск за ущерб *(в законодательстве о продаже товаров различают следующие иски за ущерб: иск за ущерб, нанесенный товару, и иск за ущерб, нанесенный товаром, напр., неисправным автомобилем или бытовым электроприбором; по другому основанию: иск покупателя к продавцу; иск покупателя к третьему лицу, напр., к производителю; иск третьего лица, не являющегося покупателем товара, к продавцу)* **SEE:** Donoghue v Stevenson, Carlill v Carbolic Smoke Ball Co, Henningsen v Bloomfield Motors, manufacturer's guarantee

claims adjustment *юр., торг., трансп., мор.* диспаша **а)** *(расчет убытков по общей аварии и распределение их между судном, фрахтом и грузом соразмерно их стоимости)* **б)** *(специальный документ, устанавливающий наличие общей аварии при кораблекрушении, служащий основанием для расчета убытков от аварии)*

class A commercial *рекл., амер.* рекламный ролик класса А [«эй»] *(предусматривается показ в 21 или более городах, либо в двух или более крупных городах США)* **SEE:** class B commercial, class C commercial

class and commodity tariff *трансп.* товарно-классовый тариф* *(ставка, по которой оплачивается транспортировка груза с учетом его класса)* **SEE:** commodity rate, class rate

class B commercial *рекл., амер.* рекламный ролик класса В [«би»] *(предусматривается показ не менее чем в шести, но не более чем в двадцати городах, за исключением Нью-Йорка, Чикаго и Лос-Анджелеса, либо в одном из них плюс в 9 других городах США)* **SEE:** class A commercial, class C commercial

class C commercial *рекл., амер.* рекламный ролик класса С [«си»] *(предусматривается показ не более чем в 5 городах США, за исключением Нью-Йорка, Чикаго и Лос-Анджелеса)* **SEE:** class B commercial, class A commercial

class of buyers *марк.* = class of customers

class of customers *марк.* категория клиентов [покупателей] *(клиенты фирмы, сгруппированные по определенному признаку; напр., полу, доходу, институциональной принадлежности и т. п.)* **SYN:** customer category, class of buyers **SEE:** consumer group, customer specialization, circle of customers

class of goods *торг.* товарная категория, категория [класс] товаров *(группа товаров, объединенных каким-л. общим признаком; напр., продукты питания, мебель, товары длительного пользования, товары повседневного спроса, предметы роскоши и т. д.)* **SYN:** commodity group **SEE:** classification of goods, type of goods, assorted goods

class rate *трансп.* классовая ставка* *(ставка оплаты транспортировки грузов, применяемая к однородным грузам или классу грузов, в соответствии с классификацией грузов; в отличие от тарифа, применяемого к конкретному товару)* **SEE:** commodity rate, class and commodity tariff, freight rate

classification of goods *торг.* классификация товаров *(отнесение конкретных товаров к определенной группе (категории) товаров на основании определенных признаков; напр., по назначению, цене, характеру потребления, срокам использования, способу изготовления, степени обработки или потребительским свойствам)* **SYN:** commodities classification, product classification **SEE:** class of goods

classified

I *прил.* **1)** *общ.* классифицированный, систематизированный, отнесенный к определенной категории; рассортированный **EX: classified methods** – систематизированные методы **2)** *общ.* имеющий гриф секретности *(о документе)*, секретный *(не подлежащий разглашению)* **EX: classified document** – секретный документ

II *сущ. рекл.* = classified advertising

classified ads *рекл., разг.* = classified advertisements

classified advertisements *рекл.* рубричные [классифицированные] рекламные объявления *(краткие объявления, помещаемые в специальных рубриках, таких как «требуются», «куплю», «сдам в аренду» и т. д.)* **SYN:** classified ads, small ads, want ads, want advertisements **SEE:** classified advertising

classified advertising 1) *рекл.* рубричная [классифицированная] реклама *(форма рекламы в средствах массовой информации, состоящая из набора рекламных объявлений, сгруппированных по тематическим категориям; напр., «требуется», «продается»)* **SEE:** classified advertisements, blind advertisement **2)** *рекл.* рубричная [строчная] реклама *(текстовые объявления, оплачиваемые построчно)* **SYN:** classified **SEE:** display advertising, semi-display advertisement

classified display advertisement *рекл.* = semi-display advertisement

classified display advertising *рекл.* рубрично-изобразительная [полуизобразительная, строчно-изобразительная] реклама **SEE:** semi-display advertisement

clean *прил.* **1)** *общ.* чистый; очищенный **2)** *общ.* добродетельный; незапятнанный; нескомпрометированный, законопослушный **EX: to have a clean record** – иметь чистый послужной список **3)** *общ.* чистый, без примеси **EX: clean gold** – чистое золото, **clean diamond** – бриллиант чистой воды **4)** *фин.* чистый, свободный от долгов **EX: The UK government wrote off all the newly-privatised water companies' debts and the companies started with a clean balance sheet.** – Британское правительство списало все долги недавно приватизированных водопроводных компаний, что позволило этим компаниям начать свою деятельность с чистым баланcom. **5)** *межд. эк., торг., фин.* чистый, без приложения документов *(о долговом инструменте, который предъявляется к инкассации без приложения товаросопроводительных документов)* **SEE:** clean draft

clean bill **1)** *межд. эк., фин., торг.* чистый вексель **ANT:** documentary bill **SEE:** clean draft **2)** *юр., амер.* чистый законопроект *(законопроект с поправками комитетов, который повторно выносится на рассмотрение Палаты представителей или Сената в качестве совершенно нового законопроекта)*

clean collection *банк., торг.* чистое инкассо *(форма инкассо, при которой вексель или иной подобный платежный документ, предается банку без соответствующих транспортных документов на товар; в этом случае продавец самостоятельно направляет документы на товар покупателю)* **SEE:** clean draft, documentary collection, shipping documents

clean draft *межд. эк., фин., торг.* чистая тратта, чистый переводной вексель *(переводной вексель, не сопровождаемый какими-л. дополнительными документами; в этом случае продавец не прилагает товаросопроводительные документы к передаваемому в банк векселю, а сразу направляет их покупателю)* **ANT:** documentary draft **SEE:** clean collection

clear *гл.* **1)** *общ.* очищать(ся); осветлять(ся) **2)** *общ.* объяснять, разъяснять, прояснять **3)** *фин.* заплатить долг, произвести расчет; оплатить *(расходы и т. п.)* **EX: to clear an account** – рассчитаться, **to clear one's expenses** – покрыть свои расходы, **to clear an encumbered estate** – очистить имение от долгов, **This sum will clear all his debts.** – Эта сумма покроет все его долги. **4)** *банк.* осуществлять [производить] клиринг *(производить расчет по векселям или чекам через расчетную палату)* **EX: to clear cheques** – осуществлять клиринг чеков, **We will ship your products as soon as your cheque clears.** – Мы отгрузим ваши товары, как только будет завершен клиринг вашего чека. **SEE:** clearing **6)** *межд. эк., гос. фин., торг.* растаможивать, очищать *(товары, груз)* от (таможенных) пошлин, проходить таможенную очистку; пройти таможенный осмотр [досмотр] **EX: In order to clear goods through customs, the importer must complete a designated form and present a bill of lading from the foreign exporter.** – Для того чтобы растаможить товары, импортер должен заполнить предписанную форму и представить коносамент от иностранного экспортера. **They cleared customs.** – Они прошли таможенную очистку. **7)** *фин.* получить чистую прибыль **EX: The firm cleared □300000.** – Фирма получила 300 тыс. фунтов стерлингов чистой прибыли. **8)** *торг.* распродавать, устраивать распродажи **EX: 20% price reduction to clear** – 20-процентное снижение цены в целях распродажи товара **9)** *общ.* одобрять, разрешать; успешно пройти какие-л. инстанции, получить одобрение

clearance *сущ.* **1)** *общ.* очистка, расчистка **2)** *торг.* распродажа *(продажа товаров по сниженным ценам с целью очистки складов)* **SYN:** clearance sale **3) а)** *межд. эк., торг., гос. фин.* таможенная очистка, очистка от (таможенных) пошлин *(выполнение необходимых формальностей, возникающих в связи с перемещением через таможенную границу данной страны товаров и транспортных средств; включает таможенное оформление, уплату таможенных платежей и является необходимым условием выпуска товаров в свободное обращение на территории страны)* **б)** *межд. эк., торг., гос. фин.* сертификат таможенной очистки*, сертификат очистки от таможенных пошлин* *(свидетельство, выданное таможней, удостоверяющее прохождение товаром таможенных процедур)* **4)** *фин., банк.* оплата долга, погашение долговых обязательств; уплате по счетам **EX: clearance of debts** – погашение долгов **5) а)** *юр.,* *упр.* разрешение, виза **EX: diplomatic clearance** – дипломатическая виза **б)** *юр., упр.* допуск к секретной работе [к секретным материалам] **EX: Sorry, it's top secret and you don't have clearance.** – Простите, но эти сведения совершенно секретны, а у вас нет допуска к работе с секретными материалами. **в)** *трансп. (разрешение на взлет или посадку воздушного транспортного средства)* **EX: The aircraft took off without clearance.** – Самолет взлетел без официального разрешения. **г)** *рекл.* разрешение на рассылку* *(разрешение, даваемое владельцем рассылочного списка, на рассылку рекламы лицам, входящим в этот список)* **д)** *пат. (разрешение на использование защищенного авторскими правами материала)* **б)** *банк., фин.* клиринг *(определение взаимных обязательств по сделкам и их зачету)* **SYN:** clearing **SEE:** check

clearance certificate *гос. упр., торг.* таможенный сертификат* *(документ об успешном прохождении процедур таможенного контроля)*

clearance merchandise *торг.* сбрасываемый товар* *(реализуемый с большой скидкой невостребованный товар, снятый с производства товар, сезонный товар и т. д. для освобождения склада)* **SEE:** clearance sale, surplus goods, discontinued merchandise, sale, closeout

clearance sale *торг.* полная распродажа* *(розничная продажа товара по сниженным ценам с целью освободить склад)* **SYN:** inventory-clearance sale, clearance, clearing sale, clearing, closing-down sale **SEE:** clearance merchandise, sale

clearing *сущ.* **1)** *общ.* очистка; расчистка **2)** *торг.* = clearance sale **3)** *банк., бирж.* клиринг *(система безналичных расчетов, основанная на зачете взаимных требований и обязательств)* **SYN:** clearance

clearing sale *торг.* = clearance sale

clerk

I *сущ.* **1)** *упр.* клерк, конторский служащий, канцелярист *(служащий, в обязанности которого входит обработка корреспонденции, контроль за документооборотом и т. п. функции)* **EX: bank clerk** – банковский клерк, **accounts clerk** – младший бухгалтер, **sales clerk** – сотрудник отдела продаж, **head [chief] clerk** – старший клерк, заведующий канцелярией **2)** *упр.* секретарь *(в названиях должностей; часто используется с капитализацией)* **EX: clerk of the council** – секретарь местного совета, **court clerk, clerk of court** – секретарь суда **3)** *торг., амер.* продавец **SYN:** shop assistant, salesclerk, seller, salesman, selling assistant, salesperson, shopman **4)** *общ.* администратор *(гостиницы)*; портье

II *гл.* **1)** *упр., амер.* работать в конторе [офисе], работать клерком **EX: Debbie has a summer job clerking in an office.** – Летом Деби подрабатывает в офисе. **2)** *торг., амер.* работать продавцом **EX: He clerks in a supermarket.** – Он работает продавцом в супермаркете.

click

I *сущ.* **1)** *общ.* щелчок **2)** *рекл.* нажатие, клик, щелчок (мышью) *(в интернет-рекламе: нажатие мышью на баннер или рекламную ссылку с последующим попаданием пользователя непосредственно на веб-сайт рекламодателя)* **SYN:** clickthrough **SEE:** ad response, banner, cost per click **3)** *эк.* успех *(удачный поворот событий; коммерческий успех фирмы)*

click rate *комп., рекл.* = clickthrough rate

click through *рекл., комп.* = clickthrough

clickthrough *тж.* click through *комп., рекл.* клик *(щелчок посетителя веб-страницы по ссылке; в интренет-рекламе термин относится к щелчку пользователя по баннеру или другой рекламной ссылке)* **SYN:** clickthru **SEE:** banner, clickthrough rate, ad response

clickthrough rate **сокр.** CTR *комп., рекл.* отклик баннера; коэффициент кликов *(в интернет-рекламе термин относится к отношению количества кликов по баннеру к количеству появлений баннера; обычно выражается в процентах; является важнейшей характеристикой баннера, определя-*

ющей эффективность рекламы в данной сети или на данном сайте: баннер с CTR выше 10% считается эффективным) **SYN:** click rate, clickthrough ratio **SEE:** banner, ad response, ad impression, cost per click, cost per mile, banner burn-out

clickthrough ratio **сокр.** CTR *рекл., комп.* = clickthrough rate

clickthru *комп., рекл.* = clickthrough

client *сущ.* **1) а)** *эк.* клиент *(покупатель услуг адвоката, нотариуса, аудитора, страхового брокера и т. п.)* **EX: lawyer's client** – клиент адвоката **б)** *эк.* клиент, покупатель, заказчик *(покупатель продуктов компании)* **EX: We take pride in the fact that we continue to provide our clients with products made from the highest quality ingredients the market has to offer.** – Мы гордимся тем, что продолжаем обеспечивать своих клиентов товарами, произведенными из самых качественных ингредиентов, какие только есть на рынке. **SYN:** customer, buyer, consumer **SEE:** client base, client executive, client executive **в)** *общ.* постоялец *(в гостинице)* **EX: hotel clients** – постояльцы гостиницы **2)** *комп.* клиент *(компьютер, подключенный к компьютерной сети)* **3)** *соц., страх.* лицо, живущее на пособие; пенсионер; клиент системы социального обслуживания

client base **1)** *марк.* клиентская база, клиентура *(совокупность и состав клиентов компании)* **EX: The client base of our law firm consists mostly of big corporations.** – Клиентская база нашей юридической фирмы представлена в основном крупными корпорациями. **SYN:** clientele **2)** *марк.* потенциальные потребители услуг *(потенциальные клиенты компаний, предоставляющих услуги, а не товары)* **SEE:** potential consumer

client confidence **1)** *марк.* доверие клиентов *(уверенность клиентов компании в том, что компания служит их интересам и заинтересована в максимальном удовлетворении их потребностей)* **EX: to build client confidence** – заслужить доверие клиентов **2)** *юр.* конфиденциальная информация клиента *(предоставленная клиентом своему адвокату секретная информация, которую адвокат не в праве раскрывать без согласия клиента)*

client executive *марк., упр.* руководитель [администратор] по работе с клиентами* *(сотрудник компании, отвечающий за индивидуальную работу с клиентами; находится в постоянном контакте с клиентом, отвечает на его вопросы или консультирует по возникающим проблемам; главная цель его деятельности — добиться максимальной удовлетворенности клиента товарами и/или услугами компании)* **SEE:** client liaison, account manager

client group *марк.* = consumer group

client liaison **1)** *марк.* = consumer relations **2)** *марк.* специалист по связям с клиентами *(отвечает за поиск новых клиентов и поддержание отношений со старыми)* **SEE:** consumer relations, client executive

client relations *марк.* = consumer relations

clientele *марк., фр.* = client base

clinical interview *соц.* клиническое интервью *(вид глубинного интервью, предназначенный для выяснения причин поведения, установок и мотивации)* **SEE:** interview

cloning of customers *марк.* клонирование [копирование] клиентов*, поиск клиентов по подобию* *(поиск новых потенциальных клиентов, обладающих такими же характеристиками, как и настоящие клиенты, с помощью баз данных; группа клиентов для копирования выделяется с помощью RFM-анализа)* **SYN:** customer cloning **SEE:** database marketing, telemarketing, lead, prospecting, RFM analysis

close

I *сущ.* **1)** *общ.* закрытие, конец, заключение, окончание **2)** *бирж.* закрытие биржи **3)** *бирж.* = closing price **4)** *эк.* завершение сделки *(напр., кредитного соглашения, т. е. перевод денег или передача документов на право собст-*

венности) **5)** *учет* закрытие бухгалтерских книг *(в конце учетного периода)* **6)** *марк., торг.* завершение процесса продажи *(превращение потенциального покупателя в реального)* **SEE:** assumptive close, adviser approach, emotional close, incentive close

II *гл.* **1)** *общ.* заканчивать(ся), завершать(ся), заключать **SEE:** closing hours, closing price **2)** *общ.* договариваться, принимать предложения, условия **3)** *бирж.* закрыться *(иметь какую-л. цену или какой-л. курс на момент закрытия биржи)*

close out *гл.* **1)** *общ.* исключать, исключать возможность *(чего-л.)* **EX: to close out smb.'s chance** – не дать кому-л. использовать представившийся случай **2)** *эк.* закрывать предприятие **3)** *бирж.* закрывать, ликвидировать *(открытую срочную позицию; напр., приобретать активы для покрытия короткой позиции или продавать для закрытия длинной)* **4)** *торг.* снижать цены на товары

close out sale *торг.* = closeout

close up *эк.* закрыть, ликвидировать *(прекратить деятельность какого-л. предприятия, организации)* **EX: close up a shop** – закрыть магазин, ликвидировать магазин

closed display *торг.* закрытая витрина, закрытый прилавок *(не дающий покупателю доступ к товару)* **EX: It is best to display the jewelry in a closed display to protect from accidents and dust.** – Лучше всего выставлять ювелирные украшения в закрытых витринах, чтобы защитить их от случайных происшествий и пыли. **SYN:** top display **ANT:** open display

closed-door retailer *торг., разг.* закрытый магазин* *(обслуживающий ограниченную группу клиентов)* **SYN:** specialty retailer

close-ended question *соц.* = closed question

closed indent *торг.* закрытый заказ* *(заказ торговому агенту на покупку определенного товара с указанием конкретного изготовителя)* **SEE:** open indent, indent

closed question *соц.* закрытый вопрос *(вопрос в анкете, предполагающий выбор ответа из предлагаемых вариантов, напр., «да» или «нет»)* **SYN:** cafeteria question **SEE:** survey, question

closed response *соц.* закрытый ответ *(тип ответа, который предполагает фиксированный выбор альтернатив в качестве ответа на вопрос интервью или анкеты)* **SEE:** response

closeout 1) *торг.* распродажа *(продажа по сниженным ценам всех нереализованных ранее товаров, чаще всего невостребованных товаров, товарных излишков, или товара, который больше не производится; имеет место в случае поступления новых партий или моделей товара, сезонной распродажи, необходимости освободить склад, закрытии магазина и т. п.; термин чаще всего используется для обозначения оптовых распродаж для розничных торговцев, где они могут купить совершенно новый и качественный товар по сниженной цене для перепродажи)* **SYN:** close-out sale **SEE:** sale **2)** *торг.* распродаваемый товар *(продаваемый на распродажах по сниженным ценам; обычно это невостребованный товар, снятый с производства товар, товарные излишки и товары «шелф-пул»; особенность данной товарной категории в том, что все товары являются новыми, в отличие от спасаемых товаров, бракованных или поврежденных товаров, продаваемых также по сниженным ценам)* **SYN:** closeout merchandise, liquidation merchandise **SEE:** discontinued merchandise, surplus goods, shelf pull merchandise, damaged goods, salvage merchandise, clearance merchandise, distress merchandise

closeout merchandise *торг.* = closeout

closing date 1) *общ.* последний день, последний [крайний] срок **а)** *общ.* *(для подачи документов, заявки и т. п.)* **б)** *трансп., мор.* *(последний день, в который грузы могут быть приняты для погрузки на судно)* **в)** *рекл.*

(последний день, когда рекламное объявление должно поступить в редакцию, чтобы появиться в следующем номере газеты или передаче) **2)** *эк.* заключительная дата *(дата завершения сделки)*

closing-down sale *торг.* распродажа перед закрытием, полная распродажа *(продажа всех товаров по сниженным ценам из-за закрытия магазина)* **SYN:** going-out-of-business sale, clearance sale **SEE:** sale, closeout

closing hours *общ.* часы закрытия *(напр., магазина, офиса, парка и т. п.)* **EX: closing hours of shops** – часы закрытия магазинов **Closing hours will be posted at all parks.** – Часы закрытия будут указаны во всех парках. **SEE:** opening hours

closing price 1) *бирж.* цена закрытия, заключительная цена **а)** *(курс ценной бумаги в момент завершения торговой сессии)* **б)** *(цена последней сделки за день или торговую сессию по данной ценной бумаге)* **2)** *торг.* = final price

closure *сущ.* **1)** *общ.* завершение *(деятельности)* **2)** закрытие **а)** *эк.* *(полное, в отличии от формального, прекращение деятельности/существования компании)* **б)** *общ.* *(запрет доступа к какому-л. объекту; блокирование, напр., маршрута)* **3)** *общ.* пробка, крышка, перегородка **4)** *общ.* закрывание, запирание, укупорка **5)** *марк.* закрытие *(выдача заказа по результатам проведения прямой почтовой рекламы)*

cloth 1) *потр.* ткань, материя **EX: The firm offers distinctive quality of table coverings and cloths for carom, snooker.** – Фирма предлагает различные виды покрытия столов и ткани для покрытия столов для бильярда, снукера. **SYN:** fabric **2)** *потр.* скатерть **EX: A white damask cloth was spread over the velour foam seating.** – Белая камчатная скатерть была постелена поверх бархатного сидения из пенорезины.

clothing store *торг.* магазин готового платья, магазин одежды **EX: men's clothing store** – магазин мужской одежды **SYN:** apparel store

clothing trade 1) *торг.* торговля швейными изделиями **2)** *легк.* швейная промышленность

club goods *эк.* клубные блага *(неконкурентны в потреблении; потребление такого блага одним человеком не сокращает количество блага, доступное другим, но доступ к этим благам можно ограничить путем введения оплаты или установления определенных правил пользования, напр., введение платы за проезд или установка знака «Грузовикам проезд запрещен»; иногда клубные блага вместе с общими благами относят к общественным благам, противопоставляя их частным)* **SYN:** toll goods **SEE:** public goods, private goods, collective goods

cluster sample *стат.* = cluster sampling

cluster sampling *стат.* гнездовой отбор, метод гнездовой [серийной] [кластерной] выборки *(метод проведения выборки, при котором вся совокупность исследуемых объектов сначала разбивается на группы (кластеры) по определенным признакам, а затем отбирается несколько групп для сплошного обследования, т. е. каждый кластер становится единицей обследования)* **SYN:** cluster sample **SEE:** sampling

cluster selection *стат., марк.* гнездовой [кластерный] отбор *(метод отбора имен из рассылочного списка путем причисления каждого имени к группе с общими характеристиками и отбора только тех групп, вероятность покупки для которых максимальна)* **SEE:** mailing list, nth-name selection, geographic selection

clustered store *торг.* концентрированная группа магазинов **SEE:** store cluster, store chain

clutter *сущ.* **1)** *общ.* сумбур, сутолока, толкучка, перегруженность **2)** *рекл.* клаттер *(масса рекламных объявлений, передаваемых в короткий промежуток времени)*

CMI Rules for Electronic Bills of Lading *трансп., торг., фин., юр., брит.*

Правила об электронных коносаментах Международного морского комитета* *(документ, утвержденный законом «О перевозке груза морем», 1992 г.; согласно правилам, электронный, или бездокументарный, коносамент должен содержать все те же реквизиты, что и бумажный)* **SEE:** Carriage of Goods by Sea Act 1992

cnee *трансп., торг.* **сокр. от** consignee

co-branded *тж.* cobranded *марк.* двумарочный, многомарочный, совместный *(о продукте, который выпускается под двумя или более торговыми марками, принадлежащими двум или нескольким производителям)* **EX: co-branded software** – ПО под марками двух [нескольких производителей], **co-branded shop** – магазин под двумя марками, **The product will be co-branded.** – Продукт будет выпущен под двумя [несколькими] марками. **SEE:** co-branded card, combo promotion, cooperative marketing

co-branded card *банк., торг.* совместная (марочная) карта [карточка]* *(платежная карта, выпускаемая совместно банком и предприятием розничной торговли или другим небанковским учреждением, имеющим хорошо известное фирменное наименование и/или логотип, которые указываются на карте; и банку, и небанковскому учреждению это позволяет привлечь новых клиентов; обычно в такой форме существуют кредитные карты)* **SEE:** plastic card, retailer

co-marketing *марк.* = cooperative marketing

co-marketing agreement *марк.* = joint marketing agreement

co-product *эк.* сопутствующий [побочный] продукт *(побочная продукция, возникающая при производстве основного продукта как один из результатов технологического процесса; напр., пахта является побочным продуктом производства сливочного масла)* **SYN:** by-product, sideline product, secondary product **SEE:** by-product pricing

co-production *сущ.* **1)** *эк.* совместное производство* *(производство товара несколькими организациями)* **2)** *марк.* совместное обслуживание* *(оптимальное сочетание принципов обслуживания от лица компании и самообслуживания, определяемое путем оценки затрат и выгод для обеих сторон при том или ином сочетании)* **3)** *эк.* совместная деятельность* *(предоставление одной компанией другой компании технической информации или компонентов для производства в обмен на последующее получение части произведенной продукции)*

coastal trade *торг.* = coasting trade

coasting trade *торг.* каботажная торговля *(торговля по воде между соседними портами одного государства)* **SYN:** coastwise trade, coastal trade

coastwise trade *торг.* = coasting trade

cobranded *марк.* = co-branded

code-book *соц.* = codebook

Code of Advertising Practice *рекл.* **сокр. от** ICC International Code of Advertising Practice

code of commercial procedure *юр., торг.* торгово-процессуальный кодекс *(закон, в котором в упорядоченном виде содержатся нормы, регулирующие порядок рассмотрения и разрешения судом дел, относящихся к сфере торгового права)* **SEE:** commercial law

code of good practice *эк.* кодекс добросовестной практики* *(документ, содержащий перечень стандартов и практических рекомендаций по осуществлению определенной деятельности, напр., торговой, кредитной и т. д.)* **EX: code of good practice for internet service providers** – кодекс добросовестной практики для провайдеров интернет-услуг **SEE:** marketing ethics, advertising ethics

Code of Napoleon *юр.* Кодекс Наполеона **а)** *(французский гражданский кодекс 1804 г.)* **б)** *мн.* *(собирательное название кодексов французского гражданского, торгового, гражданско-процессуального, уголовного и уголовно-процессуального права: Французского гражданского кодекса 1804 г., Французского торгового кодекса 1807 г.,*

Гражданского процессуального кодекса 1807 г., Уголовного Кодекса 1810 г., Уголовно-процессуального кодекса 1811 г.) **SEE:** Commercial Code of Napoleon

codebook *тж.* code-book **1)** *соц.* кодировочный лист *(формуляр для записи данных в виде символов)* **SEE:** coding **2)** *тех.* кодировочный индекс *(индекс, позволяющий именовать переменные и указывать и нахождение в базе данных)*

coding 1) *общ.* кодирование *(присвоение цифровых или буквенных кодов каким-л. данным)* **SYN:** keying **2)** *соц.* кодирование *(процесс перевода необработанных данных социологического исследования в ту форму, которая может использоваться при подсчетах; кодирование осуществляется посредством разбивки данных на категории и приписывания каждой категории числового значения)*

coding of goods *упр., торг.* = commodity coding

coemption *сущ. эк., торг., бирж.* скупка* *(покупка всего имеющегося товара, напр., с целью манипулирования ценами)* **SEE:** corner, corner a market

coffee-house *торг.* кофейня **SYN:** cafe

coffee palace *торг.* = coffee house

coffee pot 1) *потр.* кофейник **SEE:** tableware **2)** *торг., сленг* маленький ресторан, кафе

coffee room *торг.* кафе, столовая *(в гостинице, торговом центре, университете и т. п.)* **SYN:** coffee shop

coffee shop 1) *торг.* дешевый ресторан [кафе] **2)** *торг.* кафе *(в гостинице, торговом центре и т. п.)* **SYN:** coffee room

cognitive dissonance когнитивный диссонанс **а)** *псих. (чувство психологического дискомфорта, переживаемое индивидом в случае, когда в его сознании сталкиваются два противоречивых знания об одном и том же объекте или событии; термин предложен Л. Фестингером в 1956 г.)* **ANT:** **б)** *рекл. (чувство напряженности, возникающее у потребителя при воздействии рекламы конкурирующих фирм, производящих похожие продукты)* **SEE:** source incongruity

cognitive map *псих.* когнитивная карта *(сориентированный граф, в котором в качестве узлов локализованы отдельные субъективно воспринимаемые предметы, события и идеи, а стрелочками указываются отношения между ними; напр., в маркетинге термин может относиться к графическому представлению восприятия потребителем расстояния, которое должно быть преодолено, и времени, которое должно быть затрачено, для достижения магазина или иного объекта)*

cognitive mapping *псих.* составление когнитивной карты, когнитивное картирование, графическое представление восприятия *(процесс выявления и графического представления субъективно воспринимаемых взаимосвязей между отдельными объектами, ценностями, событиями и т. п.)* **SEE:** cognitive map

cognitive stage познавательный этап, этап познания **а)** *псих. (этап, на котором формируются знания о каком-л. объекте)* **б)** *марк. (этап состояния покупательской готовности, на котором покупатель получает информацию о продукте, марке и производителе)* **SEE:** affective stage, behavioural stage, standard learning hierarchy, dissonance attribution model, low-involvement model, AIDA

coin-operated machine *торг.* монетный автомат *(напр., торговый автомат, телефон-автомат, музыкальный автомат, стиральный автомат и т. п., который приводится в действие путем опускания монеты в щель)* **EX: coin operated machine designed for the purpose of washing** – монетный стиральный автомат; стиральный автомат, работающий от монет **SEE:** coin-operated vending machine

coin-operated vending machine *торг.* монетный торговый автомат*, торговый автомат с приемом монет* *(торговый автомат, который приводится в действие путем опускания монет)* **SEE:** vending machine, cashless vending machine

coined mark *пат., марк.* = fanciful trademark

cold call *торг.* холодный звонок [визит]* *(звонок либо визит продавца или брокера к потенциальному клиенту без предварительной договоренности)* **SEE:** cold calling

cold calling *торг.* холодное прозванивание [посещение]* *(практика звонков или визитов продавца или брокера к потенциальному клиенту без предварительной договоренности, исключительно по инициативе продавца или брокера; в ряде стран данная практика ограничена или даже запрещена)* **SEE:** direct selling, telephone selling, direct mail advertising, direct marketing

cold list *марк.* холодный (рассылочный) список *(рассылочный список, ранее не используемый отправителем, или состоящий из лиц, не являющихся в настоящее время его клиентами)* **SEE:** mailing list, cold mail promotion

cold mail promotion *марк.* почтовая реклама [рассылка] по холодному списку *(рекламные материалы, направляемые лицам, не являющимся потребителями продукции фирмы)* **SEE:** cold list, active buyer

cold pig *марк., брит.* неликвиды* *(залежавшийся запас неходовых товаров)* **SEE:** shelf warmer

cold storage 1) *торг.* холодильники; холодильное хозяйство *(холодильные установки промышленного предприятия или региона)* **SEE:** storage facilities **2)** *торг.* запасы, хранящиеся в холодильнике **3)** *торг.* = chilled storage **ANT:** hot storage **SEE:** cold-storage warehouse, storage, cold store, controlled atmosphere storage

cold storage capacity *торг.* емкость холодильника *(измеряется в квадратных или кубических метрах, в тоннах или в количестве единиц груза, которые можно разместить в холодильнике)* **SEE:** cold storage, warehouse capacity

cold storage life *торг.* продолжительность хранения в холодильнике *(максимально допустимая)* **SYN:** storage length, storage life **SEE:** cold storage

cold-storage warehouse *торг.* склад-холодильник [-рефрижератор] **SYN:** refrigerated warehouse, cold storage warehouse, cold store **SEE:** warehouse, chilled storage, cold storage, storage

cold store 1) *торг.* холодильная установка [камера], холодильник **2)** *торг.* холодильный [холодный] склад, склад-холодильник **SYN:** refrigerated warehouse, cold-storage warehouse, cold storage warehouse **SEE:** cold storage, store

collaborative filtering *марк.* совместное фильтрование* *(маркетинговая стратегия компаний, собирающихся работать на одном целевом рынке; заключается в том, что компании делятся друг с другом собранной информацией о потребителях целевого рынка)* **SEE:** target market, cooperative marketing

collapsible box 1) *торг.* складной [разборный] ящик *(для товаров)* **2)** *потр.* складывающаяся картонная коробка

collateral service 1) вспомогательное [дополнительное] обслуживание **а)** *марк. (услуги, способствующие продвижению товара: дизайн упаковки, создание рекламы, проведение маркетингового исследования и т. д.)* **б)** *мед. (услуги родственникам пациента: семейная терапия, психологическая помощь родственникам больного)* **2)** *марк.* компания по предоставлению вспомогательных услуг* **SEE:** collateral service

collect freight *трансп.* фрахт к получению* *(фрахт, уплачиваемый по прибытию груза в пункт назначения)* **SEE:** advance freight, freight, freight bill

collect on delivery **сокр.** COD *торг.* наложенный платеж, оплата при доставке *(способ расчетов, при котором оплата производится при доставке то-*

вара; отправитель при сдаче груза транспортной организации или почтовых отправлений к пересылке ставит условие транспортной организации или предприятию связи о том, что выдача груза (почтового отправления) адресату может быть произведена только при условии оплаты указанной грузоотправителем суммы) **SYN:** payment on delivery, cash on delivery **SEE:** cash-on-delivery sale, cash with order

collecting agent *фин., торг.* = collection agent

collection account *сущ. торг.* счет сумм к получению; счет расчетов с покупателями *(счет, открытый специально для сбора платежей с определенной группы или групп покупателей; часто используется в международной торговле для ускорения поступления платежей на основной счет компании-продавца)*

collection agent *эк.* инкассирующий агент, агент по инкассо **а)** *фин., торг. (лицо, уполномоченное продавцом собирать долги покупателей)* **SEE:** cash collection agent **б)** *эк. (любое лицо, собирающее какие-л. платежи по поручению другого лица)* **в)** *банк. (банк, действующий как корреспондент другого банка, расположенного в ином городе, с которым имеется соглашение об инкассировании чеков и других документов, выставляемых в месте расположения первого банка, и об исполнении некоторых других функций)* **SYN:** collecting agent

collection papers *торг., фин.* инкассовые документы* *(совокупность документов, передаваемых продавцом покупателю с целью получения платы за товар; включают счета-фактуры, коносаменты и т. д.)* **SEE:** invoice, bill of lading, shipping documents

collective campaign *марк.* совместно проводимая кампания *(рекламная кампания, проводимая совместными усилиями производителей некоторого товара для увеличения его популярности)* **SYN:** industry campaign

collective goods *эк.* коллективные [социальные] блага *(блага, которые по своей сути являются частными благами, т. е. обладают свойствами исключительности и конкурентности, но в силу тех или иных причин предоставляются государством)* **SYN:** social goods **SEE:** private goods, public goods

collector *сущ.* **1)** *общ.* коллекционер **2)** **а)** *эк.* сборщик *(налогов, арендной платы, долгов и т. п.)* **б)** *торг.* инкассатор *(должностное лицо, осуществляющее прием денег от организаций для сдачи их в банк)* **3)** *трансп.* контролер, проверяющий билеты *(напр., на железной дороге)* **4)** **а)** *общ. (объект, устройство и т. п. что-л. собирающее)* **б)** *тех.* коллектор, сборник **5)** *торг.* старьевщик, мелкий скупщик *(агент, скупающий у населения бывшие в употреблении вещи, и продающий их оптом торговцу подержанными вещами)* **SEE:** second hand dealer

collusion *сущ.* **1)** сговор, тайное соглашение **а)** *общ. (соглашение в результате переговоров, обычно тайное; заговор)* **б)** *эк. (соглашение нескольких фирм с целью выработки общей ценовой политики)* **SEE:** Restrictive Practices Court **2)** сговор **а)** *юр. (с целью причинения вреда третьему лицу)* **б)** *юр. (с целью обмана суда и оказания влияния на его решение)*

collusive agreement **1)** *эк.* тайный сговор, тайное соглашение *(нескольких фирм для следования общей ценовой политике и контроля объемов производства; обычно имеется в виду картельное соглашение)* **SEE:** cartel agreement **2)** *юр.* тайное соглашение, тайный сговор *(между несколькими лицами)* **SYN:** collusive arrangement

collusive arrangement *эк., юр.* = collusive agreement

colour advertisement *рекл.* цветное рекламное объявление *(реклама, выполненная с использованием нескольких цветов, в отличие от черно-белой рекламы)* **SEE:** black and white advertisement

column centimetre *рекл.* = single-column centimetre

comarketing *марк.* = cooperative marketing

combative advertising *рекл.* = comparison advertising

combination in restraint of trade *юр., торг.* объединение в целях ограничения торговли* *(согласно законодательству США, любая монополия, сделка, объединение, направленная на ограничение нелегальной торговли)* **EX: To prosecute combinations in restraint of trade has its good point, but to suppose that when they're all prosecuted we shall be freed from cyclical depressions and unemployment is fatuous.**– Выполнение сделок, направленных введение ограничений в торговле, имеет свою положительную черту, тем не менее очень смешно предположение о том, что, если все ограничения выполняются, мы будем освобождены от циклических депрессии и безработицы.

combination sale комбинированное предложение, комбинированная продажа **а)** *марк. (средство стимулирования сбыта, предполагающее объединение в одной упаковке родственных товаров, предлагаемых к продаже со скидкой; напр., бритвенный станок и набор лезвий)* **б)** *СМИ (продаваемые совместно по специальной цене подписки на два или более различных издания)*

combination store *торг.* комбинированный магазин [универмаг]* **а)** *брит. (магазин, торгующий смешанными продовольственными товарами)* **б)** *амер. (крупный магазин, торгующий более чем одним классом товаров, напр., косметикой, парфюмерией, одеждой, бытовой техникой и т. д.)* **SEE:** supermarket, superstore

combination trademark **1)** *марк., пат.* = mixed trademark **2)** *пат.* сочетающийся товарный знак* *(имеет один или несколько элементов, которые идентичны или сходны с другим известным товарным знаком; может быть признан оскорбительным товарным знаком)*

combined grade *торг.* смешанный сорт

combined lead time *упр.* = cumulative lead time

combined mark *марк., пат.* = mixed trademark

combo pack *торг.* упаковка-комплект*, упаковка из сопутствующих товаров*, комбинированная упаковка* *(упаковка, включающая несколько товаров, напр., учебник и видеокассету с учебными материалами; обычно продается по цене, которая ниже суммы цен входящих в нее товаров)* **SYN:** banded pack **SEE:** reduced price pack

combo promotion *марк.* совместное продвижение товаров *(рекламная кампания двух или нескольких товаров)* **SEE:** cooperative marketing

come into the market *гл.* **1)** *эк.* выйти на рынок *(о компании)* **2)** *марк.* поступить в продажу, поступить на рынок *(о товаре)* **SYN:** come into the market

comeback *сущ.* **1)** *общ.* возвращение **2)** *юр., амер., сленг* обоснованная жалоба **3)** *торг., амер., сленг* возврат товара *(который не понравился покупателю)* **SYN:** return

comic-strip advertisement *рекл.* реклама-комикс *(рекламное объявление с использованием карикатур или комиксов)* **SYN:** comic-strip advertising

comic-strip advertising *рекл.* = comic-strip advertisement

command a ready sale *гл. торг.* иметь хороший сбыт, быстро продаваться *(о товаре)* **EX: All the products command a ready sale at home and abroad.** – Все эти продукты имеют хороший сбыт в стране и за границей. **SYN:** meet with a ready sale, find a ready market

commerce *сущ.* **1)** *эк.* торговля, коммерция *(купля-продажа товаров и услуг)* **SYN:** trade, merchandise **SEE:** domestic commerce **2)** *эк.* торговое дело, коммерция *(изучение теории и практики торговли)* **3)** *соц.* социальный обмен* *(обмен мнениями, идеями, позициями между членами общества)* **4)** *эк.* управление торговли *(государственный орган, ответственный за содействие развитию внутренней* *и международной торговли и управление торговлей)*

commerce clause *торг., амер.* пункт о регулировании торговли *(параграф 3 раздела VIII статьи 1 Конституции США, предусматривающий право Конгресса регулировать внешнюю торговлю и торговлю между штатами)*

commerce language *эк., брит.* = commercialese

commercial

I *прил.* **1)** *эк.* торговый, коммерческий *(имеющий отношение к торговле)* **2)** *эк., марк.* товарный *(подходящий для продажи; об уровне качества, делающем предмет пригодным для продажи на рынке)* **3) а)** *эк.* промышленный *(созданный в производственных целях; напр., товары промышленного назначения)* **SEE:** industrial goods **б)** *эк.* массовый, серийный *(о товарах, деятельности и т. д., нацеленных на массового потребителя)* **4)** *эк.* коммерческий **а)** *(имеющий целью получение прибыли)* **EX: commercial project** – коммерческий проект **SEE:** commercial artist, commercial art **ANT:** non-commercial **б)** *(о какой-л. деятельности, спонсируемой деньгами, полученными от рекламы)* **SEE:** commercial television, commercial radio

II *сущ.* **1)** *рекл.* рекламный ролик [радиоролик, телеролик], телереклама, радиореклама *(короткая звуковая или видеореклама на радио или телевидении)* **EX: animated commercial** – рекламный мультфильм, мультипликационная реклама **SYN:** advertising spot, commercial message **SEE:** television advertisement, radio advertisement, cast commercial **2)** *торг.* торговый представитель

commercial account *торг.* коммерческий счет *(основной расчетный документ, выписываемый продавцом на имя покупателя и удостоверяющий поставку товара, выполнение работ или оказание услуг и их стоимость; содержит требование продавца к покупателю об уплате указанной в нем суммы причитающегося платежа за поставленный товар, а также базисные условия поставки товара, способ платежа и форма расчета, наименование банка, где должен быть произведен платеж, сведения об оплате стоимости перевозки, сведения о страховании и размер страховой премии)* **SYN:** sales invoice, invoice

commercial advertisement *рекл.* коммерческое рекламное объявление **SEE:** commercial advertising

commercial advertising *рекл.* коммерческая реклама *(реклама товаров, услуг или идей с конечной целью извлечения прибыли)* **ANT:** noncommercial advertising **SEE:** public service advertising, charity advertising

commercial agency 1) *торг.* торговое [коммерческое] агентство *(организация, предоставляющая услуги по распространению и продаже товаров на комиссионной основе)* **SYN:** sales agency **2)** *эк.* коммерческое агентство *(предоставляющая услуги на коммерческой основе)* **EX: Spicers Europe is a commercial agency providing current information on EU legislation.** – Spicers Europe является коммерческим агентством, предоставляющим текущую информацию по законодательству Европейского Союза.

commercial agent *торг.* = sales representative

commercial agreement *юр., торг.* коммерческое [торговое] соглашение **а)** *(согласие одной стороны принять предложение другой стороны; двустороннее согласие рождает коммерческий договор)* **б)** *(разновидность коммерческого договора, предполагающая некоторый временной разрыв между заключением договора и его исполнением, напр., договор о продаже товаров бывает двух видов: собственно продажа товаров и соглашение о продаже товаров, которая будет иметь место в будущем)* **SEE:** commercial contract, conditional sale agreement, credit-sale agreement, instalment sales agreement, deferred payment agreement, hire purchase agreement

commercial area *торг.* = trade area

commercial art *марк.* промышленный дизайн *(вид прикладной художественной графики; обслуживает сферу производства и сбыта товаров: дизайн товарных ярлыков, фирменных знаков, упаковок, создание рекламы и иллюстрирование рекламных изданий, а также разработку и дизайн продуктов потребления)* **SYN:** industrial art **SEE:** commercial artist

commercial artist *эк.* коммерческий [промышленный] художник *(напр., рекламный художник, иллюстратор книг и журналов, упаковок и этикеток для товара, портретов для продажи и т. д.)* **SEE:** commercial art

commercial audience *СМИ, рекл.* аудитория телерекламы [радиорекламы] *(количество домохозяйств, активно смотрящих или слушающих конкретную теле- или радиорекламу)* **SEE:** commercial delivery

commercial backlog *торг.* объем невыполненных заказов* *(выраженный в денежном выражении объем заказов компании на уже произведенные и готовые к поставке товары и на товары, которые только будут произведены в соответствии с заказами)*

commercial banner 1) *марк.* рекламный транспарант **SEE:** banner 2) *рекл., комп.* коммерческий баннер *(баннер с рекламой коммерческого характера)* **SEE:** banner **ANT:** noncommercial banner

commercial bill *фин., торг.* коммерческий [товарный] вексель *(вексель, выданный заемщиком в обеспечение уплаты денежных средств за приобретенные товары; возникает на основе торговой сделки)*

commercial break *рекл.* рекламная пауза *(перерыв в программе для демонстрации рекламного ролика)* **EX: The program will air without commercial breaks.** – Программа будет идти без рекламных пауз. **SYN:** advertising break, commercial interruption, commercial slot **SEE:** break

commercial broadcast 1) *рекл.* трансляция рекламы *(передача рекламного сообщения по радио или телевидению)* **SEE:** commercial 2) *СМИ, эк.* коммерческое вещание

commercial broker *эк., торг.* коммерческий брокер* *(агент по недвижимости, специализирующийся на продаже коммерческих объектов)*

commercial buyer *марк.* = trade buyer

commercial catalogue *марк.* товарный [торговый] каталог *(журнал или брошюра, содержащий перечень и описание товаров, предлагаемых компанией; выпускается компанией для показа или рассылки потенциальным потребителям)* **SEE:** advertising catalogue, catalogue buyer, catalogue house

commercial channel 1) *СМИ* коммерческий канал *(телевидения и радио)* **SEE:** commercial television 2) *марк.* коммерческий канал распределения* *(ориентирован на промежуточных потребителей)* **SEE:** market channel, intermediate consumer

commercial code 1) *эк.* коммерческий код *(совокупность буквенных и цифровых шифров и других условных обозначений, применяемых в документации, переписке и т. д. для удобства и экономии времени; широко используются системы штриховых кодов, представляющих собой сочетания черных и белых штрихов (вертикальных полос) различной ширины; различные сочетания таких штрихов могут обозначать цифры, буквы и особые знаки)* **SEE:** commercial code number 2) *связь* коммерческий код *(специальный код, применяемый в телеграфировании и предназначенный для передачи телеграммы с использованием минимального количества чисел и слов и, как следствие, уменьшающий стоимость телеграммы)* 3) *юр., эк.* коммерческий кодекс *(документ, содержащий свод норм и правил коммерческой деятельности)* **SEE:** Commercial Code of Napoleon

commercial code number *рекл.* код рекламного ролика *(стандартное обозначение рекламодателя и содержания телеролика в виде сочетания из четырех букв и четырех цифр)* **SEE:** commercial code

Commercial Code of Napoleon *юр., торг.* Торговый кодекс Наполеона *(Французский торговый кодекс 1807 г., положил начало четкому разделению законов в системе действующего французского законодательства по двум отраслям права — гражданскому и торговому)* **SEE:** commercial law, Code of Napoleon

commercial concession 1) *торг., юр.* = franchise **SEE:** commercial subconcession 2) *эк.* коммерческая концессия *(деловое соглашение, по которому контролируемая армией недвижимость сдается в аренду гражданскому лицу, специализирующемуся на предоставлении населению услуг и мест отдыха и развлечений, напр., парков, спортплощадок, с целью извлечения прибыли)*

commercial contract *юр., торг.* торговый [коммерческий] договор, договор о продаже *(соглашение о поставке продукции или услуг, устанавливающее цену, скидку и другие условия поставки)* **SEE:** offer, acceptance, sales contract, contract of sales of goods, contract of hire-purchase, credit sale contract, instalment sales contract, deferred payment contract, conditional sales contract, contract of exchange, contract of loan on the security of goods, contract for the supply of service

commercial counterfeiting *торг.* подделка товара *(производство или продажа товара при введении покупателя в заблуждение относительно его происхождения)* **SEE:** counterfeiting

Commercial Court *юр., торг., брит.* Коммерческий суд *(составная часть Отделения королевской скамьи Высокого суда Великобритании; занимается разрешением споров торгового характера)*

commercial credit *эк.* коммерческий [подтоварный] кредит *(продажа товара с отсрочкой платежа)* **SYN:** credit for goods, credit on goods **SEE:** consumer credit

commercial crop *с.-х.* = cash crop

commercial custody *торг.* = trade custom

commercial customer 1) *марк.* = business customer 2) *ТЭК* коммерческий потребитель электроэнергии *(торговое предприятие или предприятие сферы услуг)* **SEE:** residential customer

commercial cut-in *рекл.* = drop in

commercial delivery *рекл.* охват рекламного ролика*, охват* *(количество домохозяйств или зрителей, увидевших рекламный ролик за определенный период)* **SEE:** commercial audience

commercial department 1) *эк.* коммерческий [торговый] отдел *(занимается сбытом продукции компании)* 2) *эк.* отдел по работе с юридическими лицами *(продает продукцию организациям, а не физическим лицам)* 3) *рекл., редк.* отдел рекламы, рекламный отдел *(занимается размещением рекламы для клиентов, предоставлением рекламных услуг; данный термин используется для обозначения отдела вещательной рекламы (рекламные ролики на телевидении, на радио), в отличие от печатной рекламы)* **EX: TV Commercials offer a growing area of opportunities to models with some acting background. Many modeling agencies now include a TV Commercial Department.** – Телевизионная рекламные ролики предлагают все больше возможностей моделям, у которых есть актерский опыт. Многие модельные агентства сейчас имеют в своем составе отдел телерекламы. **SYN:** commercial division

commercial discount *торг.* коммерческая [торговая] скидка *(скидка в случае покупки крупной партии товара, досрочного погашения кредита или немедленной оплаты товара, оплаты товара наличными, покупки товара постоянным покупателем и т. д.)* **SEE:** cash discount, quantity discount

commercial discounting *торг.* предоставление коммерческих скидок **SEE:** commercial discount

commercial district *торг.* = trade area

commercial division *эк., рекл.* = commercial department

commercial draft *фин., торг.* коммерческая тратта, коммерческий переводной вексель *(тратта, которая выписывается продавцом и содержит указание покупателю о необходимости выплатить определенную сумму к определенному сроку)* **SEE:** commercial bill

commercial emblem *пат., марк.* = trademark

commercial ethnography *соц., марк.* коммерческая этнография* *(использование этнографических методов в маркетинговых исследованиях и рекламе)*

commercial expenses 1) *эк.* внепроизводственные [коммерческие, торговые] расходы, расходы по сбыту *(затраты, связанные с организацией сбыта продукции потребителям; напр., затраты на транспортировку товара, на маркетинг, на оплату труда торговых работников и т. д.)* **EX: Full costs include commercial expenses in addition to production costs.** – Общие издержки включают издержки по сбыту дополнительно к издержкам производства продукции. 2) *эк.* коммерческие расходы *(затраты, связанные с ведением бизнеса и необходимые для его продолжения; напр., налоги, страховка, коммунальные платежи)*

commercial exposure potential *рекл.* потенциал охвата телерекламой *(число возможных зрителей телевизионной рекламы, определяемое путем сравнения числа телевизоров в зоне приема с числом включенных телевизоров во время демонстрации рекламы в той же зоне)*

commercial fraud *эк.* коммерческое мошенничество *(обманная деятельность в экономической сфере; напр., подделка товаров, нарушение авторских прав, контрабанда, недобросовестная реклама, продажа опасных товаров, фальшивомонетчество, фиктивное банкротство и т. д.)* **SEE:** commercial counterfeiting, deceptive advertising, smuggling, unsafe product

commercial goods *эк.* коммерческие товары *(товары, используемые для получения прибыли; напр., промышленные товары (станки, оборудование, офисная мебель), товары для перепродажи)* **ANT:** non-commercial goods **SEE:** industrial goods

commercial impression *марк.* впечатление о торговой марке* *(сложившееся у потребителя мнение о данной торговой марке)* **SEE:** brand

commercial insert *рекл.* = drop in

commercial intercourse *торг.* торговые отношения, торговля *(отношения между людьми или странами по поводу купли-продажи товаров и услуг)* **EX: to carry out commercial intercourse** – иметь торговые отношения, вести торговлю, **The commercial intercourse between China and the outside world in the late nineteenth century was different from that of early times.** – Характер торговых отношений Китая с другими странами мира в конце 19-го века был иным, чем в более ранние времена. **SEE:** commerce, trade

commercial interruption 1) *рекл.* = commercial break 2) *эк.* коммерческий перерыв* *(прекращение компанией своей деятельности на определенный период по договору с другой компанией из аналогичной сферы деятельности, чтобы повысить цены на товар, производимый или продаваемый этими фирмами; согласно договору, продолжившая свою деятельность компания должна поделиться с компанией-партнером доходами, полученными в результате выгод коммерческого перерыва)*

commercial jingle *рекл.* = advertising jingle

commercial judge *юр., эк.* судья по коммерческим спорам **SEE:** commercial jurisdiction

commercial jurisdiction *юр., эк.* экономическая [хозяйственная, коммерческая] юрисдикция **а)** *(круг дел, связанных с экономической деятель-*

ностью, которые данный суд имеет право рассматривать и решать) **б)** *(установленная законом или иным нормативным актом совокупность правомочий соответствующих государственных органов разрешать правовые споры и решать дела о правонарушениях в экономической сфере)* **SEE:** commercial judge

commercial law *юр., торг.* торговое [коммерческое] право *(подотрасль гражданского права, которая регулирует отношения, направленные на извлечение прибыли и связанные с переходом товаров от одного лица к другому, продвижением товара от производителя к потребителю; предметом регулирования коммерческого права являются отношения, связанные с переходом товаров на возмездной основе от одних лиц к другим; в системе континентального права существует традиционное деление частного права на гражданское и торговое; система англосаксонского права, как правило, не обособляет торговое право от гражданского)* **SYN:** mercantile law, merchant law, business law, commercial right, law merchant **SEE:** Uniform Commercial Code, Commercial Code of Napoleon, German Trade Code

commercial load **1)** *рекл.* рекламная [коммерческая] нагрузка *(число минут, выделяемых под рекламу в течение часа)* **EX: Despite the fact that TNT tallied the biggest increase in 2001, its per-hour commercial load is still second lowest of the four cable networks, a full two minutes per hour below the four-cable-network average of 11:24.** – Несмотря на то, что TNT продемонстрировала в 2001 г. наибольший рост, ее почасовая коммерческая нагрузка среди четырех кабельных сетей по-прежнему на предпоследнем месте: коммерческая нагрузка составляет две полные минуты в час, что на две минуты меньше среднего уровня для четырех кабельных сетей (который составляет 11 минут 24 секунды в час). **2)** *трансп.* коммерческий груз, коммерческая нагрузка *(груз, перевозимый с целью извлечения прибыли)*

commercial mark *пат., марк.* = trademark

commercial message *сущ. рекл.* = commercial

commercial minute *рекл.* рекламная минута *(одна минута (60 секунд) эфирного времени, выделенная радио- или телевизионной станцией для демонстрации рекламы)*

commercial mission *торг.* = trade mission

commercial monopoly *эк.* = trade monopoly

commercial name *торг., юр.* торговое название [наименование] *(официально зарегистрированное название товара, под которым он продается на рынке)* **SEE:** business name

commercial pool *рекл.* фонд рекламных материалов *(подборка теле- или радиороликов рекламодателя, полностью готовых к трансляции в любой данный момент времени)* **SEE:** pool partner

commercial port *торг.* торговый порт *(морской или речной порт для торговых судов)*

commercial practice *торг.* = trade practice

commercial production **1)** *эк.* коммерческое производство *(производство с целью продажи полученной продукции)* **2)** *рекл.* производство рекламы *(деятельность по созданию рекламы)* **EX: TV commercial production** – производство телерекламы

commercial protection *рекл.* = competitive separation

commercial publication *СМИ, эк.* коммерческое издание *(газета или журнал, издаваемый ради получения прибыли; распространяется путем продажи или по подписке)* **SEE:** noncommercial publication

commercial radio *СМИ* коммерческое радио [радиовещание] *(радиовещание или радиостанции, работающие ради прибыли; получают прибыль от рекламы в передачах, передаваемых в эфир)* **SEE:** commercial television, radio advertising, adware

commercial representative *торг.* = sales representative

commercial restaurant *торг.* (коммерческий) ресторан *(ресторан, обслуживающий посетителей на коммерческой основе, в отличие от благотворительных столовых и т. п.)* **EX: As a commercial restaurant, ours is amongst the finest in Oxford.** – Наш ресторан - один из лучших в Оксфорде. **ANT:** noncommercial restaurant

commercial right *юр., торг.* = commercial law

commercial risk коммерческий риск **а)** *эк. (возможность снижения или потери дохода в результате предпринимательской деятельности; возникает из-за осуществления экономической деятельности в условиях неопределенности, отсутствия достоверной информации о рынке)* **б)** *фин. (вероятность того, что покупатель не сможет своевременно оплатить товары или услуги в силу финансовых затруднений)*

commercial sale room *торг.* комната коммерческой торговли* *(обозначение комнат, обычно в гостинице, которые могут быть использованы для демонстрации коммивояжером образцов привезенных товаров)*

commercial sales *торг.* корпоративные [оптовые] продажи **а)** *(продажи товаров торговым организациям или компаниям)* **EX: commercial sales representative** – представитель по корпоративным продажам, **manager of commercial sales** – менеджер по корпоративным продажам [клиентам], **support of commercial sales** – обеспечение оптовых продаж **б)** *(объем таких продаж за определенный период как показатель экономической эффективности)* **ANT:** noncommercial sales, government sales

commercial sample *торг.* товарный образец *(экземпляр товара, выставляемый на витрине или на выставке для демонстрации покупателям)* **SEE:** advertising sample, product sample

commercial section 1) *общ.* коммерческий отдел; коммерческая секция *(подразделение конференции, учреждения и т. п., занимающееся коммерческими вопросами)* **2)** *общ.* коммерческий раздел *(часть документа, рубрика газеты, страничка сайта и т. п., посвященная коммерческим вопросам)* **3)** *торг.* = trade area

commercial service *марк.* коммерческая служба *(занимается маркетинговыми исследованиями, анализом экономической ситуации и предоставляет заинтересованным фирмам информацию о конъюктуре рынка в регионе и об инвестиционных возможностях)*

commercial sign *рекл.* рекламная вывеска, рекламный стенд *(плакат, щит или иное наружное объявление, содержащее рекламное сообщение)* **SEE:** outdoor advertising

commercial slot *рекл.* = commercial break

commercial spot *рекл.* рекламный ролик *(отдельное рекламное сообщение в течение рекламной паузы)* **SEE:** commercial break

commercial subconcession *эк., юр.* коммерческая субконцессия *(ситуация, при которой франчайзи передает франшизу третьему лицу при согласии франчайзера)* **SEE:** franchise, concession

commercial symbol 1) *марк.* коммерческий символ* *(любой элемент, отличающий данную компанию или ее продукт от компаний продуктов конкурентов; напр., торговая марка, знак обслуживания, марочное название, товарный знак, логотип, рекламный стиль и т. д.)* **SEE:** trademark, service mark, brand, brand name, brand mark, logo **2)** *торг.* торговый знак* *(используемое в торговле общепринятое обозначение чего-л. (напр., отдельного слова), наносимое на ценники, этикетки, рекламные вывески и т. д.)* **EX: Most linguists say that the @ sign is a commercial symbol of the18th century indicating price per unit, as in «5 apples @ 10 pence.»** – По словам большинства лингвистов, значок @ использовался в 18-м веке как торговый знак для обозначения фразы «по цене», как в рекламном предложении «5 яблок @ 10 пенсов».

commercial television *СМИ* коммерческое телевидение *(телекомпания, работающая ради прибыли; коммерческие телевизионные компании получают прибыль от рекламы, которая транслируется в передачах и фильмах, передаваемых в эфир данным телевидением; в результате основной упор в выборе программ и фильмов делается на рейтинги популярности, поскольку рекламодатели заинтересованы в максимальном объеме зрительской аудитории)* **SEE:** commercial, audience rating, commercial radio

commercial time *рекл.* = advertising time

commercial traveller *торг.* = traveling salesman

commercial unit *торг., юр., амер.* торговая единица *(согласно определению Единообразного торгового кодекса США: совокупность товаров, представляющих в торговом использовании единое целое как торговое предложение, разделение которых не соответствует характеру этих товаров или их рыночной ценности или их ценности в использовании; может быть единым объектом (напр., машина), совокупностью взаимосвязанных объектов (набор мебели, ассортимент размеров), количественной (кипа, дюжина, вагон) или любой другой единицей, представляющей собой в использовании или в продаже единое целое)* **SEE:** Uniform Commercial Code

commercial usage **1)** *торг.* торговое обыкновение, узанс *(заведенный порядок или фактически установившееся в торговых отношениях правило, которое служит для определения воли сторон, прямо не выраженной в договоре, в отличие от торгового обычая не является источником права)* **SYN:** business usage, trade usage, usage of trade **SEE:** trade custom, trade practice **2)** *эк.* коммерческое использование, использование в коммерческих целях *(в отличие от использования в личных целях)* **EX: business usage of computers** – коммерческое использование компьютеров, применение компьютеров в бизнесе, **records of business usage of the vehicle** – данные о коммерческом использовании автомобиля (для налоговой декларации)

commercial user *марк.* коммерческий потребитель *(использующий товар в профессиональных целях или для перепродажи)* **SEE:** business customer, industrial consumer, trade buyer, intermediate consumer, final consumer

commercial variety *торг.* коммерческий сорт *(сорт товара, производимый для продажи)* **EX: major commercial variety** – основной коммерческий сорт, **A commercial variety of cotton that is genetically modified to resist this insect pest has been developed.** – Был разработан новый, генетически модифицированный коммерческий сорт хлопка, способный противостоять этому насекомому-вредителю.

commercialese *сущ. эк.* коммерческий жаргон*, коммерческий новояз* *(стиль языка или определенный жаргон, используемый людьми в деловом общении)* **SYN:** commerce language

commercial-free *СМИ, рекл.* некоммерческий, без рекламы *(о телевизионном канале, радиостанции, теле- или радиопрограмме, в которых не транслируется реклама)* **SEE:** commercial television, commercial channel

commissary manager *эк. тр. торг., амер.* менеджер склада *(направляет и координирует работу склада, с которого продаются или предоставляются каким-л. лицам на определенных условиях товары: продукты питания, одежда и др.)*

commission

I *сущ.* **1)** *общ.* полномочие, комиссия; доверенность; поручение **EX: to hold a commission from the government** – иметь правительственные полномочия, **to act within one's commission** – действовать в пределах полномочий [согласно полномочиям], **to go beyond one's commission** – превысить полномочия **2)** *эк.* комиссия, комиссионный сбор, комиссионное вознаграждение, комиссионные *(плата, взимаемая с клиента за совершение определенных операций по его поручению)* **SYN:** commission fee **SEE:** buying commission, selling commission **3)** *торг.* комиссионная продажа **SEE:** factoring **4)** *упр.* комиссия *(группа людей, объединенный для выполнения каких-л. функций)* **EX: accrediting commission** – сертификационная комиссия, **independent commission** – независимая комиссия, **special commission** – специальная комиссия **SYN:** agency **SEE:** Australian Competition and Consumer Commission, Consumer Product Safety Commission, Federal Trade Commission

commission agent *торг.* комиссионер *(посредник, участвующий в торговых операциях от своего имени, но за счет клиента и получающий за это определенное комиссионное вознаграждение)* **SYN:** merchandise agent, mercantile agent, indent agent **SEE:** commission contract, commission compensation, agent commission

commission business 1) *торг.* комиссионная деятельность, комиссионные операции *(предпринимательская деятельность, осуществляемая на комиссионной основе);* комиссионная торговля **SEE:** commission trade **2)** *торг.* комиссионное предприятие* *(предприятие, осуществляющее какие-л. хозяйственные операции на комиссионной основе)* **SEE:** commission merchant

commission charges *эк.* = commission

commission compensation *эк.* комиссионная оплата, комиссионное вознаграждение *(оплата каких-л. услуг в зависимости от количественных показателей результата; напр., брокер получает определенный процент от общей суммы произведенных им за счет клиента инвестиций, торговый агент — определенный процент выручки от проданных им товаров)* **EX: An average travel agent salary, without commission compensation, is between $21,000 and $28,000 a year.** – Средний заработок туристического агента без учета комиссионных составляет от 21 до 28 тыс. долларов. **Our commission compensation is the highest in our industry.** – Наша система комиссионного вознаграждения является одной из самых выгодных в отрасли. **SYN:** commission fee **SEE:** fee basis

commission contract *эк.* комиссионный договор *(соглашение между принципалом и агентом (представителем), по которому агент обязуется выполнять по поручению принципала определенные действия, а принципал — выплачивать агенту комиссионное вознаграждение)* **SEE:** commission agent

commission fee 1) *эк.* = commission **2)** *эк.* = commission compensation

commission merchant 1) *торг.* = consignee **2)** *торг.* = sales representative **3)** *торг.* = traveling salesman

commission rate *торг., фин.* ставка комиссионного вознаграждения **EX: a commission rate of 5%** – комиссионные в размере 5%, **to offer a 5% commission rate** – предложить 5% комиссионных [комиссионное вознаграждение в размере 5%]

commission trade *торг.* комиссионная торговля *(форма розничной торговли, предполагающая продажу комиссионерами товаров, переданных им для реализации третьими лицами по договорам комиссии)* **SEE:** commission merchant, commission contract, sale by commission, consignment

Committee of Advertising Practice *марк., брит.* Комиссия по рекламной практике **SEE:** British Code of Sales Promotion Practice

commodify *эк., амер.* превращать в товар **EX: Multinational companies are fighting to commodify the world's water supply.** – Транснациональные корпорации ведут борьбу за то, чтобы превратить запасы воды на планете в товар.

commodities 1) *эк.* = goods **2)** *эк.* = primary goods

commodities classification *торг.* = classification of goods

commodities exchange *эк.* = mercantile exchange

commodities in short supply *эк.* дефицитные товары *(товары, предложе-*

ние которых недостаточно для удовлетворения всех имеющихся потребностей) **SYN:** scarce commodity **SEE:** marketable commodities

commodity *сущ.* **1)** *эк.* товар, продукт *(предмет, с которым могут совершаться операции купли-продажи; как правило, имеются в виду однородные товары, продаваемые и покупаемые крупными партиями, особенно сырьевые товары и сельскохозяйственная продукция)* **SEE:** primary goods, global commodity chain **2)** *общ. (что-л. полезное, ценное)* **EX: Time is valuable commodity to us all.** – Время дорого нам всем. **SEE:** ready commodity

commodity account *торг.* = invoice

commodity agreement *торг.* товарное соглашение, товарный договор *(любой договор, касающийся поставки и оплаты каких-л. товаров или услуг, в том числе международный)*

commodity analysis *марк.* анализ товарного рынка* *(исследование структуры рынка товара для определения текущих условий спроса и предложения и выработки прогнозов развития рынка в будущем; включает определение структуры производства данного товара, структуры рынка сбыта данного товара, структуры рынка труда для данного товара, экологических и общественных результатов производства и реализации товара)* **SEE:** market structure

commodity chain *эк.* продуктовая [товаропроводящая] цепь *(сеть функционально интегрированных видов хозяйственной деятельности по производству и продаже определенного вида товаров, объединяющая все звенья цепочки от обработки сырья, через промежуточные стадии производственного цикла, до появления товара на рынке)* **EX: beef commodity chain** – продуктовая цепь говядины, **commodity chain of wine** – продуктовая цепь вина, **firms operating within a commodity chain** – фирмы, находящиеся в продуктовой цепи **SYN:** value chain **SEE:** producer-driven commodity chain, global commodity chain, global value chain

commodity classification *торг.* = classification of goods

commodity coding *упр., торг.* кодификация товаров *(присвоение товару определенного номера)* **SYN:** coding of goods **SEE:** bar code, article numbering system

commodity composition *эк.* товарная структура *(соотношение товаров, представленных в определенной совокупности; напр., в совокупности товаров на экспорт)* **EX: commodity composition of output** – товарная структура выпуска, **In terms of the commodity composition, US export trade is dominated by capital goods and industrial supplies and materials.** – Товарная структура экспорта США характеризуется большой долей инвестиционных товаров, промышленного сырья и материалов. **SEE:** commodity items

commodity exchange **1)** *эк.* = mercantile exchange **2)** *эк.* = barter

commodity expert *торг.* товаровед *(специалист по определенному товару (виду товара); осведомлен о стандартах качества товара, о ценах, уровнях спроса и предложения на товар и т. д.)* **SYN:** expert on merchandise **SEE:** knowledge of commodities

commodity flow *эк.* = flow of goods

commodity group *торг.* = class of goods

commodity in short supply *эк.* дефицитный товар **SEE:** commodities in short supply

commodity items **1)** *эк.* товарные позиции, позиции товарной номенклатуры *(отдельные товары, представленные в общем ассортименте магазина или компании, экспорта-импорта страны)* **SEE:** commodity composition, commodity line **2)** *эк.* = goods

commodity line *марк.* ассортиментная [товарная] группа *(набор родственных товаров, предлагаемых производителем или продавцом на одном и том же сегменте рынка и входящих в общую товарную номенклатуру данного производителя; напр., ассортиментные группы «одежда», «това-*

ры для дома» и т. д.) **SYN:** merchandise line, product line, product line group, product subline **SEE:** product line length, product line extension

commodity market *эк.* = mercantile exchange

commodity output *эк.* = marketable output

commodity positioning *марк.* = market positioning

commodity product *эк.* = commodity

commodity rate *трансп.* товарная ставка* *(ставка оплаты за транспортировку, применяемая к конкретному товару (грузу) или группе товаров (грузов), в отличие от тарифа, применяемого к классу товаров)* **SEE:** class rate, class and commodity tariff, freight rate

commodity shortage *эк.* нехватка товаров, дефицит товаров *(ситуация превышения спроса над предложением на рынке)* **SYN:** product shortage

commodity stock *эк.* = stock-in-trade

commodity-sign *соц.* товар-символ* *(ключевая характеристика которого – не потребительские свойства, а символическое значение (образ, имидж), которое он имеет благодаря рекламе, СМИ и т. п.; понятие введено Жаном Бодрийяром)* **SEE:** Baudrillard, Jean;

Common Application Programming Interface **сокр.** CAPI *соц.* индивидуальное компьютерное интервью *(метод сбора данных, при котором интервьюер в личной беседе с респондентом использует компьютер, с экрана которого читает вопросы, а ответы заносит прямо в компьютер)* **EX: The CAPI interviews can be completed either with the assistance of an interviewer or self-administered.** – Интервью при помощи системы CAPI могут быть проведены как с помощью интервьюера, так и самостоятельно. **SEE:** interview

common buyer *марк.* = average consumer

common pricing *марк.* общее ценообразование* *(соглашение между фирмами, производящими или продающими аналогичную продукцию, распространять продукцию по одной и той же цене; также соглашение об указании одинаковой цены в тендерных предложениях; является незаконным)* **SEE:** tender

common product *эк.* привычный [широко распространенный] товар *(какой-л. обычный товар, который можно без проблем купить почти в любом магазине)* **EX: to charge higher prices for specialty items than for common products** – назначать более высокие цены за товары особого спроса, чем за широкораспространенные товары **SEE:** convenience goods, specialty goods

Communication, Advertising and Marketing Education Foundation **сокр.** CAM *марк., брит.* Центр образования в области коммуникации, рекламы и маркетинга*, Учебный центр коммуникации, рекламы и маркетинга* *(национальная образовательная организация, созданная в 1970 г. с целью содействия образованию в области рекламы и маркетинга и организации учебной деятельности в этой сфере)* **SEE:** Chartered Institute of Marketing

Communication, Advertising and Marketing Education Foundation Ltd *марк., брит.* = Communication, Advertising and Marketing Education Foundation

communications agency *марк.* агентство коммуникаций *(маркетинговое агентство, специализирующееся на разработке программ по связям с общественностью, выборам средств рекламы, разработке программ прямого маркетинга и т. п.)* **SEE:** direct marketing

communications campaign *марк.* коммуникационная кампания, коммуникативная кампания *(совмещение рекламной и PR-кампании: кампания по доведению некоторой идеи до общественного сознания с привлечением СМИ и общественных организаций)* **SYN:** information campaign, publicity campaign **SEE:** public relations

community shopping centre *торг., амер.* районный торговый центр *(объединяет несколько продуктовых и хозяйственных магазинов, а также* *отделение банка; рассчитан на обслуживание населения одного района)* **SEE:** main shopping centre, shopping centre, neighbourhood shopping centre, regional shopping centre

company identity *марк., упр.* = corporate identity

company sales *марк.* объем продаж фирмы **EX: Total company sales: $14 million.** – Общий объем продаж компании: $14 млн. **Search engines can drive your company's sales.** – Поисковики могут увеличить объем продаж вашей фирмы.

company store *торг., эк. тр.* внутренний [служебный] магазин* *(магазин только для работников предприятия; иногда предполагается приобретение товаров по купонам, выпускаемым предприятием)* **SYN:** industrial store

comparable prices сопоставимые цены **а)** *эк., стат. (цены какого-л. определенного года (на определенную дату), условно принимаемые за основу при сопоставлении в денежном выражении объема производства, товарооборота и других экономических показателей за разные периоды)* **б)** *эк., стат., торг. (цены товара, которые назначаются разными продавцами или действуют на разных рынках и которые могут быть использованы для сравнения благодаря тому, что относятся к товарам со сходными характеристиками, отражают сходные условия поставки, установлены для сходных по размеру партий товара и т. п.)* **SYN:** compared prices **в)** *межд. эк., торг., гос. фин. (цены, по которым продукт, идентичный или сходный с импортируемым, продается на внутреннем рынке страны-экспортера; используются для расчета величины импортных таможенных пошлин и выявления демпинга)* **SEE:** fair value

comparable products *марк.* = like goods

comparable sales *торг.* сравнимые продажи *(последние по времени продажи сходных активов в ближайшем районе или в том же самом районе по сходным ценам)* **SEE:** comparable sales method

comparable sales method *торг.* метод сравнимых [аналогичных] продаж *(метод сопоставления стоимости, по которой продается товар, со стоимостью аналогичных товаров)* **SEE:** comparable sales

comparative advantage *эк.* сравнительное преимущество *(способность производителя (страны, региона, фирмы, индивида и т. д.) изготавливать определенное благо с меньшими альтернативными затратами, чем другой производитель; т. е. если один производитель может выпускать за единицу времени 5 компьютеров или 10 принтеров, то альтернативные затраты на производство 1 компьютера равны 2-м принтеров; если другой производитель производит за один час 2 компьютера или 6 принтеров, то альтернативные затраты на производство 1 компьютера равны 3 принтерам; это значит, что первый производитель имеет сравнительное преимущество в выпуске компьютеров — для производства дополнительного компьютера ему надо пожертвовать производством только двух, а не трех принтеров, как второму производителю; второй производитель имеет сравнительное преимущество в производстве принтеров — для производства одного дополнительного принтера ему надо пожертвовать временем, необходимым для производства всего 1/3 компьютера, по сравнению с 1/2 у первого производителя)* **SYN:** comparative cost advantage **SEE:** opportunity cost

comparative advertising *рекл.* = comparison advertising

comparative cost advantage 1) *марк., упр.* относительное [сравнительное] преимущество в затратах [издержках]* **EX: The Philippines has become an important exporter of data processing services by exploiting its comparative cost advantage in**

labour inputs. – Используя свое сравнительное преимущество в затратах на рабочую силу, Филиппины стали важным экспортером услуг по обработке данных. **2)** *эк.* = comparative advantage **SEE:** absolute cost advantage

compared prices *эк., стат., торг.* = comparable prices

comparison advertising *рекл.* сравнительная реклама *(разновидность рекламной деятельности, которая направлена на утверждение преимуществ одной марки товара за счет сравнения ее с другими марками товара того же класса)* **SYN:** comparative advertising, combative advertising, direct comparison advertising, product-comparison advertising **SEE:** analogy advertising, controversial advertising, competitive advertising, inoculation approach, advertising method

comparison shop *гл. торг.* сравнивать при покупке *(изучать все возможные варианты приобретения некоторого товара перед покупкой с целью выявления наиболее выгодного)* **EX: Consumers need about 10 percent price savings to persuade them to comparison shop for most products.** – Чтобы побудить потребителей регулярно сравнивать товары при покупке, необходимо, чтобы они могли получать от этого как минимум 10%-ную экономию. **SYN:** shop around **SEE:** comparison shopping

comparison shopper *торг.* разборчивый покупатель* *(покупатель, тщательно сравнивающий цены и качество товаров различных производителей, перед тем, как совершить покупку)* **ANT:** apathetic shopper **SEE:** comparison shopping, shopping behaviour

comparison shopping *марк.* покупки на основе сравнения*, разборчивые покупки* *(осуществление покупки после детального сравнения положительных и отрицательных сторон различных вариантов, прежде всего — стоимости приобретения товара у разных продавцов)* **EX: By comparison shopping, you get what you want for less and more green stays in your wallet.** – Внимательно изучая цены перед покупкой, Вы получаете то, что хотели, за меньшие деньги, и в вашем кошельке остается больше денег. **SEE:** comparison shop, savvy consumer, convenience shopping centre, shopping comparison

compensation order *юр.* судебный приказ о возмещении* *(нанесенного ущерба; в системе английского торгового права до 1973 г. компенсации подлежал только серьезный нанесенный ущерб, однако после принятия закона «О полномочиях уголовных судов», стало возможным требовать компенсации любого нанесенного ущерба, на чем основаны иски потребителей о компенсации ущерба)* **SEE:** Powers of Criminal Courts Act 1973

competing advertising *рекл.* конкурирующая реклама *(реклама, призванная обеспечить продажу чьей-то продукции за счет отказа потребителей от продукции конкурентов; иногда используется для антирекламы собственных товаров при выпуске нового изделия, которое конкурирует с существующим)*

competing brand *марк.* = brand competitor

competing goods *эк.* конкурирующие товары *(товары, удовлетворяющие одну и ту же потребность, напр., телевизоры разных марок, обувь разных производителей и т. д.)*

competing products *марк.* = competitive products

competition *сущ.* **1)** *общ.* соперничество, конкуренция, соревнование, состязание **EX: active competition** – оживленная конкуренция, **keen [cut-throat] competition** – острая [ожесточенная] конкуренция, **to be drawn into competition** – быть втянутым в конкуренцию, **to be in competition with** – конкурировать с (кем-л.), **to withstand competition** – выдержать конкуренцию, **to enter a competition** – вступить в соревнование, **to meet with competition** – сталкиваться с конкуренцией, **density of competition** – плотность конкуренции **2)** *эк.* конкуренция, конкурентная борьба *(действия производителей, направленные на привлечение к своей продукции покупателей; также действия покупателей, направленные на получение продукта, который находится в огра-*

ниченном предложении) **SEE:** competitiveness **3)** *эк.* конкуренция *(в экономической теории: рыночная структура, при которой в отрасли существует большое число небольших фирм, ни одна из которых не может повлиять на рыночную цену продукта)* **SEE:** perfect competition, monopolistic competition, market structure **4)** *соц.* борьба за существование *(по М. Веберу: мирный конфликт, суть которого состоит в борьбе за право контроля над ресурсами)* **5)** *общ.* конкурс, конкурсный экзамен **EX: photography competition** – конкурс фотографов, **competition to find a designer** – конкурсный отбор на должность дизайнера, **to announce a competition** – объявлять конкурс **SYN:** tender

competition for the consumer's dollar *марк.* борьба [конкуренция] за деньги потребителя, борьба за потребителя *(соперничество между компаниями за привлечение и удержании потребителей)*

competition in quality *эк.* = quality competition

competition policy *эк.* конкурентная политика, политика в области конкуренции *(совокупность правовых норм и мер государственного регулирования, направленных на обеспечение эффективного функционирования рыночного механизма и борьбу с неконкурентной деловой практикой)* **SEE:** antitrust laws

competition under product differentiation *эк.* конкуренция в условиях дифференциации продукции* *(рыночное соперничество различных фирм, производящих дифференцированную продукцию; характеризуется широким использованием неценовой конкуренции; имеет место при монополистической конкуренции и олигополии с дифференцированной продукцией)* **SEE:** monopolistic competition, differentiated oligopoly

competition with homogeneous products *эк.* конкуренция в условиях однородности продукции* *(рыночное соперничество фирм, производящих однородную продукцию; основным параметром конкуренции при этом является цена; имеет место при совершенной конкуренции и олигополии с однородной продукцией)* **SEE:** homogeneous product, price competition

competition-based pricing *марк.* = competitive pricing

competition-oriented pricing *марк.* = competitive pricing

competitive *прил.* **1)** *эк.* конкурентоспособный **EX: competitive offer** – конкурентоспособное предложение, **competitive positioning** – конкурентоспособное позиционирование, **competitive quality** – конкурентоспособное качество, **The hotel offers a high standard of service at competitive rates.** – Гостиница предлагает высокий стандарт обслуживания по конкурентоспособным расценкам. **SEE:** competitive consumer benefit, competitive difference, competitive price-wise, competitiveness **2) а)** *общ.* конкурентный, соперничающий; соревновательный, основанный на соревновании **EX: competitive pressure** – конкурентное давление, давление со стороны конкурентов; **competitive trade** – конкурентная торговля **SEE:** competitive advantage, competitive advertising, competitive bid, competitive parity, competitive price, competitive separation **б)** *общ.* конкурсный **EX: competitive examination** – конкурсный экзамен

competitive ability *эк* = competitiveness

competitive advantage 1) *марк., упр.* конкурентное преимущество *(преимущество, обеспечивающее конкурентоспособность, некое качество, дающее потенциальное превосходство над конкурентами на рынке, в спорте и т. п.)* **EX: competitive advantage consultant** – консультант в области конкурентного преимущества, **Wal-Mart competitive advantage** – конкурентное преимущество компании «Уолл-Март», **A personal view of where my competitive advantage lies.** – Личное видение того, на чем базируется мое конкурентное преимущество. **SEE:** competitive ability, differential advantage, competitive edge, related markets, marketing strength **2)** *межд. эк.* конкурентные преимущества *(теория, объясняющая международную торговлю завоеванием фирмами конкурентных преимуществ на мировом рынке; предложена М. Портером)*

competitive advertising *рекл.* конкурентная [состязательная] реклама *(реклама, подчеркивающая преимущества и достоинства товаров компании перед аналогичными товарами конкурентов без упоминания конкретных марок товаров конкурентов; в отличие от сравнительной рекламы)* **SEE:** comparison advertising

competitive analysis *марк.* конкурентный анализ *(изучение конкурентов для выработки маркетинговой стратегии на рынке конкурирующей продукции)* **SYN:** competitor analysis

competitive battle *эк.* = competitive activity

competitive bid **1)** конкурентная [конкурсная] заявка, конкурентное [конкурсное] предложение **а)** *эк. (цена, предлагаемая потенциальным поставщиком или подрядчиком в ответ на запрос покупателя/заказчика; конкурентные торги часто используются государственными органами, от которых в соответствии с законом требуется периодически выставлять контракты на конкурс и награждать своими заказами предприятия, предложившие самую низкую цену)* **SEE:** request for proposal **б)** *фин. (заявка, направляемая потенциальным андеррайтером эмитенту, в которой указывается предлагаемая цена и другие условия; эмитент заключает договор о размещении выпуска с тем, кто сделал наиболее выгодное предложение)* **SEE:** competitive bidding **2)** *эк.* конкурентоспособное предложение **ANT:** noncompetitive bid

competitive bidding **1)** *эк.* конкурентное ценообразование *(установление цен в условиях конкуренции)* **2)** *торг.* конкурсные [конкурентные] торги *(когда товар продается по наивысшей из предложенных цен)* **3)** *банк., фин.* метод конкурентных заявок*, конкурентные торги* *(метод эмиссии ценных бумаг, при котором мандат на организацию займа получает банк, предложивший на конкурсе или тендере лучшие условия; заявка подается в запечатанном виде)* **SEE:** negotiated bid, competitive bid, noncompetitive bid

competitive capability *эк.* = competitiveness

competitive capacity *эк.* = competitiveness

competitive consumer benefit *марк.* конкурентная покупательская выгода* *(преимущество товара, которое заставляет потребителя приобрести именно этот товар)* **EX: The competitive consumer benefit answers the question of why a consumer would buy what you're selling, whether it's a product or an idea.** – Конкурентная покупательская выгода отвечает на вопрос, почему потребитель купит именно то, что вы продаете, независимо от того является ли это продуктом или услугой.

competitive copy *рекл.* состязательный текст* *(рекламный текст, принижающий ценность продукции конкурентов)* **SEE:** competitive advertising

competitive difference *марк.* конкурентное отличие *(высокая компетентность организации в какой-л. области, которая дает ей наилучшие возможности привлекать и сохранять клиентов)*

competitive edge *марк.* конкурентное преимущество [отличие] **SEE:** competitive advantage

competitive intelligence **1)** *марк.* конкурентная информация *(информация о конкурентах, собранная участником рынка)* **2)** *марк.* конкурентная разведка *(систематическое изучение конкурентной среды)* **SEE:** market intelligence, marketing intelligence

competitive marketing *марк.* конкурентный маркетинг *(маркетинговая деятельность фирмы, использующая сильные и слабые стороны конкурентов; цель — разработка выполнимых маркетинговых стратегий, упрочивающих сильные стороны фирмы *путем воздействия на слабые стороны конкурентов)* **SEE:** marketing plan

competitive match method *марк., учет* = competitive-parity method

competitive parity 1) *марк., учет* = competitive-parity method **2)** *марк.* конкурентный паритет, конкурентное равенство *(отсутствие в глазах потребителя существенных различий между свойствами товара разных марок)*

competitive parity budgeting *марк., учет* = competitive-parity method

competitive power *эк.* = competitiveness

competitive preference *марк.* конкурентное предпочтение *(предпочтение определенного товара в противовес товарам-конкурентам)*

competitive price *эк.* конкурентная цена *(цена, складывающаяся на рынке в условиях конкуренции, т. е. цена, включающая затраты фирмы и нормальную рентабельность; в более узком смысле: невысокая цена, установленная на уровне не приносящем высоких доходов, но приемлемом в виду отсутствия у производителя монопольной власти и необходимости конкурировать с другими производителями)* **SEE:** normal profit

competitive price guarantee *эк., торг., фин.* = price guarantee

competitive price level *эк.* конкурентный уровень цен **SEE:** competitive price

competitive price-wise *марк.* конкурентоспособный по цене *(способный выдерживать ценовую конкуренцию, напр., о товаре продаваемом по более низкой цене, чем аналогичные товары конкурентов)* **EX: We are able to be very competitive price-wise with anybody because of our lower overhead and participation in national buying groups.** – Мы способны быть очень конкурентоспособными по цене благодаря нашим низким накладным расходам и нашему участию в национальных закупочных группах. **As manufacturers, we aim at making our products competitive price-wise and in design, in order to retain our market share and attract more market share.** – Как производители, мы стремимся к тому, чтобы сделать нашу продукцию конкурентоспособной по цене и дизайну, с целью сохранить и увеличить нашу долю на рынке

competitive product 1) *марк.* товар-конкурент, конкурентный товар **2)** *марк.* конкурентоспособный товар *(товар, имеющий успех на рынке и способный составить конкуренцию другим схожим товарам)* **SEE:** competitive products

competitive product analysis *марк.* конкурентный анализ товаров*, анализ товаров-конкурентов* *(анализ существующих товаров-конкурентов и занимаемых ими долей рынка; по результатам анализа определяется положение товара данной фирмы на рынке и разрабатывается стратегия поддержания или улучшения этого положения)* **SEE:** competitive products, market position

competitive products 1) *марк.* конкурирующие товары *(схожие товары, производимые разными производителями или под разными торговыми марками и соперничающие на рынке за деньги потребителей)* **SYN:** competing products **2)** *марк.* конкурентоспособные товары **SEE:** competitive product

competitive separation 1) *рекл.* конкурентное разделение *(разброс объявлений на конкурирующие товары во времени и пространстве; обычно осуществляется по просьбе рекламодателя)* **SYN:** commercial protection, product protection **2)** *рекл.* конкурентное разделение, защитный интервал *(расстояние между рекламными роликами конкурирующих продуктов или компаний; напр., 10-ти минутный интервал в теле- или радио эфире между такими рекламными роликами)* **SYN:** commercial protection, product protection interval

competitive strategy *эк.* конкурентная стратегия *(стратегия поведения фирмы направленная на выживание на конкурентном рынке)*

competitive strength *эк.* = competitiveness

competitive tactics 1) *марк.* конкурентоспособная тактика **EX: to teach stu-**

dents about competitive tactics in the computer industry – обучать студентов конкурентной тактике в компьютерной отрасли, **In the next five years, Microsoft's competitive tactics will be dramatically different from those of the previous five years.** – В следующие пять лет компания «Майкрософт» поменяет свою конкурентную стратегию, и она будет значительно отличаться от той, которой компания придерживалась в течение последних пяти лет. **2)** *марк.* приемы конкурентов

competitiveness *сущ. эк.* конкурентоспособность *(способность выдержать конкуренцию, т. е. способность товара или услуги выдержать сравнение с аналогичными товарами и услугами других производителей при сохранении среднерыночной цены; также способность самой фирмы или страны производить продукцию, выдерживающую сравнение с другими фирмами или странами)* **SYN:** competitive ability, competitive capacity, competitive power, competitive strength

competitive-oriented pricing *марк.* = competitive pricing

competitive-parity method *марк., учет* метод конкурентного паритета, защитное бюджетирование *(определение расходов на рекламу исходя из рекламных расходов конкурентов; в основе метода лежит идея, что для защиты от конкурентов необходимо расходовать на рекламу так же много или также мало, как конкуренты)* **SYN:** competitive parity budgeting, match competitors method, defensive budgeting, defensive spending, competitive parity, competitive match method **SEE:** incremental spending, affordable method, objective-and-task method

competitor analysis *марк.* = competitive analysis

compiled list *марк.* компилированный [составной] список *(в телефонном и почтовом маркетинге: список, составленный из данных, собранных из разных источников, напр., рассылочный список, состоящий из имен и адресов, собранных из разных справочников, газет, рекламных объявлений, списков участников выставок и других источников имен, а не только из имен предыдущих покупателей)* **SEE:** mailing list, list compiler, response list, telemarketing

complement **1)** *общ.* дополнение *(к чему-л.)* **2)** *общ.* состав, комплект, норма **EX: The plane had received its full complement of passengers.** – Все места в самолете были заняты. **3)** *эк. тр.* штат, штатное количество, состав *(сотрудников какой-л. организации)* **EX: a full complement of workers** – полный штат работников **4)** *эк.* дополняющий товар, (товар-)комплемент *(товар, потребление которого предполагает использование другого товара, напр., теннисная ракетка и мяч; увеличение цены на один товар вызывает сокращение спроса на другой товар)* **EX: Many customers will reduce consumption of our product if price of the complement is raised.** – Многие потребители сократят потребление нашего продукта, если цена комплемента повысится. **SEE:** complementary goods

complementary furnishings *потр.* комплектующие изделия, дополнительные предметы обстановки (меблировки) *(напр., зеркала как дополнительные предметы обстановки ванной комнаты)* **SEE:** furniture

complementary goods [products, commodities] *эк.* взаимодополняющие [взаимодополняемые, комплементарные] товары, товары-комплементы *(товары, которые вместе удовлетворяют одну и ту же потребность, напр., автомобили и шины; фотоаппарат и фотопленка; для них рост цены на один товар вызывает уменьшение спроса на другой)* **SYN:** complement **SEE:** independent goods, captive product, cross merchandising, interlocking products, accompaniment

complementary services **1)** *торг.* дополнительные услуги *(комплекс услуг и выгод, которые может получить покупатель при покупке и которые увеличивают привлекатель-

ность товара для него; напр., личное внимание к покупателю, доставка на дом, гарантия возврата денег, кредитование, послепродажное обслуживание и т. д.) **SEE:** augmented product **2)** *эк.* = ancillary service

complementary trade *торг.* взаимодополняющая торговля *(на основе взаимодополняющей производственной специализации)* **EX: For a country to protect its own environment against damage from consumption and disposal of domestically-produced or imported products, it might be necessary to apply complementary trade measures — for e.g. in requiring catalytic converters in imported cars where similar requirements are there in domestically produced cars.** — Для того, чтобы защитить окружающую среду страны от ущерба, наносимого потреблением и утилизацией произведенных внутри страны или импортируемых товаров, возможно, необходимо применить меры взаимодополняющей торговли, напр., требовать, чтобы импортируемые автомобили были снабжены каталитическими конвертерами, если аналогичные требования выдвигаются по отношению к автомобилям, произведенным внутри страны.

complete a sale *гл. торг.* осуществлять торговую сделку **EX: The average time to complete a sale is four to six weeks.** — В среднем для того, чтобы совершить сделку, необходимо от четырех до шести недель.

complete coverage *марк.* = blanket coverage

complete delivery *торг.* комплектная поставка, *(единовременная поставка всех указанных в заказе предметов, деталей, видов товаров)* **SEE:** delivery by instalments

complete segmentation *марк.* полное сегментирование, стратегия атомизации рынка* *(сегментация рынка, при которой каждый покупатель рассматривается фирмами как отдельный сегмент, и фирма стремиться учесть интересы потребителей в индивидуальном порядке; возможна на рынках с малым количеством покупателей)* **SYN:** market atomisation strategy **SEE:** market segmentation

complete survey *соц.* сплошное исследование, сплошной опрос *(охватывающий всю генеральную совокупность)* **ANT:** sample interview

completed cancel *торг.* выполнивший обязательства* *(потребитель, выполнивший свои обязательства перед продавцом до аннулирования соглашения, напр., член книжного клуба, купивший установленное правилами число книг)* **SYN:** paid cancel **SEE:** member commitment

completely knocked down **сокр.** CKD *торг.* полностью разобранный* *(о поставляемом товаре)* **EX: completely knocked down products** — продукт (товар) в разобранном виде, **Mercedes-Benz vehicles are shipped to France, Indonesia, and Greece in completely knocked down parts.** — Автомобили «Мерседес-Бенц» поставляются во Францию, Индонезию и Грецию в полностью разобранном виде. **SEE:** knocked down condition, knocked down

completely knocked down products **сокр.** CKD products *торг.* = completely knocked down

complicated product *марк.* (технически) сложный товар *(продукт со сложной структурой, напр., состоящий из множества различных компонентов, или сложной технологией производства/предоставления)* **SYN:** sophisticated product

component test *рекл., связь* компонентный тест* *(проверка комплекта прямой почтовой рекламы, состоящая в добавлении или удалении определенного ее элемента и оценке реакции на измененный комплект по сравнению с реакцией на контрольный)* **SEE:** direct mailing

composite lead time *упр.* = cumulative lead time

comprehensive survey *соц.* подробное обследование **EX: This is a comprehensive survey of the health and nutritional status of the American people based on information from health examinations, interviews, and laboratory tests.** — Это подробное обследование здоровья и качества питания американцев, основанное на информации врачебных осмотров, интервью и лабораторных тестов.

Comptroller of the Currency *фин., банк., амер.* Контролер денежного обращения, Валютный контролер *(чиновник Государственного казначейства США, в функции которого входит обеспечение контроля за деятельностью федеральных банков и банков штатов)*

compulsory delivery *гос. фин., торг.* обязательная поставка *(поставка какого-л. вида продукции по твердым ценам, установленным для него государством)* **SYN:** obligatory delivery, regulated sale

compulsory sale *торг.* принудительная продажа, продажа с молотка *(напр., имущества банкрота)* **EX: the procedure for compulsory sale by auction** – процедура принудительной продажи посредством аукциона

computer store *торг., комп.* магазин по продаже компьютеров

computer-aided interview *соц.* интервью, осуществляемое с помощью компьютера *(техника, позволяющая интервьюеру считывать вопросы с монитора компьютера, напр., CATI, CAPI)* **EX: The surveys were designed to make use of the latest computer aided interview techniques.** – Эти исследования были разработаны таким образом, чтобы использовать последние техники интервью, осуществляемые с помощью компьютера. **SEE:** interview, Common Application Programming Interface

computerized marketing system **1)** *торг., комп.* компьютерная маркетинговая система; компьютерная торговая система *(компьютерные базы данных, содержащие рекламные объявления о предлагаемых продуктах, позволяющие пользователям осуществить поиск в системе, проанализировать движение цен, сделать заявку в онлайновом режиме; на рынке ценных бумаг такая система иногда запрограммирована на анализ ценовой информации и при совпадении ценовых параметров, содержащихся в базе данных предложений, система выдает сигнал на покупку или продажу исследуемого актива)* **2)** *марк.* компьютерная маркетинговая система *(компьютерная база данных о действительных и потенциальных клиентах компании, которая используется для быстрого поиска информации, а также для быстрой связи с клиентами, напр., для массовых рассылок информационных сообщений)* **SEE:** customer database

concealed damage *трансп.* скрытое повреждение *(повреждение груза внутри неповрежденной упаковки; т. е. повреждение, которое не может быть выявлено по состоянию упаковки и обнаруживается только при распаковке груза)* **SEE:** certificate of inspection, known damage

concentrated marketing *марк.* концентрированный маркетинг *(выделение небольшого сегмента рынка и концентрация на нем всех усилий фирмы)* **SYN:** niche marketing, concentrated segmentation, market specialization **SEE:** market coverage strategy, differentiated marketing, undifferentiated marketing

concentrated segmentation *марк.* = concentrated marketing

concentration ratio *эк.* показатель концентрации, коэффициент концентрации *(индикатор остроты конкуренции на рынке, рассчитываемый как сумма рыночных долей первых n крупных фирм, функционирующих на рынке)* **SEE:** market concentration

concentric diversification *марк.* концентрическая диверсификация *(пополнение ассортимента новыми изделиями, которые с технической и маркетинговой точки зрения похожи на существующие товары фирмы, но направлены на другую группу потребителей)* **SEE:** conglomerate diversification, horizontal diversification

concept advertising *рекл.* концептуальная реклама *(реклама, рекламирующая не сам товар, а эмоциональные и психологические выгоды, которые он дает; напр., компания, производящая товары для спорта, своей* *миссией называет не продажу кроссовок, а улучшение качества жизни людей через спорт и фитнес; в такой рекламе сам товар может даже не демонстрироваться)*

concept-to-delivery time *эк., торг.* = lead time

concession *сущ.* **1)** *общ.* уступка, соглашение; послабление, скидка **EX: concession of the government** – уступка правительства, **price concession** – скидка с цены, **by mutual concession** – путем взаимных уступок, с помощью компромисса **The government will make no concession to terrorists.** – Правительство не пойдет на уступки террористам. **2)** *эк., торг.* концессия **а)** *(право использовать землю или любую другую собственность в специальных целях или производить коммерческие операции на отдельном участке земли или в отдельной части здания; такое право предоставляется экономическому агенту правительством, компанией или любым другим лицом, обладающим функциями контроля над используемой таким образом землей или собственностью)* **б)** *(сама коммерческая операция, основанная на таком праве)* **EX: foreign concession** – иностранная концессия **3)** *общ.* признание *(чьей-л. правоты, победы, факта, признание чего-л. правильным и т. п.)*

concessioner *торг.* концессионер, владелец концессии *(лицо, получившее концессию)*

condition *сущ.* **1)** *общ.* положение, состояние, условия *(как совокупность факторов на данный момент)* **EX: condition of the Japanese economy** – состояние экономики Японии **2)** *общ.* условие *(основа, предпосылка чего-л.)* **EX: condition of the victory** – условие победы **3)** *общ.* условие *(требование, выдвигаемое кем-л., от выполнения которого зависит какой-л. договор, соглашение с кем-л.)* **EX: to accept a condition** – принимать условия **4)** *общ.* условие *(обязательство, соглашение между кем-л., определяющее действия сторон)* **SEE:** conditions of delivery, conditions of sales **5)** *юр., торг., брит.* условие *(также «существенное условие»: согласно закону «О продаже товаров» 1979 г., регулирующему процесс продажи товаров в системе английского права, положение договора, нарушение которого дает право расторгнуть договор)* **SEE:** Sale of Goods Act 1979, contract of sale of goods, fundamental terms, innominate terms, warranty

conditional buyer *торг.* условный покупатель *(лицо, приобретающее товар по договору об условной продаже)* **SEE:** conditional sales contract, conditional seller

conditional sale *торг.* условная продажа **а)** *(продажа, совершенная по контракту, согласно которому продавец может оставаться владельцем товара до тех пор, пока не будут выполнены какие-л. условия, напр., пока покупатель полностью не оплатит стоимость товара)* **SEE:** absolute sale **б)** *(покупка товара при одновременном обязательстве продать данный товар обратно при определенных условиях)*

conditional sale agreement *торг.* соглашение об условной продаже *(согласно которому, будет иметь место условная продажа)* **SEE:** conditional sales contract

conditional sale contract *торг.* = conditional sales contract

conditional sales contract *торг.* контракт об условной продаже *(соглашение, согласно которому продавец остается собственником товара до выполнения покупателем определенного условия, обычно — до полной оплаты покупки)* **SEE:** conditional sale agreement, conditional seller, conditional buyer, contract of hire-purchase, credit sale contract, instalment sales contract, deferred payment contract, instalment sale, credit sale

conditional seller *торг.* условный продавец *(лицо, продающее товар по договору об условной продаже)* **SEE:** conditional sales contract, conditional buyer

conditioning *сущ.* **1)** *псих.* обусловливание, научение *(формирование условных рефлексов, которое может* *происходить двумя способами: классическим и оперантным обусловливанием; термин был применен в бихевиористской теории обучения)* **2)** *торг.* кондиционирование *(приведение товара в соответствие с установленными нормами)* **3)** *соц.* *(изменения в мнении респондента, выявленное в процессе повторяющихся интервью; данная проблема связана с панельными исследованиями)*

conditions of delivery *торг.* условия поставки *(сроки, стоимость, количество товаров, способ транспортировки и др. условия, описываемые в договоре о поставке)* **SYN:** delivery specifications, delivery terms, terms of delivery **SEE:** delivery contract, purchase order, delivery date, deadline for delivery, delivery item, delivery location, price of delivery

conditions of sale *марк.* = sales terms

confectionery **1)** *марк.* кондитерские изделия *(конфеты, шоколад и т. п.)* **2)** *пищ.* производство кондитерских изделий **3)** *торг.* кондитерская *(магазин, торгующий кондитерскими изделиями)* **SEE:** confectionery and pastry

confectionery and pastry *потр.* кондитерские изделия *(любые)* **SEE:** food products, confectionery, pastry

conforming product **1)** *марк.* соответствующий товар* *(товар, удовлетворяющий требования заказчика)* **2)** *эк.* = qualified product **SYN:** acceptable product, satisfactory product **ANT:** non-conforming product

conforming to contract *торг., юр., амер.* соответствующий договору *(о продаже товара или услуги; согласно определению Единообразного торгового кодекса США: товар или поведение, касающееся любой части исполнения договора, является соответствующим договору, когда находится в соответствии с обязательствами сторон, заключивших договор)* **SEE:** Uniform Commercial Code, contract for sale

confusing trademark *пат., торг.* вводящий в заблуждение товарный знак *(товарный знак, который сам по себе подобен ранее существовавшему, а также представляет продукт, схожий с продуктом прежнего товарного знака; в связи с этим его использование может ввести потребителей в заблуждение или нарушить законы об охране товарных знаков, несмотря на то, что товарный знак не содержит какой-л. ложной информации)* **SEE:** deceptive trademark

conglomerate diversification *марк.* конгломератная диверсификация *(увеличение товарного ассортимента за счет выпуска новых товаров для новых рынков, при производстве которых применяются новые для данной компании технологии)* **SEE:** concentric diversification, horizontal diversification

conjoint analysis *марк.* совместный анализ *(статистическое измерение потребительского отношения к товару, устанавливающее относительное влияние одной комбинации свойств товара на решение о покупке при сравнении с другой комбинацией)*

conjunctive model *марк.* конъюнктивная модель *(модель формирования потребительского отношения, согласно которой потребителю требуется минимальный уровень удовлетворения от каждого свойства товара, а иначе потребитель его не купит)* **SEE:** disjunctive model, ideal point model, lexicographic model, expectancy-value model, dominance model

conscious awareness **1)** *общ.* сознательное понимание *(какого-л. объекта, явления, процесса)* **SEE:** subliminal perception **2)** *марк.* осознанная осведомленность *(о товаре, марке, фирме и т. п.)*

consign *гл.* **1)** *общ.* вверять, получать; предназначать **EX: to consign a child to the care of a teacher** – поручить ребенка заботам учителя, **to consign to oblivion** – предавать забвению **2)** *торг.* отправлять [посылать] на консигнацию *(товары)* **EX: The goods were consigned to Australia.** – Товары были отправлены в Австралию. **SEE:** consignee, consignor, consignment

consignation *сущ. торг.* консигнация; отправка (товаров) на консигнацию **SYN:** consignment

consigned goods *торг., учет* консигнационные товары, товары на консигнации *(товары, переданные компании, которая занимается их реализацией за комиссионные)* **SEE:** consignment, consignee, consignor, commission, goods in transit

consignee *сущ.* **1) сокр.** cnee *трансп., торг.* грузополучатель, адресат **а)** *(лицо, которому направлен или отгружен товар; при грузовых перевозках транспортная компания извещает грузополучателя о прибытии груза; при отправке почтой или экспрессом доставка товара осуществляется непосредственно грузополучателю)* **б)** *юр., амер.* адресат поставки* *(согласно определению Единообразного торгового кодекса США: лицо, названное в векселе тем лицом, кому вексель гарантирует поставку, или тем лицом, на основании распоряжения которого будет осуществлена поставка)* **SEE:** Uniform Commercial Code, delivery **2)** *торг.* консигнатор *(лицо, продающее товары консигнанта от своего имени и обычно за комиссионное вознаграждение)* **SYN:** commission merchant **SEE:** consign, consignor, consignment

consigner *сущ. торг., трансп.* = consignor

consignment *сущ.* **1)** *торг., трансп.* груз, партия *(отправленного или прибывшего товара)* **EX: new consignment of tea** – новая партия чая **2)** *торг., трансп.* отправка [посылка, доставка] *(груза, партии товара и т. п.)* **SEE:** consignment note **3) а)** *торг.* консигнация *(вид договора, по которому владелец товара (комитент, консигнант) передает комиссионеру (консигнатору) товар для продажи со склада комиссионера)* **EX: to sell goods on consignment** – продавать товары посредством консигнации **SEE:** consignee, consignor, consignment account, consignment stock **б)** *торг.* консигнационный товар *(товар, переданный на реализацию в соответствии с договором консигнации)*

consignment account *торг., фин.* отчет по консигнации, консигнационный отчет *(отчет, составляемый агентом, получившим от комитента товар на реализацию, в котором указывается стоимость переданных агенту товаров, издержки реализации, комиссионные агента, выручка от продаж)* **SEE:** consignment, consignor, consignee

consignment note *торг., трансп.* транспортная накладная *(документ, регулирующий отношения между перевозчиком, отправителем и получателем груза; фиксирует, что должно быть отправлено, кому и куда; транспортная накладная сопровождает груз при перевозке и выдается грузополучателю для сравнения количественных и качественных параметров указанного в ней отправленного и полученного товара)* **SEE:** consignee, consignor, air waybill

consignment selling *торг.* консигнационная продажа, продажа на консигнацию *(продажа товара со склада комиссионера)* **SEE:** consignment

consignment stock *торг.* консигнационный товара, консигнационный запас *(товар, находящийся на руках у одного лица (торгового посредника), но принадлежащий другому лицу; торговый посредник имеет право реализовать товар, но может и вернуть его фактическому владельцу)* **SEE:** consignee, consignor, consignment

consignor *сущ.* **1)** *трансп., торг.* грузоотправитель **а)** *(лицо, отправляющее какой-л. груз)* **б)** *юр., амер.* *(согласно определению Единообразного торгового кодекса США: лицо, названное в товарораспорядительном документе как лицо, от которого должны быть получены товары для погрузки)* **SEE:** Uniform Commercial Code **2)** *торг.* консигнант *(владелец товаров, переданных на реализацию консигнатору)* **SYN:** consigner **SEE:** consignee, consignment, consign

conspicuous *прил.* **1)** *общ.* видимый, заметный **2)** *общ.* видный, выдающийся **3)** *юр., торг., амер.* заметный, бросающийся в глаза *(об оговорке договора; согласно определению Единообразного торгового кодекса США, оговорка считается заметной, если сторона договора, интересы которой затрагивает данная оговорка, обратит на нее внимание, как можно предполагать исходя из соображений здравого смысла; напр., если написана заглавными буквами, иного цвета или шрифта, чем остальной текст договора)* **SEE:** Uniform Commercial Code

conspicuous consumption *эк., соц.* демонстративное [показное, престижное] потребление *(использование каких-л. товаров с целью произвести впечатление на окружающих, подчеркнуть социальный статус потребителя; термин введен Т. Вебленом)* **SEE:** Veblen, Thorstein Bunde;

constant clientele *марк.* постоянная клиентура *(группа потребителей, которые регулярно пользуются продуктами компании)* **EX: Businessmen and politicians, journalists and movie stars are regular visitors of the restaurant, our constant clientele.** – Бизнесмены и политики, журналисты и кинозвезды являются частыми посетителями ресторана, нашей постоянной клиентурой. **SEE:** client base, regular buyer

construction of advertisements *рекл.* разработка рекламы [рекламных объявлений], создание рекламы [рекламных объявлений]

consultative salesman *марк.* продавец/коммивояжер-консультант

consultative selling *торг.* консультативная продажа *(ненавязчивая продажа, при которой продавец выступает в роли эксперта, консультирующего покупателя и помогающего ему принять правильное решение о покупке)*

consumable commodities *эк.* = consumer goods

consumable goods *эк.* = consumer goods

consumer *сущ.* **1)** *эк.* потребитель; покупатель **EX: British consumers are paying much more than their counterparts in mainland Europe for a wide range of goods.** – Британские потребители покупают многие товары по значительно более высокой цене, чем потребители материковой Европы. **Our consumers expect products which are not only delicious (and safe) but which have been produced fairly and ethically.** – Наши потребители ожидают таких продуктов, которые не только вкусны и безопасны для здоровья, но еще и были произведены надлежащим образом и в согласии с этическими нормами. **SEE:** average consumer, industrial consumer, loyal consumer, consumer appeal, consumer affluence, consumer goods, consumer knowledge, consumer language, consumer surplus, unfair consumer practice, Consumer Price Index, prosumer **2)** *эк.* потребитель, пользователь, абонент *(человек, организация или оборудование, использующие какой-л. ресурс или продукт)* **SEE:** heat consumer, water consumer **3)** *биол., эк. прир.* консумент *(организм, который потребляет другие организмы; выделяют первичные, вторичные и третичные консументы)*

consumer acceptance *марк.* потребительское признание, признание потребителем *(принятие потребителем нового товара, выражающееся в формировании стабильного спроса на товар)* **SYN:** customer acceptance

consumer account *фин., торг.* счет покупателя [клиента] *(текущий счет потребителя на предприятии розничной торговли или финансовом учреждении, используемый им для оплаты товаров и услуг)* **SEE:** current account

consumer activist *потр.* = consumerist

consumer advertisement *рекл.* потребительское рекламное объявление* **SEE:** consumer advertising

consumer advertising *рекл.* потребительская реклама, реклама потребительских товаров *(реклама товаров или услуг, направленная на потенциальных конечных потребителей)* **ANT:** business-to-business advertising **SEE:** consumer goods, retail advertising

consumer advisory board *марк.* консультационный совет потребителей, потребительский консультативный совет *(группа потребителей продуктов некоторой компании, предоставляющая компании информацию о потребностях конечных потребителей и об уровне их удовлетворения компанией; совет обычно организуется при отдельной компании)* **SYN:** consumer advisory council **SEE:** consumer panel, consumer council, consumer relations

consumer advisory council *марк.* = consumer advisory board

consumer advocate *потр.* = consumerist

consumer affluence *эк.* достаток [богатство, благосостояние] потребителей *(уровень доходов населения в стране; рост этого параметра выражается в предпочтении потребителей покупать более качественные товары по высоким ценам)* **SYN:** consumer wealth **EX: With increasing consumer affluence, leather products have established a big presence in the domestic market.** – Благодаря росту достатка потребителей, изделия из кожи получили широкое распространение на внутреннем рынке.

consumer analysis *марк.* = consumer research

consumer anticipations *эк.* = consumer expectations

consumer appeal *марк.* потребительская привлекательность (товара) *(привлекательность товара для потребителя; напр., благодаря красивой упаковке товара, высокому качеству, низким ценам, оригинальному дизайну и др. факторам)* **EX: The colouring and design of these products is designed to enhance consumer appeal and create better demand for them.** – Цветовое оформление и дизайн данного товара призваны усилить его потребительскую привлекательность и увеличить спрос на него. **SYN:** customer appeal **SEE:** immediate appeal, rational appeal, recreational appeal, mass appeal, masculine appeal, health appeal, game appeal, moral appeal, advertising appeal, price appeal, snob appeal, marketing appeal, service appeal, sales appeal, emotional appeal, female appeal, sex appeal

consumer attitude *марк.* отношение [позиция] потребителей *(к продукту, рекламе, компании и т. п.)* **EX: consumer attitude towards the new technology** – отношение потребителей к новой технологии **SYN:** customer attitude **SEE:** customer attitude tracking

consumer audience 1) *марк.* потребительская аудитория *(совокупность потребителей определенного продукта; эта аудитория обычно является целевой аудиторией рекламы данного товара)* **EX: We genuinely appreciate feedback from our consumer audience.** – Мы искренне ценим отклики от наших потребителей. **Use this magazine to target the right consumer audience.** – Этот журнал позволит вам обратиться именно к вашей потребительской аудитории. **SEE:** target audience **2)** *марк.* аудитория конечных потребителей, конечные потребители **EX: This information is intended for a consumer audience; here you will find research about common conditions of the eye, tips on lens care, helpful information on eye surgery and more.** – Эта информация предназначается для конечных потребителей; здесь представлены исследования на предмет типичных глазных расстройств, советы по уходу за контактными линзами, полезная информация по хирургии глаза и т. д.; **SEE:** final consumer, business audience **SYN:** consuming public

consumer awareness *марк.* осведомленность потребителей, потребительская осведомленность *(о продукте, компании, марке и др.)*

consumer bank *банк.* потребительский банк* *(банк, работающий с физическими лицами; основные операции — прием вкладов, выдача потребительских кредитов)* **SEE:** consumer loan, consumer credit, Consumer Bankers Association

Consumer Bankers Association *сокр.* CBA *фин., банк., амер.* Ассоциация потребительских банкиров* *(профессиональная организация, объединяющая банки и иные финансовые учреждения США, специализирующиеся на предоставлении розничных банковских услуг; создана в 1919 г.)* **SEE:** consumer bank

consumer basket *эк.* потребительская корзина *(набор товаров и услуг, необходимых для удовлетворения перво-*

очередных потребностей человека; используется при расчете индекса потребительских цен) **SYN:** market basket, consumer goods basket, basket of goods **SEE:** consumer price index

consumer behaviour *эк.* поведение потребителей [покупателей], потребительское [покупательское] поведение *(поведение людей, связанное с принятием решений о покупке товаров и услуг)* **SYN:** customer behaviour, buying behaviour, buyer behaviour **SEE:** consumer behaviour model, consumer behaviour survey, consumer choice

consumer behaviour model *марк.* модель поведения потребителей *(отображает процесс принятия потребителем решения о покупке и основные факторы, влияющие на это решение: информацию из внешней среды, реальные физические аспекты товара или услуги, идеи или образы, представляемые поставщиком, идеи или образы, сопутствующие товару со стороны общества и т. д.)* **SYN:** buyer behaviour model **SEE:** consumer buying decision

consumer behaviour survey *марк.* исследование поведения потребителей *(маркетинговое исследование, направленное на выявление потребительских предпочтений и основных моделей поведения потребителей на рынке какого-л. продукта)* **SEE:** marketing research, consumer preferences

consumer benefit 1) *потр.* потребительская выгода *(улучшение положения потребителей вследствие появления новых продуктов, снижения цен и т. п.)* **EX: Yet another consumer benefit of the 1996 Act is that cable operators are beginning to offer competitive residential phone service at substantially lower prices.** – Еще одна потребительская выгода, которую принес закон 1996 г. заключается в том, что операторы проводной связи стали предлагать качественные телефонные услуги по значительно более низким ценам. **SYN:** customer benefit **SEE:** customer satisfaction 2) *эк.* = consumer surplus

consumer boom *эк.* потребительский бум *(резкий рост спроса на рынках потребительских товаров)* **EX: The consumer boom continues, with retail trade up 10% from January 2001.** – Потребительский бум продолжается, на что указывает 10-ти процентный рост оборота розничной торговли по сравнению с январем 2001 г.

consumer brochure *марк., потр.* брошюра для потребителей *(содержит информацию, которая может быть необходима потребителю; напр., правила использования товара, сведения по технике безопасности, побочные действия лекарств и т. д.)* **SEE:** brochure, advertising literature, consumer magazine

consumer business *марк.* продажи населению*, потребительские товары* *(часть общей деятельности фирмы, представляющая собой производство и продажу благ для населения, в отличие от промышленных товаров, выполнения заказов правительства и т. д.)* **EX: In 1991, our consumer business was 37% of the total, medical devices was 33%, and pharmaceuticals was 30%.** – В 1991 г. наши продажи потребительских товаров составляли 37% общей величины продаж, продажи медицинского оборудования – 33%, лекарственных препаратов – 30%. **Symantec's consumer business grew 68% year over year and represented 38% of total revenue.** – Объем продаж населению у компании Symantec увеличивался на 68% в год и составил 38% общих доходов компании. **SYN:** consumer sales

consumer buying decision *марк.* решение о покупке, решение потребителя о покупке **SEE:** consumer behaviour model

consumer choice *эк.* потребительский выбор а) *(в общих текстах обозначает принятие любого потребительского решения)* б) *(в микроэкономических текстах обозначает распределение фиксированного дохода между различными благами)* **SEE:** consumer behaviour

consumer clinic *марк.* = consumer panel

consumer club *потр.* потребительский клуб, клуб потребителей *(добровольное объединение потребителей определенного товара или товара* *конкретной фирмы; создается для различных целей: получение членами клуба скидок на товар фирмы, правовая защита потребителями своих интересов и др.)* **SEE:** advertising club, consumer cooperative

consumer commodities *эк.* = consumer goods

consumer communications *марк.* связь с потребителями* *(организация каналов для доведения до потребителей информации о товарах, поддержание связей с потребителями)* **EX: The Consumer Communications department aims to promote the consumption of seafood by stimulating consumer demand.** – Отдел связи с потребителями занимается стимулированием спроса населения на морепродукты.

consumer comparison *марк.* потребительское сравнение* *(сравнение различных товаров (марок товара), производимое потребителем с целью определения их положительных и отрицательных сторон)* **SEE:** consumer choice, comparison shopping, consumer evaluation

consumer complaint *торг., юр.* претензия [жалоба, рекламация] потребителя *(жалоба потребителя относительно качества товара или обслуживания; иногда рассматривается в судебном порядке)* **SYN:** customer complaint **SEE:** consumer inquiry

Consumer Conf *эк., бирж., стат.* = Consumer Confidence Index

Consumer Confidence **сокр.** CC *эк., бирж., стат.* = Consumer Confidence Index

consumer confidence **1)** *эк.* потребительское доверие, ожидания потребителей *(степень уверенности потребителей в том, что экономика развивается успешно и какие-л. потрясения маловероятны)* **2)** *эк., бирж., стат.* = Consumer Confidence Index

Consumer Confidence Index **сокр.** CCI *эк., бирж., стат.* индекс потребительского доверия, индекс потребительского оптимизма *(статистический показатель, характеризующий ожидания (настроения) потребителей; рассчитывается на основе обзора домашних хозяйств, разработанного для оценки индивидуальной склонности к расходам; состоит из 2-х подындексов – оценки потребителем текущих условий и ожиданий относительно будущего; рост показателя воспринимается как признак будущего увеличения прибылей компаний и экономического роста и вызывает рост котировок акций и валюты; показатель принадлежит к группе опережающих индикаторов)* **SYN:** Consumer Conf, Consumer Confidence **SEE:** retail confidence index, Redbook, Michigan Consumer Sentiment Index

consumer container *торг.* потребительская тара [упаковка, расфасовка] *(элемент упаковки, в которую расфасовывают продукцию для доставки ее потребителям: бутылки, флаконы, банки, коробки, пачки и т. п.; является частью товара и входит в его стоимость)* **SYN:** consumer-size package, customer-size package, consumer pack

consumer cooperation *потр.* потребительская кооперация *(организация потребителями совместных закупок или производства потребительских благ с целью получения этих благ по более низкой цене, чем в случае самостоятельного приобретения потребителями этих благ на рынке)* **SEE:** consumer cooperative, consumer club

consumer cooperative *эк., юр.* потребительский кооператив, кооперативное потребительское общество *(добровольное объединение граждан для организации централизованных закупок или производства потребительских товаров с целью последующего предоставления их членам кооператива (итоговая цена оказывается ниже рыночной); оплата товаров может осуществляться за счет регулярных членских взносов)* **SYN:** consumers' cooperative society **SEE:** consumer cooperation, advertising cooperative, consumer club

consumer council *эк.* совет потребителей [по делам потребителей] *(объе-*

динение потребителей, представляющее их интересы при переговорах с производителями и продавцами продукции, а также с органами государственного и муниципального управления) **SEE:** consumer advisory board, National Consumer Council, consumer protection agency

Consumer Council *эк., брит.* = National Consumer Council

consumer credit 1) *фин., торг.* потребительский кредит, потребкредит *(приобретение населением потребительских товаров и услуг в долг; могут использоваться такие механизмы, как кредитные карты, оплата товаров в рассрочку, кредиты под страховые полисы; в отличие от ипотечных кредитов, проценты по таким кредитам обычно не вычитаются из доходов лица при расчете подоходного налога)* **SEE:** credit sale, instalment sale, credit card, Uniform Consumer Credit Code **2)** *эк., стат.* индекс потребительского кредита *(отражает объем использования системы кредита через кредитные карты, личное заимствование и покупки в рассрочку; индикатор потребительского спроса, подвержен сезонным колебаниям; рост значения индекса свидетельствует о том, что потребители не боятся брать кредиты для удовлетворения своих материальных потребностей)*

Consumer Credit (Increase of Monetary Limits) Order 1983 *юр., торг., брит.* «Распоряжение о потребительском кредите (увеличении денежного предела)»*, 1983 г. *(наряду с законом «О потребительском кредите» от 1974 г. регулирует продажу заложенного имущества; поднял верхнюю границу стоимости заложенного имущества, в пределах которой займодавец может продать заложенное имущество по истечении оговоренного периода, не прибегая к дополнительным юридическим процедурам)* **SEE:** consumer credit, Consumer Credit Act 1974

Consumer Credit Act 1974 *фин., юр., брит.* закон «О потребительском кредите», 1974 г. *(предусматривает лицензирование физических и юридических лиц, вовлеченных в обслуживание потребительского кредита, а также установление в кредитном соглашении точной ставки процента и периода, в течение которого потребитель может передумать и расторгнуть соглашение; разрешает многие вопросы кредитования, продажи товаров в рассрочку и одновременно направлен на защиту прав потребителей; наряду с законом «О переводных векселях» от 1882 г. играет значительную роль в регулировании торговых и финансовых отношений)* **SEE:** credit sale contract, contract of hire-purchase, Consumer Credit (Increase of Monetary Limits) Order 1983

Consumer Credit Protection Act *фин., банк., амер.* закон «О защите (получателей) потребительского кредита», закон «О потребительском кредите» *(федеральный закон, устанавливающий правила раскрытия информации кредиторами в сфере потребительского кредита (процентные ставки и другие условия кредита) и защищающий права потребителей-заемщиков; принят в 1968 г.; первая часть закона известна как закон «О достоверности информации в кредитовании»)* **SEE:** consumer credit

consumer culture 1) *соц.* культура потребления *(система ценностей, правил и норм поведения, касающихся потребления, моделей и практик потребления, характерных для данного общества или его группы, в т.ч. примитивного и современного)* **SEE:** carcooning **2)** *(научная дисциплина, представляющая собой смежную область нескольких социальных наук (социологии, антропологии, культурологии и др.), в которой потребление рассматривается как социальная и культурная структура)* **SEE:** sociology of consumption **3)** *соц.* потребительская культура, идеология потребления *(доминирование в обществе установки на непрерывное приобретение и потребление благ)* **SYN:** consumerism, consumership **SEE:** consumer society

consumer decision making *марк.* принятие потребительского решения *(принятие потребителем решения о покупке какого-л. товара или о распределении некоторой суммы денег между несколькими товарами)* **SEE:** consumer choice, consumer comparison

consumer deficit **1)** *эк.* потребительский дефицит *(дефицит потребительских товаров на рынке)* **2)** *эк.* дефицит потребителя* *(разность между рыночной и предполагаемой потребителем ценой товара в ситуации превышения первой над последней; эта разность показывает проигрыш потребителя)* **SEE:** consumer surplus **3)** *марк.* пассив потребителя *(ситуация, когда удовлетворение потребителя от покупки оказывается меньше, чем следовало бы ожидать с учетом цены, или вообще не наступает; отражает степень удовлетворения потребителя и позволяет производителю или рекламному агенту оценить эффективность в сфере коммуникаций с потребителем; определяется путем опроса и анкетирования)*

consumer demand *марк.* потребительский [покупательский] спрос *(спрос отдельного потребителя или всего населения на товары и услуги; является предметом микроэкономической теории потребления; в макроэкономике является показателем состояния экономики и влияет на принятие инвестиционных решений)* **SYN:** customer demand

consumer diary *марк.* дневник потребителя *(стандартизованная печатная форма, в которой член потребительской панели ведет записи своих расходов и делает отметки о методах совершения покупок)* **SEE:** consumer panel

consumer discrimination *эк.* = customer discrimination

consumer durable product *потр.* = durable goods

consumer durables *потр.* = durable goods

consumer economics *эк.* = theory of consumer choice

consumer education *марк.* просвещение потребителей *(информирование потребителей о характеристиках товаров, об их применении; о том, как отличить настоящий товар от подделки; о правах потребителей, о путях защиты потребительских прав и интересов)*

consumer effect **1)** *марк.* потребительский эффект *(совокупность полезных свойств товара для потребителя)* **2)** *эк.* потребительский эффект, влияние на потребление *(результат воздействия какого-л. внешнего события; напр., влияние политического решения, действий властей, экономических событий на потребительский рынок)* **EX: The favourable consumer effect of this interest rate decrease is likely to amount to 0.3-0.4% and the investment effect may be less as interest rate decreases on corporate borrowing have been limited.** – Благоприятное влияние данного понижения ставки процента на потребительский рынок составит 0,3-0,4%, в то время как инвестиционный эффект, в связи с ограничением возможности понижения ставок на коммерческое кредитование, может оказаться меньше.

consumer electronics *потр.* бытовая электроника, электронные товары широкого потребления *(телевизоры, видеомагнитофоны, музыкальные центры, телефоны и т. д.)* **SYN:** household appliances **SEE:** home video equipment

consumer environment **1)** *марк.* потребительская среда фирмы* *(совокупность потребителей товара конкретной фирмы, рассматриваемая с позиций образа жизни, привычек, предпочтений, моделей поведения и др. характеристик, присущих потребителям именно данной фирмы)*

SYN: customer environment **2)** *марк.* = consumer setting

consumer evaluation *марк.* потребительская оценка *(оценка потребителем различных товаров или услуг— их качества, свойств, цен и других характеристик — с целью принятия решения о покупке того или иного товара)* **SYN:** consumer valuation, customer evaluation **SEE:** consumer comparison

consumer expectations *эк.* ожидания потребителей, потребительские ожидания *(прогнозы потребителей относительно состояния рынков благ и своих доходов в будущем периоде)* **SYN:** consumer anticipations

consumer expenditure *эк., стат.* потребительские расходы *(общие расходы домохозяйств на потребительские услуги и товары; представляют собой часть национального продукта)* **EX: consumer spending behaviour** – характер изменения потребительских расходов **SYN:** consumers expenditure, consumer spending **SEE:** consumer goods, durable goods, non-durable goods, consumer services, consumer income

Consumer Expenditure *эк.* = consumer expenditure

consumer favour *марк.* благосклонность потребителя *(к продукту или компании; выражается в стремлении потребителя покупать определенный продукт)* **SEE:** brand loyalty

consumer feedback *марк.* = customer feedback

consumer flow *марк.* потребительский поток, поток потребителей *(совокупность посетителей или покупателей магазина или торгового центра)* **EX: the consumer flow through the store** – потребительский поток магазина **SYN:** customer flow

consumer franchise 1) *марк.* потребительское предпочтение* *(привилегированное положение какого-л. продукта, марки или компании в глазах потребителя* **SEE:** consumer franchise building **2)** *марк.* потребительская франшиза* *(розничная франшиза в бизнесе по производству или продаже потребительских товаров; напр., филиал ресторана быстрого питания)* **SEE:** retail franchise

consumer franchise building *марк.* формирование потребительских предпочтений *(создание привилегированного положения компании или продукта в глазах потребителей)* **SEE:** consumer franchise, consumer favour, brand loyalty

consumer fraud *торг., юр.* обман потребителей *(преступление в сфере экономики, представляющее совершенные в значительном размере обмеривание, обвешивание, обсчет, введение в заблуждение относительно потребительских свойств или качества продукта или иной обман потребителей организациями, осуществляющими реализацию товаров или оказывающими услуги)* **SEE:** deceptive advertising, consumerism; Nader, Ralph; Food and Drug Administration

consumer goods *эк.* потребительские товары, потребительская продукция, предметы потребления, товары [предметы] широкого потребления *(товары, произведенные для использования потребителями с целью удовлетворения личных потребностей, напр., продукты питания, одежда, бытовая техника, в отличие от товаров, предназначенных для использования в процессе производства)* **SYN:** consumer products, consumer commodities, consumer items **SEE:** industrial goods, consumer services, durable goods, non-durable goods, consumer advertising, consumable goods, consumable commodities, consumption goods

consumer goods basket *эк.* = consumer basket

consumer goods company *эк.* компания, производящая [продающая] потребительские товары **EX: Unilever, the world's biggest consumer goods company, is a household name in more than 100 countries.** – Имя компании «Юнилевер», крупнейшего мирового производителя потребительских товаров, известно потребителям более чем 100 стран. **SEE:** industrial goods company

consumer goods fair *торг.* ярмарка товаров широкого потребления, выставка-ярмарка товаров народного потребления *(организованная выставка товаров широкого потребления (продукты питания, одежда, обувь, косметика, электро-бытовые товары, мебель, игрушки, сантехника, хозяйственные товары, книги и др.), нацеленная на совершение покупки посетителями выставки)*

consumer goods industry *эк.* отрасли потребительских товаров *(отрасль производства потребительских товаров: пищевая промышленность, легкая промышленность)* **SEE:** consumer goods company, food industry, light industry

consumer goods market *эк.* потребительский рынок, рынок потребительских товаров *(сфера купли-продажи товаров индивидуального и семейного назначения: продовольствия, одежды, бытовой техники и др.)* **SYN:** consumer market **SEE:** producer market, customer market

consumer goods marketing *марк.* потребительский маркетинг, маркетинг потребительских товаров *(изучение рынка потребительских товаров, потребностей населения в отношении потребительских товаров; разработка продукции, отвечающей запросам потребителей)* **SYN:** consumer marketing **SEE:** industrial marketing

Consumer Goods Pricing Act *торг., юр., амер.* закон «Об установлении цен на потребительские товары»*, 1975 г. *(запретил использование соглашений о поддержании цен между производителями и промежуточными продавцами в рамках межштатной торговли)* **SEE:** price control, interstate commerce

consumer group *марк.* группа потребителей, потребительская группа *(совокупность потребителей, объединенных по какому-л. признаку, напр., возрасту, доходу, частоте покупок, величине задолженности, сфере деятельности и т. д.)* **SYN:** customer group, buyer group, client group

consumer guide *марк.* информационный бюллетень для потребителей *(справочник, содержащий информацию о магазинах, товарах, услугах и другую полезную для потребителей информацию)* **SEE:** advertising guide

consumer habit *марк.* потребительская привычка, привычка потребления *(устойчивая модель потребления товара конкретным потребителем или группой потребителей; определяет выбор потребителями того или иного товара, приверженность маркам, частоту покупок, а также продолжительность жизни товара)* **SYN:** consumption habit **SEE:** consumer inertia

consumer impression **1)** *марк.* потребительское впечатление *(представление о товаре, сформировавшееся у потребителя в результате просмотра рекламы или использования товара)* **2)** *рекл.* = advertising impression

consumer income *эк.* доход потребителя, потребительский доход *(денежная сумма, получаемая потребителем из какого-л. источника и затрачиваемая на удовлетворение потребностей)* **SEE:** consumer expenditure

consumer inertia *марк.* инерция [инертность] потребителей *(отсутствие реакции потребителей на изменение цены, появление новых продуктов, усиление рекламы и т. п., и сохранение приверженности определенной марке товара)* **SEE:** consumer habit, brand loyalty

consumer information *марк.* информация для потребителей *(информация о товарах, услугах, магазинах и т. д.)* **SEE:** consumer guide

consumer inquiry **1)** *торг., юр.* потребительский запрос *(обращение потребителей с вопросом или жалобой в фирму, производящую продукт, который они потребляют)* **2)** *марк.* = consumer survey

consumer insurance *страх., торг.* потребительское страхование *(совместная работа страховых компаний с магазинами по продаже дорогостоящих товаров в рассрочку; покупатель вносит в магазине аванс за товар, приходит в страховую компанию для оформления документов, возвращается в магазин и получает товар; страховая компания берет на себя риск непогашения кредита)* **SEE:** consumer loan, consumer credit

consumer interest **1)** *марк.* потребительский интерес *(интерес со стороны потребителей к какому-л. товару)* **2)** *эк., соц.* интересы потребителей **SEE:** consumer interest group **3)** *фин., банк.* процент по потребительскому кредиту **SEE:** consumer credit

consumer interest group *потр.* группа защиты интересов потребителей **SYN:** consumer protection group **SEE:** consumerist, consumer law, consumer organization, consumerism

consumer interview *марк.* опрос потребителей, интервью с потребителями *(количественное исследование, направленное на выявление потребительских предпочтений, узнаваемости марок, частоты и характера потребления продукта, позволяющее выявлять неудовлетворенный спрос и отследить динамику потребительских предпочтений; опросы обычно проводятся интервьюерами по телефону или путем анкетирования группы населения в местах продаж)* **EX:** **The consumer interview was conducted through face to face or telephone interviews by trained consumer interviewers.** – Интервью с потребителями было проведено специально обученными интервьюерами как лично, так и по телефону. **SEE:** interview

consumer items *эк.* = consumer goods

consumer jury *марк.* = consumer panel

consumer jury test *марк.* метод «потребительского жюри»* *(метод тестирования рекламы, при котором потребителей просят сравнить, проранжировать различные рекламные объявления, или каким-л. др. образом оценить их)* **SEE:** consumer panel, copy testing

consumer knowledge **1)** *марк.* потребительская осведомленность, осведомленность потребителей *(знание потребителей о товарах, их качестве и ценах; о своих правах и возможностях их защиты)*; потребительские навыки *(в выборе товаров, отстаивании своих интересов)* **2)** *марк.* осведомленность о потребителях, знание потребителей *(осведомленность производителей, продавцов, маркетологов или рекламистов о потребностях, предпочтениях, привычках потребителей на своем рынке)* **SYN:** consumer learnings, customer knowledge

consumer language *марк.* потребительский язык, язык потребителя *(понятный обычному человеку (не являющемуся специалистом в какой-л. области) способ изложения информации о товаре, об экономической или политической ситуации и т. п.)*

consumer law *потр., юр.* потребительское право *(отрасль права, представляющая собой совокупность положений и норм, направленных на защиту прав потребителей; за соблюдением положений потребительского права обычно следят специальные правительственные учреждения, а также ассоциации, кооперативы и движения потребителей)* **EX: consumer legislation** – потребительское законодательство **SEE:** consumerist, consumer interest group

consumer learnings *марк.* = consumer knowledge

consumer legislation *потр., юр.* потребительское законодательство *(совокупность законов по защите прав и интересов потребителей)* **SYN:** consumer-oriented legislation, consumer protection legislation, consumer protection laws, consumer law **SEE:** consumer policy, consumer protection

consumer lifestyle *марк.* стиль [образ] жизни потребителя *(типичные для потребителей определенного товара условия, формы и особенности повсе-*

дневной жизнедеятельности, принятая для них манера поведения в определенных условиях) **SEE:** consumer personality, marketing research

consumer lines *эк.* = consumer goods

consumer list *марк.* список потребителей [клиентов] *(список людей, делавших заказы или покупки, который может быть использован для будущего стимулирования сбыта)* **SYN:** customer list **SEE:** overlay

consumer loan *банк.* потребительский кредит, потребительская ссуда *(кредит, выданный частному лицу для оплаты покупки потребительских товаров длительного пользования)* **SEE:** consumer credit, consumer bank

consumer lobby *потр., пол.* потребительское лобби* *(группа потребителей, организованная с целью продвижения своих интересов во властных структурах)* **SEE:** consumer interest group, consumerist

consumer loyalty *марк.* лояльность [верность, приверженность] потребителей *(склонность покупателей приобретать товары в одной и той же торговой точке или одной и той же торговой марки; результат постоянного качественного обслуживания клиентов)* **SYN:** customer loyalty, patronage **SEE:** loyal consumer, long-standing customer, patron, patronage, brand loyalty

consumer magazine **1)** *СМИ, потр.* потребительский журнал *(журнал общего характера, рассчитанный на широкую аудиторию читателей)* **2)** *марк., потр.* журнал для потребителей *(издается компанией для ее потребителей; содержит новости, советы и рекомендации потребителям)* **SEE:** consumer brochure, advertising literature

Consumer Magazine and Agri-Media Rates and Data *марк., СМИ, амер.* справочник расценок на рекламу в потребительских и сельскохозяйственных журналах *(содержит тарифы на рекламу с указанием имен и адресов представителей каждого журнала)*

consumer market *эк.* потребительский рынок, рынок потребительских товаров *(сфера купли-продажи товаров индивидуального и семейного назначения: продовольствия, одежды, бытовой техники и др.)* **SYN:** consumer goods market **SEE:** business market, producer market, trade market, government market, institutional market

consumer marketing *марк.* = consumer goods marketing

consumer motivation **1)** *марк.* мотивация потребителей, потребительская мотивация *(осознанная потребителем внутренняя потребность приобрести товар)* **2)** *марк.* мотивирование потребителей *(создание у потребителей внутренних стимулов к покупке товара)*

consumer movement *потр., соц.* = consumerism

consumer needs *марк.* потребности потребителей, запросы потребителей, потребительские нужды **EX:** **meeting consumer needs** – удовлетворение потребностей потребителей

consumer non-durable *марк.* = non-durable goods

consumer non-durables *марк.* = non-durable goods

consumer organization *эк.* потребительская организация, организация потребителей *(организация, учрежденная на общественных началах и на добровольной основе или под государственным надзором и занимающаяся предоставлением информации покупателям товаров и защитой их от ограничительной практики и других факторов; может существовать как на местном, так и на национальном уровне)* **SEE:** Consumers International, consumer interest group, consumerist, consumer, restrictive trade practice

consumer orientation *марк.* = user orientation

consumer pack *торг.* = consumer container

consumer panel *марк.* потребительская панель *(группа потребителей целевого рынка, покупательское пове-*

дение которой рассматривается как представляющее весь рынок) **SYN:** consumer clinic, consumer jury **SEE:** consumer diary, consumer advisory board

consumer patronage *марк.* благосклонность потребителей *(проявляемая потребителями склонность покупать определенный товар или делать покупки в определенном магазине)*

consumer perception *марк.* потребительское восприятие *(представление потребителя о товаре или услуге, сформированное рекламой, личным опытом, советами и оказывающее влияние на его поведение и выбор того или иного товара)* **SYN:** customer perception

consumer personality *марк.* личность потребителя *(основные характеристики типичного потребителя определенного товара, напр., сигарет: его мнения, предпочтения, интересы, привычки, ценности и т. д.)* **SEE:** consumer lifestyle

consumer policy *потр., пол.* потребительская политика *(государственная политика защиты потребительских прав, консультирования потребителей по вопросам отстаивания своих интересов)* **SEE:** consumer legislation

consumer population 1) *эк., стат.* количество потребителей **EX: rapid growth of the consumer population** – быстрый рост количества потребителей **2)** *эк.* потребители, совокупность потребителей **EX: If the consumer population slightly favors one category, a system of niche monopolists is unstable.** – Если потребители отдают отдельному виду товара незначительное предпочтение, положение нишевых монополистов является нестабильным.

consumer practice 1) *марк.* маркетинговый бизнес *(деятельность по организации и проведению маркетинговых кампаний для продвижения бренда или создания репутации компании)* **EX: Consumer practice leaders are recognized internationally for their campaigns that are among the most creative in the world at building brands; they know how to get our clients' messages seen and heard in an increasingly cluttered marketplace.** – Ведущие эксперты в маркетинге известны во всем мире благодаря проведению самых творческих кампаний по продвижению брендов; они знают, как сделать так, чтобы их клиентов заметили на высококонкурентном рынке. **2)** *эк., юр.* юридическая консультация потребителей*

consumer preferences *эк.* потребительские предпочтения, предпочтения потребителя *(отношение потребителя к продуктам, которое определяет выбор потребителем того или иного продукта)* **SYN:** customer preferences, consumer trends, consumer tastes **SEE:** consumer behaviour survey

consumer premium *марк., потр.* = advertising gift

consumer pressure *марк.* потребительское давление *(давление со стороны потребителей на бизнес или на органы власти)*

consumer price *марк.* потребительская [розничная] цена *(цена, по которой товар приобретается конечным потребителем; в отличие от оптовой цены)* **SYN:** price to consumer **SEE:** wholesale price

consumer price index **сокр.** CPI *эк., бирж., стат.* индекс потребительских цен, индекс стоимости жизни *(статистический показатель, отражающий динамику уровня цен представительной группы товаров и услуг (потребительской корзины), покупаемых среднестатистическим потребителем; индекс используется при пересчете номинальных показателей в постоянные цены и является основным показателем инфляции в стране)* **SEE:** consumer goods, consumer basket, Redbook, consumer demand, harmonized index of consumer prices

Consumer Product Safety Act *юр., потр., амер.* закон «О безопасности потребительских товаров», 1972 г. *(для защиты населения от рисков причинения вреда или смерти при пользовании потребительскими товарами; в соответствии с этим законом была создана Комиссия по безопа-*

сности товаров народного потребления, имеющая право запрещать или конфисковывать опасные товары и подвергать нарушителей закона суровым наказаниям) **SEE:** Consumer Product Safety Commission

Consumer Product Safety Commission **сокр.** CPSC *гос. упр., потр., амер.* Комиссия по безопасности потребительских товаров, Комиссия по безопасности товаров широкого потребления *(независимое федеральное агентство, которое контролирует качество продукции, потребляемой в стране, а также проведение необходимых исследований и сбор информации по всем вопросам, входящим в ее компетенцию)* **SEE:** Consumer Product Safety Act

consumer products *эк.* = consumer goods

Consumer Products Safety Commission *эк., амер.* = Consumer Product Safety Commission

Consumer Products Warranties Act *юр., торг., амер.* закон «О гарантиях по потребительским товарам» **SYN:** Magnusson-Moss Act

consumer profile *марк.* профиль потребителя *(основные демографические и психографические характеристики потребителя конкретного товара: пол, возраст, уровень дохода, поведенческие характеристики)* **SEE:** customer profile

consumer promotion *марк.* стимулирование покупателей *(мероприятия по стимулированию продажи продукта, нацеленные на потребителей, а не на торговых посредников)* **SEE:** trade promotion, vendor marketing

consumer properties *марк.* потребительские свойства (товара) *(свойства товара, проявляющееся при его использовании потребителем в процессе удовлетворения потребностей; напр., одно из потребительских свойств одежды — защита от холода)* **SEE:** customer value

consumer protection *потр., юр.* защита [прав] потребителей *(деятельность государственных и общественных организаций, направленная на защиту интересов и прав потребителей через предотвращение нечестных методов ведения торговли)* **SEE:** consumer legislation, consumerism, National Consumer Council, Consumer Protection Advisory Committee, consumer protection agency

consumer protection act *потр., юр.* закон о защите потребителей *(распространенное названия законодательных актов, направленных на защиту прав потребителей; часто является частью более длинного названия законодательно акта)* **EX: The Telephone Consumer Protection Act (TCPA) of 1991 was created in response to consumer concerns about the growing number of unsolicited telephone marketing.** – Закон о защите потребителей услуг телефонной связи (1991) был издан к ответ на растущее беспокойство потребителей по поводу числа нежеланного телефонного маркетинга. **SEE:** consumer legislation, consumer protection

Consumer Protection Act 1961 *юр., брит.* закон «О защите потребителей», 1961 г. *(консолидированный акт, регулирующий вопросы, связанные с правами потребителей в системе английского права; заменен законом «О защите прав потребителей» от 1971 г. и законом «О безопасности потребителей» от 1978 г.)* **SEE:** Consumer Protection Act 1971, Consumer Safety Act 1978

Consumer Protection Act 1971 *юр., брит.* закон «О защите потребителей», 1971 г. *(консолидированный акт, регулирующий вопросы, связанные с защитой прав потребителей в системе английского права; заменил закон «О защите потребителей» от 1961 г., заменен законом «О безопасности потребителей» от 1978 г.)* **SEE:** Consumer Protection Act 1961, Consumer Safety Act 1978

Consumer Protection Advisory Committee *юр, торг., брит.* Консультативная комиссия по защите потребителей *(учреждена законом «О честной торговле» 1973 г.; любой акт*

торговой деятельности, затрагивающий интересы потребителей, может быть направлен комиссии на рассмотрение для заключения по поводу того, нарушены или нет в данном случае интересы потребителей; на основании заключения комиссии может быть подготовлено распоряжение Государственного секретаря, которое после одобрения обеими палатами парламента получает силу закона) **SEE:** Fair Trading Act 1973, consumer trade practices, Advisory Committee Report

consumer protection agency *потр., юр., амер.* агентство по защите потребителей *(общефедеральная или местная государственная организация, рассматривающая жалобы потребителей на плохое качество товаров, нечестную рекламу и т. п.)* **SEE:** consumer council, consumer protection

consumer protection group *эк., соц., пол.* = consumer interest group

consumer protection laws *потр., юр.* = consumer legislation

consumer protection legislation *потр., юр.* = consumer legislation

consumer psychologist *марк., псих.* специалист по психологии потребителей **SEE:** consumer psychology

consumer psychology *псих., марк.* психология потребителей *(наука, изучающая поведение потребителей в ответ на получение информации о продукте из рекламы или других источников, напр., личного опыта; цель науки — описать, предсказать, объяснить определенные реакции потребителей, а также выяснить методы воздействия на эти реакции)*

consumer publication *марк., СМИ* потребительское издание, издание для потребителей **SEE:** consumer magazine

consumer reaction *марк.* реакция [отклик] потребителей, потребительская реакция *(действия потребителей в ответ на рекламу или стимулирующие мероприятия, напр., покупка товара, запрос дополнительной информации и т. п.)* **SYN:** consumer response **SEE:** direct response advertising

consumer relations *марк.* связи с потребителями [клиентами]* *(деятельность компании по поддержанию отношений со своими клиентами; напр., получение обратной связи от потребителей, действия по сохранению осведомленности потребителей о компании и ее продуктах, консультирование клиентов по интересующим их вопросам)* **SYN:** customer relations, client relations, client liaison **SEE:** public relations, consumer advisory board

consumer report *марк.* потребительский отчет, отчет для потребителей *(отчет компании, напр., о качестве продукции, предназначенный для потребителей)* **SEE:** public relations

Consumer Reports *марк., СМИ, амер.* «Потребительские отчеты», «Отчеты для потребителей», «Консьюмер Рипотс» *(периодическое печатное и электронное издание Союза потребителей США; количество подписчиков превышает 4,5 миллиона)* **SEE:** Consumers Union

consumer research *марк.* изучение потребителей *(использование различных методов маркетингового исследования, напр., опросы потребителей, с целью выяснения того, какие факторы оказывают влияние на потребительское поведение)* **SYN:** consumer study, consumer analysis, customer research

consumer research director *марк., упр.* директор по маркетинговым [рыночным] исследованиям, директор по исследованию поведения [предпочтений] потребителей* *(руководитель, ответственный за рекламную политику, которая формируется на основе данных о поведении потребителей; может работать в рекламном агентстве или непосредственно в компании, которая сама занимается продвижением своей продукции)* **SYN:** marketing research director, market research director

consumer resistance *марк.* сопротивление потребителей *(отказ потребителей воспринимать какие-л. нововведения, напр., изменение цен, модификацию продукции и т. д., выражающийся в падении спроса на продукт)* **SYN:** sales resistance

consumer response *марк.* = consumer reaction

consumer rights *торг., юр.* права потребителей *(предоставленные потребителям права на безопасность, на возможность выбирать, жаловаться и быть информированными, право вернуть товар и т. д.)* **SEE:** Consumer Product Safety Act

Consumer Safety Act 1978 *юр., брит.* закон «О безопасности потребителей», 1978 г. *(описывает стандарты потребительских товаров, уполномачивает министра внутренних дел Великобритании регулировать вопросы, связанные с защитой потребителей от ущерба, который способны нанести товары)* **SEE:** Consumer Protection Act 1961, Consumer Protection Act 1971, consumption safety, unsafe product

consumer sale *юр., торг.* потребительская продажа *(продажа товара покупателю, приобретающего данный товар с целью непроизводственного конечного потребления, т. е. не с целью перепродажи или использования в качестве сырья или полуфабриката в производственной деятельности; законодательно регулируется иначе, чем деловая продажа)* **SEE:** sale in the course of business

consumer sales *марк.* = consumer business

consumer satisfaction *марк.* удовлетворенность потребителей, потребительская удовлетворенность *(товарами, качеством обслуживания и т. д.)*

consumer segment *марк.* потребительский сегмент **а)** *(часть рынка, представленная группой конечных потребителей)* **SEE:** consumer goods **б)** *(один из сегментов потребительского рынка; напр., потребители женской обуви, потребители спортивной одежды, потребители газированных напитков)* **в)** *(*= customer segment *)* **SEE:** market segment, circle of customers

consumer service 1) *торг., упр.* = customer service **2)** *торг.* обслуживание потребителей *(при совершении ими покупок, оказании им услуг; послепродажное обслуживание)*

consumer services *эк.* потребительские услуги *(услуги, предоставляемые населению врачами, парикмахерами, химчистками, механиками, водопроводчиками, услуги по доставке товаров и т. д.)* **SEE:** consumer goods

consumer setting *марк.* потребительская среда, потребительское окружение *(в отличие от совокупности производителей и дистрибьюторов)* **EX: Europe and Asia have proven the mass-market appeal of mobile computing in both the business and consumer setting.** – Европа и Азия доказали всеобщую привлекательность мобильных компьютеров как в деловой, так и в потребительской среде. **SYN:** consumer environment

consumer shopping pattern *марк.* модель совершения покупки, модель потребительских покупок *(определенная схема совершения покупки потребителем: от ознакомления с товаром до принятия решения о его покупке)*

consumer society *соц.* общество потребления **а)** *(концепция У. Ростоу, А. Тоффлера и др., возникшая в американской социологии в середине 20 в. в связи с популярными в то время представлениями о возможности за счет экономического роста и технических нововведений обеспечить каждому члену общества высокий уровень потребления)* **б)** *(негативное обозначение общества, в котором деятельность людей направлена на неумеренное расширение накопления и потребления материальных благ и в котором способность потреблять рассматривается как признак социального успеха и единственный мотив трудовой деятельности; термин использу-*

ется критиками социального идеала рыночной экономики) **SEE:** consumer culture, consumerism; Baudrillard, Jean;

consumer sophistication *марк.* искушенность потребителей *(высокий уровень образованности потребителей относительно товаров и их качества, часто благодаря большому личному опыту; искушенные потребители редко ориентируются на рекламу в своих решениях о покупке)*

consumer sovereignty *эк.* суверенитет потребителя *(власть потребителей в рыночной экономике, выражающаяся в том, что потребители определяют ассортимент и качество производимых благ через «голосование деньгами»)* **SEE:** consumption, consumer culture

consumer spending *эк.* = consumer expenditure

consumer study *марк.* = consumer research

consumer surplus *эк.* излишек [выигрыш, рента] потребителя *(разница между максимальной ценой, которую потребитель готов заплатить, и ценой, которую он реально платит за благо (рыночной ценой); эта разница показывает дополнительную полезность, получаемую потребителем; на графике представляет собой площадь, ограниченную индивидуальной кривой спроса, вертикальной осью и линией цены)* **SEE:** consumer deficit

consumer survey *марк.* опрос потребителей *(метод изучения потребителей с помощью анкет)* **SYN:** consumer inquiry

consumer tastes *марк.* = consumer preferences

consumer trade practices *юр., торг.* практика торговли потребительскими товарами* *(в определении законодательных актов, направленных на защиту прав и интересов потребителей, к практике торговли потребительскими товарами относится любая деятельность, связанная с предложением товаров и услуг, условия и термины договоров о продаже товаров или предложении услуг, реклама, условия и термины договоров, касающихся рекламы, продвижение на рынок товаров и услуг, методы торговли и привлечения внимания к товарам, в том числе методы упаковки и оформления товаров, а также методы обеспечения платежей)* **SEE:** contract of sale of goods, advertising, promotion, salesmanship, packaging, Consumer Protection Advisory Committee

consumer trends *марк.* = consumer preferences

consumer use tests *марк.* испытание потребителями* *(этап создания новинки, в ходе которого новый товар и маркетинговую стратегию опробуют в обстановке реального использования; испытания проводятся для выявления взглядов потребителей и дилеров на особенности эксплуатации и применения товара, для установления схемы его продажи и определения емкости рынка)* **SYN:** consumer's test

consumer utility **1)** *эк.* = utility **2)** *марк.* = consumer value

consumer valuation *марк.* = consumer evaluation

consumer value *марк.* потребительская ценность, ценность (блага) для потребителя* *(совокупный результат оценки потребительских свойств товара потребителем, выражающийся в его готовности заплатить определенную сумму за его приобретение; потребительскими свойствами товара, определяющими его потребительскую ценность, являются качество, степень соответствия функциональному назначению, степень соответствия цены и потребительской ценности, наличие инструкции по применению и другой документации на товар, качество сервисного обслуживания на этапе эксплуатации, возможность выбора варианта товара, богатый ассортимент; на потребительскую ценность товара влияют также реклама и прошлый опыт потребителя)* **SYN:** consumption value **SEE:** value, consumer utility

consumer warranty *торг.* потребительская гарантия *(подтверждение качества товара, получаемое потребителем при покупке; дает потребителю право предъявить претензии в случае обнаружения дефектов купленного товара и потребовать их устранения или возврата денег за товар)* **SEE:** customer assurance program

consumer wealth *эк.* = consumer affluence

consumer welfare *марк.* благосостояние потребителей *(обеспеченность потребителей необходимыми им материальными и духовными благами, уровень жизни потребителей)*

consumerism *сущ.* **1)** *эк., соц.* консьюмеризм, консюмеризм, защита интересов [прав] потребителей, движение в защиту прав потребителей *(началось в 60-х гг. в США после того, как Дж. Кеннеди предложил закон «О правах потребителя»; значительно активизировалось после публикации в 1966 г. книги Р. Нейдера «Unsafe at Any Speed»)* **SYN:** consumer movement **SEE:** consumerist, consumer interest group; Nader, Ralph; consumer fraud, Food and Drug Administration, consumer protection, consumer council **2)** *эк., соц.* консьюмеризм, культ потребления, потребительство *(все больший рост потребления в развитых обществах, который подгоняется рекламой и является неэкологичным с точки зрения расходования все большего количества природных ресурсов и неэтичным с точки зрения «ложности» (надуманности) преследуемых при этом целей)* **SEE:** ethical consumerism, green consumerism, anticonsumerism, consumer culture, affluenza

consumerist *сущ. потр.* защитник интересов потребителей, защитник потребителей *(общественный деятель, выступающий в защиту интересов потребителей и просвещающий их относительно их прав)* **SYN:** consumer advocate, consumer activist **SEE:** Nader, Ralph; consumer organization

consumer-oriented legislation *потр., юр.* = consumer legislation

consumer-oriented marketing *марк.* маркетинг, ориентированный на потребителя *(принцип просвещенного маркетинга, в соответствии с которым компания должна представлять свою маркетинговую деятельность и организовывать ее с точки зрения потребителя)* **SEE:** enlightened marketing

consumer-rating organization *марк.* потребительская рейтинговая организация* *(занимающаяся изучением и классификацией фирм, занятых на потребительском рынке)*

consumer's wants *марк.* = consumer needs

consumer's account **1)** *гос. фин., стат.* счет потребителей *(один из счетов в системе национальных счетов; состоит, с одной стороны, из ведомости «поступлений», а именно из чистого личного дохода (личного дохода минус налоги с личных доходов) всех частных лиц, и, с другой стороны, из ведомости «потребительских расходов»; избыток чистого личного дохода над потребительскими расходами представляет собой личные сбережения)* **2)** *фин.* счет клиента *(в кредитно-финансовом учреждении или фирме, предоставляющей данному клиенту какие-л. услуги)* **SEE:** account

Consumers' Association **сокр.** CA *потр., брит.* Ассоциация потребителей *(создана в 1957 г.; испытывает и исследует товары и услуги и публикует отчеты об их качестве)* **SEE:** Consumers Union, consumer protection

consumer's indifference curve *эк.* = indifference curve

consumers' cooperative society *эк., юр.* = consumer cooperative

Consumers International **сокр.** CI *потр.* Всемирная организация потребителей *(поддерживает, объединяет и представляет группы и агентства потребителей всего мира; ее членами являются более 220 организаций из 100 стран мира; пытается содействовать развитию более справедливого*

общества с позиции защиты прав потребителей, включая бедных, обездоленных и инвалидов: поддерживая и усиливая членские организации и потребительское движение в целом; проводя кампании на международном уровне для политических организаций, которые уважают интересы потребителей; была основана в 1960 г. как Международная организация союзов потребителей) **SEE:** consumer protection agency, consumer council, consumer protection

consumers' remedy *торг., юр.* компенсация за нарушение потребительских прав* *(возмещение материального или морального ущерба, причиненного потребителю в результате использования некачественного товара, или в результате иных недобросовестных действий по отношению к нему в процессе обслуживания; такая компенсация может быть предусмотрена самой компанией-производителем товара, а также установлена в результате судебного решения)* **EX: This photo processing firm limits the consumers' remedy to a replacement roll of film.** – Данная компания по предоставлению фотоуслуг ограничивает свою компенсацию за нарушение потребительских прав предоставлением потребителю одной бесплатной фотопленки.

consumer's test *марк.* = consumer use tests

Consumers Union **сокр.** CU *потр., амер.* Союз потребителей США [Америки] *(некоммерческая организация, занимающаяся защитой прав американских потребителей и распространением информационных материалов о потребительских товарах)* **SYN:** Consumers Union of the United States, Inc. **SEE:** Consumer Reports, Consumers' Association, Consumers International

Consumers Union of the United States, Inc. *потр., амер.* = Consumers Union

consumership 1) *эк., соц.* потребление **а)** *(как вид деятельности в отличие от consumption, которое обозначает непосредственное потребление какого-л. блага)* **EX: The book views culture construction in post-industrial capitalist economies in terms of consumership patterns (what people buy and spend money on).** – В книге рассматривается создание культуры в постиндустриальных капиталистических обществах с точки зрения паттернов потребления (что люди покупают и на что тратят свои деньги). **2)** *эк., соц.* позиция потребителя, взгляд с точки зрения потребителя **EX: Access to the global marketplace produces tensions between citizenship and consumership. As consumers, citizens desire unfettered access to the global marketplace, but as citizens, consumers desire local, regional, and national autonomy and self-government.** – Доступ к глобальному рынку создает противоречие между позициями гражданина и потребителя. Как потребители, граждане хотят беспрепятственного доступа к глобальному рынку, но как граждане, потребители хотят местной, региональной и национальной автономии и самоуправления. **3)** *соц., рели г.* потребительство *(как отношение к жизни; часто используется в негативном смысле для порицания эгоистичности или бездуховности устремлений)* **EX: Consumership is not a virtue. Using as much of the world's goods as possible, always running after the latest product, throwing things away as soon as possible so that we can get new things, constantly needing more is not part of the Christian way of life.** – Потребительство - не добродетель. Получить максимум всех благ мира, всегда спеша за новым и торопясь выбросить уже имеющееся, постоянно желать большего значит жить не по-христиански. **SYN:** consumerism **SEE:** consumer culture

consumer-size *торг.* потребительского размера*, в потребительской расфасовке *(о товаре)* **SEE:** consumer container

consumer-size package *торг.* = consumer container

consuming public *марк.* = consumer audience

consuming unit потребительская единица **а)** *марк. (человек или семья (домохозяйство) как потребитель товаров или услуг)* **б)** *общ. (объект, потребляющий что-л., тепло, энергию); напр., потребительскими единицами* *тепла могут быть квартиры, офисные помещения, магазины, производственные помещения, которые получают тепло от общей системы отопления здания)*

consumption *сущ.* **1)** *общ.* потребление, поедание, поглощение *(процесс употребления чего-л. в пищу)*; расходование *(процесс использования каких-л. ресурсов на определенную деятельность)* **2)** *общ.* объем потребления *(количество потребленного (съеденного, поглощенного) вещества)*; расход, затрата *(количество какого-л. ресурса, затраченного в процессе деятельности)* **EX: The factory has a heavy consumption of coal.** – На фабрике расходуется большое количество угля. **3)** *эк.* потребление *(производственное или личное использование товаров (услуг); в классической политической экономии являлось одним из четырех основных этапов хозяйственной деятельности: производство-распределение-обмен-потребление; серьезное внимание стало уделяться теории потребления только после маржиналистской революции; в неоклассической теории представляет собой предмет изучения потребительского выбора; в социологической науке является предметом изучения социологии потребления)* **SEE:** theory of consumer choice, sociology of consumption, consumer choice, conspicuous consumption, mass consumption, sociology of consumption **4)** *мед.* истощение (организма), увядание *(в результате болезни)* **5)** *мед.* туберкулез, чахотка

consumption goods *эк.* = consumer goods

consumption habit *марк.* = consumer habit

consumption on the spot *торг.* потребление на месте *(потребление товара сразу после покупки; обычно относится к продуктам питания, продаваемым в розницу)*

consumption pattern **1)** *эк.* структура потребления **а)** *(процентное соотношение различных товаров в общей массе потребляемых в стране благ)* **б)** *(процентное соотношение различных групп потребителей в общей массе потребителей конкретного товара)* **2)** *марк.* модель [паттерн] потребления *(типичное поведение потребителей данного товара)*

consumption safety *потр.* безопасность потребления *(отсутствие угрозы причинения вреда здоровью при потреблении какого-л. товара)* **SEE:** product liability, unsafe product, quality control, Consumer Safety Act 1978

consumption value *эк., марк.* = consumer value

contact question *марк., соц.* контактный вопрос *(вопрос в анкете, нацеленный на привлечение внимания респондента к опросу; задается в начале интервью с тем, чтобы вызвать интерес респондента и устранить первоначальные трудности контакта)* **SEE:** survey, question

container *сущ.* **1)** *общ.* тара; резервуар, канистра; вместилище; сосуд *(емкость для хранения, в основном жидких или сыпучих веществ)* **2)** *трансп.* контейнер **а)** *(металлический ящик стандартного размера и дизайна, предназначенный для перевозок грузов железнодорожным, воздушным или иным транспортом)* **EX: cargo [freight] container** – грузовой контейнер **SEE:** containerization, twenty-foot equivalent unit, forty-foot equivalent unit **б)** *(согласно определению «Международной конвенции по безопасным контейнерам»: транспортное оборудование, специально сконструированное для обеспечения перевозки грузов одним или несколькими видами транспорта без промежуточной перевозки грузов, и достаточно прочное, чтобы служить для многократного использования)*

container premium *марк.* премиальная упаковка, упаковка[контейнер]-премия* *(упаковка, отличающаяся от стандартной упаковки данного товара и пригодная для неоднократного повторного использования потреби-*

телем; предлагается обычно бесплатно, в качестве премии) **SYN:** premium container **SEE:** reusable container

containerisation *сущ. трансп.* = containerization

containerise *гл. трансп.* = containerize

containerization *сущ. тж. containerisation трансп.* контейнеризация *(упаковка грузов в стандартные контейнеры перед транспортировкой с целью минимизации расходов на перевозку и снижения риска порчи товаров)* **SEE:** container, containerize

containerize *гл. тж. containerise траснп.* контейнеризировать *(упаковывать грузы в контейнеры)* **EX:** **The cargo was containerized.** – Груз был упакован в контейнеры. **SEE:** container, containerization

contestable market *эк.* состязательный рынок,оспариваемый рынок*

context impression *рекл., комп.* контекстный показ *(схема интернет-рекламы, при которой рекламодатель «покупает» в поисковой системе определенные ключевые слова; при осуществлении поиска, запрос которого содержит одно из этих ключевых слов, пользователь, помимо ссылок на страницы, увидит соответствующий рекламный баннер или текстовый блок)* **SEE:** ad impression, targeting

contiguity **1)** *СМИ, рекл.* примыкание, смежность **а)** *(о теле- или радиопередачах, передаваемых одна за другой без перерыва на рекламу или анонсы)* **SEE:** contiguity rate **б)** *(о рекламных роликах, передаваемых друг за другом)* **2)** *СМИ, рекл.* смежность* *(о принципах покупки интервалов рекламного времени, при которых рекламодатель покупает несколько одинаковых по стоимости временных интервалов в течение дня или недели)* **SEE:** horizontal contiguity, vertical contiguity, contiguity rate

contiguity rate тариф с учетом смежности* **а)** *рекл., СМИ (тариф со скидкой, предлагаемый средствами массовой информации рекламодателям, поддерживающим смежные программы)* **SEE:** contiguity **б)** *рекл., СМИ (тариф со скидкой, предлагаемый рекламодателям за смежное размещение рекламы, т. е. размещения рекламных роликов несколько раз в течение дня или раз в день в течение недели)* **SEE:** vertical contiguity, horizontal contiguity, contiguity

contingent sale of goods *торг., юр., брит.* вероятная продажа товара* *(один из случаев продажи риска, согласно судебному прецеденту «Хоуэл против Купленда»: продажа несуществующего товара, существование которого так и не наступает и договор о продаже не вступает в силу)* **SEE:** sale of a spes, Howell v Coupland, spes, future goods

contingent valuation method *эк.* метод условной оценки *(метод оценки благ, не имеющих обычной рыночной оценки, основанный на прямом опросе людей о том, какую сумму они готовы заплатить за получение доступа к этому благу; обычно речь идет о оценке различных элементов окружающей среды, основанном на опросе населения о том, сколько они готовы заплатить за улучшение окружающей среды)* **SEE:** hedonic pricing

continuation mailing *марк.* = pyramiding

continuing discount *торг., рекл.* переходящая скидка *(сохранение скидки, заработанной по предыдущему контракту, при заключении нового)*

continuity advertising *рекл.* последовательная реклама *(распределение рекламных вставок на весь период рекламной компании)* **SEE:** continuity in advertising

continuity in advertising *рекл.* последовательность в рекламе, сохранение единого рекламного стиля *(проведение рекламных выступлений с повторением основной темы, макета или формата рекламы, с использованием одних и тех же средств распространения рекламы)*

continuous innovation *эк., марк.* непрерывное обновление *(постоянное последовательное улучшение выпус-*

каемого фирмой продукта; которое обычно не имеет заметного воздействия на объемы и направления продаж) **ANT:** discontinuous innovation

continuous scale *стат.* числовая [непрерывная] шкала *(значения которой могут быть сколь угодно дробными; бывает двух видов: шкала интервалов или шкала отношений)* **SEE:** interval scale, ratio scale, scale

continuous/ tracking research *соц.* исследование на постоянной основе, отслеживающее исследование *(данные собираются регулярно в заранее определенный период времени, напр., ежемесячно, ежеквартально или ежегодно; каждом периоде задается один и тот же список вопросов (в маркетинговых кругах каждый период этого вида исследования называют wave — «волна»); таким образом, данные собираются одним и тем же способом в разные периоды времени, для разных марок и рынков, что позволяет, во-первых, описывать тенденции на рынке, а во-вторых, позволяет сравнивать между собой собранные данные нескольких стран)* **SEE:** marketing research

contraband

I *сущ.* **1) а)** *межд. эк., торг., юр.* контрабанда, контрабандный товар *(незаконно импортируемый или экспортируемый товар; напр., товар, который ввозится несмотря на запрет его импорта, или разрешенный к ввозу товар, который ввозится без уплаты таможенных пошлин)* **б)** *межд. эк., пол.* военная контрабанда *(товары, которые ввозятся нейтральной страной в одну из воюющих сторон в нарушение соглашений о нейтралитете)* **2)** *межд. эк., торг., юр.* контрабанда *(незаконный экспорт или импорт каких-л. товаров)* **SYN:** smuggling **SEE:** import, export, contrabandist, smuggle

II *прил. межд. эк., торг., юр.* контрабандный **EX: contraband goods** – контрабандные товары, **contraband trade** – контрабандная торговля, торговля контрабандными товарами, **contraband market** – контрабандный рынок, рынок контрабанды [контрабандных товаров]

contrabandist *сущ. межд. эк., торг., юр.* контрабандист *(лицо, незаконно импортирующее или экспортирующее товары)* **SYN:** smuggler **SEE:** contraband

contract

I *сущ.* **1)** *эк., юр.* договор, соглашение, контракт **а)** *(устное или письменное соглашение между двумя и более сторонами, направленное на установление, изменение или прекращение гражданских прав или обязанностей)* **EX: to be in breach of a contract** – нарушать контракт, **to avoid [void, rescind, cancel] a contract** – аннулировать [расторгнуть] контракт, **to repudiate a contract** – отказаться от контракта, расторгнуть контракт, **to break [infringe] a contract** – нарушать контракт, **to complete a contract** – исполнить контракт, **to conclude [make, effect, celebrate, enter into] a contract** – заключить контракт, **to consider a contract** – рассматривать контракт, **to draft [draw up] a contract** – составлять проект контракта, **to perform a contract** – выполнить [исполнить] контракт, **to sign a contract** – подписать контракт, **according to the contract, in accordance with the contract** – в соответствии с договором, согласно условиям договора, **contrary to the contract, in violation of the contract** – в нарушение данного контракта, **default on a contract** – неисполнение контракта, **delivery under contract** – поставка по контракту, **under the terms of the contract** – согласно условиям контракта, **should the contract be terminated [cancelled]** – в случае расторжения контракта, **within the limits of a contract** – в рамках контрактных обязательств, **terms and conditions of a contract** – условия контракта **SEE:** agreement, amount of contract, international sales contract **б)** *амер. (согласно определению Единообразного торгового кодекса США: всеохватывающие законные обязательства, которые вытекают из соглашения сторон)* **SEE:** Uniform Commercial Code, agreement **в)** *эк. (в неоинституциональной теории: соглашение между двумя сторонами о совершении какой-л. трансакции, выполнение которое может быть принудительно осу-*

ществлено в судебном порядке) **2)** *общ., сленг* договоренность об убийстве, заказ на убийство *(наемному убийце)* **3)** *марк.* = trailer

II *гл. эк., юр.* заключать договор [соглашение]; заключать сделку; принимать на себя обязательства **EX: to contract a debt** – брать в долг, **No generation can contract debts greater than may be paid during the course of its own existence.** – Ни одно поколение не может наделать долгов больших, чем может быть выплачено в течение срока его существования.

contract for deed *эк., юр.* контракт [обязательство] за титул*, земельный контракт* *(договор о купле-продаже недвижимости, по которому покупатель выплачивает стоимость покупки в виде ряда периодических платежей, а право собственности остается за продавцом до тех пор, пока покупатель не выплатит полную сумму)* **SYN:** bond for title, bond for deed

contract for delivery *эк., юр.* = delivery contract

contract for sale *юр., торг.* = sales contract

contract for the supply of goods *торг., юр., брит.* договор о предложении товаров *(отличается от договора о продаже товаров и договора о предложении услуг; может подразумевать договор дарения, договор предоставления товаров на ответственное хранение или в залог и т. п.)* **SEE:** contract of sale of goods, contract for the supply of service

contract for the supply of service *юр., торг., брит.* договор о предложении услуг *(договор о продаже услуг покупателю, в системе разрозненных актов английского общего права, считающийся договором иного класса, чем договор о продаже товаров; выделение продажи услуг из продажи товаров было проблемой, поскольку эти разные институты коммерческого права регулировались разным законодательством, но с принятием судебного прецедента «»Янг энд Мартен Лтд.» против «МакМанус Чайлдз Лтд.»» принципиальные различия между продажей услуг и продажей товаров отпали)* **SEE:** contract of sale of goods, Sales of Goods Act 1893, Sale of Goods Act 1979

contract for the supply of services *юр., торг., брит.* = contract for the supply of service

contract for the transfer of a possessory interest in a chattel *юр., торг., брит.* договор о передаче собственности на движимое имущество* *(договор, имеющий самостоятельное значение в английском договорном праве до 1973 г., когда, согласно закону «О предложении товаров» 1973 г., он стал считаться тождественным договору о продаже товаров)* **SEE:** Supply of Goods (Implied Terms) Act 1973, contract of sale of goods

contract for the transfer of goods *торг., юр., брит.* договор о передаче товаров* *(договор о безденежном обмене товаров на товары, в том числе на акции или землю; отличается от договора о продаже товаров и от договора об обмене (который допускает обмен товара на товар и сумму денег); регулируется законом «О предложении товаров и услуг» 1982 г.)* **SEE:** contract of sale of goods, contract of exchange, Supply of Goods and Services Act 1982, barter agreement

contract of barter *эк., юр.* = barter agreement

contract of exchange **1)** *юр., эк.* договор мены, бартерное соглашение, бартерный договор, товарообменный договор, договор бартера, соглашение [договор] о товарообмене *(соглашение, по которому стороны обмениваются какими-л. товарами без осуществления денежных платежей)* **SYN:** barter contract, contract of barter **2)** *юр., эк., брит.* договор обмена *(договор о безденежном обмене какими-л. активами между двумя сторонами, до принятия консолидированного акта о продаже товаров, отчасти играющего роль кодекса данной отрасли права, отличался от договора о прода-*

же товаров тем, что не требовал заключения в письменной форме) **SEE:** Sale of Goods Act 1893, contract of sale of goods, contract of hire-purchase, Aldridge v. Jonson, barter agreement

contract of hire-purchase *юр., торг., брит.* договор о продаже в рассрочку *(договор о покупке товаров, в силу которого покупатель вступает в обладание ими при уплате первого взноса их стоимости и становится их собственником после выплаты всего ряда согласованных последовательных взносов; отличается от договора о покупке в кредит и потребительского кредита или соглашения об отсроченных выплатах, потому что при этих сделках покупатель становится собственником с момента подписания контракта; он также отличается от договора о прокате, поскольку в этом случае клиент никогда не становится собственником; ранее продажи в рассрочку регулировались законом «О продаже в рассрочку» 1965 г., но теперь они в основном подпадают под действие закона «О потребительском кредите» 1974 г; в соответствии с этим законом, покупка в рассрочку рассматривается как сделка, в которой товары даются под поручительство в обмен на периодические выплаты со стороны того, кому они переданы. Покупатель вступает во владение товаром, если выполняет условия соглашения и осуществляет свой опцион на покупку. Покупка в рассрочку часто связана с участием в качестве третьей стороны финансовой компании: продавец товаров продает их непосредственно финансовой компании, которая и заключает с клиентом договор о покупке в рассрочку)* **SYN:** hire purchase contract, contract for deed **SEE:** hire purchase agreement, credit sale contract, consumer credit, deferred payment contract, deposit, deposit, Consumer Credit Act 1974, sales contract, contract of sale of goods, contract of exchange, contract for the supply of services, conditional sales contract, instalment sale

contract of loan on the security of goods *юр., торг., брит.* договор о займе под обеспечение товарами *(договор, в соответствии с которым заемщик может получить заем под обеспечение активами в форме товаров; в случае неплатежеспособности заемщика обеспечение переходит к заимодавцу; регулировался законом «О продаже товаров» 1893 г., но затем в результате ряда законодательных реформ, направленных на стирание различий между договором о продаже товаров и сходными договорами утратил свое значение как самостоятельный институт контрактного права)* **SEE:** Sale of Goods Act 1893, Sale of Goods Act 1979, contract of sale of goods

contract of purchase *юр., торг.* = sales contract

contract of purchase and sale *торг., юр.* = sales contract

contract of sale *юр., торг.* = sales contract

contract of sale and purchase *торг., юр.* = sales contract

contract of sale of goods *юр., торг., брит.* договор о продаже товаров *(договор, вследствие которого продавец передает или соглашается передать собственность, выраженную в товарах, покупателю за денежное возмещение, называемое ценой)* **SYN:** sales contract **SEE:** transaction, sale, Sale of Goods Act 1979, contract for the transfer of a possessory interest in a chattel, contract of exchange, contract of hire-purchase, contract of loan on the security of goods, contract for the supply of services, exemption clause

contract price *эк.* договорная [контрактная] цена **а)** *эк. (цена, установленная в контракте на выполнение каких-л. работ или поставку какой-л. продукции)* **б)** *бирж. (цена единицы товара, на куплю-продажу которого заключен биржевой контракт)*

contract rate *эк.* договорная [контрактная] ставка, договорный тариф *(ставка оплаты за какие-л. услуги или товары, установленная в контракте)*

contract to buy контракт на покупку **а)** *бирж. (биржевой контракт, дающий право купить какой-л. товар или финансовый инструмент)* **SEE:** contract to sell **б)** *торг. (договор о приобретении собственности, выраженной в товарах за денежную компенсацию)* **SYN:** purchase contract

contract to sell 1) *юр., торг., амер.* = agreement to sell **2)** *бирж.* контракт на продажу *(срочный биржевой контракт, дающий право продать какой-л. товар или финансовый инструмент в будущем)* **SEE:** contract to buy

contract to transfer goods in return for services *юр., торг., брит.* договор о передаче товаров в обмен на услуги* *(первоначально классифицирующийся как договор о продаже товаров, однако впоследствии данная классификация была изменена, и в настоящее время данный тип договора регулируется законодательством о договорах о предоставлении услуг и об обмене, а не Законом о продаже товаров 1979 г.)* **SEE:** contract of sale of goods, Sale of Goods Act 1979, contract of exchange, contract for the supply of services, Supply of Goods and Services Act 1982

contractual obligation договорное [контрактное] обязательство, обязательство из договора **а)** *эк., юр. (обязательство, вытекающее из заключенного договора)* **ANT: б)** *торг., брит. (согласно закону «О продаже товаров» 1979 г., регулирующему договор о продаже товаров в системе английского права, относится к фундаментальному понятию договора и бывает двух видов: условие (существенное условие) и гарантия (простое условие))* **SEE:** Sale of Goods Act 1979, contract of sale of goods, fundamental terms, innominate terms, warranty

contractual vertical marketing system *марк.* договорная вертикальная маркетинговая система* *(состоит из независимых фирм, которые действуют на разных этапах распределительного процесса и связаны между собой договорными отношениями, позволяющими координировать деятельность фирм для совместного достижения коммерческих результатов)* **SEE:** corporate vertical marketing system, administered vertical marketing system, vertical marketing system

control market *марк.* контрольный рынок *(отдельный город или регион, не охваченный маркетинговой акцией, проводимой в рамках пробного маркетинга; в результате компания получает возможность сравнить поведение покупателей в текущих условиях (контрольный рынок) и после проведения маркетинговой кампании (пробный рынок))* **SEE:** test market, test marketing

control question *соц.* контрольный вопрос *(вопрос в анкете, нацеленный на проверку правильности предыдущих ответов)* **EX: You may decide to use a control question to check the validity of the answers you are getting.** – Вы можете воспользоваться контрольным вопросом для того, чтобы проверить достоверность полученных ответов. **SEE:** survey, question

control sample *стат.* контрольная выборка *(выборка для верификации и проверки результатов эксперимента или исследования)* **SEE:** sample

controlled atmosphere storage **сокр.** CA storage, CA-storage *торг.* хранение в регулируемой газовой среде *(напр., фруктов, овощей; хранение осуществляется в герметических камерах при пониженной температуре, повышенной влажности, повышенном содержании углекислого газа и пониженном содержании кислорода)* **EX: While controlled atmosphere (CA) storage reduces the rate of decline of fruit quality attributes such as texture and colour, it also reduces flavour after prolonged storage.** – При хранении в контролируемой газовой среде сохраняются такие атрибуты качества фруктов, как текстура и цвет, но при длительном хранении фрукты теряют аромат **ANT:** regular air storage **SEE:** controlled storage, storage, controlled atmosphere stored, cold storage, storage conditions

controlled atmosphere stored сокр. CA-stored, CA stored *торг.* хранящийся в регулируемой газовой среде *(напр., о фруктах, овощах; хранение осуществляется в герметических камерах при пониженной температуре, повышенной влажности, повышенном содержании углекислого газа и пониженном содержании кислорода)* **ANT:** regular air stored **SEE:** controlled atmosphere storage, controlled storage, storage conditions

controlled brand *торг.* контролируемая марка]* *(марочный товар, распространяемый исключительно одним оптовиком, одним розничным торговцем или ограниченной группой магазинов)* **SEE:** exclusive distribution

controlled storage 1) *торг.* контролируемое хранение *(хранение в контролируемых условиях)* **SEE:** storage conditions, controlled atmosphere storage 2) *торг., иссл. опер.* контролируемый запас **SEE:** storage control 3) *эк.* регулируемая емкость водохранилища **SEE:** storage

controversial advertising *рекл.* противоречивая [спорная] реклама а) *(реклама, оскорбительная для определенных групп населения либо из-за самих рекламируемых товаров, либо из-за формы осуществления рекламы, напр., использование откровенных сцен в рекламе)* б) *(реклама, вызывающая несогласие определенных кругов общества с достоверностью или законностью приводимых в ней данных; напр., реклама вредных для здоровья товаров, таких как сигареты, алкоголь, сравнительная реклама, гендерная реклама)* **SYN:** challenged advertising **SEE:** gender advertising, comparison advertising

convenience food retailing *торг.* розничная торговля продовольственными товарами повседневного спроса* *(торговля основными продуктами питания в супермаркетах, круглосуточных магазинах повседневного спроса и т. д.)* **SEE:** convenience store, supermarket

convenience food store *торг.* продуктовый магазин повседневного спроса **SEE:** convenience store

convenience foods *потр.* пищевые полуфабрикаты *(продукты для быстрого приготовления)* **SEE:** fast-frozen food, fast food, instant food, food bar, food

convenience goods *марк.* товары повседневного спроса *(общедоступные товары, покупаемые часто, в небольших количествах и с минимальными затратами времени на принятие решения, напр., еда, газеты, сигареты и т. д.; данная группа товаров включает в себя основные товары постоянного спроса, товары импульсной покупки, товары для экстренных случаев)* **SYN:** day-to-day goods, convenience products, low-involvement products **SEE:** staple goods, impulse goods, emergency goods, shopping goods, specialty goods, unsought goods, daily foods

convenience price point *марк.* удобная цена* *(цена, установленная на уровне, который удобен для ведения учета и расчетов с покупателями, напр., установление цены в $100, хотя по теоретическим расчетам точки максимизации прибыли следовало бы установить цену в $99.97)* **SEE:** price point, psychological price point, convenience pricing

convenience pricing *марк.* удобное ценообразование* *(установление цены, исходя из удобства ведения бухгалтерского учета и проведения расчетов с покупателями, напр., цены на продаваемые с лотков периодические издания обычно устанавливаются в виде целых чисел, чтобы не усложнять расчеты, а цены на товары, продаваемые из автоматов, устанавливаются таким образом, чтобы покупателю не пришлось составлять необходимую сумму из множества монеток)* **SEE:** convenience price point, even pricing

convenience products *марк.* = convenience goods

convenience sampling *стат.* удобная выборка *(разновидность нерепрезен-*

тативной выборки, которая формируется на основе доступных для исследования респондентов) **SEE:** sample, non-profitability sampling

convenience shopping centre *торг.* центр товаров повседневного спроса *(торговый центр, рассчитанный на продажу товаров, которые покупаются часто в небольших количествах)* **SEE:** comparison shopping, convenience goods

convenience store *торг.* магазин повседневного спроса *(магазин, предлагающий сравнительно небольшой выбор товаров повседневного спроса, напр., хлеб, молоко, напитки, сигареты и др.; такие магазины обслуживают население ближайших домов и иногда работают круглосуточно)* **SYN:** convenience food store **SEE:** convenience food retailing

conventional consumer *марк.* = average consumer

conventional market *марк.* = traditional market

convergence of prices *эк., торг., фин., бирж.* = price convergence

convergent marketing *марк.* конвергентный маркетинг* **а)** *(комбинация нескольких коммуникационных каналов для донесения сообщения о компании и ее продуктах до потребителя, напр., использование телевидения, радио, прессы, интернета, прямого маркетинга и др. каналов; рекламное сообщение при этом должно быть эффективным при использовании в любом из средств распространения рекламы)* **SEE:** intensive marketing plan **б)** *(маркетинг всех товаров фирмы единой командой специалистов)* **SEE:** divergent marketing

conviction *сущ.* **1)** *общ.* убеждение, уверение (действие; доведение до сознания) to carry conviction — убеждать, быть убедительным **2)** *общ.* убежденность, твердая вера **EX:** **People seemed to share the conviction of some journalists in the USA that they should simply stand back and report what is happening.** – Похоже, люди разделяют мнение некоторых журналистов США, что они должны просто стоять в стороне и передавать, что происходит. **SYN:** persuasion **3)** *юр.* обвинение, осуждение, обвинительный приговор **EX:** **previous conviction** – судимость, **prior conviction** – судимость, **former conviction** – судимость, **second conviction** – повторная судимость, **conclusive conviction** – окончательное осуждение, **criminal conviction** – осуждение в уголовном порядке, **conviction of offence** – осуждение за преступление

convincing advertisement *рекл.* убедительное рекламное объявление, убедительная реклама *(реклама, вызывающая доверие потребителя к сообщаемым сведениям)*

cookie **1)** *потр., мн.* печенье **SEE:** pastry **2)** *общ., сленг* повар, помощник повара **3)** *рекл., комп.* куки, кукис, «печенье» *(небольшой фрагмент данных о предыстории обращений данного пользователя к данному серверу, автоматически создаваемый сервером на машине пользователя; позволяет определить уникального пользователя; в частности, позволяет предотвратить показ одного и того же баннера дважды одному посетителю)* **SYN:** cookies

cookies *рекл., комп.* = cookie

cooling-off period **1)** *эк. тр., амер.* период остывания [охлаждения]* *(период, в течение которого профсоюз не может бастовать или работодатель не может увольнять работников; устанавливается законом или коллективным трудовым соглашением; обычно составляет от 30 до 90 дней)* **2)** *фин., амер.* период обдумывания* *(период между подачей заявки на эмиссию ценных бумаг и предложением их публике; по правилам Комиссии по ценным бумагам и биржам США, составляет 20 дней)* **3)** период обдумывания* **а)** *эк., юр. (период, в течение которого может быть расторгнут контракт или договор без выплаты каких-л. пеней или штрафов)* **б)** *фин., страх. (период, в течение которого лицо, инвестировавшее средства* *или купившее страховой полис, может передумать и забрать деньги)* **в)** *торг. (период, в течение которого покупатель может вернуть купленный товар и забрать деньги; обычно составляет 72 часа)*

coop mailing *связь, рекл.* **сокр. от** cooperative mailing **SEE:** shared mailing

cooperative advertisement *рекл.* объявление кооперативной [совместной] рекламы, совместная торгово-промышленная реклама **SEE:** cooperative advertising **SYN:** co-op advertisement

cooperative advertising 1) *рекл.* кооперированная реклама, кооперативная реклама, совместная реклама, совместная торгово-промышленная реклама *(реклама, оплачиваемая как производителем, так и продавцом товара; расходы делятся в определенном процентном соотношении)* **2)** *рекл.* кооперированная реклама, кооперативная реклама, совместная реклама **а)** *рекл.* = joint advertising **б)** *реклама, финансируемая общенациональными рекламодателями и местными дилерами* **SYN:** co-op advertising **SEE:** dealer tie-in, individual advertising

cooperative advertising allowance *рекл.* скидка за совместную рекламу, зачет за совместную рекламу *(обычно предлагается поставщиком распространителям своего товара; может быть в форме скидки с цены, которую распространитель платит за товар, или в форме выплаты распространителю определенной суммы для частичного покрытия затрат на рекламу и продвижение)* **SEE:** advertising allowance, cooperative advertising

cooperative advertising fund *рекл.* фонд совместной рекламы *(фонд средств, созданный и финансируемый участниками совместных рекламных мероприятий)* **SEE:** cooperative advertising

cooperative advertising program *рекл., амер.* совместная рекламная программа, программа кооперированной [совместной] рекламы **SEE:** cooperative advertising

cooperative buying *торг.* кооперативные покупки *(совместные покупки нескольких покупателей (участников кооператива), которые объединились, чтобы совместно добиваться более выгодных условий сделки, напр., торговаться с продавцами)*

cooperative mailing *рекл.* = shared mailing

cooperative marketing 1) *марк.* совместный маркетинг *(маркетинговое исследование или маркетинговая акция, финансируемая, организуемая и осуществляемая несколькими компаниями)* **SEE:** collaborative filtering **2)** *марк.* совместный сбыт *(организация сбыта своей продукции несколькими компаниями совместно; напр., организация сбытового кооператива, сбыт через одного и того же торгового посредника)* **SYN:** joint marketing, co-marketing **SEE:** cooperative advertising, combo promotion, co-branded

cooperative marketing association *торг., с.-х., амер.* сельскохозяйственный кооператив *(координирует производство, обработку и реализацию сельскохозяйственной продукции в интересах членов кооператива)*

cooperative store *торг.* кооперативный магазин, магазин потребительского кооператива

coordinated advertising *рекл.* скоординированная реклама *(множество рекламных мероприятий, координируемых центральным уполномоченным агентством)*

copoduction *эк.* = co-production

coproduct *эк.* = co-product

copy 1) *общ.* копия, копия, дубликат **2)** *общ.* экземпляр **3)** *общ.* устное или письменное сообщение **4)** *рекл.* текстовая реклама; рекламный текст **EX: advertising copy** – текстовая часть рекламы (в отличие от изображения), **hard copy** – напечатанный на бумаге рекламный текст **SEE:** copywriter, advertising balance

copy editor *СМИ, рекл.* редактор текста *(лицо, обрабатывающее и подго-*

тавливающее текст статьи, рекламного объявления и т. п. к публикации; проверяет орфографию и грамматику, точность приведенных в тексте фактов и т. п.) **SYN:** copyeditor **SEE:** development editor

copy focus *торг.* фокусирование текста *(одно из положений теории уникального торгового предложения американского специалиста Р. Ривса)* **SEE:** unique selling proposition

copy platform 1) *СМИ* обоснование текста, редакционная платформа, план текста *(исходное задание на написание текста)* **2)** *рекл.* = copy strategy

copy strategy 1) *общ.* общий подход к тексту, основные задачи текста **2)** *рекл.* рекламная стратегия, рекламная платформа *(план, определяющий основную тему рекламной компании и служащий ориентиром при написании текста рекламы)* **SYN:** copy platform

copy test 1) *полигр.* тестирование текста **2)** *рекл.* = copy testing

copy testing *рекл.* тестирование [анализ, оценка] рекламы, копи-тест *(изучение реакции респондентов на рекламу в целом и на ее отдельные элементы: текст, сюжет, стиль, аргументированность рекламного предложения; применяется для готовой рекламы и для рекламы в стадии разработки)* **SYN:** copy test, advertising test, advertising testing, advertisement test, advertising analysis, advertising evaluation **SEE:** advertising performance, advertising effectiveness test, advertising pre-test, advertising post-test, sales testing, advertisement recognition test

copy writer *рекл.* = copywriter

copyeditor *СМИ, рекл.* = copy editor

copywriter *рекл.* копирайтер, текстовик, составитель рекламных текстов *(специалист по разработке текстов для рекламных сообщений)* **SEE:** copywriting, advertising executive, ad creator

copywriter's rough *рекл.* эскиз рекламы* *(набросок рекламного сообщения, в котором представлена общая идея и композиция текста)*

copywriting *рекл.* копирайтинг *(составление рекламных текстов)* **SYN:** advertising copywriting **SEE:** advertisement copy

core customer *марк.* основной потребитель, основная клиентура *(клиенты фирмы, от которых она получает наибольшее число заказов)*

core market *марк.* основной [главный] рынок (сбыта) *(рынок сбыта продуктов компании, характеризующийся самыми высокими объемами продаж и генерирующий большую часть выручки)* **SYN:** primary market, top market **SEE:** primary market area

core product 1) *марк.* продукт по замыслу, обобщенный продукт, базовая идея продукта *(продукт с позиции основной выгоды, ради которой потребитель покупает товар; напр., стиральная машина как обобщенный продукт будет представлять собой чистое белье, шампунь — чистые и здоровые волосы)* **SEE:** actual product, augmented product **2)** *марк.* основной [базовый, ключевой] продукт *(главный товар в совокупности всех товаров, производимых и продаваемых определенной компанией)* **SYN:** key product, key item, basic product, primary products, key product, main product, prime product, flagship **SEE:** sideline product, flagship brand, characteristic product

core service *марк.* основная услуга *(основная составная часть покупаемой услуги, которая является причиной приобретения всей услуги)* **SEE:** actual service, augmented service

corkscrew 1) *потр.* штопор **2)** *потр., сленг* сверло

corn chandler *торг.* хлеботорговец

corner

I *сущ.* **1)** *общ.* угол **2)** *общ.* часть, район, область **3)** *эк.* преимущественное право, монополия на что-л. **4)** *бирж., торг.* корнер **а)** *(группа биржевых спекулянтов, скупающих какой-либо актив)* **б)** *(действия группы лиц, направленные на получение контроля над ценами путем скупки определенного товара в больших объемах)* **5)** *мат.* угол

II *гл.* **1)** *общ.* расставить по углам **2)** *эк.* спекулировать **3)** *бирж.* создать корнер* *(путем манипуляции ценами)* **SYN:** corner a market

corner a market *гл. эк.* овладеть рынком*, скупить рынок* *(приобрести определенное количество какого-л. товара, достаточное для того, чтобы контролировать цены на него)* **SYN:** corner the market

corner card *связь, рекл.* угловая визитка*, адресный уголок* *(любой текстовой или графический материал, расположенный в верхнем левом углу конверта; обычно это адрес и имя отправителя; в прямой почтовой рекламе может включать какой-л. текст, призванный склонить получателя к тому, чтобы вскрыть конверт и прочесть его содержимое, напр., это могут быть такие надписи, как «Внутри ценные купоны», «Срочный материал» и т. п.)* **SYN:** teaser copy

corner shop *торг.* магазин на углу, мелкий магазин, лавка *(небольшой частный магазин)* **SEE:** bucket shop

corner the market *гл. эк.* = corner a market

corporate advertisement *рекл.* объявление корпоративной [престижной] рекламы **SYN:** image-building advertisement, public relations advertisement **SEE:** corporate advertising

corporate advertising *рекл.* корпоративная реклама, реклама компании [корпорации] [фирмы], имиджевая реклама, престижная реклама, имидж-реклама *(реклама, задача которой состоит в создании определенного образа компании или мнения о ней, а не в стимулировании продаж ее продукции или услуг)* **SYN:** image advertising, corporate image advertising, institutional advertising, prestige advertising, public relations advertising, goodwill advertising **SEE:** pop-in, brand advertising, product advertising, brand image advertising

corporate brand *марк.* корпоративная (торговая) марка* *(торговая марка в виде названия компании, используемая для всех товаров компании; часто является дополнением к индивидуальной или семейственной марке)* **SEE:** corporate branding, individual brand, family brand, single brand name

corporate branding *марк.* корпоративный брендинг *(связывание имени компании с ее товарами с целью обеспечить их более быстрое принятие рынком)* **SEE:** corporate brand, blanket branding, consumer acceptance, brand strategy

corporate chain *торг.* фирменная сеть магазинов, сеть фирменных магазинов **SEE:** store chain

corporate communication *марк., упр.* корпоративная коммуникация *(способы передачи информации внутри компании и между компанией и окружающей средой, посредством которых формируется образ компании в глаза общественности; формирование и контроль этих каналов передачи информации является важной составной частью управления отношениями с общественностью)* **SEE:** corporate image, corporate identity, public relations

corporate identity **1)** *марк., упр.* фирменный стиль *(набор визуальных, словесных и т. п. констант, обеспечивающий стилистическое единство товаров, услуг и всей исходящей от фирмы информации; иногда применяется по отношению к проектам)* **EX:** **under the same unified identity umbrella** – в общем фирменном стиле, **corporate identity of the Barcelona Olympics** – фирменный стиль олимпийских игр в Барселоне, **Company A is introducing a corporate identity designed by Artist B.** – Компания А переходит на фирменный стиль, разработанный дизайнером Б. **The most important part of the corporate identity, after the name of the organisation itself, is the logo.** – Наиболее важная часть фирменного стиля – это само название организации, ее логотип. **SYN:** house style, company identity, firm identity **2)** *марк., упр.* = trademark **3)** *марк., упр.* образ [стиль, имидж] компании **а)** *(ценности и принципы поведения компании, декларируемые в рекламных материалах)* **б)** *(образ компании* *в глазах общественности)* **EX: The biggest, the Fortune 500 corporations, often take the question of corporate identity very seriously and, although the wages they offer are not necessarily any better than those of other companies, their facilities and non-wage benefits do tend to be superior.** – Крупнейшие корпорации из списка Fortune 500 часто уделяют образу компании огромное значение и поэтому, хотя их заработные платы не всегда выше, чем в других компаниях, общие условия труда и дополнительные компенсации обычно находятся на крайне высоком уровне.; **SYN:** corporate image **SEE:** mission, corporate identity programme, advertising image

corporate identity programme *марк.* программа создания образа компании *(совокупность мер по разработке и продвижению образа компании)* **SEE:** corporate identity

corporate image *марк.* имидж [репутация, образ] компании *(мнение широкой общественности о компании; иногда corporate image называют реально существующий образ компании, а corporate identity — образ, который провозглашается компанией и к которому она стремится)* **SEE:** corporate identity, corporate communication

corporate image advertising *рекл.* = corporate advertising

corporate marketing *марк.* корпоративный маркетинг *(организация маркетинговой деятельности исходя из корпоративных интересов; разрабатывается единая рыночная политика, охватывающая все направления маркетинговой деятельности (как на уровне корпорации, так и на уровне ее территориальных подразделений) и направленная на использование единой маркетинговой стратегии для обеспечения интересов корпорации в целом)*

corporate sales *марк.* общефирменные продажи

corporate style *марк.* = house style

corporate vertical marketing system *марк.* корпоративная вертикальная маркетинговая система* *(состоит из фирм, действующих на разных этапах распределительной системы, но принадлежащих и полностью контролируемых одной компанией)* **SEE:** contractual vertical marketing system, administered vertical marketing system, vertical marketing system

corrective advertisement *рекл.* объявление корректирующей [исправительной] рекламы, объявление контррекламы, исправительная реклама, контрреклама **SYN:** counter advertisement **SEE:** corrective advertising

corrective advertising *рекл.* корректирующая [исправительная] реклама, контрреклама *(реклама, опровергающая рекламное утверждение, признанное уполномоченными органами недобросовестным или вводящим в заблуждение)* **SYN:** counteradvertising **SEE:** deceptive advertising

cost

I *сущ.* **1)** *эк.* стоимость, себестоимость *(величина затрат, которые необходимо совершить, чтобы получить что-л.; может быть в натуральном или денежном выражении)* **EX: at a high cost** – по высокой цене, **below cost** – ниже покупной цены [себестоимости] **SEE:** opportunity cost, cost and freight, cost and insurance; cost, insurance, freight; cost of sales, absolute cost advantage, comparative cost advantage **2) а)** *эк., преим. мн.* издержки, затраты **EX: to charge costs** – начислять расходы **SEE:** acquisition cost, fixed cost **б)** *мн., юр.* судебные издержки [расходы] **EX: with costs** – с возложением судебных издержек на сторону, проигравшую дело;

II *гл.* **1)** *эк.* стоить *(о цене, выраженной в денежном эквиваленте)*; обходиться **EX: This car costs only $24 000.** – Эта машина стоит всего лишь 24 тыс. долл. **2)** *общ.* требовать *(усилий, страданий и т. д.)*; обходиться **EX: cost what it may** – чего бы это ни стоило, **The city whose conquest had cost him so dear.** – Город, завоевание которого обошлось ему так дорого.

cost and freight **сокр.** C&F, CFR, C and F, C+F, CAF *торг., мор., межд. эк., страх.* стоимость и фрахт, каф *(стандартное условие поставки по внешнеторгово-*

му контракту, в соответствии с которым экспортер несет расходы по доставке товара в порт отгрузки, погрузке и фрахту до порта назначения, а импортер принимает на себя все риски после пересечения грузом поручная при погрузке его на судно, оплачивает страхование груза и несет остальные издержки по доставке) **SEE:** cost and insurance; cost, insurance, freight; C&F price, Incoterms

cost and freight price *межд. эк., торг.* = C&F price

cost and insurance **сокр.** C&I *межд. эк., торг., мор.* стоимость и страхование *(условие внешнеторгового контракта, означающее, что экспортер несет расходы по доставке товара в порт отгрузки и страхованию груза, а фрахт груза до порта назначения оплачивает импортер)* **SEE:** cost and freight; cost, insurance, freight;

cost-conscious shopper *марк.* покупатель, чувствительный к цене *(покупатель, спрос которого сильно меняется в зависимости от изменения цены)* **SYN:** price-conscious consumer, price-sensitive consumer **SEE:** budget shopper, price-conscious, price-sensitive

cost effective channel *марк.* = cost-effective channel

cost efficiency **1)** *эк.* экономическая эффективность *(показатель, показывающий, сколько прибыли от основной деятельности приходится на единицу текущих затрат)* **2)** *рекл.* эффективность затрат на рекламу *(стоимость охвата членов целевой аудитории данного товара или услуги в сравнении со стоимостью охвата всей аудитории данного средства распространения рекламы)*

cost for storekeeping *торг., учет* = storage expenses

cost of delivery *торг., трансп.* = delivery cost

cost of freight *торг.* стоимость перевозки *(товара, груза)*

cost of goods sold **сокр.** COGS = cost of sales

cost of goods sold percentage *фин., учет* процент себестоимости реализованной продукции* *(выраженное в процентах отношение себестоимости реализованной продукции к чистой выручке от продаж)* **SEE:** cost of sales, net sale

cost of packing *торг.* = packing charges

cost of safekeeping *торг., учет* = storage expenses

cost of sales **сокр.** COS *учет* себестоимость реализованной продукции [проданных товаров], себестоимость продаж *(затраты на производство продукции и услуг, выручка от реализации которых получена в течение отчетного периода; могут быть рассчитаны как сумма себестоимости произведенной в данном периоде продукции либо стоимости товаров, закупленных в данном периоде с целью перепродажи, и стоимости запасов готовой продукции на начало периода за вычетом стоимости запасов на конец отчетного периода)* **SYN:** cost of goods sold **SEE:** cost of goods sold percentage

cost of sample *стат.* стоимость выборки *(размер установленной платы статистическому агентству за предоставленную информацию по выборочной совокупности; организационные и технические издержки на создание выборочной совокупности)* **SEE:** sample

cost of storage *торг., учет* = storage expenses

cost per acquisition *марк.* = cost per sale

cost per action **сокр.** CPA *рекл.* цена за действие* *(стоимость для рекламодателя одного действия, совершенного посетителем содержащей рекламу странички, напр., за регистрацию на сайте рекламодателя, за загрузку каких-л. файлов, заключения заказа на покупку и т. п.; также сама схема оплаты размещения рекламы, при которой рекламодатель платит исходя из количества определенных действий, совершенных посетителями *сайта)* **SEE:** banner, cost-per-click, cost per mile, cost per sale, cost per visit, flat fee advertising, price models of advertising

cost per click **1)** *рекл., комп.* цена за клик *(стоимость для рекламодателя одного нажатия на баннер, рекламирующий его продукцию; также схема оплаты рекламы, при которой рекламодатель платит владельцу сайта за каждый клик по рекламному объявлению)* **SEE:** cost per action, cost per mile, cost per sale, cost per visit **2)** *рекл., комп.* цена [стоимость] тысячи кликов *(стоимость для рекламодателя 1000 кликов на баннер, рекламирующий его продукцию)* **SYN:** cost per clickthrough, cost per response **SEE:** banner, cost per mile, cost per action, cost per sale, cost per visit, flat fee advertising, price models of advertising

cost per clickthrough *рекл.* = cost per click

cost per gross rating point **сокр.** CPGRP *рекл.* цена [стоимость] пункта валового оценочного коэффициента* *(показатель, используемый при планировании закупки эфирного времени и основанный на стоимости коммерческого времени и рейтинге программы, в которую реклама будет вставлена)* **SEE:** gross rating point

cost per inquiry **сокр.** CPI *марк.* затраты на один запрос, цена [стоимость] одного запроса *(стоимость получения одного запроса о рекламируемом товаре или услуге в результате проведения рекламной кампании; рассчитывается делением стоимости рекламной компании на число поступивших запросов)* **SEE:** cost per order

cost per lead *марк.* стоимость одной [полученной] наводки* *(математический расчет стоимости маркетинговой кампании, поделенной на количество обнаруженных потенциальных клиентов)* **SEE:** lead, cost per inquiry, cost per order, cost per mile, cost per point, cost per sale

cost per mile **сокр.** CPM **1)** *рекл., комп.* цена за тысячу показов (баннера) *(схема оплаты интернет-рекламы рекламодателем)* **SYN:** cost-per-mile **SEE:** banner **2)** *марк.* стоимость тысячи показов [контактов] *(расчет цены маркетинговой компании в расчете на каждую тысячу контактов с аудиторией; CPT = цена за производство и размещение рекламного объявления/(количество аудитории / 1000))* **SEE:** cost per point, cost per order, cost per sale **SYN:** cost per thousand, cost per mille, advertising impression

cost per mille *марк.* = cost per mile **SEE:** cost per point

cost per minute *рекл., СМИ* затраты на минуту* *(отношение стоимости рекламы в расчете на 1000 зрителей или слушателей к количеству минут рекламного времени)*

cost per order **сокр.** CPO **1)** *марк.* цена [стоимость] одного заказа *(показатель, определяемый делением маркетинговых затрат, связанных с реализацией единицы товара, на число полученных заказов; если затраты на заказ превышают среднюю стоимость продажи товара, то реклама является нерентабельной)* **SEE:** cost per inquiry, cost per lead, cost per sale **2)** *рекл., комп.* цена одного заказа *(схема оплаты интернет-рекламы рекламодателем, при которой стоимость рекламы базируется на количестве заказов от привлеченных ею посетителей)* **SYN:** cost per sale

cost per point *марк.* удельная стоимость рекламы, цена процента* *(стоимость охвата рекламой одного процента потенциальной аудитории)* **SEE:** cost per mille

cost per rating point *СМИ, рекл.* стоимость одного процента аудитории* *(стоимость для рекламодателя рекламного времени на радио или телевидении в расчете на один процент целевой аудитории)* **SEE:** target audience

cost per response **сокр.** CPR *марк.* = cost per click

cost per sale **сокр.** CPS, CPA **1)** *марк.* стоимость одной продажи, затраты на продажу *(математический расчет стоимости маркетинговой кампании, деленной на количество произведенных продаж; служит показателем эффективности кампании)* **SEE:** cost per lead, cost per order, cost per mile **2)** *рекл., комп.* цена за продажу *(схема оплаты интернет-рекламы рекламодателем, при которой стоимость рекламы базируется на объеме продаж привлеченным ею посетителям)* **SEE:** banner **SYN:** cost per order, cost-per-sale, cost per acquisition

cost per subscription *марк.* затраты на одну подписку, цена одной подписки *(показатель, определяемый делением затрат, связанных с продажей подписок, на число проданных подписок)*

cost per thousand сокр. CPT *рекл., марк.* = cost per mile

cost per visit сокр. CPV **1)** *рекл., комп.* цена за посещение, цена за (привлеченного) посетителя *(схема оплаты интернет-рекламы рекламодателем, при которой стоимость рекламы базируется на количестве привлеченных на сайт рекламодателя посетителей; это количество меньше, чем количество кликов на баннер)* **2)** *рекл., комп.* цена за тысячу посещений, цена за тысячу (привлеченных) посетителей **SYN:** cost per visitor, cost-per-visit, cost-per-visitor **SEE:** banner, cost per click, cost per action, cost per sale, cost per mile, flat fee advertising, price models of advertising

cost per visitor *рекл., комп.* = cost per visit

cost-plus pricing *учет* ценообразование (по принципу) «себестоимость плюс» [»издержки плюс»] *(метод ценообразования, по которому цена реализации товара или выполнения работы определяется путем прибавления определенной надбавки к затратам на производство товара или выполнение работы)* **SYN:** cost plus pricing **SEE:** average cost pricing

cost to the consumer *марк.* издержки [затраты] потребителя *(на какой-л. конкретный продукт)* **EX: Accessories are included in the delivery package at no additional cost to the consumer.** – Аксессуары прилагаются бесплатно. **The cost to the consumer for this service is a fraction of the total overhead costs.** – Затраты потребителя на данную услугу составляют лишь малую долю общих накладных расходов.

cost trade-off *марк.* позитивная корреляция с затратами* *(расходование большей доли денежных средств на некоторые конкретные виды маркетинга с целью повысить эффективность всей программы)*

cost, freight and insurance *межд. эк., торг., страх.* = cost, insurance, freight

cost, insurance and freight *межд. эк., торг., страх.* = cost, insurance, freight

cost, insurance, freight сокр. CIF *межд. эк., торг., страх.* стоимость, страхование, фрахт; сиф *(стандартное условие внешнеторгового контракта, означающее, что экспортер несет расходы по доставке товара в порт отгрузки, страхованию товара, погрузке и фрахту до порта назначения; импортер оплачивает оговоренную цену товара после предъявления через банк документов (коносамента, страхового полиса, счета-фактуры); это условие сходное по ответственности продавца с CIP, но отличающееся тем, что продавец обязан также застраховать товар на время его перевозки по морю и подготовить товар к экспорту; применяется только в контрактах с поставкой по морю или рекам; если стороны не намерены использовать водную транспортировку, используется CIP)* **SYN:** cost, insurance and freight, cost, freight and insurance **SEE:** cost, insurance, freight and exchange;cost, insurance, freight and commission; free on board, bill of lading, invoice, free on board, CIP, border price, Incoterms

cost, insurance, freight and commission сокр. CIFC, CIF&C *торг., межд. эк., мор.* стоимость, страхование, фрахт и комиссия посредника [комиссионные]; сиф, включая комиссию посредника *(в международной торговле: вид сделки купли-продажи при морской перевозке товаров, по условиям которой в цену товара входят стоимость товара, страхования, транспортные расходы до порта назначения и комиссия посреднику)* **SEE:** cost, insurance, freight;cost, insurance, freight; and exchange;

cost, insurance, freight and exchange **сокр.** CIF&E, CIFE *торг., межд. эк., мор.* стоимость, страхование, фрахт и курсовая разница; сиф, включая курсовую разницу *(в международной торговле: вид сделки купли-продажи при морской перевозке товаров, по условиям которой в цену товара входят стоимость товара, страхования, транспортные расходы до порта назначения и изменение валютного курса)* **SEE:** cost, insurance, freight;cost, insurance, freight; and commission;

cost, insurance, freight price *торг., межд. эк.* = CIF price

cost, insurance, freight, commission and interest **сокр.** CIFCI, CIFC and I *межд. эк., торг., мор.* стоимость, страхование, фрахт, комиссионные и проценты*, сиф, включая комиссионные и проценты* *(условие поставки, в соответствии с которым в цену включаются перечисленные компоненты)* **SEE:** cost and insurance; cost, insurance, freight; cost, insurance, freight; and commission;cost, insurance and freight;

costly *прил.* **1)** *общ.* дорогой, дорогостоящий **EX: costly gems** – дорогостоящие драгоценности, **costly media** – дорогостоящие средства информации [рекламы], **rare and costly books** – редкие и дорогие книги, **costly mistake** – ошибка, которая дорого обошлась **SYN:** expensive **2)** *общ.* богатый, пышный, роскошный, шикарный

costs per rating point *рекл., СМИ* = cost per rating point

costs trade-off *марк.* = cost trade-off

cotton goods *потр.* хлопчатобумажные изделия *(одежда или постельное белье, сделанные из хлопка)* **SEE:** apparel textile

Council of Better Business Bureaus **сокр.** CBBB *рекл., амер.* Совет бюро по улучшению деловой практики* *(орган Бюро по улучшению деловой практики; оказывает помощь новым отраслям промышленности в разработке норм этичной и ответственной рекламы, предоставляет информацию о стандартах рекламы, последних судебных решениях и административных правилах, влияющих на рекламную деятельность)* **SEE:** Better Business Bureau, National Advertising Division

counsellor close *марк.* = adviser approach

count goods *потр.* штучные товары [пищевые продукты] *(товары, чаще всего продовольственные, продаваемые поштучно; напр., плитки шоколада, бутылки лимонада и т. д.)* **SEE:** cut goods, yard goods, weight goods

counter *сущ.* **1)** *стат.* счетчик *(лицо, проводящее перепись путем опроса)* **2)** *стат.* счетчик *(устройство для подсчетов)* **3)** *юр.* регистр **4)** *торг.* прилавок, стойка, окошко *(прилавок внутри магазина, через который передается купленный в отделе товар)* **EX: After you have finished with accounting please pick up your medication at the medicine counter.** – После того как расчеты будут окончены, пожалуйста заберите свое лекарство в окошке для выдачи лекарств. **SEE:** counter display, shop, store, stall **5)** *торг., амер.* отдел скидок* *(отдел продажи по сниженным ценам)* **6)** *полигр.* внутрибуквенный просвет **7)** *ТМО* канал системы массового обслуживания

counter advertisement **1)** *рекл.* = corrective advertisement **2)** *рекл.* объявление антирекламы **SEE:** counteradvertising

counter advertising *рекл.* = counteradvertising

counter claim *юр.* = counterclaim

counter deliveries *торг.* встречные поставки *(поставки определенных товаров одной стороны второй стороне, осуществляемые на условиях получения от второй стороны других това-*

ров; часто используются как способ полного или частичного погашения задолженности за приобретенный товар) **SEE:** reciprocal buying, barter

counter display *торг.* неприлавочная выкладка [экспозиция], оформление прилавка, *(размещение товара и рекламы на прилавке магазина, в отличие от экспозиции на полке, в витрине и т. п.)* **SEE:** ceiling display, window display, shelf display, in-store display

counter display card *торг.* прилавочная карточка*, фирменная карточка *(рекламная карточка с информацией об отдельном товаре или группе товаров одного производителя, размещаемая на прилавке)* **EX: above-counter display card** – фирменная карточка, стоящая на прилавке (доступна покупателю), **under-counter display card** – фирменная карточка, расположенная под стеклом **SEE:** nameplate

counter offensive *марк.* ответное нападение,оборонительное нападение* *(одна из стратегий оборонительной маркетинговой войны, которая заключается в атаке конкурента (его самых слабых позиций) в ответ на его атаку; напр., проведение своей рекламной кампании в ответ на рекламную кампанию конкурента или выпуск нового продукта, который превосходит новый продукт конкурента)* **SYN:** counter-offensive strategy **SEE:** defensive warfare, advertising campaign, new product, pre-emptive strike

counter purchase *торг.* = reciprocal buying

counter reel *торг.* упаковочная бумага *(небольшой рулон упаковочной бумаги находящийся на прилавке под рукой у продавца)*

counter trade *торг.* = countertrade

counteradvertising **1)** *рекл.* = corrective advertising **2)** *рекл.* антиреклама *(реклама, цель которой убедить потребителей не покупать какие-л. товары; напр., антиреклама сигарет или алкогольной продукции)* **SEE:** countermarketing

counterclaim *юр.* встречное требование, встречная претензия, встречный иск **а)** *(требование ответчика против истца, выдвинувшего требование против него)* **б)** *(требование возместить ущерб, выдвинутое в ответ на претензию)* **SYN:** cross-claim, counter claim

counterfeit

I *прил.* **1)** *юр.* поддельный, подложный; фальшивый **EX: counterfeit banknotes** – фальшивые банкноты **SEE:** counterfeit goods **2)** *общ.* лицемерный, притворный **EX: counterfeit sympathy** – неискреннее сострадание, **counterfeit grief** – напускное горе

II *сущ. общ.* подделка; фальшивка **EX: This coin is a counterfeit.** – Эта монета фальшивая.

III *гл.* **1)** *юр.* подделывать, фальсифицировать; заниматься контрафакцией **EX: to counterfeit smb.'s handwriting [smb.'s signature]** – подделывать чей-л. почерк [чью-л. подпись] **2)** *общ.* притворяться, симулировать; обманывать, вводить в заблуждение **EX: to counterfeit sorrow** – симулировать горе **SEE:** counterfeiter, counterfeiting

counterfeit goods *торг., юр.* поддельные [контрафактные] товары *(продукция, выпущенная с неправомочным использованием товарных фирменных знаков в целях введения потребителей в заблуждение)* **SEE:** counterfeiting, counterfeiter, counterfeit

counterfeiter *сущ. юр.* фальшивомонетчик; контрафактор; подделыватель *(любое лицо, изготавливающее незаконные копии чего-л., особенно денежных знаков или товаров)* **SEE:** counterfeit, counterfeiting, forgery

counterfeiting *сущ.* **1)** *юр.* подделка *(незаконное изготовление копий чего-л., особенно денег)*; фальшивомонетничество **2)** *пат., торг., юр.* контрафакция *(незаконное использование фирменных обозначений, т. е. производство и реализация товаров с указанием на них фирменных обозначений, принадлежащих другим фирмам, как правило, широко известным и хорошо зарекомендовавшим себя на рын-*

ке) **SEE:** counterfeit, counterfeiter, counterfeit goods, trademark

countermarketing *марк.* контрмаркетинг *(деятельность по снижению спроса на товар или услугу, которая может оказать отрицательное влияние на саму продукцию)* **SEE:** demarketing, counteradvertising

counter-offensive strategy *марк.* = counter offensive

counterpurchase *сущ. торг.* = reciprocal buying

countertrade *сущ. торг.* встречная торговля *(обобщающее понятие, распространяющееся на различные виды сделок, при которых покупатель погашает всю или часть стоимости приобретенных товаров или услуг поставкой других товаров или услуг продавцу)* **SYN:** counter trade, countertrading **SEE:** buy-back agreement, barter, reciprocal buying

countertrading *сущ. торг.* = countertrade

country of marketing *торг.* страна сбыта *(страна, где товар продается, в отличие от страны производства)* **EX: costs of shipping products from the manufacturing country to the country of marketing** – затраты на транспортировку товара из страны производства в страну сбыта **SEE:** manufacturing country

country of origin 1) *межд. эк., гос. фин., торг.* страна происхождения *(страна, в которой товар был полностью произведен или подвергся значительной обработке; для услуг — страна, резидентом которой является лицо, оказавшее услугу; определяется для контроля предоставления преференциального импортного режима, взимания антидемпинговых и компенсационных пошлин, соблюдения торговых квот)* **SEE:** certificate of origin, mark of origin, manufacturing country, Madrid Agreement for the Repression of False or Deceptive Indication of Source on Goods **2)** *общ.* = mother country

country store *торг.* сельский магазин, сельская лавка **SEE:** suburban store

coupon *сущ.* **сокр.** Cpn **1)** *фин., марк.* купон **а)** *фин. (часть ценной бумаги в виде отрывного талона, который отделяется от основной ценной бумаги и предъявляется для получения дохода по основной ценной бумаге)* **б)** *торг. (талон, дающий право на приобретение определенного товара со скидкой; обычно вырезается из рекламных объявлений, упаковок товара и т. п.)* **EX: tear-off coupon** – отрывной купон **SEE:** advertising coupon, in-pack coupon, magazine coupon, newspaper coupon, cents-off coupon, food coupon, gift coupon, pop-up coupon, premium coupon, reply coupon, coupon ad, coupon clipper, coupon plan **в)** *торг. (отрывной талон продовольственной или промтоварной карточки)* **2)** *фин.* купон, купонный доход *(процентный доход по ценной бумаге, выраженный в процентах к ее номиналу)* **3)** *торг.* бланк*, купон* *(напечатанная в газете или журнале форма, которую можно заполнить, вырезать и выслать рекламодателю для размещения заказа, запроса дополнительной информации и т. п.)*

coupon ad *рекл., разг.* реклама с купоном *(реклама товара (услуги), к которой прилагается купон, дающий покупателю право на скидку)* **SEE:** advertising coupon

coupon advertising *рекл.* купонная реклама *(реклама, предлагающая купон на скидку при покупке рекламируемого товара)*

coupon clipper вырезатель купонов* **а)** *рекл. (лицо, откликнувшееся на сделанное в купоне предложение из чистого любопытства, без реального желания совершить покупку)* **б)** *фин. (лицо, значительную часть доходов которого составляют проценты по купонным ценным бумагам)*

coupon plan *марк.* купонная программа *(один из приемов стимулирования сбыта, когда потребитель получает вознаграждение в виде премиального товара в обмен на сдачу купона, этикетки или иного доказательства покупки изделия)*

course of business *юр., торг.* осуществление торговой и предпринимательской деятельности *(продажа товаров, классифицированная как осуществленная в ходе торговой деятельности, регулируется иначе, чем продажа по образцам; положение общего права «качество на риске покупателя» здесь имеет место чаще, в особенности в случае, если речь идет о подержанных товарах)* **SEE:** sale by sample, caveat emptor, second-hand goods

courtesy booth **1)** *торг.* справочное бюро* *(отдел магазина, в котором покупатели могут навести справки, договориться от встрече с управляющим магазина, размещении специального заказа, возврате покупки и т. д.)* **EX: Courtesy booth clerks provide many services to our customers, including solving problems and selling convenience items like postage stamps and lottery tickets.** – Служащие справочного бюро оказывают нашим клиентам множество услуг, включая решение проблем и продажу товаров повседневного спроса, таких как почтовые марки и лотерейные билеты. **2)** *торг. (бюро для выплаты денег по чекам и денежным переводам в магазине)*

covariation *стат.* ковариация **а)** *(совместное (сопряженное) изменение двух величин, т. е. ситуация, когда одна величина увеличивается/уменьшается по мере увеличения или уменьшения другой величины, напр., изменение объема спроса по мере изменения цены на товара выручки от продаж)* **б)** *(величина, служащая мерой взаимной связи между величинами, т. е. характеризующая степень стремления одной величины возрастать или убывать при возрастании или убывании другой величины)*

cover

I *гл.* **1)** *общ.* накрывать **2)** *общ.* спасать, защищать **3)** *общ.* покрывать, охватывать; относиться **EX: his researches cover a wide field** – его исследования охватывают широкую область, **documents covering the sale** – документы, касающиеся продажи **4)** *общ.* освещать *(события и т. п. в печати, на телевидении, по радио)* **5)** *общ.* предусматривать *(об инструкциях, пунктах, статьях договора и т. п.)* **EX: The rules cover all cases.** – Правила предусматривают все случаи. **6)** *фин., бирж.* покрывать, обеспечивать (денежное) покрытие **а)** *фин., бирж. (выкупать ранее проданный контракт на товары или ценные бумаги, т. е. закрывать короткую позицию)* **б)** *фин. (выплачивать определенные суммы за счет доходов, за счет средств, имеющихся на счете, и т. д.)* **EX: Students who are eligible for financial assistance to cover the cost of books may be issued a book voucher to purchase books.** – Для студентов, которые имеют право на получение финансовой помощи для покрытия стоимости книг, может быть выпущен талон на покупку книг. **7)** *страх.* страховать *(предоставлять защиту от определенных рисков)* **EX: to cover against accidents** – страховать от несчастных случаев

II *сущ.* **1)** *общ.* крышка, обложка **2)** *общ.* убежище, укрытие **3)** *фин., бирж.* покрытие **а)** *фин., бирж. (в срочных сделках: покупка ценных бумаг для поставки покупателю)* **б)** *фин., бирж. (закрытие короткой позиции путем открытия длинной, т. е. покупки ранее проданных финансовых активов)* **в)** *фин. (отношение прибыли или денежных потоков к определенному виду расходов; характеризует способность лица осуществлять определенные выплаты)* **г)** *фин. (денежные средства, отложенные из доходов в резерв для покрытия безнадежных долгов и потенциальных убытков)* **д)** *фин. (чистые активы компании в расчете на одну акцию или облигацию)* **е)** *юр., торг., амер. (покрытие покупателем, разорвавшим договор о продаже, ущерба, нанесенного им продавцу, путем покупки товаров или заключения договора о покупке товаров, заменяющей ту покупку, от которой покупатель отказался, причем покупка должна быть сделана честным путем и в разумный срок)* **SEE:** Uniform Commercial Code, seller's damages for non-acceptance or repudiation, contract for sale, good faith

6) *страх.* страховое покрытие *(границы страхового покрытия, определенные договором страхования; данный термин может применяться как для обозначения суммы обеспечиваемого возмещения, так и для обозначения рисков, от которых осуществляется страхование)*

cover advertisement *рекл.* реклама на обложке *(рекламное объявление, размещенное на обложке журнала, книги)* **SEE:** front cover, back cover, front page advertisement, cover rate

cover rate *марк.* тариф за размещение рекламы на обложке

coverage *сущ.* **1) а)** *общ.* сфера действия; рамки; границы; масштаб; охват **EX: coverage area** – территория охвата **б)** *стат.* охват; зона переписи, область обследования **в)** *рекл.* охват (целевой группы) *(выраженное в процентах отношение представителей целевой группы, охваченной рекламной кампанией, к общей численности целевой группы в генеральной совокупности)* **SEE:** media planning, target audience **2)** *СМИ* освещение события *(в печати, по радио и т. п.)* **EX: TV coverage of the election campaign** – освещение избирательной кампании по телевидению **3)** *страх.* страховое покрытие, страховая защита *(границы страхового покрытия, определенные договором страхования; применяться как для обозначения суммы обеспечиваемого возмещения, так и для обозначения опасностей, от которых обеспечивается страхование)* **4)** *фин.* покрытие, обеспечение; степень покрытия *(напр., расходов доходами)*

coverage map *марк.* карта охвата *(вещанием, органом, печати или иным средством рекламы)*

covered storage 1) *торг.* крытое хранилище **2)** *торг.* хранение в закрытых помещениях **SYN:** indoor storage **ANT:** ground storage **SEE:** storage

CPT 1) **сокр. от** carriage paid to *межд. эк., торг.* «доставка оплачена до» *(стандартное условие внешнеторгового контракта, в соответствии с которым продавец обязан подготовить товар к экспорту и оплатить стоимость перевозки груза до указанного покупателем места поставки; с момента доставки товара на склад перевозчика (если в поставке используются несколько перевозчиков, то на склад первого перевозчика) ответственность за порчу и потерю товара, а также различные расходы несет покупатель, до этого момента — продавец; употребляется с указанием места прибытия груза)* **SEE:** Incoterms, CIP **2)** *марк.* **сокр. от** cost per thousand

CPT price *межд. эк., торг.* цена CPT, цена СПТ *(цена, рассчитанная по условию «доставка оплачена до»)* **SEE:** CPT

create customers *гл. марк.* создавать клиентуру, привлекать покупателей [клиентуру] **EX: to create customers from prospects** – переводить потенциальных клиентов в реальные

creative advertising *рекл.* креативная [творческая] реклама *(передача рекламного сообщения таким образом, чтобы оказать соответствующее потребностям и желаниям потребителей влияние на их поведение; для этого реклама должна быть оригинальной, запоминающейся, наталкивающей на мысль о необходимости товара)* **SEE:** eye-catching advertising, flexform advertising

creative agency *рекл.* = hotshop

creative boutique *рекл.* = boutique

creative brief *рекл.* = advertising brief

creative campaign *марк.* = imaginative campaign

creative director 1) *общ.* художественный руководитель **2)** *рекл.* директор творческой службы, творческий директор, художественный руководитель *(руководитель креативной группы рекламного агентства)* **SEE:** hotshop

creative hotshop *рекл.* = hotshop

creative service 1) *марк.* творческая служба, творческий отдел *(отдел* *в маркетинговой компании, занимающийся художественным оформлением рекламных плакатов, стендов, роликов)* **2)** *марк.* творческая услуга *(услуга по художественному оформлению рекламы)*

credit account 1) *учет* пассивный [кредитовый] счет *(счет, имеющий кредитовое сальдо; отражается в пассиве баланса)* **2) а)** *банк.* кредитный [ссудный] счет *(счет, открытый банком или иным финансовым учреждением заемщику при заключении соглашения о кредитовании и предназначенный для отражения операций по использованию кредитных средств и погашению задолженности)* **SEE:** credit card account **б)** *фин., торг., брит.* = charge account

credit and delivery store *торг. (магазин, торгующий в кредит и с доставкой на дом)*

credit buyer *фин., торг.* = credit customer

credit buying *торг.* = credit purchase

credit card **сокр.** CC *банк.* кредитная карточка [карта], *разг.* кредитка *(документ в виде пластиковой пластины, позволяющий приобретать товары и услуги в кредит; банк или финансовая компания, выпустившая карту, переводит соответствующие средства продавцу/поставщику и высылает счет владельцу карты, а владелец карты периодически погашает свою задолженность перед банком и выплачивает начисленные по кредиту проценты; по каждой карте устанавливается предельная сумма кредита)* **EX: to pay by credit card** – платить [оплачивать] кредитной картой, **to accept credit cards in payment for goods** – принимать кредитные карты к оплате товаров, **credit card holder** – владелец [держатель] кредитной карты **SEE:** plastic card, debit card, non-revolving credit card, revolving credit card

credit card account *банк.* счет кредитной карточки [карты] *(счет, который открывается банком или иным эмитентом кредитных карт при выдаче кредитной карты клиенту; предназначен для учета операций по кредитной карте)* **SEE:** credit card, credit account

credit card draft *фин., торг.* тратта по кредитной карте* *(специальный платежный документ, отправляемый розничным торговцем или поставщиком услуг в компанию, выдавшую кредитную карту, для списания указанной суммы со счета плательщика и перевода ее на счет торговца/поставщика; на бланке данного документа указываются имя, адрес и телефон клиента, название и номер кредитной карты, а также содержится заявление клиента о том, что он уполномочивает поставщика при выставлении счета за поставленные товары или услуги списывать причитающуюся сумму со счета, соответствующего указанной кредитной карте)* **SEE:** deferred debit card, credit card account

credit card order *фин., торг.* заказ по кредитной карте [карточке] *(покупка, оплачиваемая кредитной картой)* **SEE:** credit order, cash order

credit customer *торг., фин.* покупатель в кредит *(человек, использующий кредит для оплаты покупки)* **SYN:** charge-account customer, charge buyer, credit buyer **SEE:** cash customer, store credit, trade credit

credit delivery *торг.* поставка в кредит *(поставка на условиях отсрочки платежа на определенный срок)* **SEE:** delivery by instalments

credit for goods 1) *торг.* возврат денег за товар* *(сумма, выплачиваемая продавцом покупателю в случае возврата последним купленного товара по причине его неисправности или негодности)* **SEE:** damaged goods **2)** *эк.* = commercial credit **SYN:** credit on goods

credit on goods *эк.* = credit for goods

credit order *торг., фин.* заказ в кредит, кредитный заказ *(заказ, выполнение которого осуществляется до соответствующего платежа и который предполагает выставление счета на какую-л. дату в будущем)* **SYN:**

order on credit **SEE:** credit card order, cash order, trade credit

credit purchase *торг.* = credit sale

credit sale *торг., фин.* продажа в кредит *(продажа с условием оплаты через оговоренный промежуток времени)* **SYN:** sale on credit, on account sale **SEE:** credit sale agreement, trade credit, split payments, cash-only sale, cash sale, credit order, hire-purchase, down payment, open account credit, instalment sale, consumer credit

credit sale agreement *торг., фин.* соглашение о продаже в кредит* *(согласно которому покупатель оплачивает товары через некоторый промежуток времени, но право собственности на товары переходит к нему сразу же после заключения контракта, а не после полной оплаты)* **SYN:** credit-sale agreement **SEE:** hire purchase agreement, credit sale contract

credit sale contract *торг., юр., брит.* договор о покупке в кредит *(договор купли-продажи, согласно которому покупатель оплачивает товары через некоторый промежуток времени, но право собственности на товары переходит к нему сразу же после заключения контракта (а не после полной оплаты, как в случае договора о покупке в рассрочку); прежде соглашения о покупках в кредит регулировались правительственными инструкциями, определявшими минимальные размеры первого взноса и продолжительность периода полной выплаты стоимости; этот контроль был отменен в 1982 г., и теперь договор регулируется законом «О потребительском кредите» 1974 г.)* **SEE:** contract of hire-purchase, Consumer Credit Act 1974, sale by instalments, cash trade

credit sales contract *торг., юр.* = credit sale contract

credit slip *фин., торг., учет* = credit voucher

credit suspension *фин., торг.* приостановка кредита *(процесс, в рамках которого счет клиента, просрочившего платеж в счет погашения стоимости приобретенных в кредит товаров или услуг, приобретает статус неактивного, обслуживание клиента приостанавливается, но он продолжает получать счета на оплату; если клиент погасит накопившуюся задолженность, кредит будет возобновлен)* **SEE:** trade credit, charge account

credit trader *торг.* торговец [продавец] в кредит* *(торговец, продающий товары на условиях отсрочки платежа)* **ANT:** cash trader **SEE:** credit customer

credit voucher *фин., торг., учет* кредитовое извещение* *(документ, подтверждающий, что на счет клиента у продавца или в банке была зачислена какая-л. сумма (счет клиента был кредитован); копия такого документа используется продавцом/банком как оправдательный документ для кредитовой проводки по счету клиента)* **SYN:** credit slip, refund slip **SEE:** debit voucher

creditor *сущ.* **1)** *фин., банк.* кредитор, заимодавец, веритель **а)** *(лицо, предоставляющее средства взаймы; может иметься в виду как финансовое учреждение, предоставляющее прямой кредит, так и магазин, предоставляющее коммерческий кредит в виде рассрочки платежа)* **б)** *юр., торг., амер. (согласно определению Единообразного торгового кодекса США, понятие включает кредитора вообще; кредитора, обеспеченного залогом, обладающего приоритетом требования; любого представителя кредиторов, включая правопреемника кредиторов, опекуна банкрота, доверительного собственника, управляющего конкурсной массой, а также судебного исполнителя по делам несостоятельного должника или управляющего делами несостоятельного должника или имуществом цедента)* **SEE:** Uniform Commercial Code, representative, assignee, receiver **2)** *мн., учет* кредиторы, кредиторская задолженность* *(название или часть названия бухгалтерских счетов и статей финан-*

совой отчетности, по которым отражаются суммы долгов данного лица перед другими лицами)

credits 1) *рекл.* = makegood 2) *СМИ* состав исполнителей *(представление лиц, принявших участие в создании программы или фильма)* 3) *рекл.* состав спонсоров *(представление спонсоров радио- или телепрограммы)*

credit-sale agreement *юр., торг., фин., брит.* = credit sale agreement

credit-sale contract *торг., юр., брит.* = credit sale contract

Criminal Justice Act 1982 *юр., брит.* закон «Об уголовном правосудии»*, 1982 г. *(внес дополнение в закон «О полномочиях уголовных судов» 1973 г., что дало полномочия судам отдавать приказ о компенсации нанесенного ущерба не только когда вынесен приговор, но и когда дело еще находится в рассмотрении, кроме того, постановил отдавать приказ о компенсации нанесенного ущерба только в тех случаях, когда размер такой компенсации поддается измерению или не поддается измерению, но признается разумным виновной стороной, а не когда является неопределенным)* **SEE:** Powers of Criminal Courts Act 1973, compensation order

Criminal Justice Act 1993 *юр., торг., брит.* закон «О криминальной юстиции»*, 1993 г. *(законодательный акт, являющийся важной частью законодательства о компаниях Великобритании; посвящен нарушениям в области внутренней торговли)*

Criminal Law Act 1967 *юр., торг., брит.* закон «Об уголовном праве»*, 1967 г. *(в частности, отменил некоторые положения старинных законов о продаже лошадей на открытом рынке, открывающих широкие возможности для продажи краденных товаров, однако эти положения не были отменены законом «О продаже товаров» 1979 г.)* **SEE:** sale in market overt, Sale of Goods Act 1979

crop in storage *с.-х., торг.* амбарный урожай *(фактически собранный урожай, поступивший на хранение)* **SEE:** crop storage, grain storage

crop storage 1) *торг., с.-х.* хранилище растениеводческой продукции 2) *торг., с.-х.* хранение растениеводческой продукции **SEE:** storage, bin storage, storage bin, food storage, crop in storage

cross-claim *юр.* = counterclaim

cross elasticity of demand *эк.* перекрестная эластичность (спроса по цене) *(коэффициент, характеризующий чувствительность спроса на товар к изменению цены на другой товар; представляет собой отношение относительного показателя изменения спроса на один товар к относительному показателю изменения цены на другой товар; если коэффициент положителен, товары являются субститутами, если отрицателен — комплементами)* **SYN:** cross-elasticity **SEE:** price elasticity of demand, income elasticity of demand, complement

cross merchandising *марк.* перекрестное [дополняющее] выкладывание* *(расположение товаров в магазине таким образом, чтобы дополняющие друг друга товары находились рядом, и покупатель одного товара мог обратить внимание на другой; напр., расположение шампуней рядом с фенами)* **SYN:** cross-mix merchandising, related-item approach **SEE:** merchandising, complementary goods, assortment display

cross-mix merchandising *марк.* = cross merchandising

cross plug *рекл.* объявление соспонсора *(обычно в конце радио- или телепрограммы)*

cross-promote *марк.* = cross-promotion

cross-promotion *марк.* кросс-промоушн, перекрестное продвижение а) *(предложение других товаров потребителю, уже купившему какой-л. товар)* б) *СМИ (продвижение товара при помощи фильма, а фильма — при помощи товара)* **SYN:** cross-promote

cross read *рекл.* щиты перекрестной обозримости* *(рекламные щиты, видимые с противоположной стороны дороги для проезжающих машин)*

cross-sell

I *сущ. марк.* кросс-продажа, перекрестная продажа *(метод торговли, при котором покупателю, приобретающему какой-л. продукт, предлагается купить также другой продукт, дополняющий первый)* **SYN:** cross-selling, suggestive selling **SEE:** add-on-sale

II *гл. марк.* осуществлять перекрестную продажу **EX: To cross-sell such a range of products and services, an agency must train its staff accordingly or assign cross-selling to people with the necessary skills.** – Чтобы осуществлять перекрестные продажи для такого ассортимента продуктов и услуг, агентство должно соответствующим образом обучать свой персонал и поручать продажи людям с необходимыми навыками. **SEE:** up-sell

cross-selling

I *сущ. марк.* = cross-sell

II *прил. марк.* **EX: cross-selling product – SEE:** up-selling

cross-shopping *торг.* комбинированные покупки* *(приобретение различных товаров в разных отделах за одно посещение магазина, супермаркета, торгового центра)* **SYN:** one-stop shopping **SEE:** shopping centre, supermarket

crowded market *марк.* переполненный рынок *(рынок, где представлено множество компаний, предлагающих аналогичные товары (услуги) и конкурирующих между собой за потребителя)*

crude storage 1) *торг.* хранилище для сырья **SYN:** raw material storage, rough store **2)** *ТЭК* нефтехранилище **SEE:** storage

culture jamming *соц.* создание культурных помех* *(использование элементов популярной культуры, часто рекламы, для создания альтернативных символов, высказываний, плакатов и т. п., оказывающих идеологическое воздействие на людей)* **EX: culture-jamming movement** – движение создателей культурных помех **Syn:** sniggling **SEE:** Adbusters

cume *рекл.* = cumulative audience

cume rating *марк., СМИ, амер.* средний совокупный рейтинг *(количество человек (в процентах), слушающих данную радиостанцию определенное время)* **SEE:** radio advertising

cumulative audience *рекл.* совокупная [накопленная] аудитория, (совокупный) охват *(накопленная средством распространения рекламы за определенный промежуток времени; слушатели или зрители учитываются только 1 раз независимо от того, сколько раз они находились под воздействием рекламы)* **SYN:** cume, reach, unduplicated audience **SEE:** net unduplicated audience, net rating point

cumulative audience rating *марк., амер.* суммарный [совокупный] рейтинг аудитории *(рассчитывается по совокупной аудитории рекламы в сравнении со средней и полной аудиторией и отражает численность совокупной аудитории по 15-минутным интервалам в течение четырехнедельного периода)* **SEE:** audience

cumulative discount *торг.* кумулятивная скидка *(скидка, предоставляемая по всему объему покупок данного покупателя за определенный период, а не по отдельному заказу, т. е. если покупатель за этот период времени делает несколько мелких покупок, каждая из которых не дает права на скидку с количества, он может получить скидку на основе суммарного количества купленного товара; часто используется производителями и оптовыми торговцами для стимулирования закупок товара розничными продавцами)* **SYN:** cumulative quantity discount, aggregated discount, aggregated rebate **ANT:** noncumulative discount **SEE:** quantity discount, deferred rebate, annual rebate

cumulative lead time *упр.* суммарное время выполнения *(максимальный ожидаемый или запланированный промежуток времени, необходимый для выполнения данного заказа, про-*

цедуры и т. п., рассчитанный с учетом времени, необходимого как на выполнение самих операций, так и на приобретение необходимых материалов) **SYN:** aggregate lead time, combined lead time, composite lead time, stacked lead time **SEE:** lead time, cumulative manufacturing lead time

cumulative manufacturing lead time *упр.* общее время производства* *(общее время, необходимое для выполнения производственных операций, рассчитанное исходя из предположения, что все необходимые материалы, комплектующие и т. п. имеются в запасе в достаточном количестве; т.е. время, необходимое на покупку материалов, не учитывается)* **SEE:** cumulative lead time

cumulative quantity discount *торг.* = cumulative discount

cumulative strategies *марк.* кумулятивные стратегии*, стратегии накопления* *(стратегии маркетинговой войны, которые предполагают комбинацию различных действий в одно масштабное действие или мероприятие, позволяющее достичь желаемых результатов)* **SEE:** marketing warfare

curb delivery *торг.* доставка к подъезду*, чистая доставка* *(не включает в себя услугу разгрузки)*

curiosity shop *торг.* = antique shop

currency of price *эк.* = price currency

current account *сущ.* текущий счет **а)** *банк. (банковский счет, допускающий внесение дополнительных средств и выписку чеков)* **б)** *торг. (активный счет торгового кредита, т. е. открытый счет покупателя у продавца, по которому имеется непогашенная задолженность)* **SEE:** open account

current buyer *марк.* = current customer

current consumer goods *торг.* = non-durable goods

current customer *марк.* существующий покупатель [клиент] *(уже является покупателем клиентом компании, в отличие от потенциального покупателя)* **SYN:** current buyer, present buyer **SEE:** potential consumer

current price *эк.* текущая [существующая] цена *(цена, действующая в настоящее время)* **SYN:** going price, present price, usual price

current sales *марк., стат.* текущие продажи *(продажи за текущий период, который еще не стал отчетным, как правило за текущий год)* **EX: View your current sales figures.** – Посмотрите на цифры ваших текущих продаж.

current survey *соц.* текущее обследование, текущий опрос **EX: to participate in a current survey** – участвовать в текущем опросе **SEE:** survey

custom

I *сущ.* **1)** *общ.* обычай, обыкновение, привычка **EX: Custom is second nature.** – Привычка – вторая натура. **He left the house at nine exactly, as is his custom.** – По своему обыкновению он уходил из дома ровно в девять. **SYN:** praxis **2)** *марк.* клиентура, покупатели **EX: the shop draws plenty of custom** – магазин имеет большую клиентуру, **Most of our custom comes from tourists nowadays.** – Сейчас большинство наших покупателей - это туристы. **3)** *торг.* заказы, закупки **EX: I shall withdraw my custom from this shop.** – Я больше не буду делать покупки в этом магазине. **4)** *соц.* обычай *(общепринятый порядок, традиционно установившиеся правила общественного поведения, неформально регулируемая группой социальная практика)* **EX: a local [ancient] custom** – местный [древний] обычай,; **In my country, it's the custom (for women) to get married in white.** – В моей стране по обычаю женщины выходят замуж в белом.;

II *прич. марк.* заказной, на заказ, индивидуальный, личный **EX: custom woodworking** – изделие из дерева на заказ; изготовление деревянных изделий на заказ, **custom shoe maker** – индивидуальный сапожник **SEE:** custom work

custom in the trade *торг.* = trade custom

custom in trade *торг.* = trade custom

custom manufacturing *потр.* изготовление на заказ **SEE:** off-the-shelf, made-to-order

custom of merchants *торг.* = trade custom

custom of the trade *торг.* = trade custom

custom of trade *торг.* = trade custom

custom work *марк.* работа по отдельным заказам, индивидуальное обслуживание, работа [выполнение, изготовление] на заказ **EX: Quality custom work and preferred customer service are the foundations upon which we stake our reputation.** – Фундаментом нашей репутации являются качественное индивидуальное обслуживание и приоритет работы с клиентами. **SEE:** custom, make-to-order

custom-built *эк.* = custom-made **EX: custom built software** – программное обеспечение, сделанное на заказ, **custom-built furniture** – мебель, изготовленная по заказу

custom-designed *эк.* сконструированный [изготовленный] по заказу, сконструированный [изготовленный] на заказ, заказной *(конструируемый в соответствии с требованиями заказчика);* оформленный на заказ [по заказу]* **EX: custom designed desk** – стол, сконструированный на заказ, **custom-designed website** – вебсайт, оформленный по заказу* **SYN:** custom-built, custom-made **SEE:** make-to-order

custom-designed product *марк.* = exclusive product

customer *сущ.* **1)** *марк.* = consumer **EX: foreign (international) customer** – зарубежный клиент, международный клиент **ANT:** non-customer **SEE:** first-class customer, business customer, customer quality, class of customer **2)** *ТМО* клиент, абонент, объект *(люди, блоки данных, задания, требования, процессы, сообщения, программы, вызовы, стоящие в очереди на обслуживание к компонентам системы обслуживания; напр., касса, узел коммутации, процессор, программа)*

customer acceptance **1)** *марк.* = consumer acceptance **2)** *торг.* приемка заказчиком [клиентом] *(согласие клиента принять доставленный по его заказу товар, сделанную по его заказу работу, обязательства и права по какому либо контракту)*

customer accounting *марк.* учет клиентов *(поддержание базы данных о клиентах в актуальном состоянии)* **SEE:** customer database

customer activated terminal **сокр.** CAT *банк., торг.* терминал, активируемый клиентом* *(любой терминал, который может быть активирован клиентом с помощью пластиковой карты и позволяет получить доступ к информации о счете клиента, совершить платеж и т. д.)* **SEE:** point-of-sale terminal

customer advice *марк.* информация [рекомендации] для клиентов *(дополнительная информация об услугах, тарифах, порядке оплаты, процедуре жалоб и т. д., предоставляемая компанией своим настоящим или потенциальным клиентам; советы настоящим клиентам по правильному использованию товаров, по их установке и т. д.)* **SEE:** customer service

customer affairs *марк.* работа с потребителями *(деятельность фирмы, направленная на поддержание контактов с потребителями, выяснения и устранения возникающих у них проблем и т. д.)* **EX: Office of Customer Affairs** – отдел по работе с потребителями

customer appeal *марк.* = consumer appeal

customer assurance program *торг., амер.* программа гарантийного обслуживания клиентов **SEE:** consumer warranty

customer attitude *марк.* = consumer attitude

customer attitude tracking *марк.* отслеживание позиции потребителей* *(наблюдение за отношением клиентов к компании и ее продуктам)* **SEE:** consumer attitude

customer base *марк.* клиентурная база *(совокупность всех клиентов данной компании)* **SEE:** circle of customers

customer behaviour *марк.* = consumer behaviour

customer benefit *потр.* = consumer benefit

customer bias *марк.* предубеждения потребителей *(против какого-л. продукта или фирмы)* **SEE:** customer discrimination

customer buying process *марк.* процесс совершения покупки *(процесс,* *состоящий из принятия решения о покупке, выбора марки продукта, места приобретения продукта и непосредственно покупки)* **SEE:** consumer choice, consumer preferences, consumer motivation

customer category *марк.* = class of customer

customer coalition 1) *марк.* коалиция потребителей *(объединение клиентов определенной фирмы или потребителей определенного товара ради конкретных целей, напр., для отстаивания своих прав в суде)* **SEE:** consumer organization **2)** *ТМО* объединение клиентов **SEE:** customer

customer complaint *торг., юр.* = consumer complaint

customer confusion *марк.* заблуждение потребителей* *(неверные представления потребителей относительно характера, способа и места изготовления, потребительских свойств, качества товаров и т. д.)* **SEE:** deceptive advertising

customer data *марк.* данные о клиентах [покупателях], информация о клиентах [покупателях] **SEE:** customer database

customer data sheet *марк.* карточка клиента* *(лист или файл с информацией о конкретном клиенте: его имя, адрес, телефон, номер счета и т. д.)* **SEE:** customer database

customer database *марк.* клиентская база данных, клиентская картотека *(система хранения информации о покупателях продукции фирмы и их потребительском поведении)* **SYN:** customer file, customer ledger **SEE:** customer accounting, customer data sheet, customer information, customer loop

customer demand *эк.* = consumer demand

customer departmentalization 1) *упр.* департаментализация по клиентуре *(формирование подразделений организации с ориентацией на определенную группу клиентов)* **SEE:** customer specialization **2)** *торг.* департаментализация по потребителям *(формирование отделов магазина с ориентацией на группы потребителей, напр., детские, мужские и женские отделы в магазинах одежды)* **SEE:** department store

customer discrimination *эк.* потребительская дискриминация *(ситуация при которой, потребители предпочитают покупать продукты, которые производят или продают люди определенной расы, пола или возраста, даже если качество продукции является одинаковым у всех продавцов; может быть причиной трудовой дискриминации)* **EX: Customer discrimination occurs when fans have preferences for observing players of a particular race, age, gender, or another characteristic unrelated to sports productivity.** – Потребительская дискриминация наблюдается в том случае, если любители спорта предпочитают смотреть на игроков определенной расы, возраста, пола или с другими характеристиками, которые никак не связаны с качеством игры. **SYN:** consumer discrimination **SEE:** customer bias

customer dissatisfaction *марк.* неудовлетворенность потребителей *(возникает из-за различия между ожиданиями и последующим реальным опытом потребителей)* **ANT:** customer satisfaction

customer engineer *марк.* специалист по работе с клиентами [покупателями]* *(занимается предпродажным консультированием клиентов с целью подбора наиболее подходящего запросам клиента товара, приспособлением товара к нуждам конкретного клиента, установкой товара, напр., оборудования, в месте работы или проживания клиента, разработкой идей и мер по модификации товара и др.)*

customer environment *марк.* = consumer environment

customer evaluation *марк.* = consumer evaluation

customer feedback *марк.* обратная связь с потребителем [клиентом] *(получение откликов от потребите-*

лей о качестве купленных товаров, о достоинствах/недостатках товаров; получение рекомендаций по улучшению качества товаров и т. д.) **SYN:** consumer feedback **SEE:** customer involvement

customer file *марк.* = customer database

customer flow *марк.* = consumer flow

customer goodwill *марк.* благосклонность [расположенность] покупателей *(по отношению к компании и ее продуктам)* **EX: to build customer goodwill** – создавать расположенность покупателей, **Bad sales promotion campaigns could cost you money and lose customer goodwill.** – Плохая кампания по продвижению продукта может недешево обойтись вам и подорвать благосклонность покупателей. **SEE:** brand loyalty, consumer favour

customer group *марк.* = consumer group

customer holdover effect *марк.* эффект удержания потребителей* *(выражается в том, что различные маркетинговые акции, напр., периодические скидки, привлекают новых потребителей, некоторые из который и в дальнейшем остаются потребителями этой марки)*

customer in service 1) *торг.* обслуживаемый клиент [покупатель] *(который в данный момент получает консультацию продавца или расплачивается за покупку)* **2)** *ТМО* обслуживаемый клиент [объект, абонент]* **SEE:** customer

customer involvement *марк.* вовлеченность потребителей *(участие клиентов компании в принятии решений о каких-л. изменениях в товаре, в системе обслуживания; действие системы обратной связи между компанией и клиентами, т. е. потребителями)* **SEE:** customer feedback

customer journal *марк., потр.* журнал для клиентов [покупателей]* *(издание, которое фирма выпускает для своих клиентов; содержит информацию о новых товарах, различные новости о деятельности компании и т. д.)*

customer knowledge *марк.* = consumer knowledge

customer ledger *марк.* книга клиентов, клиентская книга *(источник клиентской информации для организации; содержит все регистрационные данные о клиенте, информацию о счетах, проведенных операциях и т. п.)* **SYN:** customer database, customer file

customer list *марк.* = consumer list

customer location *марк.* местонахождение клиента [заказчика] *(место проживания клиента, место его работы или иное место, где он находится в момент дрставки товара или оказания услуги; важно при определении затрат на доставку товара клиенту, стоимости оказания услуги, напр., стоимости денежного перевода)*

customer loop 1) *связь, тех.* абонентская линия, абонентский шлейф *(пара проводов, идущих от телефонной станции к абоненту; к нимподключается телефонный аппарат или модем)* **2)** *марк.* система информации о потребителях* *(централизованная и интегрированная система сбора, анализа и использования информации о потребителях, состоящая из нескольких звеньев: определение количества потенциальных потребителей; отбор наиболее реалистичных из них и сосредоточение усилий на этой группе; накопление информации об уже существующих потребителях для поддержания отношений с ними, получения обратной связи и оказания послепродажного обслуживания)* **SEE:** customer database

customer loyalty *марк.* = consumer loyalty

customer market *марк.* рынок потребителей *(совокупность клиентов компании или потребителей продукта)* **SYN:** consumer market **SEE:** circle of customers

customer mix *марк.* структура потребителей [клиентов] *(состав клиентов компании или потребителей продукта, представленный в виде процентных составляющих каждой группы)* **SEE:** customer market, total consumer market

customer of long standing *марк.* = long-standing customer

customer perception *марк.* = consumer perception

customer preferences *марк.* = consumer preferences

customer profile 1) *марк.* профиль клиента [покупателя] *(описание группы потребителей на основе различных демографических, психографических и географических характеристик)* **SYN:** shopper profile **SEE:** consumer profile **2)** *марк.* учетная карточка (досье) клиента [покупателя] **SEE:** database

customer profitability analysis *учет, фин.* анализ выгодности клиентов *(анализ затрат и доходов в разбивке не по подразделениям организации или продуктам, а по группам клиентов или отдельным крупным клиентам)*

customer quality *марк.* качество для потребителя* *(характеристики товара, которые покупатель считает показателем качества)* **SEE:** customer value

customer rate *марк.* тариф для клиента [покупателя] **SEE:** consumer price, cost to the consumer

customer relations *марк.* = consumer relations

customer relationship management **сокр.** CRM *упр., марк.* управление взаимоотношениями с клиентами *(стратегия, направленная на построение устойчивого бизнеса, ядром которой является клиенто-ориентированный подход; использование передовых управленческих и информационных технологий, с помощью которых компания собирает информацию о своих клиентах, извлекает из нее необходимые сведения и использует их в интересах своего бизнеса путем выстраивания взаимовыгодных отношений с клиентами, основанных на персональном подходе к каждому клиенту)* **SEE:** customer value management

customer relationships *марк.* (взаимо)отношения с клиентами *(система отношений между компанией и клиентами; напр., консультирование клиентов, послепродажное обслуживание, рассмотрение жалоб клиентов и т. д.)* **EX: building and sustaining customer relationships** – построение и поддержание отношений с клиентами **SEE:** customer relationship management

customer research *марк.* = consumer research

customer response time *торг.* время доставки [выполнения заказа]* *(время от момента размещения заказа до момента доставки товаров или услуг)* **SYN:** delivery cycle time, delivery period **SEE:** order receipt time, delivery cycle, lead time

customer retention *марк.* сохранение клиентов* *(способность компании поддерживать устойчивые связи со старыми клиентами; зависит от качества товаров и обслуживания, предлагаемых фирмой)*

customer satisfaction *марк.* удовлетворенность потребителя, потребительская удовлетворенность *(ощущение потребителя, что производитель полностью оправдал ожидания относительно продукта и качества обслуживания)* **ANT:** customer dissatisfaction **SEE:** American Customer Satisfaction Index

customer segment *марк.* потребительский сегмент *(группа потребителей продукта, выделенная по определенному признаку)* **SYN:** consumer segment **SEE:** customer mix

customer service 1) *упр.* служба [отдел] по работе с покупателями [клиентами] *(отдел компании, который занимается предоставлением дополнительной информации покупателям, отвечает на их вопросы, жалобы и пожелания)* **SYN:** consumer service, customer service department **SEE:** customer advice, consumer relations, sales support, support customers, ancillary customer service **2)** *упр.* = front of the house

customer service representative **сокр.** CSR представитель службы по работе с клиентами **а)** *торг.* *(работник* *отдела по работе с клиентами)* **б)** *связь, амер. (работник Почтовой службы США, ответственный за помощь отправителям деловой корреспонденции)*

customer size *марк.* величина клиента* *(значимость клиента для компании; зависит от его объема заказов)* **SEE:** exclusive clientele

customer specialization *марк.* специализация по клиентам [потребителям]* **а)** *(специализация компании на определенной категории клиентов)* **б)** *(наличие в компании нескольких отделов, каждый из которых специализируется на определенной категории клиентов)* **EX: Customer specialization is frequently used by organizations that offer their products to different industries.** – Специализация по клиентам часто используется организациями, которые предлагают свои продукты различным отраслям промышленности. **SEE:** class of customer, customer departmentalization

customer support *марк.* (техническая) поддержка (потребителей) *(отдел компании, консультирующий клиентов по вопросам использования продукта)* **SEE:** customer service, end-to-end

customer survey *марк.* опрос клиентов [покупателей] *(предложение клиентам заполнить специально разработанную компанией анкету для оценки каких-л. параметров своей деятельности или отношения потребителей к компании)*

customer targeting *марк.* определение целевой группы [клиентуры] *(выявление потенциальных потребителей путем исследования рынка)* **SEE:** customer loop, target audience

customer transaction *торг.* сделка с клиентом, продажа *(продажа услуги или товара клиенту фирмы)* **EX: This result will give the average value of each customer transaction.** – В результате вы получите среднюю стоимость продажи для одного клиента. **ANT:** supplier transaction

customer value 1) *марк.* воспринимаемая [потребительская] ценность* *(ценность товара, выражаемая количеством денег, которое потребители готовы заплатить за него; может различаться с ценой товара, которую устанавливает продавец)* **SYN:** fair value **SEE:** differential worth, customer value analysis, customer value management, customer value accounting, customer value scorecard, customer value map, price customization, perceived product quality, product evaluation, price-value equation, consumer properties **2)** *эк.* ценность потребителя [клиента] **SEE:** customer value management

customer value accounting *марк.* учет воспринимаемой [субъективной, потребительской] ценности* *(анализ разницы воспринимаемой ценности продукта фирмы и воспринимаемой ценности других продуктов с целью определения доли этой разницы, которая может быть получена фирмой путем повышения цены)* **SYN:** value accounting **SEE:** customer value map

customer value analysis *марк.* анализ воспринимаемой [субъективной, потребительской] ценности *(набор концепций и теоретических приемов для изучения ценности товаров различного качества с точки зрения конечных потребителей)* **SEE:** customer value map, fair value line, fair value zone, customer value management

customer value management сокр. CVM **1)** *марк.* управление воспринимаемой [субъективной, потребительской] ценностью* *(использование анализа воспринимаемой ценности для разработки маркетинговой и общей стратегии компании)* **SEE:** customer value analysis, price customization, customer relationship management **2)** *эк.* управление ценностью клиентов *(оценка выгодности отдельных клиентов с точки зрения их надежности и выстраивание политики работы с клиентами с учетом этой информации)* **SEE:** risk management

customer value map *марк.* карта воспринимаемой [потребительской] ценности* *(диаграмма, на горизон-*

тальной оси которой отложен индекс качества продукта, а на вертикальной оси — его цена (ценность); на этой диаграмме строится линия воспринимаемой ценности и отображаются продукты различных производителей) **SEE:** fair value line, fair value price, fair value zone, differential worth, customer value, ballpark pricing

customer value scorecard *марк.* профиль воспринимаемой [потребительской] ценности* *(анализ воспринимаемой ценности отдельных свойств конкретного товара по сравнению с воспринимаемой ценностью другого или усредненного товара)* **SEE:** customer value management

customer-based pricing *марк.* ценообразование, ориентированное на потребителя*, клиентоцентричное ценообразование* *(метод ценообразования, при котором цена устанавливается на основе изучения поведения покупателей и оценки спроса)* **SYN:** customer-oriented pricing **SEE:** demand-based pricing, perceived value pricing, psychological pricing

customer-centred orientation *марк.* ориентация на клиента, клиентоцентричность *(система организации производства и сервиса в полном соответствии с потребностями клиента)* **SYN:** customer-oriented approach **SEE:** customer relationship management

customer-oriented pricing *марк.* = customer-based pricing

customer-oriented service *марк.* обслуживание с ориентацией на потребителя* **SEE:** customer-centred orientation

customers cloning *марк.* = cloning of customers

customers flow 1) *марк.* = consumer flow 2) *ТМО* = incoming flow

customer's needs *марк.* = consumer needs

customer's specifications *марк.* (технические) требования заказчика [клиента] *(установленные заказчиком пожелания относительно заказанного продукта или результатов выполняемой для него работы)* **SEE:** customer-specified, custom-made

customer-size package *торг.* = consumer container

customer-specified *торг.* оговоренный заказчиком [клиентом] *(о какой-л. характеристике продукта, цене или условиях продажи)* **EX: at a customer specified price** – по оговоренной заказчиком цене, **customer-specified requirements** – оговоренные заказчиком требования **SEE:** customer's specifications, on the customer's request

customisation *сущ. марк.* = customization

customise *гл. эк.* = customize

customization *сущ. марк.* адаптация под потребителя* *(приспособление товара к конкретным требованиям клиентов; выполнение по индивидуальному заказу* **SEE:** price customization, advanced product design, customize

customization of product *марк.* = adaptation of product

customize *гл. тж. customise эк.* переделывать, подгонять *(под индивидуального заказчика)*, выполнять по индивидуальному заказу **EX: This guide will help you learn how to customize the design of your site.** – Это руководство поможет вам научиться подстраивать дизайн своего сайта под индивидуальные требования. **We provide both standard and customized training schemes.** – Мы предоставляем как стандартные, так и индивидуализированные программы обучения. **SEE:** customized marketing, customization, made-to-order, exclusive product

customized marketing *марк.* индивидуализированный маркетинг *(приспособление конкретной продукции к специфическим потребностям индивидуальных потребителей)* **EX: customized marketing mix** – индивидуализированный комплекс маркетинга

customized product *марк.* = exclusive product

custom-made *эк.* изготавливаемый на заказ **EX: custom made bag** – сумка, сшитая на заказ **SYN:** custom-built, custom-designed **ANT:** off-the-shelf

custom-made product *марк.* = exclusive product

cut-back *общ., СМИ, рекл.* = cutback
cut-flush *полигр., рекл.* = flush cover
cut goods *потр.* кусковой [разрезной] товар* *(товары, которые можно продавать частями определенного размера; напр., ткани, линолеум и т. п.)* **SEE:** yard goods, count goods
cut-price competitor *марк.* ценовой конкурент *(компания, пытающаяся увеличить свою долю рынка путем назначения на свой продукт более низкую цену, чем конкуренты)* **SEE:** price competition, price war
cut-price offer *торг.* предложение по сниженной цене *(предложение по более низкой, чем обычно, цене; обычно действует в течение ограниченного периода времени)* **SEE:** special offer, special price
cut rate *торг., амер.* сниженная цена, тариф со скидкой; скидка
cut-rate *прил.* **1)** *эк., амер.* (продаваемый) по пониженной цене **EX: cut-rate commodity** – товар по сниженной цене, **cut-rate price** – сниженная цена, **cut-rate subscription** – подписка по льготному тарифу **2)** *торг., амер.* продающий по сниженной цене
cut throat competition *общ.* = cutthroat competition
cutback *сущ.* **1)** *общ.* уменьшение, снижение *(расходов)* **EX: cutbacks on social security spending.** – сокращение расходов на социальное обеспечение. **2)** *рекл.* = flashback
cutthroat competition **1)** *общ.* смертельная конкуренция *(направлена на уничтожение соперников)* **2)** *эк.* конкуренция на разорение* *(ценовая конкуренция, при которой цена устанавливается ниже уровня издержек)* **SEE:** price competition **SYN:** cut-throat competition, cut throat competition
cyber catalogue *рекл.* = electronic catalogue
cybermall *торг.* = electronic mall
cyclical pricing *марк.* цикличное ценообразование* *(корректировка цены с учетом цикличных колебаний спроса или затрат; если период повышенного спроса характеризуется повышенной эластичность по цене, то выгоднее в этот период проводить политику низких цен, если спрос высоко эластичен по цене в периоды сезонного понижения спроса, то выгодно проводить политику сниженных цен в этот период)* **SEE:** price cycle, price elasticity of demand, seasonal demand

D

D county *рекл., амер.* округ «D»* *(любой округ не попадающий в категории A, B и C)* **SEE:** ABCD counties, A county, B county, C county

DAF price *межд. эк., торг.* цена ДАФ, цена DAF *(цена, рассчитанная по условию «поставлено на границу»)* **SEE:** delivered at frontier

DAGMAR model *марк.* **сокр. от** Defining Advertising goals for Measured Advertising Results

daily effective circulation **сокр.** DEC *рекл.* эффективный суточный поток*, эффективная суточная аудитория* *(среднее число лиц, имевших контакт с наружной рекламой в течение суток; напр., среднее число лиц, проходящих мимо стенда в течение дня)* **SEE:** outdoor advertising

daily foods *потр.* ежедневные продукты *(продукты каждодневного питания: хлеб, крупяные изделия, картофель, овощи, фрукты, мясо, рыба, курица, яйца)* **SYN:** staple foods **SEE:** convenience goods, food products

dairy *сущ.* **1)** *торг.* молочный магазин **2)** *с.-х.* молочное хозяйство

dairy products *потр.* = milk products

damage

I *сущ.* **1)** ущерб, урон, повреждение, убыток, убытки, вред, порча **а)** *общ. (материальные или моральные потери)* **SEE:** loss **б)** *юр., торг. (в законодательстве о продаже товаров различают два вида ущерба: ущерб, нанесенный товару, и ущерб, нанесенный товаром, напр., неисправным автомобилем или бытовым электроприбором)* **EX: damage liability** – ответственность за ущерб **SEE:** claim for damage, product liability, Donoghue v Stevenson, Carlill v Carbolic Smoke Ball Co, Henningsen v Bloomfield Motors, manufacturer's guarantee, concealed damage, known damage, sticker damage **2)** *эк., юр., учет, мн.* компенсация [возмещение] ущерба [убытков] **EX: to pay the damages** – выплатить компенсацию за убытки **3)** *эк., разг.* стоимость *(чего-л.)*, размер счета *(за что-л.)* **EX: What's the damage?** – Сколько стоит? Почем?

II *гл. общ.* вредить, портить, наносить ущерб [урон], повреждать **EX: easily [badly] damaged** – слегка [сильно] поврежденный, **to damage a house [a ship]** – повредить дом [судно] **The goods were damaged in transit.** – Товары были повреждены при перевозке. **SEE:** damaged goods, damaging goods

damaged goods *торг.* поврежденные товары [грузы] *(товары (грузы), пришедшие в негодное состояние во время доставки покупателю, при хранении или получившие повреждения иным образом; часто такой товар возвращается с возмещением продавцом покупателю уплаченной за товар суммы, или покупатель соглашается приобрести его со скидкой)* **SYN:** distressed goods, salvage goods, salvage merchandise **SEE:** credit for goods, damaged goods allowance, defective goods

damaged goods allowance *торг.* скидка за некондиционный [поврежденный] товар* *(скидка с цены товара, предоставляемая продавцом покупателю в случае покупки последним поврежденного товара)* **SEE:** damaged goods, credit for goods

damaging goods *потр.* вредные [опасные] товары*, товары, причиняющие вред* *(товары, использование которых может нанести ущерб, напр., поранить человека или загрязнить окружающую среду)* **EX: environmentally damaging goods** – вредные для окружающей среды товары **SEE:** consumption safety, unsafe product **SEE:** damaged goods

dash sign *трансп.* объявление на приборной панели* *(объявление, которое поставлено на приборную панель транспортного средства и видно через ветровое стекло; обычно на таких объявлениях указывается маршрут автобуса, троллейбуса и т. п., но также может размещаться и реклама)* **SEE:** advertisement, car card

data base *комп., стат.* = database

data collection company *марк., соц.* = field service

data-driven marketing *марк.* маркетинг на основе знаний* *(маркетинговый подход, направленный на удержание клиентов; при использовании данного подхода детально изучается вся информация о клиентах (об их моделях поведения, предпочтениях и т. д.) с целью разработки наиболее эффективных маркетинговых акций; в результате определяется наиболее подходящая в данном случае целевая аудитория, содержание маркетинговой акции, время ее проведения и иные элементы маркетинговой кампании)* **SYN:** knowledge-based marketing **SEE:** consumer behaviour, consumer preferences, target audience, database marketing, scientific marketing

data mining *мет., стат., комп.* глубинный [интеллектуальный] анализ данных, поиск статистических связей* *(процесс обнаружения в имеющемся массиве данных (базе данных) ранее неизвестной, но полезной и доступной информации; обычно имеется в виду выявление трендов и построение моделей, которые в дальнейшем могут использоваться для прогнозирования; является основным элементом обнаружения информации в базах данных)* **EX: Data mining software can help grocery stores target customers based on recent purchases they've made.** – Программа интеллектуального анализа данных может помочь продовольственным магазинам лучше приспособиться к целевым покупателям путем изучения их последних покупок. **SEE:** knowledge discovery in databases

database *сущ. тж.* database *комп., стат.* база данных *(информация, определенным образом структурированная и классифицированная)* **SEE:** database marketing

database marketing *марк.* маркетинг с использованием базы данных, маркетинг баз данных *(создание, ведение, пополнение и использование баз данных покупателей и поставщиков для более эффективных продаж)* **SEE:** data-driven marketing

date of delivery *торг., фин., бирж.* = delivery date

date stamp *общ.* метка [отметка] даты *(напр., штамп на упаковке товара, указывающий на дату производства или на дату, до которой товар может находиться в продаже и пригоден к употреблению)* **SEE:** best before date, open dating, perishable commodities

date stamping *торг.* = open dating

day-after recall **сокр.** DAR *рекл.* воспоминания вчерашнего дня* *(метод оценки эффективности рекламы, при котором определяется, какое количество людей помнит о рекламном сообщении на следующий день после его публикации или передачи)* **SEE:** advertising performance

day-after recall test **сокр.** DART *рекл.* = day-after recall

day-after-recall *рекл.* = day-after recall

day-to-day goods *марк.* = convenience goods

daypart *сущ. СМИ, рекл.* часть эфирного времени, эфирный пояс* *(период времени эфирных суток, напр., пиковое время)* **EX: In television, the daypart breaks are called Early Morning, Daytime, Early Fringe, Early News, Access, Prime Time, Late News, and Late Fringe.** – На телевидении части эфирного времени называются: ранее утро, дневное время, допиковое время, ранние новости, время широкого доступа, прайм тайм, поздние новости и послепиковое время. **SEE:** late fringe, prime time, early fringe

DDP price *межд. эк., торг.* цена ДДП, цена DDP, цена на условии «доставлено, пошлина уплачена»* *(цена, включающая как собственно стоимость товара, так и все транспортные расходы, таможенные платежи и другие расходы, понесенные поставщиком до момента прибытия товара к месту назначения)* **SEE:** delivered duty paid, landed price

DDU price *межд. эк., торг.* цена DDU, цена ДДУ*, цена на условии «доставлено, пошлина не уплачена»* *(цена, включающая как собственно стоимость товара, так и расходы по транспортировке товара до места назначения, но не включающая таможенные пошлины)* **SEE:** delivered duty unpaid

de luxe *прил. общ.* = deluxe

dead freight *тж.* deadfreight **сокр.** DF *трансп.* мертвый фрахт *(плата за зафрахтованное, но неиспользованное место на судне)* **SEE:** freight

dead inventory *учет, торг.* = dead stock

dead stock *учет, торг.* мертвый запас* *(в широком смысле: запасы сырья, материалов, незавершенного производства или готовой продукции, которые не использовались в течение длительного периода; в узком смысле: неликвидные товары, которые нельзя продать)* **EX: For example, high dead stock may mean that the safety stock level has been set too high.** – Напр., высокий уровень «мертвых» запасов может означать, что величина резервного запаса была установлена на слишком высоком уровне. **SYN:** dead inventory

dead storage 1) *торг.* длительное [долговременное] хранение *(бессрочное хранение в законсервированном состоянии)* **EX: dead storage warehouse** – склад длительного хранения **SYN:** extended storage **SEE:** deep freeze storage 2) *торг.* резервный склад 3) *общ.* неиспользуемый [резервный] запас **SEE:** storage

deadfreight *сущ. трансп.* = dead freight

deadline *сущ. общ.* предельный [конечный] срок, дедлайн *(крайний срок завершения чего-л., напр., окончания какой-л. работы)* **EX: the deadline for the submission of smth.** – предельный срок для представления чего-л. **to meet the deadline** – закончить (что-л.) к назначенному сроку **SEE:** deadline for delivery

deadline for delivery *торг.* предельный срок доставки *(превышение которого считается нарушением договора о поставках)* **SYN:** delivery deadline **SEE:** conditions of delivery, delivery contract

deal

I *сущ.* 1) а) *общ.* некоторое количество; часть **EX: a great deal of work to do** – много работы б) *общ.* большое количество, масса 2) *эк.* сделка; соглашение, договор **EX: to do [make] a deal** – заключать сделку, **a fair [square] deal** – честная сделка, **favourable deal** – выгодная сделка **SYN:** business, bargain **SEE:** barter deal, cents-off deal, loading deal, trade-in deal, bargain 3) *общ.* обращение, обхождение **EX: Sounds like you got a rough [raw] deal from your boyfriend.** – Похоже, твой парень поступил с тобой несправедливо. 4) *т. игр* сдача, раздача *(карт в игре)* 5) *пол., амер.* политический курс

II *гл.* 1) а) *общ.* иметь дело, справляться, разбираться *(с чем-л. или кем-л.)* **EX: to deal with a claim** – рассматривать претензию [жалобу]; **to deal with difficulties** – преодолевать трудности б) *общ.* заниматься *(чем-л.)* **EX: to deal in politics** – заниматься политикой 2) а) *торг., фин.* торговать **EX: to deal in cotton [leather, shares]** – торговать хлопком [кожей, акциями], **to deal in a variety of goods** – предлагать широкий ассортимент товаров, предлагать большой выбор товаров **SEE:** dealing, dealer б) *торг., сленг* продавать наркотики в) *эк.* быть клиентом, покупать **EX: We no longer deal at that store.** – Мы больше не покупаем товары в том магазине. 3) а) *общ.* распределять, раздавать **EX: to deal out gifts** – раздавать подарки б) *т. игр* сдавать *(карты игрокам)*

dealer *сущ.* 1) а) *торг.* делец, коммерсант, торговец, торговый посредник, агент по продаже **EX: a dealer in**

smth. – торговец чем-л. **appliance dealer** – торговец электробытовыми товарами, **book dealer** – книготорговец, **cattle dealer** – торговец скотом, **motor vehicles dealer** – розничный торговец легковыми автомобилями, **timber dealer** – лесоторговец **SYN:** merchant, trader **SEE:** petty dealer, rag and junk dealer, arts dealer, automobile dealer, retail dealer, illicit dealer **б)** *торг.* дилер *(физическое или юридическое лицо, осуществляющее деловое или торговое посредничество за свой счет; как правило, крупное торгово-посредническое предприятие, которое занимается крупномасштабной закупкой товаров и их поставкой в розничную сеть)* **SEE:** authorized dealer, dealer incentive, dealer loader, exclusive dealer, exclusive dealership, sales agent **2)** *эк., сленг* дилер, торговец наркотиками *(обычно небольшими партиями, «в розницу»)* **3)** *бирж.* дилер *(юридическое лицо, осуществляющее биржевое посредничество за свой счет и от своего имени)*

dealer aid *торг.* инструкция [вспомогательные материалы] для дилеров* *(рекламные брошюры и каталоги, предназначенные для дилеров)* **EX: You will receive dealer aid from various manufacturers illustrating and describing their equipment.** – Вы получите вспомогательные материалы для дилеров от различных производителей, содержащие изображение и описание их оборудования. **SEE:** dealer spot

dealer brand *торг.* = store brand

dealer-compliance representative *эк. тр., торг., амер.* инспектор (соответствия) дилеров* *(инспектирует торговую практику компании, действующей на основании договора франшизы, для установления соответствия с практикой компании-франшизодателя)* **SYN:** field representative **SEE:** franchisee, franchisor

dealer imprint *рекл.* информация о дилере, дилерская надпечатка [впечатка]* *(реквизиты местного дилера, помещаемые в рекламных материалах общенационального рекламодателя)* **EX: Under materials of direct post advertising development the empty place for dealer imprint is frequently left.** – При разработке материалов прямой почтовой рекламы часто оставляется свободное место для дилерской надпечатки. **SYN:** dealer super **SEE:** dealer tie-in, dealer tag, dealer space, open-end commercial

dealer in gross *торг.* = wholesaler

dealer incentive *торг.* стимулирование дилеров* *(побудительное мероприятие или премия, рассчитанная конкретно на оптовых или розничных торговцев; является средством стимулирования сбыта)* **EX: Many manufacturers offer dealers incentives designed to help the dealer lower prices and clear out old stock.** – Многие производители предлагают дилерам премии для того, чтобы помочь им снизить цены и продать старые запасы продукции. **SYN:** dealer loader **SEE:** premium

dealer loader *торг.* дилерская премия *(вознаграждение, выплачиваемое производителем дилеру за закупку рекламируемого товара; одно из средств стимулирования дилеров)* **SYN:** buying loader, dealer incentive **SEE:** premium

dealer network *торг.* дилерская сеть *(совокупность дилеров одной компании, имеющих свои подразделения в разных точках рынка сбыта)* **EX: The development of regional dealer network all over Russia selling sport goods healthcare & leisure equipment has been the first and of primary importance activity at the time of the start in the market of the company.** – Развитие региональной дилерской сети по продажам снаряжения для спорта и отдыха на территории России стало первой и основной по значимости деятельностью в период становления компании на рынке. **SYN:** dealership network **SEE:** authorized dealership, dealer outlet

dealer outlet *торг.* дилерская торговая точка *(пункт продажи товаров или оказания услуг, управляемый дилером данной компании)* **SYN:** dealer spot **SEE:** retail store

dealer paper *торг.* дилерский финансовый контракт *(на основе которого устанавливаются правоотношения между производителем (поставщи-*

ком) товаров и дилером, приобретающим у поставщика товары для перепродажи от своего имени и за свой счет в пределах определенного соглашением сторон конкретного региона) **SEE:** dealer outlet, dealer network

dealer service дилерское обслуживание, услуги дилеров **а)** *торг. (посреднические услуги в области продвижения товара от производителя к потребителю)* **SEE:** dealer network **б)** *бирж. (посреднические услуги на товарном, срочном и фондовом рынках, аккумуляция средств, обслуживание лотов и счетов клиентов)*

dealer space *рекл.* место для дилерской впечатки* *(в рекламном издании)* **SEE:** dealer imprint, dealer tag, open-end commercial

dealer spot **1)** *рекл.* дилерский ролик *(изготовленный фирмой-производителем и предназначенный для использования ее дилерами в дилерских центрах в рекламных целях)* **SEE:** dealer aid **2)** *торг.* = dealer outlet

dealer super *рекл.* = dealer imprint

dealer system *торг.* = dealer network

dealer tag *рекл.* дилерский хвостик* *(информация о местном дилере или розничном торговце, передаваемая в конце общенациональной радио- или телевизионной рекламы; поскольку информация о дилере помещается в конце рекламного ролика (сообщения), она называется «хвостиком»)* **SYN:** live tag **SEE:** dealer imprint, retailer tag

dealer tie-in *рекл.* ссылка на [упоминание] дилеров *(упоминание дилеров на местах в рекламных объявлениях, полностью оплаченных общенациональным рекламодателем по расценкам общенациональной рекламы)* **SEE:** cooperative advertising, dealer imprint, open-end commercial

dealer's brand *марк.* = dealer brand

dealership *сущ. юр., торг.* представительство *(совершение одним лицом (представителем) от имени и в интересах др. лица (представляемого) сделок или иных юридически значимых действий, которые непосредственно создают, изменяют и прекращают гражданские права и обязанности представляемого)* **EX: an automobile dealership** – агентство по продаже автомобилей, **to grant dealership** – дать права фирме на продажу товаров данного предприятия, **to withdraw dealership** – отнять права у фирмы на продажу товаров данного предприятия **SEE:** authorized dealership, agency, dealer, franchise

dealership network *торг., марк.* = dealer network

dealing *сущ.* **1)** *общ.* распределение, раздача **2)** *общ.* поведение, поступки; манера поведения **3)** *торг.* торговые [деловые] отношения; сделки; купля-продажа, коммерция **EX: It was rumoured he had dealings with gangsters.** – Ходили слухи, что у него какие-то дела с гангстерами **4)** *бирж.* дилинг, биржевые операции **EX: dealing in stocks** – сделки с акциями, операции по купле-продаже акций **SEE:** exchange **5)** *бирж.* дилинговый отдел* *(помещение, в котором дилеры занимаются совершением сделок)* **SEE:** dealer

debit card *банк.* дебетовая [платежная] карточка [карта] *(дает возможность совершать безналичные покупки товаров и услуг путем списания соответствующих сумм с банковского счета владельца карты (запись по дебету счета); сумма платежей ограничена имеющимися на счете средствами; такая карта не подразумевает кредитование клиента банком)* **EX: debit card holder** – владелец [держатель] дебетовой карты **SEE:** proprietary debit card, direct debit card, deferred debit card, plastic card, credit card, stored-value card

debit slip *фин., торг., учет* = debit voucher

debit voucher *фин., торг., учет* дебетовое извещение* *(документ, подтверждающий, что со счета клиента у продавца или в банке была списана какая-л. сумма или был увеличен размер задолженности (счет клиента был дебетован); копия такого документа используется продавцом/банком как оп-*

равдательный документ для дебетовой проводки по счету клиента) **SYN:** debit slip **SEE:** credit voucher

deceptive *прил. общ.* обманчивый, вводящий в заблуждение; обманный, мошеннический **EX:** **deceptive act** – обманное действие, **deceptive practice** – обманная [мошенническая, нечестная] деятельность, **deceptive product information** – обманная информация о товаре **SYN:** misleading **SEE:** deceptive advertisement, deceptive advertising, deceptive indication of source, deceptive label, deceptive pricing, deceptive trademark, Guide Against Deceptive Pricing, Madrid Agreement for the Repression of False or Deceptive Indication of Source on Goods

deceptive advertisement *рекл.* лживое рекламное объявление **SYN:** false advertisement **SEE:** deceptive advertising

deceptive advertising *рекл.* мошенническая [недобросовестная, лживая, ложная] реклама; реклама, вводящая в заблуждение *(реклама, которая дает неверную информацию о качестве или цене товара и формирует у потенциальных клиентов ложные представления о данных товарах или услугах)* **SYN:** false advertising, fraudulent advertising, misleading advertising, untruthful advertising **ANT:** truthful advertising **SEE:** advertising deception, unacceptable advertising, denigratory advertising, corrective advertising, advertising method, offending advertiser, advertising ethics, advertising code, deceptive pricing, unfair trade practice

deceptive indication of source *торг.* ложное [вводящее в заблуждение] указание о происхождении *(указание страны-производителя товара, не соответствующие действительности)* **EX:** **deceptive indication of source on goods** – ложное [вводящее в заблуждение] указание о происхождении товара **SYN:** false indication of source **SEE:** certificate of origin, country of origin, Madrid Agreement for the Repression of False or Deceptive Indication of Source on Goods

deceptive label *торг.* обманная этикетка* *(этикетка, содержащая ложную или недостоверную информацию)* **SYN:** misleading label **SEE:** Fair Packaging and Labeling Act, false labelling

deceptive mark *пат.* = deceptive trademark

deceptive pricing *марк.* обманное ценообразование*, установление обманных цен* *(искажение информации о ценах либо искусственное завышение цены; напр., ситуация, когда компания распространяет неверную информацию о соответствии своих цен ценам конкурентов, либо сообщает о распродаже и предоставлении скидок, тогда как на самом деле продает по своим обычным ценам, либо объявляет, что какой-л. товар является бесплатным подарком для покупателей другого товара, тогда как на самом деле стоимость «подарка» включена в цену основного товара, и т. п.)* **SEE:** Guide Against Deceptive Pricing, unfair trade practice, suggested retail price

deceptive trademark *пат.* ложный товарный знак *(товарный знак, используемый третьим лицом в нарушение прав владельца товарного знака, или знак, содержащий ложные указания происхождения товара, а также данные или такой элемент, который может ввести потребителей в заблуждение)* **SYN:** deceptive mark **SEE:** confusing trademark

decision-making unit **сокр.** DMU *марк., упр.* решающая единица*, решающий субъект* *(работник, группа работников или подразделение в организации, имеющие право самостоятельно принимать решения в какой-л. сфере или неформально играющие ключевую роль в принятии такого решения; выявление и анализ предпочтений такого субъекта является важным элементом маркетинга)* **EX:** **The decision making unit need not necessarily be a single individual, but may be a committee or informal set of individuals that makes the final choices.** – Решающим субъектом не обязательно будет отдельный человек, им может быть комитет или неформальная группа людей, определяющих окончательный выбор. **SEE:** buying influence

declaration of conformity **сокр.** DOC, DoC *торг., юр.* заявление о соответствии *(заявление поставщика под его полную ответственность о том, что товар или услуга соответствуют конкретному стандарту или иному нормативному документу)* **SEE:** caveat venditor, claim for damage, product liability

decline stage *марк.* этап [стадия] упадка *(стадия в жизненном цикле товара, характеризующаяся падением объемов продаж и выведением товара с рынка в конечном итоге)* **SEE:** product life cycle, pre-market stage, introduction stage, growth stage, mature stage

declining product *марк.* умирающий товар* *(товар, продажи которого находятся в стадии упадка)* **SEE:** decline stage, product life cycle

decoy name *рекл.* = salt name

deduction *сущ.* **1)** *эк.* удержание, вычитание, вычет *(как процесс)* **EX: deduction of tax at source** – вычет налогов у источника доходов, **deduction of fees from salary** – удержание взносов из зарплаты **2) а)** *эк.* вычет, удержание *(вычитаемая сумма)* **б)** *торг.* скидка, уступка **EX: price deduction on petroleum products** – скидка с цены на нефтепродукты **SYN:** allowance, discount, rebate **в)** *гос. фин.* вычет *(расходы и убытки, которые при определении налогооблагаемой базы вычитаются из скорректированной валовой суммы дохода в случае подоходного налога или из брутто-состояния в случае налога на передачу имущества)* **г)** *мат.* вычитаемое *(величина или число, которая вычитается из другой величины или числа)* **3) а)** *мет.* дедукция *(построение вывода на основе перехода от общих положений к частным)* **б)** *общ.* вывод, заключение; умозаключение; следствие **EX: illogical deduction** – нелогичный вывод, **deduction about...** – заключение о..., **a priori deduction** – априорный вывод, **Let us draw a deduction from the facts.** – Давайте сделаем вывод их этих фактов.

dedupe

I *гл. комп.* удалять [исключать] дубликаты* *(напр., удалять дублирующиеся данные из базы данных или списка)* **EX: Open the file you wish to dedupe.** – Откройте файл, из которого вы хотите удалить дублирующиеся данные. **We could attempt to dedupe the lists manually.** – Мы могли бы попытаться удалить дубликаты из списков вручную.

II *сущ. комп.* дедубликация, исключение [удаление] дубликатов *(удаление дублирующихся данных из базы данных или списка)* **SYN:** deduplication **SEE:** mailing list, list cleaning, merge/purge

deduplication *сущ. комп.* = dedupe

deep assortment *торг.* насыщенный [глубокий] ассортимент *(много типов аналогичных товаров различных производителей)* **SEE:** assortment depth, scrambled assortment, broad assortment, exclusive assortment, assortment strategy

deep freeze storage *торг.* хранение в замороженном состоянии *(в состоянии глубокой заморозки)* **SYN:** chilled storage, cold storage, frozen storage **ANT:** hot storage **SEE:** dead storage, storage, storage temperature

defaulting customer *торг.* клиент, не выполняющий обязательств* *(по контракту, по оплате товара и т. д.)* **SEE:** first-class customer

defective delivery *торг.* дефектная поставка *(поставка товаров в негодном состоянии или неправильно оформленных; а также поставка товаров, не соответствующих условиям контракта)* **SEE:** defective goods

defective goods *упр., торг.* брак; дефектные [недоброкачественные, бракованные] товары *(товары, не соответствующие нормам качества и поэтому не пригодные для безопасного и эффективного использования; дефектными товары могут стать из-за упущений во время производственного процесса или по причине повреждения во время доставки)* **SYN:** faulty goods **SEE:** damaged goods, unmerchantable goods, defective delivery, product liability

defense goods *эк.* = military goods

defense sales *торг., стат.* продажи продукции военного назначения *(объем таких продаж за определенный период)* **EX: Space and defense sales could**

help the aerospace industry offset some of the expected decline. – Продажи продукции космического и военного назначения возможно помогут авиакосмической промышленности как-то компенсировать ожидаемый спад. **SEE:** military goods

defensive budgeting *марк., учет* = competitive-parity method

defensive marketing warfare strategies *марк.* = defensive warfare

defensive spending *марк., учет* = competitive-parity method

defensive trademark *пат., торг.* защитный товарный знак* *(идентичный другому товарному знаку, который либо уже зарегистрирован, либо вскоре будет зарегистрирован на имя того же владельца и в отношении товара, родственного данному товару)* **SEE:** related goods, associated trademark

defensive warfare 1) *воен.* оборонительные (военные) действия 2) *марк.* оборонительная (маркетинговая) война*, оборонительные маркетинговые стратегии* *(группа маркетинговых стратегий, при которых компания концентрирует свои усилия на том, чтобы блокировать атаки конкурентов и сохранить свои рыночные позиции, а не на том, чтобы активно вытеснять конкурентов с рынка)* **SYN:** defensive marketing warfare strategies **ANT:** offensive warfare **SEE:** marketing warfare, position defense, flank position, counter offensive, pre-emptive strike, strategic withdrawal

defence goods *эк.* = military goods

deferred billing *торг.* отложенное выставление счета, отложенная выручка *(отсроченное выставление счетов покупателю товара в кредит)* **SEE:** credit customer, billing

deferred debit card *банк., торг.* карта с отсроченным дебетом [дебетованием, списанием]* *(дебетовая карта, которая может использоваться по аналогии с кредитной картой: в банковском автомате по месту покупки или получения услуги проверяется наличие средств на счете, после чего владелец банковской карточки должен подписать квитанцию о покупке/получении услуг; списание средств со счета владельца карты обычно производится через два-три дня, персональный идентификационный код обычно не используется)* **SYN:** signature-based debit card, off-line debit card **SEE:** debit card, direct debit card

deferred discount *торг., трансп.* = deferred rebate

deferred payment *торг.* отложенный [отсроченный] платеж **EX: deferred payment sale** – продажа с отложенным [отсроченным] платежом **SEE:** deferred payment contract, deferred payment agreement

deferred payment agreement *торг.* соглашение об отсроченных выплатах *(разновидность договора об отсроченных выплатах; характеризуется тем, что покупатель не моментально вступает в права собственности на товары при подписании договора, а на дату, определенную соглашением)* **SEE:** deferred payment contract

deferred payment contract *торг., юр.* договор об отсроченных выплатах *(договор о покупке товаров, в силу которого покупатель становится собственником с момента подписания контракта или с иного момента вступления в силу прав собственности покупателя на товар, как это определено соглашением между сторонами; оплачивает же данный товар покупатель после факта своего вступления в права собственности, обычно в форме периодических взносов)* **SEE:** contract of hire-purchase, credit sale contract, instalment sales contract, conditional sales contract

deferred rebate *торг., трансп.* отсроченная скидка *(скидка, предоставляемая продавцом исходя из предположения о дальнейших коммерческих отношения с данным клиентом, а не на основе отдельного заказа; обычно используется транспортными организациями и принимает форму периодического возврата перевозчиком части уплаченных клиентом сумм, при условии, что общая стоимость перевозок за опреде-*

ленный период достигнет определенной суммы; либо при условии, что все или большинство перевозок данного клиента за определенный период проходили через данную транспортную организацию) **SYN:** deferred discount, retrospective discount **SEE:** cumulative discount

Defining Advertising goals for Measured Advertising Results **сокр.** DAGMAR *марк.* Постановка задач рекламы для последующего замера результатов*, методика [подход, модель] «ДАГМАР» *(метод измерения эффективности рекламы, при котором цели рекламы трансформируются в некоторые измеряемые параметры, напр., объем продаж, и эффективность рекламы оценивается по изменению объема продаж, росту осведомленности о товаре и т. д.; термин происходит от названия одноименной книги Р. Кули (Russell Cooley))* **SEE:** advertising performance

dehoarding *сущ.* **1)** *эк.* детезаврация, прекращение тезаврирования *(активизация ранее накопленных средств, т. е. использование накоплений для потребления и инвестиций)* **2)** *эк.* освобождение от запасов *(напр., товарных)* **ANT:** hoarding

dehydrated product *потр.* дегидрированный продукт *(напр., супы, кисель и какао в форме порошка, овсяная каша, сухофрукты и т. д.)*

del credere *торг., итал.* делькредере *(поручительство торгового посредника за выполнение покупателем финансовых обязательств)* **SEE:** del credere agent, del credere commission

del credere agent *торг.* агент-делькредере *(посредник, за дополнительные комиссионные принимающий на себя обязательство по оплате всех товаров, проданных им от имени принципала и неоплаченных конечными покупателями)* **SEE:** del credere commission

del credere commission *торг.* комиссия за делькредере *(дополнительное комиссионное вознаграждение торговому посреднику, принявшему на себя риск непогашения долгов покупателями)* **SEE:** del credere agent

delay card *торг.* сообщение о задержке [отсрочке]* *(почтовая открытка, направляемая потребителю с сообщением о предполагаемой задержке с доставкой заказанного товара по сравнению с первоначально оговоренным сроком)* **SEE:** delay in delivery, deadline for delivery

delay in delivery *трансп., торг., связь* задержка доставки [поставки] *(заказанных товаров, затребованных документов, почты и т. п.)*; задержка в сдаче *(какого-л. объекта или объема работы)* **SEE:** delivery date, deadline for delivery

delayed delivery rule *торг., амер.* = 30-day delayed delivery rule

delicatessen *сущ.* **1)** *потр., немец., мн.* готовые продукты *(салаты, запеченное мясо и др. продукты, которые продаются в магазине и не требуют длительного приготовления перед подачей к столу)* **2)** *торг., немец., мн.* изысканные продукты, деликатесы **SEE:** gastronomical restaurant **3)** *торг.* гастрономический магазин, гастроном *(магазин, в котором продается готовая еда)* **SYN:** delicatessen shop

delicatessen shop *торг., брит.* = delicatessen

deliver *гл.* **1) а)** *эк.* поставлять, доставлять *(заказанные товары, почту и т. п. указанному получателю)*; разносить *(почту)* **EX:** **to deliver goods** – доставлять [поставлять] товары *(привозить товары покупателю)*, **to deliver mail** – доставлять почту, **to deliver letters** – разносить [доставлять] письма, **to deliver securities** – поставлять ценные бумаги, **to deliver materials** – доставлять материалы **SEE:** delivered at frontier, delivered duty unpaid, delivered duty paid, delivered ex quay **б)** *общ.* (официально) передавать, вручать **EX:** **to deliver message** – передать [доставить] обращение, **to deliver a bill** – предъявлять счет; **to deliver report** – представлять отчет **в)** *юр.* официально передавать, вводить во владение *(чем-л.)* **EX:** **an order which would force the defendant to deliver the prop-**

erty to a person designated by the court – приказ, который должен заставить ответчика передать собственность лицу, указанному судом **2) а)** *общ.* высказывать *(мнение)*, высказываться *(официально)*; произносить *(публично)* **EX: to deliver speech** – произносить речь, выступать; **to deliver lecture** – читать лекцию **б)** *юр.* выносить *(решение, особенно официальное (напр., в суде))* **EX: to deliver verdict** – выносить вердикт, **to deliver judgement** – выносить решение [приговор] **3)** *общ.* освобождать, избавлять *(от чего-л.)* **EX: to deliver from danger** – избавлять от опасности [угрозы] **SEE:** delivery

deliverable state *юр., торг., брит.* готовность к поставке* *(согласно закону «О продаже товаров» от 1979 г.: такое состояние товара, при котором покупатель обязан в силу договора о продаже товаров забрать товар)* **SEE:** Sale of Goods Act 1979, contract of sale of goods

delivered *прил.* **1)** *общ.* доставленный, переданный, поставленный **EX: delivered goods** – доставленные товары; товары, переданные покупателю, **delivered by hand** – переданный из рук в руки **SEE:** delivered at frontier, delivered duty paid, delivered duty unpaid, delivered ex quay, delivered ex ship, delivered price, uniform delivered price, delivered pricing, deliver, delivery **2)** *общ.* произнесенный *(о речи и т. п.)* **EX: delivered lecture** – прочитанная лекция **ANT:** undelivered

delivered at frontier **сокр.** DAF *межд. эк., торг., страх.* поставлено [доставлено] на границу [до границы], поставка до границы, поставка на границе *(стандартное условие торгового контракта, означающее, что ответственность продавца заканчивается, когда товар подготовлен к экспорту и доставлен в указанный пункт у границы; расходы по таможенному оформлению и уплате таможенных пошлин несет покупатель; слово «граница» может относиться к границе любой из двух стран, поэтому после термина обычно указывается наименование пограничного пункта; обычно употребляется при поставках по железной дороге или автодороге, однако может употребляться и при других видах поставок)* **SEE:** Incoterms, delivered duty unpaid, delivered duty paid, delivered ex quay

delivered duty paid **сокр.** DDP *межд. эк., торг.* поставка с оплатой пошлины, «доставлено [поставлено], пошлина оплачена», «доставлено [поставлено] с оплатой пошлины» *(стандартное условие торгового контракта, означающее, что ответственность продавца заканчивается после того, как товар доставлен в указанное место в стране покупателя, и что все риски и ответственность за порчу и потерю товара, а также расходы по транспортировке и уплате импортных таможенных пошлин и иных пошлин и сборов до прибытия товара в указанное покупателем место несет продавец; после термина указывается место назначения)* **SEE:** Incoterms, delivered duty unpaid, DDP price, delivered ex quay, delivered at frontier

delivered duty unpaid **сокр.** DDU *межд. эк., торг.* поставка без оплаты пошлины, «доставлено [поставлено], пошлина не оплачена», «доставлено [поставлено] без оплаты пошлины» *(стандартное условие торгового контракта, означающее, что ответственность продавца заканчивается после того, как товар доставлен в указанное место в стране покупателя, и что все риски, все расходы по доставке груза, за исключением пошлин и прочих выплат, выплачиваемых при импорте, до прибытия товара в указанное место несет продавец; растаможиванием груза занимается покупатель; после термина указывается название места назначения)* **SEE:** Incoterms, DDU price, delivered duty paid, delivered ex quay, delivered at frontier

delivered ex quay **сокр.** DEQ *межд. эк., торг., мор.* поставлено [доставлено] с причала [с пристани], поставлено франко-причал [франко-пристань], доставлено франко-причал *(стандартное условие торгового контрак-*

та, означающее, что ответственность продавца заканчивается после того, как товар по прибытии в указанный порт разгружен и подготовлен к ввозу; все расходы по доставке груза (налоги, пошлины и т. д.), ответственность за порчу и потерю товара до этого момента несет продавец; если стороны договариваются, что импортную пошлину уплачивает продавец, после термина добавляются слова «duty paid» («пошлина оплачена»), если стороны договариваются, что пошлину оплачивает покупатель, слова «duty paid» заменяют на «duty unpaid» («пошлина не оплачена»); после термина указывается наименование порта прибытия груза) **SEE:** Incoterms, delivered duty paid, delivered duty unpaid, delivered at frontier, delivered ex ship

delivered ex ship **сокр.** DES *межд. эк., торг., мор., страх.* доставлено [поставлено] с судна, поставлено [доставлено] франко-судно, доставлено с корабля*, поставлено [доставлено] франко-корабль* *(стандартное условие торгового контракта, означающее, что ответственность продавца заканчивается, когда корабль с товаром на борту прибыл в указанный порт (товар не разгружен); все расходы по доставке груза, ответственность за порчу и потерю товара до этого момента несет продавец; используется только при поставках морем или по рекам; после термина указывается наименование порта назначения)* **SEE:** Incoterms, delivered ex quay, delivered duty paid, delivered duty unpaid, delivered at frontier

delivered price *торг.* цена с доставкой [включая доставку] *(цена товара, включающая в себя расходы на транспортировку продукта от производителя или места продажи к помещениям покупателя или другому, указанному покупателем, пункту назначения)* **SEE:** geographic pricing

delivered pricing *марк.* ценообразование с учетом доставки* *(учет расходов на транспортировку товара покупателю при расчете цены товара)* **SEE:** geographic pricing, FOB origin pricing, zone pricing, uniform delivered pricing, base-point pricing, freight absorption pricing, phantom freight

delivered weight *трансп., торг.* выгруженный [выгрузочный] вес *(вес товара, установленный при выгрузке в точке назначения и указанный в документе проверки веса по договоренности между продавцом и покупателем)* **SEE:** net weight, weight note

delivery *сущ.* **1) а)** *эк., торг.* доставка, поставка *(товаров, ценных бумаг по фьючерсному контракту и т. д.)* **EX:** **to take delivery** – принимать поставляемый товар; получать выполненный заказ, **to delay delivery** – задерживать поставку [доставку], **to pay for delivery** – оплачивать доставку, **delivery by parcel post** – доставка почтовой посылкой, **delivery by air** – воздушная доставка, доставка по воздуху, **conditions of delivery** – условия поставки, **immediate delivery** – немедленная поставка, **We do not assume any liability for delays in or failure to make delivery due to conditions over which we have no control.** – Мы не принимаем на себя ответственности за задержку и невыполнение поставки по независящим от нас причинам. **SYN:** supply, purveyance **SEE:** delivery management, deadline for delivery, incomplete delivery, delivery contract, free delivery, home delivery, purchase delivery, delivery on call, delivery by instalments, delivery in part, delivery price, forward delivery, sale and delivery, deliver **б)** *связь, СМИ* доставка *(журналов, газет подписчикам, а также писем, почтовых отправлений и т.д.);* разноска *(почты)* **EX:** **delivery of mail** – доставка почты **SEE:** delivery on call **в)** *комп.* доставка электронных сообщений **EX:** **pattern of message delivery** – схема [модель] доставки сообщения **2) а)** *эк., юр.* передача *(права собственности, активов и т. п. новому владельцу)* **б)** *юр., торг., брит.* поставка *(согласно закону «О продаже товаров» от 1979 г.: добровольная передача права владения товарами от продавца покупателю)* **SEE:** Sale of Goods Act 1979, contract of sale of goods, delivery concurrent conditions **в)** *юр., торг., амер.* поставка *(сог-*

ласно определению Единообразного торгового кодекса США: добровольная передача от продавца к покупателю права владения финансовым инструментом, товарораспорядительным документом, бумагой, удостоверяющей интерес в движимом имуществе) **SEE:** Uniform Commercial Code, document of title **г)** *эк., юр.* вручение, передача (документа) *(часто требуется для вступления в силу передаваемого документа, напр., физическая передача страхового полиса страхуемому)* **EX: delivery of patent** – выдача патента; вручение патента **д)** *общ.* передача, выдача *(напр., преступника государству и т. п.)* **3)** *тех., с.-х., ЖКХ* питание *(током и т. п.)*, снабжение *(водой и т. п.)*, подача *(угля и т. п.)* **EX: delivery at fixed intervals** – подача *(напр., воды)* по графику; **4)** *торг., связь* доставленные товары; доставленная корреспонденция **5)** *общ.* исполнение, обеспечение, предоставление *(услуги, информации)* **EX: Integrated Food Safety Information Delivery System** – Интегрированная система предоставления информации о безопасности пищевых продуктов, **health delivery system** – система обеспечения здоровья

delivery advice *торг.* уведомление [извещение] о поставке [доставке] *(документ, который высылается грузополучателем грузоотправителю и содержит информацию о доставке отправленных грузов)* **SYN:** delivery notice, delivery receipt **SEE:** dispatch note

delivery area *марк.* район поставки; зона [дальность] доставки *(территория имеющая примерно одни и те же параметры поставок товаров фирмы во всех ее точках; напр., сроки и стоимость доставки)* **SYN:** delivery range **SEE:** delivery period

delivery by instalments 1) *торг.* доставка по частям *(в несколько партий)* **SEE:** delivery in part **2)** *торг.* доставка в рассрочку *(частичная оплата заказанной продукции производится несколько раз, начиная с момента ее доставки)* **SEE:** credit delivery

delivery charge *торг.* = charges for delivery

delivery concurrent conditions *юр., торг., брит.* конкурирующие условия поставки* *(разные условия поставки товара, проистекающие из неясной формулировки обязанности продавца поставить товар покупателю закона «О продаже товаров» от 1979 г., регулирующего договор о продаже товаров в системе английского права: первое условие предполагает, что права собственности на поставляемые товары уже перешли к покупателю, в таком случае продавец не может заменить данные товары на какие-л. другие; второе условие предполагает, что обязанность продавца поставить покупателю товары не связана с конкретными товарами, напр., если речь идет о будущих товарах; третье условие предполагает, что продавец обязан поставить конкретные товары, но права собственности еще не перешли к покупателю; юридические последствия разных условий будут разными)* **SEE:** Sale of Goods Act 1979, contract of sale of goods, delivery, duty to deliver, future goods

delivery contract *эк., юр.* договор поставки, контракт на поставку *(договор между покупателем и поставщиком, в котором устанавливаются основные параметры поставки: количество и качество поставляемого товара, цены, сроки поставки, вид используемого транспорта и т. п.)* **SYN:** contract for delivery **SEE:** sales contract

delivery cost *торг., трансп.* стоимость доставки *(товаров до места продажи, до потребителя)* **SYN:** cost of delivery, charges for delivery, delivery expense **SEE:** freight in, freight out

delivery cycle *торг.* цикл поставки *(последовательность нескольких этапов поставки, связанных с оформлением заказа клиента, производством, непосредственной доставкой и последующим обслуживанием)* **EX: This shorter delivery cycle will enable our customers to**

eliminate warehousing costs. – Этот сокращенный цикл поставки будет предложен нашим клиентам, чтобы исключить затраты на хранение. **SEE:** customer response time

delivery cycle time *торг.* = customer response time

delivery date дата [день] доставки [поставки] **а)** *трансп., торг. (дата, когда заказчик получает заказанные товары, материалы и т. д.)* **SEE:** delivery period, deadline for delivery, conditions of delivery **б)** *бирж. (дата исполнения фьючерсной сделки в данном месяце поставки)* **в)** *бирж. (дата поставки ценных бумаг (соответствующих сертификатов) покупателю на фондовой бирже)* **г)** *бирж. (дата обмена валют по срочному валютному контракту)* **SYN:** date of delivery, delivery day

delivery day *торг., фин., бирж.* = delivery date

delivery deadline *торг.* = deadline for delivery

delivery department *упр., торг.* отдел доставки (товаров) **SYN:** delivery unit, delivery service

delivery expense *торг., трансп., учет* = delivery cost

delivery fee *торг.* комиссионный сбор [плата] за доставку *(покупки на дом)* **SYN:** charges for delivery, service fee for delivery **SEE:** free delivery

delivery in part *торг.* частичная поставка *(поставка части заказанной партии товаров)* **SEE:** delivery by instalments

delivery instructions *упр., трансп.* инструкции по доставке *(документ, содержащий точную информацию для перевозчика о требованиях к доставке груза в определенную точку)* **SEE:** delivery man

delivery item *торг.* поставляемое изделие; поставляемый продукт **EX: Total for all delivery items must be $25 or higher.** – Общая сумма заказа должна быть не меньше $25. **SEE:** conditions of delivery, incomplete delivery

delivery location *торг.* место сдачи [доставки] *(поставляемого товара)* **SYN:** delivery point, place of delivery **SEE:** conditions of delivery

delivery man 1) *связь, трансп.* курьер, рассыльный **2)** *торг., трансп.* разносчик *(работник магазина, доставляющий покупки на дом)* **2)** *торг., трансп.* экспедитор, перевозчик *(сотрудник предприятия, осуществляющий доставку товаров, материалов и т. д.)* **SEE:** delivery instructions **SYN:** delivery person

delivery management *упр., торг.* управление поставками *(организация поставок таким образом, чтобы выполнить все условия договора о поставках с минимальными рисками потерь при ограниченном бюджете)* **SEE:** delivery risk, conditions of delivery

delivery note *торг., трансп.* транспортная накладная *(документ, оформляемый грузоотправителем и доставляемый вместе с товаром грузополучателю; содержит данные о наименовании и количестве отправленных товаров; подписывается грузополучателем для подтверждения факта получения груза)* **SEE:** delivery instructions

delivery notice 1) *торг.* подтверждение приемки товара, квитанция **SYN:** notice of delivery **2)** *торг., бирж.* уведомление о поставке **а)** *бирж. (письменное уведомление от продавца фьючерсного товара его покупателю о намерении произвести поставку финансового инструмента по срочному биржевому контракту, также письменное уведомление от продавца фьючерсного товара его покупателю о дате поставки товара)* **б)** *торг. (уведомление о намерении или факте поставки товаров)* **SYN:** delivery advice

delivery of the right quantity *юр., торг., брит.* поставка надлежащего количества (товара) *(согласно закону «О продаже товаров» от 1979 г., регулирующему договор о продаже товаров в системе английского права, обязанность продавца; что касается обязанностей покупателя, то при поставке ему товара в меньшем количестве, чем надле-*

жащее, покупатель может отказаться от поставки (расторгнув договор), но если он согласился принять товар в таком количестве, то обязан заплатить столько же, сколько он заплатил бы за целую партию; если покупатель получил товар в большем количестве, чем предусматривалось договором, он обязан отказаться от излишка или отказаться от поставки) **SEE:** Sale of Goods Act 1979, contract of sale of goods, duties of the seller

delivery on call 1) *связь.* доставка *(почты)* до востребования **2)** *торг.* поставка по требованию *(немедленная поставка товара после поступления на него заявки)* **SYN:** prompt delivery **SEE:** delivery by instalments

delivery on demand 1) *торг.* = delivery on call **2)** *тех., с.-х.* подача по требованию *(напр., воды для оросительных работ)*

delivery order *трансп., торг.* деливери-ордер, указание о доставке *(документ, содержащий распоряжение о передаче указанному в нем лицу определенной части перевозимого по коносаменту груза; выдается в случае, когда груз, перевозимый по одному коносаменту, подлежит передаче по частям разным получателям)* **SEE:** warehouseman, warehouse receipt, bill of lading

delivery period *торг.* срок поставки [доставки] *(период от поступления заказа до момента доставки заказанных товаров клиенту)* **SYN:** customer response time, delivery time, time of delivery **SEE:** delivery date, reasonable time of delivery

delivery person *связь, трансп., торг.* = delivery man

delivery point 1) *торг.* место [сдачи, доставки], пункт назначения доставки **SYN:** delivery location **SEE:** delivery point barcode, delivery area **2)** *бирж.* место поставки *(в срочной биржевой торговле: установленные в условиях контракта пункты, куда производится поставка товара)* **3)** *с.-х.* точка выдела *(водоем, его часть или другой источник воды, выделенный водопользователю или группе водопользователей)*

delivery point barcode *связь, амер.* штриховой код пункта назначения *(графическое отображение почтового индекса получателя; используется при оптовых (часто рекламных) почтовых отправлениях)*

delivery price цена поставки **а)** *торг. (цена, указанная в соглашении на поставку какого-л. товара)* **SEE:** delivery contract **б)** *фин. (цена, по которой должны быть произведены расчеты по срочной сделке)*

delivery range *марк.* = delivery area

delivery receipt *торг.* уведомление [извещение] о поставке [доставке], расписка в получении *(документ, который высылается грузополучателем грузоотправителю и содержит подтверждение факта принятия поставки)* **SYN:** delivery advice **SEE:** dispatch note

delivery risk 1) *торг.* риск поставки *(риск того, что одна из сторон договора о поставке не выполнит своих обязательств, или того, что непредвиденные обстоятельства помешают исполнению договора)* **SYN:** risk of delivery **SEE:** delivery contract, delivery management **2)** *фин.* = settlement risk

delivery schedule *упр., торг.* график поставок *(последовательность планируемых сроков и объемов поставок на определенный период времени)* **SYN:** schedule of delivery **SEE:** scheduled delivery, delivery period, delivery date

delivery service 1) *торг., связь* услуги по доставке *(грузов, корреспонденции и т. п.)* **2)** *торг., упр.* служба доставки *(отдел по доставке на предприятии или отдельная фирма)* **SYN:** delivery department

delivery specifications *торг.* = conditions of delivery

delivery system 1) *торг.* система поставки, система доставки, система предоставления *(организация всех средств доставки товаров и предоставления услуг)* **EX:** Integrated Food Safety

Information Delivery System – Интегрированная система предоставления информации о безопасности пищевых продуктов **2)** *тех.* система подачи *(напр., воды, топлива)* система питания *(напр., электротоком)* **3)** *воен.* система доставки *(боезарядов к цели)*

delivery terms *торг.* = conditions of delivery

delivery time *торг.* = delivery period

delivery unit 1) *упр., торг.* = delivery department **2)** *тех.* подающее устройство

delivery with delay *торг.* доставка с опозданием; просроченная поставка; доставка с задержкой *(относительно планируемой даты поставки)* **SYN:** late delivery, overdue delivery **ANT:** early delivery **SEE:** delivery date, on-time delivery

deluxe *прил. тж.* de luxe *общ.* богатый, дорогой, пышный, роскошный, шикарный **EX: deluxe hotel** – отель-люкс, гостиница-люкс, отель [гостиница] высшего разряда; роскошная [шикарная] гостиница, **deluxe suite** – номер люкс **SEE:** deluxe edition

deluxe edition *потр.* (роскошное) подарочное издание **EX: Deluxe Edition of the Monopoly game** – роскошное подарочное издание игры «Монополия» **SEE:** gift brand

demand

I *сущ.* **1)** *общ.* нужда, потребность **EX: day-to-day demands** – повседневные нужды [потребности] **SEE:** demander **2)** *общ.* требование, настойчивая просьба; предъявление требования **EX: demands for resignation of the government** – требования об отставке правительства **SEE:** delivery on demand **3)** *эк.* спрос *(общее количество товара, которое отдельно взятый покупатель или покупатели всего рынка готовы купить при данной цене)* **EX: lack of demand** – недостаток спроса, **active demand** – оживленный спрос, **demand for necessities** – спрос на товары первой необходимости,; **high-demand items** – ходовые товары; товары, пользующиеся большим спросом; **low-demand items** – товары, пользующиеся незначительным спросом; **decrease/increase in demand** – сокращение/повышение спроса **SEE:** demand states, after-market demand, aggregate consumer demand, excess demand, cross elasticity of demand, price elasticity of demand, income elasticity of demand, demand analysis, supply, be in demand, unwholesome demand **4)** *общ.* запрос; вопрос **EX: an answer to a demand** – ответ на запрос **5)** *юр.* заявка, иск, претензия

II *гл.* **1) а)** *общ.* требовать, предъявлять требование, настоятельно просить **EX: to demand payment from smb.** – требовать плату [оплату] с кого-л. **б)** *общ.* делать запрос, запрашивать *(информацию)*; спрашивать, задавать вопрос **2)** *общ.* требовать, нуждаться **EX: This job demands a lot of time.** – Эта работа требует массы времени. **SEE:** demander

demand analysis *эк.* анализ [изучение] спроса *(выявление факторов, влияющих на величину спроса, а также оценка реакции потребителей на изменение уровня цен и величины доходов)* **SEE:** price-sensitive

demand-backward pricing *эк.* = market-minus pricing

demand-based pricing *марк.* ценообразование на основе спроса; ценообразование, ориентированное на спрос *(метод ценообразования, при котором продавец прежде всего исходит из того, какую сумму готовы заплатить за товар или услугу потребители, т. е. исходя из анализа спроса; предполагает повышение цены в случае повышенного спроса и понижение цены в случае небольшого спроса)* **SYN:** demand-oriented pricing **SEE:** customer-based pricing

demand elasticity *эк.* = elasticity of demand

demand item *марк.* ходовой товар, товар повышенного спроса *(товар, пользующийся повышенным спросом у потребителей, легко и быстро продающийся)* **SYN:** faster-moving item **SEE:** fast-moving goods

demand-oriented pricing *марк.* = demand-based pricing

demand states *марк.* состояния спроса *(различные уровни потребительского интереса к приобретению товара)* **SEE:** negative demand, no demand, latent demand, falling demand, irregular demand, full demand, excess demand

demand stimulation стимулирование спроса **а)** *эк. (государственная деятельность, направленная на увеличение совокупного спроса)* **б)** *марк. (маркетинговая деятельность предприятия, направленная на увеличение спроса на определенный товар или товарную категорию; напр., предоставление скидок)* **EX: demand stimulation activities** – меры по стимулированию спроса **SEE:** marketing stimulus

demander *сущ.* **1)** *общ.* предъявляющий требование,требующий* *(лицо, подающее требование, запрос, иск и т. п.)* **2) а)** *общ.* нуждающийся*, требующий* *(лицо, нуждающееся в чем-л., испытывающее потребность в чем-л.)* **EX: The tree is a light demander, but needs protection against the scorching heat of the sun.** – Это дерево является светолюбивым растением, но нуждается в защите от палящего солнца. **б)** *эк.* потребитель; покупатель *(лицо, предъявляющее спрос на что-л.)* **EX: The financial system refers to the complex of markets and institutions which help move capital (or cash) from suppliers of capital to demanders of capital.** – Термин «финансовая система» относится к системе рынков и институтов, которые содействуют движению капитала (или денежных средств) от поставщиков капитала к потребителям капитала. **SEE:** buyer, demand

demarketing *сущ. марк.* демаркетинг *(меры по подавлению спроса на товар в ситуации превышения спроса над производственными возможностями производителя; напр., повышение цен, ограничение рекламы)* **SEE:** selective demarketing, countermarketing

demographic advertising *рекл.* демографическая реклама *(реклама, нацеленная на определенную демографическую группу, напр., на домохозяек преклонного возраста с низким доходом, на молодых мужчин с высокими доходами)* **SEE:** selective advertising

demographic market *демогр., марк.* демографический рынок *(сегмент рынка, где потребителями являются представители определенной демографической группы, напр., молодежь, только мужчины или только женщины, люди определенной национальности и т. д.)* **SEE:** market segment

demographic segment *марк.* демографический сегмент *(группа покупателей, выделенная исходя из демографических характеристик, таких как пол, возраст, семейное положение, размер семьи, образование и т. п.)* **SEE:** demographic segmentation, segment

demographic segmentation *марк.* демографическая сегментация, демографическое сегментирование *(разделение покупателей на группы исходя из демографических характеристик, таких как пол, возраст, семейное положение, размер семьи, образование и т. п.)* **SEE:** market segmentation, income segmentation, demographic segment

demonstration advertising *рекл.* демонстрационная реклама *(реклама, построенная на демонстрации товара: порядок использования продукта демонстрируется в характерной для этого обстановке, при этом всячески подчеркивается простота и удобство предлагаемого продукта)* **SEE:** advertising

demonstration commercial *рекл.* демонстрационная реклама, демонстрационный ролик *(радио- или телевизионная коммерческая реклама, используемая производителем, режиссером, рекламным агентством и т. д. для демонстрации своих способностей с целью получения новой работы)* **SEE:** commercial

demonstration effect *марк.* эффект демонстрации *(взаимовлияние потребительских предпочтений, быстрое распространение новой моды и новых товаров)*

demonstration reel 1) *марк.* демонстрационный ролик *(показывает возможности продукта)* **SYN:** sample reel **SEE:** product demonstration **2)** *СМИ* демонстрационная подборка *(фильмов)*

demurrage *сущ.* **1)** *трансп.* простой *(судна в связи с невыполнением норма-*

тивов погрузочно-разгрузочных работ, а также необоснованными задержками в оформлении товаросопроводительных и отгрузочных документов) **2)** *трансп., мор., торг.* демередж *(неустойка, уплачиваемая судовладельцу грузовладельцем или фрахтователем за простой или задержку судна в порту при погрузке (разгрузке) сверх оговоренного срока)* **SYN:** demurrage charge **SEE:** lay days, dispatch

demurrage charge *трансп., мор., торг.* = demurrage

denigratory advertising *рекл.* порочащая [нечестная] реклама *(реклама, прямо или косвенно дискредитирующая физических или юридических лиц; реклама, построенная на сравнении товара с товарами конкурентов; реклама, вводящая потребителей в заблуждение относительно качества и свойств товара; такая реклама считается недопустимой)* **SYN:** unfair advertising **SEE:** deceptive advertising, comparison advertising, unacceptable advertising

DENKS *стат., марк., брит.* **сокр. от** dual employed, no kids

Department of Agriculture сокр. USDA *гос. упр., амер.* Министерство сельского хозяйства *(образовано в 1889 г. для реализации государственных программ помощи фермерам и развития сельского хозяйства США; участвует в разработке политики США в области международной торговли сельскохозяйственными товарами и отвечает за программу продовольственной помощи)* **SEE:** Agricultural Marketing Service, Agricultural Marketing Act, Agricultural Trade and Marketing Information Center, Agricultural Trade and Marketing Information Center

Department of Commerce сокр. USDOC, DOC *гос. упр., амер.* Министерство торговли *(отстаивает интересы американского бизнеса в стране и за рубежом, собирает и анализирует экономическую информацию, следит за исполнением международных торговых соглашений, регулирует экспорт чувствительных товаров и технологий, выдает патенты и торговые знаки, обеспечивает защиту интеллектуальной собственности, устанавливает систему мер и весов; основано в 1903 г. как часть Министерства торговли и труда; как самостоятельное министерство существует с 1913 г.)*

department store *торг., амер.* универмаг, универсальный магазин *(большой розничный магазин, торговля в котором организована на основе специализированных отделов)* **EX: department store chain** – сеть универмагов **SYN:** departmental store **SEE:** general merchandise department store, customer departmentalization

departmental store *торг.* = department store

departmentalisation *сущ. упр.* = departmentalization

departmentalise *гл. упр.* = departmentalize

departmentalization *сущ. тж. departmentalisation* **1)** *упр.* департаментализация, выделение *(разделение организации на отделы, выделение групп)* **EX: departmentalization of the state into various ethnic groupings** – выделение нескольких этнических групп внутри штата, **departmentalization of instruction into various subject areas** – разделение преподавательской деятельности на отдельные предметные области **SEE:** customer departmentalization **2)** *упр.* департаментализация* **а)** *(разбиение организации на отделы, каждый из которых специализируется на определенном виде деятельности и имеет управляющего)* **EX: departmentalization of an organization** – департаментализация организации, **departmentalization of the university** – департаментализация университета **б)** *марк. (разделение магазина на отделы, причем каждый отдел специализируется на продаже определенного вида товаров и имеет отдельного управляющего (заведующего отделом)* **EX: departmentalization of the old general store** – департаментализация старого универсального магазина **SEE:** department store

departmentalize *гл. тж. departmentalise упр.* департаментализировать (ся)* *(делить что-л. на отделы, подра-*

зделения, округа и т. п., напр., разбивать организацию на функциональные отделы, магазин — на отделы, представляющие разные виды продукции, и т. д.) **EX: Agencies will be departmentalized for efficiency and speed.** – Агентства будут разделены на отделы с целью повышения эффективности и скорости работы. **The firm has departmentalized into three practice groups focusing on specific areas of law.** – Фирма была разбита на три практикующие группы, каждая из которых специализировалась на определенной отрасли права. **SEE:** departmentalization

dependable customer *марк.* зависимый клиент [потребитель]* *(покупатель, постоянно пользующийся услугами одной компании (поставщика) по причине ощущения определенной зависимости от этой компании, напр., из-за психологической уверенности в том, что данный поставщик товара или услуги лучше других или в силу отсутствия других поставщиков)* **EX: The domestic textile industry has historically been U.S. cotton's strongest, best, and most dependable customer.** – Национальная текстильная промышленность исторически является сильнейшим, лучшими и самым надежным потребителем американского хлопка. **SEE:** loyal consumer

depletion method метод истощения **а)** *учет (метод амортизации, применяемый для оценки уменьшения стоимости запасов природных ресурсов и основанный на идее о невозобновляемости данных запасов: владелец шахты или иного месторождения рассчитывает амортизацию, исходя из стоимости извлеченного в отчетном периоде угля, газа и т. п.)* **б)** *марк., СМИ (метод оценки источников подписки, при котором определяется относительная прибыль или убыток от новых источников подписки за период времени с учетом затрат на рекламу новых подписок и продление старых, но без учета дополнительных затрат на замещение подписчиков, которые не возобновили подписку)* **SEE:** source evaluation, maintenance method, steady-growth method

deposit

I *сущ.* **1)** *банк.* депозит, вклад *(денежные средства или ценные бумаги, отданные их владельцем на хранение главным образом в финансово-кредитные учреждения, а также таможенные, судебные, административные и иные)* **2) а)** *торг.* задаток, взнос, залог *(сумма, внесенная покупателем в качестве гарантии совершения сделки; в случае, если сделка не состоится, внесенная сумма часто не возвращается)* **EX: Consumer has paid a deposit for goods to be delivered in the future.** – Покупатель внес залог за товары, которые ему доставят позднее. **SYN:** good faith money, earnest money, caution money **б)** *торг.* взнос *(первая сумма, уплаченная по договору о покупке в рассрочку, после внесения которой покупатель получает право использовать товар)* **SEE:** hire-purchase, contract of hire-purchase **в)** *пол., брит.* избирательный залог *(сумма, которую по закону должен внести государству кандидат на выборное место; не возвращается, если кандидат набрал менее определенного количества голосов)* **3)** *общ.* вложение, вкладывание *(напр., чего-л. на хранение, в банк)*, внесение, депонирование **4)** *доб.* залежь, месторождение *(угля, железной руды, газа и т. п.)*

II *гл.* **1)** *общ.* класть, размещать, оставлять *(что-л. где-л.)* **2)** *банк.* вносить, класть в банк, депонировать; сдавать [отдавать] на хранение **EX: to deposit money in a bank** – внести деньги в банк, **amount deposited, deposited amount** – задепонированная сумма **SEE:** depositary **3)** *торг.* давать [вносить] задаток; делать взнос **EX: to deposit a quarter of the price** – дать задаток в размере одной четверти стоимости

deposit agreement депозитный договор, депозитное соглашение **а)** *банк. (соглашение между банком или другим сберегательным учреждением и вкладчиком об открытии депозитного счета)* **б)** *торг. (соглашение, по которому одна из сторон сделки обязуется депонировать на специальном счете услов-*

ленную сумму в качестве гарантии платежа по сделке) **SEE:** deposit

deposit bottle *торг.* = returnable bottle

deposit container *торг.* = returnable container

depositary *сущ. фин., банк.* депозитарий *(физическое лицо или учреждение, принимающее на хранение деньги, документы или иные ценности)*

depot *сущ.* **1)** *торг.* база, склад, хранилище **SYN:** depositary, warehouse **SEE:** storage **2)** *трансп.* депо, станция

depth interview *соц.* = in-depth interview

depth interviewing *соц.* проведение глубинного интервью **EX: All depth interviewing is tape recorded and available to the client.** – Все глубинные интервью записываются на магнитофон и доступны клиенту. **SEE:** interview

depth of commodity nomenclature *марк.* глубина [ширина] товарной номенклатуры *(количество ассортиментных групп в рамках товарной номенклатуры магазина или компании)* **SYN:** depth of product assortment, product mix depth, product mix width **SEE:** product assortment, commodity line, product mix length

depth of exposure *рекл.* глубина (рекламного) воздействия *(характеризует степень проникновения рекламного объявления на рынок; определяется размером рекламы, ее длительностью или частотой повторения)* **SEE:** advertising exposure

depth of product assortment *марк.* = depth of commodity nomenclature

depth of product line *марк.* = product line length

depth polling *марк.* глубинный опрос, глубинное изучение **SEE:** polling

description *сущ.* **1)** *общ.* описание; характеристика **EX: description of job** – описание [характеристика] работы, **description of real estate** – описание [характеристика] недвижимости **2)** *общ.* вид, род **EX: yachts of all descriptions** – разнообразные [всевозможные] яхты, **services of every description** – всевозможные [разнообразные] услуги **SYN:** order **3)** *соц., мет.* описание *(происходящих событий; метод этнографического исследования)* **4)** *юр., торг., брит.* описание (товара) *(согласно закону «О продаже товаров» 1979 г., регулирующему договор о продаже товаров в системе английского права, необходимый пункт такого договора, позволяющий контролировать выполнение продавцом своих обязанностей, поскольку соответствие товара своему описанию — важный пункт обязанности продавца предлагать товар надлежащего качества, однако в статутах (законах, принятых парламентом) нет определения описания товара, поэтому законодательство оперирует здесь судебными прецедентами, наиболее важные из которых касаются описания непроизведенного (будущего) товара)* **SEE:** Sale of Goods Act 1979, contract of sale of goods, duties of the seller, right quality, sale by description, future goods, unascertained goods, Ashington Piggeries case

description of goods *торг.* описание товара *(предоставляемый покупателям документ, включающий наименование товара, перечисление его основных свойств и характеристик; также название графы документа, где указывается наименование товара иногда с краткими сведениями о нем)* **SEE:** specification of goods

descriptive label *торг.* описательная этикетка* *(этикетка, описывающая характеристики продукта)* **SEE:** label, descriptive labelling

descriptive labelling *торг.* снабжение описательной этикеткой* **SEE:** descriptive label

descriptive mark *пат.* = descriptive trademark

descriptive trademark *пат.* описательный товарный знак *(содержащий лишь описание товара или услуги в целом, каких-л. его характеристик, происхождения и т. д.; напр., товарный знак «Золотые хиты» характеризует транслируемую данной радиостанцией музыку, товарный знак Oatnut для овсяного хлеба с орехами, товарный знак Dakota (штат США Дакота)* *для товаров из Южной Дакоты или Северной Дакоты; считаются слабыми товарными знаками, которые сложно охранять по закону)* **SYN:** descriptive mark **SEE:** weak trademark, word trademark, figurative trademark, fanciful trademark, suggestive trademark, symbolic trademark

design management *упр.* управление дизайном [проектированием], дизайн-менеджмент *(управление дизайном или разработкой чего-л. как сложным процессом (отбор специалистов, организация взаимодействия, оценка проектов и т. п.), который задействует многие стороны функционирования организации (интересы различных отделов, стратегические и текущие цели), имеет свою внешнюю сторону (тенденции в моде, искусстве и технологии, а также в законодательстве и различных стандартах) и должен быть экономически эффективным)* **SEE:** product design

design mark *пат., марк.* = figurative trademark

design trademark *пат.* = figurative trademark

designer merchandise *марк.* дизайнерский товар* *(товар, выпускаемый производителем под собственной торговой маркой или именем)* **SEE:** branded goods

desk jobber *торг.* = drop shipper

desk research *мет.* = armchair research

despatch *общ.* = dispatch

destination contract *эк.* контракт с включенной доставкой* *(контракт, согласно которому продавец обеспечивает доставку товаров к месту, указанному покупателю)* **SEE:** shipment contract

destination store *марк.* = category killer

destroyer pricing *марк.* разрушительное ценообразование* *(установление очень низких цен на свою продукцию с целью разорения конкурентов)* **SEE:** price destroyer, limit pricing, penetration pricing, kamikaze pricing, predatory pricing, predatory price cutting, experience curve pricing, predatory price, keen price

destructive competition *эк.* разрушительная конкуренция **SEE:** cutthroat competition

detail man *торг.* разъяснитель* *(торговый представитель, знакомящий потенциальных покупателей или перепродавцов с новыми товарами; напр., представитель производителя лекарств, знакомящий врачей и фармацевтов с новыми лекарствами)* **SEE:** sales representative

detail person *торг.* продавец-миссионер **а)** *(представитель производителя, посещающий потребителей его продукции с целью убедиться, что потребитель не имеет претензий к товару; таким образом поддерживается репутация производителя)* **б)** *(продавец, занимающийся увеличением продаж существующим потребителям и привлечением новых потребителей за счет предложения им информации о продукции и оказания помощи при покупке)* **SYN:** missionary salesperson **SEE:** sales representative

deterioration *сущ.* **1)** *общ.* ухудшение *(состояния или качества)* **EX:** **deterioration of information** – устаревание информации, **deterioration in reliability** – снижение надежности, **deterioration of properties** – ухудшение свойств, **environmental deterioration** – ухудшение качества окружающей среды, **water (quality) deterioration** – ухудшение качества воды **2) а)** *общ., учет* порча, повреждение; износ **б)** *трансп., торг.* порча *(потеря грузом первоначальных качеств за счет его естественных свойств, без воздействия внешних факторов)*

deterioration in storage *торг.* ухудшение характеристик (изделия) при хранении **SEE:** storage characteristic, storage, storage effect, storage losses

deterrence strategies *марк.* стратегии сдерживания [устрашения] *(стратегии маркетинговой войны, которые предполагают убеждение конкурента в том, что ему лучше (безопаснее) держаться подальше от вашего рынка (доли рынка); таким образом, данная* *стратегия предполагает проведение битвы в умах конкурентов)* **SEE:** marketing warfare, market share

develop a market 1) *марк.* осваивать рынок *(выходить на новый рынок сбыта и приспосабливаться к его условиям)* **2)** *марк.* развивать рынок *(укреплять позиции на существующем рынке, привлекать новых потребителей на данном рынке)* **SEE:** market development

developing marketing *марк.* развивающийся маркетинг *(тип маркетинга, использующийся при такой ситуации на рынке, когда на некоторый продукт имеется потенциальный спрос, но самого продукта еще нет, т. е. многие потребители не удовлетворены существующими продуктами; задача развивающегося маркетинга — оценить этот потенциальный спрос и сделать его реальным путем создания под него нового продукта, улучшения (модификации) прежнего продукта, изменения имиджа прежнего товара, напр., путем рекламы, и т. д.)*

development editor *СМИ, рекл.* редактор-консультант по аудитории* *(исследующий конкретные запросы и интересы рынка, на который рассчитана предполагаемая к изданию книга, помогающий автору найти наиболее оптимальный стиль изложения материала, разработать структуру текста, сформулировать заголовки, составить оглавление и т. д.)* **SEE:** copy editor

development research *марк.* исследования с целью разработки *(напр., нового продукта или метода производства)* **SEE:** marketing research

device mark 1) *пат., марк.* = figurative trademark **2)** *пат., марк.* = trademark image **3)** *пат., марк.* = mixed trademark

device trademark *пат.* = figurative trademark

diary panel *марк.* дневниковая панель **а)** *(группа лиц, ведущих дневники с указанием просмотренных или прослушанных программ, совершенных покупок и т. п.)* **б)** *(группа магазинов или торговцев, ведущих записи о покупках определенного товара или товаров в рамках маркетингового исследования)*

diary technique *марк.* метод дневника *(отдельным членам исследуемой группы, напр., выбранным телезрителям, покупателям и т. п., направляются дневники, в которых они в течение определенного времени за вознаграждение, выплачиваемое исследовательской компанией, записывают определенные сведения, напр., регистрируют просмотренные телепередачи, совершенные покупки и т. п.)* **SEE:** diary panel

dichotomous question *соц.* альтернативный [дихотомический] вопрос *(вопрос, предлагающий выбор одного из двух вариантов ответа)* **EX: Respondents should be given a dichotomous question that asks them to vote for or against this level of taxation.** – Респондентам должен быть задан дихотомический вопрос о том, голосуют они за или против этого уровня налогообложения. **SEE:** alternative question, question

dicker

I *сущ.* **1)** *общ., ист.* десяток, дюжина **2)** *юр., амер.* мелкая сделка **3)** *торг.* вещи (товары), служащие для обмена или расплаты при обмене **4)** *эк., торг.* = barter

II *гл.* **1)** *торг.* торговаться по мелочам, заключать мелкие сделки **2)** *общ.* колебаться

dietic foods *потр.* = dietary foods

differential

I *сущ.* **1)** *общ.* различие, разница *(между двумя сравнимыми величинами, сущностями или классами величин)* **2)** *эк.* разница в ставках *(заработной платы, платежей, затрат на единицу чего-л.);* тарифная разница **а)** *эк. тр. (разница в оплате труда, напр., квалифицированных и неквалифицированных рабочих, женщин и мужчин, рабочих в разных отраслях промышленности и т. п.)* **б)** *СМИ, рекл. (разница между ставками за публикацию рекламных объявлений розничными (локальными) рекламодателями и обще-*

национальными (иногородними) рекламодателями) **в)** *трансп. (разница в стоимости проезда в одно и то же место разными маршрутами)* **SEE:** rate differential, price differential **г)** *учет, фин. (разница в доходах и расходах между двумя или более альтернативными программами действий)* **3)** *мат.* дифференциал *(бесконечно малое приращение независимой переменной или функции)* **4)** *бирж.* дифференциал* *(дополнительные комиссионные, взимаемые при проведении сделок с нестандартными лотами ценных бумаг)*

differential advantage *марк.* отличительное преимущество *(преимущество одного участника рынка над другими участниками, связанное с особенностями самого участника или производимого им товара/оказываемой им услуги; напр., более низкие цены, лучшее качество, более удобное местоположение, уникальные свойства товара и т. п.)* **SEE:** competitive advantage

differential marketing strategy *марк.* = differentiated marketing

differential pricing *марк.* = variable pricing

differential worth *марк.* ценностная разница*, разница в ценности* *(разница в воспринимаемой ценности двух продуктов разных производителей или одного продукта конкретного производителя и некоего усредненного продукта)* **SYN:** worth differential **SEE:** customer value, fair value price, fair value line

differentiated market *марк.* дифференцированный рынок *(рынок, характеризующийся наличием большого числа отдельных рыночных ниш, в каждой из которых доминирует кто-то из продавцов, в результате чего на таком рынке нет сильной конкуренции)* **SEE:** differentiated marketing

differentiated marketing *марк.* дифференцированный маркетинг, стратегия дифференцированного маркетинга, сегментированный маркетинг* *(вид маркетинга, при котором организация стремится осваивать сразу несколько сегментов рынка со специально для них разработанными продуктами и специфической маркетинговой политикой)* **SYN:** differential marketing strategy, strategy of differential marketing, multisegment marketing, segmented marketing **SEE:** market coverage strategy, undifferentiated marketing, concentrated marketing

differentiated merchandise *марк.* = differentiated product

differentiated oligopoly *эк.* дифференцированная [неоднородная] олигополия *(разновидность олигополии, при которой несколько продавцов реализуют однородную продукцию)* **SEE:** homogeneous product

differentiated pricing *марк.* = variable pricing

differentiated product *марк.* дифференцированный товар [продукт] *(товар, который по физическим или иным параметрам (дизайн, упаковка) отличается от аналогичных товаров, производимых другими фирмами; подобен, но не идентичен другим товарам и, следовательно, не является их полным заменителем; напр., джинсы или автомобили различных марок)* **SYN:** differentiated merchandise **SEE:** homogeneous product

differentiation *сущ.* **1)** дифференциация **а)** *общ.* установление различий, разграничение, различение **EX: a differentiation between mental illness and mental handicap** – различие между умственным заболеванием и умственным расстройством **б)** *общ.* разделение, специализация *(расчленение целого на части, формы, ступени)* **EX: differentiation of Latin into vernaculars** – дифференциация языков *(обособление диалектов)* из латыни **в)** *биол. (расчленение группы организмов на две или несколько групп в процессе эволюции)* **г)** *геол.* расчленение **2)** *мат.* дифференцирование *(операция вычисления производных и дифференциалов)* **3)** *марк.* модификация *(придание товару уникальных черт, качеств с целью сделать его отличным от конкурентной продукции)* **EX: The aim of differentiation should be to catch the customer's**

eye. – Целью модификации должно являться привлечение внимания потребителя.

differentiation strategy *марк.* стратегия дифференциации **а)** *(включение в одну товарную категорию и под одним названием различных вариантов основной продукции)* **SYN:** segmentation strategy **б)** *(представление товара таким образом, что потребителям он кажется уникальным, отличным от продукции конкурентов)*

digital cash *фин., торг.* = electronic cash

digital money *фин., торг.* = electronic cash

digital wallet *фин., торг.* = electronic wallet

dime store *торг., амер.* десятицентовый магазин*, магазин полезных мелочей* *(магазин, торгующий относительно недорогими хозяйственными товарами, где каждый отдельный товар стоит 5-10 центов)* **SYN:** five and dime store, variety store, dollar store, ten-cent store **SEE:** one-price store

dimensional marketing *марк.* маркетинг с размахом* *(метод прямого почтового маркетинга, при котором потенциальным покупателям рассылаются объемные посылки с печатными материалами о товаре и образцами самого товара)*

diner *сущ.* **1)** *потр., амер., сленг* дешевый ресторан-закусочная **2)** *торг., потр.* приглашенный к обеду, посетитель ресторана **3)** *трансп., торг., амер.* вагон-ресторан **SYN:** dining car

dining car *торг., трансп.* вагон-ресторан *(пассажирский вагон, оборудованный сидячими местами и подразумевающий возможность покупки как легких закусок, так и полноценных обедов)* **SYN:** buffet car, diner

dinner *сущ. общ.* обед **EX:** **at dinner, during dinner** – за обедом, **meagre dinner** – постный обед, **scratch dinner** – обед, приготовленный на скорую руку; импровизированный обед, **dinner table** – обеденный стол, **dinnerware, dinner ware** – столовая посуда; столовое серебро, **dinner clothes** – одежда для обеда; закрытое вечернее платье; смокинг *(официальная или полуофициальная одежда для званых обедов)*, **dinner dress** –(женское) платье для (званого) обеда *(обычно закрытое, длинное, с длинными рукавами или жакетом)* **SEE:** dinner hour

dinner break *торг., упр.* = dinner hour

dinner hour **1)** *упр.* обеденное время; обеденный перерыв, перерыв на обед **SYN:** dinner break **2)** *торг.* обед *(время, на которое магазин или иное учреждение закрывается на обед)* **EX:** **Open hours: 9-00 to 19-00, no dinner-hour, seven days a week.** – Часы работы: с 9-00 до 19-00, без обеда и выходных.

diorama диорама **а)** *общ.* *(вид живописи, в котором картина, вертикально натянутая по внутренней поверхности подрамника, сочетается с расположенными перед ней трехмерными макетами предметов, персонажей и т. п.)* **б)** *рекл.* *(трехмерный демонстрационный стенд с искусственным освещением; часто используется для рекламы в месте продажи)* **SEE:** Wallscape **в)** *СМИ* *(построенная в уменьшенном масштабе декорация, создающая впечатление натурального объекта)*

direct-action advertisement *рекл.* рекламное объявление [реклама] прямого действия **SEE:** direct-action advertising

direct-action advertising *рекл.* = direct response advertising

direct advertiser **1)** *рекл.* рекламодатель прямой рекламы **SEE:** direct advertising **2)** *рекл.* прямой рекламодатель *(рекламодатель, размещающий рекламу напрямую, без посредничества рекламных агентств)*

direct advertising *рекл.* прямая реклама *(реклама, распространяемая рекламодателем и по его поручению непосредственно определенным потенциальным потребителям посредством почты, посыльных, продавцов, дилеров или иным путем)* **SEE:** direct mail advertising, direct marketing, house-to-house advertising

direct comparison advertising *рекл.* = comparison advertising

direct consumer sales *торг.* = direct selling

direct customer *торг.* прямой покупатель *(покупатель, обслуживаемый непосредственно предприятием, без участия торговых посредников)*

direct debit card *банк., торг.* карточка [карта] с прямым дебетом [дебетованием, списанием]* *(дебетовая карта, которая подразумевает немедленное списание средств без дополнительного подтверждения со стороны владельца карты: карта помещается в банковский автомат по месту покупки товаров или получения услуг, вводится персональный идентификационный код, после чего при условии достаточности средств на счете происходит немедленный перевод необходимой суммы на счет продавца/поставщика услуг)* **SYN:** PIN-based debit card, on-line debit card **SEE:** debit card, deferred debit card, personal identification number

direct delivery *торг.* непосредственная поставка; прямая поставка *(поставка товаров от производителя без посредников)* **SEE:** direct vendor delivery

direct distribution network *марк.* сеть прямого распределения *(система, посредством котором компания-производитель сама организует доведение своей продукции до конечного потребителя)* **SEE:** distribution network

direct drop shipper *торг.* = drop shipper

direct exposure **1)** *общ.* прямое воздействие *(в общем смысле: воздействие какого-л. вещества, процесса и т. п. непосредственно на что-л. или кого-л.)* **EX: to avoid direct exposure to pesticides** – избежать прямого воздействия пестицидов, **Professional internship that gives students direct exposure to industry** – Профессиональная интернатура дает студентам возможность прикоснуться к практике. **2)** *рекл.* прямое воздействие *(воздействие, оказанное рекламой непосредственно на ее слушателя/зрителя/читателя)* **ANT:** indirect exposure

direct house *торг., рекл.* = direct selling house

direct mail *рекл., связь* прямая почта *(почтовые сообщения, отправленные непосредственно на адреса предполагаемых клиентов)* **EX: direct-mail costs** – почтовые расходы на прямую рассылку; стоимость прямой почтовой рекламы, издержки на прямую почтовую рекламу **SYN:** direct mail advertising **SEE:** direct mail agency, direct mail campaign, direct mail marketing, direct mail piece, direct mail postcard, direct mailing, direct mailer, mailing list

direct mail advertising *рекл.* прямая почтовая реклама *(рекламирование товара путем рассылки по почте рекламных материалов непосредственно на адреса предполагаемых покупателей, определяемых на основании списков, составленных или купленных рекламодателем)* **SYN:** direct mail **SEE:** mailing list, direct advertising, postal advertising, Mailing & Fulfillment Service Association, one-step selling, two-step selling, direct mail campaign, freepost

direct mail agency *рекл.* агентство прямой почтовой рекламы **а)** *(агентство, занимающееся распространением подписок на печатные СМИ по почте)* **SYN:** stampsheet agent **SEE:** stamp sheet **б)** *(любое агентство, предоставляющие услуги по прямой почтовой рекламе)* **SEE:** direct mail advertising

direct mail campaign *рекл.* кампания прямой почтовой рекламы *(политическая или рекламная кампания, предусматривающая почтовые отправления конкретным адресатам для получения максимальной отдачи в кратчайшее время)* **SYN:** mail campaign **SEE:** direct mail advertising

direct-mail lists, rates and data **сокр.** DMLRD *рекл., амер.* рассылочные списки, их цены и данные* *(справочник по имеющимся рассылочным спискам для почтовой рекламы, ценам на них и входящим в них данных)*

direct mail marketing *марк.* прямой почтовый маркетинг *(прямой маркетинг, осуществляемый путем рассылки почтовых отправлений (писем, рекламы, образцов, проспектов и др.) потенциальным клиентам; адресаты подбираются на основе списков наиболее веро-*

ятных покупателей определенных групп товаров) **SEE:** direct marketing, direct mail piece, direct mail postcard, mail order house

Direct-Mail Marketing Association **сокр.** DMMA *марк.* = Direct Marketing Association

direct mail piece *рекл., связь* отправление прямой почтовой рекламы *(письмо, рекламная открытка, рекламная листовка и т. п., отправляемые по почте потенциальным потребителям)* **SYN:** direct mailer **SEE:** direct mail marketing, direct mail postcard

direct mail postcard *рекл.* рекламная открытка, открытка прямой почтовой рекламы* *(открытка с рекламной информацией, рассылаемая прямой почтой, напр., информирующая о новых поступлениях товаров)* **SEE:** direct mail, direct mail marketing, direct mail piece

direct mailer 1) *рекл., связь* отправитель прямой почты [прямой почтовой рекламы]* *(фирма, проводящая кампанию прямой почтовой рекламы, либо рассыльный, занимающийся распространением прямой почтовой рекламы)* **2)** *рекл., связь* прямое почтовое отправление* *(письмо, реклама и т. п., отправленная прямой почтой)* **SYN:** direct mail piece **SEE:** direct mail, direct mailing

direct mailing *рекл., связь* прямая (почтовая) рассылка *(рассылка почтовых сообщений непосредственно на адреса предполагаемых клиентов)* **SEE:** direct mail, direct mailer

direct marketer 1) *марк.* специалист по прямому маркетингу **2)** *марк.* компания прямого маркетинга *(фирма, специализирующаяся на организации и проведении акций прямого маркетинга для своих клиентов)* **SEE:** direct marketing

direct marketing 1) *марк.* прямой маркетинг, директ-маркетинг, личный [персонализированный] маркетинг *(проведение маркетинговых исследований и продвижение товаров через создание и использование прямых связей между продавцом и потребителем; продавец или его агенты контактируют с потребителями путем личных встреч, обращений по телефону, по почте и т. д.)* **SYN:** personal marketing **SEE:** television marketing, direct mail marketing, catalogue marketing, telemarketing, database marketing, British Direct Marketing Association, direct advertising, mass marketing, action device, Caples award **2)** *торг.* сбыт без посредников *(купля-продажа, совершаемая путем обращения по почте, телефону или телевидению, без помощи торговых посредников и методов личной продажи; используется при продаже книг, компакт-дисков)* **SEE:** personal sale, interactive marketing

direct marketing agency *марк.* агентство прямого маркетинга *(рекламное агентство, специализирующееся на разработке и организации прямых маркетинговых кампаний)* **SYN:** direct response agency **SEE:** direct marketing

Direct Marketing Association **сокр.** DMA *марк., амер.* Ассоциация прямого маркетинга *(создана для продвижения отрасли, защиты интересов представителей отрасли в законодательных органах; также организует образовательные программы для своих членов и форумы)* **SEE:** list council

Direct Marketing Educational Foundation *марк., амер.* Образовательный фонд прямого маркетинга* *(организация, способствующая развитию систематического образования в области прямого маркетинга для работающих и желающих работать в этой сфере)*

direct media *связь, рекл.* прямые средства информации*, средства личной коммуникации* *(средства информации, позволяющие передавать информацию непосредственно адресатам, напр., телефон, телеграф, факс, интернет, почта; в маркетинге термин относиться к средствам информации, используемым при проведении прямого маркетинга методами личных продаж)* **ANT:** indirect media **SEE:** direct mail marketing, telemarketing

direct mill shipper *торг.* = drop shipper

direct product information *марк.* прямая информация о товаре* **а)** *(полученная напрямую от компании-производителя или дистрибьютора)* **б)** *(описывающая свойства данного товара)*

direct promotion *марк.* прямое [непосредственное] продвижение товара, прямое стимулирование продаж *(продвижение товара путем предоставления информации непосредственно потребителю, без использования промежуточных средств массовой информации; напр., продажа на дому, продажа по телефону и т. п.)* **ANT:** indirect promotion **SEE:** direct marketing

direct questioning *соц.* прямой [непосредственный] опрос *(опрос без применения техники глубинного интервью)* **EX: The system also includes direct questioning methods which create hypothetical situations which state which choices customers would make about the goods.** – Данная методика также включает в себя методы прямого опроса, которые предлагают гипотезы о том, какой бы выбор товаров сделали покупатели.

direct questionnaire *соц.* анкета с прямыми вопросами **SEE:** direct questioning

direct response 1) *рекл.* = direct response advertising **2)** *рекл.* прямой ответ [отклик] **а)** *марк. (ответ потенциального потребителя на прямой маркетинг)* **SEE:** direct marketing **б)** *рекл., комп.* = ad response

direct response advertising *рекл.* реклама прямого отклика [действия] *(реклама, предполагающая быстрый ответ в виде возвратного купона с заказом, телефонного звонка, запроса дополнительной информации)* **SYN:** direct response, direct-action advertising **SEE:** direct response marketing, indirect action advertising

direct response agency *марк.* агентство прямого маркетинга [отклика]* *(рекламное агентство, специализирующееся на прямом маркетинге и рекламе прямого отклика)* **SYN:** direct marketing agency **SEE:** direct response advertising

direct response list *марк., рекл.* список откликнувшихся на рекламу прямого отклика* *(список лиц, отреагировавших на рекламу отправлением заказа или запросом дополнительной информации по телефону, почте и т. п.)* **SEE:** direct response advertising

direct response marketing 1) *марк.* маркетинг прямого отклика, маркетинг прямого действия *(маркетинговая деятельность, рассчитанная на быструю реакцию потребителей на маркетинговую акцию; напр., покупка товара непосредственно во время проведения маркетинговой акции при рекламе в месте продажи, при прямой продаже, заказ товара по почте или телефону после проведения маркетинговой акции)* **SEE:** direct marketing, personal sale, direct response advertising **2)** *страх.* = direct selling system

direct response promotion *марк.* продвижение с помощью маркетинга прямого отклика* *(стимулирование продаж товара с помощью рекламы прямого отклика или других мероприятий, рассчитанных на быструю реакцию покупателя)* **SEE:** direct response marketing, direct response advertising

direct response selling *торг.* = direct to home retailing

direct response television **сокр.** DRTV **1)** *рекл.* телемаркетинг прямого отклика *(телевизионная реклама, предполагающая прямой ответ потребителя в форме бесплатного телефонного звонка или высылки заказа)* **SYN:** direct response television marketing **2)** *СМИ* интерактивное телевидение *(включает телезрителей в игру или позволяет принять участие в обсуждении программ, напр., путем телеголосования)*

direct response television marketing *рекл.* = direct response television

direct sale *торг.* = direct selling

direct sales *торг.* = direct selling

direct sales force *торг.* собственный [штатный] торговый персонал* *(в отличие от торговых агентов, привлеченных со стороны)* **SEE:** direct selling

direct selling 1) *торг.* прямая продажа, прямой сбыт, прямые продажи (потребителям) *(продажа производителем своей продукции напрямую потребителям, а не оптовым или розничным торговцам)* **SYN:** direct sale, direct sales, direct consumer sales **2)** *марк.* = one-step selling

direct selling house *торг., рекл.* компания прямых продаж* *(компания, специализирующаяся на производстве рекламных сувениров, распространяющая свою продукцию собственными силами, т. е. не прибегая к помощи посредников)* **SYN:** direct house

direct selling organization *торг.* организация прямых продаж* *(компания, организующая прямые продажи товаров определенной товарной категории нескольких производителей; обычно имеются в виду компании, организующие продажи на дому)* **SEE:** direct selling, door-to-door selling, multilevel marketing

direct store delivery **сокр.** DSD *торг.* прямая доставка в магазин *(система доставки товара, при которой производитель, минуя оптовиков, самостоятельно доставляет товар на предприятия розничной торговли)* **SEE:** direct-store-delivery items

direct to home retailing *торг.* продажа с доставкой на дом *(система продаж в розничной торговле покупателю, находящемуся дома, напр., по телефону или путем визита торгового агента)* **SYN:** direct response selling, in-home selling, in-home retailing, non-store retailing, nonstore retailing **SEE:** direct response marketing, Nonstore Retailers, door-to-door retailing, catalogue retailer

direct vendor delivery **сокр.** DVD *торг.* прямая доставка средствами поставщика* *(метод доставки оборудования, инвентаря и пр., при котором производитель осуществляет доставку своей продукции в место, указанное покупателем, т. е. на место установки этого оборудования, хранения инвентаря и т. д.)* **SEE:** vendor delivery, direct delivery

directive interview *соц.* = structured interview

Director General of Fair Trading *юр., торг., брит.* Генеральный директор по честной торговле* *(данная государственная должность учреждена законом «О добросовестной торговле» 1973 г.; в обязанности директора входит надзор за любой коммерческой деятельностью, затрагивающей интересы потребителей в Великобритании и принимающей незаконные формы концентрации капитала)* **SEE:** Fair Trading Act 1973

director of capital gifts *эк. тр., рекл., амер.* = funds development director

director of major gifts *эк. тр., рекл., амер.* = funds development director

directory advertisement *рекл.* рекламное объявление в справочнике **SEE:** directory advertising

directory advertising *рекл.* реклама в справочниках *(публикация рекламных объявлений в печатных справочниках, напр., в телефонных, промышленных или адресных)* **SEE:** yellow pages advertising

direct-response *прил. марк.* прямой, требующий прямого ответа [отклика] *(о запросе, документе и т. д., предполагающем получение прямого ответа (в виде звонка, ответного сообщения и т. д.) в определенный срок)* **EX:** **direct-response offer** – предложение, требующее прямого ответа, **direct-response inquiry** – прямой запрос, **Every direct response inquiry you receive will be answered professionally, 24 hours a day.** – Двадцать четыре часа в сутки на все присланные вам прямые запросы будут отвечать профессионалы. **SEE:** direct response

direct-store-delivery items *торг.* товары прямой доставки* *(товары, доставляемые в магазин непосредственно с места производства; напр., лекарства, журналы)* **SEE:** direct store delivery

disadvantaged consumer *марк.* обездоленный потребитель* *(потребитель, оказавшийся в невыгодном положении, напр., из-за низкого дохода, социального статуса, болезни, инвалидности и т. д.; характеризуется низкой степенью удовлетворения потребностей в товарах и услугах)*

discontinued merchandise *торг.* снятый с производства товар *(товар, который больше не производится; производство какого-л. товара обычно прекращается, если появляются новые усовершенствованные модели данного товара, т. е. товар устаревает, или же если товар не имеет спроса и его невыгодно производить)* **SEE:** closeout

discontinuous innovation *эк., марк.* «принципиальная» инновация *(выведение на рынок принципиально нового товара)* **ANT:** continuous innovation

discount

I *сущ.* **сокр.** dis, Dis, Disct **1)** *торг.* скидка, ценовая скидка, скидка с цены (товара) *(снижение прейскурантной цены товара, напр., в качестве вознаграждения за быстрый или наличный платеж, за покупку в большом количестве и т. п.; также уменьшение обычной тарифной ставки на какие-л. услуги, предоставляемое клиентам, удовлетворяющим определенным требованиям, напр., уменьшение величины страховой премии в связи с особенностями данного риска, отсутствием аварий или других страховых случаев в течение определенного времени, либо уменьшение стоимости туристической путевки при приобретении общей путевки для группы лиц и т. п.)* **EX: to sell (goods) at a discount [at discount prices]** – продавать (товары) со скидкой, **to allow a discount, to grant a discount** – предоставить скидку, **to claim a discount** – требовать скидку, **discount in the amount of...** – скидка в сумме..., **discount of $125** – скидка в размере 125 долл. **discount of 19.4%** – скидка в размере 19,4%, **1% discount for cash** – скидка 1% за расчет наличными, **15% discount for quantity purchases** – 15-процентная скидка за покупку в большом количестве, **less discount of 5%** – со сидкой в 5%, за вычетом 5% **SYN:** rebate, reduction **SEE:** at a discount, discount merchandiser, discount store, discount chain, cash discount, quantity discount, trade discount, seasonal discount, cumulative discount, group discount, advertising discount, horizontal discount, retail discount, discount series, discount allowed, discount received, discount loss, discount period, regular price, list price, cents-off coupon, discounter, deferred rebate, allowance, discount allowed, discount received **2)** дисконт, скидка **а)** *фин., бирж. (сумма, на которую номинал или цена погашения ценной бумаги больше цены ее первоначального размещения или текущей рыночной цены)* **SEE:** premium, discounted price, premium price **б)** *фин., бирж. (разница между наличным и срочным валютными курсами)* **в)** *фин., банк. (разница между номиналом векселя и суммой, получаемой векселедержателем при учете векселя до наступления срока его погашения)* **SEE:** discounting **г)** *фин., бирж. (отклонение в меньшую сторону от официального курса валюты, т. е. ситуация, когда цена одной валюты занижена по отношению к цене другой валюты, напр., франк может продаваться со скидкой к фунту)* **3)** *банк., фин.* учет векселей *(операция, в ходе которой банк или другое финансовое учреждение выкупает у векселедержателя вексель по цене, равной номиналу векселя за вычетом вознаграждения за оставшийся до погашения срок, напр., вексель с номиналом в 100 долл. может продаваться за 90 долл.; впоследствии банк взыскивает полную номинальную стоимость векселя с векселедателя)* **SYN:** discounting **4)** *фин.* дисконтирование *(определение текущей стоимости актива или текущей стоимости будущих потоков доходов и расходов)* **SYN:** discounting **5) а)** *торг.* процент скидки *(величина скидки, выраженная в процентах к цене)* **б)** *фин., банк.* учетная ставка; ставка дисконта [дисконтирования]

II *гл.* **1)** *торг.* предоставлять [делать] скидку, снижать цену *(уменьшать обычную прейскурантную цену для покупателя, приобретающего значительное количество товара, рассчитывающегося наличными и т. п.)*; продавать со скидкой *(уценивать товары, уменьшать цену продаваемых товаров)* **EX: All items were discounted about**

20% from the suggested list prices. – Цена всех товаров была снижена на 20% по сравнению с рекомендованной прейскурантной ценой. 2) *фин., банк.* учитывать *(приобретать векселя или счета-фактуры по цене ниже их номинала, т. е. с дисконтом, с целью последующего взыскания суммы долга с должника)* **EX: to get a bill discounted** – учесть вексель, произвести учет векселя, **The bank will discount the bill.** – Банк учтет вексель. **SEE:** discounter 3) *фин., банк. (получать проценты вперед при даче денег взаймы, т. е. выдавать заемщику не полную оговоренную сумму кредита, а ее часть, оставшуюся после вычета определенного дисконта)* **SEE:** unearned discount 4) *фин.* дисконтировать *(приводить будущие значения экономических показателей к текущей стоимости)* **EX: Discount future cash flows to the present using the firm's cost of capital.** – Приведите будущие денежные потоки к текущей стоимости, используя стоимость капитала фирмы. **We discount future cash flows by an interest rate that has been adjusted for risk.** – Мы дисконтируем будущие денежные потоки, используя процентную ставку, скорректированную на риск. **SEE:** discounting 5) а) *общ.* не принимать в расчет, игнорировать, пропускать, опускать **EX: to discount smb's opinion** – не принимать в расчет чье-л. мнение б) *общ.* относиться скептически, не принимать на веру **EX: to discount a story** – усомниться в истинности рассказа, не верить рассказу; 6) *общ. (предвидеть неблагоприятные обстоятельства и стараться ослабить их действие)* **EX: The bear market ends when at least most of the bad news is finally discounted by the market.** – «Медвежий» рынок заканчивается, когда, по крайней мере, большая часть из плохих новостей наконец учитывается рынком.

discount allowed *торг., учет* предоставленная скидка *(скидка, предоставленная компанией своему клиенту, напр., при крупной покупке или быстром расчете; в отчете о прибылях и убытках отражается как расход)* **SEE:** discount received

discount amount сумма скидки [дисконта] а) *торг. (сумма, на которую реально уплаченная покупателем сумма меньше обычной цены, по которой данный продавец продает данный товар или услугу)* б) *фин. (сумма, на которую номинал долговой ценной бумаги превышает ее текущую рыночную цену или цену, по которой она была первоначально размещена на рынке)* **SEE:** market price в) *фин., банк. (сумма, на которую номинал векселя больше суммы, полученной векселедержателем при продаже векселя до наступления срока его погашения)* **SYN:** amount of discount **SEE:** discounting

discount chain *торг.* дисконтная сеть *(сеть магазинов сниженных цен)* **SEE:** discount store

discount coupon *марк.* = cents-off coupon

discount drugstore *торг.* дешевая [дисконтная] аптека* *(аптека, торгующая по сниженным ценам)* **SEE:** discount store, drug store

discount earned *торг., учет* полученная скидка, доходы от полученной скидки* *(экономия, возникшая в результате получения скидки при покупке сырья и материалов)* **SYN:** discount received **SEE:** discount loss

discount for cash *торг.* = cash discount

discount for cash payment *торг.* = cash discount

discount for quantity *торг.* = quantity discount

discount from price *торг.* = price discount

discount house 1) *фин., банк.* учетный дом *(банк или финансовая компания, специализирующиеся на краткосрочных операциях на денежном рынке, а также на учете векселей, в том числе казначейских)* **SEE:** discounting 2) *торг.* = discount store

discount loss *торг., фин., учет* потерянная скидка*, убыток из-за потери скидки* *(дополнительные расходы на покупку, связанные с тем, что покупатель не смог воспользоваться скидкой, напр., потому что не успел оп-*

латить покупку в период действия скидки) **SEE:** discount earned, unearned discount

Discount Merchandiser *торг., СМИ* «Дискаунт Мерчендайзер» *(первоначальное название журнала «Ритейл Мерчендайзер»)* **SEE:** Retail Merchandiser

discount merchandiser **1)** *торг.* = discount store **2)** *торг.* торговец по сниженным ценам* *(розничная торговая фирма, занимающаяся торговлей товарами со скидкой)* **SEE:** closeout

discount on price *торг.* = price discount

discount percentage **1)** *фин.* процент дисконта *(выраженное в процентах отношение величины дисконта по ценной бумаге к ее номиналу)* **2)** *фин., банк.* учетный процент *(процент, взимаемый при учете векселей до наступления срока их погашения)* **SEE:** discounting **3)** *торг.* процент скидки *(выраженное в процентах отношение суммы скидки к первоначальной цене товара)* **SYN:** percentage of discount

discount period **1)** период действия скидки* **а)** *торг. (период, в течение которого покупатель имеет право на скидку)* **б)** *фин., банк. (период, в течение которого заемщик уплачивает пониженные платежи в счет погашения долга)* **2)** *фин.* период учета [дисконтирования] *(период между датой продажи векселя или другого долгового обязательства финансовому учреждению и датой погашения этого долгового обязательства)* **SEE:** discounting

discount policy **1)** *марк.* политика (предоставления) скидок *(совокупность подходов и методов, которыми данный продавец пользуется при предоставлении скидок своим клиентам)* **SEE:** trade discount **2)** *эк., фин., банк.* дисконтная политика *(часть денежно-кредитной политики, заключающаяся в изменении величины учетной ставки центрального банка с целью воздействия на объемы спроса и предложения ссудного капитала в экономике)*

discount price *торг., фин.* = discounted price

discount pricing *марк.* дисконтное ценообразование*, установление цен со скидками* *(реализация продукции или оказание услуг по цене ниже обычной, т. е. ниже указанной в официальных прейскурантах)* **SEE:** loss leader pricing, bargain sale, premium pricing

discount received *торг., учет* полученная скидка *(скидка, предоставленная компании ее поставщиком, напр., при значительном объеме закупок или быстром расчете; учитывается по кредиту счета прибылей и убытков)* **SYN:** discount earned **SEE:** discount allowed

discount retailer *торг.* = discount store

discount retailing *торг.* = discount retailing market

discount retailing market *марк.* розничная торговля по сниженным ценам* *(сфера розничной торговли, представленная магазинами, продающими товары по ценам ниже, чем в большинстве других магазинов, и клиентами этих магазинов)* **SEE:** discount supermarket

discount sale *торг.* продажа со скидкой

discount scale *торг.* discounts schedule

discount schedule *торг.* шкала скидок *(упорядоченный список процентов скидок, предоставляемых при покупке в разных объемах или при разных условиях оплаты)* **SYN:** discount table **SEE:** bracket pricing

discount series *торг.* серия скидок *(несколько скидок, предоставленных по одному и тому же товару или при одной и той же операции купли-продажи; напр., один и тот же клиент может получить сезонную скидку, скидку за покупку в большом объеме и скидку за оплату наличными)* **SYN:** chain discount **SEE:** cash discount, quantity discount, seasonal discount

discount store *торг.* магазин со сниженными ценами, дисконтный магазин *(продает стандартный набор продукции по низким ценам, благодаря низким наценкам и большим объемам продаж)* **EX:** **discount drugstore** – "дешевая [дисконтная] аптека"... **SYN:** discount house, budget store, discount merchandiser, discount retailer **SEE:** discount retailing market

discount supermarket *торг.* дисконтный супермаркет* *(магазин, торгующий по сниженным ценам)* **SEE:** discount retailing market, supermarket

discount table *торг.* таблица скидок *(перечень скидок, предоставляемых данным торговцем за покупку в разных объемах и при разных условия оплаты; часто прилагается к прайс-листу или каталогу)* **SYN:** table of discounts, discount schedule **SEE:** quantity discount, cash discount, regular price, price list, discount scale

discount terms *торг.* условия скидки, условия предоставления скидки [скидок] *(конкретные условия, которые должен выполнить покупатель, чтобы получить право на скидку; напр., скидка за быструю выплату стоимости товара может предоставляться на условиях оплаты в течение 10 дней после покупки, если покупатель не оплатит товары в течение этого времени, ему придется уплатить полную стоимость)*

discountable rate *торг.* тариф со скидками *(тариф, предусматривающий предоставление скидок при каких-л. условиях)* **ANT:** non-discountable rate

discounted price цена со скидкой, дисконтная цена **а)** *эк. (полная цена товара или услуги за вычетом предоставляемой скидки)* **SEE:** regular price, special price, full price **б)** *фин., бирж. (цена ценной бумаги, продаваемой с дисконтом, т. е. цена, полученная в результате вычета из номинала ценной бумаги объявленного дисконта)* **SYN:** discount price **SEE:** premium price, straight

discounter *сущ.* дисконтер **а)** *фин., банк. (лицо, проводящее операции по дисконтированию (учету), напр., лицо, с дисконтом выкупающее векселя или счета-фактуры)* **SEE:** discounting, factoring, discount house **б)** *торг. (магазин или торговец, продающий товары по сниженным ценам)* **SEE:** discount store

discounting *сущ.* **1)** *фин.* операции по дисконту, учет *(покупка векселей или других долговых обязательств с дисконтом, т. е. по цене ниже номинала или суммы погашения долга)* **2)** *фин.* дисконтирование *(приведение экономических показателей будущих периодов к текущей стоимости)* **3)** *торг.* предоставление скидки **EX: You may wish to use discounting for prompt cash payment or for quantity purchases.** – Возможно, вы решите предоставлять скидки за немедленную оплату наличными или за оптовую покупку. **SEE:** trade discounting, cash discounting, quantity discounting, discount

discriminating buyer *марк.* разборчивый [придирчивый] покупатель *(покупатель, который очень щепетилен в вопросах качества, стиля и др. характеристик товара; он желает, чтобы все в покупаемом им товаре соответствовало его вкусу; при этом он хорошо осведомлен о всех разновидностях определенного товара на рынке, преимуществах и недостатках той или иной модификации товара, ценах и т. д.)* **EX: There are styles and designs to fit the most discriminating buyer.** – Мы предлагаем стили и дизайн, способные удовлетворить даже самого разборчивого покупателя. **SYN:** sophisticated buyer **SEE:** exacting customer, experienced buyer

discriminatory auction *торг., фин.* = discriminatory price auction

discriminatory price *эк.* дискриминационная цена *(цена, ущемляющая интересы какой-л. группы покупателей, т. е. цена, дифференцированная по группам покупателей, при условии, что разница в цене не оправдана ни особенностями товара, ни особенными условиями конкретной сделки, ни дополнительными затратами производителя; цена, сниженная для покупателя, приобретающего большую партию или покупающего бракованное изделие, дискриминационной не считается)* **SEE:** price discrimination, access barriers

discriminatory price auction *торг., фин.* дискриминационный аукцион,аукцион с дискриминационной ценой* *(аукцион, на котором продается несколько единиц какого-л. товара и на котором каждая выигравшая заявка выполняется по указанной в ней цене; характерно для аукционных размещений новых выпусков ценных бумаг, особенно — государственных облигаций и казначейских векселей)* **SYN:** discriminatory auction, multiple-price auction, pay-as-bid auction **SEE:** Dutch auction

discriminatory pricing *эк.* дискриминационное ценообразование **SEE:** price discrimination, discriminatory price

disct *фин., банк., торг.* **сокр. от** discount

diseconomies of scale *эк.* отрицательный эффект [отрицательная экономия от] масштаба *(увеличение средних издержек производства по мере роста объемов выпуска)* **SYN:** scale diseconomies **ANT:** economies of scale

disguised price increase *марк.* = hidden price increase

disguised price reduction *марк.* = hidden price reduction

disintermediate *гл. эк.* избегать [исключать] посредников* *(отказываться от использования услуг посредников при управлении финансовыми или товарными потоками, осуществлять операции без посредников)* **EX: E-commerce is a form of direct sales and a way to disintermediate the sales process.** – Электронная торговля представляет собой форму прямых продаж и является способом избежать участия посредников в процессе продаж. **The application of information technology will also make it possible for export producers to disintermediate middlemen and conduct their transactions directly with exporters.** – Применение информационной технологии также даст производителям экспортной продукции возможность избежать посредников и проводить операции непосредственно с экспортерами. **Many observers argue that e-cash is likely to disintermediate banks.** – Многие обозреватели утверждают, что электронные деньги, вероятно, лишат банки их посреднической функции. **SEE:** disintermediation

disintermediation *сущ.* дезинтермедиация, дисинтермедиация **а)** *фин., банк. (снижение роли банков и сберегательных институтов в качестве посредников на финансовом рынке и как следствие отток финансовых ресурсов из банковской системы; может происходить в результате отказа фирм от посредничества банков на рынке ссудных капиталов в пользу прямого выпуска ценных бумаг, а также отказа существующих и потенциальных клиентов от банковских вкладов в пользу других финансовых инструментов)* **б)** *торг. (исключение посредников из производственно-сбытовой цепочки, т. е. реализация продукцию покупателям напрямую, а не через оптовых и розничных перепродавцов)* **SEE:** business-to-consumer, disintermediate, reintermediation

disjunctive model *марк.* дизъюнктивная [альтернативная] модель *(модель формирования потребительского отношения, согласно которой потребителю требуется минимальный уровень удовлетворения от наиболее важных свойств товара, а не от каждого свойства)* **SEE:** conjunctive model, ideal point model, lexicographic model, expectancy-value model, dominance model

disparagement of goods *марк.* дискредитация товара* *(предоставление неверной или вводящей в заблуждение информации о товаре конкурентов с целью снизить спрос на него; является примером недобросовестной конкуренции)* **SEE:** unfair competition

dispatch *гл. тж. despatch* **1)** *общ.* посылать, отсылать, отправлять (по назначению) *(напр., почту, груз)* **EX: to dispatch troops** – отправлять войска, **to create and dispatch an invoice** – выписать и отправить счет, **The firm will dispatch the goods to London.** – Фирма поставляет товары в Лондон. **2) а)** *общ.* быстро выполнять, справляться *(с делом, работой)* **б)** *общ.* спешить **3)** *общ.* убивать, разделываться, расправляться *(с кем-л.),* предавать смерти, казнить *(кого-л.)*

dispatch note *торг.* уведомление [извещение] об отправке *(подтверждающий отправку документ, который направляется поставщиком покупателю и содержит описание груза и другие сведения о поставке)* **SYN:** advice of dispatch, notice of dispatch **SEE:** delivery advice

dispatche *трансп., торг.* диспач *(вознаграждение (премия), выплачиваемое судовладельцем грузовладельцу (фрахтователю) за досрочное окончание последним погрузки и выгрузки судна)*

dispersed market *марк.* рассредоточенный [разбросанный] рынок* *(географически нецентрализованный рынок сбыта; такой рынок обычно представлен совокупностью находящихся на определенном расстоянии друг от друга территориальных зон сбыта (сел, городов), различных по количеству потребителей)* **SEE:** marketing territory

display

I *сущ.* 1) *общ.* показ, демонстрация **EX: fashion display** – демонстрация [показ] мод **SYN:** exhibition 2) *марк.* презентация, показ; выставка, выкладка, экспозиция *(рекламных материалов и товаров в магазине)* **SEE:** shelf display, product display, shop display, merchandising 3) *общ.* проявление, демонстрация; выставление на показ **EX: display of loyalty** – демонстрация лояльности, **display of power** – демонстрация силы, **display of love** – проявление любви 4) *торг.* = merchandise display **SEE:** aisle display, end-aisle display, assortment display, in-store display, closed display, open display, bulk display, case display, ceiling display 5) а) *комп.* дисплей *(устройство для визуального отображения информации)*, экран, монитор; индикатор **EX: black-and-white display** – черно-белый [монохромный] дисплей,; **computer display** – монитор [дисплей] компьютера, компьютерный монитор [дисплей]; б) *комп.* индикация, отображение, вывод *(данных)* **EX: visual display of data** – визуальное отображение информации 6) *СМИ, полигр.* выделение особым шрифтом

II *гл.* 1) *общ.* выставлять, показывать, демонстрировать **EX: City approval is required to place signs or display goods on sidewalks.** – Для того, чтобы размещать вывески или витрины на тротуарах требуется разрешение городских властей. **Web stores only display goods on their website but do not handle the business transactions themselves.** – Интернет-магазины только демонстрируют товары, но не осуществляют самих продаж. **Hosiery is displayed on shelves in a great variety of styles and colours.** – Чулочные изделия выставлены на полках в большом ассортименте стилей и цветов. 2) *общ.* обнаруживать, проявлять, демонстрировать **EX: to display one's character/strength/intelligence** – проявить [показать] характер/силу/ум 3) *торг.* выкладывать, экспонировать *(товар)* **EX: to simply display the products on the shelf, allowing prospects to choose for themselves** – просто выложить товары на полку, предоставив потенциальным покупателям возможность самостоятельно выбрать подходящие им товары **SEE:** merchandise 4) *комп.* отображать, выводить *(данные, напр., на экран)* **EX: to display data [information]** – отображать данные

display ad *рекл., разг.* = display advertisement

display advertisement *рекл.* объявление макетной рекламы **SYN:** display ad, illustrated advertisement **SEE:** display advertising

display advertising 1) *рекл.* макетная реклама *(реклама в прессе, которая, в отличие от строчной или рубричной рекламы, разрабатывается с использованием приемов привлечения внимания читателей: иллюстраций, выделительных шрифтов, фото, заголовков и т. д.)* **SEE:** semi-display advertisement, classified advertising 2) *рекл.* витринно-выставочная реклама

display allowance *торг.* = retail display allowance

display area *торг.* выставочное [экспозиционное] пространство, выставочная [экспозиционная] площадь *(оборудованная площадь магазина для размещения товаров)* **SYN:** merchandise space **SEE:** display, sales area, in-store display

display bin *торг.* контейнер для товаров *(пластиковый, преимущественно прозрачный, ящик для размещения* *мелких товаров и сыпучих продуктов в торговом зале)* **SYN:** dump bin **SEE:** storage bin, retailer display, wholesale pack

display box **1)** *торг.* демонстрационная коробка* *(коробка, открытая сверху и/или без одной стенки, которая используется для выкладки товара в торговом зале, в частности, для выкладки навалом)* **SEE:** bulk display **2)** *торг.* коробка с целлофановыми окошками*, полупрозрачная упаковка* *(упаковка, позволяющая увидеть часть продаваемого продукта; используется для упаковки чая, мяса и т. п.)* **3)** *рекл.* «бегущая» строка *(движущаяся надпись на табло для отображения рекламной или справочной информации в магазинах)*

display cabinet *торг.* шкаф-витрина *(шкаф со стеклянными дверями для экспонирования товара в торговом зале)* **SYN:** showcase, display case

display card *рекл.* = showcard

display carton *торг.* упаковочная коробка, картонная упаковка **SEE:** package

display case **1)** *торг.* витрина **2)** *торг.* = display cabinet **SYN:** discount price

display equipment **1)** *торг.* экспозиционное оборудование *(приспособления для размещения рекламы или товара в торговом зале, напр., стенды, витрины, прилавки, стеллажи)* **SYN:** display fixture **SEE:** display cabinet, counter, shelf stand, advertising display **2)** *тех., комп.* аппаратура для визуального отображения *(информации)*

display fixture *торг.* = display equipment

display goods *гл. торг.* выставлять товары *(показывать товары потенциальным потребителям)*

display loader *марк.* премия за выставку* *(премия в виде экспонатов выставки, которую получает розничный торговец или дилер после завершения этой выставки, напр., хрустальные стаканы, остающиеся у продавца после демонтажа экспозиции напитков)*

display material **1)** *торг.* рекламно-оформительский материал *(презентабельная упаковка товаров, этикетки, материалы для оформления полок, стеллажей в торговом зале для привлечения внимания покупателя)* **SEE:** in-store display **2)** *рекл.* рекламный материал *(иллюстративно-изобразительные средства, оборудование для размещения рекламы в магазинах, на улице)* **SEE:** display equipment

display media *рекл.* иллюстративно-изобразительные средства, рекламные средства *(рекламные щиты, вывески, плакаты)* **SEE:** display material

display model **1)** *общ.* модель, макет *(уменьшенная копия предмета)* **EX: collection aircraft display model** – коллекционная модель самолета **2)** *рекл.* демонстрационная [выставочная] модель *(товара, продаваемого или готовящегося к продаже в магазине, на выставке для привлечения внимания потенциальных покупателей)* **SEE:** case display

display outer *торг.* выставочная коробка*, блок *(коробка, в которую помещено определенное количество мелкого товара, открытая сверху и предназначенная для выставления в торговом зале, часто рядом с кассой)* **EX: Display outer contains 36 packs of toffees.** – Блок содержит 36 упаковок ирисок.

display package *торг.* демонстрационная упаковка **а)** *(для размещения товара непосредственно в торговом зале)* **EX: Eventually they succeeded in developing most convenient display package for all models of watches of last output.** – В итоге им удалось разработать наиболее удобную демонстрационную упаковку для всех моделей часов последнего выпуска. **б)** *(позволяет покупателю увидеть товар в случаях, когда он продается только в запечатанном виде)* **EX: Display package of perfume is necessary to show to the customer the inside of the box and the bottle.** – Демонстрационный образец духов необходим, чтобы показать покупателю внутреннюю сторону коробки и флакон. **SEE:** package, product display

display panel 1) *торг.* стеновая панель *(разделяет торговую площадь на отдельные выставочные пространства для разных товаров)* 2) *торг.* экспозиционный стенд *(для размещения товара, напр., открыток вертикально в несколько рядов)* 3) *тех.* экран *(телевизора, электронных часов и т. п.)*

display platform 1) *торг.* витринная площадка* *(платформа (подставка) для экспозиции товаров в торговом зале)* 2) *общ.* выставочная платформа* *(подставка для экспозиции каких-л. предметов, напр., в музее)* 3) *общ.* подиум *(возвышение на эстраде)*

display rack *торг.* а) экспозиционная полка *(для выкладки товара)* **SYN:** display shelf б) выставочный стеллаж **EX: display garment rack** – вешалка для выставления одежды (в магазине), **display poster rack** – выставочный стеллаж (для открыток, плакатов и т. д.)

display shelf *торг.* полка, полка витрины *(полка для выставления товара в магазине)* **SEE:** shelf display, retailer display

display space выставочная площадь а) *торг.* = merchandise space **SEE:** shelf space б) *общ.* *(площадь, предназначенная для проведения выставок)* в) *торг.* *(выставочное пространство одной полки)* **EX: Get double the CD/DVD storage and display space on one shelf with this steel shelf insert designed to hold two rows of CDs/DVDs.** – Получи двойное пространство для хранения и выкладки CD и DVD на одной полке, приобретя эту стальную полку, смоделированную для размещения двух рядов CD и DVD.

display stand *торг.* выставочный стенд **SEE:** retailer display, display panel, advertising display

disposable card *фин., торг.* одноразовая [непополняемая] карточка [карта] *(карта, на которую после использования первоначально зачисленной суммы не могут быть внесены новые денежные средства)* **SEE:** rechargeable card, prepaid card, plastic card, smart card

disposable package *торг.* одноразовая упаковка **ANT:** reusable pack **SEE:** package, throwaway package

disposable product *марк.* одноразовый товар *(напр., пластиковая посуда, подгузники, салфетки и т. д.)* **EX: The regular upgrading of cell phones make them a “disposable” product and the environmental impacts of cell phone wastes are significant.** – Постоянное усовершенствование сотовых телефонов сделало их почти одноразовыми товарами. Выброшенные телефоны наносят огромный вред окружающей среде. **SYN:** single-use product, one-shot product, single service **SEE:** multiple-use product

disposables *потр.* = non-durable goods

disposal *сущ.* 1) а) *общ.* право [возможность] использовать, право [возможность] распоряжаться *(чем-л. или кем-л.)* **EX: at the disposal of** – в распоряжении *(кого-л.)*, **place smth. at smb's disposal** – предоставить что-л. в чье-л. распоряжение, **risk transfer from the seller to the buyer when the goods are at the disposal of the buyer** – переход риска от продавца к покупателю, когда товары поступают в распоряжение покупателя, **What part of my funds are at my disposal?** – Какая часть средств в моем распоряжении?, **I had plenty of time at my disposal to search around for the best deal.** – У меня было достаточно времени, чтобы подыскать наилучшее предложение. **I am at you disposal.** – Я в вашем распоряжении. б) *общ.* управление, руководство; контроль **EX: disposal of affairs** – управление делами 2) *торг.* продажа, реализация; передача **EX: disposal of property** – передача имущества; продажа имущества, **gain on disposal of investments** – доход от продажи инвестиций [инвестиционных активов] **SYN:** sale, selling 3) *общ.* избавление *(от чего-л.)*; устранение, удаление *(чего-л.)* **EX: disposal of wastes** – утилизация отходов 4) *учет* ликвидация, устранение *(актива, когда он больше не используется; как правило, продажа, передача (кому-л.) для дальнейшего использования, списание и утилизация)* **EX: Disposal of fixed asset investments realised a profit of □50 million.** – Прибыль от продажи основных средств составила 50 млн. фунтов стерлингов. **The Asset Disposal service allows you to dispose of redundant or surplus items such as**

furniture, equipment, office supplies, computers, etc. Please fill out an Asset Disposal form, send it over to Ed Goodwin, and he will contact you to arrange pickup of the goods. – Служба ликвидации активов поможет вам избавиться от ненужных вам предметов мебели, оборудования, канцелярских принадлежностей, компьютеров и т. п. Пожалуйста, заполните бланк ликвидации актива, отправьте его Эду Гудвину, и он позвонит вам, чтобы договориться о времени передачи имущества. **SEE:** sale **5)** *потр. (кухонное устройство для измельчения отходов и сбрасывания их в канализацию)* **6)** *общ.* расположение, размещение, расстановка **EX: disposal of furniture** – расстановка мебели

Disposal of Uncollected Goods Act 1952 *юр., торг., брит.* закон «О неполученных товарах»*, 1952 г. **SEE:** Torts (Interference with Goods) Act 1977

disproportional sampling *соц., стат.* непропорциональная выборка *(выборка представителей групп, не учитывающая объем этих групп; выборка, предусматривающая послойный отбор элементов, при котором принцип отбора для конкретного слоя не является пропорциональным объему этого слоя в генеральной совокупности; такая выборка бывает нужна, напр., в случае необходимости получить отдельные показатели для каждой группы, а слишком маленькие группы в случае пропорциональной выборки дадут недостаточное число показателей для анализа)* **ANT:** quota sampling, proportional sampling **SEE:** sampling

dissipative advertising *рекл.* растратная реклама*, расточительная реклама *(реклама, которую вынуждена давать фирма, чтобы убедить клиента в том, что качество ее товара не ниже, чем у конкурента)* **SEE:** marketing warfare

dissonance attribution model *псих., марк.* модель диссонанса*, диссонансная атрибуционная модель* *(модель поведения, при которой человек сначала совершает какое-л. действие, затем формирует свое отношение к этому действию, а затем получает новые знания; в маркетинге термин относится к модели поведения, согласно которой потребитель стремится снизить когнитивный диссонанс после покупки путем сбора позитивной информации о товаре и в итоге относит покупку к своим правильным решениям; т. е. потребитель сначала делает выбор в условиях неполной информации об альтернативных товарах, а затем стремиться подобрать информацию, которая подтвердила бы правильность его выбора)* **SEE:** cognitive dissonance, standard learning hierarchy, low-involvement model, attribution theory, affective stage, cognitive stage, behavioural stage

distant customer *марк.* отдаленный [удаленный] клиент *(клиент фирмы, находящийся далеко от местоположения фирмы, напр., в другом регионе или стране)* **SEE:** customer location

distant market *марк.* отдаленный рынок *(рынок сбыта, расположенный далеко от компании-поставщика товаров, напр., в другой стране)*

distinctiveness 1) *общ.* индивидуальный характер, самобытность, отличительность; отличительная особенность, отличительная черта, отличительный признак **EX: While the distinctiveness of each desert is based on the types of plant life found there (determined both by evolutionary history and climates), the geological structures of these three deserts are rather similar.** – Хотя все три пустыни отличаются друг от друга типом растительности (определяемых как эволюцией, так и климатом), их геологические структуры очень похожи. **2)** *пат., марк.* различительная способность, отличительность *(свойство товарной марки, заключающееся в том, что марка должна позволять однозначно отличать товары одного лица от аналогичных товаров другого лица; торговое обозначение, описывающее свойства или место происхождения товара не считается отличительным)* **SEE:** trademark

distress merchandise *эк.* распродаваемое имущество*, распродаваемый товар* *(товары, продаваемые со скидкой для покрытия долгов или убытков компании; к данной категории относятся: имущество и товары компании, продаваемое при ее ликвидации или реорганизации; имущество и товары компании, пострадавшее при пожаре или поврежденное иным образом; имущество, полученное компанией в качестве залога и т. д.)*

distress price *эк., торг.* бросовая цена, убыточная цена *(пониженная цена, которую продавец вынужден принимать в сложной ситуации, напр., в случае отсутствия заказов и простаивания мощностей фирма может принять заказ по цене, ниже обычной цены, либо фермер может продать скот по заниженной цене в связи с отсутствием или резким подорожанием кормов, либо заемщик может быть вынужден продать имущество по заниженной цене, чтобы как можно быстрее найти собрать средства для расчетов с кредиторами и т. п.)* **SYN:** distressed price **SEE:** bargain sale price, forced sale price

distressed commodity *эк.* убыточный товар *(товар, приносящий минимальный доход или не приносящий какого-л. дохода)* **EX: to offer a low price for a distressed commodity** – предлагать заниженную цену за убыточный товар **SEE:** higher-margin merchandise

distressed goods *торг.* = damaged goods

distressed price *эк., торг.* = distress price

distribution *сущ.* **1)** *общ.* раздача, распределение; рассылка **SEE:** distribution of goods **2)** *торг.* распределение, распространение, дистрибуция **а)** *(товаров между потребителями через розничные и оптовые торговые точки, торговых посредников и т. п.)* **EX: large-scale distribution** – крупномасштабное распространение, **distribution efficiency** – эффективность (системы) распределения [товародвижения], **distribution element** – элемент [составляющая] системы распределения, **manager of distribution** – менеджер отдела сбыта,; **mass [massive] distribution** – массовое распространение, массовая дистрибуция; **mode of distribution** – способ распространения, **production distribution** – распространение продукции; сбыт продукции **SEE:** distribution channel, chain of production and distribution, direct distribution network, distribution agency, distribution allowance, distribution centre, distribution charges, distribution facilities, distribution fee, distribution level, distribution license, distribution management, distribution mix, distribution model, distribution network, distribution of goods, distribution outlet, distribution pattern, distribution right, distribution vehicle, distribution warehouse, distributional economies, dual distribution, exclusive distribution, film distribution, forced distribution, intensive distribution, limited distribution, mass-distribution economies, national distribution, physical distribution, physical distribution mix, physical distribution service, product distribution network, pull distribution strategy, push distribution strategy, selective distribution, warehouse distribution channel, wholesale distribution, sales function, distributor **б)** *фин., бирж. (размещение ценных бумаг)* **SEE:** allocation **3)** *эк.* распределение *(в экономической теории: распределение произведенного продукта между участниками производства; в классической политической экономии являлось одним из четырех основных этапов хозяйственной деятельности: производство-распределение-обмен-потребление; соответственно, теория распределения была одним из основных разделов экономической теории; в неоклассической теории название «теория распределения» постепенно заменяется на теория «рынков факторов производства»; различают функциональное и персональное распределение)* **SEE:** exchange, consumption **4)** *фин.* распределение (прибыли) *(направление части чистой прибыли на выплату дивидендов акционерам)* **5)** *учет* распределение *(затрат)* **6)** *юр.* распределение, раздел *(активов между несколькими лицами в соответствии с законом, напр., раздел имущества умершего лица или объявленного банкротом предприятия)* **7)** *гос. фин., брит. (дивиденд* *или квазидивиденд, включаемый в налогооблагаемую базу при расчете авансового налога на корпорацию)* **8)** *стат.* распределение **а)** *(ряд чисел, приписывающий каждой случайной величине определенную вероятность)* **SEE:** bimodal distribution, distribution centre **б)** *бирж.* разброс *(границы колебания биржевых цен)* **9)** *СМИ* = broadcast distribution **10)** *с.-х.* размножение *(о сельскохозяйственных культурах и животных)*

distribution agency 1) *эк.* агентство-распространитель *(любое агентство, привлеченное производителем или импортером к распространению товаров среди оптовых торговцев, розничных продавцов или непосредственных потребителей; часто речь идет о распространителях печатных изданий)* **SEE:** distributor **2)** *эк.* прокатное агентство *(агентство, сдающее какие-л. товары на прокат; обычно речь идет о кинопрокате)*

distribution allowance *торг.* дистрибуционная скидка*, скидка при распространении* *(скидка с цены товара, предоставляемая производителем распространителям его продукции)* **SEE:** slotting allowance

distribution centre 1) *торг.* оптовая база, распределительный центр *(склад, на который поступают крупные партии товара для распределения между розничными торговцами)* **2)** *стат.* центр распределения *(напр., случайных величин)*

distribution channel *марк.* канал распределения **а)** *(элемент внутреннего торгового аппарата фирмы либо торговый посредник, через которого осуществляется реализация определенного вида продукции определенной группе покупателей)* **б)** *(совокупность независимых организаций, участвующих в процессе продвижения товара или услуги от производителя к потребителю)* **SYN:** marketing channel, market channel, marketing outlet **SEE:** administered channel, channel capacity, channel member

distribution charges *торг., учет* = distribution cost

distribution cost *торг., учет* расходы по сбыту, издержки обращения [распределения] **а)** *(издержки, связанные со сбытом и приобретением товара, напр., расходы на погрузку, транспортировку, хранение, рекламу и т. п.)* **б)** *(денежная оценка затрат, произведенных продавцом в процессе продвижения товаров к покупателю за определенный период времени)* **SYN:** distribution charges, distribution overhead, distribution expense, expenses of circulation, trading cost **SEE:** storage expenses, transportation cost

distribution department *торг., упр.* = sales function

distribution expenses *торг., учет* = distribution costs

distribution facilities 1) *торг.* средства распространения **а)** *(организационно-техническая база сбыта продукции)* **б)** *(сеть агентов по сбыту)* **SYN:** distribution media **2)** *с.-х.* распределительная сеть *(напр., ирригационная)*

distribution fee *торг.* отчисления дистрибьютору *(предприятию, которое занимается от лица фирмы-изготовителя сбытом и гарантийным обслуживанием товара)* **SEE:** distribution charges

distribution firm *эк.* = distribution agency

distribution level *марк.* уровень распределения **а)** *(сфера распространения продукции как часть производственно-распределительной цепочки)* **SEE:** chain of production and distribution **б)** *(одно из звеньев в цепи процесса доведения товара от производителя к потребителю)*

distribution license лицензия на распространение [дистрибуцию] **а)** *юр., торг., пат.* *(лицензия, дающая права на распространение каких-л. товаров, защищенных торговой маркой, авторскими правами и т. д.)* **SEE:** distribution right **б)** *межд. эк., амер.* *(в контексте лицензирования внешнеэкономической деятельности в США: государственная лицензия, дающая своему владельцу право на осущест-*

вление серии поставок определенного товара нескольким иностранным получателям, список которых должен быть одобрен государственными органами США; разновидность подтвержденных экспортных лицензий)

distribution management *упр., торг.* управление распределением* *(управление запасами и доставкой товаров торговым посредникам и потребителям)* **SYN:** marketing logistics

distribution manager *эк. тр., торг., амер.* = field representative

distribution media *торг.* = distribution facilities

distribution mix *марк.* структура каналов распределения *(сочетание использования каналов распределения)* **SEE:** distribution channel

distribution model *марк., комп.* модель распределения *(компьютерная программа, основанная на математическом представлении типичных ситуаций и разработанная для помощи управленческому персоналу при принятии решений о каналах распределения продукции; необходима для определения мест расположения магазинов и складов, а также для организации маркетинговой деятельности)*

distribution network *торг.* торгово-распределительная сеть *(совокупность распределительных пунктов или складов, через которые развозятся товары)* **SYN:** network of distributors

distribution of goods 1) *марк.* распространение товаров *(деятельность по организации сбыта и сбыту товаров)* **SEE:** marketing 2) *эк.* распределение товаров [благ] *(наделение каждого члена общества или группы необходимым количеством товаров (благ))* **EX: fair distribution of goods among families** – справедливое распределение товаров между семьями

distribution of sample *стат.* распределение выборки *(распределение величин (средние величины, первоначальные величины) всех возможных выборок определенного объема из генеральной совокупности, из которых можно вычислить вероятность появления определенных результатов)* **SEE:** sample

distribution outlet 1) *марк.* = distribution channel 2) *марк.* предприятие по [пункт] распределению товара **SYN:** distributive outlet

distribution overhead *торг., учет* = distribution cost

distribution pattern *марк.* модель распределения, дистрибьюторская модель *(схема распределения продукции фирмы)* **EX: This distribution pattern is designed to maximize the full economic potential of each market.** – Эта модель распределения направлена на максимизацию полного экономического потенциала каждого рынка.

distribution pipeline 1) *тех.* распределительный трубопровод 2) *марк.* = distribution channel

distribution right *юр., торг.* право на распространение *(товаров, каких-л. объектов интеллектуальной собственности и т. д.)* **SEE:** distribution license

distribution vehicle 1) *трансп., торг.* машина доставки* *(транспортное средство, перевозящее товар от продавца покупателю)* **EX: refrigerated distribution vehicle** – авторефрижератор 2) *марк.* средство распространения; средство распределения *(информации, товаров, услуг и т. п.)* **EX: These days, the typical distribution vehicle is the Internet.** – Сейчас основным средством распределения является интернет. **SEE:** distribution channel

distribution warehouse *торг.* транзитный [распределительный] склад, склад-распределитель *(склад для перераспределения и разукрупнения партий товаров с целью более удобной и быстрой доставки конечным потребителям)* **SEE:** warehouse

distribution warehouse *торг.* транзитный склад, склад-распределитель, распределительный склад *(склад для перераспределения и разукрупнения партий товаров с целью более удобной и быстрой доставки конечным потребителям)* **SEE:** warehouse

distributional economies *марк.* эффект масштаба в распределении *(напр., в результате отпуска продукта крупному потребителю вместо нескольких мелких)* **EX: It would also present the opportunity to minimize their joint costs by increasing their distributional economies of scale.** – Это также представляло бы возможность минимизации их общих издержек за счет увеличения их эффекта масштаба в распределении. **SEE:** economies of scale

distributive

I *прил.* **1)** *общ.* дистрибутивный, распределяющий, распространяющий *(имеющий отношение к распространению (распределению) чего-л., к доставке или перевозке чего-л., напр., занимающийся распространением [дистрибуцией] товаров)* **EX: to use the profits derived from the distributive business on manufacturing industry** – использовать доходы от распределительной системы обрабатывающей промышленности, **It is clear that a reorganization is necessary on the distributive side of this industry.** – Очевидно, что этой отрасли необходима реорганизация распределения продукции. **SEE:** distributive channel, distributive outlet, distributive network **2)** *лингв.* разделительный *(о слове или выражении, относящемся сразу к нескольким объектам (словам))* **EX: »Each», «every», and «either» are examples of distributive words in English.** – «Each», «every», и «either» являются разделительными словами в английском языке.

distributive channel *марк.* = distribution channel

distributive network *марк.* = distribution network

distributive outlet *марк.* = distribution outlet

distributor *сущ. торг.* дистрибьютор *(независимая фирма по оптовой торговле, продающая товары всем потребителям, включая других оптовиков, розничных торговцев, конечных потребителей, и предоставляющая такие услуги, как демонстрация, поставка, кредитование, допродажное и послепродажное обслуживание и т. д.);* распространитель *(товаров)* **EX: End users do not usually buy from a distributor; they buy from retailers or dealers.** – Конечные пользователи обычно не покупают у дистрибьютора, а приобретают товары у розничных торговцев или дилеров. **SYN:** wholesale firm **SEE:** wholesaler, service wholesaler, distribution firm, manufacturer's customer, store brand, exclusive distributor, importer distributor, industrial distributor, National Association of Wholesaler-Distributors, distribution network, door-to-door distribution, distributorship, exclusive distributor, export distributor, import distributor, sales agent

distributor brand *марк.* = store brand

distributor's brand *марк.* = store brand

distributor's house brand *марк.* = store brand

distributorship *сущ. торг.* дистрибьюторство *(деятельность дистрибьютора; оптовое распределение)* **SEE:** distributor, distributorship agreement

distributorship agreement *торг.* соглашение [договор] с дистрибьютором,соглашение о дистрибьюторстве* *(соглашение между производителем и оптовым продавцом о распространении продукции данного производителя)* **SEE:** distributor

district manager *упр.* региональный [районный] менеджер [управляющий] **а)** *(управляющий подразделением (отделом) компании или организации, осуществляющим деятельность на территории определенного района)* **б)** *марк. (отвечает за сбыт продукции компании в определенном регионе)* **SYN:** area manager, field district manager **SEE:** field force, field sales manager

district sales manager *упр., марк.* районный управляющий по сбыту **SYN:** field sales manager, zone sales manager, regional sales manager **SEE:** district manager

district service manager *упр., марк.* управляющий районной службой сервиса; районный управляющий по обслуживанию клиентов **SEE:** district manager

district wholesaler *торг.* районный оптовик* *(оптовое предприятие, расположенное в крупном городе и обслуживающее город и примыкающий район)*

SEE: national wholesaler, regional wholesaler, local wholesaler

divergent marketing *марк.* расходящийся маркетинг* *(раздельный маркетинг каждого вида продукции компании отдельными группами специалистов по маркетингу)* **SEE:** convergent marketing

diversification strategy *фин., марк.* стратегия диверсификации

diversified *прил. общ.* многообразный, разносторонний, разнообразный *(характеризующийся множеством форм или компонентов)*; диверсифицированный; многоотраслевой **EX: diversified portfolio of securities** – диверсифицированный портфель ценных бумаг, **diversified store [shop]** –диверсифицированный магазин* *(торгующий товарами из разнообразных продуктовых категорий)*, **diversified retailer [trader, seller]** –диверсифицированный (розничный) торговец [продавец]* **SEE:** diversified products

diversified products *эк.* многономенклатурная продукция, диверсифицированная продукция *(различные виды товаров, предлагаемые компанией рынку; напр., мужская и женская одежда, обувь, аксессуары и др., лаки, краски, эмалевые покрытия, резина и др.)*

diversion of goods *эк.* перемещение [перевод] товара *(с одного рынка на другой, из одной сферы использования в другую и т. д.)* **EX: diversion of goods to more profitable markets** – перемещение товара на более прибыльные рынки сбыта, **diversion of goods into grey markets** – перемещение товара на серый рынок

diverting by retailers *торг.* передача товара (розничными) продавцами* *(перепродажа нежелательного товара одним розничным торговцем другому)*

division of markets *марк.* раздел рынка *(территориальное разграничение рынка сбыта и присвоение каждому участнику рынка определенной доли, т. е. территории, на которой он будет главным поставщиком данного товара)*

do a deal *общ* = bargain

do-it-yourself kit *марк.* конструкторский набор* *(набор для самостоятельного изготовления (сборки) или установки какого-л. изделия)* **SEE:** do-it-yourself product

do-it-yourself product **сокр.** DIY product *марк.* товар «сделай сам»*, самоделка* *(товар, представляющий собой набор деталей, из которых потребитель сам должен собрать готовый продукт или установить его в своем доме, руководствуясь прилагаемой инструкцией; напр., предметы мебели, лопаты, замки и др.)* **SEE:** do-it-yourself kit

do the shopping *торг.* делать покупки; покупать *(что-л.)* **EX: My friend and I normally do our weekly shopping together at this supermarket.** – Мы с другом обычно закупаем продукты на неделю в этом супермаркете. **We will do the shopping for you.** – Мы сделаем покупки за вас. **SEE:** go shopping, be shopping

dock

I *сущ.* **1)** *трансп., мор.* док **SEE:** dockage **2)** *трансп.* (железнодорожный) тупик **3)** *трансп.* погрузочная платформа; погрузочно-разгрузочная платформа *(платформа в промышленной зоне, на транспортном терминала и т. д., предназначенная для погрузки или разгрузки грузовиков или иных транспортных средств)*

II *гл. мор., трансп.* вводить [входить] в док *(о судне)*

dock certificate *торг., трансп., фин., брит.* портовое свидетельство* *(документ, вручаемый портом владельцу товара и подтверждающий принятие на определенный срок и за установленную плату указанных в нем предметов; портовое свидетельство выдается либо самому владельцу, либо лицу, действующему по надлежаще оформленной доверенности; в Великобритании закон «О торговых агентах», 1889 г. и закон «О продаже товаров», 1979 г. признает складское свидетельство товарораспорядительным документом, однако судебная практика его та-*

ковым не признает) **SEE:** document of title, Factors Act 1889, Sale of Goods Act 1979

dock receipt *трансп., торг., юр.* доковая расписка *(документ, который выдается управлением порта в удостоверение принятия товара для отправки и помещения на портовый склад; расписка составляется на имя грузовладельца; грузовладелец или его агент передают расписку грузоперевозчику или его агенту, и на ее основании составляется коносамент)* **SEE:** bill of lading, cargo receipt, warehouse receipt

dock warrant *торг., трансп., юр.* доковый варрант *(складское свидетельство, выданное товарной пристанью)* **SEE:** document of title

dockage *сущ.* **1)** *мор., трансп.* доковый сбор *(плата, взимаемая за стоянку в доке)* **SEE:** berthage, wharfage **2)** *мор., трансп.* постановка в док; стоянка (судов) в доках **3)** *мор., трансп.* оборудование дока **4)** *с.-х.* посторонняя примесь*, докедж* *(легко отделяемые примеси к зерну, состоящие из песка, семян сорных трав и т. п.; количество примесей обычно указывается в процентах от общей массы зерна)*

doctrine of estoppel *юр.* доктрина лишения права возражения* **а)** *(в системе общего права: правило, согласно которому субъект права не может ссылаться на какие-л. факты ввиду сделанного им ранее заявления об обратном и не может отрицать правомерность действий другой стороны, если последняя произвела некоторые действия на основании действий или слов первой стороны)* **б)** *торг. (применительно к договору о продаже товаров: правило, согласно которому лицо, не являющееся собственником товаров, может продать их, если собственник товаров своим предшествующим поведением, словом или по небрежности внушил этому лицу, что оно имеет право поступать таким образом)* **SEE:** contract of sale of goods, non-owner, estoppel by conduct, estoppel by words, estoppel by negligence

doctrine of fundamental breach *юр.* доктрина нарушения основных условий договора* *(правило, согласно которому нарушение одной из сторон условий договора, признанных существенными, ведет к аннулированию договора, следовательно, к освобождению второй стороны от ответственности по договору)* **SEE:** fundamental breach

document of title 1) *эк., юр.* титульный документ, документ права собственности, титул собственности; документ, подтверждающий право собственности* *(документ, свидетельствующий о законном праве собственности, напр., на недвижимость)* **EX:** **document of title to land** – документ, подтверждающий право собственности на землю **2)** *торг., юр.* товарораспорядительный документ **а)** *(документ, дающий право его держателю распоряжаться указанным в нем товаром или грузом)* **SYN:** document of title to the goods **б)** *брит. (согласно закону «О торговых агентах» от 1889 г.: любой коносамент, доковый варрант, складское свидетельство, варрант или ордер на поставку товаров, любой другой документ, используемый в обычном деловом обороте как доказательство прав собственности (или прав распоряжения) товарами или же как разрешение или предписание разрешить (на основании поставки или индоссамента) предъявителю документа передать или получить товары, указанные в документе; данное определение было подтверждено законом «О продаже товаров» от 1979 г., хотя судебная практика не всегда подтверждает именно такую классификацию каких-л. документов в качестве товарораспорядительных; так, несмотря на приведенное постановление закона, в Великобритании чуть ли не единственным товарораспорядительным документом является коносамент, что же касается складских и портовых свидетельств, расписки помощника капитана судна о получе-*

нии груза, некоторых перевозочных документов, то они хотя и соответствуют во многом признакам товарораспорядительного документа, но таковым судебной практикой не признаны) **SEE:** Factors Act 1889, bill of lading, dock warrant, warehouse certificate, order for the delivery of goods, endorsement, dock certificate, mate's receipt **в)** *амер. (согласно Единообразному торговому кодексу США, любой коносамент, доковый варрант, доковая расписка, складское свидетельство или ордер на поставку товаров, а также любой другой документ, который при обычной деловой практике рассматривается как адекватное уведомление о том, что лицо, предъявляющее такой документ, имеет право получить, распоряжаться или удерживать у себя документы на права собственности или товары, указанные в этом документе)* **SEE:** Uniform Commercial Code, dock receipt

document of title to the goods *торг., юр.* = document of title

documentary bill *межд. эк., фин., торг.* документарный вексель **ANT:** clean bill **SEE:** documentary draft

documentary collection *банк., торг.* документарное инкассо *(разновидность инкассо, при котором банк поставщика обязуется получить от покупателя определенную сумму или согласие на оплату векселя и взамен выдать покупателю документы на товары)* **SEE:** documents against payment, documents against acceptance, clean collection, documentary draft

documentary draft *межд. эк., фин., торг.* документарная тратта, документарный переводной вексель *(переводной вексель, к которому приложены коносамент, счет-фактура и другие отгрузочные документы)* **ANT:** clean draft **SEE:** bill of lading, invoice, shipping documents, documentary collection

documents against acceptance **сокр.** D/A *межд. эк., торг.* документы против акцепта *(метод расчетов в международной торговле, при котором экспортер предъявляет в банк отгрузочные документы вместе с векселем или чеком, а покупатель получает отгрузочные документы и право собственности на товары после акцепта векселя или чека)* **SEE:** documentary collection, acceptance, documents against payment

documents against payment **сокр.** D/P *межд. эк., торг.* документы против платежа, документы за наличный расчет *(условие в торговых расчетах, означающее, что передача грузовых документов на товары покупателю возможна только после оплаты им поставленных товаров)* **SYN:** cash against documents **SEE:** documentary collection, documents against acceptance

documents against presentation **сокр.** D/P *торг.* = cash against documents

dodger *сущ.* **1)** *общ.* ловкач; увертливый человек; хитрец *(человек, использующий нечестные методы для избежания чего-л., напр., для уклонения от службы в армии или уклонения от уплаты налогов)* **EX: draft dodger** – уклоняющийся от призыва (на военную службу) **2)** *рекл., амер.* (рекламный) листок, (рекламная) листовка, небольшой (рекламный) буклет **EX: He thought it was an advertising dodger.** – Он подумал, что это рекламная листовка. **SYN:** handbill, sales leaflet **3) а)** *потр., преимущественно амер. и австрал.* кукурузная лепешка **б)** *потр., австрал., разг.* хлеб **в)** *потр.* бутерброд, сэндвич

dog *сущ.* **1)** *общ.* собака; пес **2)** *марк.* «собака» *(направление деятельности или товар с низким темпом роста и небольшой долей рынка, которые могут приносить достаточный доход для поддержания самих себя, но не обещают стать более серьезными источниками дохода)* **SEE:** Boston matrix, cash cow, star, question mark, Kennel-keeper **3)** *общ., амер., сленг* нечто дешевое, низкого качества, не пользующееся спросом; дрянь, барахло *(о товаре и т. п.)*; халтура *(о произведении и т. п.)* **4)** *эк., амер., сленг* долговое обязательство **5)** *потр., амер., сленг* сэндвич с сосиской **6)** *потр., амер., сленг* ресторан, бар *(где можно быстро и недорого перекусить, заведение «фаст фуд»)* **SEE:** fast-food restaurant

dollar fill rate *торг., упр.* стоимостное покрытие заказов* *(доля стоимости заказов, которые были выполнены благодаря наличию товаров на складе, к стоимости всех поступивших заказов; один из показателей наличия ассортимента)* **SEE:** fill rate

dollar store *торг.* долларовый магазин* *(магазин, торгующий недорогими товарами, каждый из которых, как правило, стоит один доллар)* **SYN:** five and dime store, variety store, dollar store **SEE:** one-price store

domestic advertising *рекл.* реклама внутри страны *(реклама, размещаемая в пределах национальной территории государства)* **SEE:** global advertising

domestic articles *эк.* = household goods

domestic brand *марк.* отечественная марка *(торговая марка отечественного товара)* **SEE:** domestic goods, national brand, regional brand, local brand

domestic commerce *эк.* = domestic trade

domestic electronic equipment *потр.* бытовая электроника **SYN:** household appliances

domestic food *эк.* отечественные продовольственные товары, пищевые продукты отечественного производства **SEE:** food

domestic goods *эк.* отечественные товары, отечественная продукция *(товары, произведенные внутри данной страны)* **SEE:** foreign goods

domestic market **1)** *эк.* внутренний [национальный] рынок *(рынок страны, в которой находится производитель)* **SYN:** internal market **SEE:** external market, local market, world market, domestic marketing **2)** *фин.* рынок отечественных ценных бумаг* *(часть внутреннего рынка ценных бумаг, представленная ценными бумагами, выпущенными компаниями, которые зарегистрированы и расположены в данной стране)* **SEE:** foreign market, internal market

domestic marketer **1)** *марк.* специалист по национальному маркетингу* *(занимается маркетинговой деятельностью на внутреннем рынке)* **2)** *марк.* национальный поставщик [торговец] *(реализует произведенный товар на внутреннем рынке)* **SEE:** domestic marketing, domestic market, global marketer

domestic marketing *марк.* национальный маркетинг, маркетинг на внутреннем рынке *(деятельность по продвижению и реализации произведенного в стране товара внутри страны)* **SEE:** export marketing, international marketing, domestic market

domestic products *эк.* = domestic goods

domestic trade *эк.* внутренняя торговля *(оптовая и розничная торговля произведенной внутри страны и импортированной продукцией на внутреннем рынке страны)* **SYN:** domestic commerce, home commerce, internal commerce, home sales **ANT: SEE:** domestic market, international trade

dominance model *марк.* модель доминирования *(модель формирования потребительского отношения, согласно которой потребитель оценивает товары в соответствии с количеством удовлетворяющих его характеристик товара по сравнению с другими марками; в отличие от лексикографической модели ни одна из характеристик товара не рассматривается как более приоритетная и неудовлетворительный уровень даже одной характеристики может привести к отказу от покупки)* **SEE:** conjunctive model, ideal point model, disjunctive model, lexicographic model, expectancy-value model

Donoghue v Stevenson *юр., торг., брит.* «Донахью против Стивенсона»* *(название знаменитого судебного прецедента 1932 г., на основании которого английским законодательством о продаже товаров признается ограничение ответственности по поводу продукта доктриной договорных отноше-*

ний, т. е. признается, что покупателю трудно предъявить иск об ущербе кому-л., кто не является непосредственным продавцом товара, напр., производителю) **SEE:** product liability, damage, claim for damage, Carlill v Carbolic Smoke Ball Co, Henningsen v Bloomfield Motors

donor promotion *рекл.* реклама для дарителей **а)** *(реклама, предлагающая возобновление дарственной подписки и направляемая дарителю с перечнем всех получателей дара в предыдущий период)* **б)** *(реклама, направляемая предыдущему дарителю с просьбой нового пожертвования)* **SEE:** recipient donor, nonrecipient donor

donut *рекл.* сэндвич*, бублик* *(предварительно записанная радио- или телевизионная реклама с незаполненным промежутком в середине, предназначенным для вставки специального рекламного сообщения)* **SYN:** donut commercial

donut commercial *рекл.* = donut

door opener 1) *потр.* устройство (для) открывания дверей *(электромеханическое устройство, обеспечивающее автоматическое открывание дверей, напр., автоматически поднимающее дверь гаража)* **2)** *марк.* «отмычка» *(в широком смысле: действие или предмет, позволяющий воспользоваться какой-л. возможностью; в узком смысле: недорогой сувенир, вручаемый торговым представителем или вкладываемый в комплект почтовой рекламы для привлечения внимания потенциальных покупателей)*

door-to-door *прил.* **1)** *торг., рекл., стат.* поквартирный, сплошной, поголовный *(о методах розничной торговли, способах проведения социологических и маркетинговых исследований и т. п., подразумевающих обход жителей определенной территории)* *EX:* **door-to-door distribution** – сплошное распространение* **door-to-door distributor** –сплошной распространитель* **door-to-door marketer** – специалист по квартирному маркетингу* **SEE:** door-to-door delivery, door-to-door marketing, door-to-door selling, door-to-door advertising, door-to-door salesman **2)** *трансп.* от двери до двери,от порога до порога*, от дома до дома* *(об условии договора на перевозку или соглашения о доставке, согласно которому перевозчик обязуется доставить товар из помещений грузоотправителя до помещений грузополучателя; термин также обозначает саму сквозную перевозку товара от грузоотправителя до грузополучателя, осуществляемую единым перевозчиков)* **SYN:** house-to-house **SEE:** door-to-door delivery, consignor, consignee

door-to-door advertising *рекл.* поквартирная [сплошная] реклама* *(форма прямой рекламы, когда рекламные листовки разносятся по домам почтальонами или посыльными)* **SYN:** house-to-house advertising **SEE:** door-to-door distribution

door-to-door delivery *торг., связь* доставка «от двери до двери», доставка «от порога до порога»; сквозная доставка *(услуга по доставке (в т. ч. писем, документов и т. д.), при которой погрузка и разгрузка (получение и передача отправлений) производится максимально близко к месту жительства или работы клиентов)*

door-to-door marketing *марк.* квартирный маркетинг* *(форма прямого маркетинга, при которой представители фирмы приходят домой к потенциальным клиентам и предлагают им купить определенный товар; для такой формы маркетинга характерно агрессивное поведение, т. е. торговый агент очень долго и настойчиво уговаривает потенциального клиента, убеждает его в необходимости приобретения данного товара)* **SEE:** direct marketing, personal sale, door-to-door selling

door-to-door retailing *торг.* = door-to-door selling

door-to-door sales *торг.* = door-to-door selling

door-to-door sales representative *торг.* = door-to-door salesman

door-to-door salesman *торг.* коммивояжер*, торговый агент [представитель], торгующий вразнос* *(торговый агент, посещающий потенциальных покупателей на дому, в офисах и т. п.)* **SYN:** house-to-house salesman, door-to-door sales representative **SEE:** door-to-door selling

door-to-door selling *торг.* торговля вразнос, продажа вразнос *(метод торговли, при котором торговый агент обходит квартиры, офисы и т. п. на определенной территории, предлагая жильцам, сотрудникам офисов и т. п. приобрести определенные товары)* **SYN:** house-to-house selling **SEE:** door-to-door salesman, door-to-door marketing

double blind *мет.* двойной слепой [анализ, тест] *(эксперимент, в котором испытатель и испытуемый не знают о реальной цели эксперимента, так как это знание может повлиять на результаты; напр., врач и пациент не знают о том, какое именно лекарство тестируется)* **SEE:** single blind

double-barrelled question *соц.* = double-barrelled question

double crown poster *полигр., рекл., англ.* стандартный двухлистовой плакат *(762×508 мм)* **SEE:** poster

double-decker **1)** *трансп. (любое двухэтажное транспортное средство: корабль, автобус и т. д.)* **2)** **а)** *общ. (любой предмет, в структуре которого можно выделить два слоя или яруса, напр., трехслойный бутерброд)* **б)** *рекл.* двухэтажная реклама* *(наружная реклама, состоящая из двух экспозиций, расположенных одна над другой)*

double-faced sign *рекл.* двусторонняя вывеска **SEE:** outdoor advertising

double-page spread *рекл.* двухстраничный [двойной]разворот, разворот на две полосы *(место под рекламное объявление на двух противолежащих страницах издания; называется центральным разворотом, если эти две страницы находятся в самом центре издания)* **SYN:** double-truck spread, two-page spread, double spread, double truck **SEE:** centre spread

double postcard *рекл.* двойная (почтовая) открытка *(элемент прямой почтовой рекламы, представляющий собой сложенный пополам лист, запечатанный с одной стороны; одна половина этого листа является рекламой, адресованной получателю, а другая представляет собой бланк заказа или ответа, адресованный отправителю)*

double royal poster *полигр., рекл., англ.* двойной королевский плакат* *(плакат формата 101,60 на 63,50 см)* **SEE:** poster, royal poster

double spotting *рекл., СМИ* двойная рекламная вставка* *(два рекламных объявления, передаваемые в эфир одно за другим в течение одной рекламной паузы)*

double spread *рекл.* = double-page spread

double truck *рекл.* = double-page spread

double-truck advertisement *рекл.* реклама на разворот *(рекламное объявление, занимающее весь разворот издания)* **SYN:** two-page advertisement **SEE:** full-page advertisement, broadside advertisement

double-truck spread *рекл.* = double-page spread

doubling day *рекл.* день получения половины откликов* *(день, к которому предположительно поступает половина всех откликов на прямую почтовую рекламу; обычно это 7-20-й день после получения первого отклика; используется для приближенного определения итогового количества откликов, оценки эффективности данного мероприятия почтового маркетинга и принятия решения о его продолжении или прекращении)* **SEE:** direct mail advertising, advertising response, half life

down-market *марк.* = downscale market

down payment тж. downpayment **1)** *торг.* первый взнос, первоначальный платеж *(часть стоимости покупки, уплачиваемая наличными при покупке в кредит и не учитывающаяся при определении общего размера кредита)*

SYN: cash down payment **SEE:** credit purchase, credit sale, pay down **2)** *межд. эк.* первый взнос* *(в контексте торговых переговоров: первоначальные обязательства по снижению таможенного тарифа, принимаемые странами при подготовке долгосрочной программы либерализации торговли и свидетельствующие о заинтересованности в результате предлагаемых торговых переговоров)*

downmarket *марк.* = downscale

downpayment *сущ. торг., межд. эк.* = down payment

downscale

I *прил.* **1)** *эк.* низкокачественный, низкого качества *(о товаре массового потребления)* **EX: It should be noted that upscale people often engage in downscale consumption.** – Необходимо отметить, что люди с доходом выше среднего часто потребляют низкокачественные товары. **2) а)** *марк.* с низкими доходами, малообеспеченный *(напр., о покупателях)* **EX: Downscale people typically confine their consumption to downscale products and services.** – Покупатели с низкими доходами, как правило, ограничивают свое потребление низкокачественными товарами и услугами. **SEE:** downscale audience **б)** *марк.* низкодоходный *(о сегменте рынка, включающем малообеспеченных покупателей)* **SEE:** downscale segment **SYN:** downmarket **ANT:** upscale

II *гл. общ.* уменьшаться* *(в размере, масштабе и т. п.)* **EX: If in doubt, we can downscale our activities.** – Если мы не уверены, мы можем уменьшить объемы нашей деятельности. **Net financial debt was downscaled from EUR190 million at the end of 2002 to EUR175 million in June 2003.** – Чистые финансовые обязательства уменьшились с 190 млн. евро в конце 2002 г. до 175 млн. евро в июле 2003 г.

downscale audience *марк.* малообеспеченная аудитория [часть аудитории] *(по социально-экономическим или демографическим показателям)* **EX: What kind of shows will attract the upscale young viewers, with disposable income, and will be interesting for the downscale audience?** – Какие передачи будут привлекать молодых зрителей из хорошо обеспеченных семей со свободным доходом, и будут интересны для малообеспеченной аудитории? **ANT:** upscale audience **SEE:** audience

downscale market *марк.* рынок небогатых потребителей*, нижние эшелоны рынка* *(рынок товаров для небогатых покупателей, предпочитающих покупать товары по низким или сниженным ценам)* **SYN:** down-market, low-end market, lower end of the market **SEE:** discount retailing market, upscale market, mid-range market

downscale segment *марк.* низкодоходный сегмент *(часть населения или покупателей на рынке какого-л. товара, обладающая низкими доходами)* **ANT:** upscale segment **SEE:** downscale market

downtown shopping *торг.* покупки в центре* *(совершение покупок в центральной части города, где исторически концентрируется множество разнообразных магазинов: в основном, ювелирных, книжных, антикварных, магазинов одежды и сувенирных лавок, рассчитанных на отдыхающих и туристов)* **SYN:** high-street shopping, main-street shopping **SEE:** high street, business street, store cluster, shopping area

downtown store *торг., амер.* магазин [центре] в деловой части города **SEE:** downtown shopping

downward stretching *марк.* нисходящее [удешевляющее] удлинение (товарной линии)* *(добавление новых товаров к товарной линии, которые имеют более низкую цену, чем уже существующие товары)* **SEE:** product line stretching, upward stretching, two-way stretching

dram shop *торг.* питейное заведение* *(имеющее лицензию на продажу открытых алкогольных напитков для распития их в этом заведении)* **SEE:** package store, liquor store, Dram Shop Act

Dram Shop Act *юр., торг., амер.* закон «О заведениях, торгующих спиртным»* **а)** *(отдел закона «Об общих обязанностях» штата Нью-Йорк, не являющийся самостоятельным законодательным актом, однако имеющий*

первостепенную важность для законодательного регулирования торговли в общественных барах; согласно Закону, любое лицо, которому будет нанесен личный ущерб, ущерб собственности, репутации или иной ущерб, лицом, находящимся в состоянии алкогольного опьянения, имеет право подать в суд на лицо, которое незаконно доставило спиртной напиток находящемуся в состоянии алкогольного опьянения лицу, что послужило основной причиной или способствовало опьянению, и имеет право рассчитывать на покрытие нанесенного ущерба, как фактического, так и в виде штрафа как компенсации морального ущерба) **б)** *(название законов, принятых в ряде штатов США, прямо запрещающие владельцам баров и заведений, торгующих спиртным, продавать алкогольные напитки посетителям, уже находящимся в состоянии алкогольного опьянения)* **SEE:** dram shop

draper *сущ. торг., преимущественно брит.* торговец тканями *(иногда также продающий одежду и другие текстильные изделия)* **SEE:** dry goods, drapery

drapery *сущ.* **1) а)** *общ.* драпировка *(куски материи, развешанные на окнах, стенах и т. п. для украшения)* **б)** *мн., общ.* шторы; занавеси **2)** *потр., преимущественно брит.* = dry goods **3)** *торг., брит.* торговля тканями **4)** *торг., брит.* магазин тканей **SEE:** draper

draw

I *сущ.* **1) а)** *общ.* тяга; вытягивание **б)** *общ. (количество чего-л. вытянутого)* **2)** *т. игр* жребий, лотерея **3)** *общ.* приманка, соблазн *(то, что привлекает, нравится)* **EX: Free dishes used to be a big draw at the movie theaters.** – Многие ходили в кинотеатры ради бесплатных буфетов. **4)** *СМИ, торг.* = newsstand draw **5)** *эк. тр.* аванс *(форма оплаты труда агента, при которой он получает аванс в счет будущих комиссионных; целью этого аванса является предоставление агенту возможности нормально работать до получения первых заработков; иногда погашается постепенно, в течение нескольких месяцев; может списываться по истечении некоторого времени)* **EX: We offer a monthly draw and commission.** – Мы предлагаем ежемесячное комиссионное вознаграждение с выплатой аванса. **This position offers salary and commission, draw and commission or commission only compensation plans.** – Планы вознаграждения за работу на этой должности предусматривают выплату оклада и комиссионных, сочетание комиссионных с выплатой аванса или чисто комиссионную оплату. **The company makes regular payments to an agent – not as salary, but as a draw. A draw is a repayable advance against future commissions.** – Компания совершает регулярные платежи агенту, но не в виде оклада, а в виде аванса. Аванс – это возвращаемый платеж в счет будущих комиссионных. **SEE:** commission

dreck *сущ. потр., амер., сленг* самый дешевый, некачественный товар

drek *сущ.* = dreck

drink 1) *общ., потр.* напиток, питье **EX: fruit drink** – фруктовый напиток, **iced drink** – напиток со льдом **SEE:** beverage **2)** *потр.* спиртной напиток

drinking place *торг., амер.* бар, рюмочная, забегаловка *(где можно купить алкогольные напитки)*

drive time *СМИ, рекл.* драйв тайм, пиковое время, час-пик *(время поездки на транспорте по пути на работу и с работы (обычно с 6 до 10 утром и с 15 до 19 после обеда); вместе они составляют для радио период с наибольшей слушательской аудиторией)* **SYN:** driving time **SEE:** morning drive time, afternoon drive time, prime time, late fringe

drive-in store *торг., амер.* магазин «драйв-ин», магазин со въездом* *(магазин для обслуживания покупателей, которые не хотят выходить из автомобиля)* **SYN:** drive-up store

drive-up store *торг., амер.* = drive-in store

driver salesman *торг., амер.* = route salesman

driving time *рекл., СМИ* = drive time

drop in *сущ. рекл.* рекламная вставка *(рекламный ролик, прерывающий передачу, в отличие от рекламы, передаваемой в естественный перерыв)* **SYN:** commercial insert, commercial cut-in, advertising insert, inserted commercial, drop-in commercial, participation **SEE:** freestanding insert, commercial spot, commercial break, natural break, station break

drop-in advertisement *рекл.* «анклавное» объявление, объявление в объявлении *(рекламное объявление, помещенное внутри другого объявления*

drop-in commercial *сущ. рекл.* = drop in

drop shipment *торг.* прямая поставка, поставка без посредника *(схема торговли, при которой перепродавец по соглашению с производителем принимает заказы на соответствующие товары и организует поставку товаров из помещений производителя до конечного покупателя; в этом случае товары остаются на руках у производителя, право собственности к перепродавцу обычно не переходит, и перепродавец выступает только в роли организатора продажи; используется в случаях, если перепродавец не может самостоятельно хранить или транспортировать товары, либо когда у перепродавца нет уверенности в наличии достаточного спроса на данный товар)* **SYN:** drop shipping **SEE:** drop shipper, bypassing the retailer

drop shipment delivery *торг.* прямая поставка от производителя *(потребителю товара)* **SEE:** direct store delivery

drop shipper *торг. (посредник, который собирает заказы от розничных продавцов на определенный товар и организует закупку у производителя; обычно не осуществляет складирование и хранение товаров, а только организует поставку)* **SYN:** desk jobber, dropshipper, direct drop shipper, direct mill shipper **SEE:** drop shipment

drop shipping *торг.* = drop shipment

drop-out percent доля выбывших **а)** *общ. (напр., количество выбывших учащихся, выраженное в процентах к количеству учащихся на начало учебного периода, доля ушедших из компании сотрудников и т. п.)* **б)** *марк. (относительная доля потребителей за год, прекративших делать покупки, возобновлять подписки и членства)*

dropshipper *торг.* = drop shipper

drug chain *торг.* сеть аптек **SYN:** drug store chain **SEE:** drug store

drug in [on] the market *марк.* неходкий [невостребованный] товар *(товар, спрос на который отсутствует, в результате чего он не может быть продан)* **SEE:** shelf warmer

drug store *торг., амер.* аптека **SYN:** drugstore, drug-store, chemist's shop **SEE:** discount drugstore

drug store chain *торг.* = drug chain

drugstore *сущ. торг., амер.* = drug store

drum *сущ.* **1)** *общ.* барабан, цилиндр **2)** *торг., трансп.* цилиндрический ящик [контейнер] *(для упаковки и перевозки товаров, особенно жидких)*

drummer *сущ.* **1)** *амер., сленг* толкач* *(торговый агент, который выезжает на дом рекламирует и продает товар)* **2)** *торг.* = traveling salesman

dry goods **1)** *потр.* бакалейные товары *(продовольственные товары, которые могут храниться при комнатной температуре, в отличие от охлажденных и замороженных продуктов; напр., крупы, мука, рис, сахар и т. д.)* **2)** *потр.* текстильные товары *(ткани, одежда и другие подобные товары)* **SYN:** soft goods, textiles, textile goods, frozen goods

dry test *марк.* = dry testing

dry testing *марк.* холостой тест*, тестирование в холостую* *(изучение реакции потенциальных потребителей, на товар, который еще не существует или пока не может быть поставлен в данный регион, напр., рассылка рекламы прямого отклика с целью оценки вероятности успеха разрабатываемого товара до того, как будут понесены затраты на его производство и доставку; может привести к жалобам потенциальных покупателей, но не являет-*

ся незаконной) **SYN:** dry test **SEE:** direct response advertising

drygoods *потр.* = dry goods

dual brand loyalty *марк.* приверженность двум маркам* *(склонность покупать продукцию двух марок, не отдавая устойчивого предпочтения какой-л. из них)* **SEE:** brand loyalty

dual distribution *марк.* двойное распределение *(продажа товаров и услуг через два и более каналов)* **SEE:** distribution channel

dual employed, no kids **сокр.** DENKS *стат., марк., брит.* двое работающих, без детей* *(категория семей, состоящих из двух работающих супругов без детей, в декларации о доходах; объект для маркетинга ряда дорогостоящих услуг, предметов роскоши и инвестиций, поскольку такие семья имеют больше средств, чем семьи с детьми)* **SYN:** dual income, no kids **SEE:** dual employed, with kids;

dual employed, with kids **сокр.** DEWKS *стат., марк., брит.* двое работающих, с детьми* *(категория семей, состоящих из двух работающих супругов с детьми (в декларации о доходах); объект для маркетинга товаров и услуг для детей)* **SEE:** dual employed, no kids;

dual income no kids **сокр.** DINKS *стат., марк., брит* = dual income, no kids

dual income, no kids **сокр.** DINKS *стат., марк., брит* двойной доход, без детей* **SYN:** dual employed, no kids **SEE:** dual employed, with kids;

dual offer *марк.* двойное предложение *(ситуация, когда потенциальному покупателю предлагается выбор между двумя альтернативами; напр., в подарок предлагается на выбор одна вещь из двух)*

dual price **1)** *иссл. опер., преим. мн.* = shadow price **2)** *эк.* двойная [двойственная] цена* *(напр., цена, устанавливаемая на разных уровнях для отечественных и зарубежных покупателей)* **SEE:** dual pricing

dual pricing двойное ценообразование, двойная система цен **а)** *эк. (продажа одного и того же товара по разным ценам на разных рынках, напр., установление разных цен на одну и ту же продукцию при продаже на отечественном и зарубежном рынках, при продаже в различных географических районах страны или в различных странах)* **SEE:** variable pricing, tiered pricing **б)** *бирж. (способ представления цены, при котором цена, по которой можно продать данный товар, указывается вместе с ценой, по которой можно купить данный товар, т. е. когда одновременно указываются цена продавца и цена покупателя; характерно для биржевых котировок)* **SEE:** offer price **в)** *учет (система трансфертного ценообразования, при которой подразделение-продавец учитывает товары по более высокой цене, обычно по цене реализации для внешних клиентов, а подразделение-покупатель по более низкой, обычно по переменным издержкам производства; при составлении консолидированной отчетности на соответствующую сумму нереализованной прибыли проводится корректирующая запись)* **г)** *(способ представления цены, при котором цена указывается не только в национальной валюте, но и в какой-л. другой валюте, напр., долларах или евро)*

due bill **1)** *фин.* вексель с наступившим сроком [к оплате] **2)** *торг.* счет к оплате *(счет за услуги или товары с перечнем предоставленных услуг или товаров, условиями и сроком платежа)*

dull market *марк.* вялый рынок *(рынок с небольшим объемом торговли и стабильными ценами)*

dummy *сущ.* **1)** *общ.* чучело, кукла, манекен **2)** *общ.* модель, макет **3)** *юр.* подставное [фиктивное] лицо **4)** *рекл.* = salt name

dump bin *торг.* = display bin

duopoly *сущ. эк.* дуополия *(вариант олигополии, при котором на рынке дей-*

ствует только два продавца) **SEE:** oligopoly, market structure

duplicated audience *СМИ, рекл.* дублируемая аудитория* *(доля аудитории либо количество слушателей, зрителей или читателей, которые охватываются более чем одним средство информации, напр., количество слушателей, зрителей или читателей, которые охватываются более одного раза одной и той же радио-, телевизионной или печатной рекламой, представляемой различными средствами массовой информации)* **SEE:** audience duplication

durability *сущ.* **1)** *общ.* срок службы, долговечность **EX: durability of equipment** – срок службы оборудования **2)** *общ.* выносливость, живучесть **EX: As a result of honey consumption the durability of organism systems and organs increases.** – В результате потребления меда выносливость отдельных органов и организма в целом увеличивается. **3)** *юр., торг., брит.* продолжительность пригодности к продаже* *(согласно закону «О продаже товаров» 1979 г., регулирующему договор о продаже товаров в системе английского права, время, в течение которого товары обладают способностью быть проданными; поскольку данное определение является достаточно общим, данное положение применяется на основе судебных прецедентов и исходя из здравого смысла)* **SEE:** Sale of Goods Act 1979, contract of sale of goods, merchantable quality

durable consumer goods *потр.* = durable goods

durable goods **1)** *потр.* (потребительские) товары длительного пользования *(товары, которые не изнашиваются полностью в течение года и используются в течение относительно длительного периода времени: телевизоры, бытовые приборы, компьютеры, мебель и т. д.)* **EX: durable goods sector** – отрасли производства товаров длительного пользования **SYN:** durable products, hard goods, durables, long-lived goods, long-lived commodities, consumer durables, durable consumer goods, household durable goods **ANT:** non-durable goods **SEE:** semi-durable goods, consumer goods **2)** *эк., фин., стат., амер.* = durable order

durable products *эк.* = durable goods

durables *сущ. мн.* **1)** *марк.* = durable goods **2)** *эк.* = consumer durable goods industries

dutch door **1)** *потр.* голландская дверь *(дверь, разделенная на верхнюю и нижнюю половины, каждая из которых может открываться и закрываться отдельно)* **2)** *рекл.* голландская дверь* *(метод расположения рекламного объявления, при котором реклама занимает лист и два отворота, складывающихся наподобие закрывающихся дверей)* **SEE:** junior page, gatefold, checkerboard, horizontal half page, vertical half page

duties of the buyer *юр., торг., брит.* обязанности покупателя *(согласно закону «О продаже товаров» 1979 г., в обязанности продавца входит оплатить цену товара и принять поставку товара)* **SEE:** Sale of Goods Act 1979, duty to pay the price, duty to take delivery, duties of the seller

duties of the seller *юр., торг., брит.* обязанности продавца *(согласно закону «О продаже товаров» 1979 г., регулирующему договор о продаже товаров в системе английского права, обязанности продавца касаются обеспечения существования непроизведенных товаров, передачи прав собственности на товары, поставки товаров в надлежащее время, надлежащего количества и качества)* **SEE:** contract of sale of goods, existing goods, future goods, specific goods, perish, warranty of freedom from encumbrances, warranty of quiet possession, delivery, duty to deliver, delivery concurrent conditions, time of delivery, tender of delivery, waiver of delivery time, document of title, delivery of the right quantity, right quality

duty to deliver *юр., торг., брит.* обязанность осуществить поставку товара *(обязанность продавца, согласно закону «О продаже товаров» 1979 г., регулирующему договор о продаже товаров в системе английского права)* **SEE:** Sale of Goods Act 1979, contract of sale of goods, delivery, delivery concurrent conditions

duty to pay the price *юр., торг., брит.* обязанность оплатить цену товара *(согласно закону «О продаже товаров» 1979 г., обязанность покупателя, который в качестве стороны договора о продаже товара не имеет право требовать права владеть купленным товаров не желая и не будучи готовым оплатить цену, при отсутствии соглашения об ином; если время платежа не оговаривается, платеж должен быть осуществлен немедленно при заключении контракта, при условии, что продавец готов и хочет осуществить поставку; если иное не оговорено контрактом, продавец не обязан принимать платеж иначе как наличными; в случае, если покупатель готов оплатить товар только векселем, продавец имеет право удерживать товар у себя до погашения векселя, однако если продавец согласен принять платеж векселем до погашения последнего, считается, что продавец вступил в соглашение о продаже в кредит, в этом случае продавец не имеет права удерживать товар до погашения векселя)* **SEE:** Sale of Goods Act 1979, contract of sale of goods

duty to take delivery *юр., торг., брит.* обязанность принять поставку *(согласно закону «О продаже товаров» 1979 г., обязанность покупателя, причем в общем случае покупатель обязан сам взять товар в месте, где продавец обычно осуществляет поставку товара, в то время как в обязанность продавца не входит посылать товар покупателю, если договором не предусмотрено иное; отказ покупателя принять поставку, если она просрочена или покупатель не удовлетворен качеством товара не служит основанием для объявления договора о продаже товаров ничтожным, за исключением тех случаев, когда речь идет о скоропортящемся товаре)* **SEE:** Sale of Goods Act 1979

duty-free

I *прил.* **1)** *гос. фин.* беспошлинный *(освобожденный от таможенных пошлин)* **EX: duty-free imports** – беспошлинные импортные товары **2)** *межд. эк., торг.* дьюти-фри, беспошлинный *(о системе торговли освобожденными от таможенных пошлин товарами в аэропортах, на бортах самолетов, паромах и других транспортных средствах)* **SEE:** duty-free goods, duty-free shop

II *сущ.* **1)** *гос. фин., межд. эк., собир., также используется во мн. числе* беспошлинные товары **EX: the bag of duty-free** – сумка беспошлинных товаров **SEE:** duty-free goods **2)** *гос. фин., межд. эк., торг., разг.* = duty-free shop

duty-free goods *межд. эк., торг.* беспошлинные товары *(товары, которые не рассматриваются как таможенный груз и освобождаются специальными предписаниями от таможенного контроля и таможенных пошлин)* **SYN:** duty-free **SEE:** duty-free shop

duty-free shop *торг.* магазин беспошлинной торговли, дьюти-фри *(магазин, торгующий беспошлинными товарами)* **SYN:** duty-free **SEE:** duty-free goods

dynamic pricing *марк.* = variable pricing

E

e-business *эк., комп.* интернет-бизнес *(осуществление деловых операций с помощью электронных средств связи, таких как интернет; в целом понятие близко к термину «электронная торговля», но распространяется на более широкий круг операций, а не только на сферу купли-продажи; в частности, к электронному бизнесу относятся операции по продвижению товара с помощью интернета, внутренняя деятельность компании по обеспечению обмена информацией и координации деятельности сотрудников с помощью компьютерных сетей и т. д.)* **SYN:** electronic business **SEE:** e-commerce

e-business firm *эк., комп.* интернет-компания* *(занимающаяся разработкой и реализацией информационных систем для деловых предприятий, а также консультированием по вопросам использования информационных технологий в бизнесе)* **SEE:** e-commerce firm, business-to-business firm, business-to-consumer firm

e-cash *фин., торг.* = electronic cash

e-catalogue *рекл.* = electronic catalogue

e-commerce *торг., комп.* электронная [интернет-]торговля *(торговые операции, проводящиеся через интернет)* **SYN:** internet marketing, electronic commerce **SEE:** electronic catalogue, UNCITRAL Model Law on Electronic Commerce, electronic cash, e-tailing, e-business

e-commerce firm *торг., комп.* интернет-компания* *(компания, сферой деятельности которой является торговля через интернет)* **SEE:** e-business firm, business-to-business firm, business-to-consumer firm

e-fulfilment *торг.* выполнение [исполнение] электронных заказов* *(выполнение заказов, полученных через Интернет)* **SEE:** e-commerce, fulfilment

e-mail based advertising *рекл., комп.* реклама в e-mail, реклама в электронной почте *(размещение текстовой, а также графической рекламы (в частности, баннеров) в тематических списках рассылки, в индивидуальных письмах и т. д.)* **SEE:** banner

e-mall *сущ. торг.* = electronic mall

e-marketing *сущ. марк.* = electronic marketing

e-money *фин., торг.* = electronic cash

e-payment *торг., фин.* электронный платеж *(платеж, осуществленный с помощью электронной системы отправки и обработки платежных распоряжений; напр., платеж, осуществленный через интернет)* **EX: e-payment system** – система электронных платежей, электронная платежная система

e-purse *фин., торг.* = electronic purse

e-retailing *сущ. торг.* = e-tailing

e-shop *торг.* электронный [виртуальный] магазин **SYN:** Internet store, web store, e-store, virtual shop **SEE:** e-commerce, electronic mall

e-shopping *сущ. комп., торг.* = electronic shopping

e-store *сущ. торг.* = e-shop

e-tailer *сущ.* = on-line retailer

e-tailing *сущ.* **сокр. от** electronic retailing *торг.* электронная розничная торговля *(розничная торговля, осуществляемая с помощью информационно-ком-*

пьютерных технологий, чаще всего через интернет) **SEE:** e-retailing **SEE:** e-commerce, business-to-consumer

e-wallet *фин., торг.* = electronic wallet

emergency goods *потр.* товары для экстренных случаев *(товары, которые покупаются при возникновении острой нужды в них, напр., зонтики во время ливня, сапоги и лопаты после снежных заносов; производители товаров для экстренных случаев организуют их распространение через множество торговых точек, чтобы не упустить возможность продажи, когда потребителю вдруг понадобятся эти товары)* **SEE:** convenience goods

early adopter *марк.* ранний последователь *(человек, начинающий приобретать новый товар или использовать новую технологию вскоре после появления товара/технологии, т. е. на ранних этапах жизненного цикла товара/технологии)* **SEE:** adopter category, late adopter, product life cycle

early bird price *марк.* = early-bird price

early closing day *общ.* короткий день* *(день, в который магазин, биржа, какое-л. общественное учреждение и т. п. закрывается раньше, чем в обычные рабочие дни; обычно такие дни соответствуют праздникам)*

early delivery *торг.* досрочная поставка **SYN:** prior delivery, pre-date delivery **ANT:** delivery with delay, late delivery **SEE:** delivery date, on-time delivery

early fringe 1) *общ.* предпиковое время *(время до часа пик, времени наибольшего напряжения общественного транспорта и т. п., также время, совпадающее с часами завершения рабочего дня и т. п.)* **SEE:** drive time **2)** *СМИ, рекл.* предпиковое время телепередач *(для телевизионной рекламы считается, что это период от 16:00 до 17:30 или до окончания вещания данной станции)* **SEE:** prime time

early majority *марк.* раннее большинство *(лица, воспринимающие новый товар или новую технологию раньше среднего покупателя, но после новаторов и ранних последователей)* **SEE:** late majority, adopter category, innovator, early adopter

early-bird price *торг.* ранняя цена*, цена ранней пташки* *(пониженная цена, действующая в течение некоторого времени после начала реализации определенного товара или услуги, напр., льготная цена подписки, действующая в течение нескольких недель после объявления о начале подписки, либо сниженная цена, действующая первое время после поступления нового товара в магазин и т. п.)* **SEE:** regular price, launch price, base rate

earned rate 1) *рекл.* премиальный тариф *(льготная тарифная ставка, предоставляемая рекламодателю в качестве вознаграждения за частоту размещения рекламы и/или общее количество рекламных сообщений)* **SEE:** base rate **2)** *эк., эк. тр.* = earning rate

earnest money *торг.* = good faith money

easy-to-sell *торг.* хорошо покупаемый, с хорошей уходимостью *(о общеупотребляемом товаре, который легко продать)* **EX:** **easy-to-sell item** – свободно реализуемый товар **ANT:** hard-to-sell **SEE:** fast-moving goods

eatery *сущ. торг., разг.* закусочная, забегаловка, столовка *(небольшой дешевый ресторан)* **SYN:** lunchroom, caff, snackbar, luncheonette, eating house **SEE:** estaminet

eating house *торг.* закусочная, столовая *(небольшой дешевый ресторан)* **SYN:** luncheonette, lunchroom, snackbar, eatery **SEE:** estaminet

eating someone's lunch *марк.* поедание чужого ланча* *(ситуация, когда компания успешно отнимает рыночную долю у своего конкурента с помощью агрессивной ценовой и сбытовой политики или лучшего качества товаров/услуг)* **SEE:** offensive warfare

ecological packaging *торг.* экологически чистая [экологичная] упаковка *(упаковка товара, произведенная из рециклируемых или нетоксичных материалов, с использованием ресур-*

сосберегающих и природоохранных технологий) **SEE:** green goods

economic environment экономические условия, экономическая среда [конъюнктура], экономический климат *эк., соц., пол. (общее экономическое состояние страны или региона, в котором действует компания или осуществляется государственное управление; обычно считается частью макросреды)* **EX: SEE:** macroenvironment, political environment, technological environment

economic good *эк.* экономическое благо *(благо, для получения которого нужно отказываться от потребления других благ; производство и распределение таких благ является предметом исследования экономической науки)* **ANT:** free good **SEE:** scarce good, opportunity cost

economic shopper *марк.* экономичный [рациональный] покупатель *(обращающий внимание на цену, качество, разнообразие товаров и простоту принятия решений о покупке)* **SEE:** shopping behaviour, comparison shopper, apathetic shopper, homo economicus

economies of scale *эк.* экономия [эффект] от масштаба *(снижение средних затрат по мере увеличения объема выпуска; может происходить вследствие экономии затрат внутри самой фирмы (внутренняя экономия от масштаба) или вследствие благоприятных изменений за пределами фирмы (внешняя экономия от масштаба))* **ANT:** diseconomies of scale **SEE:** mass-distribution economies, minimum efficient scale

economy-priced *прил. торг.* дешевый, недорогой *(напр., о товарах и услугах повседневного спроса, продаваемых по невысокой цене благодаря простой упаковке и т. п.)* **EX: Northeast Import specializes in the hottest economy-priced toys for every spectrum of the amusement industry.** – «Нортист Импорт» специализируется на популярных недорогих игрушках всех возможных типов. **SEE:** economy-priced product

economy-priced product *торг.* удешевленный товар* *(товар, который по своим характеристикам и внешнему виду не сильно отличается от аналогичного дорогого товара, но продается по сниженной цене за счет изменения качества товара)*

eco-packaging *сущ. торг.* экологическая упаковка *(использование упаковочных материалов, которые оказывают наименее вредное воздействие на окружающую среду благодаря тому, что само производство этих материалов является относительно экологически чистым, либо благодаря тому, что изготовленная из них упаковка может быть повторно использована или легко переработана)*

editorial *сущ.* **1)** *СМИ* передовая статья, передовица; редакционная статья *(опубликованное мнение или сообщение, представленное редактором, издателем или владельцем печатного издания)* **SEE:** advertorial **2)** *СМИ* редакторский материал* *(радио- или телесообщение, излагающее принципиальные взгляды станции, канала и т. п.)*

editorial style ad *рекл.* = advertorial

editorial-to-advertising ratio *рекл.* соотношение между редакционными и рекламными материалами *(в печатном издании)* **SEE:** editorial, advertorial, advertising

editorialising *сущ. рекл., соц.* = editorializing

editorializing *сущ. тж.* *editorialising* *рекл., соц.* «скрытая» реклама *(в широком смысле: выражение своего мнения в процессе передачи фактов исключительно информационного характера; в более узком смысле: смешанная форма подачи информации, сочетающая рекламу и редакционный материал)* **EX: It is interesting how frequently and subtly editorializing creeps into the «straight news».** – Интересно, насколько часто и незаметно скрытая реклама проникает в новостную информацию. **SEE:** advertorial

educational advertising **1)** *рекл.* = informational advertising **2)** *рекл.* образовательная [просветительская] реклама *(призвана рассказывать об актуальных проблемах и возможных способах их решения; предполагает участие ведущих специалистов в проблемной области и потребителей, которые обостряют проблему своими вопросами, примерами, напр., медицинская реклама с инструкциями по лечению каких-л. заболеваний; ролики экологических организаций, разъясняющие, зачем нужно сортировать мусор или сажать деревья и т. д.)* **SEE:** public service advertising

effectiveness *сущ. общ.* эффективность, действенность, производительность *(способность приносить необходимые результаты)* **EX: sales effectiveness** – эффективность сбыта, **There are doubts about the effectiveness of the new drug in treating the disease.** – Существуют сомнения в том, что новое лекарство помогает в лечении этой болезни.

efficiency rating **1)** *эк.* рейтинг [показатель] эффективности *(компании, деятельности)* **2)** *рекл.* показатель [оценка] эффективности (рекламных затрат) *(показатель рекламных затрат с точки зрения того, сколько было истрачено денег для охвата определенного количества людей)* **SEE:** cost per mile, cost per order, cost per inquiry, cost per lead, cost per sale

Efficient Consumer Response **сокр.** ECR *торг.* «Эффективная реакция заказчика» *(система, направленная на уменьшение объемов запасов и снижение накладных расходов за счет сокращения времени реакции благодаря использованию средств электронной коммерции между производителями, дистрибьюторами и торговцами; основана на идеях более ранней системы «Быстрая реакция»)* **SEE:** Quick Response

Effie award *марк.* премия «Эффи» *(присуждается рекламным агентствам за наиболее эффективные рекламные кампании Нью-Йоркским отделением Американской маркетинговой ассоциации)* **SEE:** American Marketing Association, advertising performance

elasticity *сущ.* **1)** *общ.* эластичность; упругость *(способность объекта или вещества вернуться в первоначальную форму после сжатия, сгибания или растяжения)* **EX: The silk at the centre of the spider's web can stretch to 3 times its original length and this elasticity comes from long spirals in the configuration of the protein that makes up silk** – Шелковистые нити в центре паутины могут растягиваться до тройного размера своей изначальной длины; такая эластичность нитей объясняется наличием длинных спиралей в структуре белка, из которого состоят шелковистые нити. **2)** *общ.* гибкость, приспособляемость *(способность быстро и легко адаптироваться к окружающим условиям или к изменившимся обстоятельствам)* **EX: import elasticity to changes in the international trade regime** – приспособляемость импорта к изменению условий международной торговли. **3)** *эк.* эластичность **а)** *(чувствительность одной переменной к изменениям другой переменной)* **б)** = elasticity coefficient **EX: elasticity of credit** – эластичность кредита, **high-elasticity customers** – потребители с высокой ценовой эластичностью спроса, **income elasticity of the demand for money** – эластичность спроса на деньги по доходу, **interest elasticity of investment** – эластичность инвестиций по проценту, **tariff elasticity of import** – эластичность импорта по тарифу, **Price elasticity is equal to unity.** – Ценовая эластичность равна единице. **SEE:** elasticity of demand, cross elasticity of demand, elasticity of supply, elasticity of consumption

elasticity coefficient *эк.* коэффициент эластичности *(коэффициент, рассчитываемый как выраженное в процентах изменение одной переменной, деленное на выраженное в процентах изменение другой переменной; напр., если эластичность равна 2, это означает, что изменение второй переменной на 1% вызовет изменение первой переменной на 2%; если значение коэффициента равно нулю, то первая *переменная совершенно неэластична по отношению ко второй; если значение коэффициента равно единице, то говорят, что первая переменная имеет единичную (унитарную) эластичность; если значение коэффициента больше нуля, но меньше единицы, то первая переменная считается относительно неэластичной по второй переменной; если значение коэффициента больше единицы, то первая переменная считается эластичной по второй переменной)* **SEE:** elasticity of supply, elasticity of demand

elasticity of consumption *эк.* эластичность потребления [покупок] *(относительное изменение покупательского спроса в ответ на относительное изменение каких-л. факторов, напр., дохода, цены и т. д.)* **SEE:** elasticity of demand

elasticity of demand *эк.* эластичность спроса [покупок] *(мера чувствительности спроса на какое-л. благо к изменению одной из независимых переменных (как правило, цены или дохода) определяющих спрос на это благо)* **EX: Elasticity of demand is the economist's way of talking about how responsive consumers are to price changes.** – Эластичность спроса представляет собой понятие, с помощью которого экономисты обсуждают чувствительность потребителей к изменениям цен. **SYN:** demand elasticity **SEE:** elasticity of consumption, price elasticity of demand, income elasticity of demand, cross elasticity of demand

elasticity of supply *эк.* эластичность предложения [продаж] *(степень чувствительности предложения некоторого блага к изменению одной из независимых переменных, определяющих предложение этого блага)* **SEE:** elasticity, elasticity of demand, elasticity of consumption

electric advertising *рекл.* = illuminated advertising

electric display *рекл.* световая (рекламная) установка; световая реклама **SEE:** illuminated advertising, neon sign

electrical advertising *рекл.* = illuminated advertising

electrical goods *потр.* электротовары, электротехнические товары *(напр., осветительные приборы, обогреватели, вентиляторы, утюги, фены, миксеры, розетки, удлинители, телевизоры, видеомагнитофоны, стереосистемы и т .д.)* **SEE:** brown goods, engineering and electrical goods

electronic business *эк., комп.* = e-business

electronic cash *фин., торг.* электронные [цифровые] деньги *(электронная форма денег; деньги существуют в форме записей в компьютерной базе данных; владельцы электронных денег осуществляют платежные операции с помощью пластиковых карт или через Интернет)* **SYN:** e-cash, electronic money, e-money, digital cash, digital money **SEE:** electronic wallet, smart card, e-commerce

electronic catalogue *рекл.* электронный [онлайновый] каталог *(каталог товаров фирмы, представленный в Интернете)* **SYN:** on-line catalogue, cyber catalogue, web catalogue, e-catalogue **SEE:** e-commerce, commercial catalogue

electronic commerce *торг., комп.* = e-commerce

electronic funds transfer at point of sale сокр. EFTPOS *банк., торг.* электронный перевод средств [платежей] в пункте продажи*, электронный перевод средств [платежей] с места продажи* *(система платежей, позволяющая с помощью терминала, расположенного в торговой точке, осуществлять автоматический перевод средств со счета покупателя на счет продавца; обычно основывается на использовании дебетовых или кредитных карт)* **SEE:** plastic card, debit card, credit card, point-of-sale terminal

electronic mall *торг.* электронный торговый ряд, виртуальные торговые ряды *(веб-сайт, на котором представлены несколько электронных магазинов, т. е. содержаться отдельные электронные каталоги не-*

скольких поставщиков) **SYN:** e-mall, virtual mall, on-line mall, cybermall, Internet mall, web mall **SEE:** shopping mall, electronic catalogue, e-shop

electronic marketing *марк.* электронный маркетинг *(маркетинг с использованием электронных средств распространения информации: Интернета, электронной почты, сотовой связи)* **SYN:** e-marketing **SEE:** e-commerce, Internet marketing, mobile advertising

electronic money *фин., торг.* = electronic cash

electronic point of sale **сокр.** EPOS **1)** *торг., комп.* электронный кассовый аппарат, электронная контрольно-кассовая машина, электронный кассовый комплекс* *(компьютер в магазине или другом розничном предприятии, с помощью которого можно регистрировать сделки продажи, осуществлять расчеты с покупателями, распечатывать накладные и товарные чеки, обрабатывать другую информацию)* **SEE:** electronic funds transfer at point of sale, point-of-sale terminal **2)** *торг.* электронная точка продажи*, электронный пункт продажи* *(касса магазина, снабженная электронным кассовым комплексом)* **SEE:** point-of-sale terminal **3)** *торг., комп.* электронная [автоматическая] регистрация продаж* *(автоматизированный метод регистрации продаж, при котором штриховые коды на упаковке считываются при помощи установленного на расчетном терминале лазерного сканера)* **SEE:** bar code

electronic purse *фин., торг.* электронный кошелек *(смарт-карта, позволяющая хранить электронные деньги и осуществлять электронные платежи; термин также может относится к устройствам и программному обеспечению, позволяющим считывать информацию с таких карт; часто термин используется как синоним многоцелевых предоплаченных карт)* **SYN:** e-purse **SEE:** prepaid card, smart card, electronic cash, electronic wallet

electronic retailing *торг.* = e-tailing

electronic shopping **1)** *комп., торг.* = telecommunication shopping **2)** *комп., торг.* покупка через интернет магазин **SEE:** e-shop **SYN:** e-shopping

electronic store *торг.* магазин электроники; салон электроники *(магазин, торгующий компьютерами, домашней аудио- и видеоаппаратурой и т. п.)* **SEE:** consumer electronics

electronic wallet *фин., торг.* электронный [цифровой] бумажник *(программа, позволяющая осуществлять электронные платежи с помощью кредитной карты; хранит в зашифрованном виде сведения о номере кредитной карты и позволяет совершать платежи в интернет-магазинах, не вводя полные сведения о кредитной карте заново при каждой покупке; также позволяет хранить информацию о совершенных покупках; термин также может относится к смарт-карте, позволяющей хранить электронные деньги и осуществлять электронные платежи)* **SYN:** e-wallet, digital wallet **SEE:** electronic cash, e-commerce, electronic purse

elementary attitude *псих.* элементарная установка *(установка, основанная на потребностях жизнеобеспечения, как правило, не осознаваемая индивидом)*

eligible respondent *стат.* = qualified respondent

elimination price *марк.* = predatory price

elite brand *марк.* элитная торговая марка *(продукт, который имеет самое высокое качество и высокую цену из всего ассортиментного ряда)* **SYN:** high-status brand **SEE:** upscale market, commodity line

emotional appeal **1)** *псих.* эмоциональный призыв [мотив]; эмоциональная притягательность **2)** *марк.* эмоциональная реклама *(маркетинговый подход, при котором предложение товаров и услуг базируется на воздействии на человеческие чувства, а не на понимание)* **SEE:** immediate appeal, rational appeal, recreational appeal, mass appeal, masculine appeal, health appeal, game appeal, moral appeal, advertising appeal, price appeal, consumer appeal, marketing appeal, service appeal, sales appeal, snob appeal, female appeal, subliminal advertising, fantasy commercial, positive appeal, negative appeal, entertaining advertising, sex appeal

emotional close *марк., торг.* эмоциональное завершение* *(метод завершения переговоров с потенциальным клиентом, при котором торговый представитель пытается убедить потенциального покупателя в необходимости совершить покупку, воздействуя на его эмоции, напр., давя на гордость, опасения и т. п.)* **SEE:** assumptive close, adviser approach, incentive close

emporium *сущ.* **1)** *торг.* = shopping centre **2)** *торг.* универмаг *(большой розничный магазин со множеством отделов, предлагающих различные товары; обычно принадлежит к сети магазинов)* **SYN:** department store **SEE:** store chain **3)** *торг.* магазин, торговая точка *(небольшой розничный магазин, специализирующийся на торговле товарами из определенной товарной категории)* **EX: clothes emporium** – магазин одежды, **pizza emporium** – пиццерия

emulator *сущ.* **1)** *общ.* подражатель, последователь, имитатор *(лицо, подражающее словам, поведению и т. п. другого лица)* **2)** *марк., амер.* последователь* *(лицо, стремящееся пробиться на верхние уровни социальной лестницы, стать преуспевающим человеком; такие люди обычно амбициозны и уделяют большое внимание своему общественному положению и престижу; одна из групп внешне управляемых потребителей)* **SEE:** VALS, outer-directed, achiever **3)** *комп.* эмулятор, программа-эмулятор *(компьютерная программа, имитирующая работу другой программы или системы)*

encirclement strategy *марк.* = envelopment strategy

end-aisle display *торг.* витрина в конце прохода* *(рекламная витрина, расположенная в конце прохода между полками в магазине самообслуживания; обычно содержит товары, предлагаемые по сниженным или льготным ценам)* **SYN:** end-of-aisle display **SEE:** aisle display

end consumer *марк.* = end customer

end customer *марк.* конечный [непосредственный] потребитель, потребитель *(лицо, которое пользуется данным товаром или услугой для удовлетворения личных потребностей; этим лицом не всегда является розничный покупатель; напр., покупатель детской игрушки может не быть его потребителем; покупатель строительных материалов будет только их промежуточным потребителем, а потребителем будет проживающий в построенном доме человек)* **SYN:** consumer, end consumer, final customer, ultimate consumer, ultimate customer **SEE:** consumer goods, intermediate consumer

end of aisle display *торг.* = end-aisle display

end of month dating **сокр.** EOM, EOM dating *торг.* датирование концом месяца*, система оплаты в конце месяца* *(применяется к товарам, купленным до 25-го числа текущего месяца; по данной системе все покупки, сделанные до 25 числа текущего месяца, подлежат оплате в течение 30 дней после окончания следующего месяца, напр., покупки до 25 апреля подлежат оплате до конца июня; при досрочной оплате могут предоставляться скидки, напр., если существует скидка при оплате в срок до 10 дней, то воспользоваться ею можно, оплатив покупку до 10 июня)* **SEE:** ordinary dating, ROG dating, extra dating, cash discount

end product **1)** *общ.* конечный продукт; результат **EX: end product of protein digestion** – конечный продукт переваривания белка, **The end product of this activity is radiation.** – Результат этой деятельность – радиация. **2)** *эк.* = complete product **3)** *марк.* = final product

end-to-end **1)** *бирж.* «конец к концу» *(в валютных операциях: срок сделки* *с последнего дня одного месяца до последнего дня другого месяца независимо от реального числа дней между ними)* **2)** *марк.* сквозной, полного цикла *(период с момента установления первого контакта с потребителем до конца периода потребления; обычно используется в контексте управления отношений с потребителем, оказания технической поддержки и т. д.)* **EX: End-to-end customer care is pretty much unheard of in most businesses. Some large companies, such as IBM, make follow-up calls to customers about products or services they supply.** – В большинстве областей поддержка потребителя в течение всего цикла потребления не существует. Некоторые большие компании, как IBM, периодически прозванивают потребителей свой продуктов и услуг. **SEE:** customer support, end-to-end customer support, end-to-end customer management

end-to-end customer management *марк.* сквозное управление отношениями с клиентами* *(управление информацией и коммуникацией с клиентами начиная с момента, когда компания только получает информацию о потенциальных клиентах до конца периода потребления клиентом продукта)* **EX: to deliver end-to-end customer management solutions through an absolute incorporation of competent and skilled workforce, integrated technology and multifarious communication portals** – предлагать системы сквозного управления отношений с клиентами, построенные на эффективной интеграции компетентных специалистов, единой технологической базы и различных коммуникационных каналов **SEE:** end-to-end

end-to-end customer support *марк.* поддержка полного цикла*, пожизненная поддержка *(техническая поддержка на протяжении всего срока службы или срока потребления продукта; в стратегическом управлении такая поддержка является ценным источником информации об удовлетворении клиента от потребления продукта и помогает компании удержать этого клиента)* **SEE:** end-to-end

end user 1) *марк.* = final consumer **2)** конечный пользователь **а)** *комп. (пользователь, использующий программное изделие после того, как оно полностью разработано и выставлено на продажу; термин используется для того, чтобы различать два класса пользователей: те, которым требуется законченная, работающая без ошибок программа (конечные пользователи), и те, которые могут использовать этот продукт в целях разработки (программисты, инженеры))* **б)** *фин. (корпорации или учреждения, которые используют свопы, фьючерсы или другие финансовые инструменты для страхования рисков своей основной деятельности)* **SYN:** end user

endorse a product *гл. марк.* рекомендовать товар, выступать в поддержку товара *(подтверждать полезные свойства товара и побуждать потребителей приобрести его; рекомендовать товар могут общественные и специализированные организации; знаменитости, участвующие в рекламе товара; потребители, испытавшие товар)* **EX: The American Lung Association does not endorse the product.** – Американская легочная ассоциация не выступает в поддержку данного товара. **National Advisory Committee members are not allowed to endorse the product by wearing apparel or displaying promotional items.** – Члены Национального консультационного комитета не должны выступать в поддержку товара, напр., носить одежду, рекламирующую товар, или демонстрировать рекламные материалы. **He endorses the product as safe for children.** – Он рекомендует данный товар как безопасный для детей. **A famous hockey player is used to endorse the product.** – Знаменитый хоккеист привлекается для рекламы товара. **Many celebrities are paid to endorse products.** – Многим знаменитостям платят за их слова в поддержку товаров. **SEE:** testimonial advertising, opinion leader, social channel

endorsement *сущ. тж.* *indorsement* **1)** *фин., банк., юр.* индоссамент, жиро, передаточная надпись *(на векселе, чеке или другом обращающемся долговом инструменте, проставляемая при передаче прав на получение платежа другому лицу)* **2)** *эк., юр.* подтверждение, одобрение *(подпись на документе, необходимая для придания ему юридической силы)* **3)** *марк., рекл.* = testimonial **4)** *страх.* поправка к полису *(по поводу изменений условий страхования)*

Engel curve *эк.* кривая Энгеля *(отражает зависимость между доходом и долей расходов на потребление отдельного товара или группы товаров)* **SEE:** Engel's law; Engel, Ernst; inferior goods, luxury goods, normal goods

Engel, Ernst *эк., стат.* Энгель, Эрнст *(1821—1896; немецкий статистик и экономист, проводивший исследования бюджетов рабочих семей и выявивший закономерность, получившую название закона Энгеля)* **SEE:** Engel's law

Engel's law *эк.* закон Энгеля *(при увеличении дохода семьи или человека доля расходов на питание падает, доля расходов на одежду не изменяется, а доля расходов на предметы роскоши увеличивается)* **SYN:** Engel's rule **SEE:** Engel curve; Engel, Ernst;

engineer-to-order **сокр.** ETO *эк.* разработка [проектирование] на заказ *(производство уникальной или значительно модифицированной под требования конкретного заказчика продукции)* **SEE:** assemble-to-order, make-to-stock, make-to-order

engineering and electrical goods **1)** *потр.* машиностроительная и электротехническая продукция *(товарная категория, включающая товары, произведенные машиностроительной отраслью и электротехнические товары: энергетическое оборудование, котлы, машины, аппараты, механические устройства, электрические машины и оборудование, аудио и видеотехника, кабельная продукция и др.)* **2)** *эк.* отрасль машиностроительной и электротехнической продукции *(отрасль промышленности, занимающаяся производством машиностроительной продукции и электротехнических товаров)* **SEE:** electrical goods

engineering goods *потр.* машиностроительные товары **SEE:** engineering and electrical goods

engineering method *учет, торг.* инженерный метод учета затрат* *(предполагает расчет на единицу продукции всех затрат по продаже и доставке товара; метод используется на предприятиях, производящих один вид продукции)* **SEE:** commercial expenses

enlightened marketing *марк.* просвещенный маркетинг *(философия маркетинга, заключающаяся в том, что маркетинг компании должен поддерживать оптимальное функционирование системы сбыта продукции в долгосрочной перспективе; выделяют пять принципов просвещенного маркетинга: ориентация на потребителя, инновации, повышение ценностной значимости товара, осознание миссии организации, следование концепции социально-этического маркетинга)* **SEE:** consumer-oriented marketing, innovative marketing, value marketing, sense-of-mission marketing, societal marketing concept

enter goods **1)** *межд. эк.* декларировать товары *(сообщать в таможенной декларации о ввозимых или вывозимых товарах)* **2)** *эк.* ввозить товар *(в страну)* **EX: to enter the goods into the United States** – ввезти товар в США, **He is trying to enter goods in a second port after having been refused entry elsewhere.** – Он пытается ввезти товар через другой порт после получения отказа в предыдущем. **3)** *общ.* вносить [вводить] информацию о товаре *(сообщать о товаре в специальных документах или вносить данные о товаре в компьютер)* **EX: Please enter goods pur-**

chased. – Пожалуйста, внесите информацию о купленных товарах.; **4)** *учет* зачислить [записать] товары *(на определенный бухгалтерский счет, напр., «незавершенное производство»)* **EX: Enter goods into raw materials inventory.** – Записать товары на счет «Сырье и материалы». **Enter goods into work in process inventory.** – Записать товары на счет «Незавершенное производство». **5)** *марк.* выводить товары *(на рынок)* **EX: to enter the goods into the US market** – вывести товар на американский рынок,; **They will enter the goods into the market when trading conditions are most favourable.** – Они выведут товар на рынок, когда сложатся наиболее благоприятные условия торговли.;

enter the market *гл. марк.* выйти [выходить] на рынок *(о компании, которая предлагает свой товар на новом рынке сбыта)*

enterprise market *марк.* = business market

entertaining advertising *рекл.* развлекательная реклама *(реклама товара (услуги), построенная на юмористических сюжетах, фразах и т. п.)* **SEE:** emotional appeal, fantasy commercial

entrenched product *марк.* укоренившийся [утвердившийся] товар* *(имеющий устойчивые позиции на рынке по сравнению с товарами-конкурентами)* **SYN:** established product **SEE:** established brand

entropy model *марк.* модель энтропии *(математическая модель приверженности потребителя какому-л. виду продукции, утверждающая, что вероятность покупки этой продукции базируется на таких рыночных факторах, как общее число доступных видов продукции и распределение рынка между ними)* **SEE:** brand loyalty, brand share, epidemic model

entrusting *сущ. юр., торг., амер.* вверение* *(согласно определению Единообразного торгового кодекса США, под вверением подразумевается любая поставка и любая уступка владения невзирая на какие-л. условия, выраженные в договоре между сторонами относительно такой поставки и такой уступки, и несмотря на то, является ли такое приобретение путем вверения или распоряжение владением воровством с точки зрения уголовного законодательства)* **SEE:** Uniform Commercial Code

entry-preventing price *марк.* цена, препятствующая входу (на рынок)* **SYN:** limit price

envelope stuffer *рекл.* рекламный довесок* *(рекламный материал (листовка, бланк заказа и т. п.), вкладываемый в конверты с извещениями, счетами и прочей корреспонденцией; напр., сообщение о скидках, высылаемое магазином вместе со счетами на оплату ранее купленных товаров)* **SEE:** outsert, freestanding insert

envelopment strategy *марк.* стратегия окружения *(одна из стратегий наступательной маркетинговой войны, которая предполагает окружение конкурента; при этом используются два основных способа: выпуск товаров, схожих с товарами конкурентов, что позволяет отобрать часть потребителей у конкурента, или расширение своей рыночной ниши, что позволяет занять часть ниши конкурентов и увеличить свою долю рынка)* **SYN:** encirclement strategy **SEE:** offensive warfare, like goods, market niche, market share

environmental analysis **1)** *эк. прир.* анализ условий окружающей среды **2)** *упр., марк.* анализ внешней среды [макросреды] *(выявление возможностей и опасностей, обусловленных факторами, внешними по отношению к организации, определение способности организации их контролировать)* **SEE:** macroenvironment, environmental threat

environmental threat **1)** *эк. прир.* экологическая опасность [угроза] *(любая опасность для окружающей среды или экологически опасная ситуация)* **2)** *марк.* угроза со стороны внешней среды [макросреды] *(любой внешний* *для организации фактор рынка, который обладает потенциальной возможностью оказания отрицательного влияния на товары (услуги) организации; напр., выход на рынок нового конкурента, слияние двух компаний, появление новой марки продукции, развитие новой технологии, изменение законодательства, социальные или экономические тенденции)* **SEE:** macroenvironment, environmental analysis

EOM 1) сокр. от end of month *торг., учет* с конца месяца* *(при указании условий оплаты означает, что платеж должен быть произведен в течении определенного количества дней с конца текущего месяца; напр., условие платежа «10 days EOM» означает, что платеж должен быть произведен не позднее 10 календарных дней после конца текущего месяца)* **2)** *торг.* **сокр. от** end of month dating

epidemic model *мат., марк.* модель эпидемии *(математическая модель распространения продукции, базирующаяся на теории, утверждающей, что информация о новой продукции распространяется от одного потребителя к другому в соответствии с моделью, которая математически подобна модели распространения инфекционной болезни)* **SEE:** entropy model, word-of-mouth advertising

epistolary opinion research *соц.* исследование общественного мнения по письмам *(один из методов прикладной социологии, изучающий корреспонденцию, получаемую газетами и журналами)*

equitable assignment *юр.* цессия по праву справедливости* **а)** *(ситуация, когда передача какого-л. права одним лицом другому осуществляется не исходя из формальных законодательный требований, а основываясь на справедливости или решения суда права справедливости; в данном случае положения общего права конфликтуют с положениями права справедливости; часто связано с ситуациями, когда владелец патента или лицензии разрешает другому лицу неэксклюзивное использование патентных/лицензионных прав)* **б)** *юр., торг., брит. (передача права собственности на будущие товары в английском законодательстве о продаже товаров не в соответствии с нормами общего права и, в частности законом «О продаже товаров» 1979 г., а в соответствии с нормами права справедливости, когда право собственности на будущие товары переходит к покупателю до того, как эти будущие товары станут существующими, а не после этого, как это предписано нормами общего права)* **SEE:** transfer of property, Sale of Goods Act 1979, equity law, equitable doctrine, Tailby v Official Receiver, Holroyd v Marshall

equitable doctrine *юр., торг., брит.* доктрина права справедливости *(согласно которой, покупатель становится собственником будущих товаров в момент совершения сделки, а не тогда, когда будущие товары станут существующими; противоречит требованиям общего права и закону «О продаже товаров» 1979 г., однако применяется в некоторых случаях к договорам продажи будущих товаров)* **SYN:** equitable rule **SEE:** equity law, Sale of Goods Act 1979, future goods, existing goods, equitable assignment, Tailby v Official Receiver, Holroyd v Marshall

equitable rule *юр., торг., брит.* = equitable doctrine

equity law *юр.* право справедливости *(часть прецедентного права, дополняющее общее право сложилось в Англии из решений Суда канцлера, существующего с 15 в. до судебной реформы 1873-1875 гг., после которой формально слилось с общим правом, однако продолжает в Англии, Ирландии и США регулировать некоторые институты права собственности и договорного права, в частности инсти-*

туты доверительной собственности, возмещения ущерба, принуждения к исполнению договорного обязательства, и замещать обычные законодательные акты в случае несоответствия их друг другу)

escalation of prices *марк.* = price escalation

essential commodities *марк.* = staple goods

essential goods 1) *потр.* = staple goods 2) *потр.* = primary goods

essential product 1) *потр.* необходимый продукт *(предмет, без которого невозможно обойтись в определенной ситуации или для достижения определенной цели)* **EX: Vaseline is an essential product for chapped lips in winter.** – Вазелин является необходимым продуктом для потрескавшихся губ зимой. 2) *эк.* = staple goods 3) *марк.* = core product

establish a market *гл. марк.* = build the market

established brand *марк.* бренд, признанная торговая марка *(утвердившаяся на рынке и хорошо известная потребителям; напр., Кока-Кола, Нестле и др.)* **SEE:** entrenched product

established customer *марк.* старинный [старый] клиент *(человек, долгое время являющийся клиентом компании)* **SEE:** loyal consumer, first-class customer

established market *марк.* сформировавшийся рынок* *(рынок, на котором стабилизировался состав «игроков» и установились принимаемые всеми «правила игры»; также рынок, на котором установилась цена, отражающая объективные условия спроса и предложения в длительном периоде)* **EX: established market price** – цена сформировавшегося рынка, **established market economies** – страны с развитым рыночным хозяйством **SEE:** build the market, entrenched product, established brand

established product *марк.* = entrenched product

established retailer *торг.* признанный розничный торговец* *(розничный торговец, который присутствует на рынке уже достаточно давно и известен покупателям)* **EX: We are an established retailer of local products and have been in business for over 10 years.** – Наша компания присутствует на местном рынке уже 10 лет и является признанным розничным торговцем. **SEE:** established market, established brand, entrenched product

estaminet *сущ. торг.* маленькое кафе *(напр., бар, бистро и т. п.)* **SEE:** eatery

estoppel by conduct *юр.* лишение стороны права возражения по причине ее предшествующего поведения *(применительно к договору о продаже товаров: лишения собственника товаров права оспорить сделку продажи товаров, произведенную лицом, которому собственник товаров своим предшествующим поведением внушил, что это лицо имеет право поступить таким образом)* **EX: Estoppel by representation is sometimes sub-divided into estoppel by words and estoppel by conduct.** – Лишение стороны права возражения по причине ее предшествующего представления хода дела иногда подразделяется на лишение стороны права возражения по причине ее предшествующих слов и на лишение стороны права возражения по причине ее предшествующего поведения. **SEE:** doctrine of estoppel, contract of sale of goods, sale by agent

estoppel by negligence *юр.* лишение стороны права возражения в силу ее небрежности* *(напр., если лицо, не являющееся собственником товара продает товар в силу того, что собственник по ошибке дал понять, что данное лицо имеет на это право, или в силу того, что собственник не способен действовать в этом случае самостоятельно, и данное лицо в таких случаях обычно действовало от имени собственника или от своего имени, но в интересах собственника, собственник не сможет оспорить правомерность данной продажи)* **SEE:** doctrine of estoppel, sale by agent

estoppel by representation *юр.* = estoppel in pais

estoppel by words *юр.* лишение стороны права возражения в силу ее предшествующих слов* *(напр., если собственник товаров заявлял, что некое лицо имеет право продать эти товары от своего имени, то впоследствии он не сможет отрицать правомерности продажи этих товаров этим лицом на основании того, что это лицо не является собственником товаров)* **EX: The Act suggests that estoppel by words is merely a species of estoppel by conduct.** – Закон утверждает, что лишение стороны права возражения в силу ее предшествующих слов, - только частный случай лишения стороны права возражения в силу ее предшествующего поведения. **SEE:** doctrine of estoppel, sale by agent

estoppel in pais *юр.* лишение стороны права возражения из-за его предшествовавших действий *(промедления в заявлении, бездействия и т. п., напр., лишение собственника товаров права оспаривать сделку продажи товаров неким лицом, если данное лицо обычно продавало товары от имени собственника, и собственник промедлил с заявлением о том, что на настоящий случай полномочия данного лица не распространяются)* **SYN:** estoppel by representation **SEE:** doctrine of estoppel, sale by agent

ethical advertising **1)** *рекл.* этичная реклама *(реклама, соответствующая требованиям добросовестной конкуренции)* **SEE:** advertising acceptance policy **2)** *рекл.* реклама лекарств, отпускаемых по рецепту врача

Ethical Consumer *эк., соц.* «Этичный потребитель»*, «Этикл Консьюмер»* *(журнал, который выпускает Ассоциация этичного потребления с 1989 г.; выходит 6 раз в год; содержит путеводитель по самым разным продуктам (от йогурта до банковских услуг), обзорные статьи о деятельности различных корпораций и другие материалы для потребителей)* **SEE:** consumerism, Ethical Consumer Research Association, ethical consumerism

Ethical Consumer Research Association *эк., соц., брит.* Ассоциация этичного потребления *(общественная организация, созданная в 1987 г. для пропаганды идей этичного потребления; выпускает журнал «Этичный потребитель»; финансируется за счет подписки на этот журнал и продажи рекламы на его страницах «этически проверенным» компаниям)* **SEE:** consumerism, Ethical Consumer, ethical consumerism

ethical consumerism *эк., соц.* этичный консьюмеризм* *(концепция потребления, которое уважает культурные и социальные ценности человека, не загрязняет окружающую среду и не причиняет вреда животным; активным проявлением этой позиции является бойкотирование продуктов, которые производятся с нарушением указанных этических принципов)* **SEE:** consumerism, Ethical Consumer, Ethical Consumer Research Association

ethical pricing *марк.* этичное ценообразование* *(установление цен с учетом интересов потребителей; обычно применяется в ситуациях, когда спрос на какой-л. товар неэластичен или мало эластичен по цене, и выбор конкретной цены определяется скорее стремлением не ущемить интересы потребителей, чем стремлением получить дополнительную прибыль)* **SEE:** pricing strategy, elasticity of demand

ethnic marketing *марк.* этнический маркетинг *(маркетинговая деятельность, направленная на членов специфических национальных групп, являющихся частью всего общества)* **SEE:** ethnic media, ethnic product

ethnic media **1)** *СМИ* этнические СМИ *(телевизионные каналы, радиостанции, теле- и радиопередачи, газеты, журналы, содержание которых направлено на людей определенной расы или национальности; напр., радио для афроамериканцев или испанское телевидение в США)* **SEE:** mass media

2) *рекл.* этнические средства рекламы* *(рассчитанные на охват людей определенной расы или национальности)* **SEE:** ethnic marketing

ethnic product *марк.* этнический товар* **а)** *(какой-л. продукт, напр., напиток или блюдо, являющийся национальным для определенной этнической группы или нации, но изготовляемый для всех желающих приобрести этот продукт; может изготовляться как представителями данной этнической группы, так и любыми другими субъектами, освоившими технологию производства)* **б)** *(продукт с определенными национальными характеристиками, создаваемый для данного этнического сегмента рынка; напр., китайский соус, изготавливаемый с учетом традиций питания в Китае)* **SEE:** ethnic marketing

Euro-ad *рекл.* еврореклама *(реклама для европейского рынка)* **SEE:** global advertising

European Direct Marketing Association **сокр.** EDMA *марк.* Европейская ассоциация прямого маркетинга *(была основана в 1976 г.; в 1997 г. была преобразована в Европейскую Федерацию прямого маркетинга)* **SEE:** Federation of European Direct Marketing

European Society for Opinion and Marketing Research **сокр.** ESOMAR *марк., соц.* Европейское общество маркетинговых и социологических исследований* *(основано в 1948 г.; сегодня объединяет более 4 тысяч членов в 100 странах, как исследовательских организаций, так и их клиентов; переименовано во Всемирную ассоциацию профессионалов маркетинговых и социологических исследований)* **SEE:** World Association of Opinion and Marketing Research Professionals, ICC / ESOMAR International Code of Marketing and Social Research Practice

even pricing *марк.* назначение круглой цены*, округленное ценообразование* *(психологическое ценообразование, при котором устанавливается круглая цена или цена, оканчивающаяся на десятки, напр., $5.00, $9.10, $80.00)* **SEE:** odd-even pricing, convenience pricing

event marketing **1)** *марк.* маркетинг отдельного события *(ситуация, когда спонсорские или какие-л. другие средства вкладываются в то, чтобы как можно больше людей посетили то или иное мероприятие)* **SYN:** events marketing **2)** *марк.* событийный маркетинг *(систематическое организация мероприятий как платформы презентации продукта для того, чтобы с помощью эмоционального воздействия активизировать внимание целевой группы к продукту; напр., организация фирмой праздника с конкурсами, призами и бесплатной раздачей образцов ее продукции)* **SEE:** marketing event, cause-related marketing

events marketing **1)** *марк.* = event marketing **2)** *марк.* событийный маркетинг *(продвижение товаров компании и ее марок с помощью ассоциирования компании с каким-л. особым событием: теннисным или шахматным турниром, фестивалем, благотворительной акцией и т. п.)* **SEE:** ambush marketing

every day low price **сокр.** EDLP *марк.* = every day low pricing

every day low pricing **сокр.** EDLP *марк.* стратегия низких цен *(метод ценообразования, основанный на постоянном поддержании очень низких цен на определенный товар, определенную продуктовую категорию или на все товары, продаваемые в данной торговой точке)* **SYN:** every day low price **SEE:** pricing strategy, ethical pricing

every day price *торг.* = everyday price

everyday price *торг.* повседневная цена *(обычная цена товара в данной торговой точке в отличие от цены со скидкой, цены на ярмарках и распродажах и т. п.)* **SYN:** regular price, every day price **SEE:** sale price

everyday product *марк.* повседневный товар [продукт] *(товар, который используется ежедневно; напр., продукты питания или моющие средства)* **SEE:** convenience goods

ex *предл.* **1)** *фин., бирж., лат.* без, исключая **2)** *торг., лат.* франко *(используется в договорах купли-продажи для обозначения условий, означающих, что обязанностью продавца является предоставление товара в распоряжение покупателя в указанном месте, а ответственность за погрузку и транспортировку груза до места назначения несет сам покупатель; после термина, как правило, ставят название места нахождения товара)* **SEE:** ex quay, ex ship, ex works, ex warehouse, ex farm, ex mine, Incoterms

ex dock *межд. эк., торг., мор.* = ex quay

ex factory *торг., межд. эк., страх.* = ex works

ex-factory price *торг.* = factory price

ex farm *торг., с.-х.* франко-ферма *(условие торгового соглашения, означающее, что продавец обязан подготовить товар к отправке с фермы, но транспортировку товара организует сам покупатель)* **SEE:** farm gate price, ex works

ex farm price *торг., с.-х.* = farm gate price

ex mill *межд. эк., торг., страх.* = ex works

ex mine *торг.* франко-шахта *(термин, обозначающий, что покупатель может приобрести уголь или другое полезное ископаемое на условиях самовывоза с шахты, т. е. обозначающий, что расходы на транспортировку не включаются в цену)* **SEE:** ex works, FOB mine price

ex quay **сокр.** EXQ *межд. эк., торг., мор.* с пристани, с причала, франко-пристань, франко-причал *(условие торгового контракта, означающее, что продавец несет все расходы по транспортировке груза до указанного порта и проведению разгрузочных работ)* **SYN:** delivered ex quay, ex dock, ex wharf **SEE:** Incoterms

ex ship **сокр.** EXS *межд. эк., торг., мор.* франко-судно, франко-строп судно, франко-строп судна **SYN:** delivered ex ship **SEE:** Incoterms

ex stock *торг.* со склада,из запасов* **а)** *(о ситуации, когда товары поставляются со склада, а не изготавливаются на заказ или приобретаются посредником у производителя после получения заказа конечного покупателя; термин часто употребляется по отношению к практике оптовых торговцев, закупающих продукцию у производителей и продающих ее розничным торговцам или конечным потребителям со своих складов)* **EX: The standard products are available on an ex-stock basis.** – Стандартизированная продукция может быть отгружена прямо со склада. **SEE:** make-to-stock **б)** *(о самих товарах, поставляемых со склада, в отличие от товаров, изготовленных на заказ)* **SEE:** ex-stock item, indent, in-stock

ex-stock item *торг.* изделие со склада*, изделие из запасов* *(изделие, получаемое покупателем со склада готовой продукции, в отличие от изделия, специально произведенного предприятием или купленного торговым посредником после получения заказа от клиента)* **EX: If what you require is not available as an ex-stock item, we offer a bespoke service to match needs.** – Если изделия, которое вам требуется, нет на складе, мы предлагаем обслуживание по заказу, чтобы наиболее точно соответствовать вашим потребностям. **Delivery within 7-10 days (sooner if ex stock item).** – Доставка в течение 7-10 дней (быстрее, если изделие отгружается со склада). **SEE:** indent

ex store *торг., межд. эк.* = ex warehouse

ex warehouse *торг., межд. эк.* франко-склад, самовывоз со склада* *(условие договора купли-продажи, согласно которому покупатель несет все расходы, начиная от погрузки продукции на складе изготовителя)* **SYN:** ex store **SEE:** ex works

ex wharf *межд. эк., торг., мор.* = ex quay

ex works **сокр.** EXW *межд. эк., торг.,* франко-завод, франко-предприятие, с завода [предприятия], самовывоз* *(условие договора купли-продажи, при котором обязанностью продавца является предоставление товара в распоряжение покупателя на своем предприятии или складе, при этом покупатель несет ответственность за погрузку и транспортировку груза; после термина, как правило, ставят название местонахождения товара)* **EX: ex works Hannover / Germany** – самовывоз из Ганновера, Германия, **delivery ex works** – доставка средствами покупателя, доставка за счет покупателя, **ex works prices** – цены при условии вывоза средствами [за счет] покупателя, **on an ex works basis** – на условиях самовывоза, на условиях вывоза средствами [за счет] покупателя **SYN:** ex factory, ex mill **SEE:** Incoterms, ex warehouse, ex farm, ex mine, ex-works price, free on board plant, landed price

ex-works price сокр. EXW price *торг.* цена франко-завод **SYN:** factory price **SEE:** ex works

exacting customer *марк.* требовательный покупатель [клиент] *(покупатель, хорошо осведомленный о продукте, представляющий себе нужный ему уровень качества, знающий свои права и поэтому требующий к себе должного внимания и высокого качества обслуживания при покупке товара или услуги)* **SEE:** savvy consumer, impatient customer, discriminating buyer, experienced buyer

examination offer *марк.* = trial offer

excess demand 1) *марк.* избыточный [чрезмерный] спрос *(ситуация, когда спрос на товар превышает производственные возможности, т. е. производитель не в состоянии произвести товар в количествах, востребованных рынком)* **SYN:** overfull demand, excessive demand **SEE:** demand states **2)** *межд. эк.* избыточный спрос *(превышение объема спроса страны на благо над объемом предложения этого блага внутри страны; другими словами, спрос на импорт)*

excessive demand *марк., эк.* = excess demand

exchange *сущ.* **1)** *общ.* обмен, мена **EX: to give [to offer, to take] in exchange** – давать [предлагать, брать] в обмен, **to make an exchange** – обменять, обменяться, **in exchange for** – в обмен на, **cultural exchange** – культурный обмен, **exchange of views** – обмен мнениями **SYN:** barter **2)** *эк.* обмен *(в экономической теории: обмен какими-л. благами или услугами; в классической политической экономии: один из четырех основных этапов хозяйственной деятельности: производство-распределение-обмен-потребление; в неоклассической теории является предметом изучения теории спроса и предложения)* **SEE:** distribution, consumption **3)** а) *фин.* обмен валют **б)** *фин.* = exchange rate **в)** *фин.* иностранная валюта **EX: Export of goods and services is the major source of foreign exchange.** – Экспорт товаров и услуг является основным источником иностранной валюты. **4)** *бирж.* биржа **а)** *(наиболее развитая форма регулярно функционирующего рынка для заключения сделок и осуществления спекулятивных операций, основанных на законе спроса и предложения, и извлечения прибыли за счет курсовой разницы)* **б)** *(некоммерческая организация с правами юридического лица, формирующая оптовый рынок путем регулирования биржевой торговли в форме гласных публичных торгов; осуществляет посреднические услуги по заключению торговых сделок, по которым получает соответствующие комиссионные)* **в)** *(здание, в котором проходят биржевые торги)* **SEE:** mercantile exchange **5)** *соц.* обмен *(любое социальное взаимодействие, из которого субъекты извлекают обоюдную пользу)* **6)** *связь* центральная телефонная станция; коммутатор **EX: telephone exchange** – телефонный узел

exchange advertisement *рекл.* бартерная реклама, бартерное рекламное объявление *(реклама одного издания, размещенная в другом издании в рамках бартерного соглашения ме-*

жду ними, т. е. в качестве оплаты за размещение рекламы второго издания в первом)

exchange of commodities *эк.* = barter

exchange of goods *торг.* = barter

exchange system 1) *общ.* система обмена *(напр., студентами между учебными заведениями)* **2)** *фин.* валютная система **3)** *рекл., комп.* система обмена показами, система обмена рекламными носителями* *(служит для осуществления взаимораскрутки сайтов-участников данной системы; сайт, показавший на своих страницах определенное количество баннеров (или других носителей) системы, вправе рассчитывать на то, что его баннеры будут показаны на других сайтах — участниках; за данную услугу система удерживает определенное количество показов (от 10 до 50%), эти проценты плюс показы на собственных сайтах владельцев сети и продаются рекламодателям)* **SEE:** affiliate network, advertiser network

excise

I *сущ. гос. фин.* акциз, акцизный сбор [налог] *(косвенный налог на продажу некоторых товаров и услуг, обычно на продажу специфических товаров, таких как алкогольные напитки, сигареты, предметы роскоши, бензин и т. п.)*

II *гл. гос. фин.* взимать акцизный сбор, облагать акцизным сбором **EX: excised goods** – облагаемые акцизом товары

exclusion clause 1) *юр., торг., брит.* = exemption clause, 2 **2)** *страх.* исключающая оговорка *(статья страхового соглашения, в которой перечисляются риски, не покрываемые данным полисом)*

exclusion of seller's liability *юр., торг., брит.* исключение ответственности продавца* *(согласно закону «О продаже товаров» 1979 г., случаи, в которых продавец как сторона договора о продаже товаров не несет ответственность согласно обязанностям продавца: такие случаи определяются оговоркой освобождения от ответственности (оговоркой исключения ответственности) и оговоркой, ограничивающей ответственность)* **SEE:** Sale of Goods Act 1979, contract of sale of goods, duties of the seller, exemption clause, limitation clause

exclusion principle *эк.* принцип исключения *(отстранение лиц, не оплачивающих товар, от пользования приносимыми им выгодами; применяется в основном к частным благам)* **SEE:** private goods

exclusionary agreement *торг.* соглашение об исключении, первичный бойкот *(соглашение между двумя или более конкурирующими фирмами, которое ограничивает возможность поставки каких-л. товаров каким-л. конкретным лицам или приобретения каких-л. товаров у каких-л. конкретных лиц)* **SYN:** primary boycott

exclusive assortment *торг.* замкнутый ассортимент *(включает товары только одного производителя, напр., ассортимент магазина фотоаппаратов, состоящий только из различных моделей фотоаппаратов «Кодак»)* **SEE:** scrambled assortment, broad assortment, deep assortment, assortment strategy

exclusive buyer *марк.* эксклюзивный покупатель [клиент]* *(обладающий исключительными правами на получение определенной информации о товарах (услугах) или на покупку товара или предоставление услуг (по сравнению с др. покупателями); к таким покупателям применяются специальные условия обслуживания, часто за дополнительную плату)* **SEE:** exclusive clientele

exclusive clientele *марк.* особенные [VIP] клиенты *(группа клиентов, имеющих наибольшее значение для компании; обычно в такую группу входят очень крупные клиенты (богатые постоянные покупатели или оптовые клиенты), приносящие компании значительную часть ее дохода* *или известные лица (политики, звезды шоу-бизнеса и т. д.); к таким клиентам обычно применяются особенные условия обслуживания, напр., скидки, быстрая доставка, сервис высокого качества и т. д.)* **EX: to sell at wholesale prices to exclusive clientele** – продавать по оптовым ценам эксклюзивным клиентам, **Our exclusive clientele includes the biggest names in the corporate and political world.** – Наша эксклюзивная клиентура представлена именами, известными в деловом и политическом мире. **SEE:** constant clientele, exclusive buyer, customer size

exclusive contract **1)** *юр., эк.* эксклюзивный [ограничительный] контракт, монополистическое соглашение *(такое соглашение между двумя сторонами, по которому одна сторона является единственным клиентом или партнером другой; напр., соглашение, согласно которому покупатель обязуется покупать только у данного поставщика)* **2)** *торг.* = exclusive dealing agreement **SEE:** exclusive dealership

exclusive dealer *торг.* эксклюзивный [исключительный, единственный] дилер *(розничный или оптовый торговец какой-л. продукцией, получивший от производителя исключительное право на торговлю этой продукцией на некоторой территории)* **SEE:** exclusive dealership, exclusive distribution, exclusive dealing agreement

exclusive dealership *торг.* эксклюзивное [исключительное] дилерство *(вид торговой практики, когда дилер (оптовый или розничный торговец) занимается сбытом и гарантийным техническим обслуживанием товаров одной фирмы)* **SYN:** exclusive dealing **SEE:** exclusive dealer, exclusive distribution, exclusive contract, exclusionary agreement, restrictive trade practice, exclusive sales territory, exclusive territory

exclusive dealing *торг.* = exclusive dealership

exclusive dealing agreement *торг.* соглашение об исключительной [эксклюзивной] дистрибуции*, соглашение об исключительном [эксклюзивном] дилерстве* **а)** *(соглашение между производителем и торговым посредником, по которому посредник обязуется не продавать продукцию конкурентов данного производителя, т. е. покупать товар только у данного поставщика)* **б)** *(соглашение между производителем и торговым посредником, по которому производитель обязуется не продавать свой товар другим торговым посредникам или не закупать товар у других торговых посредников)* **SYN:** exclusive dealing arrangement, exclusive contract **SEE:** exclusive dealership, exclusive distribution

exclusive dealing arrangement *торг.* = exclusive dealing agreement

exclusive distribution *торг.* эксклюзивная дистрибуция, распространение на правах исключительности *(предоставление фирмой одному оптовому или розничному торговцу исключительного права на продажу продукции фирмы на определенной территории)* **SYN:** exclusive market coverage **SEE:** selective distribution, intensive distribution, exclusive dealership, exclusive distribution channel, exclusive distributor

exclusive distribution channel *торг.* эксклюзивный канал распределения* *(конкретный торговец (оптовое предприятие или розничный магазин), используемый компанией для распространения своего товара или для распространения товара на определенной территории; данный торговец ориентирован на работу только с товарами определенного производителя или группы производителей, в результате чего любой другой производитель (аусайдер) не может договориться с ним о реализации своего товара)* **SEE:** exclusive distribution, distribution channel

exclusive distributor *торг.* эксклюзивный [исключительный, единственный] дистрибьютор *(единственный продавец определенных товаров или товаров определенной фирмы в дан-*

ной области) **SYN:** sole distributor **SEE:** exclusive distribution, exclusive dealership

exclusive market coverage *марк.* = exclusive distribution

exclusive marketing plan *марк.* эксклюзивный маркетинг-план **а)** *(маркетинговый план, составленный маркетинговым агентством для клиента в индивидуальном порядке, т. е. для продвижения именно его товара)* **б)** *(стратегия, согласно которой товар предлагается ограниченному числу розничных торговцев в обмен на их обещание не продавать конкурирующие товары)* **SEE:** intensive marketing plan

exclusive product *марк.* эксклюзивный [индивидуализированный] товар* *(товар, изготовленный по индивидуальному заказу)* **SYN:** custom-designed product, custom-made product, customized product

exclusive sale *торг.* эксклюзивная продажа **SEE:** exclusive distribution, exclusive sales territory

exclusive sales territory *торг.* территория эксклюзивной продажи [исключительного дилерства]* *(территория, на которой дилер получает исключительное право торговли продуктом фирмы)* **SYN:** exclusive territory **SEE:** exclusive distribution, exclusive dealership, non-exclusive territory, exclusive territorial agreement

exclusive shop *торг.* дорогой магазин *(магазин, торгующий дорогой одеждой, предметами роскоши и т. п.)* **SYN:** luxury shop, high-class store, upscale store

exclusive territorial agreement *торг.* эксклюзивное территориальное соглашение* *(согласно которому фирмы или торговые посредники разделяют между собой территории, на которых они могут заниматься сбытом)* **SEE:** exclusive distribution, exclusive territory, exclusive sales territory

exclusive territorial rights *торг.* исключительные [эксклюзивные] территориальные права* *(исключительные права на осуществление какой-л. деятельности на конкретной территории)* **SEE:** exclusive territory

exclusive territory **1)** *пат., торг.* эксклюзивная территория, территория действия исключительного права* *(территория, предоставленная франчайзером конкретному франчайзи для осуществления им экономической деятельности; предоставление такой территории означает обязательство франчайзера не позволять любому другому франчайзи работать от его имени на данной территории)* **ANT:** non-exclusive territory **SEE:** commercial concession, franchisor, franchisee, exclusive sales territory **2)** *страх.* эксклюзивная территория *(географическая территория, которая является сферой обслуживания данного генерального страхового агента)* **SEE:** non-exclusive territory **3)** *торг.* = exclusive sales territory

exemption clause *юр.* оговорка освобождения от ответственности* **а)** *(оговорка в договоре, которая ограничивает ответственность одной из сторон)* **б)** *торг., брит. (оговорка, добавленная к договору стандартной формы о продаже товаров или предложении услуг, содержащая положения, отрицающая некоторые условия договора, содержащиеся обычно в законодательных актах, представляющих типовую форму договора; такие условия обычно трактуются судом в пользу покупателя; ряд законодательных актов (закон «О продаже в рассрочку» от 1965 г., закон «О предложении товаров (с включенными терминами)» от 1973 г., закон «О недобросовестных условиях контракта» от 1977 г.) накладывает ограничения на подобные оговорки, а закон «О продаже товаров» от 1979 г. прямо утверждает, что специально оговоренные условия или гарантии в конкретном договоре не могут исключить условия типового договора о продаже товаров, предписанные законом)* **SYN:** exclusion clause **SEE:** contract of sale of goods, exclusion of seller's liability, standard-form contract, Hire-Purchase Act 1965, Supply of Goods

(Implied Terms) Act 1973, Unfair Contract Terms Act 1977, Sale of Goods Act 1979, limitation clause, Suisse Atlantique case

exhibition 1) *общ.* выставка, показ, демонстрация **SEE:** exhibition case 2) *торг.* выставка **EX: annual exhibition** – ежегодная выставка, **art exhibition** – художественная выставка, **exhibition catalogue** – выставочный каталог, **exhibition centre** – выставочный центр, **exhibition space** – выставочная площадь, **national exhibition** –(обще)национальная выставка, **international exhibition** – международная выставка,; **mobile [touring, traveling] exhibition** – передвижная выставка; **SYN:** fair **SEE:** exhibition contractor, industrial exhibition, business efficiency exhibition, catalogue exhibition, exhibition goods, exhibition shop, sales exhibition 3) *обр., брит.* стипендия *(повышенная или именная)*

exhibition case *торг.* выставочный шкаф; выставочная витрина **SEE:** merchandising

exhibition contractor *торг.* подрядчик выставки*, выставочный подрядчик* *(лицо, по контракту предоставляющее услуги, связанные с организацией выставки, в том числе организующий аренду выставочной площадки и необходимого оборудования, оказывающий услуги по оформлению площадок, аудио-видео сопровождению, уборке и т. п.; обычно соответствующие услуги для всех участников выставки выполняет одна организация)* **SEE:** exhibition

exhibition goods *торг.* выставочные товары *(образцы товаров для выставки)* **SEE:** exhibition

exhibition shop *торг.* магазин-салон, выставка-продажа *(выставка, где демонстрируемые товары могут быть проданы)* **SEE:** exhibition

exhibition stand *торг.* = display stand

existing demand *марк.* существующий [реальный] спрос *(количество товаров, проданных на данном рынке в текущий период)* **SEE:** potential demand

existing goods *торг., юр., брит.* существующие товары *(определяются законом «О продаже товаров» 1979 г. как товары, находящиеся в собственности продавца; данный закон различает товары по основанию существования на существующие и будущие, однако в британском праве по этому основанию товары делятся еще также на специфицированные и неиндивидуализированные)* **ANT:** future goods **SEE:** specific goods, unascertained goods

expanding market *марк.* расширяющийся [растущий] рынок *(рынок, характеризующийся устойчивым увеличением территории сбыта за счет выхода на новые территориальные рынки или ростом объемов продаж в пределах прежней сбытовой территории за счет привлечения новых потребителей)* **SYN:** growing market **ANT:** shrinking market **SEE:** market development

expectancy-value model *марк.* модель ожидаемой полезности *(модель формирования потребительского отношения, согласно которой потребитель оценивает продукцию в соответствии с суммой оценок различных параметров товара; высокая оценка одного параметра может компенсировать низкую оценку другого)* **SYN:** Fishbein model **SEE:** conjunctive model, ideal point model, disjunctive model, lexicographic model, dominance model

expense-to-sales ratio *марк.* соотношение затраты/объем продаж *(основной показатель эффективности маркетинговой организации, представляющий собой отношение затрат на рекламу к продажам товара)* **SEE:** efficiency rating, cost per sale

expenses of circulation *торг., учет* = distribution cost

expenses of storage *торг.* = storage expenses

expensive *прил.* 1) *эк., торг.* дорогой, дорогостоящий *(о продукте)* **EX: expensive clothes** – дорогая одежда **SYN:** high-priced **ANT:** cheap, low-priced, inexpensive 2) *эк., торг.* дорогой **EX: expensive store** – дорогой магазин **ANT:** cheap, inexpensive

experience curve *учет, марк.* кривая опыта *(график функции, отражающей снижение общих затрат (производственных, маркетинговых и т. п.) на единицу продукции по мере увеличения объема производимых товаров или предоставляемых услуг; основные отличия от кривой обучения заключаются в следующем: кривая опыта относится к организации в целом, а не к отдельному ее сотруднику, и выражается в стоимостном выражении на единицу продукции)* **SEE:** experience curve pricing

experience curve pricing *марк.* ценообразование на основе кривой опыта* *(агрессивная политика ценообразования, основанная на попытке увеличить рыночную долю за счет временного снижения цен ниже среднего уровня и получения в последующем выгод за счет увеличения объемов производства и использования эффекта кривой опыта, т. е. эффекта снижения затрат по мере увеличения производства и накопления производственного опыта)* **SEE:** experience curve, limit pricing, penetration pricing, kamikaze pricing, predatory pricing, predatory price cutting, predatory price, destroyer pricing, keen price

experience goods *эк.* экспериментальные блага, блага скрытой полезности* *(товары, качество которых выявляется только в процессе использования; потребители могут опасаться приобретать такие блага, поэтому на увеличение спроса благотворно влияет предоставление права возврата блага в случае неудовлетворенности потребителя)* **SEE:** actual experience with the product, adverse selection, return policy

experienced buyer *торг.* опытный [искушенный] покупатель *(покупатель, купивший данный товар ранее или покупающий его периодически; располагает знаниями о том, какой именно товар ему нужен; знаком с трудностями выбора и процедурой покупки)* **EX: Is he a first-time buyer or an experienced buyer?** – Он покупает первый раз или он уже опытный покупатель? **SYN:** sophisticated buyer, knowledgeable buyer, specialist buyer **SEE:** discriminating buyer

experiencer *сущ. марк., амер.* экспериментатор* *(один из типов потребителей по классификации VALS 2; аналогичен типу «экспериментирующий» по классификации VALS)* **SEE:** VALS 2, action-oriented, VALS

experiential *сущ. марк., амер.* экспериментатор*, испытатель* *(потребитель, который склонен к поиску новых, необычных ощущений, и характеризуется большой степенью вовлечения при принятии потребительских решений; таких людей привлекает все экзотическое, напр., восточные религии, и необычное, напр., парапсихология; обычно люди данного типа менее эгоцентричны, чем люди типа «я — это я»; одна из групп внутренне управляемых потребителей)* **EX: As the I-Am-Mes mature psychologically, they become the Experientials.** – По мере психологического взросления потребители категории «я – это я» становятся «экспериментаторами». **SEE:** VALS, inner-directed, experiencer

expert channel **1)** *торг.* экспертный канал сбыта* *(один или несколько торговых посредников, обладающих высоким профессиональным уровнем и опытом, которые используются компанией для распространения своих товаров)* **EX: We have created a Multisoft Expert Channel. We have chosen a select group of resellers that have the key attributes to professionally sell our products.** – Мы организовали экспертный канал сбыта продукции Multisoft. Для этого мы выбрали группу торговых посредников, у которых есть все основные качества, необходимые для профессионального сбыта наших товаров. **Our products are sold in over 50 countries around the world through a network of expert channel partners.** – Наши товары продаются более чем в 50 странах мира через сеть экспертных каналов сбыта. **2)** *общ., эк.* эксперты, экспертный канал (коммункации)* *(профессионалы или эксперты в определенной области, к которым обращаются за советом или рекомендациями по тем или иным вопросам)* **EX: These informative newsletters bring you expert channel advice.** – Эти информационные бюллетени содержат советы экспертов.

expert interview *соц.* экспертное интервью *(особая разновидность интервью, в котором отбор респондентов осуществляется по уровню компетентности; применяется для уточнения интерпретации социальных явлений и процессов, уточнения гипотез)* **SEE:** interview

expert on merchandise *торг.* = commodity expert

explanatory question *соц.* разъясняемый вопрос *(вопрос, которому предшествует информация по теме вопроса)* **SEE:** question

exploratory market *марк.* = test market

exponential marketing *марк.* экспоненциальный маркетинг* *(название «сарафанного» маркетинга, которое отражает наличие геометрической прогрессии в характере распространения слухов: человек передает информацию двум друзьям, каждый из которых передает ее своим двум друзьям и т. д.)* **SYN:** buzz marketing

export

I *сущ.* **1)** *межд. эк.* экспорт, вывоз, экспортирование *(вывоз за границу товаров для продажи на внешних рынках и оказание услуг нерезидентам как за рубежом, так и на территории родной страны предоставляющей услуги компании)* **EX: to be engaged in export** – заниматься экспортом, **grain export** – экспорт зерна, **food export** – экспорт продовольствия, **manufacturing export** – экспорт промышленных товаров, **military export** – военный экспорт, экспорт военных товаров, **export of goods [technology]** – экспорт товаров [технологии], **heavy export** – значительный экспорт, **export from Japan** – экспорт [вывоз] из Японии, **export to the US** – экспорт в США, **export articles, articles of export** – статьи [предметы] экспорта [вывоза], **volume of export(s)** – объем экспорта *(обычно о натуральных единицах: тоннах и т. п.)*, **value of export(s)** – стоимость экспорта, **export date** – дата экспорта **SEE:** export sales, exportable, contraband **2)** *мн., межд. эк.* статьи [предметы] экспорта [вывоза] **EX: Sugar and copra are the chief exports.** – Сахар и копра являются главными статьями экспорта. **3)** *мн., межд. эк., стат.* объем [стоимость, сумма] экспорта *(стоимость или количество экспортированных товаров; также название разделов в статистической или финансовой отчетности, в которых отражается информация о величине экспорта за период)* **EX: Balance of trade is the difference between a country's total imports and exports.** – Сальдо торгового баланса определяется как разница между общей суммой импорта и экспорта. **ANT:** import

II *гл. межд. эк.* вывозить, экспортировать *(продавать товары за границу)* **EX: to export from China to United States** – экспортировать из Китая в США **ANT:** import

III *прил. межд. эк.* экспортный, вывозной *(относящийся к экспорту)* **EX: export commodities** – экспортные товары

export advertising *рекл.* экспортная [внешнеторговая] реклама, реклама экспортных товаров *(проведение рекламных мероприятий на рынках других стран для продвижения экспортируемых товаров: организация выставок, рекламных продаж, издание и распространение товаросопровождающей литературы, рекламных фильмов и т. д.)* **SEE:** foreign advertising, global advertising, domestic advertising

export department *торг., упр.* экспортный отдел, отдел экспорта [экспортных поставок] *(подразделение компании, ответственное за налаживание торговых связей с иностранными покупателями и организацию экспортных поставок)*

export distributor *межд. эк., торг.* экспортный дистрибьютор*, дистрибьютор-экспортер*, экспортер-дистрибьютор* *(дистрибьютор, продающий товары отечественного производителя на зарубежных рынках)* **SEE:** exclusive distributor, import distributor

export invoice *торг., учет* экспортный счет-фактура *(счет-фактура, выставленный экспортером иностранному покупателю, т. е. счет-фактура на экспортируемый товар)* **SEE:** invoice, sales invoice, import invoice, export sales

export market *марк., межд. эк.* экспортный рынок *(зарубежный рынок, на который производители из данной страны экспортируют свою продукцию)* **SEE:** export marketing, domestic market, world market

export marketing *марк.* экспортный маркетинг *(маркетинговая деятельность, связанная с попытками реализации продукции в другой стране, отличающейся от внутреннего рынка условиями сбыта, деловыми обычаями, национальными традициями, валютой, особенностями социо-культурной среды; как правило, компания при этом переводит за пределы национальных границ свою торговую практику, внося в ее компоненты минимальные изменения; в случае принятия решения утвердиться на зарубежном рынке компания прибегает к международному маркетингу)* **SEE:** international marketing, export market

export products *межд. эк., торг.* экспортные товары, экспортная продукция *(товары, реализуемые на экспорт)* **SEE:** export sales, import products

export sales *межд. эк., торг.* продажи на экспорт, экспортные продажи *(продажи товаров иностранным покупателям)* **SEE:** international sale, export products, import purchases

export trade *межд. эк., торг.* экспортная торговля, торговля на экспорт *(продажа товаров иностранным покупателям)* **SEE:** import trade

exportable *прил. межд. эк., торг.* экспортируемый*, экспортабельный* *(годный или предназначенный для экспорта (вывоза) из данного района; разрешенный к экспорту)* **EX: Our language is probably our most exportable commodity.** – Наш язык является наиболее пригодным для экспорта товаром. **Articles you post must also be legally exportable from the United States.** – Предметы, которые вы высылаете, должны также иметь законное разрешение к экспорту из США. **SEE:** export

exposure opportunity 1) *общ.* подверженность воздействию, возможность контакта *(с кем-л. или чем-л., что может оказать влияние на объект определенным образом; обычно употребляется для обозначения подверженности людей воздействию или давлению со стороны общества или окружения, которое провоцирует их на какие-л. действия, чаще всего на употребление алкоголя, наркотиков и на иные вредные привычки)* **2)** *рекл.* возможность рекламного контакта* **а)** *(возможность потребителя познакомиться с товаром (услугой) посредством рекламы)* **EX: The research is based on comparisons of respondent groups who have exposure opportunity to different combinations of media.** – Исследование основано на сравнении групп респондентов, которые имеют возможность рекламного контакта с различными средствами рекламы. **б)** *(возможность товара (услуги) связаться с потребительской аудиторией посредством рекламы)* **EX: Advertising in the beautiful colour catalogue, distributed to all exhibitors and attendees of the Exhibition, is a prime and lasting exposure opportunity for your product or service, because every person who attends the Exhibition will see your advertisement.** – Реклама посредством красивого красочного каталога, распространяемого всем участникам и посетителям Выставки, является основной и длительной возможностью рекламного контакта для вашего товара (услуги), поскольку каждый посетитель Выставки увидит вашу рекламу. **SEE:** exposure potential, opportunity to see

exposure potential 1) *общ.* потенциальное потребление* *(показатель общего количества химического веще-*

ства, которое может быть усвоено организмом) **2)** *рекл.* потенциал рекламных контактов*, потенциал рекламного охвата*, потенциальный рекламный охват* *(общее количество рекламной аудитории, на которое может воздействовать данная реклама; зависит от размеров рекламного объявления и от его доступности, т. е. от того, в каком месте оно расположено или каким образом демонстрируется)* **EX: significant exposure potential** – значительный потенциал рекламного охвата, **More important than size is the accessibility of an ad. The placement and number of links to an ad is critical in measuring it's exposure potential.** – Доступность рекламы более важна, чем размер рекламного объявления. Размещение рекламы и количество ссылок на нее представляют собой наиболее важные факторы при измерении потенциала рекламного охвата. **The advertising sign will rotate every 8 weeks to a new location to maximize exposure potential.** – Рекламный щит будет менять свое местоположение каждые восемь недель для максимизации потенциала рекламного охвата. **SEE:** exposure opportunity, advertising exposure

express delivery *торг., связь* срочная поставка [доставка] *(товаров, корреспонденции и т. д.)* **SYN:** prompt delivery, special delivery, urgent delivery **SEE:** express goods

express goods *торг., трансп.* срочный товар [груз] *(который необходимо доставить быстро)* **SEE:** express delivery

express term *юр.* оговоренное условие **а)** *(условие, в явном виде внесенное в письменный или устный контракт после согласования сторонами)* **б)** *торг., брит. (согласно закону «О продаже товаров» 1979 г., регулирующему договор о продаже товаров в системе английского права, в данном договоре такие условия касаются описания и качества товаров)* **SEE:** contract of sale of goods, description, sale by description, right quality, implied term, stipulated condition

express warranty прямая гарантия **а)** *эк. (обещание в отношении полученной собственности или прав по контракту)* **б)** *торг. (письменное или устное заявление производителя товара о том, что предлагаемый на продажу товар соответствует стандартам качества, безопасности, требованиям потребителя и может использоваться по назначению, а также обязательство возместить потребителю ущерб в случае, если товар окажется не соответствующим данному обещанию)* **SYN:** expressed warranty **SEE:** implied warranty, product warranty

expressed warranty *торг., юр.* = express warranty

extended guarantee *торг.* дополнительная гарантия *(дается в дополнение к основной гарантии гарантии на такие бытовые товары, как стиральные машины, посудомоечные машины и т. п.; представляет собой заверение производителя или продавца в том, что он обязуется предоставлять гарантийное обслуживание (ремонт и т. д.) в течение более длительного периода, чем указано в основной гарантии)* **SEE:** product warranty

extended service **1)** *торг.* послегарантийное обслуживание **а)** *(которое длится в течение более долгого периода по сравнению с прежней длительностью; напр., за счет прибавления часов работы магазина)* **б)** *(обслуживание сверх гарантийного срока)* **EX: An extended service contract covers the cost of certain repairs and problems after a car's factory warranty expires.** – Контракт на продленное обслуживание покрывает затраты на определенные виды ремонта и обслуживание автомобиля после истечения срока действия заводской гарантии. **SEE:** extended guarantee **2)** *рекл.* продление показа *(продление срока экспонирования установок наружной рекламы сверх контрактного периода в качестве компенсации за недочеты и упущения, происшедшие по вине владельца или прокатчика этих установок)* **SEE:** outdoor advertising, extra service

extended storage *торг.* длительное хранение **SYN:** dead storage, long-term storage

ANT: short-term storage **SEE:** storage, storage length

extent of the market *марк.* протяженность рынка, размер рынка *(показатель территориального объема рынка, т. е. его географического охвата)* **SEE:** market size

external audience *марк.* = outside audience

external clientele *марк.* внешняя клиентура *(лица и организации, которые являются клиентами компании, но не причастны к деятельности компании)* **SEE:** internal clientele, outside audience

external market 1) *марк.* внешний [зарубежный] рынок *(находящийся за национальными границами страны)* **SYN:** foreign market, overseas market **SEE:** domestic market, export marketing **2)** *фин.* внешний рынок *(рынок ценных бумаг, которые выпущены за пределами юрисдикции отдельной страны и могут продаваться инвесторам из разных стран)* **SEE:** internal market, foreign market, domestic market

external package *торг.* = secondary package

extinction price *марк.* = predatory price

extinction pricing *марк.* = predatory pricing

extra *сущ.* **1)** *общ.* дополнение, добавка *(напр., дополнительные услуги)* **2)** *торг.* наценка, приплата *(дополнительная плата за товар или услугу)* **EX: This is the guaranteed full price and there are no hidden extras.** – Эта цена является гарантированной полной ценой и не содержит каких-л. скрытых наценок. **SYN:** markup **3)** *торг.* товар с наценкой *(за который взимается дополнительная плата)* **4)** *общ.* высший сорт *(какой-л. предмет высокого качества)* **5)** *СМИ* экстренный [специальный] выпуск (газеты или журнала) *(информирует о последних новостях или содержит обсуждение какой-л. актуальной темы)* **EX: sports extra** – экстренный спортивный выпуск газеты [журнала]

extra charge *торг.* = markup

extra dating *торг.* дополнительное датирование [льготное] датирование*, льготная система оплаты *(продление сроков оплаты товара для покупателя; данная система обычно применяется с целью помощи покупателю в трудный для него финансовый период; она также предоставляет покупателю дополнительное время, в течение которого можно получить скидку)* **SEE:** ordinary dating, end of month dating, ROG dating, cash discount

extra service 1) *марк.* = ancillary service **2)** *рекл.* расширение показа *(предоставление дополнительных рекламных панелей сверх договорного количества в качестве компенсации за недочеты и упущения, происходящие по вине владельца или прокатчика этих панелей)* **SEE:** outdoor advertising, extended service

extras 1) *марк.* дополнительные [родственные] товары *(товары или услуги, продаваемые компанией дополнительно к основному ассортименту, которые удовлетворяют ту же или близкую по типу потребность, что и основные товары или услуги)* **EX: They also sell extras to the kids along with the breakfasts and lunches. Fresh-baked chocolate chip cookies and tubes of squeezable yogurt are big sellers.** – Помимо завтраков и обедов, они также продают детям дополнительные товары. Наибольшим спросом у детей пользуются свежевыпеченное печенье с шоколадной крошкой и йогурт в тюбиках. **GameStop sells both new and used games, software and hardware. They also sell extras like computer magazines, strategy guides and other related merchandise.** – «Геймшоп» продает новые и подержанные игровые приставки, программное и техническое компьютерное обеспечение. Там также продаются родственные товары, напр., компьютерные журналы, стратегии игр и т. п. **We sell any kind of travel services - rooms, tours, activities, etc., and we also sell extras - breakfast, meals, transfers.** – Мы предлагаем любые туруслуги – проживание, туры, развлечения и т. п., а также дополнительные услуги - питание, транспортные услуги. **SEE:** sideline product, core product **2)** *марк.* дополнительные принадлежности *(детали, оборудование и т. п., которые можно использовать вместе с данным товаром, но можно обой-*

тись и без них; предлагаются при покупке основного товара за дополнительную плату либо продаются отдельно) **EX: You can also sell extras to your standard products and hide them so that they cannot be bought on their own.** – Вы можете также прилагать какие-л. дополнительные принадлежности к своим обычным товарам, но при этом не предлагать их на продажу отдельно от основного товара.; **SEE:** optional extra, ancillary product, tied products, optional equipment

EXW price *торг.* **сокр. от** ex-works price

eye camera *рекл., псих.* прибор для отслеживания движения глаз *(устройство, используемое исследователями для наблюдения за движением глаз респондентов, читающих рекламный текст)* **SEE:** eye movement analysis

eye-catcher *сущ. тж. eyecatcher общ.* приманка [ловушка] для глаз* *(нечто, приковывающее к себе внимание, напр., яркий рисунок, необычное здание, красивая машина, привлекательный человек и т. п.)* **SYN:** eye-stopper **SEE:** eye-catching, attention-getter, keeper

eye-catching *прил. тж. eyecatching общ.* привлекательный, привлекающий [притягивающий] внимание, бросающийся в глаза, броский **EX: eye-catching car** – броская машина, **eye-catching girl** – привлекательная девушка **SEE:** eye-catcher, eye-catching advertising, eye-catching display, attention-getting

eye-catching advertising *рекл.* броская реклама *(красочная реклама, которая сразу привлекает внимание)* **SEE:** creative advertising

eye-catching display *марк.* привлекательная [броская] экспозиция [выкладка]*, *(размещение товара в магазине таким образом, что он привлекает внимание, напр., украшение полок с товаром, помещение ярких рекламных плакатов рядом с экспозицией товара в магазине, выставление товара в красочной упаковке и т. п.)* **EX: Arrange a colourful, eye-catching display in a shop window.** – Организуйте красочную и привлекательную экспозицию товара в витрине магазина. **This eye-catching display draws traffic to the product and helps explain the product at a glance.** – Броская экспозиция товара привлекает к нему посетителей магазина, при этом очень хорошо представляя сам товар. **SEE:** eye-catching advertising

eye-level shelf *торг.* полка на уровне глаз* *(полка в магазине, расположенная на уровне глаз покупателя)*

eye movement analysis *рекл., псих.* анализ движения глаз *(исследование реакции глаз на различные образы, рекламные ролики)* **SEE:** eye camera

eye-stopper *сущ. общ.* = eye-catcher

eyecatcher *сущ. общ.* = eye-catcher

eyecatching *прил. общ.* = eye-catching

eyestopper *сущ. общ.* = eye-catcher

F

fabricated goods 1) *эк.* заказные товары, товары по индивидуальным заказам **SEE:** made-to-order **2)** *эк.* сборные товары *(изготавливаются путем сборки отдельных деталей)* **SEE:** knocked down

face time 1) *СМИ, рекл.* эфирное время* *(время, в течение которого некоторое лицо находится в телевизионном эфире)* **2)** время личного [очного] контакта* **а)** *марк. (время, проводимое коммивояжером или продавцом лицом к лицу с клиентом)* **б)** *упр., соц. (время, в течение которого люди общаются не посредством телекоммуникации, а лицом к лицу)* **3)** *упр.* присутствие на работе, присутственное время *(может подразумеваться как присутствие в течение рабочего дня, так и присутствие на работе за пределами рабочего дня)* **EX: The culture of the company rewarded «face time», and employees who put in less than full time – in fact, who failed to work extra hours — would rarely be properly recognized or compensated by the company.** – В этой компании было принято вознаграждать в зависимости от присутствия на работе, и люди, которые отдавали работе не все свое время, то есть не оставались после рабочего дня, редко получали признание и вознаграждение.; **Some organizations like employees to put in «face time». This means sticking around the office to make yourself visible, even if you have nothing to do. You might be through with your work and ready to go home at 5:00 p.m., but there is an unspoken rule that no one starts to head out until 6:15 p.m.** – Некоторые организации поощряют присутствие работников на рабочем месте. Это значит, что работник может болтаться в офисе, чтобы его видели, даже если ему нечего делать. Вы можете закончить свою работы и быть готовым к уходу домой в 17 часов, но есть негласное правило, согласно которому нельзя покидать своего места до 18:15.;

face-to-face selling *марк.* = personal sale

facing

I *прил.* **1)** *общ.* облицовочный; покрывающий **EX: facing paper** – облеечная бумага **2)** *общ.* лицевой **EX: facing side** – лицевая сторона, **facing wall** – фасадная стена **3)** *общ.* противостоящий, расположенный напротив **SEE** facing text position, facing matter **4)** *рекл.* ориентированный, установленный лицом *(обозначение направления лицевой поверхности (предмета, товара, рекламного носителя и т. д.)* **EX: South-facing billboards are seen by the drivers travelling nourthbound** – Билборды, установленные лицом к югу, видны водителям, едущим на север.

II *сущ.* **1)** *общ.* облицовка, отделка **2)** обертка, оболочка **3)** *общ* лицевая сторона **4)** *рекл.* ориентация [лицевая сторона] (рекламного) щита *(ориентация установки наружной рекламы по отношению к потоку преобладающего движения)* **5)** *марк.* выкладка товара **а)** *выкладка товара на полках или в торговом зале «лицом к покупателю»* **б)** *представление товара способом, который заставит людей покупать товар* **SYN:** product placement, merchandising **6)** *торг.* штука выкладки*, выложенная упаковка, выкладка *(единица измерения количества упаковок товара, выложенного на горизонтальных полках «лицом к по-*

купателю» (имеется в виду передние ряды, задние и вертикальные ряды не учитываются) **EX: Sales increase each time a facing is added, however once there are four facings sales reach saturation point.** – Объем продаж товара увеличивается с каждой новой выкладкой на полке, однако же, когда число упаковок [выкладок] в ряду доходит до четырех, объем продаж достигает точки насыщения.;

facing matter *СМИ, рекл.* напротив редакционного материала *(инструкция о расположении объявления в периодическом издании)* **SYN:** facing text

facing text *рекл.* = facing text position

facing text position *рекл.* расположение «напротив текста» *(способ расположения рекламных блоков в газетах, журналах и т. д.)* **SYN:** facing text, facing matter

fact question *соц.* фактологический вопрос *(вопрос анкеты, касающийся конкретных данных о самих респондентах)* **SEE:** question

factor

I *сущ.* **1)** *общ.* фактор, движущая сила **EX: social and economic factors** – социальные и экономические факторы **2) а)** *мат.* множитель **б)** *мат., тех.* коэффициент, показатель, фактор **EX: correction factor** – поправочный коэффициент **3)** *фин.* фактор, факторинговая компания **SEE:** factoring **4) а)** *торг.* комиссионер, фактор *(посредник, участвующий в торговых операциях от своего имени, но за счет клиента и получающий за это определенное комиссионное вознаграждение)* **SYN:** commission agent **SEE:** factorage **б)** *эк., юр., шотл.* управляющий имением **в)** *эк., юр., устар.* агент, представитель, доверенное лицо **5)** *т. граф.* фактор *(подграф, содержащий все вершины графа)*

II *гл.* **1)** *мат.* разлагать на множители **2) а)** *фин.* *(продавать счета к получению факторинговой компании)* **EX: If your business sells products or services to other businesses or governments on credit terms, you have the option to factor your receivables.** – Если ваше предприятие продает товары или услуги другим предприятиям или государственным учреждениям в кредит, то у вас есть возможность продать свою дебиторскую задолженность факторинговой компании. **SEE:** factoring **б)** *(осуществлять факторинговую деятельность, выступать в роли фактора, т. е. покупать дебиторскую задолженность)*

factor company **1)** *фин.* = factoring company **2)** *торг.* торговый агент *(компания-агент, продающая или покупающая товары от своего имени, но по поручению клиента)* **SEE:** Factors Act 1889, factor

factor cost **1)** *эк.* факторные издержки [затраты] *(расходы, связанные с затратами определенных факторов производства: земли, труда, капитала, предпринимательских способностей)* **2)** *торг.* цена по факторным издержкам*, факторная стоимость *(сумма, уплачиваемая потребителем за товар, за вычетом налогов, включенных в цену данного товара)*

factorage *сущ.* **1)** *торг.* комиссионное вознаграждение [комиссионные] фактора* *(сумма уплачиваемая клиентом фактору (комиссионеру, посреднику) за его услуги)* **SEE:** factor **2)** *торг.* работа [обязанности] агента [комиссионера]; посредничество

factored goods *торг.* комиссионные товары *(товары, реализуемые на комиссионной основе, т. е. в форме торгового посредничества)* **SEE:** commission

factoring *сущ.* **1)** *фин.* факторинг, факторинговые операции *(финансовая комиссионная операция, при которой клиент (компания-продавец) продает дебиторскую задолженность факторинговой компании, что позволяет ему немедленно получить большую часть причитающегося с покупателя платежа, факторинговая компания при этом удерживает из общей суммы дебиторской задолженности комиссионные; последующий платеж покупателя может направляться как непосредственно факторинговой компании, так и компании-продавцу, которая за-*

тем переводит средства факторинговой компании) **2)** *торг.* комиссия, комиссионная продажа; коммерческое посредничество, торговое посредничество *(перепродажа на комиссионных началах, с уплатой вознаграждения посреднику)* **SEE:** dealer, factor company, factored goods **3)** *мат.* разложение на множители

Factors Act 1889 *фин., торг., юр., брит.* закон «О торговых агентах», 1889 г.* *(закон, давший определение товарораспорядительного документа как любого коносамента, свидетельства порта, складского свидетельства, обязательства или указания о поставке груза, а также любого другого документа, используемого в обычной деловой практике в качестве доказательства владения или контроля над товаром, или уполномочивающего, или удостоверяющего намерение уполномочить либо посредством индоссамента, либо вручения владельцу документа на передачу или на получение товаров, указанных в таком документе; данное определение нашло подтверждение в законе «О продаже товаров», 1979 г., хотя судебная практика не всегда подтверждает именно такую классификацию документов в качестве товарораспорядительных)* **SEE:** document of title, Sale of Goods Act 1979, bill of lading, warehouse warrant, dock certificate, mate's receipt

factory *сущ.* **1)** *эк.* завод, фабрика; предприятие **EX: to open [close] a factory** – открыть [закрыть] фабрику, **to manage a factory** – управлять фабрикой, **clothing [furniture] factory** – швейная [мебельная] фабрика **2)** *торг., ист.* = trading post

factory-authorized sale *марк.* распродажа (от) производителя *(распродажа по сниженным ценам, инициируемая производителем и проводящаяся за его счет, а не за счет снижения цен распространителем)*

factory gate price *торг.* = factory price

factory list price *торг.* цена (по прейскуранту) завода-изготовителя, прейскурантная цена изготовителя **SYN:** manufacturer's suggested retail price **SEE:** list price

factory price *торг.* фабричная [заводская] цена, цена франко-завод, цена производителя *(цена, по которой товар может быть куплен на условиях самовывоза с завода, т. е. цена, не включающая стоимость доставки товара покупателю)* **SYN:** price ex factory, ex-factory price, factory gate price, ex-works price, factory sales price **SEE:** free on board, ex works

factory sales price *торг.* = factory price

factual advertising *рекл.* фактическая реклама* *(реклама, сообщающая реальную информацию о товаре: цену товара, наличие скидок, особенности дизайна и упаковки, в отличие от рекламы, эмоционально воздействующей на человека посредством ярких образов, красивых фраз и преувеличений)* **SEE:** advertising exaggeration

fad pattern *марк.* модель спроса на необычные товары *(модель потребительского поведения в отношении необычных товаров - предметов временного увлечения)* **SEE:** fancy

fair

I *сущ.* **1)** *общ.* выставка **EX: American International Toy Fair** – Американская международная выставка игрушек **2)** *торг.* ярмарка *(периодически устраиваемый съезд представителей торговых и промышленных предприятий, предпринимателей, коммерсантов, как правило, для оптовой продажи и закупки товаров по выставленным на ярмарке образцам)* **EX: annual fair** – ежегодная ярмарка, **country fair** – сельская ярмарка **SYN:** exhibition **SEE:** trade fair, catalogue fair, wholesale fair, Bartholomew fair, church fair **3)** *торг.* распродажа **EX: used books fair** – распродажа старых [подержанных] книг **SYN:** sale **4)** *торг.* базар *(праздничная или сезонная торговля, место такой торговли)*

II *прил.* **1)** *эк., фил.* честный, справедливый, беспристрастный *(характеристика системы или распределения, которые считаются справедливыми по* *отношению каждому участнику; под справедливостью обычно понимается наличие равных возможностей)* **2)** *эк., юр.* порядочный, добросовестный; законный *(характеристика поведения, соответствующего какому-либо формальному или неформальному кодексу добросовестного поведения)* **SEE:** fair average quality, fair competition, fair play, fair trade, fair value **3)** *общ.* хороший, подходящий, сносный, приемлемый **EX: in fair condition** – в приличном состоянии, **a fair number** – достаточное количество

fair average quality сокр. FAQ *торг.* справедливое [стандартное] среднее качество *(условие при продаже зерна и некоторых других товаров, при отклонении от которого возможно изменение цены)*

fair competition *эк.* честная [добросовестная] конкуренция *(действия, направленные на приобретение преимуществa в предпринимательской деятельности, которые не противоречат положениям законодательства и обычаям делового поведения)* **ANT:** unfair competition **SEE:** fair trade, unfair trade practice, deceptive pricing

fair market value сокр. FMV *эк.* справедливая рыночная стоимость [цена] *(цена, при которой товар может быть продан на рынке, если стороны сделки не находятся под принуждением и хорошо осведомлены обо всех возможностях использования данного товара)* **SEE:** market value

Fair Packaging and Labeling Act *торг., юр., амер.* закон «Об отражении истины на упаковке и в маркировке товаров», закон «О добросовестной упаковке и маркировке», 1966 г. *(требует, чтобы упаковка продукции и имеющаяся на ней информация предоставляли покупателю точные данные о производителе и качестве товара)* **SYN:** Truth in Packaging Act **SEE:** label, deceptive label, Federal Cigarette Labeling and Advertising Act, approved label, label licence

fair play 1) *общ.* честная игра, игра по правилам *(напр., в спорте)* **2)** *эк.* игра по правилам, честная игра [конкуренция] *(добросовестная конкуренция без нарушения юридических и этических норм)* **SYN:** fair trading

fair trade *эк.* честная [справедливая, добросовестная] торговля* *(в наиболее общем смысле: торговля на основе взаимной выгоды, не идущая в ущерб какой-л. из сторон; также добросовестной называют торговлю, основанную на соблюдении торгового законодательства; в более узком смысле термин может относиться к торговле, не нарушающей прав потребителей, либо к торговле, не нарушающей норм антитрестовского законодательства и соответствующей требованиям к честной конкурентной борьбе; также может речь идти о торговле по справедливым ценам, т. е. о торговле, при которой производитель получает цену, адекватную с точки зрения покрытия его затрат и вознаграждения за труд)* **SEE:** fair trade act, fair trade agreement, unfair trade practice, antitrust laws

Fair Trade Act 1) *торг., юр., амер.* = Miller-Tydings Fair Trade Act **2)** *торг., юр.* закон «О добросовестной торговле» *(название законодательных актов ряда стран, направленных на ограничение конкуренции и/или защиту потребителя)* **SEE:** fair trade, restrictive practice, consumer protection

fair trade agreement *торг.* соглашение о честной торговле *(обязательство дистрибьютора не продавать продукты по цене ниже той, которая указана производителем или картелем производителей; это соглашение обеспечивает одинаковую цену на один продукт в различных магазинах города, местности или страны)* **SEE:** resale price maintenance

fair trading 1) *марк.* = fair play **2)** *торг.* = fair trade

Fair Trading Act 1973 *эк., юр., брит.* закон «О добросовестной торговле», 1973 г. *(введен в целях усиления защиты прав потребителей; заменил*

предыдущие нормативные акты, касающиеся монополистической деятельности и ограничительной торговой практики; учредил пост генерального директора по добросовестной торговле и Консультативную комиссию по защите потребителей; определил условия и порядок контроля со стороны государства над некоторыми формами концентрации капитала) **SEE:** restrictive trade practice, Director General of Fair Trading, Consumer Protection Advisory Committee

fair value 1) *учет* справедливая стоимость *(складывается в сделке, стороны которой независимы друг от друга, желают совершить сделку и одинаково осведомлены об условиях сделки)* **2)** *межд. эк.* справедливая стоимость* *(цена, с которой производится сравнение цен на импортируемые товары во время антидемпингового расследования)* **SEE:** comparable prices **3)** *марк.* справедливая ценность* *(ценность товара, представленная в виде определенного количества денежных единиц, которое потребители готовы заплатить за него; может не совпадать с ценой товара, которую устанавливает продавец)* **SYN:** customer value, fair value price **4)** *фин.* равновесная стоимость* *(равновесная стоимость ценной бумаги, т. е. цена, при установлении которой инвестору безразлично, продавать или покупать данную ценную бумагу)*

fair value line *марк.* линия воспринимаемой [субъективной, потребительской] ценности* *(линия на карте ценности, показывающая максимальные количества денег, которые потребитель готов заплатить за однотипные продукты различного качества)* **SEE:** fair value price, customer value map, differential worth

fair value price *марк.* воспринимаемая [субъективная, потребительская] ценность *(количество денег, которые потребитель готов заплатить за продукт данного качества)* **SEE:** fair value line, customer value map

fair value zone *марк.* область воспринимаемой [субъективной, потребительской] ценности *(область значений цены товара, близкая к значению ценности, которую потребители считают оправданной для товара данного качества)* **SEE:** fair value price, customer value map

fairly priced *эк.* по справедливой [незавышенной] цене* *(товар достаточно высокого качества, продаваемый по относительно доступной цене, которая при этом обеспечивает производителю нормальную прибыль)* **EX: fairly priced product [service]** – товар [услуга] по справедливой цене

falling demand *марк.* падающий [понижающийся] [убывающий] спрос, ситуация падающего [убывающего] спроса *(ситуация на рынке, когда потребность в конкретном продукте снижается)* **Ex: falling demand state** – ситуация падающего спроса **SYN:** falling demand state **SEE:** demand states

falling demand state *марк., эк.* = falling demand

false advertisement [advertising] *рекл.* = deceptive advertising

false indication of source *торг.* = deceptive indication of source

false labelling *потр.* лживая маркировка **SEE:** deceptive label

familiar brand *марк.* известная марка, бренд **SEE:** brand awareness

family brand 1) *марк.* общая марка* *(торговая марка, используемая для двух и более продуктов, для товарной линии)* **SYN:** blanket brand **SEE:** blanket branding, product line, individual brand, corporate brand **2)** *марк.* семейная марка *(торговая марка, предназначенная для семьи)* **EX: Ford is a family brand.** – «Форд» является семейной маркой.

family branding *марк.* семейный брендинг* *(создание единой торговой марки для различных товаров для продвижения на рынке)* **SEE:** blanket family name

family composition *стат.* состав [структура] семьи **SEE:** dual income, no kids; dual employed, with kids;

family life cycle жизненный цикл семьи **а)** *соц., псих. (последовательность стадий развития человека в семье; напр., независимость, брак, родительство, забота о взрослых детях и старость)* **б)** *марк. (несколько стадий развития семьи, определяющие модель потребительского поведения, характерную для данной стадии: молодые одинокие люди; молодожены без детей; молодые супруги с детьми дошкольного возраста; супруги с детьми-школьниками; супруги зрелого возраста с детьми; «пустое гнездо»; вдовствующее лицо)*

family of brands *марк.* = brand family

family operator 1) *с.-х.* семья фермеров **2)** *марк.* семейный оператор* *(фирма или агент, оказывающие услуги всей семье сразу, как правило в туризме, торговле и т. п.)* **EX: I consulted an expert, Moira Clarke, sales and marketing director for the specialist family operator, Ski Esprit.** – Я проконсультировался у эксперта Мойры Кларк, директора по продажам и маркетингу профессионального семейного оператора Ски Эспри.; **The New Ivanhoe is a family operator hotel.** – Отель «Новый Айвенго» специализируется на оказании услуг семьям.

family package 1) *марк.* экономичная упаковка, упаковка на семью *(большого размера по меньшей цене, напр., сока, стирального порошка и т. п.)* **SYN:** family size, family-size package **2)** *марк.* семейный пакет [тариф, набор] *(группа услуг по определенной цене, наиболее удобная для использования в семье)* **EX: Family package includes 2 nights accommodation in a family room for 2 adults and up to 3 children under 12 years including breakfast buffet.** – Семейный пакет включает 2 суток в семейном номере для 2 взрослых и до трех детей до 12 лет, включая завтрак «шведский стол».

family restaurant *торг.* семейный ресторан *(ресторан, рассчитанный на посещения семей с детьми, предусматривающий, как правило, детское меню, скидки для детей и т. п.)*

family size 1) *демогр.* размер семьи *(количество членов семьи, связанных браком или кровным родством, проживающих под одной крышей и ведущих общее домохозяйство)* **2)** *марк.* семейный размер **SEE:** family package, family-size package

family-size package *марк.* упаковка на семью *(часто рассчитанная на 2-4 чел.)* **SYN:** family package, family size

famine *сущ.* **1)** голод **а)** *эк. (общественное бедствие, охватывающее больший или меньший район населения, наступает или вследствие стихийных причин (неурожай после засухи, опустошение посевов градом, саранчой и пр.), или как результат истощающего народное хозяйство политического и социального строя (разорительные войны, непосильные налоги и повинности и т. п.)* **EX: Another crop failure could result in widespread famine.** – Еще один неурожай мог обернуться широкомасштабным голодом. **б)** *торг.* дефицит *(недостаток товара на рынке)* **EX: water famine** – острая нехватка воды, **Thousands of people emigrated during the Irish potato famine of 1845-46.** – Тысячи людей эмигрировали во время нехватки картофеля в Ирландии в 1845-46 гг. **famine prices** – недоступные цены; дороговизна *(как при товарном голоде)* **2)** *биол.* голодание *(состояние организма, вызванное полным отсутствием или недостаточным поступлением пищевых веществ в организм или нарушением их усвоения)*

fancies *сущ. потр.* = fancy goods

fanciful mark *пат., марк.* = fanciful trademark

fanciful trademark *пат., марк.* причудливый товарный знак* *(представляет собой слово, придуманное владельцем товарного знака именно для представления конкретного товара (услуги) и не имевшее какого-л. смыслового значения в языке до начала его использования применительно к данному товару (услуге); напр., Кодак, Ксерокс и др.; представляет собой сильный товарный знак, поскольку имеет только то значение, которое придал ему владелец товарного знака)* **SYN:** fanciful mark, coined mark **SEE:** strong trademark, word trademark, descriptive trademark, figurative trademark, arbitrary trademark, suggestive trademark, three-dimensional trademark

fancy *сущ.* **1)** *общ.* фантазия, воображение **EX: flight of fancy** – полет фантазии **2)** *общ.* увлечение, склонность *(к чему-л.)* **EX: have a fancy for smb. [smth.]** – увлекаться кем-л. [чем-л.] **3)** *марк.* предмет роскоши **SEE:** fancy goods **5)** *марк.* модный товар **SEE:** fad pattern

fancy articles *марк.* = fancy goods

fancy goods *марк.* галантерея, бижутерия *(мелкие предметы, используемые в качестве украшений или аксессуаров, напр., кружева, вышивка, ленты, пуговицы, заколки, булавки, тесемки, шнурки, искусственные цветы и т. д.)* **SYN:** fancies

fancy goods shop *торг.* магазин модных товаров *(магазин, торгующий галантерей и модными безделушками)* **SEE:** fashionable shop

fantasy commercial *рекл.* фантастическая [художественная] реклама *(стиль телевизионной рекламы, предполагающий использование спецэффектов или карикатурных образов для создания в воображении телезрителей представления о продукции)* **SEE:** emotional appeal, imaginative campaign

farm advertising *рекл., с.-х.* сельскохозяйственная [фермерская] реклама *(реклама товаров, используемых в сельском хозяйстве, направлена на фермеров и др. субъектов, занятых в сельскохозяйственном бизнесе)* **SYN:** agricultural advertising **SEE:** business-to-business advertising

farm commodity 1) *с.-х.* продукт сельского хозяйства **2)** *мн., с.-х.* продукция сельского хозяйства **SYN:** agricultural goods **SEE:** 2

farm equipment dealer *с.-х., торг.* продавец сельскохозяйственного оборудования* *(агент по продаже и послепродажному обслуживанию сельскохозяйственных машин)* **SYN:** farm machinery dealer

farm gate price *торг., с.-х.* цена франко-ферма *(оптовая цена, устанавливаемая производителем сельскохозяйственной продукции, не включающая в себя расходы на транспортировку товара с фермы, которые несет покупатель)* **SYN:** ex farm price **SEE:** ex farm, ex works, average farm-gate price

farm machinery dealer *с.-х., торг.* = farm equipment dealer

farm marketing *марк.* = agricultural marketing

farm-retail price spread *торг., с.-х.* = marketing margin

Farmer-to-Consumer Direct Marketing Act *марк., с.-х., юр., амер.* закон «О прямом маркетинге в сельском хозяйстве»*, 1976 г. *(принят с целью стимулирования прямого маркетинга в отношениях фермеров и потребителей)*

farming 1) *с.-х.* занятие сельским [фермерским] хозяйством **EX: fully mechanized farming** – полностью механизированное ведение сельского хозяйства **2)** *с.-х.* сельское хозяйство *(как отрасль)* **3)** *марк.* подготовка почвы* *(поиск и привлечение новых клиентов на определенной географической территории)* **SYN:** prospecting

FAS price **сокр. от** free alongside ship price *межд. эк., торг.* цена «свободно вдоль борта судна», цена FAS *(включает цену товара, транспортные и другие расходы до момента погрузки товара на борт судна, т. е. меньше цены фоб на стоимость погрузочных работ)* **SEE:** free alongside ship, FOB price

fashion advertising *рекл.* реклама моды *(реклама модной одежды, обуви, аксессуаров)*

fashion commodities *марк.* = fashion goods

fashion coordinator *эк. тр., торг., амер.* координатор по моде* *(сотрудник модного дома, салона или другой фирмы, производящей и/или торгующей модной одеждой и аксессуарами; в его задачи входит 1) координация деятельности по продвижению модной одежды, напр., организация показов* *мод; 2) поддержание отношений с передовыми дизайнерами, чтобы сохранять имидж фирмы, а также консультировать персонал по вопросам новейших тенденций в моде, для того чтобы сотрудники, в свою очередь, могли давать компетентные советы своим клиентам)* **SYN:** fashion stylist

fashion goods *марк.* модные товары *(товары, произведенные в соответствии с существующими общественными стилями и вкусами, обычно под известными торговыми марками; напр., одежда, обувь, аксессуары, автомобили и др.)* **SYN:** fashion merchandise, fashion commodities

fashion merchandise *марк.* = fashion goods

fashion-oriented product *марк.* = fashion goods

fashion store *торг.* магазин модной одежды

fashion stylist *эк. тр., торг., амер.* = fashion coordinator

fashionable shop *торг.* модный [фешенебельный] магазин **SYN:** luxury shop, exclusive shop **SEE:** fancy goods shop

fast-buck artist *марк., сленг* «охотник за легкими [быстрыми] деньгами», ненадежный контрагент *(ненадежный, часто нелицензированный контрагент (поставщик, подрядчик, посредник), стремящийся как можно быстрее получить свою долю и не заботящийся о репутации и отношениях с партнерами и клиентами, напр., фирма-однодневка)* **SYN:** fast buck artist

fast casual restaurant *торг.* = fast food restaurant

fast food *потр., амер.* «быстрая еда», «быстрое питание», фаст-фуд *(продукты питания, не требующие долгого приготовления; подаются в бистро или закусочных; напр., гамбургеры, сэндвичи, пицца, чипсы)* **SEE:** snack food, fast-food restaurant, food bar, fast-food chain, fast-food franchise, fast-food service, convenience foods, food service company, food

fast food premium *марк.* подарок от фаст-фуд* *(любая игрушка, предлагаемая в качестве подарка при покупке обеда в ресторанах Макдональдс, Бургер Кинг, Такоу Бэлл и других подобных ресторанах быстрого питания)* **SEE:** premium offer

fast-food chain *торг.* сеть ресторанов [закусочных] быстрого обслуживания **SEE:** fast-food restaurant, fast food

fast-food franchise 1) *торг., юр.* франшиза [лицензия] в системе фаст-фуда [быстрого питания] *(право эксплуатации бренда, технологии и дизайна предприятий быстрого питания, принадлежащих другой компании)* 2) *торг.* франчайзинг в системе фаст-фуда **SEE:** fast food, food franchise system, franchise

fast-food restaurant *торг.* ресторан-закусочная быстрого обслуживания, бистро **SYN:** quick-service restaurant **SEE:** fast food, restaurant

fast-food service 1) *торг.* обслуживание в ресторанах быстрого питания 2) *торг.* ресторан [закусочная] быстрого питания **SEE:** fast food

fast-frozen food *потр.* = quick-frozen food

fast-moving consumer goods сокр. FMCG *марк.* ходовые товары широкого потребления, товары повседневного спроса *(товары, которые быстро уходят с прилавков и требуют регулярного возобновления; напр., напитки, сигареты, еда и т. д.)* **SEE:** convenience goods, marketable commodities

fast-moving goods *марк.* ходовой товар *(товары повседневного спроса, распродаваемые быстро, напр., продукты питания, напитки, туалетная бумага, мыло и т. д.)* **SYN:** fast-moving products **SEE:** slow-moving goods

fast-moving products *марк.* = fast-moving goods

faster-moving item *марк.* = demand item

faulty goods *упр., торг.* = defective goods

Federal Bills of Lading Act *торг., фин., юр., амер.* Федеральный закон «О коносаментах», 1916 г.* *(закон, применяющийся к отношениям по перевозке груза из любого штата в иностран-*

ное государство или в другой штат, в то время как нормы разд. 7 Единообразного торгового кодекса применимы к перевозке груза внутри штата или же из иностранного государства в тот либо иной штат; в последнем случае при перевозке груза через океан действуют также нормы закона «О перевозке груза морем» и закон Хартера, а также положения ст. 20 закона «О торговле между штатами с учетом изменений Кармака»; до принятия Единого торгового кодекса коносамент, как и некоторые другие товарораспорядительные документы, относился к оборотным инструментам; только в Едином торговом кодексе товарораспорядительные документы были выделены в самостоятельную группу) **SYN:** Pomerene Act, Pomerene Bills of Lading Act **SEE:** bill of lading, Uniforms Bills of Lading Act, Uniform Commercial Code, Harter Act, Interstate Commerce Act, document of title

Federal Cigarette Labeling and Advertising Act *рекл., амер.* Федеральный закон «О маркировке и рекламе сигарет», 1967 г. *(требует обязательного присутствия на упаковке сигарет следующей фразы: «Предостережение: Управление медицинской службы установило, что курение сигарет опасно для Вашего здоровья»)* **SEE:** label, Fair Packaging and Labeling Act

Federal Food and Drug Act *торг., рекл., юр., амер.* = Pure Food and Drug Act 1906

Federal Food, Drug and Cosmetic Act 1938 *торг., рекл., юр., амер.* закон «О продуктах питания, лекарствах и косметических средствах», 1938 г. *(запрещает ложную маркировку и фальсификацию ингредиентов этих товаров; один из основополагающих законодательных актов США, регулирующих нарушения, связанные с недобросовестной рекламой; внес изменения и дополнения в закон «О чистоте продуктов питания и лекарств» 1906 г.)* **SYN:** Food, Drug and Cosmetic Act 1938, Food, Drug, and Cosmetic Act, Food, Drug, and Cosmetics Act, Federal Food, Drug, and Cosmetic Act **SEE:** Pure Food and Drug Act 1906, Food Additives Amendment, Kefauver-Harris Amendment, food legislation

Federal Food, Drug, and Cosmetic Act *торг., рекл., юр., амер.* = Federal Food, Drug, and Cosmetic Act 1938

Federal Trade Commission **сокр.** FTC *гос. упр., амер.* Федеральная торговая комиссия, Федеральная комиссия по торговле *(независимое федеральное агентство, основными функциями которого является контроль за соблюдением антитрестовского законодательства (поддержание свободной конкуренции) и законов о защите прав потребителей (борьба с ложной рекламой и недобросовестным предпринимательством) в США; комиссия была создана в 1914 г. по закону «О Федеральной торговой комиссии»)* **SEE:** Bureau of Consumer Protection, FTC's Trade Regulation Rule on Franchises and Business Opportunities

Federal Trade Commission Improvement Act *юр., торг., амер.* закон «О совершенствовании деятельности Федеральной торговой комиссии» *(направлен на защиту потребителей; содержит обязательные для выполнения нормы производства и предоставления товара, напр., обязательность предоставления бесплатного ремонта в течение гарантийного срока)* **SYN:** Magnusson-Moss Warranty Act **SEE:** Federal Trade Commission

Federal Trade Commission Rule *торг., амер.* = FTC rule

Federation of European Direct Marketing **сокр.** FEDMA *марк.* Европейская федерация прямого маркетинга *(основана в 1997 г. после слияния EDMA и FEDIM (сокращение для Европейской федерация прямого маркетинга, существовавшей с 1992 по 1997 г.); является основным представителем интересов европейской индустрии прямого маркетинга; ее членами являются национальные ассоциации прямого маркетинга, представляющие компании сферы прямого маркетинга и кли-*

ентов прямого маркетинга; Ассоциация также включает 350 компаний-членов; задачи Ассоциации: защита прав и интересов европейской индустрии прямого маркетинга, информирование правительства, СМИ, бизнеса и широкой общественности о существовании индустрии прямого маркетинга, содействие росту и развитию европейской индустрии прямого маркетинга)

fee-based compensation *эк.* = fee basis

fee basis *эк.* абонементная оплата *(метод оплаты услуг, в т. ч. рекламных или финансовых, при котором фиксированная сумма выплачивается получателем услуг ежедневно, ежемесячно, раз в полгода, ежегодно и т. д.)* **SYN:** fee-based compensation, fee-only compensation **SEE:** commission compensation

feed storage 1) *с.-х., торг.* кормохранилище, склад кормов *(для скота)* **SYN:** fodder store **2)** *с.-х., торг.* хранение кормов **SYN:** food storage **SEE:** storage, bulk feed store

feedback *сущ.* обратная связь, (ответная) реакция **а)** *упр. (регулярные отчеты исполнителей о текущей деятельности; информация о результатах определенных действий для внесения поправок в будущие решения)* **SEE:** suggestion box **б)** *марк. (связь с потребителями; информация от потребителей)* **EX: feedback channel** – канал обратной связи **SEE:** back end **в)** *тех. (автоматическое поступление данных о работе оборудования в контрольное устройство)*

feedback channel *марк.* канал обратной связи *(система получения компанией информации от потребителей об удовлетворительности для них продукции компании, их пожеланиях, предложениях и т. д.)*

fee-only compensation *эк.* = fee basis

female appeal 1) *марк.* расчет на женский вкус, **EX: female appeal book** – книга, рассчитанная на женщин, **Numerous advertising techniques link female appeal to childishness.** – Многие рекламные стратегии связывают женский мотив с детским. **2)** *марк.* привлекательность для женщин **EX: Also given more screen-time is the growing love affair between Neo and Trinity which should add more female appeal to the film.** – Больше экранного времени уделяется и развитию любовных отношений Нео и Тринити, что должно сделать фильм привлекательнее для женской аудитории. **SEE:** female image, immediate appeal, rational appeal, recreational appeal, mass appeal, masculine appeal, health appeal, game appeal, moral appeal, advertising appeal, price appeal, consumer appeal, marketing appeal, service appeal, sales appeal, emotional appeal, snob appeal

female image 1) *общ.* женский образ *(напр., в литературном произведении)* **2)** *марк.* образ женственности, женственный имидж *(имидж товара, напр., дамских сигарет, как созданного специально для женщин и подчеркивающего их женственность)* **SEE:** female appeal

ferry car 1) *трансп., торг.* сборный (грузовой) вагон *(вагон, загруженный мелкими отправками одного грузоотправителя или мелкими отправками для одного грузополучателя)* **2)** *трансп.* автомобиль на автомобильном пароме **3)** *трансп.* вагон на железнодорожном пароме

fertile market *марк.* доходный рынок *(наиболее прибыльный рынок сбыта, т. е. тот, на котором компания получает значительный уровень спроса на свой товар и, соответственно, большой объем продаж)* **SEE:** primary market area

fickle consumer *марк.* непостоянный [неустойчивый] потребитель* *(потребители, не хранящие верность одной марке товара, часто меняющие свои предпочтения и стремящиеся попробовать новые марки; легко поддаются убеждению с помощью рекламы)* **SEE:** manipulated consumer, loyal consumer

field *сущ.* **1)** *общ.* **а)** поле, участок **EX: wheat field** – пшеничное поле **б)** область, сфера **EX: specialist in the field of literature** – специалист в области литературы **2)** *мет.* поле, практика *(обозначение практиче-*

ской исследовательской деятельности, которая осуществляется в непосредственном контакте с исследуемым объектом) **SEE:** praxis, armchair research, fieldwork **3)** *марк.* район сбыта, рынок, «поле» *(географическая зона, в которой продается данная продукция или услуга; подразумеваются места продаж и иных контактов с потребителями)* **EX: sales in the field** – продажи на местах **SEE:** field force, field management, field operations, fieldwork, field sale, field service, field survey

field district manager *марк., упр.* = district manager

field force 1) *воен.* полевые войска, действующая армия **2)** *марк.* «полевые» сотрудники, «сотрудники на местах» *(сотрудники компании, работающие на местах или в филиалах компании, вдали от головной конторы)* **SEE:** field, field district manager, field representative, field sales manager, field salesperson

field management 1) *с.-х.* землепользование; агротехника *(приемы, используемые для поддержания плодородия земли и выращивания сельскохозяйственных культур)* **2)** *марк.* управление «полевыми» работами [исследованиями], управление деятельностью на местах *(организация и проведение полевых исследований, розничных продаж и др. мероприятий, связанных с непосредственным общением с потребителями)* **SEE:** field operations, fieldwork, field sale, field force **3)** *воен.* полевые испытания; учения

field operations 1) *упр., марк.* деятельность на местах *(работа с клиентами на местах, за пределами головного офиса)* **SEE:** field management **2)** *соц.* = fieldwork

field representative 1) *марк., страх.* представитель на месте, местный агент **SYN:** marketing representative **SEE:** field force **2)** *эк. тр., торг., амер.* полевой представитель* *(лицо, осуществляющее контроль за деятельностью дилеров и дистрибьюторов с целью обеспечения эффективности в использовании франшизы)* **SYN:** distribution manager

field sale *марк.* продажи [сбыт] на местах *(организация сбыта товара на местном уровне)* **SEE:** field sales manager

field sales manager *упр., марк.* руководитель сбыта на местах **SYN:** district sales manager, zone sales manager, regional sales manager **SEE:** district manager, field force

field salesperson *торг.* коммивояжер; местный [«полевой»] агент по сбыту *(сотрудник фирмы, который непосредственно занимается сбытом на местах)* **SEE:** field force

field service 1) *марк.* полевое обслуживание* *(деятельность агентов производителя, которые периодически посещают покупателей товара для оказания им административной или технической поддержки; представляет собой элемент послепродажного обслуживания)* **EX: field service department** – отдел полевого обслуживания **SEE:** after sales service **2)** *марк., соц.* служба сбора информации *(готовит и предоставляет специалистов по проведению опросов заинтересованным фирмам или маркетинговым агентствам за определенную плату или сама занимается сбором информации о рынке, в основном посредством проведения опросов, а затем продает эту информацию фирмам, которым она необходима для проведения маркетинговых исследований)* **SYN:** interviewing service, data collection company

field survey *соц.* полевое исследование; непосредственное наблюдение, обследование на месте *(сбор первичной информации в естественных условиях исследуемых объектов; напр., поквартирный опрос населения в отличие от изучения опубликованных данных социологических опросов)* **SEE:** sample interview

field work *общ.* = fieldwork

fieldwork *сущ.* **1)** *с.-х., также мн.* полевые работы, работа в поле **2)** *воен.* полевые укрепления **3)** *соц.* полевое исследование, работа в поле *(сбор социологической и антропологической* *информации методом опроса, наблюдения, в том числе включенного наблюдения, в поле, т. е. непосредственное изучение реальных ситуаций и людей, предполагающее контакт между исследователем и объектом исследования, в отличие от лабораторных экспериментов, анализа литературы и т. п.)* **4)** *упр.* работа на местах *(вне офиса, помещения)* **SYN:** field work **ANT:**

fifty-fifty plan *рекл.* схема «50 на 50» **а)** *(схема оплаты рекламы, при которой 50% ее стоимости оплачивает продавец, 50 % — производитель)* **б)** *(паритетное участие общенационального и локального рекламодателя в расходах на проведение рекламы)*

fighting product 1) *марк.* средство борьбы* *(обычно употребляется в словосочетаниях и обозначает средство против или от чего-л.)* **EX: fire-fighting product** – противопожарное средство, **acne fighting product** – средство против прыщей, **fraud-fighting product** – средство борьбы с мошенничеством, **cellulite fighting product** – препарат против целлюлита **2)** *марк.* боевой продукт* *(продукт, продаваемый под известной торговой маркой и по более низкой цене, чем другой товар этой марки; вводится в ассортимент с целью борьбы с конкурентами, стремящимися выйти на рынок с более дешевой продукцией, чем товары данной фирмы)*

figurative elements of mark *марк.* изобразительные элементы знака *(изобразительные, в отличие от текстовых, элементы логотипа компании, товарного знака)* **SEE:** figurative trademark

figurative mark *пат., марк.* = figurative trademark

figurative trademark *пат., марк.* изобразительный [образный] товарный знак* *(представляющий собой композицию из геометрических фигур, изображений или творчески выполненных надписей, напр., буквы или цифры причудливой формы)* **SYN:** figurative mark, design trademark, device trademark, pictorial trademark, design mark, device mark **SEE:** fanciful trademark, descriptive trademark, three-dimensional trademark, mixed trademark, sound trademark

fill copy *СМИ, полигр., рекл.* заполняющий текст, текстовая рекламная вставка

fill rate *торг., упр.* наличие [покрытие] запасов *(показатель, характеризующий степень достаточности имеющихся запасов для выполнения потенциальных заказов; состоит из нескольких более частных показателей)* **EX: 99 percent product fill rate or filling 99 out of 100 customer orders** – 99-ти процентное покрытие ассортимента или выполнение 99 из 100 заказов потребителей **SYN:** stock breadth **SEE:** stock depth, order fill rate, line fill rate, dollar fill rate, unit fill rate, inventory management

film advertisement 1) *рекл.* рекламный видеоролик *(короткометражный видеофильм, используемый для рекламы на телевидении, рекламных видеоэкранах в общественных местах, в интернете)* **SEE:** television advertisement, cinema advertisement **2)** *рекл.* = cinema advertisement **3)** *рекл.* реклама кино(фильма)

film advertising *рекл.* = cinema advertising

film commercial *рекл.* = film advertisement

film packaging material *торг.* пленочный упаковочный материал, упаковочная пленка **SEE:** shrink wrap

filmed commercial *рекл.* отснятый [записанный] рекламный ролик* *(записанный на киноленту или видеопленку рекламный ролик, периодически передаваемый в эфир телекомпанией)* **SEE:** taped commercial, live commercial

filter question *соц.* вопрос-фильтр *(вопрос в анкете, нацеленный на отсев респондентов, которые не подходят для данного исследования или которым не предназначен ряд вопросов в анкете)* **SEE:** survey, question, qualifying question

final bid *торг.* = final price

final buyer *марк.* конечный покупатель *(приобретает товар для удовлетворения своих потребностей, а не для перепродажи)* **SEE:** final consumer, industrial buyer, trade buyer

final consumer *марк.* = end customer

final customer *марк.* = end consumer

final goods and services *эк.* конечные товары и услуги *(товары и услуги, которые готовы для продажи потребителям: населению, государству, бизнесу и т. д., т. е. не предназначены для дальнейшего производства или перепродажи)* **SEE:** final product

final invoice *торг.* окончательный счет-фактура *(счет-фактура, который заменяет предварительную фактуру на товары, посылаемую до того, как становится известной полная информация о товарах; окончательный счет-фактура содержит всю недостающую информацию, в нем указывается полная стоимость товаров)* **SEE:** preliminary invoice, proforma invoice

final price *торг.* окончательная цена **а)** *(цена, по которой был продан выставленный на аукцион товар, т. е. цена, указанная в выигравшем предложении на покупку; на голландском аукционе — это самая низкая из предложенных цен)* **SYN:** closing price, closing bid, final bid **SEE:** Dutch auction **б)** *(итоговая цена, подлежащая уплате за товар или услугу, полученная путем включения в первоначальную цену производителя различных налогов, платы за доставку и т. п.)*

final product 1) *эк.* конечный продукт *(товары, используемые конечными потребителями, в отличие от промежуточных продуктов, применяемых в качестве ресурсов в производстве других товаров и услуг или товаров, покупаемых торговцами для перепродажи)* **SYN:** end product **2)** *эк.* = complete product

final products *эк.* = final goods

financial advertising *рекл., фин.* финансовая реклама *(реклама финансовых учреждений, продуктов и услуг)* **SEE:** bank advertising, insurance advertising, financial marketing

financial marketing *марк., фин.* финансовый маркетинг *(маркетинг финансовых услуг)* **SEE:** bank marketing, financial advertising, financial public relations

financial public relations *марк.* пиар в финансовой сфере, связи с общественностью в области финансовых услуг, финансовый «паблик рилейшнз» *(деятельность по поддержанию имиджа в сфере взаимоотношений между акционерами и компаниями)* **SEE:** financial marketing

financing agency *фин., амер.* финансовое агентство *(по определению Единообразного торгового кодекса США: банк, финансовая компания или какое-л. другое лицо, деловая практика которого обычно состоит в том, что это лицо выдает ссуды под залог товаров или товарораспорядительных документов, или в силу договоренности с продавцом и/или покупателем участвует в сделке между ними, производя или инкассируя платежи, причитающиеся либо требуемые согласно договору о продаже, или покупая или оплачивая вексель продавца, или выдавая ссуду под него, или просто инкассируя его независимо от того, прилагаются ли к этому векселю какие-л. товарораспорядительные документы; также финансовым агентством считается банк или любое другое лицо, которое сходным образом участвует в сделке между лицами, находящимися в положении продавца и покупателя по отношению к товарам)* **SEE:** Uniform Commercial Code, document of title, factoring

find a (ready) market *гл. эк.* пользоваться спросом **EX: The equipment has found a ready market among power companies.** – Данное оборудование легко нашло спрос со стороны энергетических компаний. **SYN:** meet a ready market, meet with a ready market, meet with a ready sale, find a market **SEE:** fast-moving goods

find ready market *марк.* = find a ready market

find ready purchasers *гл.* **1)** *эк.* = find a ready market **2)** *эк.* найти (подходящих) покупателей *(которые желают и могут приобрести товар)* **EX: The risk is that the bank will not find ready purchasers for the bonds.** – Риск состоит в том, что банк может не найти подходящих покупателей для облигаций.

finder number *марк.* регистрационный номер *(порядковый номер, присваиваемый каждому имени в адресном списке и указываемый на бланке ответа; используется для ускорения введения данных по отклику, так как отпадает необходимость вводить имя и адрес)* **SYN:** instant number **SEE:** direct mail advertising, mailing list, telemarketing

finder's fee 1) *фин.* комиссионные посредника [маклера] *(плата лицу или организации за успешное осуществление финансовой или юридической операции, заказываемой другой стороной)* **SEE:** dealer **2)** *рекл.* вознаграждение *(которое выплачивается рекламной компанией за привлечение нового клиента)* **3)** *общ.* вознаграждение за возврат утерянной вещи

fine-quality product *потр.* = high-quality product

finished art 1) *общ.* подготовленный оригинал *(художественное произведение, подготовленное к снятию копии)* **2)** *рекл.* готовое художественное оформление *(конечный вариант художественного оформления упаковки товара, используемый при производстве)*

finished commodity *эк.* = final goods

finished goods 1) *эк.* = final goods **2)** *учет* = finished goods inventory

finished goods inventories **сокр.** FGI **1)** *торг., стат., бирж., амер.* товарные запасы *(на складах оптовой торговли: ежемесячный индекс, характеризующий отношения между оптовой и розничной торговлей; индекс характеризует тенденции в торговле, которые могут проецироваться на экономику в целом; затоваривание складов может указывать на наличие застойных явлений в экономике, что влияет на принятие инвестиционных решений)* **2)** *учет* = finished goods inventory

fire sale *эк.* срочная продажа* *(продажа активов по сниженным ценам с целью как можно более быстрого привлечения денежных средств; термин обычно применяется по отношению к ситуации, когда компания, испытывающая нехватку ликвидных средств, срочно распродает часть своего имущества)* **SYN:** forced sale **SEE:** fire sale price, abnormal sale

fire sale price *эк., торг.* бросовая цена *(цена срочной продажи, т. е. пониженная цена, на которую продавец вынужден соглашаться в связи со срочной («в пожарном порядке») потребностью в денежных средствах)* **SEE:** fire sale, distress price, forced sale price

firm fixed price contract **сокр.** FFP *эк.* = fixed price contract

firm identity *марк., упр.* = corporate identity

firm price 1) *эк.* твердая цена *(зафиксированная каким-л. контрактом или соглашением на определенный период времени)* **SYN:** fixed price, fixed firm price, firm rate **ANT:** non-firm price, adjustable price **SEE:** fixed price contract **2)** *эк* окончательная цена, цена без торга **EX: You may indicate whether the price is firm or negotiable.** – Вы можете указать, является ли цена окончательной или возможен торг.; **ANT:** negotiable price **3)** *мн., эк.* высокая цена; выросшая цена **EX: The collection was sold at very firm prices compared to the latest auction in Finland.** – Коллекция была продана по очень высокой цене по сравнению с предыдущим аукционом в Финляндии.

firm price contract *эк.* = fixed price contract

firm publication 1) *эк.* фирменное издание **EX: Firm publication may be distributed to clients with whom professional contacts are maintained.** – Фирменное издание может распространяться между клиентами, с которыми поддерживаются деловые связи. **2)** *общ.* = hard copy

firm rate 1) *фин.* твердый курс *(установленный для перевода одной валюты в другую при исполнении контракта без возможности его изменения)* **2)** *эк.* твердая расценка [ставка, цена] *(зафиксированная каким-л. контрактом или соглашением на определенный период времени)* **SYN:** firm price **EX: Final negotiations with the hotel to lock in rates are ongoing and as soon as a firm rate is put into**

the contract, the hotel can start accepting reservations. – Окончательные переговоры с гостиницей по установлению расценок продолжаются, и как только твердая ставка будет указана в контракте, гостиница сможет начать принимать бронь. **3)** *марк.* рейтинг фирмы *(при сравнении с другими фирмами, на основе использования различных показателей)* **4)** *эк.* устойчивый уровень **EX: Activity at world level, while continuing to grow at a firm rate, is likely to slow down in one year.** – Активность на мировом уровне, несмотря на продолжающийся устойчивый рост, скорее всего пойдет на убыль через год.

firmographic data *марк., стат.* = business demographic information

firmographic information *марк., стат.* = business demographic information

firmographics *марк., стат.* = business demographic information

first cover *полигр.* = front cover

first in first out **сокр.** FIFO метод ФИФО **а)** *ТМО (принцип организации очереди «первым прибыл, первым обслужен»)* **б)** *торг. (продажа товаров по принципу «первым поступил, первым продан»)* **в)** *учет (метод оценки материальных запасов компании и списания стоимости запасов сырья на себестоимость продукции, при котором в себестоимость продукции в первую очередь включается стоимость первых по времени приобретения запасов)*

first order goods *потр.* блага первого порядка *(самые насущные блага (потребительские), обеспечивающие непосредственное удовлетворение человека: еда, одежда и т. д.)* **SEE:** consumer goods, higher order goods

first price auction *эк., торг., фин.* = first-price auction

first proof 1) *полигр., рекл.* первая корректура *(процесс первичной выверки и внесения исправлений корректором, напр., в текст книги, в текст и изображение рекламного объявления и т. д.)* **2)** *полигр., рекл.* первая корректура, первые гранки *(первичный оттиск или отпечаток текста, изображения и т. д., предназначенный для чтения первой корректуры)*

first renewal *СМИ, марк.* первое [переходное] продление* *(продление подписки в первый раз после первоначальной подписки)* **SEE:** pure renewal

first-class customer *марк.* первоклассный клиент *(надежный клиент компании; обычно так называют старинных и обязательных клиентов, не имеющих долгов; часто таким клиентам предоставляются различные привилегии при обслуживании, скидки на товары и/или услуги)* **SEE:** established customer, preferred customer, defaulting customer

first-issue free offer *марк.* «первый номер бесплатно» *(рекламное предложение подписки с бесплатным первым номером, который можно получить без обязательства продолжать подписку)* **SEE:** sampling

first-time buyer первичный покупатель **а)** *марк. (потребитель, который впервые приобрел товар у данного продавца)* **SEE:** return customer, former buyer **б)** *эк. (человек, который впервые покупает дом или квартиру, в особенности если он берет кредит для покупки; такие заемщики обычно получают некоторые привилегии)*

fish store *торг.* рыбный магазин

Fishbein model *марк.* = expectancy-value model

fishing port *мор.* рыбный порт *(порт рыболовного флота)*

fitness of the goods *юр., торг.* = quality of the goods

fitting room *торг.* примерочная, примерочная кабина *(в магазине или ателье)*

five and dime store *торг.* = dime store

five-and-ten cent store *торг.* = dime store

fixed-alternative question *соц.* = closed question

fixed break 1) *общ.* фиксированный перерыв **EX: Office personnel who aren't granted fixed break times are allowed to consume refreshments at their place of work providing the total time doesn't exceed 10 min-**

utes. – Работникам, для которых не установлены фиксированные перерывы (на обед), разрешается перекусывать на рабочем месте, при условии, что общее потраченное время не превысит 10 минут. **2)** *рекл.* закрепленная рекламная пауза* *(рекламная вставка в эфире, которая, по настоянию рекламодателя, должна иметь место в определенный день и в определенное время)* **SYN:** fixed position, fixed spot **ANT:** floating announcement **SEE:** commercial break, fixed location announcement

fixed-choice question *соц.* «закрытый» вопрос *(респондент выбирает ответ из предложенных вариантов)* **SYN:** closed question, fixed-alternative question **SEE:** survey, question

fixed-choice questionnaire *соц.* «закрытый» опросник *(анкета с «закрытыми» вопросами, в которой респондент выбирает ответ из предложенных вариантов)*

fixed cost *эк.* постоянные затраты *(затраты, величина которых не изменяется в зависимости от изменения объема производства и которые оплачиваются независимо от того, выпускает ли фирма какой-л. продукт или нет, напр., затраты на аренду зданий и сооружений)* **ANT:**

fixed firm price *торг.* = firm price

fixed location 1) *рекл.* фиксированное место [расположение] рекламы *(конкретное место в издании, в котором будет размещаться реклама; выбирается рекламодателем и не может быть самостоятельно изменено издателем)* **EX: fixed location announcement** – объявление с фиксированным местоположением **2)** *тех.* стационарная установка *(оборудования)* **EX: fixed location phones** – стационарные телефоны (в отличие от мобильных) **SYN:** fixed position

fixed margin *торг.* твердая наценка, фиксированная наценка [маржа] **SEE:** margin

fixed position 1) *рекл.* фиксированное место рекламы **а)** *(фиксированное место рекламного блока в издании)* **б)** *(фиксированное размещение наружной рекламы)* **Ex: fixed position display** – неподвижный рекламный щит **2)** *рекл.* фиксированное время рекламы **SYN:** fixed break, fixed spot **3)** *тех.* стационарная установка *(оборудования)* **SYN:** fixed location

fixed price фиксированная [зафиксированная] цена **а) сокр.** FP *эк.* *(зафиксированная каким-л. контрактом или соглашением на определенный период времени; в отличие от твердой цены, может корректироваться по заранее оговоренному правилу, напр., в соответствии с индексом цен на сырье)* **SYN:** fixed firm price **SEE:** firm price, adjustable price, fixed rate, prix fixe **б)** *фин.* *(цена, по которой члены синдиката андеррайтеров договорились продавать новые ценные бумаги инвесторам)*

fixed price contract *эк.* контракт [договор] с фиксированной ценой *(контракт, в котором заранее зафиксирована стоимость товаров или работ, которая не может меняться даже при изменении фактической величины затрат на производство)* **SYN:** firm price contract, firm fixed price contract

fixed rate 1) *фин.* фиксированный (валютный) курс *(курс, уровень которого законодательно или по международному соглашению зафиксирован относительно других валют или золота)* **ANT:** **2)** *фин.* фиксированная [твердая] процентная ставка *(не меняющаяся в течение всего срока действия долгового обязательства)*

fixed spot *рекл.* = fixed break

fixed-weight consumer price index *эк., стат.* индекс потребительских цен с фиксированными весами *(индекс цен на потребительские товары, рассчитываемый на основе неизменных долей расходов на определенные группы товаров в потребительской корзине)*

fixtures *эк., юр.* недвижимый инвентарь *(не отделимый от здания или земли и юридически являющийся частью их)*

flagship

I *сущ.* **1)** *воен.* флагман, флагманское судно *(ведущий корабль флота; на нем* *обычно располагается командующий и устанавливается флаг)* 2) *эк.* флагман, ведущий [крупнейший] представитель *(самый важный или престижный из группы аналогичных предметов, напр., самый важный товар в ассортименте компании)* **EX: industry's flagship** – флагман [крупнейшая фирма] отрасли **SEE:** flagship brand, flagship store, flagship hotel 3) *марк.* = core product

flagship brand *марк.* ведущая торговая марка, ведущий бренд *(основной из представленных данным производителем (продавцом); характеризуется тем, что наиболее известен и востребован на рынке и определяет репутацию производителя в целом)* **SEE:** core product, flagship hotel, flagship store, top brand

flagship hotel *торг.* ведущий [главный] отель *(основной в данной гостиничной сети)* **SEE:** flagship store, flagship brand

flagship store *торг.* ведущий [главный] магазин *(основной магазин в сети магазинов)* **SEE:** flagship hotel, flagship brand, retail chain, anchor

flank position *марк.* фланговая оборона *(одна из стратегий оборонительной или фланговой маркетинговой войны, которая состоит в переброce всех ресурсов на защиту от фланговой атаки конкурента; основная цель деятельности - сохранение доли рынка и своей позиции по отношению к конкурентам; предполагает такие меры, как выпуск новых продуктов, товарных линий или брендов; перепозиционирование; дифференциацию товаров; проведение дополнительных маркетинговых мероприятий; недостатком данной стратегии является то, что внимание и ресурсы могут изыматься из важных областей применения для проведения защитных мероприятий)* **SYN:** flanking position **SEE:** defensive warfare, flanking warfare, market share, market position, new product, product line, brand, repositioning

flanker brand *марк.* фланговый бренд *(новая марка товара, выпускаемая компанией, которая уже продает на рынке товар в данной категории; новый товар может быть другого типа, вкуса, но в целом является продолжением существующей товарной категории; напр., выпуск кока-колы без сахара)*

flanking attack 1) *марк.* фланговая атака *(одна из стратегий наступательной маркетинговой войны или фланговой маркетинговой войны, которая предполагает атаку тех сегментов рынка, которые конкурент считает неважными (периферийными), что снижает бдительность конкурента; данная стратегия включает проведение едва заметных рекламных и маркетинговых мероприятий, напр., связи с общественностью или личные продажи, приспособление какого-л. товара для конкретной рыночной ниши, поиск незащищенных географических сегментов рынка)* **SEE:** offensive warfare, flanking warfare, market segment, public relations, personal sale, adaptation of product, market niche 2) *воен.* фланговая атака, атака с фланга *(в отличие от лобовой атаки)* **SEE:** flanking warfare

flanking marketing warfare strategies *марк.* = flanking warfare

flanking position *марк.* = flank position

flanking warfare 1) *воен.* фланговые военные действия *(атака противника неожиданно с флангов)* 2) *марк.* фланговая маркетинговая война*, фланговые маркетинговые стратегии* *(группа маркетинговых стратегий, предполагающих неожиданные действия против конкурентов; используется мелкими или новыми фирмами для закрепления на рынке)* **SYN:** flanking marketing warfare strategies **SEE:** marketing warfare, flanking attack, flank position

flap panel 1) *общ.* откидная панель *(напр., у телевизора)* 2) *марк.* вращающееся (рекламное) панно

flash *сущ.* 1) *общ.* вспышка; сверкание, блеск 2) *общ.* миг, мгновение **SEE:** flash sales report 3) *СМИ, рекл.* краткое сообщение 4) *тех.* короткий кадр **5)** *рекл., комп.* флеш-анимация *(в интернете: технология анимации изображения с помощью последовательной смены рисованных кадров; в отличие от прочих видов анимации, почти не требует ресурсов для воспроизведения)* **SEE:** flash banner, flash approach

flash approach **1)** *рекл.* предельно малая дистанция видимости *(рекламный щит открывается для полного обозрения с 10-12 метров, а транспорту — с 25-30 метров)* **SEE:** long approach, medium approach, short approach **2)** *рекл., комп.* флеш-технология **SEE:** flash

flash banner *рекл., комп.* флеш-баннер, анимированный баннер *(в интернет-рекламе: баннер с использованием графической анимации)* **SEE:** banner, interactive banner

flash-count **1)** *марк.* оперативный подсчет* *(предварительный учет откликов на прямую почтовую рекламу, осуществляемый ежедневно по полученной выручке)* **SEE:** direct mail marketing **2)** *бирж.* = flash **SYN:** flash count

flash sales report *торг.* оперативный отчет (о продажах) *(ежедневный отчет об объеме продаж в денежном выражении, который делается каждым отделом магазина)*

flashback **1)** *СМИ; рекл.* обратный кадр *(прием, при котором хронологическая последовательность действия прерывается сценой воспоминания о прошлых событиях; используется в том числе и в рекламных роликах)* **SYN:** cutback **2)** *общ.* взгляд в прошлое, воспоминание **EX: a flashback to smb.'s childhood** – мысленный возврат в детство [воспоминания о детстве]

flat *прил.* **1)** *общ.* плоский, ровный **2)** *эк.* фиксированный, твердый *(о цене финансового актива и т. п., не подлежащей изменениям)* **EX: flat rate** – единая ставка (налога, расценок и т. п.); **flat fee** – фиксированная оплата **SEE:** flat price **3)** *общ.* выдохшийся; вялый; дохлый **4)** *торг., бирж.* вялый, неоживленный; слабый *(о рынке, торговле)*, флетовый *(о рынке)* **EX: The car sales were flat while the truck sales increased.** – Продажа легковых автомобилей была вялой, в то время как продажи грузовых автомобилей увеличились. **The share market closed flat after spending the day trapped in a ten point range.** – Рынок акций закрылся флетовым после того, как затратил день на топтание в диапазоне размером в десять пунктов. **SEE:** flat

flat display **1)** *торг.* плоская экспозиция *(размещение товара на плоском выставочном оборудовании: столах, прилавках и т. п.)* **SEE:** counter display **2)** *комп.* плоский дисплей

flat fee advertising **сокр.** FFA *рекл., комп.* фиксированная плата за время *(схема оплаты интернет-рекламы, при которой рекламодатель платит фиксированный тариф вне зависимости от количества кликов или показов)* **SEE:** cost per click, cost per mile, cost per action, cost per sale, cost per visit, price models of advertising

flat price **1)** *торг.* единая [твердая, одинаковая] цена **а)** *(на все виды, сорта и т. д., напр., в гостинице может быть установлена единая цена для любого номера)* **б)** *(не допускающая скидки и не подлежащая иной корректировке, напр., цена, которая зафиксирована в соглашении о будущей поставке товара и которая не может быть изменена даже в случае увеличения затрат производителя)* **SEE:** fixed price, firm price, flat rate, fixed rate **2)** *фин.* = clean price

flat rate **1)** *торг.* стандартная (единая) цена *(на товар или услугу без предоставления каких-л. скидок за количество купленного товара)* **SEE:** variable pricing, flat price **2)** *гос. фин.* единообразная ставка налога *(без прогрессии)* **3)** *рекл.* фиксированный рекламный тариф **SEE:** advertising rate **4)** *эк.* фиксированная сумма тарифа *(на воду, за аренду земли и т. д.)*

flat sales *марк.* вялый сбыт, низкий объем продаж

flexform advertising *рекл.* реклама свободной формы, реклама «флексформ» *(рекламное объявление нестан-*

дартной формы или размера, призванное выделяться из массы традиционных прямоугольных рекламных объявлений в газете или журнале) **SEE:** creative advertising

flexible pricing *марк.* = variable pricing

flier 1) *общ.* летун **а)** *(птица, летучая мышь, насекомое)* **б)** *(летчик; участник полета)* **2)** *общ.* самолет, летательный аппарат **3)** *рекл., амер.* рекламная листовка **SYN:** circular, handbill, sales leaflet **4)** *рекл., амер.* флаер, флаерс *(бесплатный входной билет в кино, в клуб, на концерт и т. д.)* **SYN:** flyer

flight *сущ.* **1)** *общ.* полет; рейс **2) а)** *общ.* бегство **EX: flight from the land** – массовый уход из деревни **б)** *эк.* отказ; сброс *(продажа какого-либо актива при угрозе его обесценения)* **EX: flight from a currency** – отказ от использования (сбрасывание) валюты *(в ожидании падения ее курса)*, **High inflation may cause a flight from money.** – Высокая инфляция может вызвать отказ от использования денег. **3)** *эк.* утечка капитала, отток капитала *(за границу)* **4)** *рекл.* этап, шаг, ступень; серия *(одна из нескольких частей рекламной компании, имеющая определенную продолжительность; после нее следует небольшая передышка)* **EX: The Newspaper Association of America has launched the second flight of its highly successful national advertising campaign.** – Ассоциация газет Америки начала второй этап своей очень успешной рекламной кампании. **the second flight of ads** – вторая серия рекламы **SEE:** flighting schedule **6)** *рекл.* период, срок *(продолжительность одного из этапов или всей рекламной кампании)* **EX: This Network will deliver over 133 million gross impressions per 4 week flight.** – Эта рекламная сеть обеспечит 133 миллиона валовых показов за четырехнедельный срок кампании. **7)** *общ.* возбуждение, порыв **8)** *рекл.* «нажим», «напор» *(интенсификация рекламных усилий)* **SYN:** flight saturation **SEE:** frontload

flight saturation *рекл.; СМИ* форсированное насыщение рекламой*, «напор», «концентрация» *(максимальная концентрация рекламных роликов в течение небольшого отрезка эфирного времени)* **SYN:** flight, burst

flighting *рекл.* = pulsing advertising strategy

flighting schedule *рекл.* план-график рекламной кампании [размещения рекламы] *(план-график подготовки и проведения рекламной кампании)* **SEE:** flight

float

I *гл.* **1)** *общ.* плавать **2)** *фин.* выпускать в обращение *(ценные бумаги, деньги)*; размещать *(ценные бумаги среди подписчиков)* **EX: to float a loan** – выпускать заем **SEE:** stock **3) а)** *фин.* плавать *(о курсе валют)* **б)** *фин.* *(вводить свободно колеблющийся курс валют)* **SEE:** float

II *сущ.* **1)** *общ.* плавучая масса *(льда и т. п.)* **2)** *общ.* поплавок, буй, плот **3) а)** *общ.* полок, телега; электрокар **EX: milk float** – тележка или электрокар для развозки молока **б)** *общ.* платформа на колесах *(на которой размещаются декорации, красочные фигуры и т. д. во время праздников, карнавальных шествий и т. п.)* **EX: carnival float** – карнавальная платформа **4) а)** *банк., фин.* флоут *(чеки и платежные поручения в процессе банковского клиринга)* **SEE:** clearing, a a cheque, **б)** *учет* флоут, (денежные) средства в пути *(разность между остатком на счете по данным учета предприятия и остатком на счете по данным учета банка, возникающая в результате того, что между выставлением чека и списанием средств с банковского счета проходит некоторое время, т. е. сумма, представленная чеками и платежными поручениями, по которым еще не завершены банковские расчеты)* **в)** *фин., банк.* флоут,время в пути* *(промежуток времени между поступлением чека или иного платежного документа в банковскую систему и зачислением соответствующей суммы на счет получателя средств)* **SEE:** cheque **5)** *фин., бирж.* флоут* *(ценные бумаги данной компании, выпущенные на рынок и доступные для заключения* *сделок)* **SEE:** stock, a a **6)** *потр., амер.* *(прохладительный напиток, в котором плавает кусочек мороженого)* **EX:** **ice-cream float** –(прохладительный) напиток с мороженым **7) а)** *торг., преим. брит.* сумма для размена денег *(небольшой запас наличных денежных средств, используемый для выдачи сдачи в начале работы магазина, ларька, ресторана и т. п.)* **б)** *фин., учет* мелкие суммы *(небольшой резерв денежных средств, предназначенный для покрытия разнообразных мелких расходов)* **8)** *межд. эк., фин.* плавание, колебание (валютного) курса *(валютная система, при которой курс национальной валюты относительно других валют может свободно или относительно свободно колебаться)* **9)** *упр.* флоут*, время задержки* *(в модели критического пути: максимальный период, на который может быть задержано выполнение данной операции, без нарушения срока выполнения последующих операций или исполнения проекта в целом; для операции, лежащей на критическом пути, такой период равен нулю)*

floating announcement *рекл.* «плавающее» объявление *(может быть передано в любое время по усмотрению станции)* **ANT:** fixed break, fixed spot

floor *сущ.* **1)** *общ.* пол, дно **2) а)** *бирж.* операционный зал *(помещение фондовой биржи, в которое допускаются только члены биржи)* **б)** *эк.* производственная площадь **в)** *СМИ* съемочная площадка; телевизионная студия **SEE:** floor manager **г)** *торг.* торговые площади [залы] *(предприятия розничной торговли)* **SEE:** floor manager **д)** *гос. упр., пол.* зал заседаний *(напр., палаты парламента);* место выступления, трибуна; право выступать, слово **EX:** **question from the floor** – вопрос из зала [с места], **to prepare bill for consideration on the floor** – подготовить законопроект для рассмотрения в палате, **to ask for the floor** – просить слова,; **to give smb. the floor** – давать кому-л. слово, предоставлять трибуну; **to yield the floor** – уступить трибуну,; **to have [take] the floor** – брать слово, выступать; **3)** *торг.* = floor stand **4) а)** *эк.* минимальный уровень *(цен, ставок и т. д.)* **б)** *торг., учет* минимальная цена *(значение, до которого может снижаться цена реализации продукции; равна величине переменных расходов на единицу продукции)* **SEE:** range of flexibility **в)** *фин., банк.* *(нижний предел ставки процента в облигационном или ипотечном займе с плавающей процентной ставкой)* **ANT:** ceiling

floor display *торг.* напольная экспозиция* *(выкладка товара на стационарном или передвижном выставочном оборудовании, стоящем на полу)* **EX:** **floor display box** – напольный выставочный ящик, **floor display rack** – напольный выставочный стеллаж **SEE:** shelf display, ceiling display, window display, hanging display

floor manager 1) *упр., торг.* дежурный администратор магазина *(в супермаркетах: представитель администрации, который постоянно находится в зале)* **SYN:** floorworker **SEE:** selling floor **2)** *СМИ* помощник режиссера *(в студии)*

floor plan financing *фин., торг.* = floor planning

floor planning *фин., торг.* финансирование на основе трастовых расписок [под трастовые расписки]* *(форма финансирования, при которой финансовое учреждение выдает кредит, с помощью которого оплачивается приобретение товарно-материальных ценностей, после чего приобретенные товарно-материальные ценности передаются заемщику в доверительное управление (при этом заемщик выдает кредитору расписку о получении товаров в доверительное управление); по мере продажи приобретенных товаров заемщик переводит кредитору определенные суммы в счет погашения кредита; данная форма финансирования часто используется торговыми предприятиями)* **SYN:** trust receipt financing, floor plan financing **SEE:** stock-in-trade

floor pyramid *марк.* напольная пирамида *(используемый в торговле рекламный стенд, где товары выставляются в форме ступенчатой пирамиды)*

floor sales *марк.* продажи с выставочных стендов **SEE:** floor display, floor stand, floor sample

floor sample *марк.* выставочный (витринный) образец товара *(если его продают, то часто со скидкой)* **SEE:** floor sales

floor stand *рекл.* напольная стойка, консоль, напольный [выставочный] стенд *(подставка или стенд, на котором торговец выставляет свой товар для рекламы)* **SEE:** floor sales

floor storage 1) *торг.* напольное хранилище *(без стеллажей, с непосредственным хранением грузов на полу склада)* **2)** *торг.* напольное хранение **ANT:** shelf storage, bin storage **SEE:** storage

floorworker *упр., торг.* = floor manager

florist 1) *торг.* торговец цветами **SEE:** florist's **2)** *общ.* цветовод **3)** *общ.* ботаник-флорист *(изучающий цветы)*

flow of goods *эк.* движение товаров, товарный поток *(перемещение товаров между экономическими субъектами, подразделениями компании, районами, странами)* **SYN:** commodity flow, goods flow

flow of goods and services *эк.* движение товаров и услуг, поток товаров и услуг **SEE:** flow of goods

flush cover *полигр.* обрезная обложка *(обложка каталога или книги, имеющая такой же размер, что и ее страницы)* **SYN:** cut-flush

fly poster *рекл.* незаконный постер, незаконная афиша **SEE:** fly posting

fly posting *рекл.* незаконная постерная [плакатная] реклама *(незаконная расклейка афиш на государственной или частной собственности: на витринах магазинов, заборах и т. д.)* **SEE:** fly poster, poster advertising

fly-sheet *рекл.* = handbill

flyer *общ., рекл.* = flier

flysheet *рекл.* = handbill

FOB origin pricing *марк.* ценообразование ФОБ по месту происхождения* *(способ установления цены, при котором в цену товара включаются только транспортные, страховые, погрузочные и т. п. расходы, понесенные продавцом до момента отгрузки товара; собственно затраты на доставку покупателю в цену не включаются, и транспортировку приобретенной продукции до места назначения покупатель организует и оплачивает самостоятельно)* **SEE:** geographic pricing

FOB price **сокр. от** free on board price *межд. эк., торг.* цена франко-борт (судна), цена фоб, цена «свободно на борту (судна)», цена FOB *(цена, включающая собственно стоимость товара, а также транспортные и страховые расходы, понесенные продавцом вплоть до завершения погрузки товара на борт судна)* **SEE:** free on board, FAS price, free on board mine price, FOB plant price

focus of sale *рекл.* смысл [суть] рекламы *(основное утверждение рекламного сообщения, главный аргумент для покупки товара)* **SEE:** positioning, message

focused interview *соц.* фокусированное интервью *(интервью, сконцентрированное на исследовании определенных аспектов некоего особого события или ситуации, пережитой респондентом)* **SEE:** interview, qualitative research techniques

fodder store *торг., с.-х.* = feed storage

follower *сущ.* **1)** *эк.* последователь, идущий за лидером **а)** *(в области ценовой политики)* **б)** *(в модели Стакельберга: фирма, которая принимает выпуск и цену, выбранные другой фирмой как заданные, и приспосабливает к ним свои выпуск и цену)* **ANT:** leader **2)** *марк.* последователь **а)** *(компания, занимающая меньшую рыночную долю, чем компания-лидер)* **б)** *(компания, которая стала выпускать данный продукт после появления продукции тако-*

го типа на рынке, т. е. компания, которая не первая стала выпускать подобный продукт) **ANT:** leader **4)** *общ.* сторонник

follow-up *сущ.* **1) а)** *упр.* последующее мероприятие; мероприятие, принятое в развитие или в исполнение *(указания и т. п.)* **EX: the follow-up of the report on smoking hazards** – меры, принятые в связи с докладом о вреде курени **б)** *общ.* последующая работа [деятельность] *(отслеживание исполнения управленческих решений (напр., контроль за сроками исполнения, проверка результатов, плановый учет, календарный контроль и т. п.) либо продолжение ранее начатой работы)* **SEE:** follow-up interview, follow-up activity, follow-up observation **2)** *общ.* доработка *(изделия в процессе эксплуатации)* **3)** *торг.* = follow-up service **4) а)** *общ.* дополнительные данные, новые материалы **б)** *общ.* продолжение *(фильма, книги, статьи и т. п.)* **EX: follow-up to the story** – продолжение истории, **Ray wrote a follow-up to his first book.** – Рей написал продолжение своей первой книги. **5)** *стат.* повторная рассылка *(переписных листов при переписи населения)* **6)** *рекл., амер.* повторное рекламное письмо *(письмо, посланное вслед за другим в случае неполучения ответа от адресата)* **EX: sending of follow-ups** – рассылка повторных писем **SEE:** follow-up advertisement, follow-up letter

follow-up activity **1)** *общ.* последующая деятельность **2)** *марк.* дальнейшее отслеживание* *(поддержание связи с (потенциальным) клиентом и отслеживание продвижения процесса подготовки сделки после установления первоначального контакта)* **SYN:** follow-up observation **SEE:** follow-up letter, follow-up service

follow-up advertisement *рекл.* последующее [подкрепляющее] рекламное объявление **SEE:** follow-up advertising

follow-up advertising *рекл.* последующая [подкрепляющая] реклама *(реклама, дополняющая предыдущую рекламу и расширяющая ее содержание; напр., рассылка рекламных материалов по запросу потенциального потребителя, отреагировавшего на короткое рекламное объявление о товаре)* **SEE:** reinforcement advertising, reminder advertising

follow-up interview *рекл., СМИ* последующее интервью *(интервью по результатам проведенных мероприятий)*

follow-up letter **1)** *общ.* письмо-напоминание, повторное письмо *(письмо, высылаемое лицу, которое не отреагировало на предыдущее письмо или, наоборот, обратилось за дополнительной информацией)* **2)** *рекл.* повторное рекламное письмо **SYN:** follow-up advertisement **3)** *марк.* ответное письмо *(письмо, которое направляется потенциальному клиенту, сделавшему запрос о товаре)* **4)** *эк.* письмо о дальнейших действиях* *(письмо, которое направляется деловому контрагенту после первоначальной встречи)* **SEE:** follow-up activity, follow-up mailing

follow-up mailing *марк.* последующая рассылка **SEE:** follow-up letter, follow-up advertisement

follow-up observation *марк.* последующее наблюдение **SYN:** follow-up activity

follow-up service **1)** *торг.* = after sales service **2)** *марк.* послепродажное обслуживание *(заключается в том, что продавец периодически связывается с покупателем с целью удостовериться, что покупатель доволен покупкой и не имеет никаких жалоб)* **SEE:** back end

food **1)** *общ.* пища, питание **SEE:** artificial food, baby food, pet food, health food **2)** *потр., преим. мн.* продовольствие, продукты питания, пищевые продукты **SYN:** articles of food, food products, foodstuffs **SEE:** domestic food, gourmet foods, convenience foods, frozen foods, fast food, staple foods, genetically modified food, food industry, food bar, food department, food legislation, food market, food store, food adulteration **3)** *с.-х.* корм, фураж *(для скота)*

Food Additives Amendment *торг., пищ., юр., амер.* поправка «О добавках к пищевым продуктам», поправка «О пищевых добавках» *(к закону «О продуктах питания, лекарствах и косметических средствах» 1938 г.; принята в 1958 г.; эта поправка регулирует использование таких пищевых добавок, как соль, нитраты, органические кислоты и др. химические соединения)* **SEE:** Federal Food, Drug and Cosmetic Act 1938;

food adulteration *юр., потр.* фальсификация продуктов питания *(добавление в пищу ингредиентов, опасных для здоровья человека, или заменяющих те компоненты, которые должны входить в состав продукта в соответствии с его описанием; напр., разбавление молока водой, подмешивание цикория в «чистый кофе»; запрещается законом)* **SYN:** adulteration of food **SEE:** adulterated product

food advertisement *рекл.* рекламное объявление о пищевых продуктах **SEE:** food advertising

food advertising *рекл.* реклама пищевых продуктов **SYN:** grocery advertising

Food and Drug Administration **сокр.** FDA *гос. упр., торг., амер.* Управление по санитарному надзору за качеством пищевых продуктов и медикаментов *(агентство Министерства здравоохранения и социальных услуг США, в задачи которого входит контроль за соблюдением законодательных норм в области поддержания качества продуктов питания, лекарственных препаратов и косметических средств)* **SYN:** United States Food and Drug Administration, US Food and Drug Administration **SEE:** consumerism, consumer fraud

Food and Drug Index *марк.* = Nielsen Food and Drug Index

food bar **1)** *торг., потр.* забегаловка *(салатный бар, бистро, студенческое кафе и т. д., где в меню в основном продукты «быстрого питания»)* **SEE:** fast food **2)** *потр.* брикетированный пищевой концентрат *(сухой комплексный полуфабрикат высокой калорийности)* **SEE:** convenience foods, food

food commodities *торг.* = food products

food coupon **1)** *гос. фин.* продовольственный талон, продовольственная карточка *(выдается малоимущим в рамках государственной программы помощи)* **2)** *рекл.* купон на бесплатный обед [ужин] *(в каком-л. ресторане, клубе; часто раздается в ходе рекламной кампании)*

food department **1)** *с.-х.* продовольственное управление *(ведомство министерства сельского хозяйства по изготовлению, распределению и реализации продовольственных товаров)* **EX: The Punjab Food Department has paid Rs 17 billion to farmers for wheat it procured during the current year.** – Продовольственное управление Пенджаба заплатило 17 млрд рупий фермерам за пшеницу, заготовленную в течение года. **2)** *торг.* продовольственный магазин, продовольственный отдел (магазина) **EX: Most chains, including Wal-Mart, have a food department selling items with reasonably long shelf-lives.** – Большинство сетей, включая «Уол-Март», имеют продовольственный отдел, торгующий продуктами с достаточно большим сроком годности.; **SEE:** food store, food

food franchise system *торг.* франчайзинговая система предприятий «быстрого питания» *(система предприятий быстрого питания, принадлежащих разным владельцам, но использующих одинаковую технологию и бренд, приобретенные по договору франчайзинга у одной компании)* **SEE:** fast-food franchise

food industry *эк.* пищевая промышленность *(отрасль легкой промышленности, совокупность производств пищевых продуктов в готовом виде или в виде полуфабрикатов. В системе агропромышленного комплекса пищевая промышленность тесно связана с сельским хозяйством как поставщиком сырья и с торговлей)* **SYN:** Food Manufacturing **SEE:** food

food legislation *юр., пищ.* продовольственное законодательство *(законодательство о пищевых продуктах, регу-*

лирующее вопросы их производства, контроля качества и распространения) **SEE:** Federal Food and Drug Act; Federal Food, Drug, and Cosmetic Act; Food Additives Amendment, Pure Food and Drug Act 1906, Kefauver-Harris amendment, Wheeler-Lea Amendment, food

food market *эк.* продовольственный рынок, рынок пищевых продуктов

food marketing bill *эк., с.-х., амер.* показатель затрат на продовольственную продукцию сельского хозяйства* *(макроэкономический показатель, характеризующий размер совокупных затрат на продукты питания, произведенные сельским хозяйством страны; представляет собой разницу между совокупными затратами потребителей этой продукции и стоимостью производства и реализации данной продукции фермерами)*

food products *потр.* продовольственные товары, продукты питания, пищевые продукты *(продукты, используемые в пищу; напр., мясо, колбаса, молоко, макароны и т. д.)* **SYN:** food commodities, food **ANT:** nonfood products **SEE:** meat products, bakery goods, confectionery and pastry, milk products, delicatessen, fish, fruit and berries

food retailing *торг.* розничная торговля пищевыми [продовольственными] товарами **SEE:** food shop, delicatessen

food service company **1)** *торг.* продовольственное предприятие *(специализируется на производстве, доставке и распределении продовольствия через магазины или предприятия общественного питания)* **2)** *торг.* предприятие общественного питания *(ресторан, кафе и т. д.)* **SEE:** fast food

food shop *торг.* = grocery store

food storage **1)** *торг.* хранение продовольствия **2)** *торг.* хранилище для продовольствия **SEE:** potato storage, milk storage room, grain storage, crop storage, fruit storage **3)** *с.-х., торг.* = feed storage **4)** *эк.* запасы продовольствия *(создаваемые государством с целью предотвращения перебоев с продовольствием в стране)* **SEE:** storage

food store *торг.* = grocery store

food stuffs *пищ.* = foodstuffs

Food, Drug, and Cosmetic Act *рекл., торг., юр., амер.* = Federal Food, Drug and Cosmetic Act 1938

foodstuffs *пищ.* продукты питания **SYN:** food stuffs, food

foothold firm *марк.* = market nicher

footwear *потр.* обувь **SEE:** manufactured goods, winter footwear

for sale *торг.* на продажу **EX: to be for sale** – продаваться, **The house is for sale with all furniture and fittings.** – Дом продается вместе со всей мебелью и оснащением. **Culture and knowledge are not for sale.** – Культура и знания не продаются. **SEE:** available for sale, on sale

force majeure *юр., фр.* форс-мажор, форс-мажорные обстоятельства, непреодолимая сила, обстоятельства непреодолимой силы *(непреодолимые обстоятельства, особенно природные катаклизмы или военные действия, которые послужили причиной невыполнения контракта; при таких обстоятельствах исполнитель не несет ответственности за невыполнение контрактных обязательств)* **SYN:** act of God, vis major **SEE:** force majeure clause

force majeure clause *юр., эк.* форс-мажорная оговорка *(условие в договоре, освобождающее стороны от ответственности за неисполнение договора в случае наступления форс-мажорных обстоятельств)* **SEE:** force majeure

forced distribution *марк.* форсированные продажи* *(принуждение торговцев к распространению товара через ограничение их вознаграждения в случае недостаточности результатов с их стороны)*

forced sale *эк.* принудительная (вынужденная) продажа *(продажа активов в результате давления кредиторов или других чрезвычайных обстоятельств, а не по собственному выбору владельца; напр., продажа активов, предоставленных в качестве обеспечения кредита, осуществляемая, если должник не смог своевременно погасить кре-*

дит, либо распродажа активов банкрота) **SYN:** fire sale **SEE:** forced sale price

forced sale price *эк., торг.* цена при вынужденной [принудительной] продаже *(цена, по которой актив продается в случаях, когда собственнику актива срочно необходимы денежные средства для расчетов по долгам; обычно определяется при продаже с аукциона и устанавливается на уровне гораздо ниже реальной рыночной цены)* **SYN:** fire sale **SEE:** forced sale, distress price, fire sale price

forecasted sales *марк.* прогнозируемый объем сбыта [продаж], прогнозируемый сбыт

foreign advertising *рекл.* зарубежная [иностранная] реклама, реклама за рубежом *(реклама товаров (услуг), размещаемая национальными компаниями за границей для выхода на зарубежный рынок)* **SEE:** export advertising, global advertising

foreign goods *эк.* иностранные [зарубежные] товары, иностранная [зарубежная] продукция *(товары, произведенные вне страны сбыта и потребления)* **SYN:** foreign products, foreign wares **SEE:** domestic goods

foreign market 1) *марк.* иностранный рынок *(внутренний рынок иностранного государства)* **SYN:** external market, overseas market **SEE:** domestic market, export marketing **2)** *фин.* рынок иностранных ценных бумаг* *(часть национального внутреннего рынка ценных бумаг, представленная ценными бумагами юридических лиц, зарегистрированных за рубежом)* **SEE:** domestic market, internal market

foreign marketing *марк.* = export marketing

foreign products *эк.* = foreign goods

foreign wares *эк.* = foreign goods

forgery *сущ.* **1) а)** *юр.* подлог, подделка, подделывание *(документа, денег, произведений искусства и т. д.)* **б)** *юр., пат.* подделка товаров *(представление товаров как продуктов не того производителя, которым они на самом деле произведены)* **2)** *юр.* подделка, фальшивка *(что-л. поддельное: фальшивая монета, поддельная подпись и т. д.)* **EX: The signature is a forgery.** – Эта подпись поддельная. **SEE:** counterfeit, genuine

forgetting rate *марк.* забываемость рекламы *(скорость, с которой покупатель забывает рекламу определенного товара)*

fork lift truck *торг., пром.* вилочный погрузчик *(подъемно-транспортное средство, поднимающее и перевозящее грузы с помощью вилочного захвата)* **SYN:** forklift truck, fork-lift truck, reach truck **SEE:** handling machinery

forklift truck *торг., пром.* = fork lift truck

fork-lift truck *торг., пром.* = fork lift truck

formal bid *эк., торг.* формальное предложение *(официальное письменное предложение направленное потенциальным поставщиком или подрядчиком заказчику)* **SEE:** invitation to bid

formal product *марк.* = actual product

former buyer *марк.* прежний [бывший] покупатель *(лицо, не совершавшее покупки в течение определенного периода, напр., последних 12 месяцев)* **SEE:** active buyer

forty-eight-sheet poster *полигр., рекл.* = 48-sheet poster

forty-foot equivalent unit **сокр.** FEU *трансп.* сорокафутовый контейнер *(стандартная единица измерения контейнерных грузов, соответствующая транспортному контейнеру длиной сорок футов; один сорокафутовый контейнер равен двум двадцатифутовым контейнерам)* **SEE:** twenty-foot equivalent unit, container

forward buying 1) *торг.* форвардная покупка, покупка на срок, покупка с поставкой в будущем *(покупка товара или финансового инструмента с их поставкой и расчетом по ним в будущем по ценам в момент заключения сделки или по специально оговоренным ценам)* **SYN:** purchase on term, buying forward **SEE:** forward delivery **2)** *торг.* покупка в запас **SYN:** stockpiling

forward contract *эк.* форвардный контракт, форвард *(соглашение о купле-*

продаже товара, иностранной валюты или финансового инструмента, по которому поставка осуществляется на определенную будущую дату по оговоренной в контракте цене; в отличие от фьючерса торгуется вне биржи, может иметь нестандартные условия, обычно предполагает физическую поставку товара, а не закрытие позиции компенсирующей сделкой)

forward delivery форвардная [будущая] поставка **а)** *бирж., торг. (операция купли-продажи, расчет по которой будет произведен на определенную дату в будущем по цене, установленной на дату заключения сделки)* **SEE:** sale for future delivery, forward buying, forward order, forward contract **б)** *фин. (согласие предоставившего ипотечный кредит банка продать ипотеку покупателю на вторичном рынке через определенное количество дней, напр., 30 или 60)*

forward invention *марк.* усложненная новинка* *(вид стратегии международного маркетинга, при которой фирма производит более сложные формы своих продуктов для продажи их в развитых, прогрессивных странах)* **ANT:** backward invention **SEE:** product invention

forward order *торг., бирж.* срочный [форвардный] заказ, заказ на срок, приказ о покупке на срок *(заказ форвардной поставки)* **SEE:** forward buying, forward delivery, forward contract

forward price *фин., торг.* форвардная цена *(цена, установленная в соглашении о купле-продаже какого-л. актива в будущем)* **SEE:** forward contract, spot price

forward pricing форвардное ценообразование, установление будущей [форвардной] цены* **а)** *эк. (установление цены для сделки по купле-продаже какого-л. актива, которая будет проводиться через определенный срок в будущем)* **б)** *фин., бирж., амер. (метод определения цены на акции инвестиционных фондов открытого типа, установленной Комиссией по ценным бумагам и биржам и подразумевающий, что цена продажи/покупки акций должна определяться исходя из очередной ежедневной оценки стоимости чистых активов фонда, рассчитываемой на закрытие рынка в день получения заказа на покупку акций, т. е. на начало дня, следующего за получением заказа)*

forward stock *торг.* ближайшие запасы*, ближайший запас* *(товары, которые торговец хранит непосредственно в торговом зале магазина, но обычно вне досягаемости клиентов, напр., духи или ювелирные изделия в защищенных витринах)*

forwarder *сущ.* **1)** *трансп.* экспедитор *(человек (обычно сотрудник предприятия), принимающий, отправляющий и оформляющий грузы)* **SYN:** forwarding agent, freight forwarder **SEE:** shipping agent, scheduler **2)** *трансп.* экспедиционное агентство, транспортно-экспедиционное агентство, (транспортно-)экспедиционная компания, экспедитор *(компания, предлагающая услуги по принятию и отправке грузов: погрузка, разгрузка, хранение, оформление транспортных документов, производство расчетов, таможенные операции и т. д.; термин обычно относится к международным перевозкам)* **SYN:** forwarding agency, forwarding agent, forwarder firm, freight forwarder, forwarding company **SEE:** shipping agency

forwarder firm *эк., трансп.* = forwarder

forwarding agency *эк., трансп.* = forwarder

forwarding agent *эк., трансп.* = forwarder

forwarding company *эк., трансп.* = forwarder

four c's *(от cigarettes, colas, candies, coffee)* четыре «С» *(четыре вида товаров, наиболее часто продаваемых через торговые автоматы: сигареты, прохладительные напитки, сладости, кофе)*

four plus cover *рекл.* = four-plus cover

four P's of marketing *марк.* четыре Р маркетинга *(четыре основных средства маркетингового воздействия: продукт (Product), цена (Price), место (Place), продвижение (Promotion))*

four-firm concentration ratio *эк.* индекс концентрации четырех крупнейших фирм *(доля четырех крупнейших фирм в суммарном показателе отрасли, напр., объеме производства)* **SEE:** market concentration

four-plus cover *рекл.* четырехкратное покрытие*, четырехкратный показ рекламы* *(рекламная кампания, в которой определенное рекламное сообщение доводится до публики, по меньшей мере, четыре раза)* **SYN:** four plus cover

four-sheet poster *полигр., рекл.* четырехлистовой плакат *(1524 X 1016 мм)* **SEE:** poster, one-sheet poster, 16-sheet poster

fourth cover *полигр.* = back cover

fractional-page advertisement *рекл.* реклама на часть страницы *(печатная реклама, занимающая долю (1/4 или 1/2) страницы, в отличие от рекламы на всю страницу)* **SYN:** fractional-page ad **ANT:** full-page advertisement **SEE:** half-page advertisement, quarter-page advertisement

frame *сущ.* **1)** *общ.* основа, строение, структура **2)** *общ.* стойка, корпус; рамка; рама, каркас, остов **SEE:** framed advertisement **3)** *рекл.* выставочный стенд **SYN:** floor stand **4)** *СМИ* кадр **5)** *стат., марк.* = sampling frame

framed advertisement *рекл.* = box advertisement

franchise *сущ.* **1)** *общ.* специальная привилегия, особое право *(дается государством отдельному лицу, группе лиц или фирме)* **EX: a franchise to operate a bus system** – исключительное право заниматься автобусными перевозками **2)** *общ.* право голоса, право участвовать в выборах **EX: to exercise one's franchise** – пользоваться правом голоса **3) а)** *торг., юр.* франчайзинг, коммерческая концессия, франчайза *(соглашение, согласно которому правообладатель (франчайзер) обязуется предоставить правоприобретателю (франчайзи, франшизополучателю) за вознаграждение на срок или без указания срока право использовать в предпринимательской деятельности пользователя комплекс исключительных прав, принадлежащих правообладателю, напр., на фирменное наименование правообладателя, торговую марку; иногда предусматривает начальную финансовую поддержку со стороны франчайзера)* **SYN:** commercial concession, franchising **SEE:** commercial subconcession, FTC's Trade Regulation Rule on Franchises and Business Opportunities, good franchise, industrial franchise, service franchise, business format franchise, dealership, fast-food franchise, franchise area, franchise dealer, franchisee, franchisor, food franchise system, franchise retailing, franchise sale, franchising operation **б)** *торг., юр.* франшиза, торговая привилегия, франчайза *(лицензия, подтверждающая право пользования торговой маркой, технологией и т. д., предоставленное на условиях франчайзинга)* **4)** *страх.* франшиза *(оговорка, освобождающая страховщика от покрытия убытков, не превышающих определенного процента от страховой оценки; также минимальный размер убытка, ниже которого страховщик не обязан выплачивать страховое возмещение; убытки выше этого минимума страховщик обязан оплачивать полностью; наличие такой оговорки препятствует предъявлению страховщикам очень маленьких страховых требований)*

franchise area *торг., юр.* зона действия [территория] франшизы, зона действия торговой привилегии *(территория, на которую распространяется купленная франшиза)* **SEE:** franchise

franchise dealer *торг.* дилер с торговой привилегией, привилегированный дилер, франчайзи *(работает с компаниями-производителями на основе согласованной системы льгот и имеющие право использовать для продвижения товаров и услуг торговую марку производителя)* **SYN:** franchised dealer, franchisee **ANT:** franchisor

franchise organization *марк.* франчайзинговая организация, объединение [организация] держателей привилегий *(одна из разновидностей до-*

говорной вертикальной маркетинговой системы) **SEE:** franchise dealer, franchising, food franchise system

franchise retailing *торг.* розничная торговля на основе франшизы *(продажа независимым предпринимателем товарами от имени и по лицензии производителя или оптового торговца или организации услуг)* **SEE:** retail franchise

Franchise Rule *юр., торг., амер.* = FTC's Trade Regulation Rule on Franchises and Business Opportunities

franchise sale 1) *марк.* продажа торговых привилегий [франшиз] **2)** *марк.* сбыт на основе системы франчайзинга **SEE:** franchise

franchised dealer *торг., бирж.* = franchise dealer

franchisee *сущ. торг.* франчайзи, франшизополучатель *(торговое предприятие, получившее право (франшизу) на торговлю продукцией под торговой маркой другого предприятия)* **SYN:** franchise dealer **ANT:** franchisor **SEE:** franchise

franchiser *сущ. торг.* = franchisor

franchising *сущ. торг., юр.* = franchise

franchising operation *торг.* франчайзинговая деятельность, деятельность на основе торговой привилегии **SEE:** franchise

franchisor *сущ. тж. franchiser торг.* франчайзер, франшизодатель *(лицо, выдающее другому лицу (франчайзи) лицензию на производство или продажу своего товара (услуги) на определенной территории)* **ANT:** franchisee **SEE:** franchise

franco **сокр.** fco *торг., ит.* = free

fraud *сущ.* **1)** *юр., эк.* мошенничество, обман, жульничество **EX: credit card fraud** – мошенничество с кредитными картами **SEE:** fraudulent marketing, fraudulent advertising **2)** *юр., разг.* фальшивка, подделка *(что-л. поддельное, ненастоящее)* **3)** *юр., эк.* обманщик, мошенник **SYN:** swindle

fraudulent advertising *рекл.* = deceptive advertising

fraudulent behaviour *общ.* обман, мошенническое поведение **ANT:** fair play **SEE:** fraudulent advertising, fraudulent marketing, fraud

fraudulent marketing *марк.* недобросовестный маркетинг, мошеннический маркетинг* *(деятельность по продвижению товара, предполагающая использование незаконных способов с целью убеждения потребителей купить товар; напр., указание неверной информации об изготовителе товара; имитация упаковки или внешнего вида известного товара; представление товара как имеющего определенные свойства, которых он лишен и т. д.)* **SEE:** deceptive advertising

free

I *прил.* **1) а)** *общ.* свободный, вольный, независимый **EX: free country** – свободная страна, **free press** – свободная пресса **б)** *общ.* свободный, находящийся на свободе **EX: to make [set] free** – освободить **в)** *общ.* свободный, добровольный, осуществляемый без принуждения **EX: free choice** – свободный [добровольный] выбор **г)** *общ.* незанятый, свободный **EX: Are you free in the afternoon?** – Вы свободны днем?, **Have you any rooms [seats] free?** – Есть ли у вас свободные комнаты [места]? **д)** *общ.* открытый, доступный; беспрепятственный **EX: free access** – свободный доступ **е)** *общ.* свободный, не стесненный правилами, обычаями и т. п. **EX: free love** – свободная любовь **2)** *эк.* бесплатный **EX: free education** – бесплатное образование **SEE:** free advertisement, free good, free delivery, free sampling, free services, freepost, freesheet, free-standing display, freestanding insert **3)** *торг., страх.* франко; свободный от (оплаты) расходов *(обозначает прекращение действия ответственности продавца по возможным ущербам и оплате транспортных расходов при доставке товара в указанный пункт)* **SEE:** free on board, free alongside ship, free carrier, free on rail, free on quay, free on truck, ex works **4) а)** *общ.* лишенный *(чего-л.);* свободный *(от чего-л.)* **EX: free from pain** – безболезненный, **alcohol free [free from alcohol]** – без алкоголя, безалкогольный; **б)** *эк.* освобожденный, свободный *(от пошлины, налога)* **5)** *общ.* свободный, незакрепленный, неприкрепленный **EX: free end of a rope** – незакрепленный конец каната

II *нареч.* **1)** *общ.* свободно **2)** *эк.* бесплатно

free advertisement *рекл.* бесплатное рекламное объявление **ANT:** paid-for advertisement **SEE:** free advertising, exchange advertisement

free advertising *рекл.* бесплатная реклама, бесплатное рекламирование

free alongside ship **сокр.** FAS *межд. эк., торг., мор.* франко [свободно] вдоль борта судна, ФАС *(условие торгового контракта, согласно которому продавец несет все расходы по страхованию и транспортировке груза вплоть до доставки товара к борту судна; покупатель самостоятельно организует погрузку и транспортировку товара до места назначения)* **SEE:** free on board, Incoterms

free-association interview *соц.* техника свободных ассоциаций *(метод интервьюирования, при котором респонденты стимулируются к высказыванию первой мысли, пришедшей в голову после прослушивания или просмотра определенной рекламы; свободная ассоциация применяется в ходе ознакомления с объектом исследования с целью формулирования рабочих гипотез)* **EX: She employed a free association interview method adapted from psychoanalytic therapy and communicated with respondents using e-mail.** – Она использовала технику свободных ассоциаций, взятую из терапии психоанализа, и общалась с респондентами через электронную почту. **SEE:** interview

free carrier **сокр.** FCA *торг., межд. эк., страх.* франко-перевозчик *(условие в торговом контракте, означающее, что продавец несет ответственность за товары и оплачивает все расходы по транспортировке и страхованию товаров до тех пор, пока товары не перейдут в распоряжение перевозчика; после самого термина обычно идет название порта, указание на склад продавца или другое место, где перевозчик должен принять товары)* **SEE:** Incoterms

free delivery *торг.* бесплатная доставка *(услуга, предлагаемая продавцом при покупке потребителем какого-л. товара)* **SEE:** delivery fee

free domicile *межд. эк., торг., устар.* франко домицилий* *(стандартное условие торгового контракта, означающее, что продавец несет все расходы по транспортировке товара до указанного покупателем места, а также по уплате импортных пошлин и иных причитающихся пошлин и сборов; соответствует условию «доставлено, пошлина оплачена» в системе Инкотермс)* **SEE:** delivered duty paid, Incoterms

free examination offer *марк.* = trial offer

free gift *потр., торг.* = advertising gift

free good **1)** *эк.* свободное благо, неэкономическое благо *(благо, которое находится в неограниченном доступе и для получения которого не нужно отказываться от потребления других благ; такое благо не имеет цены)* **ANT:** scarce good **2)** *эк.* бесплатный товар *(товар, распределяемый между желающими без уплаты ими денег за товар; напр., товары, распространяемые благотворительными или спонсорскими организациями)* **SEE:** giveaway goods, free merchandise **3)** *мн., эк.* = duty-free goods

free in **сокр.** FI *трансп., торг.* погрузка за счет фрахтователя*, свободно от погрузки*, фри-ин* *(при указании цены термин означает, что расходы по погрузке товара на зафрахтованное транспортное средство несет фрахтователь)* **SEE:** free in and out, free out

free in and out **сокр.** FIO *трансп., торг.* погрузка и разгрузка за счет фрахтователя*, свободно от погрузки и разгрузки* *(при указании цены термин означает, что расходы по погрузке товара на зафрахтованное транспортное средство и его разгрузке *в порту назначения несет фрахтователь)* **SEE:** free in, free out; free in and out, stowed;

free in and out, stowed сокр. FIOS *мор., трансп.* свободно от погрузки, разгрузки и штивки [укладки]*, погрузка, разгрузка и штивка [укладка] за счет фрахтователя* *(при обозначении условий поставки термин указывает на то, что расходы по погрузке товара на зафрахтованное судно, укладке товара и проведению разгрузочных работ несет фрахтователь)* **SEE:** free in and out; free in and out, trimmed;

free in and out, stowed and trimmed сокр. FIOST *мор., трансп.* свободно от погрузки, разгрузки, штивки [укладки] и разравнивания*, погрузка, разгрузка, штивка [укладка] и разравнивание за счет фрахтователя* **SEE:** free in and out, stowed; free in and out, trimmed;

free in and out, trimmed сокр. FIOT *мор., трансп.* свободно от погрузки, разгрузки и разравнивания*, погрузка, разгрузка и разравнивание за счет фрахтователя* *(при обозначении условий поставки термин указывает на то, что расходы по погрузке товара на зафрахтованное судно, разравниванию (достижению равномерного распределения навалочного груза в грузовом отсеке) и на проведение разгрузочных работ несет фрахтователь)* **SEE:** free in and out; free in and out, stowed; bulk cargo

free merchandise *эк.* = free goods

free offer 1) *эк.* = subject offer **2)** *рекл.* бесплатный сувенир *(получаемый покупателем в ходе кампании по стимулированию сбыта)* **3)** *рекл.* бесплатное предложение *(товара)* **SEE:** free sampling, trial offer

free on board сокр. FOB **1)** *межд. эк., страх.* свободно на борту, франко-борт, фоб *(условие внешнеторгового контракта, согласно которому экспортер (продавец) несет транспортные, страховые и погрузочные расходы до завершения погрузки товара; право собственности и все риски переходят к покупателю с момента завершения погрузки)* **SYN:** free on board vessel **SEE:** free on board plant, free on board mine price, free on board origin, free on board and trimmed, free on board destination, free on board airport, free alongside ship, border price, Incoterms **2)** *торг.* франко-вагон *(условие, по которому продавец несет все расходы по транспортировке, страхованию и т. п. вплоть до завершения погрузки товара в вагон на указанной станции)* **SYN:** free on rail

free on board airport сокр. FOB airport *торг., межд. эк.* франко-борт в аэропорту *(условие торгового контракта, означающее, что продавец несет все расходы по транспортировке и страхованию товара вплоть до завершения погрузки товара в аэропорту отправления)* **SEE:** free on board

free on board and stowed *мор., торг., межд. эк.* = free on board and trimmed

free on board and trimmed *мор., торг., межд. эк.* франко-борт и штивка, свободно на борту и свободно от штивки, франко-борт и укладка *(условие в торговом контракте, означающее, что продавец отвечает за поставку и погрузку товара на судно и гарантирует его правильную (рациональную) укладку в трюме (штивку), т. е. означающее, что соответствующие расходы включены в подлежащую уплате покупателем цену)* **SYN:** free on board and stowed **SEE:** free on board

free on board destination сокр. FOB destination *торг., межд. эк.* франко-борт в порту назначения* *(условие внешнеторгового контракта, означающее, что продавец несет все расходы, связанные с погрузкой и перевозкой товаров до порта назначения, т. е. означающее, что все эти расходы включаются в цену, уплачиваемую покупателем)* **SEE:** free on board, free on board origin

free on board factory price сокр. FOB factory price *торг.* = free on board plant price

free on board mill сокр. FOB mill *торг.* = free on board plant

free on board mill price сокр. FOB mill price *торг.* = free on board plant price

free on board mine price сокр. FOB mine price *торг.* цена франко-шахта *(цена на месте добычи, не включающая расходы по транспортировке и страхованию, т. е. цена, по которой можно приобрести уголь или другое полезное ископаемое на условиях самовывоза)* **SEE:** free on board, ex mine

free on board origin сокр. FOB origin *торг., межд. эк.* франко-борт в порту [пункте] отправления [происхождения]* *(условие в торговом контракте, означающее, что в цену включаются только стоимость собственно продукта и страховые, погрузочные и иные подобные расходы, понесенные продавцом до момента отправки товара покупателю; расходы по транспортировке в цену не включаются)* **SYN:** free on board shipping point **SEE:** free on board, free on board destination

free on board plant сокр. FOB plant *торг.* франко-завод *(условие договора о поставке, согласно которому в цену товара включаются только затраты, понесенные продавцом до момента завершения отгрузки товара с завода; транспортные расходы в цену не включаются)* **SYN:** free on board mill **SEE:** free on board, ex works

free on board plant price сокр. FOB price *торг.* цена франко-завод *(включающая собственно стоимость товара и расходы, понесенные производителем вплоть до отправки товара покупателю, но не включающая транспортные расходы)* **SYN:** factory price, free on board factory price, free on board mill price **SEE:** free on board plant, free on board, free on board mine price

free on board price *межд. эк., торг.* = FOB price

free on board shipping point сокр. FOB shipping point *торг., межд. эк.* = free on board origin

free on board vessel сокр. FOB vessel *межд. эк., страх.* франко-борт судна, свободно на борту судна *(условие торгового контракта, означающее, что продавец несет все страховые и транспортные расходы вплоть до завершения погрузки товара на корабль; стоимость транспортировки в цену не входит, а право собственности переходит ко покупателю с момента завершения погрузки)* **SYN:** free on board **SEE:** free on rail

free on car *межд. эк., торг.* = free on rail

free on quay сокр. FOQ *торг., межд. эк.* франко-набережная, франко-причал, свободно на причале *(условие торгового контракта, по которому продавец несет все расходы по транспортировке и страхованию товара вплоть до доставки товара на причал в порту отгрузки; дальнейшие транспортные расходы несет покупатель; данное условие не входит в Инкотермс)* **SEE:** Incoterms

free on rail сокр. FOR *торг., межд. эк.* франко-вагон, франко-рельсы, франко-платформа, франко-станция отправления *(условие соглашения о поставке, означающее, что продавец несет все расходы по транспортировке и страхованию груза вплоть до погрузки груза в железнодорожный вагон)* **SYN:** free on truck, free on car **SEE:** free on rail price, free on board

free on rail price сокр. FOR price *торг., межд. эк.* цена франко-вагон, цена франко-станция отправления, цена фор,цена франко-рельсы*, цена «свободно на станции отправления»* *(цена, включающая собственно стоимость товара, а также транспортные и страховые расходы, понесенные продавцом до погрузки товара в железнодорожный вагон)* **SEE:** free on rail

free on truck сокр. FOT **1)** *торг., межд. эк.* = free on rail **2)** *торг., межд. эк.* франко-грузовик *(условие торгового контракта во внешней торговле, согласно которому экспортер несет транспортные, страховые и другие расходы до завершения погрузки товара на грузовик; данное условие не приводится Инкотермс, но используется вследствие* *сложившихся исторических традиций)* **SEE:** Incoterms

free out сокр. FO *трансп., торг.* разгрузка за счет фрахтователя*, свободно от разгрузки*, фри-аут* *(при указании цены термин означает, что расходы по разгрузке товара в порту назначения несет фрахтователь)* **SEE:** free in, free in and out

free sample *рекл.* = advertising sample

free sampling *марк.* сэмплинг, распространение бесплатных (рекламных) образцов **SYN:** sampling **SEE:** free offer, sampling campaign

free services *эк.* бесплатное обслуживание **SEE:** toll-free calling

free standing insert сокр. FSI *рекл.* рекламный вкладыш, рекламная вкладка *(рекламный материал в форме брошюр, листовок и др., вставленных или вложенных в газету или журнал; печатается отдельно и не является частью газеты или журнала)* **EX: free-standing insert coupon** – купон-вкладка, купон на вкладке, купон-вкладыш **SYN:** freestanding stuffer, advertising insert, tip-in, newspaper insert, preprint **SEE:** insert in magazine mailing, outsert

free trial offer *марк.* = trial offer

freedom of trade *торг., юр.* свобода торговли *(в соответствии с законодательством отсутствие каких-л. ограничений на осуществление торговой, посреднической и закупочной деятельности без специальных разрешений гражданами или предприятиями независимо от их организационно-правовых форм; исключение составляют торговля оружием, боеприпасами, взрывчатыми, ядовитыми и радиоактивными веществами, наркотиками, лекарственными и др. товарами, реализация которых запрещена и неограниченна законодательством)*

freepost *связь, марк.* бесплатная почта* *(почтовая услуга, позволяющая получателю почты отправить ответ без оплаты стоимости марки и уплаты других почтовых сборов, так как все необходимые суммы были уплачены отправителем; используется в прямой почтовой рекламе, когда в комплект рекламы вкладывается купон, бланк запроса и т. п., стоимость почтовой пересылки которого уже оплачена)* **EX: freepost coupon** – "купон для бесплатной отсылки"... **SYN:** business reply service **SEE:** direct mail advertising, toll-free calling

freepost coupon *марк.* купон для бесплатной отсылки* *(купон, при отправке которого рекламодателю отправитель не должен покупать марку или оплачивать каких-л. иные почтовые сборы)*

free-response question *соц.* открытый вопрос, «вопрос со свободным ответом» *(вопрос, допускающий неограниченное число ответов или свободный ответ)* **EX: The final free-response question on the survey was «What were your most memorable learning experiences?»** – Заключительным открытым вопросом исследования был вопрос «Что для вас было самым незабываемым в процессе обучения?» **SYN:** open-ended question **SEE:** question

freesheet *рекл.* бесплатная газета [журнал] *(местная пресса, содержащая почти одни рекламные объявления и распространяемая бесплатно)*

free-standing display *торг.* автономная выкладка* *(выкладка товара на оборудовании, стоящем отдельно, в отличие от выкладки на полках, стеллажах, расположенных вдоль прохода в торговом зале)* **EX: free-standing display case** – автономный экспозиционный шкаф **SYN:** island display **SEE:** shelf display, shelf stand

freestanding insert сокр. FSI *рекл.* = free standing insert

free-standing insert сокр. FSI *рекл.* = free standing insert

freestanding stuffer *рекл.* = freestanding insert

freezer case 1) *торг., рекл.* витрина-холодильник *(оснащенная холодильником витрина или прилавок, используемая в продовольственных магазинах для хранения замороженных продуктов, мороженого и т. д.)* **2)** *торг.* холодильник, морозильная камера *(напр., в магазине)* **SEE:** cold storage **3)** *торг.* контейнер-холодильник *(переносная емкость для хранения замороженных или охлажденных продуктов)* **SYN:** frozen food cabinet

freight

I *сущ.* **сокр.** frt **1)** *трансп.* груз, фрахт *(товары, перевозимые каким-л. транспортным средством)* **2)** *трансп., торг.* фрахт, плата за фрахт *(плата за перевозку грузов)* **EX: the seller pays the freight** – фрахт оплачивает продавец, фрахт уплачивается продавцом **SEE:** freight rate, cost and freight; cost, insurance, freight; advance freight, collect freight, dead freight **3)** *трансп., торг.* фрахт; грузоперевозка, перевозка грузов *(любым видом транспорта)* **SEE:** freight dispatcher, freight receiver

II *гл. трансп.* перевозить грузы *(любым видом транспорта)*; фрахтовать *(нанимать судно для перевозки грузов)* **EX: to freight goods** – перевозить товары, **to freight a ship** – фрахтовать судно, **The car was air freighted from Brussels to New Zealand.** – Машина была отправлена авиатранспортом из Брюсселя в Новую Зеландию. **SEE:** freighter, freighting

freight absorption pricing *марк.* ценообразование с поглощением транспортных затрат*, ценообразование с поглощением затрат на транспортировку* *(метод ценообразования, при котором поставщик принимает на себя часть или все транспортные издержки по доставке товара; фактически является формой скидки с цены и используется как способ конкурентной борьбы и стимулирования продаж)* **SEE:** geographic pricing

freight agent *трансп.* фрахтовый агент, агент по фрахту *(лицо, от имени грузовой компании организующее приемку и отправку грузов)* **SEE:** forwarder

freight all kinds сокр. FAK **1)** *трансп.* различные [разнообразные] грузы* *(груз, состоящий из разных товаров)* **2)** *трансп.* ставка для различных грузов* *(единая ставка, используемая при расчете платы за перевозку такого груза; применяется к грузовой единице, напр., контейнеру, и не зависит от фактической номенклатуры товаров, входящих в состав груза)* **SEE:** commodity rate, class rate, freight rate

freight bill *трансп.* счет за перевозку [за провоз, за фрахт] *(счет, составляемый перевозчиком и указывающий величину платы за перевозку груза; счет может быть предъявлен в пункте отправления, если производится предварительная оплата перевозки, или в пункте назначения, если оплата производится по факту доставки)* **SEE:** advance freight, collect freight, accessorial charges

freight charges *трансп.* плата за перевозку [за провоз, за фрахт] **SEE:** freight bill, advance freight, collect freight, accessorial charges

freight collect *учет, трансп.* фрахт подлежит оплате грузополучателем (в порту назначения) *(отметка в транспортном документе, которая указывает, что стоимость фрахта будет оплачена грузополучателем по прибытии товара в порт назначения)* **SYN:** freight payable at destination **SEE:** freight prepaid, freight, transportation cost

freight cost *трансп.* стоимость фрахта, *мн.* фрахтовые расходы, расходы на перевозку *(груза)* **SEE:** freight bill, advance freight, collect freight

freight dispatcher *трансп., торг.* грузоотправитель *(сторона договора перевозки груза, сдавшая груз к перевозке и указанная в качестве отправителя в перевозочном документе)* **SYN:** cargo dispatcher, freighter, shipper **ANT:** freight receiver

freight forward *эк., трансп.* = freight prepaid

freight forwarder *эк., трансп.* (грузовой) экспедитор *(компания, предлагающая услуги по организации транспортировки грузов, оформлению транспортных и таможенных документов, производству расчетов и т. д.)* **SYN:** forwarder **SEE:** shipping agent

freight handling *трансп.* = cargo handling

freight in *учет* расходы на доставку [стоимость доставки] приобретаемых запасов *(транспортные расходы на приобретение товарно-материальных запасов; обычно включаются в их первоначальную стоимость; торговые компании могут учитывать расходы на доставку в составе издержек обращения)* **SYN:** transportation in **SEE:** inventory, trade firm, freight out, transportation cost, trade firm, freight out, inventory, transportation cost

freight note 1) *торг.* спецификация груза *(перечень отгруженных товаров)* **2)** *трансп.* счет за фрахт [за перевозку]

freight out *учет* транспортные расходы на доставку [стоимость доставки] товаров до покупателя *(признаются расходами, связанными с реализацией, и включаются в состав коммерческих расходов в том периоде, когда происходит передача права собственности на товары)* **SYN:** transportation out **SEE:** selling cost, freight in, transportation cost

freight pass-through **сокр.** FPT *торг.* перенос транспортных издержек *(используемая розничными предприятиями практика перенесения расходов на перевозку товара на конечного потребителя путем включения их в розничную цену)*

freight payable at destination *учет, трансп.* = freight collect

freight prepaid *учет, трансп.* фрахт оплачен (в порту погрузки), предварительная оплата фрахта *(отметка в транспортном документе, которая указывает, что стоимость фрахта оплачивается грузоотправителем в порту погрузки)* **SYN:** freight forward **SEE:** freight collect, freight, transportation cost

freight rate *трансп.* грузовой тариф, фрахтовая ставка *(тариф, взимаемый за перевозку груза и обычно устанавливаемый в зависимости от веса груза или грузоподъемности транспортного средства)* **SEE:** freight cost, class rate, commodity rate, class and commodity tariff

freight receiver *трансп., торг.* грузополучатель *(лицо, которому по указанию грузоотправителя должен быть выдан груз в пункте назначения)* **SYN:** cargo receiver **ANT:** freight dispatcher

freight release *трансп.* разрешение на выдачу груза *(подпись на транспортной накладной, сделанная владельцем судна или его представителем, либо отдельный документ, удостоверяющий, что фрахт уплачен и груз может быть выдан получателю)* **SEE:** freight bill

freight tariff *трансп.* грузовой тариф *(упорядоченный перечень ставок оплаты для грузовых перевозок)* **SEE:** freight rate

freight terms *трансп., торг.* условия оплаты фрахта [перевозки]* *(условия торгового контракта, определяющие, какая из сторон будет оплачивать перевозку товара)* **SEE:** free on board destination, free on board origin, Incoterms

freightage *торг., трансп.* = freight

freight-carrying vessel *торг., трансп.* = cargo ship

freighter *сущ.* **1)** *трансп.* грузовое транспортное судно *(напр., грузовой корабль, грузовой самолет)* **SEE:** freight, freighting **2)** *трансп.* фрахтовщик; грузоотправитель *(лицо, отправляющее груз)* **SEE:** shipper

freight-handling company *трансп., торг.* = cargo-handling company

freight-in 1) *торг., учет* = freight in **2)** *учет* = Transportation-In account

freighting *сущ. трансп.* грузовые перевозки, перевозка грузов *(любым транспортным средством)* **EX: freighting of equipment** – перевозка оборудования **SEE:** freight, freighter

frequency 1) *общ.* частота (событий), частотность *(среднее количество некоторых событий за промежуток времени)* **2)** *общ.* частое повторение, периодичность **SEE:** frequency discount, frequency of delivery **3)** *рекл.* = ad frequency **4)** *тех.* частота *(характеристика вращения, излучения и т. д.)*

frequency discount *рекл.* скидка за частоту* *(скидка, предоставляемая рекламодателям, размещающим определенное число рекламных объявлений (в *газете, на радио, телевидении и т. п.) в течение определенного времени)*

frequency of delivery *торг.* периодичность поставок; частота поставок **SEE:** monthly delivery

frequently asked questions **сокр.** FAQ *общ.* часто задаваемые вопросы, стандартные вопросы *(связанные с некоторым предметом)*

friend-of-a-friend *марк.* схема «приведи друга» *(метод расширения продаж, стимулирующий привлечение существующими покупателями или иными лицами новых покупателей, за что существующие покупатели получают скидки с цены товара или услуги)* **SEE:** third party referral

fringe **1)** *общ.* край, кайма; каемка; обочина **EX: operating on the fringes of the law** – действуя на грани закона **SEE:** fringe account **2)** *общ., потр.* бахрома **EX: the fringe of a curtain [of a shawl]** – бахрома на занавеске [на шали] **SEE:** narrow goods **3)** *эк. тр., разг.* = fringe benefits **EX: These fringes include life and accident insurance and retirement plans.** – Эти дополнительные льготы включают страхование жизни и страхование от несчастных случаев, а также пенсионные планы.; **4)** *СМИ, рекл.* предпиковое и послепиковое время, пограничное время, временной периметр *(время, предшествующее пиковому времени просмотра или следующее за ним)* **SEE:** prime time

fringe account *марк.* счет малоприбыльного клиента* *(счет клиента, который не делает больших покупок и не приносит много прибыли продавцу)*

front cover *полигр.* передняя обложка, лицевая обложка, передняя сторона [сторонка] обложки *(первая страница обложки книги или журнала; содержит название журнала, а иногда и его содержание)* **SYN:** first cover **SEE:** back cover, inside front cover, cover advertisement

front end **1)** *общ.* передний край, передний конец, передняя часть **SEE:** front-end display, front-end space **2)** *торг.* место у входа (в магазин) *(где покупатели рассчитываются за покупки.)* **3)** *комп.* внешний [пользовательский] интерфейс **4)** *марк.* расширение*, экстенсивная [фронтальная] деятельность* *(деятельность по привлечению новых клиентов)* **SEE:** front end marketing **ANT:** back end

front end marketing *марк.* фронтальный [экстенсивный] маркетинг*, маркетинг расширения* *(стратегия фокусирования маркетинговых усилий на приобретении новых клиентов)* **EX: Front end marketing aims to sell products or services to new customers only.** – Фронтальный маркетинг направлен на продажу товаров или услуг только новым покупателям. **ANT:** back end marketing **SEE:** front end

front line **1)** *воен.* линия фронта **2)** *торг.* работа с клиентами **EX: front-line employees** – персонал, работающий с клиентами, **We will provide our front-line sales team with the absolute best in compensation.** – Наши менеджеры по продажам получают самое высокое вознаграждение.

front loading truck *торг., трансп.* = front-load truck

front of book **1)** *общ.* начало книги *(первые несколько листов книги с оглавлением и другой информацией)* **EX: See Table of Contents in front of book** – Смотри Оглавление в начале книги **2)** *рекл.* передняя секция журнала *(часто используется в рекламных целях)* **ANT:** back of book **SEE:** front cover

front of the house *торг., упр.* территория для посетителей, торговый зал, зал обслуживания [посетителей] *(часть территории ресторана, кафе, гостиницы, парка отдыха и т. п. заведений, в которой происходит непосредственное обслуживание посетителей; в отличие от служебной территории)* **ANT:** back of the house **SEE:** customer service, room service

front page advertisement *рекл.* реклама [рекламное объявление] на первой странице *(журнала, книги, сайта)* **SEE:** cover advertisement

frontal attack **1)** *марк.* фронтальная атака *(одна из стратегий наступа-*

тельной маркетинговой войны, которая предполагает прямое нападение на конкурента; при этом задействованы все ресурсы и подразделения компании (от производства до маркетинга); данная стратегия обычно предполагает рекламные атаки, разработку новых товаров и т. п.; она применяется редко по двум причинам: она дорогостоящая и часто безуспешная) **SEE:** offensive warfare, advertising campaign, new product **2)** *воен.* фронтальная атака, лобовая атака *(прямое наступление на ряды противника)* **ANT:** flanking attack

front-end display *рекл.* фронтальная наружная реклама* *(реклама, размещаемая на передней наружной части транспортного средства)* **SEE:** king-size display, queen-size display, taillight display, travelling display, transit advertising, front end

front-end marketing *марк.* = front end marketing

front-end space *рекл.* фронтальное рекламное место* *(место для размещения рекламы на передней части транспортного средства)* **SEE:** front end, transit advertising

front-loading truck *торг., трансп.* = front-load truck

frontload 1) *трансп., торг.* фронтальная загрузка *(загрузка транспортного средства или подъемника спереди)* **2)** *рекл.* стартовый нажим*, начальная концентрация усилий* *(сосредоточение рекламных усилий в начале кампании; также степень такого сосредоточения)* **SEE:** backload

frontload truck *трансп., торг.* фронтальный погрузчик, погрузчик с фронтальной загрузкой **SYN:** front loading truck, front-loading truck **SEE:** handling machinery, fork lift truck, side loading truck

frozen account *банк., торг., бирж.* = blocked account

frozen food cabinet 1) *торг.* низкотемпературный прилавок **2)** *торг.* холодильный шкаф [морозильник] для замороженых продуктов **SYN:** freezer case **SEE:** frozen foods

frozen food carrier *торг., трансп.* авторефрижератор, перевозчик замороженных продуктов **SEE:** frozen foods

frozen food shop *торг.* магазин мороженых продуктов **SEE:** frozen foods, food shop, food store

frozen foods *пищ.* замороженные продукты **SYN:** frozen goods **SEE:** fast-frozen food, frozen food shop, convenience foods, food, frozen food carrier, frozen food cabinet, freezer case

frozen goods *потр.* замороженные продукты *(продовольственные товары, хранящиеся в холодильнике в замороженном виде до продажи; напр., мороженое, замороженные овощи, различные полуфабрикаты)* **SEE:** chilled goods, dry goods

frozen storage *торг.* низкотемпературное хранение, хранение в замороженном состоянии **SYN:** cold storage, chilled storage, deep freeze storage **ANT:** hot storage **SEE:** storage, storage temperature, storage conditions

frt *трансп., торг.* **сокр. от** freight

fruit and berries *потр.* фрукты и ягоды *(группа пищевых товаров)* **SEE:** food products

fruit shop *торг.* фруктовый магазин

fruit storage 1) *торг., с.-х.* плодохранилище **SYN:** fruit store **2)** *торг., с.-х.* хранение плодов **SEE:** storage, food storage

fruit store *торг., с.-х.* плодохранилище **SYN:** fruit storage

FTC Improvement Act *торг., юр., амер.* закон «О совершенствовании деятельности Федеральной торговой комиссии», 1980 г. *(предоставил Конгрессу право вето на акты, исходящие из Федеральной торговой комиссии; это существенно ограничило полномочия последней в области правового регулирования торговли США)* **SEE:** Federal Trade Commission

FTC rule *торг., амер.* = 30-day delayed delivery rule

FTC's Franchise Rules *юр., торг., амер.* = FTC's Trade Regulation Rule on Franchises and Business Opportunities

FTC's Trade Regulation Rule on Franchises and Business Opportunities

юр., торг., амер. «Правила по франчайзингу и совместной предпринимательской деятельности Федеральной торговой комиссии» *(выполняют роль своеобразного кодекса, осуществляющего правовое регулирование отношений, связанных с франчайзингом)* **SYN:** Franchise Rule, FTC's Franchise Rule, FTC's Franchise Rules **SEE:** franchise, Federal Trade Commission

fulfilled *марк., амер.* исполнитель*, выполнивший*, реализовавшийся* *(по классификации VALS 2: зрелое, ответственное лицо, обычно являющееся хорошо образованным специалистом и получающее довольно высокие доходы; такие люди хорошо информированы об окружающем их мире, открыты для новых идей и социальных изменений)* **SEE:** VALS 2, principle-oriented

fulfilment 1) *общ.* выполнение, исполнение; осуществление **EX: The offer of this contract is subject to the fulfilment of certain conditions.** – Оферта по данному контракту зависит от исполнения определенных условий. 2) *марк.* исполнение заказа, выполнение заказа *(как правило, сделанного в результате прямого маркетинга продукта или электронной торговли)* 3) *марк.* система обработки и исполнения заказов *(от приема заказа до отгрузки товара покупателю)* **SEE:** direct marketing, e-fulfilment, immediate fulfilment, fulfilment house 4) *общ.* чувство удовлетворения *(после достижения какой-л. цели, выполнения какой-л. задачи, раскрытия своих возможностей)* **EX: Being responsible for so many people gave her a tremendous sense of fulfilment.** – Ответственность за такое количество людей приносила ей огромное удовлетворение.

fulfilment house *марк.* компания по выполнению заказов *(берущая на себя выполнение заявок на приобретение товара по почте или через интернет)* **SEE:** fulfilment, 3 3

full container load **сокр.** FCL *трансп.* груз на полный контейнер*, полный контейнерный груз* *(груз, который полностью занимает контейнер)* **SEE:** less than container load

full demand *марк.* полный спрос, ситуация полного спроса *(когда потребность в продукции на рынке равна производственным возможностям предприятий, поставляющих товар)* **SYN:** full demand state **SEE:** demand states, excess demand

full demand state *марк., эк.* = full demand

full line 1) *марк.* полный комплект [набор, модельный ряд], вся линейка а) *(наличие в ассортименте производителя всех типов какой-либо продукции)* **EX: The company makes and sells a full line of farm equipment, including tractors, combines, hay tools and field sprayers.** – Компания производит и продает полный комплект сельскохозяйственной техники, включая тракторы, сеноуборочное оборудование и полевые опрыскиватели. **SEE:** full-line company, full-line catalogue б) *(наличие у дистрибьютора или розничного торговца всего продуктового ряда какого-либо производителя)* **ANT:** short line **SEE:** full-line forcing, full-line wholesaler 2) *мат.* сплошная линия **EX: full line graph** – сплошная линия на графике

full-line catalogue *марк.* сводный [полный] каталог *(каталог, в котором указана вся продукция компании)* **SEE:** full line

full-line company *эк.* компания с широким [полным] ассортиментом *(выпускает все виды какой-либо продукции; напр., семейные автомобили, автомобили представительского класса, спортивные автомобили и т. д.)* **ANT:** short-line company **SEE:** full line, full-line wholesaler

full-line forcing *марк.* условие полного ряда* *(условия поставки продукции дистрибьюторам или розничным продавцам, согласно которому обязаны распространять полный модельный ряд продуктов производителя; если такую практику применяет доминирующая фирма, это очень сильно ограничивает возможности других фирм)* **EX: The practice of full-line forcing may help**

the supplier increase his total sales and reinforce brand loyalty. – Условие полного ряда помогает поставщику увеличить общий объем продаж и поддерживать лояльность к марке. **SEE:** full line

full-line wholesaler *торг.* оптовик с широким ассортиментом **SYN:** general-line wholesaler **ANT:** short-line wholesaler, speciality wholesaler **SEE:** full-service wholesaler, limited-service wholesaler

full page ad *рекл.* = full-page advertisement

full-page advertisement *рекл.* рекламное объявление на всю полосу, рекламное объявление на всю страницу *(объявление размером в полосу или страницу в газете или журнале)* **SYN:** full-page advertising, full page ad, full page advertisement **ANT: SEE:** broadside advertisement, double-truck advertisement, half-page advertisement, junior page, quarter-page advertisement

full-page advertising *рекл.* = full-page advertisement

full payment 1) *торг.* полная оплата *(оплата полной стоимости приобретенного товара или услуги)* **SYN:** payment in full **SEE:** full price **2)** *фин.* полный платеж (по кредиту) *(полный платеж (проценты и погашение) по кредиту, произведенный в установленный срок)* **3)** *фин.* полный платеж *(ежемесячный платеж владельца кредитной карты, пополняющий счет до необходимого уровня)* **ANT:** partial payment

full position *рекл.* = solus position

full price 1) *фин.* = dirty price **2)** *эк.* полная цена *(не уменьшенная на скидки, льготы и т. п.)* **SEE:** discounted price, total price

full run 1) *рекл.* = full showing **2)** *рекл.* реклама с полным охватом* *(рекламное объявление, публикуемое во всех выпусках газеты за день)*

full-scale marketing *марк.* полномасштабный маркетинг *(маркетинговая деятельность с использованием всех возможных средств маркетинга)* **SEE:** intensive marketing plan, convergent marketing

full service *эк.* полное обслуживание, полный комплекс [цикл] обслуживания *(в банке, брокерской фирме, рекламном агентстве)* **SEE:** full-service agency

full-service agency *эк.* агентство с полным циклом услуг, агентство полного цикла, компания полного цикла *(фирма, предоставляющая полный набор услуг, связанных с удовлетворением какой-л. потребности; напр., в маркетинге: от разработки идеи продукта до вывода его на рынок)* **EX: full-service advertising agency** – рекламное агентство полного цикла, **full-service travel agency** – туристическое агентство полного цикла, **full-service recruiting agency** – кадровое агентство полного цикла **SEE:** single-service agency, limited-service agency

full-service retailer *торг.* розничное предприятие с полным циклом обслуживания *(включает содержание обслуживающего персонала, более высокий процент в номенклатуре товаров особого спроса, более либеральный подход к практике возврата купленных товаров, использование различных схем кредитования, обеспечение бесплатной доставки покупок, техническое обслуживание товаров длительного пользования на дому и предоставление покупателям дополнительных удобств)* **SEE:** limited service retailer

full-service retailing *торг.* розничная торговля с полным циклом обслуживания **SEE:** full-service retailer

full-service wholesaler *торг., марк.* оптовик с полным циклом услуг *(предоставляет такие услуги, как хранение товарных запасов, предоставление продавцов, кредитование, обеспечение доставки товара и оказание содействия в области управления)* **SYN:** full service wholesaler **SEE:** limited-service wholesaler

full showing *рекл.* полный показ, полный охват **а)** *(аренда всех наружных рекламных мест (рекламных щитов) в некотором географическом районе на определенный срок (напр., на 30 дней); гарантирует, что практически каждый житель этого района хотя бы раз увидит эту рекламу)* **SEE:** outdoor advertising, showing, **б)** *(аренда всех рекламных мест в общественном транспорте не-*

которой транспортной сети на определенный срок, т. е. рекламное объявление помещается на всех автобусах или др. средствах общественного транспорта, а также на остановках и станциях) **SYN:** full run **SEE:** transit advertising **в)** *(минимальное число щитов, гарантирующее, что в течение определенного периода (обычно 30 дней) они обеспечат контакт с рекламой всех лиц, составляющих аудиторию конкретного рынка)* **SYN:** 100 showing

full size *прил.* **1)** *потр.* обычного размера, стандартного размера **SEE:** king-size **2)** *потр.* двуспальный, двуспального размера* *(стандарт кроватей, размером 54 на 75 дюймов (1,4 на 1,9 метра), а также соответствующих постельных принадлежностей: матрасов, простынь и т. д.)* **EX: full-size bed** – двуспальная кровать **SEE:** queen-size, king-size, twin-size

full-size poster *полигр.* полноразмерный плакат *(60,96 × 106,68 см)* **SEE:** half-size poster, poster

full warranty *марк., амер.* полная гарантия *(обязательство производителя осуществлять бесплатный ремонт товара в течение оговоренного срока, заменить товар или вернуть деньги)* **SEE:** limited warranty

functional and cost analysis *учет, марк.* = value analysis

functional approach функциональный подход **а)** *мет. (подход к исследованию чего-л. с точки зрения его использования, назначения или функционирования)* **б)** *марк. (подход к определению и пониманию маркетинга с через функции, выполняемые маркетинговым подразделением фирмы)* **SEE:** functional marketing organization

functional depreciation *эк.* = functional obsolescence

functional discount *торг.* = trade discount

functional marketing organization *упр., марк.* функциональная организация маркетинга *(организация службы маркетинга таким образом, что служба маркетинга выполняет одну из нескольких функций предприятия, напр., наряду с такими функциями предприятия, как снабжение, производство; при такой организации сотрудники службы маркетинга ведут разные направления маркетинговой деятельности и подчиняются одному из руководителей предприятия; с точки зрения приспособляемости к среде, такая структура способна реагировать на количественные колебания спроса, однако для решения более серьезных проблем не хватает степени координации, поэтому она лучше подходит для предприятий с однородной производственной программой)* **SEE:** matrix marketing organization, market management organization, geographic organization

functional obsolescence *эк.* функциональное [моральное] устаревание [обесценение], функциональный [моральный] износ *(снижение стоимости товара, напр., автомобиля или промышленного оборудования, вследствие устаревания его технологии, в отличие от физического износа)* **SYN:** functional depreciation

fundamental breach *юр., эк.* существенное нарушение* *(нарушение одного из основных условий контракта)*

fundamental defect *юр., торг.* существенный недостаток *(недостаток, который делает невозможным или недопустимым использование товара в соответствии с его целевым назначением, либо который не может быть устранен, либо который проявляется вновь после устранения, либо для устранения которого требуются большие затраты, либо вследствие которого потребитель в значительной степени лишается того, на что он был вправе рассчитывать при заключении договора)* **SYN:** substantial defect

fundamental terms *юр., торг., брит.* фундаментальные понятия *(термин, которым закон «О продаже товаров» 1979 г. определяет условия договора о продаже товаров и гарантии (су-*

щественные условия и простые условия); положения договора о продаже товаров, которые нельзя отнести строго к условиям, либо гарантиям, называются промежуточные, или не имеющие названия термины) **SEE:** Sale of Goods Act 1979, contract of sale of goods, warranty, innominate terms

fungible *прил. юр., торг., амер.* взаимозаменяемый *(о товарах, которые определяются какими-л. родовыми признаками и могут заменять друг друга в процессе купли-продажи с обоюдного согласия сторон; согласно Единообразному торговому кодексу США, товары, которые не являются взаимозаменяемыми, должны быть сделаны взаимозаменяемыми, если их эквивалентность предусмотрена соглашением сторон; данное определение распространяется и на ценные бумаги)* **SEE:** Uniform Commercial Code

fungible goods *марк.* взаимозаменяемые [однородные] товары *(товары, обладающие какими-л. общими родовыми признаками; могут заменять друг друга в процессе купли-продажи с обоюдного согласия сторон)* **SYN:** fungibles **SEE:** homogeneous product

fungibles *сущ. мн., марк.* = fungible goods

Fur Products Labeling Act *торг., юр., амер.* закон «О маркировке пушных товаров [меховых изделий]»*, 1951 г. *(согласно этому закону, все меховые изделия должны иметь бирку с указанием следующей информации:* **а)** *название животного, мех которого использовался;* **б)** *сообщение о покраске меха, если таковая имела место;* **в)** *наличие в составе изделия хвостов, лапок животного или иных меховых отходов;* **г)** *производитель изделия и страна, из которой был привезен мех)* **SEE:** label

furnish *гл.* **1)** *общ.* предоставлять; обеспечивать; предъявлять **EX: to furnish explanations** – давать объяснения, **2)** *общ.* отделывать; обставлять (мебелью) **EX: to furnish a room** – обставить комнату (мебелью) **3)** *торг.* снабжать; поставлять *(товар)*, доставлять **EX: to furnish a store with goods** – снабжать магазин товарами, **to furnish supplies** – поставлять запасы

future goods *торг., юр.* будущие товары **а)** *брит. (товары, которые, согласно закону «О продаже товаров» 1979 г., на дату подписания договора купли-продажи еще не произведены, напр., будущий урожай, или еще не приобретены продавцом, в результате чего они подлежат поставке в будущем; данный закон различает товары по основанию существования на существующие и будущие, однако в английском праве по этому основанию товары делятся еще также на специфицированные и неиндивидуализированные)* **б)** *амер. (согласно Единообразному торговому кодексу США, товары, которых еще не существует)* **ANT:** existing goods **SEE:** contract to sell, identified goods, Sale of Goods Act 1979, spes, specific goods, unascertained goods, Uniform Commercial Code

G

gable end *тех.* фронтон, щипец *(треугольная часть стены здания, образуемая двускатной крышей, может быть использована для размещения рекламы)* **SEE:** roof bulletin, outdoor advertising

Gallagher Report *СМИ, рекл.* доклад Галлахера* *(еженедельное информационное письмо, публикуемое корпорацией Gallagher Report, Inc. в Нью-Йорке, предназначено для менеджеров по маркетингу, рекламе и масс-медиа; предоставляет новости и комментарии о слияниях и поглощениях корпораций, рекламных программах, тенденциях в области сбыта продукции, работе средств массовой информации и ассигнованиях на рекламу)* **SEE:** Gallagher Report, Inc.

Gallagher Report, Inc. *эк.* корпорация Галлахер*, корпорация Галлахер Репорт, Инк.* *(расположена в Нью-Йорке; издает доклад Галлахера и Президентский доклад Галлахера)* **SEE:** Gallagher President's Report

galleria *торг.* торговая галерея, магазинная галерея *(множество магазинов под одной крышей, расположенных вокруг открытой зоны с фонтанами, деревьями и т. п.)* **SEE:** shopping centre

Gallup and Robinson, Inc. *рекл., амер.* корпорация «Гэллап и Робинсон»*, Гэллап энд Робинсон, Инк.* *(основанная в 1948 г. исследовательская организация в области рекламы и маркетинга, публикующая результаты изучения эффективности печатной и телевизионной рекламы)* **SYN:** Gallup & Robinson, Inc.

Gallup Organization *соц., амер.* Институт Гэллапа *(институт изучения общественного мнения, основанный Джорджем Гэллапом; ранее назывался Американский институт общественного мнения; имеет свои филиалы во многих странах мира)* **SEE:** Gallup, George; Gallup poll

Gallup poll *соц.* опрос Гэллапа *(опрос, проводимый Институтом общественного мнения Джорджа Гэллапа или одним из его подразделений; проводится с целью определения мнения людей относительно конкретного вопроса: экономического, политического, частного и т. д.; напр., с целью определения политических предпочтений общества, отношения общества к налоговой системе, к органному донорству и т. п.)* **SEE:** Gallup, George; Gallup Organization, poll, opinion poll

Gallup, George *соц.* Гэллап, Джордж *(1901-1984, американский социолог, внес вклад в развитие методологии массовых опросов, первым использовал выборочный метод при изучении политических установок и общественного мнения)* **SEE:** sample, opinion polling, Gallup poll, Gallup Organization

galvanic skin response **сокр.** GSR кожно-гальваническая реакция, кожно-гальванический [психогальванический] рефлекс **а)** *мед. (метод определения степени стресса по изменению сопротивляемости кожи к электрическому току)* **б)** *марк. (используемое в маркетинговых исследованиях измерение реакции субъекта на рек-*

ламное воздействие по изменению сопротивления кожи электрическому току) **SYN:** psychogalvanic skin response

game appeal *марк.* игровой интерес* *(привлечение покупателей путем организации различных игр, напр., лотерей, связанных с покупкой)* **SEE:** immediate appeal, rational appeal, recreational appeal, mass appeal, masculine appeal, health appeal, snob appeal, moral appeal, advertising appeal, price appeal, consumer appeal, marketing appeal, service appeal, sales appeal, emotional appeal, female appeal, sex appeal

Gaming Act 1845 *юр., торг., брит.* закон «Об азартных играх», 1845 г. *(объявляет незаконными контракты, проистекающие из азартных игр и пари; в частности может признать незаконным продажу риска в случае, если она попадает под третий из ее возможных классов, согласно судебному прецеденту «Хауэл против Купленда» — продажа чистого риска)* **SEE:** sale of a spes, Howell v Coupland, sale of a mere chance

gap analysis 1) *эк.* анализ просчетов (прогнозирования) *(нахождение различий между прогнозами и фактическими данными, диагностика их причин и составление схемы необходимых корректирующих действий)* **2)** *марк.* анализ дефицита, анализ рыночных возможностей *(анализ рынка с целью выявить сектора с недостаточной удовлетворенностью спроса)* **SEE:** gap in the market, product opportunity

gap in the market 1) *марк.* дефицит на рынке *(недостаточное предложение какого-л. товара на рынке)* **EX: to fill in the gap in the market** – ликвидировать дефицит на продовольственном рынке **SEE:** market saturation **2)** *марк.* неосвоенный рынок *(ситуация на рынке, которая характеризуется наличием нереализованного спроса на какой-л. отсутствующий на рынке товар, который компания может удовлетворить)* **SEE:** market opportunity, product opportunity, gap analysis

garage sale *торг., преим. амер.* гаражная распродажа, распродажа во дворе* *(продажа за бесценок подержанных или ненужных предметов домашнего обихода, напр., мебели, бытовой техники, одежды, хозяйственных принадлежностей и т. п., проводимая продавцом рядом с домом, обычно в гараже, рядом с ним или во дворе дома)* **SYN:** yard sale **SEE:** tag sale, block sale

garden supply shop *торг.* садово-огородный магазин, магазин садово-огородных принадлежностей *(предлагает такие товары, как семена, садово-огородные инструменты, теплицы, средства для борьбы с вредителями и сорняками, приборы для определения состояния почвы и множество других товаров, обычно используемых при работе на огородах)*

gastronomical restaurant *торг.* гастрономический ресторан, ресторан для гурманов *(ресторан с изысканной кухней, высоким качеством обслуживания и высокими ценами)* **SEE:** gourmet shop, gourmet foods

gate price 1) *межд. эк., торг.* шлюзовая цена* *(минимальная цена, ежегодно устанавливаемая странами Европейского Союза для импорта ряда сельскохозяйственных продуктов; если цена импорта товара ниже шлюзовой цены, то он облагается дополнительными сборами, величина которых устанавливается с учетом мировых цен таким образом, чтобы обеспечить повышение цены импортируемых товаров до шлюзового уровня)* **SEE:** threshold price **2)** *торг.* цена у ворот* *(встречается в названиях различных условий оплаты и означает, что цена не включает расходы на транспортировку товара от указанной точки, т. е. покупатель самостоятельно организует доставку товара в нужное ему место и самостоятельно оплачивает стоимость транспортировки)* **SEE:** farm gate price, factory gate price, ex works

gatefold 1) *СМИ* складной лист* *(журнальный или книжный лист двойного формата, который складывается, чтобы соответствовать формату* *журнала или книги)* **2)** *рекл.* = gatefold advertisement

gatefold advertisement *рекл.* сложенный рекламный вкладыш* *(рекламный вкладыш, сложенный пополам для того, чтобы соответствовать формату журнальной страницы)*

gatekeeper 1) *общ.* охранник, сторож *(человек, который находится у ворот или дверей чего-л. и контролирует поток людей, проходящих через ворота или двери: устанавливает личность, наблюдает за порядком и т. д.)* **2)** *упр.* контролер, контролирующий орган *(лицо или группа лиц, в функции которого входит наблюдение за действиями других)* **3)** *упр.* контролер доступа *(лицо в организации, регулирующее доступ к кому-л. или чему-л.; напр., к основным ресурсам)* **SEE:** key buying influence **4)** *СМИ* контролер доступа*, шлюз*, фильтр* *(роль СМИ как информационного фильтра, который определяет содержание новостей, которые получает аудитория)* **EX: The gatekeeper decides which information will go forward, and which will not.** – Контролер доступа решает, какая информация получит распространение, а какая нет. **SEE:** public relations

gathering *сущ.* **1)** *общ.* собрание, встреча **2)** *общ.* собирание, сбор *(каких-л. объектов или предметов вместе)* **3)** *с.-х.* уборка *(хлеба, сена)* **4)** *рекл.* комплектование *(подбор рекламных материалов до их помещения в отправной конверт при прямой рассылке рекламы)* **SEE:** direct mail advertising, shared mailing

gender advertising *рекл.* гендерная реклама* *(реклама, делающая акцент на то, что рекламируемый товар особо необходим женщинам или мужчинам)* **SEE:** controversial advertising

gender analysis гендерный анализ **а)** *соц.* *(анализ разницы положения женщин и мужчин в обществе)* **б)** *марк.* *(анализ списка потенциальных клиентов с целью определения их пола на основе их имен; применяется при прямой почтовой рекламе продукции, необходимой только одному полу)* **SYN:** sex coding

general advertising *рекл.* = general appeal

general appeal 1) *рекл.* общая реклама, реклама общего характера, реклама типа товара* *(рекламная кампания, направленная на привлечение внимая к какому-л. виду продукции без указания торговой марки, обычно финансируется ассоциациями производителей)* **SYN:** general advertising, generic appeal, generic advertising, primary advertising **ANT:** selective advertising **SEE:** generic marketing **2)** *марк.* общая привлекательность, привлекательность для широкой публики **EX: Colour photographs and diagrams add greatly to the general appeal of a textbook.** – Цветные фотографии и диаграммы сильно повышают общую привлекательность учебника. **Many publications have general appeal, such as consumer issues, education, statistics, geology, health, and history. Others are technical research reports.** – Многие публикации представляют интерес для широкой публики и затрагивают проблемы потребителей, вопросы образования, статистики, геологии, здоровья и истории. Остальные содержат отчеты технических исследований.

general cargo *трансп., торг.* генеральный [смешанный, сборный] груз *(любой упакованный штучный груз, представляющий собой сборную партию грузов из разных товаров, принадлежащих разным продавцам и покупателям)* **SEE:** general goods, bulk cargo

general commission agent *торг.* генеральный комиссионер* **SEE:** commission agent

general country store *торг.* сельский магазин смешанных товаров *(торгует различными классами товаров, но в небольшом ассортименте)* **SEE:** country store, general store

general goods *торг.* = general merchandise

general goods merchant *торг.* торговец товарами смешанного ассортимента **SEE:** general goods, general wholesaler

general-line wholesaler *торг., марк.* = full-line wholesaler

general merchandise *торг.* товары смешанного ассортимента*, различные промтовары* *(очень широкий ассортимент промышленных товаров — от шариковых ручек до мебели и т. д.)* **EX: Two thirds of the selling space will be filled with groceries, the rest with general merchandise.** – Две трети торговых площадей будет заполнено бакалейными товарами, а остальное – различными промтоварами. **Typical general merchandise includes clothing and other apparel, equipment for hobbies and sports, gifts, flowers and household plants, dry goods, toys, furniture, antiques, books and stationery, pets, drugs, auto parts and accessories, and similar consumer goods.** – Как правило к товарам смешанного ассортимента относится любая одежда, снаряжение для увлечений и спорта, подарки, цветы и домашние растения, галантерея, игрушки, мебель, антиквариат, книги и канцелярские товары, товары для домашних животных, лекарства, автозапчасти и т. п. **SYN:** general goods **SEE:** general store, general cargo, general wholesaler

general merchandise chain *торг.* сеть магазинов смешанного ассортимента **SEE:** general store

general merchandise department store *торг.* универмаг *(как правило, с более широким ассортиментом, чем просто department store)* **SEE:** general goods, department store

general merchandise retailer 1) *торг.* = mass merchandise store 2) *торг.* розничный торговец товарами смешанного ассортимента* *(торговая фирма, занимающаяся большим числом ассортиментных групп товаров)* **SEE:** general goods merchant, general wholesaler

general merchandise retailing *торг.* розничная торговля товарами смешанного ассортимента* **SEE:** general goods, general merchandise retailer

general merchandise warehouse *торг.* склад товаров смешанного ассортимента* *(помещение для хранения товаров смешанного ассортимента)* **SEE:** general goods

general merchandise wholesaler *торг.* = general wholesaler

general public survey *соц.* общий опрос **EX: Sample size for general public survey was 1700 respondents.** – Размер выборки для опроса широкой публики составил 1700 респондентов.

general shop *торг.* = general store

general store *торг.* магазин смешанных товаров, широкоассортиментный магазин* *(где продаются товары разного рода, напр., продукты, одежда, плотницкие инструменты, мебель, бытовая техника и т. д.; чаще всего такие магазины встречаются в сельской местности или в мелких населенных пунктах)* **SEE:** general goods, specialty store, superstore, general shop, mixed shop

general wholesaler *торг.* оптовик смешанного ассортимента *(занимается несколькими ассортиментными группами товаров, чтобы удовлетворять как нужды розничных торговцев с широким смешанным ассортиментом, так и розничных предприятий с узкоспециализированным товарным ассортиментом)* **SYN:** general merchandise wholesaler **SEE:** general goods, general merchandise retailer

generic

I *прил.* 1) *общ.* общий, родовой *(характерный для определенного класса или группы предметов или объектов)* **EX: a generic weakness in design** – общая недоработка в дизайне, **Is there a generic Asian mind?** – Существует ли характерный азиатский способ мышления? **SEE:** generic product, generic brand, generic name 2) *общ.* универсальный *(о предмете, который может использоваться по разному, в разных областях применения)* **EX: generic software that can run on a variety of machines** – универсальное программное обеспечение, которое можно установить на различных моделях компьютеров; 3) *мед., пат.* непатентованный *(о лекарственном средстве)* **EX: Acetaminophen is the generic form of the proprietary drug Tylenol.** – Ацетаминофен является непатентованной формой запатентованного медицинского препарата Тайленол.

II *сущ.* 1) *марк.* = generic product **EX: Generics are cheap since they have no name to adver-**

tise. – Немарочные товары дешевые, потому что нет возможности их рекламировать. **2)** *марк.* = generic name

generic advertising **1)** *рекл.* = general appeal **2)** *рекл.* материнская реклама *(полностью организуется производителем товара)*

generic appeal *рекл.* = general appeal

generic brand **1)** *марк.* родовая марка*, видовая марка* *(отсутствие торговой марки; т. е. у товара есть только название, определяющее его сущность: рис, макароны, растительное масло и т. д.)* **SYN:** generic trademark **SEE:** generic marketing **2)** *марк.* = generic product

generic goods *марк.* безмарочные товары, товары под родовым названием* *(товары, не имеющие торговой марки; эти товары продают под их родовыми названиями в простой одноцветной упаковке, на которой отсутствует обозначение производителя; смысл предложения товаров без марочных обозначений - снизить их цену для потребителя благодаря экономии на упаковке и рекламе; основные потребительские товары продаются под родовыми названиями: макаронные изделия, крупы, фрукты/овощи, моющие средства и др.)* **SEE:** generic advertising

generic marketing *марк.* общий маркетинг*, маркетинг типа товара* *(маркетинговая деятельность, направленная на продвижение какого-л. вида продукции без указания торговой марки; напр., «Пейте больше молока», «Покупайте стеклопакеты»; цель общего маркетинга — упрочение позиций определенной отрасли)* **SEE:** general appeal

generic name *марк.* обобщенное название, обобщенное марочное название* *(марочное название какого-л. товара, которое стало употребляться как название для всех товаров данного вида; напр., от пылесоса марки «Гувер» произошло английское слово hoover, которое используется для названия любого пылесоса)* **SYN:** generic term, generic **SEE:** brand name

generic product *марк.* немарочный товар *(товар, не имеющий торговой марки; не рекламируется, имеет дешевую упаковку и продается по ценам ниже сходного продукта известной фирмы)* **SYN:** unbranded product, no-name product, generic brand, generic, white label, white box, anonymous product **SEE:** branded goods

generic term *марк.* = generic name

generic trademark *марк.* = generic brand

genetically altered food *пищ., потр.* = genetically modified food

genetically modified food *пищ., потр.* генетически измененный продукт *(продукт, произведенный из генетически измененных растений или животных, либо продукт, отдельные ингредиенты которого произведены из генетически измененных организмов)* **SYN:** genetically altered food **SEE:** artificial food, genetically modified organism

genetically modified organism *торг.* генетически модифицированный организм *(растение, животное, микроорганизм или вирус, который был изменен с помощью генной инженерии, изменяющей их наследственные характеристики)* **SEE:** genetically modified food

genuine *прил.* **1)** *общ.* подлинный, настоящий, неподдельный, истинный **EX: a genuine Picasso** – подлинная работа Пикассо, **genuine wines** – настоящие вина, **genuine coin** – подлинная [неподдельная] монета, **The signature is genuine.** – Подпись подлинная. **SEE:** forgery, counterfeiting **2)** *общ.* неподдельный, искренний, настоящий *(напр., о чувствах или эмоциях)* **EX: genuine emotion** – искренние чувства, **genuine love** – искренняя любовь, **a look of genuine surprise** – взгляд полный удивления, **a very genuine person** – очень открытый [искренний] человек

geo code **1)** *связь* почтовый индекс **2)** *марк.* географический [территориальный] код *(код, идентифицирующий места жительства или работы каждого индивидуума по регионам, округам, городам или иным территориальным единицам; используются для анализа характеристик и концентра-*

ции потребителей в том или ином географическом сегменте или для отбора из рассылочных списков для целей рекламы; основное предположение состоит в том, что люди, живущие в одной географической зоне с хорошими потребителями, также должны быть хорошими потребителями, поскольку они обладают аналогичными демографическими характеристиками и интересами) **SEE:** geographic segment, geographic selection

geocentric stage *марк., амер.* геоцентрический этап* *(этап развития международного маркетинга компании, при котором имеет место высокая степень согласования и координации всей зарубежной маркетинговой деятельности кампании)* **SEE:** international marketing, polycentric stage

geodemographic marketing **1)** *марк.* геодемографический маркетинг *(техника маркетинга на основе данных переписей по конкретным районам; напр., данных о распределении населения по возрасту и/или доходам)* **2)** *марк.* = target marketing

geodemographic segmentation *марк.* геодемографическое сегментирование *(деление территории на географические участки, для населения каждого из которых характерен свой образ жизни; используется в маркетинге)* **SEE:** geodemographic marketing

geodemographics геодемография **а)** *демогр. (изучение демографических характеристик населения во взаимосвязи с географическим положением, местом жительства, климатическими условиями и т. п.)* **б)** *марк. (анализ информации о демографических и географических характеристиках данного населения и его групп с целью ее применения в маркетинге)* **SEE:** geodemographic marketing, geodemographic segmentation

geographic balance *марк.* географический остаток *(имена адресатов, оставшиеся в листе рассылки рекламы после отбора по географическому признаку)* **SEE:** geographic selection, mailing list

geographic concentration географическая концентрация **а)** *общ. (сосредоточение определенных объектов на определенной территории)* **EX: geographic concentration of the Latino population** – географическая концентрация латиноамериканцев **б)** *марк. (степень сосредоточения потребителей на определенной территории)*

geographic organization *марк., упр.* организация по географическому принципу *(организация службы маркетинга, при которой должностной список включает: управляющего общенациональной службой сбыта, нескольких управляющих региональными службами сбыта, управляющих зональными службами сбыта, районных управляющих по сбыту и торговых агентов; при такой организации торговые агенты живут в пределах обслуживаемых ими территорий, хорошо знают своих клиентов и работают с минимальными издержками времени и средств на разъезды; данный тип организации характерен для фирм, осуществляющих торговлю в масштабах страны)* **SEE:** functional marketing organization, market management organization, matrix marketing organization

geographic pricing *марк.* установление цен по географическому принципу, географическое ценообразование* *(обобщающее понятие для методов ценообразования, в которых цена, уплачиваемая покупателем, зависит от удаленности покупателя от продавца)* **EX: geographic pricing policy** – политика установления цен по географическому принципу, **geographic pricing strategy** – стратегия ценообразования по географическому принципу **SYN:** geographical pricing **SEE:** FOB origin pricing, zone pricing, uniform delivered pricing, base-point pricing, freight absorption pricing, phantom freight

geographic segment *марк.* географический сегмент *(район, город, регион или страна, на рынках которых действует компания)* **SEE:** geographic segmentation

geographic segmentation *марк.* сегментирование по географическому принципу, географическая сегментация *(стратегия рыночной сегментации, при которой аудитория для данной фирмы (товара) подразделяется по таким территориальным единицам, как страны, регионы, города)* **SYN:** geographical segmentation **SEE:** market segmentation, geographic segment

geographic selection *марк.* географический отбор *(отбор адресатов рассылочной рекламы на основе информации о свойствах потребителей, проживающих в той или иной местности)* **SEE:** cluster selection, nth-name selection, mailing list, geographic balance

geographic structure *марк., упр.* географическая организационная структура, организация по географическому принципу *(организационная структура, при которой существуют: управляющий общенациональной службой каждое подразделение организации отвечает за работу на определенной территории; напр., в маркетинговой службе могут существовать несколько управляющих региональными службами сбыта, управляющих зональными службами сбыта, районных управляющих по сбыту и торговых агентов; данный тип структуры является разновидностью дивизиональной структуры и характерен для фирм, действующих в масштабах страны)* **SYN:** geographic organization

geographical concentration *общ., марк.* = geographic concentration

geographical pricing *марк.* = geographic pricing

geographical segmentation *марк.* = geographic segmentation

geographical targeting *рекл., комп.* географическая фокусировка *(в интернет-рекламе: показ баннеров только пользователям из выбранных городов или регионов)* **SEE:** targeting

German Trade Code *юр., торг.* Германское торговое уложение, 1897 г. *(является наряду с Кодексом Наполеона классическим актом, стоящим у истоков формирования гражданского и коммерческого права)* **SEE:** Commercial Code of Napoleon, commercial code, commercial law

gestation period *марк.* период созревания [принятия решения о покупке]* *(период между первоначальным запросом информации о товаре и размещением заказа на него)* **EX: The long gestation period is due to inefficient decision-making procedures in the buying company.** – Такой длинный период созревания связан с неэффективной процедурой принятия решений в компании, осуществляющей покупку.

get-up of goods *марк.* = trade dress

ghost shopper *марк.* = mystery shopper

ghosting *сущ.* **1)** *бирж.* тайное влияние* *(нелегальная практика взвинчивания или сбивания цены на акции несколькими участниками фондового рынка на основе тайной договоренности)* **2)** *марк.* визуализация* *(частичная демонстрация товара посредством удаления небольшой части упаковки в рекламных целях)*

Giffen good *эк.* товар [благо] Гиффена *(товар, спрос на который увеличивается при росте его цены)* **SEE:** Giffen paradox; Giffen, Robert

Giffen paradox *эк.* парадокс Гиффена *(явление на рынке, впервые зафиксированное Р. Гиффеном; положительная связь между изменением цены товара и изменением величины спроса на него; наиболее известное объяснение этого наблюдения заключается в том, что этот парадокс относится к дешевым товарам, которые представляют предмет первой необходимости для бедного населения; при росте цены на них их реальный доход сокращается, что вынуждает их урезать свои расходы на относительно более дорогие товары и увеличивать расходы на относительно более дешевые товары)* **SEE:** Giffen, Robert; Giffen good

Giffen, Robert *эк.* Гиффен, Роберт *(1837-1910; английский статистик*

и экономист; его основной вклад в экономическую науку связан со статистическими вычислениями различных экономических показателей, таких как заработная плата, экономический рост, национальный продукт и т. д.; в настоящее время его имя упоминается почти исключительно в связи с «парадоксом Гиффена» и «товаром Гиффена») **SEE:** Giffen paradox, Giffen good

gift brand *марк., потр.* подарочная марка* *(марка товара, который чаще всего приобретается в качестве подарка или сувенира, напр., ручки «Паркер»)* **SEE:** gift goods, gift market, deluxe edition

gift buyer 1) *марк.* покупатель подарков *(человек, покупающий товары для дарения другим людям)* **2)** *марк.* даритель *(частное лицо или организация, заказывающие и оплачивающие подарок, напр., подписку на журнал; дарителей можно разделить на две группы: тех, кто сам подписывается на журнал, который будет подарен, и на тех, кто на этот журнал не подписывается; дарителям рассылаются предложения о продлении их подарочных подписок, поскольку они являются хорошим источником новых доходов)* **SEE:** recipient donor, nonrecipient donor

gift buying season *торг.* сезон покупки подарков *(период времени в году, обычно предшествующий какому-л. празднику, в течение которого многие товары покупаются в качестве подарков)* **EX: The holiday gift buying season is coming.** – Приближается сезон покупки подарков к празднику. **Christmas gift buying season** – сезон покупки рождественских подарков **SEE:** gift buyer

gift card *торг.* извещение о подарке *(прилагается к подарку, указывает имя/название получателя и имя/название дарителя; упаковывается вместе с подарком продавцом или направляется непосредственно дарителем; такие извещения необходимы при прямом почтовом маркетинге, так как подарки обычно доставляются получателю по почте, а не персонально)* **SEE:** gift buyer, direct mail marketing

gift certificate *потр., торг.* подарочный сертификат *(специальный купон, чек на определенную сумму, выпускаемый магазином, торговым центром и т. д., который можно обменять на любой товар стоимостью в указанную сумму; такой сертификат может быть вручен покупателю в рекламных целях, как правило же он покупается с целью сделать подарок кому-то, кто потом придет с сертификатом в магазин и выберет понравившийся товар на данную сумму)* **SYN:** gift token, gift coupon

gift coupon *торг., потр.* подарочный купон *(карточка (талон), дающая право на получение товаров в конкретном магазине на указанную в ней сумму; обычно выпускается сетью магазинов, и обладатели купонов могут отоварить их в любом магазине сети)* **EX: a 30$ gift coupon for Christmas free gift.** – подарочный купон на сумму 30$ для получения рождественского подарка. **SYN:** gift token, gift voucher, gift certificate **SEE:** trading stamp, advertising coupon

gift goods *марк., потр.* подарочные товары *(товары, которые обычно приобретаются в качестве подарков; напр., поздравительные открытки, фотоальбомы, рамки для фотографий, косметика, аксессуары, сувениры и т. д.)* **SEE:** gift market, gift brand

gift market *марк.* рынок подарочных товаров *(рынок подарочной и сувенирной продукции, т. е. товаров, которые покупаются в качестве подарков и сувениров; напр., украшения для дома, косметика, игрушки и т. д.)* **SEE:** gift goods, gift brand

gift order *марк.* подарочный заказ *(заказ фирмой-дарителем товаров, которые будут преподнесены ее клиентам в качестве подарков)* **SEE:** gift buyer

gift shop *торг., потр.* магазин подарков **SEE:** gift market, gift goods

gift token *торг., брит.* = gift certificate

gift voucher *торг., потр.* = gift coupon

gift-with-purchase offer *марк., потр.* предложение покупки с подарком* *(стимулирующая рекламная программа, при которой при покупке товара или услуги предлагается подарок)* **SEE:** premium pack, with-pack premium, advertising gift

gift-wrap *гл. торг.* упаковывать подарок *(помещать подарок в подарочную упаковку)* **EX: I want this book gift-wrapped.** – Я хочу, чтобы книгу упаковали как подарок. **SEE:** gift-wrapping

gift-wrapping 1) *торг., потр.* упаковка подарков *(услуга в магазине, которая заключается в упаковывании купленных товаров в красочную подарочную упаковку по желанию заказчика)* **2)** *торг., потр.* подарочная упаковка, подарочная бумага *(красочная бумага для упаковки подарков)* **SYN:** gift wrappings, gift wrapping

gimmick 1) *общ.* уловка, трюк **2)** *рекл.* = advertising gimmick

give-away *прил. торг.* низкий *(о цене)* **EX: to sell at a give-away price** – продавать по очень низкой цене, отдавать почти даром

give-away program *марк., амер.* программа бесплатной [безвозмездной] раздачи* *(подарков, образцов, рекламной литературы)* **SEE:** giveaway

giveaway *сущ.* **1)** *общ.* разоблачение *(непреднамеренное раскрытие какой-л. тайны)* **2)** *марк.* подарок, сувенир *(товар, продаваемый с уступкой в цене или отдаваемый бесплатно в рекламных целях)* **SEE:** advertising gift **3)** *СМИ* викторина с призами *(игровое шоу на телевидении или радио, где участники игры соревнуются ради получения призов, часто денежных)*

giveaway goods 1) *марк., потр.* = advertising gift **2)** *эк.* = free goods

gizmo *рекл., сленг* = advertising gimmick

glassed items *потр.* товары в стеклянной таре

glassware *потр.* (стеклянная) посуда; изделия из стекла **SEE:** tableware

global advertising *рекл.* глобальная [международная] реклама *(рекламная деятельность глобальных организаций, основанная на рассмотрении всего мира как одного большого рынка, на котором региональные и национальные различия не играют решающей роли; в результате реклама товаров осуществляется через использование одного и того же рекламного объявления с переводом текста на разные языки, размещаемого в СМИ различных стран)* **SYN:** international advertising, multinational advertising **SEE:** export advertising, foreign advertising, global marketing, domestic advertising

global brand *марк.* глобальный бренд *(марка товара, известного и продаваемого на мировом рынке)* **EX: Our task is to position Panasonic as our main global brand in order to strengthen brand competitiveness worldwide.** – Наша задача в том, чтобы позиционировать «Панасоник» как свой главный глобальный бренд для усиления конкурентоспособности на мировом рынке. **SEE:** national brand, regional brand, local brand, international brand

global commodity chain **сокр.** GCC *эк., соц.* глобальная продуктовая [товаропроизводящая] цепь [сеть]* *(продуктовая цепь, элементами которой являются компании из разных стран; понятие введено Г. Джерреفи для изучения социальной и институциональной природы таких цепей: распределения власти между участниками этой цепи и т. д.)* **SYN:** global value chain **SEE:** commodity chain, producer-driven commodity chain

global marketer *торг.* глобальный продавец [торговец]* *(лицо, реализующее продукцию по всему миру)* **SEE:** global marketing, global retailer, world market

global marketing *марк.* глобальный маркетинг *(производственно-сбытовая деятельность глобальных организаций, основанная на рассмотрении всего мира как одного большого рынка, на котором региональные и национальные различия не играют решающей роли)* **SYN:** world marketing **SEE:** global advertising, international marketing, world market

global product *марк.* глобальный товар *(товар с известной торговой мар-*

кой, узнаваемый и покупаемый во всем мире) **SEE:** multinational product, global brand, global marketer, world market

global product division *марк., упр.* глобальное потоварное разделение* *(структурное решение, согласно которому отделения (отделы) компании получают полномочия международной деятельности по отдельной товарной категории, т. е. международные операции компании группируются по товарному признаку)*

global retailer *торг.* глобальный [мировой] розничный торговец* *(розничная компания, распространяющая товары по всему миру)* **SEE:** national retailer, regional retailer, local retailer, global marketer, world market, global marketing

global value chain *эк., соц.* глобальная цепь (создания) ценности [стоимости]* *(цепь создания ценности, в которой участвуют компании из разных стран)* **SYN:** global commodity chain **SEE:** value chain

globalization *сущ. тж.* globalisation **1)** *эк., соц., пол.* глобализация, всемирное распространение *(распространение действия того или иного фактора за пределами той или иной государственной территории, сферы деятельности)* **EX: the globalization of American youth culture** – всемирное распространение американской молодежной культуры **2)** *эк., соц., пол.* глобализация *(в широком смысле слова: расширение связей между различными частями мировой системы; можно говорить об экономической глобализации, культурной глобализации и т. д.)*

go on tick *эк.* брать (в) кредит *(о деньгах или о покупке товаров в кредит)* **SYN:** run on tick, go upon tick **SEE:** buy on tick, sell on tick

go shopping *торг.* ходить за покупками, ходить по магазинам *(с целью купить что-л.)* **EX: to go for holiday shopping** – ходить за покупками к празднику, **This would be a nice day to go shopping for some new clothes.** – Это будет отличный день чтобы купить пройтись по магазинам за новой одеждой. **SYN:** be shopping **SEE:** go windowshopping

go upon tick *эк.* = go on tick

go windowshopping **1)** *торг.* прогуливаться по магазинам, разглядывать витрины *(без намерения купить что-л.)* **EX: In the afternoon he liked to go windowshopping.** – После обеда он любил прогуляться по магазинам. **SEE:** go shopping, window shopping, window shopper **2)** *комп., разг.* лазать по интернету*, гулять по сети* *(бесцельно просматривать различные интернет-сайты)* **EX: I'm bored so lets go windowshopping on the internet.** – Мне скучно, давай полазаем по интернету. **SYN:** be browsing

going price *эк.* = current price

going-out-of-business sale *торг.* = closing-down sale

going-rate pricing *марк.* ценообразование на основе текущего уровня цен* *(установление цены на продукцию на основе преобладающих рыночных цен)* **SYN:** competition-based pricing

Golden Rose of Montreux Award *рекл.* приз «Золотая роза Монтре» *(присуждается за выдающиеся достижения в области рекламы на ежегодном международном фестивале в швейцарском городе Монтре)*

gondola **1)** *общ.* гондола **2)** *трансп.* корзина *(воздушного шара)*; кабинка подъемника **3)** *торг.* островная горка, гондола *(тип витрины, представляет собой набор полок с открытым доступом со всех сторон, располагается в центре торгового зала)*

good

I *сущ.* **1)** *общ.* добро, благо *(что-л. хорошее, заслуживающее положительной оценки с какой-л. точки зрения, в отличие от плохого, заслуживающего порицания)* **ANT:** bad **2)** *эк., преим. мн.* благо *(то, что человек может потреблять, получая от этого положительную полезность; благом может быть продукт производства, состояние окружающей среды, информация и т. д.)* **ANT:** bad **SEE:** public goods, private goods, economic good **3)** *эк.* благо, процветание, благосостояние *(общества, человека)* **EX: for the common good** – ради общего блага, **It's for your own good.** – Это для твоего же блага.

II *прил.* **1)** *общ.* хороший, благоприятный **EX: good news** – хорошие новости, **good law** – хороший закон, **good day for swimming** – благоприятный день для купания **2)** *общ.* годный, неиспорченный, доброкачественный *(напр., о еде)* **EX: good food** – доброкачественная, свежая пища **3)** *общ.* здоровый, действующий **EX: one good arm** – одна здоровая рука, **good heart** – здоровое сердце **4)** *эк.* плодородный, обильный *(о земле)* **5)** *общ.* достойный, добропорядочный, добродетельный **EX: wise and good man** – мудрый и добропорядочный человек **6)** *общ.* хороший, добрый, доброжелательный; милый, любезный, благонравный; послушный, хорошего поведения **EX: She was renowned for her good deeds.** – Она славилась своими добрыми делами. **Have you been a good boy today?** – Ты был сегодня хорошим (послушным) мальчиком? **7)** *общ.* искусный, умелый; опытный, квалифицированный **EX: good worker** – умелый (опытный, квалифицированный) работник, **The office needs another good typist.** – В офисе требуется еще одна квалифицированная машинистка. **8)** *общ.* полезный **EX: Milk is good for you.** – Молоко тебе полезно. **9)** *общ.* приятный, доставляющий удовольствие; милый, веселый, компанейский, общительный **EX: Have a good time on your vacation.** – Приятно тебе провести отпуск. **An entertainer has to have a good personality.** – Эстрадный артист должен быть общителен. **10)** *общ.* хороший, лучший *(обладающий преимуществом среди других подобных)* **EX: Why don't you wear your good suit to the party?** – Почему ты не одеваешь на вечер свой выходной костюм? **11)** *эк.* кредитоспособный, надежный; подлинный, действительный **EX: I would cash his check if I could be sure it was good.** – Я бы оплатил его чек, если бы был уверен, что он настоящий. **SYN:** genuine **12)** *общ.* полный, целый; значительный, большой, изрядный; достаточный **EX: a good share of the work** – значительная часть работы, **I waited a good hour.** – Я прождал целый час. **13)** *общ.* убедительный, обоснованный **EX: good reasons** – убедительные причины, **good cause** – обоснованная причина, **good excuse** – основательная (уважительная) причина **14)** *эк.* выгодный, прибыльный **EX: good bargain** – выгодная сделка, **good marriage** – выгодный брак **15)** *общ.* действительный, действующий **EX: good for two months** – действителен в течение двух месяцев

good bargain *эк.* выгодная сделка *(сделка, совершенная с получением прибыли; напр., покупка товара со скидкой)* **SYN:** good deal

good buy *торг.* выгодное предложение; выгодная сделка, выгодное приобретение *(предложение товара (услуги) по приемлемой цене)* **EX: Radio advertising is a good buy for your business.** – Реклама на радио - выгодное предложение для вашего бизнеса.

good deal *эк.* = good bargain

good faith *юр.* честность, добросовестность **EX: The next requirement of the Act is that buyer must prove that he took in good faith and without notice that the sale was made without the owner's authority.** – Следующее требование закона состоит в том, что покупатель должен доказать, что он действовал добросовестно и не знал, что продажа осуществлена без разрешения собственника.

good faith money *эк.* залог, задаток, гарантийный депозит*, депозит доверия* *(деньги, вносимые покупателем в качестве гарантии исполнить сделку)* **SYN:** earnest money, good faith

good franchise *юр., пат., торг.* франчайзинг товара *(заключается в сбыте товаров, производимых франчайзером и маркированных его товарным знаком; применим в целях сбыта нефтепродуктов, и особенно распространен в таком качестве в Австралии; также имеет частое применение в продаже косметики и фирменной одежды; в отличие от дилерства предполагает, что франчайзер оказывает по-*

мощь партнерам при выборе зоны деятельности, круга потребителей, предоставляет рекомендации и разработки по размещению торговой сети, ведению рекламной работы) **SEE:** franchisor, dealership

Good Housekeeping Institute *пат., торг., амер.*, Гуд Хаузкипинг Инститьют*, Институт домашнего хозяйства* *(исследовательская лаборатория журнала Good Housekeeping, основанная в 1900 г. для тестирования и изучения потребительских свойств имеющихся на рынке продуктов; включает в себя специалистов самых разных областей: инженеров, химиков, медиков и т. д.; присваивает Знак качества Good Housekeeping)* **SEE:** Good Housekeeping Seal

Good Housekeeping Seal сокр. GH seal *пат., торг., амер.* знак качества Good Housekeeping [«Гуд Хаузкипинг»]* *(проставляется на товарах, прошедших независимую экспертизу в лаборатории журнала Good Housekeeping и рекламирующихся на страницах этого журнала)*

good in transit insurance *трансп., страх.* транспортное страхование грузов *(страхование имущественных интересов, связанных с грузовыми перевозками)*

good ordinary brand *торг.* обычный коммерческий сорт *(термин применяется к товарам, пригодным для торговли)*

good value *эк.* выгодный товар, выгодное приобретение *(качественный товар по приемлемой цене)* **EX: good value for money** – выгодное вложение денег, **Renewable batteries are a good value.** – Многоразовые батарейки – это выгодное приобретение.

good-value strategy *марк.* стратегия повышенной ценностной значимости *(назначение относительной невысокой цены за товар высокого качества; эта стратегия является атакующей ценовой стратегией, направленной против конкурентов, использующих стратегию премиальных наценок; опасностью этой стратегии является то, что в восприятии потребителей из высших слоев общества этот товар может потерять свой престиж)* **SEE:** premium strategy, overcharging strategy, skimming, pricing strategy

good working order *общ.* состояние пригодности к работе, хорошее состояние *(напр., оборудования)*

goodness *сущ.* **1)** *общ.* доброкачественность, высокое качество *(состояние хорошего качества)* **EX: goodness of material [food]** – доброкачественность материала [пищи], **goodness of heart** – сердечная доброта **2)** *общ. (используется в качестве междометия для выражения удивления, изумления, потрясения)* **EX: My goodness!** – Боже мой!, **Goodness knows!** – Кто его знает! **3)** *общ.* полезное свойство *(питательная или полезная часть чего-л.)*

goods *сущ.* **1)** *эк.* товары *(осязаемые движимые продукты производства, предназначенные для продажи; как правило, употребляется во множественном числе)* **EX: to produce goods and services** – производить товары и услуги **SYN:** commodities, merchandise, commodity items **SEE:** agricultural goods, consigned goods, counterfeit goods, domestic goods, duty-free goods, foreign goods, fungible goods, intermediate goods, manufactured goods, restricted goods, smuggled goods **2)** *эк.* имущество *(все движимые предметы, которые принадлежат кому-л.)* **а)** *юр., брит. (в системе английского права этим термином определяется все личное движимое имущество, не являющееся обязательственным правом требования (из чего следует, что товаром не могут быть акции) и деньгами; товарами могут являться доходы с земли, растущий урожай промышленного назначения, вещи, привязанные к земле или составляющие часть земли, отделенные от нее до продажи или в силу договора о продаже; данное определение создает некоторую проблему при продаже доли в земельной собст-*

венности, т. к не ясно, подлежит ли такая продажа регулированию в рамках закона «О продаже товаров») **SEE:** contract of sale **б)** *юр., амер. (согласно определению Единообразного торгового кодекса США: все вещи (включая специально произведенные фабричные товары), которые являются движимым имуществом во время их идентификации на основании договора о продаже; под определение товара не подпадают деньги, используемые для оплаты цены товара, ценные бумаги и обязательственные права требования; товарами могут быть еще не родившиеся животные, растущий урожай, иные подобные объекты, привязанные к недвижимому имуществу)* **EX: personal goods** – личное имущество, **to attach goods** – арестовать имущество **3)** *трансп., брит.* груз *(общее название всех товаров, предназначенных для перевозки или находящихся в процессе перевозки, в отличие от пассажиров)* **EX: goods train** – товарный поезд **SEE:** damaged goods, goods in transit insurance, freight, cargo **4)** *общ., разг.* требуемое, необходимое; то, что нужно **EX: to have the goods** – разбираться, иметь способности, справляться; **5)** *юр.* улики *(доказательства, изобличающие преступника)* **EX: They didn't have the goods on him.** – У них не было улик против него.

goods available for sale *учет, торг.* доступный запас *(сумма запасов на начало периода и всех приобретений путем закупки или производства за отчетный период)* **SYN:** goods reserves, products sold

goods depot 1) *трансп., торг.* товарная станция *(место прибытия и отправления, погрузки и разгрузки товарного транспорта, напр., поездов)* **2)** *трансп., торг.* товарный склад *(помещение для хранения товара)*

goods exchange *эк.* = barter

goods in route *трансп., торг.* = goods in transit

goods in transit *трансп., торг.* товары в пути *(товары, находящиеся в процессе транспортировки к месту назначения)* **SYN:** merchandise in transit **SEE:** goods in transit insurance

goods in transit insurance *торг., трансп., страх.* транспортное страхование грузов *(страхование имущественных интересов, связанных с грузовыми перевозками; по договору транспортного страхования грузов страхователю возмещаются убытки, происшедшие от случайностей и опасностей перевозки грузов)*

goods information *юр., торг.* информация о товарах *(должна содержать наименования стандартов и перечень основных потребительских свойств товаров)*

goods manager *торг.* товаровед *(отвечает за обеспечение необходимого ассортимента товаров в магазине и выполнение необходимых стандартов предоставления товаров, в частности, за соблюдение срока реализации и условий хранения)* **SEE:** merchandise division

goods market *эк.* = product market

goods of first priority *эк.* = staple goods

goods of quality *эк.* = quality goods

goods on approval *торг.* товар на пробу* *(товар, покупаемый с правом возврата его продавцу в течение определенного периода; если покупатель не возвращает товар в течение оговоренного периода, то последний считается принятым и подлежит оплате)*

goods received note сокр. GRN *торг.* извещение о получении товара* *(документ, составленный компанией-получателем товара и подтверждающий получение товара)* **SEE:** receipt of goods, dispatch note

goods received records *торг.* извещение о доставке и складировании товара* *(отсылается как производителю, так и покупателю по прибытии товара на место складирования)*

goods reserves *торг.* товарный резерв [запас], запасы товаров **а)** *(товары, имеющиеся на складе предпри-*

ятия или магазина, годные для продажи потребителям) **SEE:** goods available for sale **б)** *(количество товаров в денежном или натуральном выражении, находящихся в торговых предприятиях, на складах, в пути)* **в)** *(количество готовой продукции в системе производства или распределения, используемое для сглаживания колебаний в поставках с целью поддержания объемов производства, обмена и потребления)*

goods service 1) *торг.* = after sales service **2)** *торг., трансп.* доставка товаров, транспортировка товаров *(перемещение товаров к месту торговли или потребления)* **EX: dangerous goods service** – транспортировка опасных товаров

goods shed *торг., трансп.* товарная база*, товарное депо* *(здание с несколькими складскими помещениями, через которое или мимо которого проходят транспортные пути; используется для погрузки и разгрузки товаров со склада на транспорт или с транспорта на склад)*

goods train *трансп., торг.* = freight train

goods transaction *эк.* товарная сделка* *(любая сделка с товаром, напр., сделка купли-продажи)*

goods transportation *трансп., торг.* = transportation of goods

goods turnover *торг.* товарооборот *(объем продаж за определенный период времени в денежном выражении)*

goods wagon *трансп., торг.* товарный вагон

goods, wares and merchandise *торг.* товары и товарные запасы* *(продаваемые и готовые к продаже товары; находятся на прилавках магазинов, на складах предприятий и магазинов, в процессе доставки)*

goodwill *сущ.* **1)** *общ.* доброжелательность, благосклонность, расположение **EX: public goodwill** – благожелательность со стороны общественности **SEE:** customer goodwill **2)** *общ.* добрая воля *(в отличие от действий по закону, по принуждению и пр.)* **EX: policy of goodwill** – политика доброй воли **3)** *эк.* деловая репутация *(характеристика хозяйствующего субъекта, не идентифицируемая, но позволяющая получить сверхприбыль от идентифицируемых активов)* **EX: goodwill as a protectable feature of a trademark** – репутация товарного знака как его охраняемый элемент **4)** *учет* гудвилл, стоимость деловой репутации *(разница между покупной ценой фирмы и стоимостью по бухгалтерскому балансу всех ее активов и обязательств)* **5)** *эк.* нематериальные активы *(совокупность факторов, позволяющих сделать заключение о будущем превышении прибыльности данной фирмы по сравнению со средней прибыльностью аналогичных фирм, напр., таких факторов, как репутация компании, выгодное место расположения, узнаваемость торговой марки и т. п.; также само будущее превышение прибыльности в силу действия этих факторов или его денежная оценка в настоящем)*

goodwill advertising *рекл.* = corporate advertising

goose sales *гл. марк.* стимулировать сбыт [продажи] *(предпринимать меры по поддержанию или увеличению продаж товара)* **EX: an effort to goose newsstand sales** – попытка стимулировать продажи (газет, журналов) в киосках, **The positive sales trends in the spring season resulted in less clearance items on the rack to help goose sales in the summer months.** – Высокий объем продаж весной привел к тому, что в магазине практически не осталось товаров для распродажи, которые могли бы стимулировать сбыт в летний период.

gourmet foods *потр.* изысканные продукты, деликатесы **SYN:** delicatessen **SEE:** gastronomical restaurant, gourmet shop

gourmet shop *торг.* магазин деликатесов, магазин для гурманов **SEE:** gourmet foods, gastronomical restaurant, grocery store

government customer *марк.* правительственный клиент [заказчик] *(орган государственной власти, являющийся покупателем продукции компании)* **SEE:** business customer

government market *марк.* рынок государственных учреждений *(спрос со стороны федеральных, региональных и местных органов власти)* **EX: While most computer companies have concentrated their efforts on the consumer and small-business markets thus far, several are now beginning to look at the government market as well.** – В то время как большинство производителей программного обеспечения концентрируют свои усилия на потребностях населения и малого бизнеса, некоторые начинают рассматривать возможность работы на рынке госучреждений. **SEE:** business market, producer market, trade market, consumer market, institutional market

government sales *торг.* государственный заказ, продажи государству *(продажа продукции государственным органам, а не бизнесу или населению)* **SEE:** commercial sales, non-commercial sales

grace *гл.* **1)** *общ.* украшать **2)** *общ.* награждать **3)** *СМИ, марк., амер.* *(осуществлять льготную рассылку изданий)* **SEE:** gracing

gracing *СМИ, марк., амер.* льготная рассылка (изданий)* *(рассылка журналов после истечения сроков подписки в целях поддержания тарифной базы, использования излишних экземпляров или для стимулирования продления подписки)* **SEE:** rate base

grade label *торг.* сортовая этикетка* *(этикетка с указанием сорта товара)* **SEE:** grade labelling, label

grade labelling *торг.* маркирование сорта* *(снабжение продукта этикеткой с указанием сорта в соответствии с официально принятым стандартом)* **SEE:** grade label

grade level **1)** *обр.* класс; год обучения *(напр., в школе)* **2)** *торг.* уровень [степень] качества товара *(показатель качества товара, указываемый на упаковке товара, напр., высший сорт)* **EX: Many consumers do not properly understand the grade levels.** – Многие потребители плохо разбираются в уровнях качества товара.

graded advertising rates *рекл.* тариф на рекламу с дифференцированной ставкой *(ставка тарифа снижается с увеличением площади и количества покупаемых рекламных мест)* **SEE:** base rate

graduated price *эк.* дифференцированная цена *(цена, которая имеет несколько уровней, применяемых в зависимости от объема покупки или первоначальной суммы заказа, напр., при заказе на сумму до $5000 может применяться обычная цена, а при заказе на сумму более $5000 может предоставляться скидка, либо при покупке одной единицы товара может применяться базовая цена, при покупке 1-10 шт. предоставляться скидка в 2 %, при покупке более 10 шт. — скидка в 3 % и т. п.)* **SEE:** quantity discount, bracket pricing

grain silo *с.-х., торг.* силосное зернохранилище, зерновой элеватор **SYN:** bin storage, silo grain storage **SEE:** grain storage

grain storage **1)** *с.-х., торг.* зернохранилище; элеватор **SYN:** grain storage silo, grain silo, bin storage, grain store, grain-store **2)** *с.-х., торг.* хранение зерна **SEE:** storage, storage bin, prestorage bin, crop storage, food storage, silo storage, crop in storage

grain storage silo *с.-х., торг.* = grain silo

grain store *торг., с.-х.* = grain storage

grain trader *эк. тр., торг., амер.* = grain broker-and-market operator

Grant v Australian Knitting Mills Ltd *юр., торг., брит.* «Грант против “Острэлиан Нитинг Милз Лтд.”»* *(название судебного прецедента 1936 г., на основании которого отчасти дается определение продажи товара по описанию в системе английского права; согласно ему, предмет, проданный по описанию, является специфицированным предметом, но при этом не конкретным, а только соответствующим описанию)* **SEE:** sale by description, identified goods

grassroots marketing *марк.* народный маркетинг* **SYN:** buzz marketing

greasy spoon *торг., разг.* забегаловка *(кафе низкого качества)* **SYN:** caff

green clause credit *банк., торг.* = green clause letter of credit

green clause letter of credit *банк., торг.* аккредитив с зеленой оговоркой* *(сходен с аккредитивом с красной оговоркой, но для получения аванса бенефициару аккредитива необходимо предоставить складскую расписку (хранящиеся на складе товары становятся обеспечением выданного аванса); используется редко)* **SYN:** green clause credit **SEE:** red clause letter of credit, anticipatory letter of credit

green consumerism *эк., соц.* экологичный консьюмеризм* *(потребление таких продуктов, которые произведены без ущерба для окружающей среды; часто рассматривается как составная часть этичного консьюмеризма)* **SEE:** ethical consumerism

green consumers *марк.* «зеленые» потребители *(группа потребителей, предпочитающих экологически чистые продукты)* **SEE:** consumerism, green goods, ecological packaging

green goods **1)** *потр.* экологически чистые продукты *(товары, произведенные из рециклируемых и нетоксичных материалов с использованием ресурсосберегающих и природоохранных технологий)* **SEE:** green marketing **2)** *потр.* свежие овощи, зелень; свежие фрукты *(продаваемые на рынке, в магазине)* **3)** *с.-х., потр.* зеленые товары* *(продукция растениеводства: хвойные и др. деревья, саженцы, семена, тепличные и специально разводимые растения, цветы, лужайки и т. д.)*

green marketing *марк.* экологический [зеленый] маркетинг **а)** *(деятельность по продвижению экологически чистой продукции)* **б)** *(маркетинг товаров с указанием на их свойства способствовать защите окружающей среды от загрязнения, сохранению ресурсов; напр., подчеркивание таких свойств товара или его упаковки как рециклируемость, способность к биологическому разложению под воздействием микроорганизмов, отсутствие запаха и т. п.)*

grey market серый рынок **а)** *торг. (неофициальный рынок товаров, торговля которыми не может проводиться в рамках традиционно регулируемого рынка; обычно это касается товаров, распространяемых по сбытовым каналам, не имеющим отношения к обычным сбытовым каналам производителя; серый рынок формируется в случаях, когда цена товара в одной стране значительно выше, чем в другой: импортер закупает товар в стране с низким уровнем цены, на законных основаниях его импортирует, а затем перепродает на внутреннем рынке по цене ниже нормального уровня внутреннего рынка, но достаточной для получения прибыли; в отличие от операций на черном рынке, операции на сером рынке не считаются незаконными)* **SEE:** parallel importing, grey market imports, black market **б)** *бирж. (неофициальный рынок вновь выпущенных ценных бумаг, участниками которого являются дилеры)*

grey market goods *межд. эк., торг., пат.* товары серого рынка, серый импорт *(товары, импортируемые без разрешения владельца авторских прав или торговой марки, ввозимые в обход обычных сбытовых каналов, используемых производителем товаров, либо товары, ввозимые с нарушением таможенного или налогового законодательства)* **SYN:** parallel imports, grey market imports **SEE:** parallel importing, grey market

grey market imports *межд. эк., торг., пат.* = grey market goods

grid card *рекл.* = rate card

grocer *торг.* торговец продовольствием, продавец продуктов питания, пищевик* *(занимается реализацией различных продуктов питания, напр., мяса, круп, овощей и т. д., а также некоторых необходимых предметов домашнего обихода, напр., моющих средств и т. п.)* **SEE:** groceries, foodstuffs, household goods

groceries **1)** *потр.* продовольственные товары *(продукты питания;*

иногда этим термином обозначаются также лекарственные товары и основные предметы домашнего обихода, продаваемые в гастрономах) **SYN:** grocery goods, grocery **2)** *торг.* = grocery store

grocer's shop *торг., брит.* = grocery store

grocery *сущ.* **1)** *торг.* = grocery store **2)** *торг.* = groceries **3)** *торг.* торговля продовольствием [продуктами питания] *(деятельность по реализации продуктов питания, или профессиональная деятельность продавца продуктов питания)*

grocery advertising *рекл.* = food advertising

grocery goods *потр.* = groceries

grocery sales **1)** *торг.* торговля продуктами питания **EX: online grocery sales** – онлайновая торговля продовольствием **SEE:** groceries **2)** *торг.* объем продаж продовольствия **EX: Growth in grocery sales has halved since last year.** – Рост объема продаж продовольствия снизился в два раза по сравнению с прошлым годом. **This total included $139 billion of grocery sales (food and drugstore items), along with $62 billion of non-food turnover.** – Итоговая сумма состояла из 139 млрд долл. от продаж продовольствия (продукты питания и лекарственные средства) и 62 млрд долл. от продаж непродовольственных товаров. **SEE:** sales

grocery shop *торг., брит.* = grocery store

grocery store *торг.* продуктовый магазин, гастроном *(магазин, торгующий продуктами питания, напр., мясом, молоком, крупами, хлебобулочными изделиями, кондитерскими изделиями и др., а также иногда лекарственными средствами и некоторыми предметами домашнего обихода)* **SYN:** grocery, grocer's shop, groceries, grocery shop, food store, food shop, provision shop **SEE:** groceries, grocer, foodstuffs, gourmet shop, food retailing, box food store, frozen food shop, liquor store

grooming aid *потр.* = grooming product **EX: Taiwanese are spending more money on their pets, whether for grooming aids, health care and so on.** – Тайванцы больше денег тратят на своих домашних питомцев, будь то средства ухода, ветеринария и т. д.

grooming product *потр., обычно мн.* гигиенические средства *(средства по уходу за телом, волосами, ротовой полостью человека: шампуни, дезодоранты, бритвенные принадлежности, крема, пасты и щетки и т. д., а также шерстью и кожей животных: различные шампуни, спреи, щетки для расчесывания и т. д.)* **EX: animal and human grooming products** – гигиенические средства для животных и людей **SYN:** grooming aid, hygiene product **SEE:** health product

gross

I *прил.* **1)** *общ.* большой, крупный **2)** *общ.* грубый, явный **EX: gross error** – грубая ошибка **3)** а) *эк.* валовой *(об экономическом показателе, не уменьшенном на сумму налогов, каких-л. расходов и т. д.)* **EX: gross receipts** – валовой доход, **gross output** – валовая продукция, **gross amount** – валовая сумма; общее количество **SEE:** gross invoice price, gross sales б) *торг.* брутто *(о весе продукта, указанном с учетом веса упаковки)* **SEE:** gross weight

II *сущ.* **1)** *общ.* общее количество; все в целом **EX: the gross of the army** – большая часть армии, **in (the) gross** – в общем, в целом; оптом, **We earned a gross of 30 dollars.** – Мы заработали в общем [в сумме] тридцать долларов. **2)** *общ.* гросс *(12 дюжин,144 штуки)* **EX: great gross** – 12 гроссов, **small gross** – 144 штуки

III *гл. эк.* давать [получать] валовой доход [валовую прибыль] **EX: The company grosses approximately $80 million a year.** – В год компания получает валовую прибыль в размере примерно 80 млн. долл.

gross advertising impressions *марк., рекл.* = gross impressions

gross amount **1)** *эк.* валовая сумма, общее количество, валовой объем, сумма-брутто *(общее количество до удержаний (общее количество после удержаний равно чистому количеству), т. е. общая сумма чего-л. без поправки на расходы, налоги, убытки)* **2)** *рекл.* = gross billing **3)** *рекл.* = gross response **4)** *марк.* общее количество имен* *(количество имен в рассылоч-

ном списке до проведения слияния и очистки рассылочных списков) **SEE:** merge/purge, net name arrangement **5)** *СМИ* общая стоимость подписки *(стоимость подписки до вычитания комиссионных агента)*

gross audience *марк.* валовая [общая] аудитория *(общее число лиц или домохозяйств в аудитории зрителей или слушателей рекламы без учета тех, кто повторно вступал в контакт с рекламой)* **SYN:** gross impressions **SEE:** audience

gross billing 1) *рекл.* общая стоимость размещения рекламы, валовые затраты на рекламу *(сумма денег, которую должен выплатить рекламодатель средству распространения рекламы за печатную площадь или эфирное время, включая комиссию рекламного агента)* **SYN:** gross amount **2)** *рекл. (стоимость одноразового использования средства распространения информации)* **SEE:** base rate **3)** *рекл.* = billing, 8

gross circulation 1) *СМИ* общий тираж *(общее количество экземпляров издания, как проданных, так и не проданных)* **2)** *марк.* общий охват наружной рекламы* *(максимальное число людей, прошедших или проехавших мимо носителя наружной рекламы и имевших реальную возможность ее увидеть; рассчитывается для данного рекламного носителя за определенный период времени, обычно за месяц)* **SEE:** outdoor advertising, ad reach, gross impressions

gross cover *рекл., СМИ* общее число просмотров рекламного ролика* *количество просмотров или прослушиваний рекламного ролика по телевизору или радио)* **SEE:** Nielsen rating

gross exposures *рекл.* = gross impressions

gross impressions *рекл.* общее [суммарное] число показов*, общий [совокупный] рекламный охват *(общее количество контактов данного рекламного объявления с отдельными людьми или домохозяйствами, с учетом повторных показов одному и тому же человеку или домохозяйству)* **SYN:** gross advertising impressions, gross exposures, gross opportunity to see, gross audience **SEE:** ad reach, advertising impression, opportunity to see, advertiser's schedule

gross invoice price *торг., учет, гос. фин.* валовая фактурная цена* *(полная цена товара или услуги, указанная в счете-фактуре, т. е. цена с учетом всех налогов, сборов и других дополнительных расходов и корректировок)* **SYN:** total invoice value **SEE:** invoice price, net invoice price

gross merchandise margin *торг., учет* валовая торговая прибыль, валовая прибыль от торговли* *(в розничной торговле - выручка от продажи товара за вычетом стоимости его приобретения)* **SEE:** gross operating spread, higher-margin merchandise, lower-margin merchandise, markup

gross night hour сокр. GNH *рекл.* стоимость вечернего часа *(стоимость часа программы телевидения, идущей в пиковое вечернее время)* **SEE:** prime time

gross operating spread *торг. учет* валовой операционный спред* *(валовая торговая прибыль минус затраты торгового предприятия на хранение и продажу товара)* **SEE:** gross merchandise margin

gross opportunity to see 1) *рекл.* совокупная вероятность просмотра* *(количество возможностей для среднего зрителя целевой аудитории увидеть рекламное сообщение в ходе рекламной кампании; зависит от количества показов рекламного сообщения)* **SEE:** opportunity to see, target audience, gross reach **2)** *рекл.* = gross impressions

gross price *эк.* цена брутто, брутто-цена **а)** *(начальная цена до учета скидок и наценок)* **б)** *(цена, включающая налоги, расходы на транспортировку, страхование и т. п.)* **ANT:** net price

gross rating point сокр. GRP **1)** *СМИ, рекл.* пункт валового оценочного коэффициента **а)** *(единица измерения, соответствующая однократному охвату 1% аудитории в течение определенного времени)* **SEE:** cost per gross rating point **б)** *(в наружной рекламе: процент населения, вступающий в контакт с объявлением наружной рекламы в течение определенного периода, обычно в течение дня)* **SYN:** showing **SEE:** outdoor advertising **2)** *СМИ, рекл.* валовой оценочный коэффициент (ВОК), суммарный рейтинговый балл* *(характеристика количества контактов с рекламным объявлением за определенный промежуток времени, определяемая как произведение частоты появления объявления в какой-л. программе/программах за определенный период времени и оценочного коэффициента данной программы или суммы оценочных коэффициентов программ, если объявление появляется в разных программах)* **SYN:** gross rating points **SEE:** rating point, net rating point

gross rating points **сокр.** GRP *рекл.* = gross rating point

gross reach *рекл.* совокупная вероятность просмотра* *(общее количество возможностей для членов целевой аудитории увидеть рекламное сообщение в ходе рекламной кампании в прессе; рассчитывается путем умножения общего количества проданных экземпляров издания и общего количества данных рекламных сообщений в них)* **SEE:** gross opportunity to see, ad reach

gross response *рекл.* общее число откликов, валовый отклик* *(количество откликов от рассылки рекламы, включая оплаченные и кредитные заказы)* **SYN:** gross amount **SEE:** net response

gross sales *торг., учет* валовой объем продаж, валовые продажи, брутто-продажи *(валовая сумма продаж по сумме счетов-фактур до вычета скидок, возвратов реализованной продукции и т. п. поправок)* **SEE:** net sales, account

gross selling price *торг.* реальная продажная [отпускная] цена, реальная цена продажи *(цена товара с учетом всех предоставляемых скидок)* **SEE:** selling price, invoice price, trade discount, chain discount

gross weight *трансп., торг.* вес [масса] брутто, брутто-вес **а)** *(масса товара с учетом массы упаковки внутренней и внешней)* **SEE:** tare weight **б)** *(общая масса транспортного средства и перевозимого груза)* **SEE:** net weight

ground storage **1)** *торг.* открытое хранение *(хранение грузов, товаров и т. п. под открытым небом)* **ANT:** covered storage **2)** *торг.* открытый склад *(под открытым небом)* **SYN:** storage yard **SYN:** aboveground storage, open storage **ANT:** covered storage **SEE:** storage

group advertising *рекл.* = joint advertising

group brand manager *упр., марк.* управляющий группой торговых марок*; менеджер по маркам* *(отвечает за разработку и продвижение на рынке нескольких марок)* **SEE:** brand

group discount **1)** *эк.* групповая скидка *(скидка, предоставляемая членам группы, совместно приобретающим какой-л. товар или услугу, напр., приобретающим групповой полис страхования, приобретающих совместную туристическую путевку и т. п.)* **2)** *рекл., СМИ* скидка за групповое использование* *(скидка с тарифа за использование эфирного времени предоставляемая лицам, прибегающим к услугам нескольких вещательных станций, особенно — принадлежащих одной компании)*

group discussion **1)** *общ.* групповая дискуссия **2)** *марк.* групповое обсуждение *(методика маркетингового исследования, суть которого в обсуждении вопросов, подготовленных интервьюером, в группе из 6-8 не знакомых между собой людей)* **SEE:** marketing research

group mailing *рекл.* = shared mailing

group manager *упр., марк.* менеджер группы, групповой менеджер *(управляющий отделом по работе с группой товаров)* **SYN:** product manager **SEE:** market manager, brand manager

group survey *марк.* групповое исследование **EX:** **group survey of children with no classroom teaching experience** – групповое исследование детей, не посещающих школу

growing market *марк.* = expanding market

growth area *марк.* область роста *(сегмент рынка, где имеет место быстрый рост продаж)* **SEE:** market segment, expanding market

growth share matrix *марк., упр.* = Boston matrix

growth stage 1) *марк.* этап [стадия] роста *(стадия в жизненном цикле товара, характеризующийся ростом объема продаж товара)* **SEE:** product life cycle, pre-market stage, introduction stage, mature stage, decline stage 2) *с.-х.* период роста *(период созревания сельскохозяйственной культуры, начинающийся с момента ее посева до стадии зрелости)* **EX: rice growth stage** – период роста риса **SEE:** mature stage

growth vector matrix *марк.* модель векторного развития* *(модель маркетинговой стратегии, представляющая собой множество вариантов и комбинаций стратегий, основанных на представлениях о возможностях развития как продуктов, так и рынка)* **SEE:** Boston matrix

guarantee

I *сущ.* 1) а) *эк., юр.* гарантия; залог, поручительство **EX: to provide a guarantee for loans** – предоставить гарантию по займам [ссудам] **SEE:** seal of guarantee б) *эк., юр.* залог **EX: to leave smth. as guarantee** – оставить что-л. в качестве залога в) *юр., фин.* аваль *(вексельное поручительство или гарантия платежа по чеку, сделанные третьим лицом в виде особой гарантийной записи)* 2) *общ.* ручательство, поручительство; обязательство, обещание **EX: You have my guarantee that we'll be on time.** – Ручаюсь, что мы не опоздаем. 3) *эк., юр.* гарант, гарантирующая сторона; поручитель **EX: to go guarantee for smb.** – выступать в качестве чьего-л. поручителя

II *гл.* 1) а) *эк., юр.* гарантировать, ручаться **EX: to guarantee a bill** – давать поручительство по векселю, **to guarantee smb.'s debts** – гарантировать уплату чьих-л. долгов б) *торг.* гарантировать, давать гарантию **EX: This watch is guaranteed for 24 months.** – Эти часы имеют гарантию на 24 месяца. 2) *общ.* обещать, ручаться **EX: I guarantee that he will come back.** – Ручаюсь, что он вернется. 3) *страх.* обеспечивать гарантию, страховать **EX: to guarantee against fire** – страховать от пожара, **to be guaranteed against loss** – быть застрахованным от потерь

guarantee of delivery *торг., связь* обеспечение доставки, гарантия доставки *(гарантия своевременности, безопасности и соблюдение всех прочих условий доставки)* **EX: We cannot provide a 100% guarantee of delivery.** – Мы не можем дать стопроцентную гарантию доставки.

guaranteed homes impressions сокр. GHI *СМИ, рекл.* план с гарантированным рекламным охватом* *(план размещения рекламы, предлагаемый телевизионной компанией рекламодателю; данный план гарантирует рекламодателю определенное количество людей, которые увидят его рекламу, при этом оставляя за телевизионной компанией право решать, сколько рекламных сообщений будет показано в эфире и в какое время)* **SYN:** guaranteed homes ratings **SEE:** ad reach

guaranteed homes rating сокр. GHR *СМИ, рекл.* = guaranteed homes impressions

guaranteed position *рекл., СМИ* гарантированная позиция *(гарантированное место размещения рекламы в газете или журнале, напр., первая страница, в отличие от размещения рекламы по усмотрению издателя)* **SEE:** run of paper, position request

guaranteed reliability *марк.* гарантия, гарантированная надежность *(подтверждение гарантией эксплуатационных характеристик товара в течение определенного срока; в случае несоответствия товара этим характеристикам в течение этого срока, ответственность несет продавец/производитель)* **SEE:** product warranty

guaranteed sale *торг.* продажа с гарантией возврата* *(продажа товара поставщиком торговому предпри-

ятию с гарантией принять назад все непроданные за определенный период экземпляры за полную стоимость)

guerrilla marketing warfare strategies *марк.* = guerrilla warfare

guerrilla warfare 1) *воен.* партизанские (военные) действия *(когда военные действия проводятся на вражеской территории небольшими группами войск)* **2)** *марк.* партизанская маркетинговая война*, партизанские маркетинговые стратегии* *(группа маркетинговых стратегий, реализуемых малыми компаниями; суть стратегий — нанесение небольших периодических ударов по большому конкуренту в надежде завоевать постоянное устойчивое положение на рынке)* **SYN:** guerrilla marketing warfare strategies **SEE:** marketing warfare

Guide Against Deceptive Pricing *эк., юр., амер.* Руководство по предотвращению мошеннического ценообразования* *(издано в 1958 г. для урегулирования жалоб на обман при установлении цены, в том числе на мнимые скидки и распродажи, напр., в случае, когда объявляется о скидке, но в качестве фактической цены указывается завышенная цена)* **SEE:** deceptive pricing

guide price ориентировочная цена **а)** *эк. (предварительная цена, по которой продавец намерен продать какой-л. товар или услугу; напр., цена, по которой собственник актива рассчитывает продать актив на аукционе)* **SYN:** guiding price **б)** *межд. эк., с.-х. (в рамках единой сельскохозяйственной политики в странах Европейского Союза: желаемый уровень цен на сельскохозяйственную продукцию, используемый как ориентир при расчете таможенных пошлин и определении цены вмешательства)*

guided interview *соц.* = structured interview

guiding price *эк.* = guide price

gummed label *торг., связь* клейкая этикетка, гуммированный ярлык *(этикетка, оборотная сторона которой снабжена клейким веществом, активирующимся при увлажнении и позволяющим наклеивать этикетку на товар, конверт и т. п.)* **SEE:** label, self-adhesive label

Guttman scale *соц.* шкала Гуттмана *(шкала для измерения установок; набор высказываний разной степени интенсивности, с которыми респондент соглашается или нет)* **EX: To measure attitudes, a Guttman scale is sometimes devised. It is a battery of statements with increasing rigidity of attitudes. The following is an example of a Guttman scale measuring the discriminative attitude: Should refugees be allowed to live in the same neighbourhood as others? Do you find refugees living in your neighbourhood acceptable? Would you accept a refugee as a close friend? Would you marry a refugee?** – Для измерения установок иногда используется шкала Гуттмана. Это совокупность утверждений с возрастающей ригидностью установок. Вот пример шкалы Гуттмана для измерения отношения к дискриминации: Должно ли быть позволено беженцам проживать в тех же кварталах, что и другим? Согласились ли бы Вы жить по соседству с беженцами? Мог бы быть беженец Вашим близким другом? Вы бы заключили брак с беженцем? **SEE:** Guttman, Louis; scale

Guttman, Louis *соц.* Гуттман, Луис *(1916-1987, американский социолог, внес вклад в развитие эмпирических методов в социологии, известен разработкой шкалы измерения установок, названной его именем)* **SEE:** Guttman scale

H

haberdasher 1) *торг., брит.* торговец галантереей; галантерейщик **SEE:** haberdashery, haberdashery shop 2) *торг., амер.* торговец предметами мужского туалета **SEE:** haberdashery

haberdashery 1) *потр., брит.* галантерея *(общее торговое название принадлежностей туалета, предметов личного обихода, товаров для шитья и рукоделия: ленты, булавки, кружева и т. п.)* **SEE:** manufactured goods, narrow goods, pin, shoehorn, hosiery **SYN:** notions 2) *потр., амер.* предметы мужского туалета *(галстуки, запонки и т. д.)* 3) *торг.* = haberdashery shop

haberdashery shop *торг., брит.* галантерейный магазин, галантерея **SYN:** haberdashery **SEE:** haberdasher, haberdashery

habit buying *марк.* привычная покупка, покупка по привычке **EX:** **habit buying goods** – товары, покупаемые по привычке

habit survey *марк.* исследование привычек *(покупателей)* **SEE:** survey

habituation 1) *марк.* привыкание а) *(напр., рекламный ролик, становясь привычным, перестает восприниматься)* б) *(покупатель привыкает покупать товар конкретной марки)* 2) *псих.* адаптация *(приспособление органов чувств и организма в целом к новым, изменившимся условиям существования)*

haggle *гл.* 1) *общ.* пререкаться; спорить 2) *торг., брит.* торговаться, спорить *(о цене товара)* **SYN:** bargain

half-finished goods *эк.* = semi-finished goods

half life 1) *фин.* период полупогашения* *(период, в течение которого погашается половина основной суммы ценной бумаги, обеспеченной пулом ипотек)* 2) *рекл.* полупериод* *(период получения половины откликов на рекламу, по прошествии которого определяют общий ожидаемый объем реакции потребителей на рекламу)* **SEE:** doubling day 3) *мед., эк. прир.* период полувыведения *(период, в течение которого из организма или экосистемы выводится половина попавшего в организм/экосистему вещества, особенно радиоактивного)* 4) *физ.* период полураспада *(радиоактивного элемента)*

half-page advertisement *рекл.* полуполосное объявление, рекламное объявление на полполосы [полстраницы] **SEE:** full-page advertisement, quarter-page advertisement

half-size poster *полигр.* половинный плакат, плакат половинного формата *(53,34×96,52 см)* **SEE:** full-size poster, poster

hall-test *марк.* холл-тест *(метод исследования для получения данных о предпочтениях тех или иных брендов различными группами потребителей; для проведения теста группа людей (до 100-400 человек) приглашаются в специальное помещение, оборудованное для дегустации товаров и/или просмотра рекламы, где им предоставляют возможность протестировать данный товар или посмотреть рекламный ролик и затем объяснить причину выбора той или иной марки товара либо рассказать о реакции на рекламу)* **SEE:** blind testing, open test, home-test

hallmark of excellence *марк.* знак высокого качества *(торговая марка, имеющая высокую оценку среди потребителей)*

halo effect эффект ореола, гало-эффект, нимбовая ошибка **а)** *марк. (распространение уважительного отношения к бренду, сорту или торговой марке на новые продукты, выпускаемые под этим же именем)* **б)** *упр. (завышение оценки работника под влиянием формальной характеристики; напр., опыта работы, престижности учебного заведения и т. п., а также распространение оценки работника по первому впечатлению о нем на восприятие его дальнейшего поведения)* **ANT:** horns effect **в)** *соц. (восприятие поступков и личностных качеств человека на основе общего восприятия этого человека и в условиях отсутствия информации о мотивах конкретного поступка)*

hammer

I *сущ.* **1)** *потр.* молоток **2)** *торг.* аукционный молоток **3)** *рекл.* молоток* *(короткий крупный заголовок; выше стандартного заголовка)*

II *гл.* **1)** *эк.* объявлять о банкротстве **2)** *эк.* продавать на подъеме [в момент высокой цены]

hamper trade *торг.* затруднять торговлю, препятствовать торговле **EX: If dues and tolls are of large amount and very numerous, they hamper trade, as all taxation tends to do.** – Высокие и многочисленные сборы и пошлины препятствуют торговле, как любое налогообложение.

handbill *сущ.* **1)** *рекл.* листовка, рекламный листок *(предназначенный для широкого распространения)* **SYN:** show card, handout, fly-sheet, flier, sales leaflet, dodger, flysheet **SEE:** insert **2)** *общ.* театральная программка, афиша **3)** *юр.* письменное обязательство

handle *гл.* **1)** *торг.* торговать с рук *(в основном нелегально)* **2)** *упр.* управлять; регулировать; осуществлять контроль **3)** *эк.* переносить; грузить; выгружать **4)** *трансп.* производить транспортную обработку *(грузов)*; обрабатывать, перерабатывать **5)** *общ.* справляться *(напр., с решением трудностей)* **EX: The UN deserves praise for the way it handled the crisis situation.** – Организация Объединенных Наций заслуживает похвалы за то, как она справилась с кризисной ситуацией.

handle goods *гл. торг., трансп.* управлять товаром [грузом]* *(контролировать товарные потоки: погрузку-разгрузку товара, поставку и прием товара, размещение товара на складе, поступление его в продажу, возврат товара и т. д.)*

handle negotiates *общ.* = bargain

handling *сущ.* **1)** *общ.* обращение *(с чем-л.)*; владение *(чем-л.)* **2)** *трансп., торг.* обработка [переработка] грузов *(погрузочно-разгрузочные работы, сортировка, упаковка, маркировка и прочие подобные работы)* **EX: mechanical handling** – механизированная обработка (грузов), **manual handling** – ручная обработка (грузов), **handling on board** – обработка (грузов) на борту (судна) **SYN:** cargo handling, freight handling **SEE:** handling agent, handling charges, handling machinery, freight-handling company

handling agent *трансп.* агент по обработке грузов* *(лицо, нанятое транспортной компанией для осуществления работ по обработке грузов, напр., погрузочно-разгрузочных работ, работ по помещению грузов в контейнеры и т. д.)* **SEE:** cargo handling

handling charges *трансп.* плата за обработку [переработку] грузов* *(плата за проведение определенных работ по обработке грузов, в том числе погрузку или разгрузку, помещение грузов в контейнеры и т. д.)* **SYN:** handling fees **SEE:** cargo handling

handling fees *трансп.* = handling charges

handling machinery *торг.* погрузочно-разгрузочная техника, подъемно-транспортное оборудование **EX: cold-store handling machinery** – подъемно-транспортное оборудование склада-холодильника **SEE:**

automated warehouse, automated storage and retrieval system, crane, fork lift truck, storage and retrieval machine, pick cart, side loading truck, reach truck

handling of goods *торг., трансп.* управление товаром [грузом]* *(контроль товарных потоков)* **SEE:** handle goods

handmade *эк.* сделанный вручную, ручной работы *(о товаре)* **ANT: SEE:** homemade

handout *сущ.* **1)** *рекл.* рекламная листовка, проспект, объявление *(материал для рекламной раздачи)* **SYN:** handbill, sales leaflet **2)** *общ.* раздаточный материал *(на занятиях)* **3)** *общ.* милостыня, подаяние **4)** *СМИ* сообщение для прессы

hand-painted poster *рекл.* рисованная рекламные щиты [плакаты], рисованная афиша *(рекламный плакат, выполненный художником вручную; обычно, используется для рекламы кинофильмов, театральных представлений клубов и др. объектов, связанных с искусством)* **EX: Hand-painted posters are expensive and the larger ones take several days to paint.** – Рисованные рекламные щиты стоят очень дорого, и для выполнения наиболее крупных из них требуются несколько дней. **Hand-painted poster boards are still used to advertise movies.** – Для рекламы фильмов до сих пор используют рисованные афиши.

hands-on seminar практический семинар **а)** *марк. (демонстрация товара и способов его использования)* **SEE:** product demonstration **б)** *упр. (обучающая программа для специалистов с целью углубления имеющихся знаний или ознакомления с новыми методиками и технологиями в данной области)* **SEE:** how-to seminar, sales seminar

hanging display *торг.* подвесная витрина **EX: hanging display cabinet** – подвесной шкаф-витрина **SEE:** floor display

happy hour **1)** *торг., разг.* счастливый час *(время действия скидок на алкогольные напитки в магазинах, барах)* **SEE:** happy shop **2)** *общ., разг.* время коктейля *(в барах отелей, клубов и т. п.)*

happy hour price *торг.* цена счастливого часа*, цена в счастливый час* *(сниженная цена, действующая в определенное время суток; характерно для продажи алкогольных напитков)* **SEE:** regular price

happy shop *торг., разг.* магазин спиртных напитков **SYN:** winehouse, liquor store, pulperia, off-licence **SEE:** happy hour

hard bargain *эк.* = bad bargain

hard commodities **1)** *эк.* твердое сырье* *(используемые в промышленности металлы, как драгоценные, напр., золото, серебро, платина, так и недрагоценные, напр., железо, медь, свинец, цинк, никель, алюминий и др.)* **2)** *эк.* продукция добывающей и сельскохозяйственной отраслей* *(сырьевые товары: золото, серебро, нефть, зерно, каучук, мясо, молоко и др.)*

hard data **1)** *общ.* достоверные данные, точная информация **SEE:** hard information **2)** *соц.* базовая информация, паспортичка *(ответы респондентов на фактические вопросы о себе)* **3)** *комп.* печатная [напечатанная] информация *(информация на бумаге, в отличие от информации, хранящейся на электронном носителе)*

hard goods **1)** *потр.* = durable goods **2)** *потр.* жесткие товары* *(напр., скобяные изделия, строительные материалы)* **3)** *марк.* реальные товары* *(осязаемые вещи, продаваемые через интернет, но распространяемые посредством стандартных средств: почта, личная доставка и т. д.)* **SYN:** physical goods **SEE:** soft goods

hard information *соц.* точная [надежная] информация *(данные, собираемые научными методами)* **ANT:** soft information **SEE:** hard data

hard offer *марк.* предложение на жестких условиях* *(предложение в прямом маркетинге, предусматривающее оплату одновременно с выдачей заказа, в отличие от мягкого предложения, предоставляющего по-*

купателю возможность сначала проверить товар, а затем оплатить его или вернуть продавцу) **EX: The hard offer is simple: buy now!** – Жесткое предложение звучит простое покупай прямо сейчас! **ANT:** trial offer, soft offer **SEE:** hard seller, hard selling, high-pressure selling, high-pressure sales techniques

hard sell 1) *марк.* жесткая [настойчивая] продажа *(энергичный и агрессивный метод продажи товаров и услуг, использующий прямую, рациональную аргументацию, при предложении товара или услуги)* **EX: A soft sell advertisement might sell the look and feel of a store, where a hard sell would list specific items and sale prices.** – При мягкой продаже реклама может передавать вид или ощущение магазина, тогда как жесткая продажа представит список имеющихся продуктов и цен. **2)** *торг.* умение жестко [настойчиво] торговать* *(умение продавать товар, действуя напрямую, настойчиво)* **SYN:** hard selling, high-pressure selling, high-pressure sales techniques, tough seller **ANT:** soft sell **SEE:** high-pressure methods, hard-selling advertising, hard-sell campaign, hard-sell

hard-sell 1) *торг.* настойчиво продавать *(продавать жесткими методами)* **EX: to hard-sell new car models to reluctant buyers** – настойчиво продавать новые модели автомобилей не охотно соглашающимся покупателям **2)** *марк.* навязывать *(товар или рекламу)* **EX: to hard-sell customers on a new product** – навязывать покупателям новый товар **SEE:** hard sell, soft sell, hard selling, hard seller

hard-sell advertising *рекл.* = hard-selling advertising

hard-sell campaign *марк.* агрессивная [жесткая, навязчивая] (маркетинговая) компания **ANT:** soft-sell campaign **SEE:** hard sell

hard-sell commercial *рекл.* агрессивный [жесткий, навязчивый] рекламный ролик *(настойчиво призывающий купить товар или услугу)* **SEE:** hard sell, hard-selling advertising

hard seller *торг.* агрессивный продавец *(зачастую навязывающий покупку)* **EX: The stereotypical hard seller is becoming a thing of the past.** – Стереотипный агрессивный продавец становится достоянием прошлого. **SYN:** tough seller **SEE:** hard selling, high-pressure selling, high-pressure sales techniques

hard selling *марк.* жесткий [настойчивый] маркетинг *(напористый подход к продаже с использованием рационального, информативного, аргументированно-убеждающего типа увещевания)* **SYN:** high-pressure selling **ANT:** soft selling **SEE:** hard-sell, hard sell, hard seller

hard-selling advertising *рекл.* агрессивная реклама [жесткая, навязчивая] реклама *(настойчиво требующая от потребителя совершения покупки; напр., призыв «обязательно купите наш товар, и Вы не пожалеете — это лучшее, что есть на рынке»)* **SYN:** hard-sell advertising, high-pressure advertising **ANT: SEE:** hard sell, persuasive advertising

hard-to-sell *торг.* труднореализуемый *(о товаре, который трудно продать, напр., узкоспециализированное оборудование)* **EX: hard-to-sell item** – труднореализуемый товар **ANT:** easy-to-sell

hardware 1) *потр.* металлические изделия *(термин употребляется для обозначения таких металлических предметов, как инструменты, напр., ножи, ножницы, молотки, отвертки, детали, напр., скобы, дверные петли, машинные детали и детали оборудования, гарнитура)* **SYN:** hardware goods **2)** *комп.* «железо», аппаратные средства, компьютеры *(материальные компоненты компьютера, в отличие от ПО)* **3)** *воен.* военная техника **4)** *потр., сленг, амер.* виски; крепкий спиртной напиток

hardware goods *потр.* скобяные товары и инструменты **SYN:** hardware **SEE:** manufactured goods, household goods

hardware store 1) *торг.* магазин бытовой техники *(торгует телевизорами, магнитофонами и т. п.)* **2)** *торг., комп.* компьютерный магазин *(магазин, торгующий компьютерами и их комплектующими)*

harmful product 1) *торг.* = unsafe product **2)** *торг.* вредный товар *(товар, причиняющий вред здоровью потребителей: сигареты, наркотики и др.)*

harmonized index of consumer prices **сокр.** HICP *эк.* гармонизированный [согласованный] индекс потребительских цен *(индекс потребительских цен, пересчитываемый для каждой страны в зоне обращения евро так, чтобы их можно было сопоставлять на единой базе)* **SEE:** consumer price index

Harter Act *юр., торг., фин., амер.* закон Хартера* *(закон 1893 г.; регулировал перевозку груза морем из иностранного государства в тот или иной штат, в том числе и институт коносамента; в настоящее время положения закона действуют наряду с модифицировавшими его актами: законом «О перевозке груза морем», 1936 г., законом «О торговле между штатами» с учетом изменений Кармака; все эти законодательные акты и соответствующие статьи Единообразного торгового кодекса определяют правила выставления коносамента при перевозке груза внутри штата или из иностранного государства в какой-л. штат; при перевозке груза из любого штата в иностранное государство либо в другой штат аналогичные вопросы регулирует федеральный закон «О коносаментах», 1916 г.)* **SEE:** bill of lading, Carriage of Goods by Sea Act of 1936, Carmack Amendment to the Interstate Commerce Act, Uniform Commercial Code, Federal Bills of Lading Act

harvest strategy *марк.* = harvesting strategy

harvesting 1) *марк.* = harvesting strategy **2)** *с.-х.* уборка [сбор] урожая; жатва

harvesting strategy *марк.* стратегия сбора урожая *(получение краткосрочной прибыли незадолго до снятия какого-л. продукта с продажи; часто достигается путем прекращения инвестиций в маркетинг, так как эффект от них еще продолжает действовать)* **SYN:** harvesting, harvest strategy

hatshop *торг.* шляпная мастерская **SEE:** hatter

hatter 1) *торг.* шляпных дел мастер, торговец шляпами *(шьет, чинит шляпы, занимается их продажей)* **SEE:** hatshop **2)** *австрал., разг.* отшельник **а)** *(работающий в одиночку вдали от других людей, напр., пастух, разведчик и т. п.)* **б)** *(одичавший из-за длительного проживания вдали от людей человек)*

haul

I *гл.* **1)** *общ.* тащить, тянуть, буксировать **2)** *трансп.* везти, перевозить; транспортировать **EX: to haul freight** – перевозить грузы, **to haul coal from the mines to the city** – везти уголь из шахт в город **SEE:** haulage

II *сущ.* **1)** *общ.* волочение, тяга **2) а)** *трансп.* перевозка, транспортировка **SEE:** haul cost **б)** *трансп.* рейс, поездка; расстояние доставки **EX: long haul** – длинный рейс; длинный путь, **short haul** – короткий рейс; небольшое расстояние **3)** *эк., юр. (большое количество похищенных или незаконно ввезенных/произведенных товаров)* **EX: A haul of stolen cars has been seizes by police.** – Полиция конфисковала большое количество украденных автомобилей.

haul cost *трансп., учет* стоимость транспортировки [перевозки], плата за транспортировку [перевозку], расходы на транспортировку *(плата, взимаемая перевозчиком за погрузку-разгрузку и транспортировку товаров к месту назначения; термин обычно используется применительно к транспортировке автодорожным и железнодорожным транспортом)* **SYN:** haulage, haulage cost **SEE:** haulage, haulage rate, transportation cost, delivery cost

haulage *сущ.* **1)** *трансп.* перевозка, транспортировка; доставка, подвозка *(товаров (грузов); термин обычно применяется для обозначения автодорожной и железнодорожной перевозки)* **2) а)** *трансп., учет* стоимость перевозки [доставки] **SYN:** haul cost **б)** *трансп., учет* транспортный тариф *(ставка оплаты транспортировки товаров (грузов), установленная перевозчиком)* **SYN:** haulage rate **SEE:** haul

haulage cost *трансп., учет* = haul cost

haulage rate *трансп.* транспортный тариф *(ставка оплаты транспортировки грузов, установленная перевозчиком)* **SYN:** haulage **SEE:** haulage, haul cost

have a good press *гл. общ.* получить благоприятные отзывы в печати **EX: My advice to any diplomat who wants to have a good press is to have two or three kids and a dog.** – Советую любому дипломату, желающему иметь благоприятные отзывы в печати, заиметь двоих или троих детей и собаку.

hawk *гл. торг.* торговать вразнос, торговать с рук *(неформально, напр., на улице)* **EX: On every street corner there were traders hawking their wares.** – На каждом углу стояли торговцы, предлагающие свои товары. **SYN:** handle

hawk around *марк.* проталкивать идею, предлагать материал *(различным компаниям, которые могли бы взяться за реализацию этой идеи, использования материалов)* **EX: At the age of 46 she was trying to get her career back on the road and had borrowed money to make demonstration records to hawk around.** – В возрасте 46 лет она попыталась вернуться к профессиональной деятельности и одолжила деньги, чтобы сделать записи для прослушиваний. **SYN:** hawk round

hawk round *марк.* = hawk around

hawker 1) *общ.* охотник с ястребом или соколом **2)** *торг.* разносчик; уличный торговец; коробейник **SEE:** vendor

hazardous area 1) зона повышенного риска **а)** *общ. (территория, место с повышенным содержанием веществ, признанных вредными для здоровья человека)* **б)** *марк. (продажа и реклама товара, в состав которого могут входить вредные вещества)* **2)** *трансп.* опасная зона

hazardous substance 1) *прир.* опасное [вредное] вещество *(вещество, признанное вредным для человека и окружающей среды)* **2)** *торг.* опасно для здоровья* *(надпись на контейнере с грузом)*

head buyer 1) *торг.* директор по закупкам *(в крупном магазине или на предприятии)* **SEE:** produce buyer **2)** *торг.* главный покупатель *(самый важный покупатель для магазина)* **SEE:** heavy buyer, exclusive buyer **3)** *эк. тр., торг., амер.* = head tobacco buyer

headache department *торг., сленг* винно-водочный магазин [отдел в магазине] **EX: The headache department is having a special on gin.** – Винно-водочный предлагает джин по специальной цене.

headlight display *рекл.* = front-end display

headline *СМИ, рекл.* заголовок **EX: boxed headline** – заголовок в рамке, **centred headline** – заголовок по центру, **definitive headline** – описательный заголовок, **curiosity headline** – интригующий заголовок, **connotative headline** – заголовок с подтекстом **SEE:** body copy, blind headline, banner headline

head-on position *рекл.* установка «навстречу»*, положение лицом к зрителю* *(установка рекламы прямо напротив ее потенциальных потребителей; напр., рекламные щиты, располагаемые навстречу движению транспорта)*

headspace *торг.* незаполненное место *(свободное пространство над продуктом в таре)*

headwear *потр.* головной убор, головные уборы **SEE:** manufactured goods

health aid *потр., обычно мн.* = health product

health aids *потр.* санитарно-гигиенические средства, медикаментозные средства, медикаменты

health and beauty aids **сокр.** HABA, HBA **1)** *торг.* медикаменты и косметика *(отдел в магазине)* **2)** *потр.* лечебно-профилактические (косметические) средства; санитарно-гигиенические и косметические средства *(лекарственные средства, продаваемые без рецепта и средства личной гигиены, напр., средства ухода за волосами, за* *кожей и т. д.)* **SYN:** health-and-beauty aids **SEE:** health product, beauty aids, personal care items

health appeal **1)** *марк.* мотив здоровья, довод в пользу здоровья *(маркетинговый подход, при котором предложение товаров и услуг базируется на поощрении стремления к здоровью и здоровому образу жизни потребителей)* **2)** *марк.* притягательность пользы для здоровья* *(свойство товара, рассчитанное на покупателей, заботящихся о своем здоровье)* **SEE:** health store, immediate appeal, rational appeal, recreational appeal, mass appeal, masculine appeal, snob appeal, game appeal, moral appeal, advertising appeal, price appeal, consumer appeal, marketing appeal, service appeal, sales appeal, emotional appeal, female appeal, sex appeal

health care market *марк.* рынок здравоохранения, рынок медицинских услуг

health care marketing *марк.* маркетинг здравоохранения* *(маркетинг относящихся к здравоохранению товаров и услуг; таким маркетингом часто занимаются некоммерческие организации и ассоциации)*

health food *потр.* здоровая пища *(диетические продукты; продукты лечебного питания)* **SEE:** health food store, health food wholesaler, food

health food store *торг.* магазин диетических продуктов **SEE:** health food, health store

health food wholesaler *торг.* оптовый торговец продуктами лечебного питания **SEE:** health food

health product *потр., обычно мн.* товары для здоровья *(санитарно-гигиенические средства, медикаменты, а также различные атрибуты здорового образа жизни: тренажеры, массажеры, весы и т. п.)* **SYN:** health aid **SEE:** hygiene product, health and beauty aids, personal care items

health store *торг.* магазин товаров для здоровья* *(магазин, торгующий витаминами, пищевыми добавками, средствами для похудания, соответствующей литературой и т. д.)* **SEE:** health food store, health appeal

health-and-beauty aids *потр.* = health and beauty aids

heat consumer *потр.* теплопотребитель, теплопользователь *(юридическое или физическое лицо, получающее тепло из сети теплоснабжения для обеспечения своих нужд)* **SEE:** consumer

heat-activated label *торг.* = heat-transfer label

heat-seal label *торг.* = heat-transfer label

heat-transfer label *торг.* переводной ярлык *(ярлык, переводимый на товар с помощью нагрева)* **SYN:** heat-seal label, heat-activated label **SEE:** label

heavy advertising *рекл.* интенсивная реклама *(часто повторяемая реклама, использующая максимум средств распространения рекламы)* **SEE:** advertising intensity, advertising frequency

heavy buyer **1)** *марк.* крупный [весомый] покупатель *(приобретающий товар в больших количествах)* **2)** *марк.* постоянный покупатель **SEE:** return customer, head buyer, light buyer, medium buyer

heavy half *марк.* «тяжелая половина» *(сегмент рынка, на которых приходится непропорционально большая доля общего сбыта товаров или услуг, напр., когда менее 20 % покупателей делают более 80 % покупок)* **SEE:** heavy sale, heavy user

heavy industry *эк.* тяжелая промышленность *(отрасли промышленности, производящие главным образом средства производства: орудия труда, сырье, топливо)* **SEE:** light industry

heavy sale **1)** *марк.* повышенные продажи* *(активный сбыт товара или услуги, напр., ввиду наступления сезонного спроса)* **SEE:** heavy-up **2)** *марк.* «тяжелый сбыт» *(продажа товаров т. н. тяжелому сегменту рынка)* **SEE:** heavy half, heavy user **3)** *торг.* плохой [затрудненный] сбыт, тяжелые продажи **EX: The quick recovery after heavy sale is a good sign.** – Быстрый подъем после периода плохого сбыта является хорошим знаком. **SYN:** heavy selling

heavy selling *торг.* = heavy sale

heavy-up *марк.* рекламная атака *(кратковременная интенсификация рекламных усилий во время сезонного спроса на товар)* **SEE:** heavy sale

heavy user *марк.* крупный потребитель [пользователь] *(потребитель, на долю которого приходится значительный процент объема продаж данного товара или услуги)* **SEE:** heavy half, heavy sale, light user, medium user

heavy-user market *марк.* рынок активных потребителей* *(рынок товара, потребители которого предъявляют постоянный высокий спрос на него)*

heavy viewer *марк.* заядлый телезритель *(проводит много времени у телевизора и является частью целевой аудитории рекламных роликов)*

hedonic pricing *эк.* гедонистическое ценообразование, метод гедонистического ценообразования *(метод определения стоимости различных благ, которые не имеют обычной рыночной оценки, напр., чистая окружающая среда, живописное место и т. п., исходя из анализа рыночных цен товаров, обладающих этими характеристиками или связанными с этими благами; напр., стоимость чистой окружающей среды может рассчитываться как разность между стоимостью недвижимости в экологически чистом месте и стоимостью недвижимости в экологически неблагоприятном месте)* **SEE:** contingent valuation method

hedonic product *марк.* гедонистический товар* *(товар, который покупают, чтобы «побаловать себя»: из соображений престижа, повышения самооценки, зависти, желания роскоши; это дорогие товары известных торговых марок или предметы роскоши, которые рассматриваются потребителями как удовольствие, а не необходимость)* **SEE:** luxury goods, positional goods, prestige goods, utilitarian product

help wanted advertising *эк. тр., рекл.* = want ad

Henningsen v Bloomfield Motors *юр., торг., амер.* «Хеннингсен против "Блумфилд Моторс"»* *(название судебного прецедента 1960 г., решившего вопрос о правомерности иска к продавцу за ущерб, нанесенный товарами, третьего лица, т. е. лица, не являющегося непосредственным покупателем, положительно, в случае если данное лицо является членом семьи непосредственного покупателя; в данном вопросе расходится с английским законодательством)* **SEE:** damage, claim for damage, product liability, Donoghue v Stevenson, Carlill v Carbolic Smoke Ball Co

heterogeneous good *эк.* = heterogeneous product

heterogeneous market *марк.* разнородный рынок *(рынок, на котором присутствуют различные группы потребителей с различными потребностями; такой рынок может быть сегментирован)* **SEE:** market segmentation, market segment, homogeneous market

heterogeneous product *эк.* гетерогенный [неоднородный] товар [продукт] *(товар, по качеству, внешнему виду или иным подобным характеристикам отличающийся от других товаров, производимых фирмами той же отрасли; такие товары не являются полностью взаимозаменяемыми)* **SYN:** heterogeneous good **ANT:** homogeneous product

heterogeneous sample *стат.* неоднородная выборка **ANT:** homogeneous sample **SEE:** sample

heterogeneous shopping goods *марк.* разнородные товары предварительного выбора* *(товары разных торговых марок, отличающиеся по качеству и внешнему виду, в результате чего при выборе одного из таких товаров потребители больше ориентируются на эти параметры, чем на различия в уровне цен)* **ANT:** homogeneous shopping goods **SEE:** shopping goods

hi-fi 1) *тех.* высокая точность воспроизведения *(воспроизведение звука с высокой точностью, т. е. с минимальными искажениями или без искажений)* **2)** *потр.* высококачественная звуковая аппаратура *(набор оборудования для воспроизводства и записи звука практически без искажений (с высокой точностью); обычно состоит из CD проигрывателя, блока настройки, усилителя звука, колонок и др. компонентов)* **3)** *рекл.* рулон цветной рекламы* *(цветная реклама, напечатанная на одной стороне непрерывного рулона гладкой мелованной бумаги таким образом, что она напоминает рулон обоев; этот рулон затем может быть вставлен в машину для печати газет, и издатель газеты может напечатать на его обратной стороне свой материал; такой метод применялся для печати цветной рекламы в газетах, так как использование до недавнего времени высокоскоростных печатных машин и газетной бумаги делало невозможным получение высококачественных цветных изображений, однако в последние годы с применением новых фотографических технологий стало возможным получение цветных изображений на газетной бумаге)* **SYN:** preprint **SEE:** hi-fi insert

hi-fi insert *рекл.* цветная рекламная вставка, цветной рекламный вкладыш **SEE:** hi-fi, freestanding insert

hi-tech прил. *эк.* высокотехнологичный *(относящийся к сфере передовых технологий)* **EX: high-tech innovation** – инновация в сфере высоких технологий, **high-tech product** – высокотехнологичный товар **ANT:** low-tech

hidden camera commercial *рекл.* реклама, снятая скрытой камерой* *(показывающая неподготовленных настоящих потребителей продукции, использующих или потребляющих эту продукцию в то время, когда их снимают скрытой камерой)*

hidden camera technique *СМИ* метод съемки скрытой камерой *(используется в том числе и для коммерческой рекламы)*

hidden information problem *эк.* проблема скрытой информации **SEE:** adverse selection

hidden need *марк., псих.* скрытая нужда, скрытая потребность **а)** *псих. (потребности, существующие подсознательно, напр., желание независимости, безопасности)* **б)** *марк. (неосознаваемые стимулы, побуждающие человека купить какой-л. товар или услугу)*

hidden offer *марк.* = buried offer

hidden persuader *рекл.* скрытый соблазн*, скрытое внушение *(психологический прием внушения, побуждения, используемый в рекламе товаров; напр., в телевизионной)*

hidden price increase *марк.* скрытый рост цен *(снижение качества или уменьшение количества товаров при неизменной цене)* **SYN:** hidden price rise, disguised price increase **ANT:** hidden price reduction

hidden price reduction *марк.* скрытое снижение цен *(повышение качества или увеличение количества продукта, предлагаемого по неизменной цене, напр., приложение к продаваемому по прежней цене бесплатных подарков)* **SYN:** disguised price reduction **ANT:** hidden price increase

hidden price rise *марк.* = hidden price increase

hierarchy of effects *марк.* иерархия эффектов *(модель, описывающая последовательность шагов в процессе убеждения потребителя купить продукт: осведомленность, ознакомление, расположение (симпатия), предпочтение, убеждение и приобретение)* **SEE:** awareness, preference, conviction, purchase

hierarchy of motives *псих., марк., упр.* = hierarchy of needs

hierarchy of needs *псих., марк., упр.* иерархия потребностей

high class *прил. торг., общ.* = high grade

high-class store *торг., амер.* престижный магазин *(ориентирован на состоятельных покупателей, желающих приобретать эксклюзивные товары)* **SYN:** exclusive shop, luxury shop, upscale store

high end of the market *марк.* = upscale market

high grade

I *сущ.* **1)** *общ.* высший сорт, высокое качество **EX: high grade of coffee** – высший сорт кофе **2)** *фин.* высокий рейтинг *(ценной бумаги)* **SYN:** high class, high quality

II *прил.* **1)** *торг.* высокосортный, высококачественный *(о товаре)* **EX: high grade wine** – высокосортное вино **2)** *общ.* важный, значительный *(о встречах, делегациях, переговорах)* **SYN:** high-grade, high-class, high-quality, high class, high quality **ANT:** low grade

high-income market *марк.* = upscale market

high-interest product **1)** *марк.* товар повышенного интереса* *(пользующийся повышенным спросом со стороны покупателей; продажа такого товара не требует специальных маркетинговых усилий)* **2)** *фин., банк.* продукт с высоким процентом* *(финансовый продукт, по которому начисляется высокий процент)* **ANT:** low-interest product

high-involvement *марк.* с высоким вовлечением *(используется в сочетании с существительными для определения высокого уровня задействованности оценочного отношения к товару со стороны потребителя при решении о покупке)*

high-involvement model *рекл.* модель активного восприятия *(тип рекламы, требующий от потребителя активных действий для ее восприятия, напр., для восприятия печатной рекламы, необходимо целенаправленно просматривать газеты, тогда как телевизионная реклама воспринимается независимо от намерений зрителя)*

high-involvement products **1)** *марк.* = specialty goods **2)** *марк.* = shopping goods

high-margin merchandise [product] *торг.* = higher-margin merchandise

high performance product *эк.* высокопроизводительный продукт*, продукт с отличными (рабочими) характеристиками* *(относится как к механизмам, так и к любым продуктам)* **EX: This lubricant is a high performance product designed specifically for the lubrication of oven conveyor chains at temperatures up to 200.** – Эта смазка имеет очень высокие эксплуатационные свойства и разработана специально для смазки конвейерной цепи в печах, где температура достигает 200 градусов. **Pentium II is positioned as a high performance product aimed at business and consumer users.** – Pentium II позиционируется как высокопроизводительный продукт, предназначенный для коммерческого и домашнего использования. **SEE:** high-reliability product, product performance

high-potential buyer *марк.* многообещающий покупатель* *(потенциальный покупатель, который с большей вероятностью станет постоянным покупателем товаров фирмы)*

high-pressure advertising *рекл.* = hard-selling advertising

high-pressure methods *марк.* методы жесткого давления *(навязывание клиенту ненужных или сомнительных товаров)* **SEE:** hard sell, soft sell

high-pressure sales techniques *марк.* = hard sell

high-pressure salesman *торг.* активный продавец *(продавец, максимально проявляющий заинтересованность в продаже товара, напористый продавец)* **SYN:** hard seller **SEE:** hard sell, hard-sell

high-pressure selling *марк.* = hard sell

high-price *эк., торг.* дорогостоящий, дорогой *(о товаре или услуге, продающиеся по высокой цене; также о продавце таких товаров или услуг)* **EX: high-price goods** – дорогие товары, дорогостоящие товары, **high-price store** – дорогой магазин, магазин с высокими ценами **SYN:** high-priced **SEE:** premium pricing

high-price strategy *марк.* = premium pricing

high-priced *прил. эк.* дорогостоящий, дорогой *(о товарах или услугах, про-*

дающихся по высокой цене; также о продавце таких товаров или услуг); ценный, драгоценный, высокоценный **EX: high-priced store** – дорогой магазин, магазин с высокими ценами, **high-priced luxury items** – дорогие предметы роскоши **SYN:** high-price, costly, expensive

high-priority customer *ТМО, марк.* = higher-priority customer

high-quality *прил. торг., общ.* = high grade

high-quality product *потр.* товар высокого качества, первоклассный товар **SYN:** fine-quality product

high-reliability *эк.* высоконадежный *(о продукте, выход из строя которого очень маловероятен)* **SEE:** high performance product

high-rent *эк.* арендуемый с высокими издержками *(об объектах аренды с высоким уровнем арендной платы)* **EX: high-rent house** – дом с высокой платой за аренду **ANT:** low-rent

high-risk product **1)** *потр.* товар повышенного риска, высокорисковый продукт *(любой товар, который может причинить вред здоровью даже при употреблении его в незначительном количестве; напр., пенициллин, цитотоксические препараты, алкоголь и др.)* **2)** *фин.* высокорисковый инструмент *(ценные бумаги или другие финансовые инструменты, держатель которых подвержен риску потерять вложенные средства)*

high-status brand *марк.* = elite brand

high street *эк., брит.* главная [центральная] улица *(главная улица города, на которой сконцентрированы торговые и развлекательные заведения)* **SYN:** main street, business street **SEE:** high-street, high-street store, high-street shop, high-street shopping

high-street *прил.* **1)** *эк. (относящийся к главной деловой улице города)* **SEE:** high-street shop **2)** *эк.* розничный *(о торговом или банковском предприятии, ориентированном на работу с населением, а не организациями)* **SEE:** high-street fashion, high-street sales

high-street fashion *торг.* ширпотреб, массовая одежда *(одежда, которая продается в большинстве розничных магазинах и которую в основном носят на улицах города)* **SEE:** high-street

high-street sales *торг.* розничные продажи *(объем розничных продаж как показатель экономической активности населения и ожиданий)* **EX: In a recession, any rise in high street sales is quoted by government ministers as evidence of the increase in consumer confidence.** – В ситуации спада любое увеличение розничных продаж представляется членами правительства как свидетельство улучшения потребительских настроений. **SEE:** high-street, high-street shop

high-street shop *торг.* центральный магазин, магазин на центральной улице **а)** *(небольшие уникальные магазинчики, которые традиционно располагаются в центре города)* **EX: Despite the huge effort made by the major distributing outlets, the high street shop is still alive and well in France.** – Несмотря на активную политику основных розничных сетей, традиционные магазинчики в центре французских городов живут и процветают. **б)** *(крупные торговые центры, имеющие достаточно высокий доход, чтобы оплачивать высокую арендную плату в центре, и вытесняющие мелкие традиционные магазины)* **EX: High street shops are great if you're looking for a cheap, mass-produced item like this season's most fashionable clothes or ordinary household basics.** – Магазины в центре хороши, если вы ищете недорогую, массовую одежду, соответствующую текущей моде, или обычные потребительские товары. **The high street shops are not interesting shops. They are not peculiar to Oxford, you can find them in most – if not all – English towns and cities.** – Магазины в центральной части не представляют интереса. В них нет ничего характерного именно для Оксфорда и вы можете найти их практически во всех английских городах. **в)** *(розничные магазины на улицах города, противопоставляемые интернет-магазинам)* **EX: Although high street shops are still the most important retail channel, they will certainly**

start feeling the impact of the Internet. – Хотя городские магазины являются до сих пор важнейшим каналом розничной торговли, они ощущают определенное влияние интернет-торговли. **SYN:** high-street store **SEE:** high street

high-street shopping *эк., брит.* покупки в центре [на центральной улице] **SYN:** downtown shopping

high-street store *торг.* = high-street shop

high-tech product *эк.* высокотехнологичный продукт [товар] **ANT: SEE:** high-technology goods

high-technology goods *эк.* высокотехнологичные товары *(товары, производство которых основано на сложных современных технологиях)*

high-ticket item *торг.* = big ticket item

high-ticket merchandise *торг.* = higher-margin merchandise

high-ticket items 1) *потр.* = luxury goods **2)** *страх.* дорогостоящие предметы* *(напр., драгоценности, меха, автомобили и др.; большая часть стандартных полисов страхования имеет ограничения на определенные виды дорогостоящих изделий; размер страхового покрытия для драгоценных украшений и меховых изделий в большинстве полисов составляет от 1000 до 2000 долл.; чтобы обеспечить соответствующее страховое покрытие этих видов изделий, они должны быть отдельно перечислены на страховом полисе, т. е. включены в дополнительные условия страхования)*

high-turnover items *марк.* ходовые товары*, товары с высокой оборачиваемостью* **SEE:** high-turnover product

high-turnover product *торг.* ходовой товар*, товар высокой оборачиваемости*, товар с высокой оборачиваемостью* *(товар, запасы которого реализуются относительно быстро, напр., продукты питания, многие мелкие предметы обихода и т. п.)* **EX: An agent is paid a fee that depends on the turnover of products, and ranges from 4 per cent on a high turnover product to 10 per cent on a low turnover product.** – Агенту выплачивается вознаграждение, величина которого определяется интенсивностью товарооборота: 4% по ходовым товарам, 10% по менее ходовым товарам.

high-value *эк.* ценный **а)** *(о дорогом или высокосортном товаре)* **EX: high-value commodity traffic** – провозка дорогостоящих грузов, **high-value product** – дорогой продукт **ANT:** low-value **б)** *(выгодный, напр., о покупателе)* **EX: Today's business environment requires that service providers distinguish themselves from their competitors or lose high-value customers.** – Сегодняшние условия бизнеса требуют от продавцов услуг отличаться от своих конкурентов, чтобы не потерять ценных покупателей.

high-value product *эк.* дорогой продукт*, (высоко)ценный продукт* *(продукт, который имеет относительно высокую цену и может принести фирме большую выручку по сравнению с другими продуктами)* **EX: Tropical timber is a high value product which is easily exploitable and readily marketable.** – Тропическая древесина является высокоценным продуктом, который легко добывается и легко продается. **ANT:** low-value product

higher-margin merchandise *торг.* высокодоходный товар, высокоприбыльный товар *(приносящий большую прибыль при продаже; с большой наценкой)* **SYN:** high-margin merchandise, high ticket merchandise, high-margin product **SEE:** gross merchandise margin, lower-margin merchandise, distressed commodity, markup

higher order goods *потр.* блага высшего порядка *(средства производства, т. е. товары, используемые в производстве благ первого порядка)* **SEE:** first order goods

higher-priority customer 1) *ТМО* клиент [объект] [абонент] высшего приоритета* *(клиент или объект, имеющий определенные преимущества по сравнению с другими объектами в очередности обслуживания)* **EX: When a higher-priority customer arrives, lower-priority customer is interrupted.** – При прибытии в систему объекта высшего приоритета, обслуживание объектов низшего приоритета приостанавливается. **SEE:** customer **2)** *марк.* = preferred customer **SYN:** high-priority customer

highest bid *торг., бирж.* наивысшее предложение*, предложение наивысшей цены* *(предложение, содержащее наибольшую цену среди всех предложений участников аукциона или биржевых торгов)* **SEE:** best bid, lowest bid

highest bidder *торг., бирж.* предлагающий наивысшую цену* *(лицо, предлагающее самую высокую цену среди всех участников публичных торгов)*

highway 1) *трансп.* скоростная автострада, шоссе, автомагистраль **2)** *торг., ист.* торговый путь **EX: highway to India** – торговый путь в Индию

hire-purchase *сущ.* **сокр.** HP *торг., брит.* покупка в кредит [в рассрочку] *(система купли-продажи, подразумевающая, что стоимость товара будет выплачиваться в виде серии регулярных платежей, право использования купленного товара перейдет к покупателю после внесения первого платежа, но право собственности окончательно перейдет к покупателю только после выплаты полной стоимости товара)* **EX: hire-purchase price** – цена при покупке в кредит **SYN:** hire-purchase sale **SEE:** contract of hire-purchase, hire purchase agreement, instalment sale

Hire Purchase Act 1965 *торг., юр., брит.* закон «О продаже в рассрочку», 1965 г. *(регулировал в системе английского права такой его институт, как продажи в рассрочку; его положения были изменены и модифицированы консолидированным законом «О потребительском кредите» 1974 г.)* **SEE:** contract of hire-purchase, Consumer Credit Act 1974

hire purchase agreement **сокр.** HP agreement *юр., торг., брит.* соглашение о продаже в рассрочку* *(одна из разновидностей договоров о продаже в рассрочку, предполагающая, что между заключением договора о продаже в рассрочку и его исполнением должно пройти определенное время; договор, где данного условия не предполагается, называется просто продажей в рассрочку)* **SEE:** contract of hire-purchase, hire purchase

hire purchase company *торг.* компания, торгующая товарами в рассрочку **SEE:** hire-purchase

hire purchase contract *юр., торг., брит.* = contract of hire-purchase

hire-purchase sale *торг.* = hire-purchase

hire-purchase terms *фин., торг., брит.* условия предоставления кредита при продаже в рассрочку **SEE:** hire purchase, contract of hire purchase, hire purchase agreement

hired gun poll *соц.* заказной опрос *(осуществляется с целью подтверждения желаемых результатов)* **SEE:** poll

hit

I *сущ.* **1)** *общ.* толчок, удар **2)** *общ.* успех, удача **3)** *общ.* хит *(книга, спектакль, фильм, пользующиеся огромной популярностью)* **4)** *эк.* существенный убыток, негативное событие *(имеющее большое влияние на прибыль компании)* **5)** *фин.* «принято» *(выражение готовности принять предложение по цене, запрашиваемой дилером)* **6)** *комп.* хит **а)** *(загрузка любого элемента (html-документа, графического файла в том числе и баннера, java-апплета и т. д.) пользователем с сервера)* **б)** *рекл.* хит *(в статистике посещений: загрузка пользователем страницы, а не всех элементов, на ней находящихся, на которой установлен данный счетчик посещений)* **SEE:** site session, traffic

II *гл.* **1)** *общ.* ударять(ся), поражать, бить **EX: to hit hard** – сильно ударять **2)** *общ.* достигать *(желаемого или ожидаемого уровня)* **EX: to hit the export target** – выполнить план экспорта

hit parade *марк.* хит-парад *(рейтинг наиболее продаваемых музыкальных произведений за определенный период времени)*

hit rate *марк.* доля попаданий *(напр., число рекламных писем, на которые* *будет получен отклик по сравнению с общим количеством разосланных писем)*

hoarding *сущ.* **1)** *эк.* тезаврация, тезаврирование *(накопление денег и ценностей, что, фактически, означает их изъятие из обращения; в отличие от траты, инвестирования или другой формы активного использования денежных средств)* **SEE:** consumption **2) а)** *эк.* запасание; накопление *(напр., товарных запасов)*; затоваривание **EX: The government transactions in international forward markets will also curtail speculative hoarding of stocks by traders during critical times of shortages.** – Операции государства на международном срочном рынке также уменьшат спекулятивное накопление запасов торговцами во время дефицита.; **Large price increases were experienced immediately after the announcement of the embargo, mostly as a result of panic buying and hoarding of stocks.** – Значительный рост цен последовал сразу же за объявлением о введении эмбарго, главным образом вследствие панических закупок и накопления запасов. **б)** *эк., преим. мн.* накопленное, запас **3)** *рекл., брит.* рекламный щит *(особенно расположенный вдоль дороги)*; щит для афиш, плакатов и т. п. **SYN:** advertising hoarding

hobby shop *торг.* магазин «Сделай сам» [«Умелые руки»] *(магазин торгующий сборными и готовыми моделями автомобилей, самолетов, кораблей, военной техники и т. д.)*

hold an audience *марк.* удерживать аудиторию *(привлекать и удерживать внимание потенциальных покупателей на рекламе, презентации товара и т. п.)* **SEE:** consumer appeal

hold negotiations *общ.* = bargain

hold talks *общ.* = bargain

holder *сущ.* **1)** *общ.* держатель; устройство для держания *(чего-л.)* **EX: cigarette-holder** – мундштук **2) а)** *общ.* держатель; владелец *(лицо, которое владеет чем-л. или хранит что-л.)* **EX: British passport holder** – владелец британского паспорта, **holder of a post** – занимающий должность, **holder of pledges** – залогодержатель, **holder of a bank account** – владелец банковского счета **б)** *эк.* арендатор, съемщик **в)** *фин.* акционер, держатель акций **г)** *фин., банк.* держатель, владелец *(собственник векселя, чека или иного подобного инструмента)* **д)** *юр., торг., амер.* держатель *(согласно определению Единообразного торгового кодекса США, применительно к обращающемуся инструменту держателем является лицо, обладающее данным инструментом, или, если это инструмент на конкретного предъявителя, — лицо, являющееся этим конкретным предъявителем; если же речь идет о товарораспорядительном документе, то держателем является лицо, которое обладает товарами, предназначенными для поставки получателю)* **SEE:** Uniform Commercial Code, bearer, document of title

holding fee *марк.* гонорар за право использования *(единовременное вложение средств в рекламный проект, дающее право на его дальнейшее использование (возможно в новом проекте) без повторной оплаты услуг, оказанных создателями и исполнителями)*

holding of stock *фин., амер.* = stockholding

holdover audience *СМИ, рекл.* унаследованная [переходящая] аудитория* *(часть аудитории, продолжившая просмотр/прослушивание данного канала/станции после завершения предыдущей программы, т. е. перешедшая от одной программы данного канала/станции к другой)* **SYN:** inherited audience

hole in the wall **1) а)** *торг., амер., разг.* магазинчик *(часто о магазине, торгующем оружием)* **б)** *торг., амер., разг.* бар, ресторанчик *(маленькое заведение с сомнительной репутацией)* **2)** *банк., брит., разг.* встроенный банкомат *(банкомат, встроенный в стену здания, выходящую на улицу)*

holistic evaluation целостная оценка **а)** *общ.* *(оценка личности, разрабо-*

танного проекта с учетом совокупности всех имеющихся характеристик) **б)** *марк. (оценка результатов рекламной или маркетинговой компании в целом, а не анализ ее отдельных частей)*

Holroyd v Marshall *юр., торг., брит.* «Холройд против Маршала»* *(название судебного прецедента 1862 г., в соответствии с которым при продаже будущих товаров или некоторой партии товаров, часть которой представляют будущие товары, следует руководствоваться нормами права справедливости, а не общего права)* **SEE:** future goods, equity law, equitable assignment, equitable doctrine

home audit *марк.* домашний аудит*, аудит домохозяйств* *(метод исследования потребительских предпочтений, когда опрашивается специально отобранная группа домохозяйств, которая в течение определенного периода отмечала в специальном дневнике, состав и объем своих покупок)* **SEE:** diary technique

home commerce *эк.* = domestic trade

home delivery *торг.* доставка на дом **SEE:** office delivery

home goods *потр.* = household goods

home-made goods *эк.* отечественные товары, товары отечественного производства *(товары, произведенные страной для потребления внутри страны)* **ANT:** foreign goods

home-party selling *марк.* продажа на дому* *(в ходе демонстрации товара группе приглашенных соседей или друзей во время презентаций на дому)* **SYN:** hostess party selling **SEE:** sales party

home sales 1) *торг.* продажа жилья [жилых домов] **2)** *эк.* внутренняя торговля *(на рынке той страны, в которой находится компания)* **SYN:** domestic trade

home sales party *торг.* = sales party

home shopping *торг.* = armchair shopping

home shopping catalogue *торг.* посылочный каталог *(каталог, позволяющий совершать покупки, не выходя из дома; как правило, заказы по каталогу отправляются по почте, а товары получают наложенным платежом)* **SEE:** armchair shopping

home-test *марк.* хоум-тест, тест в домашних условиях *(методика домашнего тестирования продуктов, предназначенная для позиционирования нового товара, проверки восприятия его потребительских свойств и выявления недостатков и преимуществ по сравнению с аналогичными товарами других производителей; каждому респонденту, относящемуся к целевой группе, предлагается протестировать в домашних условиях какой-л. продукт или несколько продуктов (обычно это продукты частого или повседневного использования); упаковка продукта маркирована номерами и не содержит указания на фирму-производителя; через 2-3 дня, при повторном посещении, респондент отвечает на вопросы анкеты, раскрывающие его отношение к данному продукту; также возможно сравнение с аналогичными продуктами и оценка приемлемой цены для протестированного продукта)* **SEE:** hall-test

home video equipment *потр.* бытовая видеотехника **SEE:** consumer electronics, a/v

homemade 1) *общ.* = home **2)** *общ.* самодельный, кустарного производства **SEE:** store, handmade

homes per rating point **сокр.** HPRP *марк.* количество домохозяйств на один пункт (индекса популярности) *(количество домохозяйств, составляющих один процент аудитории)* **SEE:** rating point

homeshopping *торг.* = armchair shopping

homo economicus *мет., лат.* хомо экономикус *(идеальная модель экономического субъекта, поведение которого рационально и характеризуется стремлением получить максимальную выгоду)* **SEE:** logic appeal

homogeneous good *эк.* = homogeneous product

homogeneous market *марк.* однородный рынок *(рынок, на котором основная масса потребителей или все потребители имеют одинаковые потребности, т. е. нуждаются в одном и том же виде товара)* **SEE:** heterogeneous market, mass marketing

homogeneous product *эк.* гомогенный [однородный] товар [продукт] *(товар, все единицы которого идентичны, даже если произведены разными фирмами; отдельные единицы такого товара являются полностью взаимозаменяемыми)* **SYN:** homogeneous good **ANT:** heterogeneous product **SEE:** differentiated product

homogeneous sample *стат.* однородная выборка **ANT:** heterogeneous sample **SEE:** sample

homogeneous shopping goods *марк.* однородные товары предварительного выбора* *(товары примерно равного качества и схожие по дизайну, в результате чего решающим фактором при выборе потребителями одного из таких товаров будет являться цена)* **ANT:** heterogeneous shopping goods **SEE:** shopping goods

homogenisation *сущ.* гомогенизация **а)** *общ. (приведение чего-л. разнородного к состоянию однородности)* **б)** *рекл. (смешивание данных по отклику на рекламу, в результате чего различия в отклике на отдельные составляющие рекламной кампании не могут быть выявлены из-за того, что эти составляющие не получили соответствующих идентификаторов)* **SEE:** key code, keyed advertisement

honor *амер.* = honour

honour

I *сущ. тж. honor* **1)** *общ.* слава, почет, честь; почтение, уважение **EX: to win (an) honour** – заслужить почет, **He is an honour to his school** – Он гордость школы. **2)** *общ.* награды, почести *(ордена, медали, знаки отличия)*

II *гл. тж. honor* **1)** *общ.* почитать, уважать, чтить **EX: Thousands gathered to honour Canadian soldiers killed in Afghanistan.** – Тысячи человек собрались, чтобы почтить память канадских солдат, погибших в Афганистане. **2) а)** *эк.* выполнять *(обязательства и т. д.)* **EX: to honour the terms of the contract** – выполнять условия контракта, **to honour one's commitments** – выполнить свои обязательства **б)** *фин., банк., торг., юр., амер.* заплатить в срок *(по векселю, чеку и т. д.);* акцептовать *(вексель; согласно определению Единообразного торгового кодекса США: заплатить, или акцептовать и заплатить, или, если условия кредитного соглашения обязывают, осуществить покупку или учесть вексель в соответствии с условиями кредитного соглашения)* **EX: to honour a cheque** – оплатить чек **ANT: SEE:** Uniform Commercial Code, accept, discount **3)** *общ.* удостаивать; оказывать честь **EX: he honoured me with an invitation [with his confidence]** – он удостоил меня приглашением [своим доверием]

hoodwink *общ.* надувать, обманывать *(напр., покупателя);* вводить в заблуждение, убеждать

hook 1) *потр.* крючок **SEE:** household goods **2)** *марк., СМИ* «крючок», «наживка», «приманка»; способ привлечения клиента *(покупателя, зрителя, слушателя и т. п.; напр., бесплатный подарок, который прилагается к основной покупке)*

hooker-in *англ., торг.* «зазывала» *(продавец, уговаривающий прохожих посетить магазин)*

horizontal audit горизонтальный аудит **а)** *упр., ауд. (прослеживание отдельного процесса от начала до конца; данный вид аудита позволяет представить и оценить систему функционирования организации в целом, поскольку при отслеживании процесса имеет место наблюдение за деятельностью всех подразделений и реализацией всех направлений и функций ор-*

ганизации, связанных с осуществлением данного процесса; используется в том случае, если все подразделения организации задействованы в осуществлении всех процессов) **SEE:** vertical audit **б)** *марк. (проверка общего функционирования маркетинга фирмы с особым упором на взаимосвязь переменных факторов, воздействующих на деятельность фирмы, и их относительную значимость)* **SEE:** marketing, marketing audit, vertical audit **в)** *ауд. (прием, применяемый дипломированными общественными бухгалтерами при исследовании отчетной деятельности клиента, для того чтобы убедиться, что система внутреннего контроля работает бесперебойно; примером горизонтального аудита является проверка всего процесса заказа/получения [принятия]/учета товаров: определяется правильность размещения заказа, соответствие полученных товаров необходимым параметрам (типу, качеству и т. п.), правильность отражения полученных товаров в балансе)* **г)** *упр., учет (детальная проверка определенного аспекта проверяемой области [объекта], напр., части учетной документации, элемента системы контроля качества, аспекта кадровой политики и т. п.; в данном случае предмет или объект аудита, как правило, выражен одним вопросом, напр., при проверке качества системы обучения и тренировки персонала организации — «Имеют ли все сотрудники право пользования библиотекой и другими источниками информации организации?»; постановка вопросов должна соответствовать установленным стандартам аудита)* **SEE:** vertical audit

horizontal competition **1)** *эк.* горизонтальная конкуренция *(конкуренция между производителями взаимозаменяемых товаров)* **SEE:** vertical competition **2)** *эк.* = spatial competition **3)** *пол.* = interregional competition

horizontal contiguity *рекл., СМИ* горизонтальная смежность* *(принцип покупки нескольких одинаковых по стоимости интервалов рекламного времени, при котором рекламный ролик будет демонстрироваться раз в день в течение всей недели)* **SEE:** vertical contiguity, contiguity rate, contiguity

horizontal cooperative advertising *рекл.* горизонтальная (совместная) реклама *(реклама двух или нескольких предприятий, не являющихся конкурентами, но обслуживающих интересы потребителей одного типа или сегмента рынка)* **SEE:** vertical cooperative advertising, cooperative advertising

horizontal discount *рекл., СМИ* горизонтальная скидка* *(предоставляется рекламодателю, закупившему рекламное время на длительный срок, напр., сразу на год)* **SEE:** vertical discount

horizontal diversification *марк.* горизонтальная диверсификация *(увеличение товарного ассортимента за счет выпуска новых товаров, на которые возможен спрос у существующей потребительской аудитории компании)* **SEE:** concentric diversification, conglomerate diversification

horizontal half page *СМИ, рекл.* горизонтальная полуполоса* *(нижняя или верхняя половина страницы журнала, посвященная рекламе)* **SEE:** horizontal third page, vertical third page, vertical half page

horizontal integration *фин., упр.* горизонтальная интеграция *(слияние компаний, занимающихся одной и той же деятельностью)* **SEE:** vertical integration, antitrust laws

horizontal marketing system *марк.* горизонтальная маркетинговая система *(образование из нескольких предприятий (организаций), схожих по профилю деятельности, но не конкурирующих друг с другом, с целью совместного использования появляющихся при таком сотрудничестве маркетинговых возможностей)* **SEE:** cooperative marketing, vertical marketing system

horizontal price fixing *торг.* горизонтальное фиксирование цен(ы) *(ситуация, когда несколько производителей сходной продукции договариваются о поддержании цены на определенном уровне, действуя как единая монополия; также ситуация, когда несколько фирм-перепродавцов договариваются между собой о поддержании цены на какой-л. товар на определенный уровень)* **SEE:** price fixing, vertical price fixing

horizontal saturation *СМИ, рекл.* горизонтальное насыщение *(закупка одного и того же временного интервала на одной или нескольких станциях в течение ряда дней)* **EX: The success of the Ford 50th Anniversary Show simultaneously telecast on NBC and CBS led to similarly conceived «horizontal saturation» for the 1954 television season with a two-hour spectacular celebrating the 75th anniversary of Thomas Edison's invention of the electric light, appeared on four networks.** – Успех одновременного показа на «Эн-Би-Си» и «Си-Би-Эс» шоу, посвященному пятидесятилетнему юбилею компании «Форд», стал поводом для аналогичной попытки использовать горизонтальное насыщение в телевизионном сезоне 1954 г., когда двухчасовая программа по случаю 75-летней годовщины изобретения Томасом Эдисоном электрического света вышла на четырех каналах. **SEE:** vertical saturation, roadblock, media flighting

horizontal third page *СМИ, рекл.* горизонтальная треть страницы [полосы]* *(рекламное место в печатных изданиях, равное одной трети страницы, разделенной по горизонтали)* **SEE:** vertical third page, vertical half page, horizontal half page

horns effect эффект дурной славы **а)** *марк. (распространение недоверия к торговой марке, которое возникло в ходе потребления одного из продуктов под этой торговой маркой, на другие (в т. ч. новые) продукты этой марки)* **б)** *упр. (занижение оценки работника под влиянием какой-л. его отрицательной черты или характеристики)* **ANT:** halo effect

hosiery *потр.* чулочные [чулочно-носочные] изделия **SEE:** haberdashery, hosiery department

hosiery department *потр., торг.* отдел чулочных изделий **SEE:** hosiery

hostess party selling *марк.* = home-party selling

hostile audience *общ.* враждебная [враждебно настроенная] аудитория *(заранее скептически настроенная по отношению, напр., к проводимой демонстрации товара)* **ANT:** sympathetic audience

hot commodity *марк.* товар повышенного спроса* *(товар, пользующийся большим спросом)* **EX: Our education is hot commodity in the job market.** – Наше образование пользуется большим спросом на рынке труда. **SYN:** hot product **SEE:** commodities in short supply

hot item 1) *марк., сленг* товар нарасхват *(товар, пользующийся огромной популярностью, быстро раскупаемый товар)* **EX: The new toy robot is a hot item this Christmas.** – Новый игрушечный робот идет в это Рождество нарасхват. **2)** *марк.* специальное предложение **SYN:** special offer

hot-line list *марк.* свежий список* *(список имен и адресов, недавно включенных в базу для рассылки рекламы, предложений и т. п.; обычно считается, что это список не старее трех месяцев)* **SEE:** mailing list

hot product 1) *марк.* = hot commodity **2)** *эк.* горячий [нагретый, подогретый] продукт **EX: Pour hot product into sterile half-pint jar, leaving 1/4-inch headspace.** – Налейте подогретый продукт в стерильную банку емкостью в половину пинты, оставив ее незаполненной на четверть дюйма.

hot shop *рекл.* = hotshop

hot storage *торг.* горячее хранение *(хранение, напр., готовых блюд, при постоянном подогревании)* **ANT:** chilled storage, cold storage, frozen storage, deep freeze storage **SEE:** storage, storage temperature

hotelkeeper *сущ. общ.* = innkeeper

hotelman *сущ. общ.* = innkeeper

hotline 1) *марк.* «горячий контакт»* *(имя и адрес лица, недавно совершив-

шего покупку, запрос или пожертвование, которого рассматривают как человека, готового совершить, напр., очередную покупку) **2)** *марк.* горячая линия, справочная линия *(номер телефона, по которому можно получить информацию о рекламируемом товаре или услуге, напр., в период проведения специальной предпраздничной рекламной акции)*

hotshop *рекл.* творческое агентство *(рекламное агентство, предлагающее нестандартные, творческие и комплексные подходы к решению проблем клиента; работают в области рекламы, информационных технологий, организации путешествий и др.)* **SYN:** creative agency, creative hotshop, hot shop

house ad *рекл.* = house advertising

house advertisement *рекл.* = house advertising

house advertising **1)** *рекл.* собственная реклама фирмы, внутрифирменная реклама **2)** *рекл., СМИ* домашняя реклама *(реклама издания, помещенная в нем самом)* **SYN:** house ad, house advertisement, in-house advertising

house agency *рекл.* внутрифирменное (рекламное) агентство, собственное (рекламное) агентство, домашнее рекламное агентство *(рекламное агентство, созданное или приобретенное крупной фирмой для своих нужд; может предоставлять услуги и сторонним компаниям)* **SYN:** in-house agency **SEE:** house advertising

house brand *марк.* = store brand

house-list match *марк.* совпадающая с собственным списком запись* *(имя и другие данные о потребителе (клиенте, полученная из внешнего источника и совпадающая с записью в собственной базе клиентов и потенциальных клиентов фирмы)*

house shop **1)** *торг.* сувенирный магазин *(магазин, расположенный в музее)* **2)** *рекл.* внутренняя фирма *(рекламная фирма, которая принадлежит или контролируется рекламодателем)* **SEE:** house agency

house style *марк.* фирменный стиль *(индивидуальный стиль фирмы, который используется как инструмент продвижения фирмы на рынок, конкуренции, привлечения внимания покупателей)* **SYN:** corporate style

house to house *трансп., торг.* = house-to-house

house-to-house **1)** *эк., торг., марк.* сплошной, поголовный, из дома в дом *(о способе торговли, методах проведения опросов и т. п., при которых производится обход домов на определенной территории)* **2)** *торг.* с доставкой на дом **3)** *трансп.* из дома до дома, от дома до дома *(о методе транспортировки груза, при котором перевозчик принимает груз в помещениях грузоотправителя и доставляет его до помещений грузополучателя)* **SYN:** door-to-door, house to house

house-to-house advertising *рекл.* реклама «в каждый дом» **SEE:** door-to-door advertising

house-to-house distribution *торг.* = door-to-door distribution

house-to-house distributor *марк.* = door-to-door distributor

house-to-house poll *соц.* сплошной опрос населения **EX: The Gallup Organization said its house-to-house poll was conducted by more than 40 questioners, most of them Iraqi citizens directed by survey managers who have helped with other Gallup Polls in the Muslim world.** – Организация Гэллапа заявила, что сплошной опрос населения был проведен более 40 интервьюерами, большая часть из которых – жители Ирака, руководимые менеджерами исследования, которые оказывали помощь в проведении других опросов в мусульманских странах. **SEE:** poll

house-to-house sales *торг.* = door-to-door selling

house-to-house salesman *торг.* = door-to-door salesman

house-to-house sampling **1)** *марк.* домашний сэмплинг, рассылка по домам образцов продукции *(рассылка* *образцов продукции для ознакомления с ней потребителей и стимулирования, таким образом, сбыта)* **2)** *марк., соц.* выборочное обследование населения на дому **EX: The survey of the working age population (18-64 years) involved house-to-house sampling where only one person per household was interviewed.** – Исследование населения трудоспособного возраста (18 - 64 года) включало выборочное обследование на дому, во время которого брали интервью только у одного человека в семье. **SEE:** sample, sampling

house-to-house selling *торг.* = = door-to-door selling

household appliances *потр.* бытовые электроприборы, бытовые приборы, бытовое оборудование, бытовая техника **SYN:** household machinery, domestic electronic equipment **SEE:** household goods, consumer electronics

household articles *потр.* = household goods

household audience *рекл.* аудитория домохозяйств *(семьи, в которых телепрограмму смотрел хотя бы один человек)* **SEE:** audience

household brand *марк.* народная марка, народный бренд *(марка товара или компании, известная широкому кругу людей; напр., Intel, Nokia и т. д.)* **SYN:** household name

household chemistry *потр.* бытовая химия *(моющие, инсектицидные средства и др.)* **SEE:** household goods

household durable goods *марк.* = durable goods

household durables *потр.* = durable goods

household goods *потр.* бытовые товары, предметы домашнего обихода *(одежда, посуда, мебель, техника и др. товары, которые можно найти в каждом доме; используются семьей для своих нужд)* **SYN:** household articles, household necessaries, domestic articles, household supplies, household requirements, home goods, household wares **SEE:** household appliances, tableware, hook, household chemistry, toiletry, manufactured goods, furniture

household machinery *потр.* = household appliances

household name *общ.* общеизвестное имя [название, марка] **EX: Microsoft has became a household name.** – «Майкрософт» стала общеизвестной маркой. **SYN:** household brand **SEE:** international name

household necessaries *потр.* = household goods

household nonresponse *соц.* неответ (неотклик) домашнего хозяйства *(ситуация, когда интервьюер находит адрес домашнего хозяйства, но не получает интервью, т. к. дома никого нет или отсутствуют взрослые, из-за отказа респондентов отвечать на вопросы интервьюера, интервьюер не может добраться до респондентов по причине плохих дорог, наводнений и проч.; домашний «неответ» также происходит, если семья переехала по неизвестному адресу)* **SEE:** nonresponse

household requirements *потр.* = household goods

household supplies *потр.* = household goods

household using radio *СМИ* активное радиосемейство *(количество семей с включенным радиоприемником в данном районе в определенное время по сравнению с общим числом семей, имеющих радио)* **SEE:** household using television

household using television *СМИ* **сокр.** HUT активное телесемейство *(количество семей с включенным телевизором в определенном районе в данное время по сравнению с общим количеством семей, имеющих телевизор)*

household wares *потр.* = household goods

Households Using Television сокр. HUT *марк.* активное телесемейство *(отношение числа домохозяйств, настраивающих свои телевизоры в определенное время на данный телеканал к общему числу домохозяйств, имеющих телевизор)* **EX: Households Using Television rating** – рейтинг популярности телеканалов

housing marketing *марк.* маркетинг жилья *(деятельность по предложению на продажу или в аренду жилищ на одну семью, квартир и прочих жи-*

лых единиц (традиционно проводится с помощью объявлений рубричной рекламы и агентов по торговле недвижимостью); деятельность по изучению потребностей в жилье и предпочтений потенциальных клиентов с целью создания жилья в расчете на ценовые и прочие предпочтения потребителей) **SEE:** place marketing, business site marketing, classified advertising

How to sue in the County Court *юр., торг., брит.* «Как подать иск в суд графства»* *(знаменитая статья, опубликованная Ассоциацией потребителей в 1969 г. в журнале Совета потребителей «Фокус»; инструктировала рядового потребителя, как действовать юридически в случаях, нарушения его прав)* **SEE:** Consumer Council

Howell v Coupland *торг., юр., брит.* «Хауэл против Купленда» *(судебный прецедент 1876 г., ввел подразделении продажи риска на три возможных случая: 1) вероятная продажа товаров, 2) безусловная продажа, 3) продажа чистого риска; третий случай в соответствии с законом «Об азартных играх» 1845 г. считается незаконным)* **SEE:** sale of a spes, contingent sale of goods, unconditional sale, sale of a mere chance, Gaming Act 1845

how-to seminar *марк.* обучающий [практический] семинар *(напр., посвященный рекомендациям, как правильно вложить свои средства, с одновременной презентацией компаний, принимающих вклады)* **SEE:** hands-on seminar, sales seminar

hygiene product *потр., обычно мн.* гигиенические средства, средства гигиены *(средства по уходу за телом, волосами, ротовой полостью: шампуни, дезодоранты, бритвенные принадлежности, крема, пасты и щетки и т. д.)* **SYN:** grooming product **SEE:** personal care items, health product

hype

I *сущ.* **1)** *общ.* обман, мошенничество, пускание пыли в глаза **2)** *рекл., сленг* навязчивая [агрессивная] реклама **EX: hype artist** – создатель [разработчик] агрессивной рекламы **3)** *рекл., СМИ* временная реклама *(радио- или телевизионная реклама для временного привлечения дополнительной аудитории с целью получения, таким образом, более высокого показателя популярности программ на определенный период)* **SYN:** hypo

II *гл. рекл.* крикливо рекламировать, превозносить, расхваливать; продвигать посредством жульничества **EX: Once you've sorted through all they hype, you'll find there are only two good reasons to buy the technology.** – Разобравшись во всей их крикливой рекламе, вы обнаружите только два довода в пользу покупки технологии. **SYN:** hype up **SEE:** hyper

hype up 1) *общ.* стимулировать; возбуждать, волновать **2)** *общ.* превозносить, восхвалять, (активно) пропагандировать что-л. **EX: Why do they hype up an election?** – Зачем они так активно пропагандируют выборы? **3)** *рекл., сленг* обманывать, продвигать посредством жульничества **SYN:** hype

hyped *рекл., сленг* навязчиво [фальшиво] разрекламированный **SYN:** hyped up **EX: I just won't pay good money to see these hyped movies.** – Я не собираюсь платить большие деньги, чтобы посмотреть эти разрекламированные фильмы.

hyped up *рекл., сленг* = hyped

hyper *рекл., сленг* гиперболист* *(человек (часто журналист, публицист), который восхваляет, активно продвигает что-л. или кого-л., используя сомнительные, пускающие пыль в глаза аргументы)* **SEE:** hype

hypermarche *торг., фр.* = superstore

hypermarket *торг.* = superstore

hypo *рекл.* = hype

I

I-am-me *сущ. марк., амер.* «я — это я», «я есть я» *(потребитель который считает, что он отличается от других; обычно это молодые, самовлюбленные, импульсивные люди; одна из групп внутренне управляемых потребителей)* **SEE:** VALS, inner-directed

ICC / ESOMAR International Code of Marketing and Social Research Practice *марк., межд. эк.* Международный кодекс Международной торговой палаты и Европейского общества по изучению общественного мнения и маркетинга по практике маркетинговых и социальных исследований* *(регулирует маркетинговые исследования, направленные на изучение рынков товаров и услуг, включающие систематическое изучение поведения, ожиданий и мнений отдельных людей и организаций, оценку общественного мнения относительно социальных, политических и других процессов; в первоначальном виде разработан в 1948 г.)* **SEE:** International Chamber of Commerce, ICC International Codes of Marketing and Advertising Practices, European Society for Opinion and Marketing Research

ICC Guidelines / Code on Advertising and Marketing on the Internet *марк., рекл., юр., межд. эк.* Указания Международной торговой палаты / Кодекс рекламы и маркетинга в интернете* *(основан на принципах самоуправления и стандартах этики; призван согласовывать на международном уровне деятельность, связанную с рекламой и маркетингом в Интернете; носит рекомендательный характер)* **SEE:** International Chamber of Commerce, ICC International Codes of Marketing and Advertising Practices

ICC International Code of Advertising Practice *марк., рекл., юр., межд. эк.* Международный кодекс рекламной практики* *(принят в 1937 г. в Париже; последняя редакция осуществлена в 1997 г. на Всемирном конгрессе в Шанхае; содержит предназначенное для международной практики унифицированное значение терминов, относящихся к области деловых отношений между покупателями и продавцами)* **SEE:** International Chamber of Commerce, ICC International Codes of Marketing and Advertising Practices

ICC International Code of Direct Marketing *марк., юр., межд. эк.* Международный кодекс прямого маркетинга* *(набор рекомендаций, касающихся поведения физических и юридических лиц в области прямого маркетинга на национальном и международном уровне; применяется как образец для национальных кодексов и для международного согласования законодательства, касающегося прямого маркетинга)* **SEE:** International Chamber of Commerce, ICC International Codes of Marketing and Advertising Practices, direct marketing

ICC International Code of Environmental Advertising *рекл., эк. прир., юр., межд. эк.* Международный кодекс рекламы, связанной с окружающей средой *(рекомендательный документ, обобщающий наилучший опыт рекла-*

мы товаров, который может использоваться при разработке национального законодательства в этой области; принят в ответ на рост законодательных актов, касающихся охраны окружающей среды, и усложнившиеся законодательные требования, связанные с защитой окружающей среды; призван подчеркнуть ответственность бизнеса, затрагивающего проблемы окружающей среды) **SEE:** International Chamber of Commerce, ICC International Codes of Marketing and Advertising Practices

ICC International Code of Sales Promotion *марк., юр., межд. эк.* Международный кодекс продвижения товаров* *(набор рекомендаций в области маркетинговых стратегий, которые могут использоваться странами при разработке национальных законов в области маркетинга; принят в 1973 г.)* **SEE:** International Chamber of Commerce, ICC International Codes of Marketing and Advertising Practices, sales promotion

ICC International Code of Sponsorship *рекл., юр., межд. эк.* Международный кодекс спонсорства *(набор рекомендаций по регулированию спонсорской деятельности на национальном и международном уровне в области искусства, спорта, защиты окружающей среды, образования и некоторых других видов профессиональной деятельности; утверждает незыблемость свободы творчества спонсируемой стороны и ее независимость в этом плане от спонсирующей стороны; перечисляет виды ответственности спонсируемой стороны перед спонсором)* **SEE:** International Chamber of Commerce, ICC International Codes of Marketing and Advertising Practices, sponsorship

ICC International Codes of Marketing and Advertising Practices *марк., рекл., межд. эк., юр.* Международные кодексы по маркетингу и рекламной практике* *(принимаются Международной торговой палатой)* **SEE:** International Chamber of Commerce, ICC International Code of Advertising Practice, ICC International Code of Sales Promotion, ICC International Code of Direct Marketing, ICC International Code of Environmental Advertising, ICC International Code of Sponsorship, ICC / ESOMAR International Code of Marketing and Social Research Practice, ICC Guidelines / Code on Advertising and Marketing on the Internet

iceberg principle принцип айсберга **а)** *рекл., псих. (принцип, согласно которому наиболее сильные потребности и желания потребителей спрятаны глубоко в подсознании; в связи с этим реклама должна воздействовать на уровне подсознания, чтобы быть наиболее эффективной; название происходит от того, что над водой видна примерна одна десятая часть айсберга, а девять десятых скрыто под водой)* **б)** *мет., стат. (теория, согласно которой укрупненная информация (видимая верхушка айсберга) скрывает от пользователя информации детали, необходимые для адекватной оценки ситуации)*

ice-cream cabinet *торг.* холодильный шкаф для мороженого; прилавок для мороженого

ice-cream parlour *торг.* кафе-мороженое

idea advertisement *рекл.* реклама идеи **SEE:** idea advertising

idea advertising *марк.* реклама идей *(в отличие от рекламы товаров; напр., призывы к уплате налогов, проведению референдума, заботе об окружающей среде)* **SEE:** public service advertising, noncommercial advertising, advocacy advertising

idea marketing *марк.* маркетинг идей *(деятельность, целью которой является пропаганда целевой группе определенной идеи; обычно используется применительно к социальным идеям: снижение уровня курения или потребления спиртного, прекращение потребления наркотиков, защита окружающей среды и т. п.)* **SEE:** social marketing

idea screening *упр.* отбор идей *(выявление наиболее удачных идей и отбрасывание идей, непригодных для даль-*

нейшей разработки; напр., процесс рассмотрения идей относительно новой продукции и выбора из них тех, которые будут разрабатываться в дальнейшем)

ideal buyer *марк.* идеальный покупатель *(характеристика покупателя, основанная на субъективном мнении продавца о тех качествах, которые он хотел бы видеть в покупателе своего товара; каждый продавец имеет свой образ идеального покупателя)*

ideal point model *марк.* модель идеальных свойств [идеальных характеристик]* *(модель формирования отношения потребителя к товару, согласно которой потребитель оценивает товар с точки зрения его соответствия неким идеальным характеристикам, определяемым самим потребителем; в отличие от других моделей при таком подходе недостаточно, чтобы продукция просто удовлетворяла ожиданиям потребителя, ее оценка должна быть близка к идеальной)* **SEE:** conjunctive model, disjunctive model, lexicographic model, expectancy-value model, dominance model

identification announcement *СМИ* идентификационное объявление* *(краткое сообщение в эфире с позывными станции)* **SEE:** station identification

identification commercial *СМИ* = station identification

identification label *торг.* идентифицирующая этикетка* *(этикетка, позволяющая установить подлинность, происхождение, законность реализации, сертификации товара)* **SEE:** label

identification of goods *юр., торг., амер.* идентификация товаров *(процесс отождествления товаров с описанными в договоре о продаже; согласно определению Единообразного торгового кодекса США: покупатель получает индивидуализированную собственность и обеспечиваемое (подлежащее страхованию) право на товары посредством определения существующих товаров как товаров, на которые ссылается договор о продаже товаров, даже если определенные таким образом товары не являются, по мнению покупателя, соответствующими этому договору и он сохраняет право отказаться от них)* **SEE:** contract for sale, Uniform Commercial Code, existing goods, conforming to contract

identified goods *торг., юр.* идентифицированные товары* *(реально существующие товары, которые четко определены и оговорены в соглашении о купле-продаже на момент заключения соглашения и зарезервированы для последующего исполнения соглашения)* **SYN:** ascertained goods, specific goods, existing goods **ANT:** unascertained goods **SEE:** sales contract, future goods

illegal goods *торг., юр.* незаконные [нелегальные] товары *(товары, не разрешенные к торговле; список таких товаров устанавливается национальным законодательством; обычно к запрещенным товарам относятся наркотики, оружие, а также товары, подрывающие общественную мораль и нравственность)* **ANT:** legal goods **SEE:** black market, haul, grey market goods

illegal merchandise *эк., юр.* незаконная [запрещенная] продукция *(продукты, которые запрещено производить и продавать)* **EX: You may not sell illegal merchandise, including pirated software and music.** – Вы не имеете права продавать запрещенную продукцию, включая пиратские программы и музыку.

illegal trade *торг.* запрещенная [нелегальная] торговля *(торговля нелегальными (запрещенными) товарами, напр., краденными или контрабандными товарами)* **SYN:** illicit trade **SEE:** illegal goods, smuggling

illicit market *эк.* = black market

illicit sale *торг., юр.* незаконная продажа *(продажа товаров без соответствующей лицензии, продажа контрабандных товаров и т. п.)* **SEE:** black market

illicit trade *торг.* = illegal trade

illuminated *общ.* освещенный, с подсветкой; световой; светящийся; иллюминированный **EX: illuminated panel** – освещенная (рекламная) панель; (рекламный) панель с подсветкой, **illuminated billboard** – световая рекламная панель, световой рекламный щит **ANT:** unilluminated **SEE:** illuminated advertisement

illuminated advertisement *рекл.* световая реклама, иллюминированный рекламный щит *(рекламная конструкция, подсвеченная изнутри или снаружи)* **SEE:** illuminated advertising, light box, spectacular

illuminated advertising *рекл.* световая реклама *(реклама на световых рекламных щитах)* **SYN:** electric advertising, electrical advertising **SEE:** illuminated advertisement, light box, spectacular, electric display, neon sign

illustrated advertisement *рекл.* = display advertisement

image advertising *рекл.* = corporate advertising

image-building advertisement *рекл.* = corporate advertisement

image liner *рекл.* = pop-in

image-maker *марк., соц., пол.* имиджмейкер, имидж-мейкер *(лицо, которое с помощью средств массовой информации и других инструментов паблик рилейшнз создает благоприятный образ компании, продукции, политического деятеля и т. п.)* **SEE:** public relations

image pricing *марк.* = prestige pricing

image vehicle имиджевый автомобиль **а)** *потр. (поддерживающий имидж владельца, напр., подчеркивающий принадлежность к определенному социальному классу)* **SEE:** positional goods **б)** *марк. (автомобиль, являющийся «визитной карточкой» автомобилестроительной компании)*

imaginary product differentiation *марк.* мнимая дифференциация продукта *(различие малозначащих для потребителя характеристик товара, напр., различия в упаковке или геометрической форме товара, которые по сути ничего не прибавляют к полезным свойствам товара)* **ANT:** real product differentiation

imaginative campaign *марк.* творческая кампания *(рекламная кампания, кампания по сбору средств, кампания протеста и т. п., основанная на творческом подходе)* **SYN:** creative campaign **SEE:** fantasy commercial

imitative product *марк.* товар-имитатор* *(новый товар, полностью или частично копирующий уже существующий товар)*

immediate appeal 1) *марк.* немедленное воздействие* *(маркетинговый подход, при котором основной упор делается на первое впечатление, которое производит товар на потребителя)* **2)** *марк.* мгновенная притягательность* *(свойство товара; напр., о товаре с яркой упаковкой)* **SEE:** snob appeal, rational appeal, recreational appeal, mass appeal, masculine appeal, health appeal, game appeal, moral appeal, advertising appeal, price appeal, consumer appeal, marketing appeal, service appeal, sales appeal, emotional appeal, female appeal, sex appeal

immediate delivery *торг.* немедленная поставка; немедленное предоставление услуги **SYN:** prompt delivery

immediate environment *марк.* непосредственное окружение, ближайшее окружение *(элементы или факторы внешней среды фирмы, которые непосредственно влияют на ее деятельность, напр., предложение сырья или спрос на продукцию)* **SEE:** macroenvironment

immediate fulfilment *марк.* немедленное выполнение *(заказа, сделанного по почте, телефону, Интернет и т. д.)* **SEE:** fulfilment

impact advertising *рекл.* направленная реклама *(размещение рекламы в тех средствах массовой информации, где она, вероятно, произведет наибольший эффект, т. е. реклама должна быть размещена так, чтобы как можно больше потребителей ее увидели, запомнили и получили мотивацию для приобретения рекламируемого товара или услуги)*

impact analysis *мет.* анализ воздействия [влияния] *(оценка определенной стратегии, проекта или действия* *с точки зрения положительных и отрицательных эффектов на определенные объекты и процессы, напр., оценка влияния открытия нового предприятия на величину доходов и состояние окружающей среды в районе; в маркетинге термин может относиться, напр., к этапу оценки жизненного цикла товара, на котором анализируется влияние различных вариантов дизайна товара)* **SEE:** product life cycle

impact scheduling *рекл., СМИ* ударное размещение* *(размещение двух роликов на один и тот же товар в непосредственной временной близости друг от друга с целью повышения воздействия на аудиторию)*

impatient customer 1) *ТМО* нетерпеливый клиент [объект] *(клиент (объект), покидающий систему до начала или до завершения обслуживания)* **SEE:** customer **2)** *марк.* нетерпеливый клиент *(клиент, возмущающийся при возникновении очереди или требующий обслужить его немедленно)* **SEE:** exacting customer

implied term *юр.* подразумеваемое условие **а)** *(условие договора, не оговариваемое сторонами, но рассматриваемое судом как необходимое условие для заключение договора или свойственное такому договору по определению)* **SEE:** express term **б)** *торг., брит. (согласно закону «О продаже товаров» 1979 г., регулирующему договор о продаже товаров в системе английского права, подразумеваемые условия договора о продаже товаров включают в себя условие, что товар должен быть идентичным своему описанию, что товар должен быть пригодным для продажи, что товар должен соответствовать цели своего использования; подразумеваемые условия также регулируют продажи товаров по образцам и применение обычаев торгового оборота)* **SEE:** Sale of Goods Act 1979, contract of sale of goods, description, sale by description, merchantable quality, particular purpose, sale by sample, trade usage, implied warranty

implied warranty подразумеваемая гарантия **а)** *юр. (гарантия, которая возникает в момент совершения сделки, хотя юридически и не оформлена, напр., гарантия соответствия товара определенному назначению, гарантия безопасности использования товара по назначению и т. п.)* **б)** *торг., юр. (содержащееся в законе указание на то, что производитель несет ответственность за бракованный товар или за нанесенный потребителю ущерб в результате использования товара, даже если нет определенного документа, устанавливающего такую ответственность)* **SEE:** express warranty, product warranty, implied term

import

I *сущ.* **1)** *межд. эк.* импорт, ввоз, импортирование *(ввоз в страну товаров и услуг из-за границы; покупка резидентами товаров и услуг у нерезидентов)* **EX: import of goods [services]** – импорт товаров [услуг] **SEE:** import purchases, contraband **2)** *мн., межд. эк.* статьи [предметы] импорта [ввоза] *(ввозимые товары, услуги, капитал и т. п.)* **EX: temporary imports** – временно ввозимые товары **3)** *мн., межд. эк., стат.* объем [стоимость, сумма] импорта *(стоимость или количество экспортированных товаров; также название разделов в статистической или финансовой отчетности, в которых отражается информация о величине импорта за период)* **SEE:** export

II *гл.* **1)** *межд. эк.* ввозить, импортировать *(покупать товары или услуги за границей)* **EX: to import goods into the UK** – ввозить товары в Великобританию **ANT:** export **2)** *общ.* вносить, привносить **3)** *комп.* импортировать *(напр., базу данных)*

import distributor импортер-дистрибьютор *(лицо, закупающее у иностранного производителя крупные партии товаров, а затем перепродающее данные товары отечественным розничным торговцам)* **SEE:** import wholesaler, export distributor

import invoice *торг., учет* импортный счет-фактура *(счет-фактура, полученный импортером от иностранного продавца, т. е. счет-фактура на импортируемый товар)* **SEE:** invoice, export invoice, import purchases

import products *межд. эк., торг.* импортные товары, импортная продукция *(товары, приобретенные у иностранных поставщиков)* **SEE:** import purchases, export products

import purchases *межд. эк., торг.* импортные закупки, закупки по импорту *(закупки товаров у иностранных поставщиков)* **SEE:** international sale, import products, export sales

import trade *межд. эк., торг.* импортная торговля *(покупка товаров у иностранных поставщиков)* **SEE:** export trade

import wholesaler *межд. эк., торг.* импортер-оптовик, оптовик-импортер *(оптовый торговец, закупающий крупные партии иностранного товара с целью последующего распространения на внутреннем рынке)* **SEE:** import distributor

importable *прил. межд. эк., торг.* импортируемый*, импортабельный* *(могущий быть предметом импорта/ввоза; разрешенный к ввозу)* **EX: Goods, which are importable without any restriction, may be imported by any person whether he is an actual user or not.** – Товары, которые разрешены к ввозу без каких-л. ограничений, могут импортироваться любым лицом, независимо от того, является ли оно конечным пользователем или нет.

importer distributor *межд. эк., торг.* = import distributor

imprint dealer *рекл.* реквизиты рекламного агента* *(информация о рекламной компании, размещенная на рекламном плакате)*

improved product *марк.* усовершенствованный [улучшенный] продукт; усовершенствованное [улучшенное] изделие

impulse buy *марк.* = impulse purchase

impulse buyer *марк.* импульсивный покупатель *(покупает что-л., как только увидит, а не потому, что запланировал покупку данного товара)* **SEE:** impulse goods

impulse buying *марк.* = impulse purchasing

impulse goods *марк.* товары импульсной покупки [импульсного приобретения] *(товары, покупка которых заранее не планировалась, а была совершена на месте под влиянием вида товара или сообщения о нем; напр., покупка шоколада и журналов, разложенных рядом с кассой)* **SYN:** point-of-purchase goods **SEE:** convenience goods, shopping goods

impulse item *марк.* = impulse product

impulse product *марк.* товар импульсной покупки **SEE:** impulse goods

impulse purchase *марк.* импульсивная покупка *(вещь, приобретенная по импульсу, приобретение которой не было запланировано)* **EX: In more simple terms, an impulse purchase happens when a purchase decision is made entirely within the store itself.** – Проще говоря, импульсивная покупка происходит тогда, когда решение о приобретении товара сделано прямо в магазине. **SYN:** impulse buy

impulse purchasing *марк.* импульсивная покупка *(покупательское поведение, при котором покупатель приобретает вещь, которую только что впервые увидел и приобретение которой не было запланировано)* **SYN:** impulse buying **SEE:** impulse purchase, impulse goods, impulse buyer

in-ad coupon *рекл.* = advertising coupon

in bad shape 1) *общ.* в плохом состоянии *(напр., о здании, сооружении и т. д.; о ситуации на рынке или в отрасли и т. д.)* **2)** *общ.* в плохой форме *(материальной, физической, духовной - о человеке)* **ANT:** in good shape

in bulk 1) *торг.* оптом, большими партиями; в большом объеме [количестве] **EX: to purchase in bulk** – покупать [закупать] оптом [в большом количестве] **2)** *трансп.* без упаковки; насыпью, внавалку, навалом; наливом *(термин относится к способу транспортировки грузов, при котором груз не расфасовывается в мешки, контейнеры или другие *индивидуальные упаковки)* **EX: They could carry grain in bulk rather than sacks or barrels.** – Они могли бы перевозить зерно навалом, а не в мешках или бочках. **Vessel designed to carry chemicals in bulk.** – Транспортное средство приспособлено для перевоза химикатов наливом. **SEE:** bulk cargo

in good order 1) *общ.* в исправном состоянии *(напр., об оборудовании, находящемся в хорошем рабочем состоянии)* **EX: The brakes are in good order.** – Тормоза исправны. **SYN:** in good repair **ANT: 2)** *общ.* правильно, должным образом, соответствующе *(в соответствии со стандартами и нормами)* **EX: to work in good order** – работать должным образом

in good repair *общ.* = in good order

in good shape 1) *общ.* в хорошем состоянии *(напр., о здании, сооружении и т. д.; о ситуации на рынке или в отрасли и т. д.)* **EX: The school building is in good shape.** – Здание школы находится в хорошем состоянии. **The river bridge is in good shape.** – Мост через реку находится в хорошем состоянии. **The market is in good shape.** – На рынке сложилась благоприятная ситуация. **The Philippine mining industry is in good shape.** – Добывающая промышленность на Филиппинах пребывает в хорошем состоянии. **2)** *общ.* в хорошей форме *(материальной, физической, духовной — о человеке)* **EX: He is in good shape for the race.** – Он в достаточно хорошей физической форме, чтобы участвовать в гонке. **His heart is in good shape.** – У него здоровое сердце. **She is in good shape as a result of taking regular exercise.** – Она в хорошей форме благодаря регулярным занятиям спортом. **She owns a house and it sounds like her finances are in good shape.** – У нее есть дом, и, кажется, в финансовом плане у нее все в норме. **ANT:** in bad shape

in-flight service 1) *торг., трансп.* обслуживание в полете, обслуживание в самолете, сервис в воздухе *(напр., предоставление пассажирам самолета еды и напитков, журналов, видеофильмов и т. д.)* **2)** *торг., трансп.* услуга в самолете

in-home *общ.* домашний *(находящийся дома; проводимый на дому)* **EX: equipment for in-home use** – оборудование для домашнего использования **SEE:** in-home media, in-home test, armchair shopping, at-home audience, direct to home retailing, out-of-home

in-home audience *рекл.* = at-home audience

in-home media *рекл.* домашние средства рекламы* *(которые можно увидеть, услышать или прочитать дома; напр., телевидение, радио или газеты, в отличие от наружных рекламных щитов, рекламы на транспорте и т. п.)* **SEE:** out-of-home media

in-home retailing [selling] *торг.* = direct to home retailing

in-home shopping *торг.* = armchair shopping

in-home test *общ.* домашний тест *(тест, проводимый на дому у участника исследования, а не в каком-л. общественном месте, напр., магазине)*

in-house *эк.* внутренний, собственный; внутрифирменный *(выполняемый, размещенный или существующий в пределах данной организации, напр., об обучающей программе только для работников данного предприятия, служебном документе, выполненной собственными силами работе и т. п.)* **EX: in-house document** – внутренний [служебный] документ, **in-house staff** – собственный [внутренний] персонал **SYN:** inhouse **SEE:** in-house research, house advertising, house agency, sales party

in-house advertising *рекл.* = house advertising

in-house agency *рекл.* = house agency

in-house party *торг.* = sales party

in-house research *соц., марк.* внутреннее [самостоятельное] исследование *(исследование, которое проводится заинтересованной в информации организацией самостоятельно, а не через специализированное исследовательское агентство)* **EX: Our research team of over 65 investment professionals is responsible for all in-house research.** – Наша команда аналитиков, состоящая из более чем 65 профессионалов, проводит все самостоятельные исследования компании. **Before purchasing the land, an in-house research team was sent to do comparative and competitive market analysis.** – Перед покупкой земли собственная группа исследователей была отправлена для осуществления сравнительного и конкурентного рыночного анализа. **SEE:** in-house

in its present condition *торг., юр.* = as is

in lots *торг.* = by lots

in-pack coupon *марк.* купон внутри упаковки, купон в упаковке *(товара)* **ANT:** on-pack coupon **SEE:** premium pack, in-pack premium, package enclosure

in-pack premium *марк.* премия внутри упаковки* *(напр., подарок или купон на получение подарка, купон на скидку, находящийся внутри упаковки товара)* **SYN:** package enclosure **ANT:** on-pack premium **SEE:** in-pack coupon, premium pack, with-pack premium

in-process storage 1) *торг.* хранение полуфабрикатов, хранение запасов промежуточных продуктов **2)** *торг.* склад полуфабрикатов **SYN:** work in process store **SEE:** storage

in-stock *прил. торг.* имеющийся в запасе, имеющийся в наличии (на складе), на руках *(о товарах, которые в настоящий момент есть у данного лица)* **EX: In-stock items will be shipped immediately (within 48 hours or less) and any backordered items will be delivered as soon as possible.** – Имеющиеся на складе товары будут отгружены немедленно (в течение 48 часов или менее), а товары, не имеющиеся в данный момент на складе, будут поставлены как только это будет возможно. **SYN:** instock **SEE:** out of stock, ex-stock

in-store *торг.* торговый, внутримагазинный *(располагающийся или действующий в помещении магазина)* **EX: The Internet buyer is part of a new class of consumers. They are not your typical in-store buyer.** – Покупатели товаров через интернет являются совершенно новым типом покупателей. Они абсолютно не похожи на обычных покупателей, приобретающих товары в магазине. **SEE:** in-store advertising, in-store merchandising, in-store display, in-store bank, in-store consultant, in-store demonstration, in-store refrigeration, in-store promotion, in-store selling

in-store advertising *рекл.* внутримагазинная реклама *(реклама в витрине магазина, в проходах, на тележках для покупок; на видеоэкранах, установленных в магазине)* **SYN:** store advertising **SEE:** aisle advertising, shopping cart, show-window advertising

in-store availability *торг.* наличие товара в магазине **EX: Our online database does not reflect store stock. Please consult our stores directly to determine in-store availability for any item.** – Наша электронная база не отражает запасов магазинов. За справками о наличии конкретных товаров обращайтесь, пожалуйста, непосредственно в магазины.

in-store bank *торг., банк., брит.* банк в магазине* *(отделение банка или финансовой компании, открытое в универмаге и обслуживающее клиентов в часы работы магазина)* **SEE:** point-of-sale terminal

in-store consultant *торг.* торговый консультант, консультант в магазине *(сотрудник магазина, разъясняющий покупателям все вопросы касающиеся, напр., преимуществ и недостатков различных видов продукции, помогая им в совершении полезной покупки)*

in-store coupon *торг.* торговый купон* *(купон, дающий право на получение скидки при покупке в магазине, может выдаваться в самом магазине, печататься в газетах и т. д.)*

in-store demonstration *торг.* демонстрация товара *(предполагает демонстрацию товара в действии непосредственно в торговом зале магазина)*

in-store display *торг.* внутреннее рекламное оформление *(размещение рекламных стендов, витрин, демонстрирующих товары, плакатов и др. видов рекламы внутри магазина)* **SYN:** inside display, interior display, point-of-purchase display **SEE:** in-store demonstration, assortment display, ceiling display, window display, shelf display, counter display, display area, store layout

in-store merchandising *марк.* внутримагазинное выкладывание* [продвижение]* *(деятельность, имеющая своей целью сделать товар более заметным и расположить его удобнее для покупателя)* **EX: In-store merchandis-**

ing is essential to promote product differentiation and capture the consumer's attention. – Внутримагазинное выкладывание крайне важно для повышения степени дифференциации продукта и привлечения внимания потребителя. **SYN:** merchandising **SEE:** merchandise, point-of-purchase

in-store promotion *марк.* внутримагазинное стимулирование сбыта* *(мероприятия по стимулированию сбыта, проводимые непосредственно в торговом зале магазина)* **SEE:** below-the-line advertising, in-store demonstration

in-store refrigeration *торг.* система охлаждения*, рефрижерация в магазине* *(система оборудования магазина, предназначенного для наилучшего хранения продуктов питания, требующих охлаждения или замораживания)*

in-store selling *торг.* магазинная торговля **SEE:** non-store selling

in the pipeline 1) *упр.* «в процессе», «на подходе» *(о проекте в процессе рассмотрения и оценки)* **EX: Another project in the pipeline is a 600,000 dollar plan for a computerised mobile bank system in Ghana.** – Другой разрабатываемый проект – это проект по созданию компьютеризированной мобильной банковской системы в Гане, требующий инвестиционных вложений в размере $600.000. **2)** *марк., фин.* «в канале», «в процессе», «на подходе» *(о товарах, которые находятся в процессе разработки и вскоре поступят на рынок; о ценных бумагах в процессе организации андеррайтинга и т. п.)* **EX: Now, a new series of products is in the pipeline.** – В настоящее время готовится к выходу новая серия товаров.

in-transit lead time *торг., упр.* время на транспортировку* *(промежуток времени между отгрузкой товара поставщиком и получением этого товара покупателем)* **SEE:** lead time

in-transit lead-time *торг., упр.* = in-transit lead time

in-transit storage *торг., трансп.* = storage in transit

inbound telemarketing *марк.* входящий телефонный маркетинг *(прием заказов на товар (каталоги, рекламные материалы) по телефону, ответы на вопросы действительных или потенциальных клиентов по телефону, прием жалоб и претензий по телефону, получение обратной связи от клиентов по телефону, телефонная служба работы с клиентами и т. д.)* **SEE:** outbound telemarketing, customer service

incentive close *марк.* стимулирующее завершение* *(метод завершения переговоров с потенциальным клиентом, при котором торговый представитель, чтобы убедить потенциального покупателя совершить покупку, предлагает что-нибудь в добавку к самому товару (формально — бесплатно), напр., предлагает какое-нибудь дополнительное приспособление к основному товару или дополнительную единицу товара)* **SEE:** assumptive close, adviser approach, emotional close, puppy-dog close

incentive marketing *марк.* стимулирующий маркетинг *(маркетинговая деятельность, направленная на создание дополнительных стимулов для покупки, помимо необходимости или желания приобрести товар; напр., предложение подарков покупателям)* **SYN:** stimulating marketing **SEE:** advertising gift, promotional advertising

incentive pricing стимулирующее ценообразование **а)** *марк.* *(установление льготной цены для потребителей, отвечающим определенным критериям, с целью стимулирования определенного поведения потребителей, напр., скидки клиентам, покупающим продукцию в большом объеме, тщательно сортирующим почту перед отправкой и т. п.)* **б)** *эк.* *(установление цены таким образом, чтобы стимулировать снижение расходования какого-л. ресурса, напр., экономию воды или электроэнергии)* **в)** *банк.* *(установление цен на банковские услуги таким образом, чтобы стимулировать использование определенных услуг, напр., установление более низкой платы за операции по *получению наличных денег с помощью банковских автоматов и более высокой за выписку чеков)*

income demand elasticity *эк.* = income elasticity of demand

income elasticity of demand *эк.* эластичность спроса по доходу *(коэффициент, характеризующий степень чувствительности спроса к изменению дохода; определяется как соотношение между относительным изменением величины спроса и относительным изменением дохода)* **SYN:** income demand elasticity **SEE:** price elasticity of demand, cross elasticity of demand

income segment *марк.* сегмент с определенным доходом* *(группа потребителей с определенным уровнем дохода)* **SEE:** income segmentation, market segment

income segmentation *марк.* сегментация [сегментирование] по уровню доходов, сегментация [сегментирование] по доходам *(разбиение потребителей на группы по уровню дохода)* **SEE:** market segmentation, income segment

income-sensitive good *марк.* доходочувствительный [доходочуткий] товар* *(товар, спрос на который сильно зависит от уровня доходов потребителей)* **SEE:** price-sensitive product, income elasticity of demand

income-sensitive product *марк.* = income-sensitive good

incoming Wide-Area Telephone Service *марк.* = Inward Wide-Area Telephone Service

incomplete delivery *торг.* неполная поставка, недопоставка *(доставка не всех видов или неполного количества заказанных товаров)* **SYN:** short delivery **SEE:** delivery item, volume of delivery, defective delivery, delivery contract

Incorporated Society of British Advertisers **сокр.** ISBA *рекл., брит.* Ассоциация британских рекламодателей *(основана в 1900 г. и представляет интересы рекламодателей перед государством, средствами массовой информации, рекламными агентствами и общественностью)*

Incoterms **сокр. от** International Commercial Terms *межд. эк., торг., страх.* Инкотермс, «Международные коммерческие условия» *(ряд терминов, определяющих условия поставки и момент перехода ответственности от стороны к стороне; условно делятся на четыре группы: условия, согласно которым производитель отпускает товары на условиях самовывоза с территории продавца (группа E-условий (E-terms), напр., франко-завод); условия, согласно которым производитель обязан доставить товар к указанному покупателем перевозчику (группа F-условий (F-terms), напр., свободно на борту, франко-перевозчик); условия, согласно которым продавец организует и оплачивает перевозку, но не несет ответственности за повреждения товара после отгрузки и отправки (группа C-условий (C-terms), напр., СИФ); условия, согласно которым продавец обязан доставить товар в указанное покупателем место назначения (группа D-условий (D-terms), напр., «доставлено, пошлина оплачена»); разрабатываются и публикуются Международной торговой палатой, первая публикация была произведена в 1936 г.)* **SYN:** International Rules for the Interpretation of Trade Terms **SEE:** ex works, free carrier, free alongside ship, free on board, cost and freight; cost, insurance, freight; CPT, CIP, delivered at frontier, delivered ex ship, delivered ex quay, delivered duty unpaid, delivered duty paid, free on truck, free on quay, International Chamber of Commerce

incremental discount *эк.* скидка за прирост *(напр., скидка, предоставляемая изданием рекламодателю в случае опубликования им в текущем году большего объема рекламы по сравнению с предшествующим годом, либо скидка, предоставляемая организатором образовательных курсов за каждого дополнительного слушателя сверх некоторого минимального числа слушателей курса из данной организации-заказчика; является одним из видов скидки за количество)* **SEE:** quantity discount

incremental spending *рекл., учет* приростные расходы*, расходы, определяемые объемами продаж* *(метод составления рекламного бюджета, допускающий увеличение или снижение затрат на рекламу прямо пропорционально объемам продаж)* **SEE:** competitive-parity method

indefinite delivery contract *эк.* неопределенный контракт на поставку* *(контракт на поставку, в котором отсутствует точное указание на некоторые условия договора: количество или структура поставляемых товаров, сроки поставок и пр., напр., контракт, по которому данный поставщик имеет право на осуществление всех поставок для данного клиента в течение определенного времени)* **SEE:** requirements contract, indefinite delivery type contract, indefinite quantity contract

indefinite delivery type contract *эк.* контракт с неопределенным сроком поставки* *(контракт на поставку каких-л. товаров, в котором не указывается точной даты поставки)* **SEE:** indefinite delivery contract

indefinite quantity contract *эк.* контракт с неопределенным количеством* *(контракт, в котором не указывается точное количество товаров, которое должное быть поставлено данному клиенту, а устанавливается только срок, в течение которого данный поставщик обязуется выполнять все заявки данного клиента на данный товар, или устанавливаются максимальный и минимальный объем будущих поставок)* **SEE:** indefinite delivery contract

indent

I *сущ.* **1)** *торг., преим. брит.* индент, заказ *(на покупку товаров, особенно, заказ, размещаемый импортером у зарубежного поставщика или торгового посредника);* ордер, требование **EX: Stores send indents to purchase based on inventory levels determined in accordance with usage and delivery lead times.** – Магазины отправляют заказы на покупку, исходя из уровней запасов, определенных в соответствии с объемами потребления и сроками осуществления поставок. **SEE:** closed indent, open indent, indent agent **2)** *общ.* выемка *(вырез в кромке предмета; углубление прямой или угловой формы)* **3)** *полигр.* абзац, отступ *(в печатном тексте)* **EX: the indent on the first line of the first paragraph** – отступ в первой строке первого параграфа **4)** *юр., эк.* индент *(документ, составленный в двух или более экземплярах)* **5)** *гос. фин., амер., ист.* требование* *(долговой сертификат, выпускавшийся в США во времена американской войны за независимость)*

II *гл.* **1)** *общ.* высекать, выдалбливать; **2)** *эк., юр.* составлять документ в двух или более экземплярах **3)** *полигр.* делать абзац [отступ], начинать с красной строки **EX: Use the tab key to indent for paragraphs.** – Используйте клавишу «tab», чтобы делать отступы перед абзацами. **4)** *торг.* выписывать заказ [ордер, требование] *(на товары)* **EX: If you are not free to go to China to buy yourself, you may engage us to indent the goods for you.** – Если вы не можете сами приехать в Китай для осуществления закупок, вы можете нанять нас для размещения заказов от вашего имени.

indent agent *торг.* индент-агент *(торговый агент, ведущий на комиссионной основе операции по продаже товаров, поступающих от иностранного поставщика)* **SEE:** indent

independent goods *марк.* независимые товары *(товары, изменение цены на один из которых не приводит к изменению спроса на другой, т. е. товары, не обнаруживающие отношения взаимозаменяемости и взаимодополняемости между собой)* **SEE:** complementary goods

independent retailer *торг.* = independent store

independent sales organization **сокр.** ISO *торг., фин.* независимая продающая [обслуживающая] организация* *(самостоятельная организация, не аффилированная с банком-эквайером, но осуществляющая от его имени *обслуживание кредитных карт)* **SYN:** independent service organization **SEE:** merchant service provider

independent service organization **сокр.** ISO *торг., фин.* = independent sales organization

independent shop *торг.* = independent store

independent store **1)** *торг., амер.* независимый магазин* *(по классификации компания «Эй-Си Нильсен»: отдельный магазин или небольшая сеть магазинов, состоящая из не более чем трех филиалов)* **SEE:** chain store, ACNielsen company **2)** *торг.* частный магазин *(торговая фирма, представленная только одним магазином, находящимся в собственности и под управлением индивидуального предпринимателя, в отличие от сети магазинов)* **SYN:** independent shop, independent retailer, independent trader **SEE:** store chain, chain store **3)** *СМИ, разг.* независимая станция

independent trader **1)** *бирж.* независимый трейдер* *(один человек, самостоятельно занимающийся торговлей на бирже, в отличие от фирмы)* **SEE:** exchange **2)** *торг., брит.* = independent store

indifference barrier *марк.* барьер безразличия *(явление, существующее тогда, когда покупка совершается по привычке, чтобы сберечь время и энергию, без какой-л. связи с рекламой)*

indifference curve кривая безразличия *эк.* *(кривая, показывающая различные комбинации двух товаров, которые имеют одинаковую полезность для потребителя; как правило, кривые безразличия имеют отрицательный наклон и вогнуты в сторону начала координат; точная форма зависит от характера взаимоотношения двух благ: их заменяемости, дополняемости или нейтральности)* **SYN:** consumer's indifference curve **SEE:** complementary goods, independent goods

indirect action advertising *рекл.* реклама косвенного действия *(создается исходя из стремления стимулировать спрос в течение более длительного периода; такая реклама информирует покупателей о существовании продукции, обращает внимание на ее преимущества, заявляет о том, где продукцию можно приобрести, напоминает покупателям о целесообразности повторных покупок)* **SEE:** direct response advertising

indirect exposure **1)** *общ.* косвенное воздействие *(в общем смысле: воздействие какого-л. вещества, явления и т. п. на что-л. или кого-л. через промежуточное звено, посредника)* **2)** *рекл.* косвенное воздействие *(воздействие рекламы, оказанное на данное лицо не непосредственно при просмотре/прослушивании рекламы, а в результате общения данного лица с другим лицом, которое видело/слышало эту рекламу)* **ANT:** direct exposure

indirect interview *соц.* = non-directive interview

indirect media *связь, рекл.* косвенные [непрямые] средства информации*, групповые средства коммуникации* *(воздействующие на большие аудитории сразу и не используемые для личных контактов, напр., радио, телевидение, газеты)* **ANT:** direct media

indirect product information *марк.* косвенная информация о товаре* **а)** *(полученная не напрямую от компании-производителя или дистрибьютора; напр., полученная из различных публикаций, от потребителей данного товара и т. д.)* **б)** *(ассоциативная информация о товаре)* **SEE:** direct product information

indirect promotion *марк.* косвенное [непрямое] продвижение товара, косвенное стимулирование продаж *(продвижение товара с помощью средств массовой информации, напр., радио, телевидения и т. п.; позволяет охватить сразу большее число потребителей)* **ANT:** direct promotion

individual advertising *рекл.* индивидуальная реклама **а)** *(реклама от имени отдельных лиц, напр., объявления о продаже чего-л., о поиске работы в разделе рубричной рекламы)* **SEE:** classified advertising **б)** *(способ рекламы, при котором происходит передача информации непосредственно от человека к человеку, напр., рекламные сообщения коммивояжеров)* **в)** *(реклама товаров, проводимая компанией самостоятельно, в отличие от совместной рекламы)* **SEE:** cooperative advertising

individual brand *марк.* индивидуальная (торговая) марка *(торговая марка, используемая только для одного товара в группе товаров или в товарной линии)* **SEE:** family brand, corporate brand, individual brand name

individual brand name 1) *марк.* индивидуальное марочное название *(часть марочного названия, которая является торговой маркой данного товара в группе товаров компании или в товарной линии; обычно следует после семейственного марочного названия; напр., в торговой марке «Holden Commodore» Holden является семейственным марочным названием, а Commodore — индивидуальным марочным названием)* **SEE:** individual brand **2)** *марк.* = single brand name

individual buyer *торг.* индивидуальный покупатель, отдельный покупатель *(в отличие от группы покупателей; как правило товар приобретается для личных нужд, а не для нужд организации)* **SEE:** buyer group

individual commodities *торг.* отдельные товары* *(конкретные товары, входящие в партию товара, ассортиментную группу или ассортимент или любую другую совокупность различных товаров)* **SEE:** commodity line, product assortment

individual consumer 1) *марк.* индивидуальный потребитель, отдельный потребитель *(потребитель, рассматриваемый отдельно от других (не в массе потребителей), с учетом присущих именно ему интересов, предпочтений, привычек и др. характеристик)* **2)** *марк.* индивидуальный потребитель *(физическое лицо, являющееся потребителем товара (услуги), в отличие от юридического лица)* **EX: Commodities are ready for sale to the final user, either an individual consumer or business firm.** – Товары готовы к продаже конечному потребителю, будь то индивидуальный потребитель или предприятие. **SEE:** business customer

individual goods *эк.* = private goods

individual interview *соц.* индивидуальное интервью, индивидуальная беседа *(интервью с одним респондентом; различаются по времени (от нескольких минут до нескольких часов) и по месту проведения (дома у респондента или в другом месте)* **EX: The individual interview method was determined to be more appropriate for this assessment than focus groups or other methodologies for a number of reasons.** – По ряду причин метод индивидуального интервью был более приемлем для решения этой задачи, чем фокус-группы или другие методики. **SEE:** interview

individual service *марк.* = personal service

indoor advertising *рекл.* внутренняя реклама *(реклама, размещенная внутри зданий, помещений, сооружений)* **ANT:** outdoor advertising **SEE:** transit advertising

indoor storage *торг.* = covered storage

industrial advertisement *рекл.* = business advertisement

industrial advertising *рекл.* = business-to-business advertising

industrial advertising agency *рекл.* агентство деловой [промышленной] рекламы* *(рекламное агентство, специализирующееся на рекламе товаров промышленного назначения)*

industrial art *марк.* = commercial art

industrial buyer 1) *эк.* промышленный покупатель, покупатель от организации **2)** *марк.* = industrial consumer **SYN:** manufacturing buyer

industrial commodities *эк.* = industrial goods

industrial consumer *эк.* промышленный [производственный] потребитель, покупатель промышленных товаров *(покупающий товары для использования их в процессе производст-*

ва, напр., покупатель сырья, полуфабрикатов) **SYN:** industrial user **SEE:** industrial goods, intermediate consumer

industrial distributor *торг.* промышленный дистрибьютор *(оптовая фирма по сбыту товаров промышленного назначения)*

industrial exhibition *рекл.* промышленная выставка *(выставка продукции промышленных компаний)* **SYN:** industrial exposition

industrial exposition *пром., рекл.* = industrial exhibition

industrial film *рекл., СМИ* промышленный фильм* *(снятый в целях рекламы товаров промышленного производства или назначения)*

industrial franchise *юр., пат., торг.* производственный франчайзинг *(организация производства определенного вида продукции, при котором фирма, обладающая технологией изготовления готового продукта, передает права на использование этой технологии отдельным производителям; одним из представителей производственного франчайзинга является компания «Кока-кола», которая, как правило, не ведет строительства заводов, а продает рецепт напитка и право использования всемирно известной марки)*

industrial goods *эк.* товары производственного назначения, промышленные товары *(товары, прямо или косвенно используемые в производстве других товаров, напр., различные сырьевые материалы, станки и оборудование, здания и сооружения и т. д.; продаются не конечным потребителям, а производителям)* **SYN:** business products, production goods, producer goods, producers goods, industrial commodities **ANT:** consumer goods **SEE:** industrial consumer, industrial buyer, business-to-business advertising

industrial market *марк.* = producer market

industrial marketer 1) *эк.* продавец товаров промышленного назначения **2)** *марк.* специалист по промышленному маркетингу **SEE:** industrial marketing

industrial marketing 1) *марк.* промышленный маркетинг *(маркетинг товаров промышленного назначения)* **2)** *марк.* = organizational marketing **SEE:** consumer goods marketing

industrial marketing research *марк.* = business-to-business research

industrial sales *торг.* промышленные продажи *(объем продаж потребителям промышленного сектора)*

industrial salesman *торг.* = industrial seller

industrial seller *марк.* продавец промышленной продукции *(товаров промышленного назначения)*

industrial selling *марк.* продажа товаров промышленного назначения *(сбыт товаров для потребителей промышленного сектора)* **SEE:** industrial goods, industrial seller

industrial store 1) *торг.* внутренний магазин*, фабричный магазин* *(магазин при производстве для обслуживания работников предприятия)* **SYN:** company store **2)** *эк.* промышленный склад *(склад промышленной продукции)*

industrial user *марк.* = industrial consumer

industry *сущ.* **1)** *эк.* промышленность, промышленный сектор, индустрия *(совокупность отраслей, занимающихся производством средств производства и предметов потребления, а также добычей природных богатств и их дальнейшей обработкой)* **EX: I believe there will be more jobs created with the advancement of technology in our industry and agriculture.** – Я верю, что внедрение новых технологий приведет к созданию дополнительных рабочих мест в промышленности и сельском хозяйстве. **The company combines producing with processing and selling, connecting trade, industry and agriculture.** – Эта компания объединяет производство сельскохозяйственной продукции с ее обработкой и продажей, таким образом объединяя в себе торговлю, промышленность и сельское хозяйство. **SEE:** heavy industry, light industry **2)** *эк., стат.* отрасль экономики; отрасль промышленности *(сфера экономической деятельности, связанная* *с обеспечением близкими или родственными товарами/услугами)* **EX: aircraft industry** – авиационная промышленность **SEE:** industry structure **3)** *эк.* отрасль *(в экономической теории: совокупность фирм, производящих один продукт)* **SYN:** market

industry advertising *рекл.* реклама отрасли, отраслевая реклама *(реклама определенной отрасли экономики, напр., легкой или пищевой промышленности)*

industry campaign *марк.* = collective campaign

industry structure **1)** *эк.* структура промышленности *(по 1-му значению industry)* **EX: British industry structure** – структура британской промышленности **2)** *эк.* структура отрасли *(по 2-му значению industry)* **EX: gas industry structure** – структура газодобывающей отрасли, **steel industry structure** – структура сталелитейной отрасли **3)** *эк.* = market structure *(по 3-му значению industry)*

inertia selling *марк.* торговля в расчете на инертность покупателя, метод «продажа или возврат»* *(товары посылаются на дом без заказа, а впоследствии, если товары не вышлют обратно, поставщик добивается их оплаты; данный метод широко применяется при продаже книг, аудио и видеопродукции, ряда других товаров)* **SYN:** negative option marketing **SEE:** opt-out marketing

inexpensive *прил. эк., торг.* недорогой, дешевый **SYN:** cheap, low-priced

infant food *потр.* детское питание *(для детей до 1 года)* **SYN:** baby food

inferior goods **1)** *эк.* неполноценные блага, блага низшего качества*, низшие блага* *(товары, спрос на которые при росте доходов потребителей падает)* **SEE:** Engel curve, luxury goods, necessary goods, normal goods **2)** *потр.* товары низкого качества **ANT:** superior goods **SEE:** shoddy goods

inflated prices *эк.* вздутые [взвинченные] цены *(возросшие в результате инфляции)* **EX: inflated consumer prices** – вздутые цены на потребительские товары

infomercial *рекл.* информационная реклама*, информационный ролик* *(реклама, обычно представленная в виде обсуждения свойств товара/услуги и разработанная таким образом, чтобы выглядеть как обычная телевизионная передача или выпуск новостей; в таких программах часто принимают участие известные люди, рассказывающие о своем успешном опыте использования какого-л. товара; такая реклама часто используется для представления новой продукции и обычно длиннее, чем традиционные рекламные ролики; термин происходит от сокращения «information + commercial»)*

information advertising *рекл.* = informational advertising

information campaign *общ., марк.* информационная кампания **SYN:** communications campaign, publicity campaign

information retailer *торг.* информационный розничный торговец*, розничный торговец информацией* *(оказывает услуги по поиску и продаже информации)*

informational advertising *рекл.* информационная [информативная] реклама *(предназначается для информирования целевой группы о существовании определенного товара, его свойствах, достоинствах, ценах)* **SYN:** informative advertising, information advertising, educational advertising **SEE:** testimonial advertising, advocacy advertising, transformational advertising, persuasive advertising

informative advertisement *рекл.* информативное [информационное] рекламное объявление **SEE:** informational advertising

informative advertising *рекл.* = informational advertising

informative labelling *торг.* информационная маркировка *(предназначена для указания любой необходимой справочной информации)* **SEE:** label

informed choice *общ.* обоснованный выбор, выбор на основании информации *(выбор, осуществленный после* *изучения информации об имеющихся альтернативах, напр., решение о покупке, принятое после ознакомления с информацией о товаре)* **SEE:** risk reduction theory

infrequent buyer *марк.* нерегулярный покупатель *(покупает товар редко)* **SYN:** irregular buyer, casual shopper **SEE:** regular buyer

ingredient labeling *торг., амер.* = ingredient labelling

ingredient labelling *торг.* указание ингредиентов на этикетках товаров* **SEE:** label, label copy

inherent vice *страх.* внутренний порок *(присущие товару или другой страхуемой собственности внутренние свойства, которые могут привести к его гибели и порче (гниение, самовозгорание, взрывоопасность, впитывание влаги из воздуха) без воздействия внешних факторов; обычно повреждение, вызванное таким дефектом, не подлежит страховому возмещению)* **SEE:** all risk clause

inherited audience *СМИ, рекл.* = holdover audience

inhouse *прил. эк.* = in-house

initial advertising *рекл.* = introductory advertising

initial bid *торг.* = starting price

initial delivery *торг.* первая [основная] поставка *(в серии поставок, заказанных одним клиентом)* **SEE:** subsequent delivery

initial instalment *торг.* первоначальный взнос *(при покупке товаров в рассрочку)* **SEE:** instalment sale, down payment

initial markup *торг.* первоначальная наценка *(величина, добавленная к величине затрат при расчете отпускной цены товары; в розничной торговле: сумма, добавленная к оптовой стоимости товара при расчете базовой розничной цены; отражает базовую прибыль перепродавца)* **SEE:** additional markup

initial purchase первая [первичная, первоначальная] покупка **а)** *марк. (первая покупка нового товара)* **SEE:** initial purchaser, initial sale **б)** *торг. (первая покупка продукции или услуги со стороны потребителя, напр., первая покупка средства распространения рекламы со стороны рекламодателя, первая покупка по кредитному счету и т. п.)*

initial purchaser первичный [первоначальный] покупатель **а)** *эк. (покупает товар у первоначального владельца, напр., у производителя товара или эмитента ценных бумаг, в отличие от перекупщика)* **SYN:** original purchaser **SEE:** subpurchaser **б)** *марк. (лицо, первым купившее товар-новинку)* **SEE:** product life cycle, adopter category, innovator

initial sale *марк.* первоначальная продажа *(первая продажа нового товара)* **SEE:** initial purchaser, initial purchase, innovator

inland trade *торг.* = =domestic trade

inner-directed *марк., амер.* внутренне управляемый* *(в классификации VALS: о лицах, действующий в соответствии с собственными взглядами, ценностями, желаниями)* **SEE:** VALS, I-am-me, principle-oriented

inner pack *торг.* = primary package

innholder *сущ. торг., ист.* = innkeeper

innkeeper *сущ.* **1)** *торг., ист.* хозяин трактира, трактирщик **SYN:** bung, tavern-keeper, innholder, taverner **2)** *торг.* хозяин постоялого двора [гостиницы, отеля] **SYN:** hotelkeeper, hotelman

Innkeepers Act 1878 *юр., торг., брит.* закон «О владельцах гостиниц»*, 1878 г. *(разрешает владельцам гостиниц продавать товары, оставленные им в залог постояльцами; один из случаев, когда английское торговое право разрешает продажу товаров лицам, не являющимся их собственниками)* **SEE:** sale by agent, estoppel by conduct, Torts (Interference with Goods) Act 1977

innominate terms *юр., торг., брит.* не названные [иные] условия*, безымянные условия* *(термин, которым закон «О продаже товаров» 1979 г. определяет положения договора о продаже товаров, которые нельзя отнести* *строго к условиям (существенным условиям), либо гарантиям (простым условиям))* **SYN:** intermediate terms **SEE:** Sale of Goods Act 1979, contract of sale of goods, fundamental terms, warranty

innovative advertising *рекл.* инновационная реклама* *(реклама в нетрадиционных средствах распространения рекламы; напр., реклама в интернете и т. д.)* **SEE:** mobile advertising, Internet advertising, alternative advertising

innovative marketing *марк.* инновационный [новаторский] маркетинг *(принцип просвещенного маркетинга, согласно которому организация должна непрерывно совершенствовать свои товары (услуги) и методы маркетинга)* **SEE:** enlightened marketing

innovative product *марк.* товар-новинка, новый товар **SYN:** new product

innovator *сущ.* **1)** а) *эк.* новатор, инноватор *(лицо, создающее новый товар, разрабатывающее новую технологию и т. п.);* рационализатор **EX: He was known as an innovator who invented training equipment such as roller skis.** – Он был известен как новатор, который придумывал спортивный инвентарь, такой как лыжи на роликах. **б)** *пат.* новатор, рационализатор *(лицо, участвующее в создании и реализации изобретения; к этой категории относятся изобретатели, правопреемники, патентные поверенные и т. п.)* **2)** *марк.* новатор, инноватор *(человек, который первым покупает новый товар или начинает использовать новую технологию)* **EX: Since innovators are the first to adopt, they are going to be quite different from the rest of the population. Their tolerance for creativity is the highest, and their attitude toward accepting new products is the most favorable.** – Так как новаторы первыми принимают новшества, они значительно отличаются от остальной части населения. Они обладают большей терпимостью к творчеству и наиболее благосклонно относятся к новым продуктам. **SEE:** product life cycle, adopter category

inoculation approach *рекл.* метод прививки*, прививочный подход* *(используемый в кампаниях сравнительной рекламы метод выработки у потребителей устойчивой невосприимчивости к продукции конкурента; название происходит от метода предупреждения заболевания с помощью введения малых доз ослабленных возбудителей болезни для стимулирования естественной защитной реакции: аналогичным образом в рекламе потребителям предлагается неудачное сравнение, неполная информация и т. п. продукции конкурента с целью создания прочного иммунитета против этой продукции; напр., в фирма может в рекламном ролике кратко и однобоко представить продукцию своих конкурентов, используя отрывки из их рекламных объявлений, а затем подробно объяснить преимущества своей продукции по сравнению с продукцией конкурентов)* **SEE:** comparison advertising

inquiry and follow-up *марк.* запрос и последующие действия* *(способ продвижения товара, включающий предложение информации о товаре или услуге и, когда будет получен запрос, дальнейшие действия, направленные на продажу товара лицу, сделавшему запрос)* **SEE:** inquiry conversion, follow-up letter

inquiry conversion *марк.* превращение запрашивающего (в покупателя)* *(ситуация, при которой лицо, сделавшее запрос о товаре или услуге, превращается в покупателя)* **SEE:** inquiry and follow-up, inquiry conversion rate

inquiry conversion rate *марк.* коэффициент обращения в покупателей* *(коэффициент, показывающий, какая часть лиц, обратившихся за дополнительной информацией о товаре или услуге, в итоге совершила покупку, напр., если 100 человек обратилось с запросом о новом товаре, но только 30 из них совершили покупку, то коэффициент превращения запрашивающих в покупателей составляет 30%)* **SEE:** inquiry conversion, inquiry and follow-up, sales conversion rate

inquiry test *рекл.* проверка [тест] по запросам* **а)** *(используемый в рекламных исследованиях метод, при котором реклама, марка товара или продукция оценивается с помощью случайного опроса респондентов; в этом случае изучаются как комментарии, высланные потребителями или другими лицами по собственной инициативе, так и ответы лиц, которым рекламодатель сам предложил выслать комментарии и предложения по поводу товара или рекламного объявления)* **б)** *(оценка эффективности определенного рекламного объявления или средства распространения рекламы путем подсчета дополнительных запросов, поступивших благодаря размещению данного рекламного объявления или использованию данного средства распространения рекламы)*

insert

I *гл.* **1)** *общ.* вставлять **EX: to insert a key in a lock** – вставить ключ в замок, **to insert a coin in a vending machine** – опустить монетку в торговый автомат **2)** а) *общ.* вставить, добавить, внести *(дополнительно включить куда-л.)* **EX: to insert a clause in a contract/agreement** – внести оговорку в контракт/соглашение **б)** *общ.* помещать *(статью, рекламное объявление в газете и т. п.)* **EX: to insert an advertisement in a newspaper** – поместить рекламное объявление в газету

II *сущ.* **1)** а) *общ.* вкладка, вкладыш *(напр., в печатном издании, упаковке товара и т. п.)*; вклейка **EX: Additionally an insert is required to be placed in the package with the product.** – Вдобавок к этому, необходимо, в упаковку с продуктом был помещен вкладыш. **SEE:** package insert **б)** *СМИ, рекл.* объявление-вкладка, рекламный вкладыш *(рекламный листок или другой рекламный материал, вложенный или вплетенный в издание)* **EX: An inquiry form is included in the insert in the newspaper.** – Бланк запроса включен в газетный вкладыш. **SYN:** advertising insert, free standing insert, blow-in **SEE:** handbill, hi-fi insert, insert in magazine mailing, loose insert **в)** *СМИ* вставка, врезка *(в видеозаписи)* **г)** *СМИ* вставка *(в текст)* **2)** *полигр.* *(корректурный знак, обозначающий место вставки)* **3)** *тех.* втулка

insert in magazine mailing *рекл.* журнальный вкладыш *(рекламный листок, вкладываемый в журнал при его отправке подписчику)* **SYN:** magazine insert **SEE:** freestanding insert

inserted commercial *сущ. рекл.* = drop in

insertion order *рекл.* заказ на размещение (рекламы) *(заказ рекламодателя на покупку рекламного места или времени)* **SEE:** advertising space, advertising time

insertion schedule *рекл.* график размещения рекламы *(план демонстрации рекламных объявлений в СМИ в ходе рекламной кампании с указанием дат, часов, программ, номеров изданий и т. д.)* **SYN:** media insertion schedule, advertising schedule

inside advertisement **1)** *рекл.* = car card **2)** *рекл.* внутренняя реклама* *(реклама внутри печатного издания: журнала, каталога, справочника)* **SEE:** indoor advertising, outdoor advertising

inside back cover *полигр.* третья страница обложки, внутренняя задняя обложка, задний форзац *(третья страница обложки книги или журнала; может использоваться для рекламы)* **SYN:** third cover **SEE:** back cover, inside front cover

inside display *торг.* = in-store display

inside front cover *полигр.* вторая страница обложки, внутренняя передняя обложка, передний форзац *(оборот передней обложки журнала или книги; часто используется для рекламы)* **SYN:** second cover **SEE:** front cover, inside back cover

inside transit advertisement *рекл.* = car card

insolvent *прил. эк.* неплатежеспособный; несостоятельный **а)** *(о должнике, не способном выполнить свои долговые обязательства)* **EX: insolvent debtor** – неплатежеспособный должник, **insolvent com-**

pany – неплатежеспособная компания **б)** *юр., эк., амер. (согласно определению Единообразного торгового кодекса США, неплатежеспособным признается лицо, которое прекращает оплачивать долги при обычном ходе бизнеса и не в состоянии оплачивать долги, когда они предъявляются к оплате, или же данное лицо признается неплатежеспособным в рамках федерального законодательства о банкротстве)* **SEE:** Uniform Commercial Code **ANT:** solvent

inspection certificate *торг., межд. эк.* = certificate of inspection

inspection of goods *торг.* инспектирование [осмотр] товаров [грузов] *(проверка качества и количества товаров (грузов) покупателем или продавцом)* **EX: pre-shipment inspection of goods** – инспектирование [осмотр] товаров перед погрузкой, **Buyer has a right to inspection of goods.** – У покупателя есть право осмотреть товар.

inspector of weights and measures *торг.* инспектор мер и весов *(государственный служащий, который осуществляет надзор за соответствием мер и весов, применяемых при взвешивании и фасовки товара на производстве и в местах розничной торговли, общепризнанным стандартам)*

installment *сущ. торг., СМИ, тех., фин., амер.* = instalment

installment contract *торг., амер.* договор о продаже в рассрочку *(согласно определению Единообразного торгового кодекса США: договор, который требует или разрешает поставку товаров отдельными лотами, даже если такой договор содержит оговорку «каждая поставка является отдельным договором» или что-л. подобное)* **SEE:** Uniform Commercial Code, lot

instalment *сущ. тж.* installment **1)** *торг., фин.* очередной взнос *(при покупке в рассрочку, при погашении банковского кредита серией платежей и т. п.)*; частичный платеж **EX: to miss an instalment** – не выплатить периодический платеж в срок; не выплатить вовремя очередной взнос *(напр., при покупке в рассрочку)*, **to pay by instalments** – платить частями, платить в рассрочку, **to buy on the instalment plan, to buy by instalments** – покупать в рассрочку, **by weekly [monthly] instalments** – еженедельными [ежемесячными] взносами, **payment by instalments** – оплата в рассрочку, оплата частями, **yearly instalment** – ежегодный взнос, **monthly instalment** – ежемесячный взнос, **five-year installment plan** – с рассрочкой на пять лет **SEE:** instalment sale, instalment buyer, instalment seller, instalment sales contract **2)** *(в общем смысле: одна из частей чего-л., выполняемого частями в течение определенного времени)* **а)** *торг.* партия, часть *(напр., заказанного товара)* **EX: Where a credit account has been established with us, payment must be made for each instalment of goods delivered within 30 days from date of invoice.** – При покупке товаров по открытому у нас кредитному счету оплата каждой партии товаров должна быть произведена в течение 30 дней после выставления счета-фактуры. **SEE:** delivery by instalments **б)** *СМИ* отдельный выпуск книги; часть, фрагмент *(какого-л. издания, публикуемого по частям, напр., по одной главе в каждом номере журнала)* **EX: In the USA the work was at first published in instalments (on March 6 and April 2 and 28, 1853) in the democratic Boston newspaper Neue-England-Zeitung and at the end of April 1853 it was printed as a separate pamphlet.** – В США эта работа была вначале издана частями (6 марта, 2 и 28 апреля 1853 г.) в демократической бостонской газете «Neue-England-Zeitung», а в конце апреля 1853 г. была отпечатана в виде отдельной брошюры. **3)** *тех.* установка, монтаж *(напр., оборудования)* **EX: We also offer proper and professional instalment of equipment and on-call service whenever needed.** – Мы предлагаем тщательный и профессиональный монтаж оборудования, а также обслуживание по требованию.

instalment agreement *торг.* = instalment sales contract

instalment buyer *торг.* покупатель в рассрочку *(человек, который приобретает товар и оплачивает его посред-*

ством периодических денежных выплат продавцу в течение определенного времени) **SEE:** instalment sale, instalment seller, charge buyer

instalment buying *торг.* покупка в рассрочку **SEE:** instalment buyer, instalment sale

instalment contract *торг.* = instalment sales contract

instalment house *торг. (магазин, торгующий в рассрочку)* **SEE:** instalment sale

instalment offer *торг.* предложение покупки в рассрочку **SEE:** cash offer, cash-up offer

instalment paper *торг., фин.* = instalment sales paper

instalment sale *торг.* продажа в рассрочку *(продажа, по условиям которой покупатель оплачивает покупку частями, путем внесения периодических взносов в течение определенного времени)* **SYN:** instalment selling, sale by instalments **SEE:** instalment buyer, instalment seller, instalment contract, instalment sales contract, credit sale, trade credit

instalment sales contract *торг., брит.* договор [соглашение] о продаже в рассрочку *(форма договора купли-продажи, при которой: покупатель оплачивает товары путем внесения в течение оговоренного периода ряда периодических платежей, право распоряжения товарами переходит к покупателю сразу после заключения договора, но право собственности на товары переходит к покупателю только после полной оплаты товаров)* **SYN:** instalment contract, instalment sale contract, instalment sales agreement, instalment sale agreement, instalment agreement **SEE:** instalment sale, contract of hire-purchase, credit sale contract, conditional sales contract, deferred payment contract

instalment sales paper *фин., торг.* соглашение о продаже в рассрочку *(письменное соглашение, согласно которому выплата основной суммы долга за покупку и процентов будет осуществляться частями через определенные промежутки времени)* **SYN:** instalment contract, instalment paper **SEE:** instalment sale

instalment seller *торг.* продавец в рассрочку *(торговец, продающий товар на условиях оплаты путем внесения ряда периодических взносов в течение определенного времени)* **SEE:** instalment sale, instalment buyer

instalment selling *торг.* = instalment sale

instant food *пищ., потр.* (быстро)растворимый продукт *(порошкообразный или гранулированный пищевой продукт быстрого приготовления)* **SEE:** convenience foods

instant number *марк.* = finder number

instantaneous delivery *торг., связь* мгновенная доставка *(напр., электронной почты)* **EX:** **near-instantaneous delivery** – доставка, близкая к мгновенной, **almost instantaneous delivery** – почти мгновенная доставка

Institute of Public Relations **сокр.** IPR *марк., брит.* Институт по связям с общественностью

Institute of Sales Promotion *марк., брит.* Институт стимулирования сбыта* *(объединяет агентства, занимающиеся стимулированием продаж)* **SEE:** sales promotion

institutional advertising *рекл.* = corporate advertising

institutional campaign 1) *рекл.* корпоративная рекламная кампания **SEE:** corporate advertising 2) *пол.* институциональная кампания*, государственная информационная поддержка* *(информационная кампания, осуществляемая государственной властью, напр., государственная кампания по информированию населения об условиях голосования, государственная кампания по пропаганде вреда курения в образовательных учреждениях и т. п.)* **SEE:** propaganda, public relations

institutional customer *марк.* = business customer

institutional market *марк.* рынок организаций, институциональный рынок *(рынок, на котором в качестве покупателей выступают организации, приобретающие товары в благотвори-*

тельных, образовательных и общественных целях; нередко это относиться к некоммерческим организациям, напр., школам, музеям, библиотекам, приобретающим товары для предоставления их в пользование другим людям) **SEE:** business market, producer market, trade market, government market, consumer market

institutional publicity *марк.* институциональная пропаганда* *(имеет своей целью доведение до общества различной информации, которая могла бы благоприятно повлиять на рыночные позиции фирмы или предотвратить возникновение у людей негативного отношения к ней)* **SEE:** corporate advertising

instock *торг.* = in-stock

insurance advertising *рекл., страх.* страховая реклама *(реклама страховых организаций и предлагаемых ими страховых услуг)* **SEE:** financial advertising

intangible product *марк.* невещественный [неосязаемый, нематериальный] товар* *(товар, ценность которого представлена информацией, которую он содержит, напр., программное обеспечение, ноу-хау, знания, технологии и т. п.)* **SEE:** physical product

integrated commercial *рекл.* интегрированный рекламный ролик* *(рекламный ролик, размещенный внутри теле- или радиопрограммы таким образом, что он рассматривается как часть самой программы)*

integrated direct marketing *марк.* интегрированный прямой маркетинг *(вид прямого маркетинга, реализуемого с помощью различных маркетинговых средств в несколько этапов с целью улучшения реакции потребителей на предложения товара и увеличения прибыли; напр., последовательное применение рекламы, прямого маркетинга по почте, телемаркетинга и личных визитов торговых агентов)* **SEE:** direct marketing

integrated lifestyle *марк., амер.* комбинированный [комплексный, интегрированный, объединенный] стиль [образ] жизни* *(по классификации VALS: категория потребителей, объединяющих в себе отдельные черты, свойственные потребителям других категорий («внутренне управляемых», «внешне управляемых» и «гонимых нуждою»))* **SEE:** VALS, need-driven, outer-directed, inner-directed

integrated marketing *марк.* интегрированный маркетинг *(координация всех видов маркетинговой деятельности компании в рамках единой маркетинговой стратегии)*

integrated marketing communication **сокр.** IMC *марк.* интегрированная маркетинговая коммуникация *(управленческая концепция, согласно которой все маркетинговые коммуникации (реклама, паблик рилейшнз, прямой маркетинг и т. д.) должны рассматриваются как элементы единой маркетинговой стратегии, а не реализовываться по отдельности)* **SEE:** integrated marketing, advertising, public relations, direct marketing, sales promotion

integrated marketing communications *рекл., соц.* интегрированные маркетинговые коммуникации *(стратегия комплексного использования и координации различных инструментов коммуникаций (рекламы, стимулирования сбыта, прямой маркетинг, личные продажи) для достижения максимального воздействия на потребителей)*

integrated products *марк.* связанные [объединенные] товары* *(изделия, производимые и продаваемые в комплекте, напр., бланки и этикетки с логотипами компании)*

intended audience *рекл.* избранная [расчетная, искомая] аудитория **SEE:** audience

intended market *марк.* = target market

intensity of distribution *марк.* интенсивность распределения* *(количество торговых агентов, торговых точек и т. п., распространяющих продукцию конкретного производителя на определенной территории)*

intensive distribution *марк.* интенсивное распределение *(использование для продажи продукции как можно более широкой торговой сети, как можно большего числа торговых точек и т. п.)* **SYN:** intensive market coverage **SEE:** selective distribution, exclusive distribution

intensive market coverage *марк.* = intensive distribution

intensive marketing plan *марк.* план интенсивного маркетинга* **а)** *(план продвижения товара фирмы, предполагающий использование максимально возможного количества маркетинговых средств (реклама через все доступные средства распространения, прямой маркетинг, PR и т. д.)* **SEE:** convergent marketing **б)** *(маркетинговая стратегия, подразумевающая предложение товара как можно большему числу розничных распространителей)* **SEE:** exclusive marketing plan

intention to re-sell *юр., торг., брит.* намерение перепродать *(намерение продать товар, уже проданный некоему покупателю, другому покупателю, в силу того, что первый покупатель не оплатил товар; согласно закону «О продаже товаров» 1979 г., продавец должен оповестить первого покупателя о таком намерении, и в случае если покупатель не оплачивает и не предлагает оплатить товар в разумное время, продавец приобретает право перепродать товар, покрыв первоначальному несостоявшемуся покупателю ущерб, если тот понес его в случае расторжения договора о продаже товаров)* **SEE:** Sale of Goods Act 1979, contract of sale of goods

interactive agency **1)** *марк.* интерактивное агентство *(рекламное агентство, специализирующееся на размещении рекламы в Интернете и использующее возможности интерактивного общения с человеком, просматривающим рекламу)* **2)** *общ.* интерактивное агентство *(любое агентство, предоставляющее интернет-услуги, такие как оформление сайтов, электронная коммерция и т. п.)*

interactive banner *рекл., комп.* интерактивный баннер *(в интернет-реламе: анимированный баннер, реагирующий на наведение на него курсора мыши)* **SEE:** flash banner, banner

interactive marketing *марк.* интерактивный маркетинг *(прямой маркетинг, осуществляемый через Интернет или интерактивное телевидение)* **SEE:** direct marketing, Internet marketing, e-commerce, interactive television

interactive television *СМИ, марк.* интерактивное [диалоговое] телевидение *(двусторонняя связь по телефону или кабельным линиям, позволяющая абоненту запрашивать на экран своего телевизора или монитора ЭВМ текстовую, графическую и иную информацию, позволяет осуществлять покупки, не выходя из дома)* **SEE:** interactive marketing

interbrand choice *марк.* межмарочный выбор*, выбор между марками *(выбор одной марки из двух или нескольких)* **SEE:** brand choice

interested consumer *марк.* заинтересованный потребитель *(потребитель, который с высокой вероятностью купит определенный товар или услугу)* **SEE:** loyal consumer

interfarm sales *с.-х., торг.* межхозяйственные продажи **EX: Interfarm sales of cattle and calves within the same state are counted as neither receipts nor expenses.** – Межхозяйственные продажи крупного рогатого скота и телят в пределах штата не засчитываются ни как доходы, ни как расходы.

interim offer *эк., юр.* предварительное [промежуточное, временное] предложение *(предложение, сделанное одним из участников сделки с целью подтвердить свое намерение заключить сделку, но содержащее только предварительное указание цены, количества и других условий; предполагается, что впоследствии, когда станут точно известны все требования и возможно-*

сти данного участника сделки относительно цены, количества и т. п., будет сделано окончательное предложение)

interior display *торг.* = in-store display

interior panel *трансп., тех.* внутренняя [интерьерная] панель *(панель, расположенная внутри салона транспортного средства; часто используется для размещения рекламы)* **SEE:** car card

inter-list duplicate *марк., комп.* дубликаты [совпадающие записи] в разных списках*, дубликат в другом списке* *(запись в рассылочном списке, которая совпадает с одной или несколькими записями в других списках, применяемых тем же пользователем)* **SEE:** intra-list duplicate, mailing list, list credit routines, merge/purge, dedupe

interlocking products 1) *марк.* взаимосвязанные товары* *(совокупность товаров, используемых в одной и той же сфере, напр., в сельском хозяйстве)* **SEE:** complementary goods **2)** *тех.* средства безопасности* *(напр., замки, запоры, крепления; крышки клапанов; бирки, указатели на предприятии)* **3)** *потр.* покрытия *(плиточные, линолеумные и т. п. материал, используемый для настила на полы, уличные площадки и др. поверхности)*

interlocking quotas *стат.* взаимосвязанные квоты* *(квоты, устанавливающие число опрашиваемых по каждой группе, выделенной при классификации по определенной характеристике, напр., по полу, уровню дохода, возрасту и т. п.)* **SEE:** proportional sampling, sampling

interloper *сущ.* **1)** *торг.* незаконный торговец* *(лицо, проводящее торговые операции не имя на то права, особенно — торговец, нарушающий чью-л. монополию, или контрабандист)* **EX: A monopoly of it was granted to the African Company, but it was invaded by numerous interlopers, and in 1698 the trade was thrown open to all British subjects.** – Торговая монополия была предоставлена Африканской компании, но монопольные права постоянно нарушались множеством контрабандистов, и поэтому в 1698 г. торговля была официально открыта для всех британцев. **SEE:** trade monopoly **2)** *общ.* чужак* *(человек, вмешивающийся в чужие дела; человек, стремящийся проникнуть в среду, где он не имеет права находиться либо где его присутствие рассматривается как нежелательное)* **EX: But in the society in which they live, Mingus is a leader, while Dylan is an interloper who can never hope for inclusion.** – Но в сообществе, в котором они живут, Мингас является лидером, в Дилан – чужаком, посторонним, который не надеется, что его примут в сообщество.

intermedia comparison *марк.* сопоставление [сравнение] средств информации* *(сравнение нескольких средств массовой информации, напр., радио, телевидения, прессы и т. д., с целью выбора тех из них, которые будут использоваться для размещения рекламы)* **SYN:** media comparison **SEE:** intramedia comparison

intermediary

I *сущ. эк.* посредник *(лицо, действующее в качестве связующего звена между участниками сделки, переговоров и т. п., напр., финансовый институт, который выступает связующим звеном между поставщиком фондов (вкладчиком) и пользователем фондов (заемщиком), страховой брокер, выступающий связующим звеном между страхователем и страховщиком, и т. п.)* **EX: through intermediary of smb.** – при посредничестве кого-л. **Auction companies provide a service by acting as an intermediary between buyers and sellers.** – Аукционные компании служат посредником между покупателями и продавцами. **SYN:** middleman **SEE:** marketing intermediary, disintermediation

II *прил.* **1)** *общ.* промежуточный, переходный *(находящийся между чем-л. и чем-л. по характеристикам, месту расположения, времени появления и т. п.)* **EX: intermediary form between corporate capitalism and socialism** – промежуточная форма между корпоративным капитализмом и социализмом **2)** *эк.* посреднический *(высту-*

пающий связующим звеном между чем-л.) **EX: intermediary activity** – посредническая деятельность, **intermediary role of banks** – посредническая роль банков

intermediate commodity *эк.* = intermediate goods

intermediate consumer *эк.* промежуточный потребитель *(приобретающий товары не для удовлетворения личных потребностей, а для использования в своей профессиональной деятельности, напр., дистрибьютор, врач, или в процессе производства, напр., предприятия, покупающие сырье)* **SEE:** industrial consumer, end consumer, business audience

intermediate goods *эк.* промежуточные товары *(товары, используемые в производстве других товаров, а не приобретаемые для конечного потребления)* **SEE:** industrial goods, consumer goods

intermediate market *учет, торг.* внешний [вспомогательный] рынок *(поставщики материалов и потребители продукции организации, которые не являются отделами (подразделениями) этой организации)*

intermediate product 1) *эк.* промежуточный продукт *(товары, которые используются фирмой как факторы производства при изготовлении других товаров или услуг)* **SEE:** industrial goods, final product **2)** *мн., эк., иссл. опер.* = intermediate demand

intermediate terms *юр., торг., брит.* = innominate terms

internal brand *марк.* внутренняя маркировка* *(маркировка, используемая только в пределах компании)*

internal clientele *марк.* внутренняя клиентура *(работники компании, которые являются потребителями ее продуктов)* **SEE:** external clientele

internal commerce *эк.* = domestic trade

internal lead time *марк.* = administrative lead time

internal market 1) *марк.* = domestic market **2)** *эк.* внутренний рынок *(единый рынок для нескольких стран интеграционного блока, напр., внутренний рынок ЕС; характеризуется свободным перемещением товаров и беспошлинной торговлей в пределах территориальных границ блока)* **3)** *фин.* внутренний рынок *(рынок ценных бумаг в пределах страны; включает как рынок ценных бумаг отечественных эмитентов, так и рынок иностранных ценных бумаг, торгуемых в данной стране)* **SEE:** domestic market, foreign market, external market **4)** *эк.* внутренний рынок, внутрифирменный рынок *(механизм обмена ресурсами между подразделениями одной компании, зачастую построенный на рыночных принципах)*

internal marketing *марк.* внутренний маркетинг *(усилия компании, направленные на продвижение ценностей компании и укрепление лояльности к компании среди ее персонала)*

internal revenue bonded warehouse *гос. фин., торг., амер.* налоговый бондовый склад* *(склад, где хранятся товары, на которые местные власти имеют залоговое право в обеспечение налоговых и иных платежей)* **SEE:** warehouse

international advertising *рекл.* = global advertising

International Advertising Association **сокр.** IAA *рекл.* Международная рекламная ассоциация *(объединяет корпоративных и индивидуальных членов на местном, региональном и мировом уровне, связанных с созданием и продвижением марок и расценивающих рекламные коммуникации как жизненную необходимость для достижения успеха в бизнесе)* **SEE:** Advertising Association

International Advertising Film Festival *рекл.* Международный фестиваль рекламных фильмов *(самый престижный в мире фестиваль рекламных роликов о потребительских товарах и услугах; проводится с 1953 г. ежегодно в г. Канны)*

international brand *марк.* международная торговая марка *(торговая марка, используемая в нескольких странах* *мира)* **SEE:** global brand, national brand, regional brand, local brand, trademark extension

International Chamber of Commerce **сокр.** ICC *межд. эк., торг.* Международная торговая палата, МТП *(международная неправительственная организация, основной целью которой является содействие развитию международного экономического сотрудничества, свободе передвижения рабочей силы, товаров и услуг; создает условия для обмена информацией между национальными и двусторонними торговыми палатами, предоставляет арбитражные услуги по коммерческим спорам, помогает разрабатывать стандарты деловой практики, публикует международные правила толкования коммерческих терминов; создана в 1920 г.)* **SEE:** ICC International Code of Advertising Practice, ICC International Code of Direct Marketing, ICC International Code of Environmental Advertising, ICC International Code of Sales Promotion, ICC International Codes of Marketing and Advertising Practices, ICC International Code of Sponsorship, ICC Guidelines / Code on Advertising and Marketing on the Internet, ICC / ESOMAR International Code of Marketing and Social Research Practice, Incoterms

International Commercial Terms *межд. эк., торг., страх.* = Incoterms

International Federation of Audit Bureaux of Circulations **сокр.** IFABC *межд. эк., СМИ, марк.* Международная федерация бюро по контролю за тиражами* *(некоммерческая организация, созданная для контроля за распространением публикаций; спонсируется издательствами и рекламными агентствами; создана в 1963 г.)* **SEE:** Audit Bureau of Circulations

international marketer *торг.* международный продавец [торговец] *(лицо, реализующее какой-л. товар на международном рынке)* **SEE:** international marketing, international sale

international marketing *марк.* международный маркетинг *(маркетинговая деятельность на зарубежных рынках; осуществляется компаниями, принявшими решение утвердиться на мировых рынках, перенести туда не только сбытовую, но и производственную деятельность; требует анализа объектов, которых нет на внутреннем рынке: таможенного регулирования, валютных курсов, политики и культуры других стран и т. д.; для осуществления маркетинговой деятельности на зарубежных рынках необходимо учитывать политические риски, связанные с выходом на страновые рынки)* **EX: international marketing manager** – менеджер по международному маркетингу, менеджер отдела международного маркетинга **SEE:** export marketing, domestic marketing, global marketing

international marketing environment *марк.* международная маркетинговая среда, среда международного маркетинга, внешняя среда международного маркетинга *(совокупность факторов, сил, условий и субъектов, определяющих возможности предприятия осуществлять маркетинг на внешнем рынке; в общих чертах включает систему внешнеэкономических связей (в первую очередь международную торговлю), экономические, политико-правовые, культурные факторы и т. д.)* **SEE:** international marketing

international name *общ.* международное имя [название], международная марка, всемирно известное название [имя], всемирно известная марка **EX: Maestro is an international name for debit cards from MasterCard.** – «Маэстро» – это всемирно известное название дебетовой пластиковой карты компании «МастерКард». **SEE:** household name

International Newspaper Advertising and Marketing Executives *марк., СМИ* Международная организация руководителей рекламных и маркетинговых служб газет* *(профессиональная организация руководителей рекламных и маркетинговых служб ежедневных газет; ее основная задача состоит в содействии использованию рекламы в ежедневных газетах)*

International Rules for the Interpretation of Trade Terms *межд. эк., торг.* Международные правила толкования торговых терминов **SYN:** Incoterms

international sale *торг., межд. эк.* международная продажа *(операция купли-продажи, в которой участвуют продавец и покупатель из разных стран)* **SEE:** international sales contract, export sales

international sales contract *межд. эк., торг., юр.* международный договор (купли-)продажи, договор международной (купли-)продажи *(договор о продаже какого-л. товара, заключенный между продавцом и покупателем из разных стран)* **SEE:** international trade, Incoterms, sales contract

international trade *эк.* международная торговля *(система международных товарно-денежных отношений, складывающаяся из внешней торговли всех стран мира)* **SEE:** domestic trade, world market

international trade life cycle *марк.* жизненный цикл [товара] в международной торговле* *(модификация модели жизненного цикла товара для условий международной торговли: на разных рынках товар может быть на разных стадия жизненного цикла)* **SEE:** product life cycle

international trademark *марк.* международный товарный [торговый] знак **SEE:** international brand, trademark

international trademark registration *пат.* международная регистрация товарного знака *(регистрация товарного знака, позволяющая получить охрану знака сразу в нескольких странах; процесс международной регистрации регулируется, в частности, Мадридским соглашением о международной регистрации знаков)* **SEE:** trademark registration, Madrid Agreement, World Intellectual Property Organization, territorial extension

Internet advertising *рекл., комп.* интернет-реклама, реклама в Интернет *(рекламные сообщения на веб-страницах)* **SYN:** on-line advertising **SEE:** banner, web site banner, business banner, innovative advertising, internet marketing, banner advertising

Internet Advertising Bureau **сокр.** IAB *рекл., амер.* Бюро интернет-рекламы *(некоммерческая организация, созданная в 1996 г. для содействия развитию использования и повышению эффективности интернет-рекламы)* **SEE:** Internet advertising

Internet Alliance **сокр.** IA *марк.* Интернет-альянс *(торговая группа, действующая как подразделение Ассоциации прямого маркетинга; создана для содействия развитию электронной торговли)* **SEE:** Direct Marketing Association

Internet mall *торг.* = electronic mall

Internet marketing 1) *торг., комп.* = e-commerce 2) *марк.* Интернет-маркетинг *(разновидность онлайнового маркетинга; ресурсы Интернет могут быть использованы в следующих направлениях маркетинговой деятельности: реклама, стимулирование сбыта, проведение маркетинговых исследований, продажа товаров через Интернет; связи с общественностью)* **SEE:** online marketing, Internet advertising

Internet order *торг.* заказ *(товаров)* через интернет **SEE:** mail order, telephone order

Internet store *торг., комп.* = web store

Internet Tax Freedom Act *гос. фин., торг., амер.* акт «О свободе от налогов в Интернете»*, акт «О налоговой свободе в Интернете»*, 1998 г. *(установил трехлетний запрет на введение новых налогов на доступ в интернет и электронную торговлю; также в соответствии с этим актом создавался Консультативный комитет по вопросам электронной торговли)* **SEE:** Advisory Commission on Electronic Commerce

interstate advertising *рекл., амер.* реклама межштатного распространения* *(реклама, распространяемая в нескольких штатах)*

interstate commerce *эк., амер.* торговля между штатами, межштатная торговля *(торговые отношения меж-*

ду лицами разных штатов) **SEE:** intrastate commerce

Interstate Commerce Act *эк., юр., амер.* закон «О торговле между штатами», 1887 г. *(закон, на основании которого была учреждена Комиссию по торговле между штатами; предметом закона было регулирование тарифов и способов транспортировки товарных грузов между штатами США; поправка Кармака к закону регулирует институт коносамента)* **SEE:** bill of lading, Carmack Amendment to the Interstate Commerce Act

interstitial *сущ.* **1)** *рекл., комп.* вставка *(рекламный носитель, который появляется на фоне загрузки основного сайта издателя и исчезает по окончании загрузки; если пользователь щелкнет по вставке, он попадет на сайт рекламодателя)* **2)** *СМИ* промежуточная программа *(очень короткая передача, показываемая в промежутке между более продолжительными программами)*

interval scale *стат.* интервальная шкала *(непрерывная числовая шкала с нефиксированным началом, напр., шкала температуры или времени)* **SEE:** nominal scale, ordinal scale, ratio scale, continuous scale, scale

interview

I *сущ.* **1)** *общ.* беседа, собеседование, встреча, интервью *(напр., при приеме на работу)* **EX: to conduct an interview** – проводить интервью, **an interview with the personnel director for a job** – собеседование с начальником отдела кадров при приеме на работу, **job interview** – собеседование при приеме на работу, **personal interview** – личная встреча, беседа, **stressed interview** – интервью «под давлением» (при приеме на работу), **taped interview** – беседа, записанная на пленку, **telephone interview** – собеседование по телефону, **abruptly terminated interview** – неожиданно прерванное интервью **2)** интервью **а)** *СМИ (предназначенная для печати, радио или телевидения беседа журналиста с каким-л. лицом)* **EX: to give, grant an interview** – давать интервью; **to obtain an interview** – взять интервью, **television, TV interview** – телеинтервью, **exclusive interview** – эксклюзивное интервью **б)** *соц. (метод исследования, при котором вопросы респонденту задает специально обученный сотрудник* – интервьюер); **EX: inquiry by interview** – обследование путем опроса,; **in-store interview** – интервью в магазине, в торговом помещении; **SEE:** triad, sociological interview, sidewalk interview, personal interview, noninterview, interviewer bias, individual interview, free-association interview, focused interview, expert interview, consumer interview, computer-aided interview, Common Application Programming Interface, clinical interview, business-to-business interview, back-to-back interviews, activation interview

II *гл.* **1)** *общ.* проводить интервью [беседу], интервьюировать; беседовать **EX: to interview for a job** – проводить беседу при поступлении на работу **2)** *соц.* проводить опрос

interviewer bias *соц.* смещение результатов опроса *(обусловленное личными качествами опрашивающего (полом, этнической принадлежностью и т. п.) или взглядами опрашивающего, его предвзятым отношением по какому-л. вопросу)* **EX: If you use an interviewer, rather than have the questionnaire self-completed, there is a high potential for interviewer bias.** – Если Вы используете интервьюера, вместо того, чтобы проводить опрос при помощи анкеты, есть большая вероятность смещения результатов исследования. **SEE:** interview

interviewing service *марк., соц.* = field service

intra-list duplicate *марк., комп.* дубликаты [совпадающие записи] внутри одного списка*, дубликат в том же списке* *(запись в рассылочном списке, совпадающая с одной или несколькими записями в том же списке; такие записи могут появляться тогда, когда ввод дополнительных записей в файл осуществляется без автоматического или ручного контроля дубликатов, или тогда, когда в результате ошибки ввода или в программе элементы имени или адреса изменяются настолько, что их не может зафиксировать сис-*

тема контроля дубликатов) **SEE:** interlist duplicate, mailing list, list credit routines, merge/purge, dedupe

intracompany trade *торг.* внутрифирменная торговля *(внутриотраслевой обмен между фирмами полуфабрикатами или запасными частями, использующимися при сборке изделия, составляет большую часть международных торговых операций)*

intramedia comparison *марк.* сопоставление [сравнение] вариантов рекламирования* *(сравнение нескольких возможных вариантов рекламирования с помощью одного и того же средства массовой информации)* **SEE:** intermedia comparison

intrastate commerce *эк., амер.* торговля внутри штата,внутренняя торговля штата* *(торговая деятельность в пределах одного штата)* **SEE:** interstate commerce

introduce *гл.* **1)** а) *общ.* вводить, вносить, вставлять *(помещать внутрь чего-л.)* **EX: to introduce fertilizers** – вносить удобрения **б)** *общ.* вносить, ставить *(на рассмотрение, обсуждение)* **EX: to introduce a bill** – вносить законопроект; выставлять законопроект на обсуждение **в)** *общ.* внедрять, вводить *(новую технологию, новое оборудование и т. п.)*; учреждать; давать ход *(чему-л.)* **EX: to introduce new technology** – внедрять новую технологию, **to introduce restrictions on smth.** – вводить ограничения на что-л. **г)** *марк.* выводить *(новый товар на старый рынок или старый товар на новый рынок)* **EX: DRL hopes to introduce the product in the US market in August 2003.** – DRL надеется вывести данный товар на американский рынок в августе 2003. **SYN:** launch **SEE:** product introduction, introduction stage, launch campaign **2)** а) *общ.* представлять, знакомить **EX: She invited me to her house and introduced me with her family members.** – Она пригласила меня к себе домой и представила меня членам ее семьи. **б)** *общ.* представлять, вводить *(в общество и т. п.)* **EX: to introduce smb. into high society** – ввести кого-л. в высшее общество **в)** *общ.* знакомить *(с чем-л.)* **EX: to introduce to new method/idea** – познакомить [ознакомить] с новым методом/идеей

introduction *сущ.* **1)** *общ., преим. мн.* (официальное) представление, знакомство **2)** *общ.* предисловие, введение, вступление **3)** **а)** *общ.* введение, внесение, внедрение *(внутрь чего-л.)* **EX: introduction of new text into commentary** – включение нового текста в комментарий **б)** *марк.* выведение [выход] (товара) *(выход на старый рынок с новым товаром либо выход на новый рынок со старым товаром)* **EX: introduction decision** – решение о выпуске товара на рынок [решение о выходе на рынок], **introduction of new product in the market** – выведение нового товара на рынок **SYN:** product introduction, launch **SEE:** introduction stage, launch campaign

introduction stage **1)** *марк.* этап выведения [внедрения] товара на рынок *(стадия в жизненном цикле товара, характеризующаяся выпуском товара на продажу)* **SYN:** introductory stage **SEE:** product life cycle, pre-market stage, growth stage, mature stage, decline stage **2)** *марк.* = pioneering stage

introductory advertising *рекл.* вводная [начальная] реклама *(реклама для ознакомления существующих и потенциальных клиентов с новым продуктов)* **SYN:** initial advertising

introductory campaign *марк.* = launch campaign

introductory offer *марк.* вводное [первоначальное] предложение *(специальное предложение, нацеленное на привлечение интереса покупателей к новому товару и действующее в течение ограниченного времени; обычно подразумевает льготные цены, скидки, подарки и т. п.)* **SEE:** special offer, special price, introduction stage

introductory price *марк.* = launch price

introductory stage *марк.* = introduction stage

intrusive advertising *рекл.* навязчивая [назойливая] реклама *(частая реклама товара (услуги) во всех возможных СМИ; спам и реклама в Интернете, внезапно появляющаяся при про-*

смотре сайтов, не имеющих никакого отношения к рекламируемому товару) **SYN:** obtrusive advertising

invalid account *сущ. марк.* несуществующий клиент *(термин, которым пользуется компьютерная система, работающая в системе продажи товаров или оказания услуг в интернете, при попытке случайного посетителя сайта идентифицироваться в качестве клиента организации)*

inventory

I *сущ.* **1)** *эк.* опись, список, реестр *(список всех активов с указанием стоимости каждого, напр., список всех активов физического лица, предъявляемый при подаче заявления на получение кредита; список всех предметов, находящихся в здании, и т. п.)* **EX: to make an inventory of all property** – провести опись всего имущества **2)** а) *учет, часто мн.* товарно-материальные запасы, материально-производственные запасы *(совокупность всех запасов предприятия, включая запасы сырья и материалов, запасы комплектующих и полуфабрикатов, запасы незавершенного производства и запасы готовой продукции)* **EX: inventory account** – счет запасов, **to build up inventories** – создавать товарно-материальные запасы **SYN:** stock-in-trade **SEE:** inventory on hold **б)** *эк.* инвентарь; запас, резерв *(в самом широком смысле: все, что хранится на складе; наличные товары)* **EX: inventory of materials** – запас материалов, **inventory of goods for resale** – запас товаров для перепродажи, **in inventory** – в запасе, в наличии; **to reduce (an) inventory (by having a sale)** – уменьшить число наименований (проведя распродажу), **Where item(s) ordered are not in inventory, we will e-mail you and communicate the estimated lead time.** – Если заказанного товара/заказанных товаров нет в наличии, сообщим вам о предполагаемом сроке реализации заказа по электронной почте. **SYN:** stock, storage, store **в)** *фин.* портфель [резерв] ценных бумаг* *(совокупность ценных бумаг, находящихся в ведении или принадлежащих данному лицу, напр., ценные бумаги, которые брокер или дилер держат для перепродажи)* **EX: Orders for stocks that can't be matched are sent to market makers for execution, or we will execute the orders using our own inventory of securities.** – Приказы на акции, которые не могут быть выполнены, отправляются на исполнение маркетмейкерам, либо мы сами выполняем эти приказы, используя наш собственный резерв ценных бумаг. **SEE:** dealer **3)** *учет, упр.* = stocktaking **EX: annual inventory** – сплошная инвентаризация в конце отчетного года, **days of inventories** – период инвентаризации, **to make an inventory (of)** – производить учет (чего-л.), **closed for inventory** – закрыто на переучет, **Take an inventory of everything you own.** – Проведите инвентаризацию всего своего имущества. **4)** *общ.* вопросник; анкета

II *гл. учет, упр.* составлять опись [перечень, реестр] *(напр., каких-л. активов)*; инвентаризировать **EX: Your first task is to inventory all assets that you and your spouse acquired during the marriage.** – Ваша первоочередная задача – составить перечень всех активов, которые вы и ваш(а) супруг(а) приобрели за время брака.

inventory-clearance sale *торг.* = clearance sale

inventory holdings *эк.* = stock-in-trade

inventory management **1)** *упр.* управление запасами [материально-техническим снабжением] *(совокупность мероприятий, проводимых для обеспечения производства необходимым оборудованием, инструментами и материалами)* **SEE:** merchandise management, safety stock, fill rate, stock depth **2)** *иссл. опер.* управление запасами *(комплекс моделей и методов, предназначенных для оптимизации запасов, находящихся на хранении и предназначенных для удовлетворения спроса на них, а также с целью минимизации складских издержек и издержек хранения)* **SYN:** storekeeping, storage control

inventory of goods **1)** *торг.* товарный запас, запас товаров *(на складе)* **2)** *торг.* опись товаров *(перечень имеющихся товаров)*

inventory on hold *учет, торг.* зарезервированные [заблокированные] запасы [товары]* *(запасы товаров, движение [перемещение, передача] которых запрещено)* **EX: to put inventory on hold/release from hold** – зарезервировать [заблокировать] запасы [товары]/разблокировать запасы [товары], **to ask the distributor to put inventory on hold or reserve it for a specific purpose** – попросить дистрибьютора заблокировать товар или зарезервировать его для определенных целей, **Place inventory on hold for the customer.** – Зарезервируй товар для этого клиента.

inventory storage facility *торг.* складское сооружение [помещение] **SYN:** warehouse, storage facility **SEE:** storage

investment advertisement *фин., рекл.* инвестиционное рекламное объявление *(предлагает инвестировать средства в какой-либо проект)*

investment advertising *фин., рекл.* инвестиционная реклама *(реклама, нацеленная на привлечение инвестиций)*

investment goods *эк.* = capital goods

invoice

I *сущ. торг., учет* счет, фактура, счет-фактура, коммерческий [товарный] счет *(счет на поставленный товар с указанием краткой спецификации, цены и других подробностей контракта)* **EX: as per invoice** – согласно счету-фактуре **SYN:** commercial account, commodity account **SEE:** account, invoicing, sales invoice, proforma invoice, export invoice, import invoice, invoice amount

II *гл. торг., учет* выписать [выставить] счет(-фактуру) **EX: Upon delivery, we let you know the amount we intend to invoice for the work done.** – При доставке мы доведем до вашего сведения, какую сумму мы намерены указать в счете-фактуре за проделанную работу. **In this case we will invoice for the whole order including the items out of stock, and advise you of this on the invoice.** – В этом случае мы выставим счет-фактуру на весь заказ, с учетом товаров, которых в данный момент нет в наличии, и сообщим об этом в счете-фактуре.

invoice amount *торг., учет, бирж.* сумма счета-фактуры, сумма фактуры *(в общем смысле: сумма, которая должна быть уплачена покупателем в соответствии со счетом-фактурой, выставленным поставщиком; в биржевой торговле: сумма, которая должна быть уплачена покупателем фьючерсного контракта при получении базового актива)* **SEE:** invoice

invoice clerk *учет, торг.* фактурщик*, служащий по счетам(-фактурам)* *(сотрудник компании, который оформляет, а часто и рассылает счета за товары (услуги), заказанные [полученные] клиентами компании; при этом он проверяет, что все счета отражены в учетной документации)* **SEE:** invoice, dispatch

invoice discount 1) *торг.* = off-invoice allowance **2)** *фин.* = invoice discounting

invoice price фактурная [инвойсная] цена, цена по счету-фактуре **а)** *торг., учет, гос. фин. (цена, указанная в счете-фактуре; может включать расходы по перевозке товара, погрузочно-разгрузочным работам, страхованию, оплате экспортной пошлины, а также различные налоги и сборы, напр., налог на добавленную стоимость)* **SEE:** VAT invoice, gross invoice price, net invoice price **б)** *бирж. (цена, зафиксированная в расчетной палате как цена поставки по фьючерсному контракту)* **SYN:** invoiced price, invoice value

invoice value *торг., учет* = invoice price

invoiced price *торг., учет, гос. фин., бирж.* = invoice price

invoicing *сущ. учет* выставление счета-фактуры, фактурирование *(составление и отправление счета-фактуры)* **EX: invoicing department** – отдел выставления счетов-фактур, **VAT invoicing** – выставление счета-фактуры, включающего НДС, **Our invoicing is done by computer.** – Мы выставляем счета-фактуры при помощи компьютера. **SEE:** invoice, invoicing in duplicate

invoicing in duplicate *торг., учет* двойное выставление* *(выписка счетов-фактур в двух экземплярах)* **EX: For customers requiring invoicing in duplicate, triplicate, etc.** – Для клиентов, которые требуют счета в двух, трех и т. д. экземплярах. **SEE:** invoice

involvement device *марк., рекл.* = action device

Inward Wide-Area Telephone Service **сокр.** INWATS *связь* телефонная услуга дальней связи для входящих звонков* *(услуга, позволяющая звонящим осуществлять бесплатные телефонные звонки на номера с кодом 800)* **SYN:** incoming Wide-Area Telephone Service **SEE:** toll-free calling, Wide-Area Telephone Service, Outward Wide-Area Telephone Service

irrational demand *эк.* = unwholesome demand

irregular buyer *марк.* = infrequent buyer

irregular demand *марк.* непостоянный [меняющийся] спрос *(ситуация, при которой потребность в продукции изменяется по сезонам, неделям или дням)* **SEE:** demand states

island advertisement *рекл.* островное объявление *(окруженное редакционным материалом)* **SYN:** solus advertisement **SEE:** solus position, buried advertisement, semisolus

island display *рекл.* островная выкладка* *(товара на отдельно стоящем оборудовании)* **SYN:** solus position, free-standing display **SEE:** shelf display, shelf stand

island position *рекл.* = solus position

island site *марк.* = island stand

island stand *марк.* островной стенд* *(выставочный стенд, со всех сторон окруженный проходами)* **SYN:** island site

isolated store cluster *торг.* изолированная концентрация магазинов *(группа магазинов, изолированных от центрального торгового района)* **SEE:** store cluster

issue advertising *рекл.* проблемная реклама *(реклама, высказывающая определенную позицию по какой-л. общественной проблеме)* **SEE:** advocacy advertising, public service advertising

issue life *СМИ, рекл.* срок жизни номера [выпуска]* **а)** *(показатель средней продолжительности читаемости, т. е. срок, в течение которого обычно читается журнал; считается, что в США этот срок составляет пять недель для еженедельника и три месяца для ежемесячного издания)* **б)** *(период между публикациями двух номеров)*

Italian warehouse *торг., брит.* = Italian warehousemen

Italian warehousemen *торг., брит.* «Итальянские складовщики»*, импортер бакалеи* *(торговая фирма, специализирующаяся на торговле импортными товарами, напр., растительным маслом, макаронами; так эти компании исторически назывались в Англии, поскольку персонал был преимущественно из итальянцев)* **EX: The most unusual of the grocers in Broad Street was the long established firm of Lewis Brothers who advertised as Lewis Brothers, grocers, Italian warehousemen and provision dealers.** – Самой необычной бакалейной фирмой на Брод-Стрит была старинная фирма «Льюис Бразерс», которые называли себя «Братья Льюис, бакалейщики, импортеры и поставщики продуктов питания». **SYN:** Italian warehouse **SEE:** warehouse, warehouseman, warehouse store

item nonresponse *соц.* пункт без ответа *(вопрос, на который респондент по какой-то причине не ответил)* **EX: When item nonresponse is high and respondents and nonrespondents differ substantially, item nonresponse can be a serious threat to the accuracy of the estimates.** – В случае, если количество вопросов без ответа велико, и разница между ответившими и неответившими значительная, достоверность исследования может быть поставлена под сомнение. **SEE:** nonresponse

itemized pricing *марк.* детализированное ценообразование* *(установление цены как суммы стоимости отдельных компонентов, т. е. установление цены в разбивке по компонентам в отличие от цены, установленной единой суммой; характерно для услуг, при заказе которых покупатель может отказываться от некоторых компонентов)* **SEE:** a la carte service

J

J-hook display *торг.* стенд с крючками* *(витрина в виде стенда с прикрепленными или передвижными крючками, на которых размещают небольшие продукты в отдельной упаковке, напр., станки для бритья)* **SEE:** merchandising

jewelry shop [store] *торг.* ювелирный магазин **SYN:** jewelry store

jingle *сущ.* 1) *общ.* звон **EX: jingle of bells** – звон колокольчиков 2) *общ., разг.* стих, рифма **EX: rhyming jingle** – рифма 3) *рекл.* джингл, музыкальный рекламный ролик 4) *рекл., амер.* позывные радиостанции **SYN:** jingle package **SEE:** identification announcement

jingle commercial *рекл.* = advertising jingle

jingle house *рекл.* студия звукозаписи *(компания, записывающая музыкальные ролики для рекламы)* **SEE:** advertising jingle

jingle track *рекл.* = advertising jingle

job *сущ.* 1) а) *эк.* работа, задание **EX: well-paid job** – хорошо оплачиваемая работа б) *эк.* заказ **EX: Right now I'm working on six jobs for US and UK clients.** – Непосредственно сейчас я работаю над шестью заказами американских и британских клиентов. **SEE:** jobber в) *общ., разг.* трудное дело 2) *общ., разг.* место работы, работа; должность; рабочее место **EX: administrative job** – административная должность, **to create new jobs** – создавать новые рабочие места 3) *торг.* неликвид, залежалый товар *(продается по сниженной цене)* **SEE:** shelf pull merchandise

job lot 1) *торг.* отдельная партия товара 2) *торг.* набор* *(набор разнообразных товаров, продаваемый как единое целое по общей цене)*

jobber *сущ.* 1) *эк. тр.* сдельщик*, поденщик* *(человек, работающий сдельно либо занимающийся случайной работой, нанимающийся на выполнение отдельных комплексов работ)* 2) *торг., амер.* (мелкий) оптовик, (мелкий) оптовый торговец *(покупающий товары у крупных оптовиков и перепродающий их розничным торговцам)*; оптовая фирма, джоббер *(фирма, закупающая крупные партии товаров с целью перепродажи)* **SEE:** dealer, dealer in gross, wholesaler, wholesale distributor, wholesale trader, wholesale dealer 3) *бирж.* джоббер *(участник фондовой биржи, совершающий операции за свой счет, в отличие от брокеров)*

jobbing 1) *общ.* приработка, подработка *(нерегулярная работа, сдельная работа)* 2) *торг.* продажа товаров мелким оптом

Johnson box *рекл.* рамка Джонсона* *(графический элемент, используемый в прямой почтовой рекламе для выделения заголовка или наиболее важных пунктов рекламного сообщения с целью привлечь внимание)*

joint advertisement *рекл.* коллективная реклама, объявление коллективной рекламы **SEE:** joint advertising

joint advertising *рекл.* коллективная [совместная] реклама а) *(реклама двух и более производителей [торговцев] с целью продвижения определенной категории товаров, а не конкретной марки; напр., реклама распродаж одежды, проводимая совместно несколькими торговцами)* **SYN:** cooperative advertising, association advertising, group advertising **SEE:** joint promotion **б)** *(реклама двух и более продуктов или торговых марок в одном рекламном ролике)* **SEE:** advertising method, cooperative advertising, joint mailing, piggy-back promotion

joint department store *торг., брит.* объединенный универмаг* *(универмаг, отделы которого организованы различными специализированными торговыми предприятиями)* **SEE:** department store

joint goods 1) *эк.* связанные продукты [блага]* **а)** *(продукты, производимые компанией дополнительно к основной деятельности; обычно эти товары производятся из одинакового сырья, напр., пиломатериалы и опилки)* **SEE:** ancillary goods **б)** *(товары, потребляемые совместно, поскольку потребление одних невозможно без потребления других, напр., потребление достопримечательностей туристами невозможно без потребления услуг гостиничного бизнеса и ресторанного бизнеса, сувениров и иных подобных товаров и услуг)* **SEE:** complementary goods **2)** *эк.* блага совместного потребления* *(блага, потребление которых одним человеком не исключает других людей из потребления этих благ в том же объеме; напр., футбольный матч, телепередача, лекция и т. д.)* **SEE:** public goods

joint mailing *рекл.* совместная [объединенная] рассылка *(в почтовой рекламе, ситуация, когда в общий конверт вкладывается несколько конвертов с информацией от разных отправителей, напр., несколько конвертов с рекламной информацией нескольких производителей)* **SEE:** shared mailing, joint advertising

joint marketing *марк.* = cooperative marketing

joint marketing agreement *марк.* соглашение о совместном маркетинге *(соглашение между двумя или более независимыми компаниями о проведении совместной маркетинговой программы)* **SYN:** co-marketing agreement **SEE:** joint sales agreement

joint promotion *марк.* совместное продвижение* *(совместное проведение маркетинговых мероприятий двумя и более компаниями)* **SEE:** joint advertising, joint sales office

joint purchaser *эк., юр.* соприобретатель *(лицо или организация, которая приобрела какой-л. товар совместно с другими лицами или организациями)* **SEE:** buyer group

joint sales agreement *марк.* соглашение о совместной продаже [совместном сбыте] *(соглашение между двумя или более независимыми производителями об проведении единой сбытовой программы)* **SEE:** joint marketing agreement

joint sales office *марк.* совместный отдел сбыта, совместное торговое представительство *(нескольких компаний)* **SEE:** sales office, joint promotion

joint supply 1) *эк.* совмещенное предложение *(предложение двух и более товаров, таких что при увеличении выпуска одного товара неизбежно увеличивается и выпуск другого товара, напр., предложение баранины и шерсти)* **2)** *торг.* совместная поставка *(двух или более товаров)*

joint survey *марк., стат.* совместное обследование **EX: a joint survey with the Ministry of Health** – исследование, проведенное совместно с Министерством здравоохранения, **a joint survey of the quality of advice provided by financial analysts** – совместное исследование качества советов, предоставляемых финансовыми аналитиками **SEE:** survey

Journal of Marketing *марк., амер.* «Джорнэл оф маркетинг» *(один из ведущих американских маркетинговых журналов, издаваемый с 1936 г. Американской маркетинговой ассоциацией)* **SEE:** American Marketing Association, Alpha Kappa Psi Award

journal of sales *торг., учет* = sales journal

judgement sample 1) *стат.* отобранный образец *(выбирается из генеральной на основании мнения специалиста)* **2)** *ауд.* аудиторская выборка *(отбор документов для проверки, про-*

водимый аудитором исходя из его личного опыта и знания клиента) **SEE:** audit evidence

judgmental sampling *стат.* преднамеренная [экспертная] выборка *(выборка, при которой объекты для исследования отбираются исходя из опыта и видения ситуации экспертом, проводящим исследование)*

jugendstil *общ., нем.* стиль «модерн» *(оказал заметное влияние на стиль европейских товарных знаков)*

jumble basket *марк.* выставочная корзина* *(выкладывание в виде корзины, в которую сложены разнообразные товары; часто используется для выкладывания дешевого или подержанного товара)* **SEE:** display bin, merchandising, jumble sale, jumble shop

jumble display *торг.* беспорядочная выкладка* *(разнородных товаров, продаваемых по единой цене, напр., при распродаже или при продаже уцененных товаров)* **SEE:** bulk display, dime store

jumble sale *торг., брит.* распродажа подержанных вещей *(на благотворительном базаре по низким ценам)* **SYN:** rummage sale **SEE:** jumble shop, jumble basket

jumble shop **1)** *торг* лавка *(с разнообразным ассортиментом товаров)* **2)** *торг.* магазин подержанных товаров **SYN:** junk shop **SEE:** antique shop, jumble sale

jumbo

I *сущ. общ.* громадина, великан *(о человеке или животном)*, громоздкая вещь

II *прил. общ.* огромный, гигантский, крупный **EX:** **jumbo pack** – огромный пакет, **jumbo loan** – крупный заем

jumbo pack *торг.* = king-size pack

jumbo-sized pack *торг.* = king-size pack

jump cut *СМИ., рекл.* резкая смена кадров *(такие переходы от одного кадра к другому дезориентируют зрителя и используются сознательно для создания нужного эффекта)*

junior department store *торг.* малый [дочерний] универмаг* *(небольшой универмаг с ограниченным ассортиментом, являющийся филиалом крупного универмага)* **SEE:** branch store, parent store

junior page **1)** *полигр.* малоформатная страница *(журнала)* **2)** *рекл.* малоформатная вставка* *(наименование площади журнальной рекламы, соответствующей стандартному размеру страницы малоформатного журнала)* **SYN:** junior unit **SEE:** junior spread, pony spread, full-page advertisement

junior panel *марк.* малоформатный рекламный щит *(устанавливается, как правило, около пешеходных дорожек и на территории торговых центров)*

junior spread *рекл.* = pony spread

junior unit *рекл.* = junior page

junk mail *рекл., разг.* спам, почтовый мусор* *(рекламные материалы, рассылаемые по почте бесплатно, не представляющие для получателя особой ценности)*

junk shop *торг.* лавка старьевщика [древностей] **SYN:** jumble shop

just noticeable difference *марк.* едва заметная разница* *(минимально заметная для потребителя разница между двумя товарами)* **SEE:** Weber's law

just price *эк.* справедливая [обоснованная] цена **а)** *(цена, которая покрывает затраты производителя и дает ему нормальную прибыль)* **SEE:** normal profit **б)** *(по средневековой церковной концепции: цена, установленная в размере, достаточном чтобы компенсировать торговцу его затраты и принести ему прибыль, которая позволила бы ему поддерживать существование на соответствующем его социальному статусу уровне)* **в)** *(моральный критерий оценки товара или услуги, т. е. цена, которая оценивается как правильная с нравственной точки зрения)*

justified price *эк.* оправданная [обоснованная, реалистичная, честная] цена *(цена товара или финансового инструмента, которую готов заплатить информированный покупатель)* **SYN:** market value

K

kamikaze pricing *марк.* самоубийственное ценообразование* *(стратегия установления цен на уровне, близком к убыточному, для вытеснения конкурентов с рынка)* **SEE:** predatory pricing, predatory price cutting, experience curve pricing, destroyer pricing, keen price, below cost bidder

karat *сущ.* **сокр.** K *потр., амер.* = carat

keen price *марк.* хищническая [агрессивная, рисковая] цена* *(поддерживаемая на низком уровне для повышения конкурентоспособности)* **SYN:** predatory price **SEE:** limit pricing, penetration pricing, kamikaze pricing, predatory pricing, predatory price cutting, experience curve pricing, destroyer pricing

keep-out pricing *марк.* = limit pricing

keeper 1) *общ.* владелец *(какого-л. дела, напр., кафе, магазина)*, собственник **EX: shopkeeper** – владелец магазина, **beekeeper** – пчеловод, **poultry keeper** – птицевод **2)** *общ.* хранитель, сторож, смотритель *(напр., в больнице, тюрьме, музее и т. п.)* **EX: lighthouse-keeper** – смотритель маяка **3)** *потр.* продукт долгого хранения **EX: This melon is a good keeper.** – Дыни этого сорта хорошо хранятся. **4)** *марк.* крючок*, приманка* *(вознаграждение, используемое для того, чтобы побудить покупателя принять участие в каком-л. мероприятии, напр., в опросе, дегустации и т. п.)* **SEE:** eye-catcher

keeping quality *торг.* = storage characteristic

Kefauver-Harris Amendment *торг., юр., амер.* поправка Кефовера-Харриса *(к. закону «О продуктах питания, лекарствах и косметических средствах» 1938 г., предусматривающая проведение предварительных испытаний безопасности и эффективности медицинских препаратов и обязательное указание родовых названий медикаментов на ярлыках и. этикетках, принята в 1962 г.)* **SEE:** Federal Food, Drug and Cosmetic Act 1938;

kennel-keeper *марк., разг.* собаковод* *(производитель, в продукции которого преобладают товары «собаки», т. е. товары, с небольшой рыночной долей и незначительным ростом)* **SEE:** dog, Boston matrix

kerbside conference *торг., упр.* сопровождающая беседа*, разбор полетов* *(способ обучения торговых агентов, основанный на обсуждении обучаемым и обучающим возможных подходов к конкретному покупателю сразу после состоявшегося разговора с этим покупателем)*

key

I *сущ.* **1)** *общ.* ключ *(от замка)* **2)** *общ.* ключ *(к пониманию или достижению чего-л.)* **EX: Marketing is a key to success and growth.** – Маркетинг – это ключ к успеху и росту.

II *прил. общ.* основной, ключевой; важнейший, ведущий, главный **EX: key marketing strategy** – важнейшая маркетинговая стратегия, **key market segment** – ключевой [важнейший] сегмент рынка **SEE:** key account, key customer, key influence people, core product

III *гл.* **1)** *общ.* запирать на ключ **2)** *общ.* шифровать, использовать условные обозначения **3)** *марк.* кодировать *(включать в рекламное объявление идентификатор или купон для отслеживания откликов на рекламу)* **EX: When I ventured onto the Internet, how to key**

my ads was something of a mystery. – Решившись задействовать интернет, я понял, что не знаю, как кодировать рекламу **SEE:** keying

key account *марк.* ключевой [основной] клиент **а)** *(клиент, на которого приходится значительный объем продаж и с которым установлены устойчивые долгосрочные деловые связи)* **б)** *(клиент, который стабильно генерирует высокую прибыль)* **в)** *(клиент, который является одним из лидеров в своей отрасли или способен оказывать устойчивое влияние на формирование рынка)* **г)** *рекл.* *(клиент, который тратит значительные средства на рекламу через одно конкретное агентство)* **SYN:** key customer **EX: key account management** – работа с ключевыми клиентами

key buying influence **сокр.** KBI *марк.* субъект [агент, фактор] влияния на покупателя*, лицо, влияющее на покупателя*, ключевой определитель покупки* *(человек, оказывающий влияние на решение о покупке определенного товара или услуги, но не принимающий такое решение, напр., консультант, торговый агент и т. п.)* **SEE:** key influence people, buying influence, gatekeeper

key code *рекл.* ключевой код *(цифровой или буквенный код, используемый для идентификации отдельной рекламы, купона на скидку, каталога, почтового отправления и т. п., применяемый в частности для анализа эффективности конкретного рекламного мероприятия, напр., для сравнения эффективности двух различных комплектов почтовой рекламы)* **SEE:** keyed advertisement

key customer *марк.* ключевой клиент, основной клиент [заказчик] *(клиент фирмы, на которого приходится наибольшая доля заказов (покупок), и от которого доход фирмы зависит в большей степени)* **SYN:** major customer, primary customer, primary purchaser, key account **ANT:** minor customer **SEE:** profitable customer, preferred customer

key influence people **сокр.** KIPS *марк.* влиятельные люди* *(люди, оказывающие значительное влияние на общественное мнение, напр., консультанты, эксперты и другие лидеры общественного мнения, чья поддержка нового продукта активно используется продавцами)* **SEE:** opinion leader, key buying influence

key item *марк.* ключевой [основной] продукт* **а)** *(продукт, заслуживший наибольшее признание покупателей)* **б)** *(продукт, от которого зависит признание покупателями целой линии продукции)* **SYN:** core product

key product *марк.* = core product

key publics *рекл.* основные группы аудитории, ключевая аудитория *(аудитория, на которую рассчитано рекламное объявление)* **EX: Define key publics before starting any communication.** – Определите вашу ключевую аудиторию прежде чем начинать с ней общаться.

keyed advertisement *рекл.* объявление с шифром*, закодированное объявление* *(рекламное объявление, составленное таким образом, чтобы предоставить рекламодателю информацию о том, где респондент увидел это объявление, напр., путем включения кода почтового отделения в обратный адрес)* **SEE:** key code, unkeyed

keying **1)** *общ.* кодирование, шифровка **SYN:** coding **2)** *рекл.* кодирование *(включение в рекламное объявление идентификатора или купона для отслеживания откликов на рекламу)* **EX: keying an advertisement** – кодирование рекламных объявлений **SEE:** keyed advertisement, key code, key

keyline **1)** *полигр.* контурный рисунок, схематичный рисунок *(показывает размещение, форму и размер элементов)* **2)** *марк.* идентификационный код покупателя *(может размещаться на бланке заказа или на почтовом ярлыке, используется для уменьшения количества информации, которую необходимо ввести в элект-

ронную систему регистрации исполнения заказов)

keywords targeting *рекл., комп.* = thematic targeting

kidvid rules *рекл., СМИ* правила для детских передач* *(в том числе включают правила по телевизионной рекламе для детей)* **EX: A key component to ensuring success of our kidvid rules is to hear from parents, teachers and kids on how broadcasters are doing.** – Чтобы наши правила для детских передач имели успех, мы прежде всего должны прислушиваться к мнению родителей, учителей и детей о качестве передач. **SEE:** advertising code, advertising ethics

killer sales letter *марк.* убойное [соблазнительное, привлекательное] коммерческое предложение* *(письма, стимулирующие увеличение роста объема продаж; часто используется в интернет-бизнесе)* **EX: Writing a killer sales letter is one of the most important keys to online success.** – Написание убойных коммерческих предложений – один из главных путей к успеху в сети. **The first step in writing your killer sales letter is to identify your target market.** – Прежде чем писать письмо, рассказывающее о вашем суперпривлекательном коммерческом предложении, необходимо определить границы целевого рынка. **SEE:** sales letter

kimball tag *торг.* учетный ярлычок* *(ярлычок, прикрепляемый к товару, который отрывается при продаже и храниться магазином для учета продаж)*

king-size *прил.* **1)** *потр.* удлиненный, большого размера, королевского размера* *(шире, длиннее, больше, чем стандартный размер)* **EX: king-size pack** – упаковка большего размера, **king-size hamburger** – большой гамбургер, **king-size cigarettes** – сигареты «королевского размера» (длиннее обычных, 100 мм) **SEE:** king-size display, full-size, queen-size **2)** *потр.* кинг сайз, большого королевского размера* *(самый большой стандарт кроватей, размером 76 на 80 дюймов (1,9 на 2 метра), а также соответствующих постельных принадлежностей, ширина которых несколько больше длины)* **SEE:** queen-size, full-size, twin-size **3)** *общ.* сильный, напряженный, интенсивный, тяжелый **EX: I have a king-size headache.** – У меня голова раскалывается от боли. **Film making is the most expensive art form in the universe and finding the dollars is a king size job.** – Съемка фильмов одна из наиболее дорогостоящих форм искусства, а найти деньги далеко не легкая задача. **SYN:** king-sized

king-size bus poster *рекл.* рекламная панель кинг-сайз* *(рекламная панель, размещаемая на внешней части автобуса с любой стороны)* **SEE:** queen-size bus poster

king-size display *рекл., амер.* удлиненная наружная реклама* *(удлиненный рекламный планшет, размещаемый на средствах общественного транспорта со стороны водителя)* **SYN:** king-size poster **SEE:** king-size, front-end display, queen-size display, taillight display, travelling display

king-size pack *торг.* упаковка большего размера *(обычно выгоднее по цене, чем несколько маленьких)* **SYN:** jumbo-sized pack **SEE:** package size

king-size poster *рекл., амер.* = king size display **SEE:** poster, queen-size poster

king-sized *прил.* = king-size

kish box *соц.* = kish grid

kish grid *соц.* отбор единиц по Кишу *(таблица, используемая при проведении опроса на основе случайной выборки, устанавливающая алгоритм выбора для опроса одного человека из семьи; процедура проработана таким образом, что у каждого члена семьи примерно равные шансы быть отобранным)* **SYN:** kish box

kitchen implements *потр.* = kitchenware

kitchen utensils *потр.* = kitchenware

kite mark *торг., брит.* = kitemark

kitemark *торг., брит.* кайтмарк*, знак воздушного змея* *(присваивается высококачественным товарам Британской организацией по стандартизации)* **SYN:** kite mark **SEE:** British Standards Institution, quality label

knit goods *потр.* = knitwear

knitted goods *потр.* = knitwear

knitted wear *потр.* = knitwear

knitwear *потр.* вязаные изделия *(связанные вручную)*, трикотаж *(изделия, связанные путем машинной вязки)* **SYN:** knitted goods, knit goods, knitted wear **SEE:** manufactured goods

knock down *гл.* **1)** *общ.* сломать, разрушить **2)** *общ.* разбирать на части **EX: knocked down** – в разобранном виде, **The furniture has been knocked down ready for the buyer to put it together himself.** – Мебель разбирается на детали таким образом, чтобы покупатель мог собрать ее сам. **3)** *эк.* понижать цены **SEE:** knock-down price **4)** *торг.* продавать с аукциона **SEE:** auction

knock-down *прил.* **1)** *общ.* сокрушительный, тяжелый *(удар)* **2)** *эк.* сниженная, минимально низкая, бросовая *(о цене)* **EX: knock-down price** – сбитая цена, сниженная цена **SYN:** knockdown, knock down, knocked-down **SEE:** knocked down

knock-down price **1)** *торг.* = hammer price **2)** *эк.* сбитая цена*, сниженная цена *(цена, уменьшенная продавцом относительно первоначально запрашиваемой цены, для того, чтобы сделка все-таки состоялась)* **EX: top furniture at knock-down prices** – лучшая мебель по сниженным ценам **SEE:** soft seller

knock off *гл.* **1)** *общ.* стряхивать, смахивать **2)** *торг.* сбавлять, сбивать *(цену)*, делать скидку **EX: He knocked $10 off price as I was paying cash.** – Он сделал скидку на 10 долларов, так как я рассчитывался наличными.

knock out agreement *торг., разг.* *(незаконное соглашение между дилерами не конкурировать друг с другом)*

knockdown *общ., эк.* = knock-down

knockdown goods **сокр.** KD goods *потр.* сборные товары* *(товары, продаваемые в разобранном виде, сборка которых осуществляется самим покупателем)* **SEE:** completely knocked down, knocked down condition, knocked down

knocked down **сокр.** KD *торг.* в разобранном виде *(о перевозимом товаре)* **EX: All our products are shipped knocked down.** – Все наши товары перевозятся в разобранном виде. **SYN:** knocked-down **SEE:** knocked down condition, completely knocked down

knocked down condition **сокр.** KDC *торг.* разобранное состояние, по частям *(о перевозимом продукте)* **SEE:** completely knocked down, knocked down

knocked-down

I *нареч.* *торг.* = knocked down

II *прил.* *торг.* минимальная, низкая, бросовая, сбитая *(о цене)*

knocker *торг., сленг* коммивояжер *(торговый агент, обходящий по очереди все дома в определенном районе)* **SEE:** commercial traveller, sales agent, door-to-door

knocking competition *марк.* разрушительная [агрессивная] конкуренция* *(конкуренция, связанная с принижением качества продукции или услуг конкурента)* **SYN:** unfair competition

knocking copy *СМИ, рекл.* агрессивная реклама* *(реклама, критикующая продукцию конкурента)* **SEE:** comparison advertising, unfair competition

knockoff

I *сущ.* **1)** *марк., разг.* подделка, фальшивка *(незаконная копия товаров, имеющих зарегистрированную товарную марку, защищенных авторским правом или несущих легко узнаваемый фирменный знак)* **SEE:** unfair competition **2)** *марк., разг.* клон* *(новый продукт, который почти идентичен хорошо известному и продаваемому продукту)*

knowledge-based marketing *марк.* = data-driven marketing

knowledge discovery in databases **сокр.** KDD *мет., стат., комп.* обнаружение знаний в базах данных *(обнаружение скрытой информации, неожиданных зависимостей и моделей в имеющейся базе данных)* **SEE:** data mining, data base

knowledge-intensive product *эк.* наукоемкий товар, знаниеемкий товар* *(производство которого требует проведения научных исследований или наличия специализированных знаний в той или иной области)* **SEE:** land-intensive commodity

knowledge of commodities *торг.* знание товаров* *(информированность о свойствах, классификации и стандартизации определенных товаров; осведомленность о факторах качества данных товаров, о способах оценки и контроля качества; компетентность в области условий сохранения качества товаров при транспортировке, хранении и эксплуатации; знание закономерностей формирования ассортимента товаров и т. д.)* **SEE:** science of commodities, commodity expert, rational appeal, knowledgeable buyer, knowledgeable seller

knowledgeable buyer *марк.* знающий [разбирающийся] покупатель *(разбирающийся в приобретаемых товарах)* **SYN:** experienced buyer **SEE:** knowledgeable seller, comparison shopping, rational appeal

knowledgeable seller *марк., фин.* знающий [разбирающийся] продавец *(продавец, способный определить настоящую ценность товара или какого-л. актива)* **SEE:** knowledgeable seller, sales engineer, knowledge of commodities

known damage *трансп.* заранее известное повреждение* *(повреждение, обнаруженное до или в процессе доставки груза)* **SEE:** concealed damage

known product *марк.* известный продукт *(присутствующий на рынке в течение определенного периода и знакомый покупателям)* **SEE:** new product

Kotler, Philip *марк.* Филип Котлер *(1931-, профессор Школы менеджмента Келлог Северо-западного университета США; известный специалист в области маркетинга; автор популярных учебников по маркетингу и менеджменту)* **SEE:** Black Box Model

krotoscope *марк., тех.* кротоскоп, шумомер *(прибор для замера уровня шума, который может быть использован для измерения интенсивности аплодисментов или иной реакции аудитории)*

L

label

I *сущ.* **1)** *торг.* ярлык, этикетка, бирка, наклейка **EX: paper label** – бумажная этикетка, **to affix a label** – прикреплять ярлык, **to approve a label** – утвердить ярлык **SEE:** advertising label, mercantile label, bar code label, printed foil label, identification label, quality label, private label, body label, brand label, grade label, gummed label, tie-on label, descriptive label, approved label, recognizable label, recipe label, label licence, label copy, label print **2)** *торг., пат.* (фирменная) марка *(фирменное название розничного торговца, модельера, производителя одежды и т. п.); разг.* лейбл **SYN:** trade label **3)** *соц.* ярлык, клеймо, категория *(термин, обозначающий классификацию людей, напр., домохозяйка, мать-одиночка, законодатель моды и т. п.)* **SEE:** labelling **4)** *связь* = mailing label

II *гл.* **1)** *торг.* прикреплять ярлык [этикетку]; навешивать бирку; маркировать *(ставить марку / клеймо на каком-л. товаре, изделии)* **EX: The Fair Trading Act does not require all products to be labelled with a place of origin.** – Закон «О честной торговле» не требует, чтобы на все товары была прикреплена этикетка с указанием места их производства. **SEE:** Fair Packaging and Labeling Act, Federal Cigarette Labeling and Advertising Act, Fur Products Labeling Act, labelling machine, ingredient labeling **2)** *общ.* относить к какой-л. категории; навешивать ярлык *(в переносном смысле)* **SEE:** labelling

label approval *торг.* апробация этикеток* *(утверждение этикеток органами, выдающими лицензию на этикетку, с целью проверки, отражает ли информация, имеющаяся на упаковке, точные данные о производителе и качестве товара)* **SEE:** approved label, label licence

label copy *марк.* текст на ярлыке [этикетке] *(обычно содержит сведения об ингредиентах, соответствии стандартом качества и т. п.)* **SYN:** labelling disclosure **SEE:** label, ingredient labelling

label licence 1) *торг., пат.* лицензия на этикетке *(отмеченное на этикетке разрешение на использование продаваемого изделия в соответствии с определенным патентом),* лицензионная ссылка *(на патент)* на этикетке **SEE:** label, Fair Packaging and Labeling Act **2)** *пат.* лицензия на этикетку **SEE:** label approval

label panel *марк.* = label set

label print *торг., связь* устройство для печати ярлыков *(оборудование для печати имен и адресов на бумагу или ярлыки)* **SEE:** label

label product *торг.* марочный продукт **SEE:** branded goods

label set *марк.* группа ярлыков *(группа имен и адресов, выделенная из рассылочного списка и распечатанная на ярлыках, при этом каждой записи присваивается код для ее идентификации как члена группы)* **SYN:** label panel, label split **SEE:** mailing list

label split *марк.* = label set

labeler *амер.* = labeller

labeling *амер.* = labelling

labelled 1) *торг.* имеющий этикетку [бирку, ярлык, метку], маркированный *(о товаре)* **EX: incorrectly labelled** – с неправильной маркировкой **SEE:** label, labelling **2)** *соц.* с ярлыком [клеймом], заклейменный *(о человеке, которого относят к определенной группе, либо о поведении, характере и т. п. которого бытует устойчивое мнение)* **EX: He is labelled a «bad guy».** – Его считают «плохим парнем». **SEE:** label

labelled commodities *торг.* = marked goods

labeller *сущ. торг.* этикетировочная машина, машина для наклейки ярлыков **SYN:** labelling machine, machine for labelling, labeler **SEE:** label, labeling, labelling department

labelling

I *сущ. тж. labeling* **1)** маркировка, маркирование **а)** *торг., пат. (проставление марки, клейма на каком-л. товаре, изделии с обозначением места изготовления, качества и т. п., наклейка ярлыков, этикеток, навешивание бирок)* **EX: legal requirements for food labelling** – законные требования нанесения маркировочных знаков на пищевые продукты, **footwear labelling** – маркировка обуви, **labelling of materials** – маркировка материалов **SEE:** label **б)** *общ. (нанесение метки)* **EX: radioactive labelling** – радиоактивная маркировка, **tracer labelling** – маркировка изотопным индикатором **2)** *общ.* отнесение к определенной категории; присваивание обозначений **EX: labelling and rating systems** – системы присваивания обозначений и рейтинга

II *прил.* маркировочный **а)** *торг., пат. (занимающийся нанесением маркировки)* **EX: labelling machine** – маркировочная машина **SEE:** label, labelling department **б)** *общ. (осуществляющий нанесение каких-л. помет, знаков распознавания)* **EX: labelling scheme** – схема кодирования

labelling claim *торг.* утверждение на этикетке [ярлыке]* *(определенное утверждение, напр., «овощи — здоровая пища», содержащееся на этикетке)* **SYN:** label copy, labelling disclosure **SEE:** label

labelling department *торг.* маркировочный отдел* *(подразделение предприятия, отвечающее за наклеивание этикеток на товары)* **SEE:** labeler

labelling disclosure *торг.* информация на ярлыках [этикетках]* **SYN:** label copy, labelling claim

labelling machine *торг.* = labeller

lady of the house **сокр.** LOH *рекл.* домохозяйка, домашняя хозяйка *(в рекламных объявлениях - обозначение женщин, ведущих домашнее хозяйство)*

laggard

I *сущ.* **1)** *общ.* увалень, тюфяк, копуша **2)** *марк.* отстающий потребитель*, тормоз* *(потребитель, который начинает приобретать новой товар или использовать новую технологию одним из последних)* **SEE:** adopter, adopter category, late adopter

II *прил.* **1)** *общ.* вялый, медлительный, отстающий **2)** *фин., брит.* вялый *(об акции, курс которой ниже среднего по рынку)*

landed *прил.* **1)** *общ.* земельный **EX: landed property** – земельная собственность **2)** *эк., юр.* владеющий земельной собственностью **EX: landed classes** – помещики, землевладельцы **3)** *торг., трансп.* относящийся к выгруженному товару* *(о цене, качестве, весе и т. п.)* **SEE:** landed price, landed quality

landed price *межд. эк., торг.* цена с выгрузкой (на берег) *(цена доставленного товара, т. е. цена, включающая как собственно стоимость товара, так и все транспортные и страховые расходы, расходы по хранению, а также таможенные платежи и расходы по разгрузке товара в месте назначения; термин относится не столько к условию в контракте о поставке, сколько к оценке стоимости приобретенного товара покупателем)* **SEE:** DDP price, ex works, Incoterms

landed quality *торг., трансп.* качество выгруженного товара *(качество товара в момент выгрузки, за ущерб которому во время пути может отвечать перевозчик)* **EX: If the condition is on landed weight and landed quality basis then Letter of Credit will be drawn to a certain percentage (i.e. 90% of the value of invoice) and balance 10% will be payable at destination**

***after inspection* and certification.** – Если оплата производится на *основании веса* и качества выгруженного товара, то аккредитив должен быть выписан под определенный процент (90 % стоимости счета) и остальные 10 % должны быть заплачены на месте выгрузки товара после их осмотра и сертифицирования.

landing order *торг., трансп.* разрешение на разгрузку* *(разрешение выгрузить на специальный таможенный склад товары, по которым еще не произведена уплата таможенных платежей)*

Lanham Act *юр., пат., амер.* закон Лэнхема [Лэнема] *(основной закон, регламентирующий на федеральном уровне регистрацию и использование товарных знаков и знаков обслуживания; принят в 1946 г., дополнялся в 1947-49 гг.; согласно данному закону, заявитель на регистрацию товарного знака должен был предъявить доказательства его использования в торговой практике для получения разрешения на регистрацию)* **SEE:** use in commerce

large order discount *торг.* скидка при большом заказе **SEE:** quantity discount

large-scale advertising *рекл., марк.* крупномасштабная реклама, массированная реклама *(проведение рекламной кампании в течение длительного периода с использованием максимального количества средств распространения рекламы)*

large-scale consumer *эк.* оптовый потребитель [покупатель] *(покупающий товар большими партиями)*

large-scale retailing *торг.* крупномасштабная розничная торговля **ANT:** small-scale retailing

large-sized store *торг., амер.* крупный универмаг, большой магазин **EX: It is difficult for the aged with decline of walking ability to move without a shopping cart when doing the shopping at a large-sized store.** – Пожилым людям, которым трудно передвигаться, тяжело ходить без тележки для покупок, делая покупки в огромном универмаге. **SEE:** small-sized store, medium-sized store

large-volume market *марк.* объемный рынок *(рынок сбыта, характеризующийся большим количеством потенциальных покупателей и высоким объемом продаж)*

lasting preferences *марк.* устойчивые предпочтения *(постоянно повторяющийся выбор потребителем товаров определенной марки, определенного производителя и т. п.)* **SEE:** loyal consumer, brand loyalty

late adopter *марк.* поздний [отстающий] последователь *(человек, подозрительно относящийся ко всему новому и одним из последних признающий новые товары или технологии)* **SEE:** early adopter, adopter category, product life cycle, late majority, laggard

late delivery *торг.* поставка с опозданием **SYN:** delivery with delay **ANT:** early delivery **SEE:** delivery date, on-time delivery

late fringe 1) *общ.* послепиковое время *(время после часа пик, времени наибольшего напряжения общественного транспорта и т. п., также время, совпадающее с часами завершения рабочего дня и т. п.)* 2) *СМИ, рекл.* послепиковое время телепередач *(для телевизионной рекламы считается, что это период от 23:00 до 01:00 или до окончания вещания данной станции)* **EX: We expect the launch of 'Everybody Loves Raymond' in early and late fringe.** – Мы ожидаем показа фильма «Все любят Реймонда» в допиковое и послепиковое время передач. **SEE:** prime time, daypart, early fringe, drive time

late majority *марк.* позднее большинство *(лица, приобретающие новый товар или новую технологию, только после получения данным товаром/технологией признания среди значительной части населения; принимают новинку после раннего большинства, но раньше отстающих потребителей)* **SEE:** early majority, laggard, adopter category, late adopter

latent demand *марк.* скрытый [латентный] спрос *(ситуация, когда потребители хотели бы купить товар, но по каким-л. причинам не покупают,* *напр., из-за нехватки средств на покупку или из-за ожидания скидок, или из-за отсутствия товара, который мог быть удовлетворить данную потребность)* **EX: latent demand state** – ситуация скрытого спроса **SEE:** demand states

latest source *марк.* источник последнего заказа *(канал получения последнего заказа от потребителя, который уже не первый раз делает заказ в данной фирме; указывается в специальной записи вместе с информацией о первоначальном и предыдущем источниках, используется для планирования рекламной кампании)* **SEE:** original source, prior source

launch

I *сущ.* **1)** *общ.* спуск *(судна)*, запуск *(ракеты)* **2)** *общ.* начало *(каких-л. действий)* **EX: campaign launch** – начало кампании **3)** *марк.* выпуск товара *(на рынок)* **EX: to model a product's lifecycle from launch through retirement** – смоделировать жизненный цикл товара от запуска его на рынок до прекращения его производства **SYN:** launching **SEE:** soft launch, national launch, local launch, marketing launch, rollout

II *гл.* **1)** *общ.* спускать на воду *(судно)* **2)** *общ.* начинать, пускать в ход **EX: The vaccination campaign was launched today.** – Кампания по вакцинации была начата сегодня. **3)** *марк.* выпускать *(товар на рынок)* **EX: The company says it is committed to launch a new vehicle every year in India.** – Компания заявила о том, что решено выпускать новый автомобиль на рынок в Индии каждый год. **SEE:** release date

launch advertising *рекл.* выводящая реклама* *(реклама нового товара, выпущенного на рынок; должна быть яркой и крупномасштабной, чтобы выделиться из другой рекламы и привлечь внимание к товару)* **SEE:** advance advertising, soft launch

launch campaign *марк.* кампания по запуску [выводу] товара *(на рынок)* **SYN:** introductory campaign

launch price *марк.* выводная цена* *(цена в момент вывода нового товара на рынок)* **SYN:** introductory price **SEE:** launching, skimming, penetration pricing, early-bird price

launching *сущ. общ., марк.* = launch **EX: launching date** – дата запуска [выпуска]

launching costs *марк.* расходы на продвижение нового товара *(расходы на рекламу при выводе на рынок нового товара)*

launching party *рекл.* презентация* *(торжественное мероприятие, организованное по поводу вывода на рынок нового товара)*

law merchant *юр., торг.* = commercial law

law of retail gravitation *марк.* закон привлечения покупателя* *(согласно которому, с ростом города число покупателей, не живущих в этом городе, возрастает; в качестве индикатора силы притяжения рассматривается при этом оборот местной торговли, который принимается как пропорциональный количеству населения)*

law of sales of goods *юр., торг., брит.* право, регулирующее продажу товаров *(отрасль английского коммерческого права; источниками являются консолидированные акты — закон «О продаже товаров» 1979 г. и закон «О продаже товаров» 1893 г.; статуты (законодательные акты парламента Великобритании), важнейшими из которых являются закон «О торговых агентах» 1889 г. и закон «О недобросовестных условиях контракта» 1977 г.; судебные прецеденты, интерпретирующие закон «О продаже товаров» 1979 г.)* **SEE:** Sale of Goods Act 1893, Sale of Goods Act 1979, Factors Act 1889, Unfair Contract Terms Act 1977

law of the staple *юр., торг.* = commercial law

law of the trivial many and the critical few *эк.* = 80-20 law

Law Reform (Frustrated Contracts) Act 1943 *юр., торг., брит.* закон «О реформе законодательства (неисполнимые контракты)»*, 1943 г. *(регулирует аннулирование договора о продаже товаров в силу невозможности его исполнения наряду с законом*

«О продаже товаров» 1979 г.) **SEE:** Sale of Goods Act 1979, contract of sale of goods

lawful goods *торг., юр.* = legal goods

lay days *мор., трансп., торг.* сталийные дни, сталийное время *(время, обусловленное в чартере для погрузки и разгрузки судна: срок, в течение которого перевозчик предоставляет судно для погрузки и держит его под погрузкой без дополнительных к фрахту платежей; определяется соглашением сторон, а при отсутствии такого соглашения — сроками, обычно принятыми в порту погрузки; может устанавливаться в виде определенного количества календарных, рабочих или погожих рабочих дней)* **SYN:** lay time **SEE:** demurrage

lay time *мор., трансп.* = lay days

lazy Suzan *торг.* вращающаяся подставка, вертушка *(для экспонирования товара небольшого размера на витрине)* **EX: 12-pipe lazy Suzan** – вращающаяся подставка на 12 трубок, **lazy Suzan table** – вращающийся столик

lead *сущ.* **1)** *общ.* лидерство, первенство **EX: to be in the lead** – лидировать **2)** *общ.* пример; образец **EX: The Liberal Party has now followed the lead of the President.** – Либеральная партия теперь последовала примеру президента. **3)** *общ.* вводная часть **EX: the lead of the Act** – вводная часть закона **4)** *СМИ* первое предложение / первый абзац *(информационной статьи)* **EX: the lead of the paper publication** – первый абзац этой газетной публикации **5)** *марк.* «наколка», «наводка» **а)** потенциальный покупатель [клиент] *(лицо, выразившее интерес к продукции или услуге, либо направленное к продавцу третьей стороной)* **б)** *(информация о потенциальном покупателе, который сильно заинтересован в предложении в момент контакта с ним, имеет финансовые ресурсы для покупки и находится в пределах досягаемости для того, чтобы воспользоваться предложением)* **SEE:** qualified lead, market potential, cost per lead

lead generation **1)** *марк.* определение круга [составление списка] потенциальных потребителей* *(деятельность по выявлению потенциальных потребителей товаров или услуг, напр., проведение опросов или приобретение списка участников отраслевой конференции)* **2)** *марк.* = two-step selling

lead product **1)** *марк.* = leading edge product **2)** *марк.* ловушка*, приманка* *(товар, который используется компанией для привлечения новых клиентов; продается по низкой цене)*

lead qualification *марк.* оценка [определение характеристик] потенциальных покупателей *(оценка желания, готовности и способности потенциального потребителя приобрести данный товар или услугу)*

lead time **1)** *марк.* период освоения новой продукции *(начинается с изготовления опытного образца и завершается серийным производством продукции)* **2)** *упр.* время выполнения *(промежуток времени, необходимый для выполнения какой-л. операции; напр., время между подтверждением потребности в заказе и поступлением товаров, время разработки, подготовки заказа, транспортировки, приема, инспекции)* **SYN:** lead-time **SEE:** procurement lead time, administrative lead time, production lead time, supplier lead time, in-transit lead time, safety lead time, cumulative lead time

leader *сущ.* **1)** *общ.* лидер, руководитель **2)** *торг.* = loss leader **3)** *эк.* лидер *(в модели Штакельберга: фирма, которая выбирает свои выпуск и цену исходя из предположения о том, что другая фирма будет воспринимать эти выпуск и цену как заданные и приспособится к ним)* **ANT:** follower

leader pricing *марк.* = loss leader pricing

leader's price *марк.* цена лидера *(цена, установленная наиболее сильной фирмой на рынке и часто принимаемая в расчет остальными фирмами)*

leading advertiser *рекл.* = major advertiser

leading edge передний край **а)** *(кромка чего-л. во фронтальном разрезе, передняя кромка — в технических значе-*

ниях; также в переносном смысле) **б)** *марк. (новый, передовой компонент какой-л. области деятельности, применение которого дает конкурентное преимущество)* **SEE:** leading edge product, leading edge idea, leading edge research **г)** *общ. (наиболее важный участок исследований, особенно в области применения каких-л. технологий)* **SEE:** leading edge research

leading edge idea *марк.* выигрышная идея* *(идея, которая в силу ее нестандартности и передового характера обеспечивает конкурентное преимущество тому, кто ее применяет)* **SEE:** leading edge

leading edge product *марк.* лидирующий [ведущий] продукт *(продукт с крупными конкурентными преимуществами)* **SYN:** lead product **SEE:** leading edge

leading edge research **1)** *марк.* исследования успешных методов* *(исследования методов, способных обеспечить конкурентное преимущество)* **2)** *общ.* передовые исследования* *(исследования «на передовом участке фронта» научных проблем, исследования наиболее актуальных научных проблем)* **SEE:** leading edge

Leading National Advertisers **сокр.** LNA *рекл., марк.* «Ведущие национальные рекламодатели»* *(национальная служба, публикующая ежемесячные отчеты о рекламной деятельности; приводит данные по более чем 24 тысячам торговых марок, в том числе данные о расходах на рекламу и об используемых рекламных средствах)*

leaflet **1)** *общ.* листок, листик, молодой лист **2)** *общ.* листовка; небольшая тонкая брошюра **SYN:** handbill, dodger **SEE:** advertising literature, sales leaflet

League of Advertising Agencies **сокр.** LAA *рекл., амер.* Лига рекламных агентств *(основанная в 1951 г. организация, объединяющая директоров рекламных агентств, которые проводят ежемесячные собрания для обмена опытом, информацией и разработки коллективных мероприятий для достижения каких-л. общих целей)*

leapfrog strategy *марк.* обходная стратегия *(одна из стратегий наступательной маркетинговой войны, которая предполагает обход конкурента, напр., путем развития новых технологий или новых моделей бизнеса; данная стратегия является революционной, поскольку она меняет правила игры на рынке; примером данной стратегии является разработка компакт-дисков для обхода конкурентов в данной области, ориентированных на производство и продажу магнитофонных кассет)* **SEE:** offensive warfare

leased inventory *торг., амер.* арендованный (товарный) запас* *(форма кредитования розничной торговли, когда оптовик поставляет розничному торговцу-новичку партию товара с условием последующей оплаты (с процентами) из выручки от повседневных продаж)* **SEE:** wholesaler, retailer

least-effort principle *марк.* принцип наименьшего усилия *(потребители склонны делать те покупки, которые требуют от них наименьших усилий и приобретать товар там, где это наиболее удобно)*

leather goods *потр.* кожаные изделия, изделия из кожи

leave behind *сущ. марк.* = leave piece

leave piece *марк.* памятка покупателю* *(печатный материал с краткой информацией о товаре и продавце, оставляемый продавцом потенциальному покупателю)*

legal advertising **1)** *рекл.* юридическая реклама *(реклама юридических фирм и оказываемых ими услуг)* **2)** *рекл., юр.* обязательная реклама *(рекламное сообщение, которое фирма по закону обязана разместить в средствах распространения информации, напр., извещение о перемене названия, о банкротстве, о расторжении партнерства и т. д.)* **SEE:** mandatory copy

legal goods *торг., юр.* законные [легальные] товары *(товары, разрешенные к торговле)* **SYN:** lawful goods **ANT:** illegal goods **SEE:** black market, haul, grey market goods

leisure class *соц.* праздный класс *(по Т. Веблену: не работающий и живущий на проценты с капитала, ориентирован на демонстративное потребление)* **SEE:** Veblen, Thorstein Bunde; conspicuous consumption

lemon 1) *общ.* лимон 2) *общ.* брак, халтура, неудача 3) *эк.* «лимон» *(вложение денег или покупка, которая не оправдывает ожиданий; напр., автомобиль, неисправности которого выявились только в ходе его эксплуатации, но о которых потребитель не знал при покупке)* **SEE:** lemon law, lemons market

lemon law *юр., потр., амер.* лимонный закон* *(гарантируют покупателям возврат денег за товары, которые не соответствуют заявленному качеству; законы действуют в некоторых штатах США)* **EX: Pennsylvania's Automobile Lemon Law is designed to protect Pennsylvania consumers from unsafe and defective new cars.** – «Лимонный» автомобильный закон штата Пенсильвания направлен на защиту потребителей Пенсильвании от ненадежных и неисправных новых автомобилей. **SEE:** lemons market

lemons market *эк.* рынок лимонов *(рынок, характеризующийся асимметричной информацией о продаваемых товарах; в частности, продавцы больше знают о свойствах продаваемых ими товаров, чем покупатели, напр., рынок подержанных автомобилей; такой рынок порождает неблагоприятный отбор)* **SYN:** market of lemons **SEE:** Akerlof, George A.; asymmetric information, adverse selection

length of product assortment *марк.* = product mix length

Lerner Index *эк.* индекс Лернера *(показатель степени конкурентности рынка, который позволяет избежать трудностей, связанных с подсчетом рентабельности; значение напрямую связано с индексом Херфиндаля для олигополистического рынка)* **EX: Lerner Index measures the difference between price and some estimate of the marginal cost.** – Индекс Лернера измеряет разность между ценой и какой-л. оценкой предельных затрат. **SEE:** market concentration

less than [full] container load **сокр.** LCL *трансп.* груз на неполный контейнер*, неполный контейнерный груз* *(груз, который слишком мал, чтобы занять полный контейнер)* **SYN:** less than full container load **SEE:** full container load

letter of credit **сокр.** L/C, LOC *банк., торг.* аккредитив, кредитное [аккредитивное] письмо *(документ, выписываемый банком-эмитентом и предоставляющий другому банку полномочия по выплате определенной суммы лицу (бенефициару), указанному в документе, если данное лицо выполнит необходимые условия, как правило, предоставит документы, подтверждающие отправку товара)* **EX: to issue [to open] a letter of credit** – выставлять [открывать, выдавать] аккредитив, **opening [issue] of a letter of credit** – выставление [открытие, выдача] аккредитива, **date of a letter of credit** – дата аккредитива **SEE:** anticipatory letter of credit, green clause letter of credit, red clause letter of credit, account party, beneficiary, shipping documents

letter of intent **сокр.** LOI 1) письмо о намерениях [о намерении] **а)** *общ. (письмо, в котором лицо сообщает о своем намерении (но не обязанности) предпринять какие-л. действия при наступлении определенных условий)* **б)** *торг. (предварительный заказ на какой-л. товар)* **в)** *эк. (письмо одной компании другой компании с выражением согласия создать совместный проект или осуществить слияние)* **SEE:** acquisition 2) *общ.* протокол о намерениях *(не имеющий юридической силы документ, в котором стороны выражают предварительное согласие вступить в какие-л. взаимоотношения (начать совместный проект); подписывается всеми заинтересованными сторона-*

ми) **EX: to sign the letter of intent with smb.** – подписать протокол о намерениях с кем-л. **Ten nations signed the Letter of Intent today.** – Сегодня десять стран подписали Протокол о намерениях.

letter trademark 1) *марк., пат.* буквенный товарный знак *(состоит из одной или нескольких букв, не являющихся словом; напр., товарный знак «Я» или «P&G»)* **SEE:** word trademark, figurative trademark, three-dimensional trademark **2)** *марк., пат.* = word trademark

lettershop *рекл.* рассылочная фирма *(организация прямой почтовой рекламы, занимающаяся комплектованием отправлений, надпечаткой и адресованием конвертов, а иногда и составлением рекламных текстов и компиляцией рассылочных списков)* **SYN:** mailing line **SEE:** mail-order firm

leveraged marketing *марк.* усиленный маркетинг* *(маркетинговая деятельность, предполагающая постоянное совершенствование маркетинговых методик, использование новых или нетрадиционных методов маркетингового воздействия, использование стимулирующего маркетинга, прямого маркетинга, интерактивного маркетинга и т. д. для удержания потребителей и привлечения новых покупателей, выхода на новые сегменты рынка)* **SEE:** innovative marketing, developing marketing, incentive marketing, data-driven marketing, direct marketing, interactive marketing

lexicographic model *марк.* лексикографическая модель *(потребитель оценивает товар в соответствии с ранжированными по степени важности характеристиками и выбирает тот товар, который наилучшим образом удовлетворяет характеристикам наивысшего приоритета; напр., потребитель может считать цену автомобиля наивысшим приоритетом, за которым следуют расход топлива и величина салона, и, если два автомобиля обладают одинаково удовлетворительными ценой и расходом топлива, то потребитель выберет автомобиль с большим салоном)* **SEE:** conjunctive model, ideal point model, disjunctive model, expectancy-value model, dominance model

liab. *общ.* **сокр. от** liability

liability *сущ.* **сокр.** liab. **1)** *общ.* обязанность **EX: liability to pay taxes** – обязанность платить налоги **2)** *юр.* ответственность *(за какое-л. действие)* **EX: to accept a liability** – принимать (на себя), нести ответственность **SEE:** product liability **3)** *фин., учет, преим. мн.* обязательство *(финансового характера)*, долг, задолженность **EX: The business has liabilities of 2 million dollars.** – Фирма имеет задолженность в 2 млн долл.

liability limit 1) ограничение ответственности **а)** *юр. (законодательно обусловленное право правового субъекта, вступающего в контрактные отношения, отвечать за действия своего контрагента, могущие нанести ущерб третьим лицам)* **б)** *юр., страх., трансп., торг. (положение вещей, при котором собственник транспортного средства, хотя и отвечает за груз, может ограничить размер этой ответственности, напр., отказавшись от транспортного средства в пользу кредитора или ограничив объект взыскания какой-л. максимальной фиксированной суммой)* **SYN:** liability limitation **2)** *страх.* лимит ответственности *(максимальная сумма страхования, доступная по данному полису страхования ответственности)*

liability limitation = liability limit

liability of producer *юр., торг.* ответственность производителя *(за возможные дефекты производимого продукта)* **SEE:** product liability

liability policy 1) *страх.* полис страхования ответственности **2)** *юр., торг.* гарантия освобождения от ответственности *(согласие производителя принимать на себя все иски, которые могут быть возбуждены розничными торговцами или покупателями против оптовика или дистрибьютора)* **SEE:** producer, retailer, distributor

liability transfer *эк., юр.* переход [перенос] ответственности

licensed product 1) *эк., пат.* лицензированный [лицензионный] продукт *(товар или услуга, которые производятся при наличии определенного разрешения, которое может удостоверять использование необходимой технологии производства и требовать от обладателя лицензии выполнения условий договора, напр., выплату определенных сумм)* **2)** *марк.* лицензионный продукт *(имеющий удостоверение своего качества, выданное компанией, которая имеет авторские права на производство и распространение данного продукта; в отличие от пиратского продукта)*

lien on goods *торг., юр.* право удержания товара *(напр., в счет оплаты услуг по ремонту, до оплаты товара покупателем, в качестве обеспечения долга и т. д.)*

life cycle 1) *общ.* жизненный цикл *(совокупность явлений, составляющих законченный круг развития)* **2)** *соц.*, жизненный цикл *(человека: рождение, детство, взросление и т. д.)* **SEE:** age and life-cycle segmentation **3)** *марк.* = product life cycle **4)** *марк.* жизненный цикл фирмы [предприятия] *(связан с жизненным циклом товара, производимого фирмой)* **SEE:** product-process life cycle **5)** *рекл.* жизненный цикл рекламы [рекламной кампании]* *(период времени от размещения рекламного объявления или начала рекламной кампании до прекращения положительной реакции на данное объявление или кампанию)*

life-cycle analysis *марк.* анализ жизненного цикла *(прогнозирование роста нового продукта, основанное на анализе изменения отношения потребителей к данному товару)*

life-cycle budget *марк., учет* бюджет по стадиям жизненного цикла* *(оценка расходов и доходов, связанных с данным продуктом, по стадиям его жизненного цикла — начиная от стадии разработки и заканчивая снятием с производства)* **SEE:** product life cycle

life style *общ.* образ [стиль] жизни *(устойчивые модели потребления и использования материальных и символических товаров, характерных для тех или иных социальных групп и классов)* **SEE:** VALS, VALS 2, consumption

lifestyle *общ.* = life style

lifestyle overlay *марк.* наложение файла образа жизни* *(метод расширения рассылочного списка, при котором данные из файла жизненных стилей добавляются к записям в файле потребителей путем поиска совпадений имен и адресов в обоих файлах)* **SEE:** mailing list

lifestyle product *марк.* позиционный [престижный] товар **SEE:** positional goods

lifestyle segment *марк.* сегмент на основе стиля жизни* *(сегмент потребителей, выделенный на основе психографической переменной «стиль жизни»)* **SEE:** lifestyle segmentation, psychographic segmentation

lifestyle segmentation *марк.* сегментирование по образу жизни* *(вид сегментирования рынка, в основе которого лежит психографическая переменная «стиль жизни»)* **SEE:** market segmentation, psychographic segmentation, lifestyle segment, VALS, VALS 2

lifetime proceeds *марк.* общий доход от потребителя* *(суммарная прибыль или убыток от данного потребителя за весь период сотрудничества с ним)* **SYN:** lifetime value **SEE:** qualified lead

lifetime value *марк.* = lifetime proceeds

light box 1) *рекл.* световой короб, лайтбокс *(вывеска прямоугольной формы с внутренней подсветкой)* **SEE:** spectacular, illuminated advertisement **2)** *СМИ* устройство для просмотра с подсветкой *(устройство для просмотра цветных слайдов или диапозитивов в виде ящика, в котором установлены лампочки, закрытые белым матовым стеклом)*

light buyer 1) *марк.* мелкий покупатель *(приобретающий продукцию в небольших количествах)* 2) *марк.* непостоянный покупатель *(покупающий данный товар редко или купивший его всего один раз)* **SEE:** heavy buyer, medium buyer

light-emitting diode display **сокр.** LED display *рекл.* светодиодная реклама *(электронные табло, экраны с запрограммированной схемой смены рекламных роликов и др.)* **EX: LED billboard** – электронный светодиодный экран (размещается в многолюдных местах, работает как большой телевизор) **SEE:** neon sign

light industry *эк.* легкая промышленность *(отрасли обрабатывающей промышленности, производящие главным образом предметы потребления)* **SEE:** consumer goods industry

light user *марк.* мелкий потребитель [пользователь] *(лицо, приобретающее данный товар или использующих данную услугу в незначительных объемах)* **SEE:** heavy user, medium user

lightbox *СМИ, рекл.* = light box

limit price 1) *эк.* лимитная цена *(максимально допустимая для данного продукта, устанавливаемая в предварительных расчетах)* 2) *марк.* лимитирующая [сдерживающая, ограничительная] цена* *(цена, сдерживающая приток новых конкурентов в отрасль)* **SYN:** entry-preventing price **SEE:** limit pricing 3) *бирж.* предельная цена *(цена, не выше или не ниже которой брокер должен купить (продать) ценные бумаги или иные активы; данная цена указывается в лимитном приказе клиента брокеру)*

limit pricing *эк.* сдерживающее [лимитирующее, ограничительное] ценообразование* *(стратегия ценообразования, при которой крупные компании поддерживают цену на очень низком уровне, чтобы сделать пребывание в этой отрасли для мелких компаний невыгодным и тем самым защитить свою рыночную долю; термин ввел Дж. Бэйн)* **SYN:** keep-out pricing, preemptive pricing **SEE:** umbrella pricing, keen price, penetration pricing, kamikaze pricing, predatory pricing, predatory price cutting, experience curve pricing, destroyer pricing

limitation clause *юр., торг., брит.* оговорка, ограничивающая ответственность* *(одной из сторон договора о продаже товаров, как правило, продавца; согласно английскому законодательству, данную оговорку следует отличать от оговорки об освобождении от ответственности, т. к. она не освобождает сторону договора от ответственности полностью, а только ограничивает ее, напр., ограничивает возможную ответственность за нанесенный ущерб определенной суммой; является более законной, чем оговорка об освобождении от ответственности)* **SEE:** exclusion of seller's liability, exemption clause

limited distribution *марк.* ограниченное распределение *(распределение продукции только в определенных географических районах или по определенным магазинам)* **SYN:** restricted distribution

limited-function wholesaler *торг., амер.* = limited-service wholesaler

limited-line store *торг.* магазин с ограниченным ассортиментом *(предлагает ограниченный ассортимент по более низким ценам; иногда товары продаются прямо из коробок производителя, поэтому является синонимом box store)* **SYN:** box store, limited-line retailer **SEE:** specialty retailer

limited-line retailer *торг.* = limited-line store

limited service *торг.* с ограниченными услугами* *(употребляется в словосочетаниях для определения субъекта предложения услуг, предоставляющего их не полный, в соответствии с принятыми представлениями о пакете таких услуг, набор)* **SEE:** limited-service retailer, limited-service wholesaler, limited-service agency

limited-service agency *эк.* специализированное агентство*, агентство с ограниченными услугами* *(агентство, предоставляющее только несколько видов услуг)* **SEE:** single-service agency, full-service agency, one-stop shopping, single-service agency, a la carte agency

limited-service retailer *торг.* розничное предприятие с ограниченным обслуживанием *(обеспечивает покупателю только продажу товара и не предоставляет многих сопутствующих услуг: консультаций, доставки, возврата и т. д.)* **SEE:** full-service retailer

limited-service wholesaler *торг.* оптовик с ограниченным циклом обслуживания *(предоставляет своим клиентам и поставщикам гораздо меньше услуг, чем другие оптовики, напр., ограниченный ассортимент товаров, отсутствие кредита, доставки и т. п.)* **SYN:** limited-function wholesaler **SEE:** full-service wholesaler, cash and carry wholesaler

limited warranty *марк.* ограниченная гарантия *(письменное заявление производителя, приложенное к товару, которое не гарантирует замену товара, возврат денег или бесплатный ремонт в случае обнаружения дефекта, но обещает в течение некоторого времени определенные действия производителя)* **SEE:** full warranty

limiting storage period *торг.* предельный срок хранения *(после истечения которого товар не может быть продан)* **SYN:** storage life, assigned storage time, storage length **SEE:** storage

line *сущ.* **1)** *общ.* линия **2)** *общ.* граница, пограничная линия **3)** *торг.* ассортимент, партия товаров, серия изделий **EX: line of goods** – ассортимент товаров, **complete [full] line** – полный ассортимент (товаров), **The line of hats was more diverse.** – Ассортимент шляп был более разнообразен. **SEE:** line extension, product line, product line extension, product line group, line of goods **4)** *общ., амер.* очередь, хвост *(в магазине и т. п.)* **EX: to get into line** – вставать в очередь, **He is in line for a pay rise.** – Ему скоро повысят зарплату. **5)** *тех.* конвейер, сборочная линия

line extension *марк.* расширение ассортимента *(включение нового товара в продуктовую линию или номенклатуру товаров)* **SEE:** product line, line simplification

line extension product *марк.* расширяющий ассортимент товар* **SEE:** product line extension

line fill rate *торг., упр.* покрытие ассортимента* *(доля наименований продукции в выполненных заказах в общем количестве наименований из всех поступивших заказов; один из показателей наличия ассортимента)* **SEE:** fill rate

line of goods **1)** *торг.* ассортимент (товаров), номенклатура товаров *(разновидности представленных товаров (напр., в магазине))* **EX: a vast line of goods including all sorts of groceries, boots, shoes and hardware** – широкий ассортимент товаров, включающий разнообразные продукты питания, обувь и оборудование **2)** *торг.* товарная линия *(набор товаров (производимых или продаваемых фирмой), имеющих одинаковое назначение, но различных по некоторым характеристикам (напр., различный дизайн, упаковка, цены и т. д.))*

line of product *эк.* = product line

line rate *рекл.* тариф за строку, построчный тариф *(стоимость одной строки печатной рекламы, напр., в газете)*

line simplification *марк.* упрощение продуктовой линии*, уменьшение ассортимента* *(отказ от производства некоторых разновидностей продукции, напр., чтобы упростить управление производством и реализацией)* **SEE:** line extension

liquid market *марк.* ликвидный рынок *(рынок с большим количеством продавцов и покупателей, на котором сделки купли-продажи осуществляются без каких-л. ограничений)*

liquidation merchandise *торг.* = closeout

liquor store *торг., амер.* винный магазин, магазин винной и ликеро-водочной продукции **SYN:** happy shop, off-licence, package store **SEE:** food store, dram shop

list

I *сущ.* **1)** *общ.* номенклатура, список, перечень; регистр, каталог **EX: to browse through the list** – просматривать список, **to compile a list; to draw up a list** – составлять список [перечень], **to enter in a list** – вносить в список **SYN:** account **SEE:** bestseller list, consumer list **2)** *марк.* = mailing list **SEE:** cold list, compiled list, response list, hot-line list, list enhancement, list cleaning, list segment, list broker, list buyer, list owner, list manager, list exchange, list trade **3)** *торг.* = price list

II *гл.* **1)** *общ.* вносить в список; составлять список; регистрировать **2)** *общ.* относить к какой-л. категории

list broker *марк.* брокер, торгующий (рассылочными) списками; агент по работе со списками *(агент, действующий от имени владельца рассылочных списков и организующий за комиссионные продажу списков их пользователям)* **SEE:** list buyer, list owner, list manager

list buyer *марк.* покупатель рассылочных списков *(лицо, которое платит вознаграждение за однократное использование рассылочного списка; в данном случае использование термина «покупатель» неточно, так как список не покупается, а «берется в аренду»)* **SYN:** list user **SEE:** mailing list, list manager, list owner, list broker, list rental

list cleaning *марк.* очистка (рассылочного) списка* *(обновление рассылочного списка и удаление из него нежелательных записей, напр., устаревших адресов, безнадежных должников, дублирующихся записей и т. п.)* **SEE:** mailing list, dedupe, nixie

list code *марк.* код (рассылочного) списка *(ключевой код, указываемый на пакетах рекламных отправлений, для определения списка, из которого были взяты имена адресатов)* **SEE:** mailing list

list compiler *марк.* составитель (рассылочных) списков *(организация, составляющая и распространяющая составные рассылочные списки)* **SEE:** mailing list, compiled list

List Council *марк., амер.* Совет по рассылочным спискам* *(организация в Ассоциации прямого маркетинга, защищающая интересы тех членов ассоциации, которые работают преимущественно с рассылочными списками)* **SEE:** Direct Marketing Association, mailing list, list house, list compiler, list owner

list credit routines *марк.* операция по распределению оплаты* *(выполняемая с помощью компьютера операция по распределению оплаты за предоставление рассылочного списка между двумя или более владельцами списков, поставляющими одно и то же имя пользователю; поиск дубликатов между списками не может быть осуществлен до выполнения операции слияния и очистки)* **SEE:** mailing list, list rental, list owner, list buyer, list royalty, inter-list duplicate, merge/purge

list enhancement *марк.* усиление (рассылочного) списка* *(добавление информации к каждой записи рассылочного списка; повышает ценность списка для пользователя, напр., добавление демографических данных или информации об образе жизни увеличивает возможности пользователя в отношении подбора лиц, которые могут быть наилучшими потенциальными покупателями)* **SEE:** mailing list

list exchange *марк.* обмен рассылочными [адресными] списками *(бартерное соглашение между двумя владельцами рассылочных списков по поводу разового использования списка партнера; не подразумевает уплаты комиссионных, но может включать условие о дополнительной компенсации, напр., в виде бесплатного использования рекламной площади в каталоге партнера)* **SYN:** list trade **SEE:** barter agreement, mailing list

list house *марк.* поставщик адресных [рассылочных] списков* *(организация, занимающаяся рассылочными списками; составляет и предоставляет рассылочные списки заинтересованным лицам и организациям)* **SYN:** mailing list house **SEE:** mailing list, list broker, list compiler, list manager

list maintenance *марк.* поддержание (рассылочных) списков в рабочем состоянии, ведение (рассылочных) списков *(внесение изменений в рассылочные списки для поддержания их пригодности к использованию)* **SEE:** mailing list, list enhancement

list manager **1)** *марк.* менеджер по рассылочным спискам, управляющий рассылочными списками *(лицо или организация, осуществляющая распространение рассылочных списков)* **SEE:** list marketing, list buyer, list owner, list broker **2)** *марк., комп.* куратор рассылочного списка **а)** *(лицо, ответственное за поддержание списка в рабочем состоянии)* **б)** *(устройство либо программа, автоматически поддерживающая список в рабочем состоянии)*

list marketing *марк.* маркетинг рассылочных списков *(действия владельца рассылочного списка или его агента по распространению списков среди покупателей)* **SEE:** list owner, list buyer, list rental, list manager

list owner *марк.* владелец рассылочного списка *(организация или частное лицо, владеющие рассылочным списком, использующие его для своих собственных целей и предлагающие его другим организациям или частным лицам за соответствующее вознаграждение)* **SEE:** list buyer, list manager, list broker

list price *торг.* справочная [прейскурантная, каталожная] цена, цена по прейскуранту [каталогу, прайс-листу], *разг.* прайс-цена *(рекламируемая розничная цена товара, т. е. цена указанная в каталоге или прейскуранте продавца; обычно предлагается или устанавливается производителем)* **SYN:** catalogue price, book price **SEE:** price list

list rental *марк.* = list renting

list renting *марк.* аренда (рассылочного) списка* *(предоставление рассылочного списка во временное пользование; соглашения о предоставлении рассылочного списка обычно заключаются за владельца списка его агентом; большинство списков приобретаются по соглашению об используемых именах и по определенной цене за тысячу имен)* **SYN:** list rental **SEE:** mailing list, list owner, list broker, list buyer, net name arrangement, list royalty

list royalty *марк.* вознаграждение за пользование рассылочным списком **SEE:** list renting, list price, list credit routines

list segment *марк.* сегмент (рассылочного) списка *(подмножество рассылочного списка, выбранное по некоторому общему признаку, напр., по месту проживания, частоте прошлых покупок и т. п.; сегменты отбираются для рекламы товаров и услуг, которые, как предполагается, должны представлять особый интерес для групп с определенным общим признаком)* **SEE:** mailing list, list segmentation, modelled list

list segmentation *марк.* сегментирование (рассылочного) списка* *(выборка из рассылочного списка по заданным параметрам)* **EX: List segmentation is the key to success and profit in direct mail.** – Сегментирование рассылочного списка – ключ к успеху и прибыльности прямой почтовой рекламы. **SEE:** market segmentation, list segment

list selection *марк.* отбор сегментов из (рассылочного) списка **SEE:** list segment, mailing list

list sequence *марк.* порядок записей в (рассылочном) списке* *(напр., по алфавиту или по почтовому индексу)* **SEE:** mailing list, list sort

list server *марк., комп.* сервер (списков) рассылки, списочный сервер *(компьютерная программа, автоматически рассылающая по электронной почте сообщения всем адресатам из списка)*

list sort *марк., комп.* сортировка записей рассылочного списка* *(размещение записей из рассылочного списка в требуемом порядке с помощью компьютерной операции)* **SEE:** list sequence, mailing list

list source *марк.* источник рассылочного списка **а)** *(источники имен для составных рассылочных списков, напр., справочники, списки членов ассоциаций, участников конференций)* **б)**

(источник получения рассылочного списка, определяемый либо именем владельца списка, либо средствами этого владельца, позволившими собрать информацию для списка, напр., список потребителей компании «Балтика») **SEE:** mailing list

list test *марк.* проверка рассылочного списка *(распространение рекламы по небольшой выборке из списка для проверки отклика)* **SEE:** mailing list

list trade 1) *марк.* торговля рассылочными списками *(предпринимательская деятельность, связанная с покупкой и продажей рассылочных списков)* **2)** *марк.* = list exchange

list user *марк.* = list buyer

listed price *торг.* = list price

listener diary *СМИ., марк.* дневник слушателя *(журнал, в котором участник маркетингового исследования аудитории, записывает, какие радио- и телепередачи он слушал или смотрел)*

listing agreement 1) *бирж.* договор [соглашение] о листинге *(договор между компанией-эмитентом и фондовой биржей, определяющий условия включения ценных бумаг данной компании в листинг на данной бирже)* **2)** *эк.* договор [соглашение] о листинге *(официальный контракт между продавцом и агентом по продаже (брокером), оговаривающий срок действия агентского соглашения, величину комиссионных агента, желаемую и допустимую цены реализации и т. п.; обычно речь идет о продаже недвижимости)* **3)** *торг.* = auction listing agreement

listing of goods *марк.* список [перечень] товаров *(составляемый с определенной целью документ, содержащий наименования различных товаров)* **EX: A listing of goods exempted from sales tax.** – Список товаров, не облагаемых налогом с продаж. **A listing of goods or services the State purchases.** – Список товаров или услуг, покупаемых штатом.

live animal trade 1) *с.-х., торг.* торговля живым скотом *(с перевозкой животных из одного пункта в другой; менее рентабельный способ торговли, чем торговля тушами)* **EX: Many farmers and traders have agreed the large scale international live animal trade is unnecessary.** – Многие фермеры и торговцы согласились с тем, что нет необходимости в крупномасштабной международной торговле живым скотом. **2)** *эк. прир.* торговля животными *(незаконная продажа редких животных в зоопарки, цирки и т. п.)* **EX: Wildlife poaching and live animal trade are widespread although hard to quantify.** – Браконьерство и незаконная торговля животными распространены широко, хотя точные цифры получить трудно.

live audience *рекл.* живая аудитория *(непосредственно присутствующая при рекламной акции)* **SEE:** accumulated audience, potential audience, actual audience

live commercial 1) *рекл.* студийная реклама*, студийный ролик* *(рекламное сообщение, передаваемое в прямой эфир диктором или известной личностью; структура сообщения может меняться от раза к разу, либо диктор может изменять свой внешний вид (прическу, одежду) с целью удерживать заинтересованность аудитории)* **SEE:** filmed commercial **2)** *рекл.* живая реклама* *(когда товар рекламируется людьми, представляющими рекламное агентство или рекламодателя, на улицах или в местах скопления людей)* **SEE:** buzz marketing

live list *марк.* список активных покупателей* *(список покупателей, недавно совершивших покупку или наводящих какие-л. справки о товаре, используемый в дальнейших маркетинговых целях)* **SEE:** hotline, active buyer

live tag 1) *рекл.* «живая» концовка* *(передаваемое вслед за записанной рекламой сообщение местного диктора с указанием цены товара, адреса магазина)* **SYN:** dealer tag **SEE:** open-end commercial **2)** *СМИ* несмонтированный отрывок передачи* *(несмонтированный эпизод, который был прибавлен к предварительно записанному сообщению)*

loading deal *торг.* сделка с премией, премиальная нагрузка **SEE:** dealer loader

loading instruction *мор., трансп.* = shipping instruction

loading order *мор., трансп.* = shipping order

local account *эк.* местный клиент* *(клиент компании, имеющий подразделения или продающий свою продукцию только территории отдельного района страны; как правило, имеются в виду клиенты рекламных агентств, страховых компаний и т. п.)* **EX: To us, a large local account looks exactly like a national account.** – Мы рассматриваем крупных местных клиентов так же, как и общенациональных. **SEE:** national account, account class

local advertisement *рекл.* местное рекламное объявление, объявление местной рекламы **SEE:** local advertising

local advertising *рекл.* местная реклама *(реклама, которая должна воздействовать только на клиентов конкретного района для привлечения их в местный магазин, ресторан и т. д.; размещается в местных средствах массовой информации)* **SEE:** regional advertising, national advertising

local brand *марк.* местная [локальная] торговая марка *(торговая марка, известная на какой-л. отдельной территории страны; напр., в районе производства товара)* **SEE:** national brand, regional brand, global brand

local distributor *торг.* локальный [местный] дистрибьютор *(компания, занимающаяся распространением определенной продукции на отдельной территории, напр., в одном городе (оптом или в розницу))* **SYN:** local marketer **SEE:** national distributor, local retailer, local wholesaler

local launch 1) *марк.* локальный [местный] выпуск *(выпуск нового товара на отдельной территории)* **2)** *общ.* локальный [местный] выпуск *(выпуск телепередачи, начало проведения кампании или проекта в отдельно взятом районе)* **SEE:** national launch, rolling launch

local market *марк.* местный [локальный] рынок *(сбытовая территория, расположенная в районе функционирования компании)* **SEE:** local marketing, regional market, nation-wide market, world market, domestic market

local marketer *торг.* = local distributor

local marketing 1) *марк.* локальный маркетинг *(маркетинговая деятельность, направленная на местную аудиторию, т. е. проживающую в непосредственной близости, напр., в том же городе или районе, от производителя товаров)* **2)** *эк.* локальный сбыт *(сбыт товара в пределах определенного местного рынка, напр., города, района)* **SEE:** global marketing, international marketing, marketing level, regional marketing, national marketing

local rate 1) *гос. фин.* ставка местного налога **2)** местный тариф **а)** *трансп.* *(действующий в пределах только одной транспортной линии)* **б)** *рекл.* *(тариф на рекламу, предлагаемый местным рекламодателям)*

local retailer *торг.* локальный [местный] розничный торговец* *(предприятие розничной торговли, которое занимается распространением товаров на отдельной территории (напр., в одном городе или деревне))* **SEE:** regional retailer, national retailer, global retailer, local wholesaler

local sales force *торг.* локальная служба сбыта*, локальный штат продавцов* *(представленная группой территориальных торговых агентов компании; торговые агенты живут в пределах обслуживаемых ими территорий и хорошо знают своих клиентов)* **SEE:** regional sales force, national sales force, geographic organization

local tag *рекл.* ссылка на местного дилера* *(реквизиты дилера, добавляемые на местах в материалы общенационального рекламодателя)* **SEE:** dealer tag, live tag

local wholesaler *торг.* локальный [местный] оптовик *(оптовое предприятие, распространяющее товары в границах определенной территории)* **SEE:** national wholesaler, regional wholesaler, district wholesaler, local retailer, local distributor

localized appeal *марк.* местный мотив *(мотив в рекламе, дизайне товара и т. п., которому придан специфический местный характер)* **SEE:** customization

loco price *эк., торг.* цена-локо, цена франко-место нахождения товара *(цена, указанная без учета стоимости транспортировки товара с места продажи покупателю)* **SEE:** factory price

logged order *торг.* = back order

logical appeal *рекл.* воззвание [призыв] к логике* *(рекламный подход, при котором предложение товаров и услуг базируется на обращении к логике потребителя; при таком подходе товары или услуги представляются как логический выбор потребителя, напр., если соблюдающий диету потребитель хочет пива, то его логическим выбором будет светлое пиво)* **SEE:** homo economicus

logical model *марк.* логическая модель*, модель разумного поведения* *(модель принятия решений, предполагающая, что решение о покупке принимается в ходе рациональных размышлений)* **SEE:** homo economicus

logical sell *рекл.* логическое рекламирование* *(рекламная аргументация, основанная на логической модели поведения)* **SEE:** logical model, logical appeal

logo *сущ. марк., пат.* = logotype

logotype *сущ.* логотип **а)** *полигр. (шрифт, каждая литера которого состоит из нескольких букв)* **б)** *марк., пат. (графический знак фирмы: изображение, символ, слова, буквы, комбинация начальных букв, представляющая собой сокращенное название организации, и т. п., которые служат опознавательным знаком данной компании и ее продукции)* **EX: The logotype is composed by the characters «C», «V», and «L», which is the acronym for «Computer Vision Laboratory».** – Логотип состоит из букв «К», «В» и «Л», что представляет собой акроним «Компьютер Вижн Лэборэтри». **SYN:** logo **SEE:** word trademark

London Chamber of Commerce and Industry **сокр.** LCCI *эк., брит.* Лондонская торгово-промышленная плата *(создана в 1881 г. с целью содействия развитию национальной промышленности и торговли; кроме выполнения обычных функций торгово-промышленных палат также организует курсы по подготовке специалистов в области торговли и промышленности)* **SEE:** Chamber of Commerce and Industry

long approach *рекл.* видимость с большого расстояния, дальняя видимость* *(характеризует рекламный щит, открывающийся для полною обозрения не менее чем с 40 м для пешеходов и не менее чем с 40 м для транспортных средств)* **EX: This long approach painted display is located between the tourist cities of Monterey and San Francisco .** – Этот раскрашенный рекламный щит, предназначенный для обозрения с дальней дистанции, расположен между туристическими центрами Монтерей и Сан-Франциско. **SEE:** flash approach, medium approach, short approach

long discount *торг.* длинная [большая] скидка* *(скидка, значительная по сравнению со стоимостью товара или по сравнению со скидками, обычно предоставляемым по таким товарам)* **ANT:** short discount

long of stock *эк.* имеющий в наличии [в запасе, на складе]* *(о продавце или любом другом лице; в биржевой терминологии может относиться к торговцу, владеющему в данный момент какими-л. ценными бумагами, особенно — к торговцу, придерживающему бумаги в ожидании повышения цен)* **EX: to be long of stock** – иметь в запасе *(о сырье, товарах, ценных бумагах и т. д.)* **ANT:** short of stock **SEE:** in-stock

long-lived commodities = durable goods

long-lived goods = durable goods

long-standing customer *марк.* постоянный покупатель* *(человек, который приобретает товар у данной фирмы уже несколько лет)* **SYN:** customer of long standing **SEE:** loyal consumer

long-term rate 1) *фин., банк.* долгосрочная ставка **а)** *(ставка процента по* *долгосрочным ценным бумагам)* **б)** *(процентная ставка по долгосрочным кредитным обязательствам)* **2)** *рекл.* долгосрочный тариф* *(тариф за демонстрацию рекламных объявлений или роликов на протяжении длительного периода времени, напр., года; обычно ниже, чем кратковременный тариф)* **SEE:** short-term rate

long-term storage *торг.* = extended storage

loose insert **1)** *полигр.* вкладка, вкладной лист **2)** *рекл.* рекламный вкладыш *(реклама, вложенная (напр., в журнал), но не прикрепленная)*

loose inset *полигр., рекл.* = loose insert

loss *сущ.* **1)** *общ.* потеря, пропажа, утрата **EX: loss in weight** – потеря в весе **2)** *общ.* ущерб, урон **3)** убыток **а)** *учет (превышение затрат над доходами)* **EX: The company operated at a loss last year.** – В прошлом году компания работала в убыток. **SEE:** cost **б)** *банк. (потери от списания безнадежных долгов)* **в)** *эк., торг., учет (от продажи товара или актива по цене ниже цены приобретения или себестоимости)* **г)** *страх. (сумма, которую страховщик обязан выплатить страхователю в случае наступления события, от которого он был застрахован)* **д)** *страх.* страховой случай *(наступление предусмотренного условиями договора страхования события, от которого осуществляется страхование и с наступлением которого возникает обязанность страховщика выплатить страховое возмещение или страховую сумму)* **4)** убытки, потери **а)** *мн., учет (кредит, списанный как невозвратный)* **б)** *мн., учет (сокращение собственного капитала)* **в)** *бирж.* убытки, проигрыш *(убыток, полученный в результате неблагоприятного исхода игры на бирже)*

loss leader *марк.* убыточный лидер *(товар, предлагаемый в убыток (по цене ниже себестоимости) в расчете на привлечение в магазин большого количества покупателей, которые, попав туда, вероятно, будут приобретать и другие, более дорогие товары)*

loss leader pricing *марк.* ценообразование «лидерство через убытки»* *(практика торговли, при которой продавец предлагает товар по цене несколько ниже оптовой (или себестоимости), чтобы привлечь в свой магазин покупателей, которые, возможно, купят и другие, более дорогие товары)* **SYN:** leader pricing, loss leading **SEE:** loss leader, bait-and-switch pricing

loss leading *марк.* = loss leader pricing

lost sale *марк.* потерянный сбыт *(вследствие отсутствия товара или потери клиентов)* **EX: the cost of a lost sale in a declining market** – издержки потерянного сбыта на сокращающемся рынке

lot

I *сущ.* **1)** *общ.* жребий; судьба **2)** *общ., разг.* большое количество, множество **EX: I have a lot of different interests.** – У меня много разнообразных интересов. **3)** *торг.* лот **а)** *юр., брит. (набор товаров, предлагаемых как единое целое на аукционе; согласно нормам общего права, каждый лот должен рассматриваться как отдельно взятый торговый договор)* **SEE:** contract of sale **б)** *юр., амер. (согласно определению Единообразного торгового кодекса США: отдельная или единственная статья, являющаяся предметом отдельной продажи или поставки, не важно, достаточно ли этой статьи или нет для исполнения контракта)* **SEE:** Uniform Commercial Code, sale, delivery, lot of goods

II *гл. общ.* дробить, делить на части, **EX: to lot out apples by the basketful** – распределить яблоки по корзинам .

lot of goods *торг.* партия товара *(несколько одинаковых товаров, покупаемых одновременно)* **EX: If you buy a larger lot of goods, you are going to get a better discount.** – При покупке более крупных партий товара вы получите значительную скидку.

loudness guidelines *рекл.* предписания об уровне громкости* *(требование Федеральной комиссии связи, запре-*

щающее превышение рекламой уровня громкости звука вещательной программы и предписывающее избегать в рекламных сообщениях использования сирен и других звуковых эффектов, вызывающих чувство тревоги и раздражения)

low-budget *эк.* низкобюджетный, малобюджетный *(с незначительным объемом средств, напр., о фильме, общественной кампании и т. п., устраиваемой с относительно небольшими затратами, либо о лице с ограниченными средствами)* **EX: low-budget spot** – малобюджетный ролик, **low-budget shopper [customer]** – покупатель [клиент] с ограниченными средствами, **low-budget promotion** – малобюджетная компания по продвижению товара

low class = low grade

low-cost retailer *торг.* малозатратное розничное предприятие* *(работающее с более низкими издержками, напр., по сравнению с индивидуальными торговцами, универмагами)* **SEE:** trade firm

low-end market *марк.* = downscale market

low end of the line *торг.* дешевый сектор товарного ассортимента* **EX: The merchandise is usually low end of the line and not terribly expensive.** – Товар там обычно принадлежит к дешевому сектору товарного ассортимента и не является ужасающе дорогим.

lower end of the market *марк.* = downscale market

low grade

I *сущ.* **1)** *торг.* низкий сорт **EX: low grade of tea** – низкий сорт чая **2)** *фин.* низкий рейтинг *(ценной бумаги)* **SYN:** low class, low quality **ANT:** high grade

II *прил.* **1)** *торг.* низкосортный, низкокачественный *(о товаре)* **EX: low-grade ore** – низкосортная руда, **There is a direct correlation between the value of the low-grade material and the marketability of the processed product.** – Существует прямая связь между ценой низкосортного материала и рыночной привлекательностью производимого продукта. **2)** *общ.* маловажный, незначительный *(о встречах, делегациях, переговорах)* **EX: a low grade meeting of officials and ministers** – второстепенная встреча официальных лиц и министров **SYN:** low-grade, low class, low-class, low quality, low-quality **ANT:** high grade

low involvement *марк.* = low-involvement

low key *прил. общ.* = low-key

low margin retailing *торг.* = low-margin retailing

low price guarantee *торг.* = price guarantee

low quality = low grade

lower-margin merchandise *торг.* низкодоходный товар *(товар, приносящий незначительную прибыль при продаже)* **SEE:** distressed commodity, low-priced merchandise, higher-margin merchandise, gross merchandise margin, markup

lowest price guarantee *торг.* = price guarantee

low-grade *прил. торг., общ.* = low grade

low-income *прил. общ.* с низким доходом, низкодоходный **EX: low-income worker** – работник с низким доходом, **low-income family** – семья с низким доходом, **low-income industry** – низкодоходная отрасль, **low-income consumer** – потребитель с низким уровнем дохода, низкодоходный потребитель

low-interest product **1)** *марк.* продукт пониженного интереса* *(товар, пользующийся пониженным спросом со стороны покупателей, продажа которого требует или очень сильного стимулирования покупателей, напр., способом прямого маркетинга, или такого позиционирования на рынке, которое делает возможным заставить покупателя принять решение о покупке под влиянием традиций)* **2)** *фин., банк.* продукт с низким процентом* *(финансовый продукт, по которому начисляется низкий процент, напр., кредит или депозит под низкий процент)* **ANT:** high-interest product

low-involvement *прил. марк.* низкого участия *(используется в сочетаниях с существительными для определения низкого уровня задействованности оценочного отношения к товару со стороны потребителя при решении о покупке)* **SEE:** low-involvement model, low-involvement products, low-involvement purchase **ANT:** high-involvement

low-involvement hierarchy *марк.* = low-involvement model

low-involvement model *псих., марк.* модель низкого участия [слабого вовлечения]* *(модель поведения, при которой человек сначала собирает информацию, затем совершает какое-л. действие, а затем формирует совет отношение к чему-л.; в маркетинге термин относиться к модели поведения, когда потребитель сначала получает информацию о товаре, затем приобретает его, и только после этого формирует свое отношение к товару и оценивает правильность своего решения о покупке)* **SEE:** standard learning hierarchy, dissonance attribution model, affective stage, cognitive stage, behavioural stage

low-involvement products *марк.* = convenience goods

low-involvement purchase *марк.* покупка с низким участием* *(покупка, не предполагающая оценки покупателем товара в момент принятия решения о покупке)* **SEE:** low-involvement model

low-key *прил.* **1)** *общ.* неброский, негромкий; сдержанный **EX: low-key landscape** – неброский пейзаж **2)** *общ.* слабый, не производящий впечатления **SEE:** low-key approach, low-key campaign, low-key selling

low-key approach *общ.* подход без нажима*, мягкий подход **EX: His natural approach to interviewing tends to be most effective with customers who prefer a low-key approach where trust is built slowly.** – Его непринужденный подход при взятии интервью более эффективен с потребителями, которые предпочитают мягкий подход, когда отношения доверия выстраиваются медленно.

low-key campaign *рекл., пол.* сдержанная кампания* *(слабая по интенсивности проведения рекламная или политическая кампания)* **ANT:** massive campaign

low-key selling *марк.* = soft sell

low-margin *прил.* **1)** *эк.* с невысоким коэффициентом прибыльности *(об экономических проектах, характеризующихся невысоким показателем отношения прибыли к выручке от продаж)* **EX: law-margin project** – проект с невысоким коэффициентом прибыльности **2)** *фин., бирж.* с низким спредом *(об финансовых и кредитных операциях, характеризующихся небольшой разницей между ценой покупки и ценой продажи)* **SEE:** ask price **3)** *торг.* с невысокой торговой наценкой **EX: low- margin goods [products] [merchandise]** – товары с невысокой торговой наценкой

low-margin retailing *торг.* розничная торговля с небольшой наценкой* *(розничная торговля товарами, приносящими низкую валовую прибыль, выгодна при больших объемах продаж)* **SEE:** markup

low-pressure *марк.* с низким психологическим давлением *(о приемах продажи товаров)* **EX: low-pressure buying** – покупка под минимальным давлением **SEE:** low-pressure selling

low-pressure sales *марк.* = soft sell

low-pressure selling *марк.* продажа с легким психологическим давлением* *(продажа продукта с низким уровнем психологического давления на клиента)* **SYN:** soft sell

low-price *прил. эк., торг.* дешевый, недорогой *(о товаре или услуге, продающиеся по низкой или сниженной цене; также о продавце таких товаров или услуг)* **EX: low-price car** – дешевый автомобиль, **low-price seller** – продавец, торгующий по низким ценам; продавец с низкими ценами, **low-price store** – дешевый [недорогой] магазин... **SYN:** low-priced, cheap, inexpensive

low-price store *торг.* дешевый [недорогой] магазин

low-price strategy *марк.* стратегия низких цен *(установление относительно низких цен на продукцию или услуги обычно с целью стимулирования спроса и завоевания большей доли рынка)* **SEE:** penetration pricing, premium pricing

low-priced *эк., торг.* дешевый, недорогой *(о товарах или услугах, продаю-*

щихся по низкой или сниженной цене; также о продавце таких товаров или услуг) **SYN:** low-price, cheap, inexpensive

low-priced merchandise *торг.* недорогой товар *(товар, продаваемый по достаточно низкой, доступной для большинства потенциальных потребителей цене)* **SEE:** lower-margin merchandise, markup

low-priced product *торг.* недорогой продукт **SEE:** low-priced merchandise

low-priced seller *торг.* продавец [торговец] по низким ценам*, продавец [торговец] с низкими ценами* *(торгующий по низким ценам)*

low-quality *прил. торг., общ.* = low grade

low-rent *эк.* арендуемый с небольшими издержками *(об объектах аренды с невысоким уровнем арендной платы)* **EX: low-rent area** – район с низким уровнем арендной платы, **low-rent housing** – строительство домов с низкой квартирной платой, **low-rent house** – жилой дом с низкой квартирной платой, **low-rent store** – "магазин дешевой аренды"... **ANT:** high-rent

low-rent store *торг.* магазин дешевой аренды* *(магазин или склад, арендуемый с небольшими издержками)*

low-tech *эк.* низкотехнологичный *(о товарах, которые производятся на основе традиционной, старой или менее передовой технологии))* **EX: low-tech product** – продукт [товар] низкой технологии **ANT:** hi-tech

low-value *эк.* малоценный *(о дешевом или не привлекательном по какой-л. причине для покупателей товаре)* **EX: low-value feed** – дешевый [низкосортный] [низкокачественный] корм **ANT:** high-value **SEE:** low-value product

low-value product *эк.* малоценный продукт* *(товар, не представляющий большой привлекательности для потребителей и продаваемый по низкой цене; это могут быть побочные продукты: древесная стружка, пахта и т. д.)* **EX: Mazut is a low value product and is in sufficient supply in the domestic market.** – Мазут является малоценным продуктом и на внутреннем рынке представлен очень хорошо. **ANT:** high-value product **SEE:** co-product

loyal

I *прил.* 1) *общ.* верный, преданный; надежный *(о человеке, который предан кому-л. или чему-л., а также держит свое слово)* **EX: loyal wife** – преданная жена, **loyal friend** – верный друг, **loyal to his word** – верный своему слову, **a loyal supporter of this football team** – неизменный болельщик этой футбольной команды **SEE:** loyal consumer 2) *общ.* лояльный *(преданный стране, правителю)* **EX: loyal citizen** – лояльный гражданин

II *сущ.* 1) *общ.* приверженец, последователь, сторонник **EX: party loyals** – сторонники партии, **Your loyals are betraying you.** – Прежде верные тебе люди предают тебя. 2) *марк.* = loyal consumer **EX: Competitive loyals are consumers who buy a competitor's products most or all of the time.** – Лояльные потребители товаров конкурента – это те потребители, которые покупают товары конкурента всегда или почти всегда. **Loyals are less price sensitive in the choice decision.** – Лояльные потребители менее чувствительны к цене при принятии решения о покупке.

loyal consumer *марк.* лояльный [верный] потребитель *(потребитель, склонный покупать одну и ту же марку товара)* **SYN:** loyal **ANT:** brand switcher **SEE:** fickle consumer, manipulated consumer, interested consumer

loyal customer *марк.* = loyal consumer

loyalty card *торг.* карта постоянного клиента* *(карточка, предусматривающая скидки на товары и услуги, если они оплачиваются данной карточкой; это может быть договоренность с одним или несколькими магазинами, гостиницами и т. д.)* **SEE:** plastic card

loyalty pattern *марк.* принцип приверженности* *(характеристика потребительского поведения, выражающегося в приверженности к марке товара, магазину)*

loyalty programme *марк.* программа лояльности *(маркетинговая программа, предназначенная для усиления приверженности покупателей к торговой* *марке фирмы путем установления стабильных долгосрочных отношений с покупателями, напр., использование вознаграждений при покупке на определенную сумму или после совершения определенного числа покупок)*

lucrative market *марк.* прибыльный [доходный] рынок *(рынок сбыта, приносящий фирме большой объем продаж и, соответственно, большой доход от продаж)* **SYN:** profitable market, productive market

lump sum price **1)** *торг.* паушальная цена *(общая цена без дифференциации ее составляющих)* **SEE:** itemized pricing, all-in price **2)** *торг.* паушальная цена, цена на круг *(цена разнородных по качеству товаров, устанавливаемая в целом, в среднем, вне зависимости от индивидуальных качеств и сортов)*

lump sum purchase *торг.* = basket purchase

lumpsum price *эк., торг.* = lump sum price

lunch counter *торг.* буфет, буфетная стойка **SYN:** luncheon bar, buffet

luncheon bar *торг.* = lunch counter

luncheonette *сущ.* **1)** *торг., амер.* буфет, закусочная **SYN:** lunchroom, snackbar **2)** *потр., амер.* легкая закуска, легкий завтрак

lunchroom *торг.* закусочная **SYN:** snack-bar, luncheonette, lunchroom, eatery

luxury goods предметы роскоши **а)** *эк. (дорогие товары, напр., ювелирные изделия, дорогие спиртные напитки, дорогие меха; к предметам роскоши применяются особые маркетинговые стратегии, поскольку поведение потребителей при покупке таких товаров существенно отличается от моделей поведения при покупке обычных товаров; к ним также применяется особый порядок налогообложения)* **SYN:** high-ticket items **SEE:** prestige goods **б)** *эк. (товары, на которые по мере роста доходов спрос возрастает непропорционально высоко, т. е. в данном случае эластичность спроса по доходам превышает единицу)* **SYN:** superior goods **SEE:** Engel curve, inferior goods, necessary goods, normal goods, elasticity of demand

luxury shop *торг.* фешенебельный магазин *(магазин, торгующий предметами роскоши)* **SYN:** exclusive shop, fashionable shop, upscale store

M

ma-and-pa store *торг.* = mom-and-pop store

machine for labelling *торг.* = labeller

macroenvironment *сущ. эк., упр.* макросреда, внешняя среда *(демографические, экономические, природные, научно-технические, политические, культурные факторы, которые организация или физическое лицо не может изменить)* **EX: Your macroenvironment is made up of things that influence your business such as demographics, politics, economics, culture and technology.** – Окружающая вас макросреда состоит из элементов, которые влияют на ваш бизнес, таких как демографическая обстановка, политика, экономика, культура и технология. **ANT:** microenvironment **SEE:** economic environment, political environment, technological environment

macromarketing *марк.* макромаркетинг **а)** *(маркетинговая деятельность, предпринимаемая с позиции учета интересов общества в целом)* **б)** *(маркетинговая деятельность, направленная на широкие массы потребителей (без учета специфических географических, демографических и психографических особенностей различных сегментов рынка)* **SYN:** mass marketing **в)** *(маркетинговая деятельность фирмы, направленная на приспособление к неконтролируемым ею условиям внутри отрасли)* **SEE:** micromarketing

mada *марк.* **сокр. от** money, authority, desire, access

made in *торг.* «произведено в», «сделано в» *(надпись на продукте)*

made-to-order **сокр.** MTO *эк.* заказной [заказываемый], (производимый) на заказ *(о продукте, изготавливаемом специально по заказу потребителя с учетом указываемых им требований)* **EX: made-to-order homes** – дома, построенные по заказу, **capital cost estimating for large MTO products** – оценка капитальных затрат для больших заказов [больших продуктов, производимых на заказ] **SYN:** custom-made, custom-built **ANT:** off-the-shelf **SEE:** product application

Madison Avenue *рекл., амер., разг.* Мэдисон-авеню *(улица в Нью-Йорке, где в прошлом располагались многие рекламные компании; теперь обозначение всей рекламной индустрии США)*

Madrid Agreement *пат., юр.* Мадридское соглашение *(полное название — «Мадридское соглашение о международной регистрации знаков»; подписано в 1891 г. в Мадриде с целью преодоления трудностей международной регистрации торговых марок и знаков обслуживания; соглашение упрощает процедуру подачи заявок на регистрацию товарного знака (заявитель подает только одну заявку в национальное или региональное патентное ведомство, указывая страны, в которых он испрашивает охрану, т. е. отпадает необходимость в услугах патентных поверенных в каждой из стран); в качестве даты международной регистрации принимается дата подачи заявки на международную регистрацию в стране происхождения, срок охраны - двадцать лет; международная регистрация может быть продлена на период в двадцать лет с момента истечения предшествующего периода; выполнение соглашения контролируется Все-*

мирной организацией интеллектуальной собственности; по состоянию на 2003 г. к соглашению присоединились 52 страны) **SYN:** Madrid Agreement Concerning the International Registration of Marks **SEE:** trademark, service mark, Trademark Registration Treaty, international trademark registration, World Intellectual Property Organization

Madrid Agreement Concerning the International Registration of Marks *пат., юр.* Мадридское соглашение о международной регистрации знаков *(официальное название Мадридского соглашения)* **SYN:** Madrid Agreement

Madrid Agreement for the Repression of False or Deceptive Indication of Source on Goods *юр., торг., межд. эк., пат.* Мадридское соглашение об ограничении практики ложного или вводящего в заблуждение указания происхождения товара* *(речь идет об указании на продукте или его упаковке страны происхождения, не соответствующей действительности; принято в 1891 г., последний раз пересмотрено в 1967 г.; одно из международных соглашений, послуживших источником законодательства о защите индустриальной и интеллектуальной собственности; администрируется Всемирной организацией интеллектуальной собственности)* **SEE:** World Intellectual Property Organization, certificate of origin, deceptive indication of source, country of origin

magazine advertising bureau сокр. MAB *рекл.* бюро журнальной рекламы *(некоммерческая организация издателей журналов, целью которой является развитие концепции журнала как средства распространения рекламы)*

magazine audience *марк., СМИ* аудитория журнала, журнальная аудитория **SEE:** audience

magazine coupon *марк.* журнальный купон, купон в журнале *(напечатанный в журнале купон (талон), дающий право на скидку)*

magazine insert *рекл.* = insert in magazine mailing

magazine plan *рекл.* журнальный план* *(план использования СМИ, предусматривающий размещение рекламы только в тех журналах, которые распространяются в зоне проживания целевой аудитории)* **SEE:** scatter plan

magazine rack *торг.* журнальная стойка, журнальных стеллаж* *(стеллаж для демонстрации ассортимента журналов)* **SEE:** rack

magnetic card *комп., банк., торг.* магнитная карта [карточка] *(карточка, на поверхность которой нанесена одна или несколько магнитных полос, позволяющих хранить и считывать информацию)* **SYN:** magnetic stripe card, magstripe card **SEE:** magnetic stripe, plastic card, smart card

magnetic stripe *комп., банк., торг.* магнитная полоса [полоска] *(полоса на оборотной стороне магнитной карты, содержащая закодированную информацию о карте и ее владельце)* **SYN:** magstripe **SEE:** magnetic card, plastic card

magnetic stripe card *банк., торг.* = magnetic card

magnetic stripe terminal *комп., торг.* терминал для магнитных карт* *(компьютерный терминал, позволяющий считывать информацию с магнитных карт)* **SEE:** magnetic stripe, magnetic card, card reader, point-of-sale terminal, chip terminal

Magnusson-Moss Warranty Improvement Act *юр., торг., амер.* закон Магнуссона-Мосса, Федеральный закон США «О совершенствовании гарантий по потребительским товарам», 1975 г. *(предусматривает, что гарантии производителей по товарам должны содержать 13 видов конкретной информации, а также конкретно указывать что гарантируется, в течение какого срока, что нужно делать в случае обнаружения дефекта и т. д.; закон также ввел различия между ограниченными и полными гарантиями)* **SYN:** Consumer Products Warranties Act, Federal Trade Commission Improvement Act, Magnusson-Moss Warranty Act, Magnusson-Moss Act **SEE:** full warranty, limited warranty

magstripe *сущ. банк., торг.* = magnetic stripe

magstripe card *банк., торг.* = magnetic card

mail

I *сущ.* 1) *связь* почта, (почтовая) корреспонденция *(письма, почтовые открытки и т. п.)* **EX: to send (out) (the) mail** – посылать почту, **to deliver the mail** – доставлять почту, **diplomatic mail** – дипломатическая почта, **undelivered mail** – недоставленная почта, **by return mail** – (с) обратной почтой, (с) ответной корреспонденцией **SEE:** cold mail promotion, direct mail, mail fraud, mail order, mail panel, mail piece, mailing package, mailing, mailer 2) *связь* почта *(как система доставки корреспонденции)* **EX: air mail** – авиапочта,; **electronic mail, e-mail** – электронная почта; **express mail** – экспресс-почта 3) *связь* почтовый поезд 4) *связь* мешок с почтой, мешок для почты [почтовой корреспонденции] 5) *эк., шотл.* арендная плата, рента *(в шотландском праве)* **EX: Mails and duties are the rents, whether in kind or money, of an estate.** – Рента – это плата за аренду собственности, уплачиваемая деньгами или в натуральной форме.

II *гл. связь* посылать [отправлять] по почте; сдавать на почту **EX: Select a state and town to which to mail the letter.** – Выберите штат и город, в который необходимо отправить письмо. **The envelope indicated the letter was mailed from Brooklyn.** – На конверте было указано, что письмо было отправлено из Бруклина. **Staff required to work at a large direct marketing organisation which mails letters to households.** – Большой компании прямого маркетинга необходимы сотрудники для рассылки писем домохозяйствам.

III *прил. связь* почтовый **EX: mail box** – почтовый ящик, **mail train** – почтовый поезд

Mail Advertising Service Association *рекл., устар., амер.* = Mailing & Fulfillment Service Association

mail-back procedure *марк.* = mail-out procedure

mail campaign *марк.* = direct mail campaign

mail fraud *юр.* почтовое мошенничество *(рассылка по почте незаконных или вводящих в заблуждение почтовых сообщений, напр., почтовая реклама, неверно описывающая свойства товара)* **SEE:** mail fraud legislation

mail fraud legislation *юр.* законодательство о почтовом мошенничестве *(регулирует вопросы, касающиеся мошенничества с использованием почтовой рекламы)* **SEE:** mail fraud

mail-in *марк.* = mail-in premium

mail-in premium *марк.* премия за подтвержденную покупку *(подарок покупателю (в рамках специальной рекламной кампании) в обмен на письменное подтверждение о приобретении продукции производителя, отправленное ему по почте)* **SYN:** mail-in

mail inquiry *марк., соц.* запрос по почте а) *(запрос на предоставление каких-л. услуг, обычно осуществляется по электронной почте)* б) *(исследование, проводимое при помощи рассылки опросных листов по почте)* **SYN:** mailed request

mail order 1) *торг.* почтовый заказ *(заказ на товар с доставкой по почте)* **EX: mail-order catalogue** – каталог посылочной торговли, **mail-order copy** – текст рекламы посылторга, **to sell by mail order** – торговать по почтовым заказам **SYN:** mail-order **SEE:** mail-order firm, mail-order processing 2) *мн., связь* посылочные операции 3) *мн., торг.* посылочная торговля, посылторг, почтовая торговля, посылочные операции *(розничная торговля, осуществляемая по заказам, выполняемым путем почтовых отправлений)* **SEE:** mail-order catalogue, mail-order advertising, mail-order firm, mail-order sales

mail-order *торг.* = mail order

mail-order advertisement *рекл.* рекламное объявление о товарах почтой, рекламное объявление посылочной торговли *(рекламное объявление, призывающее заказывать товары почтой)* **SEE:** mail-order advertising

mail-order advertising *рекл.* реклама «товары почтой», реклама посылочных операций, реклама посылочной торговли *(реклама товаров, реализуемых по почтовым заказам; рас-*

считана на получение заказов перспективных покупателей по почте)

mail-order buyer *торг., марк.* покупатель товаров по почтовым заказам*, покупатель товаров почтой* *(покупатель, который заказывает и получает товары по почте)* **SEE:** mail order

mail-order business 1) *торг.* = mail-order firm **2)** *торг.* = mail order

mail-order catalogue *торг.* каталог посылочной торговли, каталог посылторга *(каталог товаров, которые можно заказать по почте)* **SEE:** mail order, direct mailing

mail-order company *торг.* = mail-order firm

mail-order copy *рекл.* текст рекламы посылочной торговли

mail-order department *торг.* отдел посылторга, отдел посылочной торговли *(отдел торговли по почтовым заказам (в компании, в магазине))* **SYN:** mail-order division **SEE:** mail-order firm

mail-order division *торг.* = mail-order department

mail-order enterprise *торг.* = mail-order firm

mail-order firm *торг.* торгово-посылочная фирма, предприятие почтово-посылочной торговли, фирма посылочной торговли, фирма посылторга *(фирма, принимающая заказы дистанционно и поставляющая заказанные товары по почте)* **SYN:** mail-order business, mail-order company, mail-order enterprise, mail-order house **SEE:** mailing house, direct mail marketing

mail-order house *торг.* = mail-order firm

mail-order processing *торг.* обработка почтовых заказов *(напр., получение, оформление заказа, доставка товара по почте)*

mail-order retailing *торг.* розничная посылочная [почтовая] торговля *(розничная торговля по почтовым заказам)* **SEE:** direct to home retailing, mail order, mail-order sales

mail-order sale *торг.* = mail-order sales

mail-order sales *торг.* посылочная торговля, продажа товаров по почтовым заказам *(метод торговли, при котором товар может быть приобретен путем посылки заказа и получения товара по почте)* **SYN:** mail-order selling, mail-order trading

mail-order selling *торг.* = mail-order sales

mail-order trade *торг.* = mail-order sales

mail-order trading *торг.* = mail-order sales

mail-order wholesaler *торг.* почтовый оптовик* *(поставляет товары розничным торговцам, промышленным предприятиям и учреждениям; принимает заказы по почте, доставляет товары автомобильным и другим транспортом)*

mail-out procedure *марк.* корреспондентский метод исследования *(используется в тех случаях, когда почтовый адрес включает в себя номер дома и название улицы)* **SYN:** mail-back procedure

mail-out procedure *марк.* корреспондентский метод исследования *(используется в маркетинге в тех случаях, когда почтовый адрес включает в себя номер дома и название улицы)* **SYN:** mail-back procedure

mail panel *марк.* почтовая панель *(потребительская панель, членам которой анкеты рассылаются по почте)* **SEE:** consumer panel

mail piece *связь* почтовое отправление *(письмо, открытка, реклама и т. п., отправляемые по почте)* **SYN:** mailing piece, mailing unit, mailing **SEE:** direct mail piece, mailing package

mail preference service *марк.* служба учета пожеланий адресатов *(отдел почтовой рекламы и маркетинга, принимающий заявления потребителей о включении их имен и адресов в рассылочные списки или изъятии из списков)*

mail questionnaire *соц., стат.* = postal questionnaire

mail questionnaire method *марк.* корреспондентский метод опроса, почтовый метод опроса* *(опрос посредством рассылки по почте анкет)* **SEE:** postal questionnaire, mail questionnaire

mail shot *марк.* = mailing shot
mail survey *соц.* = postal questionnaire
mailed request *марк., соц.* = mail inquiry
mailer *сущ.* **1)** *общ.* отправитель *(напр., материалов прямой почтовой рекламы)* **EX: large commercial mailers** – крупные коммерческие отправители **SEE:** direct marketing **2)** *тех., связь* почтовая программа *(программа для работы с электронной почтой)* **3)** *общ.* контейнер для почты **4)** *рекл.* рекламно-информационные материалы, рассылаемые по почте
mailing *сущ.* **1)** *связь* почтовое отправление *(письмо, открытка и т. п., отправляемые по почте)* **SYN:** mail piece **EX: letters and other mailings** – письма и другие почтовые отправления **2)** *связь* рассылка, отправка почтой; пересылка по почте **EX: mass mailing** – массовая рассылка **SEE:** mailing list, direct mailing, mailer, blanket mailing, mailing house, mailing label, mailing shot, occupant mailing, repeat mailing, shared mailing
Mailing & Fulfillment Service Association **сокр.** MFSA *рекл., амер.* Ассоциация почтовой рекламы* *(национальная профессиональная организация, занимающаяся совершенствованием условий деятельности в сфере почтовой рекламы, повышением профессионального уровня руководящих работников этой сферы)* **SYN:** Mail Advertising Service Association **SEE:** direct mail advertising
mailing house *марк., связь* рассылочный дом*, фирма почтовой рассылки* *(организация, предоставляющая услуги по сбору, сортировке, маркировке и рассылке почтовых отправлений, напр., фирма, предоставляющая рекламодателям услуги по сбору и разовой рассылке рекламных материалов, а также контролю за поступающими ответами)* **SEE:** mail-order firm
mailing label *связь* почтовый ярлык *(этикетка с именем и адресом получателя, которая прикрепляется к почтовому отправлению)* **SYN:** label **SEE:** peel-off label
mailing line *рекл.* = lettershop
mailing list *связь, марк.* рассылочный [адресный] список, список адресов [для рассылки] *(список имен и адресов лиц, обладающих общими интересами, демографическими данными, состоящих в одних организациях и т. п.; используется для массовой рассылки какой-л. информации рекламного характера)* **EX: to build a mailing list** – составлять список рассылки **SYN:** list, address list **SEE:** direct mail advertising, direct marketing, list house, list compiler, list owner, list buyer, list rental, direct mail advertising, blanket mailing, zip code omission
mailing list guarantee *марк.* гарантирование достоверности рассылочного списка *(в случае превышения определенного процента возврата неврученной корреспонденции продавец списка обязуется предоставить пользователю какое-л. возмещение)* **SEE:** mailing list, list buyer, list owner
mailing list house *марк.* = list house
mailing list manager *марк.* = list manager
mailing package *связь* почтовый пакет* *(набор сообщений, отправленных данному адресату в виде единого почтового отправления, напр., комплект прямой почтовой рекламы)* **SEE:** direct mailing, mail piece
mailing piece *связь* = mail piece
mailing schedule *марк.* [план] график почтовой рассылки *(график кампании прямой почтовой рекламы)* **SEE:** direct mail agency, direct mail advertising
mailing shot *рекл.* разовая рассылка *(рассылка рекламных материалов в прямой почтовой рекламе)* **SYN:** mail shot, mailshot
mailing unit *связь* = mail piece
mailing waste *марк.* бесполезный тираж рассылки, непроизводительная доля рассылки **EX: Reduce mailing waste by improving the quality of your computer address files.** – Сократите бесполезный тираж рассылки с помощью улучшения качества электронных списков адресов. **SEE:** mail circulation
mailing waste *марк.* бесполезный тираж рассылки, непроизводительная доля рассылки **SEE:** mail circulation

mailings index *рекл., связь* индекс отправлений прямой почтовой рекламы

mailshot *сущ. рекл.* = mailing shot

main media *рекл.* основные средства рекламы *(газеты, телевидение, прямая почтовая рассылка, радио, журналы, наружная реклама)* **SYN:** major media

main product **1)** *эк.* основной [главный] продукт *(является основным результатом производственной или иной деятельности или процесса)* **SYN:** prime product **SEE:** co-product, product **2)** *марк.* = core product **3)** *торг.* основной продукт *(функционален сам по себе, в отличие от аксессуаров)* **SEE:** optional product

main shopping centre *торг.* главный торговый центр *(города)*; городской торговый центр *(рассчитан на обслуживание покупателей со всего города)* **SEE:** community shopping centre

main street *эк., амер.* = high street

main-street shopping *эк., амер.* = high-street shopping

mainstay **1)** *мор.* грота-штаг **2)** *разг.* главная поддержка, опора, оплот **EX: He was the mainstay of the organization.** – На нем держалась вся организация. **3)** *торг.* = main product

maintained mark-on *торг.* сохраненная розничная торговая надбавка *(разница между ценой закупки товаров и фактически полученной суммой при розничной продаже)* **SEE:** markup

maintenance method *марк.* метод сохранения *(метод оценки источника подписки, применяемый при планировании затрат на сохранение постоянной численности подписчиков из данного источника (с учетом запланированных продленных, истекающих и отмененных подписок из данного источника и привлечения новых подписчиков для замещения выбывших))* **SEE:** depletion method, steady-growth method

major account **1)** *марк.* крупный [основной] клиент *(обслуживаемый через штаб-квартиру фирмы)* **SEE:** regular account **2)** *учет* = general account

major advertiser *рекл.* крупный рекламодатель, ведущий рекламодатель *(рекламодатель, размещающий большие объемы рекламы в каком-л. средстве рекламы, или являющийся основным рекламодателем отрасли)* **SYN:** leading advertiser **SEE:** advertiser

major brand *марк.* лидирующая (торговая) марка *(наиболее известная и популярная)* **EX: Motorola is a major brand.** – «Моторола» – это лидирующая торговая марка. **SEE:** branded goods, brand

major campaign **1)** *марк.* основная рекламная кампания *(следующая после проведения тестовой кампании)* **SEE:** test campaign, preliminary campaign **2)** *марк.* = massive campaign

major customer *марк.* = key customer

major distribution *торг.* широкое распространение

major media *рекл.* = main media

make a complaint **1)** *общ.* жаловаться **2)** *юр.* подавать жалобу, иск против кого-л.; возбуждать уголовное дело против кого-л. **3)** *торг.* подавать рекламацию *(претензию по поводу низкого качества товара или услуги с требованием возмещения убытков)*

make-for-stock *прил. эк.* = make-to-stock

make-to-order **сокр.** MTO *торг.* изготовление по заказу, изготовление на заказ *(производство продукта для удовлетворения специфических запросов заказчика)* **SEE:** assemble-to-order, make-to-stock, engineer-to-order, made-to-order

make-to-stock *прил.* **сокр.** MTS *эк.* производство [изготовление] на склад *(производство стандартных продуктов в запас под будущий спрос клиентов)* **SYN:** make-for-stock **SEE:** make-to-order, assemble-to-order, engineer-to-order, ex-stock

makegood *рекл.* возмещение*, компенсация* *(бесплатный выпуск рекламы, появившейся ранее с нарушением оговоренных сроков, с техническим браком или искажениями)* **SYN:** credits

maker *сущ.* **1)** *общ.* создатель, творец **EX: The government is the maker of policy.** – Правительство задает политику. **2)** *эк.* производитель, изготовитель; фабрикант, промышленник **EX: maker of goods** – изготовитель товаров, **maker of furniture** – производитель мебели **3)** *фин., банк. (лицо, выдавшее денежное обязательство, напр., векселедатель, чекодатель)* **EX: maker of the bill of exchange** – лицо, выдавшее переводной вексель **SEE:** cheque **4)** *марк., амер.* созидатель*, создатель* *(по классификации VALS 2: практичный человек, ценящий независимость и самостоятельность; такие люди обычно сосредоточены на своей семье, семейном отдыхе, работе и т. п. и мало уделяют внимания внешнему миру; не придают особого значения материальным потребностям)* **SEE:** VALS 2, action-oriented

mall **1)** *общ.* аллея для прогулок **3)** *общ.* игра в шары **4)** *торг., амер.* = shopping mall

management supervisor *упр.* старший менеджер *(работник, ответственный за координирование деятельности других работников отдела; напр., работник рекламного агентства, которому подчиняются менеджеры, работающие с отдельными клиентами или заказами)* **SEE:** account supervisor, account manager

Manchester goods *потр.* текстильные товары *(ткани и изделия из них; напр., одежда, скатерти, покрывала и т. д.)* **SEE:** fabric, textiles

mandatory blurb *рекл.; юр.* = mandatory copy

mandatory copy *юр., рекл.* обязательный текст **а)** *(предписанный законом текст на упаковке некоторых товаров, в частности спиртных напитков и табачных изделий, а также в рекламных сообщениях о них (напр., предупреждение о вреде курения на упаковке сигарет))* **SYN:** mandatory blurb **SEE:** legal advertising **б)** *(текст, который по требованию рекламодателя включается во все его рекламные сообщения)*

manipulated consumer *марк.* манипулируемый потребитель *(которому навязывают определенный тип потребления с помощью рекламы)* **SEE:** fickle consumer, loyal consumer

mannequin *торг.* манекен

manufacture for stock *эк., торг.* производить на склад *(производить продукцию без связи с конкретным заказом покупателя, а для пополнения товарных запасов на складе; в отличие от способа производства, когда предприятие сначала получает заказ, а потом производит требуемое количество затребованного товара)* **EX: We manufacture for stock so the products you want are available immediately.** – Мы работаем на склад, так что продукты, которые вы хотите приобрести, всегда есть в наличии. **SEE:** make-to-stock

manufacture mark *марк., пат.* = manufacturer's brand

manufactured goods *эк.* промышленные товары, товары промышленного производства *(одежда, бытовая техника, посуда, мебель, автомобили и иные подобные товары, производимые обрабатывающей промышленностью)* **SEE:** primary goods, footwear, headwear, ready-made clothes, fabric, haberdashery, perfumery and cosmetics, knitwear, hardware goods, household goods, furniture, stationery, agricultural goods

manufacturer mark *марк., пат.* = manufacturer's brand

manufacturer packaging *торг.* фабричная упаковка **SEE:** original package

manufacturer's agent *торг.* = manufacturer's representative

manufacturer's brand *марк., пат.* фабричная марка, марка производителя *(фирменное имя, которое принадлежит производителю определенного товара и всегда используется при продаже его товара, а не изменяется в зависимости от распространителя)* **SYN:** manufacturer's mark, national brand, name brand, manufacturing mark, manufacturer mark, works mark, manufacture mark **SEE:** store brand, brand, brand name, white label, white box

manufacturer's customer *торг.* торговый посредник, дистрибьютор *(клиент компании-производителя, покупа-*

ющий большие партии товара для его перепродажи конечным потребителям) **SYN:** middleman **SEE:** wholesale customer, distributor

manufacturer's guarantee *юр., торг.* гарантия производителя *(документ, выпускаемый производителем и предоставляемый розничному торговцу; содержит обязательства производителя, связанные с дефектами произведенного им товара; не является основанием для юридической ответственности производителя по иску об ущербе)* **SEE:** damage, claim for damage

manufacturer's mark *пат., марк.* = manufacturer's brand

manufacturer's price *эк., торг.* = producer price

manufacturer's representative *торг.* представитель производителя, промышленный агент, агент производителя *(лицо, занимающееся сбытом продукции определенной промышленной фирмы и представляющее ее интересы при заключении сделок с оптовыми торговцами)* **SYN:** manufacturer's agent

manufacturer's retail branch *торг.* розничноторговое отделение промышленной фирмы **SYN:** retail service

manufacturer's sales branch *торг.* торговый филиал промышленных предприятий *(филиал оптовой продажи предприятия, имеющий товарные запасы)* **EX: A manufacturer's sales branch is a wholesale establishment owned and operated by the manufacturer.** – Торговые филиалы промышленных предприятий являются учреждениями оптовой торговли, находящимися во владении и управлении производителя.

manufacturer's sales office *торг., амер.* отдел сбыта промышленного предприятия

manufacturer's suggested price *торг.* = manufacturer's suggested retail price

manufacturer's suggested retail price **сокр.** MSRP *торг.* рекомендуемая [предлагаемая, рекомендованная] производителем (розничная) цена *(цена, рекомендованная производителем в качестве ориентировочной розничной цены на свой товар)* **SYN:** manufacturer's suggested price, recommended retail price, suggested retail price **SEE:** resale price maintenance, list price

manufacturing buyer *марк.* = industrial buyer

manufacturing country *торг., межд. эк.* страна-изготовитель, страна производства *(страна, где товар был произведен)* **SEE:** certificate of origin, country of origin

manufacturing cycle *упр.* производственный цикл *(период пребывания факторов производства (труда, сырья и материалов) в производственном процессе с начала изготовления до выпуска готового продукта)* **SYN:** manufacturing lead time

manufacturing lead time **сокр.** MLT *упр.* время производства*, длительность производственного цикла* *(время, затраченное на полное выполнение одного производственного цикла, включая как время затраченное непосредственно на выполнение операций, так и время ожидания между выполнением различных операций)* **SYN:** throughput time, production lead time, manufacturing cycle **SEE:** lead time

manufacturing lead-time *упр.* = manufacturing lead time

manufacturing mark *марк., пат.* = manufacturer's brand

margin

I *сущ.* **1) а)** *общ.* приграничная полоса, берег, край **б)** *общ.* минимум, нижняя грань **EX: on the margin of poverty** – на грани нищеты **2) а)** *общ.* минимально допустимый [необходимый] запас, резерв *(времени, денег, средств и т. п.)* **б)** *общ.* допустимое отклонение от расписания, графика *(работ, движения и т. п.)* **3)** *полигр.* поле, поля *(книжной, газетной страницы и т. п.)* **EX: Do not write or type on the margins of the page.** – Не пишите и не печатайте на полях страницы. **4) а)** *эк.* маржа *(разница между ценами, биржевыми курсами и т. п.)* **б)** *эк.* маржа *(разница между каким-л. показателем доходов и каким-л. показателем* *расходов, напр., разница между выручкой и прямыми затратами, разница между выручкой и себестоимостью продаж и т. д.)* **в)** *эк.* маржа, рентабельность *(отношение прибыли фирмы к выручке от продаж, выраженное в процентах)* **г)** *торг.* маржа *(торговая наценка, устанавливаемая промышленными предприятиями)* **SEE:** wholesale price, retail price, markup **5)** *бирж.* биржевая [гарантийная] маржа *(обеспечение (валюта, акции), вносимое клиентами в расчетную палату биржи; величина зависит от текущей или будущей позиции клиента)*

II *гл.* **1)** *общ.* окаймлять, окружать, обрамлять **2)** *общ.* оставлять [делать] поля *(на страницах книги и т. п.)* **3)** *бирж.* вносить (гарантийную) маржу *(депонировать определенную сумму на маржинальном счете в качестве гарантии по биржевой сделке)*

marginal account **1)** *бирж.* = margin account **2)** *марк.* второстепенный [периферийный] заказчик

marginal buyer *марк.* = marginal customer

marginal customer **1)** *марк.* предельный клиент [покупатель]* **а)** *(клиент, приносящий продавцу минимальную прибыль; не очень выгодный клиент)* **EX: Your best customer today can quickly become a marginal customer tomorrow.** – Ваш сегодняшний лучший клиент завтра может превратиться в предельного клиента. **SEE:** profitable customer **б)** *(покупающий товар по цене, равной предельной полезности товара для него, и поэтому отказывающийся от покупок при росте цен)* **SYN:** marginal buyer **2)** *марк.* нейтральный потребитель* *(потенциальный потребитель, который не может точно определить, нужен или не нужен ему данный товар (услуга), или не может решить, у кого из продавцов его лучше приобрести)* **EX: There are three different types of customers. There is the definite «yes,» the definite «no,» and the «marginal.» A marginal customer requires an effective salesperson to help him or her make a positive buying decision.** – Существует 3 типа потребителей: те, кто в любом случае согласится, те, кто в любом случае откажется, и нейтральные. Нейтральный потребитель может принять решение о покупке определенного товара только при настоятельных уговорах агента по продаже.

marginal return *эк.* предельная отдача *(дополнительный объем продукции, полученный при увеличении использования какого-л. ресурса на одну единицу)* **SEE:** marginal cost

marginal utility *эк.* предельная полезность *(приращение полезности, достигаемое потребителем при использовании дополнительной единицы блага)* **SEE:** principle of declining marginal utility

maritime commerce *торг.* морская торговля *(торговая деятельность, основанная на морских перевозках продаваемых товаров)* **SYN:** maritime trade, seaborne trade, sea-borne commerce

maritime trade *торг.* = maritime commerce

mark[1]

I *сущ.* **1) а)** *общ.* знак **EX: question mark** – знак вопроса **б)** *общ.* метка, пометка, знак **EX: Put a mark against anything you are sure you will want to come back to.** – Пометьте те пункты, к которым вы наверняка вернетесь. **2) а)** *общ.* штамп, штемпель **б)** *марк., пат.* знак, клеймо, тавро; фабричная марка, фабричное клеймо; торговая марка **SEE:** trademark **в)** *торг.* этикетка, ярлык; ценник **3)** *общ.* метка, ориентир; зарубка; веха **4)** *общ.* отпечаток, след **EX: to leave [make] one's mark** – оставлять след, **mark on history** – след в истории **5)** *общ.* признак, показатель, знак; характерная черта **EX: mark of respect** – знак уважения **6)** *общ.* балл, оценка, отметка **EX: However, local moviegoers gave high marks to the film.** – Однако местные кинозрители высоко оценили фильм. **7)** *общ.* норма; уровень, стандарт; критерий, мерило **EX: That does not mean that the skill of the group members was below the mark.** – Это не означает, что мастерство членов группы было ниже нормы.

II *гл.* **1)** *общ.* ставить [метку]; применять обозначение **EX: to mark an accent**

– ставить ударение **2)** *общ.* оставить след [пятно, отпечаток и т. п.] **EX: wings marked with white** – крылья с белыми пятнами, **That wet glass will mark the table.** – Этот мокрый стакан оставит след на столе. **3) а)** *общ.* маркировать, клеймить, метить, штамповать, штемпелевать **EX: to mark products with their country of origin** – указывать на товарах страну происхождения **б)** *торг.* ставить цену *(на товарах)* **EX: to mark goods with prices** – ставить цену на товарах **в)** *торг.* ставить фабричную марку [торговую марку] *(на товарах)* **4)** *общ.* ставить балл, отметку, оценивать **EX: The teacher marked the examination papers.** – Учитель проставил оценки в экзаменационных работах.

mark² *сущ. эк., ист.* марка **а)** *(денежная единица в нескольких европейских странах)* **б)** *(мера веса для золота и серебра, использовавшая в западной Европе и составлявшая 8 унций)*

mark down *гл.* **1)** *эк.* понизить *(цену на товары, курс валюты и т. д.)* **ANT:** mark up **SEE:** marked-down **2)** *общ.* пометить *(сделать запись в своих бумагах о чем-л.)* **3)** *общ.* понизить оценку *(на экзамене, соревнованиях)* **SEE:** markdown

mark goods *торг.* маркировать товар [груз] *(наносить на товар определенную информацию о нем (напр., о производителе, о сроках годности, о предназначении))* **EX: to mark goods with an indication of origin** – указать страну-производителя на товаре **SEE:** marked goods

mark of origin *межд. эк., торг.* знак [клеймо] страны происхождения* *(метка на товаре, указывающая страну происхождения товара; обычно начинается со слов «made in... (название страны)» или «product of... (название страны)»)* **SEE:** country of origin, certificate of origin

mark-on *торг.* = markup

mark up 1) *эк.* повысить *(о цене, курсе и т. п.)* **EX: to mark the price up to the recommended retail price** – повысить цену до рекомендуемой розничной цены **ANT:** mark down **SEE:** markup, marked-up **2)** *эк.* записать на счет *(занести сумму покупки на счет клиента вместо того, чтобы взять с него оплату немедленно)* **SEE:** account **3)** *полигр.* править, осуществлять правку *(делать пометки к тексту, которые затем будут вноситься в текст)* **4)** *обр.* повышать оценку *(на экзамене, соревновании и т. п.)* **ANT:** mark down

mark-up pricing *эк.* ценообразование путем накидки [наценки]* *(установление цен путем надбавки желаемой величины прибыли к средним издержкам производства; отличается от метода «издержки плюс» тем, что применяется в планировании деятельности самого производителя, т. е. когда затраты уже точно известны или запланированы, тогда как метод «издержки плюс» используется обычно тогда, когда товары еще не произведены или работы еще не выполнены, т. е. когда продавец и покупатель предварительно договариваются о цене, а зафиксированная в соглашении ставка рентабельности служит своего рода гарантией для поставщика)* **SYN:** average cost pricing, average-cost pricing, average costs pricing, average-costs pricing **SEE:** cost-plus pricing

markdown 1) *торг.* снижение цены, уценка *(уменьшение первоначальной цены)* **EX: Items will be subject to a regular markdown schedule every 30 days.** – Товары будут уцениваться каждые 30 дней. **SEE:** automatic markdown, markdown percentage **2)** *торг.* величина [размер] уценки *(величина, на которую уменьшена первоначальная цена)* **EX: The greatest markdown is 45%.** – Самая большая скидка составляет 45%. **SEE:** markup

markdown percentage *торг.* процент уценки *(величина уценки, выраженная в процентах к первоначальной продажной цене; может также рассчитываться как отношение суммарной скидки к общему объему продаж)*

markdown rate *торг.* = markdown percentage

marked-down 1) *марк.* со скидкой, уцененный *(о товаре, который продается по сниженной цене)* **EX: marked-**

down merchandise [goods, commodities] – уцененные товары 2) *марк.* сниженный *(о цене, ставке, тарифе и т. п.)* **EX: marked-down price** – сниженная цена, **marked-down rate** – сниженный тариф **ANT:** marked-up **SEE:** mark down

marked goods *торг.* маркированный товар [груз] *(товар с нанесенной на него необходимой информацией (напр., о производителе))* **SYN:** labelled commodities **SEE:** marking of goods, mark goods

marked price *торг.* обозначенная цена *(цена, указанная на упаковке или ярлыке товара; в случае предоставления скидки может не совпадать с реально уплаченной покупателем ценой)*

marked-up 1) *марк.* с повышенной ценой, по повышенной цене *(о товаре, который продается по более высокой цене)* **EX: marked-up merchandise [goods, commodities]** – товары по повышенной цене **2)** *марк.* повышенная *(о цене, ставке, тарифе и т. п.))* **EX: marked-up price** – повышенная цена, **Suppose a college bookstore buys a textbook from a publishing company, then marks up the price they paid for the book 33%, and sells it to a student at the marked-up price.** – Представьте себе книжную магазин в колледже, который покупает книгу у издательства, затем повышает ее цену на 33% и продает ее студентам по этой повышенной цене. **ANT:** marked-up **SEE:** mark up, mark down, markup

market *прил.* **1)** *эк.* рыночный **а)** *(соответствующий рыночным принципам)* **б)** *(характерный для данного рынка или действующий на данном рынке)* **SEE:** market standard, market price **в)** *(имеющий отношение к рынку)* **2)** *эк.* товарный, рыночный *(предназначенный для продажи на рынке)* **SYN:** marketable **EX: market fish** – товарная рыба, рыба для продажи; **market stock** – товарный скот, скот для продажи; **market vegetables** – товарные овощи, овощи для продажи;

I *сущ.* **1)** *эк.* рынок **а)** *(специальное место, отведенное для торговли)* **б)** *(организованная или неформальная система торговли товарами или услугами на основе определенных правил)* **SYN:** marketplace **SEE:** black market, domestic market, export market, external market, foreign market, grey market, internal market, world market **в)** *(люди, собравшиеся с целью купли-продажи товаров)* **г)** *(наличие спроса или предложения на определенный товар или услугу)* д) *(наличие возможности реализации определенного товара)* **EX: a good market for used cars** – хороший рынок подержанных автомобилей,; **lucrative market** – прибыльный рынок, доходный рынок; е) *(определенные условия торговли: активный или вялый рынок)* **EX: the market is dull** – вялый рынок **2)** *эк.* рынок сбыта *(географический район, в котором присутствует спрос на определенные товары или услуги)* **EX: to open up a new market** – открывать новый рынок **SYN:** marketing outlet, sales area **3)** *эк.* торговля, сбыт, продажа *(экономическая деятельность, представленная продавцами и покупателями, собравшимися для продажи и покупки товаров или услуг)* **4)** *марк.* = market segment **EX: youth market** – молодежный сегмент рынка **5)** *эк.* цена, тариф *(товара, услуги, предлагаемых на продажу);* курс *(ценной бумаги)* **SEE:** price, rate **6)** *эк., амер.* розничный магазин *(обычно специализированный, напр., мясной, рыбный)* **EX: fish market** – рыбный магазин

II *гл.* **1) а)** *эк.* торговать, продавать, сбывать, реализовывать; находить рынки сбыта **б)** *эк.* предлагать к продаже, выставлять на продажу **2)** *эк.* торговать, покупать или продавать на рынке

market acceptance *марк.* рыночное признание *(признание товара (услуги) или фирмы рынком, т. е. потребителями)* **SEE:** consumer acceptance

market analysis 1) *марк., бирж.* анализ рынка *(исследование технической рыночной информации, напр., о движении цен, или фундаментальной информации, напр., о доходах компании, с целью предсказать рыночную конъюнктуру)* **2)** *марк.* = market investigation **SYN:** market research, market study **SEE:** market report

market analysis company *марк.* = market research firm
market analysis firm *марк.* = market research firm
market analyst *марк.* аналитик рынков, специалист по анализу рынков **SEE:** market analysis
market area *марк.* = marketing territory
market atomisation strategy *марк.* = complete segmentation
market attrition *марк.* рыночное истощение* *(постепенное снижение уровня приверженности марке, особенно при отсутствии деятельности по продвижению данной марки)* **SEE:** brand loyalty
market audience *марк.* аудитория рынка, рыночная аудитория *(потребители на рынке определенного товара)* **SYN:** consumer audience
market audit *марк.* аудит рынка, рыночный аудит *(фундаментальная оценка состояния рынка и позиции фирмы на нем; проводится с целью выявления проблем и их решения; в идеале должен являться неотъемлемой частью всего процесса планирования маркетинга)* **SEE:** marketing audit
market basket *эк.* = consumer basket
market build-up *марк.* предварительная оценка рынка *(оценка возможной прибыли на рынке путем определения числа потенциальных покупателей и их потребностей)*
market-by-market allocation *рекл.* = area-by-area allocation,)
market-by-market buy *рекл.* последовательная [единичная] покупка (рекламного времени)* *(покупка рекламного времени на одной радиостанции или телеканале, вещающим на определенной территории; обходиться дороже, чем покупка рекламного времени сети, однако, выгодна при необходимости привлечь целевую аудиторию))* **SEE:** network buy
market challenger *марк.* рыночный претендент *(фирма в отрасли, которая борется за увеличение своей рыночной доли, за вхождение в число лидеров)* **SEE:** market position, market leader, market follower, market nicher
market channel *марк.* = distribution channel
market communications *марк.* = marketing communications
market concentration *эк.* рыночная концентрация, концентрация предложения *(показывает, насколько большая доля рынка приходится на относительно малое количество фирм; одним из наиболее известных инструментов измерения рыночной концентрации является индекс Херфиндаля)* **SEE:** Lerner index, Bain Index, competition, monopoly, oligopoly, buyer concentration
market coverage *марк.* охват рынка **а)** *(общее количество потребителей компании на данном территориальном рынке)* **б)** *(общая территориальная площадь (напр., несколько городов, районов или стран), охваченная деятельностью фирмы)* **SYN:** market rollout **SEE:** marketing territory
market coverage strategy *марк.* стратегия охвата рынка *(один из вариантов распространения товара на рынке; различают стратегии недифференцированного, дифференцированного и концентрированного маркетинга)* **SEE:** undifferentiated marketing, differentiated marketing, concentrated marketing
market development **1)** *эк.* освоение рынка *(выход на новый рынок и приспособление к нему)* **2)** *марк.* развитие рынка, расширение рынка, расширение границ рынка *(через расширение территории сбыта, новую рекламу на прежнем рынке и др. методы)* **SYN:** market expansion
market development index *марк.* индекс развития рынка *(соотношение потенциальных и фактических потребителей данного товара на данном рынке)*
market division agreement *торг., юр., амер.* = market-sharing agreement
market entry strategy *марк.* стратегия выхода на рынок *(план реализации

продуктов компании на новом рынке) **SEE:** marketing strategy, external market

market exit *марк.* уход [выход] с рынка *(оставление компанией рынка, если для нее становится невозможным получение желаемой прибыли)*

market expansion *марк.* = market development

market exposure 1) *фин.* подверженность финансовому риску* *(измеряется как сумма денег, подверженная риску потерь в связи с инвестированием этой суммы на фондовом рынке (напр., из-за рисковости вложений или из-за отсутствия хеджирования), в отличие от денежных фондов, сохраняемых в ликвидной форме или в безрисковых активах)* **2)** *марк.* демонстрация [представление] рынку* *(информирование потенциальных потребителей о товарах (услугах) путем проведения маркетинговых (рекламных) кампаний)* **SEE:** marketing campaign

market factor 1) *эк.* рыночный фактор *(явление или процесс, формирующие рыночный механизм и одновременно влияющие на его функционирование; основными рыночными факторами являются спрос, предложение, рыночное пространство, время, уровень конкуренции, цены, уровень затрат, уровень технологии и специализации производства, др.)* **2)** *марк.* фактор сбыта *(любое внешнее явление, оказывающее влияние на уровень сбыта товаров компании)*

market focus *марк.* рыночный фокус* *(сфера деятельности или продукт, на которых сосредоточены все усилия компании)* **EX: Our company's market focus is on working with progressive companies who recognize the critical nature of information technology.** – Рыночный фокус нашей компании – работа с прогрессивными компаниями, осознающими всю значимость информационных технологий.

market follower *марк.* рыночный последователь *(фирма в отрасли, которая проводит политику следования за рыночным лидером; такая фирма предпочитает сохранять свою рыночную долю, не принимая рискованных решений)* **SEE:** market position, market leader, market challenger, market nicher

market forecast *марк.* рыночный прогноз *(оценка ожидаемого уровня спроса на рынке)* **SYN:** market prognosis

market grouping 1) *марк.* рыночная группа *(группа потребителей (продавцов) товара или клиентов фирмы, группа товаров, производимых фирмой; обычно члены группы объединены по какому-л. общему признаку)* **EX: Teenagers represented the core market grouping.** – Подростки представляли основную рыночную группу. **2)** *марк.* рыночное группирование, рыночная группировка *(объединение в рыночную группу, создание рыночной группы)* **SEE:** market segmentation

market growth rate *марк.* темпы роста рынка *(ежегодный прирост продаж продукции или численности населения в рамках данного рынка)*

market homogeneity *марк.* однородность рынка **SEE:** homogeneous market

market inroad *марк.* = market penetration

market intelligence *марк.* разведка [исследование] рынка *(сбор информации о конкретном рынке, необходимой менеджерам компания для разработки бизнес-планов и управления компанией)* **SEE:** marketing intelligence, market investigation

market-intelligence company *марк.* = market research firm

market investigation 1) *эк.* изучение рынка *(любое исследование состояния рынка, напр., проводимое с целью выявления слабых и сильных сторон по сравнению с конкурентами, для оценки степени монополизированности рынка, для выявления потенциальных поставщиков, для оценки рыночного положения намеченной к поглощению компании и т. п.)* **SYN:** market analysis, market study **2)** *марк.* = marketing research

market leader лидер рынка, рыночный лидер **а)** *бирж.* *(акции ведущих компаний)* **б)** *марк.* *(компания, зани-*

мающая самую большую долю рынка) **SYN:** market share leader **SEE:** market position, market follower, market challenger, market nicher **в)** *марк. (товар с наибольшими объемами реализации)*

market level analysis *марк.* анализ уровня охвата рынка* *(определение степени проникновения определенного продукта (услуги) на данный рынок)*

market management organization *марк.* организация управления по рынкам* *(форма организации службы маркетинга, при которой основные рынки закрепляют за управляющими по рынкам; такая организация используется компаниями, производящими один продукт для нескольких рынков)* **SEE:** matrix marketing organization, functional marketing organization, geographic organization, product management/market management organization

market manager 1) *упр., марк.* менеджер [управляющий] по рынку* *(управляющий маркетинговой деятельностью компании на определенном сегменте рынка или на определенном территориальном рынке; занимается разработкой маркетинговой политики по продвижению и реализации товара на данном рынке или сегменте рынка, контролирует проведение этой политики)* **SEE:** market segment, brand manager, group manager, geographic organization **2)** *упр., марк.* = marketing manager

market mapping *марк.* графическое маркетинговое исследование* *(маркетинговое исследование (напр., поведения потребителей, ассортимента продукции, состояния конкурентов), результаты которого представлены на графике, показывающем зависимость исследуемых параметров от изменения каких-л. факторов)*

market-minus pricing 1) *марк.* ценообразование «рынок-минус»* *(практика оценки затрат на производство товара путем вычета из ожидаемой розничной цены расходов на торговых посредников; используется для определения отпускной цены производителя)* **SYN:** demand-backward pricing **2)** *марк.* = penetration pricing

market modification *марк.* модификация рынка *(поиск новых потребителей, новых сегментов рынка для увеличения сбыта существующего товара)* **SEE:** market segment, market development

market needs *марк.* потребности рынка *(востребованность определенных товаров (услуг) рынком, т. е. потенциальными потребителями)* **SEE:** market opportunity

market niche *марк.* (рыночная) ниша *(небольшой сегмент рынка, который может обслуживать фирма, и который в определенной степени свободен или защищен от конкуренции)* **SYN:** marketing niche, niche, niche market **SEE:** market segment

market nicher *марк.* нишевик, фирма-нишевик, нишевой игрок *(фирма, занимающая определенный сегмент рынка, свободный от конкуренции (напр., небольшой магазин с узкой специализацией, инвестиционный банк с ограниченным кругом клиентов и предоставляемых услуг и т. п.))* **SYN:** threshold firm, foothold firm, market specialist, niche player **SEE:** boutique, market position, market leader, market follower, market challenger

market of lemons *эк.* = lemons market

market opportunity *марк.* рыночная возможность, возможность расширения рынка* *(любой реальный шанс расширить рынок сбыта и получить дополнительную прибыль; напр., неосвоенный рынок сбыта, на который компания может выйти со своим товаром; нереализованный спрос на какой-л. отсутствующий на рынке товар, который компания может удовлетворить, разработав и предложив товар рынку)* **SEE:** market development, developing marketing, product opportunity

market organization *эк.* организация рынка **SYN:** market structure

market orientation *марк.* ориентация на рынок*, ориентация на потребителя* *(подход к организации деятель-*

ности фирмы, согласно которому требования потребителей являются центральным аспектом в процессе принятия решений о работе фирмы) **SEE:** consumer-oriented marketing, product orientation, production orientation

market-oriented *прил.* **1)** *эк., марк.* ориентированный на рынок, рынкоориентированный* **SEE:** market orientation, market-oriented company **2)** *эк.* рыночный **EX: market-oriented economy** – рыночная экономика **SEE:** market-oriented industry

market-oriented company *марк.* рынкоориентированная компания*; компания, ориентированная на рынок* *(компания, акцентирующая внимание на сочетании двух подходов к экономической деятельности: принятие решений с позиции максимального учета интересов потребителей и поддержание стабильной позиции на рынке по отношению к конкурентам)* **SYN:** marketing-oriented company **SEE:** market orientation, market position

market-oriented industry **1)** *марк.* отрасль, ориентированная на рынок* **SEE:** market orientation **2)** *эк.* отрасль, тяготеющая к рынкам сбыта* *(отрасль, размещенная вблизи основных рынков сбыта своей продукции)* **3)** *эк.* рыночная отрасль *(отрасль, действующая по рыночным принципам)* **EX: The government-controlled financial sector is far from being transformed into a market-oriented industry.** – Контролируемый государством финансовый сектор далек от перехода к рынку.

market outlet *марк.* = distribution channel

market output *эк.* = marketable output

market overt *торг., юр., брит.* открытый рынок*, общественный рынок* *(определенное место, где в специально отведенный период времени разрешена торговля товарами)* **SEE:** sale in market overt

market penetration **1)** *марк.* проникновение на рынок **а)** *(деятельность фирм по выходу на новые рынки, включающая приемы маркетинга и способы подавления активности конкурентов)* **б)** *(деятельность фирм по увеличению объема продаж товаров на рынке, включающая приемы маркетинга и способы подавления активности конкурентов)* **SYN:** market inroad **2)** *марк.* внедрение в рынок, проникновение в рынок *(единица измерения эффективности маркетинга; выражается количеством клиентов или прибыли, получаемыми фирмой на рынке, поделенным на общее число компаний или возможное количество прибыли на этом рынке)*

market penetration pricing *марк.* = penetration pricing

market penetration strategy *марк.* = penetration strategy

market place *торг.* = marketplace

market plan *марк.* = marketing plan

market planning *марк.* = marketing planning

market position **1)** *эк.* = market situation **2)** *марк.* рыночная позиция компании *(позиция предприятия на рынке по отношению к его конкурентам)* **SYN:** marketing position, market standing **SEE:** market leader, market follower, market challenger, market nicher

market positioning *марк.* позиционирование товара на рынке, рыночное позиционирование *(маркетинговые действия фирмы по закреплению своего товара в сознании потребителя как отличного от аналогичных конкурирующих товаров; позиционирование дает возможность рассказать покупателям, что представляет собой «товар», кому он предназначен и в чем его выгода)* **SYN:** commodity positioning, product positioning **SEE:** marketing positioning, differentiated product

market potential *марк.* потенциал рынка, рыночный потенциал *(объем продаж на определенном рынке за определенный период времени, который ожидается в том случае, если все те, кто проявляет какой-л. интерес к продукту и имеет финансовую возможность его приобрести, совершат покупку продукта; зависит от географических размеров рынка, от количества* *реальных и потенциальных потребителей данного продукта)* **SYN:** marketing potential **SEE:** lucrative market

market power *эк.* рыночная власть *(наличие возможности у фирмы оказывать влияние на рыночную цену или увеличивать цены, не снижаю объемы продаж; антимонопольные законы призваны обеспечить существование ценовой конкуренции на рынке и устранение рыночной власти отдельных фирм)* **SEE:** antitrust laws

market price 1) рыночная цена **а)** *эк.* *(сложившаяся на рынке цена продукта или услуги, определяемая взаимодействием спроса и предложения)* **SYN:** market value **ANT:** administered price **б)** *торг.* *(средняя цена, по которой можно приобрести товар на определенном рынке, или средняя цена осуществления сделки по определенному товару в конкретный период времени)* **SEE:** wholesale price, purchases price, selling price, step-up price **в)** *учет* = intermediate market price **2)** *бирж.* биржевая цена [стоимость], курс биржи *(последняя цена, по которой была заключена на бирже сделка с данным активом)* **SYN:** market value

market profile *марк.* рыночный профиль *(основные характеристики конкретного рынка, включая характеристики конкурентов и типичных покупателей (уровень дохода, уровень образования, возраст и т. п.))*

market prognosis *марк.* = market forecast

market ratio 1) рыночное соотношение* **а)** *эк. тр.* *(показывает заработную плату какого-л. работника определенной квалификации или зарплату работников определенной квалификации на данном предприятии как процент от рыночной заработной платы работников аналогичной квалификации; определяется путем деления начисленной данному работнику заработной платы на среднестатистический показатель рыночной заработной платы для соответствующей квалификации)* **б)** *фин.* *(показывает, сколько фунтов серебра приходится на один фунт золота)* **2)** *марк.* = market share **EX:** **In 2001, market ratio of the top 4 coal producers in China was less than 15%.** – В 2001 г. доля рынка 4-х ведущих угледобывающих предприятий в Китае составляла менее 15%.

market report *эк.* обзор рынка, отчет о состоянии рынка *(информация о событиях и деталях операций на рынке в течение дня (недели, квартала и т. д.), анализ основных тенденций и причин тех или иных сдвигов)* **SYN:** market review **SEE:** market analysis

market requirements *эк., марк.* требования рынка *(указания и пожелания потребителей относительно характеристик и свойств товара)* **SEE:** market needs

market research 1) *марк.* = marketing research **2)** *фин.* = market analysis

market research company *марк.* = market research firm

Market Research Corporation of America *марк., амер.* Американская корпорация рыночных исследований* *(общенациональная организация, проводящая программу анализа потребления нескольких тысяч семей, которые еженедельно сообщают о своих покупках; организация также поставляет текущую статистическую информацию о структуре и объемах розничной торговли рядом товаров широкого потребления в общенациональном и региональном масштабах)* **SEE:** diary panel

market research director *марк.* = consumer research director

market research enterprise *марк.* = market research firm

market research firm *марк.* фирма по (маркетинговому) исследованию рынка *(специализируется на проведении маркетинговых исследований для своих клиентов; диапазон проводимых такими компаниями исследований обычно широк: определение потребностей рынка, выявление целевых групп, исследование позиций конкурентов фирмы-клиента, оценка размеров* *и тенденций рынка и т. д.)* **SYN:** market analysis firm, market research company, market research enterprise, market-intelligence company **SEE:** market research, marketing company

Market Research Society **сокр.** MRS *марк., брит.* Общество рыночных исследований* *(крупнейшее в мире профессиональное объединение специалистов в области проведения опросов и социально-экономических исследований; насчитывает свыше 8000 членов в 50 странах мира)*

market researcher *марк.* исследователь рынка, специалист по исследованию [анализу] рынка **SEE:** market research

market response *марк.* отклик [реакция] рынка **а)** *(реакция потребителей на действия фирм (напр., рост спроса в результате улучшения качества продукта)* **б)** *(реакция фирм на изменение предпочтений или требований потребителей (напр., модификация товара в ответ на пожелания потребителей)*

market review *эк.* = market report

market rollout **1)** *марк.* = market entry **2)** *марк.* = market coverage,)

market satisfaction *марк.* = consumer satisfaction

market saturation *эк., марк.* насыщенность [насыщение] рынка *(ситуация на рынке, когда весь имеющийся на рынке спрос на определенный товар полностью удовлетворяется)* **SYN:** saturation of a market **SEE:** gap in the market

market sector **1)** *марк., эк.* = market segment **2)** *бирж.* сектор рынка *(набор ценных бумаг, характеризующийся общностью параметров их эмитентов, напр., государственные облигации, корпоративные облигации)* **3)** *эк.* рыночный сектор *(область экономической деятельности, не контролируемая государством в отличие от нерыночного (государственного) сектора)*

market segment сегмент рынка, сектор рынка, рыночный сегмент, субрынок **а)** *марк. (группа потребителей на рынке, имеющих схожие потребности)* **EX: to open up new market segments** – выходить на новые сегменты рынка **SYN:** market, niche market, specialized market **SEE:** market segmentation, consumer segment, market niche, circle of customers **б)** *эк. (участок рынка, представленный конкурирующими в определенной области компаниями (напр., сектор жилой недвижимости на рынке недвижимости, сектор акций нефтяных компаний на фондовой бирже, производители легковых автомобилей на рынке транспортных средств и т. д.)* **SYN:** market sector, submarket

market segmentation *марк.* сегментация [сегментирование] рынка, рыночная сегментация, маркетинговое [рыночное] сегментирование *(разделение рынка на отдельные группы покупателей, обладающие сходными характеристиками или сходным уровнем потребностей, отличными от характеристик и потребностей других сегментов)* **SYN:** marketing segmentation **SEE:** market segment, segmentation analysis, product segmentation, segmentation strategy, behavioural segmentation, demographic segmentation, social segmentation, socioeconomic segmentation, geographic segmentation, age and life-cycle segmentation, benefit segmentation, list segmentation, attitude segmentation, audience segmentation, complete segmentation, income segmentation, lifestyle segmentation, multiple segmentation, occasion segmentation, personality segmentation, psychographic segmentation, segmentation variable, user status segmentation

market selectivity **1)** *марк.* целевая направленность [избирательность]* *(способность средства рекламы донести рекламную информацию до целевой аудитории, являющейся сегментом рынка; такой способностью более всего обладают специализированные журналы, прямой маркетинг, а менее всего - телевидение)* **2)** *марк.* рыночная избирательность [селективность]* **а)** *(сосредоточение усилий на определенном сегменте рынка)* **б)** *(распределение ресурсов (товаров) на рынке по принципу наилучшей совмести-*

мости ресурса (товара) и потребителя; напр., селективность рынка труда предполагает получение высокообразованными и опытными работниками высокооплачиваемых рабочих мест) **3)** *фин.* = selectivity

market share 1) *эк.* доля рынка *(удельный вес компании в общем объеме рыночных продаж)* **SYN:** market ratio **SEE:** share of voice **2)** *марк.* = brand share **SYN:** share of market

market share analysis *марк.* анализ доли рынка *(анализ распределения долей рынка между фирмами, проводимый компанией для определения потенциального рынка, оценки состояния своей доли рынка и выявления причин изменения доли рынка)* **SEE:** market share, market position, potential market

market share leader *марк.* = market leader

market share leadership *марк.* лидерство по доле рынка* **SEE:** market leader

market-sharing agreement *эк.* соглашение [договор] о разделе рынка *(соглашение между несколькими конкурирующими производителями о разделении рынка по территориальному или иному принципу; обычно считается незаконным и контролируется антитрестовским законодательством)* **SYN:** market division agreement **SEE:** cartel agreement, collusive agreement, cartel agreement, antitrust laws

market size *марк.* размер [объем, емкость] рынка *(стоимостной показатель совокупных продаж на рынке конкретного товара за определенный промежуток времени)* **SEE:** extent of the market, market share

market skimming *марк.* снятие сливок *(начальная стратегия ценообразования, при которой устанавливается максимально возможная высокая цена на товар-новинку)* **SYN:** market skimming pricing **SEE:** market penetration strategy

market sophistication *марк.* сложность рынка* *(показатель, характеризующий степень развития рынка; определяется совокупностью факторов, влияющих на условия торговли: структура рынка, приверженность марке, уровень затрат, барьеры для входа на рынок; рынок с высокой искушенностью обычно монополизирован, отличается высокими барьерами для входа, высокими издержками производства и приверженностью марке)* **SEE:** market structure, brand loyalty

market specialist 1) *эк.* специалист по сегменту рынка **2)** *марк.* = market nicher

market specialization *марк.* = concentrated marketing

market stall *торг.* торговая палатка, торговое место, торговый прилавок [лоток] *(открытая торговая точка; расположенная на уличных рынках, блошиных рынках)* **SEE:** street market, roadside market

market standard *эк.* рыночный стандарт *(нормы качества, правила торговли, типичная форма контракта и т. д., установившиеся на рынке)*

market standing *марк.* = market position

market stimulant *марк.* = market incentive

market strategy *марк.* = marketing strategy

market structure *эк.* рыночная структура, структура рынка *(тип рынка, определяющий наличие власти над рыночной ценой у отдельного продавца или покупателя; определяется следующими характеристиками: количество продавцов и покупателей, однородность продукции, возможность входа (ухода) на рынок (с рынка), распределение информации о рынке между его участниками и др.)* **SYN:** market organization, industry structure **SEE:** perfect competition, monopoly, monopolistic competition, oligopoly, monopsony, oligopsony, market concentration, barriers to entry, bilateral oligopoly, duopoly, commodity analysis

market study *марк.* = market analysis

market target *марк.* = target market

market targeting *марк.* рыночное таргетирование*, выбор целевого сегмента (рынка) *(процесс оценки привлекательности каждого сегмента рынка и выбор одного или нескольких* *сегментов для освоения)* **SEE:** target market, market segmentation

market test *марк.* = test marketing

market testing *марк.* = test marketing

market trader *эк.* рыночный торговец, участник рынка, трейдер *(продавец, который продает продукцию конечным покупателям или зарабатывает деньги на поочередных продажах и покупках)* **EX: flea market trader** – торговец на блошином рынке, **street market trader** – торговец на уличном рынке, **stock market trader** – биржевой трейдер, торговец на фондовом рынке **SEE:** trader

market transaction *эк.* рыночная сделка *(любая сделка купли-продажи)* **SYN:** marketing transaction **ANT:** non-market transaction

market value **1)** *эк.* рыночная стоимость *(самая высокая цена, которую товар может получить на рынке, если стороны сделки не находятся под принуждением и хорошо осведомлены обо всех возможностях использования данного товара; в теории рыночная стоимость представляет собой цену, совпадающую с самой низкой ценой, за которую продавец согласен продать товар, и самой высокой ценой, по которой покупатель согласен купить товар)* **SYN:** market price **SEE:** fair market value **2)** *бирж.* = market price **3)** *фин.* =

marketability *сущ.* **1)** *марк.* пригодность для продажи, товарность **SEE:** marketable commodities **2)** *фин.* реализуемость, ликвидность *(возможность быстро и без помех купить или продать ценную бумагу или товар)*

marketable *прил.* **1)** *марк.* ходовой, пользующийся спросом, легкореализуемый *(о товаре)* **SEE:** marketable output **2)** *марк.* товарный, годный для продажи *(о товаре, обладающем нормальным качеством)* **SEE:** marketable commodities **3)** *фин.* быстрореализуемый, легкореализуемый; ликвидный; рыночный *(об активе, который может быть продан быстро и без значительных потерь в стоимости)* **EX: marketable investment assets** – легкореализуемые инвестиционные активы **SEE:** marketability **ANT:** unmarketable

marketable commodities **1)** *марк.* ходовые товары *(пользующиеся спросом, и поэтому легко реализуемые товары)* **SEE:** commodities in short supply, hot commodity, fast-moving consumer goods **2)** *марк.* *(пригодные для продажи товары)* **SYN:** marketable goods

marketable goods *марк.* = marketable commodities

marketable life *торг.* = shelf life

marketable output *эк.* товарная продукция, товарный выпуск *(продукция, произведенная для продажи)* **SYN:** marketable produce, market output, commodity output **ANT:** non-market output

marketable produce *эк.* = marketable output

marketeer *сущ. марк.* = marketer

marketer *сущ.* **1)** *эк.* торговец, продавец *(индивид или фирма, занимающаяся продвижением и реализацией товара от своего имени или в качестве торгового агента)* **2)** *марк.* специалист по маркетингу, маркетолог **EX: telemarketer** – специалист по телефонному маркетингу... **social marketer** – специалист по социальному маркетингу 2) специалист по общественному маркетингу SEE:... **international marketer** – международный продавец [торговец]... **door-to-door marketer** – специалист по квартирному маркетингу **SYN:** marketeer **SEE:** sales analyst

marketing *сущ.* **1)** *торг.* покупка продуктов *(как правило, на рынке)*, закупка провизии **EX: I could prove that any male could do the weekly marketing at our local Ding Dong faster than any Mom.** – Могу сказать с уверенностью, что любой мужчина может закупать провизию в нашем местном «Динг-Донге» быстрее домохозяйки. **SEE:** shopping, market **2)** *потр., редк.* предметы торговли; купленные товары [продукты] **SEE:** grocery **3)** *эк.* торговля, реализация, продажа, сбыт *(процесс передачи товаров от производителей потребителям (промежуточным или конечным))* **EX: agricultural marketing** – реализация сельхозпродукции, **catalogue marketing** – продажа по каталогам **SEE:** selling, merchandising

4) *марк.* маркетинг *(система методов и средств продвижения товаров или услуг от производителя к потребителю; включает анализ рынка, дизайн, разработку упаковки, разработку системы сбыта, рекламу и т. д.)* **EX:** **marketing career** – карьера в сфере маркетинга, **marketing consultant** – консультант по маркетингу,; **marketing director** – маркетинговый директор, директор по маркетингу; **marketing executive** – маркетинговый руководитель, **marketing experience** – опыт в области маркетинга,; **marketing expert** – маркетинговый эксперт, эксперт в области маркетинга; **marketing expertise** – маркетинговая экспертиза, экспертная оценка в области маркетинга; **Do we need to improve marketing or simply drop a particular product?** – Нужно ли нам улучшить маркетинг или лучше отказаться от какого-л. продукта? **Internet marketing is not as difficult as it sounds.** – Маркетинг в интернете не так сложен, как может показаться. **SEE:** bank marketing, brand marketing, celebrity marketing, direct marketing, electronic marketing, global marketing, housing marketing, idea marketing, marketing cost, nonprofit marketing, person marketing, political marketing, sense-of-mission marketing, services marketing, social marketing, strategic marketing, television marketing, marketing action, merchandising, advertising, selling, product management, pricing, promotion, publicity, distribution, retailing, marketing research, brand management, consumer behaviour, product line

marketing action 1) *марк.* маркетинговая акция *(ограниченная во времени деятельность по продвижению продукта; напр., раздача призов, распродажа, проведение конкурса с призами и т. д.)* **SEE:** incentive marketing, advertising gift 2) *марк.* маркетинговое действие *(любое действие, предпринятое в рамках маркетинговой деятельности)*

marketing administration **сокр.** MKA 1) *марк.* управление маркетингом **а)** *(деятельность по поддержанию эффективной работы системы маркетинга в организации)* **б)** *(специализация и учебная дисциплина, преподаваемая в бизнес-школах)* 2) *марк.* служба маркетинга *(на предприятии)* **SYN:** marketing service **SEE:** marketing system

marketing administration manager *марк., упр.* руководитель службы маркетинга **SEE:** marketing administration **SYN:** marketing research manager

marketing agency *марк.* маркетинговое агентство *(компания, предоставляющая услуги по маркетинговому анализу, разработке рекламных компаний, дизайну, организации сбыта и т. п.)* **SYN:** marketing services agency **SEE:** direct marketing agency

marketing agreement *марк.* маркетинговое соглашение, маркетинговый договор, соглашение о маркетинге [сбыте] *(соглашение, касающееся сбыта и маркетинга продукции, напр., о проведении совместной маркетинговой программы, о взаимном ограничении объемов сбыта и т. п.)* **EX: joint marketing agreement** – соглашение о совместном маркетинге **SEE:** marketing board, marketing cooperation

marketing analysis 1) *марк.* = marketing research 2) *марк.* = marketing audit

marketing analyst *марк.* маркетолог, маркетинговый аналитик *(специалист по изучению рынка (проведению маркетингового исследования))* **SEE:** marketing research, marketing career

marketing appeal *марк.* маркетинговый мотив* *(определенный элемент маркетинговой деятельности, напр., девиз компании или оригинальная реклама, привлекший внимание потребителя)* **SEE:** immediate appeal, rational appeal, recreational appeal, mass appeal, masculine appeal, health appeal, game appeal, moral appeal, advertising appeal, price appeal, consumer appeal, snob appeal, service appeal, sales appeal, emotional appeal, female appeal, sex appeal

marketing approach 1) *марк.* = marketing strategy 2) *марк.* маркетинговый подход* *(подход к разработке продукта, при котором основной акцент делается на позиционировании продукта с учетом конкуренции на рынке и ориентации на интересы потребителей)* **SEE:** advertising approach

marketing area 1) *обр.* = marketing department 2) *марк.* = marketing territory 3) *марк.*

маркетинговая территория* *(место размещения маркетинговой информации данной фирмы)*

marketing arithmetic *марк.* маркетинговые расчеты *(характерные для маркетинговой деятельности вычисления; напр., составление отчета о результатах хозяйственной деятельности, расчет аналитических коэффициентов, расчет наценок и скидок с цены и т. п.)*

marketing audit *марк.* маркетинговый аудит, аудит маркетинга, маркетинг-аудит *(комплексный анализ маркетинговой деятельности для выявления ее проблем и возможностей и выдачи рекомендаций по ее совершенствованию)* **SYN:** marketing analysis **SEE:** horizontal audit, vertical audit, marketing strategy audit

marketing auditor *марк.* маркетинговый аудитор*, специалист по маркетинговому аудиту **SEE:** marketing audit

marketing behaviour 1) *марк.* маркетинговое поведение *(стиль и тактика маркетинговой деятельности фирмы)* **SEE:** fraudulent marketing, ambush marketing, incentive marketing, developing marketing 2) *марк.* рыночное поведение *(деятельность субъектов рынка, как фирм, так и потребителей, по продаже и покупке товаров и услуг)* **EX: to describe and try to understand the marketing behaviour of consumers and firms** – описать и попытаться понять рыночное поведение потребителей и фирм **SEE:** consumer behaviour

marketing bill *эк., с.-х., амер.* = food marketing bill

marketing board *марк.* совет по маркетингу; торговый совет, совет по сбыту **а)** *(объединение предприятий определенной отрасли экономики, сформированное с целью совместной организации продвижения и сбыта производимой ими продукции; обычно создаются в области торговли сельскохозяйственной продукцией)* **EX: potato marketing board** – совет по сбыту картофеля **SEE:** marketing agreement **б)** *(контролируемое государством предприятие, закупающее у отечественных производителей определенные товары и реализующее их на мировом рынке; разновидность государственного торгового предприятия)*

marketing budget *марк.* маркетинговый бюджет, бюджет маркетинга *(смета расходов компании на деятельность по продвижению товара, марки, созданию и поддержанию своего имиджа)* **SEE:** marketing cost, advertising budget, advertising and promotion budget

marketing campaign *марк.* маркетинговая кампания *(совокупность действий по продвижению товара, организации или расширению его сбыта; маркетинговая кампания может использовать какой-л. один метод воздействия на потребителей (напр., только прямой маркетинг или только рекламу на телевидении), но может быть и полномасштабной)* **SYN:** sales campaign **SEE:** full-scale marketing

marketing capability *марк.* маркетинговый потенциал* *(совокупность маркетинговых средств и возможностей фирмы, позволяющих ей побеждать своих конкурентов)* **SYN:** marketing potential

marketing career *марк.* карьера в маркетинге, карьера в сфере маркетинга **SEE:** marketing specialist, marketing analyst

marketing chain *марк.* маркетинговая сеть [цепь] *(система продвижения товара от производителя конечному потребителю; может иметь несколько разновидностей; напр., непосредственная продажа производителем потребителю; продажа через постоянного торгового посредника; продажа одному главному дистрибьютору, который подключает других более мелких дистрибьюторов и др.)*

marketing channel *марк.* маркетинговый канал **SYN:** distribution channel

marketing communications *марк.* маркетинговые коммуникации, рыночные коммуникации *(процесс передачи информации о товаре целевой аудитории; призван дать целевым ау-*

диториям представление об общей маркетинговой стратегии фирмы посредством направления им специальных сообщений о товаре, его цене и способах продажи с целью вызвать их интерес или убедить принять определенную точку зрения; маркетинговые коммуникации включают рекламу, паблик рилейшенз, прямой маркетинг, личную продажу, предложение сувениров, сервисное обслуживание и т. п.) **SYN:** market communications **SEE:** advertising, direct marketing, public relations

marketing communications mix *марк.* комплекс маркетинговых коммуникаций *(конкретное сочетание маркетинговых средств, используемых для передачи сообщения о товаре)* **SEE:** marketing communications

marketing communications program *марк., амер.* программа маркетинговых коммуникаций *(план организации маркетинговых коммуникаций фирмы)* **SEE:** marketing communications

marketing communications programme *марк.* программа маркетинговых коммуникаций *(план организации маркетинговых коммуникаций фирмы)* **SEE:** marketing communications

marketing communications system *марк.* система маркетинговых коммуникаций *(совокупность средств маркетинговых коммуникаций, которая используется предприятием для информирования и напоминания людям о своих товарах ; напр., система маркетинговых коммуникаций отдельной фирмы может состоять из рекламы в СМИ и прямого маркетинга)* **SEE:** marketing communications

marketing company *марк.* маркетинговая компания [фирма] *(компания, занимающаяся маркетинговой деятельностью для своих клиентов (исследования рынка, организация и проведение маркетинговых мероприятий и продаж товаров клиентов))* **SYN:** marketing firm, marketing agency **SEE:** market research firm, advertising agency

marketing concept **1)** *эк.* концепция маркетинга, маркетинговая концепция *(интегрированная целевая философия бизнеса, ориентированная на потребителя и прибыль)* **2)** *марк.* концепция маркетинговой деятельности *(принципы осуществления мероприятий по продвижению товаров к потребителю)* **SEE:** marketing action

marketing consultant *марк.* консультант по маркетингу; консультант по сбыту **SEE:** marketing analyst, marketing specialist

marketing contract *торг., с.-х., юр.* договор о сбыте, контракт на сбыт *(договор, по которому фермер или другой производитель сельскохозяйственной продукции обязуется продать оптовому торговцу (или кооперативу, в котором он состоит) всю или часть будущей продукции по установленной в договоре цене)* **SEE:** cooperative marketing association

marketing control **1)** *марк.* = marketing management **2)** *марк.* ревизия маркетинга

marketing controls *марк.* = marketing control

marketing cooperation *марк.* маркетинговое сотрудничество, маркетинговая кооперация* **SEE:** cooperative marketing, marketing agreement

marketing cooperative *торг.* = sellers' cooperative

marketing cost *учет, преим. мн.* маркетинговые затраты [издержки, расходы] *(затраты на изучение рынка, поиск клиентов, убеждение их в целесообразности закупки, организацию продаж и т. п.)* **SYN:** marketing expenditure **SEE:** marketing expense-to-sales analysis, marketing budget, advertising cost, selling cost

marketing database *марк.* маркетинговая база данных *(может включать в себя как элементарную информацию о клиенте (имя, адрес, номер телефона), так и подробные данные об образе жизни, объеме сделок, демографическую информацию)* **SEE:** customer database

marketing department **1)** *марк., упр.* отдел маркетинга, маркетинговый отдел *(подразделение компании, занимающееся маркетинговой деятельностью в интересах компании)*; коммерческий отдел, отдел реализации, отдел сбыта *(подразделение компании, занимающееся организацией сбыта продукции компании)* **2)** *обр.* факультет маркетинга, отделение маркетинга *(в учебном заведении)* **SYN:** marketing area

marketing effectiveness *марк.* эффективность [результативность] маркетинга *(соотношение конечных показателей маркетинговой деятельности (объем продаж, прибыль, доля рынка) и затрат на маркетинг)* **SYN:** marketing efficiency, marketing productivity, marketing performance **SEE:** marketing expense-to-sales analysis

marketing efficiency *марк.* = marketing effectiveness

marketing emphasis 1) *обр.* маркетинговая специализация*, специализация «маркетинг»* *(одна из специализаций в экономическом образовании, позволяющая студентам получить знания в области теории и практики маркетинга и стать специалистами в маркетинге)* **2)** *марк.* маркетинговый акцент [упор]* **а)** *(приоритетная цель маркетинговой деятельности фирмы (напр., удержание прежних потребителей, привлечение новых потребителей, выход на новые сегменты рынка, др.)* **EX: Marketing emphasis was on selling.** – Маркетинговый акцент делался на увеличение продаж. **б)** *(приоритетное средство маркетингового воздействия фирмы, напр., реклама в СМИ, прямой маркетинг, событийный маркетинг, личная продажа)* **EX: The marketing emphasis of the firm has shifted from newspaper ads to a direct marketing program.** – Маркетинговый акцент фирмы сместился с рекламы в газетах к прямому маркетингу. **SEE:** direct marketing, event marketing, personal sale

marketing environment *марк.* маркетинговая среда (фирмы) *(совокупность объектов и сил, действующих за пределами фирмы и имеющих возможности влияния на ее маркетинг; слагается из микросреды)* **SEE:** international marketing environment, macroenvironment, microenvironment

marketing ethics *марк.* этика маркетинга *(моральные принципы и стандарты, которыми руководствуется маркетинговая деятельность)* **SEE:** advertising ethics

marketing evaluation *марк.* маркетинговая оценка *(оценка маркетингового потенциала фирмы или индивида)* **SEE:** marketing capability

Marketing Evaluations/TvQ *СМИ, рекл., амер.* «Маркетинг Ивэлюейшнс/Ти-Ви-Кью»*, Маркетинговые оценки/Ти-Ви-Кью* *(американская компания, публикующая рейтинги популярности телевизионных программ, кинофильмов, актеров и т. п.)* **SEE:** Q-rating

marketing event *марк.* маркетинговое событие* *(распродажа, выставка, конкурс с вручением призов-товаров компании или другое мероприятие, проводимое компанией для привлечения внимания к себе и своей продукции)* **SEE:** event marketing, marketing action

marketing expenditure *учет* = marketing costs

marketing expense *учет* = marketing cost

marketing expense-to-sales analysis *марк.* анализ соотношения «маркетинговые издержки-сбыт» *(анализ соотношения между маркетинговыми издержками и уровнем сбыта для определения эффективности маркетинговой деятельности фирмы)* **SEE:** marketing effectiveness

marketing experiment 1) *марк.* маркетинговый эксперимент *(проведение какой-л. нестандартной маркетинговой акции для воздействия на сбыт товаров)* **SEE:** marketing action **2)** *марк.* = test marketing

marketing feasibility *марк.* маркетинговая выполнимость [реализуемость, осуществимость], рыночная выполнимость [реализуемость, осуществимость] *(возможность реализации какой-л. идеи или проекта (напр., создания нового продукта с точки зрения наличия финансовых и профессиональных ресурсов для проведения маркетинговой кампании, а также готовности целевой аудитории к восприятию данной идеи и наличия у целевой аудитории финансовых возможностей принять новый продукт)* **SEE:** consumer acceptance, marketing facilities

marketing firm *марк.* = marketing company

marketing function 1) *марк.* функция маркетинга *(одно из целевых предназначений маркетинга, напр., сбор информации о потребителях или конкурентах, описание ситуации на рынке, создание новых продуктов, внесение изменений в ценовую политику, организация сбыта, повышение удовлетворенности клиентов, продвижение продуктов и др.)* **2)** *марк.* маркетинговая функция *(одна из функций фирмы (наряду с производственной, снабженческой, социальной функциями фирмы), выражающаяся в ее маркетинговой деятельности)*

marketing image *марк.* маркетинговый имидж *(образ, с которым продукт или компания ассоциируется у потребителей после проведения маркетинговой кампании)* **SEE:** trade character

marketing intelligence 1) *марк.* маркетинговая разведка, разведка рынка *(постоянная деятельность по сбору текущей информации об изменениях внешней среды маркетинга, необходимой как для разработки, так и для корректировки планов маркетинга; маркетинговая разведка имеет целью сбор конфиденциальной или полуконфиденциальной информации)* **SEE:** marketing environment, benchmarketing **2)** *марк.* данные маркетинговой разведки [разведки рынка]* *(информация о развитии рынка, на котором работает предприятие, и о наметившихся тенденциях, помогающая директорам предприятия сформировать маркетинговые планы; подобная разведка включает описание новых продуктов, выпущенных конкурентами; данные об изменениях цен; общую экономическую и социальную статистику, публикуемую правительством и другими органами)* **3)** *марк.* маркетинговая деятельность* *(комплексная деятельность, включающая проведение маркетингового исследования, установление контактов с потенциальными потребителями, постоянная работа по удержанию старых и привлечению новых клиентов)* **SEE:** marketing research

marketing intermediary *марк.* маркетинговый посредник *(фирмы, помогающие компании в продвижении, сбыте и распространении ее товаров среди клиентуры; к ним относятся торговые посредники, фирмы-специалисты по организации товародвижения, агентства по оказанию маркетинговых услуг и кредитно-финансовые учреждения)* **SYN:** marketing middleman **SEE:** manufacturer's customer, marketing agency

marketing launch *марк.* запуск маркетинговой [рекламной] компании *(осуществление активных рекламных действий, сопровождающих появление на рынке нового продукта; иногда противопоставляется «тихому» выпуску продукта на рынок)* **EX: The site will soft launch Spring, 2001 with a marketing launch in Fall, 2001.** – Сайт будет «тихо» открыт для посетителей весной 2001 г., а массовая рекламная компания начнется осенью 2001 г. **SEE:** soft launch, launch

marketing level *марк.* уровень маркетинга [сбыта]* *(степень охвата компанией рынков и каналов сбыта; может быть локальный, региональный, национальный, международный, в зависимости от масштаба маркетинговой деятельности компании)* **SEE:** global marketing, local marketing, regional marketing, national marketing, marketing channel

marketing logistics *марк.* = distribution management

marketing man *марк.* = marketing specialist

marketing margin *торг.* маркетинговая [сбытовая] наценка* *(разница между розничной ценой товара и ценой производителя; отражает издержки, связанные со сбытом продукта: реклама, транспортировка, продажа и т. д.; термин чаще всего используется применительно к сельскохозяйственной продукции)* **SYN:** marketing spread, farm-retail price spread

marketing media *марк.* средства распространения маркетинговой информации *(различные каналы, используемые для передачи информации о продуктах потенциальным потребителям: телевидение, радио, пресса, экспозиции, презентации и т. д.)* **SEE:** mass media, advertising media

marketing medium *марк.* = marketing instrument

marketing middleman *марк.* = marketing intermediary

marketing mix *марк.* комплекс маркетинга, маркетинг-микс *(набор основных компонентов маркетингового воздействия, поддающихся контролю со стороны фирмы и используемых ею при продаже товара в стремлении вызвать желаемую ответную реакцию со стороны рынка; выделяют 4 основных компонента комплекса маркетинга: товар, цена, место распространения и методы стимулирования)* **SEE:** adapted marketing mix, four P's of marketing, marketing mix strategy, standardized marketing mix, megamarketing

marketing mix strategy *марк.* стратегия комплекса маркетинга *(определенное сочетание элементов комплекса маркетинга, при котором внимание фирмы концентрируется на каком-л. одном или нескольких его элементах; напр., ценовая стратегия - при маркетинге товара фирма делает акцент на привлечение внимания потребителе к его выгодной цене; марочная стратегия - фирма делает акцент на выделение своей торговой марки среди торговых марок конкурентов)* **SEE:** marketing mix

marketing model *марк.* маркетинговая модель *(схема маркетинговой деятельности, применяемой для достижения конкретной цели фирмы, напр., модель роста продаж, модель разработки рекламной кампании)* **SEE:** AIDA

marketing myopia *марк.* маркетинговая близорукость *(стремление продавца фокусировать внимание только на материальном продукте, напр., на качестве товара или его функциональных характеристиках, а не на удовлетворении эмоциональных нужд потребителей, напр., привлекательный дизайн, красивая упаковка и т. д.)*

marketing niche *марк.* = market niche

marketing offer *марк.* маркетинговое предложение *(предложение, связанное с реализацией товара или услуги: напр., предложение ознакомиться с рекламными материалами, предложение купить товар, предложение скидки на товар, предложение посетить выставку-ярмарку и т. д.)*

marketing opportunity *марк.* маркетинговая возможность* *(привлекательная сфера приложения маркетинговых усилий, где фирма может добиться конкурентного преимущества или получить дополнительную прибыль; напр., потребность рынка в определенном товаре, которую фирма в состоянии удовлетворить)*

marketing organization *марк., упр.* организация маркетинга *(структурная схема взаимосвязи, подчиненности и ответственности подразделений и должностных лиц за выполнение функций маркетинга)* **SEE:** matrix marketing organization, functional marketing organization

marketing orientation *марк.* ориентация маркетинга *(сосредоточение маркетинговых усилий в определенной области, напр., на совершенствовании товаров, на повышении качества обслуживания потребителей, на увеличении продаж и т. д.)* **SEE:** consumer-oriented marketing, product-oriented marketing

marketing-oriented company *марк.* маркетингоориентированная компания* *(компания, производящая товары под собственной торговой маркой, имеющая базу данных потребителей своего товара, постоянно поддерживающая отношения со своими клиентами, получающая от них обратную связь и реагирующая на их рекомендации, на изменение их потребностей и нужд)* **SYN:** market-oriented company **SEE:** consumer-oriented marketing

marketing outlet 1) *марк.* = distribution channel 2) *марк.* рынок сбыта *(товара (услуги))* **SYN:** sales area, market

marketing overkill *марк.* маркетинговый перебор*, маркетинговая избыточность* *(ситуация, когда чрезмерный объем или чрезмерная интенсивность деятельности в сфере маркетинга не сопровождается дальнейшим ростом уровня сбыта)*

marketing performance *марк.* = marketing effectiveness

marketing permit *торг.* разрешение на продажу *(документ, подтверждающий право лица заниматься сбытом товара на некотором рынке)*

marketing plan *марк., упр.* план [программа] маркетинга, маркетинговый план *(документ, детализирующий маркетинговую деятельность компании; план маркетинга устанавливает цели и задачи маркетинга на определенный период, методы достижения поставленных целей)* **SYN:** marketing programme, market plan **SEE:** marketing strategy

marketing planning *марк., упр.* маркетинговое планирование *(составление программы маркетинговой деятельности фирмы или программы проведения маркетинговых кампаний или акций)* **SYN:** market planning **SEE:** marketing plan

marketing position 1) *упр.* маркетинговая должность, должность в сфере маркетинга **SEE:** marketing specialist, marketing career 2) *марк.* = market position

marketing positioning *марк.* маркетинговое позиционирование *(действия фирмы, направленные на то, чтобы отличаться от своих конкурентов в разных сферах: товары, цены, услуги, имидж и т. д.)* **SEE:** market positioning

marketing potential 1) *марк.* = marketing capability 2) *марк.* = market potential

marketing productivity *марк.* = marketing effectiveness

marketing programme *марк., упр.* = marketing plan

marketing representative маркетинговый представитель **а)** *марк., упр. (представитель маркетингового отдела компании, работающий с определенным сегментом рынка или на определенном территориальном рынке)* **б)** *страх. (агент, продающий и обслуживающий полисы страхования жизни на определенной территории)* **SYN:** field representative

marketing research *марк.* маркетинговое исследование, маркетинговый анализ *(сбор данных о нуждах потребителей, о конкурентах, о характере товара на рынке для разработки новых идей и стратегий маркетинга)* **SYN:** marketing analysis, market research **SEE:** consumer behaviour survey, advertising research, qualitative marketing research, quantitative marketing research

marketing research department *марк.* отдел маркетинговых исследований *(отдел компании, занимающийся маркетинговыми исследованиями)*

marketing research director *марк., упр.* = consumer research director

marketing research manager *марк., упр.* управляющий службой маркетинговых исследований **SYN:** marketing administration manager

marketing response *марк.* маркетинговый отклик* **а)** *(ответная реакция потребителя на маркетинговое предложение)* **SEE:** marketing offer **б)** *(изменение маркетинговой деятельности, напр., усиление или ослабление маркетинговых усилий, изменение маркетинговой ориентации, в ответ на какое-л. событие, напр., на изменение* *предпочтений потребителей)* **SEE:** marketing orientation

marketing risk *марк.* маркетинговый риск *(риск убытков вследствие неверной стратегии или тактики на рынке сбыта)*

Marketing Science *марк.* «Маркетинг Сайенс», «Теория маркетинга» *(журнал Института исследования операций и менеджмента, посвященный различным теоретическим и практическим вопросам маркетинга)*

marketing science *марк.* маркетинг *(теория и практика маркетинга, рассматриваемые как теоретическая дисциплина, а не как сфера деятельности)* **SEE:** advertology

Marketing Science Institute сокр. MSI *марк., амер.* Институт маркетинга* *(некоммерческая образовательная организация, объединяющая деловых людей и ученых-специалистов по маркетингу с целью применения знаний теории и практики маркетинга в экономической деятельности; специалисты института проводят исследования и публикуют различные материалы по маркетингу)* **SEE:** Market Research Society

marketing scientist *марк.* = marketing specialist

marketing segmentation *марк.* = market segmentation

marketing service 1) *марк.* служба маркетинга, маркетинговая служба, маркетинговое агентство **SYN:** marketing administration, marketing services agency **2)** *марк.* маркетинговая услуга

marketing services agency *марк.* = marketing agency

Marketing Society *марк., брит.* Маркетинговое общество* *(организация, призванная популяризировать принципы единой теории маркетинга и передовые методы коммерческой деятельности, укреплять сотрудничество и взаимопонимание между специалистами маркетинга всех уровней; данные цели достигаются путем проведения конференций, семинаров, лекций, где члены организации получают возможность совещаться и дискутировать по поводу интересующих их вопросов, а также услышать выступления различных маркетинговых специалистов и экспертов на актуальные темы)*

marketing specialist *марк.* специалист по маркетингу, маркетолог **SYN:** marketing man, marketing scientist **SEE:** marketing analyst, marketing consultant

marketing spread *торг.* = marketing margin

marketing stimulus *марк.* маркетинговый стимул *(какое-л. побудительное средство, напр., скидка с цены, длительный срок действия гарантии, используемое в маркетинговой кампании для повышения заинтересованности в покупке)*

marketing strategy 1) *марк.* стратегия маркетинга *(процесс анализа возможностей предприятия, выбора целей, разработки и формулировки планов, осуществления маркетинговых мероприятий и контроля за их реализацией)* **2)** *марк.* стратегия маркетинга, маркетинговая [рыночная] стратегия *(способ организации маркетинговой кампании в зависимости от поставленных целей)* **SYN:** marketing approach, a a **SEE:** market coverage strategy, differentiated marketing, undifferentiated marketing, concentrated marketing, marketing plan, advertising strategy, marketing tactics **SYN:** strategy of marketing

marketing strategy audit *марк.* аудит стратегии маркетинга *(анализ результатов маркетинговой деятельности компании с целью определить, насколько они соответствуют маркетинговым целям и задачам компании, и согласуются ли они с выполнением компанией своей миссии; является составной частью маркетингового аудита)* **SEE:** marketing audit

marketing strength *марк.* сильная сторона маркетинга *(определенный элемент маркетинговой политики фирмы, дающий ей преимущества перед конкурентами; напр., сотрудничество* *маркетингового отдела фирмы с другими отделами)* **SEE:** marketing weakness, competitive advantage

marketing support *марк.* маркетинговая поддержка *(организация и проведение маркетинговых исследований, маркетинговых кампаний, предоставление маркетинговых материалов; проводится маркетинговыми агентствами по поручению заказчиков, производителями товара с целью помощи торговцам в сбыте своего товара)* **SEE:** advertising support

marketing system *марк., упр.* система маркетинга *(включает цели, задачи, структуру службы маркетинга предприятия, используемые ею технологии и др.)* **SEE:** marketing administration, marketing mix

marketing tactics *марк.* тактика маркетинга *(комплекс действий, обеспечивающих реализацию выбранной стратегии маркетинга на каждом рынке и по каждому товару в заданный отрезок времени, исходя из сложившейся на определенный момент рыночной ситуации)* **SEE:** marketing strategy

marketing technique *марк.* = marketing instrument

marketing territory *марк.* маркетинговая [рыночная] территория*, территория сбыта* *(географическая территория, охваченная деятельностью компании, т. е. на этой территории проживает целевая аудитория компании; данная территория является рынком сбыта продуктов компании)* **EX: We expanded our marketing territory into the New Jersey, Pennsylvania, and Ohio areas and had a total sale of approximately 3700 cars.** – Мы расширили нашу маркетинговую территорию, включив в нее штаты Нью-Джерси, Пенсильвания и Огайо, в результате чего объем наших продаж достиг около 3700 машин. **SYN:** marketing area, market area **SEE:** target audience, marketing outlet, primary marketing area

marketing tool *марк.* = marketing instrument

marketing transaction 1) *марк.* маркетинговая транзакция* *(процесс взаимодействия компании и клиента; включает исследования потребностей рынка, разработку и производство товара согласно потребностям, продвижение, продажу и доставку товара потребителю; результатом этого процесса может стать краткосрочный контакт в форме сделки купли-продажи или установление длительных отношений (превращение клиента в постоянного клиента компании))* **2)** *эк.* = market transaction

marketing warfare *марк.* маркетинговая война *(использование военного мышления в решении маркетинговых проблем, в результате чего маркетинг фирмы больше учитывает действия конкурентов, чем нужды потребителей; маркетинговые войны ведутся при помощи множества стратегий, напр., оборонительных маркетинговых стратегий, наступательных маркетинговых стратегий, фланговых маркетинговых стратегий, стратегий сдерживания, стратегий объединения и др.; теоретики маркетинговых войн часто апеллируют к работам Карла фон Клаузевица)* **SEE:** defensive warfare, offensive warfare, flanking warfare, guerrilla warfare, deterrence strategies, sequential strategies, alliance strategies, cumulative strategies

marketing weakness *марк.* слабая сторона маркетинга *(определенный элемент маркетинговой политики фирмы, ослабляющий конкурентную позицию фирмы на рынке, напр., рассмотрение отдела маркетинга изолированно от остальной деятельности компании)* **SEE:** marketing strength

marketing year *с.-х.* торговый год* *(12-ти месячный период, начинающийся с момента сбора урожая; в течение этого периода происходит реализация произведенный сельскохозяйственной продукции)*

marketplace 1) *эк., торг.* рынок; базарная площадь *(место для проведения торговли)* **EX: virtual marketplace** – виртуальный рынок *(для торговли в онлайновом режиме)* **SYN:** market, mart, market place

2) *эк.* = market 3) *эк.* рынок нематериальных ценностей* **EX: marketplace of techniques** – рынок технологий 4) *эк.* сфера торговли *(область экономической деятельности, характеризующаяся куплей-продажей товаров (услуг))* **SEE:** market

marketology *марк.* маркетология а) *(научное направление, изучающее маркетинг)* **SEE:** marketing science б) *(изучение отношения людей к различным товарам, брендам и т. д.)* **SEE:** marketing

marking of goods 1) *торг.* артикул, маркировка товара [груза] *(нанесенная на товар (контейнер с грузом) информация о цене, производителе, характеристиках товара и т. д.)* **EX: The marking of goods should be legible and capable of being easily seen during normal handling of the goods.** – Маркировка товара должна быть четкой и заметной при любом нормальном обращении с товаром. 2) *торг.* маркировка товаров *(нанесение на товар информации о цене, производителе и т. п.)* **EX: price marking of goods** – ценовая маркировка товара, указание цены товара **SEE:** mark goods

markon *торг.* = markup

markup *сущ.* 1) *торг.* наценка, надбавка а) *(разница между затратами на производство продукта и ценой, которую устанавливает фирма)* **SEE:** markup pricing б) *(сумма, на которую розничная цена превышает оптовую цена товара)* **EX: low markup** – небольшая наценка, **high markup** – высокая наценка **SYN:** mark-on, markon, extra charge **SEE:** wholesale price, retail price, markdown 2) *полигр.* разметка *(оригинала)* 3) *бирж.* маржа *(комиссия, взимаемая брокером с клиента при покупке ценной бумаги на внебиржевом рынке)* 4) *гос. упр., амер.* доработка *(процедура, в рамках которой комитеты и подкомитеты Конгресса вносят изменения в предложенные законопроекты и переписывают их, чтобы подготовить их для рассмотрения в палате)* 5) *межд. эк.* надбавка*, наценка* *(в ВТО: размер превышения применяемого тарифа над связанным тарифом)*

markup chain *торг.* цепочка наценок *(последовательные наценки на товар разными участниками канала распределения)*

markup formula *торг.* формула наценки *(формула ценообразования на основе торговой накидки)*

markup pricing *марк.* = mark-up pricing

marriage mailing *рекл.* = shared mailing

mart *сущ.* 1) *торг.* рынок, базар; рыночная [базарная] площадь **SYN:** market place, market 2) *торг.* = shopping centre 3) *торг.* аукционный зал *(помещение, в котором проводятся аукционные торги)* **SYN:** the Room **SEE:** auction

masculine appeal 1) *марк.* расчет на мужской вкус [на мужские потребности] *(маркетинговый подход)* 2) *марк.* привлекательность для мужчин *(свойство товаров для мужчин)* **SEE:** immediate appeal, rational appeal, recreational appeal, mass appeal, snob appeal, health appeal, game appeal, moral appeal, advertising appeal, price appeal, consumer appeal, marketing appeal, service appeal, sales appeal, emotional appeal, female appeal, sex appeal

mass advertising *рекл.* массовая реклама *(реклама товаров широкого потребления, распространяемая в общедоступных средствах распространения информации и рассчитанная на широкую аудиторию (в отличие от рекламы на индивидуального потребителя или на группу потребителей, распространяемую в специализированных изданиях))* **SEE:** selective advertising, business paper advertising

mass appeal 1) *марк.* массовый маркетинговый призыв* *(маркетинговый подход, характерный обращением ко всем возможным потребителям продукции)* 2) *марк.* массовая притягательность* *(свойство товара привлекать широкий круг покупателей)* **SEE:** immediate appeal, rational appeal, recreational appeal, snob appeal, masculine appeal, health appeal, moral appeal, advertising appeal, price appeal, consumer appeal, marketing appeal, service appeal, sales appeal, emotional appeal, female appeal, sex appeal

mass consumption *эк.* массовое потребление *(потребление товаров массового производства, в отличие от потребления товаров, созданных на заказ или производимых небольшими партиями)* **SEE:** mass production, admass

mass display *марк.* витрина массового обзора* *(дополнительная витрина с предлагаемым товаром, расположенная вне магазина в месте скопления людей)*

mass-distribution economies *эк.* экономия за счет массового распространения* **EX: Mass distribution economies is relatively unimportant in the Internet age.** – В век Интернета экономия за счет массового распространения имеет относительно небольшое значение. **SEE:** economies of scale

mass marketing 1) *марк.* массовый маркетинг *(подход к выбору целевого рынка, при котором производитель ориентирует продукт на широкий круг потребителей и использует один базовый комплекс маркетинга; в данном случае производитель ориентируется на массовое производство, массовое распространение, массовую рекламу с односторонним обращением к потребителям через общедоступные традиционные средства: телевидение, радио, печатные издания, рекламные щит, в отличие от двухстороннего обращения в прямом маркетинге)* **SYN:** unsegmented marketing, macromarketing **SEE:** direct marketing, undifferentiated marketing, admass 2) *торг.* массовый сбыт *(сбыт товаров массового производства)* **SEE:** mass production, mass consumption

mass media *СМИ* средства массовой информации *(средства передачи информации большим группам людей без непосредственного контакта с ними, напр., газеты, радио, телевидение и др.)* **SEE:** ethnic media, alternative media

mass-media advertising *рекл.* реклама в средствах массовой информации, реклама в СМИ **SEE:** print advertising, television advertising, media advertising

mass merchandise retailer *торг.* = general merchandise retailer

mass merchandise store *торг.* большой универмаг *(магазин, торгующий очень широким ассортиментом промышленных товаров и обслуживающий большое количество населения)* **SYN:** general merchandise retailer

mass merchandiser *торг.* = general merchandise retailer

mass merchandising 1) *торг.* массовая продажа *(продажа товара большому количеству покупателей, как правило, по относительно невысоким ценам, с быстрым обслуживанием и т. п.)* 2) *страх.* коллективное страхование *(одновременное страхование служащих одной фирмы или членов одного профсоюза путем внесения фирмой (профсоюзом) общей стоимости страховки)*

mass merchandising outlet *торг.* = mass merchandise store

mass merchant *торг.* = general goods merchant

mass-produced goods *эк.* товары массового производства **SEE:** mass production

mass production *эк.* массовое [крупномасштабное, широкомасштабное] производство *(тип организации производства, характеризующийся ограниченной номенклатурой однородной продукции, изготовляемой в больших количествах; продукция массового производства рассчитана на массового потребителя, не имеющего индивидуальных запросов к товару)* **SYN:** volume production **SEE:** mass consumption

massive campaign *марк., пол.* массированная кампания *(интенсивная кампания, проводящаяся с широким использованием СМИ)* **SYN:** saturation campaign **ANT:** low-key campaign **SEE:** multimedia campaign

master contract 1) *страх.* = group contract 2) *рекл.* = blanket contract, e 3) *эк. тр.* мастер-контракт *(профсоюзный договор, распространяющийся на нескольких работодателей данной отрасли)*

masthead *сущ.* **1)** *СМИ, марк.* = nameplate **2)** *СМИ* издательская информация, издательские [редакционные] данные *(сообщение, размещаемое на страницах издания (на первой, второй или любой другой странице), в котором указывается адрес издателя, руководство, сотрудники, спонсоры, цена подписки и другие данные)*

match competitors method *марк., учет* = competitive-parity method

matchbook cover *рекл.* обложка спичечной книжки*, спичечная этикетка* *(защитная оболочка на книжечке со спичками; часто используется для рекламы)*

matched sample *соц., марк.* парная группа [выборка] *(выборочная группа, совпадающая по размеру, демографическим и психографическим характеристикам с другой группой, отобранной для того же исследования; такие группы являются контрольными по отношению друг к другу)*

mate's receipt **сокр.** M/R *трансп., торг., фин., брит.* штурманская расписка *(согласно определению закона «О продаже товаров», 1979 г., предварительный или временный документ, удостоверяющий факт принятия груза на борт судна и подтверждающий право требовать предоставления коносамента взамен этого документа; формально соответствует признакам товарораспорядительного документа по определению закона «О торговых агентах», 1889 г. и закона «О продаже товаров», 1979 г., однако судебной практикой не признается товарораспорядительным документом)* **SEE:** Sale of Goods Act 1979, bill of lading, document of title, Factors Act 1889, cargo receipt

material goods *потр.* материальные товары [блага] *(экономические блага, имеющие вещественную форму, напр., продукты питания, одежда и т. д., в отличие от нематериальных благ — услуг, информации, знаний, технологий)* **SEE:** non-material goods

matrix marketing organization *марк.* матричная организация маркетинга *(организация службы маркетинга таким образом, что в ней выделяются несколько подразделений, каждое из которых концентрируется на решении конкретных задач (напр., управление по продуктам, управление конкретными проектами); в качестве критериев структурирования могут выступать регионы, потребители, товары; преимущество подобных структур — малые потери информации и лучшая координация деятельности, недостаток — конфликты по поводу разделения полномочий между руководителями подразделений)* **SEE:** functional marketing organization, market management organization, geographic organization

matrix pricing *марк.* матричное [табличное] ценообразование, гибкие цены *(система розничного ценообразования, при которой цена зависит от двух или более параметров заказываемого товара или условий поставки, напр., расстояния транспортировки, срочности исполнения, величины предоставляемой гарантии и т. п.)* **SYN:** tiered pricing

matrix structure **1)** *упр.* матричная организационная структура [организация] *(организационная структура, в которой сосуществуют функциональные службы (маркетинговые, финансовые, производственные) и подразделения, отвечающие за конкретные направления деятельности (конкретный вид продукции, территорию или проект); в такой организационной структуре у одного работника оказывается два начальника, напр., руководитель проекта и функциональный руководитель)* **2)** *марк.* = matrix marketing organization

mature brand *марк.* зрелый бренд, зрелая марка *(торговая марка, которая присутствует на рынке в течение длительного периода и хорошо известна потребителям)* **SEE:** mature goods

mature goods *марк.* зрелый товар, зрелые товары *(товар, прочно утвердившийся на рынке и присутствующий на нем в течение длительного периода)*

mature market *марк.* зрелый рынок *(рынок, находящийся в стабильном равновесии; на таком рынке обычно не отмечается заметных нововведений и тенденций роста)*

mature product *марк.* зрелый продукт **SEE:** mature goods

mature stage 1) *марк.* этап [стадия] зрелости, этап [стадия] насыщения *(стадия в жизненном цикле товара, характеризующаяся замедлением темпов роста сбыта товара)* **SEE:** product life cycle, pre-market stage, introduction stage, growth stage, decline stage **2)** *с.-х.* стадия спелости, стадия зрелости *(период зрелости плодов, в результате чего они становятся готовы к сбору урожая и употреблению)* **3)** *общ.* стадия кульминации* *(начинается с момента выпадения осадков или момента касания торнадо земли; наиболее активный период грозового шторма или торнадо)* **SYN:** maturity stage

maturity stage *марк.* = mature stage

maxim nemo dat quod not habet *юр., торг., брит., лат.* = nemo dat quod not habet

maximil rate *марк., СМИ* максимальная ставка тарифа «миллайн» **SEE:** milline rate

maximum depth *рекл., СМИ* максимальная высота *(максимальная высота печатной рекламы, при которой еще может осуществляться оплата не по полной колонке, а по ее дробной части)*

maximum retail price **сокр.** MRP торг. максимальная розничная цена* *(максимальная цена продукта, которую может устанавливать дистрибьютор продукта согласно договору с поставщиком)* **EX: The shopkeeper charged me in excess of the MRP printed on the wrapper. How can I initiate action against the shopkeeper?** -- Владелец магазина взял с меня больше, чем указано на обертке в качестве максимальной розничной цены. Могу ли подать на него в суд? **SEE:** suggested retail price

maximum stock level *эк., упр.* максимальный уровень запасов *(максимальный допустимый уровень запасов какого-л. сырья и т. п.; в модели определения точки заказа теоретически равен сумме страхового запаса и объема поставки)*

mbf *торг., амер.* **сокр. от** thousand board feet

McKittrick's directory *рекл., амер.* справочник Маккитрика *(периодически издаваемый справочник со сведениями о рекламных агентствах, их сотрудниках и клиентах)* **SEE:** Standard Directory of Advertisers

mdse *торг.* **сокр. от** merchandise

means of carriage *потр., трансп.* транспортные средства

measured media *СМИ, рекл.* учитываемые [измеряемые, изучаемые] средства информации [рекламы]* *(средства информации, охватываемые статистическим учетом, т. е. средства информации, для которых регулярно ведется оценка величины аудитории, объемов размещенных в них рекламы, количества и типа рекламодателей, размещающих в них рекламу, товарных категорий, рекламируемых с помощью данного средства информации, и т. п.; к таким средствам информации относятся телевидение, радио, журналы и газеты, а также средства наружной рекламы (плакаты и т. п.))* **EX: Subscriptions for measured media will not be accepted after the report release date.** – Подписка на средства рекламы, охваченные статистическим учетом, не будет приниматься до опубликования отчета. **SEE:** outdoor advertising

measurement goods *трансп., торг.* размерные товары* *(отличающиеся тем, что плата за перевозку взимается не по весу, а по размеру)* **SEE:** weight goods

meat market *торг., амер.* = butcher shop

meat products *потр.* мясные продукты **SEE:** food products, beef

media *сущ.* **1)** *общ.* мн. ч. от **2)** *общ.* медиа *(совокупность средств аудио-, теле- и визуальной коммуникации)* **SEE:** rich media, media manager **3)** *рекл.* медиа *(средства распространения рекламы)* **SEE:** advertising media, alternative media, direct media, display media, in-home media, marketing media, media agency, media analysis, media buy, media category, media choice, media planning, media coverage, media director, media effectiveness, media flighting, media image, media information, media habit, media kit, mass media, media flighting, media mix, media option, media plan, media programme, media research, media strategy **4)** *СМИ* = mass media

media advertising *рекл.* медиареклама* *(реклама через всевозможные средства распространения информации (традиционные и нетрадиционные): телевидение, радио, пресса, наружная реклама, почтовая рассылка, Интернет, мобильная связь и т. д.)* **SEE:** media marketing, traditional advertising, alternative advertising, television advertising, radio advertising, print advertising, cinema advertising

media agency *СМИ, рекл.* медиаагентство *(информационное агентство, специализирующееся на анализе средств рекламы, планировании использования средств рекламы и закупкой места или времени под рекламу)*

media analysis *рекл.* медиаанализ, анализ рекламы* **а)** *(анализ процесса кодировки и интерпретации конкретного рекламного сообщения, способов передачи того или иного содержания, а также рассмотрение сообщения через категории, ценности, потребности, к которым отсылает эта реклама, анализ и статистика рекламы и аудитории)* **б)** *(предполагает предварительное испытание средств рекламы, сопоставление фактических и ожидаемых результатов от рекламы, оценку продолжительности воздействия рекламы на потребителей, позволяет принимать решения по активизации рекламных кампаний, вести поиск новых средств воздействия на потребителя)* **SEE:** media test

media analyst *рекл., СМИ* медиааналитик *(специалист по анализу и статистике рекламы и аудитории)*

media audience *марк.* медиааудитория* **SYN:** medium audience **SEE:** audience

media availability *рекл.* доступность средств рекламы **EX: A firm's ability to use a pull strategy is limited in some countries by media availability.** – В некоторых странах способность фирмы использовать стратегию «вытягивания» ограничена доступностью средств рекламы. **SEE:** pull distribution strategy

media broker *рекл.* медиаброкер *(фирма, которая предлагает компаниям услуги по заказу рекламы в СМИ)* **EX: Some media brokers aim at generating new sources of income for museums by selling the rights to use images of objects in their collection.** – Некоторые медиаброкеры пытаются формировать новые источники дохода для музеев путем продажи прав на использование изображений предметов их коллекций. **SYN:** space broker, time broker

media buy *рекл.* медиабаинг, покупка рекламного времени [места], закупка средств рекламы *(приобретение эфирного времени или печатной площади для рекламы в СМИ)* **SYN:** media buying **SEE:** advertising, time buying

media buyer *рекл.* медиабаер, покупатель рекламного места и времени *(сотрудник рекламного агентства, осуществляющий покупку рекламного времени в эфире или места под рекламу в печатных изданиях по заказу клиентов)* **SEE:** space buyer, time buyer, media planner, media salesman

media buying *рекл.* = media buy

media buying department *рекл., упр.* = media buying service

media buying service *рекл., упр.* служба закупки средств рекламы *(отдел или служба, занимающиеся покупкой эфирного времени для рекламы (на радио и телевидении) и места для рекламных объявлений (в газетах, журналах, на уличных стендах) для себя или своих клиентов)* **SYN:** buying service **SEE:** media buy, advertising agency

media category *рекл.* медиакатегория, категория средств рекламы *(напр., печатные издания, телевидение и т. п.)* **EX: When a campaign is discussed, the conversation initially revolves around the media category.** – Когда обсуждается рекламная кампания, в начале разговор вращается вокруг медиа-категории.

media choice *рекл.* выбор средств рекламы *(одна из задач медиапланирования, в которую входят отбор основных видов средств распространения информации, принятие решений о графике использования средств рекламы и др.)* **SYN:** media selection **SEE:** media planning

media clutter *рекл.* рекламная теснота*, перегруженность средств рекламы *(перегруженность средств распространения информации рекламой)* **EX: Think Inc creates ideas cutting through the media clutter – often using humour to create interest and excitement where none existed.** – Think Inc умудряется создавать работающую рекламу даже в условиях рекламной тесноты, часто используя юмор, чтобы вызвать интерес и оживление в неожиданном месте.

media combination *рекл.* медиакомбинация, комбинация средств рекламы *(оптимальное сочетание рекламных средств для конкретной рекламной кампании)* **EX: Our specialists carefully select the media combination, spread the budget and estimate the effectiveness of the planned campaign.** – Наши специалисты аккуратно выбирают комбинацию рекламных средств, распределяют бюджет и оценивают эффективность запланированной кампании.

media commission *рекл.* медиакомиссионные* *(комиссионные, взимаемые рекламными агентствами со своих клиентов за поиск и покупку рекламного места или рекламного времени)* **SEE:** media broker, advertising agency

media comparison *рекл.* = intermedia comparison

media costs *рекл.* расценки средств рекламы* *(цены рекламного места и рекламного времени в различных средствах распространения информации: в прессе, на радио, телевидении, в интернете, в средствах наружной рекламы и т. д.)* **SEE:** advertising space, advertising time

media coverage *рекл.* охват целевой группы *(выраженное в процентах отношение представителей целевой группы, охваченной рекламной кампанией, к общей численности целевой группы в генеральной совокупности)* **SYN:** cover, media reach **SEE:** media planning, target audience

media director *эк. тр., рекл., амер.* директор рекламной службы, медиа-директор *(лицо, ответственное за медиапланирование рекламной кампании фирмы; ведет переговоры с представителями рекламных агентств и менеджерами продуктов для выработки стратегий в рамках рекламного бюджета корпорации)*

media effectiveness *рекл.* эффективность средств рекламы, медиаэффективность* *(напр., большой охват аудитории, наличие большого рекламного бюджета и др.; рассчитывается на основе статистических показателей)* **SYN:** media efficiency **SEE:** cost per mile, cost per response, ad reach

media efficiency *рекл.* = media effectiveness

media exposure *рекл., СМИ* воздействие средств информации* *(характеризуется количеством лиц, просмотревших/прослушивавших какое-л. сообщение)* **EX: What better way to build a brand than to make it a household name through constant, high profile, and positive media exposure?** – Разве для продвижения торговой марки есть способ лучше, чем сделать ее общеизвестной с помощью регулярного, качественного и позитивного представления через средства массовой информации? **SEE:** ad reach, advertising exposure

media firm *рекл.* = advertising agency

media flighting *рекл.* периодичность размещения рекламы *(показ одних и тех же рекламных роликов через определенные временные интервалы, напр., раз в два часа)* **SEE:** horizontal saturation

media form *рекл.* разновидность средств рекламы *(напр., газеты, журналы, телевидение)* **SEE:** media plan

media habit *рекл.* медиапривычка* *(приверженность к определенным средствам рекламы, напр., к рекламе на страницах журнала)* **SEE:** media planning

media image медиаимидж **а)** *рекл., СМИ (престиж фирмы, товара, человека в средствах массовой информации)* **EX: A media image report is a very helpful practical tool for PR departments which summaries the client's presence in the media.** – Отчет о медиаимидже содержит сводную информацию о присутствии клиента в средствах массовой информации и является очень полезным практическим инструментом для отделов по связям с общественностью. **б)** *рекл. (анализ оценки компании конкурентами)*

media information медиаинформация **а)** *рекл. (сведения о средствах рекламы, используемых в рекламной кампании фирмы, а также информация, подготовленная к выпуску в СМИ, напр., пресс-релиз)* **б)** *СМИ (сведения, публикуемые о себе средствами массовой информации)*

media insertion schedule *рекл.* = insertion schedule

media kit 1) *рекл.* медиакит *(подборка рекламных материалов периодического издания или вещательной станции, обычно состоящая из рекламно-коммерческих материалов, которые могут представлять интерес для потенциального заказчика)* **2)** *рекл.* медиакит *(комплект материалов о данном средстве массовой информации, содержащий информацию об аудитории этого СМИ и о стоимости размещения рекламы в нем)* **SEE:** press kit

media manager 1) *рекл.* руководитель медиа-службы *(занимается продвижением товаров в средствах массовой информации)* **2)** *комп.* медиа-проигрыватель* *(программа либо устройство для просмотра и работы с видео и аудио материалами на компьютере)*

media marketing *марк.* медиамаркетинг* *(маркетинг через всевозможные средства распространения информации (телевидение, радио, пресса, наружная реклама, почтовая рассылка, Интернет, мобильная связь и т. д.))* **SEE:** media advertising

media marketing director *эк. тр., торг., амер.* директор по медиа маркетингу* *(по DOT: специалист, занимающийся планированием и управлением маркетинговыми ресурсами, распространением телевизионных программ, а также заключающий соглашения относительно вспомогательной собственности, такой как авторские права и права на трансляцию фильмов и аудиовидеоматериалов; относится к группе «специальности, связанные с менеджментом по продажам и распределению»)*

media mix *рекл.* медиа-микс **а)** *(набор различных средств рекламы для проведения рекламной кампании)* **б)** *(содержание рекламной кампании)* **в)** *(финансовые средства, ассигнованные на проведение рекламной кампании)*

media option *марк., рекл.* медиа-опция* **а)** *(вариант использования средств рекламы)* **б)** *(описание всех характеристик рекламы, кроме ее содержания: размер, цвет, расположение печатной рекламы; продолжительность и время размещения вещательной рекламы)*

media owner 1) *СМИ* владелец средства массовой информации **2)** *рекл., брит.* = plant operator

media plan *рекл.* медиаплан *(план использования различных средств распространения рекламы в ходе данной рекламной кампании; включает расписание появления рекламных объявлений в различных средствах информации на конкретный промежуток времени с указанием расценок, продолжительности размещаемой рекламы, часто появления определенных сообщений и т. д.; составляется на основе данных социологических исследований о частоте просмотра телепрограмм, прослушивания радиопрограмм, сведениях о популярности различных изданий* *различных групп населения)* **SEE:** media planning, media planner, media mix, media schedule

media planner *рекл.* медиа-планер *(специалист по планированию использования средств рекламы; его задача — определить целевую аудиторию рекламной кампании и подобрать те СМИ, которые более всего воздействуют на эту аудиторию)* **SEE:** media plan, media buyer, media boutique

media planning *рекл.* медиапланирование *(выбор оптимальных каналов размещения рекламы, проводимый с целью достижения максимальной эффективности рекламной кампании, который включает анализ потенциальной аудитории и конкурентного окружения, постановку рекламных целей, определение приоритетных категорий СМИ, определение оптимальных значений показателей эффективности, распределение бюджета по категориям СМИ, позволяет повысить степень известности марки и лояльности ей, объем продаж)* **SEE:** target rating point, coverage, average frequency, gross rating point, reach frequency distribution, opportunity to see, affinity, cost per mile, cost per response, zapping, media plan

media poll *соц.* опрос с помощью средств массовой информации, медиа-опрос *(публикация анкеты в газете, голосование в прямом эфире и др.)* **EX: Electronic media poll has 'Sopranos' on top.** – В опросах электронных средств массовой информации лидирует сериал «Клан Сопрано». **SEE:** poll

media programme *рекл.* медиа программа *(программа использования различных средств рекламы в конкретной рекламной кампании)* **SEE:** media plan

media reach *рекл.* = media coverage

media report медиа отчет **а)** *СМИ (обзор событий в СМИ)* **б)** *рекл. (обзор средств рекламы, отчет о деятельности средств рекламы)*

media research **1)** *рекл.* изучение средств рекламы *(исследование различных средств массовой информации и их аудитории (напр., читателей газет, слушателей радио и т. д.) с целью выявить, в каком из СМИ выгоднее рекламировать тот или иной товар или услугу)* **SEE:** research **2)** *СМИ* исследование в области средств массовой информации

media salesman *рекл.* рекламист* *(продавец рекламного места или времени в средствах массовой информации)* **SEE:** media buy, media buyer

media schedule *рекл.* график использования средств рекламы, график размещения рекламы *(график появления определенных рекламных сообщений в определенных средствах рекламы; часть медиаплана кампании)* **SEE:** media plan

media selection *рекл.* = media choice

media space *рекл.* место в средствах рекламы *(напр., страницы в журнале, предназначенные под рекламные модули, рекламное время в телепередаче)*

media specialist *рекл.* специалист по средствам рекламы **SEE:** media planner

media strategy **1)** *марк., рекл.* = media plan **2)** *рекл.* медиа-стратегия *(способ действий рекламодателя по доведению рекламной информации до целевой аудитории посредством использования подходящих средств рекламы)* **SEE:** media plan, marketing strategy

media support *рекл., СМИ* медиа-поддержка *(поддержка запуска нового продукта, приводимой выставки, осуществляемой общественной программы и т. п. средствами массовой информации, напр., путем демонстрации рекламных сообщений, анонсов, репортажей с места событий и т. д.)*

media survey *СМИ, рекл.* медиаисследование, исследования средств рекламы *(проведение опросов, интервью и т. п. с целью оценки эффективности данного средства массовой информации с точки зрения размещения рекламы)* **EX: The National Readership Survey is the most extensive media survey conducted in Finland.** – Национальное исследование читательской аудитории является самым широким медиаисследованием, проводимым в Финляндии. **SEE:** survey

media test *марк., рекл.* испытание [опробование, апробация] средств рекламы *(является одним из способов исследования рекламы)* **SEE:** media analysis

media testing *марк., рекл.* = media test

media time *СМИ, рекл.* эфирное время *(любая часть вещательного времени данной станции, которая использована или может быть использована под данную программу, данное рекламное объявление и т. п.)* **SEE:** advertising media, advertising time, media timing

media timing *рекл., СМИ* распределение [выбор] эфирного времени* *(составление рекламодателем желаемого графика подачи рекламных объявлений в эфир)* **SEE:** media time, media schedule

media vehicle *рекл.* = advertising vehicle

media weight *рекл.* медиавес *(величина аудитории, охваченной рекламной кампанией, измеренная суммой охватов всеми отдельными объявлениями за конкретный период)*

Mediamark Research, Inc. **сокр.** MRI *марк., амер.* «Медиамарк Рисеч, Инк.» *(исследовательская компания, предоставляющая продавцам статистические данные о потребителях)*

medium approach *рекл.* средняя дистанция обозрения*, среднее открытие*, видимость со среднего расстояния *(характеризует рекламный щит, открывающийся для полного обозрения с 25-40 м для пешеходов и с 45-75 м для транспортных средств)* **SEE:** flash approach, long approach, short approach

medium audience *рекл., марк.* = media audience

medium buyer *марк.* средний [умеренный] покупатель *(приобретающий среднее количество товара, или покупающий данный товар более или менее регулярно)* **SEE:** heavy buyer, light buyer

medium-priced *эк., торг.* средней стоимости, среднего класса стоимости, со средней ценой *(о товарах или услугах, продающихся по умеренной цене; также о продавце таких товаров или услуг)* **EX: medium-priced hotel** – гостиница среднего класса стоимости, **medium-priced store** – магазин со средними ценами, **medium-priced goods** – товары средней стоимости

medium-sized store *торг., амер.* магазин средних размеров, небольшой магазин **EX: Do you have a small-sized or medium-sized store?** – У тебя маленький магазин или магазин средних размеров?, **We are a medium-sized store that carries a full range of stock.** – Мы являемся небольшим магазином, который предлагает полный ассортимент товара (данного вида). **SEE:** small-sized store, large-sized store

medium user *марк.* умеренный потребитель [пользователь] *(лицо, потребление которым данного товара или услуги (напр., телефонной связи) находится примерно на среднем уровне)* **SYN:** moderate user **SEE:** heavy user, light user

meet a ready market *гл. эк.* = find a ready market

meet with a ready market *гл. эк.* = find a ready market

meet with a ready sale *гл. торг.* иметь хороший сбыт, быстро продаваться *(о товаре)* **EX: I have no doubt that his pictures will meet with a ready sale at home.** – Я не сомневаюсь, что его картины будут хорошо продаваться на родине. **SYN:** command a ready sale, find a ready market

mega-selling *торг.* мегапродажи **а)** *(продажи дорогих товаров)* **б)** *(крупномасштабные продажи)* **SYN:** big ticket sales

megabrand *марк.* мегамарка, мегабренд *(марка товара, продаваемая в десятках стран, характеризующаяся очень большими объемами продаж и требующая огромных маркетинговых затрат)* **SEE:** global brand

megamarketing *марк.* мегамаркетинг *(маркетинговая деятельность, обычно глобального характера, которая использует, наряду с 4 основными традиционными элементами комплекса маркетинга, два дополнительных элемента — власть и отношения с общественностью — для преодоления влия-

ния внешних сил (правительства, СМИ, различных группировок) и некоторых компонентов маркетинговой среды фирмы, неподвластных контролю традиционного маркетинга) **SEE:** marketing mix, marketing environment, global marketing, public relations

megathon *марк.* рекламный (телефонный) марафон* *(кампания по сбору средств, базирующаяся на телефонном маркетинге и предусматривающая работу нескольких операторов на приеме входящих звонков; обычно имеет общенациональный масштаб)* **SEE:** telemarketing

member commitment *общ.* членское обязательство *(обязательство, принимаемое членом клуба или иного общества в качестве условия членства, напр., обязательство присутствовать на собраниях и участвовать в какой-л. общественной деятельности клуба, либо обязательство члена книжного клуба приобрести определенное количество книг за определенный период и т. д.)* **SEE:** completed cancel, book club

member-get-a-member **сокр.** MGM *марк.* схема «член приводит члена» [»клиент приводит клиента»] *(метод рекрутирования новых клиентов, который предусматривает стимулирование существующих клиентов (напр., членов клуба) за привлечение новых)* **SEE:** third party referral

member life *рекл.* период членства* *(число рекламных акций, в течение которых средний член клуба остается в клубе до аннулирования его членства, напр., если книжный клуб успевает разослать своим в членам в среднем 50 реклам, то период членства равен 50)* **SEE:** member commitment

menu a la carte *торг.* меню a la carte *(перечень блюд, которые могут быть приготовлены на заказ в ресторане)* **SEE:** a la carte food, a la carte restaurant

mercantile *прил.* **1)** *эк.* торговый, коммерческий *(относящийся к торговле или коммерции)* **EX:** **mercantile business** – торговое предприятие, **mercantile operations** – торговая [коммерческая] деятельность, торговые [коммерческие] операции **SYN:** commercial **SEE:** mercantile agent, mercantile exchange, mercantile label **2)** *общ., часто с негативным оттенком* меркантильный, (мелочно)-расчетливый; корыстный; торгашеский **3)** *эк.* меркантилистский *(относящийся к теории или политике меркантилизма)*

mercantile agent **1)** *торг.* = commission agent **2)** *торг., брит.* торговый агент *(согласно закону «О торговых агентах» 1898 г., лицо, которое с согласия собственника товаров и осуществляя обладание товарами или документами прав собственности на товар, осуществляет любую продажу, залог или иное распоряжение товарами)* **SEE:** Factors Act 1889, sale by agent

mercantile exchange *эк.* товарная биржа *(организация с правами юридического лица, формирующая оптовый рынок путем организации и регулирования биржевой торговли; осуществляет операции по купле-продаже массовых однородных товаров с определенными параметрами или по образцам; характеризуется регулярностью торговли, приуроченностью к строго определенному месту, унификацией основных требований к качеству товара, к условиям и срокам поставки)* **SYN:** merchandise exchange, commodity market, commodity exchange **SEE:** board of trade, produce market

mercantile fleet *торг.* = merchant marine

mercantile label *торг.* товарная этикетка *(ярлык на товаре с указанием названия товара, цены и т. п.)* **SEE:** label

mercantile law *юр., торг.* = commercial law

mercantile marine *торг., трансп.* = merchant marine

mercantile partnership *эк., юр., торг.* = trade partnership

mercer *торг.* торговец тканями *(особенно шелком, бархатом и другими дорогими тканями)*

merchandise

I *сущ.* **сокр.** mdse *торг.* товары *(в отличие*

от goods, это слово используется для обозначения не сырьевых и промежуточных товаров (полуфабрикатов) и не полезных предметов (оборудования и расходных материалов), а предметов торговли; в торговле этот термин часто используют для обозначения всего, что продается в магазине) **EX: On our web site, we show the merchandise that we display in our stores.** – На нашем веб-сайте мы демонстрируем товары, которые мы выставляем на продажу в наших магазинах. **If the merchandise you are selling comes in pairs, display one only.** – Если продаваемый вами товар представляет собой пару, выставляйте только один предмет. **If you decide to return the merchandise, you have 15 days.** – Если вы решите вернуть купленный товар, у вас есть на это 15 дней. **SYN:** commodities, wares **SEE:** merchandise division, general merchandise, illegal merchandise, goods

II *гл. тж.* *merchandize* **1)** *эк.* торговать *(заниматься куплей-продажей товаров как бизнесом)* **2)** *марк.* продвигать (товар)* *(проводить политику стимулирования продаж);* **3)** *марк.* разрабатывать выкладывание*, управлять выкладыванием*, выкладывать* *(разрабатывать и корректировать политику выкладывания товара в магазине)* **EX: If your store is well merchandised, your pleased customers will buy more merchandise from you than they did before.** – Если товарное пространство вашего магазина будет хорошо продумано, ваши довольные клиенты купят у вас больше товаров, чем раньше. **The best product will be ignored if not attractively merchandised.** – Самый лучший продукт будет проигнорирован, если не будет привлекательно выложен. **SEE:** remerchandise, merchandising **3)** *марк.* продвигать, раскручивать* *(привлекать внимание к человеку или товару)* **EX: to merchandise a movie star** – раскручивать кинозвезду **SEE:** merchandiser, merchandising

merchandise agent *торг.* = commission agent

merchandise allowance *торг.* = promotional allowance

merchandise broker *торг.* товарный брокер [посредник] *(посредник по продаже товаров, принадлежащих другим лицам; в отличие от снабженческой фирмы, получает комиссионные за состоявшиеся закупки от производителя)* **SEE:** buying office

merchandise budget *торг., учет* торговый бюджет* *(планирование продаж, запасов, скидок, уценок, дефицита запасов, закупок, затрат на транспортировку, обработку и хранение, а также валовой прибыли коммерческого предприятия)* **SEE:** sales budget

merchandise car *торг., трансп.* товарный вагон для сборного груза*, сборный товарный вагон* *(железнодорожный или автомобильный вагон, предназначенный для совместной отправки множества мелких партий товара)* **SYN:** merchandise wagon

merchandise catalogue *торг.* каталог товаров, товарный каталог *(перечень и описание товаров, предлагаемых торговой фирмой или магазином)* **SEE:** catalogue merchandising

merchandise development *марк.* разработка продукции*, разработка товаров* *(улучшение существующих и разработках новых товаров, определение оптимального ассортимента и т. д.)* **SEE:** merchandise division

merchandise director *эк. тр., торг., амер.* = merchandise manager

merchandise display *торг.* витрина магазина **SYN:** shop display **SEE:** merchandising, visual merchandising

merchandise division *торг.* отдел комплектования ассортимента *(производимых или продаваемых товаров)* **EX: merchandise division manager** – менеджер по комплектованию ассортимента **SEE:** merchandise development

merchandise exchange *эк.* = mercantile exchange

merchandise in storage *торг.* = stored goods

merchandise in transit *трансп., торг.* = goods in transit

merchandise inventories *торг., учет* коммерческие товарные запасы, товарные запасы в торговле* *(продукция компании, находящаяся у оптовых и розничных торговых фирм и предназначенная для реализации)* **SEE:** merchandise turnover

merchandise line *марк.* = commodity line

merchandise management *торг.* управление товарными запасами *(регулирование объемов товарных запасов, обеспечение безопасности хранения и т. д.)* **SEE:** inventory management

merchandise manager *эк. тр., торг., амер.* менеджер по торговле* *(формирует торговую политику и координирует деятельность в сфере оптовой и розничной торговле)* **SYN:** merchandise director

merchandise manual *торг.* руководство [справочник] по торговле* *(содержит описание способов торговли и последовательные инструкции по планированию закупок, ассортимента, товарных запасов, организации и стимулированию продаж и т. д.)*

Merchandise Marks Act, 1887 *торг., юр., брит.* закон «О торговых марках», 1887 г. *(консолидированный акт, регулирующий использование торговых марок в системе английского права; содержал перечисление способов судебной защиты потребителей, однако заменивший данный закон консолидированный акт — закон «Об описании товаров в торговле» 1968 г. — не воспроизвел эти положения, связанные с защитой потребителей)* **SEE:** Trade Description Act 1968

merchandise mart *торг., амер.* выставочный центр [зал]* *(помещение, где постоянно проводятся презентации товаров, организуемые производителями для оптовых и розничных торговцев; в отличие от ярмарки, которая идет ограниченное количество времени, предоставляют намного больше возможностям покупателям для осуществления выбора)* **SEE:** trade fair, wholesale fair

merchandise mix *марк.* = sales mix

merchandise offering *марк.* = sales mix

merchandise on hand *торг.* товары в наличии*, наличный запас* *(товары, находящиеся на складе торговой фирмы и готовые к продаже)* **SEE:** back-up merchandise

merchandise on order *торг.* заказанные товары *(товары, заказанные клиентом торговой фирмы (доставленные или не доставленные))* **EX: If you have merchandise on order, which you have not received by the inventory date, you must list such merchandise on the inventory as «on order».** – Если у вас есть заказанные товары, которые вы еще не получили на дату инвентаризации, вы должны указать эти товары как «заказанные».

merchandise pack *торг., потр.* упаковка-комплект* *(упаковка, содержащая несколько разных товаров; могут раздаваться как призы (напр., призовая упаковка-комплект, содержащая футболку, кепку и кружку с логотипом компании) или продаваться)* **SEE:** premium pack, movie merchandise

merchandise return *торг.* возврат товара *(покупателем продавцу, напр., в связи с обнаружением брака, несоответствием качества заказанному, поздней поставки и т. п.)* **SYN:** return of goods **SEE:** return authorization

merchandise return number **сокр.** MRN *торг.* = return authorization number

merchandise space *торг.* товарное пространство **а)** *(пространство магазина, в котором хранится невыставленный на витрине товар)* **SEE:** back-up merchandise **б)** *(пространство магазина, на котором располагается выставленный на продажу товар)* **EX: The company provides 'planograms' that help retailers make the best use of their merchandise space.**– Компания обеспечивает розничных торговцев схемами выкладки товара, чтобы помочь им наилучшим образом использовать имеющееся товарное пространство. **SYN:** display space, display area **SEE:** planogram, shelf space, shop premises

merchandise turnover *торг., фин.* оборачиваемость товарных запасов *(рассчитывается как отношение себестоимости реализованной продукции* *к среднему за период объему товарных запасов на складе; показывает, сколько раз товарные запасы обновляются в течение определенного периода)* **SEE:** merchandise inventories, cost of sales

merchandise wagon *торг., трансп.* = merchandise car

merchandiser *сущ.* **1)** *эк.* торговец *(человек, занимающийся торговлей)* **SYN:** merchant **2)** *эк.* торговая фирма, торговое предприятие, магазин *(фирма, осуществляющая торговлю каким-л. товаром)* **3)** *марк.* мерчендайзер *(сотрудник компании, обеспечивающий наличие товаров в торговой сети, отслеживающий динамику продаж и следящий за представлением товара на полках магазинов)* **SEE:** merchandising **4)** *марк.* мерчендайзер* *(стенд, на котором представлены товары компании или магазина)*

merchandising *сущ. тж.* merchandizing **1)** *эк.* розничная торговля *(закупка товаров и предложение каким-л. образом населению для приобретения)* **SYN:** retailing **SEE:** scrambled merchandising, mass merchandising **2)** *марк.* мерчендайзинг, выкладывание* *(обеспечение эффективности продаж товара без активного участия специального персонала — путем удачного размещения товара, эффектного оформления торгового места, обеспечение достаточного запаса товара на полке и т. п.)* **EX: Learn how to develop the right merchandising, pricing, and service strategies for your store.** – Научитесь разрабатывать правильные стратегии выкладывания товара, установления цен и обслуживания для вашего магазина. **Don't place towels in a glass case. People want to feel the towel before they buy. Potential sales are lost as a result of poor merchandising.** – Не кладите полотенца под витрину. Люди хотят потрогать полотенце перед тем, как купить его. Потенциальные продажи будут потеряны в результате неудачного выкладывания товара. **SYN:** in-store merchandising **SEE:** merchandise, planogram, merchandise space, visual merchandising, merchandiser, scrambled merchandising, cross merchandising, micro-merchandising, merchandise space, J-hook display, Merchandising Corporation of America, shelf facing, aisle display, art of display

merchandising company *эк., торг.* = trade firm

merchandising conglomerate *торг.* розничный конгломерат *(свободное по форме объединение разнородных предприятий розничной торговли с частичной интеграцией функций товарораспределения и руководства)*

Merchandising Corporation of America *марк.* «Мерчендайзинг Корпорейшн оф Америка» *(крупнейшая компания в США, предоставляющая консультации по продвижению товаров в магазинах; около 3 тыс. консультантов)* **SEE:** merchandising

merchandising cost **1)** *эк.* = selling cost **2)** *торг.* расходы на внутреннее перемещение* *(расходы, связанные с планированием внутримагазинного размещения товара и непосредственным перемещением и укладкой товара)* **SEE:** in-store merchandising

merchandising machine *торг.* = vending machine

merchandising machine operators *торг.* операторы торговых автоматов *(фирмы, осуществляющие продажу товаров через торговые автоматы, размещаемые ими в различных местах: на предприятиях, в учебных и культурных заведениях и т. д.)* **SYN:** auto merchandising machine operators, automatic merchandising machine operators **SEE:** vending machine

merchandising material *торг.* = sales aids

merchandising operation *марк., торг.* = trade operation

merchandising sign *рекл.* рекламный [информационный] стенд* *(щит или конструкция, представляющая информацию о продуктах или об условиях обслуживания)*

merchandising value *марк.* торговая ценность* *(способность продукта или торговой марки приносить доход; торговая ценность возрастает за* *счет проведения маркетинговых мероприятий)* **SEE:** marketing value

merchandize *гл. эк.* = merchandise

merchandizing *сущ. эк.* = merchandising

merchant

I *сущ.* **1) а)** *торг.* торговец; торговая фирма *(экономический субъект, осуществляющий деятельность по купле и продаже товаров); ист.* купец **EX:** **meat merchant** – торговец мясом **SYN:** merchandiser, bargainer, seller **SEE:** general goods merchant, merchant wholesaler **б)** *юр., амер.* торговец *(согласно определению Единообразного торгового кодекса США: лицо, которое осуществляет торговлю товарами определенного рода или иным способом по роду своих занятий представляет себя как обладателя знаний и профессионального мастерства в сфере, касающейся сделок с товарами, или которому такие знания и мастерство можно приписать на основании того, что он работает по найму в качестве агента, брокера или иного посредника)* **SEE:** Uniform Commercial Code **2)** *общ., разг.* «тип» *(о человеке, склонном к определенной деятельности или обладающем определенными качествами)* **EX: speed merchant** – лихач *(о шофере)*, **gossip merchant** – сплетник

II *прил. эк.* торговый, коммерческий *(занимающийся торговлей; относящийся к торговле, коммерции)* **EX: merchant activity** – торговая [коммерческая] деятельность **SEE:** merchant bank, merchant discount, merchant fraud, merchant guild, merchant marine, merchant ship, merchant wholesaler

merchant acquirer *торг.* = merchant bank

merchant agreement *торг., банк., юр.* торговое соглашение, торговый договор *(соглашение между розничным торговым предприятием и банком или компанией, обслуживающей кредитные карты, в котором устанавливаются права и обязанности сторон, а также размер комиссии банка)* **SEE:** plastic card, merchant bank, merchant discount

merchant bank торговый банк **а)** *банк., фин., брит. (банк, специализирующийся на оказании вспомогательных финансовых услуг: акцептование векселей, появившихся в результате торговых операций, размещение новых выпусков ценных бумаг, предоставление финансовых консультаций (напр., по слияниям и поглощениям, иностранной валюте, управлению инвестиционным портфелем) и т. д.)* **б)** *банк., торг., амер. (банк, который за комиссионное вознаграждение обслуживает кредитные карты, принимаемые торговыми предприятиями: обрабатывает информацию об операциях с кредитными картами и зачисляет соответствующие суммы на счет торгового предприятия)* **SEE:** credit card

merchant banking *банк., торг.* торговое банковское дело*, торговые банковские услуги* *(форма банковского обслуживания, связанная с кредитным финансированием, но не предполагающая предоставление прямых кредитов; включает акцептование векселей, появившихся в результате торговых операций, гарантирование размещения новых эмиссий, предоставление консультаций по слияниям и поглощениям, по иностранной валюте, по портфельному менеджменту и иным подобным вопросам, вложение средств банка в поглощение предприятий и т. д.)* **SEE:** merchant bank

merchant discount *торг., фин.* торговый дисконт* *(комиссия, которую финансовое учреждение, обслуживающее пластиковую карту, взимает с владельца предприятия розничной торговли за каждую сделку, оплаченную картой; устанавливается в виде процента от суммы покупки, оплаченной с помощью карты)* **SEE:** plastic card

merchant fraud *торг., юр.* торговое мошенничество *(различные мошеннические операции, применяемые продавцами, напр., продавец может выставлять и обналичивать расписки по украденным или потерянным кредитным картам, также продавец может* *проводить продажу по телефону, запрашивая у покупателей номер счета, а затем выставляя неверный счет или выставляя счет дважды, либо высылая некачественный товар или не высылая никакого товара, либо продавец может перевести средства со счета покупателя на свой счет, а продажу в течение некоторого времени не оформлять, пользуясь своего рода «бесплатным кредитом», а затем возмещая компании соответствующую сумму со своего счета, и т. п.)*

merchant guild торговая гильдия **а)** *торг., ист. (в средние века в Западной Европе объединение купцов, защищавших интересы и привилегии своих членов)* **б)** *торг. (объединение торговых фирм и предпринимателей, занимающихся торговлей)* **SEE:** Chamber of Commerce and Industry

merchant law *юр., торг.* = commercial law

merchant marine **сокр.** mm *торг., трансп.* торговый флот *(совокупность торговых судов страны)* **SYN:** mercantile marine

merchant service provider **сокр.** MSP *торг., фин.* поставщик торговых услуг*, поставщик услуг торговцам* *(торговый банк, независимая обслуживающая организация или иное учреждение, которое предоставляет услуги, связанные с обработкой операций с кредитными картами)* **SYN:** merchant services provider **SEE:** credit card, merchant bank, independent sales organization

merchant services provider *торг., фин.* = merchant service provider

merchant ship *торг., трансп.* торговое судно **SYN:** merchant vessel **SEE:** merchant marine

Merchant Shipping Act 1894 *торг., юр., брит.* закон «О коммерческой перевозке»*, 1894 г. *(регулирует некоторые институты, не подпадающие под действие закона «О продаже товаров» 1979 г. и закона «О потребительском кредите» 1974 г., напр., продажу коммерческих судов)* **SEE:** Sale of Goods Act 1979, Consumer Credit Act 1974

merchant vessel *торг., трансп.* = merchant ship

merchant wholesaler *торг.* оптовик, оптовый торговец *(независимое предприятие оптовой торговли, вступающее в права собственности на товары, которыми оно торгует, и оказывающее своим клиентам ряд услуг по хранению, транспортировке и т. п.; в отличие от оптовика, выполняющего исключительно посреднические функции и не являющегося собственником перепродаваемых товаров)* **SEE:** limited-service wholesaler, full-service wholesaler

merchantability *сущ. торг., юр.* годность для продажи, товарное состояние, товарная пригодность **EX: an implied warranty of merchantability** – подразумеваемая гарантия товарной пригодности **SYN:** merchantable quality

merchantable *прил.* **1)** *торг.* пригодный для торговли **ANT:** unmarketable, unsaleable **2)** *торг.* ходкий, пользующийся спросом **SYN:** salable, marketable

merchantable quality *торг., юр.* коммерческое качество **а)** *(оговорка в договорах купли-продажи, означающая что товар должен отвечать всем целям, для которых он обычно употребляется, и соответствовать контрактному описанию)* **б)** *брит. (согласно закону «О продаже товаров» 1979 г., регулирующему договор о продаже товаров в системе английского права, в случае, если товары продаются в процессе коммерческой деятельности, оговорка означает, что все недостатки товаров должны быть предъявлены покупателю до того, как он подпишет договор; в случае продажи товаров по образцам, оговорка означает, что товары не должны иметь никакого дефекта, выявляемого при разумном осмотре)* **SYN:** merchantability **SEE:** Sale of Goods Act 1979, contract of sale of goods, sale by sample

merchanted goods *торг., брит.* перепроданные товары* *(товары, купленные и затем проданные в первоначальном виде без какой-л. обработки)*

merchantman *сущ. торг.* = merchant ship

merchant's court *юр., торг.* коммерческий суд *(ведет разбор торговых споров)*

merge/purge *марк.* слияние и очистка рассылочных списков* *(процесс объединения двух или более рассылочных списков или файлов с одновременным выявлением и (или) объединением дубликатов, а также с удалением таких нежелательных записей, как должники или недействительные адреса; задачей этой операции является создание наилучшего возможного рассылочного списка для осуществления прямой почтовой рекламы)* **SEE:** mailing list, inter-list duplicate, net amount, dedupe

merit goods *эк.* одобряемые блага* *(товары и услуги, потребление которых поощряется государством вне зависимости от желания членов общества потреблять их, напр., образование, опера и балет, музеи, вакцинации и т. д.; такие товары часто предоставляются бесплатно или по ценам ниже себестоимости за счет субсидий государства их производителям)* **SEE:** quasi-public goods

MES *эк.* **сокр. от** minimum efficient scale

message *сущ.* **1)** *общ.* сообщение *(передаваемое по почте, телефону, интернету или иному средству связи)*; донесение; письмо, послание **EX: telephone message** – телефонное сообщение, **e-mail message** – сообщение, переданное по электронной почте **SYN:** dispatch **SEE:** one-sided message, two-sided message, sales message **2)** *упр.* поручение; задание, миссия **EX: to run messages (for smb.)** – исполнять поручения (для кого-л.), быть на посылках (у кого-л.); **3)** *общ.* основная идея *(какого-л. произведения, сообщения и т. д.)*; идейное содержание **EX: What I understood to be the message of the film is we should not trust the technology too much.** – Насколько я понял, основная идея фильма в том, что не следует слишком доверять технике.

message execution 1) *рекл.* исполнение [выполнение, оформление] сообщения [обращения]* *(конкретный способ представления рекламного сообщения, напр., использование музыкального ролика, представление рекламы в виде рекомендаций или научных обсуждений свойств товара, использование фантастических персонажей и т. д.)* **2)** *комп.* исполнение обращения [сообщения] *(конкретный способ обработки компьютерных сообщений)*

message strategy *марк.* стратегия обращения* *(состоит из двух частей: заявления о позиции товара и подкрепительных элементов (обычно 3 пункта, каждый из которых содержит информацию о каких-л. достоинствах товара (услуги) или самой компании, которые делают его (ее) интересным для целевого рынка; стратегия обращения является основой для разработки всех маркетинговых коммуникаций)* **SEE:** positioning statement, marketing communications

method of delivery 1) *связь* способ доставки *(корреспонденции, посылок; напр., почтой, с курьером, самовывозом и др.)* **2)** *торг.* метод поставки *(товаров, в зависимости от выбранного транспортного средства и т. д.)* **3)** *комп.* метод обработки и представления *(информации)*

me-too product *марк.* аналогичный продукт *(продукт, по своим характеристикам похожий на продукт конкурента; выпуск таких продуктов часто используется после появления у конкурента новинки, чтобы не допустить увеличения рыночной доли конкурента)* **SEE:** me-too response

me-too response *марк.* тактика аналогичных действий* *(тактика идущего за лидером, цель которой - сокращение доли рынка конкурента путем имитации его действий)* **SEE:** me-too product

metro area *марк., стат., амер.* = metropolitan statistical area

metropolitan statistical area **сокр.** MSA *марк., стат., амер.* муниципальный статистический район *(термин, используемый в США для обозначения города и прилегающих к нему территорий, где в центре проживает не менее 50 тыс человек, а общая численность превышает 100 тыс; считается, что потребители данной области однородны по социально-экономическому признаку)* **SYN:** standard metropolitan statistical area, metro area

Michigan Consumer Sentiment Index *эк., стат., бирж., амер.* Мичиганский индекс потребительских настроений *(публикуемый два раза в месяц отчет о результатах опроса потребителей на предмет уверенности в текущей экономической ситуации; опрос проводится сотрудниками Мичиганского университета; индекс отражает желание потребителей тратить деньги; рост показателя свидетельствует о восходящей стадии экономического цикла, инвестиционной привлекательности экономики и способствует росту акций и валюты)* **SEE:** Consumer Confidence Index

micro-merchandising *марк.* точечное выкладывание* *(определение товарного ассортимента и способа его выкладывания для каждого магазина или локального рынка отдельно)* **SEE:** merchandising, merchandise mix, micro-marketing

microenvironment *сущ. марк., упр.* микросреда *(поставщики, маркетинговые посредники, клиенты, конкуренты и контактные аудитории, т. е. факторы, на которые фирма может оказывать хотя бы частичное влияние)* **ANT:** macroenvironment

micromarketing **1)** *марк.* микромаркетинг* **а)** *(маркетинговая деятельность, предпринимаемая с позиции учета интересов только отдельной фирмы (организации)* **б)** *(маркетинговая деятельность отдельной фирмы (напр., постановка целей и задач фирмы, выбор целевых сегментов и т. д.)* **2)** *марк.* точечный маркетинг*, микромаркетинг* *(разработка продукции, рыночных стратегий и рекламных кампаний для специфических географических, демографических и психографических сегментов рынка, в том числе для отдельного магазина)* **SEE:** micro-merchandising, in-store, macromarketing

mid-range market *марк.* средние эшелоны рынка *(рынок товаров (услуг) среднего уровня качества и средней стоимости, рассчитанный на потребителей со средним, по сравнению с богатыми и бедными потребителями, уровнем дохода)* **SEE:** middle-class market, upscale market, down-market

midbuy analysis *рекл.* промежуточный анализ (рекламной кампании) *(измерение эффективности рекламы в середине рекламной кампании)* **SEE:** postbuy analysis

middle-aged market *марк.* рынок среднего возраста* *(потенциальный спрос со стороны потребителей среднего возраста)* **EX: Besides its size, the middle-aged market is significant because it is wealthy.** — Рынок среднего возраста значителен не только в силу своего размера, но и в силу высокой способности потребителей.

middle break *СМИ* перерыв в середине *(перерыв для передачи позывных или рекламного ролика, сделанный примерно в середине программы)* **SEE:** commercial break, natural break, station break

middle-class market *марк.* рынок среднего класса*, сегмент «средний класс»* *(рынок какого-л. товара, ориентированный на людей среднего класса как потребителей)* **SEE:** mid-range market

middleman *сущ.* **1) а)** *общ.* посредник *(лицо или организация, являющиеся связующим звеном между участниками переговоров, какой-л. сделки или какого-л. действия)* **EX: Second, there's the state Department of Transportation, which was supposed to act as a sort of middleman in negotiations between the town and the rail company.** — Во-вторых, существует Государственное управление транспорта, которое, как предполагалось, должно было выступать в роли посредника в переговорах между городскими властями и железнодорожной компанией. **б)** *торг.* (торговый) посредник, комиссионер, агент *(лицо, выступающее в качестве связующего звена между продавцом и покупателем; лицо, закупающее товары у производителя и перепродающее их розничным торговцам или конечным потребителям)* **EX: The agent is a middleman who puts buyers and sellers into position for the conclusion of sales.** – Агент – это посредник, который содействует покупателям и продавцам в заключении сделки купли-продажи. **SYN:** manufacturer's customer **SYN:** intermediary **SEE:** sales agent, disintermediation **2)** *эк.* посредник* *(крупный арендатор, сдающий небольшие участки субарендаторам)*

middleman brand *марк.* = store brand

middling

I *прил.* **1)** *общ.* средний *(о чем-л. или о ком-л., характеризующемся средним размером, средним уровнем, средним статусом и т. п.)* **EX: There are 20 bottles in a middling box.** – В коробку среднего размера помещается 20 бутылок. **2)** *общ.* сносный *(о здоровье)* **3)** *общ.* посредственный, заурядный *(о человеке)* **4)** *торг.* среднего качества; второсортный *(о товаре)* **EX: Middle class people come to pay middling prices for middling goods.** – Люди среднего класса уплачивают умеренные цены за товары среднего качества.

II *сущ. общ.* средний *(что-л. и кто-л., характеризующийся средним размером, средним качеством, средним статусом и т. п.)* **EX: The seed is separated on a gravity table into three fractions: good seed, rejected materials, and middlings. The middlings are fed onto another gravity table which separates good seed from rejects.** – На пневматическом сортировочном столе семена разделяются на три группы: хорошие семена, забракованные семена и семена среднего качества. Затем семена среднего качества попадают на другой пневматический сортировочный стол, на котором хорошие семена отделяются от забракованных.

military advertising *рекл.* военная реклама *(реклама оружия, военной одежды, образовательных учреждений военного профиля)*

military goods *эк.* товары военного назначения *(напр., оружие, военная техника)* **SYN:** defence goods **SEE:** civilian goods

milk food 1) *потр.* молочное питание, молочный корм **2)** *пищ., потр.* молочный продукт **SEE:** milk products

milk products *потр.* молочные продукты **SYN:** dairy products **SEE:** milk food, food products

milking strategy *марк.* стратегия выдаивания (рынка)* *(краткосрочная рыночная стратегия, направленная на получение максимально возможной прибыли от продажи товара в минимально короткий промежуток времени без учета долгосрочных возможностей продаж)* **SYN:** profit-taking strategy, profit strategy, skimming strategy

Miller-Tydings Act *торг., юр., амер.* = Miller-Tydings Fair Trade Act

milline rate *рекл.* миллайн *(стоимость публикации одной строки рекламного текста в 1 миллионе экземпляров тиража)*

millinery store *торг.* шляпный магазин, магазин дамских шляп; магазин женских головных уборов

mind share *марк., рекл.* = share of mind

minimum efficient scale сокр. MES *эк.* минимально эффективный масштаб *(размер фирмы (объем производства), при котором достигаются минимальные средние затраты; определяет максимально возможное количество эффективно функционирующих предприятий, необходимое для удовлетворения спроса на ту или иную продукцию на национальном, региональном или местном рынке)* **SEE:** economies of scale, natural monopoly

Mining *торг., стат., амер.* добыча полезных ископаемых *(сектор экономики по NAICS 2002)* **SEE:** North American Industry Classification System

minor customer *марк.* мелкий клиент [покупатель] *(не значимый для компании клиент; обычно так называют* *клиента, который редко пользуется ее товарами (услугами) и не приносит ей значительной доли дохода (в отличие от ключевых клиентов))* **ANT:** key customer, major customer **EX: Today's minor customer could be tomorrow's best client.** – Сегодняшний мелкий клиент может стать ключевым в будущем.

misbranded product *торг.* неверно маркированный товар* *(товар с несоответствующей ему этикеткой или с маркировкой, содержащей неверную или не подтвержденную информацию о товаре)*

misbranding *марк., юр.* неправильная [неверная] маркировка *(фальшивая или вводящая в заблуждение)* **SEE:** misbranded product

misdelivery *сущ.* **1)** *торг.* ошибочная доставка [поставка] **SYN:** nondelivery **SEE:** incomplete delivery **2)** *связь* доставка по ошибке *(доставка корреспонденции, сообщений, почтовых отправлений по неправильному адресу)*

misdescription *сущ. эк., юр.* неправильное описание, неправильная характеристика *(ошибочное или вводящее в заблуждение описание товара или иного объекта договора)* **EX: misdescription of goods/services** – неправильное описание товаров/услуг **SEE:** description

misleading *общ.* вводящий в заблуждение, обманчивый, дезориентирующий **EX: misleading product information** – вводящая в заблуждение информация о товаре, **We deal with complaints about false or misleading description of goods or services.** – Мы рассматриваем жалобы на ложное или вводящее в заблуждение описание товаров и услуг. **SYN:** deceptive **SEE:** misleading silence, deceptive advertising

misleading advertising *рекл.* = deceptive advertising

misleading label *торг.* = deceptive label

misleading silence *рекл.* вводящее в заблуждение умалчивание* *(форма недобросовестной рекламы, при которой умалчиваются некоторые особенности рекламируемого продукта)* **SEE:** deceptive advertising

misprice *гл. эк.* установить неверную цену *(некорректно назначить или оценить стоимость какого-л. товара или финансового инструмента, напр., выпустить новые товары по заниженной цене, что приведет к недополучению дохода, или по завышенной цене, что приведет к трудностям со сбытом)*

mispriced *эк.* неправильно оцененный* *(имеющий завышенную или заниженную цену)* **EX: mispriced goods and services** – неправильно оцененные товары или услуги

misrepresentation *сущ.* **1)** *юр.* введение в заблуждение *(суда, присяжных)*; искажение фактов **2)** *юр.* выставление подставных свидетелей **3)** *юр., торг., брит.* искажение фактов *(согласно закону «О продаже товаров» 1979 г., регулирующему договор о продаже товаров в системе английского права, намеренное искажение фактов с целью введения в заблуждение контрагента или же заявление без ссылки на результат, ошибочно принятое за положение договора; помимо закона «О продаже товаров» 1979 г. регулируется законом «Об искажении фактов» 1969 г.)* **SEE:** Sale of Goods Act 1979, contract of sale of goods, statement, representation, Misrepresentation Act 1967

Misrepresentation Act 1967 *юр., торг., брит.* закон «Об искажении фактов»*, 1967 г. *(согласно этому закону, лицо, виновное в искажении фактов в договоре о продаже товаров, несет ответственность за нанесение ущерба другой стороне, однако искажение фактов не является основанием для расторжения договора)* **SEE:** misrepresentation, contract of sale of goods, statement, representation, damage

missing goods *торг.* недостающий товар *(заказанный, но не еще поставленный товар)* **SEE:** back order

mission *сущ.* **1) а)** *общ.* миссия; делегация **EX: peace [goodwill] mission** – миссия мира [доброй воли], **trade mission** – торговая делегация **б)** *пол.* миссия, постоянное дипломатическое представительство **EX: diplomatic mission** – дипломатическая миссия **2) а)** *упр.* поручение, (служебная) командировка **EX: to accomplish [carry out, perform] mission** – выполнять поручение, **to undertake a mission** – брать на себя выполнение поручения, **dangerous mission** – опасное поручение **б)** *воен., амер.* (боевая) задача; задание **EX: combat [military] mission** – боевое задание **3) а)** *общ.* миссионерская организация **б)** *общ.* миссия *(группа людей, отправленная куда-л. с религиозными поручениями)* **в)** *общ.* миссионерская деятельность **г)** *общ.* миссия, резиденция миссионера **4) а)** *общ.* миссия; цель жизни; призвание; предназначение **EX: He considered it his mission in life.** – Он считал это целью своей жизни. **б)** *упр., марк.* миссия *(функция организации как части социальной или экономической системы; исходя из нее определяются цели организации)* **EX: The mission of our company is to provide you with a quality product at an affordable price.** – Миссия нашей компании – предоставить вам качественный товар по доступной цене.

missionary salesperson *торг.* = detail person

mistake as to quality *юр., торг., брит.* ошибка относительно качества товара *(допущенная продавцом или покупателем; регулируется законом «О продаже товаров» 1979 г., который предписывает, в каких случаях договор о продаже товаров должен быть аннулирован из-за ошибки относительно качества товара по требованию продавца или по требованию покупателя)* **SEE:** Sale of Goods Act 1979, contract of sale of goods

misuse of market power *торг., юр.* = abuse of market power

mix and match *торг.* смешивание и подгонка* *(принцип, означающий, что покупатель может самостоятельно отбирать отдельные комплектующие, аксессуары, услуги и т. п. и комбинировать их по своему усмотрению, напр., потребитель может приобрести костюм, несколько рубашек и несколько галстуков, и комбинировать в зависимости от случая или настроения)*

mixed shop *торг., брит.* магазин со смешанным ассортиментом **SYN:** general store **SEE:** general merchandise

mixed trademark *марк., пат.* комбинированный [смешанный] товарный знак *(сочетает разные элементы: словесные, изобразительные, объемные; может представлять собой сочетание рисунка и слов, рисунка и цифр, слов и букв и т. д.)* **SYN:** combination trademark, combined mark, device mark **SEE:** word trademark, figurative trademark, three-dimensional trademark

mobile advertisement 1) *рекл.* мобильное рекламное сообщение **2)** *рекл.* реклама на колесах **SEE:** mobile advertising

mobile advertising 1) *рекл.* мобильная реклама *(реклама, распространяемая через мобильные телефоны посредством рассылки рекламных SMS-сообщений)* **SEE:** spam **2)** *рекл.* передвижная реклама, реклама на колесах, реклама на транспорте, транзитная реклама *(реклама на транспортных средствах - расписанные рекламными сообщениями грузовики, автобусы, такси, вагоны электричек)* **SEE:** transit advertising, sandwich man

mobile billboard *рекл.* мобильная [перемещающаяся] реклама *(транспортное средство, оснащенное одной или несколькими рекламными панелями)*

mobile defence *марк.* стратегия мобильности, мобильная оборона *(одна из стратегий оборонительной маркетинговой войны, которая предполагает постоянное перемещение ресурсов и разработку новых стратегий и тактик; напр., разработка новых товаров, модификация товаров, переход на новые сегменты рынка, увеличение целевой группы потребителей, репозиционирование и т. п.; данная стратегия под силу гибкой организации с сильным маркетингом и предпринимательски-

ми навыками в области разработки продукции и проведении маркетинговых исследований) **SEE:** defensive warfare, new product, product modification, market segment, target audience, repositioning, marketing research, new product development

mobile shop *торг., брит.* автолавка, магазин на колесах *(торговая точка, где специальный фургон или др. транспортное средство является одновременно местом хранения, средством транспортировки, и прилавком)* **SYN:** shop car, shop truck, rolling store, sales van

Mobius Advertising Awards *рекл., амер.* рекламные награды Мебиуса* *(международный конкурс, включающий в себя фестиваль телевизионных рекламных фильмов, фестиваль роликов радиорекламы и конкурс печатной рекламы; проводится с 1971 г. в г. Элмхерст, близ Чикаго)*

mock auction *торг., юр., брит.* мошенническая продажа с аукциона* *(регулируется законом «О продаже с аукциона при мошеннических действиях» 1961 г. и законом «О продаже товаров» 1979 г.; определяется как продажа товаров при конкурентном определении цены, когда товары были проданы по меньшей цене, чем наивысшая из предложенных; когда часть цены была возвращена участнику торгов, предложившему настоящую цену; когда право предложить цену ограничивалась лицами, которые купили или согласились купить другие товары или сделали что-л. другое, что может трактоваться как получение ими какого-л. блага в дар)* **SEE:** Mock Auctions Act 1961, Sale of Goods Act 1979, competitive bidding

Mock Auctions Act 1961 *торг., юр., брит.* закон «О мошеннической продаже с аукциона»*, 1961 г. *(регулирует аукционные продажи, перечисляет виды мошенничеств при аукционных продажах)* **SEE:** mock auction

mock trading *мет., торг.* торговля на бумаге*, торговая игра *(симуляция торговой деятельности без привлечения реальных товаров и денег; используется для освоения методов торговли, для обучения торговому делу)* **SYN:** paper trading

Model Law on Electronic Commerce *торг.* = UNCITRAL Model Law on Electronic Commerce

model stock *торг.* модельные товарные запасы* **а)** *(оптимальный уровень запасов, который продавец считает нужным поддерживать для качественного обслуживания клиентов, но в то же время для избежания чрезмерных запасов)* **б)** *(товары, особенно модные, входящие в ассортимент данной торговой точки)*

model stock list *торг.* список модельных товарных запасов*, перечень модельного ассортимента* *(список размеров, цветов, марок и т. п. для модных товаров, входящих в ассортимент данной торговой точки, напр., список модной одежды)* **SEE:** basic stock list, never out list

modelled list *рекл.* смоделированный список *(список имен и адресов, разделенный на группы с одинаковыми демографическими, психографическими и др. характеристиками; из списка отбираются те группы, которые наилучшим образом соответствуют планируемым рекламным мероприятиям)* **SEE:** list segment, target audience

moderate buyer *марк.* = medium buyer

moderate price *эк., торг.* доступная цена; умеренная цена

moderate user *марк.* = medium user

Modified American Plan **сокр.** MAP *торг.* модифицированный американский план *(разновидность гостиничного обслуживания, при котором цена включает стоимость комнаты и двухразового питания (обычно завтрак и обед))* **SEE:** American Plan

modified rebuy *торг.* повторная закупка с изменениями *(ситуация, когда покупатель при размещении повторного заказа хочет изменить условия поставки, спецификации товара,* *количество заказываемого товары, цены и т. д.)* **SEE:** straight rebuy

moist grain storage *с.-х., торг.* хранилище для влажного зерна* **SEE:** grain storage, storage

mom-and-pop store *эк., торг., амер.* семейный магазин **а)** *(небольшой магазин, которым управляют и владеют члены одной семьи)* **б)** *(мелкий независимый семейный бизнес)* **в)** *(небольшой розничный магазин)* **SYN:** ma-and-pa store, mom and pop store **SEE:** big-box store

money *сущ.* **1)** деньги **а)** *эк. (все, что выполняет функции денег как средства обращения, меры стоимости и средства сбережения)* **EX: to be pressed for money** – испытывать денежные затруднения, **to borrow money at interest** – занимать деньги под проценты, **to borrow money on securities** – занимать деньги под ценные бумаги, **to build money** – накопить сумму денег, **to change money** – разменивать деньги, **money is scarce, money is tight** – плохо с деньгами **SEE:** plastic money **б)** *юр., торг., амер. (согласно определению Единообразного торгового кодекса США: средство обмена, разрешенное или принятое местным или иностранным правительством; включает денежную единицу счета, учрежденную межправительственной организацией или соглашением между двумя и более государствами)* **SEE:** Uniform Commercial Code **2)** *мн., эк.* денежные суммы **EX: monies paid out** – выплаченные суммы

money-back guarantee *марк.* гарантия возврата денег, предложение о возврате денег, манибэк *(разновидность гарантии, состоящая в том, что покупатель имеет право в течение оговоренного времени после совершения покупки в случае неудовлетворенности товаром вернуть его и получить деньги обратно)* **SYN:** money refund offer

money crop *с.-х.* = cash crop

money refund offer *марк.* = money-back guarantee

money, authority, desire, access **сокр.** mada *марк.* модель МАДА*, модель «деньги, полномочие, желание, доступ»* *(характеризует возможности, приписываемые продавцами членам целевой группы населения при разработке маркетинговой стратегии; согласно этой модели, население характеризуется возможностью заплатить, правом купить, заинтересованностью купить, доступом к товару)*

monger *сущ.* **1)** *торг.* продавец, торговец *(обычно используется как компонент сложных слов)* **EX: fishmonger** – торговец рыбой, рыботорговец, **winemonger** – торговец вином, виноторговец **SYN:** dealer **2)** *общ. (как компонент сложных слов: занимающийся чем-л. неблаговидным)* **EX: warmonger** – поджигатель [разжигатель] войны, **rumourmonger** – сплетник, разносчик слухов

monopolistic competition *эк.* монополистическая конкуренция *(рыночная структура, относящаяся к несовершенной конкуренции, при которой фирмы конкурируют, но при этом имеют черты монополий, поскольку производят дифференцированный продукт; термин и теория были предложены Э. Х. Чемберлином)* **SEE:** market structure, monopoly, differentiated product

monopolistic trade practice *эк.* монополистическая торговая практика *(деятельность фирмы на рынке, направленная на устранение реальной или предотвращение потенциальной конкуренции других фирм; выражение является общепринятым в Индии, западные страны предпочитают использовать термин restrictive trade practice или abuse of economic power)* **EX: A monopolistic trade practice is deemed to be prejudicial to the public interest.** – Считается, что монополистическая торговая практика противоречит общественным интересам. **SYN:** restrictive trade practice **SEE:** trade practice

monopoly *сущ.* **1)** *эк.* монополия *(рыночная структура, характеризующаяся наличием на рынке какого-л. блага единственного продавца и большого количества покупателей, отсутствием совершенных заменителей продукции *продавца, отсутствием свободы входа на рынок и совершенной информированностью; в силу этих характеристик продавец обладает абсолютной властью над рыночной ценой; различают естественную, открытую и закрытую монополии; для точности пользуются также понятием чистой монополии)* **EX: to curb a monopoly** – ограничивать монополию, **The basic meaning of monopoly is that there is no entry into the industry to expand the supply.** – Основной смысл монополии заключается в отсутствии (возможности) входа в отрасль, который бы увеличил предложение. **A monopoly is an industry in which there is one seller.** – Монополия – это отрасль, в которой существует только один продавец. **Cartel is a monopoly organization. Equilibrium under cartel and monopoly is identical in nature.** – Картель – это монополистическая организация. Равновесия при картеле и монополии идентичны. **SEE:** market structure, ·perfect substitutes, market price, natural monopoly, monopolistic competition, monopsony **2)** *эк.* монополист *(фирма, являющаяся являющаяся единственным продавцом на рынке)* **EX: Monopoly is firm that controls the entire supply of a good or service.** – Монополист – это фирма, которая контролирует все предложение товара или услуги. **In a cartel, competitors agree to act as a monopoly to gain monopoly profits.** – В картеле конкуренты соглашаются действовать как монополия с целью получения монопольной прибыли. **3)** *юр.* исключительное право **EX: to have a monopoly on** – обладать монополией на *(что-л.)*

monopsony *сущ. эк.* монопсония, монополия покупателя *(наличие на рынке только одного покупателя товара, что обеспечивает покупателю возможность влиять на цену)* **SEE:** market structure, monopoly, oligopsony

month out *торг.* «без месяца» *(ситуация по сделке, когда продажа и купля назначенного товара не совпадают по срокам контрагентов)*

monthly delivery *торг.* ежемесячная поставка; ежемесячная доставка **SEE:** single delivery, frequency of delivery

mood advertising *рекл.* психологическая реклама*, реклама, задающая настроение* *(реклама, рассчитанная на создание у человека определенного настроения, побуждающего его приобрести товар)*

mood commercial *рекл.* психологический рекламный ролик*, рекламный ролик, задающий настроение* **SEE:** mood advertising

moral appeal **1)** *марк.* нравственный [моральный] мотив *(маркетинговый подход, при котором упор делается на положительную моральную оценку совершения покупки; напр., покупка товаров из соображений поддержки отечественного производства, товаров, процент от продаж которых идет на благотворительные цели, товаров в экологически безвредных упаковках и т. п.)* **2)** *марк* нравственная притягательность* *(свойство товара)* **SEE:** immediate appeal, rational appeal, recreational appeal, mass appeal, masculine appeal, health appeal, game appeal, snob appeal, advertising appeal, price appeal, consumer appeal, marketing appeal, service appeal, sales appeal, emotional appeal, female appeal, sex appeal

More Reading, Less TV *соц.* Больше чтения, меньше телевизора* *(проект организации «Безтелевизонное сообщество»; четырехнедельная программа, в ходе которой учителя начальной школы стараются убедить своих учеников меньше смотреть телевизор и больше читать книги)* **SEE:** Adbusters, Buy Nothing Day, TV-Turnoff Network

morning drive *рекл., СМИ.* = morning drive time

morning drive time *рекл., СМИ.* утренний час-пик [драйв тайм], утреннее пиковое время *(период с 6:00 до 10:00, когда люди едут на работу)* **SYN:** morning drive **SEE:** drive time, afternoon drive time

morning goods *торг.* утренние товары* *(реализуемые по утрам, напр., свежий хлеб, молоко и т. п.)*

motivation *сущ.* **1) а)** *псих., упр.* стимулирующий фактор, мотив, стимул *(то, что побуждает человека к действию)* **б)** *псих., упр.* мотивация *(совокупность внутренних и внешних движущих сил, побуждающих человека к определенной деятельности и придающих этой деятельности определенную направленность;)* **EX: to keep up motivation** – поддерживать мотивацию, **internal motivation** – внутренняя мотивация, **human motivation** – человеческая мотивация, **source of motivation** – источник мотивации, **motivation intensity** – интенсивность мотивации, **motivation pattern** – структура мотивации, **primary motivation** – первичная мотивация, **secondary motivation** – вторичная мотивация **2)** *упр., марк.* мотивация, мотивирование; стимулирование, поощрение *(создание мотивов, стимулов для выполнения определенной деятельности, напр., предложение повышенной заработной платы как средство достижения большей производительности труда)* **EX: indirect motivation** – косвенное стимулирование, **Suppliers must develop a method for motivation of employees to achieve their quality objectives.** – Поставщики должны разработать метод мотивирования работников на достижение целевого уровня качества.

motivation research *марк.* = motivational research

motivation study *марк.* = motivational research

motivational research *марк.* мотивационный анализ *(исследование, осуществляемые для определения мотивации потребительских решений)* **SYN:** motivation research, motivation study, purchaser motivation test

motograph *тех., рекл.* мотограф* *(электронный экран, состоящий из ламп накаливания; при помощи перфорированной ленты на нем можно воспроизводить изображения и рекламные сообщения; лента движется через экран и касается электрических контактов, в результате чего на экране появляется заданное сообщение)*

movable display *торг.* передвижное (экспозиционное) оборудование *(передвижные стенды (на колесах), полки с регулируемой высотой и т. п.)* **SYN:** portable display, travelling display

movie advertisement *рекл.* = cinema advertisement

movie merchandise *потр.* кинотовары* *(какие-л. товары, связанные с героями или какими-л. элементами известных кинофильмов: футболки, постеры, календари, ручки и т. п.)* **EX: These are the top 20 best selling movie merchandise products on our homepage.** – Вот 20 наиболее продаваемых кинотоваров на нашей странице. **The most complete list of X-Files movie merchandise.** – Наиболее полный перечень кинотоваров, связанных с сериалом «Секретные материалы». **SEE:** tie-in

movie theatre advertising *рекл.* = cinema advertising

multi-product vending machine *торг.* мультитоварный [многотоварный] торговый автомат* *(торговый автомат, отпускающий товары нескольких видов: напитки, еду и т. д.)* **SEE:** vending machine

multi-step marketing *марк.* многоступенчатый маркетинг *(систематическое повторение маркетинговых усилий в отношении одного и того же потенциального клиента (напр., периодическая рассылка ему рекламных буклетов, пробных образцов товара и т. д.), даже если после первого контакта он не проявил желания стать реальным клиентом)* **SEE:** one-step marketing, multilevel marketing

multi-unit price *торг.* цена нескольких единиц* *(общая цена, установленная для покупки нескольких единиц сразу; ниже, чем суммарная стоимость отдельно приобретенных единиц)* **SEE:** quantity discount, package price

multibrand strategy *марк.* мультимарочная стратегия *(продажа двух и более конкурирующих товаров одного производителя)*

multibuyer *марк.* мультипокупатель* *(потребитель, делающий много покупок)*

multichannel marketing *марк.* многоканальный маркетинг *(вид маркетинга, при котором организация создает два и более каналов распределения для обслуживания одного или нескольких сегментов рынка (напр., сбыт строительных материалов осуществляется как напрямую строительным организациям, так и через оптовых и розничных торговцев))*

multichannel marketing system *марк.* многоканальная маркетинговая система **SEE:** multichannel marketing

multidimensional product differentiation *марк.* многомерная дифференциация продукта* *(предполагает отличие данного продукта от других продуктов по более чем одной характеристике)*

multidimensional scale *стат., соц.* многомерная шкала *(позволяет отражать измеряемые отношения или установки в многомерной числовой системе)* **SEE:** multidimensional scaling

multidimensional scaling *стат., соц.* многомерное шкалирование *(метод обработки результатов опросов, при котором ответы респондентов отражаются точками во многомерном пространстве, напр., при выяснении потребительского отношения к сходствам различных товаров и потребительских предпочтений среди этих товаров, ответы респондентов могут наносится на график с осями X и У, каждая из которых представляет определенную характеристику товара)* **SEE:** multidimensional scale

multilevel direct selling *марк.* многоуровневые прямые продажи **SYN:** multilevel marketing

multilevel marketing **сокр.** MLM *марк.* многоуровневый маркетинг *(вид маркетинга, основанный на создании сети покупателей-продавцов; дистрибьюторы фирмы-производителя, продав определенный товар, просят покупателя за определенную плату найти новых покупателей, тех в свою очередь просят найти очередных покупателей и т. д.; прецеденты «СЕК» против «Гленн У. Тернер Энтерпрайзес» и «СЕК» против «Коскот Интерпланетари, Инк.» в американской судебной практике привел к пониманию вложений покупателей-продавцов в товары, а также первоначальных взносов, при такой торговой схеме как ценных бумаг)* **SYN:** network marketing, structure marketing, multilevel direct selling, pyramid scheme

multimedia **1)** *комп.* мультимедиа *(общее название программных средств, позволяющих одновременно использовать аудио- и видео информацию)* **2)** *СМИ* комплекс СМИ *(совокупность нескольких типов СМИ, используемых для передачи информации)* **SEE:** mass media **3)** *рекл.* = multimedia advertising

multimedia advertising **1)** *рекл.* мультимедийная реклама *(реклама с использованием компьютерных технологий, напр., всплывающие рекламные окна, анимационные рекламные картинки в интернете)* **SEE:** banner **2)** *рекл.* мультимедийная реклама *(реклама с использованием нескольких средств рекламы: телевидения, радио, прессы, наружной рекламы и т. п.)* **SYN:** multimedia

multimedia campaign *марк.* мультимедийная кампания *(кампания с использованием многих средств рекламы)* **SEE:** on-air campaign, press campaign, cinema campaign, poster campaign

multinational advertising *рекл.* = global advertising

multinational product *марк.* многонациональный [мультинациональный] продукт* *(товар, продаваемый в большинстве стран мира)* **SYN:** global product

multiple

I *прил.* **1)** *общ.* составной, сложный **EX:** **retail enterprise with multiple chain of stores** – предприятие розничной торговли с разветвленной сетью магазинов **2)** *общ.* многократный, множественный, разнообразный **EX:** **WorldLink allows you to make multiple payments in multiple currencies with a single**

debit to your account. – Система «WorldLink» позволяет вам осуществлять множество платежей в различных валютах при проведении всего одной дебетовой записи по вашему счету.

II *сущ.* **1)** *мат.* кратное число **EX: any multiple of 3** – любое число, кратное трем **2)** *торг., брит.* = multiple shop **EX: The UK retail industry is dominated by large food multiples, which in 1997 accounted for more than 37% of total retail sales.** – В британской розничной торговле доминируют крупные сети продовольственных магазинов, на которые в 1997 году приходилось более чем 37% валовых розничных продаж.

multiple buyer *марк.* многократный покупатель *(совершивший несколько покупок данного товара или товаров данной фирмы или магазина)* **SEE:** return customer, one-time buyer

multiple-choice question *соц.* вопрос с многовариантным ответом [выбором], вопрос с вариантами ответа **EX: A multiple-choice question consists of two parts: the stem, which identifies the question or problem, and two to five response alternatives.** – Вопрос с многовариантным ответом состоит из двух частей: основы, которая характеризует вопрос или проблему, и от двух до пяти вариантов ответа.

multiple-choice response *соц.* выборочный ответ, ответ на вопрос с многовариантным выбором* **SEE:** multiple-choice question

multiple facing *рекл.* многократное размещение* *(последовательная установка двух и более щитов наружной рекламы)* **SEE:** outdoor advertising

multiple prices *торг.* множественные цены *(система из нескольких цен, меняющихся в зависимости от условий конкретной сделки, напр., оптовые цены, розничные цены, цены с различными скидками и т. п.)* **SEE:** price differentiation, regular price

multiple pricing *марк.* = variable pricing

multiple-price auction *торг., фин.* = discriminatory price auction

multiple-product pricing 1) *марк.* ассортиментное [мультипродуктное] ценообразование* *(стратегия ценообразования, при которой назначаются разные цены на товары одного вида для выделения товаров высшего, стандартного и невысокого качества, а также для защиты от конкурентов)* **2)** *марк.* = variable pricing

multiple product announcement *рекл.* многотоварное объявление* *(два или несколько товаров (услуг), упоминаемых в одном рекламном сообщении по радио, телевидению или в другом средстве распространения рекламы)*

multiple segmentation *марк.* многофакторная сегментация, многофакторное сегментирование *(сегментирование рынка по нескольким признакам, напр., по нескольким демографическим характеристикам)* **SEE:** market segmentation

multiple shop *торг.* сетевой магазин *(магазин, принадлежащий целой сети магазинов одного и того же владельца; как правило, в таких магазинах продаются одни и те же товары по примерно одинаковым ценам)* **SYN:** chain store

multiple shop retailing *торг.* = retail chain

multiple store *торг.* = chain store

multiple-unit sale *марк., торг.* = quantity discount

multiple-use product 1) *марк.* = universal commodity **2)** *марк.* многоразовый продукт [товар] *(продукт, который можно использовать несколько раз с одинаковым успехом)* **SEE:** disposable product

multipurpose survey *соц.* многоцелевое обследование *(исследование, направленное для осуществление нескольких задач)* **EX: The National Survey of Family Growth (NSFG) is a multipurpose survey based on personal interviews with a national sample of women 15-44 years of age in the United States.** – Национальное исследование семейного роста является многоцелевым обследованием, основанным на личных интервью с женщинами в возрасте 15 - 44 лет в США. **SEE:** survey, omnibus research

multisegment marketing *марк.* = differentiated marketing

multistage sampling *стат.* многоступенчатый отбор, многоступенчатая выборка *(тип случайной выборки, осуществляемой в несколько этапов: на первом этапе производится отбор из генеральной совокупности крупных общностей, а на последующих - внутри этих общностей вычленяются меньшие по объему)* **SEE:** sampling

multistore *торг.* = chain store

multivariate analysis *стат.* многомерный [многофакторный] анализ *(метод статистического исследования, при котором одновременно анализируется более одной переменной, напр., уровень дохода, размер семьи и величина расходов на какие-л. товары; целью такого анализа обычно является выявление зависимостей между изучаемыми переменными)*

mundane product *марк.* обыденный товар* *(товар, который очень давно существует на рынке в различных модификациях: разный дизайн, цвет, упаковка и т. д., известен всем возможным потребителям и часто используется ими в повседневной жизни: напр., шариковые ручки, мыло, аспирин, колбаса и др.; производитель таких товаров вынужден затрачивать дополнительные усилия, чтобы потребители обратили внимание именно на его продукт)*

music shop *торг., брит.* музыкальный магазин *(магазин, торгующий музыкальными инструментами, нотами и т. п.)* **SYN:** music store

music store *торг., амер.* = music shop

mystery shopper *марк.* мнимый покупатель *(сотрудник фирмы или представитель поставщика, посещающий магазины под видом покупателя и проверяющий работу продавцов, качество обслуживания и эффективность используемых дилерами или розничными торговцами приемов экспонирования и продажи товара)* **SYN:** ghost shopper, phantom shopper **SEE:** mystery shopping

mystery shopping *марк.* виртуальная [тайная, мнимая, контрольная] покупка *(техника контроля качества обслуживания, суть которого в том, что исследователь проводит наблюдение за качеством обслуживания, играя роль обычного покупателя)* **SEE:** mystery shopper

N

Nader, Ralph *потр., юр.* Нейдер, Ральф *(1934-, американский юрист и общественный деятель, лидер движения потребителей 1960-х; в результате его деятельности в США на уровне штатов было принято огромное количество правовых актов, направленных на борьбу с обманом потребителей)* **SEE:** consumerism, consumer fraud

name brand *марк., пат.* = manufacturer's brand

name recognition *марк.* узнаваемость [известность] имени *(степень осведомленности потребителей о торговой марке или о названии компании)* **SEE:** brand recognition, corporate image

nameplate 1) *общ.* именная табличка *(любая дощечка или бирка (металлическая, пластиковая, тканевая и т. п.) с именем (сотрудника, жильца, игрока и т. д.) или названием (товара, фирмы, улицы и т. д.), и некоторыми основными данными (должность, страна, модель, дата производства и т. п.))* **SEE:** product nameplate, placard **2)** *СМИ* шапка издания *(броская картинка на первой странице газеты или другого издания, содержащая фирменное название издания (со всеми зарегистрированными эмблемами и логотипами) и информацию об издании (адрес издателя, дата выхода и др.))* **SYN:** masthead, banner **SEE:** banner headline **3)** *общ.* идентификационные данные* *(в паспорте: имя, дата и место рождения, номер паспорта)*

narrow goods *потр.* ленточные изделия *(текстильные изделия узкой ширины, т. е. ленты, тесьма, бахрома, шнурки и т. д.)* **SEE:** haberdashery, fringe

national account *эк.* клиент общенационального масштаба* *(клиент компании, имеющий подразделения или продающий свою продукцию на территории всей страны; как правило, имеются в виду клиенты рекламных агентств, страховых компаний и т. п.)* **SEE:** local account, account class

national advertising *рекл.* общенациональная реклама, реклама в масштабе страны *(рекламирование на территории всей страны, в отличие от рекламирования в отдельных районах)* **SEE:** regional advertising, local advertising

National Advertising Benevolent Society **сокр.** NABS *рекл., кан.* Национальное благотворительное рекламное общество* *(некоммерческая организация, созданная с целью помогать работникам рекламной сферы в случае необходимости (напр., из-за болезни (травмы), потери работы, финансовых затруднений); штаб-квартира находится в Торонто (Канада))*

National Advertising Division **сокр.** NAD *рекл., амер.* Отдел общенациональной рекламы*, Отдел общенациональной рекламы Совета бюро по улучшению деловой практики [совершенствованию бизнеса]* *(совместно с Национальным рекламным комитетом, является частью двухуровневой системы по контролю за рекламной деятельностью; система работает следующим образом: когда появляется заявление о недобросове-*

стной или вводящей в заблуждение рекламе, оно сначала расследуется Отделом общенациональной рекламы; если рекламодатель или сторона, подавшая жалобу, не согласны с решением Отдела общенациональной рекламы, то претензия передается на рассмотрение Национальной комиссии по наблюдению за рекламной деятельностью, которая выносит окончательное решение) **SYN:** National Advertising Division of the Council of Better Business Bureaus **SEE:** Council of Better Business Bureaus, National Advertising Review Board

National Advertising Division of the Council of Better Business Bureaus *рекл., амер.* = National Advertising Division

national advertising rates *рекл.* общенациональный рекламный тариф* *(стоимость рекламы на территории всей страны)* **SEE:** advertising rate, national advertising

National Advertising Review Board **сокр.** NARB *рекл., амер.* Национальный рекламный комитет*, Национальная комиссия по наблюдению за рекламной деятельностью* *(создана в 1971 г. по инициативе Национального совета по наблюдению за рекламной деятельностью с целью поддержания правдивости и точности национальной рекламы; совместно с Отделом общенациональной рекламы, является частью двухуровневой системы по контролю за рекламной деятельностью; система работает следующим образом: когда появляется заявление о недобросовестной или вводящей в заблуждение рекламе, оно сначала расследуется Отделом общенациональной рекламы; если рекламодатель или сторона, подавшая жалобу, не согласны с решением Отдела общенациональной рекламы, то претензия передается на рассмотрение Национального рекламного комитета; если Комитет принимает сторону рекламодателя, то дело закрывают, в противном случае от рекламодателя требуют изменить оспариваемую рекламу и предупреждают, что если он не сделает этого, то дело будет передано в соответствующий государственный орган)* **SEE:** National Advertising Review Council, National Advertising Division

National Advertising Review Council **сокр.** NARC *рекл., амер.* Национальный совет по наблюдению за рекламной деятельностью* *(специальный орган саморегулирования, целью которого является стимулирование точности и правдивости в рекламе; Совет придерживается принципов государственного невмешательства в рекламную деятельность, содействует разрешению споров между рекламодателями-конкурентами и распространению мнения о достоверности рекламы)* **SEE:** National Advertising Review Board

National Association of Recording Merchandisers **сокр.** NARM *торг., амер.* Национальная ассоциация торговцев звукозаписями *(некоммерческая ассоциация, объединяющая более тысячи американских оптовых и розничных распространителей звукозаписей; создана в 1958 г. для содействия развитию отрасли и представления интересов членов отрасли в законодательных и общественных органах)*

National Association of Wholesaler-Distributors **сокр.** NAW *торг., амер.* Национальная ассоциация дистрибьютеров-оптовиков* *(расположенная в Вашингтоне (Колумбия) ассоциация профессиональных оптовиков, которая функционирует в следующих направлениях: представляет отрасль в правительстве, проводит исследования и образовательные мероприятия; публикует новости, имеющие отношение к оптовой торговле; организует групповые закупки; контактирует с др. организациями и т. п.)*

national audience *СМИ, марк.* (обще)национальная аудитория **SEE:** audience

National Automatic Merchandising Association сокр. NAMA *торг., амер.* Национальная ассоциация автоматического мерчендайзинга* *(основанная в 1936 г. национальная профессиональная ассоциация мерчендайзинга, автоматической торговли и сферы продовольственных услуг; членами ассоциации являются компании сферы услуг, производители торгового оборудования и поставщики товаров и услуг для этой сферы бизнеса)*

national brand 1) *марк.* = manufacturer's brand 2) *марк.* национальная торговая марка, национальный товарный знак *(торговая марка, которая признана по всей стране, а не только на какой-л. отдельной территории)* **SYN:** national trademark **SEE:** regional brand, local brand, global brand

National Change of Address сокр. NCOA *амер., связь* Национальная система изменения адресов* *(система, разработанная Почтовой службой США для предоставления отправителям информации об изменениях адресов до того, как они отправят почту по неправильным адресам; для этого файла с информацией об измененных адресах сравнивается с рассылочным списком отправителя)* **SEE:** nixie, Address Change Service

National Conference of Commissioners on Uniform State Laws сокр. NCCUSL *юр., амер.* Национальная конференция уполномоченных по унификации права штатов, Национальная конференция уполномоченных единообразных актов *(учреждена в 1892 г. с целью сблизить и даже унифицировать законодательство штатов, т. е. кодифицировать некодифицированную систему права США; представляет собой отчасти государственный орган, отчасти общественную организацию; предложения Конференции могут быть приняты только на добровольной основе, если легислатуры всех или хотя бы большинства штатов последуют согласованному образцу; непосредственную постоянную работу по подготовке проектов унифицированных актов ведут комиссии специалистов по соответствующей отрасли права (их резиденция — Чикагский университет), а уполномоченные, назначаемые губернаторами штатов, собираются на конференцию, как правило, раз в год; из почти 200 предложенных Конференцией проектов одобрение получили менее 20; в основном они относятся к сфере торгового права, важнейший среди них — Единообразный торговый кодекс)* **SYN:** Uniform Law Commissioners **SEE:** commercial law, Uniform Commercial Code

National Consumer Council сокр. NCC *эк., брит.* Национальный совет потребителей *(независимая неправительственная организация, занимающаяся защитой прав потребителей; в 1969 г. осуществил обзор судебных прецедентов, связанных с нарушениями прав потребителей и составил сборник вопросов, адресованных судам графств, на основании которого в 1973 г. были изданы дополнения к правилам суда графства, направленные на более эффективную защиту прав потребителей)* **SYN:** Consumer Council **SEE:** consumer council, consumer fraud, consumerism, consumer trade practices, damage, claim for damage, product liability, Donoghue v Stevenson, Carlill v Carbolic Smoke Ball Co, Henningsen v Bloomfield Motors, manufacturer's guarantee, How to sue in the County Court, Consumer Protection Advisory Committee, Consumers' Association, Consumers Union

national distribution *марк.* общенациональное распространение [продажа] *(о каком-л. товаре)*

national distributor *торг.* общенациональный дистрибьютор *(компания, занимающаяся распространением определенной продукции по всей стране (оптом или в розницу))* **EX: The local retailer may not have the resources to compete aggressively in marketing and advertising**

with a national distributor. – Местному розничному торговцу может быть сложно активно конкурировать с общенациональным дистрибьютором в маркетинге и рекламе. **SYN:** national marketer **SEE:** local distributor, national retailer, national wholesaler

national launch **1)** *марк.* общенациональный выпуск [запуск] нового продукта* *(выпуск нового продукта на рынок сразу по всей стране, а не в отдельных районах)* **SEE:** new product, local launch, rolling launch **2)** *общ.* общенациональный выпуск, общенациональный охват *(напр., выпуск новой программы, которая будет транслироваться на всю страну; начало какой-л. кампании или проекта (напр., по озеленению городов), которая будет охватывать всю страну)* **SEE:** local launch

national marketer *торг.* = national distributor

national marketing **1)** *марк.* общенациональный маркетинг *(деятельность по продвижению и реализации товара, осуществляемая компанией по всей стране)* **2)** *торг.* общенациональный сбыт* *(сбыт товара во всех частях страны)* **SEE:** marketing level, local marketing, regional marketing

national media plan *рекл.* общенациональный медиа-план* *(план использования общенациональных СМИ для размещения рекламы)* **SEE:** media plan

national promotion *марк.* общенациональное продвижение товара* **а)** *(стимулирование продаж товара в общенациональном масштабе)* **SEE:** national advertising, national marketing **б)** *(стимулирование продаж товара в определенной стране)*

national retailer *торг.* общенациональный розничный торговец* *(предприятие розничной торговли, имеющее филиалы по всей стране)* **SEE:** global retailer, regional retailer, local retailer, national wholesaler, national distributor

national sales force *торг.* общенациональная служба сбыта, общенациональный штат продавцов *(совокупность торговых представительств (представителей) и торговых агентов компании по всей стране)* **EX: John was able to cultivate a truly outstanding national sales force of 10 regional broker sales companies.** – Джон смог организовать действительно выдающуюся национальную службу сбыта, которая представляет собой систему из 10 региональных торговых представителей. **SEE:** regional sales force, local sales force, geographic organization

national trademark *марк., пат.* = national brand

national wholesaler *торг.* общенациональный оптовик *(оптовое предприятие, торговые операции которого распространяются на всю страну)* **SEE:** regional wholesaler, local wholesaler, national distributor, national retailer

nation-wide market *эк.* общенациональный рынок *(рынок сбыта в масштабах всей страны)* **SEE:** local market, regional market

natural break **1)** естественный перерыв **а)** *СМИ, рекл. (период времени между передаваемыми программами (т. е. между концом одной и началом другой), используемый для рекламной трансляции)* **SEE:** commercial break **б)** *спорт. (промежуток, когда велосипедист на время прекращает крутить педали в процессе движения)* **2)** *с.-х.* естественное ограничение [прекращение] роста растения *(появление боковых побегов на стебле растения после появления нежизнеспособной почки на конце стебля растения)*

natural monopoly *эк.* естественная монополия *(разновидность монополии, которая оправдана с точки зрения эффективности, так как объем выпуска, соответствующий минимально эффективному размеру фирмы, достаточен для удовлетворения всего рыночного спроса, так что минимизация средних издержек достигается при функционировании на рынке только одной фирмы)* **SEE:** minimum efficient scale

natural service area **1)** *марк.* естественный район обслуживания* *(территория, охватываемая деятельностью фирмы в силу того, что сама фирма находится на этой территории)* **2)** *марк.* целевая потребительская аудитория *(совокупность потенциальных потребителей продукции компании)* **SEE:** consumer audience

nature of the goods *эк.* вид [тип] товара; природа товара *(совокупность свойств определенного товара, влияющая на способ его транспортировки, хранения, размещения в магазине, налогообложения и т. д. (напр., жидкие товары хранятся и реализуются в бутылках, банках и др.))*

necessary goods *эк.* необходимые блага, товары первой необходимости **а)** *(блага, от которых нельзя отказаться без ущерба для нормальной жизнедеятельности человека, организации или общества)* **SYN:** staple goods **б)** *(в экономической теории: товары, спрос на которые по мере роста дохода возрастает, но в меньшей степени, чем доход)* **SEE:** Engel curve, inferior goods, luxury goods, normal goods

necessities *эк.* предметы первой необходимости **SYN:** articles of prime necessity

need-driven *марк., амер.* гонимый нуждой [потребностью]*, управляемый нуждой [потребностью]* *(в классификации VALS: о потребителях, которые испытывают значительную нехватку ресурсов, особенно финансовых, в результате чего их поведение в первую очередь определяется необходимостью удовлетворить первоочередные нужды, а возможность выбора отходит на второй план)* **SEE:** VALS, survivor, sustainer

need-satisfaction approach *марк.* ориентация на удовлетворение потребностей* *(стратегия (метод) сбытовой политики, при которой сначала определяются потребности и запросы клиента, а затем подбирается самый подходящий товар из представленных в ассортименте)* **SEE:** market orientation, consumer-oriented marketing, product orientation, selling concept

need-satisfying product *марк.* нужный продукт* *(товар, удовлетворяющий определенную потребность потребителей)*

negative appeal *рекл.* отрицательный мотив, негативное привлечение* *(запугивание читателя или зрителя неблагоприятными последствиями неиспользования объекта рекламы; делается упор на отрицательных результатах, которые получит человек, не купивший рекламируемый товар)* **SEE:** positive appeal

negative demand *марк.* отрицательный [негативный] спрос *(ситуация, когда большинству покупателей товар не нравится и они не собираются его приобретать)* **SEE:** demand states

negative option **1)** *марк.* отказ от получения *(отказ потребителя получать очередные товары, распространяемые по подписке, или рассылку рекламных материалов)* **EX: You may cancel your membership by writing «Please Cancel My Membership» on your negative-option card.** – Вы можете выйти из членов клуба, отправив открытку для отказа от получения с надписью «Прошу отменить мое членство». **2)** *марк.* «до отказа от получения»* *(система распространения определенных товаров (книги, музыкальные кассеты, диски и т. п.) или система рассылки рекламных сообщений, при которой товар (рекламное сообщение) автоматически через определенные интервалы времени направляется адресату до тех пор, пока последний не вышлет извещение об отказе от получения дальнейших отправлений)* **EX: negative option rule** – принцип «до отказа от получения», **Most book clubs operate on a negative-option basis.** – Большинство книжных клубов действуют по системе «до отказа от получения». **SEE:** positive option, inertia selling, perpetual order

negative option marketing *марк.* = inertia selling

negative response *соц.* отказ *(отказ участвовать в исследовании, дать интервью, заполнить анкету и т. п.)* **SEE:** response

negotiable price *эк.* договорная цена *(цена с возможностью торга)* **ANT:** firm price **SEE:** negotiated price

negotiable warehouse receipt *торг.* свободно обращающаяся складская расписка* *(складская расписка, которая может свободно переходить из рук в руки при передаче прав собственности на хранящиеся товары)* **SEE:** warehouse, warehouse receipt

negotiated bid договорная заявка*, договорное предложение* **а)** *эк. (предложение о поставке или выполнении работ, условия которого формулируются в ходе переговоров между заказчиком и потенциальным поставщиком/подрядчиком, в отличие от открытого конкурса)* **б)** *фин., банк. (предложение одного или нескольких андеррайтеров о приобретении всех новых ценных бумаг, условия которого сформировано в результате переговоров между эмитентом и андеррайтерами, в отличие от предложения, выбранного в ходе конкурсного рассмотрения заявок андеррайтеров)* **SEE:** competitive bid, noncompetitive bid

negotiated bidding *эк.* = auction by tender

negotiated price *эк.* договорная цена *(устанавливаемая в ходе переговоров продавца и покупателя)* **SYN:** negotiable price

negotiated pricing *эк.* договорное ценообразование [установление цены] *(назначение цен в результате переговоров продавца и покупателя)* **SEE:** negotiated price

neighbourhood shopping centre *торг., брит.* торговый центр микрорайона, местный торговый центр *(включает главный универсам, а также предприятия сферы услуг; обслуживает от 3 до 50 тыс. человек, проживающих менее чем в 15 минутах езды от него)* **SEE:** main shopping centre, shopping centre, community shopping centre, regional shopping centre

nemo dat quod not habet *юр., торг., брит., лат.* никто не может дать то, что не имеет* *(принцип, согласно которому никто не может передать или продать то, правами собственности на что он не располагает; первоначально речь шла о ворованных товарах; впоследствии в системе английского торгового права принцип получил выражение в судебном прецеденте наряду с принципом защиты торговой сделки и в законе «О продаже товаров» 1979 г.)* **SYN:** nemo dat, nemo dat principle, maxim nemo dat quod not habet **SEE:** transfer of title, Bishopsgate Motor Finance Corpn v Transport Brakes Ltd, Sale of Goods Act 1979, protection of commercial transactions, non-owner, sale by agent

neon sign *рекл.* неоновый щит, неоновая вывеска *(рекламный щит с внутренней неоновой подсветкой)* **EX: a neon sign advertising a sushi bar** – неоновый щит с рекламой суши-бара **SEE:** illuminated advertising, light box, spectacular

net

I *сущ. эк.* нетто, чистые **а)** *учет (цифра за вычетом налогов и других расходов, обязательств и т. д., т. е. сумма, уменьшенная на все относящиеся к ней вычеты)* **б)** *учет (разница между ценой продажи и ценой покупки актива, т. е. прибыль или убыток)* **в)** *торг. (окончательная сумма, которую должен будет уплатить покупатель, т. е. за вычетом скидок и т. п.)* **г)** *учет, разг., эк. (прибыль после налогообложения)* **SEE:** gross

II *гл.* **1)** *эк.* приносить [получать] чистый доход [чистую прибыль] **EX: The book has already netted a quarter of a million pounds.** – Книга уже принесла четверть миллиона фунтов чистого дохода. **SEE:** gross **2)** *фин.* получить остаток *(в результате зачета поступлений и вычетов)*; провести клиринг [зачет, неттинг]

III *прил.* **1)** *общ.* чистый, нетто *(о весе, доходе)* **EX: per pound net** – за фунт чистого веса, **net earnings** – чистые поступления, **net cost** – чистая стоимость, **net weight** – чистый вес, вес нетто, вес без упаковки **ANT:** gross **SEE:** net cash **2)** *общ.* итоговый, конечный **EX:** **net result [effect]** – конечный результат **3)** *общ.* чистый, несмешанный, беспримесный **EX:** **net natural wine** – чистое натуральное вино

net advertising circulation **сокр.** NAC *рекл.* чистый тираж рекламы*, чистый рекламный охват* *(общее число людей, видевших рекламный щит, рисованное рекламное объявление или любую другую наружную рекламу за данный период времени)* **SEE:** net circulation

net amount **1)** *общ.* чистая сумма, чистый остаток *(то, что остается после вычитания из валовой суммы (валового количества) части, не имеющей значения или ценности для анализа)* **SEE:** net response, gross amount **2)** *марк.* чистое количество (адресатов) *(имена, оставшиеся в рассылочном списке после слияния и очистки)* **SYN:** net names **SEE:** merge/purge

net audience *рекл.* = net unduplicated audience

Net Book Agreement **сокр.** NBA *торг., брит.* «Соглашение о минимальной цене книг»* *(общенациональное соглашение между издателями и распространителями книг, в соответствии с которым издатели имели право устанавливать минимальную (чистую) цену реализации книг; исключение составляли только школьные учебники и не распроданные за определенный срок остатки; действовало с 1900 г. по 1997 г.)*

net cash **1)** *учет* чистые денежные средства *(чистый приток денежных средств в результате какой-л. деятельности)* **EX:** **Net cash provided by/used in operating activities** – Чистые денежные средства, полученные от операционной деятельности или используемые в операционной деятельности **2)** *торг.* платеж наличными без скидки

net circulation **1)** *марк.* чистый охват аудитории* *(общее число людей, видевших рекламный щит, рисованное рекламное объявление или любую другую наружную рекламу за данный период времени)* **SYN:** net advertising circulation **SEE:** outdoor advertising **2)** *СМИ* тираж нетто*, чистый тираж *(общий тираж за вычетом непроданных копий)*

net cover *рекл.* чистый охват *(процентное отношение количества людей, увидевших или услышавших данную рекламу хотя бы один раз (т. е. общее число просмотров за вычетом повторных просмотров) к общему размеру целевой аудитории)* **SEE:** net unduplicated audience

net coverage *рекл., СМИ* чистый охват, охват-нетто* **а)** *(число людей или площадь территории, охваченной средством массовой информации)* **б)** *(при использовании нескольких рекламных носителей — общее число людей увидевших или услышавших данное рекламное объявление, откорректированное на число людей, столкнувшихся с данным рекламным объявлением на разных рекламных носителях)* **в)** = net reach **SEE:** ad reach

net invoice price *торг., учет, фин.* чистая фактурная цена* *(сумма, уплаченная/полученная за товар или услугу, не учитывающая транспортные расходы, расходы на погрузку и страхование, налог с продаж, налог на добавленную стоимость, скидки и другие подобные корректировки и добавки)* **SEE:** invoice price, gross invoice price

net name arrangement *марк.* соглашение о конечных именах*, соглашение об используемых именах* *(соглашение, по которому пользователь рассылочного листа не уплачивает полную стоимость списка, а платит только за те имена из списка, которые он реально использует, напр., из первоначального списка могут быт удалены двойные записи или имена, которые не удовлетворяют требованиям пользователя списка, либо из списка может быть сделана более уз-

кая выборка и т. п.; обычно в таких соглашениях устанавливается минимальный процент от первоначального общего количества имен в списке, который покупатель списка обязан оплатить) **SEE:** net names, net name discount, net name file, list user, list trade

net name discount *марк.* скидка на конечные имена*, скидка на используемые имена* *(вычет из стоимости полного рассылочного списка, производимый в связи с тем, что в списке есть повторяющиеся имена, либо с тем, что покупатель намерен приобрести только часть списка)* **SEE:** net name arrangement

net name file *марк.* конечный файл имен*, файл используемых имен* *(записи, оставшиеся в файле после проведения операций слияния имен и очистки рассылочного списка от ненужных записей)* **SEE:** net name arrangement

net names *марк.* конечные имена*, используемые имена* *(имена, оставшиеся в рассылочном списке после удаления дублирующихся записей и записей, неудовлетворяющих требованиям данного пользователя рассылочного списка)* **SYN:** net amount **SEE:** net name arrangement

net opportunity to see **сокр.** net OTS *рекл.* чистая вероятность просмотра* *(вероятность того, что потенциальный покупатель увидит или услышит рекламное объявление, скорректированная на вероятность повторных просмотров)* **SEE:** opportunity to see, net coverage

net price *эк.* цена нетто, нетто-цена, чистая цена, реальная цена **а)** *(цена после вычета всех скидок и учета всех наценок, т. е. реально уплачиваемая покупателем/получаемая продавцом цена)* **SEE:** discount, markup **б)** *(цена, не включающая налоги, расходы по перевозке, страхованию и т. п.)* **SYN:** net rate

net purchase *торг., учет* = net purchases

net purchases **1)** *торг., учет* чистые покупки [закупки] *(общая стоимость всех закупленных организацией материальных ценностей (сырья, материалов, товаров и т. п.) и услуг за вычетом суммы скидок, стоимости возвращенных товаров, сокращений нормальной цены и транспортных расходов, связанных с покупками)* **SEE:** net sales, sales returns, trade discount, transportation cost **2)** *эк.* чистая покупка *(объем покупок минус объем продаж каких-л. товаров каким-л. субъектом за определенный период)*

net rate **1)** *страх.* нетто-ставка *(основная часть страхового тарифа, используемая для формирования страховых резервов и выплат, состоит из основной части и рисковой надбавки; отражает степень риска страховщика по договору страхования)* **2)** *торг.* чистая цена **а)** *(цена товара до надбавки для перепродажи конечному потребителю)* **б)** *(цена товара (услуги) за вычетом комиссионных и налогов)* **SYN:** net price **3)** *торг.* чистая оплата *(оплата туристических услуг за вычетом агентской комиссии и налогов)* **4)** *гос. фин.* = effective tax rate

net rating point **сокр.** NRP *СМИ, рекл.* пункт рейтинга *(один процент совокупной аудитории данной радио- или телевизионной программы или коммерческой рекламы; рейтинг программы определяется суммой пунктов)* **SEE:** cumulative audience, gross rating point

net reach *рекл.* охват-нетто*, чистый охват *(количество людей, увидевших или услышавших рекламное объявление хотя бы раз (т. е. без учета повторных просмотров))* **SYN:** net coverage **SEE:** net opportunity to see

net response *марк.* чистый отклик* *(валовой отклик на почтовую рекламу минус неоплаченные кредитные заказы и аннулированные заказы; также может быть определен как сумма некредитных и оплаченных кредитных заказов)* **SEE:** gross response

net sale *фин., торг.* нетто-продажа, чистая продажа [выручка] **а)** *фин.*

(сумма, вырученная от продажи ценной бумаги, минус комиссионные, сборы, налоги и скидки по отдельным сделкам) **SEE:** commission **б)** *торг., учет (выручка компании от продаж за вычетом возмещаемых налогов, недопоставок, предоставленных скидок при немедленной или досрочной оплате, возврата продукции, скидок, расходов на гарантийное обслуживание и т. д.)* **SYN:** net sales **SEE:** net purchases, gross sales

net sales *торг., учет* = net sale

net unduplicated audience *рекл.* аудитория-нетто *(общее число домохозяйств, зрителей или слушателей, охваченное за данный период времени определенной рекламой, с исключением случаев дублирования одного средства распространения рекламы другим)* **SYN:** net audience **SEE:** ad reach, net cover

net weight *торг., трансп.* чистый вес [масса], вес [масса] нетто, нетто-вес **а)** *(вес товара без учета веса упаковки)* **б)** *(вес перевозимого товара)* **SEE:** gross weight, tare weight

network

I *сущ.* **1)** а) *общ.* сеть, сетка, плетенка **б)** *общ.* хитросплетение, сеть **EX: network of intrigue [lies]** – сеть интриг [лжи] **г)** *тех.* цепь, схема **2)** сеть **а)** *эк. (совокупность железных дорог, каналов, предприятий, агентств и т. п.)* **EX: communications network** – сеть коммуникаций, сеть связи, система связи, **road network** – дорожная сеть, **network of rails** – сеть железных дорог, железнодорожная сеть, **network of espionage** – шпионская сеть **б)** *эк. (группа неконкурирующих компаний или специалистов, имеющих взаимные контакты, обменивающихся информацией или услугами; как правило, имеет неформальный характер)* **в)** *соц. (совокупность людей с общими интересами, которые поддерживают контакты с целью взаимопомощи, обмена знаниями и информацией и т. п.)* **EX: a network of recent college graduates** – сеть выпускников колледжа, **Granovetter argues that institutions can be seen as «congealed networks».** – По мнению Грановеттера, институты можно рассматривать как «застывшие» сети. **г)** *СМИ, рекл. (группа взаимосвязанных станций отдельной теле- или радиокомпании, осуществляющих одновременное вещание одних и тех же программ)* **д)** *СМИ, рекл. (группа газетных издательств, расположенных в большом географическом регионе, которые продают места для размещения рекламы по одному счету)* **3)** *комп.* (компьютерная) сеть *(система коммуникационных линий, соединяющих компьютер с периферийными терминалами)* **4)** *упр., иссл. опер.* сеть, сетевой график *(графическое изображение взаимосвязи между различными работами, которые должны быть выполнены в ходе данного проекта; используется при расчете критического пути в сетевом анализе)*

network audience *СМИ* аудитория сети [вещательной компании]* *(аудитория радио- или телевизионной компании)* **EX: ABC Network audience** – аудитория ABC **SEE:** audience, network rating

network buy *рекл.* покупка эфирного времени сети* *(приобретение коммерческого рекламного времени непосредственно в сети, что обеспечивает одновременное приобретение времени на всех станциях, входящих в сеть)* **SEE:** time buying, market-by-market buy

network commercial *рекл.* сетевая реклама, сетевой рекламный ролик* *(транслируемый по всем станциям теле- или радиосети, а не в отдельном населенном пункте или отдельной станцией сети)* **EX: All breaks will be filled with network commercials and commercials by local affiliates.** – Все рекламные паузы будут заполнены либо сетевой рекламой, либо рекламой местных вещательных компаний. **SEE:** national advertising, regional advertising, local advertising

network commercial *рекл.* сетевая реклама, сетевой рекламный ролик* *(транслируемый по всем станциям теле- или радиосети, т. е. в общенациональном, общерайонном и т. д. мас-*

штабе, в зависимости от охвата сети, а не в отдельном населенном пункте или отдельной станцией сети) **EX: All breaks will be filled with network commercials and commercials by local affiliates.** – Все рекламные паузы будут заполнены либо сетевой рекламой, либо местной рекламой. **SEE:** national advertising, regional advertising, local advertising

network marketing *марк.* сетевой маркетинг **SYN:** multilevel marketing

network of distributors *марк.* дистрибьюторская сеть *(совокупность дистрибьюторов, распространяющих товары фирмы)* **SEE:** distribution network

network rating *СМИ, марк.* рейтинг сети, рейтинг вещательной компании* *(показатель популярности теле- или радиокомпании, в отличие от популярности отдельной программы)* **SEE:** Nielsen rating, network audience

never-never 1) *общ., разг.* утопия, несбыточная мечта; витание в облаках **2)** *эк., разг.* покупка в рассрочку, покупка в кредит **EX: He bought his car on the never-never.** – Свой автомобиль он купил в кредит.

never out list *торг.* ходовой список* *(список наиболее популярных производителей и их товаров, входящих в ассортимент данной торговой точки)* **SEE:** basic stock list, model stock list

new entrant 1) *эк.* компания-новичок *(компания, впервые вступающая в отрасль)* **2)** *эк. тр.* новичок* *(человек, впервые ищущий работу)* **EX: interview with Ros Smith - a new entrant to physics teaching** – интервью с Рос Смит - новичком в преподавании физики

new member mailing *марк.* рассылка для привлечения новых членов* *(прямая почтовая реклама, высылаемая лицам, не являющимся членами клуба, для привлечения новых потребителей)* **SEE:** direct mail advertising, cold mail promotion

new product *марк.* товар-новинка, новый продукт *(товар или услуга, отличающиеся от уже существующих настолько, что воспринимаются потребителями как новые)* **EX: new product development** – разработка новой продукции **SYN:** novel product, innovative product **SEE:** new product development, known product

new product committee 1) *марк.* комитет по новым товарам* [по новой продукции]* *(группа людей из разных отделов фирмы, занимающихся разработкой нового товара)* **2)** *бирж.* комитет по новым товарам* *(изучает потенциальные возможности торговли новыми товарами на бирже; совместно с персоналом биржи проводит оценку эффективности введения новых контрактов, наблюдает за подготовкой экономических исследований и других материалов по обоснованию и ведению торговли новыми товарами)*

new-product department *марк., упр.* отдел новых товаров* *(отдел компании, занимающийся разработкой новых товаров)* **SEE:** new product committee

new-product development system *марк.* система разработки новых товаров *(организованный в компании порядок действий, используемых при разработке нового товара)*

new-product failure rate *марк.* уровень неудач новых товаров* **SEE:** product failure, product failure rate

new product planning *марк.* планирование новых товаров [товаров-новинок], планирование товаров *(систематическое принятие решений по всем аспектам разработки и управления продукцией фирмы; предполагает создание идеи и концепции нового товара, торговой марки и упаковки, разработка программы действий по реализации идеи нового товара от сырья до готового продукта, управление жизненным циклом товара)* **SEE:** new product idea, product concept, product life cycle

new product pricing *марк.* ценообразование на новый товар *(установление цен на новые товары; существуют две основные стратегии данного вида ценообразования: стратегия* *снятия сливок и ценовая стратегия захвата рынка)* **SEE:** skimming, penetration pricing

new-products manager *упр., марк.* менеджер по новым товарам *(занимается организацией разработки новой продукции; внедрением ее в производство и продвижением на рынке)*

news stand *СМИ, торг.* = newsstand

news-stand price *СМИ, торг.* = newsstand price

Newspaper Advertising Sales Association **сокр.** NASA *рекл., амер.* Ассоциация по продаже газетной рекламы *(основана в 1943 г. с целью пропаганды газет в качестве носителей рекламы; организует образовательные программы и предоставляет информационные услуги с целью совершенствования работы отрасли)*

newspaper audience *марк.* читательская аудитория газеты **SEE:** audience

newspaper coupon *торг.* газетный купон *(купон на получение скидки, подарка и т. п., напечатанный в газете или вложенный в газету)*

newspaper insert *рекл.* = freestanding insert

newspaper rack *торг.* газетная стойка *(для демонстрации (ассортимента) газет)* **SEE:** rack

newsstand **сокр.** N/S *СМИ, торг.* газетный киоск *(торговая точка для розничной продажи газет или журналов)* **SYN:** news stand

newsstand draw **сокр.** N/S draw *СМИ, марк. (экземпляры, получаемые киоском до начала продажи)* **SEE:** newsstand returns

newsstand price *торг.* цена в киоске* *(розничная цена периодического издания; обычно совпадает с ценой, указанной на обложке)* **SEE:** newsstand sales

newsstand returns **сокр.** N/S returns *СМИ, торг.* возврат из киоска* *(непроданные экземпляры издания из числа полученных розничной торговой точкой для продажи; информация об их числе обычно доводится до оптовых торговцев или дистрибьюторов, которые обычно (но не всегда) должны компенсировать их стоимость розничным торговцам)* **SEE:** newsstand draw, return affidavit

newsstand sales **1)** *торг., СМИ* объем продаж в киосках*, розничные продажи периодических изданий* *(экземпляры периодических изданий, проданные в киосках (в отличие от проданных по подписке); объем продаж определяется разностью между числом полученных и возвращенных экземпляров)* **SEE:** newsstand draw, newsstand returns, newsstand price, subscription sale **2)** *торг., СМИ* продажа в киосках *(продажа периодических изданий в киосках, а не по подписке)* **SEE:** subscription sale

next matter *рекл., СМИ* = next-to-reading matter

next-to-reading matter *рекл., СМИ* послетекстовая реклама* *(размещение рекламы после редакционного текста)* **SYN:** next matter

Niblett v Confectioners' Materials Co Ltd *юр., торг., брит.* «Ниблет против "Конфекшенерз Мэтириалз Ко Лтд"»* *(название судебного прецедента 1921 г., введшего в законодательство о продаже товаров понятие «состояние или условие» в качестве элемента качества товара)* **SEE:** state or condition, right quality, merchantable quality

Nice Agreement *пат., торг., межд. эк.* = Nice Agreement Concerning the International Classification of Goods and Services for the Purposes of the Registration of Marks

Nice Agreement Concerning the International Classification of Goods and Services for the Purposes of the Registration of Marks *пат., торг., межд. эк.* Ниццкое соглашение о международной классификации товаров и услуг для регистрации знаков *(международное соглашение, в соответствии с которым была разработана классификация товаров и услуг для целей регистрации торговых знаков; соглашение подписано в 1957 г.; классификация несколько раз пере-*

сматривалась и дополнялась) **SYN:** Nice Agreement **SEE:** trademark, trademark registration, international trademark registration, Nice Classification

Nice Classification *пат., торг., межд. эк.* Ниццкая классификация *(классификация товаров и услуг, разработанная в соответствии с Ниццким соглашением о международной классификации товаров и услуг для регистрации знаков)* **SEE:** Nice Agreement Concerning the International Classification of Goods and Services for the Purposes of the Registration of Marks

niche *сущ.* **1)** углубление, ниша **а)** *общ. (в стене здания (напр., для помещения в нее шкафа, статуи и т. п.))* **б)** *геол. (углубление (полость, расселина) в скале или камне)* **2)** ниша, место **а)** *(область деятельности, в которой человек или организация может проявить себя наилучшим образом и/или найти возможность сосуществования со своими конкурентами)* **EX: She carved out her own niche in the industry.** – Благодаря усердной работе, она смогла занять свою нишу в данной сфере деятельности. **б)** *марк.* = market niche **в)** *биол. (место живого организма в окружающей среде по отношению к другим живым организмам, т. е. та роль (значение) данного живого организма в окружающей среде, которая позволяет ему выжить среди других)*

niche market **1)** *марк.* = market segment **2)** *марк.* = market niche

niche marketing *марк.* = concentrated marketing

niche player *марк.* = market nicher

niche strategy *марк.* стратегия ниш *(стратегия фирмы, состоящая в поиске и захвате свободных сегментов рынка)* **SEE:** market niche

Nielsen Food and Drug Index *марк.* «Индекс Нильсена для продуктов питания и лекарств»* *(публикуется раз в два месяца исследовательской компанией «Эй Си Нильсен», содержит информацию об объемах продаж, распределении и уровнях запасов продукции по торговым маркам, выраженную в объемах потребительских покупок продуктов питания и медикаментов в розничной торговле)* **SYN:** Food and Drug Index **SEE:** ACNielsen company

Nielsen Food Index **сокр.** NFI *марк.* «Индекс Нильсена для продуктов питания»* *(индекс продуктов питания фирмы «Эй Си Нильсен»)* **SEE:** Nielsen Food and Drug Index, ACNielsen company

Nielsen Index *стат., амер.* «Индекс Нильсена» *(статистические данные, собираемые и публикуемые компанией «Эй Си Нильсен», в том числе данные об объемах розничной и оптовой торговли в разных типах торговых точек)* **SEE:** Nielsen Food and Drug Index, Nielsen Food Index, Nielsen Retail Index, Nielsen Station Index, Nielsen Television Index, ACNielsen company

Nielsen Media Research Company *СМИ* компания по исследованию средств массовой информации «Нильсен»*, «Нильсен медиа рисеч компани» *(ведущий поставщик телевизионных информационных услуг в США и Канаде, обслуживающий телестанции, рекламодателей и их агентов; собирает и предоставляет данные о привычках телезрителей, в том числе информацию о том, когда включают телевизор, кто его смотрит и какой канал)* **SEE:** ACNielsen company

Nielsen rating *марк.; амер.* рейтинг Нильсена *(оценка популярности телепрограммы, выводимая американской исследовательской фирмой «Эй Си Нильсен»; указывает процент семей, которые смотрели данную программу)* **SEE:** ACNielsen company

Nielsen Retail Index *марк., амер.* Розничный индекс Нильсена*, Индекс розничной торговли Нильсена* *(статистические данные по розничным продажам различных товаров (продуктов питания, хозяйственных товаров, косметики и др.); собираются и публикуются американ-*

ской исследовательской фирмой «Эй Си Нильсен»; для сбора соответствующих данных компания «Эй Си Нильсен» собирает информацию об объемах и структуре предложения в розничной торговле, о ценах розничных продавцов и т. п.) **SEE:** Nielsen Index, store audit

Nielsen Station Index **сокр.** NSI *СМИ, амер.* «Станционный индекс Нильсена»* *(статистические данные по аудиториям телезрителей, собираемые фирмой «Эй Си Нильсен» более чем в 220 географических районах и публикуемые несколько раз в год в виде брошюры под названием «Профиль зрительской аудитории»)* **SEE:** ACNielsen company

Nielsen Television Index **сокр.** NTI *СМИ, амер.* «Телевизионный индекс Нильсена»* *(статистические данные по аудиториям всех производимых в стране сетевых программ, собираемые фирмой «Эй Си Нильсен»)* **SEE:** ACNielsen company

night shopping *торг.* ночные [вечерние] покупки *(приобретение товаров в магазинах, работающих допоздна или круглосуточно; обычно, товары повседневной необходимости продаются по более высокой цене, чем днем, тогда как магазины одежды, техники и т. д. устраивают ночные скидки)*

nixie 1) *общ.* русалка **2)** *связь, разг.* некорректный [ошибочный] адрес, адрес с ошибкой *(адрес реально существующего человека или организации, в котором один или несколько элементов неверны и поэтому письмо не находит адресата)* **EX: nixie rate** – доля возвратов, **nixie elimination** – устранение некорректных адресов, **Mailing list brokers often guarantee their nixie rate. They promise to pay you for each nixie (sometimes after a certain percentage) from their list.** – Продавцы рассылочных списков часто дают гарантии на долю неверных адресов. Они обещают выплату за каждый возврат из их списка (часто после превышения некоторой доли от общего числа адресов). **SYN:** undeliverable-as-addressed **SEE:** mailing list, list cleaning

no demand *марк.* отсутствие спроса *(ситуация, когда товар не покупается, т. е. отсутствует интерес потребителей к товару)* **SYN:** no demand state **SEE:** demand states

no demand state *марк., эк.* = no demand

no-frills retailing *торг., марк.* упрощенная розничная торговля*, розничная торговля без излишеств* *(в отличие от торговли с полным циклом обслуживания, не включает дополнительных услуг)* **SEE:** limited service retailer, full-service retailer

no-name product *марк.* = generic product

no-op *марк.* холостой звонок* *(выполненный автоматическим наборным устройством исходящий телефонный звонок, при котором оператор не подключился к линии сразу же после того, как трубка была снята абонентом на другом конце провода)* **SEE:** abandon rate, telemarketing

no-returns policy *марк.* политика «никаких возвратов»* *(торговая политика, в соответствии с которой торговец предоставляет скидку, а конечный покупатель не имеет права вернуть купленный со скидкой товар, либо политика, в соответствии с которой оптовый торговец предоставляет розничному торговцу скидку, но не принимает обратно непроданный розничным торговцем товар)* **SEE:** sale or return

no sale no arrival *торг., юр., амер.* нет продажи, нет прибытия* *(согласно определению Единообразного торгового кодекса США: термин означает, если соглашением не предусмотрено иное: а) что продавец обязан должным образом погрузить товары, соответствующие договору о продаже и, если они прибывают любым способом, он должен предложить их по их прибытию, но он не берет на себя обязательства, что товары прибудут, если только он не является причиной *этого неприбытия;* **б)** *если не по вине продавца товары частично теряются в пути или получают повреждения до такой степени, что их более невозможно признать соответствующими договору о продаже, или прибывают позже, чем определено договором о продаже, покупатель может действовать так, как если бы с данными товарами произошел несчастный случай)* **SEE:** Uniform Commercial Code, contract for sale, conforming to contract

nominal scale *стат.* номинальная шкала, классификационная шкала *(шкала, состоящая из качественных переменных, которые не могут быть упорядочены по количественному признаку: пол, цвет и пр.)* **EX: A nominal scale is characterised by classification, that is, the sorting of observations into different classes or categories.** – Номинальная шкала характеризуется классификацией, т. е. сортировкой результатов наблюдения на классы или категории. **SYN:** categorical scale **SEE:** ordinal scale, interval scale, ratio scale, scale

non-air commercial *рекл.* неэфирный ролик* *(ролик, не предназначенный для передачи в эфир; используется для проверки реакции аудитории в лабораторных условиях)* **SEE:** test commercial, test advertising

non-business advertising *рекл.* = non-commercial advertising

non-buyer reader *СМИ* = pass-along reader

non-commercial *прил.* **1)** *эк.* = uncommercial **2)** *эк.* некоммерческий *(не связанный с коммерческой или торговой деятельностью, не вовлеченный в коммерческую или торговую деятельность)* **EX: non-commercial purpose** – некоммерческая цель **SYN:** noncommercial

non-conforming product **1)** *марк.* несоответствующий товар* *(товар, не удовлетворяющий требования заказчика в полной мере)* **2)** *эк.* некондиционный товар *(продукт, признанный не удовлетворяющим всем техническим требованиям согласно стандарту или условиям договора)* **SYN:** unsatisfactory product, unacceptable product, nonconforming article **ANT:** conforming product

non-customer *сущ. марк.* неклиент; не являющийся клиентом **ANT:** customer **EX: A bank can require a fingerprint when cashing a government cheque for a noncustomer.** – Банк может потребовать отпечатки пальцев человека, не являющегося клиентом банка, когда он просит обналичить правительственный чек.

non-commercial goods *эк.* некоммерческие товары *(товары, используемые не в целях получения прибыли; напр., потребительские товары)* **ANT:** commercial goods **SEE:** consumer goods

non-commercial sales *торг.* продажи конечным потребителям **ANT:** commercial sales

non-competitive bid *эк., фин.* = noncompetitive bid

non-deposit bottle *торг.* = non-returnable bottle

non-deposit container *торг.* = non-returnable container

non-discountable rate *торг.* тариф без скидок *(тариф, не предусматривающий возможность скидок при каких-л. условиях)* **ANT:** discountable rate

non-durable goods *потр.* товары недлительного пользования, товары кратковременного [краткосрочного] пользования, потребительские товары кратковременного пользования, товары повседневного спроса, товары одноразового использования *(товары, которые потребляются вскоре после покупки; к ним относятся продукты, напитки, газеты и т. д.)* **SYN:** single-use goods, soft goods, disposables, consumer non-durables, nondurable goods, nondurable consumer goods, current consumer goods **ANT:** durable goods **SEE:** consumer goods

non-durable products *марк.* = non-durable goods

non-essential goods *потр.* второстепенные товары *(товары не первой необходимости)* **SYN:** non-staple goods **SEE:** staple goods

non-exclusive territory **1)** *пат., торг.* неэксклюзивная территория*, территория без исключительного права* *(территория, на которой данный франчайзи или торговый агент не имеет исключительного права деятельности)* **ANT:** exclusive territory **2)** *страх.* неэксклюзивная территория* *(на которой представлены несколько генеральных страховых агентов данной компании)* **SEE:** exclusive territory

non-firm price *эк.* = adjustable price

non-foods *торг.* = nonfood products

non-interview *сущ. соц.* = noninterview

non-market output *эк.* нетоварная продукция *(не предназначенная для продажи на рынке; может быть предназначена для личного использования производителем или для бесплатного распределения среди нуждающихся)* **ANT:** marketable output

non-market transaction *эк.* нерыночная сделка *(сделка по поводу перехода прав собственности на какой-л. объект (напр., автомобиль), не соответствующая принципам рыночного обмена (напр., передача какого-л. предмета собственности внутри семьи, фирмы, компании друзей или любая передача предмета собственности другому лицу без оплаты нового владельца прежнему владельцу стоимости предмета сделки))* **SEE:** market transaction

non-material goods *потр.* нематериальные товары [блага] *(напр., услуги, информация)* **SEE:** material goods

non-owner *сущ. юр.* несобственник *(лицо, не являющееся собственником)* **SEE:** sale by agent

non-preferred customer *марк.* непредпочтительный клиент [покупатель]* *(клиент, в котором компания не сильно заинтересована (напр., мелкий клиент); обычно обслуживается на общих условиях, без предоставления скидок и других льгот)* **ANT:** preferred customer **SEE:** minor customer, first-class customer

non-price incentive *марк.* неценовой стимул* *(метод привлечения покупателей и стимулирования продаж, связанный не с прямым уменьшением цены, а с другими факторами, напр., дополнительные услуги, розыгрыш призов между покупателями и т. п.)* **ANT:** price inducement

non-price predation *эк.* неценовое хищничество* *(стратегия, направленная на повышение затрат конкурентов; в частности, компания может вынудить конкурентов увеличить затраты, связанные с юридической защитой, управлением, рекламой; напр., фирма может заключить эксклюзивное соглашение на распространение товара, тем самым затруднив деятельность конкурента; некоторые формы антидемпингового преследования тоже могут рассматриваться как неценовое хищничество)* **SEE:** predatory pricing

non-product advantage *марк.* нетоварное преимущество*, непродуктовое преимущество* *(конкурентное преимущество фирмы, не связанное с особенностями продукции данной фирмы, напр., развитые распределительная сеть, маркетинговые коммуникации, послепродажное обслуживание и т. п.)*

non-profit *прил. эк.* = uncommercial

non-profit marketing *марк.* = nonprofit marketing

non-profitability sampling *стат.* невыгодная выборка* *(метод проведения опроса, при котором исследователь отбирает людей для интервью, основываясь на собственном выборе, а не на математически обоснованном случайном отборе; это снижает статистическую достоверность результатов опроса и делает их непригодными для оценки потенциальной прибыли)* **SEE:** sampling, convenience sampling

non-reproducible goods *эк.* невоспроизводимые блага [товары] *(блага, которые невозможно или очень сложно создать снова или восстановить в том же виде и объеме; напр., различ-*

ные полезные ископаемые и природные ресурсы: нефть, газ и т. д., произведения искусства, вина особого вкуса и т. д.) **SEE:** reproducible goods

non-respondent *соц.* = nonrespondent

non-response error *соц.* ошибка пропущенных данных* *(ошибка, возникающая благодаря отказам от участия в интервью или незаполненным пунктам опроса; различие в оценке между теми, кто участвовал в исследовании, и теми, кто отказался или не ответил на вопросы анкеты)* **SEE:** response error

non-returnable *общ.* невозвратный, не подлежащий возврату *(о товаре, который не может быть возвращен продавцу конечным потребителем или о принятых на реализацию, но непроданных розничным торговцем товарах, которые не могут быть возвращены оптовому торговцу, либо о таре одноразового пользования, которая не может быть возвращена в обмен на залоговую стоимость и т. п.)* **EX: Videos are nonreturnable, defective tapes will be replaced.** – Видеофильмы не подлежат возврату, бракованные пленки будут заменены. **Books are sold on a non-returnable basis.** – Книги продаются на невозвратной основе. **SYN:** nonreturnable **ANT:** returnable **SEE:** non-returnable container, non-returnable bottle, newsstand returns

non-returnable bottle *торг.* невозвратная бутылка **SYN:** non-deposit bottle **ANT:** returnable bottle **SEE:** non-returnable container

non-returnable container *торг.* невозвратная тара *(упаковка товара, которая не может быть возвращена поставщику/продавцу)* **SYN:** non-deposit container **ANT:** returnable container

non-returnable packing *торг.* невозвратная упаковка **ANT:** returnable packing **SEE:** non-returnable container

non-revolving credit card *банк.* невозобновляемая кредитная карточка* *(кредитная карта, владелец которой может получать кредит вплоть до установленного предела как и по обычной кредитной карте, но обязан периодически (обычно к концу каждого месяца) полностью погашать накопившуюся задолженность)* **ANT:** revolving credit card **SEE:** credit card

non-staple goods *эк.* = non-essential goods

non-stock *прил. эк.* = nonstock

non-store retailing *марк.* = non-store selling

non-store selling *торг.* внемагазинная торговля *(продажа товаров не в магазине; напр., прямая продажа, продажа через Интернет, продажа на выставках (ярмарках), торговля с использованием торговых автоматов, торговля по почте или телеграфу, торговля по каталогу, торговля через объявления в печати или в эфире (прямой маркетинг) и т. д.)* **SYN:** non-store retailing, nonstore retailing **SEE:** direct selling, personal sale, e-commerce, trade fair, catalogue sale, vending, direct marketing, direct-mail marketing, in-store selling, direct to home retailing

non-variable costs *эк.* = fixed costs

noncash payment *торг., фин.* = cashless payment

noncommercial *прил. эк.* = non-commercial

noncommercial advertising *рекл.* некоммерческая реклама *(реклама, спонсируемая некоммерческими институтами (или в их интересах) и имеющая целью стимулирование пожертвований, призывы голосовать в чью-л. пользу или привлечение внимания к делам общества)* **SYN:** non-business advertising **ANT:** commercial advertising **SEE:** public service advertising, charity advertising

noncommercial banner *рекл., комп.* некоммерческий баннер *(баннер, связанный с рекламой некоммерческого характера)* **ANT:** commercial banner **SEE:** banner

noncommercial publication *СМИ, эк.* некоммерческое издание *(газета или журнал, издаваемый не ради получения прибыли; содержит статьи на культурные, образовательные, экологические и иные общественные темы; часто распространяется бесплатно)* **SEE:** commercial publication

noncommercial restaurant *торг.* некоммерческий ресторан *(работаю-*

щий не ради прибыли; напр., ресторан для сотрудников фирмы; ресторан, доход которого идет на благотворительные цели) **ANT:** commercial restaurant

noncompetitive bid **1)** *эк.* неконкурентное предложение *(предложение, сделанное при отсутствии других предложений конкурентов)* **2)** *эк.* неконкурентоспособное предложение *(предложение, значительно уступающее другим предложениям по цене, качеству или другим условиям)* **3)** *фин.* неконкурентная заявка *(заявка на приобретение новых казначейских векселей, выставляемая мелким инвестором без указания цены (он согласен на среднюю цену, которая будет указана в результате сопоставления заявок крупных покупателей); схема предназначена для облегчения участия в аукционах мелких инвесторов)* **SEE:** competitive bid, Dutch auction, negotiated bid

nonconforming article *марк., эк.* = nonconforming product

nonconforming product *марк.* = non-conforming product

noncumulative discount *торг.* некумулятивная скидка *(скидка за объем, предоставляемая исходя из величины конкретной покупки; суммирования объема ряда последовательных покупок не происходит)* **SYN:** noncumulative quantity discount **ANT:** cumulative discount **SEE:** quantity discount

noncumulative quantity discount *торг.* = noncumulative discount

nondelivery *сущ. торг.* недоставка; отсутствие доставки *(предусмотренной по договору);* неполучение, неприбытие *(товара)* **SYN:** misdelivery **SEE:** action for nondelivery, delivery contract

nondurable consumer goods *потр.* = non-durable goods

nondurable goods *потр.* = non-durable goods

nonfood products *торг.* непищевые продукты *(продукты, не предназначенные для употребления в пищу)* **SYN:** nonfoods **ANT:** food products

nonfoods *торг.* = nonfood products

noninterview *соц.* неопрошенные *(лицо или семья, не охваченные обследованием)* **EX: For 1997, the total noninterview rate was approximately 8.2%.** – В 1997 г. процент неопрошеных составил приблизительно 8.2 %. **Of 3833 lines of sample that were originally issued for the 1986 Study, 2894 lines resulted in completed interviews, 824 were refusals and 215 were noninterviews for reasons other than refusal.** – Из 3833 единиц выборки, которая была создана для исследования 1986 года, с 2894 респондентами были проведены полные интервью, от 824-х были получены отказы и 215 человек были не опрошены по иным причинам, нежели отказ. **SEE:** nonresponse

nonmerchantable *прил. торг.* = unmerchantable

nonorder mail *марк.* не содержащая заказов корреспонденция*, почта без заказов* *(получаемая продавцом почта, не содержащая заказов и платежей, напр., письма с жалобами, извещения об изменении адреса и т. п.)* **SEE:** order mail

nonprofit *эк.* = uncommercial **EX: nonprofit purpose [goal]** – некоммерческая цель See

nonprofit marketing *марк.* маркетинг некоммерческих организаций, некоммерческий маркетинг, маркетинг в сфере некоммерческой деятельности *(маркетинг, осуществляемый в общественных интересах, в отличие от маркетинга, направленного исключительно на получение финансового дохода, напр., маркетинговая деятельность благотворительных организаций, участвующих в выборах политиков и т. п.)*

nonrandom sample *стат.* неслучайная выборка **ANT:** random sample **SEE:** sample

nonrecipient donor *СМИ, марк.* неподписавшийся даритель* *(лицо, не приобретающее для себя подписку на те издания, которые он выписывает для других)* **SYN:** nonsubscribing donor **SEE:** gift buyer, recipient donor, donor promotion

nonrespondent *сущ.* **1)** *соц.* нереспондент *(лицо, не участвовавшее в иссле-*

довании по каким-л. причинам) **SYN:** non-respondent **2)** *общ.* лицо, не ответившее на запрос*

nonresponse **сокр.** NR *соц.* незаполнение, неответ, неотклик* *(отказ отвечать на некоторые вопросы или анкету в целом, невозврат анкет при почтовых опросах)* **EX: All surveys experience some degree of nonresponse** – Все исследования имеют некоторое количество вопросов, на которые респонденты не ответили. **SEE:** item nonresponse, person nonresponse, household nonresponse, noninterview, nonresponse bias, nonresponse rate

nonresponse bias *соц.* смещение в случае неответов* *(смещение правильности результатов, выражающееся в отсутствии ответов при исследовании)* **EX: Nonresponse bias is encountered if the customers who did not respond to the survey are significantly different from those who did respond.** – Смещение достоверности оценки в случае неответов встречается, если покупатели, которые не дали ответ, значительно отличаются от тех, кто участвовал в исследовании. **SEE:** nonresponse, non-response error

nonresponse rate *соц.* процент неответивших* *(показатель неоткликнувшихся при опросе)* **SEE:** nonresponse

nonreturnable *прил. общ.* = non-returnable

nonselling superintendent *эк. тр., торг., упр., амер.* = service director

nonstock *прил. тж. non-stock* **1)** *эк.* неакционерный *(об организации, созданной в иной форме, чем акционерное общество, т. е. не выпускающей акции)* **EX: nonstock company** – неакционерная компания **SEE:** stock **2)** *эк.* не имеющийся в наличии [на складе] **EX: Instock items are shipped within 48 hours after ordering, nonstock items will ship within 1-2 weeks of ordering.** – Имеющиеся в наличии товары отгружаются в течение 48 часов после заказа, а не имеющиеся в настоящий момент на складе товары будут отгружены в течение 1-2 недель после заказа. **SYN:** out of stock **SEE:** in-stock, availability of goods

nonstore retailing *марк.* = non-store selling

nonsubscriber *эк., СМИ* неподписчик; лицо, не являющееся подписчиком **ANT:** subscriber

nonsubscribing donor *СМИ, марк.* = nonrecipient donor

normal goods *эк.* нормальные блага [товары] *(товары, спрос на которые по мере роста дохода возрастает в той же пропорции, что и доход, а при снижении дохода падает)* **SYN:** superior goods **SEE:** Engel curve, inferior goods, luxury goods, necessary goods

normal product *эк.* нормальный товар **SEE:** normal goods

normal profit *эк.* нормальная прибыль *(минимальная прибыль, достаточная для существования фирмы в какой-л. отрасли; прибыль сверх этого уровня привлекает другие фирмы в данную отрасль)*

not for profit *эк.* = uncommercial

not for sale *торг.* не для продажи *(о выставляемых или бесплатно раздаваемых образцах продукта)* **SYN:** unsalable, unsaleable

not otherwise indexed by name *торг., трансп.* иначе не поименованный* *(в тарифной классификации грузов)*

noted score *СМИ, рекл.* показатель замечаемости* *(процент читателей издания, утверждающих, что они заметили конкретное рекламное объявление или статью в этом издании)* **SYN:** noting score **SEE:** ad-noter, adnorm, advertising performance

notice *сущ.* **1)** а) *общ.* извещение, сообщение, уведомление, предупреждение, объявление **EX: to receive notice** – получить сообщение, **to give notice** – ставить в известность, предупреждать, делать предупреждение, **at [on] short notice** – тотчас же, в короткий срок **б)** *юр.* предупреждение [уведомление] о расторжении контракта **EX: The tenant was given notice.** – Арендатор получил уведомление о расторжении контракта. **в)** *трансп., торг.* нотис *(письменное уведомление о готовности судна к погрузке или выгрузке, направляемое капитаном или судовладельцем фрахтователю или его агенту)* **2)** *общ.* внимание **EX: to call [bring] to notice** – привлекать внимание **3)** а) *СМИ.* объявление в печати, заметка **EX: marriage notice** – объявление о бракосочетании **б)** *СМИ* печатный отзыв, рецензия

notice board *общ., брит.* = bulletin board

notice of delivery *торг.* = delivery notice

notice of dispatch *торг.* = dispatch note

notification date дата уведомления [извещения] **а)** *общ. (дата, в которую определенные лица информируются об интересующем их событии)* **EX: We changed the notification date for reemployment of a teacher for the next year.** – Мы изменили дату уведомления учителей о продлении контракта на следующий год. **б)** *рекл., СМИ (дата, до которой спонсор радио- или телепрограммы должен уведомить руководство информационной сети об аннулировании или возобновлении контракта)* **в)** *бирж. (дата, в которую опцион должен быть либо исполнен, либо прекратить свое действие)*

noting *сущ.* **1)** *фин., юр.* протест векселя, (нотариальное) опротестование векселя *(процесс, в ходе которого кредитор передает неоплаченный вексель нотариусу, после чего нотариус обращается к должнику с требованием об оплате векселя; если должник по-прежнему отказывается от уплаты, то нотариус заверяет отказ от платежа и заполняет сертификат протеста; после этого векселедержатель может обратиться в суд)* **2)** *рекл.* замечание *(в исследовании эффективности рекламы так называется факт обращения внимания читателем на определенное рекламное объявление при первом просмотре газеты или журнала)* **SEE:** noted score

noting score *СМИ, рекл.* = noted score

notions швейные принадлежности **1)** *потр., амер. (товары, необходимые для пошива одежды: нитки, пуговицы, молнии, иголки и многие другие)* **2)** *потр., торг., амер. (название магазина (отдела магазина), в котором продают швейные принадлежности)* **SYN:** haberdashery

novel product *марк.* = new product

novelty advertising *марк.* = promotional advertising

nth-name selection *марк.* выбор n-ной записи* *(отбор каждой n-ной записи из рассылочного списка, напр., отбор каждой пятой записи)* **SEE:** A-B split, split test, mailing list, cluster selection

nuisance call *марк., связь* сорванный [сорвавшийся] звонок* *(звонок потребителю, выполненный автоматической наборной системой, при котором не происходит соединения с оператором в момент снятия абонентом трубки, или не происходит разъединения, после того, как абонент повесит трубку, т. е. линия остается занятой)*

number of respondents *стат.* число опрошенных **EX: total number of respondents in the poll** – общее число респондентов, участвовавших в опросе **SEE:** respondent

numerical rating scale *псих.* числовая оценочная шкала *(шкала оценки, в которой опрашиваемый оценивает какое-л. явление, приписывая ему численное значение на заданной шкале, напр., от 0 до 10)* **SEE:** verbal rating scale, rating scale

nut **1)** *общ.* орех **2)** *тех.* гайка **SEE:** hardware goods **3)** *эк. (общий объем средств, необходимый для запуска нового проекта (как правило, в индустрии развлечений, СМИ и т. п.) или для поддержания его работоспособности)*

nutrition labelling *торг.* этикетирование [маркирование] продуктов питания *(напр., согласно законодательству США, на этикетках должна быть указана информация о калориях, жирах, углеводах, белках, нитратах и холестерине)* **SEE:** labelling, open-date labelling

O

objective-and-task method [approach] *марк., учет* метод целей и задач *(метод разработки сметы расходов на рекламу или другой вид маркетинговой деятельности, при котором сначала устанавливаются конкретные цели и задачи деятельности (напр., увеличение продаж, привлечение новых клиентов и др.), а затем определяются суммы, необходимые для достижения данных целей и решения задач)* **SYN:** objective and task method of budgeting, objective and task budgeting, objective-and-task approach, objective method, task method, task-objective method, buildup method **SEE:** affordable method, competitive-parity method

objective method 1) *мет.* метод объективного наблюдения *(основан на наблюдениях реальной действительности, экспериментах в реальных условиях, имитации реальной ситуации)* **2)** *марк., учет* = objective-and-task method

obligatory delivery *гос. фин., торг.* = compulsory delivery

oblong *сущ.* **1)** *общ.* продолговатый [вытянутый, удлиненный] предмет *(длина которого больше ширины)* **2)** *марк.* издание в виде блокнота* *(каталог, книга или журнал, страницы которого скреплены по короткой стороне; напр., так изготавливают книжки с купонами)*

observation method *мет.* = observational research

observation research *мет.* исследование методом наблюдения, метод наблюдения *(метод получения информации в исследованиях не через интервью, опросы и т. д., а посредством личного наблюдения)* **EX: An observation research doesn't tell you anything about the consumers' attitudes to the product** – Исследование методом наблюдения не даст вам никакой информации об отношении покупателя к товару. **SYN:** observational method, observation method

obtrusive advertising *рекл.* = intrusive advertising

occasion *сущ.* **1)** *общ.* случай, событие **EX: special occasion** – особое событие **2)** *общ.* момент **3)** *рекл.* = spot

occasion segment *марк.* сегмент на основе стимулов*, мотивационный сегмент* *(сегмент, выделенный на основе различия мотивов покупки, напр., в зависимости от того, обыденная покупка или особое событие)* **SEE:** occasion segmentation, market segment

occasion segmentation *марк.* сегментация (сегментирование) по мотиву*, мотивационная сегментация* **а)** *(сегментация рынка в зависимости от того, когда субъекты рынка покупают или используют определенный товар; напр., цветы больше всего покупаются на 8 Марта, шампанское — в Новый год)* **б)** *(сегментирование на основе различия стимулов покупки, напр., в зависимости от того, обыденная это покупка или особое событие)* **SEE:** market segmentation, occasion segment, purchase occasion

occasional delivery *торг.* = single delivery

occupant mailing *марк.* квартирная рассылка* *(рекламные материалы, направляемые всем жителям региона; представляют собой почтовые отпра-*

вления с адресом без указания имени адресата и направляемые всем жителям некоторой географической зоны; такая практика часто используется для рассылки предметов, представляющих непосредственный интерес или ценность для получателей: образцов товаров, купонов на скидку и т. п.)

odd-even pricing *марк.* цифровое ценообразование *(базируется на предположениях о восприятии покупателями цифр, напр., о восприятии некруглой цены, как низкой или более справедливо отражающей ценность товара, либо об ориентации на круглые цены, как на позволяющие легче считать и принимать решения о покупке)* **SEE:** odd pricing, even pricing, psychological pricing

odd price *марк.* неокругленная цена *(цена, заканчивающаяся на нечетное число или установленная на уровне чуть ниже круглого числа, напр., $1.99 вместо $2.00)* **SEE:** odd pricing

odd pricing *марк.* назначение некруглой цены*, неокругленное ценообразование* *(разновидность психологического ценообразования, базирующая на том, что если установить цены немного ниже круглых цифр (напр., 5,99 вместо 6,00), то можно привлечь покупателя кажущейся более низкой или более честной (определяемой объективными затратами, а не желанием продавца накинуть побольше) ценой)* **SEE:** odd-even pricing

odd value pricing *марк.* = odd pricing

off-book price *торг.* = off-list price

off-brand *прил. марк.* немарочный *(о товарах, не имеющих торговой марки)* **EX: off-brand products** – немарочная продукция **SEE:** generic product

off card *рекл.* = off-card rate

off-card rate *рекл.* цена ниже прейскурантной *(более низкая, чем указано в прейскуранте расценок, оплата передачи рекламы по радио и телевидению в результате отдельно достигнутой договоренности)* **SYN:** off card **SEE:** rate card

off-invoice allowance *торг.* скидка с фактурной цены* *(уменьшение цены, указываемой в счете-фактуре; обычно речь идет о скидке, предоставляемая оптовым торговцем розничному торговцу за приобретение значительной партии товара)* **SYN:** invoice discount, off-invoice discount **SEE:** invoice price, quantity discount, bill-back allowance

off-invoice discount *торг.* = off-invoice allowance

off-licence *торг., брит.* винный магазин *(магазин, имеющий лицензию на продажу спиртных напитков навынос)* **SYN:** happy shop, winehouse, liquor store

off-line debit card *банк., торг.* офлайновая дебетовая карта* *(дебетовая карта, при использовании которой в месте покупки проверяется только наличие средств на счете владельца карты, после чего владелец карты подписывает платежную квитанцию, а перевод средств на счет продавца товаров или поставщика услуг по этой квитанции осуществляется через несколько дней)* **SYN:** signature-based debit card, deferred debit card **SEE:** debit card, on-line debit card

off-list price *торг.* цена ниже прейскурантной [каталожной] **SYN:** off-book price **SEE:** list price

off-premise buying *торг.* закупка вне помещения*, закупка за пределами* *(приобретение товаров оптовиками и розничными торговцами через закупочные конторы, расположенные в другом городе, районе или за рубежом)* **SEE:** off-premise catering

off-premise catering *торг.* выездное (ресторанное) обслуживание, выездной кейтеринг* *(вид ресторанного обслуживания , при котором место проведения мероприятия выбирает заказчик, а обслуживающая компания доставляет блюда и напитки в указанное место, напр., в столовую предприятия, в банкетный зал, в места отдыха на открытом воздухе, на теплоходы и т. п.)* **SEE:** off-premise buying, on-premise catering, carry-out service

off-price *прил. эк., торг.* со скидкой, по сниженной цене; уцененный *(о товарах, продаваемых по более низкой, чем обычно цене; также о самих продавцах таких товаров и практике такой торговли)*

off-price chain *торг.* сеть магазинов сниженных цен *(сеть фирменных магазинов, торгующих по ценам ниже обычной розницы)* **SEE:** off-price retail store

off-price outlet *торг.* магазин сниженных цен *(торговая точка, в которой высококачественные товары продаются по ценам ниже их обычных розничных цен)* **SYN:** off-price retail store

off-price product *торг.* уцененный товар, товар со скидкой **SEE:** discount

off-price retail store *торг.* магазин сниженных цен *(торгует марочными товарами общенационального распространения, по более низким ценам за счет снижения нормы прибыли и увеличения объемов сбыта, работает по принципу самообслуживания при минимуме удобств, обычно располагается в районе с низким уровнем арендной платы и привлекает покупателей из сравнительно отдаленных мест)* **SYN:** off-price retailer **SEE:** cents-off retail price

off-price retailer *торг.* = off-price retail store

off-price retailing *торг.* розничная торговля по сниженным ценам **SEE:** off-price retail store

off-season advertising *рекл.* несезонная реклама *(реклама летних товаров в зимнее время или наоборот, напр., реклама купальников зимой)* **SEE:** seasonal advertising

off-season commodities *торг.* = off-season merchandise

off-season goods *торг.* = off-season merchandise

off-season merchandise *торг.* несезонный товар *(товары, реализуемые в период времени, когда их нельзя использовать, напр., летняя одежда, продаваемая зимой; обычно продается со скидкой)* **SYN:** off-season commodities, off-season goods

off-season sales *торг.* несезонные продажи* *(реализация сезонных товаров в период времени, когда они не востребованы, напр., продажа летней одежды зимой; внесезонные продажи обычно предполагают использование скидок для привлечения покупателей)*

off-shelf display *торг.* внеполочная [внестеллажная] выкладка* *(товара в магазине)* **SEE:** merchandising, shelf display, ceiling display, window display, in-store display, counter display

off-take *сущ. торг., тех., общ.* = offtake

off-the-peg clothes *потр., амер.* готовая одежда **SYN:** ready-made clothes

off-the-peg research *мет.* = armchair research

off-the-shelf *прил. эк.* готовый (к использованию); из имеющегося [произведенного] запаса *(в отличие от производимого на заказ)* **EX:** **off-the-shelf solution** – готовое решение, **off-the-shelf product** – готовый продукт **ANT:** custom-made, custom-built, made-to-order

offbeat advertising *рекл.* оригинальная [нешаблонная] реклама* *(реклама с нестандартным дизайном или нестандартной формы)* **SEE:** creative advertising, eye-catching advertising, flexform advertising

offending advertiser *рекл.* рекламодатель-нарушитель *(рекламодатель, разместивший нарушающую какие-л. юридические или этические нормы рекламу)* **SEE:** unacceptable advertising, advertising abuse, deceptive advertisement, deceptive advertising, advertising claim

offensive marketing warfare strategies *марк.* = offensive warfare

offensive warfare **1)** *воен.* наступательные (военные) действия, наступление **2)** *марк.* наступательная маркетинговая война*, наступательные маркетинговые стратегии* *(группа маркетинговых стратегий, при которых компания концентрирует свои усилия на выявлении слабых сторон более сильного конкурента и активной борьбе за увеличение своей рыночной доли за счет доли этого* *конкурента)* **SYN:** offensive marketing warfare strategies **SEE:** marketing warfare, frontal attack, envelopment strategy, leapfrog strategy, flanking attack **ANT:** defensive warfare

offer

I *сущ.* **1)** *общ.* предложение *(сделать что-л. или дать что-л.)* **EX: job offer** – предложение работы, **acceptance [refusal] of offer** – принятие [отклонение] предложения **2)** *юр., торг.* оферта, (коммерческое) предложение *(адресованное одному или нескольким лицам предложение с основными контрактными условия (напр., купить или продать определенный товар по определенной цене), которое выражает намерение лица, сделавшего предложение, считать себя заключившим договор с адресатом, которым будет акцептовано (принято) предложение)* **SEE:** commercial contract, acceptance, tender, bid **3)** *эк., торг.* предложение цены *(покупателем)* **EX: to make an offer for a company** – предложить цену за компанию, **They made an offer for the house but we refused it.** – Они предложили купить дом, но мы отказались. **4)** *торг.* скидка; специальное предложение *(товара по сниженной цене)* **EX: this week's special offer** – специальное предложение этой недели **5)** *эк., бирж.* = offer price **6)** *торг.* предложение купить, торговое предложение, предложение на продажу **EX: on offer** – для продажи,; **a magazine subscription offer of 12 issues for $9.95** – предложение подписаться на 12 номеров за 9,95 долл. **All advertising sales messages are offers.** – Все рекламные сообщения представляют собой торговые предложения [предложения купить товар]. **7)** *общ.* представление, предоставление **EX: offer of proof** – предоставление доказательств, **offer of documents** – предоставление документов

II *гл.* **1)** *общ.* предлагать **2)** *торг.* выставлять на продажу, предлагать на рынке *(для продажи, аренды и т. п.)* **EX: to offer goods at a low cost** – предлагать товары по низкой цене **3)** *торг.* предлагать [назначать] цену *(за товар)* **EX: They offered 40 cents a share.** – Они предложили 40 центов за акцию.

offer price *эк.* запрашиваемая цена, цена продавца [предложения] *(минимальная цена, по которой производитель или другой владелец товара, финансового инструмента и т. п. хотел бы его продать, напр., цена товара, предлагаемая биржевым брокером, либо начальная цена, объявленная на аукционе, либо цена, по которой осуществляется размещение нового выпуска акций среди инвесторов и т. п.; термин обычно встречается в биржевой торговле, но может относиться к любой торговой операции)* **SYN:** asked price, ask price, asking price, seller's price, selling price

offer subject to availability *торг.* *(фраза в рекламных и т. п. объявлениях, означающая, что предложение действительно только при наличии соответствующих товаров у поставщика)*

offeree *сущ.* *эк., юр.* адресат оферты *(лицо, которому направлено предложение)* **SEE:** offer, offerer

offerer *сущ.* *тж.* *offeror* *эк., юр.* оферент *(лицо, направляющее предложение)* **SEE:** offer, offeree

offeror *сущ.* *эк., юр.* = offerer

office delivery *торг.* доставка к месту работы *(приобретенных товаров)* **SEE:** home delivery

Office for National Statistics **сокр.** ONS *стат., брит.* Служба национальной статистики, Национальная статистическая служба Великобритании *(исполнительное агентство министерства финансов, занимающееся статистической и регистрационной деятельностью, напр., регистрацией актов гражданского состояния; основная задача службы — сбор и систематизация данных по основным экономическим и социальным проблемам; эти данные в дальнейшем используются правительством для организации и контроля своей деятельности; служба также поддерживает базу источников информации, как для собственных целей, так и для предоставления компаниям и исследовательским* *организациям; таким образом она способствует тому, что каждый желающий может иметь доступ к статистической информации для оценки ситуации в стране, деятельности правительства и т. д.; образована в 1996 г. в результате слияния Центрального статистического бюро и Бюро переписи населения и социологических исследований)* **SEE:** Social Survey Division

Office of National Statistics *стат., брит.* = Office for National Statistics

official advertisement *рекл.* официальная реклама, официальное рекламное сообщение* *(реклама товара или события, передаваемая через общеизвестные СМИ)* **SEE:** word of mouth, word of mouse

offtake *сущ.* **1)** *торг.* покупка, акт покупки *(товара)*; вынос* *(купленного товара из магазина)* **2)** *общ.* вычитаемое

oiler *сущ.* **1)** *ТЭК, разг., амер.* нефтяная скважина; нефтепромышленник **2)** *эк., амер.* маслодел, маслоторговец **6)** *трансп.* теплоход, танкер

oilery *сущ.* **1)** *пищ.* маслобойный завод **2)** *потр.* продукты из *(растительного)* масла **3)** *торг.* склад для хранения масла **4)** *торг.* москательная лавка, москательня *(торгующая товарами, в производство которых входят определенные химические вещества, напр., краски, клей, масло)*

oilman *сущ.* **1)** *ТЭК, амер.* нефтепромышленник; работник нефтяной компании, нефтяник **3)** *пищ.* рабочий на маслобойном заводе, маслодел **4)** *торг.* торговец оливковым маслом **5)** *торг.* продавец картин, написанных маслом **6)** *торг.* москательщик *(торговец товарами, производство которых основано на использовании определенных химических веществ, напр., клеем, маслами, красками)* **SYN:** oiler

old curiosity shop *торг.* = antique shop

oligopoly *сущ. эк.* олигополия *(рыночная структура, характеризующаяся существованием на рынке незначительного числа продавцов при наличии большого числа покупателей; важнейшим свойством этой рыночной структуры является сильная взаимозависимость фирм, откуда вытекает необходимость для отдельной фирмы учитывать при принятии любого решения вероятные ответные действия других фирм; для анализа олигополистического поведения часто используют теорию игр; различают ситуации кооперативного и некооперативного поведения фирм)* **SEE:** market structure, collusion, differentiated oligopoly, bilateral oligopoly, oligopsony, duopoly

oligopsony *сущ. эк.* олигопсония *(рыночная структура, характеризующаяся ограниченным числом покупателей и большим числом продавцов и обеспечивающая покупателям возможность влиять на цену)* **SEE:** market structure, oligopoly, monopsony

omnibus research *соц., марк.* комплексное исследование *(рынка)** *(заказывается сразу несколькими компаниями, причем каждую интересует лишь часть исследования)* **SYN:** omnibus survey **SEE:** syndicated research

omnibus survey *марк.* = omnibus research

on account *нар.* **1)** **сокр.** O/A *торг.* в кредит, с занесением на счет*, с отсроченной оплатой* *(совершение продажи или покупки с занесением стоимости покупки на счет покупателя или вычитания из причитающейся ему суммы)* **EX: A sale on account is a shipment of goods or completion of a service for which the customer will pay some time later.** – Продажа в кредит означает поставку товаров или выполнение услуг, которые заказчик оплатит некоторое время спустя. **SEE:** account, purchase on account, sale on account **2)** *эк.* вперед, авансом

on account sale *торг.* = credit sale

on-air campaign *марк., пол.* эфирная кампания* *(рекламная или предвыборная кампания в телевизионном и радиоэфире)* **SEE:** cinema campaign, press campaign, multimedia campaign

on-air technique *марк.* метод «прямого эфира»*, метод выхода в эфир* *(использование обратной связи с аудиторией после пробной трансляции передачи или рекламы, планируемой к масштабной трансляции в будущем, для оценки привлекательности и качества радио- или телевизионной программы либо рекламы; при реализации этого метода исследуются запоминаемость, предпочтения, покупательская мотивация и т. п.)* **SEE:** feedback, advertising recall, consumer preferences

on approval *марк.* для ознакомления, на пробу *(о товарах, переданных потребителю с правом возврата в течение определенного периода в случае неудовлетворенности потребителя их свойствами или качеством)* **EX: She took the dress on approval.** – Она взяла платье на пробу. **SEE:** sale as seen, sale by sample, sale by description, sale on approval, goods on approval

on-line advertising *рекл.* = internet advertising

on-line catalogue *марк.* = electronic catalogue

on-line debit card *банк., торг.* онлайновая дебетовая карта* *(дебетовая карта, списание средств по которой осуществляется немедленно после введения владельцем счета личного идентификационного номера и проверки наличия на счете требуемой суммы)* **SYN:** PIN-based debit card, direct debit card **SEE:** debit card, off-line debit card

on-line mall *торг.* = electronic mall

on-line marketing *марк.* онлайновый маркетинг *(вид маркетинга, основанный на использовании компьютерных сетей (каналов): коммерческих онлайновых каналов и Интернет)* **SEE:** internet marketing

on-line seller *торг.* **SEE:** web store

on-line shop *торг.* = on-line store

on-line store *торг.* **SYN:** on-line shop

on-pack coupon *марк.* наружный купон* *(купон на товарной упаковке)* **ANT:** in-pack coupon **SEE:** premium pack

on-pack premium *марк.* премия на упаковке* *(дополнительный товар, прикрепляемый к стандартной фабричной упаковке лентой или пластиковой пленкой)* **SYN:** banded premium **ANT:** in-pack premium **SEE:** premium pack, with-pack premium

on-pack promotion *рекл.* реклама на упаковке* *(товара)*

on-premise catering *торг.* ресторанное обслуживание на месте*, банкетное обслуживание на месте* *(предоставление блюд и напитков в том же месте, где они были приготовлены, напр., подача блюд в гостинице, в ресторане, во время различных праздничных мероприятий: свадеб, банкетов и т. п.)* **SEE:** off-premise catering

on sale *торг.* в продаже **EX: to be on sale** – продаваться, быть в продаже, **Psychology textbook is on sale.** – Продается учебник по психологии. **Tickets invariably sell out early so get your ticket as soon as they come on sale!** – Билеты всегда очень быстро раскупаются, так что поспешите купить билет сразу же после поступления билетов в продажу! **SEE:** for sale, available for sale

on-sale date *торг.* дата поступления в продажу *(установленная дата поступления товара в магазины для продажи)*

on-target advertising *рекл.* целенаправленная [целевая] реклама *(реклама, предназначенная для определенной целевой группы)* **SYN:** target advertising **SEE:** selective advertising, target audience

on the customer's request *торг.* по просьбе клиента [заказчика]; по требованию клиента [заказчика] **EX: On the customer's request, the boat can be furnished with an anchor.** – По просьбе клиента лодка может быть укомплектована якорем. **SEE:** customer-specified

on-time delivery *торг.* своевременная поставка, поставка в срок **EX: on-time delivery of an order** – своевременная выполнение заказа **SEE:** delivery date, delivery with delay, late delivery, early delivery

one-cent sale *торг.* одноцентовая распродажа* *(продажа двух предметов по цене одного плюс 1 цент)*

one-day sale *торг.* однодневная распродажа *(заявленная распродажа в течение одного дня (на практике,* *может длится дольше), при которой предлагаются значительные скидки на товар, продаваемый с целью освобождения склада или перед закрытием магазина; обычно проводится в вестибюлях, отелях и др. подобных помещениях, арендуемых специально для этих целей; оповещение о распродаже имеет форму местной рекламы посредством разносимых по домам рекламных листовок и сообщений в местной прессе)* **SEE:** clearance merchandise, closing-down sale, local advertising, circular, door-to-door advertising, sale **SYN:** one-day sales

one-day sales *торг.* = one-day sale

one-issue audience *марк.* аудитория одного номера *(периодического издания)* **SEE:** audience

one-level channel *марк.* одноуровневый канал *(канал распределения с одним посредником между производителем и потребителем, как правило, розничным торговцем)* **SEE:** distribution channel, zero-level channel, two-level channel, three-level channel

one-price *прил. марк.* с одинаковой ценой* **EX: one-price products** – товары с одинаковой ценой **SEE:** one-price policy, one-price store

one-price policy *марк.* политика единой цены *(метод ценообразования, при котором один и тот же товар или услуга продается всем покупателям по одинаковой цене, т. е. никаким категориям покупателей не предоставляются скидки с указанной на ценнике или каталоге цены)* **SYN:** uniform pricing **SEE:** one-price store, price discrimination

one-price store *торг.* магазин единой цены* **а)** *(магазин, в котором товары продаются для всех покупателей по одинаковой цене, т. е. в котором не предоставляются дополнительные скидки никаким категориям покупателей)* **SEE:** one-price policy **б)** *(магазин, в котором все товары продаются по одинаковой цене)* **SEE:** dollar store, dime store

one-sheet poster *полигр., рекл., амер.* однолистовой плакат* *(71,12 на 106,68 см или 76,2 на116,84 см, наиболее часто используется для расклейки на платформах станций метро и железнодорожных вокзалах)* **SEE:** poster, 24-sheet poster, 48-sheet poster, four-sheet poster, 16-sheet poster

one-shop retailer *торг. (розничный торговец, владеющий одним магазином)* **SEE:** retail chain

one-shot

I *сущ.* **1)** *СМИ* разовая публикация, разовое издание *(журнал, брошюра и т. п., опубликованная только один раз, т. е. не ожидается последующих выпусков данного издания или публикации; обычно содержит статьи и иллюстрации на одну конкретную тему)* **2)** *СМИ* спецвыпуск *(отдельная телевизионная программа, документальная или рассчитанная на специальную аудиторию, в отличие от серийных программ или программ, демонстрируемых частями в течение какого-то времени; такие программы обычно активно рекламируются до выхода в эфир и могут дать рекламодателю большую аудиторию, чем серийные программы; при этом содержание рекламы может быть специально связано с содержанием программы)* **3)** *СМИ (телевизионный кадр или кинокадр, в котором присутствует один объект, напр., диктор, говорящий в камеру, при пустом заднем плане)* **4)** *марк.* пробная продажа*, пробный выпуск* **а)** *(продажа, осуществляемая в один этап; напр., непосредственная продажа книги, в отличие от продажи, включающей несколько таких распределенных по времени этапов, как подписка, ее продление и доставка каждого номера журнала; часто используется для испытания нового издания, напр., один номер нового журнала распространяется через газетные киоски, и если продажа пойдет хорошо, то последующие номера будут выпускаться регулярно в зависимости от имеющихся средств и располагаемого объема рекламных и редакцион-

ных материалов) **б)** *(пробная продажа товара; в случае успеха, начинается массовое производство)*

one-shot product *марк.* = disposable product

one-sided appeal *рекл.* = one-sided message

one-sided message *рекл.* предвзятое [одностороннее] сообщение *(убедительное утверждение, представляющее одну точку зрения, которое используется в большинстве рекламных объявлений; такие утверждения приемлемы для аудитории, благоприятно относящейся к высказываемому мнению, а также тогда, когда невелика вероятность представления этого утверждения противоположной стороне; напр., рекламные объявления мобилизующих фонды религиозных организаций — обычно предполагается, что целевая аудитория благоприятно расположена к высказываемому мнению, и маловероятно, что оно будет представлено людям, исповедующим другие вероучения; при более скептической аудитории односторонние заявления менее эффективны, чем двусторонние)* **SYN:** one-sided appeal **SEE:** two-sided message

one-step marketing *марк.* одноступенчатый маркетинг* *(использование тактики единственного контакта с потенциальным клиентом и ожидания от него отклика в форме покупки и т. д.; обычно представляет собой разовую отправку рекламного письма потенциальному клиенту или разовое размещение краткой рекламы в средствах распространения информации; является неэффективным маркетинговым средством)* **SEE:** multi-step marketing

one-step selling *марк.* прямая продажа, одноступенчатая продажа *(одна из стратегий рекламы, целью которой — сразу продать товар; предполагает рассылку каталогов и убедительных сообщений потенциальным потребителям или размещение рекламы с расчетом на то, что они сразу закажут товар (в отличие от двухступенчатой продажи); чаще всего используется в прямой почтовой рекламе)* **SYN:** direct selling **SEE:** direct mail advertising, two-step selling

one-stop shopping *торг.* покупки за один заход* *(покупка всех необходимых товаров в магазине с широким ассортиментом)* **SYN:** cross-shopping

one-time buyer *марк.* разовый покупатель *(совершивший только одну покупку данного товара)* **SEE:** multiple buyer, return customer

one-time rate *рекл.* разовый тариф, одноразовый тариф* *(тариф для рекламодателя, закупающего рекламное время или место в меньших количествах, чем необходимо для получения предусмотренных скидок за количество или за частоту)* **SYN:** transient rate

one-time use of a list *марк.* однократное использование рассылочного списка* *(стандартный пункт договора об аренде рассылочного списка, согласно которому пользователь списка может провести только одну рекламную кампанию, направленную на членов данного списка)* **SEE:** mailing list, list rental, list owner, list buyer, list user

one-to-one marketing *марк.* индивидуализированный маркетинг *(подход к маркетингу, подразумевающий, что к каждому конкретному клиенту нужно подходить индивидуально)* **SEE:** personalized pricing

onsert *рекл.* = outsert

open account открытый счет **а) сокр.** O/A *торг. (форма расчетно-кредитных отношений между продавцом и постоянным покупателем, при которой товары отправляются без подтверждения оплаты, а покупатель в оговоренные сроки погашает свою задолженность)* **SYN:** open book account **SEE:** open account credit, credit sale **б)** *фин. (счет во взаимном инвестиционном фонде, позволяющий инвестору свободно покупать и продавать акции)*

open account credit *фин., торг.* кредит по открытому счету, открытый кредит *(кредит продавца постоянному покупателю: отгрузка осуществляется без дополнительного подтверждения оплаты, а покупатель обязан в течение оговоренного срока погасить задолженность)* **SYN:** open book credit, open credit, open account **SEE:** credit sale

open advertisement *рекл.* открытая реклама* *(объявление рубричной рекламы с указанием точных реквизитов рекламодателя)* **ANT:** blind advertisement **SEE:** classified advertising

open book account *торг.* = open account

open (book) credit *фин., торг.* открытый кредит **SYN:** open account credit

open dating *торг.* указание срока годности *(указание даты, до которой товар можно употреблять с пользой или без вреда здоровью; такая маркировка является обязательной по закону или согласно нормам деловой практики)* **SYN:** date stamping **SEE:** best before date, shelf life

open display *торг.* открытая выкладка товара, открытая витрина *(предполагает свободный доступ покупателя к товару)* **SEE:** closed display

open indent *торг.* открытый заказ* *(заказ торговому агенту на покупку определенного товара без указания конкретного производителя товара; позволяет ему выбрать наиболее подходящий товар по лучшей цене)* **SEE:** closed indent, indent

open order 1) *торг.* открытый заказ* *(заказ на покупку или продажу, который еще не был исполнен)* **2)** *бирж.* = good till cancelled order

open price 1) *бирж.* = opening price **2)** *эк.* = starting price

open price association *эк.* ассоциация открытых цен* *(объединение фирм, обменивающихся информацией о ценах)*

open question *соц.* = open-ended question **EX:** **Open questions invite clients to give full, honest answers.** – Открытые вопросы склоняют покупателей к полным и искренним ответам. **SEE:** question

open rate 1) *рекл.* уровень просмотра *(доля адресатов рекламных рассылок, которые действительно открыли и прочитали полученное электронное сообщение; рассчитывается как отношение количества просмотров на количество разосланных писем)* **SEE:** readership, noted score, adnorm **2)** *торг., трансп.* открытый тариф* *(тариф на транспортировку товаров (грузов) водным транспортом, оговариваемый отправителем товаров с перевозчиком в том случае, когда объем груза превышает установленное минимальное количество для транспортировки)* **3)** *рекл.* = base rate

open storage *торг.* = ground storage

open test *марк.* открытое тестирование *(разновидность холл-теста, при котором респондентам сообщается название или марка продукта, который они тестируют)* **SEE:** hall-test, blind testing

open-air market *торг.* открытый рынок *(место концентрации внемагазинных форм розничной торговли)* **SEE:** market **EX:** **In Melbourne, try the Queen Victoria Market, the southern hemisphere's largest open-air market offering a variety of fresh farm produce.** – В Мельбурне побывайте на Рынке королевы Виктории, самом большом открытом рынке южного полушария, где вам предложат самую свежую фермерскую продукцию.

open-date labelling *торг.* указание срока годности товара *(нанесение на упаковку портящегося товара последней даты его продажи)* **SEE:** shelf life, nutrition labelling, labelling

open-end *сущ.* **1)** *рекл.* пустой временной интервал* *(место в конце программы или рекламного ролика, оставленное незаполненным для демонстрации местной рекламы; такое построение программы дает местным рекламодателям возможность финансировать общенациональные программы или прибавить свой адрес к рекламе продукции общенационального рекламодателя; такие незаполненные места для местных рекламодателей могут находиться также в начале или середине программы)* **SEE:** dealer tag, local advertising, open-end transcription **2)** *СМИ* незапланированное прерывание программы* *(не предусмотренное расписанием прерывание радио- или телевизионной программы; такое неожиданное прерывание может осуществляться для передачи чрезвычайных новостей или вызываться техническими неполадкам)* **3)** *СМИ* программа без окончания* *(радио- или телевизионная программа, не имеющая установленного времени окончания; напр., для некоторых ток-шоу на радио не устанавливаются жесткие временные границы, и они продолжаются, пока не исчерпывается тема для дискуссии)* **4)** *общ.* конверт, открываемый с узкой стороны* *(конверт с отправлением прямой почтовой рекламы, открываемый не с широкой, а с узкой стороны; такие конверты обычно используются для рассылки книг или каталогов)* **SEE:** direct mail advertising **5)** *рекл.* = open-end commercial

open-end commercial *рекл.* открытый рекламный ролик* *(в конце которого оставлено место для включения реквизитов местных агентов или дистрибьюторов)* **SEE:** open advertisement, dealer space, dealer tie-in, dealer imprint, live tag

open-end research *марк.* поисковое исследование *(сбор предварительной информации для определения проблем или поиска новых потребителей или клиентов)* **EX: It is an open-end research at the conceptual stage because the specifications of many key elements are not yet known.** – Это поисковое исследование на концептуальном уровне, т. к. неизвестны еще детали многих ключевых элементов.

open-end transcription *СМИ, рекл.* открытый вариант программы* *(предварительно записанная программа, в которой оставлены пропуски для включения местной рекламы)*

open-ended question **1)** *общ.* неоднозначный вопрос *(вопрос, допускающий разные толкования)* **2)** *общ.* открытый вопрос *(вопрос, допускающий неограниченное число возможных ответов)* **3)** *соц.* открытый вопрос *(на который в анкете не предлагается вариантов ответов)* **EX: For example, in evaluating customer satisfaction with service, the open-ended questions often tell you what aspects of service are really of most concern to customers.** – Например, в исследовании удовлетворенности покупателей услугами открытый вопрос часто может рассказать вам, какие аспекты оказания услуг действительно беспокоят потребителей. **SYN:** open question **SEE:** question

opener *сущ.* **1)** *общ.* открывалка **2)** *общ.* первый акт *(в представлении)*, первый фильм *(в сериале)* **3)** *банк., торг.* = account party

opening hours *общ.* часы открытия *(напр., магазина, выставки, библиотеки)* **EX: opening hours of shops** – часы открытия магазинов **SYN:** opening time **SEE:** closing hours

opening offer *торг.* начальное [стартовое] предложение *(первоначальное предложение цены покупки или продажи при заключении сделки; в дальнейшем цена может быть понижена или повышена, в зависимости от хода переговоров)*

opening time *общ.* время открытия [начала работы] *(магазина, какого-л. общественного учреждения и т. д.)* **EX: opening time of the shop** – время открытия магазина **SYN:** opening hours

operating and occupancy manager *эк. тр., торг., упр., амер.* = service director

operating superintendent *эк. тр., торг., упр., амер.* = service director

operational marketing *марк.* операционный [тактический] маркетинг *(вид маркетинга, в основе которого лежит процесс получения заданного объема продаж на уже существующих рынках путем использования тактических средств, относящихся к товару, его цене, продвижению товара)* **SYN:** tactical marketing **SEE:** strategic marketing

opinion advertising *рекл.* реклама мнения [точки зрения]* *(сообщение, выражающее определенную позицию по конкретному политическому или со-*

циальному вопросу) **SEE:** public service advertising

opinion leader *соц.* неформальный лидер, авторитет *(индивид, идеи и поведение которого служат образцом для других; для ускорения восприятия рекламного сообщения рекламодатели часто направляют его неформальному лидеру для оказания влияния на целевую группу, напр., рекламодатель может направить рекламу зубной пасты на известных зубных врачей или кампанию по рекламе новых моделей одежды — на знаменитых женщин)* **SEE:** two-step flow of communication, social channel, key influence people

opinion poll [polling, research, survey] *соц.* опрос общественного мнения *(выборочный опрос населения, направленный на получении информации об отношении различных категорий населения к проблемам, событиям и фактам)* **SYN:** public opinion poll, public opinion survey, polling **SEE:** Gallup poll

opportunity cost *эк.* альтернативные затраты, издержки [затраты] упущенных возможностей, «цена выбора» **а)** *(реальная (экономическая) стоимость использования некоторого ресурса: суммы денег, участка земли, труда и т. д.; представляет собой неполученный доход от наилучшего альтернативного использования этого ресурса)* **EX: Low wages mean that time has a low opportunity cost.** – Низкий уровень зарплаты означает, что время имеет небольшую альтернативную стоимость. **б)** *(реальная стоимость производства какого-л. продукта; измеряется в количестве другого продукта, который можно было произвести из ресурсов, затраченных на производство данного продукта; если альтернативных продуктов несколько, экономическая логика требует выбрать для измерения наиболее ценный)* **EX: Since a Canadian worker can make either two cars a year or 30 bushels of wheat, the opportunity cost of a car is 15 bushels of wheat.** – Так как один канадский рабочий может произвести за год либо 2 автомобиля, либо 30 бушелей пшеницы, альтернативной стоимостью автомобиля являются 15 бушелей пшеницы. **Hawaii is the largest producer of coffee in the U.S. However the opportunity cost of growing more coffee is too high (tourism, vacation resorts, environmental issues) to grow more coffee in Hawaii.** – Крупнейшим производителем кофе в США являются Гавайи. Но увеличение производства кофе на Гавайях будет иметь слишком высокую альтернативную стоимость (придется пожертвовать туризмом и урезать территорию курортов, появятся дополнительные экологические проблемы). **SEE:** economic good, comparative advantage, choice

opportunity to see **сокр.** OTS *рекл.* вероятность просмотра* *(вероятность того, что рекламное сообщение попадет на глаза потенциальному покупателю; зависит от количества показов рекламного сообщения)* **SEE:** exposure opportunity, gross impressions

opt-in marketing *марк.* рассылка по запросу, рассылка с разрешения* *(рекламные электронные сообщения рассылаются только тем лицам, которые выразили заинтересованность в получении данной информации, напр., заранее подписавшись на определенную рассылку)* **SYN:** permission marketing **SEE:** spam, opt-out marketing, internet marketing, positive option

opt-out marketing *марк.* рассылка с правом отказа* *(рассылаемые рекламные электронные сообщения содержат примечания в форме опций Да/Нет, пометив одну из которых и отправив ответ на рассылку, получатель может согласиться или отказаться от последующего получения аналогичных писем)* **SEE:** inertia selling, negative option, opt-in marketing, internet marketing

optional at extra cost *торг.* поставляемый за дополнительную плату *(по требованию покупателя)*

optional at extra costs *торг.* = optional at extra cost

optional cargo *трансп.*, груз без назначения* *(груз, порт назначения которого не определен в момент погрузки)*

optional consumption *эк.* необязательное потребление* *(потребление товаров и услуг, не являющихся жизненно необходимыми, напр., потребление предметов роскоши, в отличие от потребления продуктов питания или одежды)*

optional equipment 1) *марк.* дополнительное оборудование *(устанавливаемое по желанию заказчика за отдельную плату)* **SYN:** optional fitment **SEE:** optional extra 2) *общ.* нестандартное оборудование

optional extra *марк.* аксессуар на выбор*, дополнительная принадлежность *(какое-л. оборудование, дополнительные детали или элементы дизайна, дополнительные услуги, прилагаемые к изделию (товару) по желанию заказчика за дополнительную плату)* **EX: An item that is an optional extra for a less costly model may be included as standard in the more expensive model.** – Деталь, которая предлагается как аксессуар на выбор при покупке менее дорогих моделей товара, может быть обязательной частью более дорогих моделей товара. **SEE:** optional equipment, optional product

optional extras *марк.* = optional extra

optional fitment *марк.* = optional equipment

optional product *торг.* дополняющий [вспомогательный] товар* *(товар, приобретаемый покупателем по желанию дополнительно к основному товару, напр., футляр для сотового телефона, покупаемый по желанию вместе с телефоном)* **SYN:** supplementary products, supplementary goods **SEE:** optional-product pricing, main product, captive product, tied products, available at option

optional-product pricing *марк.* установление цен на дополняющие [вспомогательные] товары *(установление цен на дополняющие изделия или вспомогательные принадлежности, продаваемые вместе с основным изделием по желанию покупателя)* **SEE:** optional product, captive product pricing, product-mix pricing

optional sampling *стат.* произвольная выборка *(выборка, построенная на основе произвольного отбора)* **SEE:** sampling

oral advertising *рекл.* устная реклама *(форма рекламы, когда рекламная информация передается посредством звуковых рекламных средств, напр., телереклама, радиореклама и т. д.)* **SEE:** written advertising, audiovisual advertising

orange goods *потр.* оранжевые товары* *(потребительские товары, которые постепенно заменяются на аналогичные, напр., одежда)* **SEE:** red goods, yellow goods, white goods, brown goods

order[1] *сущ.* 1) порядок **EX: the order of the actions** – последовательность действий 2) *упр.* порядок *(напр., ведения собрания);* процедура, регламент **EX: sessional orders** – регламент парламента в течение сессии 3) *потр.* *(исправность, хорошее состояние)* **EX: in excellent order** – в отличном состоянии, **The car is in [out of] order.** – Автомобиль исправен [неисправен]. **SEE:** quality

order[2]

I *сущ.* 1) *общ., часто мн.* приказ, распоряжение **EX: by order** – по поручению **SEE:** delivery order 2) *фин.* финансовое требование, ордер *(требование выплатить какую-л. сумму на основании документа, напр., векселя, чека)* 3) *юр.* предписание суда **EX: order for confiscation** – предписание суда о конфискации 4) *торг.* заказ *(предложение заказчика (покупателя) изготовить, поставить (продать) продукцию (товары) с указанием количества, ассортимента, качества, сроков и других необходимых данных либо выполнить работу; вид оферты)* **EX: order analysis** – анализ заказов, **order control** – контроль за заказами **We expect the price to rise, once the government order occurs.** – Мы ожидаем повышения цены, как только будет размещен государственный заказ. **SEE:** offer, credit order, purchase order, cash with order 5) *общ.* заказ *(в ресторане)* **EX: I gave the waiter my order.** – Я сделал официанту заказ.

II *гл.* 1) *упр., воен.* приказывать, распоряжаться, поручать 2) *мед.* назначать, прописывать *(лекарство и т. п.)*

EX: just what the doctor ordered – то, что доктор прописал; то, что надо **3)** *общ.* заказывать **EX: to order goods** – заказать товары **4)** *общ.* располагать, распределять *(в определенном порядке)* **EX: to be ordered alphabetically** – располагаться в алфавитном порядке

order blank envelope *марк.* бланк-конверт* *(бланк заказа с адресом на обороте, при складывании превращающийся в готовый к отправке конверт)*

order buyer *торг.* покупатель-посредник* *(покупающий товар для перепродажи или по заказу другого лица)* **SEE:** resident buyer, wholesale customer

order department 1) *торг., упр.* отдел заказов *(отдел компании, работающий с клиентами и принимающий у них заказы на товар)* **SEE:** order picking, ordering policy **2)** *бирж.* = order room

order fill rate *торг., упр.* покрытие заказов* *(доля заказов, которая была удовлетворена, в общем количестве поступивших заказов; один из показателей наличия ассортимента)* **SEE:** fill rate

order flow pattern *марк.* график потока заказов* *(динамика изменения объема заказов с момента отправки почтовой рекламы до получения последнего заказа)*

order for the delivery of goods *юр., торг., брит.* ордер на поставку товаров* *(выписываемый продавцом и предъявляется покупателем владельцу склада, согласно закону «О торговых агентах» 1889 г.)* **SEE:** document of title, attornment, Factors Act 1889

order fulfilment *марк.* = fulfilment

order mail *марк.* почтовое отправление [письмо] с заказом*; почта с заказами* *(отправляемая заказчиком или получаемая продавцом почта (напр., открытки, письма), содержащая заказы на товар)* **EX: to send order mail** – отправить письмо с заказом **SEE:** nonorder mail

order on credit *торг., фин.* = credit order

order picking 1) *торг.* отбор по заказу* *(выбор со склада заказанных клиентом товаров)* **2)** *торг.* компоновка заказа *(выбор различных компонентов для формирования товарной единицы согласно индивидуальному заказу)* **SEE:** order department

order receipt time *торг.* время принятия заказа* *(промежуток времени между подачей заказа и его готовностью к выполнению)* **SEE:** customer response time

ordered sample *стат.* упорядоченная выборка **SEE:** sample

ordering *сущ.* **1)** *торг.* подача заказа **2)** *общ.* упорядочение; приведение в порядок

ordering chart *торг.* таблица заказов, описание товаров *(таблица, содержащая информацию об имеющихся в продаже товарах: номер модели, название и описание модели, количество в упаковке, цена и др. необходимая потенциальному заказчику информация)*

ordering policy *торг.* политика заказов* *(установленная в компании процедура приема, обработки и выполнения заказов клиентов; напр., правила подачи заказа, система оплаты заказа и т. п.)* **SEE:** order department

orders per thousand *марк.* число заказов на тысячу* *(индекс, показывающий результативность прямой почтовой рекламы; рассчитывается путем деления количества полученных заказов на количество разосланных рекламных комплектов)* **SEE:** direct mail advertising

ordinal scale *стат.* порядковая шкала *(шкала, состоящая из переменных, которые могут быть упорядочены по количественному признаку, но при этом абсолютные значения этих количеств или интервал между ними невозможно измерить; напр., упорядочение товаров в порядке предпочтительности потребителем)* **SEE:** interval scale, nominal scale, Guttman scale, Thurston scale, Bogardus scale, ratio scale, categorical scale, scale

ordinary brand *марк.* обычная [рядовая] торговая марка *(не ассоциирую-*

щаяся у потребителей с какими-л. уникальными свойствами или высоким качеством)

ordinary course of the seller's business *юр., торг., амер.* обычная деловая практика продавца* *(согласно определению Единообразного торгового кодекса США: продажа считается совершенной в рамках обычной деловой практики продавца, если она соответствует обычной или привычной практике в том виде бизнеса, которым занимается продавец, или с обычной и привычной практикой этого продавца)* **SEE:** Uniform Commercial Code

ordinary dating *торг.* обычная система оплаты*, обычное датирование* *(по данной системе устанавливается определенный период оплаты покупки и определенный скидочный период в рамках периода оплаты)* **SEE:** end of month dating, ROG dating, extra dating, cash discount

organic marketing 1) *марк.* маркетинг органических продуктов *(маркетинг сельскохозяйственных продуктов, которые были выращены только с применением органический удобрений)* 2) *марк.* естественный маркетинг* **SYN:** buzz marketing

organic restaurant *торг.* экологический ресторан* *(ресторан, в меню которого только блюда из экологически чистых продуктов)*

organization *сущ.* 1) *общ.* организация а) *(чего-л.; приведение в систему)* **EX: organization of data [tasks, resources]** – организация данных [задач, ресурсов] б) *(устройство, структура)* **EX: low organization of the society** – примитивная организация общества, 2) *эк., соц., упр.* организация *(в социальных науках: группа людей, объединившаяся для совместного достижения какой-л. цели; может быть формальной или неформальной)* **EX: commercial organization** – коммерческая организация, **governmental organization** – правительственная организация, **educational organization** – образовательное учреждение, учебное заведение, **research organization** – исследовательская организация д) *общ. (объединение, союз)* е) *соц.* ж) *юр., эк., амер. (согласно определению Единообразного торгового кодекса США, понятие организации включает корпорацию, правительственное или административное подразделение или агентство, трест, деловой траст, имущественное владение, товарищество, ассоциацию, объединение двух или более человек, имеющих совместные или общие интересы, а также любую другую законодательно образованную или коммерческую общность)* **SEE:** Uniform Commercial Code, agency, trust

organizational buyer *марк.* покупатель от организации* *(напр., от предприятия, учебного заведения, медицинского учреждения, благотворительной организации)* **SEE:** business market, industrial buyer, trade buyer, final buyer, business customer

organizational buying *торг.* закупка для нужд организации **SEE:** organizational buyer

organizational market *эк.* = business market

organizational marketing *марк.* маркетинг в деловой сфере* *(маркетинговая деятельность, направленная в адрес предприятий, учреждений, организаций (коммерческих и некоммерческих), приобретающих товары для их промышленного или профессионального использования; включает в себя действия по исследованию предпочтений в деловой сфере, разработку и предложение необходимых продуктов компаниям и организациям)* **SYN:** business-to-business marketing, industrial marketing **SEE:** consumer goods marketing

origin pricing *марк.* = FOB origin pricing

original goods 1) *торг.* подлинные товары *(товары, действительно созданные указанным производителем, в отличие от подделок и копий; как правило, помечены торговым знаком производителя, подделка которого является преступлением)* **EX: Consumers buy piracy goods because the original goods**

are expensive. – Потребители покупают пиратскую продукцию, так как фирменные продукты дорого стоят. **Almost 30 percent of respondents owned no fakes and only original goods.** – Почти у 30% опрошенных были подлинные товары и не было подделок. **2)** *общ.* оригинальные товары *(необычные товары, напр., имеющие нетипичный дизайн или предназначенные для удовлетворения нестандартных потребностей)* **EX: We have found a selection of stores offering unusual and original goods.** – Мы обнаружили несколько магазинов, предлагающих ассортимент необычных и оригинальных товаров. **3)** *торг.* первоначальные товары* *(товары, доставленные покупателю по его заказу; могут быть приняты или не приняты покупателем, в последнем случае они могут быть возвращены продавцу или заменены на другие товары)* **EX: We must receive the original goods back before we can offer an exchange.** – Мы должны получить обратно первоначальные товары, прежде чем сможем предложить вам замену. **4)** *эк.* сырьевые товары *(используются для производства других товаров)* **EX: A financial statement covering the original goods also covers the product into which the goods have been manufactured.** – Финансовая отчетность составлена и по сырьевым, и по произведенным товарам. **SYN:** primary goods **5)** *марк.* памятные товары* *(сувениры, напр., кружки, брелки, ручки, игрушки, с логотипом компании, желающей привлечь к себе внимание путем распространения таких товаров)*

original order *марк.* первый заказ *(заказ, полученные от данного покупателя впервые)* **SEE:** first-time buyer, repeat order

original package *торг.* исходная упаковка *(упаковка, в которой товар был получен продавцом, покупателем, перевозчиком и т. п.; напр, фабричная упаковка для магазина или перевозчика, упаковка магазина для покупателя и т. п.)* **SEE:** primary package, secondary package

original price исходная [первоначальная] цена **а)** *торг. (цена товара до вычета скидок или добавления торговых наценок)* **SEE:** trade discount, markup **б)** *фин. (в отличие от текущей цены, напр., цена приобретения, используемая как база для расчета доходов от прироста капитала)*

original purchase *торг.* первичная [первоначальная] покупка *(покупка товара у первого собственника, в отличие от покупок товара у перепродающих лиц)* **EX: original purchase price** – цена первичной [первоначальной] покупки

original purchaser *эк.* = initial purchaser

original respondent *соц., стат.* первичный респондент* *(лицо, охваченное первоначальным обследованием)* **SEE:** respondent

original sample *стат.* исходная [первоначальная] выборка *(матрица данных, из которой с помощью заданных критериев или случайным способом, производят выборку)* **SEE:** sample

original source 1) *общ.* первоисточник **2)** *марк.* источник первых заказов*, первоначальный источник заказов* *(источник получения информации о товаре, напр., прямая почтовая реклама, телефонный маркетинг, реклама в СМИ и т. д., который привлек новые заказы от первичных покупателей)* **SEE:** original order, direct mail advertising, telemarketing, prior source, latest source

Orson Welles Award for Creative Excellence *рекл., амер.* приз Орсона Уэллса за самую творческую радиорекламу* *(присуждается Бюро радиорекламы за лучшие рекламные ролики на радио)* **SEE:** Radio Advertising Bureau

out-of-home *рекл.* = out-of-home media

out-of-home advertising *рекл.* = outdoor advertising

out-of-home audience *рекл.* аудитория вне дома* *(аудитория слушателей или зрителей программы или рекламы, находящихся вне дома, напр., по дороге домой или на работу, на работе и т. п.)* **ANT:** at-home audience

out-of-home media 1) *рекл.* средства внешней рекламы *(средства рекла-*

мы, воздействующие на людей, когда они находятся вне дома; напр., щиты наружной рекламы, рекламные вывески на общественном транспорте, в местах парковки, в магазинах, в телефонных будках и т. п.) **SYN:** out-of-home **SEE:** outdoor advertising, transit advertising, ambient advertising, in-store advertising, in-home media **2)** *рекл.* средства наружной рекламы *(рекламные щиты и вывески на улице)* **SEE:** outdoor advertising

out of stock *торг.* отсутствующий (на складе), не имеющийся в наличии (на складе), не имеющийся на руках*; проданный, распроданный *(о предметах, которых в настоящий момент нет в запасах у данного лица; о полностью распроданных товарах)* **EX: We will assume you want us to ship any out-of-stock items when they come in.** – Мы будем исходить из предположения, что вы хотите, чтобы мы поставили вам отсутствующие в настоящий момент на складе товары как только они поступят. **SYN:** out-of-stock, nonstock **SEE:** in-stock, availability of goods

out-of-town shopping centre *торг.* загородный торговый центр* *(крупный торговый центр, расположенный за пределами города, удобный для владельцев автомобилей)* **SYN:** suburban shopping centre **SEE:** shopping centre

outadvertise *гл. рекл.* превзойти по рекламе* *(добиться больших успехов в рекламной деятельности, чем конкуренты)* **EX: If we're going to have fair elections, we have to have a system that limits campaign expenses in a way that we're actually talking about issues and not talking about, «I've got more money than you so I can outadvertise you».** – Если мы хотим справедливые выборы, мы должны организовать систему контроля за затратами на предвыборную кампанию, чтобы борьба была между программами кандидатов, а не по схеме «У меня больше денег, и поэтому я смогу получить больше голосов, чем ты». **We were a small, regional producer with national competitors who could outadvertise us.** – Мы были мелкой региональной компанией, и наши конкуренты —- компании национального масштаба -—могли с легкостью превзойти нас по рекламе. **SEE:** advertise, outmarket

outbargain *гл. торг.* заключить сделку на выгодных условиях *(напр., договориться о более высокой цене при продаже чего-л.)* **EX: The biggest issue for most homesellers is how to achieve the highest sale price. Who better to borrow these skills from than professional negotiators who daily sit across the table to try to outbargain their opponent.** – Самая главная проблема для большинства людей, желающих продать свой дом, это как получить максимально возможную цену за него. Здесь им лучше всего поучиться у профессионалов, которые каждый день занимаются тем, что пытаются переубедить оппонентов и заключить сделку на более выгодных для себя условиях. **SEE:** bargain

outbid *гл.* **1)** а) *эк.* предлагать более высокую цену *(чем другие участники аукциона);* перебивать цену **EX: You have been outbid when another bidder places a bid higher than your maximum bid.** – Ваша цена была перебита, когда другой участник торгов предложил цену, большую, чем ваша максимальная цена. **The bid increment is the amount by which you must outbid the current winning bid.** – Шаг предлагаемой цены – это сумма, на которую вы должны превысить цену, предлагаемую текущим победителем. **б)** *эк.* предлагать более выгодные условия *(при конкурсном размещении контрактов)* **EX: The larger the contacts, the more likely outside, large contractors will be able to outbid the smaller contractors.** – Чем крупнее контракт, тем больше вероятность, что крупный сторонний подрядчик сможет предложить более выгодные условия, чем меньшие по размеру подрядчики. **2)** *общ.* превзойти, перещеголять **3)** *т. игр* перебивать взятку *(в картах)*

outbidding *гл.* **1)** *эк.* перебивание цены, предложение более высокой цены *(чем другие участники торгов)* **EX: Bid increments, at least in theory, prevent bidders from outbidding one another by a single cent.** – Шаги предлагаемой цены, по крайней мере в теории, препятствуют участникам торгов перебивать цену друг друга за счет повышения цены всего на один цент. **2)** *эк.* предложение более выгодных условий *(при конкурсном размещении контракта)* **SEE:** outbid

outbound telemarketing *марк.* исходящий телефонный маркетинг *(проведение телефонных опросов целевой аудитории, предложение купить товар, информирование о распродажах (об открытии магазина) и др. посредством телефонных звонков потенциальным клиентам)* **SEE:** inbound telemarketing

outdoor advertisement *рекл.* объявление наружной рекламы **SEE:** outdoor advertising

outdoor advertising *рекл.* наружная [уличная] реклама *(рекламные средства в виде плакатов, стендов, световых табло на зданиях, улицах и обочинах дороги)* **SYN:** street advertising, out-of-home advertising **ANT:** indoor advertising **SEE:** plant operator, Outdoor Advertising Association of America, Outdoor Advertising Association of Great Britain, transit advertising, banner, multiple facing, channel letter signs, double-faced sign, roof bulletin, poster plant, 24-sheet poster, angled poster, poster advertising, outdoor poster, three-sheet poster, out-of-home audience

Outdoor Advertising Association of America **сокр.** OAAA *рекл., амер.* Американская ассоциация наружной рекламы *(профессиональная организация, объединяющая 1100 компаний, занятых в индустрии наружной рекламы; цель - продвижение и защита интересов данной отрасли в США)* **SEE:** outdoor advertising, Outdoor Advertising Association of Great Britain, Advertising Association

Outdoor Advertising Association of Great Britain **сокр.** OAA *рекл., брит.* Ассоциация наружной рекламы Великобритании *(профессиональная организация, объединяющая британские компании, предоставляющие средства наружной рекламы и рекламы на транспорте; цель — продвижение и защита интересов членов организации, содействие экономическому росту данной отрасли)* **SEE:** outdoor advertising, Outdoor Advertising Association of America, Advertising Association

Outdoor Advertising Council *рекл., брит.* Консультативный совет по наружной рекламе *(создан для разработки стандартов для работы в данной отрасли)* **SEE:** outdoor advertising, Outdoor Advertising Association of Great Britain

outdoor circulation *рекл.* численность аудитории наружной рекламы*

outdoor display *рекл.* наружная экспозиция [реклама] *(уличные рекламные щиты, плакаты, транспортные рекламные планшеты и т. д.)* **SYN:** outside display **SEE:** in-store display, front-end display

outdoor industry *рекл.* индустрия наружной рекламы **SEE:** outdoor advertising

outdoor poster *рекл.* плакат наружной расклейки* **SEE:** poster, outdoor advertising

outdoor service *марк.* обслуживание установок наружной рекламы* *(покраска стендов наружной рекламы, ремонт или замена старых стендов, поддержание должного освещения мест наружной рекламы, обеспечение чистоты и порядка в непосредственной близости от рекламных стендов)*

outdoor sign *рекл.* уличный щит, щит наружной рекламы **SEE:** outdoor advertising

outer pack *торг.* = secondary package

outer-directed **1)** *общ.* общительный; дружелюбный; открытый (для общения) **EX: The very outer-directed person suddenly becomes very introverted.** – Очень общительный человек вдруг становиться очень замкнутым. **2)** *марк., амер.* внешне управляемый* *(в классификации VALS: о лице, поведение которого определяется сигналами поступающими из вне, т. е. от других лиц; такой человек стремится не выделяться из общего потока и его поведение во многом базируется на его предположении о том, что о его действиях подумают другие)* **SEE:** VALS, emulator, achiever

outlet *сущ.* **1)** *общ.* выход; отдушина *(проход или отверстие для выведения* *чего-л., напр., воды, пара)* **2)** *общ.* средство [способ] выражения *(чувств, эмоций, мыслей и т. д.)* **EX: She had no other outlet for her feelings.** – У нее не было иного способа выразить свои чувства. **3)** *торг.* торговая точка, магазин **EX: video outlet** – магазин по продаже видеопродукции, **computer outlet** – магазин по продаже компьютерной техники, **furniture outlet** – магазин по продаже мебели **4)** *марк.* рынок сбыта **EX: Africa is a permanent outlet for our goods.** – Африка является постоянным рынком сбыта для наших товаров. **Foreign markets offer an attractive outlet for goods when the domestic market for certain products is saturated.** – Зарубежные рынки становятся привлекательным рынком сбыта, когда внутренний рынок уже насыщен данными товарами.

outmarket *гл. марк.* превзойти [обойти] конкурентов *(продать большее количество товара (получить больше прибыли, приобрести большую известность на рынке и т. д.), чем конкуренты)* **EX: He will share his tactics to outwit and outmarket your competitors.** – Он расскажет о своей тактике, позволяющей обхитрить и превзойти конкурентов. **There's no way to outmarket Intel.** – Невозможно превзойти компанию «Интел». **Information technology lets even tiny businesses outmarket the giants.** – Использование информационных технологий позволяет даже крошечным компаниям обойти конкурентов-гигантов. **SEE:** outadvertise, outsell, outbargain

output contract *эк.* контракт на весь выпуск* *(договор, по которому производитель соглашается продать всю произведенную за определенный период продукцию данному покупателю)* **SEE:** requirements contract

output price *эк.* цена выпускаемой продукции* *(цена продаваемой продукции (в том числе цена отправляемой на экспорт) в отличие от цены приобретаемых ресурсов; термин может относиться к отдельному предприятию, отрасли или национальной промышленности в целом)*

outsell *гл.* **1)** *торг.* продавать больше *(чем конкуренты)* **EX: to outsell the competition** – продать больше товаров, чем конкуренты, **She outsold her colleagues.** – Она продала больше товаров, чем ее коллеги. **SEE:** outmarket **2)** *марк.* продаваться лучше *(в больших количествах или быстрее, чем другой товар)* **EX: This book outsold all others of its kind.** – Эта книга продавалась лучше всех остальных книг данной категории. **3)** *торг.* выручить больше *(получить больший доход от продажи товара, чем другие)*

outsert *сущ.* **1)** *рекл.* прилагаемый рекламный материал **а)** *(рекламные сообщения (листовки), прикрепляемые снаружи к комплекту почтовой рекламы; чаще всего используется тогда, когда рекламное сообщение должно бросаться в глаза, и рекламодатель не может вложить его в конверт, который может быть и не вскрытым; обычно оповещает о специальных предложениях или скидках)* **SEE:** direct mail advertising **б)** *(дополнительная обложка журнала или каталога (в форме рекламной листовки, брошюры и т. п.), вкладываемая в полиэтиленовую обертку журнала (не является частью журнала); такие обложки часто используются издателями журналов для информирования рекламодателей о предстоящих темах журнала, изменениях тарифов на рекламу, рекламных возможностях в специальных номерах и т. д.; используются продающими по каталогам фирмами для предложений специальных скидок, сообщений о новых товарах, изменениях цен)* **SYN:** onsert **SEE:** freestanding insert **2)** *полигр.* накидка, вкладка

outside audience внешняя аудитория **а)** *общ., эк. (группа людей, которые не имеют какого-л. прямого отношения к данной организации или мероприятию, напр., не являются сотрудниками, членами и т. п. организации, не принимали участия в организации и подготовке мероприятия, но привлекаются в качестве консультан-

наложения инструкций, корректировок, изменений, вариантов текста или комментариев на рисунок, фотографию, текст или существующее художественное оформление; напр., инструкции для фотоцинкографа по разбивке оригинала по цветам обычно наносятся на пленку, которая приклеивается к черно-белому оригиналу) **8)** *марк.* пополнение списка потребителей* *(добавление новых имен в список потребителей)* **SEE:** consumer list

overprice

I *гл. эк.* завышать цену *(назначать на что-л. неоправданно высокую цену);* переоценивать, оценивать слишком высоко **EX: Don't overprice or you'll scare away prospective buyers.** – Не завышайте цену или вы распугаете потенциальных покупателей. **Unfortunately, he overpriced himself and ended up losing both opportunities.** – К сожалению, он себя переоценил и в итоге потерял обе возможности.

II *сущ. эк.* завышенная цена; завышение цены *(неоправданное превышение цены над обычным уровнем)* **EX: Also, if there was indeed an overprice, then the contract price should have been higher than the estimated cost of the project.** – Также, если имела место завышенная оценка, то цена по контракту должна быть выше оценочной стоимости выполнения проекта. **ANT:** underprice **SEE:** price

overpricing *сущ. эк.* завышение цены, переоценка, установление завышенной цены *(установление слишком высокой цены по сравнению с реальной ценой актива или услуги либо увеличение цены актива в результате добавления к ней комиссионных, разнообразных налогов и сборов и т. п.)* **EX: measures to prevent the overpricing of goods by the major supermarket chains** – меры по предотвращению завышения цен товаров крупными сетями супермаркетов **ANT:** underpricing **SEE:** pricing

overrider 1) *торг.* = retrospective discount **EX: In the grocery trade, the overriders accorded by manufacturers generally appear not to exceed 1%.** – В торговле продуктовыми товарами скидки с цены производителя при достижении объема обычно не превышают 1%. **2)** *тех. (небольшая вертикальная накладка на бампере автомашины для амортизации столкновения)*

overriding discount *торг.* наибольшая скидка* *(самая большая скидка из предложенных)* **EX: I will receive an overriding discount of $25 for bringing my own laptop computer to the workshop.** – Я получу главную скидку в 25 долларов, если приду на занятие со своим ноутбуком. **SEE:** cumulative discount

overseas market *марк.* = external market

overshopped area *торг.* перенасыщенный торговлей район* *(район, где количество торговых предприятий превосходит покупательские возможности населения)* **SEE:** shopping capacity

overtrading *сущ.* **1)** *эк.* затоваривание рынка *(закупка товаров для продажи в размерах, превышающих платежеспособный спрос)* **2)** *эк.* перерасширение бизнеса* *(чрезмерное развитие экономической деятельности фирмы, доходящее до того, что компания не может финансировать ее)*

overwire hanger *рекл.* рекламная растяжка *(рекламный плакат, висящий на проволоке, натянутой поперек потолка в магазине)* **SEE:** banner

own brand *марк.* = store brand

own brand goods *марк.* = own label goods

own label *марк.* = store brand

own label goods *торг.* товары под магазинной маркой* *(товары, произведенные специально для данного магазина с указанием названия магазина)* **SYN:** own brand goods, private-label goods **SEE:** store brand

own price elasticity of demand *эк.* = price elasticity of demand

owner of trademark *пат.* = trademark owner

ownership in the goods *юр., торг.* = title in the goods

P

P-card *фин., торг.* **сокр. от** procurement card

pack

I *сущ.* **1)** *общ.* пачка, пакет; связка, кипа, упаковка *(предмет или набор предметов, помещенных в специальную тару или сложенных вместе с целью транспортировки, хранения, продажи, почтовой пересылки и т. д.)* **EX: a pack of cigarettes** – пачка сигарет **SYN:** package **SEE:** banded pack, blister pack, bonus pack, case pack, reusable pack, retail pack, catering pack, tray pack, showcase pack, portion pack **2)** *общ.* упаковка, упаковочный материал **3)** *пищ.* законсервированные продукты *(количество заготовленных за определенный период (напр., за сезон) консервов)* **4)** *общ.* множество, масса *(большое количество чего-л.)* **5)** *общ.* группа *(некоторое количество людей или животных)* **EX: pack of photographers** – группа фотографов **6)** *потр.* содержимое упаковки [пачки, контейнера] **7)** *общ.* тюк, вьюк *(сверток для несения на спине)* **EX: pack equipment** – вьючное снаряжение

II *гл.* **1)** паковать, упаковывать **а)** *общ.* *(вещи в чемодан или сумку)* **EX: to pack clothes into a suitcase** – укладывать вещи в чемодан **б)** *торг.* *(товары, грузы для транспортировки или хранения)* **EX: to pack the books into boxes** – упаковывать книги в коробки, **We pack the goods neatly to prevent the damage during delivery.** – Мы тщательно упаковываем товары, чтобы избежать повреждений во время доставки. **2)** *общ.* заполнять(ся), наполнять(ся), переполнять(ся) *(людьми)* **EX: This singer always packs concert halls.** – Этот певец всегда собирает полные залы. **SEE:** advertisement-packed **3)** *общ.* нести, тащить *(обычно на себе, напр., на спине)* **4)** *общ.* оборачивать, завертывать; окутывать *(помещать в обертку или упаковку)*

pack peddler *торг.* коммивояжер, уличный торговец, торговец-мешочник, коробейник *(мелкий торговец, странствующий по городам, поселкам и другим населенным пунктам в определенном районе)* **EX: He first worked as a pack peddler and later became a successful store owner and businessman.** – Сначала он был уличным торговцем, а потом открыл свой магазин и стал преуспевающим бизнесменом. **SYN:** vendor, hawker **SEE:** street market

package **1)** *общ.* пакет, сверток **SEE:** bag **2)** *торг., потр., амер.* упаковка, контейнер, тара *(емкость из картона, бумаги, фольги, пластмассы, дерева, металла или иного упаковочного материала, содержащая предмет или набор предметов, предназначенных для транспортировки, хранения, продажи и т. д.)* **EX: attractive package** – привлекательная упаковка, **cardboard package** – картонная упаковка, **a package of chewing gum** – упаковка жевательной резинки **SYN:** packet, packaging **SEE:** aerosol package, original package, package size, primary package, stay-fresh package, shrink package, shipping package, storable package, packing material, glassed items, tear strip, cardboard box **3)** *общ.* комплект, комплекс, пакет *(набор предметов, представленный как одно целое (один объект); напр., пакет документов, комплекс соглашений, комплекс программ и т. п.)* **EX: economic aid package** – комплексная программа экономической помощи **SEE:** package deal **4)** *комп.* программный пакет **EX: word processing package** – текстовой программный пакет

package advertising *марк.* пакетная реклама **а)** *(размещение не отдельных рекламных объявлений в журнале (газете) или на телевидении (радио), а проведение полноценной рекламной кампании, т.е. закупка больших объемов рекламного места и времени, размещение рекламы в течение длительного периода)* **б)** *(размещение рекламы в определенных блоках (пакетах) на телевидении (радио) или в определенных приложениях журнала (газеты) в зависимости от целевой аудитории; напр., пакеты «Кинозал» (реклама во время демонстрации определенных фильмов), «Молодежный» (реклама во время демонстрации передач для молодежи))* **SEE:** media advertising

package band *марк.* упаковочная лента с рекламой* *(рекламное объявление, напечатанное на упаковочной ленте, используемой для обвязывания упаковок товара, бандеролей и т. д., а также сама эта лента, содержащая рекламные объявления)* **SYN:** advertising band, publicity band **SEE:** advertising

package code *рекл.* код комплекта* *(код, используемый в записях потребителей и идентифицирующий реакцию на определенный комплект прямой почтовой рекламы)* **SEE:** key code, package test, direct mail advertising

package deal 1) *торг.* комплексное [пакетное] соглашение, комплексная сделка *(соглашение о покупке/продаже нескольких товаров или услуг вместе, т.е. в комплекте)*; комплексное предложение *(предложение о покупке/продаже нескольких товаров или услуг в комплекте)* **EX: a package deal from a book club** – комплексное предложение от книжного клуба **SYN:** package plan **2)** *эк., упр.* пакетное соглашение *(соглашение, регулирующее различные вопросы, т.е. решение по одному вопросу зависит от решения по всем остальным вопросам (может быть принято только вместе с решением других вопросов))* **EX: The union wanted management to approve a package deal increasing wages, retirement benefits, and the number of paid holidays.** – Профсоюз требовал от руководителей предприятия принятия пакетного соглашения: по увеличению заработной платы, пенсионных выплат, количества оплачиваемых праздников.

package design 1) *марк.* дизайн упаковки *(деятельность по разработке упаковки для определенного товара)* **SEE:** product design **2)** *марк.* макет упаковки, конструкция упаковки *(модель внешнего вида упаковки товара)* **3)** *марк.* дизайн комплекта прямой почтовой рекламы *(разработка и создание комплекта прямой почтовой рекламы, включая конверт, письмо, буклет, льготный купон и возвратный бланк)* **SEE:** direct mail advertising

package enclosure 1) *марк.* = in-pack premium **2)** *марк.* упаковочный вкладыш *(рекламные, информационные материалы, вкладываемые в упаковку товара)* **SYN:** insert **SEE:** in-pack coupon, premium pack, package insert, with-pack premium

package engineering *марк.* = packaging design

package goods *торг.* фасованные товары *(отличающиеся тем, что количество содержимого (масса, объем и др.) в упаковке не может меняться без ее вскрытия или деформации)* **SYN:** packaged goods, package merchandise, packaged merchandise

package insert *рекл.* рекламный вкладыш в упаковке *(рекламный листок, вложенный в упаковку товара)* **SYN:** package stuffer **SEE:** package enclosure

package merchandise *торг.* = package goods

package plan *эк., торг.* = package agreement

package price *торг.* цена упаковки, цена за упаковку *(цена товара в расчете на упаковку, содержащую не-*

сколько единиц данного товара) **SEE:** unit price

package size *торг.* размер упаковки **SEE:** king-size pack, regular-size package

package store *торг., амер.* магазин спиртных напитков, магазин по продаже спиртных напитков навынос *(по американскому законодательству бутылки со спиртными напитками должны быть упакованы в бумажные пакеты или другую упаковку, не привлекающую внимание окружающих)* **SYN:** liquor store, pulperia, off-licence, happy shop **SEE:** dram shop

package strapping *торг.* увязочный материал *(материал для увязки пакетов: металлическая, полиэстровая лента, проволока и т. п.)* **SEE:** packing material

package stuffer *рекл.* = package insert

package test *рекл.* испытание комплекта, рекламная проверка *(испытание реакции на новый комплект прямой почтовой рекламы)* **SEE:** package code, direct mail advertising

packaged *прил. торг.* упакованный *(о товаре, помещенном в специальную тару (в упаковочный материал))* **EX:** **packaged fish** – упакованные рыбные продукты **SEE:** packing material

packaged goods *торг.* = package goods

packaged merchandise *торг.* = package goods

packager *сущ.* **1)** *эк., торг.* = packer **EX:** **soap packager** – упаковщик мыла **2)** *эк.* организатор *(человек или организация, которая создает продукт (напр., книгу, телепрограмму, тур) и продает ее (или передает в использование) другой организации)* **EX:** **a packager of European vacations** – организатор туров в Европу, **a packager of rock shows** – организатор рок-концертов

packaging *сущ.* **1)** *торг.* упаковывание, упаковка *(процесс помещения товаров в специальные контейнеры или упаковочные материалы (коробки и т. п.))* **EX:** **machine for packaging** – станок для упаковывания, упаковочная машина **2)** *торг.* = package **EX:** **packaging concept** – концепция упаковки, **packaging designer** – разработчик упаковки, **Attractive packaging can help to sell a product.** – Привлекательная упаковка способствует продаже товара. **3)** *торг.* = packing material **EX:** **All our packaging is biodegradable.** – Мы используем только саморазлагающиеся упаковочные материалы. **4)** *торг.* способ упаковки [упаковывания] **5)** *марк.* дизайн упаковки, стиль упаковки *(внешний вид упаковки (форма, цвет); разработке дизайна упаковки уделяется особое внимание, поскольку он влияет на то, как покупатели воспринимают товар)* **SEE:** product design **6)** *общ.* презентация, представление *(идей, предложений, товаров, услуг, личностей (напр., политических кандидатов) обществу, а также манера (стиль) представления)* **EX:** **packaging of new ideas** – презентация [представление] новых идей

packaging department **1)** *торг., упр.* = packing department **2)** *марк., упр.* отдел упаковки *(занимается разработкой и производством упаковки)*

packaging design *марк.* конструирование [разработка] упаковки **SYN:** package engineering **SEE:** packaging department

packaging industry *эк.* упаковочная промышленность *(отрасль промышленности, представленная компаниями, занятыми в производстве упаковочного оборудования и материалов)* **SEE:** packing material

packaging material *торг.* упаковочный материал, упаковка *(бумага, картон, пластмасса, полиэтилен, фольга и другие материалы, используемые для упаковки товаров для хранения, транспортировки или продажи)* **SEE:** packing material

packer *сущ.* **1)** *эк., торг.* упаковщик *(человек, занимающийся паковкой товаров)* **EX:** **fruit packer** – упаковщик фруктов **SYN:** packager **2)** *тех., торг.* машина для упаковки, упаковочная машина **SYN:** packager **3)** *пищ., торг.* мясоперерабатывающее предприятие *(за-*

нимается переработкой и упаковкой мясной продукции для передачи ее оптовой торговле); мясопромышленник *(владелец мясоперерабатывающего предприятия)*

packer's brand *марк.* торговая марка упаковщика*, марка компании-упаковщика* *(марка товара, представляющая собой марку организации, предоставляющую услуги упаковки товаров для их последующей транспортировки и продажи)* **SEE:** store brand, manufacturer's brand

packet *сущ.* **1)** *общ.* группа, собрание, куча **2)** *торг., брит.* = package

packing *сущ. эк.* упаковка, укладка *(размещение товара в ящиках или других контейнерах)* **EX: packing is charged extra** – за упаковку берется дополнительная плата, **packing extra** – упаковка оплачивается дополнительно, **packing inclusive** – упаковка включена в стоимость (товара), **packing not included** – цена без упаковки, без тары **SEE:** packing charges, packaging, package

packing box *торг.* упаковочная коробка, упаковочный ящик **EX: fancy packing box** – художественно оформленная упаковочная коробка **SYN:** packing case

packing case *торг.* = packing box

packing charges *торг.* стоимость упаковки, расходы по упаковке *(затраты, связанные с упаковкой товаров (грузов); зависят от цены упаковочных материалов, типа товаров (грузов), упаковочной технологии, цены труда и т. п.)* **SYN:** cost of packing, packing cost **SEE:** packing material, packing technology

packing cost *торг.* = packing charges

packing department *торг., упр.* упаковочный отдел, отдел упаковки *(занимается фасовкой и упаковкой товаров)* **SYN:** packaging department

packing list *торг.* упаковочный лист, упаковочный реестр *(товаросопроводительный документ, в котором указываются отправляемые товары и их получатель; содержит перечень предметов, входящих в одно грузовое место, напр., ящик, коробка, контейнер)* **SYN:** packing slip, packing note **SEE:** shipping documents

packing material **1)** *общ.* упаковочный материал, упаковка *(бумага, картон, пластмасса, полиэтилен, фольга и другие материалы, используемые для упаковки чего-л., напр., товаров)* **SEE:** packaging material, packaging **2)** *торг.* упаковочный материал *(уплотняющий материал, вводимый в упаковку товара для его защиты от повреждения в процессе транспортировки)* **SEE:** air-bubble packing

packing note *торг.* = packing list

packing paper *торг.* упаковочная бумага **SEE:** gift-wrapping, packing material

packing slip *торг.* = packing list

packing station *эк., торг.* пункт упаковки*, упаковочный пункт* *(место, где производится упаковка товаров для последующей транспортировки)*

packing technology *эк., торг.* упаковочная технология *(методика упаковки (напр., товаров), характеризующаяся использованием определенного способа упаковки, упаковочного оборудования и упаковочных материалов)* **SEE:** packing material

packing unit *торг.* упаковочная единица *(упаковка, предназначенная для стандартного количества товаров или определенного типа товара, которая не требует дополнительной тары для хранения или транспортировки, напр., указанного размера ящик, коробка, мешок и т. д.)* **SEE:** unit package

packman *сущ. торг.* = peddler

pad *сущ.* **1)** *потр.* подушка **2)** *общ.* набивка, уплотнение **3)** *потр.* салфетка **4)** *потр.* блокнот **5)** *потр.* блок промокательной [почтовой, рисовальной] бумаги **SEE:** writing utensils **6)** *рекл., СМИ* «затычка», «подушка» *(дополнительный материал (импровизированный дикторский текст или музыка), используемый в рекламе или передаче тогда, когда* *она заканчивается раньше установленного программой времени)*

page traffic 1) *СМИ* рейтинг страницы*, аудитория страницы* *(количество читателей, прочитывающих конкретную страницу журнала, напр., программу телевизионных передач или гороскоп)* 2) *комп.* посещаемость страницы *(число пользователей, посещающих определенную интернет-страницу в единицу времени)*

paid cancel *торг.* = completed cancel

paid-for advertisement *марк.* платное рекламное объявление, платная реклама **ANT:** free advertisement

painted bulletin *рекл.* рисованный щит *(форма наружной рекламы, когда рекламное сообщение рисуется вручную на специальном щите)* **SYN:** painted display **SEE:** painted wall

painted bus *рекл.* расписанный [раскрашенный] автобус* *(автобус, корпус которого расписан в рекламных целях)*

painted display *рекл.* = painted bulletin

painted sign *рекл.* рисованная вывеска, рисованный рекламный щит **SEE:** painted bulletin

painted wall *рекл.* рисованный брандмауэр, настенный рисованный щит *(расположенный на стене здания рисованный щит)* **SEE:** painted bulletin, Wallscape

paired-depth interview *соц.* парное глубинное интервью *(глубинные интервью, в которых одновременно участвуют два респондента; данная методика часто применяется с детьми, которые являются друзьями, для того, чтобы уменьшить страх во время интервью)* **EX: In qualitative market research an interview may be conducted with just one respondent (this is known as a depth interview), with pairs (paired depth interview), small groups (mini-groups), or group discussions of between 5 and 8 participants.** – В качественных маркетинговых исследованиях интервью может быть проведено только с одним респондентом (оно известно как глубинное интервью), с парой респондентов (парное глубинное интервью), с небольшой группой (глубинное интервью в мини-группах), или это может быть групповая дискуссия с участием 5 - 8 человек. **SEE:** interview

palming off *юр.* = passing off

pamphlet *сущ.* 1) *общ.* злая сатира, памфлет 2) *потр.* пояснительная статья, инструкция *(напр., по эксплуатации машины)* 3) *потр., рекл.* рекламный проспект [буклет] **SYN:** advertising brochure, booklet **EX: A nice colour pamphlet of the various telephones of the Bell System.** – Симпатичный цветной рекламный проспект с изображениями различных телефонов фирмы «Белл Систем». **SEE:** brochure

panel *сущ.* 1) а) *общ.* панель; филенка б) *общ.* панель *(плоская поверхность, на которой крепятся инструменты, ручки управления и т. д.)* **EX: control panel** – панель управления в) *рекл.* панель *(носитель наружной рекламы, напр., рекламный щит)* **EX: advertising panel** – рекламная панель **SEE:** outdoor advertising 2) а) *общ.* экспертная группа, группа специалистов *(группа лиц, собранная для рассмотрения какого-л. вопроса)* б) *стат., соц., марк.* (испытательная) группа, панель *(выборка или группа людей, выбранных для проведения испытаний, исследования)* **SEE:** diary panel

pantry audit *марк.* = pantry check

pantry check *марк.* контроль кладовых*, ревизия домашних запасов* *(исследование потребителей, направленное на выяснение объема запасов домохозяйства в данный момент времени; по результатам исследования принимаются маркетинговые решения о большем или меньшем производстве того или иного товара)* **SYN:** pantry audit

paper goods *потр.* изделия из бумаги, бумажные товары *(напр., записные книжки, блокноты, писчая бумага, туалетная бумага, салфетки и т. д.)* **SEE:** writing utensils, envelope, stationery

paper trading *торг.* = mock trading

paperless trade *торг.* безбумажная торговля *(форма торговли, при кото-*

рой оформление и обработка заказов, а также расчеты осуществляются в безбумажной форме, т. е. с помощью электронных средств) **SEE:** e-commerce

parallel barter *торг.* параллельный бартер* **SEE:** reciprocal buying

parallel deal *торг.* параллельная сделка *(товарообменная сделка на базе двух контрактов, связанных обязательствами партнеров произвести в течение оговоренного срока контрпокупку)* **SEE:** conditional sale

parallel importing **1)** *межд. эк., торг.* параллельный импорт, параллельное импортирование* *(ситуация, когда импортер покупает товар в одной стране, а продает его в другой, где цены выше)* **2)** *межд. эк., торг., пат.* параллельный импорт, параллельное импортирование*, серый маркетинг* *(перепродажа товаров, законно импортируемых в страну с согласия владельца прав интеллектуальной собственности, в третьи страны без получения такого согласия)* **SEE:** grey market, grey market goods

parallel imports *межд. эк., торг., пат.* = grey market goods

parallel system *марк.* система параллельных компонентов* *(средство обеспечения надежности функционирования выпускаемого продукта с помощью снабжения его дополнительными параллельными компонентами так, что если один компонент выходит из строя, параллельный его заменяет)*

parcel pickup **1)** *торг.* вынос покупок* *(специальная услуга, оказываемая покупателям в супермаркете; заключается в том, что сотрудники магазина выносят сумки с покупками к машине покупателя и помогают погрузить покупки в машину)* **2)** *связь, эк.* принятие посылок *(на почте; посылки могут доставляться на почту как самими отправителями, так и специальными посыльными, которые забирают посылки из дома или офиса отправителя по его заказу)* **SEE:** carry-out service

parent store *торг.* центральный магазин *(имеющий несколько филиалов)* **SYN:** primary store **SEE:** branch store, junior department store

Pareto, Vilfredo *эк.* Парето, Вильфредо *(1848—1923; франко-итальянский инженер, экономист и социолог; один из создателей ординалистской теории полезности; автор оригинальной теории политических элит)* **SEE:** Pareto's Law

Pareto's Law *эк.* закон Парето *(теория, согласно которой распределение доходов имеет постоянный характер и не зависит от системы налогообложения и социального обеспечения, напр., если 80% доходов достаются 20% населения, то улучшения положения бедных слоев можно достичь только общим повышением уровня благосостояния; впоследствии теория получила название «правило 80-20» и нашла другие приложения: основная часть производства приходится на меньшую часть рабочей силы, основная часть продаж приходится на незначительную часть клиентов и т. д.)* **SYN:** Pareto's Rule **SEE:** 80-20 law; Pareto, Vilfredo

Pareto's Rule *эк.* = =Pareto's Law

parity products *марк.* паритетные [равнозначные, подобные] товары* *(товары, произведенные разными производителями (продаваемые под разными торговыми марками), но при этом практически одинаковые по составу и характеристикам; к таким товарам относятся зубная паста, сигареты, молоко, пиво, аспирин и др.)*

part delivery *торг.* = partial delivery

part shipment *торг., юр.* = partial shipment

partial delivery *торг., бирж.* частичная поставка *(поставка части согласованного между покупателем и продавцом количества товара или ценных бумаг)* **SYN:** part delivery **SEE:** delivery by instalments, nondelivery

partial payment *эк.* неполная [частичная] оплата *(внесение только части причитающегося платежа, напр., оплата части стоимости приобретенного товара или услуги)* **ANT:** full payment

partial shipment *торг.* частичная отгрузка **SYN:** part shipment **SEE:** partial delivery

participation *сущ.* **1)** *общ.* участие *(в каком-л. мероприятии, соревновании и т. п.)* **EX: participation in the crime** – соучастие в преступлении, **We would welcome your participation in any of the events.** – Мы будем рады вашему участию в любом из мероприятий. **2)** *СМИ, рекл.* = drop in **3)** *рекл.* совместная реклама *(рекламное сообщение нескольких рекламодателей или эфирное время, используемое одновременно несколькими рекламодателями)* **SEE:** joint advertising

particular purpose *юр., торг., брит.* конкретное намерение (использования товара)* *(согласно закону «О продаже товаров» 1979 г., регулирующему договор о продаже товара в системе английского права, конкретное намерение, с целью удовлетворить которое приобретается товар; имеет смысл «специальное намерение», не означает противоречия с общепринятыми намерениями покупки товаров подобного вида; соответствие товара конкретному намерению его использования является обязанностью продавца и подразумеваемым условием договора о продаже товаров)* **SEE:** Sale of Goods Act 1979, contract of sale of goods, duties of the seller, implied term

parts manager *эк. тр., торг., амер.* заведующий магазина [отдела] запчастей* *(управляет магазином или отделом ремонтной базы по оптовой или розничной торговле автомобильными запчастями)* **SYN:** stockroom manager

party *сущ.* **1)** сторона **а)** *общ. (участник сражения, спора, противоборства и т. п., противостоящий другому участнику)* **б)** *юр. (лицо или учреждение, от которых исходит действие)* **EX: party to be charged** – сторона, обязанная по договору, **requesting party** – ходатайствующая сторона **SEE:** third party **в)** *юр., торг., амер. (согласно определению Единообразного торгового кодекса США: лицо, участвующее в сделке или заключающее соглашение, как оно определено в указанном кодексе)* **SEE:** Uniform Commercial Code, third party, agreement **2)** *общ.* участник **EX: to be party to smth.** – быть участником чего-л. **3)** *общ.* прием гостей, званый вечер, вечеринка, тусовка **SEE:** party plan **4)** *общ.* группа, компания *(люди, собравшиеся для осуществления какой-л. деятельности)* **EX: a search party** – группа поиска

party plan *торг.* метод вечеринки*, продажа на вечеринке* *(способ продажи, при котором потенциальные покупатели приглашаются на вечеринку, где им демонстрируются образцы товара и делаются предложения купить его)* **SYN:** party selling **SEE:** personal sale

party selling *торг.* = party plan

pass-along audience *марк.* аудитория вторичных читателей, вторичная читательская аудитория *(лица, не являющиеся получателями или покупателями изданий, а получающие их случайным образом от подписчиков (покупателей) после того, как они их прочитывают)* **SYN:** secondary audience **SEE:** audience

pass-along reader *СМИ* вторичный читатель *(не являющийся подлинным подписчиком или покупателем издания)* **SYN:** non-buyer reader **SEE:** buyer-reader

passing off **1)** *юр.* подмена товара *(выдача товаров какого-л. производителя в качестве товаров другого производителя)* **SYN:** counterfeiting **2)** *юр.* ведение дел под чужим именем **SYN:** palming off

passive media *рекл.* средства рекламы пассивного восприятия *(не требующее никаких усилий со стороны аудитории, напр., радио и телевидение)*

pastry *сущ.* **1)** *пищ.* сдобное тесто **2)** *потр.* мучные кондитерские изделия, кондитерская выпечка *(пирожные, печенье, торты и другие кондитерские изделия, приготовляемые из теста)* **SEE:** confectionery and pastry, cookie, dry cush

pastry shop *торг.* кондитерский магазин, кондитерская **SYN:** sweet shop

patient customer *марк.* терпеливый клиент [покупатель] *(клиент (покупатель), спокойно ожидающий своей очереди, не требующий немедленного обслуживания)* **ANT:** impatient customer

patron *сущ.* **1)** *общ.* покровитель, заступник, меценат **EX: a patron of the arts** – покровитель искусств **2)** *марк.* постоянный клиент [посетитель], завсегдатай **EX: patron card** – ката постоянного клиента (дает право на льготы при покупки товаров или услуг), **Patrons receive a $.50 discount.** – Постоянные покупатели получают скидку в размере 50 долларов. **SEE:** customer loyalty, patronize **3)** *общ., мн.* почетный комитет **SEE:** patronage

patronage *сущ.* **1)** *юр.* патронат *(право назначения на должности)* **2)** *общ.* покровительство, попечительство, патронаж, шефство, заступничество, опека **а)** *эк., пол. (покровительственное отношение к какому-л. предприятию или отрасли со стороны властей)* **б)** *эк. (частная финансовая поддержка учреждения, предприятия, отдельного лица и т. п.)* **EX: The competition generates income from its own activities, from private patronage and from sponsoring.** – Конкурс приносит доходы, полученные непосредственно от его проведения, от частного патронажа и спонсорской поддержки. **в)** *пол., амер. (вознаграждение и покровительство партией, находящейся у власти, всех, кто способствовал ее возвышению)* **3)** *марк.* приверженность покупателя [клиента]; покровительство покупателей *(магазину, фирме, товару)* **EX: Our customers have been truly generous and we are grateful for their continued patronage.** – Наши покупатели по-настоящему щедры и мы благодарны за их постоянную приверженность. **SYN:** customer loyalty **4)** *марк.* постоянные покупатели, клиентура **SEE:** patron, patronage discount **SEE:** patron, patronize

patronage discount *марк.* патронажная скидка* *(скидка, предоставляемая исходя из прошлых торговых отношений с данным покупателем или в расчете на поддержание торговых отношений с данным покупателем; обычно речь идет о скидке, предоставляемой оптовым торговцем розничному торговцу исходя из общего объема покупок, совершенных покупателем в течение определенного периода: по итогам периода продавец возвращает покупателю часть уплаченной покупателем суммы)* **SYN:** patronage rebate **SEE:** quantity discount, cumulative discount, deferred rebate

patronage rebate *марк.* = patronage discount

patronise *гл. общ.* = patronize

patronize *гл. тж.* patronise **1)** *общ.* покровительствовать, поддерживать, опекать **2)** *эк.* поддерживать (финансово), поощрять *(человека, предприятие, отрасль и т. д.)* **EX: to patronize talented artists** – оказывать поддержку талантливым художникам **3)** *марк.* быть постоянным клиентом [посетителем] *(фирмы, магазина, кинотеатра и т. д.)* **EX: You have to make your own decision about whether to patronize a store with a rigid refund or exchange policy.** — Вы сами должны решить, стоит ли оставаться постоянным покупателем в магазине с негибкой политикой возврата или обмена товаров. **SEE:** patron, patronage

Paul D. Converse Award *марк.* премия Поля Д. Конверса *(присуждается ежегодно Американской ассоциацией маркетинга за выдающийся вклад в науку маркетинга; носит имя президента ассоциации в 1931 г.)* **SEE:** American Marketing Association

pay

I *сущ.* **1)** *эк.* оплата, выплата, плата *(сумма, выплаченная кому-л., особенно в качестве вознаграждения за труд)*; жалованье, оклад, заработная плата; денежное содержание [довольствие] *(военнослужащего)* **EX: on full pay** – на полной ставке*, с полной оплатой [окладом, заработной платой]*, **on half pay** – на половине ставки*, с половинной оплатой [окладом, заработной платой]* **Did you honestly think you weren't going to draw pay for it?** – Неужели ты и правда думал, что тебе не заплатят за это? **2)** *эк.* оплата, выплата, плата *(как процесс, факт или форма выдачи определенной суммы)* **EX: Brown added that the delay in pay would negatively affect employees who count on having at least two paychecks each month in order to cover monthly obligations.** – Браун добавил, что задержка в оплате отрицательно отразится на работниках, которые рассчитывают на получение как минимум двух платежных чеков в течение месяца, чтобы погасить свои ежемесячные обязательства. **SYN:** payment **3)** *эк.* плательщик *(при оценке определенного лица с точки зрения способности выплачивать долги)* **EX: bad pay** – неплательщик; лицо, не выплачивающее долги вовремя, **good pay** – исправный плательщик; лицо, вовремя погашающее долги **SEE:** payee

II *гл.* **1)** а) *эк.* платить, расплачиваться; заплатить; оплачивать *(работу, товары и т. п.)* **EX: to pay by credit card** – платить по кредитной карте, **to pay by phone** – производить платежи по телефону, **to pay by telegraphic transfer** – оплачивать телеграфным переводом, **to pay for smth.** – платить за что-л., **to pay on delivery** – оплачивать по доставке *(в момент получения товара или почтового отправления)* **SEE:** payment, payee, payer б) *эк.* уплачивать, выплачивать **EX: to pay one's debt** – выплачивать долг, **to pay wages** – платить заработную плату **2)** *эк.* окупаться; приносить доход [выгоду]; быть выгодным **EX: business that does not pay** – невыгодное дело **3)** *общ.* вознаграждать, возмещать **4)** *общ.* поплатиться; пострадать *(за что-л.)* **5)** а) *общ.* оказывать, обращать, уделять *(внимание)* б) *общ.* наносить *(визит)* **SEE:** pay away, pay back, pay down, pay in, pay off, pay over, pay up, pay out

III *прил.* **1)** *эк.* платный, требующий оплаты **EX: pay information** – платная информация, **pay service** – платная услуга, платная служба, **pay hospital** – платная больница **2)** *эк.* рентабельный, имеющий промышленное значение; перспективный **EX: pay ore** – промышленная руда

pay away *гл. эк.* выплачивать, оплачивать, тратить **EX: I seem to pay away half my income on taxes of one kind or another.** – Мне кажется, что половина моего дохода уходит на разные налоги.

pay back *гл.* **1)** *эк.* вознаграждать, отплачивать **SYN:** pay off **2)** *эк.* выплачивать [возвращать] деньги **EX: I must remember to pay you back for the tickets.** – Надо не забыть вернуть тебе деньги за билеты.

pay down *гл.* **1)** *общ.* выплатить *(часть средств)*, уплатить *(в счет чего-л., напр., долга)* **EX: The buyer paid $6,000 down for the new car.** – Покупатель выложил 6000 долл. наличными за новый автомобиль. **2)** *торг.* делать первый взнос *(при покупке в рассрочку)* **EX: My buyer paid $500 down and signed a note for $6,000, payable at $222.16 per month for 32 months.** – Мой покупатель сделал первый взнос в размере 500 долл. и подписал долговую расписку на 6000 долл. с выплатой по 222,16 долл. в месяц в течение 32 месяцев. **SEE:** down payment

pay in *гл. эк.* класть, вносить *(деньги на счет)* **EX: I have to pay in $20 to cover a cheque.** – Мне нужно положить 20 долларов на счет, чтобы оплатить чек. **SYN:** pay into

pay into *гл. эк.* = pay in

pay off *гл.* **1)** *эк.* расплачиваться сполна; рассчитываться *(за что-л. с кем-л.)*, погашать [покрывать] долг **EX: to pay off debt** – погасить долг, **to pay off one's creditors** – расплатиться с кредиторами, **It's a good feeling to pay off the house after all these years.** – Очень приятно после стольких лет рассчитаться за дом. **SYN:** pay up **2)** *эк.* быть рентабельным; приносить плоды, окупаться **EX: The time that you spend researching your customers and users, will pay off handsomely when it comes to taking tough decisions during the implementation phase.** – Время, которое вы потратите на изучение ваших клиентов и пользователей, с лихвой окупится на этапе внедрения, когда надо будет принимать сложные решения. **3)** *общ.* отплатить, отомстить **SYN:** pay back **4)** *общ.* давать взятку; подкупать; откупаться **EX: Do you think you can pay the criminals off?** – Думаешь, можно будет откупиться от бандитов? **5)** *упр.* давать расчет, увольнять *(работников)*, распускать *(команду)*

pay out *гл. эк.* выплачивать, оплачивать; тратить *(деньги)* **EX: The government pays out less to the unemployed, and takes in just as much from employees and employers.** – Правительство сократило выплаты безработным, хотя налоги с работодателей и работников остались прежними. **SEE:** pay, payout

pay-out *сущ. эк.* = payout

pay over *гл.* **1)** *эк.* выплачивать *(официально)* **EX: This sum will be paid over to the notary by your lawyer.** – Эта сумма будет выплачена нотариусу вашим адвокатом. **2)** *эк.* переплачивать **EX: You've paid a pound over for this coat.** – Ты переплатил фунт за это пальто. **SYN:** pay up

pay over the counter *эк., торг.* платить [оплачивать, расплачиваться] напрямую, платить [оплачивать, расплачиваться] через кассу *(путем передачи денег, чека или кредитной карты в кассе магазина или в банке, в отличие от оплаты по телефону, Интернету, путем почтового денежного перевода)* **EX: to pay over the counter by cash or cheque** – расплачиваться напрямую наличными или чеком, **to pay over the counter at a bank** – оплачивать напрямую в банке, **You can pay for cinema tickets over the phone, pay online or pay over the counter.** – Вы можете заплатить за билеты в кино по телефону, по Интернету или прямо в кассе. **SEE:** cash, cheque

pay up *гл.* **1)** *эк.* оплачивать полностью, выплачивать сполна, рассчитываться **EX: If you pay up now, you will not be taken to court.** – Если ты рассчитаешься сейчас, не попадешь под суд. **SYN:** pay off **2)** *эк.* = pay over

payable on delivery *торг.* с уплатой по доставке *(после получения заказываемой продукции)*; с уплатой по окончанию работы **EX: 50% of the estimated cost is payable before I start work on your jewellery and the balance payable on delivery.** – 50% от сметной стоимости оплачивается до начала работы с вашими украшениями, остальное – по окончании работ.

payee *сущ. эк.* получатель платежа, бенефициар *(лицо, в пользу которого осуществляется какой-л. платеж)* **EX: payee of a cheque** – получатель платежа по чеку **SEE:** payer, payment

payer *сущ. тж.* payor плательщик *(лицо, осуществляющее какой-л. платеж)* **EX: tax payer** – налогоплательщик, **slow payer** – неисправный плательщик **SEE:** payee, payment

payload *сущ.* **1)** *эк.* полезная нагрузка **а)** *(товар любого вида, который транспортируется перевозчиком, а затем продается с прибылью)* **б)** *(товар, возвращаемый розничному торговцу и транспортируемый на попутном грузовике, который должен забрать у него другую партию товара)* **2)** *трансп., торг.* коммерческая нагрузка *(груз, который транспортируется за плату)*

payment *сущ. эк.* оплата; платеж; погашение *(долга, векселя и т. п.)*, выплата, уплата *(происходящая в любой форме передача средств)* **EX: to effect [make] payment** – производить платеж, **to defer payment** – отложить [отсрочить] платеж, **interest payment, payment of interest** – процентных платеж, выплата процентов, **payment by cheque** – оплата чеком, **payment of a cheque** – оплата чека, **payment of balance** – выплата остатка, **payment of principal and interest** – выплата основной суммы (долга) и процентов, **payment in foreign currency** – платеж в иностранной валюте, **payment in part [in full]** – частичный [полный] платеж, **payment received** – полученный платеж, **payment made** – осуществленный платеж, **conditions of payment, payment terms** – условия платежа, **Payment for delivery can be made directly in cash.** – Оплату доставки можно произвести непосредственно наличными деньгами **SYN:** pay, redemption **SEE:** advance payment, cashless payment, down payment, documents against payment, payee, payer

payment against documents *банк., торг.* = cash against documents

payment against invoice *торг.* платеж против счета фактуры* *(метод расчетов, при котором покупатель оплачивает стоимость товаров после получения счета-фактуры)* **SYN:** cash against invoice

payment in full *торг.* = full payment

payment on delivery *торг.* наложенный платеж, оплата при доставке *(способ расчетов, при котором оплата производится при доставке товара)* **SYN:** collect on delivery, cash on delivery

payola *сущ. рекл., амер., разг.* взятка, подкуп *(приватный платеж за услуги по рекламе и продвижению товаров или услуг; напр., выплата определенной суммы ди-джею за проигрывание и раскручивание конкретного диска)* **EX: to take [give] a payola** – взять [дать] взятку, **to take [give] payola** – брать [давать] взятки **SEE:** plugola

payor *сущ. эк.* = payer

payout *сущ. тж.* pay-out *эк.* выплата *(выплачиваемое вознаграждение, выигрыш, дивиденд, страховое возмещение и т. п.)* **EX: casino payouts** – выплата выигрыша в казино, **huge compensation payouts** – огромные компенсационные выплаты, **insurance payout** – страховая выплата **SEE:** pay out, pay

PCard *фин., торг.* **сокр. от** procurement card

peak pricing *марк.* пиковое ценообразование *(установление более высокой цены на продукцию или услугу в периоды повышенного спроса и установление более низкой цены в периоды пониженного спроса)*

peddle *гл. торг.* торговать вразнос *(ходить по улице или по домам и предлагать товар)* **SEE:** peddler

peddler *сущ.* **1)** *торг.* торговец вразнос, уличный торговец, разносчик, коробейник, лоточник, торговец с лотка *(торговец, продающей мелкие товары двигаясь вдоль улицы, обходя посетителей карнавала и т. п.)* **SYN:** chapman, pedlar, packman, pitchman, vendor **2)** *торг. (торговец нелегальными товарами, особенно наркотиками)*

peddling *сущ. торг.* = vending

pedlar *сущ. торг.* = peddler

pedlary *сущ. торг.* торговля вразнос **SEE:** peddle

peel-off label *торг.* отрывная этикетка, отрывной (самоклеящийся) ярлык *(ярлык, который может быть удален не повреждая упаковку; используется на почтовых отправлениях, переклеевается на бланк заказа)* **SEE:** mailing label

pegged price *эк., торг.* искусственно поддерживаемая цена *(цена товара или финансового инструмента, зафиксированная в договоре и таким образом защищенная от повышения/понижения)*

penetrate a market *гл. марк.* проникать на рынок **SEE:** market penetration

penetration model *марк.* модель проникновения (на рынок) *(математическая модель прогнозирования уровня принятия продукции рынком с течением времени)* **SEE:** market acceptance, consumer acceptance

penetration price *марк.* цена проникновения *(более низкая, чем у конкурентов цена, устанавливаемая компанией при выходе на рынок с целью захвата как можно большей доли рынка)* **SEE:** penetration pricing

penetration pricing *марк.* ценообразование с целью проникновения (на рынок)*, ценовая стратегия захвата рынка* *(использование низкой по сравнению с конкурентами первоначальной цены в целях захвата как можно большей доли рынка)* **SYN:** market penetration pricing, market-minus pricing **SEE:** skimming, limit pricing, penetration pricing, kamikaze pricing, predatory pricing, predatory price cutting, experience curve pricing, destroyer pricing, keen price

penetration strategy *марк.* стратегия проникновения (на рынок) **а)** *(план выхода фирмы на рынок)* **б)** *(план увеличения доли рынка, занимаемого фирмой)* **SYN:** market penetration strategy **SEE:** market penetration

penny bazaar *торг., брит.* дешевый магазинчик, магазин дешевых товаров **EX: Near the top of the High Street, there was a «penny bazaar» where all goods were a mere copper or two.** – В конце «Хай Стрит» располагался дешевый магазинчик, где все продавалось за гроши.

penny-in-the-slot machine *торг.* = vending machine

penny saver 1) *марк., амер.* экономный конверт* *(отправляемый третьим классом конверт, запечатанный сверху с подогнутыми боковыми краями (чтобы не повредить конверт при инспектировании); рекламодатели используют такие конверты для создания впечатления, что конверт относится к первому классу)* **2)** *марк., амер.* Справочник для бережливых* *(название справочного издания для покупателей, содержащего рубричную рекламу и распространяемого в городах на востоке и среднем западе США)* **SEE:** classified advertisements

people meter *СМИ* пиплметр *(электронный прибор, устанавливаемый на телевизорах в отдельных семьях для определения следующих моментов: когда включается/выключается телевизор, кто смотрит и какой канал; таким образом оцениваются численность телевизионной аудитории и зрительские привычки)*

per inquiry *рекл.* по откликам* *(об оплате услуг средства распространения рекламы в зависимости от количества поступивших откликов (заказов) после размещения в нем рекламы)* **SEE:** per inquiry advertising, per inquiry deal, per inquiry payment

per inquiry advertising *рекл.* оплата по откликам* *(оплата рекламных услуг в зависимости от количества откликов: поступивших запросов или проведенных продаж в результате показа рекламы)*

per inquiry deal *рекл.* соглашение об оплате (рекламы) по откликам* *(соглашение между рекламодателем и средством распространения рекламы о том, что определенная сумма денег будет выплачиваться первым последнему после каждого полученного в результате рекламы заказа на товар рекламодателя)* **SEE:** per inquiry payment, per inquiry advertising

per inquiry payment *рекл.* оплата рекламы по откликам* *(оплата средства распространения рекламы не по эфирному времени или печатной площади, а в виде процента от средств, полученных рекламодателем от продаж в результате рекламной кампании)* **SEE:** per inquiry deal, per inquiry advertising

perceived product quality *марк.* воспринимаемое качество товара* *(уровень качества товара по мнению потребителя, т. е. субъективное качество товара)* **SEE:** product quality, customer value

perceived value *марк.* воспринимаемая ценность [полезность] *(полезность, которую потребитель ожидает получить от товара или услуги, т. е. субъективная оценка потребителем материальных (напр., способность товара утолить голод) и нематериальных (напр., влияние на статус владельца, оказываемое товаром) свойств товара)* **SEE:** perceived value pricing

perceived value pricing *марк.* ценообразование [установление цены] на основе воспринимаемой ценности*, установление цены на основе воспринимаемой ценности* *(цена устанавливается исходя из ценности товара для потребителя, а не на основе затрат на производство)* **SYN:** value-based pricing, value-oriented pricing, value-in-use pricing, perceived-value pricing **SEE:** perceived value, customer-based pricing, demand-based pricing

percent of return *рекл.* = response rate

percentage of discount *торг.* = discount percentage

perceptual map *марк.* карта [схема] восприятия*, карта [схема] позиционирования* *(двухмерная система координат, на которой представ-

лено, как потребители воспринимают различные торговые марки (товары); оси координат соответствуют тем двух свойствам, которые потребители считают наиболее важными в товарах, напр., цена и качество) **SYN:** product position map, brand map **SEE:** perceptual mapping

perceptual mapping *марк.* построение карты восприятия*, построение графика отношения к товару*, перцептография* *(метод рыночного исследования, при котором отношение потребителей к товарам (маркам, компаниям) наносится на график; потребители отвечают на вопросы о товаре на основании своего личного опыта и мнения относительно того, каким товар должен быть; ответы наносятся на график, а результаты используются для определения позиции того или иного товара на рынке, для совершенствования товаров и разработки новой продукции)* **SYN:** position mapping **SEE:** perceptual map, product position

perceptual positioning *марк.* построение восприятия*, позиционирование в восприятии* *(маркетинговая стратегия, которая заключается в изменении мнения целевого рынка о марке (марках) товара-конкурента с целью утвердить свою марку как лучшую в сознании потребителей; используется компаниями при выходе на рынок с товаром, у которого уже много конкурентов, с целью отвоевать у конкурентов долю рынка)* **SEE:** market share, brand, target market, marketing strategy, market positioning

perfect competition *эк.* совершенная конкуренция *(рыночная структура, при которой большое число фирм предлагает однородный продукт и ни одна фирма не имеет достаточно большой доли рынка; в результате производитель не имеет контроля над ценой, по которой продается продукция, и может манипулировать только объемом своего выпуска)* **SYN:** pure competition, atomistic competition, market structure

perfect complements *эк.* совершенные дополнители [комплементы] *(товары, которые всегда используются совместно и в всегда в одной и той же пропорции)* **SEE:** perfect substitutes, complement

perfect elasticity *эк.* совершенная [абсолютная] эластичность *(имеет место, когда малое относительное изменение независимой переменной приводят либо к бесконечному увеличению зависимой переменной, либо к ее сокращению до нулевого значения, на стандартном графике спроса и предложения иллюстрируется в виде горизонтальной линии)* **SEE:** elasticity, elasticity of demand, elasticity of supply

perfect elasticity of demand *эк.* совершенная эластичность спроса *(теоретическое понятие, обозначающее положение, когда по заданной цене отдельно взятая фирма может продать любое количество товара, а при ее попытке (хотя бы) незначительно поднять цену ее продажи будут равны нулю)*

perfect inelasticity of demand *эк.* совершенная неэластичность спроса *(случай, когда изменение цены не влечет за собой изменения величины спроса на товар; величина спроса одинакова при любых ценах)* **SEE:** perfect elasticity of demand

perfect price discrimination *эк.* совершенная ценовая дискриминация *(ситуация, при которой цена каждой единицы продукции устанавливается на уровне цены спроса именно для этой единицы, что позволяет продавцу присвоить весь потребительский излишек)* **SEE:** consumer surplus, second degree price discrimination, third degree price discrimination

perfect substitutes *эк.* совершенные заменители [субституты] *(товары, которые потребитель готов замещать один другим в постоянной про-*

порции, т. е. потребителю безразлично которым из товаров пользоваться) **SEE:** perfect complements

perfumery *сущ.* **1)** *потр.* парфюмерия *(ароматические, косметические изделия и гигиенические освежающие средства, такие как духи, одеколон, душистые мыла и т. п.)* **SEE:** toiletry **2)** *торг., потр.* парфюмерный магазин **3)** *эк.* парфюмерное дело **4)** *эк.* парфюмерная фабрика

period of storage *торг.* = storage length

periodic sample *стат.* периодическая выборка *(рассчитывается с учетом страт)* **SEE:** sample

periodical advertising *рекл., СМИ* реклама в периодической прессе, реклама в периодических изданиях *(реклама в периодических газетах, журналах, напр., в еженедельных или ежемесячных)* **SEE:** print advertising

perish *гл. торг., юр., брит.* портиться, ломаться, иметь повреждение *(о товарах; согласно закону «О продаже товаров» 1979 г., в случае повреждения части товаров продавец обязан осуществить поставку, восполняющую поврежденную часть, а покупатель должен принять ее, или же продавец обязан осуществить поставку, а покупатель не обязан принимать ее, или продавец не обязан осуществить поставку, но если он это сделает, покупатель должен принять ее)* **EX: Part of the goods perished.** – Часть товаров испортилась.

perishable commodities *торг.* скоропортящиеся товары *(товары с коротким сроком годности, напр., фрукты, овощи и т. д.; транспортировка и хранение таких таких товаров требуют соблюдения особых условий (температура, влажность, давление и т. п.))* **SYN:** perishable goods, short-lived commodities **SEE:** durable goods

perishable goods *потр.* = perishable commodities

permission marketing *марк.* = opt-in marketing

perpetual order *торг.* постоянный заказ, постоянно действующий заказ *(заказ на товар или услугу, который автоматически возобновляется после истечения предыдущего срока, если заказчик не уведомит поставщика об отмене; напр., постоянно действующая подписка)* **SEE:** negative option

person in position of seller *юр., торг., амер.* субъект, действующий как продавец* *(согласно определению Единообразного торгового кодекса США: агент (в отличие от принципала), который должен получить плату за товар или отвечает за то, чтобы плата была получена, действующий от имени принципала или кого-л. другого кто каким-то иным образом имеет залоговое право или иное право на товар, сходное с правом продавца)* **SEE:** Uniform Commercial Code, security interest

person marketing *марк.* маркетинг отдельных лиц, маркетинг личности, персональный маркетинг *(деятельность по созданию, поддержанию или изменению отношения общественности к конкретным лицам; распространенные формы этой деятельности: маркетинг знаменитостей, маркетинг политических кандидатов, самомаркетинг)* **SEE:** celebrity marketing, political marketing, personal marketing

person nonresponse *соц.* неответ человека [члена семьи] *(ситуация, когда интервью получено по крайней мере от одного члена семьи, но не получено от других членов этой же семьи по причине их отсутствия, отказа или же неспособности ответить на вопросы)* **SEE:** nonresponse

person-to-person sales *торг.* = personal sale

personal advertisement *рекл.* личные данные, личная информация *(фамилия, имя и координаты (телефон, адрес) человека, указываемые им при заполнении анкет, бланков заказа и т. д.)*

personal banner *рекл., комп.* индивидуальный [персональный] баннер *(баннер, содержащий элементы имени конкретного человека, его выражения, цитаты)* **SEE:** banner, web site banner

personal care items *потр.* предметы личной гигиены **SEE:** toiletry, hygiene product, health product, health and beauty aids

personal identification number **сокр.** PIN *банк.* личный [персональный] идентификационный номер, ПИН-код *(цифровой код, присваиваемый владельцу пластиковой карты и используемый для установления его личности при проведении операций по карте, напр., при использовании банкомата или при обращении за банковскими услугами по телефону)* **SYN:** PIN code **SEE:** plastic card, PIN-based debit card

personal influence *упр., марк.* личное влияние *(способность индивидуума влиять на потребительские решения других)* **SEE:** opinion leader

personal interview **1)** *общ.* личная встреча [беседа] **EX: I am interested in a personal interview with a coal miner; my family is touring the mine this weekend; however, I am writing a paper for a college class, and I need a personal interview.** — Я бы хотела лично встретиться с кем-нибудь из шахтеров. В эти выходные моя семья отправится с экскурсией на шахту, и, т. к. я пишу работу для колледжа, мне нужно взять интервью у кого-нибудь из шахтеров. **2)** *марк., соц.* персональное интервью, личное интервью, личный опрос *(исследование рынка путем сбора информации в процессе личного разговора интервьюера с респондентом)*

personal marketing **1)** *марк.* самомаркетинг, маркетинг самого себя* *(деятельность человека по созданию, поддержанию или изменению отношения другого человека (группы людей) к себе; обычно используется при поиске работы и включает: доведение информации о себе до потенциальных работодателей; представление себя как хорошего работника при контакте с потенциальным работодателем; закрепление о себе мнения как о квалифицированном специалисте после выхода на работу)* **SEE:** person marketing **2)** *марк.* = direct marketing

personal sale *торг.* личная продажа *(устное личное представление товара в ходе беседы с одним или несколькими покупателями; является как формой маркетинговых коммуникаций, так и средством прямого сбыта)* **SYN:** personal selling, face-to-face selling, person-to-person sales **SEE:** direct marketing, door-to-door marketing

personal sales force *торг.* персонал, занятый личными продажами *(вне фирмы, магазина)* **SEE:** personal sale

personal selling *марк.* = personal sale

personal-selling technique *торг.* метод личной продажи **SEE:** personal sale

personal service **1)** *эк., юр.* доставка лично адресату* *(доставка на дом или лично в руки адресату какого-л. сообщения; чаще всего имеется в виду личное вручение повестки в суд)* **2)** *марк.* личная [индивидуализированная] услуга *(оказывается с учетом личных требований каждого отдельного потребителя)* **SYN:** individual service

personality advertising *марк.* реклама с участием известных людей *(реклама и продвижение товара за счет участия в рекламной кампании популярных и известных людей)* **SYN:** personality promotion

personality promotion *рекл.* = personality advertising

personality segmentation *марк.* сегментирование по типам личности **SEE:** market segmentation, psychographic segmentation

personalized pricing *марк.* персонифицированное [индивидуализированное] ценообразование* *(метод ценообразования, подразумевающий, что для каждого клиента должна устанавливаться своя цена, отражающая платежеспособность данного клиента и его желание приобрести* *данный товар или услугу; по сути является проявление совершенной ценовой дискриминации)* **SEE:** perfect price discrimination, one-to-one marketing, price customization

persuasion *сущ.* **1)** *общ.* увещевание, убеждение *(процесс уверения кого-л. в чем-л. или уговаривания кого-л. сделать что-л.)* **2)** *общ.* убедительность *(способность убеждать)* **3)** *общ.* мнения, убеждения *(набор верований, позиций, принципов, напр., политических)* **4)** *общ.* убежденность *(состояние человека, когда его в чем-л. убедили)* **5)** *общ.* группа по убеждениям *(группа людей с общими идеями, взглядами, принципами, верованиями, напр., политическая фракция)* **6)** *марк.* убеждение *(действия по оказанию влияния на целевой рынок путем воздействия на разум или эмоции через рекламу)* **SEE:** advertising

persuasive advertising *рекл.* убеждающая реклама *(реклама, нацеленная на убеждение потенциального потребителя купить товар, в отличие от информационной и напоминающей рекламы; характерные черты такой рекламы — броскость, преувеличение и навязчивость)* **SEE:** hard-selling advertising, informational advertising, reminder advertising

pet food *потр.* пища (корм, консервы) для животных **SEE:** food

pet shop *торг.* зоомагазин

petty dealer *торг., разг.* мелкий торговец *(предприниматель, в подчинении которого находится не более двух человек, а оборот которого не превышает определенной суммы)* **EX: Mr. Cobb is a petty dealer and chapman, as Mr. Simpkinson would here seem to imply.** – Мистер Кобб – мелкий торговец и коммивояжер, как, кажется, заметил мистер Симкинсон. **SEE:** retail dealer

petty trader *торг.* = petty dealer

petty wares *торг.* мелочь, мелочевка *(дешевые мелкие товары, продаваемые вразнос)* **EX: to hold out petty wares for sale** – предлагать на продажу всякую мелочевку. **SEE:** peddle

phantom competition *торг., марк.* призрачная [мнимая] конкуренция* *(указание потребителями продавцам на более низкие цены их конкурентов, которые в реальности могут и не существовать)* **SEE:** contestable market

phantom freight *эк., трансп.* плата за призрачную [мнимую] перевозку* *(плата за перевозку, взимаемая с потребителя сверх фактических транспортных затрат, понесенных поставщиков; такая плата взимается, напр., при использовании метода ценообразования на основе базовых точек или единой цены, когда покупатели, находящиеся на разных расстояниях от поставщика уплачивают одну и ту же сумму, равную средним транспортным затратам, и, таким образом, те покупатели, которые расположены близко о поставщика уплачивают сумму большую, чем реальные транспортные расходы)* **SEE:** uniform delivered pricing, base-point pricing

phantom shopper *торг.* = mystery shopper

pharmaceutical *потр., мед., мн.* лекарственные средства, лекарственные препараты **SYN:** medicinal preparation

pharmacy *сущ.* **1)** *мед.* фармация, аптечное дело *(область научных знаний и практической деятельности, занимающаяся вопросами добывания, обработки, изготовления, хранения и отпуска лекарственных средств)* **2)** *потр., торг.* аптека **SYN:** drug store

photographic equipment *потр.* фотографическое оборудование, фототовары

photographic equipment store *торг.* магазин фототоваров, магазин оборудования для фотографии **SYN:** camera store

physical distribution *марк.* товародвижение; продвижение товара *(деятельность по перемещению товара* *от места происхождения к месту использования, включая перевозку, складирование, грузовую обработку, защитную упаковку, поддержание товарных запасов и др.)* **EX: physical distribution activity** – деятельность по организации товародвижения, **physical distribution costs** – издержки по организации товародвижения, **physical distribution department** – отдел товародвижения, **physical distribution manager** – управляющий службой товародвижения, **physical distribution specialist** – специалист по товародвижению, **physical distribution system** – система товародвижения **SEE:** physical distribution mix, physical distribution service

physical distribution mix *марк.* набор составляющих процесса товародвижения* *(к этим составляющим относятся территориальное распределение, политика запасов, транспортные методы и т. д.)*

physical distribution service *торг.* организация и обслуживание товародвижения [товарных потоков] *(прием заказов на поставку товара, погрузка и транспортировка товара от места производства к месту потребления, опись по прибытии, хранение до момента покупки или потребления)*

physical goods *потр.* = hard goods

physical product *эк.* физический [материальный, вещественный] продукт [товар] *(продукт, имеющий материально-вещественную форму, в отличие от неосязаемого продукта)* **SYN:** tangible product **SEE:** intangible product

pick-and-pack *торг.* отбор и упаковка *(процесс отбора товаров со склада в соответствие с заказами и упаковки отобранных товаров для транспортировки заказчикам)* **SEE:** pick cart, picking list

pick cart *торг.* ручная тележка *(толкаемая вручную тележка для подъема и транспортировки небольших коробок и упаковок; может быть снабжена гидравлическим или иным приводом)* **SEE:** handling machinery

picking list *торг.* заказ-отборочный лист, отборочный лист *(перечень товаров, которые нужно взять со склада для выполнения заказа)* **SEE:** pick-and-pack

pickup *сущ.* **1)** *общ.* оживление, подъем *(в экономике)*; наращивание, ускорение *(темпов, скорости)* **2)** *тех.* считывание, съем *(напр., звукового сигнала, изображения)*; съемник *(сигнала, изображения)* **3)** *общ.* подбор, сбор, забор *(кого-л. или чего-л.)* **EX: Garbage pickup is on Mondays and Thursdays.** – Сбор мусора производится по понедельникам и четвергам. **4)** *СМИ* съемка *(телекамерой)*; передача *(программы)* **5)** *рекл.* = pickup material

pickup and delivery **1)** *торг., связь* вывоз и доставка *(грузов, почтовых отправлений)* **2)** *общ.* сбор и предоставление *(информации)* **SEE:** pickup and delivery service

pickup and delivery service **1)** *торг., связь* услуги по вывозу и доставке* *(грузов, корреспонденции и т. п.)* **2)** *торг., связь* служба вывоза и доставки* *(фирма, предоставляющая услуги по вывозу и доставке)* **SEE:** delivery service

pickup material *рекл.* повторно используемый (рекламный) материал *(использовавшийся ранее рекламный материал, включенный полностью или частично в другую рекламу)* **SYN:** pickup

pictorial trademark *пат., марк.* = figurative trademark

piece goods *потр.* = yard goods

piggy-back promotion **1)** *марк.* совместное продвижение*, совместная рекламная акция/кампания* *(стимулирование сбыта товаров разных фирм в одном маркетинговом мероприятии)* **EX: piggy-back promotion with other known artists** – совместная рекламная акция с другими знаменитыми артистами **SEE:** joint advertising **2)** *марк.* два по цене одного, купи и получи подарок *(маркетинговый прием, когда к товару прилага-*

ется дополнительная бесплатная единица товара или купон на получение бесплатного товара, напр., пробника) **SEE:** trading stamp, one-cent sale

piggyback commercial *рекл.* рекламная связка *(два и более рекламных ролика, выходящие друг за другом и рекламирующие продукцию одного рекламодателя)* **SEE:** back-to-back commercials

pilot survey *стат.* предварительное исследование, «пилотное» исследование *(предварительное пробное исследование, проведенное с целью проверки и уточнения всех элементов (целей, задач, гипотез, основных понятий, пригодности и надежности исследовательского инструментария) основного исследования и внесения в них необходимых исправлений)* **EX: We conducted a pilot survey in 18 market towns across England in April 2003.** – В апреле 2003 года мы провели пилотное исследование в 18 городах по всей Англии. **SYN:** preliminary survey **SEE:** survey

PIN *банк.* **сокр. от** personal identification number

PIN-based debit card *банк., торг.* дебетовая карта, основанная [базирующаяся] на личном идентификационном номере [ПИН-коде]* *(дебетовая карта, операции по которой осуществляются с помощью введения ПИН-кода: карта помещается в автомат по месту покупки товаров или приобретения услуг, вводится персональный идентификационный код, после чего проверяется наличие достаточной суммы на счете владельца карты и, если достаточная сумма имеется, производится немедленный перевод средств на счет продавца товаров или поставщика услуг)* **SYN:** direct debit card, on-line debit card **SEE:** debit card, personal identification number, signature-based debit card

PIN code *банк.* = personal identification number

pioneering product *марк.* = pioneer product

pioneering stage *марк.* начальный этап *(первоначальная стадия внедрения нового товара на рынок, когда проводится масштабная рекламная кампания по привлечению внимания к данному типу товаров (реклама типа товара), а не к данной конкретной марке товара)* **SYN:** introduction stage **SEE:** product life cycle, general appeal, primary demand stimulation

pipeline *сущ.* **1)** *ТЭК* трубопровод *(канал для перемещения нефти, газа, жидкостей)* **2)** *общ.* канал коммуникации, коммуникационный канал *(система передачи информации между несколькими людьми, обычно членами группы или организации)* **3)** *эк.* система распространения *(обычно товаров или информации)*; система снабжения *(обычно товарами или информацией)* **4)** *торг.* канал*, труба* *(запасы готовой продукции производителя, которые были проданы оптовым или розничным торговцам, но не были проданы потребителям)*

pitch

I *сущ.* **1)** *общ.* степень, уровень **EX: a high pitch of excitement** – высокая степень волнения, сильное волнение **2)** *общ.* группа, куча, груда *(что-л., сложенное вместе или возвышающееся над другими объектами, предметами)* **3)** *общ.* вершина, кульминация, пик, зенит **4)** *марк., разг.* побудительная [рекламная] речь, рекламный призыв *(энергичная речь, произносимая с целью убедить слушателей согласиться с мнением говорящего, принять идею, купить товар)*

II *гл.* **1)** *общ.* сооружать, устанавливать; располагать, ставить **EX: to pitch a tent** – разбить палатку **2)** *общ.* бросать, кидать, подбрасывать **EX: to pitch hay onto a wagon** – закидывать сено в телегу **3)** *общ.* падать; ударяться **4)** *торг.* выставлять на продажу, продавать; продвигать, рекламировать *(товар, идею)*

pitchman *сущ.* **1)** *торг.* = peddler **2)** *торг.* агрессивный продавец *(навязывающий товар покупателю)* **SEE:** hard sell

3) *рекл.* рекламист *(передает рекламные сообщения по радио или телевидению)*

Pittsburgh-plus pricing *марк., амер.* ценообразование «Пистбург плюс»* *(широко распространенная в 1920-х гг. в США практика была назначения цен на сталелитейную продукцию по принципу цена в г. Питсбурге (центр сталелитейной промышленности) плюс усредненная накидка на транспортные издержки; по сути тоже самое, что и метод установление цены по базисным пунктам)* **SEE:** base-point pricing

pizza parlour *торг.* пиццерия *(магазинчик или ресторанчик, где приготовляются и продаются пиццы)* **SYN:** pizzeria

pizzeria *торг.* = pizza parlour

placard

I *сущ.* **1)** *рекл.* афиша; рекламный плакат *(с рекламой товара или услуги)*; транспарант *(на демонстрации)* **SYN:** poster **2)** *общ., потр.* табличка *(небольшая металлическая или пластиковая панель с нанесенной на нее определенной информацией, напр., дверная табличка)* **SEE:** nameplate

II *гл.* **1)** *рекл.* расклеивать [развешивать] афиши [объявления, плакаты] **2)** *рекл.* размещать рекламу на плакатах, рекламировать посредством рекламных плакатов*

place marketing *марк.* маркетинг мест *(маркетинговые мероприятия, направленные на привлечение потребителей и организаций в определенные географические районы, напр., места жилья, зоны хозяйственных застроек, места отдыха)* **SEE:** business site marketing, housing marketing, vacation marketing

place of delivery *торг.* место поставки *(грузов)* **SYN:** delivery location

place utility *марк.* полезность места* *(появляется в результате предложения товара в нужном месте, т. е. товар имеется в наличии (доступен) в том месте, где потребители хотят его купить)* **SEE:** time utility

plan-o-gram *сущ. торг.* = planogram

planned obsolescence *марк.* = built-in obsolescence

planned price *эк., торг., фин.* планируемая цена *(цена, по которой данное лицо рассчитывает продать или приобрести какой-л. товар или услугу)* **SEE:** planned pricing

planned pricing плановое ценообразование **а)** *эк. (форма ценообразования, при котором государство исходя из нормативных затрат и нормативной маржи прибыли в директивном порядке назначает цены на основные категории продукции, производимой в экономике)* **SYN:** administrative pricing **б)** *марк. (форма ценообразование, при которой предприятие планирует цену продукции исходя из запланированных (нормативных) затрат, нормативного уровня прибыли и планируемого объема налогообложения; используется преимущественно при установлении цены на принципиально новую продукцию, когда трудно оценить величину будущего спроса)* **SEE:** target pricing, mark-up pricing

planned sales *марк.* запланированные продажи *(в отличие от фактических)* **SYN:** anticipated sales, sales expectation, sales expectations **SEE:** actual sales, sales analysis

planogram *сущ. тж.* plan-o-gram **сокр.** POG, P-O-G *торг.* раскладка*, схема выкладки* *(схема расположения на полке или витрине магазине различных марок и размеров товара, которой должен придерживаться персонал магазина)* **EX: Following the plan-o-gram can have a very positive impact on sales.** – Если придерживаться схемы выкладки товара, можно значительно увеличить объем продаж. **SEE:** merchandising, merchandise space

plant operator *рекл.* фирма-владелец рекламоносителей, оператор рекламоносителей *(предприятие наружной рекламы, предоставляющее комплекс услуг в своей области и располагающее соответствующими установками и оборудованием)* **SYN:** media owner, plant owner **SEE:** outdoor advertising

plant owner *рекл.* = plant operator

plastic *сущ.* **1)** *общ., часто мн.* пластик; пластмасса **2)** *банк., фин., торг., разг.* = plastic card **EX: to pay for smth. with plastic** – оплачивать что-л. пластиковой картой

plastic card *банк., фин.* пластиковая карточка [карта] *(общий термин для обозначения различных кредитных, дебетовых, банковских, магазинных и иных карточек, представляющих собой пластинку стандартного размера, изготовленную из устойчивой к механическим и термическим воздействиям пластмассы; обычно для изготовления карточек используется поливинилхлорид)* **SYN:** plastic **SEE:** debit card, credit card, electronic funds transfer at point of sale, personal identification number, address verification system, smart card, magnetic card

plastic money *фин., торг.* пластиковые деньги *(денежные средства, представленные кредитными и дебетовыми пластиковыми картами, в отличие от банкнот и чеков)* **SEE:** plastic card, credit card, debit card

pleasure travel *марк.* туризм и путешествия *(сегмент рынка услуг; связан с организацией фирмами-посредниками временных выездов граждан с постоянного места жительства в оздоровительных, познавательных, развлекательных, спортивных и иных целях без занятия оплачиваемой деятельностью в стране или месте временного пребывания)* **SEE:** market segment

plow-back method *марк.* метод реинвестирования в рекламу* *(система ассигнования на рекламу всей чистой прибыли за предыдущий период)*

plugola *сущ. рекл., разг.* скрытая реклама* *(упоминание товара, торговой марки или сообщение саморекламы в эфире радио или телепередачи, которое не было оплачено официальным образом и не позиционировалась ведущим (или другим участником передачи) как реклама)* **EX: It may not be payola, but it's plugola** – Может быть это и не подкуп ведущего, но определенно скрытая реклама. **SEE:** self-advertising, payola

point of delivery *торг.* = delivery point

point-of-delivery code *марк.* код пункта назначения *(код, присваиваемый потенциальному или настоящему потребителю и указывающий тип адреса, напр., адрес места работы, частного дома, квартиры)*

point-of-origin *торг.* пункт отправления товара *(место, с которого начинается распространение товара; в этом месте он фасуется, упаковывается или подготавливается к транспортировке к месту назначения, напр., в магазин или к потребителю)*

point of purchase **сокр.** POP *торг.* = point of sale **EX: The purchase of wasted products is often blamed on effective marketing and clever point-of-purchase displays.** – В том, что покупатели часто покупают продукты, которые затем выбрасывают, часто виноваты эффективное продвижение товара и хитроумное выкладывание в местах покупки.

point-of-purchase advertising **сокр.** POPA *рекл.* реклама в местах продаж, реклама на месте покупки *(реклама нового продукта, которая размещается непосредственно в магазине (обычно рядом с кассой) для привлечения потенциальных покупателей)* **SYN:** point-of-sale advertising **SEE:** Point-of-Purchase Advertising Institute, in-store advertising

Point-of-Purchase Advertising Institute **сокр.** POPAI *рекл.* Институт рекламы в местах продаж *(некоммерческая организация, созданная для содействия более эффективному использованию рекламы в местах продаж путем предоставления заинтересованным лицам информации об изготовлении, поставке и продаже этого средства рекламы)* **SEE:** point-of-purchase advertising

point-of-purchase campaign *рекл.* рекламная кампания в местах продажи **SEE:** point of sale

point-of-purchase display *рекл.* экспозиция в местах продажи, магазинная выкладка товара* *(представление товаров в ярко визуальной форме непосредственно в месте совершения покупки)* **SYN:** in-store display **SEE:** point-of-purchase, merchandising

point-of-purchase goods *марк.* = impulse goods

point-of-purchase material *торг., рекл.* рекламные материалы в местах продажи *(рекламные вывески, каталоги, брошюры и т. п. в местах продажи товара)* **SYN:** point-of-sale material **SEE:** point-of-purchase advertising, point-of-purchase sign, banner

point-of-purchase sign *торг.* рекламная установка в месте продажи *(любая рекламная вывеска (плакат, стенд, баннер) в месте продажи)* **SEE:** banner, shelf talker, point-of-purchase advertising, point-of-purchase material, point of sale

point of sale **сокр.** POS *торг.* место [пункт] продажи; место покупки *(место, где товар продается, т. е. где его можно купить, напр., магазин или иная торговая точка, офис дистрибьютора)* **SYN:** point of purchase **SEE:** point-of-sale terminal, electronic funds transfer at point of sale, point-of-purchase advertising

point-of-sale advertising *рекл.* = point-of-purchase advertising

point of sale cost *торг., учет* затраты [расходы] по месту продажи* *(представляют собой следующие расходы: комиссионные брокерам и дилерам, выплаты контролирующим органам и биржам, налоги по перемещению; не включают транспортные и другие затраты, связанные с доставкой товара на рынок)* **SEE:** point of sale

point-of-sale material *торг., рекл.* = point-of-purchase material

point-of-sale system **сокр.** POS system, POSS *торг., банк.* система терминалов в местах продажи* *(система терминалов для осуществления безналичных платежей в магазинах и иных местах торговли товарами или услугами; в зависимости от системы, клиент может оплачивать покупку, совершать переводы, подтверждать подлинность чеков, получать краткосрочный кредит и т. д.)* **SYN:** point-of-sale terminal system **SEE:** point-of-sale terminal, electronic funds transfer at point of sale

point-of-sale terminal **сокр.** POS terminal, POST *торг., банк.* кассовый терминал, терминал на месте продажи* *(аппарат в магазине или торговой точке, связанный с банковской базой данных; предназначен для предоставления возможности осуществления безналичных платежей за товары и услуги в магазинах, ресторанах, гостиницах; терминал должен автоматически подтверждать законность сделки и передавать информацию о ней в банк для отражения на счете клиента; перевод денег осуществляется немедленно или с некоторой задержкой)* **SEE:** point-of-sale system, electronic funds transfer at point of sale, electronic point of sale

point-of-sale terminal system *торг., банк.* = point-of-sale system

political advertising *рекл., пол.* политическая реклама *(реклама политических идей и мнений, политических кандидатов)*

political candidate marketing *марк., пол.* = political marketing

political environment **1)** *пол.* политическое окружение **2)** *упр., марк.* политическая окружающая среда **SEE:** macroenvironment

political marketing *марк., пол.* политический маркетинг, маркетинг политических кандидатов *(маркетинг, используемый в политической борьбе; характеризует деятельность по созданию, поддержанию или изменению отношения общественности к конкретным политическим деятелям и партиям)* **SYN:** political candidate marketing **SEE:** person marketing, celebrity marketing

Politz Laws *рекл.* законы Политца *(сформулированы американским специалистом Альфредом Политцем; за-*

кон первый: «Реклама стимулирует продажу хорошего товара и ускоряет провал плохого»; закон второй: «Реклама, подчеркивающая микроскопическое отличие товара от других, которое потребитель не в состоянии уловить, ускоряет провал товара») **SEE:** Politz, Alfred

Politz, Alfred *марк., амер.* Альфред Политц *(американский специалист по исследованиям рынка; разработал множество методов исследования, сформулировал два закона рекламы (законы Политца))* **SEE:** Politz Laws

poll

I *сущ.* **1)** *пол.* список избирателей **2)** *пол.* голосование **EX: declaration of the poll** – объявление результатов голосования **3)** *пол., стат.* подсчет голосов **4)** *пол., стат.* количество поданных голосов; результат голосования **EX: heavy [poor] poll** – высокий [низкий] процент участия в голосовании **5)** *соц., стат.* опрос, выяснение мнения **EX: reader poll** – опрос читателей, **viewer poll** – опрос зрителей, **The latest opinion poll puts the Democrats in the lead.** – Последний опрос показал, что лидируют демократы. **SYN:** public opinion poll, polling **SEE:** representative opinion poll, hired gun poll

II *гл.* **1)** *общ.* голосовать **2)** *общ., пол.* проводить голосование **3)** *пол., стат.* подсчитывать голоса **4)** *пол., стат.* включать в список избирателей **5)** *пол.* получать голоса **6)** *соц.* проводить опрос (населения) *(для определения общественного мнения)* **EX: to poll clients and get feedback on the beers** – опросить клиентов и получить их мнение о пиве, **to poll consumers and identify new needs** – провести опрос потребителей с целью выявления новых потребностей

pollee *сущ. соц.* респондент, опрошенный, опрашиваемое лицо *(опрошенный в ходе опроса общественного мнения)* **EX: 90 per cent of the pollees were in favour of it** – 90% опрошенных высказались за это **SEE:** poll, polling

polling *сущ.* **1)** *общ.* голосование **EX: polling day** – день выборов, **polling booth** – кабина для голосования **SYN:** poll **2)** *соц.* анкетирование, обследование, опрос общественного мнения **EX: polling programme** – программа опроса, **Polling was conducted by telephone August 12-13, 2003 in the evenings.** – Опрос был проведен по телефону вечером 12 и 13-го августа 2003 г. **SYN:** poll **SEE:** polling list, pollee

polling list **1)** *пол.* список избирателей **2)** *стат.* список опроса, опросная таблица *(список людей, которых планируется опросить в ходе исследования)* **SEE:** polling

polybag *сущ.* полиэтиленовый мешок [пакет] **а)** *общ. (мешок (пакет) из полиэтилена)* **б)** *связь (мешок из полиэтилена, используемый для доставки адресату одного или нескольких почтовых отправлений)* **в)** *торг. (мешок из полиэтилена, используемый в торговле для упаковки таких товаров, как продукты питания, одежда)* **SEE:** bag

polycentric stage *марк., амер.* полицентрический этап* *(этап развития международного маркетинга компании, при котором создается отдельный маркетинговый отдел для каждой страны, в которой представлена фирма; маркетинговый отдел занимается планированием и проведением маркетинговых мероприятий в данной стране)* **SEE:** international marketing, geocentric stage

Pomerene Act *торг., юр., амер.* закон Померене* **SYN:** Federal Bills of Lading Act

Pomerene Bills of Lading Act *торг., юр., амер.* закон Померене «О коносаменте»* **SYN:** Federal Bills of Lading Act

pony spread *СМИ., рекл.* малоформатный разворот *(рекламное объявление, опубликованное на двух смежных малоформатных страницах)* **SYN:** junior spread **SEE:** junior page, junior unit

pool delivery *торг., амер.* объединенная доставка* *(доставка товара нескольким магазинам одним грузовиком)*

pool partner *рекл.* элемент фонда рекламных материалов* *(теле- или радиоролик, входящий в фонд рекламных материалов)* **SEE:** commercial pool

pop-in *сущ. рекл.* поп-ин*, реклама образа рекламодателя* *(короткое объявление рекламодателя, не касающееся его продукции; обычно передается в праздники и содержит поздравления и пожелания)* **SYN:** image liner **SEE:** corporate advertising

pop-up *сущ.* **1)** *марк.* брошюра-раскладушка *(брошюра, каталог и т. д., сконструированные таким образом, что при раскрытии какой-то графический элемент поднимается со страницы, становясь объемным)* **SEE:** pop-up advertisement **2)** *рекл., комп.* поп-ап, выскакивающая [всплывающая] реклама* *(в интернет-рекламе: рекламный носитель, сам по себе открывающийся в новом окне, выскакивающем поверх всех остальных открытых окон)* **SYN:** pop-up ad

pop-up ad *рекл., комп.* = pop-up

pop-up advertisement *рекл.* поп-ап реклама, всплывающая реклама *(объявление, поднимающееся со страницы благодаря вырезанным из фона или наклеенным на фон элементами, которые поднимаются при раскрытии издания)* **SEE:** pop-up

pop-up coupon *торг.* приложенный купон* *(отрывной купон, вплетенный в издание как отдельный элемент; обычно размещается непосредственно перед рекламой товара, к которому относиться данное купонное предложение)* **SEE:** pop-up advertisement

population coverage **1)** *стат.* выборка, обследуемая совокупность, величина выборки (населения)*; доля обследованной совокупности *(число обследуемых в ходе исследования или переписи элементов совокупности, как правило населения)* **EX:** **Population coverage includes the civilian population of the United States plus approximately 820,000 members of the Armed Forces.** – Обследуемая совокупность включает гражданское население США и около 820 тыс. военнослужащих. **SEE:** sample **2)** *эк.* доля населения*, охват населения* *(напр., абонентов телефонной компании, клиентов фирмы и т. п.)* **EX:** **They stated that population coverage of the Internet increased from about 30 to 45 per cent.** – Они утверждали, что охват населения сетью Интернет вырос примерно с 30 до 45%.

population mean **1)** *стат.* среднее значение для совокупности* *(среднее значение какого-л. показателя для всей совокупности исследуемых объектов; определяется как сумма значений данного показателя по всем объектам, деленное на количество объектов в совокупности)* **2)** *стат.* среднее значение генеральной совокупности* *(распространенное на генеральную совокупность по некоторой методике выборочное среднее значение)*

portable display *марк.* переносное (экспозиционное) оборудование *(небольшие, легко переносимые, иногда складные стенды и др. оборудование, удобное при использовании на выставках, презентациях для размещения товара или рекламных материалов)* **EX:** **portable display case** – переносная витрина, переносной выставочный короб (с прозрачной крышкой), **portable display stand** – переносной стенд **SYN:** movable display, travelling display

Porter's Diamond *межд. эк., марк.* ромб Портера *(представленные графически в виде ромба четыре взаимосвязанных группы факторов, влияющих на формирование конкурентного преимущества страны: 1) факторные условия (наделенность страны природными, трудовыми и т. д. ресурсами, а также качество этих ресурсов), 2) характеристики внутреннего спроса (взыскательные потребители подталкивают отечественных производителей к постоянному техническому совершенствованию, повышению качества и т. д.), 3) уровень развития смежных и вспомогательных отраслей (при высоком уровне развития отраслей-поставщиков фирма получает доступ к более качественным материалам и т. д.),*

4) стратегия и структура предприятий, а также конкурентные условия в отрасли (высокая конкуренция стимулирует фирмы к нововведениям, повышению производительности и т. д.)) **SEE:** competitive advantage

portfolio test *рекл.* портфельный тест* **а)** *(метод тестирования рекламы, при котором настоящее рекламное сообщение демонстрируется экспериментальной группе вместе с подставными рекламными сообщениями; потом члены группы опрашиваются на предмет того, что они запомнили в каждом рекламном сообщении, и лучшей считается та реклама, которая больше всего запомнилась; если оказывается, что это реклама-подстава, то она принимается как образец для совершенствования настоящей рекламы)* **б)** *(метод тестирования рекламы, при котором используются две группы представителей целевой аудитории: экспериментальная и контрольная; экспериментальной группе демонстрируются как настоящие рекламные сообщения, так и подставные, а контрольной группе - только подставные; после демонстрации обе группы опрашиваются на предмет запоминаемости рекламы, и результаты сравниваются)* **SEE:** copy testing

portion pack *марк.* порционная упаковка *(упаковка, содержащая небольшое количество товара, напр., пробник или товар, упакованный по индивидуальному заказу)* **SEE:** trial size

POS *торг.* **сокр. от** point of sale

POS system *торг., банк.* **сокр. от** point-of-sale system

POS terminal *торг., банк.* **сокр. от** point-of-sale terminal

position

I *сущ.* **1)** *общ.* позиция, место, положение **2)** *общ.* состояние, ситуация **3)** *общ.* позиция, точка зрения **4)** *пол.* должность, место; положение в обществе **5)** *фин.* финансовое положение *(компании, банка)* **6)** *эк.* позиция, статья *(напр., в таможенном тарифе)* **7)** *трансп.* позиция *(время, в течение которого судно может прибыть под погрузку)*

II *гл.* **1)** *общ.* ставить, помещать, размещать *(что-л. или кого-л. в определенное место)* **2)** *общ.* определять местонахождение, локализовать **3)** *марк.* позиционировать *(продвигать товар, марку, фирму и т. п. на определенном рыночном сегменте; формировать образ товара как продукта, выполняющего определенные функции и отличного от продуктов конкурентов)* **EX: This strategy will position us advantageously in the market.** – Данная стратегия позволит нам выгодно позиционировать себя на рынке. **SEE:** market positioning

position charge *рекл.* наценка за местоположение рекламы* *(дополнительная плата за размещение рекламы в издании, если рекламодатель заказал определенное место для своей рекламы (напр., разворот издания), а не оставил местоположение на усмотрение издателя)* **SEE:** position request, guaranteed position

position defense *марк.* оборона позиций, позиционная оборона *(одна из стратегий оборонительной маркетинговой войны, которая предполагает защиту укрепленных позиций: установление барьеров для входа на рынок или сегмент рынка (монополистическая деятельность, соглашения эксклюзивного распределения), защитных мер по отношению к товару, товарной линии (напр., повышение удовлетворенности потребителей, стимулирование повторных покупок), торговой марке (увеличение капитала бренда, повышение приверженности марке, охрана торговой марки); данная стратегия эффективна на рынках, где у обороняющегося сильные позиции, а у нападающих мало ресурсов для ведения борьбы; ее отрицательная сторона в том, что она сковывает в действиях, в то вре-*

мя как конкурент может приступить к осаде позиций, что со временем приведет к ослаблению обороны и к усилению позиций конкурента) **SEE:** defensive warfare, brand equity, customer satisfaction, brand loyalty, repeat purchase, exclusive distribution, brand protection, monopoly

position in marketplace *марк.* = market position

position mapping *марк.* = perceptual mapping

position request *рекл.* заявка на местоположение рекламы* *(заказ рекламодателем или его агентом особого места в издании для размещения своей рекламы, напр., на первой странице, на развороте и т. п.)* **SEE:** guaranteed position, position charge

positional goods *соц., марк.* позиционные [престижные] товары *(потребление которых предписано социальными нормами для людей, занимающих определенные позиции в обществе; эти товары не направлены на удовлетворение базовых потребностей людей в пище, одежде, жилье и т. д., а служат индикатором их места в социуме)* **SEE:** prestige goods

positionality *сущ. соц., марк.* позициональность *(предписанность данного товара для потребления людьми, занимающими определенные социальные позиции)* **SEE:** positional goods

positioning *сущ.* **1)** *общ.* размещение, помещение, позиционирование, расстановка *(процесс установки чего-л. в определенное место или положение)* **2)** *марк.* позиционирование *(определение наиболее верного образа товара, который доводится до целевой аудитории в ходе мероприятий по продвижению товара; завоевание позиции для продукта на рынке с помощью рекламы и других методов)* **SEE:** market positioning, repositioning, focus of sale

positioning statement *марк.* заявление о позиции товара* *(короткое утверждение (обычно не более 12 слов), которое сообщает о каком-л. уникальном свойстве товара или услуги, необходимом целевому рынку)* **SEE:** market positioning, message strategy

positive appeal *рекл.* положительный мотив, позитивное привлечение* *(подход к рекламе, при котором делается упор на положительных качествах продукции и тех преимуществах, которые получит человек, ее купивший)* **SEE:** negative appeal

positive option *марк.* явный выбор, после подтверждения согласия* *(система распространения определенных товаров (книги, музыкальные кассеты, диски и т. п.) или система рассылки рекламных сообщений, при которой очередной товар (рекламное сообщение) направляется адресату только после подтверждения им, что поставка желательна, напр., путем отправки подтверждающего письма)* **SEE:** negative option, opt-in marketing

possessor of the goods *торг., юр.* держатель товара* *(лицо, которое в данный момент времени фактически владеет товаром; речь может идти о собственнике товара или о том, кто только выдает себя за него, напр., о продавце краденных товаров; закон может признать продажу, осуществленную таким лицом, правомерной, если покупатель докажет, что не знал, что товары краденые; также речь может идти об агенте собственника, который обычно распоряжается товарами и может законно или незаконно превысить свои полномочия; суть термина состоит в том, что определяемое лицо владеет товарами фактически, не важно на каких правах, и из его физического обладания товарами вытекают определенные юридические последствия)* **SEE:** sale in market overt, agent's ostensible authority, agent's usual authority, estoppel by negligence, nemo dat quod not habet, attornment, bailee, sale by agent, protection of commercial transactions, estoppel by words, buyer in ordinary course of business, bona fide purchaser, buyer in possession, doctrine of estoppel, entrusting

post-delivery failure *торг.* отказ после поставки* *(отказ заказчика от поставки, выявленный после ее осуществления)* **SEE:** pre-delivery failure

post exchange *торг.* военный магазин *(магазин на военной базе, в военном лагере или ином месте нахождения армии, который торгует продовольствием, одеждой и другими необходимыми предметами)*

post-market *прил.* **1)** *эк.* пострыночный **а)** *(характеризующийся уменьшением роли рынка)* **б)** *(характеризующийся возникновением определенных процессов, развивающихся в рыночной среде и меняющих ее)* **2)** *марк.* послепродажный *(о каком-л. процессе, произошедшем после выведения товара на рынок или после реализации товара, напр., послепродажный контроль безопасности использования товара, послепродажное маркетинговое исследование, послепродажный отчет о результатах рыночной деятельности и т. д.)* **EX: post-market testing** – послепродажное тестирование, **post-market study** – послепродажное исследование, **post-market report** – отчет о результатах рыночной деятельности, **While advocates and opponents have focused on pre-market approval of bioengineered crops, post-market monitoring issues have been largely ignored.** – Сторонники и противники биоинженерных технологий сконцентрировались на предпродажной оценке и одобрении биоинженерных культур, в то время как послепродажный мониторинг ими практически не осуществляется. **SEE:** pre-market

post-purchase *прил. марк.* послепокупочный, после покупки *(о событиях, происходящих после покупки товара)* **EX: post-purchase evaluation** – послепокупочная оценка *(качества товара)*, **post-purchase process** – послепокупочный процесс **ANT:** pre-purchase **SEE:** post-purchase satisfaction, post-purchase phase

post-purchase behaviour *марк.* реакция на покупку, поведение после (совершения) покупки **EX: Post-Purchase Behaviour category records all consumer responses after the actual purchase, such as product returns, requests for service, requests for service, requests for product usage instructions, complaints, etc.** – В категорию «Реакция на покупку» записывают все реакции покупателей после совершения покупки, такие как возврат товара, запрос на обслуживание, запрос на инструкции по эксплуатации товара, жалобы и т. д. **SEE:** pre-purchase behaviour

post-purchase phase *марк.* послепокупочная стадия* *(период времени после совершения покупки, когда имеет место потребление товара или услуги; в этот период могут возникнуть проблемы, связанные с гарантийным ремонтом, послепродажным обслуживанием и т. п.)* **SEE:** post-purchase satisfaction, pre-purchase phase, purchase phase, purchase phases

post-purchase satisfaction *марк.* удовлетворение от покупки *(удовольствие от использования товара, получаемое потребителем после покупки)* **SEE:** post-purchase phase

post-purchase service *торг.* = after sales service

post-sale service *торг.* = after sales service

post sales support *торг.* послепродажная поддержка, поддержка после продажи *(доставка, ремонт, консультирование по использованию, информирование о возможностях обновления и др. услуги, оказываемые покупателю после осуществления им покупки товара)* **EX: The role of both pre and post sales support is becoming more and more crucial to a supplier's success in a highly competitive market place.** – Роль поддержки до и после продажи становиться все более важной для успешных продаж в условия жесткой конкуренции на рынке. **SYN:** after sales support, after sales service, sales follow-up **SEE:** customer service, pre sales support

post-shipment finance *фин., торг.* послеотгрузочное финансирование *(связано с кредитами, привлекаемыми для покрытия временного разрыва между отгрузкой товаров покупателю и получением платежа, напр., получение* *ссуды под отгрузочные документы или под товары, переданные на реализацию иностранному посреднику)* **ANT:** pre-shipment finance **SEE:** advance against documents, factoring

post-testing *сущ. тж.* posttesting **1)** *мет.* посттестирование *(оценка результатов (эффективности) какой-л. деятельности после ее завершения)* **SEE:** pre-testing **2)** *рекл.* = advertising post-test

postage-stamp pricing *марк.* = uniform delivered pricing

postal advertising *рекл.* почтовая реклама *(реклама, распространяемая по почте; напр., прямая почтовая реклама, рассылка по почте рекламных изданий и распространение рекламных материалов по почтовым ящикам, реклама на почтовых отправлениях (на почтовых марках, конвертах, бандеролях))* **SEE:** direct mail advertising, postcard advertising

postal interview *соц.* = postal survey **SEE:** interview

postal questionnaire *соц., стат.* анкета, посылаемая по почте **EX: During September and October 2000, 1066 certificated organizations responded to the postal questionnaire containing 40 main questions, many of which were broken down into further sub-questions.** – В течение сентября и октября 2000 г. 1066 сертифицированных организаций принимали участие в почтовом опросе, который состоял из 40 основных вопросов, многие из которых были разбиты на подвопросы. **SYN:** mail questionnaire

postal sales *торг.* продажи по почте *(прием заказов и рассылка товаров заказчикам по почте)* **SEE:** personal sale, postal advertising

Postal Service сокр. USPS *гос. упр., связь, амер.* Почтовая служба *(независимое федеральное ведомство, несущее полную ответственность за доставку почтовых отправлений всем адресатам и осуществляющее по мере необходимости техническое совершенствование и реорганизацию почтовой службы; существует с 1970 г.)* **SEE:** Address Change Service

postal survey *соц., марк., стат.* почтовое обследование*, почтовый опрос *(вступление в контакт с любой семьей или деловым предприятием в стране по поводу выпускаемой продукции или покупательских предпочтений; достоинством этого метода являются очень низкие расходы, но высок процент отказов; получение лишь половины ответов считается превосходным результатом)* **EX: The study consisted of eight interview waves, of which five were conducted face-to-face, one was a short postal interview and two were telephone interviews.** – Исследование состояло из восьми этапов интервью, пять из которых были личные интервью, один короткий почтовый опрос и два телефонных интервью. **SYN:** postal interview

postbuy analysis *рекл.* постанализ (рекламной кампании) *(измерение эффективности рекламной кампании по ее завершению)* **SEE:** midbuy analysis

postcard advertising *рекл.* реклама на почтовых открытках *(реклама, распространяемая при помощи рассылки почтовых открыток с рекламными сообщениями)* **SEE:** postal advertising

postdate *гл. тж.* post-date **1)** датировать будущим числом* **а)** *эк., юр. (указывать дату на документе (напр., на чеке или на письме), которая не соответствует дате составления (написания) или отправки самого документа, а следует позже этой даты)* **EX: Luckily, she let me postdate the check until the end of the month when I get paid.** – К счастью, она позволила мне датировать чек концом месяца, когда у меня будет зарплата. **б)** *торг. (датировать счет датой более поздней, чем дата отправки груза; по данной системе все покупки подлежат оплате в течение определенного периода, начинающегося через некоторое время после отправки товара покупателю)* **SEE:** ROG dating, end of month dating, ordinary dating, extra dating, cash discount **2)** *общ.* следовать, идти за *(чем-л.)*

posted price *эк., торг., бирж.* (официально) объявленная цена *(указанная в рекламе или иным образом официально заявленная цена, по которой данное лицо намерено продать или приобрести какой-л. товар или услугу)* **SEE:** quoted price

poster *сущ.* **1)** *рекл., полигр.* постер, объявление; афиша, плакат **EX: gift poster** – подарочный плакат, плакат в подарок **SYN:** placard **SEE:** printed products, poster advertising, poster sheet, one-sheet poster, two-sheet poster, three-sheet poster, four-sheet poster, six-sheet poster, 16-sheet poster, 24-sheet poster, 48-sheet poster, angled poster, poster site, double crown poster, double royal poster, full-size poster, half-size poster, hand-painted poster, king-size poster, queen-size poster, royal poster, outdoor poster, station poster, window poster, poster bulletin, stock poster **2)** *рекл.* = bill poster

poster advertising *рекл.* плакатная реклама *(реклама с использованием рекламных плакатов, размещаемых в помещениях, на улице, на остановках общественного транспорта, в вагонах электропоездов и т. д.)* **SEE:** poster bulletin, poster campaign, poster frame, outdoor advertising

poster bulletin *рекл.* плакатный щит **SEE:** poster advertising, poster

poster campaign *марк., пол.* плакатная кампания **SEE:** poster advertising, print campaign, multimedia campaign

poster contractor *рекл.* подрядчик-расклейщик* *(подрядчик по установке рекламных щитов и расклейке плакатов)*

poster frame *рекл.* рама [панель, щит] для *(наклейки)* плакатов **SEE:** poster advertising

poster plant *рекл.* фирма, изготовляющая и сдающая в аренду стенды [щитовые установки] *(для наружной рекламы)* **SEE:** outdoor advertising

poster sheet *рекл.* лист плаката *(изначально имел формат около 70×105 см)* **SEE:** poster

poster showing *рекл.* комплекс наружной рекламы* *(набор наружной рекламы, размещаемый на определенной территории)* **SEE:** outdoor advertising

poster site *рекл.* место для плакатов [щитов] **EX: These can be displayed on busy poster sites such as those in GP waiting rooms, post offices, libraries, citizens' advice bureaux, schools, colleges, sports centres and supermarkets.** – Такие плакаты могут размещаться в наиболее оживленных местах, таких как приемные врачей, почтовые отделения, библиотеки, консультационные бюро, школы, колледжи, спортивные центры и супермаркеты. **SEE:** poster, poster space

poster space *рекл.* место под плакаты *(площадь, отведенная под плакат)* **EX: Each Poster space is 4 x 4 feet; all poster materials should fit within this space.** – Для каждого плаката выделена площадь 4 X 4 фута; все плакатные материалы должны укладываться в эти рамки. **SEE:** poster site

postmark advertising *марк.* реклама на почтовом штемпеле *(реклама, наносимая на конверт почтовой маркировочной машиной как часть почтового штемпеля)*

posttesting *сущ. мет., рекл.* = post-testing

potent copy *рекл.* действующий рекламный текст* *(текст рекламного сообщения, который способен привлечь целевую аудиторию)* **SEE:** advertisement copy

potential audience *марк.* потенциальная аудитория **SEE:** audience

potential buyer *марк.* = potential consumer

potential client *марк.* = potential consumer

potential-competition doctrine *марк.* доктрина потенциальной конкуренции *(принцип, согласно которому антимонопольное законодательство должно распространяться на слияния фирм, осуществляемые с целью предотвращения возможной конкуренции в будущем (а не ради расширения бизнеса или получения каких-л. экономических или технологических преимуществ), когда объединяющиеся фирмы не являются конкурентами в настоящее время, но между которыми конкуренция возможна в будущем)*

potential consumer *марк.* потенциальный потребитель [клиент] *(инди-*

вид, который может стать потребителем определенного товара в отличие от уже потребляющего этот товар) **SYN:** prospective consumer, potential customer, prospective customer, potential buyer, prospective buyer, would-be customer, would-be user **SEE:** current customer

potential customer *марк.* = potential consumer

potential demand *марк.* потенциальный спрос *(количество данного товара, которое может быть продано на данном рынке, если все потенциальные потребители предъявят платежеспособный спрос)* **SYN:** prospective demand **SEE:** potential consumer, existing demand

potential market *марк.* потенциальный рынок **а)** *(количество потенциальных потребителей на рынке определенного товара)* **SEE:** potential consumer **б)** *(рассчитанный в денежных или количественных показателях ожидаемый объем продаж товара на рынке за определенный период)* **EX: The estimated size of the potential market for this product in the U.S. is 2 million units over 5 years (i.e. $400,000,000).** – Согласно произведенным расчетам, потенциальный рынок данного товара в США составляет 2 млн единиц товара за 5 лет, или 400 млн долларов. **SEE:** market potential **SYN:** prospective market

potential product *марк.* потенциальный товар *(товар, который фирма могла бы предложить рынку; он существует в форме идеи или концепции, созданной разработчиками товаров фирмы)* **SEE:** new product idea, product concept

Potential Rating Index by Zip Market **сокр.** PRIZM *марк., амер.* Индекс потенциального рейтинга *(индекс классифицирует все районы США на 40 видов, каждый из которых обладает уникальным сочетанием характеристик и имеет название, отражающее превалирующий образ жизни; среди названий районов имеются «голубая кровь», «деньги и мозги», «меха и лимузины», др.; после определения продавцом своего целевого рынка он может воспользоваться данными индекса для повышения эффективности своих маркетинговых усилий)*

potential user *марк.* = potential consumer

pottery *сущ. потр.* гончарные изделия, керамика, глиняная посуда **SYN:** brown ware **SEE:** tableware

poulterer *сущ. торг.* торговец птицей *(закупает, готовит и продает мясо птицы)*

power pricing *марк.* ценообразование с использование м возможностей* *(обобщающее название для стратегий ценообразования, нацеленных на максимизацию прибыли и основанных главным образом на анализе ценностных оценок товара/услуги потребителей и установления цены исходя из способности и желания платить каждого отдельного потребителя или потребительского сегмента)* **SEE:** price customization, personalized pricing, price differentiation, market segmentation

Powers of Criminal Courts Act 1973 *юр., брит.* закон «О полномочиях уголовных судов»*, 1973 г. *(разрешил требовать компенсацию ущерба не только за нанесенный ущерб, но и по любому поводу, чем спровоцировал волну потребительских исков)* **SEE:** compensation order

practice in [of] trade *торг.* = trade practice

praxis *сущ.* **1)** *мет.* практика *(в отличие от теории)* **2)** *общ.* обычай, установленный порядок **3)** *марк.* практика *(материальный и социальный мир, а также деятельность, направленная на его изменение; действие в отличие от теории)*

pre-bill *сущ. торг.* предварительный счет *(счет (напр., на товар), направляемый адресату заранее, чтобы он имел представление о сумме, которую ему нужно заплатить)* **EX: The College makes advance mailings of a pre-bill before each semester. The pre-bill has three major components, which include anticipated educational costs, financial aid, and balance. The pre-bill is a valuable tool that allows stu-**

dents and/or their parents to perform financial planning. – Колледж рассылает предварительные счета в начале каждого семестра. Предварительный счет состоит из трех частей: предполагаемые расходы на обучение, финансовая помощь, баланс. Предварительный счет очень полезен для студентов и (или) их родителей при осуществлении финансового планирования. **SEE:** preliminary invoice

pre-date delivery *торг.* = early delivery

pre-delivery failure *торг.* отказ до поставки* *(отказ заказчика от поставки, выявленный до ее осуществления)* **SEE:** post-delivery failure

pre-delivery test *торг.* предварительное испытание; предъявительские испытания; предпоставочное тестирование* *(испытания качества продукции перед ее отправкой заказчикам и потребителям)* **EX: Prior to delivery of a new motor vehicle, the dealer licensee shall furnish to the purchaser a copy of the pre-delivery test.** – Перед поставкой нового автомобиля, агент по продаже обязан предоставить покупателю копию результатов предварительного испытания.

pre-empt rate *рекл.* тариф за негарантируемое время *(которое может быть перепродано за более высокую цену другому рекламодателю)*

pre-emptive marketing *марк.* опережающий [упреждающий] маркетинг *(пропаганда еще не выпущенного на рынок продукта, с целью отвлечь внимание от аналогичных изделий конкурентов (уже предлагаемых на рынке или готовящихся к выпуску) и создать у целевой аудитории представление о своей компании как о первой, выпустившей данный товар)* **SEE:** presell

pre-emptive pricing *марк.* = limit pricing

pre-emptive strike *марк.* упреждающая атака *(одна из стратегий оборонительной маркетинговой войны, которая состоит в атаке позиций конкурента, пока он не атаковал первым (имеет место тогда, когда атака конкурента считается неминуемой); основная цель - застать конкурента врасплох и посеять хаос; отличается от ответного нападения тем, что здесь атака имеет место до атаки конкурента)* **SEE:** defensive warfare, counter offensive

pre-launch advertising *рекл.* = advance advertising

pre-market *прил. тж.* premarket **1)** *марк.* предпродажный *(о каком-л. процессе, происходящем до выпуска товара на рынок, напр., проверка качества товара, проверка безопасности использования товара, получение разрешения на продажу и т. д.)* **EX: pre-market assessment** – предпродажная оценка, **While advocates and opponents have focused on pre-market approval of bioengineered crops, post-market monitoring issues have been largely ignored.** – Пока между сторонниками и противниками шли споры о предпродажной оценке безопасности использования биоинженерных культур, проблемами послепродажного мониторинга никто не занимался. **SYN:** premarketing **SEE:** pre-market stage **2)** *эк.* дорыночный *(об экономике, в которой не появились рыночные отношения)* **EX: We will examine the pre-market economy and the emergence of market society.** – Мы проанализируем дорыночную экономику и процесс возникновения рыночных отношений в обществе. **SEE:** post-market

pre-market stage *марк.* этап разработки товара, дорыночный этап *(стадия в жизненном цикле товара, в течение которого появляется идея товара и происходит разработка товара)* **SEE:** product life cycle, introduction stage, growth stage, mature stage, decline stage

pre-marketing *прил. марк.* = pre-market

pre-pack display *торг.* витринная упаковка *(транспортная упаковка, в которой магазин может сразу выставлять товар на продажу)* **SEE:** pack

pre-purchase *прил. марк.* предпокупочный, перед покупкой, до покупки *(о событиях, действиях, чувствах и т. п., происходящих до покупки товара или услуги)* **EX: pre-purchase consulting service** – консультационные услуги перед покупкой *(товара или услуги)*, **pre-purchase inspection** – предпокупочная проверка, **pre-purchase process** – предпокупочный процесс **ANT:** post-purchase **SEE:** pre-purchase phase, pre-purchase activity

pre-purchase activity *марк.* деятельность до покупки *(первая стадия процесса покупки, в течение которой человек начинает предчувствовать, что, по его мнению, эта покупка поможет удовлетворить некую потребность; в течение этого периода клиент больше всего открыт для восприятия и осознания рекламно-пропагандистских сообщений)* **SEE:** pre-purchase phase

pre-purchase behaviour *марк.* поведение перед покупкой *(этап в принятии решения о покупке, на котором покупатель собирает информацию о продукте (через рекламу, торговые каталоги, персональное общение и т. п.); длительность и глубина этого этапа зависит от стоимости и технической сложности товара, а также опыта покупателя; решение о покупке может быть тщательно спланировано или спонтанно)* **EX: We need to identify what elements typify women's pre-purchase behaviour.** – Нам нужно определить, какие элементы, характеризуют поведение женщин, собирающихся совершить покупку. **SEE:** impulse buy, post-purchase behaviour, purchase intention

pre-purchase phase *марк.* предпокупочная стадия* *(период времени до совершения покупки; проблемы, связанные с оговариванием условий сделки, имеют место как раз в это время)* **SEE:** post-purchase phase, purchase phase, purchase phases

pre-purchase service *торг.* предпродажное обслуживание *(напр., предоставление информации о товарах или услугах; подбор товаров, соответствующих запросам клиента; подтверждение соответствия товаров необходимым стандартам; доставка заказанного товара на дом и т. д.)* **SEE:** after sales service

pre sales support *торг.* предпродажная поддержка, поддержка до продажи *(включает консультирование, помощь в выборе товара, учет индивидуальных требований и др. услуги, предоставляемые покупателю до осуществления им покупки товара)* **EX: Please contact our pre-sales support department to discuss pricing.** – Пожалуйста, свяжитесь с нашим отделом по предпродажной поддержке, чтобы обсудить цену. **SEE:** post sales support, customer service

pre-shipment finance *фин., торг.* предотгрузочное финансирование *(связано с кредитами, привлекаемыми экспортером до отгрузки готовой продукции покупателю, т. е. для оплаты сырья и материалов, покрытия расходов на хранение товаров и т. п.)* **ANT:** post-shipment finance

pre-testing *сущ. тж.* pretesting **1)** *мет.* предварительное тестирование [проверка] *(любая оценка чего-л., осуществляемая до начала какой-л. деятельности; напр., проверка оборудования до начала его использования, оценка уровня знаний студентов до начала нового этапа обучения)* **EX: pre-testing of equipment** – предварительное тестирование оборудования **2)** *рекл.* = advertising pre-test

prearranged trading *торг., бирж.* предопределенная торговля* *(практика проведения торговцами безрисковых сделок по заранее определенным ценам для получения налоговых и иных преимуществ)*

predatory price *марк.* хищническая [грабительская] цена*, цена изгнания [устранения]* *(цена, искусственно поддерживаемая на низком уровне с целью разорения конкурентов, вытеснения их из отрасли)* **SYN:** elimination price, extinction price, keen price **SEE:** limit pricing, penetration pricing, kamikaze pricing, predatory pricing, predatory price cutting, experience curve pricing, destroyer pricing

predatory price cutting *марк.* хищническое снижение цен *(снижение цен ниже уровня, необходимого для полного покрытия издержек, с целью вы-*

теснения с рынка конкурентов) **SEE:** predatory pricing, limit pricing, penetration pricing, kamikaze pricing, experience curve pricing, destroyer pricing, keen price

predatory pricing *марк.* хищническое ценообразование* *(практика вытеснения крупными компаниями с рынка небольших компаний путем временного существенного снижения цен на услуги или товары ниже издержек за счет прибыли по другим операциям (через некоторое время цены вновь поднимаются))* **SYN:** extinction pricing **SEE:** price war, predatory price, predatory price cutting, limit pricing, penetration pricing, kamikaze pricing, experience curve pricing, destroyer pricing, keen price, below cost bidder, non-price predation

predicted response *соц.* ожидаемый отклик *(в исследованиях: ожидаемое количество, процент заполненных анкет, собранных интервью и т. п.)* **SEE:** response

preemptible rate *рекл.* = preempt rate

preemptive pricing *марк.* = limit pricing

preference *сущ.* **1)** а) *общ.* предпочтение, предпочтительное отношение, предпочтительность **EX: to give smth. the preference over smth.** – отдавать чему-л. предпочтение перед чем-л., **in preference to any other** – предпочитая что-л. или кого-л. всем остальным, **in order of preference** – в порядке [по степени] предпочтения **б)** *общ.* то, чему отдается предпочтение; что-л. предпочтительное **EX: what is your [have you any] preference?** – Что вы предпочитаете?, **I have no preference.** – Мне все равно [безразлично]. **2)** *эк., преим. мн.* предпочтение *(отношение потребителя к различным вариантам выбора, заключающееся в том, что один вариант выбора больше нравится потребителю и поэтому он предпочитает этот вариант другим)* **EX: preference relations** – отношения предпочтительности, **to have a preference for X over Y** – предпочитать X по сравнению с Y, **The person can give a reason to his preference.** – Человек может объяснить свой выбор (свои предпочтения). **A preference is an attitude, a choice is an action.** – Предпочтение – это отношение, а выбор – это действие. **SEE:** preference scale, revealed preferences, representation, preference test **3)** *эк., юр.* льгота, преимущественное право, преференция *(экономическое или иное преимущество, предоставленное какому-л. лицу, организации или государству, напр., право одного из кредиторов на получение выплат в счет погашения долга ранее других кредиторов)*

preference pattern *марк.* схема предпочтений *(графическое представление предпочтений, демонстрируемых потребителями на рынке)*

preference scale *эк., соц.* шкала предпочтений *(напр., в потребительском выборе)* **EX: five-point preference scale** – пятибалльная шкала предпочтений **SYN:** preference schedule **SEE:** scale

preference schedule *эк., соц., стат.* = preference scale

preference test *эк., соц., стат.* тест предпочтений *(метод исследования предпочтений людей, в ходе которого испытуемым предлагают выбор вариантов)* **SEE:** preference scale

preferential customer *марк.* = preferred customer

preferential price *эк., торг., фин.* = privileged price

preferred customer *марк.* приоритетный клиент [покупатель], предпочтительный клиент [покупатель], привилегированный клиент [покупатель] *(клиент, интересы которого волнуют компанию больше всего; обычно приоритетным клиентом становится тот, кто регулярно и часто пользуется услугами компании, является обязательным и надежным клиентом; часто такому клиенту предоставляются льготы и скидки при обслуживании)* **EX: To become a preferred customer, simply subscribe to the Sunday Star-News for three months, six months or a year.** – Чтобы стать привилегированным клиентом, просто подпишитесь на «Сандей стар ньюз» сроком на 3 месяца, полгода или год. **SYN:** preferential customer, higher-priority customer **SEE:** first-class customer, key customer

preferred position 1) *общ.* привилегированное положение **2)** *СМИ, рекл.* предпочтительное положение *(особое расположение рекламного объявления в печатном издании (обычно по усмотрению рекламодателя))* **SYN:** special position, premium position

preliminary campaign *марк.* предварительная кампания **SEE:** test campaign, major campaign

preliminary invoice *торг.* предварительный счет, предварительная фактура *(счет, который выписывается в тех случаях, когда приемка товара производится в стране назначения или при частичных поставках; выписывается в момент отправки товара или части партии товара, содержит сведения о количестве и стоимости товара и подлежит оплате; после приемки товара или поставки всей партии продавцом выписывается счет-фактура, по которому производится окончательный расчет)* **SEE:** proforma invoice, final invoice, pre-bill

preliminary survey *соц.* предварительный опрос **EX: The result of this preliminary survey will help develop a sampling strategy that ensures that future data collection is conducted in a valid and reliable manner.** – Результаты этого предварительного опроса помогут разработать примерную стратегию создания выборки, гарантирующей достоверность данных при проведении опросов в будущем. **SYN:** pilot survey

premarket *прил. эк.* = pre-market

premarketing *прил. марк.* = pre-market **EX: premarketing assessment of the drug** – предпродажная оценка лекарств

premarketing approval *марк.* предпродажное одобрение* *(подтверждение уполномоченным органом наличия у товара определенных свойств (напр., требуемого уровня качества, безопасности и т. д.) до выпуска товара на рынок; некоторые товары не могут быть выпущены на рынок без получения предпродажного одобрения)*

premium *сущ.* **1)** *общ.* награда, вознаграждение, премия *(что-л. предоставляемое в качестве стимула в каком-л. проекте, какой-л. системе и пр.)* **EX: to offer a premium to smb.** – предлагать кому-л. вознаграждение, **as a premium** – в качестве вознаграждения, **premium payments for overtime work** – выплаты вознаграждения за сверхсрочную работу **SEE:** container premium, premium merchandise, fast food premium, in-pack premium, on-pack premium, with-pack premium, mail-in premium, premium buyer, premium campaign, premium coupon, premium offer, premium space **2)** *страх.* страховой взнос, страховая премия *(сумма, регулярно выплачиваемая владельцем полиса (страхователем) страховой компании за покрытие убытков в случае наступления страхового случая)* **3)** *торг., фин.* премия; ажио, лаж; наценка, надбавка *(надбавка сверх номинальной цены товара, ценной бумаги и т. п.)* **SEE:** at a premium, premium price, discount **SEE:** bonus

II *прил. общ.* первосортный, высшего качества, исключительный **EX: premium beer** – первосортное пиво

premium advertising *рекл.* премиальная [первосортная, элитная] реклама* *(размещение рекламы в наиболее выгодных местах, напр., на обложке журнала, на главной странице сайта и т. д.)*

Premium Advertising Association of America *рекл., амер.* Американская ассоциация премиальной [первосортной, элитной] рекламы* *(устаревшее название Американской ассоциации стимулирования сбыта)* **SEE:** Promotion Marketing Association of America, Advertising Association

premium buyer *марк.* премиальный покупатель* *(совершающий покупку одного товара, чтобы получить другой бесплатно или со скидкой)* **SEE:** premium merchandise

premium campaign 1) *общ., рекл.* кампания с вручением премий **2)** *марк.* бонусная кампания *(маркетинговая* *кампания с использованием системы бонусов, напр., купившему две единицы товара третья достается «бесплатно»)*

premium container *марк.* = container premium

premium coupon *марк.* премиальный купон *(дает покупателю право на вещевую премию (напр., из ассортимента магазина) при накоплении определенного количества купонов)*

premium merchandise *марк.* премиальный товар* *(товар, раздаваемый бесплатно либо при покупке какого-л. товара (в качестве вознаграждения за покупку), либо для стимулирования покупки товара)*

premium offer 1) *марк.* премиальное предложение, подарок *(товар, предлагаемый бесплатно или с большой скидкой при покупке определенного товара в магазине)* **EX: A toy is included as a premium offer.** – В качестве подарка прилагается игрушка. **2)** *марк.* премиальное предложение *(продажа какого-л. товара с большой скидкой при предъявлении купонов на скидку или иных талонов, дающих право покупки по сниженной цене)* **SEE:** advertising coupon, cents-off coupon, ad-a-card, trading stamp

premium pack *марк., потр.* упаковка с премией* *(упаковка, предлагающая дополнительно какой-л. товар в качестве подарка; подарок может располагаться как внутри упаковки, так и на ней (прикреплен к упаковке))* **SEE:** merchandise pack, package enclosure, in-pack coupon, on-pack coupon, in-pack premium, on-pack premium, with-pack premium

premium position *СМИ, рекл.* = preferred position

premium price *эк.* цена с надбавкой, цена с премией, премиальная цена *(цена товара или услуги, установленная на более высоком уровне, чем цены сходных товаров/услуг, установленные конкурентами, напр., цена, повышенная благодаря наличию у товара/услуги уникальных особенностей либо благодаря интересу потребителей к данной торговой марке)* **SEE:** premium pricing, discounted price

premium pricing *марк.* премиальное ценообразование, стратегия высоких цен *(ситуация, когда компания устанавливает цены на более высоком уровне, чем конкуренты, напр., при использовании стратегии снятия сливок или при попытке создать имидж престижной, эксклюзивной продукции)* **SYN:** high-price strategy **SEE:** skimming, prestige pricing, discount pricing, low-price strategy

premium product 1) *марк.* = premium merchandise **2)** *марк.* товар высшего сорта *(наилучший товар в данной категории)*

premium service *потр.* премиальная услуга *(дополнительная услуга предоставляемая клиенту бесплатно или за дополнительную плату, напр., дополнительный канал, на просмотр которого может подписаться клиент кабельной сети)*

premium space *рекл.* привилегированное рекламное место* *(место под рекламу в издании, которое считается особо выгодным и пользуется наибольшим спросом, напр., место над редакционным материалом, на первой полосе)* **SEE:** full position, position request

premium strategy *марк.* стратегия премиальных наценок *(назначение высокой цены за товар высокого качества)* **SEE:** pricing strategy

prepackage *гл. торг.* фасовать, предварительно фасовать [упаковывать] **EX: Pharmacies may prepackage drugs in convenient quantities.** – Аптеки могут предварительно фасовать лекарства на подходящие порции. **SEE:** prepackaging

prepackaged product *торг.* фасованный продукт [товар] **SEE:** package goods

prepackaging *сущ.* **1)** *торг.* расфасовка, предварительная расфасовка (товаров), предварительная упаковка товаров *(разделение партии товара (обычно продуктов питания) на* *порции и упаковка каждой порции до выставления товаров на продажу)* **EX: in-store prepackaging** – предварительная расфасовка в магазине, **Prepackaging encourages customers to buy larger quantities.** – Предварительная расфасовка помогает продать больше товара. **SEE:** package goods **2)** *торг.* = package **EX: The quick-frozen foodstuff has been packed by its manufacturer or packer in such prepackaging as is suitable to protect it from microbial and other forms of external contamination.** – Замороженные продукты питания были упакованы производителем или упаковщиком в специальную упаковку, которая защищает их от микробов и других вредных воздействий внешней среды.

prepacked *прил. торг., потр.* расфасованный, предварительно укомплектованный *(напр., товар)* **EX: For prepacked goods, this weight should be marked on the packaging.** – Для расфасованных товаров, этот вес должен быть указан на упаковке. **ANT:** unprepacked

prepaid card *фин., торг.* предоплаченная [предварительно оплаченная] карточка [карта] *(пластиковая карта, на которую зачислена определенная денежная сумма и которая позволяет оплачивать приобретаемые товары или услуги вплоть до исчерпания этой суммы; часто предназначены для оплаты только определенного вида товаров или услуг (напр., телефонных разговоров, проезда в транспорте), но могут быть и многоцелевыми; многоцелевые предоплаченные карты часто называют «электронными кошельками»)* **SYN:** stored-value card **SEE:** electronic purse, plastic card, smart card, debit card

prepaid freight *трансп.* = advance freight

prepaid reply card *марк., связь* = reply card

preprice *гл. торг.* маркировать [указывать, проставлять] цены на этикетках *(указывать цену (оценочную стоимость) на товаре перед его отправкой в магазин, выставлением на полку в магазине, передачей в благотворительный фонд и т. п.)* **EX: We are requesting if it is at all possible, for you to preprice the craft items you're donating.** – Мы просим, чтобы вы, если это в принципе возможно, указывали стоимость предмета, передаваемого в дар.

preprint *сущ.* **1)** *общ.* препринт **а)** *(часть произведения (напр., статья или рассказ книги или журнала), опубликованная отдельно до выхода произведения в целом)* **б)** *(часть издания (напр., рекламный вкладыш), напечатанный заранее)* **2)** *СМИ, рекл.* сигнальный экземпляр, предварительный оттиск *(образец или копия рекламного объявления, которое должно быть размещено в газете или ином издании; такие рекламные объявления часто увеличивают и наклеивают на картон для использования в розничных магазинах в качестве рекламных вывесок, или направляет их торговым представителям или розничным торговцам как доказательство рекламной поддержки)* **3)** *СМИ* сигнальный экземпляр *(пробный экземпляр издания, направляемый типографией в издательство как образец тиража для утверждения)* **4)** *рекл.* = hi-fi **5)** *рекл.* = freestanding insert

prepublication price *торг.* цена до публикации*, предпубликационная цена* *(цена, по которой предлагается разместить заказ на книгу или другое печатное издание до его выхода в свет; обычно эта цена несколько ниже, чем цена, по которой данное издание впоследствии будет продаваться лицам, не разместившим заказ заранее)* **EX: The Encyclopedia has a prepublication price of $250.00 (through October 31, 1996). After that date, the regular price is $300.00.** – Предпубликационная цена данной энциклопедии составляет $250.00 (до 31 октября 1996 г. включительно). После этой даты начинает действовать обычная цена в размере $300.00.

preretailing *сущ. торг.* подготовка к розничной продаже* *(напр., прикрепление к товарам ценников, маркировка товаров)*

presell *гл.* **1)** *марк.* предварительно рекламировать товар *(рекламировать товар, который еще не появился на рынке)* **2)** *марк.* предварительно продавать *(договариваться о продаже товара, которого еще нет в наличии)*

preselling *сущ.* **1)** *марк.* предварительная продажа **2)** *марк.* предварительная реклама **SEE:** presell

present buyer *марк.* = current customer

present market *марк.* существующий рынок *(рынок сбыта, на котором компания уже присутствует со своим товаром)* **SEE:** potential market

present price *эк.* = current price

present sale *торг., юр., амер.* настоящая продажа* *(в отличие от будущей; продажа, совершаемая в момент договора о продаже, согласно определению Единообразного торгового кодекса США)* **SEE:** Uniform Commercial Code, sale

press advertisement *рекл.* рекламное объявление в прессе, печатное рекламное объявление **SYN:** print advertisement **SEE:** print advertising

press advertising *рекл.* = print advertising

press campaign *СМИ, марк.* кампания в прессе [печати] **SYN:** print campaign **SEE:** multimedia campaign, press advertising

press kit *рекл., СМИ* пресс-подборка, подборка для прессы, печати *(набор рекламно-информационных материалов для вручения представителям органов печати)* **SEE:** media kit

press release *СМИ, рекл.* пресс-релиз *(рекламное сообщение для печати)*

press survey *соц.* опрос в средствах массовой информации *(вид заочного опроса посредством публикации анкет в периодической печати)* **SEE:** survey

pressure buying *марк.* покупка под нажимом*, покупка под давлением* *(когда потенциального покупателя уговаривают купить товар, иногда используя нечестные уловки, напр., приписывание товару свойств и достоинств, которых у него нет)* **EX: fall victim to pressure buying** – поддаться нажиму и совершить покупку **SEE:** hard sell

pressure-sensitive label *торг.* = self-adhesive label

prestige advertising *рекл.* = corporate advertising

prestige goods *марк.* престижные товары *(товары, которые признаны особо ценными в обществе, и которые престижно иметь в наличии, напр., дорогие часы или товар определенной торговой марки, являющейся знаком качества; обычно такие товары являются товарами особого спроса)* **SYN:** prestige products **SEE:** specialty goods, positional goods

prestige pricing *марк.* престижное ценообразование, имиджевое ценообразование* *(маркетинговая стратегия, при которой цены на товар поднимаются для создания имиджа высококачественного, престижного товара)* **SYN:** image pricing **SEE:** psychological pricing

prestige products *марк.* престижные товары **SEE:** prestige goods

prestorage bin *с.-х., торг.* бункер для промежуточного хранения *(зерна)* **SEE:** storage bin, storage, bin storage, grain storage

presumption *сущ.* **1)** *общ.* предположение, вероятность; допущение **SYN:** allowance **2)** *общ.* самонадеянность, самоуверенность, наглость **3)** *юр.* презумпция **а)** *(признание факта невиновности обвиняемого юридически достоверным, пока не будет доказано обратное)* **б)** *торг., амер. (согласно определению Единообразного торгового кодекса США: признание существования факта (напр., собственности на товар со стороны продавца) до тех пор, пока не будет доказано, что факт не существует)* **SEE:** Uniform Commercial Code

pretesting *сущ. мет., рекл.* = pre-testing

previous mail suppression *марк.* подавление старых адресов *(процесс отбора таких адресов для рассылочного списка, по которым еще не отправлялись рекламные материалы в текущей компании)* **SEE:** pyramiding

price

I *сущ.* **1)** *эк.* цена *(денежное выражение стоимости товара, т.е. количество денежных единиц, которое должно быть уплачено за единицу товара; термин также может относиться к количеству другого товара, которое необходимо отдать в обмен на данный товар)* **EX: to add 5% to the price** – добавлять к цене 5%, накидывать 5% на цену, **to charge a price, to quote a price** – назначать цену, запросить цену, **to put a price on smth.** – назначать цену за что-л., оценить что-л., **to alter prices without notice** – менять цену без уведомления, **to arrive at a price** – устанавливать цену, определять цену; договариваться о цене, **to set a price, to establish a price, to fix a price** – устанавливать цену, **to negotiate a price, to settle a price** – договариваться о цене, **to ask the price** – осведомляться о цене, узнавать цену, **to bargain on [about] a price** – торговаться о цене, торговаться из-за цены, **to beat down prices, to knock down prices** – сбивать цены, **to bring down [cut, lower, mark down, reduce, roll back, shave, slash, undercut, scale down, force down, put down, send down, squeeze down] prices, to send prices down, to put prices down** – понижать цены, снижать цены, срезать цены, **to hike [increase, mark up, raise, enhance] prices; to bid up prices, to push up prices, to force up prices, to send prices up, to send up prices** – повышать цены; вздувать цены, взвинчивать цены, **to increase in price, to go up in price** – дорожать, повышаться в цене, подниматься в цене, **to sink in price, to fall in price** – понижаться в цене, дешеветь, **to support prices, to shore up prices** – поддерживать цены *(на определенном уровне)*, **to keep to the price, to keep the price** – придерживаться (какой-л.) цены, **to keep down prices, to keep prices down** – не допускать повышения цен; снижать цены, **to keep up prices, to keep prices up** – не допускать падения цен, **to realize a price** – выручить цену, **to gripe about prices** – выражать недовольство по поводу (высоких) цен, жаловаться на (высокие) цены, **to make a price** – объявлять цену, назначать цену, **to compete on price** – конкурировать по цене, **price for smth.** – цена за что-л., цена на что-л., **price of smth.** – цена чего-л. **prices ranged between ... and ...** – цены колебались в пределах от ... до ..., **prices keep falling/rising** – цены продолжают понижаться/повышаться, **prices eased** – цены снизились, цены упали, **per pound price** – цена за фунт, **at a price of $1 per copy** – по цене (в) 1 долл. за экземпляр, **at a high price** – по высокой цене, дорого, **at greatly reduced prices** – с большой скидкой, **at all prices** – по любым ценам, **at a set price** – по установленной цене, **at current [present, going] prices** – по текущим ценам, **for a quarter of the price** – за четверть цены, **for half price** – за половинную цену, за полцены, **price advance, price increase, advance in price(s), increase in price(s), price boost, rise in price, price rise, price enhancement** – повышение [рост, подъем] цен(ы), **price cutting, price slashing** – понижение [уменьшение, снижение] цен, **price decline, reduction in price(s), fall in price(s), decline in price(s), decrease in price(s), downturn in price(s), drop in price(s), drop of price(s)** – снижение [падение] цен(ы), **price collapse, landslide of prices** – резкое снижение [падение] цен, обвал цен, **jump in prices** – скачок цен, резкое повышение цен, **price paid** – уплаченная цена, **attractive price, tempting price** – привлекательная цена, соблазнительная цена, **reasonable price** – приемлемая цена, разумная цена, **favourable price** – выгодная цена, благоприятная цена, **high price** – высокая цена, **low price** – низкая цена, **give-away price** – бросовая цена, крайне низкая цена, **at a give-away price** – по очень низкой цене, почти даром, **modest price** – скромная цена, **moderate price** – умеренная цена, **fabulous price, fancy price** – баснословная цена, **substantial price** – солидная цена, **outrageous price, exorbitant price, excessive price** – чрезмерно высокая цена, непомерная цена, чрезмерная цена, **prevailing price, ruling price** – преобладающая цена, господствующая цена, **sky-rocketing prices** – непомерно подскочившие цены, **prices tend downward(s) /upward(s)** – цены имеют тенденцию к понижению/повышению, **runaway prices** – быстро растущие цены, **salable price** – сходная цена, приемлемая цена *(цена, обеспечивающая сбыт товара)*, **slashed price** – урезанная цена, резко сниженная цена, **sagging price** – умеренно снижающаяся цена, **ultimate price** – окончательная цена, **established price** – установленная цена, действующая цена, **strong prices** – устойчивые цены, **stable prices** – стабильные цены, **popular price** –(обще)доступная цена, **Popular brands at popular prices!** – Популярные марки по общедоступным ценам!, **sterling prices** – цены в фунтах стерлингов, **selling price each** – продажная цена каждой единицы *(в рекламе и на ценниках данное выражение означает, что указана цена за одну штуку)*, **price of day** – цена дня, курс дня, **crude oil price (COP)** – цена на сырую нефть **SEE:** advertised price, border price, comparable prices, discounted price, factory price, farm gate price, gate price, guide price, landed price, manufacturer's suggested retail price, offer price, premium price, producer price, pump price, rock-bottom price, second-hand price, selling price, special price, threshold price, unit price, price image, price list, price war, price point, price currency, price fixing, price taker, resale price maintenance, Incoterms, at a discount, at a premium, Consumer Price Index 2) *общ.* ценность **EX: above [beyond, without] price** – бесценный 3) *общ.* цена, жертва, плата **EX: at any price** – любой ценой, во что бы то ни стало, **not at any price** – ни за что; ни при каких обстоятельствах, **to pay the price** – расплачиваться, уплатить цену

II *гл.* 1) *эк.* назначать цену, оценивать *(определять, по какой цене должен продаваться данный товар или услуга)*; указывать цену *(на товаре)* **EX: The book is priced at $30.00 plus shipping and handling of $5.00.** – Книга оценена в 30 долл. плюс затраты на погрузку и перевозку в размере 5 долл., **to price oneself out of the market** – становиться неконкурентоспособным; становиться слишком дорогим, становиться не по карману, **The major increase in air freight costs have priced the Chilean fish out of the market.** – Значительное увеличение стоимости авиаперевозок сделало чилийскую рыбу неконкурентоспособной. **Our last supplier just priced himself out of the market and refused to give us a Christmas discount!** – Просто наш последний поставщик стал необоснованно завышать цены и отказался предоставить нам рождественскую скидку! **SEE:** pricing, overprice, underprice 2) *эк.* узнавать цену, прицениваться **EX: I did make the usual trip to the local home improvement store and priced the different models.** – Я все-таки посетил местный магазин бытовых товаров и приценился к различным моделям.

Price Act 1974 *торг., юр., брит.* закон «О ценах», 1974 г. *(уполномочил Министерство торговли и промышленности Великобритании издавать распоряжения, направленные на защиту интересов потребителей от неправомерного установления цен)* **SEE:** Price Marking (Bargain Offers) Order 1979, consumer protection

price adjustment *торг.* корректирование [корректировка] цен(ы) *(изменение цены в зависимости от изменения рыночной ситуации, поправка на инфляционные изменения, на величину причитающихся клиенту скидок либо на ранее переплаченную клиентом сумму и т. д.)* **SEE:** price adjustment clause, adjusted price

price adjustment clause *торг., юр.* оговорка о корректировании [корректировке] цены* *(условие в контракте, согласно которому продавец или поставщик услуг при наступлении определенных экономических условий может изменять цену в соответствии с приведенными в оговорке правилами расчетов; обычно имеется в виду возможность изменения контрактной цены в связи с изменением среднерыночных цен товара или величины какого-л. ценового индекса, также может устанавливать способ пересчета цены в зависимости от реального качества выполненных работ или произведенных товаров)* **SEE:** price adjustment, adjusted price

price advantage *марк.* ценовое преимущество, преимущество в ценах *(возможность производителя поставлять товар по более низким ценам, чем другие производители, напр., вследствие доступа к более дешевому сырью, отсутствия обязательств уплачивать таможенные пошлины и т. п.; также преимущество самого дешевого товара перед дорогими товарами)* **SEE:** price competition, quality advantage

price advertising *марк.* = price appeal

price agreement 1) *торг.* соглашение о цене, ценовое соглашение *(соглашение между продавцом и покупателем, в котором закрепляется цена, по которой должен быть выполнен конкретный заказ либо по которой будут выполняться заказы покупателя в течение определенного времени; в соглашении может устанавливаться как фиксированная цена, так и способ корректировки цены в случае изменения экономической ситуации, напр., роста цен на сырье)* **SEE:** price adjustment clause **2)** *эк.* = price fixing agreement **SYN:** price arrangement

price allowance *торг.* = price discount

price analysis анализ цен **а)** *марк. (изучение компонентов цены с целью выявления факторов, оказывающих наибольшее влияние на установление (формирование) цены, либо с целью определения обоснованности цены и ее сопоставимости с ценами других производителей; может использоваться как производителями при установлении цены на товар, так и покупателями при принятии решения о покупке)* **б)** *эк., бирж. (изучение динамики цен)*

price appeal 1) *марк.* ценовая реклама *(маркетинговый подход, основанный на привлечении внимания к выгодной цене товара, напр., покупка двух пар обуви по цене одной)* **SYN:** price advertising **SEE:** bargain advertising **2)** *марк.* ценовая привлекательность* *(товара)* **SEE:** immediate appeal, rational appeal, recreational appeal, mass appeal, masculine appeal, health appeal, game appeal, moral appeal, advertising appeal, snob appeal, consumer appeal, marketing appeal, service appeal, sales appeal, emotional appeal, female appeal, sex appeal

price arrangement *эк., торг.* = price agreement

price at the pump *торг.* = pump price

price awareness *марк.* осведомленность о цене *(знание потребителями цены товара, выпускаемого фирмой)* **SEE:** product awareness

price behaviour *марк., бирж.* динамика [движение] цен *(изменение цен на какой-л. товар или группу товаров либо курса ценных бумаг в течение определенного промежутка времени)* **SYN:** price development **SEE:** price analysis

price bid *торг., бирж.* ценовое предложение*, цена покупателя* *(цена, предложенная потенциальным покупателем, напр., цена, предложенная участником аукциона)* **SEE:** offer price, ask price

price bracket *марк.* ценовой диапазон, ценовая категория, ценовые рамки **а)** *(набор цен на продукцию из определенной товарной группы, характеризующуюся сходным качеством, особенностями дизайна и т. п., напр., одна модель какого-л. товара может попадать в категорию моделей до $100, а более качественная, элитная модель в категорию с ценой более $100)* **SEE:** price line **б)** *(набор цен на данный товар, приемлемый для данного покупателя)* **в)** *(интервал, выделенный для определенного объема покупки и характеризующийся определенной ценой за единицу или определенным размером скидки с базовой цены, напр., для покупки в объеме от 1 до 10 единиц может применяться базовая цена, при покупке от 10 до 100 единиц предоставляться скидка в 1%, при покупке более 100 единиц — 3%)* **SEE:** bracket pricing

price break 1) *торг.* сброс с цены*, скидка (с цены)*, снижение цены* *(снижение обычной цены для клиентов, выполняющих определенные условия, напр., заказывающие определенный объем товаров)* **EX: A price break is given to a customer who orders 10 cakes at a time.** – Скидка предоставляется покупателю, заказавшему сразу 10 тортов. **Direct sale offers can include a price break: a reduction made possible because the landlord, or relative, doesn't have to pay a real estate commission.** – Предложения прямой продажи могут включать снижение цены: скидка становиться возможной благодаря тому, что собственнику, или его родственнику, не приходится платить комиссионные по сделке с недвижимостью. **2)** *эк.* резкое падение цены *(на рынке)* **EX: The price break is the beginning of a bear market.** – Резкое падение цен означает начало понижательной тенденции на рынке.

price calculation *марк., учет* калькулирование цен(ы) *(расчет цены товара на основе оценки его себестоимости и желаемой ставки доходности, скорректированной с учетом цен конкурентов, величиной накопленных запасов, сезоном и другими условиями)* **SYN:** pricing

price cartel *эк.* ценовой картель *(картель, созданный с целью установления единых цен на какую-л. продукцию)* **SEE:** quota cartel

price ceiling *эк.* потолок цен *(установленный государством предел повышения цен на рынке определенного товара)*

price change *марк., бирж.* изменение цены, изменение курса [курсов] *(разница между начальной и конечной ценой товара или финансового инструмента за какой-л. временной интервал, напр., разница между сегодняшней и вчерашней ценами закрытия рынка; может выражаться в денежных единицах или процентах к начальной цене)*

price clause *эк.* условие [пункт, оговорка] о цене *(условие контракта на поставку товаров или выполнение работ, касающееся способа расчета цены, напр., условие в котором устанавливается фиксированная цена, которая не может быть изменена ни при каких обстоятельствах)* **SEE:** price adjustment clause, sales contract

price collusion *эк.* ценовой сговор, сговор о ценах *(тайное соглашение между несколькими лицами о поддержании цен на определенном уровне; считается незаконным)* **SEE:** price cartel, price fixing, price ring

price competition *эк.* ценовая конкуренция; борьба цен, конкуренция цен *(соперничество между фирмами, поставляющими однородную или близкую по характеристикам продукцию, выражающееся в снижении цен)* **EX: to abjure price competition** – отказаться от ценовой конкуренции **SEE:** quality competition, product competition, advertising competition, promotional competition, price out

price competitiveness *марк.* ценовая конкурентоспособность *(способность производителя или продавца назначать на продукцию цены, более привлекательные для потребителей, чем цены конкурентов)*; конкурентоспособность цен **SEE:** price competition, price advantage

price-conscious *прил. марк.* чувствительный к ценам, задумывающийся о ценах *(о лицах, чьи решения о покупке в значительной мере определяются анализом цен)* **SEE:** price-conscious consumer, price consciousness, savvy consumer

price-conscious buyer *марк.* = price-conscious consumer

price-conscious consumer *марк.* чувствительный к цене потребитель *(потребитель, реагирующий на изменение цены изменением спроса на товар)* **SYN:** price-sensitive consumer, cost-conscious shopper **SEE:** elasticity of demand, quality-sensitive

price consciousness *марк.* осознание цены* *(здравое отношение покупателя к цене, т.е. умение оценивать то, насколько цена товара соответствует его качеству и способности удовлетворять определенную потребность покупателя, а также сравнивать различные товары и выбирать наилучшее соотношение цены и качества)* **SEE:** price-conscious consumer, savvy consumer

price control *эк.* регулирование цен *(действия правительства по контролю над ценами)*

price convergence *эк.* сближение цен *(постепенное выравнивание цен на один и тот же товар, продаваемый на разных рынках, либо выравнивание цен на внутреннем и международ-*

ном рынке, либо сближение срочных и наличных цен по мере приближения срока срочной сделки) **SEE:** spot price **SYN:** convergence of prices

price currency *эк.* валюта цены *(валюта, в которой в контракте выражена цена товара или услуг)* **SYN:** currency of price

price-current *сущ. торг.* = price list

price customization *марк.* подгонка цены под клиента* *(попытка максимизировать прибыль путем назначения для каждого клиента (или рыночного сегмента) такой цены, которая наилучшим образом отражает ценность данного товара или услуги для данного клиента (на данном рыночном сегменте), т. е. установление более высокой цены для клиентов (рыночных сегментов) с большим спросом)* **SEE:** customer value management, power pricing, personalized pricing, price differentiation

price cutter *марк.* снижающий цену *(торговец, уменьшающий цену, особенно — если цена снижается с целью подорвать сбыт конкурента)* **SEE:** price war

price-cutting war *марк.* = price war

price cycle *марк., фин.* ценовой цикл *(колебания в уровне цен на определенный товар или среднего по экономике уровня цен, когда периоды подъема цены чередуются с периодами спада цен)* **EX: cattle price cycle** – цикл цен на крупный рогатый скот, **hog price cycle** – цикл цен на свиней

price demand elasticity *эк.* = price elasticity of demand

price destroyer *марк.* разрушитель цены* *(лицо, значительно снижающее цены с целью привлечения клиентов и разорения конкурентов)* **SEE:** destroyer pricing

price determinant *марк.* = pricing factor

price development *марк., бирж.* = price behaviour

price difference *марк., бирж.* ценовая разница, различие в ценах [курсах], разница в ценах [курсах], несовпадение цен *(разница между ценами разных моделей, типов, марок и других сходных товаров либо разница между ценами на разных рынках или ценами, действовавшими в разное время; также разница между ценами на срочном и наличном рынках)* **SYN:** price discrepancy, price disparity **SEE:** spot price

price differential разрыв в ценах, ножницы цен **а)** *бирж. (разница между ценой продавца и ценой покупателя)* **SEE:** offer price **б)** *марк. (разница между ценами разных товаров из одной и той же продуктовой группы)* **в)** *марк. (разница в ценах на сходную продукцию на разных рынках)*

price differentiation *марк.* дифференциация цен *(установление разных цен на один и тот же продукт; дифференциация может проводиться в зависимости от группы покупателей, места продажи, времени продажи, условий поставки и т. п.; в международной торговле часто проявляется в том, что фирма на иностранном рынке продает товар по низкой цене (для повышения конкурентоспособности), а на внутреннем — по высокой (если внутренний рынок достаточно защищен от иностранных конкурентов))* **SEE:** variable pricing, price discrimination, price customization

price discount скидка с цены, ценовая скидка **а)** *торг. (сумма или процент, на который продавец или поставщик услуг снижает стандартную цену для конкретного покупателя)* **SYN:** price rebate, price allowance, price reduction **SEE:** trade discount, discounted price **б)** *фин. (сумма, на которую цена размещения или перепродажи ценной бумаги меньше ее номинала)* **SEE:** price premium **SYN:** discount from price, discount on price

price discounting *торг.* предоставление ценовой скидки, предоставление скидки с цены **SEE:** price discount

price discovery *марк., бирж.* открытие цен(ы)*, обнаружение цен(ы)* *(процесс установления цен товаров или* *финансовых инструментов в условиях свободного рынка в ходе взаимодействия покупателей и продавцов)*

price discrepancy *марк., бирж.* = price difference

price discrimination *эк.* ценовая дискриминация *(вид антиконкурентного поведения; продажа одного и того же продукта разным покупателям или различных единиц товара одному и тому же покупателю по разным ценам с целью уменьшения разницы между индивидуальными ценами спроса и рыночной ценой)* **SYN:** price differentiation **SEE:** perfect price discrimination, second degree price discrimination, third degree price discrimination, one-price policy

price disparity *марк., бирж.* = price difference

price dispersion *марк., бирж.* разброс цен, ценовой разброс; дисперсия цен, ценовая дисперсия *(ситуация, когда один и тот же товар или услуга предлагается разными поставщиками или на разных рынках по разной цене)*

price effect *марк.* эффект цены *(влияние изменения цены на уровень спроса на товары и услуги)* **SEE:** price elasticity of demand, price-sensitive

price elasticity of demand *эк.* ценовая эластичность спроса, эластичность спроса по цене *(коэффициент, характеризующий степень чувствительности спроса на товар к изменению его цены; рассчитывается как соотношение между относительным изменением величины спроса и относительным изменением цены)* **SYN:** price demand elasticity, own price elasticity of demand **SEE:** price-sensitive product, income elasticity of demand

price escalation *марк.* рост [повышение] цен; эскалация цен *(напр., увеличение цены на экспортируемый товар по сравнению с таким же товаром, продаваемом на внутреннем рынке, в результате добавления таможенных пошлин, комиссионных посредникам и т. п. затрат, либо увеличение цены готовой продукции в результате повышения цен на сырье или роста ставок заработной платы)* **SYN:** escalation of prices

price estimate *марк.* оценка цены *(анализ затрат по производству товара или услуги и предварительный расчет цены данного товара/услуги, либо анализ характеристик имеющегося товара и предположение о том, по какой цене он может быть продан)*

price ex factory *торг.* = factory price

price ex warehouse *торг.* цена франко-склад, цена со склада *(цена, включающая собственно стоимость товара и все расходы, понесенные продавцом/производителем до момента отгрузки товара со склада покупателю; расходы на транспортировку товара от склада до покупателя в данном случае в цену не включаются)* **SEE:** ex works

price expectations *эк.* ценовые ожидания *(ожидания экономических агентов относительно будущих темпов инфляции или будущей динамики цен)*

price fixation *марк.* установление цен(ы), фиксирование цен(ы) *(определение цены какого-л. товара или услуги, часто — искусственное, не отражающее реальной ситуации на рынке; часто речь идет об административном поддержании цен федеральными или местными органами власти на наиболее важные товары)* **SEE:** price fixing

price fixer *сущ. марк.* фиксирующий [устанавливающий] цену* **а)** *(участник официальной картельной организации (напр., страна-участник ОПЕК), либо участник тайного сговора с другими производителями или перепродавцами о поддержании определенного уровня цен)* **SEE:** price fixing **б)** *(государственный орган либо государственный служащий, занимающийся* *контролем над ценами наиболее важных товаров)*

price fixing *торг., юр.* фиксация [фиксирование] цен(ы) *(установление и поддержание цены на определенном уровне, часто не соответствующем реальной рыночной конъюнктуре; обычно имеется в виду ситуация, когда несколько фирм договариваются о поддержании общей цены, действуя как единый монополист)* **SEE:** vertical price fixing, horizontal price fixing, price ring, restrictive trade practice

price flexibility 1) *марк.* ценовая гибкость *(способность продавца товаров или поставщика услуг менять цену в зависимости от особенностей конкретного заказа и требований конкретного клиента)* **SEE:** variable pricing **2)** *эк.* гибкость [эластичность] цен *(способность цен меняться при изменении спроса, предложения либо других экономических факторов)*

price for cash *марк.* цена при оплате наличными *(в отличие от цены, по которой товары продаются в кредит)*

price-formation policy *марк.* = pricing policy

price gap *эк.* разрыв в уровне цен, ценовой разрыв, разрыв цен *(напр., разница между ценами на внутреннем и внешнем рынках, разница между ценами разных моделей какого-л. товара, разница между ценами разных поставщиков и т. д.)* **SEE:** price difference

price guarantee 1) *торг., фин.* ценовая гарантия, гарантия конкурентной цены*, гарантия наилучшей цены*, гарантия наименьшей [низкой, самой низкой] цены* *(гарантия, предоставляемая перепродавцами или посредниками в том, что они подберут для клиента наилучшую цену; подразумевает, что если в течение определенного времени клиент найдет более низкую цену и сможет это доказать, то перепродавец/посредник компенсирует клиенту разницу; распространяется как на торговлю товарами, так и на услуги, напр., при подборе наиболее дешевой гостиницы, кредита под наименьший процент и т. п.; используется главным образом в торговле по Интернету)* **SYN:** low price guarantee, best price guarantee, lowest price guarantee, competitive price guarantee **SEE:** quality guarantee **2)** *эк., торг.* = price protection

price image *марк.* ценовой образ, ценовой имидж *(образ фирмы с точки зрения уровня цен, т. е. то, воспринимают покупатели фирму как продавца по низкими ценам или как продавца дорогих, элитных товаров)* **EX: Loss leader pricing is also a way of establishing a low price image.** – Ценообразование на основе убыточного лидерства также является и способом создания имиджа продавца по низким ценам.

price in a contract of sale *юр., торг., брит.* цена в договоре о продаже* *(цена в любом торговом договоре в рамках английского права, как ее определяет закон «О продаже товаров» 1979 г., должна быть либо зафиксирована в договоре, либо вопрос об определении цены должен быть оставлен на будущее способом, оговоренным в договоре, или же цена может быть определена сторонами в ходе осуществления сделки; в том случае, если цена не определена, покупатель должен заплатить разумную цену)* **SEE:** contract of sale, Sale of Goods Act 1979, reasonable price

price incentive *марк.* = price inducement

price inducement *марк.* ценовая приманка*, ценовой стимул* *(метод привлечение покупателей и стимулирования продаж, основанный на предположении льготной цены, напр., прямое снижение цены по сравнению с конкурентами, объединение нескольких товаров в более дешевые упаковки и т. п.)* **SYN:** price incentive **ANT:** non-price incentive **SEE:** trade discount, product-bundle pricing

price information *марк., бирж.* ценовая информация *(сведения об уровне и изменении цен)*

price insensitivity *марк.* нечувствительность к ценам [цене]*; неэластичность по цене* *(свойство потребителя, рынка, товара и т. п., проявляющееся в отсутствии изменений или незначительном изменении объемов покупок или продаж при изменении цены)* **EX: price insensitivity of demand** – неэластичность спроса по цене **ANT:** price sensitivity **SEE:** price-sensitive

price label *торг.* = price tag

price level *эк.* уровень цен *(конкретное значение цены на какой-л. товар или усредненная цена на определенную группу товáров, действующая в определенный момент; в экономических моделях часто трактуется как среднее взвешенное значение цен готовых товаров и услуг, выраженное относительно базового годового показателя, равного 1,0)* **EX: The aggregate demand curve shows the level of aggregate demand at every price level.** – Кривая совокупного спроса показывает какой объем спроса будет иметь место при каждом уровне цен.

price line 1) *эк.* линия цен *(прямая линия на графике, объединяющая комбинации двух товаров с равной общей стоимостью при заданном уровне цен; угол наклона кривой представляет относительную стоимость товаров, а изменение цены одного из товаров приводит к повороту линии)* **SEE:** budget line **2)** *марк.* ценовая линия, ценовая группа* *(товары, сгруппированные по признаку одинаковой или сходной цены, напр., общедоступные товары, элитные товары и т. п.)* **SEE:** price lining

price lining *марк.* группирование по ценам* *(разбиение товарной группы (напр., обувь) на отдельные группы в зависимости от отличительных характеристик товара (качество, дизайн, др.) и установление для каждой группы своей цены; в результате потребитель может выбрать товар из наиболее доступной ценовой группы)* **SEE:** price line

price list *тж.* pricelist *торг.* прейскурант, прайс-лист, каталог (цен) *(упорядоченный перечень товаров с указанием цен; публикуется продавцами)* **SYN:** price-current, list **SEE:** list price, discount table, sale catalogue, advertised price

price maintenance *торг.* поддержание цен(ы), поддержка цен(ы) *(ситуация, когда производитель пытается поддержать цены на уровне не ниже некоторого допустимого для него минимума; обычно для этого продавец договаривается с оптовыми и розничными распространителями о том, чтобы они продавали товар по цене не ниже определенного уровня)* **SYN:** resale price maintenance

price maker *эк.* = price setter

price marking *торг.* указание цены *(на упаковке товара)*

Price Marking (Bargain Offers) Order 1979 *юр., торг., брит.* «Порядок указания розничной цены (предложения сделок по сниженным ценам)»*, 1979 г. *(директива, принятая в Великобритании в дополнение к закону «О ценах» 1974 г., упорядочивающая объявления о скидках с целью избежания обманных заявлений о скидках; согласно закону наличие скидки должно быть подтверждено ценой, по которой данный торговец предлагал данный товар в течение определенного периода, либо ценой, рекомендованной производителем)* **SEE:** deceptive pricing, manufacturer's suggested retail price, resale price maintenance, Trade Description Act 1968, consumer protection, consumerism

price models of advertising *рекл., комп.* ценовые модели размещения рекламы *(различные схемы расчета стоимости и оплаты рекламодателем размещенной на сайте издателя интернет-рекламы)* **SEE:** pricing model, cost per click, cost per mile, cost per visit, cost per action, cost per sale, flat fee advertising, cost per order

price move *марк., бирж.* движение цен *(изменение цены товара или курса ценной бумаги по сравнению с преж-*

ним уровнем) **EX: A small share price move in either direction.** – Небольшое изменение цены акции в любом направлении. **SYN:** price movement

price movement *марк., бирж.* = price move

price objection *торг.* возражение по поводу цены *(напр., возражение потенциального покупателя по поводу расчета цены, условий товарного кредита, начисления сидок, способа включения в цену расходов на транспортировку и т. п.)* **SEE:** price discount, consumer credit

price of admission *эк.* = admission price

price of delivery 1) *фин., бирж.* = delivery price 2) *торг.* стоимость поставки; стоимость доставки **SEE:** conditions of delivery

price-off label *торг.* ярлык со скидкой* *(ярлык, дающий право на получение скидки с цены, т. е. ярлык на котором указана сниженная цена товара)* **SEE:** price tag

price-off pack *торг.* = reduced price pack

price-oriented *прил.* 1) *марк.* ориентированный на цену *(о потребителях, придающих основное значение цене товара (а не известности марки и т. п.); также о маркетинговой политике, форме конкуренции и т. п., основанных главным образом на ценовых преимуществах и ценовой борьбе)* **EX: price-oriented competition** – ориентированная на цену конкуренция, ценовая конкуренция, **The same consumer, who is highly brand oriented when purchasing a car, may be highly price oriented when buying eggs.** – Тот же потребитель, который при покупке автомобиля придает очень сильное значение марке, может быть в значительной степени ориентирован на цену при покупке яиц. 2) *эк.* недорогой, дешевый **EX: price-oriented products** – недорогие товары

price out

I *сущ. бирж.* «без цены» *(неудачная сделка по ошибке из-за несовпадения цен)* **SEE:** order

II *гл. эк.* вытеснять с рынка *(путем ценовой конкуренции)* **EX: to be priced out of the market** – не выдерживать ценовой конкуренции **SEE:** price competition

price pegging *торг.* фиксация цены, поддержка цены *(поддержание цены на определенном уровне не зависимо от фактической величины издержек, напр., в случае роста издержек сохранение старой цены может использоваться для поддержания или повышения конкурентоспособности)*

price per unit *торг.* = unit price

price planning *марк.* планирование цен(ы) *(обоснование и определение уровней и соотношений цен товаров на предстоящий период)* **SEE:** pricing

price point 1) *марк.* стандартная цена *(розничная цена, устанавливаемая продавцами для группы товаров, оптовая стоимость которых мало отличается и которые представляют одинаковую полезность для потребителя, напр., вместо того, чтобы оценивать несколько мало отличающихся друг от друга сумок исходя из реальной себестоимости, продавец может назначить за каждую из них усредненную цену; также цена отдельного товара, установленная не на уровне, теоретически соответствующему максимизации прибыли, а на уровне удобном для расчетов (округленная) или более привлекательном для покупателя (чуть занижена))* **SEE:** psychological price point, convenience price point 2) *эк.* ценовой ориентир, ценовая точка* *(уровень цен, принятый в качестве ориентира при совершении каких-л. операций, напр., рекомендуемый государством уровень цен на какой-л. товар, либо уровень цены ценных бумаг, при котором должен быть выполнен биржевой приказ на покупку/продажу и т. п.)*

price policy *марк.* = pricing policy

price premium *торг.* надбавка к цене, премия к цене, ценовая премия, премиальная наценка *(сумма, на которую цена данного поставщика или перепродавца превышает среднерыночную цену, цену аналогичного товара у другого производителя/постав-*

щика или другую цену, используемую в качестве базы для сравнения) **SEE:** price discount, premium price

price pressure 1) *марк.* ценовое давление *(воздействие масштабов конкуренции и ценовой политики конкурентов на действия данной фирмы, т. е. проявление ценовой конкуренции)* **EX: Have a good grasp on initial product costing so it is protected against price pressure from competitors.** – Хорошо контролируйте предварительное определение затрат на товар, чтобы обеспечить себе защиту от ценового давления конкурентов. **Service providers are under price pressure because of increased competition from offshore suppliers.** – Поставщики услуг находятся под ценовым давлением из-за возросшей конкуренции со стороны оффшорных поставщиков. **SEE:** price competition **2)** *эк.* давление цен *(неблагоприятная ситуация на рынке, вызванная слишком высоким уровнем цен, либо завышением цен в результате инфляции, таможенных пошлин)*

price promotion *марк.* ценовое стимулирование *(стимулирование сбыта с помощью снижения цен, объявлений о скидках, распространения купонов на скидку и т. п.)* **SEE:** promotional pricing, psychological pricing, promotional discount

price protection ценовая защита **а)** *торг. (гарантия продавца покупателю, заключающаяся в том, что в случае снижения цены на товар в течение определенного времени (обычно от момента размещения заказа до момента отгрузки товаров покупателю) покупателю будет выплачена разница между старой и новой ценой либо соответствующая сумма будет вычтена из задолженности покупателя)* **SYN:** price guarantee **б)** *фин. (защита от потерь в результате изменения цен, напр., предоставляемая опционом или возникающая при проведении хеджевых операций)*

price-quality relationship *марк.* соотношение цена-качество *(соотношение между ценой товара и его качеством с точки зрения потребителя; обычно покупатели исходят из того, что более дорогой товар должен быть и более качественным)*

price-quality strategy *марк.* стратегия качественно-ценового позиционирования *(стратегия рыночного позиционирования с использованием таких параметров, как цена и качество товара, для закрепления своего товара в сознании потребителя как отличного от аналогичных конкурирующих товаров)* **SEE:** market positioning

price quotation *торг., бирж.* назначение [котировка] цены *(установление и представление цены на какой-л. товар или услугу, объявление курса какой-л. ценной бумаги на бирже и т. п.)* **EX: Free On Board is a price quotation under which the exporter quotes a price that includes delivery of the goods on board the vessel.** – Франко-борт представляет собой способ установления цены, при котором экспортер назначает цену, включающую расходы по доставке товаров на борт судна. **SEE:** request for quotation

price quoted *торг., бирж.* = quoted price

price range диапазон [разлет, колебание] цен **а)** *торг. (разница между ценами разных товаров, входящих в одну продуктовую группу, напр., между разными моделями видеомагнитофонов либо между одинаковыми моделями, но предлагаемыми различными продавцами)* **б)** *эк. (разница между максимальной и минимальной ценой, которую продавец или покупатель считает допустимой (или возможной) при планировании продажи/планировании покупки определенного товара)* **в)** *бирж. (интервал между самой высокой и самой низкой ценой, по которой товар или ценная бумага продавались в течение определенного периода; термин применяется преимущественно в биржевой торговле)*

price rebate *торг.* = price discount

price reduction 1) *торг.* = price discount **2)** *эк.* снижение цены

price review *торг.* пересмотр цен *(анализ и корректировка текущих или* *нормативных цен продавца или поставщика)* **SYN:** price revision

price revision *торг.* = price review

price ring *торг.* ценовой ринг, ценовое кольцо*, ценовой круг* *(неформальное объединение производителей или распространителей какого-л. товара, созданное для контроля за ценами)* **SEE:** price fixing

price saving *эк.* экономия на цене, экономия за счет цен(ы) *(экономия за счет приобретения более дешевых товаров или товаров со скидкой)*

price scale *эк.* = price schedule

price schedule шкала цен **а)** *эк. (классификация цен на товары и услуги в зависимости от классификации товаров/услуг по качеству, исполнению, модификации)* **б)** *эк. (любой упорядоченный список расценок или процентных ставок, напр., таможенный тариф)* **SYN:** price scale, scale of prices, schedule of prices, pricing schedule

price searcher *эк.* ценоискатель *(покупатель или продавец, который имеет возможность установления рыночной цены, но при этом должен учитывать возможную реакцию своих конкурентов, что характерно для олигополии или олигопсонии)* **SEE:** price taker, price setter

price-sensitive *прил. эк.* чувствительный к цене, эластичный по цене, ценочувствительный* *(о потребителях, значительно сокращающих/увеличивающих объемы покупок при росте/падении цены товара или услуги; также о самом рынке, объем спроса или предложения на котором сильно меняется при изменении цены, и т. п.)* **SEE:** price-sensitive consumer, price-sensitive market, price-sensitive product, quality-sensitive

price-sensitive consumer *марк.* = price-conscious consumer

price-sensitive market *марк.* чувствительный к цене рынок *(рынок, быстро и сильно реагирующий на изменение цен изменениями объемов спроса или предложения)* **SEE:** elasticity of demand, elasticity of supply

price-sensitive product *марк.* ценочувствительный [ценочуткий] продукт* *(товар, спрос на который сильно изменяется при изменении его цены, напр., при повышении цены спрос резко падает)* **SEE:** income-sensitive good, price elasticity of demand

price sensitivity *марк.* чувствительность к ценам [цене] *(свойство потребителя, рынка, товара и т. п., проявляющееся в изменении объемов покупок или продаж при изменении цены)* **ANT:** price insensitivity **SEE:** price-sensitive

price setter *эк.* ценоустановитель *(продавец или покупатель, имеющий возможность устанавливать цену на рынке)* **SYN:** price maker **SEE:** price searcher, price taker

price setting *марк.* ценообразование, назначение [установление] цены *(на товар или услугу)* **SEE:** price setter, pricing

price skimming *марк.* = skimming

price step *марк.* ценовая ступень*, ступенька цены* *(разрыв в ценах между аналогичными товарами разного уровня качества или характеристик)* **SEE:** product-line pricing

price sticker *торг.* ценник, наклейка [этикетка] с ценой *(этикетка с указанием цены, прикрепляемая к товару, напр., наклейка на ветровом стекле продаваемой автомашины)* **SEE:** price tag, sticker damage

price strategy *марк.* = pricing strategy

price tag **1)** *торг.* ценник *(ярлык, бирка, этикетка с указанием цены)* **SYN:** price label, price ticket **SEE:** price-off label, price sticker **2)** *эк.* установление [фиксация, назначение] цены; оценка* **EX: The stock deal puts a substantial $1.1 billion price tag on the company, which did just under $200 million in revenue for 2000.** – При покупке акций, компания, чей доход в 2000 г. составил чуть менее 200 млн долл., была оценена в значительную сумму 1,1 млрд. долл.

price taker *эк.* ценополучатель *(продавец или покупатель, воспринимающий рыночную цену как заданную величину, на которую он не может по-*

влиять по причине либо своей незначительности по сравнению с величиной рынка (совершенная конкуренция), либо наличия ценового лидера (олигополия)) **SEE:** price setter, perfect competition, oligopoly

price terms *эк.* ценовые условия *(условия соглашения о купле-продаже товаров или оказании услуг, касающиеся способа расчета цены и размера оплаты, напр., в соглашении может быть заранее зафиксирована окончательная цена либо указана формула для расчете цены по окончанию выполнения работ или производства услуг, цена может быть указана за единицу товара или за определенный период времени (для услуг), цена может уплачиваться в национальной или иностранной валюте, корректироваться на различные скидки и т. д.)*

price ticket *торг.* = price tag

price to consumer *марк.* = consumer price

price transparency *торг., бирж.* прозрачность цен, ценовая прозрачность *(возможность получения информации о ценах покупателя и продавца, действующих на определенной территории либо касающихся определенного товара, финансового инструмента или услуги)*

price umbrella *марк.* зонтик цен, ценовой зонтик *(ситуация, когда мелкие фирмы могут поддерживать свое существование в данной отрасли благодаря высоким ценам, поддерживаемым отраслевым лидером или лидерами)* **SEE:** umbrella pricing

price-value equation *марк.* соответствие цены и ценности*, уравнение цена-ценность [цена-качество]* *(соотношение цены и потребительской ценности, которое должно выполняться для того, чтобы потребители считали покупку товара выгодной)* **EX: The company shifted the paradigm of coffee consumption pattern and raised value element in price-value equation by delivering a much higher value than regular coffee shops did.** – Компания изменила концепцию потребления кофе и увеличила правую часть в уравнении цена-ценность, предлагая потребителю гораздо большую ценность, чем обычные продавцы кофе. **SYN:** value equation **SEE:** customer value

price-value relationship *марк.* соотношение цена-ценность *(соотношение между ценой товара и той ценностью, которой он обладает с точки зрения покупателя, т. е. оценкой потребителем качества и способности товара удовлетворять определенную потребность; обычно покупатели исходят из того, что более дорогой товар должен обладать и лучшими характеристиками)*

price war *марк.* ценовая война *(конкуренция производителей, основанная на агрессивном снижении цен)* **SYN:** price-cutting war, price warfare **SEE:** price competition, predatory pricing, predatory price, predatory price cutting, limit pricing, penetration pricing, kamikaze pricing, predatory price cutting, experience curve pricing, destroyer pricing, keen price, marketing warfare

price warfare *марк.* = price war

price zone *марк.* ценовая зона *(условно выделенная территория, на которой действует определенный уровень цен, напр., территория, выделенная для установления отдельной цены при зональном ценообразовании или ценообразовании на основе базисных пунктов)* **SEE:** base-point pricing, zone pricing

priced *прил.* **1)** *эк.* оцененный, с указанием цены *(часто используется как компонент сложных слов, указывающих на то, что данный объект имеет какую-л. цену)* **EX: reasonably priced** – недорогой, с разумной ценой, **moderate priced goods** – товары с умеренной ценой **SEE:** low-priced, high-priced, medium-priced **2)** *эк.* с указанием цены, оцененный **SEE:** priced catalogue **ANT:** unpriced

priced catalogue *торг.* каталог с указанием цен, каталог с ценами [расценками]

pricelist *сущ. торг.* = price list

pricer *сущ. марк.* калькулятор цен **а)** *(лицо, разрабатывающее шкалы цен* *либо определяющее цену конкретного актива или услуги, напр., должностное лицо предприятия, ответственное за составление шкалы цен и определение величины скидок и реальных цен по конкретным операциям, либо государственный служащий или организация, разрабатывающая шкалы цен на социально-важные товары и услуги, а также периодически пересматривающая и корректирующая процедуры расчета цен)* **б)** *(программное средство, используемое для расчета цен)*

Prices Act, 1965 *юр., торг., ирл.* закон «О ценах», 1965 г. *(специализированный правовой акт, регулирующий торговые цены в Ирландии наряду с судебными прецедентами)* **SEE:** Sale of Goods and Supply of Services Act, 1980;

pricing *сущ. упр., марк., учет* ценообразование, установление [формирование, назначение] цен(ы), калькулирование цен(ы) *(назначение цены на товар или услугу по определенной формуле или принципу)* **EX: The proper pricing of any commodity brings an early sale especially in real estate.** — Правильное установление цены на товар способствует ускорению продажи, особенно в случае с недвижимостью. **The cycle starts with the determination of the initial assumptions to use in the pricing of the new product.** — Цикл начинается с определения начальных предпосылок, которые должны использоваться при установлении цены на новый товар. **SYN:** price calculation **SEE:** geographic pricing, cost-plus pricing, market-minus pricing, product-mix pricing, product-bundle pricing, bait-and-switch pricing, psychological pricing, odd-even pricing, variable pricing, loss leader pricing, ballpark pricing, administrative pricing, planned pricing, bracket pricing, common pricing, cyclical pricing, deceptive pricing, destroyer pricing, predatory pricing, discount pricing, ethical pricing, dual pricing, tiered pricing, incentive pricing, pricing mix, pricing point, price discrimination, skimming, overpricing, underpricing, sales budget

pricing factor *марк.* ценообразующий фактор *(переменная, влияющая на уровень цены товара или услуги, напр., цена конкретного драгоценного камня зависит от редкости данной разновидности камней, размера данного камня, его цвета, чистоты, огранки и т. п.)* **SYN:** pricing variable, price determinant

pricing method *марк.* метод ценообразования *(конкретный метод расчета цены товара, определенным образом учитывающий издержки производства, среднюю прибыль, величину спроса, цены конкурентов и т. п.; условно все методы установления цены можно разделить на: методы, базирующиеся главным образом на затратах производства и желаемом уровне прибыли, методы, основанные на величине спроса и оценке товара потребителями, и методы, базирующиеся на копировании поведения конкурентов)* **SEE:** target pricing, customer-based pricing

pricing mix *марк.* набор цен* *(комбинация различных типов цен, применяемых производителем или продавцом по отношению к конкретному товару или услуге, напр., стандартная цена без скидки, цена со скидкой для крупных оптовых покупателей, цена со скидкой за оплату наличными, цена со скидкой для владельцев клубной платежной карты и т. д.)* **SEE:** variable pricing, product mix

pricing model *марк.* модель расчета цены, схема расчета цены, модель ценообразования *(схема расчета цены на товар или предоставляемую услугу в зависимости от различных параметров)*

pricing pattern *марк.* модель ценообразования **SEE:** pricing model

pricing point *марк.* точка [пункт, место] установления цены* *(точка, которую товар проходит в процессе производства и распределения и которая используется в качестве базы для назначения цены, напр., такой точкой может быть завод (при цене установленной в виде франко-завод), ферма (при цене франко-ферма), скважина, склад и т. д.; при ценообразовании на основе* *базисных пунктов это может быть один или несколько складов или торговых точек, от которых рассчитывается скорректированная цена для каждого конкретного покупателя)* **SEE:** factory price, farm gate price, base-point pricing

pricing policy *марк.* ценовая политика, политика ценообразования, политика цен *(совокупность мероприятий и стратегий, которые использует предприятие при установлении цен на реализуемую продукцию или оказываемые услуги)* **SYN:** price policy, price-formation policy **SEE:** pricing method

pricing schedule *эк.* = price schedule

pricing specialist *марк.* специалист по ценообразованию *(работник, участвующий в разработке ценовой политики и назначении цен на продаваемые товары или услуги, либо ответственный за определение трансфертных цен)* **SEE:** pricing policy

pricing strategy *марк.* ценовая стратегия, стратегия ценообразования *(совокупность положений и принципов, исходя из которых производитель устанавливает цену на свой продукт; разрабатывается исходя из целей компании на рынке)* **SEE:** skimming, penetration pricing, good-value strategy, premium strategy, overcharging strategy

pricing system *марк., упр.* система ценообразования *(совокупность принципов и методов ценообразования, принятых в организации)* **SEE:** pricing

pricing tactics *марк.* ценовая тактика, тактика ценообразования *(комплекс мероприятий, позволяющий реализовать ценовую политику)* **SEE:** pricing policy

pricing variable *марк.* = pricing factor

primary advertising *рекл.* = general appeal

primary advertising medium *рекл.* основное средство рекламы, первичное средство рекламы* *(средство рекламы (напр., телевидение), где размещается максимальная доля рекламных сообщений данного рекламодателя)*

primary audience 1) *марк., СМИ* = target audience **2)** *СМИ* основная аудитория *(общее число основных читателей периодического издания, т. е. общее число лиц, которые покупают или подписываются на данное издание)*

primary boycott 1) *эк. тр.* первичный бойкот *(отказ членов профсоюза покупать продукцию предприятия, находящегося в состоянии трудового конфликта с этим профсоюзом)* **2)** *торг., юр.* = exclusionary agreement

primary catchment area *торг.* = primary trade area

primary commodities *эк.* = primary goods

primary customer 1) *марк.* = key customer **2)** *марк.* первичный клиент [потребитель], целевой клиент [потребитель] *(клиент, на удовлетворение потребностей которого направлены товары или услуги компании)* **SEE:** secondary customer

primary data *соц., стат.* первоначальные [исходные] данные, первичная информация *(информация, которая собрана непосредственно у первоисточника, напр., при опросе людей на улице, в магазине и т. п., а не из публикаций и статистических сборников)* **ANT:** secondary data **SEE:** questionnaire survey

primary demand stimulation *марк.* стимулирование первичного спроса* *(стимулирование спроса на товарную категорию (а не на конкретную марку товара) посредством рекламы типа товара)* **SEE:** general appeal, pioneering stage, secondary demand stimulation

primary goods 1) *эк.* сырье, сырьевые товары [материалы] *(товары, продаваемые для потребления или производства в том виде, в котором они находились в природе, напр., нефть, уголь, железо, сельскохозяйственная продукция)* **SYN:** commodities, original goods, primary commodities, raw commodities, basic commodities, primary products **SEE:** agricultural goods, manufactured goods **2)** *эк.* первичные блага *(блага, которые каждый рациональный человек хотел бы иметь не-*

зависимо от того, каков рациональный план жизни человека: здоровье, умственные способности, образование, энергичность, воображение и т. д.) **SYN:** essential goods **3)** *эк.* = staple goods

primary market 1) первичный рынок **а)** *фин. (рынок новых ценных бумаг, т. е. рынок, на котором эмитент размещает новые ценные бумаги среди первоначальных покупателей, в отличие от рынка, на котором ценные бумаги перепродаются первоначальными инвесторами)* **б)** *бирж. (в срочной биржевой торговле: рынок физического товара или финансового инструмента, лежащего в основе срочного контракта)* **в)** *эк. (рынок сырьевых товаров)* **2)** *марк.* = core market

primary market area *марк.* основная зона рынка **а)** *(область рынка, охватываемая редакционным содержанием и рекламой газеты или аналогичного издания; напр., газета может опубликовать статью о пожарной части, если эта пожарная часть расположена в основной зоне рынка газеты; аналогично розничные торговцы могут публиковать свою рекламу в газете, если они заинтересованы в охвате потребителей, живущих в основной зоне рынка этой газеты)* **б)** = primary trade area

primary marketing area *торг.* = primary trade area

primary meaning 1) *общ.* основное (первичное) значение *(слова, выражения и т. п.)* **2)** *марк., пат.* первичное значение *(первичное, разработанное и запатентованное фирмой название марки)* **SEE:** secondary meaning

primary package *торг.* внутренняя [первичная] упаковка *(упаковка, которая находится в непосредственном контакте с изделием)* **SYN:** inner pack **ANT:** secondary package **SEE:** original package

primary products 1) *эк.* = primary goods **2)** *марк.* основные товары, базовые товары **SEE:** core product

primary purchaser *марк.* = key customer

primary research *мет.* первичное исследование *(сбор, обработка и анализ первичных данных, полученных при непосредственном контакте с объектами или субъектами исследования)* **ANT:** armchair research **SEE:** primary data

primary source list *марк.* первичный рассылочный список *(набор имен и адресов, составленный владельцем списка, в отличие от приобретенного или полученного в пользование)* **SEE:** mailing list, list owner, list compiler, list rental

primary store *торг.* главный [головной] магазин *(в розничной сети)* **SYN:** parent store **SEE:** branch store, store chain

primary trade area *торг.* первичная торговая зона *(географическая территория, на которой проживает большинство покупателей торгового центра (обычно это территория вблизи магазина); покупатели, проживающие на территории первичной зоны, составляют 70 — 80% от числа всех регулярных покупателей и являются «опорной» группой)* **SYN:** primary catchment area, primary trading area, primary marketing area, primary market area **SEE:** secondary trade area, tertiary trade area, marketing territory

primary trading area *торг.* = primary trade area

prime product 1) *марк.* = core product **2)** *эк.* = main product

prime time 1) *общ.* наиболее удобное время, наилучшее время **EX: April and May are prime time for trout fishing.** – Апрель и Май – лучшее время для ловли форели. **2)** *рекл., СМИ* прайм-тайм, пиковое время *(период времени в течение суток, когда телевизионная аудитория достигает максимума; эфирное время, когда реклама наиболее эффективна, на телевидении таким временем считается период с 19.00 по 23.00)* **EX: prime-time audience** – аудитория прайм-тайм, пиковая аудитория, **What is the percentage of elderly people in prime time television commercials compared to the percentage of elderly in the U.S. population?** – Каков процент пожилых людей в рекламной аудитории прайм-тайма, по сравнению с количеством пожилых людей в США? **SEE:** daypart **3)** *торг.* наилучшее время для торговли* *(время, когда наблюдается наибольший наплыв покупателей)* **EX: Is the shop ready for prime-time trade?** – Готов ли магазин к торговле в часы наибольшего наплыва посетителей ?

principle of declining marginal utility *эк.* принцип убывающей предельной полезности *(заключается в том, что каждая последующая единица потребляемого блага приносит все меньшее удовлетворение (предельную полезность) потребителю)* **SEE:** marginal utility

principle-oriented *прил. марк., амер.* ориентированный на принцип* *(в классификации VALS 2: о лицах, чье поведение основывается прежде всего на их собственных взглядах, ценностях и т. п., а не на стремлении произвести благоприятное впечатление на окружающих; к этой категории относят «исполнителей» и «верующих»; данный тип в целом аналогичен типу «внутренне управляемый» по классификации VALS)* **SEE:** fulfilled, believer, VALS 2, action-oriented, status-oriented, VALS, inner-directed

print advertisement *рекл.* = press advertisement

print advertising *рекл.* печатная реклама, реклама в прессе *(реклама в газетах, журналах, др. печатных СМИ в отличие от рекламы на радио и телевидении)* **SYN:** press advertising **SEE:** periodical advertising, broadcast advertising, media advertising, bind-in, bleed in the gutter

print buyer **1)** *эк.* покупатель полиграфических услуг* *(лицо, ответственное за выбор компании, осуществляющей полиграфические услуги, и заключение с ней контракта на предоставление услуг)* **2)** *рекл.* эксперт по прессе *(человек, который знает множество деталей относительно сотрудничества с тем или иным изданием для размещения в нем рекламы, напр., качество печати в типографии, возможность размещения на определенной странице или в определенном месте страницы, дополнительные неафишируемые скидки и бонусы и т. д.)*

print buying **1)** *эк.* покупка полиграфических услуг* **2)** *рекл.* покупка рекламного места в прессе [в печати]* **SEE:** print buyer, media buying

print buying department **1)** *эк.* отдел покупки полиграфических услуг* **2)** *рекл.* отдел покупки рекламного места в прессе [в печати]* **SEE:** print buyer, print buying

print campaign *СМИ, марк.* = press campaign

printed advertisement *рекл.* печатное рекламное объявление *(рекламное объявление, отпечатанное на печатной машине, в отличие от написанного вручную)* **SEE:** print advertising

printed goods *потр.* = printed products

printed products *потр.* печатные изделия, печатная продукция *(книги, брошюры, газеты, журналы, каталоги, плакаты)* **SYN:** printed goods **SEE:** brochure, book wrapper, bookmark, poster, stationery

printshop *сущ.* **1)** *торг.* магазин гравюр и эстампов **2)** *полигр.* типография; печатный цех

prior delivery *торг.* = early delivery

prior source *марк.* источник предыдущего заказа *(источник получения предшествующего заказа от потребителя, сделавшего повторный заказ; напр., если сначала подписчик подписался на журнал через агентство, то агентство будет источником предыдущего заказа)* **SEE:** original source, latest source

prioritized product *марк.* приоритетный товар *(которому по той или иной причине отдается предпочтение в производстве или потреблении)*

prioritizing *сущ.* **1)** *общ.* оказывание предпочтения *(кому-л., чему-л.)* **2)** определение приоритетов **а)** *общ.* *(определение первостепенных по важности задач и направлений)* **б)**

марк. (классификация потенциальных клиентов в соответствии с тем, кто из них скорее всего заключит сделку; клиенты, имеющие характеристики вашего целевого рынка, скорее всего заключат с вами сделку и поэтому с ними нужно устанавливать контакт в первую очередь) **SEE:** segmentation, qualified lead, preferred customer

priority list 1) *общ.* список в порядке первоочередности **2)** *рекл., комп.* список приоритетов *(таблица, используемая в процессе слияния и очистки рассылочных списков для такого управления удалением дубликатов, при котором имя, найденное более чем в одном списке, остается в списке наивысшего приоритета и удаляется из других списков)*

private brand *марк.* = store brand

private brand product *марк.* товар под магазинной маркой*, товар под частной маркой* *(продается под торговой маркой продавца)* **SYN:** private-label product **SEE:** own label goods

private goods *эк.* частные [индивидуальные] блага *(блага, обладающие свойствами исключительности и конкурентности, т. е. потребление частного блага каким-л. экономическим субъектом делает практически невозможным для всех остальных субъектов потребление этого же блага в том же отношении без разрешения его владельца, напр., одежда, мебель, в отличие от образования или государственного здравоохранения; свойства частных благ делают возможным их эффективное производство через рыночный механизм)* **SYN:** individual goods **SEE:** public goods, club goods, merit goods, pure private good, collective goods

private label 1) *марк.* = store brand **2)** *общ.* этикетка *(ярлык на чем-л. (товаре, экспонате и т. п.) с указанием названия, цены и т. п.)* **SEE:** label, nameplate

private label card *торг.* карточка торговой сети *(пластиковая карта (кредитная, дебетовая, дисконтная и т. п.), которая может быть использована только в магазинах конкретной торговой фирмы)* **SEE:** store brand, plastic card

private label customer *торг.* торговец [дистрибьютор] с собственной торговой маркой* *(торговец, продающий товар производителя под своей торговой маркой)* **SEE:** store brand

private-label goods *марк.* = own label goods

private-label product *марк.* = private brand product

private sale *торг.* частная продажа, продажа по частному соглашению *(продажа дома, автомобиля и т. п. без посредников, т. е. непосредственно продавцом покупателю, в отличие от продажи на аукционе или через торгового посредника)*

private sector advertising *рекл.* реклама частного сектора *(реклама предприятий частного сектора и товаров (услуг), ими производимых, в отличие от рекламы государственных предприятий и общественных организаций)* **SEE:** public-sector advertising

private warehouse *торг.* склад частного [индивидуального] пользования *(принадлежащий компании и используемый ей для своих нужд)* **SYN:** captive warehouse **ANT:** public warehouse **SEE:** warehouse

privilege price *эк., торг.* = privileged price

privileged price *торг., фин.* льготная цена *(сниженная цена, предлагаемая некоторым категориям клиентов, напр., предлагаемая текущим подписчикам сниженная цена на подписку на следующий год, сниженная цена для членов какого-л. общества или владельцев клубных карт, сниженная цена, по которой работники компании или текущие акционеры могут приобретать дополнительные акции и т. п.)* **SYN:** privilege price, preferential price **SEE:** special price

prix fixe 1) *торг.* комплексный обед *(набор из нескольких блюд, который предлагается предприятием общественного питания по общей цене; ино-*

гда потребителю предлагается выбор из нескольких однотипных блюд) **EX:** **a $10 prix fixe dinner** – комплексный обед стоимостью 10 долл. **prix fixe lunch [dinner] menu** – меню комплексных обедов **2)** *торг.* цена комплексного обеда **SEE:** fixed price

prize broker *марк.* = barter broker

pro forma invoice *торг.* = proforma invoice

problem child 1) *общ.* трудный ребенок **2)** *марк.* = question mark

problem-solution advertisement *рекл.* проблеморешающая реклама* *(реклама, направленная на проблемы потребителей и предлагающая их решение, напр., реклама крема для загара как решения проблемы солнечных ожогов)*

problem-solution advertising *рекл.* = problem-solution advertisement

ProCard *банк., фин., торг.* **сокр. от** procurement card

process benchmarking *упр., марк.* сравнение процессов* *(сравнение ключевых бизнес-процессов, используемых фирмой, с процессами, используемыми другими фирмами, для выявления наиболее удачных решений)* **SEE:** results benchmarking

procurement *сущ. эк.* приобретение, получение; закупка; снабжение **EX:** **procurement activity** – закупочная деятельность, **procurement agency** – закупочное агентство, агентство по снабжению **SEE:** procurement advertising, procurement card, procurement price

procurement advertising *рекл.* реклама закупок *(объявление о проведении конкурса на право поставлять определенный товар)* **SEE:** two-step formal advertising

procurement card **сокр.** P-card, PCard, Pcard, ProCard, Procard *банк., фин., торг.* закупочная карточка [карта] *(кредитная или платежная карта, которая выпускается для частных компаний или государственных учреждений и выдается их работникам для осуществления закупок товаров и услуг от имени данной компании/данного государственного учреждения)* **SYN:** purchasing card, purchase card **SEE:** credit card, charge card

procurement circular *торг.* директива по вопросам закупок

procurement department *эк., торг.* отдел закупок [снабжения] *(занимается закупкой и поставкой необходимых для функционирования организации ресурсов, напр., сырья и материалов для производственного процесса)* **SYN:** procurement division

procurement division *эк., торг.* = procurement department

procurement lead time *марк.* время на заготовку, время на закупку *(время между принятием решением о необходимости приобретения того или иного сырья, материала и т. п. и его получением; складывается из времени, необходимого для подготовки размещения заказа, и времени на выполнение и доставку заказа)* **SYN:** purchasing lead time **SEE:** lead time

procurement price *торг., с.-х.* заготовительная цена, закупочная цена *(цена, по которой государство или крупное предприятие закупает какой-л. товар в больших объемах; обычно речь идет о цене, по которой государство закупает сельскохозяйственную продукцию)* **SYN:** buying price

produce buyer 1) *торг.* закупщик продовольственных товаров [продуктов питания, продовольствия]* *(лицо, профессиональная деятельность которого заключается в покупке пищевых сельскохозяйственных продуктов (имеются в виду растительные продукты питания: фрукты, овощи и т. д.) для продовольственных магазинов, ресторанов, столовых и других предприятий в сфере общественного питания)* **EX: produce buyer for grocery stores [restaurants]** – закупщик продовольственных товаров для продовольственных магазинов [ресторанов], **head produce buyer** – управляющий закупками продуктов питания, **produce buyer of a large supermarket chain** – закупщик продовольственных товаров в крупной сети супермаркетов **2)** *торг.* скупщик продовольствия [продовольственных товаров]* *(покупает пищевые сельскохозяйственные продукты у фермеров или их представителей)* **EX: fresh produce buyer** – скупщик свежих овощей, фруктов, зелени

produce market *эк.* рынок сельскохозяйственных продуктов* *(рынок, где продаются выращенные на земле сельскохозяйственные продукты питания (овощи, фрукты, зелень) и цветы; может быть как оптовым, так и розничным)* **SEE:** agricultural market

producer *сущ.* **1)** *эк.* производитель, изготовитель; поставщик **EX: commodity producer** – товаропроизводитель, **agricultural producer** – сельскохозяйственный производитель, производитель сельскохозяйственных товаров, **industrial producer** – производитель промышленных товаров, промышленник, **domestic [foreign] producers** – отечественные [иностранные] производители, **gas producer** – поставщик газа **2)** *общ.* продюсер *(лицо, осуществляющее финансовую, техническую, материальную поддержку организации съемок кинофильма, телевизионной передачи или постановки спектакля)*

producer advertising *рекл.* реклама от имени производителей, реклама производителей *(реклама товаров и услуг, распространяемая производителями этих товаров; имеет следующие разновидности: потребительская реклама, реклама на сферу торговли, деловая реклама, престижная реклама)* **SEE:** consumer advertising, retail advertising, trade advertising, business-to-business advertising

producer-driven commodity chain *эк., соц.* продуктовая цепь с доминирующим производителем* *(продуктовая цепь, в которой наибольшее влияние имеет компания, находящаяся в начале или середине цепи и выполняющая наиболее сложную (требующую больших капитальных затрат, высокой технологии и т. д.) операцию; понятие введено Г. Джеррефи)* **ANT:** producer-driven commodity chain **SEE:** commodity chain, global commodity chain

producer-driven global commodity chain *эк., соц.* глобальная продуктовая цепь с доминирующим производителем* **SEE:** producer-driven commodity chain, global commodity chain

producer durable goods *эк.* промышленные [производственные] товары длительного пользования *(участвуют в нескольких производственных процессах; напр., станки, оборудование, инструменты в отличие от сырья и материалов, расходуемых в течение производственного процесса)* **SEE:** industrial goods, durable goods

producer goods *эк.* = industrial goods

producer market *эк.* рынок производителей, рынок товаров промышленного [производственного] назначения, коммерческий рынок *(покупатели и продавцы товаров и услуг, используемых прямо или косвенно в производстве других изделий или услуг)* **SYN:** industrial market, business market **SEE:** business market, industrial buyer, industrial goods, trade market, consumer market, government market, institutional market

producer price *торг.* цена производителя, цена изготовителя *(цена, по которой производитель продает свою продукцию)* **SYN:** manufacturer's price **SEE:** wholesale price

producer-retailer *торг.* производитель-розничный торговец* *(промышленное предприятие, сбывающее продукцию через собственные розничные магазины)* **SEE:** retailer, distributor

producers goods *эк.* = industrial goods

producers' goods *эк.* = industrial goods

producer's price *торг.* = producer price

product *сущ.* **1)** а) *эк.* продукт, изделие *(предмет, созданный человеком, машиной или природой; чаще всего имеются в виду предметы, созданные с целью продажи)*; *мн.* продукция, товары **EX: to develop a product** – разрабатывать товар *(создавать идею и образец* *нового товара)*, **dairy products** – молочная продукция, **food products** – продукты, продовольственные товары, **skin-care products** – средства для ухода за кожей **SEE:** anonymous product, co-product, core product, differentiated product, heterogeneous product, homogeneous product **б)** *эк.* продукт, объем продукции *(количество произведенных товаров или услуг)* **EX: company's product** – продукция компании, товары компании **SEE:** product assortment, product line, product class **2)** *общ.* результат, продукт *(итог какой-л. деятельности)* **EX: products of one's labour** – результаты труда **SEE:** end product, byproduct **3)** *мат.* произведение *(результат умножения двух чисел)*

product acceptability *марк.* приемлемость товара *(соответствие товара техническим стандартам и требованиям потребителей)* **SEE:** acceptable product

product acceptance **1)** *эк.* одобрение [признание] товара* *(подтверждение соответствия конкретного товара требованиям потребителя (заказчика); нормам качества и функциональности, которые установлены для товаров данной категории; подтверждение возможности использования товара по указанному назначению)* **2)** *марк.* = consumer acceptance **3)** *марк.* признание товара на рынке*, принятие товара рынком* *(уровень продаваемости конкретного товара; является показателем, который характеризует успех данного товара на рынке)*

product adaptability *марк.* приспособляемость продукта [товара] *(зависит от возможности или невозможности модифицировать товар в случае необходимости, напр., в связи с изменением потребностей)* **SEE:** adaptation of product

product adaptation *марк.* = adaptation of product

product addition **1)** *марк.* добавление товара* *(разработка и введение в ассортимент нового товара)* **SEE:** new product **2)** *марк.* введение товара-дополнения* **SEE:** product extension

product advertising *рекл.* товарная реклама *(реклама товаров или услуг)* **SEE:** brand advertising, corporate advertising

product analysis *марк.* анализ товаров, товарный анализ *(проведение исследования в отношении каждого отдельного товара в ассортименте компании с целью определить, почему он продается хорошо (плохо) и кто его покупает)*

product announcement *рекл.* объявление [сообщение] о товаре *(информация о товаре, распространяемая в СМИ или других средствах распространения рекламы)* **SYN:** product message **SEE:** multiple product announcement

product application **1)** *марк.* сфера применения товара *(вариант или совокупность вариантов использования товара)* **2)** *марк.* заказ на товар *(заполненный заказчиком бланк, где он указывает товар, который он хотел бы приобрести и основные параметры заказа (количество, условия оплаты и т. д.))* **SEE:** made-to-order

product area **1)** *марк.* товарный раздел, раздел товаров *(перечень товаров определенной категории, из которого потребитель может выбрать наиболее подходящий ему товар)* **2)** *марк.* товарная область *(деятельности фирмы; те товары, которые фирма производит или планирует производить)* **SYN:** product field

product arsenal *марк.* = product assortment

product assessment *марк.* = products assessment

product association **1)** *марк.* связь товаров *(между собой; напр., связь родственных, дополняющих или связанных товаров)* **SEE:** related goods, complementary goods, optional product **2)** *марк.* ассоциирование товара* *(деятельность, направленная на создание у потребителей мнения, что данный товар имеет высокое качество, полезен, безопасен, престижен и т. д.; обычно это дела-*

ется путем брендинга, рекламы с участием знаменитостей или рекламы товара, где пользующиеся им люди достигают успеха) **EX: There is no product association with this brand.** – Товар не ассоциируется с этой торговой маркой. **They use product association with certain people, places and activities to make it more attractive.** – Они ассоциируют товар с конкретными людьми, местами и деятельностью, чтобы повысить его привлекательность. **SEE:** branding

product assortment *марк.* товарный ассортимент, товарная номенклатура *(различные ассортиментные группы (разнообразные товары), предлагаемые производителем (продавцом) на рынок)* **SYN:** product portfolio, product mix, product lineup, products portfolio, product range, total product set, total product line, product arsenal, product offering, product profile **SEE:** commodity line, depth of commodity nomenclature, product specialization

product assurance requirements *эк., торг.* требования к качеству (товара) *(нормы по уровню качества данного товара (группы товаров), установленные соответствующими стандартами или указанные покупателем в договоре купли-продажи)* **SEE:** product standard

product attribute *марк.* свойство товара *(отличительная черта (характеристика) товара)* **SYN:** product feature

product augmentation *марк.* подкрепление товара* *(дополнительные услуги и выгоды, которые получает покупатель товара)* **SEE:** augmented product

product availability *марк.* наличие товара *(присутствие необходимого товара в магазине или на складе)*

product awareness *марк.* осведомленность о товаре *(знание потребителей о качественных характеристиках выпускаемого фирмой продукта)* **SEE:** price awareness

product benefit *марк.* товарная выгода* *(положительный или благоприятный эффект, получаемый в результате использования товара (напр., пышные и блестящие волосы после использования шампуня X); все или основные товарные выгоды рассказываются в рекламе товара)*

product brand *марк.* марка товара **SEE:** brand

product branding *марк.* = branding

product-bundle pricing *марк.* установление цен на товарные наборы *(установление цен на наборы товаров, продаваемых вместе как одно целое; товары в наборе предлагаются по меньшей общей цене, чем если бы потребитель покупал их по отдельности)* **SYN:** bundle pricing **SEE:** bundling, product-mix pricing

product bundling *марк.* = bundling

product capabilities 1) *марк.* возможности товара [продукта] *(свойство товара удовлетворять нужды потребителей; зависят от набора функций товара, т. е. тех задач, которые он может выполнить)* **2)** *марк.* продуктовый потенциал (компании)* *(способность компании выпускать те или иные товары)*

product category *марк.* = product class

product choice *торг.* = choice of goods

product claim 1) *пат.* патентное заявление о товаре* *(содержащаяся в патенте информация о самом товаре (его составе, функциях))* **2)** *юр.* товарная претензия* *(претензия к производителю или продавцу товара в связи с тем, что товар не соответствует стандартам качества, не имеет заявленных свойств и функций, нанес ущерб потребителю и т. п.)* **3)** *рекл.* рекламное заявление *(распространяемая при помощи рекламы информация о возможностях конкретного товара, напр., «Бесшумная стиральная машина Eva выстирает вашу одежду, пока вы наслаждаетесь жизнью»)* **SYN:** product statement **SEE:** advertising claim

product class *марк.* товарный класс, товарная категория *(группа аналогичных продуктов, напр., моющие средства)* **SYN:** product category, brand category

product classification *торг.* = classification of goods

product combination *марк.* товарная комбинация, товарный комплект *(несколько товаров, предлагаемых вместе)*

product comparison *марк.* сравнение товаров *(сопоставление товаров по уровню качества, функциональности, дизайну и др. характеристикам с целью определения лучшего из них)*

product-comparison advertising *рекл.* = comparison advertising

product compatibility *марк.* совместимость товара *(соответствие товара требованиям заказчика; возможность использования или установки товара в определенном месте или вместе с другими товарами, напр., совместимость определенной программы с операционной системой компьютера)* **EX: to verify product compatibility with customer environment** – подтвердить совместимость товара с условиями заказчика

product competition *эк.* продуктовая конкуренция* *(соперничество между продавцами дифференцированной продукции, предназначенной для удовлетворения одних и тех же потребностей)* **SEE:** price competition, quality competition, advertising competition, promotional competition

product comprehension *марк.* знание товара*, понимание товара* *(полное представление о товаре, сложившееся у потребителя)* **EX: The catalogue includes more than 1,000 colour photos to aid product comprehension.** – В каталоге представлены более тысячи фотоснимков, способствующих лучшему пониманию товара. **The consumers acquire product comprehension by being exposed to market communication about brand attributes.** – Потребители приобретают знание товара благодаря распространяемой на рынке информации о его свойствах и качестве. **SYN:** product knowledge

product concept 1) *марк.* концепция товара *(проработанный вариант идеи товара, выраженный в форме ответов на следующие вопросы о товаре: что продается (основные характеристики товара), кому продается (целевая группа потребителей), как продается (ценовая политика, маркетинговая политика, прогноз относительно уровня продаж))* **SYN:** product conception **SEE:** new product idea **2)** *марк.* товарная концепция, концепция товара *(используемая в маркетинге концепция, согласно которой каждый товар имеет определенное качество и цену, и поэтому товар нуждается в своей программе маркетинга, отражающей специфику товара)* **3)** *марк.* = product orientation

product concept testing *марк.* тестирование концепции товара *(проверка привлекательности идеи нового товара для потребителей до превращения идеи в реальный товар; для этого группе потенциальных потребителей предлагается оценить новый товар, представленный в форме концепции)* **SEE:** product concept

product conception *марк.* = product concept

product copy *марк.* рекламный текст *(информация о товаре, содержащаяся в каталоге или рекламном сообщении)* **SEE:** advertising copy, copy writer

product coverage *марк.* круг [группа, охват] товаров *(совокупность товаров, причисляемых к определенной группе, напр., к ассортименту отрасли, предприятия или магазина, к перечню рассматриваемых в данном разделе (журнале, статье) товаров, к освобожденным от уплаты налога товаров и т. п.)*

product cycle 1) *марк.* продуктовый цикл **а)** *(время, необходимое для вывода нового или улучшенного продукта на рынок)* **б)** *(период, необходимый для выведения товара на рынок; занимает промежуток времени от покупки ресурсов для производства товара до выпуска товара)* **2)** *марк.* = product life cycle

product decision 1) *марк.* решение о выпуске продукта, выбор продукта *(решение относительно того, какой товар производить, какое качество он должен иметь, как он должен производиться, для кого и где продаваться и т. д.)* **2)** *эк.* решение о покупке товара, выбор продукта *(принимаемое потребителем решение относительно того, какой товар больше всего соответствует его потребностям и какой товар лучше купить)*

product degeneration *марк.* ухудшение качества продукции *(снижение качества продукции (напр., поломка, коррозия, потеря в яркости цвета или в массе) в результате воздействия каких-л. неблагоприятных факторов)* **EX: Our lamps reduce damaging radiation which is responsible for drying of products, fading of surface colour, and other types of product degeneration.** – Наши лампы снижают уровень радиации, которая пагубно сказывается на цвете продукции, приводит к ее усушке и др. проявлениям ухудшения качества. **ANT:** product enhancement

product deletion *марк.* снятие товара с рынка, снятие товара с продаж *(прекращение производства и продажи определенных товаров компании в результате появления в ассортименте новых товаров)* **SYN:** product elimination **SEE:** product recall

product demonstration *марк.* демонстрация продукции [товара] *(представление продукции потенциальным покупателям путем показа этой продукции в действии)* **SYN:** product display, product presentation **SEE:** demonstration reel, hands-on seminar

product design *марк.* дизайн продукта [товара] **а)** *(процесс разработки дизайна изделия)* **SYN:** product engineering **б)** *(совокупность таких элементов товара, как стиль, форма, цвет, название, упаковка, безопасность и легкость использования и обслуживания, экономичность производства и распространения; хороший дизайн позволяет товару выделиться на рынке среди товаров-конкурентов и является одним из наиболее мощных инструментов дифференциации и позиционирования на рынке самых различных товаров)* **EX: product design engineer** – дизайнер продукта, **product design office** – отдел дизайна продуктов **SEE:** market positioning

product development *упр., марк.* развитие продукта*, разработка и совершенствование продукции* *(процесс улучшения характеристик существующих видов продукции, а также разработки новых ее видов)*

product development department *марк., упр.* = product team

product development game *марк.* деловая игра по разработке [развитию] товара* *(состоит в том, что участники (обычно две и более команды) должны разработать новый или модифицировать известный продукт, обосновать его необходимость клиенту; определить имиджевую стратегию фирмы, потенциал рынка, конкуренцию и провести презентацию своих разработок для оценки и сравнения результатов; проведение таких игр чаще всего практикуется в образовательных целях, напр., в процессе обучения маркетингу)*

product differences *марк.* различия товаров [продуктов] *(какие-л. функции или свойства одного товара, которых нет у другого товара)*

product-differentiated marketing *марк.* товарно-дифференцированный маркетинг *(решение о производстве двух или более товаров с разными свойствами, разного качества, в разной расфасовке и т. д., с целью предложения рынку разнообразия и различения товаров продавца от товаров конкурентов)*

product display **1)** *марк.* показ продукции, выставление продукции [товара] *(представление продукции потенциальным покупателям путем выставления его на всеобщее обозрение)* **SYN:** product demonstration, product presentation **2)** *марк.* торговый дисплей *(место размещения товаров для демонстрации (показа); напр., стенд, витрина, экран или сайт)*

product distribution network *торг.* сеть распространения товара, сеть товародвижения *(система торговых точек (торговых посредников), транспортных компаний, складских компаний и других субъектов, способствующих движению товара от производителя к потребителю)* **EX: to expand product distribution network** – расширять сеть распространения товара, **international product distribution network** – международная сеть распространения товара

product diversification *эк.* диверсификация продукции **а)** *(разработка новой продукции для новых рынков или сегментов рынка)* **б)** *(одна из форм конкурентной борьбы в условиях современной рыночной экономики, которая выражается в производстве значительного числа модификаций одной и той же продукции)* **SEE:** product modification

product division 1) *упр., марк.* товарное [продуктовое] подразделение *(филиал или отдел компании, ориентированный на работу с отдельным видом продукции)* **SYN:** product group **SEE:** global product division **2)** *упр., марк.* товарный отдел *(отдел компании, занимающийся разработкой товаров и товарным планированием)* **SYN:** product group **SEE:** product development, product planning

product element 1) *марк.* товарный компонент, товарная составляющая *(напр., комплекса маркетинга или процесса исследования)* **SEE:** marketing mix **2)** *эк.* составная часть [деталь] продукта **EX: A defective product element will be replaced during the warranty period.** – Бракованная деталь будет заменена в течение гарантийного срока. **3)** *марк.* товарная бирка, товарный ярлык *(содержит информацию о товаре)* **EX: Each product is represented by a product element that contains the name, manufacturer, quantity, and price of the product.** – Каждый товар имеет этикетку с указанием названия, производителя, количества и цены.

product elimination *марк.* = product deletion

product engineering 1) *марк.* = product design **2)** *эк.* техническая [технологическая] разработка товара* *(предполагает принятие решений относительно технологии производства товара, материалов и оборудования для производства)*

product enhancement *марк.* усовершенствование товара *(повышение привлекательности товара путем внесения дополнительных функций, улучшения дизайна и др. свойств)* **SYN:** product improvement **ANT:** product degeneration **SEE:** product modification

product evaluation *марк.* оценка товара *(анализ свойств и функций товара и его компонентов с целью определения уровня конкурентоспособности товара, степени соответствия данного товара потребностям рынка и стандартам качества)* **SYN:** product validation **SEE:** customer value

product evolution 1) *марк.* эволюция товара *(движение товара по стадиям жизненного цикла)* **SEE:** product life cycle **2)** *марк.* анализ эволюции товара* *(прослеживание жизненного цикла отдельного товара для определения его настоящего положения и выработки прогнозов относительно будущей смены стадий жизненного цикла товара и последствий для компании)* **SEE:** product life cycle analysis

product expansion 1) *марк.* товарная экспансия *(выведение товаров компании на новые сегменты рынка или на новые географические рынки)* **SEE:** market development, market segment **2)** *марк.* расширение ассортимента *(добавление в ассортимент компании новых товаров или модификация товаров компании с учетом новых потребностей рынка)* **SEE:** product assortment, product line extension

product extension 1) *марк.* продуктовое расширение* *(введение в ассор-*

тимент продукта, уже выпускаемого компанией, но с новыми, неизвестными потребителю свойствами или функциями; существуют три основные формы расширения товара: модификация товара, введение товара-дополнения, репозиционирование) **SEE:** product modification, product addition, repositioning **2)** *марк.* товар-дополнение* *(новый товар (услуга), который улучшает впечатление потребителей об уже существующих товарах (услугах) и способствует увеличению дохода фирмы; напр., введение услуги «Экскурсии» в зоопарке за дополнительную плату)*

product failure 1) *марк.* провал продукта *(товар, который не оправдал ожиданий компании-производителя на рынке, напр., не получил ожидаемого спроса, не принес ожидаемой прибыли от продаж, не получил признания потребителей и т. д.)* **SEE:** absolute product failure **2)** *эк.* дефект продукта *(повреждение или брак товара, появившиеся в процессе производства, транспортировки, хранения и т. п.)* **SEE:** damaged goods, defective goods, product liability

product failure rate 1) *марк.* доля товарных [продуктовых] неудач* *(количество раз, когда компания оказывалась в ситуации товарной неудачи или отношение количества товарных неудач к общему числу новых товаров компании)* **2)** *эк.* доля брака *(количество бракованной продукции, полученной предприятием за определенный период)* **SEE:** product failure

product family *марк.* семейство [линия, серия] продуктов *(группа товаров, произведенных одной фирмой и объединенных по какому-л. признаку, напр., по функциям, оформлению и т. п.)* **EX: The company releases a new product family.** – Компания выпускает новую серию товаров.

product feature *марк.* = product attribute

product field 1) *марк.* = type of goods **2)** *марк.* = product area

product form *марк.* = type of goods

product group 1) *эк.* товарная группа, группа товаров *(товары, сгруппированные по определенному признаку, напр.: предназначенные для одной и той же цели (товарная группа «продукты питания»), производимые из одинакового сырья (товарная группа «металлоизделия»), предназначенные для конечного или для производственного потребления и т. п.)* **SEE:** class of goods **2)** *упр., марк.* = product division

product group manager *марк.* управляющий по группе товаров *(организует и координирует маркетинговые усилия, направленные на реализацию какой-л. группы товаров)* **SEE:** product group, brand manager

product idea *марк.* = new product idea

product image *марк.* имидж товара, образ товара *(представление о товаре, которое складывается у потребителей в процессе использования товара и под воздействием общественного мнения, в формировании которого участвуют различные инструменты коммуникации (реклама, пропаганда, слухи, др.))* **SYN:** product personality **SEE:** brand image

product improvement *марк.* = product enhancement

product information *марк.* информация о товаре *(о его свойствах, функциях, цене, производителе, уровне качества и т. п.)*

product innovation *марк.* товарная [продуктовая] инновация *(создание и выведение на рынок нового продукта (товара или услуги), либо значительная модификация существующего продукта)* **SEE:** product strategy

product introduction *марк.* выведение товара, выход товара *(на рынок)* **SEE:** introduction stage

product invention *марк.* изобретение новинки *(стратегия международного маркетинга, при которой фирма создает новые продукты или услуги* *для зарубежных рынков)* **SEE:** backward invention, forward invention

product item *торг.* товарная позиция, позиция товарной номенклатуры *(отдельный товар (как представитель общего количества таких же товаров на предприятии или в магазине) в ассортименте компании, имеющий отличительные характеристики (напр., модель, бренд, цена и т. д.) и рассматриваемый как отдельное предложение данной компании (напр., стиральные порошки, обогреватели, фотокамеры))* **SEE:** product assortment, commodity line

product knowledge **1)** *марк.* знание товаров *(компетентность сотрудников отдела продаж компании или торговых посредников компании в области производимых и продаваемых ею товаров, т. е. осведомленность об их свойствах, качестве, вариантах и правилах использования и т. д.; знание товара необходимо для привлечения покупателей и стимулирования сбыта)* **2)** *марк.* = product comprehension

product label *марк.* товарная этикетка *(прикрепленная к товару бирка с информацией о нем)* **SEE:** product information

product leveraging *марк.* = brand extension

product liability *юр., торг.* ответственность за продукт [товар]* *(в законодательстве о продаже товаров: ответственность за ущерб, нанесенный товарам, или за ущерб, нанесенный самими товарами, напр., неисправным автомобилем или бытовым электроприбором; ответственность может нести либо сам продавец, либо третье лицо, напр., производитель или рекламодатель; последний случай представляет серьезную проблему законодательства, т. к. в этом случае концепция ответственности по поводу продукта конфликтует с доктриной договорных отношений, согласно которой никто не может нести ответственность, не оговоренную в договоре, т. е. производитель не может нести ответственность по договору продавца и покупателя; существует также ответственность по иску третьих лиц (не являющихся покупателями), по этому поводу английское и американское законодательство не совпадают; ответственность по поводу продукта продавца товаров и продавца услуг также различается; в первом случае она является строгой: продавец товаров несет ответственность за любой ущерб независимо от того, виновен он в нем или нет; продавец услуг отвечает за некачественность услуг только в том случае, если эта некачественность — следствие его халатности)* **SEE:** damage, claim for damage, Donoghue v Stevenson, Carlill v Carbolic Smoke Ball Co, Henningsen v Bloomfield Motors, manufacturer's guarantee, product failure

product liability claim *потр., юр.* иск с претензиями на качество продукта* *(иск, предъявленный потребителем товара к производителю за ущерб, нанесенный самим товаром (в силу каких-то его опасных характеристик) или в результате дефектов товара и его несоответствия договору о продаже; в последнем случае иск чаще предъявляется продавцу; ответственность была распространена на производителя в результате законодательных реформ, инициированных движением потребителей)* **SEE:** product liability, conforming to contract, consumerism

product life **1)** *марк.* = product life cycle **2)** *марк.* срок эксплуатации, эксплуатационный период* *(период времени, в течение которого товар должен быть пригоден к использованию)* **SYN:** product life expectancy

product life cycle **сокр.** PLC *марк.* жизненный цикл товара [продукта] *(определенный период времени, отражающий основные этапы развития товара с момента его разработки до ухода с рынка; от него непосредст-*

венно зависит уровень прибыли продавца (производителя) на каждом из этапов (стадий) цикла; обычно выделяют пять этапов цикла: этап разработки товара (дорыночный), этап выведения (внедрения) товара на рынок, этап роста объема продаж товара, этап зрелости (насыщения), этап упадка продаж или элиминации товара с рынка) **SYN:** product cycle, product life, life cycle **SEE:** pre-market stage, introduction stage, growth stage, mature stage, decline stage, product-process life cycle, life-cycle budget

product life cycle analysis *марк.* анализ жизненного цикла товара **а)** *(процесс рассмотрения «жизни» товара с момента его разработки до момента ухода с рынка для оценки воздействия элементов жизненного цикла на запасы ресурсов, здоровье людей, окружающую среду и т. д. и разработки мер по контролю за этим воздействием)* **б)** *(инструмент маркетинговой деятельности, заключающийся в определении этапа жизненного цикла, на котором находится товар, и разработки дальнейшей стратегии жизненного цикла товара с целью получения максимально возможной прибыли)* **SEE:** product life cycle

product life-cycle concept *марк.* концепция жизненного цикла товара *(концепция, в рамках которой делается попытка описать сбыт товара, потребителей, конкурентов, прибыль компании и стратегию маркетинга с момента зарождения товара до его исчезновения с рынка; согласно этой концепции жизненный цикл товара состоит из пяти основных этапов: разработка, внедрение, рост, зрелость, спад)* **SEE:** product life cycle

product life-cycle curve *марк.* кривая жизненного цикла товара *(показывает изменение объема продаж и прибыли на протяжении жизненного цикла товара; состоит из нескольких этапов: медленное развитие в начале, бурный рост на втором этапе, насыщение рынка на третьем этапе, падение продаж на последнем этапе жизненного цикла; форма кривой жизненного цикла товара в подавляющем большинстве имеет классическую S-образную форму)* **SEE:** product life cycle

product life-cycle stage *марк.* этап жизненного цикла товара *(определенная стадия жизненного цикла товара, напр., этап разработки товара (дорыночный), этап выведения (внедрения) товара на рынок, этап роста объема продаж товара, этап зрелости (насыщения), этап упадка продаж или элиминации товара с рынка)* **SEE:** product life cycle, pre-market stage, introduction stage, growth stage, mature stage, decline stage

product life-cycle strategy *марк.* стратегия жизненного цикла товара* *(план действий компании на каждом этапе жизненного цикла товара)* **SEE:** product life cycle

product life expectancy 1) *марк.* = product life **2)** *марк.* продолжительность жизни товара *(предполагаемый период времени (определенное количество месяцев или лет), в течение которого товар будет находиться на рынке)* **SEE:** product life cycle

product life extension 1) *марк.* продление срока эксплуатации товара **SEE:** product life **2)** *марк.* продление жизни товара **SEE:** product life expectancy

product line 1) *эк.* товарная линия, продуктовая линия *(группа взаимосвязанных товаров, выпускаемых данным производителем под определенным названием и торговой маркой; напр., серия дополняющих друг друга косметических средств «Черный жемчуг»)* **SYN:** line of product **SEE:** family brand **2)** *марк.* = commodity line

product line diversification *марк.* диверсификация товарного ассортимента* *(расширение товарного ассортимента за счет добавления новых видов товаров; цель — сокращение зависимости от одного вида производимой продукции)*

product line extension *марк.* расширение товарного ассортимента *(добавление новых товаров в ассортиментную группу; данная стратегия позволяет привлечь потребителей большей возможностью выбора)* **SEE:** commodity line, product line length, class of goods

product line featuring *марк.* сегментирование товарной линии* *(сосредоточение маркетинговых усилий на отдельных товарах в товарной линии с целью привлечь к ним новых потребителей или улучшить имидж)*

product line filling *марк.* насыщение товарной линии*, насыщение товарного ассортимента *(добавление новых товаров в товарную линию, продаваемых по приблизительно равной цене с уже существующими товарами)* **SEE:** product line

product line group 1) *марк., упр.* отдел по разработке товарной линии*, отдел по сегменту рынка* *(отдел компании, специализирующийся на каком-л. сегменте рынка, т. е. на разработке и создании определенной продукции или продукции для определенных потребителей)* **SEE:** product line, market segment **2)** *марк.* = commodity line

product line length 1) *марк.* глубина ассортиментной группы *(количество видов товара в пределах ассортиментной группы)* **SYN:** depth of product line **SEE:** commodity line, depth of commodity nomenclature **2)** *марк.* длина продуктовой линии* *(количество продуктов)* **SEE:** product line

product line manager *упр.* управляющий товарной линией **а)** *упр. (организует и координирует производство одной товарной линии)* **б)** *марк. (организует и координирует реализацию одной товарной линии)* **SEE:** product line

product line modernization *марк.* обновление товарной [продуктовой] линии* *(модификация товаров в товарной линии в соответствии с современными вкусами)* **SEE:** product line

product-line pricing *марк.* установление цен в рамках товарного ассортимента *(установление ценового интервала между различными товарами, входящими в ассортиментную группу (товарную линию), исходя из разницы в себестоимости товаров, в оценке потребителями их различных свойств, а также цен конкурентов)* **SEE:** product line, product-mix pricing

product-line strategy *марк.* стратегия товарного ассортимента *(планирование товарного ассортимента на длительную перспективу исходя из задач деятельности фирмы)*

product line stretching *марк.* растяжение [удлинение] товарной линии* *(добавление новых товаров к уже существующим в данной товарной линии)* **SEE:** product line, downward stretching, upward stretching, two-way stretching, product line filling, product line extension

product lineup *марк.* = product assortment

product literature *марк.* [печатные] материалы о товаре* *(каталоги, брошюры, буклеты, листовки и др. виды информационных материалов, рассказывающие о товаре/товарах компании и облегчающие процесс выбора нужного товара)*

product management *упр., марк.* управление производством товара *(управление разработкой, производством и реализацией отдельного продукта)*

product management/market management organization *марк.* организация по товарно-рыночному принципу *(организация службы маркетинга с одновременным использованием управляющих и по товарам и по рынкам)* **SEE:** market management organization

product manager 1) *упр., марк.* = brand manager **2)** *упр., марк.* = group manager

product manual *марк.* руководство по эксплуатации продукта *(обычно прилагаемая к продукту)*

product market *эк.* товарный рынок, рынок товаров *(сфера купли-продажи товаров в отличие от купли-продажи услуг)* **SYN:** goods market **SEE:** mercantile exchange, services market

product/market expansion grid *марк.* сетка развития товара и рынка *(представленные в форме таблицы возможности расширения рынка; использование данной сетки позволяет фирме выбрать способ развития рынка и предполагает выбор между следующими стратегиями: более глубокое внедрение на существующий рынок; расширение границ рынка (выход на новые рынки); разработка нового товара для существующего рынка; диверсификация (предложение новых товаров на новых рынках))* **SEE:** product-market grid

product-market grid *марк.* товарно-рыночная сетка* *(представленные в форме таблицы потенциальные товары (выражаются существующими на рынке потребностями) и соответствующие им сегменты рынка; использование данной сетки позволяет фирме провести сегментацию рынка)* **SEE:** product/market expansion grid

product marketing *марк.* маркетинг товаров *(деятельность по продвижению и реализации товаров, в отличие от продвижения и реализации услуг)* **SEE:** services marketing

product matching 1) *марк.* подбор товаров *(поиск и выбор товаров, соответствующих определенным требованиям)* **2)** *марк.* группировка товаров *(объединение товаров в группы по определенным критериям)*

product message *марк.* = product announcement

product mix 1) *марк.* = product assortment **2)** а) *учет* структура (выпускаемой) продукции *(соотношение долей ассортиментных групп в общем объеме (ассортименте) выпускаемой продукции)* **б)** *учет, торг.* структура продаж *(соотношение долей ассортиментных групп в общем объеме продаж компании; может быть представлена в денежной (выручка от продаж) или в физической (количество проданных единиц) форме)* **SEE:** sale proceeds

product mix consistency *марк.* гармоничность товарного ассортимента, гармоничность товарной номенклатуры *(степень близости ассортиментных групп, составляющих товарный ассортимент; напр., компания Х продает различные финансовые продукты, а компания У продает все - от очков до памперсов)*

product mix depth *марк.* = depth of commodity nomenclature

product mix length *марк.* насыщенность товарной номенклатуры, длина товарной номенклатуры* *(количество видов товаров, продаваемых компанией)* **SYN:** length of product assortment **SEE:** depth of commodity nomenclature

product-mix pricing *марк.* групповое ценообразование* *(ценообразование на товары, являющиеся частью определенной группы товаров; представлено следующими стратегиями: установление цен в рамках товарного ассортимента, установление цен на дополняющие [вспомогательные] товары, установление цен на обязательные принадлежности, установление цен на побочные продукты производства, установление цен на товарные наборы)* **SEE:** product-line pricing, optional-product pricing, captive product pricing, two-part pricing, by-product pricing, product-bundle pricing

product mix width *марк.* = depth of commodity nomenclature

product modification *марк.* модификация товара *(внесение значительных изменений в товар; напр., изменение формы, размера, цвета, стиля, цены товара и т. д.; модификация товара имеет целью оживление спроса на товар)* **SYN:** product revision

product name *марк.* название [наименование] товара *(определенное имя, под которым товар известен потребителям)* **SEE:** brand

product nameplate *марк.* фирменная бирка *(табличка на товаре, указывающая его название или марку)* **SEE:** product name, nameplate

product objective 1) *марк.* цель товарной [продуктовой] политики *(задача компании в товарной области; напр., разработка нового товара, усовершенствование товара, диверсификация продукции и т. д.)* **2)** *марк.* цель [предназначение] товара *(результат, которого фирма стремится достичь благодаря выпуску данного товара)*

product of the year *марк.* товар года *(товар, признанный лучшим в данной категории по результатам какого-л. ежегодного конкурса или тестирования)*

product offering 1) *марк.* = product assortment **EX: to broaden product offering** – расширить ассортимент **2)** *марк.* товарное предложение *(предложение товара или услуги по специальной цене, со скидкой, в комплекте и т. д.)*

product opportunity *марк.* товарная [продуктовая] возможность* *(нереализованный спрос на какой-л. отсутствующий на рынке товар, который компания может удовлетворить, разработав и предложив товар рынку)* **SEE:** market opportunity

product orientation *марк.* ориентация на качество* *(подход к организации деятельности фирмы, согласно которому компания в своей товарной политике должна наибольшее внимание уделять качеству товаров, поскольку главным в товаре является его качество, а не соответствие нуждам целевой аудитории)* **SYN:** product concept **SEE:** market orientation, production orientation

product-oriented marketing *марк.* маркетинг, ориентированный на продукт *(маркетинговая деятельность сводится к разработке новых товаров (или усовершенствованию старых) и побуждению потребителей приобретать новые или усовершенствованные товары)* **SEE:** consumer-oriented marketing

product perception *марк.* восприятие товара *(представление о товаре, сложившееся у потребителей в результате рекламы, личного опыта, сравнения с другими товарами)* **SEE:** product position, perceptual mapping, perceived product quality, product evaluation

product performance *марк.* (эксплуатационные) характеристики [свойства] товара [продукта] *(способность товара удовлетворять нужды потребителей, соответствие экологическим стандартам)* **EX: Improvements in product performance may include reduced product energy use, packaging materials, and waste generation.** – Меры по улучшению характеристик товара могут быть следующими: снижение затрат энергии при производстве товара, упаковочных материалов и мусорных отходов. **Product performance is measured by factory complaints during test and by customer feedback while in field.** – Эксплуатационные характеристики продукта определяется в зависимости от результатов тестирования товара на предприятии и от отзывов потребителей на рынке. **Product performance may be varied or enhanced to meet individual requirements.** – Характеристики товара могут быть изменены или улучшены в соответствии с индивидуальными запросами. **SEE:** high performance product

product personality 1) *марк.* индивидуальность товара, лицо товара *(образуется из таких компонентов, как дизайн товара, торговая марка, реклама товара, цена и др. составляющих, отличающих товар от других аналогичных товаров; лицо товара формирует его имидж)* **SEE:** product design, brand, product image **2)** *марк.* = product image

product placement *марк.* = merchandising

product plan *марк.* товарный план*, план товара* *(краткое изложение результатов разработки нового товара; включает описание товара; перечень необходимых для его изготовления материальных, финансовых и кадровых ресурсов; систему производства и продаж товара)* **SEE:** new product development, product planning

product planner *марк.* специалист по продуктовому планированию **SEE:** product planning

product planning *марк.* планирование товара, товарное планирование *(систематическое принятие решений по всем аспектам разработки и управления продукцией фирмы; предполагает следующие виды деятельности: генерация новых идей, разработка и выведение на рынок новых товаров, ценообразование, товарное позиционирование, реклама, брендинг, проведение рыночных исследований (на предмет поведения потребителей, рыночных возможностей и т. д.), анализ товарных неудач, модификация и усовершенствование товаров компании в ответ на изменение предпочтений, стимулирование спроса и продаж и т. п.)* **SEE:** new product idea, product concept, market positioning, advertising, branding, product modification, product promotion, product failure, product planning centre

product planning centre *марк.* центр товарного планирования *(в компании — отдел или группа отделов, занимающихся товарным планированием)* **SEE:** product planning

product planning department *марк., упр.* отдел товарного планирования *(отдел компании, занимающийся товарным планированием)* **SEE:** product planning

product policy *марк.* товарная политика *(совокупность мероприятий и стратегий, ориентированных на постановку и достижение целей фирмы в области разработки, производства и сбыта товаров (выведение товаров на рынок, формирование ассортимента, модернизация товаров, выведение товаров с рынка))* **SEE:** product strategy

product portfolio *марк.* = product assortment

product position *марк.* позиция товара (на рынке) *(отношение потребителей к данному товару по сравнению с товарами-конкурентами)* **SEE:** market positioning

product position map *марк.* = perceptual map

product positioning *марк.* = market positioning

product potential *марк.* потенциал товара *(возможности товара привлечь потребителей и обеспечить приток дохода компании)*

product preference *марк.* товарное предпочтение, предпочтение товара *(склонность выбирать определенный товар из группы аналогичных товаров)* **EX: Advertising generates awareness which leads to product preference and a predisposition to buy a specific product.** – Реклама предоставляет рынку информацию о товаре и определяет товарные предпочтения, выражающиеся в стремлении потребителей покупать определенный товар.

product presentation **1)** *марк., рекл.* презентация продукта, сообщение о продукте [товаре] *(представление продукции потенциальным покупателям путем сообщения о ее качестве, свойствах, возможностях и т. п. в средствах массовой информации или на специальных мероприятиях)* **SYN:** product display, product demonstration **2)** *рекл.* презентация продукта *(специально организованное мероприятие для представления нового продукта компании)*

product-process life cycle *упр., марк.* цикл жизни продукта и производственного процесса* *(ситуация, при которой производственный процесс изменяется одновременно со сменой этапов жизненного цикла продукта, т. е. разработка и производство данного продукта соответствует спросу потребителей на него)* **SEE:** product life cycle, life cycle

product profile **1)** *марк.* = product specialization **2)** *марк.* = product assortment **3)** *марк.* товарный профиль* *(товар как совокупность компонентов, функций, свойств, торговой марки, дизайна, цены)*

product proliferation *марк.* разрастание ассортимента *(увеличение ассортимента за счет создания множест-*

ва модификаций товара или нескольких товаров; это дает компании конкурентные преимущества, поскольку она может предложить товар сразу нескольким сегментам рынка, а также потому, что другие компании в данной товарной области не смогут составить ей полноценной конкуренции) **SEE:** brand proliferation

product promotion *марк.* продвижение [раскрутка] товара *(деятельность, направленная на то, чтобы сформировать информированность и благоприятное представление о продукции фирмы у потенциальных покупателей и тем самым добиться максимального спроса)* **SEE:** marketing, advertising

product proposal *марк.* товарное предложение *(предложение товара потенциальным потребителям)*

product protection 1) *пат.* охрана изделия, защита товара *(напр., от копирования, т. е. от производства другими лицами без лицензии держателя патента)* 2) *рекл.* = competitive separation

product protection interval *рекл.* = competitive separation

product publicity *рекл.* пропаганда товара *(распространение информации о товаре через СМИ и др. средства рекламы с целью побудить потенциальных потребителей приобрести товар)* **SEE:** product advertising

product puffery *рекл.* = advertising exaggeration

product quality *эк.* качество товара *(совокупность свойств, определяющих пригодность товара для использования его по назначению в соответствии с потребностями покупателя; качество товара определяется: по стандарту, по спецификации, по образцу, по описанию, по содержанию отдельных веществ в товаре, по весу, по размеру отдельных частей и др.)* **EX: product quality control** – контроль качества товара **SEE:** product quality analysis

product quality analysis *марк.* анализ качества товара [продукции] *(деятельность по определению уровня качества товара (напр., на основании стандартов качества, путем сравнения с другими товарами), выявлению недостатков товара, обнаружению причин недостатков; исследование возможностей улучшения качества товара и выработка мер по повышению уровня качества)* **SEE:** product quality

product quality leader *марк.* лидер по качеству *(компания, выпускающая самую качественную продукцию в отрасли)* **EX: We intend to be both the low-cost producer and the product quality leader.** – Мы намерены обеспечить низкий уровень затрат и высокое качество продукции. **SEE:** market leader

product quality leadership *марк.* лидерство по качеству **SEE:** product quality leader

product range *марк.* = product assortment

product rationalization *марк.* рационализация ассортимента выпускаемой продукции, рационализация товарного ассортимента *(изъятие с рынка видов продукции, не оправдывающих себя с точки зрения эффективности)* **SEE:** product strategy

product recall *марк.* отзыв товара с рынка *(просьба компании-производителя (продавца) вернуть товар, обращенная к уже купившим данный товар потребителям; такая мера практикуется в случае обнаружения в данном товаре определенных свойств, делающих его небезопасным или ненадежным при использовании)* **SEE:** product deletion

product reliability *марк.* надежность продукта *(в эксплуатации)*

product requirements *марк.* требования к товару *(напр., со стороны потребителей, которые выражают потребность в товарах с определенными функциями, дизайном, ценой; или стандартов, которые устанавливают нормы качества, надежности и безопасности для товаров)* **SEE:** product assurance requirements, market requirements, product standard

product research *марк.* маркетинговое исследование товара, исследование товаров *(может иметь следующие направления: оценка дизайна и функциональности нового товара; определение отношения потребителей к новым и зрелым товарам; выявление предпочтений рынка относительно свойств и характеристик товаров (с целью модификации или создания новых товаров в соответствии с предпочтениями потребителей))* **SEE:** product survey, marketing research, consumer research

product research and development **сокр.** PR&D *марк.* промышленные исследования и разработки, исследования и разработки продукции *(осуществляемая группой профессионалов деятельность, направленная на преобразование идеи в технологически реализуемую и пользующуюся спросом продукцию)*

product retailer *торг.* = retailer

product revision *марк.* = product modification

product revolution **1)** *марк.* товарная революция* *(процесс обновления или изменения ассортимента в какой-л. товарной области на рынке; напр., за счет появления товаров-новинок, за счет улучшения качества товаров, за счет внедрения новых технологий производства и т. д.)* **2)** *эк.* товарный бум* *(рост спроса на какой-л. товар)*

product safety *марк.* = safety of goods

product sales *марк.* сбыт [реализация] [продажа] товара *(потребителям)* **SEE:** product sales manager

product sales manager *упр., марк.* менеджер по сбыту, менеджер отдела сбыта *(отвечает за реализацию товарных запасов)* **SEE:** product sales

product sample **1)** *рекл.* = advertising sample **2)** образец товара **а)** *эк. (один экземпляр произведенный продукции, случайно выбранный для проверки на соответствие стандартам качества; по нему судят о качестве всей партии продукции)* **б)** *марк. (товар, распространяемый среди населения (бесплатно или за небольшую плату) с целью ознакомления населения с данным товаром/маркой и получения мнения потребителей о данном товаре/марке; представляет собой этап исследования товаров или тестирования товара)* **SEE:** product sampling, sample buyer, product research, product testing

product sampling *марк.* опробование товара* *(распространение образцов товара с целью ознакомления населения с данным товаром/маркой и получения мнения потребителей о данном товаре/марке)* **SEE:** product sample

product satisfaction *марк.* удовлетворенность товаром *(выражается в отсутствии претензий от потребителей товара, в благоприятных отзывах о нем, в увеличении продаж товара)* **SEE:** consumer satisfaction

product segment *марк.* товарный сегмент **SEE:** product segmentation

product segmentation *марк.* товарное сегментирование* **а)** *(группирование предлагаемых фирмой товаров по сегментам рынка; напр., товары для элитных потребителей, для средних потребителей, дешевые товары; потребительские товары, товары производственного назначения)* **SEE:** market segmentation, market segment, upscale market, down-market, mid-range market, consumer goods, industrial goods, product segment **б)** *(исследование потребителей на предмет того, какие товары они предпочитают, в какое время, чем руководствуются при выборе; проводится с целью определения соответствия между товарами фирмы и группами потребителей на рынке)*

product shortage *эк.* = commodity shortage

product specialization *марк.* товарная специализация *(ориентация производственной или торговой деятельности фирмы; представлена ассортиментом товаров, производимых (продаваемых) фирмой)* **SYN:** product profile **SEE:** product assortment

product standard *эк., марк.* стандарт на продукцию, товарный стандарт *(установленные требования к характеристикам определенного вида товаров (требования по дизайну, по качеству, по безопасности))* **SEE:** product assurance requirements, product requirements

product statement *марк.* = product claim

product strategy *марк.* товарная стратегия *(одно из направлений товарной политики фирмы, которое характеризуется определенной линией (моделью) поведения фирмы в области разработки, производства, продвижения, сбыта, усовершенствования и т. п. своих товаров и имеет целью достижение определенного объема продаж и прибыли фирмы; можно выделить следующие товарные стратегии: рационализация товарного ассортимента, товарная инновация, снятие товара с рынка и др.)* **SEE:** product policy, product rationalization, product innovation, product deletion

product-structured sales force *марк.* продуктовая организация торгового персонала* *(разделение труда торговых агентов фирмы, каждый из которых предлагает отдельный продукт фирмы на всей обслуживаемой территории)* **SEE:** territorial-structured sales force

product style *марк.* стиль товара *(определяется такими характеристиками товара, как размер, форма, цвет, упаковка)* **SEE:** product design

product styling *марк.* художественное оформление товара **SEE:** product style

product subline *марк.* = commodity line

product superiority *марк.* превосходство товара *(отличие товара от товаров-конкурентов такими свойствами, как лучшее качество и выгода)*

product survey 1) *марк.* товарный обзор* *(предлагаемый потенциальным потребителям перечень каких-л. товаров, напр., относящихся к определенной категории, предлагаемых в конкретном магазине и т. д.)* **2)** *марк.* товарный опрос* *(метод исследования товара, при котором респондентам предлагается ответить на вопросы о товаре)* **SEE:** product research

product tangibility 1) *эк.* осязаемость товара **SEE:** physical product **2)** *марк.* реальность товара* **SEE:** actual product

product team *марк., упр.* отдел [группа] разработки товара* *(отдел компании, занимающийся разработкой и усовершенствованием (модификацией) товаров)* **SYN:** product development department **SEE:** new-product department

product test *марк.* = product testing

product test group *марк.* группа тестирования товара *(контролирует процесс тестирования товара на всех стадиях разработки товара)* **SEE:** product testing, product development

product testimony *марк.* свидетельство в пользу товара *(хвалебные слова в адрес конкретного товара с рекомендациями к его использованию другими людьми)*

product testing *марк.* тестирование нового товара *(изучение реакции рынка на новый продукт путем предложения потребителям опытной партии товара; основная задача процедуры тестирования состоит в том, чтобы выявить все преимущества, которые дает новый продукт потребителю по сравнению с другими аналогичными продуктами, а также его возможные недостатки (для последующего их устранения); еще до начала полномасштабной реализации продукта оценить сам продукт и его маркетинговую программу (цену, рекламу, марку, упаковку, сервис и т. д.); это необходимо, чтобы избежать потерь и получить информацию о том, какова будет реакция на новый товар со стороны потребителей, посредников и т.д.)* **SYN:** product test **SEE:** sales testing

product tolerance *марк.* продуктовая толерантность* *(способность продукции использоваться в дальнейшем производстве или для конечного потребления)*

product trial *марк.* опробование товара, пробное использование товара **а)** *(когда покупатель получает представление о товаре путем использования образца, полученного бесплатно)* **SEE:** product sampling **б)** *(когда покупатель пользуется товаром в течение определенного периода, а затем принимает решение купить его или возвращает его продавцу)*

product type *марк.* = type of goods

product uniformity *марк.* единообразие продукции [товаров] *(свойство продукции (товаров), заключающееся в том, что вся продукция (товары) данного вида имеет одинаковые характеристики (внешний вид, качество и т. д.) независимо от того, когда тот или иной товар был произведен)* **EX: to guarantee product uniformity from batch to batch** – гарантировать единообразие продукции от серии к серии **SEE:** product variation

product unit *эк.* товар, единица товара, единица продукции *(один товар из всей массы имеющихся в наличии таких же товаров)*

product usage 1) *марк.* назначение товара, направления [варианты] использования товара *(возможные сферы применения товара)* **2)** *марк.* применяемость товара *(частота использования данного товара)* **EX: product usage level** – уровень применяемости товара

product-use experience *марк.* = actual experience with the product

product utility *марк.* практичность товара* *(заключается в способности товара соответствовать большинству дополнительных потребностей, которые могут возникнуть при применении товара в различных сферах; зависит от таких свойств, как портативность товар, приспосабливаемость к условиям использования и т. д.)*

product validation *марк.* = product evaluation

product variation 1) *марк.* разнородность товаров, различие товаров *(свойство товаров отличаться некоторыми характеристиками (внешним видом, качеством, набором функций) от других товаров того же типа, но произведенных в разное время, для разных потребителей и т. п.)* **SEE:** product uniformity **2)** *марк.* вариант товара *(товар в одной из возможных модификаций)* **EX: One product is available in several product variations.** – Мы предлагаем один и тот же товар в нескольких вариантах.

product variety *марк.* = choice of goods

product warranty *марк.* гарантия (качества) товара *(заверение производителя в том, что он обязуется отремонтировать, заменить или принять назад товар, если какой-л. дефект обнаружится в течение определенного периода (месяц, год), если товар не пригоден для использования по указанному назначению или в значительной степени не соответствует требованиям потребителя)* **SYN:** warranty **SEE:** express warranty, implied warranty, extended guarantee

production *сущ.* **1)** *эк.* производство, производственная деятельность, изготовление, выработка *(процесс превращения сырья и материалов в готовые к потреблению изделия)* **EX: clothes [cars, food] production** – производство одежды [автомобилей, продуктов питания] **2)** *эк.* продукция, объем производства *(результат производства, представленный определенным количеством произведенных изделий)* **3)** *СМИ* постановка *(создание театрального представления, телевизионной программы, кинофильма)* **4)** *СМИ* представление, постановка, пьеса; шоу; фильм; телепрограмма **SEE:** producer

production goods *эк.* = industrial goods

production goods and services *эк.* средства производства и производственные услуги *(товары и услуги, используемые для производства других товаров)* **SEE:** industrial goods

production lead time *марк.* время на производство *(промежуток времени* *между размещением заказа и получением заказанных товаров, т. е. время, необходимое на производство товара)* **SYN:** manufacturing lead time **SEE:** lead time

production learning **1)** *упр.* производственное обучение *(обучение работников на производстве или на специально организованных курсах повышения квалификации)* **2)** *марк.* обучение потребителей *(обучение покупателей правилам безопасного и эффективного обращения со сложной технической продукцией)* **EX: The purpose of production learning is to reduce retrievals.** – Цель обучения потребителей заключается в том, чтобы сократить число возвратов.

production orientation *марк., упр.* производственная ориентация *(подход к организации деятельности фирмы, согласно которому центральным аспектом в работе фирмы должен быть объем производства, а не требования (потребности) потребителей; предполагается, что потребители оценят те товары, которые есть в наличии по доступной цене, поэтому руководство должно сконцентрироваться на объемах производства и распространения продукции)* **SEE:** market orientation, product orientation

productive market *марк.* = lucrative market

productivity of advertising *рекл.* = advertising performance

product's performance *эк., марк.* = product performance

products portfolio *марк.* = product assortment

products sold **1)** *торг., марк.* предлагаемые [продаваемые, реализуемые] товары *(товары, предлагаемые на продажу, напр., в магазине)* **2)** *торг.* реализованная продукция, реализованные товары *(в том числе счет, статья в отчетности)* **SEE:** goods available for sale, sale proceeds

professional advertiser *рекл.* профессиональный рекламодатель *(рекламодатель, сотрудничающий с рекламным агентством в процессе создания рекламы, а не просто платящий агентству деньги и ожидающий результатов; такой рекламодатель демонстрирует профессиональное отношение к брендингу и заинтересованность в рекламе, умение правильно ставить задачу и работать в тандеме с агентством, настрой на долговременное сотрудничество)* **SEE:** advertiser

professional advertising **1)** *рекл.* реклама для специалистов*, реклама на представителей свободных профессий* *(направлена на врачей, преподавателей, юристов, архитекторов и т. п., способных рекомендовать рекламируемые товары или услуги своей клиентуре)* **SEE:** business-to-business advertising, business audience **2)** *рекл.* профессиональная реклама *(качественно выполненная реклама, соответствующая всем требованиям рекламной практики, т. е. не вводящая в заблуждение и т. д.)* **SYN:** vocational advertising **SEE:** deceptive advertising

professional audience *марк.* = business audience

professional beauty aids *потр.* профессиональные косметологические средства *(косметические средства, используемые в салонах красоты и клиниках эстетической медицины)* **EX: Both companies are distributors of professional beauty aids to health clubs.** – Обе компании являются дистрибьюторами косметологических средств для клубов здоровья. **SEE:** beauty aids

professional buyer **1)** *торг.* профессиональный закупщик, закупщик-профессионал *(занимающийся закупками как профессиональной деятельностью)* **SYN:** specialist buyer **SEE:** chief buyer, assistant buyer, qualified buyer **2)** *марк.* профессиональный покупатель *(покупает товары для использования их в своей профессиональной деятельности, напр., профессиональный фотограф, покупающий фотоаппарат)* **SEE:** professional market, industrial buyer, trade buyer, final buyer, prosumer

professional market *марк.* профессиональный рынок, рынок профессионального использования* *(представлен продавцами и покупателями товаров, предназначенных не для конечного потребления, а для использования их в профессиональной деятельности, напр., фотоаппараты для профессиональных фотографов, программные изделия для программистов, инженеров и т. д.)* **EX: The D1 is a professional camera, aimed at the professional market (journalists, professional photographers etc.).** – D1 - это фотоаппарат для профессионального рынка: для журналистов, профессиональных фотографов и т. д. **SEE:** business market, producer market, trade market, consumer market, prosumer

professional marketer *эк., марк.* профессиональный маркетолог, маркетолог-профессионал, специалист маркетинга *(человек, имеющий профессию маркетолога и опыт работы в сфере маркетинга)* **SEE:** marketing

professional services marketing *марк.* маркетинг профессиональных услуг *(маркетинг услуг, предлагаемых такими практикующими профессионалами, как врачи, юристы, др.)*

profiling *сущ.* **1)** *тех.* профилирование, определение профиля **2)** *тех.* профилирование, контурная обработка, обработка по шаблону **3)** *марк.* профилирование, определение профиля *(выбор группы клиентов или потенциальных клиентов и анализ того, какие характеристики являются для них общими; информация о профиле используется для увеличения объема продаж и усовершенствования маркетинговых программ)* **EX: Customer profiling provides the basis for opening what marketers call a «dialogue» with customers.** – Определение потребительского профиля создает основу для начала того, что маркетологи называют «диалогом» с покупателями. **SEE:** segmentation, prioritizing

Profit Impact of Marketing Strategies **сокр.** PIMS *марк.* программа PIMS *(используемая маркетологами программа, содержащая базу данных о результатах экономической деятельности нескольких тысяч предприятий; эти данные позволяют оценить эффективность разных маркетинговых стратегий; программа создана Институтом стратегического планирования)* **SEE:** Strategic Planning Institute

profit-making products *марк.* = profit-yielding products

profit strategy *марк.* = milking strategy

profit-taking strategy *марк.* = milking strategy

profit-yielding products *марк.* рентабельные [прибыльные] товары *(товары, от продажи которых компания получает прибыль)* **SYN:** profit-making products

profitability control *марк., упр.* контроль прибыльности *(оценка прибыльности по различным видам продукции, сегментам рынка, каналам сбыта с целью выявить продукцию или вид деятельности, которые следует расширить или сократить)*

profitable client *марк.* = profitable customer

profitable customer *марк.* прибыльный клиент [покупатель], выгодный клиент [покупатель] *(клиент фирмы, приносящий ей значительный доход благодаря частым покупкам в больших объемах)* **SYN:** profitable client **SEE:** key customer, marginal customer

profitable market *марк.* = lucrative market

proforma invoice *торг.* проформа-счет, счет-проформа, проформа-инвойс *(предварительный счет, посылаемый до того, как становится известной полная информация о товарах; содержит сведения о цене и стоимости товара, но не является расчетным документом (не выполняет главной функции счета как платежного документа), т. к. не содержит требования об уплате указанной в нем суммы; может быть выписан на еще не отгруженный товар, чтобы уведомить покупателя об основных характеристиках товара)* **SEE:** preliminary invoice, final invoice, invoice, invoicing

programme rating *СМИ, марк.* рейтинг программы [передачи] *(показатель популярности теле- или радиопрограммы; зависит от размера аудитории зрителей (слушателей) данной программы)* **SEE:** Nielsen rating, network rating, audience

project goods *эк.* проектные товары*, товары для материально-технического обеспечения проекта* *(товары, предназначенные для реализации какого-л. проекта, напр., оборудование)* **EX: vendors who provide project goods or services to projects funded by the government** – поставщики проектных товаров и услуг для проектов, финансируемых правительством, **At the end of the project period the project goods will be transferred to another place.** – После завершения проекта проектные товары перевезут в другое место.

projected audience *марк.* расчетная аудитория, прогнозируемая аудитория **EX: size and composition of projected audience** – размер и состав прогнозируемой аудитории, **The companies will present their business plans to a projected audience of 250 leading venture capitalists, private investors, bankers.** – Компании представят свои бизнес-планы прогнозируемой аудитории, состоящей из 250 ведущих венчурных фирм, частных инвесторов и банкиров. **SEE:** audience

projective *псих.* проекционный тест *(распознавание предметов по их проекции)* **SEE:** projective technique

projective device *мет., псих.* = projective technique

projective question *соц.* прожективный [проективный] вопрос *(вопрос, предлагающий респонденту ориентироваться в воображаемой ситуации; из ответа делаются выводы о глубинных потребностях, чувствах, конфликтах респондента)* **SEE:** question

projective technique *мет., псих.* проективный метод (исследования личности) *(любой психологический тест, при котором информация о характере личности тестируемого получается посредством анализа его реакций на различные предметы и ситуации; метод реализуется созданием экспериментальной ситуации, допускающей множественность возможных интерпретаций при восприятии ее испытуемыми, причем за каждой интерпретацией вырисовывается уникальная система личностных смыслов и особенностей когнитивного стиля субъекта; метод часто используется при исследовании потребителей)* **SYN:** projective device, projective test **SEE:** consumer research

projective test *мет., псих.* = projective technique

promising market *марк.* многообещающий рынок (сбыта) *(потенциально доходный рынок сбыта определенного товара, т. е. рынок, на котором в будущем ожидаются высокие объемы продаж и прибыли)* **EX: India is promising market for handheld computers.** – Индия представляет собой многообещающий рынок сбыта для карманных компьютеров. **SEE:** lucrative market

promo *сущ.* **1)** *рекл.* рекламное сообщение [объявление], рекламный ролик **SEE:** advertisement, commercial **EX: television promo** – телевизионный рекламный ролик, **promo copy of a new record** – рекламный образец новой пластинки, **promo director** – режиссер рекламных роликов, **promo photo** – фотография для рекламы, **to direct a promo video** – быть режиссером рекламного ролика, снимать рекламный ролик. **2)** *рекл., СМИ* = promotion spot

promote *гл.* **1)** *общ.* способствовать, содействовать; поддерживать; активизировать, стимулировать **EX: to promote sales** – стимулировать сбыт, **to promote economic growth** – стимулировать экономический рост **2)** *рекл.* продвигать, раскручивать, создавать рекламу *(товару или организации с тем, чтобы увеличить продажи или способствовать известности)* **EX: to promote a corporate image** – укреплять имидж компании **3)** *упр.* выдвигать, продвигать, повышать *(продвигать кого-л. на более высокий пост, повышать в звании)* **EX: to be promoted senior supervisor** – быть назначенным на должность старшего инспектора

promoter *сущ.* **1)** *общ.* вдохновитель, инициатор, пропагандист, сторонник **EX: This process of cultural convergence can also be seen as an important prerequisite and promoter of European integration.** – Этот процесс культурного сближения также может рассматриваться как важная предпосылка и двигатель Европейской интеграции. **2)** *общ.* антрепренер, импресарио, агент *(актера, спортсмена: лицо или компания, организующая спортивные мероприятия или мероприятия шоу-бизнеса)* **3)** *общ.* учредитель, основатель *(лицо, участвующее в учреждении новой компании)* **4)** *рекл.* промоутер *(лицо или компания, создающая рекламу товару и способствующая его продвижению на рынок)*

promotion *сущ.* **1)** *упр.* продвижение, повышение *(по службе)* **2)** *марк.* содействие, поощрение, стимулирование, раскрутка, продвижение, рекламирование *(процесс воздействия на рост или развитие чего-л. (напр., компании, продаж товара) в положительном направлении)* **EX: promotion material** – рекламные материалы, **promotion programme** – программа содействия развитию, **promotion planner** – разработчик планов стимулирования [продвижения], **sales promotion devices** – способ продвижения товаров, **local promotion** – продвижение на местном уровне, **promotion of health** – укрепление здоровья, оздоровление, **promotion of a company** – продвижение компании, **promotion costs** – издержки по стимулированию спроса, продвижению товара **3)** *рекл.* реклама, рекламный материал *(рекламные объявления, листовки, проспекты, брошюры, плакаты и иные материалы, используемые с целью продвижения компаний, людей, товаров, идей и т. п.)*

promotion allowance *марк.* = promotional allowance

promotion budget *марк.* бюджет стимулирования продаж [сбыта]* **а)** *(смета расходов, связанных со стимулированием сбыта, в том числе расходов на проведение общественных кампаний, распространение рекламных сувениров и т. п.)* **б)** *(общая сумма, выделенная на финансирование мероприятий по стимулированию сбыта)* **SYN:** sales promotion budget **SEE:** advertising and promotion budget

promotion campaign *марк.* рекламная компания, кампания по продвижению *(товара на рынок)* **SYN:** promotional campaign, marketing campaign, advertising campaign, sales campaign

promotion manager *эк. тр., торг., амер.* менеджер по продвижению *(специалист, занимающийся планированием и управлением политикой продаж)* **SYN:** sales promotion manager, sales director

Promotion Marketing Association of America сокр. PMAA *рекл., амер.* Американская ассоциация стимулирования сбыта *(ассоциация, созданная для содействия развитию, использованию и пониманию значения премий среди работников маркетинговой и рекламной областей; до 1977 г. она называлась Американской ассоциацией премиальной рекламы)* **SEE:** Premium Advertising Association of America

promotion mix *марк.* = promotional mix

promotion money **1)** *учет* учредительные расходы *(расходы на организацию дела, к которым относятся расходы на развитие, купленные концессии, патенты, лицензии, товарные знаки и т. д., стоимость деловых связей и репутации предприятия, предоплата за нематериальное основное имущество)* **SEE:** concession **2)** *марк.* деньги на раскрутку* **EX: The promotion money usually goes to someone who has had a successful, if not fantastic, book.** – Деньги на раскрутку обычно дают тому, кто написал действительно потрясающую книгу.

promotion of sales *марк.* = sales promotion

promotion of trade *марк.* = trade promotion

promotion spot *рекл., СМИ* анонс *(короткое сообщение о будущих программах на радио или телевидении)* **SYN:** promo, promotional spot

promotional advertising *марк.* призовая реклама, сувенирная реклама, стимулирующая реклама *(реклама товаров фирмы путем бесплатной раздачи сувениров с фирменной символикой (брелков, кружек и др.), проведения розыгрышей с подарками, игр с призами и т. д.)* **SYN:** remembrance advertising, novelty advertising, specialty advertising **SEE:** advertising gift

promotional allowance *марк.* зачет на стимулирование сбыта, скидка на продвижение, скидка на мерчендайзинг *(скидка с цены для вознаграждения дилеров за участие в программах рекламы и поддержания сбыта)* **SYN:** merchandise allowance, promotion allowance

promotional brochure *марк., потр.* = advertising brochure

promotional campaign *марк.* = promotion campaign

promotional competition *марк.* рекламно-пропагандистская конкуренция* *(конкуренция в сфере стимулирования сбыта товаров или услуг)* **SEE:** price competition, product competition, advertising competition, quality competition

promotional discount *марк.* стимулирующая скидка *(специальная скидка, вводимая на короткий период для стимулирования сбыта)* **SEE:** promotional price, price promotion

promotional discounting *марк.* предоставление стимулирующих скидок *(предоставление скидок для стимулирования сбыта)* **SEE:** promotional discount

promotional gift *марк.* = advertising gift

promotional goods *марк.* = promotional products

promotional label *рекл.* = advertising label

promotional mailing *рекл.* рассылка прямой почтовой рекламы **SEE:** direct mail advertising

promotional manager *марк.* = promotion manager

promotional material *марк.* = sales aids

promotional mix *марк.* комплекс продвижения *(совокупность способов воздействия на рынок, которые использует фирма с целью решения маркетинговых задач; комплекс состоит из рекламы, личных продаж, стимулирования сбыта и связей с общественностью)* **SYN:** promotion mix **SEE:** advertising, personal sale, sales promotion, public relations, marketing mix

promotional price *марк.* поощрительная [стимулирующая] цена *(сниженная цена или цена со скидкой, используемая как средство увеличения продаж)* **SEE:** price promotion

promotional pricing *марк.* стимулирующее ценообразование *(установление цен, нацеленное на стимулирование сбыта определенного товара; обычно выражается во временном снижении цен)* **SEE:** price promotion

promotional products *марк.* рекламные продукты, рекламная продукция **SYN:** advertising gift

Promotional Products Association International **сокр.** PPAI *марк.* Международная ассоциация сувенирной продукции* *(организация, объединяющая более 6 тыс. поставщиков и дистрибьюторов сувенирной продукции; цель — способствовать росту, совершенствованию и успешному функционированию отрасли сувенирной продукции, повышению профессионализма членов Ассоциации; до 1993 г. называлась Международной ассоциацией сувенирной рекламы)* **SEE:** Specialty Advertising Association International

promotional spot *рекл.* = promotion spot

promotional strategy *марк.* стратегия стимулирования [продвижения, раскрутки] *(напр., товара или компании)* **SEE:** promotion

prompt delivery *торг.* доставка в короткие сроки, немедленная доставка *(товара)*; немедленное выполнение *(заказа)* **EX:** **to guarantee excellent service with promt delivery** – гарантировать безупречное обслуживание и доставку в короткий срок **SYN:** express delivery, delivery on call, immediate delivery

prompted awareness *марк.* = unaided awareness

proof of purchase *торг., юр.* доказательство покупки *(этикетка, чек, упаковка или другой предмет, подтверждающий покупку товара; в обмен на доказательство покупки иногда можно получить подарок от производителя товара)* **SEE:** proof-of-purchase label

proof-of-purchase label *торг.* подтверждающая покупку этикетка* *(этикетка, подтверждающая факт покупки товара)* **SEE:** proof-of-purchase

propaganda *сущ.* **1)** *пол., соц.* пропаганда *(совокупность приемов, используемая для принятия общественным мнением определенной точки зрения)* **SEE:** institutional campaign, admass, publicity, advertising **2)** *пол., соц.* объединение в целях пропаганды *(чего-л.)*

property-disposal officer *эк. тр., торг., амер.* менеджер по распоряжению имуществом* *(лицо, отвечающее за использование избыточного имущества (за исключением недвижимости), в частности, за его продажу)* **SYN:** redistribution-and-marketing officer, surplus-property disposal agent, surplus sales officer

property in the goods *юр., торг.* = title in the goods

proportional sampling *стат.* = quota sampling

proportionate allocation *рекл., комп.* пропорциональное распределение *(пропорциональное удаление из рассылочного списка дубликатов в процессе слияния и очистки, про котором ни в одном списке их не остается больше, чем в остальных)* **SEE:** mailing list, inter-list duplicate, merge/purge

proprietary *прил.* **1)** *эк., юр.* собственнический *(составляющий или характеризующий чью-л. собственность; относящийся к правам собственника)* **EX: proprietary right** – право собственности **2)** *эк., юр.* частный *(находящийся в собственности и управлении частного лица)* **EX: proprietary hospital** – частная больница **3)** *пат., торг.* патентованный *(напр., о товаре)* **EX: proprietary feed** – патентованный корм **SEE:** proprietary goods

proprietary article *торг., пат.* = proprietary product

proprietary debit card *банк., торг.* частная дебетовая карта* *(дебетовая карта, выпущенная небанковским учреждением, которое занимается розничной торговлей или оказывает услуги, напр., карта, выпущенная супермаркетом, бензоколонкой; владельцам таких карт учреждение-эмитент обычно предоставляет различные привилегии, напр., скидки с обычной прейскурантной цены)* **SEE:** debit card, plastic card

proprietary goods *торг., пат.* запатентованные товары* *(товары, основное право производства и продажи которых принадлежит одной фирме, зарегистрировавшей это право на себя; эта фирма может продавать права производства или продажи другим фирмам, при этом требуя от них соблюдения стандартов производства)*

proprietary product *торг., пат.* запатентованный продукт **SYN:** proprietary article **SEE:** proprietary goods

prospect *сущ.* **1)** *общ.* перспектива, вид, планы на будущее **2)** *марк., амер.* потенциальный клиент, предполагаемый клиент **EX: sales prospect** – потенциальный покупатель, **key prospect** – основной потенциальный клиент, **target prospect** – целевой потребитель **SYN:** qualified prospect **SEE:** prospecting **3)** *общ.* надежда, ожидание

prospect list *марк.* список потенциальных покупателей *(список лиц, которые, как предполагается, могут в будущем совершить покупку товара или услуги; используется при планировании и проведении кампании по стимулированию сбыта)* **SEE:** consumer list

prospect profile *марк.* профиль потенциального клиента* **SEE:** customer profile

prospecting *сущ.* **1)** *общ.* разведочные работы; старательство; рудоискательство **2)** *марк.* поиск потенциальных клиентов *(совокупность мероприятий по определению и привлечению потенциальных клиентов ком-*

пании) **EX: customer prospecting** – поиск потенциальных покупателей **SYN:** farming **SEE:** cloning of customers

prospective consumer [customer, purchaser, buyer] *марк.* = potential consumer

prospective demand *марк.* = potential demand

prospective market *марк.* = potential market

prospectus *сущ. марк.* рекламный проспект *(публикация рекламного характера, посвященная какому-л. учебному заведению, компании, изданию и т. д.)* **EX: exhibit prospectus** – проспект выставки **SEE:** booklet

prosumer *сущ.* **1)** *марк.* просьюмер, продвинутый потребитель*, протребитель*, пробитель* *(потребитель, который обладает углубленными знаниями в определенной области, но не является профессиональным пользователем, т. е. потребитель, приобретающий полупрофессиональное оборудование; слово образовано путем слияния слов «professional» и «consumer»)* **SEE:** consumer, professional buyer **2)** *марк.* просьюмер, протребитель*, производящий потребитель* *(пользователь, который активно участвует в разработке и производстве товара, с тем чтобы придать товару желаемые индивидуальные характеристики; слово образовано путем слияния слов «production» (по некоторым трактовкам «producer») и «consumer»)* **SEE:** customize **3)** *марк.* просьюмер *(прибор или оборудование, которое находится между обычными моделями, предназначенного для широкого круга непрофессиональных пользователей, и моделями, предназначенными для профессионалов, т. е. полупрофессиональное оборудование — оборудование обладающее отдельными характеристиками и возможностями профессионального оборудования; слово образовано путем слияния слов «professional» и «consumer»*

protection of attributes *марк., пат.* = trade dress protection

protection of commercial transactions *юр., торг., брит.* защита торговых сделок* *(принцип английского торгового права, согласно которому лицо, которое вступило во владение проданным товаром, не удостоверившись в том, что товар продал не его собственник, приобрело право на собственность, которым не располагал продавец, т. е. ничтожное право)* **SEE:** Bishopsgate Motor Finance Corpn v Transport Brakes Ltd, nemo dat quod not habet, sale by agent

provide a wide range *гл. торг.* = carry a good choice

provision *сущ.* **1)** *общ.* обеспечение, предоставление; снабжение **EX: the provision of public transport** – предоставление общественного транспорта **2)** *общ.* заготовка; заготовление, приготовление **3)** а) *торг.* провизия; запасы провианта, съестные припасы; продовольственные товары, пищевые продукты **EX: provision merchant [dealer]** – торговец продовольственными товарами **б)** *эк., учет* резерв, запас *(денежная сумма, выделенная из прибыли организации на выполнение определенных обязательств или на покрытие убытков из-за снижения стоимости активов; напр., резерв на покрытие безнадежных долгов, на амортизацию и т. д.)* **EX: provision for liabilities** – резерв на выплаты по обязательствам **SEE:** liability **в)** *общ.* мера предосторожности **4)** *общ.* положение, условие, оговорка *(договора и т. п.)*; постановление **EX: treaty provisions** – условия договора

provision shop *торг.* = grocery store

proximity to the market **1)** *эк.* близость к рынку *(расположение фирмы рядом с рынком сбыта, напр., в том же районе; данный фактор благоприятно сказывается на доходах фирмы, поскольку снижает издержки по доставке товара потребителю)* **2)** *марк.* близость к потребителям *(осведомленность фирмы о нуждах и требованиях существующих и потенциальных потребителей, достигаемая в резуль-*

тате длительной деятельности по изучению рынка и построению устойчивых взаимоотношений между потребителями и фирмой; данный фактор позволяет фирме быстро реагировать на изменение предпочтений потребителей, сохранять доверие и приверженность потребителей, привлекать новых потребителей) **EX: The proximity to the market also means that the company can enhance the product as customers request new features.** – Близость к потребителям предполагает, что компания может усовершенствовать продукт, как только потребители проявят заинтересованность в этом.

psychogalvanic skin response *мед., марк.* = galvanic skin response

psychographic segment *марк.* психографический [психологический] сегмент **SEE:** psychographic segmentation

psychographic segmentation *марк.* сегментирование по психографическому принципу, психографическая [психологическая] сегментация, психографическое [психологическое] сегментирование *(подразделение покупателей на группы по принадлежности к общественному классу (низший, высший), по стилю жизни (жизнелюбы, эстеты), по типу личности (увлекающаяся натура, честолюбивая натура))* **SYN:** psychological segmentation **SEE:** market segmentation, personality segmentation, lifestyle segmentation, psychographic segment, VALS, VALS 2

psychographics *сущ. псих.* психография, психографика **а)** *(характерные психологические особенности аудитории: характер, склонности и преобладающие интересы, отношения, образ жизни)* **б)** *(психологическое исследование групп или индивидуумов с точки зрения характерных черт, ценностей, представлений, предпочтений и моделей поведения; направлена на изучение действий, интересов и мнений)* **SEE:** buyergraphics

psychological price point *марк.* психологическая стандартная цена*, психологическая ценовая точка* *(цена, установленная на уровне, который более привлекателен с точки зрения покупателя, напр., цена в $99 вместо обычных $100)* **SEE:** price point, convenience price point, psychological pricing

psychological pricing *марк.* психологическое ценообразование *(ценообразование с учетом психологических факторов, т. е. основанное на предположении, что покупатели определенные цены воспринимают лучше других, напр., занижение порядка цен (5,99 вместо 6,00) или установление округленной цены, либо завышение цены товара с целью создания иллюзии его престижности и т. п.)* **SEE:** odd-even pricing, prestige pricing, psychological price point, customer-based pricing

psychological segmentation *марк.* = psychographic segmentation

public

I *сущ.* **1)** *общ.* народ, общество, общественность, публика *(люди в общем)* **2)** *общ., марк.* группа, аудитория *(совокупность людей с общими интересами; напр., читательская аудитория журнала, целевая группа потребителей, группа болельщиков и т. п.)* **EX: the reading public** – читательская аудитория **SEE:** target audience

II *прил.* **1)** *общ.* народный, общественный *(имеющий отношение или касающийся всех людей в обществе или стране)* **EX: public opinion** – общественное мнение, **public acceptance** – общественное признание, **public approval** – общественное одобрение, поддержка общественности, **public attention** – общественное внимание, **public attitude** – общественная позиция, отношение со стороны общественности **SEE:** public consumption, public opinion poll, public relations **2)** *общ.* общественный, государственный *(относящийся к государству, находящийся под его контролем, финансированием и т. п.)* **EX: working in the public sector** – работа в государственном секторе, **public factory** – государственное предприятие **SEE:** public service **3)** *общ.* публичный, общеизвестный *(из-*

вестный всем или многим) **EX: public figure** – публичная фигура, **public information** – всем известная информация **4)** *общ.* общественный *(находящийся в общем пользовании)*; коммунальный *(находящийся в общем пользовании членов сообщества, группы)* **EX: public funds** – общественные фонды, **public land** – общественная земля **SEE:** public goods **5)** *общ.* открытый, публичный, общественный *(доступный для всех желающих)* **EX: public meeting** – открытое собрание, **public information source** – общедоступный источник информации, **public announcement** – публичное объявление **SEE:** public auction, public warehouse

public-affairs advertising *марк.* = public service advertising

public catering enterprises *потр.* предприятия общественного питания **SEE:** restaurant, barrelhouse, bean wagon, beanery

public consumption 1) *эк.* общественное [совокупное] потребление *(совокупность всех частных потреблений вместе с потреблением правительства)* **2)** *эк., соц.* потребление общественных благ, общественное [социальное] потребление *(потребление таких предоставляемых государством благ, как общественный транспорт, пожарная безопасность, оборона, образование, здравоохранение и т. п.)* **SEE:** public goods

public goods *эк.* общественные блага *(блага, обладающие свойствами неконкурентности, т.е. потребление такого блага одним человеком не сокращает количество блага, доступное другим, и неисключительности в потреблении, т. е. нельзя исключить кого-л. из пользования этими благами без исключения всех остальных; эти характеристики не позволяют назначать плату за общественные блага, и частный сектор оказывается незаинтересованным в их производстве; общественные блага предоставляются государством для всего или большинства населения страны, напр., оборона, чистые улицы и т. д., и на обеспечение общественных благ государство использует бюджетные фонды, сформированные из налогов)* **SEE:** public consumption, private goods, club goods, joint goods, merit goods, collective goods, social goods, private goods, club goods

public-interest advertisement *рекл.* = public service advertisement

public-interest advertising *рекл.* = public service advertising

public-issue advertising *рекл.* = public service advertising

public liability 1) *юр.* публичная ответственность *(ответственность собственника перед членами общества за их безопасность, которую может нарушить его собственность или ее использование)* **2)** *марк.* ответственность за убытки потребителей *(которую несет производитель продукции)* **SYN:** product liability

public opinion poll *соц.* опрос общественного мнения, исследование общественного мнения **EX: according to a public-opinion poll conducted by** – согласно опросу общественного мнения, проведенному (кем-л.), **results of a public opinion poll** – результаты опроса общественного мнения, **The results of the public opinion poll concerning the use and protection of the forests of Karelia.** – Результаты опроса общественного мнения по вопросу использования и охраны карельских лесов. **SYN:** opinion poll, public opinion survey

public opinion survey *соц.* = public opinion poll **EX: public opinion survey concerning gender equality** – исследование общественного мнения о гендерном равноправии, **A public opinion survey provides information on a community's opinion and perceptions on an issue and/or topic.** – Исследование общественного мнения дает информацию о настроении общества и его взглядах по тому или иному вопросу и/или теме.

public relations сокр. PR *марк.* связи с общественностью, паблик рилейшнз *(система взаимосвязи фирмы с общественностью, направленная на формирование и поддержание благоприятного имиджа фирмы, на убеждение общественности в необходимости деятельности фирмы и ее *благотворном влиянии на жизнь общества)* **EX: public relations department** – отдел по связям с общественностью **SEE:** public relations mix, propaganda, gatekeeper, institutional campaign, consumer report

public relations advertisement *рекл.* = corporate advertisement

public relations advertising *рекл.* = corporate advertising

public relations agency *марк.* агентство по связям с общественностью *(фирма, предоставляющая услуги по организации встреч, конференций, распространении информации о других компаниях среди их потенциальных клиентов и широкой публики и т. п.)*

public relations exercise *марк.* мероприятие организации общественного мнений *(по связям с общественностью)*

public relations mix *марк.* комплекс паблик рилейшнз *(все составляющие паблик рилейшнз: пресс-релизы, выступления перед публикой, семинары, годовые отчеты, пожертвования, спонсирование, публикации, лоббирование и т. д.)* **SEE:** public relations

Public Relations Society of America **сокр.** PRSA *марк., амер.* Американская ассоциация по связям с общественностью *(основана в 1947; поддерживает лиц и организации, профессионально занимающихся связями с общественностью)* **SEE:** Silver Anvil Award

public-sector advertising *рекл.* реклама государственного сектора *(реклама государственных предприятий (организаций) и производимых ими товаров (услуг), в отличие от рекламы частного сектора)* **SEE:** private sector advertising

public service 1) *гос. упр., брит., амер.* государственная служба *(вся деятельность, связанная с обеспечением работы государственных органов; особенно в гражданской (а не военной) сфере)* **2)** а) *эк.* общественная деятельность, предоставление общественных услуг *(обеспечение общества товарами и услугами, осуществляемое государственными или общественными организациями; напр., обеспечение коммунальными услугами (электроснабжение, газоснабжение, водоснабжение), общественным транспортом, некоторые виды социальной помощи и т. д.)* **б)** общественная услуга *(напр., коммунальные услуги, общественный транспорт; обычно предоставляется государством)* **SEE:** public service advertising **3)** *общ.* бесплатная [доступная] услуга *(бесплатная услуга, призванная помогать людям, напр., услуга справочной службы)*

public service advertisement *марк.* социальная реклама **SYN:** public-interest advertisement **SEE:** public service advertising, public service advertising

public service advertising **сокр.** PSA *рекл.* общественная [социальная] реклама *(реклама, направленная на формирование образ социально одобряемого или неодобряемого действия или мнения (эмоции); цель данного вида рекламы привлечение к участию людей в решении обозначенной проблемы в рамках общезначимых социальных ценностей)* **SYN:** social advertising, public-interest advertising, public-affairs advertising, social cause advertising, cause advertising, public service announcement, public-issue advertising **SEE:** noncommercial advertising, charity advertising, opinion advertising, issue advertising, educational advertising, public service

public service announcement 1) *рекл.* объявление социальной рекламы **2)** *рекл.* = public service advertising

public stores *торг., пол.* = public store

Public Utilities Advertising Association *рекл., ЖКХ* Рекламная ассоциация коммунальных предприятий и предприятий общественного пользования* **SEE:** Public Utilities Communicators Association, Advertising Association

Public Utilities Communicators Association **сокр.** PUCA *рекл., ЖКХ* Ассоциация коммуникаторов коммунальных предприятий и предприятий общественного пользования* *(международная организация, цель которой — содействие развитию рекламной деятельности коммунальных предприятий; прежнее название — Рекламная ассоциация коммунальных предприятий и предприятий общественного пользования)* **SEE:** Public Utilities Advertising Association

public warehouse *торг.* склад общего пользования *(склад, который может быть сдан в аренду любом желающему)* **ANT:** private warehouse **SEE:** warehouse

publicist *сущ.* **1)** *рекл.* специалист по рекламе, пресс-агент *(ответственен за размещение в СМИ информации о клиенте и его товарах или услугах)* **2)** *СМИ* публицист, журналист *(комментатор политических, экономических и других событий в стране и обществе)* **3)** *юр.* специалист по международному праву

publicity *сущ.* **1)** *общ.* известность **EX: to avoid publicity** – сохранять инкогнито, **publicity-shy** – стесняющийся своей известности, **publicity came on to us** – к нам пришла известность, **The boxer's return generated enormous publicity.** – Возвращение боксера на ринг произвело сенсацию. **2)** *марк.* паблисити, известность *(предоставление информации о товаре, лице или компании по инициативе СМИ, которые считают эту информацию полезной для своей читательской или телевизионной аудитории; за эту информацию компания не платит и она вызывает большее доверие у публики; компании могут пытаться создать это паблисити различными методами: присылают журналистам информационные материалы, организуют различные общественные мероприятия и т. д.)* **EX: publicity stunt** — рекламный трюк, **book publicity** — продвижение [пиар-кампания] книги *(с целью увеличения роста продаж)*, **publicity machine** — пропагандистская машина, **to get publicity for the company** — сделать так, чтобы о компании заговорили, **Advertising you pay for, publicity you pray for.** — За рекламу платишь, за паблисити молишь. **SEE:** advertising, advance publicity, adverse publicity, admass, propaganda

publicity agent *рекл.* рекламный агент, агент по рекламе, агент по паблисити* *(лицо, нанятое компанией для распространения информации о ней и ее продукции и привлечения внимая широкой публики)* **SEE:** publicity

publicity band *марк.* = package band

publicity budget *рекл.* бюджет паблисити*, бюджет расходов на паблисити* *(смета расходов, связанных с проведением мероприятий по привлечению внимания к новому продукту, компании и т. п.; также сумма, выделенная на проведение таких мероприятий)* **SEE:** advertising budget, publicity

publicity campaign *общ., марк.* пропагандистская кампания **SYN:** communications campaign

publicity jingle *рекл.* = advertising jingle

publicity vehicle *СМИ, рекл., пол.* средство массовой информации; рекламное средство; средство пропаганды **EX: You'll learn how to develop publicity vehicles such as news releases, press releases, newsletters, and press kits.** – Вы узнаете, как использовать такие рекламные средства, как выпуски новостей, газеты, рассылки новостей и пресс-подборку. **SEE:** press kit

published media *рекл.* средства печатной рекламы *(напр., газеты)* **SEE:** advertising media, alternative media, direct media, display media, in-home media, marketing media, media agency, media analysis, media buy, media category, media choice, media planning, media coverage, media director, media effectiveness, media flighting, media image, media information, media habit, media kit, mass media, media flighting, media mix, media option, media plan, media programme, media research, media strategy

published price *торг., рекл.* объявленная [опубликованная] цена *(официально заявленная цена, указанная в прейскуранте, каталоге, каком-л. периодическом издании и т. п.)* **SEE:** list price

puff *сущ.* **1)** *общ.* дуновение, порыв ветра **2)** *общ.* дым; облако *(пара и т. п.)* **3)** *общ.* хвалебный отзыв, дифирамб **4)** *рекл.* = puffing

puffery *сущ. общ.* = puffing

puffing *сущ.* **1)** *общ.* славословие, непомерное восхваление, крикливость **2)** *рекл.* дутая реклама* *(реклама, преувеличивающая достоинства рекламируемого товара)* **SEE:** advertising exaggeration **SYN:** puffery, puff

pull date *торг.* срок годности, дата снятия с продажи *(штамп на скоропортящемся продукте, указывающий дату, после которой продажа товара не разрешается)* **SYN:** sell date **SEE:** shelf life, best before date

pull distribution strategy *марк.* выманивание товаров* *(маркетинговая стратегия, основанная на попытках побудить клиентов спрашивать в магазине товар, рекламу которого они видели, и тем самым побуждать магазины заказывать эти товары)* **SYN:** pull strategy **SEE:** push distribution strategy

pull strategy *марк.* = pull distribution strategy

pulling power притягательная сила, привлекательность **а)** *общ.* *(сила, влекущая к себе, делающая предмет, обладающий ею, интересным, заманчивым)* **EX:** **the pulling power of Cannes** – притягательная сила Канн **б)** *марк.* *(способность товара, рекламы, магазина и т. д. привлечь покупателя)* **EX:** **pulling power of shopping centre** – привлекательность торгового центра

pulperia *сущ. торг., амер.* пузыречная* *(бакалейный магазин с продажей спиртных напитков)* **SYN:** package store

pulsing *сущ.* **1)** *тех.* генерирование импульсов, подача импульсов **2)** *общ.* пульсация, пульсирование **3)** *рекл.* = pulsing advertising strategy

pulsing advertising strategy *марк.* стратегия пульсирующей рекламы*, пульсирующая рекламная стратегия* *(чередование периодов повышенной рекламной активности с периодами частичного или полного отсутствия рекламы)* **SYN:** pulsing, flighting **SEE:** burst advertising, flight

pulsing schedule *СМИ, рекл.* пульсирующий график *(размещения рекламы; чередование периодов повышенной активности с периодами затишья)* **SEE:** pulsing advertising strategy

pump price *торг.* цена на заправочной станции* *(розничная цена бензина или дизельного топлива)* **SYN:** price at the pump

pupil dilation response *рекл.* оценка реакции по расширению зрачка* *(измерение степени расширения зрачка исследуемого объекта в ответ на рекламу или иное изображение с целью выяснения уровня заинтересованности или объема полученной информации)*

puppy-dog close *марк.* детское завершение* *(завершение разговора с потенциальным покупателем, при котором торговый агент предлагает клиенту испробовать товар, напр., покрутить в руках, испробовать функции товара в присутствии торгового агента, взять бесплатно во временное пользование (напр., на выходные) и т. п.; название происходит от того, что ребенок, увидевший щенка, обычно начинает требовать, чтобы родители его купили)* **SEE:** assumptive close, alternative close, incentive close

purchase

I *сущ.* **1)** *торг.* покупка, закупка, купля, приобретение **а)** *(получение чего-л. в обмен на деньги)* **EX:** **purchase amount [volume]** – объем покупок [закупок] **SEE:** bargain purchase, cash purchase, credit purchase, consumer purchase, contract of hire-purchase, gift-with-purchase offer, import purchases, impulse purchase, initial purchase, low-involvement purchase, point of purchase, proof of purchase, purchase discount, purchase frequency, purchase history, purchase interval, purchase timing, agreement of purchase and sale, purchase order, sales **б)** *юр.* *(любой метод приобретения собственности, за исключением наследования)* **в)** *юр., амер.* *(согласно определению Единообразно-

го торгового кодекса США, вступление в права собственности благодаря акту продажи, уступки, переговоров, ипотеки, залога, ареста имущества должника, получения процента с ценных бумаг, выпуска или обмена ценных бумаг, благодаря подарку или любой другой добровольной сделке, дающей приобретателю право на участие в некой собственности) **SYN:** buying **SEE:** Uniform Commercial Code, sale, discount, security interest 2) *торг.* приобретение, покупка *(что-л. купленное, купленная вещь)* **SEE:** purchase delivery

II *гл. эк.* покупать, закупать, приобретать **EX: to purchase in bulk** – покупать оптом, закупать в большом количестве

purchase agent *торг.* = purchasing agent

purchase agreement *юр., торг.* соглашение о покупке, договор покупки *(соглашение между продавцом и покупателем, устанавливающее условия покупки какого-л. актива)* **SYN:** purchase contract, agreement of purchase and sale, contract of purchase and sale **SEE:** credit sale contract, instalment sale, international sales contract

purchase allowance *торг.* = purchase discount

purchase behaviour *марк.* = purchasing behaviour

purchase by sample *торг.* покупка по образцам *(покупка товара покупателем на основании ознакомления с предложенными образцами товаров или их описаниями, содержащимися в каталогах или представленными в фотографиях, а также при условии, что весь объем купленного товара будет соответствовать представленному образцу)* **SEE:** sale by sample

purchase card *банк., фин., торг.* = procurement card

purchase contract *юр., торг.* договор покупки, контракт на закупку *(договор между продавцом и покупателем, оговаривающий условия покупки какого-л. актива)* **SYN:** contract of purchase and sale, purchase agreement **SEE:** credit sale contract, instalment sale, international sales contract

purchase decision *марк.* решение о покупке, покупательское решение *(заключительная стадия процесса принятия решения потребителем о покупке)* **SYN:** purchasing decision, buying decision **SEE:** buyer readiness states

purchase decision process *марк.* = buyer decision process

purchase delivery *торг.* доставка покупок *(на дом покупателя, на склад предприятия-покупателя)*

purchase department *торг., упр.* = purchasing department

purchase discount *торг.* скидка на покупку, скидка при покупке *(скидка, полученная покупателем; с точки зрения продавца являться скидкой при продаже)* **SYN:** purchase allowance **SEE:** sales discount, discount received, quantity discount, cash discount

purchase for cash *эк.* = cash purchase

purchase frequency *марк.* частота покупок *(число случаев покупки определенного товара или осуществления покупки у данного продавца в течение определенного периода времени)* **SYN:** buying frequency, rate of purchase, purchase rate, purchase interval

purchase history *марк.* история покупок *(покупки, сделанные данным потребителем в течение определенного периода времени)*

purchase in bulk

I *гл. торг.* покупать оптом **EX: We can save quite a bit if we purchase in bulk from this company.** – Мы можем немного сэкономить, если будем покупать у этой компании потом. **SYN:** purchase in volume **SEE:** bulk buying

II *сущ. торг.* = bulk buying

purchase in volume

I *гл. торг.* = purchase in bulk

II *сущ. торг.* = bulk buying

purchase incentive *марк.* = buying incentive

purchase intention *марк.* = buying intention

purchase interest *марк.* покупательский интерес, заинтересованность в покупке

purchase interval *марк.* интервал покупок *(средний промежуток времени* *между случаями покупки потребителем определенного товара или осуществления покупок у одного определенного продавца)* **SEE:** purchase frequency

purchase lead time *марк.* процесс реализации покупки* *(время между размещением заказа на товар и получением (поставкой) товара)* **SEE:** purchase phase

purchase occasion *марк.* покупка, покупание *(процесс или факт приобретения товара или услуги)* **EX: Encourage customer to buy more per purchase occasion.** – Стимулируйте покупателей совершать больше покупок за один раз. **All the coupons must be redeemed on the same purchase occasion on which they are obtained.** – Все купоны действительны только для данной покупки. **Over 70 percent of all fast food purchase decisions are made less than five minutes before a purchase occasion.** – Свыше 70% решений о покупке обеда в ресторане быстрого обслуживания совершаются менее чем за 5 минут до самой покупки.

purchase on account

I *сущ. торг.* покупка в кредит **EX: 70% of the purchases on account are paid for in the month of purchase.** – 70% всех покупок в кредит оплачиваются в течение месяца после покупки. **SYN:** credit purchase, buy on credit, credit buying, purchase on credit **SEE:** on account, sale on account

II *гл. торг.* покупать в кредит **EX: Once your account has been verified you will be able to purchase on account.** – После того, как ваш счет будет проверен, вы сможете совершать покупки в кредит. **If the term of payment is repeatedly overrun, you will no longer be able to purchase on account.** – Если срок погашений кредита постоянно нарушается, вы не сможете больше покупать в кредит. **SEE:** on account

purchase on credit

I *сущ. торг.* = credit purchase

II *гл. торг.* покупать в кредит **SYN:** purchase on account, buy on credit

purchase on term *торг.* = forward buying

purchase order **сокр.** PO *торг., упр., учет* заказ на покупку [на поставку] *(документ, направляемый потенциальным покупателем поставщику с просьбой поставки определенных товаров)* **SEE:** purchasing department, supplier, conditions of delivery, request for quotation

purchase phase *марк.* стадия покупки *(момент времени, в который совершается покупка, т. е. происходит оплата и поставка товара)* **SEE:** post-purchase phase, pre-purchase phase, purchase phases

purchase phases *марк.* стадии покупки *(обычно выделяют три стадии: предпокупочная, покупка, послепокупочная)* **SEE:** purchase phase, post-purchase phase, pre-purchase phase

purchase price **сокр.** PP *эк.* = buying price

purchase-privilege premium **1)** *марк.* = self-liquidator **2)** *марк.* = semi-liquidator

purchase rate *марк.* = purchase frequency

purchase returns **1)** *торг.* возвращенные покупки* *(товары, которые были возвращены продавцу)* **2)** *учет* возврат(ы) покупок* *(счет, на котором учитывается возврат продавцам ранее купленной у них продукции)* **SEE:** purchases returns journal **SYN:** returns outwards, purchases returns

purchase timing *марк.* выбор времени покупки *(принятие решения о том, когда совершить покупку, чтобы результат был наилучшим)*

purchaser *сущ.* **1)** *марк.* покупатель **EX: to find a purchaser for** – находить покупателя для чего-л. **SYN:** buyer **SEE:** initial purchaser, subpurchaser, joint purchaser, regular purchaser, seller **2)** *юр.* приобретатель *(лицо, получающее в собственность какую-л. недвижимость любым способом, кроме наследования)* **SEE:** bona fide purchaser, purchase

purchaser motivation test *марк.* = motivational research

purchases price *эк.* = buying price

purchases returns *торг., учет* = purchase returns

purchases returns book *учет, торг.* = purchases returns journal

purchases returns journal *учет, торг.* журнал [книга] возврата покупок* *(бухгалтерская книга, в которой содержатся записи о возврате поставщикам ранее приобретенных у них* *товаров)* **SYN:** purchases returns book **SEE:** sales returns journal

purchasing agent 1) *торг.* агент по закупкам *(независимый посредник, за комиссионное вознаграждение осуществляющий закупку определенных товаров для клиента)* **SYN:** buying agent **SEE:** buying commission, sales agent 2) *эк. тр., торг., амер.* закупщик *(сотрудник отдела снабжения компании или магазина, работа которого заключается в закупке товаров для данной компании или магазина)* **SYN:** buyer, purchase agent

purchasing behaviour *марк.* покупательское поведение **EX: Psychographics identify personality characteristics and attitudes that affect a person's lifestyle and purchasing behaviour.** – Психография определяет личностные особенности характеристики и установки, которые влияют на образ жизни и покупательское поведение. **SYN:** purchase behaviour

purchasing card *банк., фин., торг.* = procurement card

purchasing decision *марк.* = purchase decision

purchasing department *торг., упр.* отдел закупок [снабжения], закупочный отдел *(отдел предприятия или другой организации, ответственный за покупку сырья, материалов, готовых товаров и т. п. для внутреннего использования данной организацией)* **SYN:** purchase department, buying department **SEE:** purchase order

purchasing lead time 1) *марк.* = administrative lead time 2) *марк.* время на покупку* *(промежуток времени между принятием решения о необходимости размещения заказа и поступлением заказанных товаров на склад)* **SYN:** procurement lead time

purchasing price *эк.* = buying price

purchasing specifications *торг.* детали покупки* *(требования к покупаемым товарам (качеству, внешнему виду и т. п.) и к условиям доставки; могут устанавливаться заказчиком (покупателем) или согласовываться между покупателем и продавцом)* **EX: agreed purchasing specifications** – согласованные детали покупки

pure competition *эк.* чистая конкуренция **SYN:** perfect competition

Pure Food and Drug Act 1906 *торг., юр., амер.* закон «О чистоте продуктов питания и лекарств», 1906 г. *(запретил производство, продажу или транспортировку в межштатной торговле продуктов питания и лекарств с фальсифицированными или мошенническими ярлыками; один из первых законов США о ненадлежащем рекламировании товаров)* **SYN:** Federal Food and Drug Act **SEE:** Federal Food, Drug and Cosmetic Act 1938; food legislation

pure private good *эк.* чистое частное благо *(благо, обладающие свойствами абсолютной исключительности и абсолютной конкурентности)* **SYN:** individual goods **SEE:** private goods

pure renewal *СМИ, марк.* чистое продление* *(подписки: продление подписки после первого продления первоначальной подписки; первое продление, называемое переходным, обычно труднее продать, чем чистое продление)* **SEE:** first renewal

purpose sampling *стат.* целевая выборка, преднамеренная выборка *(тип выборки, которая предусматривает отбор респондентов с заданными исследовательскими характеристиками)* **SYN:** purposive sample **SEE:** accidental sampling, sampling

purposive sample *стат.* = purpose sampling

purveyance *сущ.* 1) *торг.* заготовка, снабжение, поставка *(чаще о продовольственных товарах)* **EX: purveyance of supplies for an army** – поставка провианта для армии **SEE:** purveyor 2) *общ., эк.* запасы, провиант *(то, что заготавливается, напр., продовольствие)* 3) *юр., ист., брит.* право короля* *(исключительное право короля на скупку продуктов питания и иных запасов по отдельной цене (специальной королевской цене); отменено в 1660 г.)*

purveyor *сущ.* **1)** *торг.* снабженец, заготовитель *(занимается закупкой и поставкой определенных товаров, в основном продовольствия)* **EX: a purveyor of foods** – заготовитель продовольствия **2)** *эк., ист.* поставщик королевского двора *(был ответственен за закупку запасов для королевской семьи)*

push

I *сущ.* **1)** *общ.* давление, нажим, толчок **EX: He gave the door a hard push.** – Он сильно толкнул дверь. **2)** *общ.* толчок, стимул, побуждение, импульс **3)** *упр., брит.* увольнение *(с работы)* **4)** а) *общ., разг.* энергия, предприимчивость; напористость **EX: He hasn't enough push to succeed.** – Он недостаточно предприимчив [энергичен], чтобы преуспеть. **б)** *общ., разг.* усилие, энергичная попытка **EX: to make a push to reform the tax code** – предпринять энергичные действия по реформированию налогового кодекса

II *гл.* **1)** *общ.* давить, оказывать давление *(на кого-л. или на что-л.)* **2)** *общ.* толкать; продвигать **3)** *общ.* пытаться изо всех сил, добиваться *(прилагать усилия для достижения цели)* **EX: We have to push a little to make the deadline!** – Надо немного поднажать, чтобы успеть к сроку! **4)** *марк.* проталкивать (товар) *(способствовать продажам товара)* **EX: The salesman is aggressively pushing the new computer model.** – Продавец настойчиво предлагает новую модель компьютера. **The guy, who is hanging around the school, pushes drugs.** – Парень, который постоянно околачивается у школы, торгует наркотиками.

push distribution strategy *марк.* проталкивание товаров* *(маркетинговая стратегия, основанная на усилиях разместить товар среди оптовиков, которые затем сами пытаются продать его розничным торговцам, а последние - конечным потребителям)* **SYN:** push strategy **SEE:** pull distribution strategy

push incentives *торг.* стимулирующая продажи премия* *(денежное вознаграждение розничного торговца, выплачиваемое за продвижение определенного товара; напр., при покупке кожаных перчаток покупателю предлагается купить жидкость для очистки кожи)* **SYN:** spiff

push strategy *марк.* = push distribution strategy

pylon *сущ.* пилон **а)** *рекл. (столб, поддерживающий установку наружной рекламы)* **б)** *рекл. (установка наружной рекламы)* **SYN:** advertising pylon

pyramid scheme *марк.* пирамидная схема **SEE:** multilevel marketing

pyramid selling *торг.* пирамидная система продаж*, пирамидные продажи* *(система сбыта, при которой члены дистрибьюторской сети продают товары новым членам сети, а не конечным потребителям с целью вынудить купить товар не в силу качеств последнего, а из желания устроиться на работу в дистрибьюторскую сеть)* **SEE:** party plan

pyramiding *сущ.* строительство «пирамиды» **а)** *марк. (стратегия, при которой новые права на дилерство по данным товарам продаются вместе с потребительскими товарами для расширения рынков сбыта)* **б)** *марк. (метод испытания рассылочного списка, при котором рассылаются все увеличивающиеся выборки из этого списка до тех пор, пока выручка от каждой рассылки превосходит затраты или до полного использования списка)* **SYN:** continuation mailing **SEE:** previous mail suppression **в)** *торг. (недобросовестная практика торговли, при которой сознательно удлиняется цепочка распределения со все возрастающими оптовыми ценами, что приводит к искусственно вздутым розничным ценам)* **SEE:** pyramid selling, disintermediation

Q&A format *рекл.* **сокр. от** question-and-answer format

Q-rating *СМИ, рекл., амер.* Q-рейтинг*, Кью-рейтинг* *(система оценки популярности отдельных телевизионных программ, кинокартин, актеров, музыкантов, спортсменов и т. п., разработанная компанией «Маркетинг Ивэльюейшнс/Ти-Ви-Кью»; рейтинг составляется путем проведения выборочного опроса среди американского населения: участникам опроса высылаются списки наиболее известных лиц, образов, товаров и т. д., и предлагается проранжировать данные объекты по тому, насколько они знакомы опрашиваемому, и по тому, насколько они ему нравятся; данные рейтинга используются рекламодателями при отборе актеров для реклам, выборе телевизионных программ для размещения рекламы и т. д.)* **SEE:** Marketing Evaluations/TvQ

qualified buyer **1)** *эк.* квалифицированный [подходящий] покупатель **SEE:** qualified lead **2)** *торг.* квалифицированный покупатель *(лицо или организация, зарегистрированные как профессиональные субъекты сферы торговли; напр., торговая компания (магазин), приобретающий товары для продажи; экспортно-импортная компания, закупочный отдел компании и т. д.)*

qualified lead *марк.* подходящий клиент, перспективный покупатель *(который заинтересован в покупке, способен платить или самостоятельно принимать покупательские решения)* **SYN:** qualified prospect **SEE:** lead, lifetime value

qualified product *эк.* кондиционный товар, кондиционное изделие *(продукт, прошедший необходимую проверку и признанный удовлетворяющим всем техническим требованиям согласно стандарту или условиям договора)* **SYN:** satisfactory product, acceptable product, conforming product **ANT:** non-conforming product

qualified prospect *марк.* = qualified lead

qualified respondent *стат.* квалифицированный респондент *(лицо, которое удовлетворяет определенным критериям, установленным исходя из целей исследования, и потому может участвовать в опросе, напр., при изучении общественного мнения или потребительского поведения могут опрашиваться только лица, достигшее определенного возраста, обладающие определенными доходами, проживающие на определенной территории, приобретающие товары определенной товарной категории или товарной марки и т. п.)* **SYN:** eligible respondent **SEE:** sampling, survey

qualifying question *соц.* уточняющий вопрос *(вопрос, который задается респонденту для уточнения того, действительно ли данный опрашиваемый является тем, кто нужен исследователю)* **EX: If after asking the qualifying question or questions, you find that the respondent does not meet your specified criteria, tell them that you are finished and thank**

them for their time. – Если после уточняющего вопроса или вопросов Вы поймете, что респондент не отвечает Вашим требованиям, скажите ему, что Вы закончили и поблагодарите его за то, что он уделил Вам время. **SEE:** question, filter question

qualitative data *соц., стат.* качественные данные, качественная информация *(данные, выраженные в виде словесных оценок, а не в цифровой форме; напр., сведения о том, насколько хорошими считает опрашиваемый свои жилищные условия)* **SEE:** quantitative data

qualitative marketing research *марк.* качественное маркетинговое исследование* *(маркетинговое исследование, направленное на небольшие группы респондентов; обычно исследуется, почему люди покупают какой-л. продукт)* **SEE:** quantitative marketing research

qualitative research 1) *мет.* качественный анализ; исследование качественных показателей *(оценка важности различных факторов без их точного измерения)* 2) *марк., соц.* качественный анализ *(анализ, который опирается больше на мнения респондентов, чем на данные, полученные теоретически)* **SEE:** research

quality

I *сущ.* **сокр.** qlty 1) а) *эк.* качество **EX: to be up to quality (standards)** – соответствовать качеству (стандартам качества), **item quality** – качество изделия, **quality classification** – классификация [сортировка] по качеству, **quality testing [test]** – проверка качества, **quality of performance** – качество выполнения [исполнения], **quality department** – отдел (контроля) качества, **quality requirements** – требования к уровню качества *(продукции)*, **quality controller** – инспектор по качеству, **quality responsibility** – ответственность за обеспечение качества, **quality manual** – руководство по обеспечению [повышению] качества *(продукции)*, **quality gap** – несоответствие качества *(требуемому уровню)* **SEE:** quality control, quality label, quality guarantee, quality defect, quality of design, quality of service, quality certificate, quality competition, customer quality б) *торг.* уровень качества; сорт, класс **EX: best quality** – высший сорт, высшее качество, **poor quality** – низкое качество в) *эк.* высокое качество; добротность **EX: product of quality** – высококачественный товар 2) *общ.* качество, свойство, признак; характерная особенность *(чего-л. или кого-л.)* **EX: physical [chemical] qualities of smth.** – физические [химические] свойства чего-л., **leadership qualities** – лидерские качества

II *прил. эк.* качественный; высококачественный, высокого качества **EX: If a company requires a high quality advertisement in all markets, it could be preferable to use the best local agencies for each target market.** – Если компании нужна высококачественная реклама, то желательно на каждом целевом рынке прибегать к услугам лучшего местного рекламного агентства. **SEE:** quality goods

quality advantage *марк.* качественное преимущество, преимущество в качестве *(способность компании производить более качественный товар или оказывать более качественные услуг, чем конкуренты)* **SYN:** quality edge **SEE:** quality competition, price advantage

quality assurance *упр.* поддержка [гарантия, обеспечение] качества *(обеспечение того, что качество продукции, товаров и услуг постоянно поддерживается на высоком уровне)* **EX: quality assurance council** – совет по вопросам обеспечения качества, **quality assurance group** – группа по обеспечению качества, **quality assurance personnel** – специалисты по обеспечению качества *(напр., продукции)* **SEE:** quality control

quality audit *упр., потр.* = quality control

quality certificate *эк.* сертификат качества, свидетельство о качестве, сертификат о качестве *(документ, подтверждающий соответствие продаваемого товара установленным стандартам качества)* **SYN:** certificate of quality **SEE:** quality certification

quality certification *эк.* сертификация качества *(документальное подтверждение соответствия качества продукта определенным требованиям или стандартам)* **EX: water quality certi-**

fication – сертификация качества воды, **quality certification of goods** – сертификация товаров, сертификация качества товаров **SEE:** quality certificate

quality circle сокр. QC *упр.* кружок качества *(группа специалистов, которые регулярно встречаются для обсуждения и решения производственных задач, прежде всего повышения качества продукции; концепция была очень популярной с конца 1970-х гг. до середины 1980-х гг.)*

quality competition *эк.* конкуренция качества, конкуренция по качеству *(выражается в поставках более качественной или универсальной продукции, чем у конкурентов)* **SYN:** competition in quality **SEE:** price competition, product competition, advertising competition, promotional competition

quality control сокр. QC *упр.* контроль качества *(процесс проверки соответствия изготовляемой продукции и выполняемых работ установленным предприятием или государством стандартам)* **EX: quality control method** – метод контроля качества, **quality control conference** – конференция по вопросам контроля качества, **automatic quality control** – автоматизированный контроль качества, **quality control department [division]** – отдел контроля качества, **quality control analyst** – специалист по контролю качества, **quality control consultant** – консультант по вопросам контроля качества, **quality control inspection** – инспекция [проверка] качества, **quality control man** – специалист по контролю качества, **quality control personnel** – специалисты по контролю качества **SYN:** audit for quality, quality audit, audit for quality, quality security, quality control check, quality inspection, quality assurance, quality verification, quality survey, quality scrutiny

quality control check *упр.* = quality control

quality criterion *эк.* критерий качества *(количественный или качественный показатель, используемый для оценки качества продукта, выполненной работы и т. п.)* **SYN:** quality factor

quality defect *упр.* порок [дефект] качества *(определенный недостаток изготовленного предмета или выполненной работы, напр., трещины на корпусе, наличие внутренних примесей и т. п.)*

quality edge *марк.* = quality advantage

quality factor *эк.* показатель [фактор] качества *(характеристика товара, выполняемой работы и т. п., рассматриваемая как признак качественности/некачественности соответствующего товара, работы и т. п., напр., качество молока может оцениваться по содержанию в нем жиров, микроорганизмов и т. п., качество окружающей среды — по чистоте воздуха, чистоте воды, уровню зашумленности, эстетичности пейзажа и т. п.)*

quality function deployment сокр. QFD *упр.* технология развертывания функций качества, структурирование функции качества *(метод проектирования изделий, при котором сначала выявляются потребности потребителей, а затем определяются технические характеристики продукции и процессов производства, наилучшим образом соответствующие выявленным потребностям; в результате чего достигается более высокое качество продукции)*

quality goods *потр.* качественные товары *(товары, соответствующие принятым стандартам качества)* **SYN:** goods of quality

quality guarantee *торг., юр.* гарантия качества *(ручательство продавца за соответствие товара стандартам качества и способность товара надлежащим образом функционировать в течение определенного срока при соблюдении покупателем установленных правил хранения и эксплуатации; в случае, если товар окажется некачественным, продавец обязуется заменить товар или выплатить покупателю соответствующую сумму)* **SEE:** price guarantee

quality index *эк.* показатель [индекс] качества *(показатель общего уровня* *удовлетворенности свойствами товара, выполненной работы, состоянием окружающей среды и т. п.; может выражаться в баллах или в процентах; напр., компания в качестве показателя качества может использовать выраженную в процентах долю покупателей, заявивших при опросе, что они полностью удовлетворены свойствами товара, либо использовать балльную оценку, показывающую, насколько данный товар соответствует принятым стандартам, а для оценки качества воды или воздуха может использоваться индекс, рассчитываемый исходя из уровня содержания в воде/воздухе определенных загрязняющих веществ и т. д.)* **EX: water quality index** – показатель [индекс] качества воды, **product quality index** – показатель [индекс] качества товара

quality inspection *упр., потр.* = quality control

quality label *торг.* знак качества *(признак, присваиваемый товарам высокого качества в соответствии со стандартами качества, определяемыми государственными органами)* **SYN:** quality mark **SEE:** kitemark

quality mark *торг.* = quality label

quality of design *упр.* качество дизайна [конструкции] *(характеризует степень соответствия конструкции и дизайна товара потребностям потребителей)*

quality of service *эк.* качество обслуживания *(совокупность свойств, определяющих степень соответствия уровня обслуживания установленным стандартам и потребностям потребителей)* **SEE:** product quality

quality of the goods *юр., торг.* качество товаров *(оговорка в договорах купли-продажи, означающая что товар должен отвечать всем целям, для которых он обычно употребляется, и соответствовать контрактному описанию)* **SYN:** fitness of the goods **SEE:** sales contract, right quality, merchantable quality, caveat emptor

quality scrutiny *потр., упр.* = quality control

quality security *потр., упр.* = quality control

quality-sensitive *прил. эк.* эластичный, чувствительный по отношению к качеству *(о спросе)*

quality survey *потр., упр.* = quality control

quality verification *потр., упр.* = quality control

quantitative data *соц., стат.* количественные данные, количественная информация *(данные, представленные в цифровой форме; напр., сведения о величине дохода, об объеме закупок и т. п.)* **SEE:** qualitative data

quantitative marketing research *марк.* количественное маркетинговое исследование *(маркетинговое исследование, направленное на большие группы респондентов, напр., для определения количества людей, которые купят определенный товар)* **SEE:** qualitative marketing research

quantity discount *торг.* оптовая скидка, скидка с цены за количество, скидка за количество, скидка за объем, скидка с объема *(снижение цены товара при продаже крупными партиями)* **SYN:** volume discount, discount for quantity, quantity rebate, volume rebate, bulk discount, wholesale discount, case allowance, bulk purchase discount **SEE:** bracket pricing, cumulative discount, noncumulative discount, incremental discount

quantity discounting *торг.* предоставление оптовых скидок, предоставление скидки за количество **SEE:** quantity discount

quantity rebate *торг.* = quantity discount

quarter-page advertisement *рекл.* объявление на четверть полосы [страницы] **SEE:** full-page advertisement, half-page advertisement

quasi-public goods *эк.* квазиобщественные блага *(блага, которые обеспечиваются государством, но являются исключаемыми, напр., здравоохранение, образование, телекоммуникации и связь, общественный транспорт, музеи; на эти блага можно устанавливать цены, и частные производители могут ими обеспечивать* *потребителей посредством рыночной системы; но малообеспеченные слои населения будут предъявлять очень ограниченный спрос на эти блага, что может отрицательно сказаться на здоровье и конкурентных преимуществах нации, и поэтому государство может решить предоставлять такие блага бесплатно)* **SEE:** public goods, merit goods

quasi-retailing *сущ. торг.* сфера услуг *(термин обозначает совокупность лиц и фирм, предоставляющих услуги, а не товары; напр., агенты недвижимости, банки, отели, парикмахерские и т. п.)* **SEE:** services market

queen-size *прил.* **1)** *потр.* увеличенный в ширину, большого размера *(о предметах, предназначенных для женщин (напр., о женской одежде) или о предметах, размер которых является больше стандартного, но не максимально возможным)* **SEE:** full-size, king-size, king-size display, queen-size display **2)** *потр.* квин-сайз, королевского размера* *(стандарт кроватей, размером 60 на 80 дюймов (1,5 на 2 метра), а также соответствующих постельных принадлежностей (матрасов, простыней и т. п.))* **SEE:** queen-size, full-size, twin-size

queen size bus poster *рекл.* рекламная панель квин-сайз* *(рекламная панель (размером 27" на 85"), размещаемая на внешней части автобуса со стороны входа пассажиров)* **SEE:** king size bus poster

queen-size display *рекл., амер.* укороченная наружная реклама* *(размещается на средствах общественного транспорта со стороны входа пассажиров)* **SYN:** queen-size poster **SEE:** queen-size, king-size display, front-end display, taillight display, travelling display

queen-size poster *рекл., амер.* = queen-size display

question

I *сущ.* **1)** *общ.* вопрос **EX: to address [pose, put] a question to smb.** – задавать вопрос кому-л., **to answer [field, reply to, respond to] a question** – отвечать на вопрос, **blunt question** – прямой вопрос, **indirect question** – косвенный вопрос **2)** *соц.* зопрос *(предложение, требующее ответа; элемент структуры вопросника или анкеты)* **EX: to brighten a question** – внести ясность в вопрос, **Find the questions whose survey results you want to view.** – Найдите вопросы, результаты исследования которых вы хотите увидеть. **SEE:** alternative question, basic question, closed question, cheater question, closed question, close-ended question, contact question, control question, dichotomous question, explanatory question, fact question, filter question, fixed-alternative question, fixed-choice question, free-response question, open question, open-ended question, projective question, qualifying question, true-false question, questionnaire item **3)** *общ.* проблема, дело; задача; обсуждаемый вопрос **EX: open question** – нерешенная проблема, открытый вопрос, **This question requires analysis of cause-and-effect and the relationship between variables.** – Этот вопрос требует анализа причин и следствий и взаимосвязи между переменными. **4)** *общ.* сомнение; возражение **EX: beyond all [out of, without] question** – вне сомнения

II *гл.* **1)** *общ.* спрашивать, задавать вопрос **2)** *общ.* допрашивать; выспрашивать **3)** *общ.* исследовать; рассматривать **4)** *общ.* подвергать сомнению, сомневаться **EX: to question the credibility of smb's. story** – сомневаться в правдоподобности чьего-л. рассказа

question-and-answer format **сокр.** Q&A format форма «вопросы и ответы»*, метод вопросов и ответов* а) *общ. (способ представления информации в интервью, книге и т. п., когда приводятся вопросы и после каждого вопроса указывается ответ)* **EX: The book is written in a question-and-answer format.** – Книга написана в форме вопросов и ответов. б) *рекл. (форма составления рекламы, при которой рекламодатель или его представитель отвечают на вопросы потенциальных покупателей)*

question mark *марк.* «трудный ребенок», «темная лошадка», «дикая кошка», «знак вопроса» *(вид продук-*

та в Бостонской матрице, имеющий пока небольшую долю рынка, не приносящий большой прибыли, но имеющий высокие темпы роста) **SYN:** problem child, wild cat **SEE:** Boston matrix, cash cow, dog, star

question wording *соц.* формулировка вопроса **EX: Students learn quickly that question wording is an important factor in getting responses that accurately reflect the respondent's opinions.** – Студенты быстро уясняют, что формулировка вопросов является важным фактором в получении ответов, которые точно отражают взгляды респондента. **SEE:** question

questioning *сущ.* **1)** *общ.* допрос **EX: police questioning** – полицейский допрос **2)** *соц.* опрос, опрашивание **EX: art of questioning** – искусство опроса, искусство задавать вопросы

questionnaire *сущ. соц., фр.* анкета, вопросник, опросный лист **EX: to answer, fill in, fill up a questionnaire** – заполнять анкету, **to circulate, distribute, send out a questionnaire** – рассылать, распространять анкету, **to draw up, formulate a questionnaire** – составлять вопросник, **questionnaire item** – пункт анкеты, **This tutorial will teach you how to design a questionnaire and conduct a survey.** – Этот семинар научит вас, как создать вопросник и провести исследование. **SEE:** questioning, questionnaire design, questionnaire survey

questionnaire design **1)** *соц.* структура анкеты **SEE:** bipolar scale **2)** *соц.* разработка [схема] организации опроса, порядок опроса **EX: One important way to assure a successful survey is to include other experts and relevant decision-makers in the questionnaire design process.** – Один из верных способов провести успешное исследование - включить других экспертов и специалистов в процесс разработки структуры анкеты.

questionnaire survey *соц.* анкетное обследование, анкетный опрос **EX: to conduct a questionnaire survey** – провести анкетный опрос

quick-frozen food *пищ., потр.* быстрозамороженный пищевой продукт *(замороженный в морозильных аппаратах в короткий отрезок времени)* **SYN:** fast-frozen food **SEE:** frozen foods, convenience foods

Quick Response **сокр.** ECR *торг.* «Быстрая реакция» *(концепция сокращения цепи поставки, сокращения запасов и ускорения продвижения продуктов от производителей к потребителям, которую придумали крупные американские розничные торговцы; основана на использовании электронных каналов передачи информации о дефицитах и излишках)* **SEE:** Efficient Consumer Response

quick-service restaurant *торг.* = fast-food restaurant

quota *сущ.* **1)** *общ.* квота; (предельная) норма, норматив *(предельно допустимое или минимально необходимое количество чего-л.)* **EX: to exceed a quota** – превысить [перевыполнить] норму, **to set [assign, establish, fix] a quota** – устанавливать квоту [норму] **SEE:** activity quota, sales quota, quota sample **2)** *общ.* доля, часть, квота *(количество чего-л., выделенное отдельному лицу, напр., максимальное количество товара, которое член картеля в соответствии с картельным соглашением может произвести и реализовать в течение определенного периода)* **SEE:** marketing quota, quota agreement, cartel agreement, quota cartel

quota agreement *эк.* соглашение о квоте *(соглашение между независимыми фирмами о поддержании объемов производства и реализации на определенном уровне)* **SEE:** cartel agreement

quota cartel *эк.* квотный картель *(форма картеля, при которой для каждого участника картеля устанавливается максимальный объем производства и реализации)* **SEE:** price cartel, cartel agreement

quota sample *стат.* квотная [пропорциональная] выборка *(группа лиц или объектов, отобранная при проведении квотного исследования)* **SEE:** quota sampling

quota sampling *стат.* квотная [пропорциональная] выборка, квотный [пропорциональный] отбор *(метод проведения выборочного исследова-*

ния, при котором выделяются определенные категории опрашиваемых лиц (исследуемых объектов), и для каждой категории определяется количество лиц, которое должно быть опрошено (количество объектов, которое должно быть обследовано), напр., может быть решено опросить 100 взрослых и 50 подростков; количество опрашиваемых в каждой категории определяется таким образом, чтобы структура выборки соответствовала структуре генеральной совокупности) **SYN:** proportional sampling **ANT:** disproportional sampling **SEE:** quota sample, sampling

quotation of price *торг., бирж.* = price quotation

quotation request *эк.* = request for quotation

quote

I *гл.* **1)** *эк.* назначать цену, давать расценку **EX: to quote a price on a house** – назначить цену за дом **SEE:** quoted price **2)** а) *бирж.* котировать *(устанавливать биржевую цену товаров, ценных бумаг, иностранной валюты)* **EX: to be quoted at 500 dollars per ton** – котироваться (по цене) $500 за тонну б) *бирж.* котироваться *(о ценных бумагах: иметь хождение на бирже; также об эмитенте ценных бумаг, имеющих хождение на бирже)* **EX: The organization is quoted on the Stock Exchange.** – Эта фирма котируется на фондовой бирже.

II *сущ.* **1)** *эк.* цена; расценки **2)** *бирж.* котировка; курс

quoted price **1)** *эк., торг.* объявленная [назначенная] цена *(цена какого-л. товара или услуги, официально предложенная продавцом или покупателем)* **EX: C&F is a quoted price that includes cost of goods and freight.** – Каф представляет собой назначенную цену, которая включает стоимость товаров и стоимость транспортировки. **2)** *бирж.* котировальная [прокотированная] цена* *(официальный биржевой курс ценной бумаги или товара, в более узком смысле — цена последней реальной сделки с данной ценной бумагой или товаром)* **SEE:** offer price

R

RA number *торг.* **сокр. от** return authorization number

RA storage *торг.* **сокр. от** regular air storage

rack *сущ. торг.* стеллаж, полка, стойка *(шкаф или иное приспособление с полками, крючками, планками и т. п., предназначенная для выкладки или хранения товара в торговом зале)* **EX: record rack** – стеллаж для выкладки (демонстрации) грампластинок **SYN:** shelf stand **SEE:** newspaper rack, magazine rack

rack cabinet *торг.* стеллаж, шкаф *(для размещения и выкладки товара в торговом зале, может быть или с дверцами, или открытый)* **SEE:** shelf stand

rack folder *рекл.* листовка для стенда *(рекламная листовка, сложенная таким образом, что ее можно устанавливать на стенд, предназначенный для демонстрации таких листовок)*

rack jobber *торг.* оптовик-консигнант *(торгует на условиях консигнации, т. е. сохраняет за собой право собственности на товар, а счета розничным торговцам выставляют только за то, что раскуплено потребителями; таким образом, оказывает следующие услуги: доставка товара, установка стеллажей для его размещения, поддержание товарно-материальных запасов, финансирование)*

rack merchandise *торг.* упакованный полочный товар* *(предварительно упакованный товар, размещаемый на полках в магазинах самообслуживания)* **SEE:** merchandise pack

rack sale *торг.* продажа методом самообслуживания *(покупатель сам берет товар со стеллажа и оставляет плату)*

Racketeer Influenced and Corrupt Organization Act **сокр.** RICO *юр., рекл., амер.* закон «О подпавших под влияние рэкетиров и коррумпированных организациях», 1970 г. *(первоначально был направлен на пресечение использования внутренней информации при торговле ценными бумагами, но в силу широкой сферы действия применяется также для борьбы с разнообразными проявлениями недобросовестной рекламы, напр., дача взятки организации, выдающей лицензии, на основании которой можно указывать в рекламе несуществующие качества производимого товара; незаконная антиреклама; ложные пресс-релизы о достижениях фирмы и т. п.)* **SEE:** counteradvertising

radio advertisement *рекл.* рекламный радиоролик, рекламное объявление по радио, объявление радиорекламы **SYN:** radio commercial **SEE:** commercial, radio advertising, television advertising

radio advertising *рекл.* радиореклама, реклама на радио *(рекламные объявления, транслируемые по радио)* **SEE:** American Television and Radio Commercials Festival, media advertising, television advertising, commercial, radio advertisement, radio commercial, radio copywriter, broadcast advertising, cume rating, radio advertising bureau, spot radio time, spot radio

Radio Advertising Bureau **сокр.** RAB *рекл., амер.* Бюро радиорекламы *(разрабатывает программы, проводит исследования и другие мероприя-*

тия в целях повышения качества и эффективности радиорекламы) **SEE:** Orson Welles Award for Creative Excellence, radio advertising

radio audience *марк.* аудитория радио-слушателей **SEE:** audience

radio commercial *сущ. рекл.* = radio advertisement

radio copywriter *рекл.* автор радиорекламы **EX: Susanna K. Hutcheson is a radio copywriter who has written hundreds of radio commercials.** – Сузанна К. Хатчесон – автор радиорекламы, написавшая сотни рекламных радиороликов. **SEE:** radio advertising

rag and junk dealer *торг., разг.* старьевщик *(человек, торгующий старыми подержанными вещами)*

railroad warehouse *трансп., торг.* железнодорожный склад* *(склад железнодорожной компании для хранения транзитных и недоставленных грузов)* **SEE:** warehouse, storage track

railway advertising *рекл.* реклама на железных дорогах *(рекламные щиты в здании вокзала и возле него; рекламные сообщения, передаваемые на вокзалах по внутреннему радио; реклама в поездах (раздача пассажирам рекламных брошюр, личная продажа))*

rain check 1) *торг.* утешительный талон* *(гарантирует покупателю приобретение распроданного в данный момент товара в будущем по нынешней льготной цене)* 2) *общ.* талон на получение компенсации за дождь* *(корешок билета на стадион или отдельный билет, дающий право прийти на спортивную игру (обычно бейсбол), перенесенную в связи с дождем)*

rain-lap *рекл.* противодождевое перекрытие *(принцип крепления многолистовых рекламных плакатов, когда нижний обрез верхнего листа накрывает верхний обрез листа, расположенного ниже, что предотвращает затекание воды в стыки при дожде)*

random digit sample *стат.* случайная выборка по произвольным номерам *(выборка на основе произвольно придуманных телефонных номеров, что позволяет охватить абонентов, как внесенных, так и не внесенных в телефонные справочники)* **SEE:** sample

random sample *стат.* случайная выборка, произвольная выборка *(выборка, составленная методом случайного отбора)* **ANT:** nonrandom sample **SEE:** accidental sampling, sample

range *сущ.* 1) *общ.* сфера, зона, область **EX: narrow range of research** – узкая область исследований 2) *торг.* ассортимент; номенклатура **EX: You'll inevitably see something in the shop's range of goods.** – Вы обязательно что-нибудь найдете среди ассортимента товаров магазина. **SYN:** assortment 3) *эк.* пределы *(напр., колебания цен, т. е., низшая и высшая цены финансового инструмента или товара в течение определенного периода)* 4) *эк.* изменение, колебание, движение *(цен, курсов)* **EX: price range** – колебание цен 5) *стат.* размер выборки *(количество единиц, выбираемых из обследуемой совокупности)* 6) *стат.* размах вариации, амплитуда вариации *(абсолютная разность между максимальным и минимальным значениями признака из имеющихся в изучаемой совокупности значений)*

range of flexibility *учет, торг.* область гибкости цен* *(интервал между максимальной и минимальной ценами, в пределах которого можно изменять цену на продукцию)* **SEE:** ceiling, floor

range of goods *торг.* = choice of goods

range of products *марк.* = choice of goods

range of services *торг.* ассортимент услуг *(набор услуг, предлагаемых компанией)* **SEE:** choice of goods

rank scale *стат.* = ratio scale

rate

I *сущ.* 1) *общ.* размер, величина; уровень; норма *(характеристика количества, частоты и т. п., особенно выраженная в расчете на единицу чего-л., напр., на тысячу жителей, на один* *год и т. д.)* **EX: crime rate** – уровень преступности **2)** а) *эк.* (тарифная) ставка, тариф; такса; расценка *(зафиксированная в прейскуранте цена товара или услуги, напр., тариф за перевозки, тариф за коммунальные услуги, стоимость единицы рекламной печатной площади или коммерческого эфирного времени в средстве массовой коммуникации и т. п.)*; цена **EX: to buy [to sell] at a high rate** – купить [продать] по высокой цене **SEE:** rate book **б)** *эк.* ставка *(величина причитающегося платежа, выраженная в процентах от используемой в качестве базы суммы, напр., ставка налога, ставка таможенной пошлины, процентная ставка)* **в)** *фин.* курс *(цена, по которой продаются на бирже товары, ценные бумаги и валюта)* **г)** *эк.* оценка, оценочная стоимость **3)** *общ.* пропорция, отношение; коэффициент, показатель; степень; процент, доля **EX: rate of rejected claims was 24%** – доля отклоненных требований составляла 24% **SEE:** rate of delivery, abandon rate **4)** *общ.* темп; скорость **EX: rate of growth** – темп роста **5)** *эк.* разряд, сорт; класс **EX: first rate goods** – товары первого сорта, высококачественные товары

II *гл.* **1)** а) *эк.* оценивать, производить оценку **б)** *общ.* расценивать, оценивать, ценить **EX: to rate high [low]** – высоко [невысоко] оценивать **2)** *общ.* считать, рассматривать; полагать **EX: The department is rated as the best in the nation in its field.** – Отдел считается лучшим в своей области во всей стране. **3)** *общ.* приписывать ранг [класс]; устанавливать категорию; классифицировать, определять класс **EX: The item was rated «Unique».** – Предмет был определен как «уникальный». **4)** *общ.* заслужить *(что-л.)*, удостаиваться *(чего-л.)*; иметь право *(на что-л.)* **EX: He rated special privileges.** – Он обладал особыми привилегиями. **5)** *гос. фин.* оценивать для целей налогообложения *(определять стоимость имущества с целью расчета налогов)* **SEE:** rate base

rate base база ставки, тарифная база **а)** *эк. (базовый уровень цены услуг коммунальных предприятий, устанавливаемый органом государственного регулирования)* **б)** *гос. фин. (основа исчисления тарифа, оценка собственности для целей налогообложения)* **SEE:** rate **в)** *СМИ, рекл. (гарантированный чистый средний оплаченный тираж периодического издания, определяемый издателем на основе числа экземпляров, которое, по его твердому убеждению, он сможет продать; показатель используют рекламодатели для оценки эффективности рекламы в данном периодическом издании: цены на печатную площадь основываются на тарифной базе, и если гарантируемый ею тираж не достигается, то издатель должен компенсировать рекламодателю разницу)* **SEE:** bonus circulation

rate book *торг., рекл.* тарифный справочник, сборник цен **а)** *(справочник по ценам на рекламу в потребительских журналах и направленных на сельскохозяйственный сектор средствах массовой информации)* **б)** *(сборник цен на товары производителя, используемый его торговыми представителями)*

rate card *рекл., СМИ* прейскурант, карта цен *(буклет, брошюра или отдельный лист, содержащие цену на рекламу в средстве массовой информации, напр., в газете, на телевидении)* **SYN:** grid card **SEE:** off-card rate

rate card price *торг.* прейскурантная цена *(цена, указанная в тарифе продавца или поставщика услуг)* **SEE:** rate card

rate differential тарифные ножницы, тарифный дифференциал **а)** *СМИ, рекл. (разница между ценами на рекламу на местном и общенациональном уровне)* **б)** *эк. (разница в ценах на один и тот же продукт на разных рынках)*

rate holder *рекл.* «тарифодержатель», тарифный минимум *(минимальное* *число строк рекламы или минимальное число рекламных вставок, дающее рекламодателю право на предоставление скидки)*

rate of commission *торг., фин.* = commission rate

rate of purchase *марк.* = purchase frequency

rate of rebuying *марк.* = repurchase rate

rate of return pricing *марк.* ценообразование на основе прибыльности*, ценообразование на основе рентабельности* *(установление цен на продукцию таким образом, чтобы достигнуть определенного заранее уровня доходности вложенного капитала)* **SYN:** target pricing **SEE:** return on assets pricing

rate sheet *торг.* прейскурант *(справочник цен на продукцию, товары или услуги)*

rating *сущ.* **1)** *общ.* отнесение к классу [разряду, категории] **2)** *эк.* оценка, определение стоимости **3)** *марк., рекл.* рейтинг **а)** *(применительно к радио и телевидению: фактическая величина аудитории зрителей или слушателей данной программы или рекламы по сравнению с размером потенциальной аудитории)* **SEE:** rating point, Nielsen rating **б)** *(оценка числа людей, увидевших наружную рекламу)*

rating point 1) *СМИ, рекл.* пункт оценочного коэффициента* *(единица измерения популярности передачи, равная одному проценту аудитории)* **SEE:** gross rating point, homes per rating point **2)** *СМИ, рекл.* индекс популярности, рейтинговый балл*, рейтинговое очко* *(выраженное в процентах отношение числа лиц/домохозяйств слушавших/смотревших определенную программу в определенное время к общему размеру телевизионной или радио аудитории, охватываемой данным средством массовой информации)*

rating scale *псих.* оценочная [рейтинговая] шкала, шкала оценки [оценок] *(шкала, используемая для балльной или словесной оценки каких-л. объектов, явлений, результатов деятельности и т. п.)* **SEE:** verbal rating scale, numerical rating scale

ratio scale *стат.* шкала отношений, пропорциональная шкала *(шкала с использованием действительных чисел, когда расстояние между объектами зафиксированы, равны и соразмерны; при этом в отличие от интервальной шкалы, определена абсолютная нулевая отметка шкалы, которой соответствует реальное значение признака (вес, длина), что позволяет устанавливать отношения пропорции)* **SEE:** nominal scale, interval scale, ordinal scale, categorical scale, continuous scale, scale

rational appeal 1) *марк.* рациональный мотив *(маркетинговый подход, при котором предложение товаров и услуг рассчитано на рациональный выбор покупателя, основывающийся, напр., на знании о качестве товара или сравнительного анализа его цены)* **2)** *марк.* рациональная притягательность* *(свойство товара, способного привлечь рационального потребителя)* **SYN:** logical appeal **SEE:** comparison shopping, knowledge of commodities, immediate appeal, snob appeal, recreational appeal, mass appeal, masculine appeal, selling appeal, health appeal, game appeal, moral appeal, advertising appeal, price appeal, consumer appeal, marketing appeal, service appeal, sales appeal, emotional appeal, female appeal, sex appeal

rational consumer *марк.* рациональный потребитель *(потребитель, стремящийся максимизировать полезность каждой затрачиваемой денежной единицы)* **SYN:** reasonable consumer

raw commodities *эк.* = primary goods

raw material storage *пром., торг.* склад сырьевого материала, сырьевой склад, склад сырья **SYN:** crude storage, rough store **SEE:** storage

raw names *марк.* необработанные данные *(имена и адреса текущих или потенциальных потребителей в документальной форме до их внесения в компьютер, напр., в форме льготных или гарантийных купонов,* *бланков подписки или списков участников конференций)*

re-use package *торг., потр.* = reusable pack

reach

I *гл.* **1)** *общ.* достигать, доходить; простираться; связаться; оказывать влияние **EX: How to reach me?** – Как со мной связаться? **2)** *общ.* достигать; составлять *(сумму)* **EX: He expects the cost of research and development to reach ten million dollars.** – Он ожидает, что затраты на исследования и разработки достигнут десяти миллионов долларов. **3)** *марк.* охватывать *(определенную группу потенциальных покупателей)*; достигать, приобретать *(потребителей)* **EX: Innovative marketing programs are designed to reach consumers in new ways beyond traditional advertising.** – Новаторские маркетинговые программы направлены на то, чтобы приобрести потребителей новыми способами, помимо традиционной рекламы.

II *сущ. рекл.* = cumulative audience

reach and frequency *СМИ, рекл.* охват и частотность *(величины, используемые при определении общего показателя популярности вещательного средства массовой информации; охват означает количество домохозяйств, в которых смотрят данное СМИ, а частотность — как часто они это делают; выраженное в процентах произведение этих двух чисел дает общую потенциальную аудиторию данного рынка)*

reach frequency distribution *рекл., СМИ* частотное распределение *(отражает индивидуальное распределение телезрителей по просмотренным ими рекламным роликам)* **SEE:** media planning

reach truck **1)** *торг.* штабелер *(подъемно-транспортный механизм для складирования грузов на полках или в штабелях)* **2)** *торг.* = fork lift truck **SEE:** handling machinery

read-most *рекл.* прочитавшие большую часть *(учетный показатель при проведении исследований читаемости рекламы, обозначающий лиц, прочитавших более 50% текста данного печатного объявления)*

reader impression study *рекл.* исследования восприятия читателя *(с целью определения той рекламы в издании, которая была предназначена для заметивших ее респондентов)*

reader inquiry service **1)** *рекл.* услуга читательских запросов* *(предоставляется печатными или электронными СМИ рекламодателям; представляет собой размещение рекламы товара или услуги фирмы с приложенной карточкой читательского запроса (в журнале, газете) или онлайновую форму (в электронной версии публикации), которую читатель может заполнить и отправить по электронной почте)* **SEE:** reader service card **2)** *рекл.* служба читательских запросов* *(предоставляет услуги читательских запросов рекламодателям в печатных и электронных СМИ, обрабатывает запросы читателей и предоставляет результаты рекламодателям)* **3)** *эк.* отдел читательских запросов* *(в библиотеке, книжном магазине, издательстве газеты (журнала); предоставляет читателям запрашиваемую информацию)* **SYN:** reply service

reader interest *рекл.* заинтересованность читателя *(к прочитанной рекламе, измеряется разными способами)* **SEE:** reader response, purchase interest

reader loyalty *марк., СМИ* лояльность читателя, приверженность читателя *(склонность читателя приобретать одно и тоже печатное издание)*

reader response *рекл., СМИ* отклик читателей, реакция читателей [читательской аудитории] *(измерение читательского отклика на основе запросов на информацию, писем читателей и заказов, поступивших в ответ на рекламу или редакционный материал)*

reader service card *рекл.* карточка читательского запроса [читательского обслуживания, обслуживания читателей], карточка бинго *(вставка в периодическое издание, используемая читателями для запроса информации, литературы или образцов у тех компаний, которые либо рекламируются в этом периодическом издании, либо упоминаются в его редакционной части)* **SYN:** bingo card **SEE:** reader inquiry service

readers per copy *рекл., СМИ* число читателей на экземпляр *(число читателей, прочитавших данный номер периодического издания; подсчитывается путем деления общей читательской аудитории издания на средний тираж номера)*

readership *сущ.* **1)** *рекл.* круг читателей, читательская аудитория **а)** *(общее число читателей издания)* **б)** *(измерение аудитории в форме процента читателей, помнящих печатное рекламное объявление)* **2)** *общ.* читаемость

readership score *СМИ, рекл.* показатель числа читателей

reading ease score *СМИ, рекл.* показатель удобочитаемости *(текста)*

reading time *рекл.* время чтения *(среднее время, которое читатель посвящает чтению данного номера издания; сравнивая аналогичные издания, рекламодатель может установить издание с более продолжительным временем чтения, которое является более привлекательным, поскольку его целевая аудитория будет иметь больше времени для чтения рекламы)*

ready commodity **1)** *эк.* готовые товары *(товары, готовые к продаже и использованию конечными потребителями)* **2)** *общ.* обычное явление *(что-то само собой разумеющееся, не вызывающее удивления)* **EX: Time is not a ready commodity in our times.** – Свободное время – большая редкость в наши дни. **3)** *эк.* востребованный товар *(пользующийся спросом товар)* **EX: Your words make sense, if sex is treated as being something other than a ready commodity.** – Твои слова имеют смысл, если секс считать не просто востребованным товаром, а чем-то большим. **4)** *эк.* готовый рынок *(о ситуации, когда сложились благоприятные условия с предложением или спросом на рынке определенного товара)* **EX: Tourism in Florida may be down significantly since Sept. 11, but state officials are trying to replace out-of-state visitors with a ready commodity: local residents.** – Поток туристов во Флориду сократился из-за событий 11-го сентября, но власти штата пытаются заинтересовать туристическими услугами местных жителей. **Lots of the work will be done by volunteers, which seem to be a ready commodity at least for now.** – Большая часть работы будет сделана добровольцами, которых сейчас достаточно много.

ready delivery *торг.* поставка готовой продукции *(вид поставок, когда заказ поступает на готовую продукцию, имеющуюся в запасе у предприятия, а доставка, следовательно, осуществляется в течение нескольких дней)* **SEE:** ready for delivery, warehouse delivery

ready for delivery *торг.* готовый к доставке *(о продукте, товаре)* **SEE:** ready delivery

ready for service *потр.* готовый к эксплуатации *(в основном о бытовой технике)* **SEE:** ready for use

ready for use *потр.* готовый к употреблению *(в т. ч. о пищевых продуктах)* **SEE:** ready for service

ready-made clothes *потр.* готовое платье (и белье) *(одежда и белье, купленные в магазине, а не изготовленные на заказ)* **SYN:** off-the-peg clothes **SEE:** manufactured goods

ready-made shop *торг., потр.* магазин готовой одежды; магазин готового платья

ready-money purchase *эк.* = cash purchase

ready sale **1)** *торг.* готовый к продаже, имеющий товарный вид **2)** *марк.* быстрая продажа; хорошая продажа **EX: The fact that such books find a ready sale is by no means evidence that they are the books which should be circulated.** – Тот факт, что такие книги находят быстрый сбыт, никоим образом не свидетельствует о том, что их следует распространять. **Property here is ready sale when put on the market at a fair price.** – Недвижимость здесь хорошо продается, когда предлагается на рынке по привлекательной цене. **SEE:** heavy sale

real bargain 1) *торг.* взаимовыгодная сделка **SEE:** bargain **2)** *торг.* красная цена* *(цена, соответствующая качеству товара)*

real goods market *торг.* = actual market

real people *рекл.* реальные люди *(участвующие в рекламе обычные люди, не являющиеся актерами и представляющие собой фактических потребителей; такая реклама обычно считается более заслуживающей доверия, чем реклама с оплачиваемыми исполнителями)*

real price *эк., торг.* реальная [действительная] цена *(по которой фактически, совершается сделка)*

real product differentiation *марк.* реальная дифференциация продукта *(реальное отличие имеющих значение потребительских качеств продукта от аналогичных продуктов конкурентов)* **ANT:** imaginary product differentiation

real seeds *рекл.* реальные адреса *(адреса реальных людей, сознательно включенные в рассылочный список его владельцем в качестве контрольных, в отличие от фиктивных имен, используемых как контрольные)* **SEE:** salt name

reason-why advertising *рекл.* аргументирующая [аргументированная] реклама *(реклама, объясняющая, почему потребитель должен приобрести данный товар; реклама составлена таким образом, что в заголовке приводятся факты относительно товара или услуги, а в последующем тексте доказывается, что эти факты действительно имеют место)*

reason-why copy *рекл.* аргументированный рекламный текст **SEE:** reason-why advertising

reasonable consumer *марк.* = rational consumer

reasonable fitness *юр., торг., брит.* разумная пригодность* *(товара к использованию; согласно закону «О продаже товаров» 1979 г., регулирующему договор о продаже товаров в системе английского права, требование к качеству товара, составляющее обязанность продавца и являющееся подразумеваемым условием договора о продаже товаров, однако определения пригодности упомянутый закон не дает, поэтому законодательство при определении данного качества товара исходит из здравого смысла)* **SEE:** Sale of Goods Act 1979, contract of sale of goods, right quality, duties of the seller, implied term

reasonable price *юр., торг., брит.* разумная цена* *(цена в любом торговом договоре в рамках английского права, закон об определении которой вступает в силу в том случае, если цена не была определена сторонами договора о продаже; согласно закону «О продаже товаров» 1979 г., разумной считается цена, определяемая обстоятельствами каждого конкретного случая)* **SEE:** price in a contract of sale, contract of sale, Sale of Goods Act 1979

reasonable time of delivery *юр., торг., брит.* разумное время поставки (товара)* *(согласно закону «О продаже товаров» 1979 г., регулирующему договор о продаже товаров в системе английского права, время (срок, момент) поставки, нарушение которого делает предложение поставки неприемлемым; разумное время определяется конкретными обстоятельствами)* **SEE:** contract of sale of goods, delivery, time of delivery, tender of delivery

rebate

I *сущ.* **1)** *эк., торг.* скидка, уступка, вычет, рабат *(при расчетах, напр., с цены товара)* **EX: to grant [give] a rebate** – предоставлять скидку **SYN:** discount, reduction **SEE:** annual rebate, deferred rebate **2)** возврат *(ранее переплаченной суммы)* **а)** *СМИ (возврат денег рекламодателю средствами массовой информации* *в случае, если рекламодатель размещает больше рекламы, чем первоначально предполагалось договором, и получает за это большую скидку)* **б)** *марк. (возврат потребителю некоторой суммы после предъявления свидетельства покупки как метод стимулирования продаж)* **в)** *гос. фин. (возврат излишне уплаченных налогов)* **3)** *фин., банк.* вычет процента [процентов] **а)** *(уменьшение процента, уплачиваемого предприятием розничной торговли или сферы услуг эмитенту банковских карт при сделках выше определенной суммы)* **б)** *(передача эмитентом банковской карты части процента, взимаемого с предприятий сферы услуг за расчеты по картам, владельцу карты)* **SEE:** plastic card

II *гл.* **1)** *общ.* уменьшать, сбавлять *(напр., цену)*; делать скидку, уступку **SYN:** bonification **2)** *эк.* возвращать *(переплаченную ранее сумму, напр., возвращать клиенту деньги, в случае если он аннулирует заказ)* **EX: to rebate taxes** – возвращать (ранее уплаченные) налоги

rebate offer **1)** *марк.* предложение скидки **2)** *марк.* предложение возврата (денег)* *(предложения продавца вернуть покупателю часть уплаченной за товар или услугу суммы, если покупатель в течение определенного времени совершит несколько покупок на определенную общую сумму, представит производителю доказательство покупки (напр., вышлет ярлычок) или выполнит какое-л. другое условие)* **SYN:** refund offer

rebound *сущ.* **1)** *общ.* отдача, откат; отскок **2)** *общ., псих.* расстройство, депрессия; разочарование; удрученное состояние **3)** *марк.* спад, отлив, подавленность *(напр., реакция потребителей на неблагоприятную экономическую ситуацию)*

rebuy *сущ. эк.* повторная покупка *(со стороны того же покупателя)* **SEE:** modified rebuy, straight rebuy

recall rate *марк.* степень [процент] запоминаемости *(рекламы; отражает эффективность проводимой рекламной кампании)* **SEE:** recall research

recall research *рекл.* обследование запоминаемости *(метод оценки эффективности рекламы путем проверки способности респондентов вспомнить эту рекламу или любые ее элементы)* **SEE:** aided recall, unaided recall, recall rate

receipt

I *сущ.* **1)** *общ.* получение *(чего-л.)* **EX: on receipt** – по получении, **on receipt of remittance** – по получении перевода, **receipt of order** – получение заказа, **receipt of payment** – получение платежа, **receipt of goods** – получение товаров, **We are in receipt of your letter.** – Мы получили ваше письмо. **2)** *юр., учет* расписка, квитанция; расписка в получении *(письменное подтверждение уплаты долга или другой операции; в праве является одним из видов письменных доказательств, в некоторых случаях свидетельствует о заключении договора; в учете является документом, подтверждающим происхождение события или проведение хозяйственной операции, напр., отчет о поступлении товара, счет на оплату и т. п.)* **SEE:** cargo receipt, delivery receipt, dock receipt, mate's receipt, warehouse receipt **3)** *эк., мн.* денежные поступления, выручка, приход, доход *(полученные денежные средства)* **EX: receipts and expenses** – приход и расход, **total receipts** – общая сумма денежных поступлений, общий приход, общая выручка, **receipts tax** – налог с оборота

II *гл. юр.* давать расписку, выдать расписку (в получении), расписаться (в получении) *(письменно подтвердить получение денег, письма и т. п.)* **EX: to receipt a bill** – расписаться в получении счета

receipt of goods *торг.* получение товара **а)** *(факт доставки товаров поставщиком покупателю)* **SEE:** goods received note **б)** *юр., амер. (согласно определению Единообразного торгового ко-*

декса США: вступление в физическое обладание товаром) **SEE:** Uniform Commercial Code

receipt-of-goods dating *марк.* = ROG dating

receipts from trade *торг.* = sales

receivables from customers *торг., учет* дебиторская задолженность клиентов *(сумма долгов, причитающихся предприятию (организации) от своих клиентов — юридических или физических лиц — в результате хозяйственных взаимоотношений с ними (напр., задолженность покупателей за не оплаченные в срок товары или услуги); в бухгалтерском балансе является статьей активов)*

received tare *торг. (масса тары отдельного места груза, принятая для исчисления массы всей партии)*

receiver *сущ.* **1) а)** *общ.* получатель *(чего-л.)* **б)** *эк.* грузополучатель **EX: The receiver of goods signs the delivery note to certify that the goods have been received in good order.** – Грузополучатель подписывает накладную, подтверждая, что товары были благополучно получены. **в)** *юр., брит.* скупщик [укрыватель] краденого **2)** *общ.* приемник, вместилище *(чего-л.);* приемный резервуар; сборник **3) а)** *псих.* получатель информации *(индивид или группа индивидов, которым направляется информация; получатель воспринимает информацию и реагирует на нее в соответствии со своими индивидуальными качествами)* **б)** *рекл.* аудитория, объект воздействия *(рекламы)*

recency, frequency *марк.* давность и частота покупок *(мера ценности потребителя или группы потребителей с точки зрения числа сделанных покупок, промежутка времени между покупками и времени, прошедшего после последней покупки; чем меньше давность, и выше частота, тем более ценным является потребитель)* **SEE:** recency, frequency, monetary value

recency, frequency, monetary value **сокр.** RFM, RFMR *марк.* коэффициент давности, частоты и стоимости* *(коэффициент, определяющий ценность потребителя через время его последней покупки, частоту его покупок за период времени и общую стоимость сделанных им покупок)* **SEE:** RFM analysis

receptive audience *марк.* восприимчивая аудитория, благодарная аудитория *(наиболее доступная для внушения, принятия информации (рекламы) аудитория)*

rechargeable card *фин., торг.* пополняемая карточка [карта] *(пластиковая карта, на которую денежные средства могут зачисляться много раз по мере расходования ранее зачисленных средств, напр., карта для оплаты телефонных услуг, на которую владелец карты может внести дополнительные денежные средства после расходования первоначальной суммы, имевшейся на карте)* **SYN:** reloadable card **SEE:** disposable card, prepaid card, plastic card, smart card

recipe label *торг.* этикетка с рецептом приготовления продукта* **SEE:** label

recipient donor *СМИ, марк.* подписавшийся даритель* *(лицо, приобретающее и для себя подписку на те издания, которые он выписывает для других)* **SEE:** gift buyer, nonrecipient donor, donor promotion

reciprocal buying *торг.* взаимная [встречная] закупка *(торговая операция, при которой покупатель осуществляет встречную поставку каких-л. товаров или услуг продавцу, при этом стоимость товаров/услуг, поставляемых покупателем может составлять как полную стоимость первоначальной поставки, так и только ее часть (в этом случае подписывается два отдельных контракта на каждую поставку); иногда данную операцию называют «параллельный бартер»; форма встречной торговли)* **SYN:** counter purchase, counterpurchase, parallel barter **SEE:** countertrade, buy-back agreement

reciprocity *сущ.* **1)** *общ.* взаимность, обоюдность *(каких-л. уступок, привилегий и т. д.)* **2)** взаимность; принцип взаимности **а)** *марк. (принцип соглашения между двумя участниками рынка производителей, являющимися одновременно покупателями и продавцами друг для друга; напр., компания, оказывающая услуги отраслевому журналу, может оплачивать рекламную площадь своими услугами; возможности взаимной выгоды могут склонить компанию к выбору менее желательного продавца в обмен на возможность сбыта этому продавцу собственной продукции)* **б)** *юр. (признание одним государством или штатом каких-л. документов, дающих определенные права и выданных другим государством или штатом, напр., признание водительских прав и т. п.)*

recognition *сущ.* **1) а)** *общ.* опознание, распознавание **б)** *общ.* сознание, осознание **2)** *общ.* признание *(общественное уважение)*, одобрение **EX: The partners were delighted with the recognition of their work.** – Партнеры были довольны тем, что их работа получила признание. **3)** *эк., юр.* признание *(факта, претензии, права и т. д.)* **4)** *рекл., марк.* признание *(потребителем рекламы, которую он видел или слышал)* **SEE:** aided recall, name recognition **5)** *учет* признание *(официальная регистрация определенной операции, активов или пассивов в учетной документации организации)*

recognizable label *торг., потр.* узнаваемая этикетка **SEE:** label, household brand

recognized dealer *торг., амер.* официальный дилер **EX: Buying from a recognized dealer is by far the safest way to purchase a used car as you benefit from all the legal rights associated with doing so.** – Намного более безопасным способом приобретения подержанного автомобиля является его покупка у общепризнанного дилера, поскольку, поступая таким образом, вы можете воспользоваться всеми своими правами. **SEE:** illicit dealer, authorized dealer

recommended resale price *эк., торг.* = recommended retail price

recommended retail price **сокр.** RRP *торг.* = suggested retail price

record of trademarks *пат.* = trademark register

record status статус записи **а)** *комп. (характеристика записи компьютерного файла)* **б)** *марк. (определяющий запись либо как активную и подлежащую обслуживанию по подписке или по договору о непрерывной поставке, либо как оплаченную и пригодную для дальнейших кредитных покупок)*

record store **1)** *торг.* магазин аудио- и видеозаписей *(магазин, торгующий аудио- и видеокассетами, компакт дисками и т. п.)* **2)** *торг., устар.* магазин грампластинок

recorded commercial *рекл.* = taped commercial

recovery of business *эк., торг.* оживление торговли, оживление деловой активности **SYN:** revival of trade

recreational appeal **1)** *марк.* мотив активного отдыха *(маркетинговый подход, при котором предложение товаров и услуг базируется на поощрении стремления потребителя к активному отдыху)* **2)** *марк.* притягательность активного отдыха *(свойство товара рассчитанного на потребителя, стремящегося к активному отдыху)* **SEE:** immediate appeal, rational appeal, snob appeal, mass appeal, masculine appeal, health appeal, game appeal, moral appeal, advertising appeal, price appeal, consumer appeal, marketing appeal, service appeal, sales appeal, emotional appeal, female appeal, sex appeal

recruitment advertisement *упр., рекл.* = want ad

recruitment advertising *упр., рекл.* = want ad

recruitment media *СМИ, рекл., упр.* каналы [средства] (рекламы) набора* *(периодические издания, веб-сайты, теле- и радиопередачи, посредством которых распространяется инфор-*

мация о вакантных рабочих местах или наборе на учебу) **EX: to identify what recruitment media are available** – определить доступные средства рекламы рабочих мест, **to choose recruitment media** – выбрать канал рекламы набора **SEE:** recruitment advertising

Red Book «Рэд бук», «Красная книга» **а)** *торг., стат., амер. (еженедельный обзор розничных продаж, представляющий результаты исследования объемов розничных продаж крупных супермаркетов; является важной характеристикой потребительского спроса)* **SEE:** Consumer Confidence Index, consumer price index, customer demand **б)** *рекл., амер. (название двух справочников, входящих в «Стандартный рекламный регистр» — «Стандартный справочник рекламных агентств» и «Стандартный справочник рекламодателей»)* **SEE:** Standard Advertising Register **SYN:** Redbook

red clause credit *банк., торг.* = red clause letter of credit

red clause letter of credit *банк., торг.* аккредитив с красной оговоркой* *(аккредитив, который содержит специальную оговорку, позволяющую бенефициару аккредитива получить авансом средства для покупки или производства товара, указанного в аккредитиве)* **SYN:** red clause credit **SEE:** green clause letter of credit, anticipatory letter of credit

red goods *потр.* красные товары *(товары повседневного спроса с коротким сроком службы, требующие быстрой замены и обеспечивающие невысокую норму прибыли, напр., продукты питания)* **SEE:** orange goods, white goods, yellow goods, brown goods

Redbook *торг., стат., соц.* = Red Book

redemption *сущ.* **1) а)** *фин., банк.* погашение *(долга, задолженности)*; выкуп *(ценных бумаг)* **б)** *марк.* погашение *(обмен купонов, магазинных марок или других подобных средств стимулирования сбыта на скидки или премии)* **SEE:** redemption rate **в)** *общ.* выполнение *(обещания, обязательства)* **2)** *общ.* выкуп; возвращение себе, получение обратно **3)** *общ.* искупление *(вины)* **4)** *общ.* освобождение, спасение, избавление

redemption rate *марк.* показатель погашения *(процент купонов, магазинных марок или других подобных средств стимулирования сбыта, подлежащих обмену на скидки или премии, фактически возвращенных продавцу)* **SEE:** redemption

redemption shop *торг.* принимающий купоны магазин *(магазин, где накопленные купоны с объявленной стоимостью, выпущенные фирмой-производителем каких-л. товаров, обмениваются на товар этой же фирмы)*

redistribution-and-marketing officer *эк. тр., торг., амер.* = property-disposal officer

reduced price *торг.* сниженная [пониженная] цена **SEE:** special price

reduced price offer *торг.* предложение (товара) по сниженным ценам, предложение со сниженной ценой

reduced price pack *торг.* упаковка со скидкой* *(упаковка, продаваемая по льготной цене, напр., упаковка, включающая две единицы товара и продаваемая по более низкой цене, чем две единицы этого же товара по отдельности)* **SYN:** price-off pack **SEE:** combo pack, bonus pack

reduced rate *эк.* пониженный [льготный] тариф; пониженная [льготная] ставка [такса, расценка] *(стоимость товара или услуги пониженная по сравнению с обычными (базовыми) тарифными расценками, напр., льготная ставка за пользование услугами связи, пониженный тариф за подписку на периодическое издание и т. п.)*; сниженная цена **SEE:** reduced price, allowance, discount, rate

reduction *сущ.* **1) а)** *общ.* снижение, понижение, сокращение, уменьшение; спад **EX: reduction in turnover** – сокращение (товаро)оборота, **reduction in sales** – уменьшение объемов продаж **SEE:** hidden price reduction **б)** *упр.* понижение *(в должно-*

сти) **2) а)** *общ.* уменьшение, сокращение *(сумма, на которую что-л. уменьшилось)* **б)** *торг.* скидка **SYN:** rebate, discount **SEE:** price reduction **3) а)** *общ.* превращение, обращение *(приведение в какое-л. состояние)* **б)** *эк.* перевод, превращение *(в другие, более мелкие меры, единицы и т. п.)* **4)** *полигр.* уменьшенная копия *(с фотографии и т. п.)*; изготовление уменьшенной копии

reenrollment mailing *рекл.* почтовая реклама с целью повторного привлечения *(прямая почтовая реклама, направленная на бывших участников систем с непрерывной поставкой (книжных клубов, клубов музыкальных записей и т. д.) и предлагающая вновь вступить в эту организацию; комплект рекламы и ее текст отличаются в этом случае от материалов, рассылаемых с целью привлечения новых членов)* **SEE:** direct mail advertising

referee in case of need *торг., трансп. (лицо, которому должны быть переданы грузовые документы в случае отказа покупателя принять и оплатить их)*

reference *сущ.* **1) сокр.** R. *общ.* ссылка, упоминание **EX: «R. Mr. Smith»** – «в ответе сошлитесь на г-на Смита» *(надпись на шапке делового письма)* **2)** *общ.* сноска *(в книге)*; ссылка *(на источник используемой информации)* **3)** *общ.* справка **4)** *общ.* рекомендация, характеристика, отзыв **EX: On the average, employers check three references for each candidate.** – Как правило, работодатели проверяют три рекомендации на каждого соискателя. **5)** *фин., банк., торг.* справка, референция *(справка о финансовом состоянии и кредитоспособности какого-л. лица)* **6)** *общ.* лицо, дающее рекомендацию; поручитель **7)** *юр.* компетенция, круг полномочий *(напр., комиссии)* **8)** *юр.* передача на рассмотрение *(отсылка к другому лицу или в другую инстанцию)* **9)** *соц.* референтность *(потребность в ориентации на объект подражания в социальном мире)* **SEE:** reference group

reference group эталонная [референтная] группа **а)** *соц. (социальная группа, на нормы и ценности которой ориентируется индивид, членам которой стремится подражать)* **SEE:** reference **б)** *марк. (группа, класс или категория людей, к которой индивид считает себя принадлежащим, независимо от того, относится он к ней фактически или нет; оказывает влияние на потребительское поведение индивида, напр., на выбор марки автомобиля, исходя из стремления быть похожим на данную группу)*

reference media *рекл., СМИ* (периодическое) справочное издание *(периодически публикуемый источник статистической, демографической или коммерческой информации, предназначенный для использования рекламными агентствами и другими коммерческими структурами)*

reference price *эк., торг.* справочная цена *(рыночная цена какого-л. сопоставимого товара или услуги, используемая как база для предварительной оценки цены другого товара или услуги; напр., цена, по которой потребитель рассчитывает приобрести какой-л. товар исходя из своего прошлого опыта покупок, либо предварительная цена, указанная в контракте исходя из анализа текущих рыночных цен аналогичных товаров или услуг)*

reference sample *стат.* контрольная выборка *(выборка, у единиц которой отсутствует исследуемый признак; используется для сопоставления с выборкой, у единиц которой исследуемый признак присутствует)* **SEE:** sample

referral *сущ.* **1)** *общ.* направление *(на работу, к врачу и т. д.)* **2)** *рекл.* = third party referral **3)** *общ.* направленное лицо *(к врачу, на должность и т. д.)*

4) *марк.* «клиент по рекомендации»*, «направленный клиент» *(потенциальный потребитель, направленный к нам по рекомендации текущим клиентом или иным лицом)* **5)** *юр.* отсылка, перенаправление *(напр., дела для рассмотрения в другую инстанцию)*

referral marketing *марк.* рекомендательный маркетинг* **а)** = viral marketing **б)** *(получение информации о новых клиентах путем предложения вознаграждения любому человеку, который предоставит контактные данные своих знакомых, которые могут иметь потенциальный интерес к продукту)* **SEE:** third party referral

referral scheme *марк.* отсылочная схема *(предоставление скидки в случае, если покупатель обеспечивает продажу еще нескольких единиц товара, привлекая своих друзей, знакомых)*

refill bottle *торг.* = reusable bottle

refrigerated cabinet 1) *торг.* холодильный шкаф; охлаждаемый прилавок **SYN:** service cabinet **2)** *потр.* холодильник *(для домашнего хозяйства)*

refrigerated counter *торг.* охлаждаемый прилавок **SEE:** refrigerated cabinet, service cabinet

refrigerated display *торг.* охлаждаемая витрина **EX: refrigerated display equipment** – холодильное оборудование (для выставки в торговом зале), **refrigerated display cabinet** – охлаждаемый витринный шкаф

refrigerated shelf life *торг.* срок сохранности (товара) в холодильнике **SEE:** shelf life

refrigerated warehouse *торг.* = cold-storage warehouse

refund offer *марк.* предложение возврата (денег)* **а)** *(предложение производителя возвратить покупателю части уплаченной за товар суммы в обмен на предоставление свидетельства о покупке, напр., отправку производителю крышечки от товара, ярлыка, отрезной части упаковки и т. п.; используется для стимулирования сбыта)* **SYN:** cash refund offer, rebate offer **б)** *(предложение продавца вернуть покупателю деньги в том случае, если покупка его удовлетворит; используется для стимулирования сбыта)* **SEE:** hard offer, soft offer

refund slip *фин., торг., учет* = credit voucher

regional advertising *рекл.* региональная реклама *(рекламирование в пределах определенного региона)* **SEE:** local advertising, national advertising

regional brand *марк.* региональная торговая марка, региональный бренд *(торговая марка, которая признана в отдельном регионе страны)* **SEE:** national brand, local brand, global brand

regional edition *СМИ, рекл.* региональное издание *(общенациональное издание, в котором раздел рекламы предназначен для определенной географической зоны; многие издательства выпускают региональные издания с целью предложения местным рекламодателям возможности распространения рекламы в их географической зоне; редакционное содержание такого издания остается постоянным для всех географических зон, а в рекламной части резервируется площадь для местных рекламодателей)*

regional market *марк.* региональный рынок *(сбытовая территория, охватывающая определенный регион в пределах страны)* **SEE:** local market, nation-wide market, external market

regional marketing 1) *марк.* региональный маркетинг *(маркетинговая деятельность фирмы, осуществляемая ею в пределах определенного региона страны)* **2)** *торг.* региональный сбыт *(сбыт товара в пределах определенного региона страны)* **SEE:** marketing level, national marketing, local marketing

regional retailer *торг.* региональный розничный торговец* *(предприятие розничной торговли, которое занимается распространением товаров в отдельном регионе страны)* **SEE:** national retailer, local retailer, global retailer, regional wholesaler

regional sales agent *торг.* = regional sales representative

regional sales force *торг.* региональная служба сбыта, региональный штат продавцов* *(представлена группой региональных торговых представителей компании)* **SEE:** local sales force, national sales force, geographic organization

regional sales manager *упр., марк.* управляющий региональной службой сбыта, региональный управляющий по сбыту **SYN:** district sales manager, field sales manager, zone sales manager

regional sales representative *торг.* региональный торговый представитель *(агент по сбыту в определенном районе)* **SYN:** regional salesman, regional sales agent

regional salesman *торг.* = regional sales representative

regional shopping centre *торг., амер.* региональный торговый центр *(объединяет большое число различных магазинов и обслуживает жителей целого региона)* **SEE:** main shopping centre, shopping centre, neighbourhood shopping centre, community shopping centre

regional wholesaler *торг.* региональный оптовик *(оптовое предприятие, торговые операции которого распространяются на определенный регион страны)* **SEE:** national wholesaler, local wholesaler, regional retailer

registered customer *марк.* зарегистрированный клиент *(человек, зарегистрированный в клиентской базе данных компании и имеющий определенный регистрационный номер)*

registered trademark *пат.* зарегистрированный товарный знак *(официально оформленный на имя его владельца, в результате чего он имеет исключительное право на его использование)* **SEE:** unregistered trademark, trademark owner

regular

I *прил.* **1)** *общ.* правильный, нормальный; обычный; стандартный **SEE:** regular account, regular air storage, regular price, regular-size package **2)** *общ.* регулярный, систематический, постоянный **SEE:** regular customer, regular brand **3)** *общ.* квалифицированный; профессиональный

II *сущ.* **1)** *торг.* = regular buyer **2)** *упр.* постоянный работник

regular account *марк.* обычный [средний] клиент **SEE:** major account

regular air storage **сокр.** RA storage, RA-storage *торг.* хранение в обычной газовой среде, хранение в обычном воздухе *(о плодах, овощах)* **ANT:** controlled atmosphere storage **SEE:** storage, controlled storage, storage conditions, regular air stored

regular air stored **сокр.** RA-stored, RA stored *торг.* хранящийся в обычной газовой среде, хранящийся в обычном воздухе *(о фруктах, овощах)* **ANT:** controlled atmosphere stored **SEE:** regular air storage

regular brand *марк.* регулярная марка *(для потребителя - та марка товара, которую он предпочитает покупать)* **EX: Her regular brand is Marlboro.** – Она обычно курит «Мальборо».

regular buyer *марк.* регулярный покупатель, постоянный покупатель, частый покупатель *(покупает товар часто на постоянной основе)* **SYN:** steady buyer, regular purchaser, regular shopper **SEE:** infrequent buyer

regular customer *марк.* постоянный клиент [покупатель] *(клиент (покупатель), регулярно делающий покупки в одной и той же фирме)*

regular price *торг.* обычная цена *(цена, по которой обычно продается данный или аналогичный данному товар, в отличие от цены со скидкой или цены, действующей только во время распродажи)* **SEE:** discounted price, special price, privileged price, discount

regular purchaser *марк.* = regular buyer

regular shopper *торг.* постоянный покупатель **SYN:** regular buyer **ANT:** casual shopper

regular-size package *торг.* стандартная упаковка **SEE:** package size, king-size pack

regulated sale *гос. фин., торг.* = compulsory delivery

Regulation W **сокр.** Reg. W *банк., торг., амер.* правило «W»* *(распоряжение Совета управляющих Федеральной ре-*

зервной системы, устанавливающее условия потребительского кредита, в частности определяющее минимальную величину первого взноса при покупке в кредит и максимальную продолжительность кредита; действовало во время Второй мировой войны и в первые послевоенные годы, отменено в 1952 г.) **SEE:** consumer credit

reinforcement advertising *марк., рекл.* подкрепляющая реклама *(стремящаяся еще больше заинтересовать уже привлеченных покупателей путем заверения их в правильности сделанного ими выбора, напр., усиливая такой компонент отклика покупателя, как верность марке)* **SEE:** reminder advertising, follow-up advertising

reinstatement *сущ. общ.* восстановление **а)** *общ. (в правах, в прежнем положении)* **б)** *(статуса записи потребителя в качестве активной, после того как она была приостановлена, аннулирована, истекло время ее действия или каким-л. иным способом она была лишена активности)*

reintermediation *сущ.* реинтермедиация **а)** *фин., банк. (восстановление роли банков и сберегательных институтов в качестве посредников на финансовом рынке и как следствие обратный приток денежных средств в банки от конкурирующих небанковских финансовых институтов)* **б)** *торг. (появление новых посредников в производственно-сбытовой цепочке, т. е. восстановление роли посредников в обеспечении продвижения товаров от производителя к потребителям)* **SEE:** disintermediation

reject goods *торг.* отказаться от товара *(не принять доставленный товар, напр., в случае несвоевременной поставки товара, поставки некачественного товара или товара, не соответствующего заказанному)* **SEE:** rejected goods

rejected goods **1)** *торг.* отказные товары *(товары, не принятые покупателем по причине несоответствия нормам качества, количества, описанию и т. д.; продавец обязан принять такие товары назад)* **2)** *эк.* забракованные товары **SEE:** rejected product

rejected product **1)** *эк.* забракованный товар *(изделие, которое не соответствует нормам качества и признается производственным браком; обычно направляется на доработку или уничтожается)* **SEE:** unacceptable product, defective goods **2)** *эк., торг.* отказной товар **SEE:** rejected goods

rejection of goods *торг.* отказ от товара *(непринятие товара покупателем; имеет место по двум основным причинам: несоответствие стандартам качества (т. е. товар поврежден или бракован) или несоответствие заказу (т. е. получены не те товары, которые были заказаны))* **SEE:** defective goods

related goods *марк.* родственные товары *(имеющие какие-л. общие характеристики или служащие одной цели; напр., очки, солнечные очки, линзы, препараты для улучшения зрения)* **SYN:** allied products

related-item approach *марк.* = cross merchandising

related markets *марк.* взаимосвязанные рынки *(отдельные рынки, имеющие некоторые точки соприкосновения, напр., одинаковых поставщиков или потребителей, одинаковые нормы и правила действия, одинаковое месторасположение, одинаковую сферу деятельности и т. д.; примером взаимосвязанных рынков может служить рынок прав собственности и рынок аренды; рынок лекарственных препаратов и рынок труда медицинского персонала)* **SEE:** competitive advantage

related product *марк.* родственный товар **SEE:** related goods

relaunch *сущ. марк.* повторный выпуск *(повторное продвижение продукции на рынок или повторное нача-*

ло маркетинговой кампании после некоторого перерыва, во время которого были внесены некоторые усовершенствования и изменения)

release date *рекл., СМИ* дата выпуска *(дата и время, когда средствами массовой информации сообщается о начале выпуска новой продукции, начале рекламной кампании или появлении нового художественного произведения; устанавливается специалистами по связям с общественностью с целью максимального использования средств массовой информации и привлечения внимания самой широкой аудитории)* **SEE:** launch

release price *торг.* отпускная цена *(цена, по которой производитель товара продает его оптовикам или в розничную сеть)* **SEE:** wholesale price, purchases price, selling price, market price, step-up price

reloadable card *фин., торг.* = rechargeable card

remainder

I *сущ.* **1)** *общ.* остаток, остатки **2)** *марк.* избыток, излишний запас *(товар, оставшийся нераспроданным по своей первоначальной цене в результате не достаточного спроса)*

II *гл. торг.* распродавать *(остатки по низкой цене)* **EX: You can remainder your unsold 1000 copies for about what you paid for the printing.** – Вы можете распродать ваши непроданные 1000 копий примерно за столько, сколько вы платили за печатание.

remainder dealer *торг.* дилер товарных излишков *(напр., нераспроданных издателем книг)* **EX: The first edition is supposedly available from remainder dealer Edward Hamilton Books, but they are unable to locate it in their stock.** – Первое издание, возможно приобрести у дилера Edward Hamilton Books, занимающегося распродажей остатков тиража, но они не могут найти книгу на складе.

remarketing 1) *марк.* повторный маркетинг, ремаркетинг *(маркетинговые усилия, направленные на стимулирование падающего спроса на продукцию, осуществляемые таким образом, как будто предлагается новая продукция)* **2)** *марк.* переосмысление маркетингового подхода

remedy *сущ.* **1)** *общ.* лечебное средство, лекарство **2)** *общ.* средство, мера *(против чего-л.)* **3)** *юр.* средство правовой судебной защиты, средство защиты права **4)** *юр., торг., амер.* право на возмещение* *(согласно определению Единообразного торгового кодекса США: любое право на компенсацию нанесенного ущерба, которым наделяется потерпевшая сторона, как прибегающая к суду для защиты этого своего права, так и не прибегающая)* **SEE:** Uniform Commercial Code

remembrance advertising *марк.* = promotional advertising

remerchandise *гл. торг.* изменять выкладывание* *(изменять схему выкладывания товара в магазине, как правило, в связи с необходимостью учесть какие-л. факторы)* **EX: We are trying to remerchandise the mix toward the younger customer.** – Мы пытаемся приблизить нашу политику выкладывания к интересам молодых покупателей. **SEE:** merchandise

reminder advertisement *рекл.* напоминающее рекламное сообщение **SEE:** reminder advertising

reminder advertising *рекл.* напоминающая [повторная, поддерживающая] реклама, реклама-напоминание *(рекламное сообщение, созданное для напоминания потребителю о товаре, с которым он уже знаком; обычно следует за интенсивной рекламной кампанией и имеет более краткую форму, чем предыдущие рекламные сообщения)* **SYN:** retentive advertising, sustaining advertising **SEE:** reinforcement advertising, follow-up advertising, persuasive advertising

reminder advertising campaign *рекл.* кампания напоминающей рекламы **SEE:** reminder advertising

remit rate *СМИ, марк.* норма перевода денег *(часть цены подписки на периодическое издание, которая пересылается издателю подписным агентом* *после вычитания его комиссионных, обычно составляет от 10 до 40 % от продажной цены)*

remote retailing *торг.* заочная розничная торговля *(покупатель заказывает товары с помощью персонального компьютера и получает их на дом)* **SEE:** Nonstore Retailers, direct to home retailing, mail-order retailing

remote service unit **сокр.** RSU *банк., торг.* удаленный пункт обслуживания* *(электронный терминал, установленный вне помещений банка (напр., в торговом центре) и позволяющий снимать денежные средства со счета и осуществлять некоторые другие банковские операции)* **SEE:** customer activated terminal, point-of-sale terminal

remote shopping *торг.* дистанционные покупки*, заочные покупки *(по каталогу или в интернет-магазине)* **SYN:** armchair shopping **SEE:** electronic shopping

remunerative price *эк., торг.* выгодная цена *(цена, обеспечивающая получение прибыли)*

renewal *сущ.* **1) а)** *общ.* обновление; восстановление; реставрация **б)** *общ.* возобновление *(какой-л. деятельности)*; возрождение *(чувств и т. п.)* **в)** *эк.* пополнение *(запасов и т. п.)* **2) а)** *эк., юр.* пролонгация, продление действия *(договора, товарного знака и т. п.)* **EX: renewal of lease** – продление (срока) аренды **б)** *фин., банк.* пролонгация, пролонгирование *(замена старого долгового обязательства, т. е. обязательства, срок которого истекает, новым долговым обязательством с более поздним сроком платежа)* **в)** *СМИ* продление [возобновление] подписки *(заказ на подписку, поступивший до истечения текущей подписки или в течение шести месяцев после ее истечения)* **SEE:** renewal series, pure renewal

renewal-at-birth **сокр.** RAB *СМИ, марк.* подписка с продлением *(досрочное продление подписки, заказываемое в момент отправки платежа по текущей подписке)*

renewal promotion *СМИ, рекл.* = renewal series

renewal rate *СМИ, рекл.* доля продлений *(доля потребителей, продливших свою подписку, истекавшую в течение любого отдельно взятого цикла)* **SEE:** renewal promotion

renewal series *СМИ, марк.* реклама продления (подписки) *(серия мероприятий в рамках кампании по продлению подписки)* **SYN:** renewal promotion

renewal series *СМИ, марк.* реклама продления (подписки) *(серия мероприятий в рамках кампании по продлению подписки)* **SYN:** renewal promotion

renewed before *марк.* уже продлил* *(сообщение подписчика о том, что подписка уже продлена, во избежание последующей рекламы продления подписки)* **SEE:** renewal series, request expire

reorder

I *сущ. торг.* повторный заказ *(заказ дополнительного количества продукта)* **EX: reorder decision** – решение о повторном заказе, **The product has only been on the market ten days and we're already getting reorders.** – Продукт на рынке всего десять дней, а у нас уже повторные заказы. **SEE:** automatic reorder, reorder level, automatic reordering system, reorder period, comeback

II *гл. торг.* делать повторный заказ, *разг.* дозаказывать **EX: When stock falls to this level it must be reordered from the supplier.** – Когда запасы падают до этого уровня, необходимо дозаказывать [продукт] у поставщика.

reorder level *упр., учет* уровень [точка] заказа, уровень повторного заказа* *(уровень запасов, при котором необходимо произвести их пополнение)* **EX: reorder level of each item** – уровень заказа для каждого вида запасов **SEE:** reorder level system, reorder point

reorder level system *упр., учет* система повторных заказов с фиксированным уровнем запасов* *(система управления запасами, автоматически исполняющая приказы пополне-*

ния запасов при определенном уровне запасов (когда запас падает ниже определенного уровня) в разные промежутки времени) **SEE:** reorder level

reorder period *торг., упр.* цикл заказа *(интервал между моментами подачи последовательных заказов)* **SEE:** reorder

reorder point *упр., учет* момент [точка] (возобновления) заказа *(момент времени, в который необходимо произвести пополнение запасов; в отличие от уровня повторного заказа, не зависит от количества запасов в этот момент времени)* **SEE:** reorder level

reorder time *упр., торг.* время подачи (повторного) заказа *(на пополнение запасов)* **SEE:** reorder

reordering *упр., торг.* повторный заказ, осуществление повторного заказа **EX: retail reordering** – повторный заказ товара для розничного магазина

repeat

I *сущ.* 1) *общ.* повторение **EX: If the BBC and ITV have to put repeats on, why don't they show those that were on 15 to 20 years ago.** – Если «Би-Би-Си» и «Ай-Ти-Ви» приходится повторно показывать свои передачи, то почему бы им не показать те, которые шли 15-20 лет назад. 2) *торг.* повторные [дополнительные] заказы **SYN:** repeat order, repeat purchase **SEE:** repeat rate

II *гл.* 1) *общ.* повторять **EX: an offer that cannot be repeated** – уникальное [единственное] предложение 2) *общ.* повторяться, случаться вновь

III *прил. общ.* повторный **SEE:** repeat advertisement, repeat advertising, repeat audience, repeat mailing, repeat sale

repeat advertisement *рекл.* повторяющееся рекламное объявление **SEE:** repeat advertising

repeat advertising *рекл.* многократная реклама, повторяющаяся реклама *(реклама одного и того же товара несколько раз за определенный период (напр., неделю), в отличие от разовой рекламы)* **SEE:** reminder advertising

repeat audience повторная аудитория* а) *марк. (люди, регулярно покупающие определенные товары или услуги)* **SEE:** repeat purchase, return customer б) *СМИ (процент зрителей, которые после первого просмотра фильма (выпуска передачи и т. п.) смотрят его во второй раз)* **EX: Normally the films draw a 2 percent repeat audience; «Titanic» got 20%.** – Обычно фильмы собирают повторную аудиторию в два процента; «Титаник» собрал двадцать. **SYN:** repetitive audience

repeat buyer *марк.* = return customer

repeat customer *марк.* = return customer

repeat mailing *рекл.* повторная рассылка *(вторая рассылка того же комплекта торговой рекламы по тому же списку, выполняемая через короткий промежуток времени)*

repeat order *марк.* повторный заказ *(заказ, полученный от данного покупателя во второй раз)* **SEE:** repeat purchase, return customer, original order

repeat purchase *марк.* повторная покупка *(потребителем продукции той же марки; приверженность к марке может быть установлена по характеру повторных покупок)* **SEE:** brand loyalty, repeat audience

repeat purchaser *марк.* = return customer

repeat rate *марк.* показатель повторяемости покупок *(число покупок индивидуальным потребителем данного продукта за определенный промежуток времени)* **SYN:** repurchase rate

repeat sale *марк.* повторная [замещающая] продажа *(покупка потребителем товара для возмещения ранее купленного и уже израсходованного)* **SEE:** repeat rate

repeated purchases *эк., марк.* повторные покупки *(приобретение потребителем товара после первой пробной покупки; имеют место в случае удовлетворенности потребителя товаром после первой покупки)* **SEE:** advertising

repeated survey *соц., стат.* повторное обследование **EX: The repeated survey is done after a certain period of time, which can vary from 3 to 6 months.** – Повторное обследование осуществляется через определенный промежуток времени, который может варьироваться от 3-х до 6-ти месяцев. **SYN:** resurvey **SEE:** survey

repetition *сущ. рекл.* повтор, повторение, повторимость *(многократное воздействие рекламы на потребителя в течение определенного промежутка времени)* **EX: One secret to a successful radio campaign is repetition.** – Одним из секретов успешной рекламной компании по радио является повторение.

repetitive audience *марк.* = repeat audience

replacement delivery *торг.* поставка для замены, поставка на замену *(оборудования)* **EX: In the case of replacement delivery, the replaced parts shall become our property and the buyer shall be obliged to return the defective object.** – В случае поставки на замену, замененные части становятся нашей собственностью и покупатель обязан возвратить неисправное оборудование. **Company has the choice to repair the fault or to make a replacement delivery.** – У компании есть выбор починить поломки или заменить неисправное оборудование.

replacement file *рекл.* замещающий файл *(список имен и адресов, предоставляемый владельцем списка для замещения пользователем списка других имен и адресов в ранее предоставленном рассылочном списке; такой файл может предоставляться тогда, когда ранее предоставленный список содержит большое число адресов, по которым невозможна доставка, что делает его бесполезным)* **SEE:** mailing list

replacement parts *тех., торг.* взаимозаменяемые детали, запчасти *(поставка которых нередко входит в программу обслуживания после продажи)* **SEE:** after sales service

replacement product 1) *марк.* заменитель*, заместитель* *(напр., парик как заместитель натуральных волос)* **EX: hair replacement product** – заместитель волос **2)** *эк.* товар-замена *(предлагаемый потребителю вместо возвращенного им бракованного (поврежденного) товара)* **SEE:** defective goods

replacement sale *торг.* продажа на замену, возмещающая продажа **SYN:** repeat purchase

reply card *марк., связь* карточка [открытка] для ответа*, возвратная карточка [открытка]* *(почтовая открытка, вкладываемая в почтовое отправление, напр., в дополнение к прямой почтовой рекламе, призванная побудить получателя сделать заказ, написать свой отзыв о продукции, сделать дополнительный запрос о характеристиках продукции и т. п.; почтовые расходы по такой открытке оплачивает рекламодатель)* **SYN:** response card, return card, return postcard, prepaid reply card **SEE:** business reply card

reply coupon *марк., связь* возвратный купон *(купон, свидетельствующий об оплате почтовых расходов, вкладываемый в почту с целью побудить получателя отправить ответ; используется в прямой почтовой рекламе для поощрения размещения заказов, участия в опросе, розыгрыше призов и т. п.)* **EX: SYN:** response coupon, return coupon

reply envelope *марк.* конверт для ответа, возвратный конверт *(конверт с обратным адресом отправителя, предназначенный для возвращения с заказом или другим ответом, часто имеют штамп оплаты, содержат бланк заказа и отличаются иными особенностями, повышающими вероятность ответа потребителя; обычно используются в прямом почтовом маркетинге)* **SYN:** return envelope, response envelope, business reply envelope **SEE:** bangtail, order blank envelope, self-mailer, self-sealer

reply form *марк.* возвратный бланк, возвратная форма *(документы, распространяемые различными маркетинговыми организациями для сбора информации от частных лиц, напр., бланки заказов, заявки и анкеты)*

reply service 1) *эк.* служба ответов на вопросы [запросы], справочная служба **SEE:** reader inquiry service **2)** *марк.* = business reply service

repositioning *сущ. марк.* изменение позиционирования, перепозиционирование *(воздействие на отношение потребителей к товару или услуге в сторону его изменения; применяется в качестве ответа на сдвиг предпочтений рынка, с целью повысить доход компании или при выпуске нового товара)* **SEE:** positioning, product extension

representation *сущ.* **1)** *общ.* изображение, образ **2)** *эк., мат.* представление, задание, отображение *(представление информации о каких-л. функциональных зависимостях реального мира (напр., предпочтений потребителя) в виде числовой функции)* **EX: (numerical) representation of preferences** –(численное) представление предпочтений, **representation of preferences between commodity bundles** – задание предпочтений относительно наборов благ **3)** *стат.* репрезентативность *(показательность каких-л. наблюдений, возможность распространять выводы частичного обследования на весь изучаемый объект)* **4)** *юр., торг., амер.* заявление (без ссылки на результат) *(согласно закону «О продаже товаров» 1979 г.: заявление, сделанное стороной договора в целях создания у другой стороны представления о фактическом положении вещей, не обязывающее сторону, сделавшую заявление, к каким-л. действиям; отличается от положения договора; в случае, если заявление без ссылки на результат ошибочно принимается за положение договора, оно признается искажением фактов и подлежит регулированию законом «Об искажении фактов» 1967 г.)* **SEE:** Sale of Goods Act 1979, contract of sale of goods, statement, misrepresentation, Misrepresentation Act 1967 **5)** *эк., юр.* представительство *(особенно в каком-л. совещательном органе)*

representative *сущ.* **1)** *общ.* представитель, делегат, уполномоченный **а)** *(лицо, представляющее чьи-л. интересы, действующее по поручению, от имени кого-л.)* **SEE:** account representative, sales representative **б)** *юр., амер. (согласно определению Единообразного торгового кодекса США в понятие «представитель» входят: агент, официальное лицо корпорации или ассоциации и доверительный собственник, судебный исполнитель или управляющий имуществом, или иное лицо, уполномоченное действовать от имени другого)* **SEE:** Uniform Commercial Code **2)** *общ.* образец, типичный представитель **SYN:** specimen

representative consumer *эк.* репрезентативный потребитель *(потребитель, предпочтения которого могут быть использованы для оценки общественных предпочтений и благосостояния)* **SEE:** average consumer

representative cross section *общ.* типичные представители **EX: Accountants who attend my seminars are a representative cross-section of the profession.** – Бухгалтеры, посещающие мои семинары, являются типичными представителями этой профессии.

representative data *соц., стат.* репрезентативные данные, представительные данные *(данные, достаточные для обоснования решения, ради которого они собраны)*

representative opinion poll *соц.* репрезентативный опрос общественного мнения *(опрос, проводимый на основе выборочной совокупности, позволяющий экстраполировать выводы на всю генеральную совокупность)* **EX: Russians trust the Armed Forces more than any other security or law-enforcement body: 78.4% trust them to a greater or lesser extent and 18.2% don't trust them, according to a ROMIR-Gallup International public representative opinion poll conducted in mid-October.** – Россияне доверяют вооруженным силам больше, чем другим службам безопасности или правоохранительным органам. Согласно данным репрезентативного опроса общественного мнения, проведенного компанией РОМИР-Гэллап Интернэшнл в середине октября, 78,4% опрошенных доверяют вооруженным силам в большей или меньшей степени, и 18,2% респондентов не доверяют. **SEE:** poll

representative product *марк.* репрезентативный [характерный] товар *(товар, имеющий все свойства, типичные для определенной группы товаров, и представляющий собой всю группу товаров)*

representative sample *стат.* репрезентативная [представительная] выборка *(случайная выборка, свойства и структура которой соответствуют свойствам и структуре генеральной совокупности)* **ANT:** unrepresentative sample **SEE:** sample

representative survey *соц.* репрезентативный опрос *(опрос репрезентативной выборки, позволяет применять результаты ко всей совокупности)* **SEE:** survey

reprint *сущ.* **1)** *полигр.* переиздание, перепечатка; стереотипное издание; допечатка, дополнительный [повторный] тираж **2)** *рекл.* воспроизведение* **а)** *(воспроизведение рекламы после ее публикации; повторные оттиски используют так же, как и предварительные - для поддержки рекламы или ее демонстрации в месте продажи)* **б)** *(воспроизведение наиболее интересной статьи, уже опубликованной в журнале или газете, для использования на рекламных стендах, в прямом почтовом маркетинге совместно с рекламой или для связей с общественностью)*

reprint service **1)** *эк.* услуги переиздания* *(повторное издание книг, статей, рекламных публикаций, в неизменном виде или с некоторыми изменениями к первоначальному варианту)* **2)** *эк.* переиздательская компания* *(предоставляет услуги переиздания)* **2)** *рекл.* рекламный повтор *(повторное размещение одного и того же рекламного объявления в газете или журнале с целью усилить эффект от рекламы)*

reproducible goods *эк.* воспроизводимые блага [товары] *(товары, которые можно создать снова в том же виде и объеме; напр., любые потребительские товары: продукты питания, одежда, техника и т. д., производственные товары: рабочая сила, оборудование, здания и т. д.)* **SEE:** nonreproducible goods

repurchase rate *марк.* частотность [интенсивность] *(совершения)* повторных покупок, показатель повторяемости покупок **SYN:** repeat rate

request cancel *марк.* требование аннулирования *(требование заказчика какого-л. товара об аннулировании кредитного заказа до осуществления платежа, часто имеет место в случае желания заказчика получить бесплатный образец товара)*

request expire *рекл., СМИ* сообщение о прекращении подписки *(сообщение подписчика о том, что по истечении срока подписки она не будет возобновлена и высылать предложения о ее продлении не нужно)* **SEE:** renewed before, renewal series

request for proposal **1)** *марк.* запрос *(на выдачу)* предложения, запрос на предложение, запрос цен *(документ, направляемый потенциальным покупателем потенциальному продавцу, с просьбой выслать условия и цены продаж)* **2)** *марк.* объявление о принятии предложения *(на выполнение заказа)* **SEE:** competitive bid

request for quotation **сокр.** RFQ *эк.* запрос о цене, запрос цен *(документ, направляемый покупателем потенциальному поставщику с просьбой сообщить цену и возможные условия продажи; направляется исключительно для оценки условий поставки, не обязывает покупателя разместить заказ)* **SYN:** quotation request **SEE:** price quotation, purchase order

request marketing *марк.* маркетинг по запросу* *(компания связывается с потенциальными или существующими клиентами только по их просьбе (т. е. клиенты сами запрашивают у компании то, что им надо — напр.,* *рекламные буклеты, бланки заказа и т. д.), в отличие от рассылки компанией рекламных материалов всем потенциальным клиентам с последующим ожиданием откликов)*

requestor *сущ.* **1)** *общ.* запрашивающая сторона, запрашивающий *(лицо или организация, подающее какой-л. запрос или обращающееся с просьбой, напр., запрашивающее дополнительную информацию о чем-л.)* **2)** *СМИ, рекл., амер.* отправление по запросу* *(категория почтовых отправлений, к которой относятся бесплатные издания, рассылаемые в ответ на запрос получателя; такие отправления обрабатываются почтовой службой США как обычные периодические издания, а все остальные бесплатные издания рассматриваются как рекламные и обрабатываются как обычные почтовые отправления)*

requirements contract *эк.* контракт на обслуживание* *(договор, по которому поставщик обязуется в течение определенного времени поставлять все необходимые товары или оказывать все необходимые услуги данному клиенту)* **SEE:** indefinite delivery contract, output contract

resale *сущ. торг.* перепродажа *(продажа ранее купленного, обычно с целью извлечения выгоды)* **EX: Resale Prices Acts (1964, 1976)** – законы «О розничной торговле», 1964 и 1976 г. **SEE:** resale price, resale price maintenance, resale price maintenance laws

resale price *торг.* цена перепродажи [при перепродаже] *(цена, по которой перепродается ранее купленный товар; напр., цена, по которой продает товар розничный торговец, в отличие от цены, по которой данный торговец приобрел товар у оптового торговца или производителя)* **SEE:** resale price maintenance

resale price maintenance *эк.* поддержание [поддержка] розничных цен, поддержка цен перепродажи* *(требование производителя о том, чтобы его продукт продавался конечным потребителям не ниже некоторой цены; производитель поставляет свой товар только тем распространителям, которые соглашаются придерживаться указанной производителем цены; данная практика в некоторых странах считается незаконной)* **SYN:** retail price maintenance, price maintenance, vertical price fixing **SEE:** price fixing, restrictive trade practice, manufacturer's suggested retail price

resale price maintenance laws *торг., юр.* законы о поддержании розничных цен *(ряд законов, запрещающих производителям заставлять перепродавцов поддерживать минимальную розничную цену реализации)* **SEE:** resale price maintenance

Resale Prices Acts (1964, 1976) *юр., торг., брит.* законы «О розничной торговле», 1964 и 1976 г. *(о регулировании розничных цен)* **SEE:** competition policy, recommended resale price, resale price maintenance

rescale *гл.* **1)** *общ.* изменять масштаб **2)** *рекл.* = resize

research *сущ. общ.* исследование, научное исследование, изучение **EX: broad-scale research** – широкомасштабные исследования, **advanced research** – перспективные исследования, **research work** – исследовательская работа, **to be engaged in research** – заниматься научно-исследовательской работой, **to conduct [do, pursue] research** – проводить исследования, **research department** – отдел исследований, **research worker** – сотрудник отдела исследований **SEE:** consumer research, armchair research, market research, marketing research, media research, product research

reseller market *марк.* = trade market

reservation price *эк.* резервированная цена *(минимальная цена, ниже которой продавец не согласен продавать свой товар или наивысшая цена, которую готов заплатить покупатель)*

reserve *сущ.* **1) а)** *общ.* запас, резерв **SYN:** stock **б)** *фин., тж. мн.* резервный фонд, резерв, резервы *(средства, ко-*

торые не используются, оставлены для будущих платежей, напр., резерв по безнадежным долгам) **2)** *общ.* оговорка, условие, исключение; ограничение; изъятие **3)** *торг.* резервированная цена, низшая отправная цена *(на аукционе)* **4)** *учет* резерв, счет резервов *(счет, на котором отражается часть прибыли, отложенная для покрытия будущих расходов)*

reservoir storage **1)** *эк.* водохранилище **2)** *эк.* хранение воды в водохранилище **3)** *торг.* нефтехранилище, резервуар *(для нефти или газа)* **4)** *торг.* хранение в резервуарах **SEE:** storage

resident buyer **1)** *марк.* = residential customer **2)** *торг.* оптовый покупатель *(торговый посредник, приобретающий товары у производителей по поручению розничных торговцев)* **SEE:** wholesale customer, order buyer

residential customer **1)** *ТЭК* бытовой потребитель электроэнергии, индивидуальный бытовой потребитель *(домашнее хозяйство как потребитель электроэнергии)* **SEE:** commercial customer **2)** *марк.* клиент-резидент, покупатель-резидент *(клиент, живущий в данной местности в границах торговой зоны продавца)* **SYN:** resident buyer

residential sales **1)** *торг.* = home sales **2)** *торг.* бытовые продажи* *(объем продаж товаров, предназначенных для домашнего использования)*

residual mail *связь, марк.* остаточная почта *(почтовые отправления, оставшиеся после полной компьютерной предварительной сортировки по адресам как не попадающие под действие скидок, обычно вследствие того, что объем корреспонденции в некоторые пункты назначения не удовлетворяет минимальным требованиям)*

resistor *сущ.* **1)** *тех.* резистор, катушка сопротивления **2)** *марк.* сопротивленец*, упрямец* *(лицо, не реагирующее на прямую почтовую рекламу)* **SEE:** direct mail advertising

resize *гл.* **1)** *общ.* изменять размер **2)** *рекл.* изменять размер *(изменять размер печатной рекламы при ее публикации в другом периодическом издании)* **SYN:** rescale

respondent *сущ.* **1)** *соц.* респондент; опрашиваемое лицо, опрашиваемый, отвечающий, обследуемый, обследуемое лицо *(индивидуум, играющий роль объекта исследований и предоставляющий информацию при опросе, обследовании или других научных мероприятиях по сбору информации)* **SEE:** number of respondents, original respondent **2)** *юр.* ответчик *(в суде по какому-то делу)*

response *сущ.* **1)** *общ.* ответ, ответное действие; отклик **EX:** **in response to your letter (of)** – в ответ на Ваше письмо (от такого-то числа) **SEE:** response analysis, response rate, reader response **2)** *мат., тех.* реакция *(изменение одного показателя в зависимости от другого)* **3)** *соц.* ответ в анкете, в интервью **SEE:** closed response, predicted response, response bias, survey response, voluntary response

response analysis *рекл.* анализ отклика [ответов] *(статистический анализ отклика на прямую почтовую рекламу, показывающий как работают все ее элементы (рассылочный список, комплект, предложение))* **SEE:** gross amount, key code, package test, response rate

response area *марк.* зона отклика* *(территория, на которую в первую очередь ориентируется фирма при производстве товара или услуги)*

response bias *стат.* систематическая ошибка в ответах *(искажение результатов исследования, связанное с ошибками респондентов при ответах на вопросы)* **SEE:** response error, nonresponse error

response card *марк., связь* = reply card

response coupon *марк., связь* = reply coupon

response device **1)** *рекл.* средство стимулирования ответа *(в прямом почтовом маркетинге: конверт с обратным адресом, готовый к отправлению* *бланк заказа или запроса и т. п., вкладываемый в комплект прямой почтовой рекламы с целью побудить получателя отправить ответ рекламодателю)* **SEE:** reply coupon, reply card, reply envelope, direct mail advertising 2) *рекл.* формуляр для регистрации ответов *(в прямом почтовом маркетинге)* **SEE:** reply form

response envelope *марк.* = reply envelope

response error *стат., соц.* ошибка в ответе [ответах] *(при опросе)* **SEE:** response bias, non-response error

response list *марк.* список ответивших [откликнувшихся], список откликов *(в почтовом и телефонном маркетинге: список имен и адресов людей или компаний, откликнувшихся на какое-л. предложение; в отличие от «компилированного списка», который является информацией, собранной из справочников, газет, государственных архивов, и т. д.)* **SEE:** compiled list, list, telemarketing

response projection *рекл.* прогнозирование отклика *(прогноз общего ожидаемого отклика на рекламу на основе числа ответов на данный момент времени или на основе предыдущего опыта использования этой рекламы, рассылочного списка или продвижения на рынок этой продукции)* **SEE:** doubling day

response rate 1) *соц.* процент ответивших (на вопрос) *(относительная доля общего числа людей, которым было предложено ответить на вопросы, согласившихся ответить)* 2) *рекл.* показатель отклика [ответной реакции], уровень отклика *(общий (на оплаченные и кредитные заказы) или чистый (только на оплаченные заказы) отклик в процентах к общему числу экземпляров отправленной по почте рекламы или к общему числу контактов с ней)* **SYN:** percent of return, return percentage, return rate **SEE:** response analysis, rule of 300

restaurant *сущ. торг.* ресторан **SEE:** a la carte restaurant, fast-food restaurant, buffet restaurant, family restaurant, organic restaurant, commercial restaurant, noncommercial restaurant, gastronomical restaurant, public catering enterprises

restaurant chain *торг.* сеть ресторанов *(несколько ресторанов с одним названием, принадлежащих одному хозяину, или используемых другими лицами по договору франчайзинга, и предлагающих одинаковый набор блюд; как правило, в сети объединяются рестораны быстрого обслуживания)* **SEE:** fast-food restaurant, fast-food chain, retail chain

restore *сущ. марк.* восстановление *(окончательная стадия процесса слияния и очистки рассылочных списков, на которой создается окончательный список на основе оставшихся имен)* **SEE:** merge/purge, mailing list

restricted distribution *марк.* = limited distribution

restricted goods *эк.* ограничиваемые [ограниченные] товары* *(товары, для производства или экспорта/импорта которых требуется специальное разрешение)*

restrictive practice 1) *торг.* = restrictive trade practice 2) *эк. тр.* ограничительная политика, ограничительное действие *(меры по ограничению максимально эффективного использования труда работников)*

Restrictive Practices Acts *торг., юр., брит.* законодательные акты «Об ограничительной торговой практике», 1956, 1968, 1976 гг. *(ряд законов, определяющих ответственность за незаконные соглашения по ограничению торговли)* **SEE:** competition policy

Restrictive Practices Court **сокр.** RPC *юр., торг., брит.* Суд по рассмотрению жалоб на ограничительную торговую практику *(в Великобритании рассматривает случаи нарушения конкурентной политики)* **SEE:** collusion, restrictive trade practice

restrictive trade practice 1) *эк., юр.* ограничительная торговая практика [мера, соглашение, деятельность] *(любое соглашение между продавца-*

ми на одном рынке или производителем и продавцом какого-л. товара, ограничивающее свободу выбора участников этого соглашения в области установления цен, выбора ассортимента, заключения контрактов и т. п.) **EX: The domestic producers have formed a cartel which is a restrictive trade practice.** – Национальные производители создали картель, что является ограничительной торговой мерой. **The Board has the authority to grant authorization to carry out a restrictive trade practice.** – Совет имеет право разрешить осуществление ограничительной торговой практики. **SYN:** monopolistic trade practice, anticompetitive conduct **SEE:** trade practice, price fixing, resale price maintenance, exclusionary agreement, exclusive dealership, third-line forcing, abuse of market power, unfair competition **2)** *мн., торг., юр.* ограничительная торговая практика *(обобщающее название для рыночных действий, представляющих собой ограничительные торговые меры; часто используется в законодательстве)* **SEE:** Restrictive Trade Practices Act, Trade Practices Act, primary boycott

Restrictive Trade Practices Act *торг., юр.* закон «Об ограничительной торговой практике» *(распространенное название закона, регулирующего ограничительную торговую практику)* **SEE:** restrictive trade practice, Trade Practices Act, antitrust laws

results benchmarking *упр., марк.* сравнение результатов* *(сравнение товара или услуги фирмы с товарами или услугами других фирм, для выявления наиболее характерных черт продукции и оценки их влияния на финансовые результаты фирмы)* **SEE:** process benchmarking

resurvey *сущ. соц.* = repeated survey

retail

I *сущ. торг.* розница *(предпринимательская деятельность, связанная с продажей товаров и услуг непосредственно конечным потребителям для их личного некоммерческого использования)* **SYN:** merchandising, retailing, Retail Trade **SEE:** Census of Retail Trade, retail inventory

II *прил. торг.* розничный **EX: retail reordering** – повторный заказ товара для розничного магазина, **retail distribution** – розничное распределение, распространение в розницу **SEE:** retail chain, retail account, retail advertisement, retail audit, retail bakery, retail broker, retail channel, retail cluster, retail consolidation, retail credit, retail customer, retail discount, retail display allowance, retail enterprise, retail trade, retail firm, retail house, retail margin, retail marketing, retail merchandising, retail method, retail outlet, retail pack, retail personnel, retail price, retail sales data, retail sales expectations, retail salesroom, retail service, retail service company, retail service firm, retail services mix, retail store, retail trading zone, retail transaction, retail trend, retail turnover, retail volume

III *нареч. торг.* в розницу *(мелкими партиями или поштучно (о купле-продаже товаров), у розничных торговцев и по розничным ценам, которые выше оптовых)* **SYN:** at retail, by retail **ANT:** wholesale, by wholesale, at wholesale

IV *гл. торг.* продавать(ся) в розницу **EX: to sell retail** – продавать в розницу, **to buy retail** – покупать в розницу, **We should be able to retail most of these products to overseas customers.** – Мы должны суметь распродать большую часть этой продукции за границей. **SEE:** wholesale

retail account *торг.* счет розничной торговли *(позволяющий анализировать движение средств в сфере розничной торговли)*

retail advertisement *рекл.* объявление розничной рекламы **SEE:** retail advertising

retail advertising *рекл.* розничная реклама, реклама розничной торговли *(реклама товаров и услуг, финансируемая розничными торговцами и направленная на конечных потребителей)* **SEE:** producer advertising, consumer advertising, trade advertising, business-to-business advertising

retail audit *торг.* розничный аудит, аудит розницы *(исследование товарной группы, который включает анализ ассортимента, цен, дистрибуции, мерчендайзинговых материалов в розничных торговых точках, результаты которого также нужны на этапе продвижения товара оценки долей рынка)* **SYN:** retail-store audit

retail bake shop *торг.* = retail bakery

retail bakery *торг., амер.* булочная-пекарня *(продающая свою продукцию через собственные магазины)* **SYN:** retail bake shop

retail broker *торг.* розничный брокер *(товарный брокер, работающий с физическими лицами, а не с институтами)* **SEE:** wholesale broker

retail business 1) *торг.* = retailing **2)** *торг.* = retail enterprise

retail buying *торг.* покупка в розницу

retail centre *торг.* центр розничной торговли *(торговая площадка, где потребители могут приобрести товары у розничных торговцев)*

retail chain *торг.* розничная сеть, сеть (розничных) магазинов *(два или более торговых заведения, находящихся под общим владением и контролем, продающих товары аналогичного ассортимента, имеющих общую службу закупок и сбыта, а возможно, и аналогичное архитектурное оформление)* **SYN:** chain of retail stores, retail trade system, store chain, multiple shop retailing **SEE:** flagship store, chain store

retail channel *марк.* розничный канал, канал розничной торговли *(канал сбыта продукции посредством розничных торговцев, напр., гастрономы, уличная торговля, киоски)* **EX: developing retail channels through attracting new clients and maintaining relationships with existing ones** – развитие каналов розничной торговли через привлечение новых клиентов и поддержку отношений с уже существующими **SEE:** street market

retail cluster *торг.* группа розничных магазинов *(совокупность магазинов, объединенных по общим признакам, есть несколько классификаций: по товарному ассортименту (магазины товаров повседневного спроса, универсамы, специализированные магазины), по ценам (магазины-склады, магазины, торгующие по каталогам, магазины сниженных цен), по уровню предлагаемых услуг (со свободным отбором товаров, с ограниченным обслуживанием, с полным обслуживанием)* **SEE:** retail chain

retail company *торг.* = retail firm

retail consolidation *торг.* централизованная закупка *(при которой все точки розничной торговли осуществляют закупку товара через одну центральную службу)*

retail credit *фин., торг.* розничный кредит *(кредит розничного торговца клиенту на покупку товаров, напр., кредит по магазинной кредитной карте)* **SEE:** consumer credit, store card

retail customer *торг.* розничный покупатель *(человек, покупающий товар в розницу (в небольшом количестве); обычно товар покупается для личного (семейного) использования)* **SEE:** wholesale customer

retail dealer *торг.* розничный торговец, розничный дилер **EX: After receipt of the order our retail dealer will agree with you the execution of the order, the way of dispatch, transport charges and issue the contract of delivery and invoice** – После получения заказа наш розничный дилер согласует с Вами сроки выполнения заказа, способ отправки, транспортные расходы, оформит договор поставки и выставит Вам счет на оплату. **SYN:** retailer, petty dealer **SEE:** marketer, wholesaler

retail delivery trade *торг.* = door-to-door retailing

retail discount *торг.* розничная скидка *(скидка на цену товара для розничного торговца)* **SEE:** quantity discount, retail display allowance

retail display allowance *торг.* скидка на демонстрацию товара *(скидка на цену продаваемого розничному торговцу товара, предоставляемая производителем в обмен на более эффективное представление его товара в магазине)* **SYN:** display allowance

retail enterprise *торг.* розничное торговое предприятие, предприятие розничной торговли *(осуществляет продажи товаров и услуг конечным потребителям для их личного неком-*

мерческого использования; напр., розничные магазины самообслуживания, розничные торговые предприятия со свободным отбором товаров, розничные торговые предприятия с ограниченным обслуживанием и розничные торговые предприятия с полным обслуживанием) **SYN:** retail establishment, retailing institution, retail business **SEE:** self-service store, full-service retailer, limited service retailer

retail establishment *торг.* = retail enterprise

retail field *торг.* = retail trade

retail firm *торг.* розничная фирма [компания] *(торговая фирма, реализующая продукцию в розницу)* **SYN:** retailing firm, retail house, retail company, retailing company **ANT:** wholesale firm, wholesale company, wholesale house **SEE:** trade firm

retail franchise *торг.* розничная франшиза **а)** *(контрактное соглашение между фирмой-производителем и владельцем или оптовиком, известной торговой марки и предприятием розничной торговли, дающее право последнему осуществлять свою хозяйственную деятельность под торговой маркой фирмы-владельца)* **б)** *(предприятие, обладающее правом осуществлять хозяйственную деятельность под торговой маркой фирмы-владельца)* **SEE:** franchise, consumer franchise

retail house *торг.* = retail firm

retail industry *эк.* розничная торговля *(отрасль экономики)*, сфера розничной торговли **SYN:** Retail Trade **SEE:** retailing

retail inventory 1) *торг., стат.* розничный запас, запас (товаров) в розничной торговле *(имеющиеся в наличии, поставляемые, хранимые или получаемые товары, которые подлежат розничной продаже)* **2)** *мн., стат., торг.* товарные запасы розницы, товарно-материальные запасы в розничной торговле *(показатель, представляющий собой ежемесячный стоимостной индекс запасов всех произведенных и хранимых на складах предприятий товаров розничной торговли)* **SEE:** wholesale inventory

retail mall *торг.* = shopping centre

retail management 1) *торг.* управление розничным предприятием **2)** *торг.* менеджеры розничной торговли

retail margin *торг.* = markup

retail market *торг.* розничный рынок *(сфера купли-продажи товара в розницу, или мелкими партиями)* **SEE:** wholesale market

retail marketing *марк.* розничный маркетинг *(маркетинг в сфере розничной торговли)* **SEE:** retail advertising

Retail Merchandiser *торг., СМИ* «Ритейл Мерчендайзер» *(журнал, издаваемый с 1961 г. посвященный розничной торговле с очень низкой наценкой; первоначальное название Дискаунт Мерчендайзер)* **SEE:** Discount Merchandiser

retail merchandising *торг.* розничная торговля *(продажа товаров лицам, которые будут их непосредственными потребителями)* **EX: One of the largest retail merchandising businesses in the world is Wal-Mart.** – Одним из крупнейших предприятий розничной торговли во всем мире является Wal-Mart. **SYN:** retail trade **SEE:** merchandising, wholesale merchandising

retail method 1) *торг.* метод розничной продажи **2)** *учет* розничный метод*, метод розничных товарных запасов **а)** *(метод учета товарных запасов, позволяющий розничным торговцам учитывать запасы по ценам розничной продажи)* **б)** *розничный метод* (метод оценки товарно-материальных запасов, при котором сначала определяется количество запасов на конец периода путем вычитания количества проданных единиц из имеющихся для розничной продажи, а затем полученный показатель умножается на соотношение стоимости и розничной цены запасов; полученный в результате данных расчетов показатель представляет собой стоимость товарно-материальных запасов на конец периода)*

retail outlet 1) *торг.* точка продажи *(место в торговом зале, где потреби-*

тель может увидеть и принять решение о выборе и покупке товаров, напр., охлаждаемая секция, дисплей, стеллаж) **2)** *торг.* розничная (торговая) точка, точка розничной торговли **SYN:** retail store

retail pack *торг.* розничная упаковка, потребительская упаковка *(упаковка товара для розничной продажи; должна обладать свойствами сохранения товара, информирования и привлечения конечного потребителя)* **SEE:** wholesale pack, catering pack

retail personnel *торг.* кадры в розничной торговле *(розничные продавцы; сотрудники розничной торговой точки; сотрудники фирмы, отвечающие за руководство сферой розничной торговли)*

retail price *торг.* розничная цена *(цена, по которой товар реализуется мелкими партиями или штучно индивидуальным потребителям; обычно выше оптовой цены)* **SEE:** wholesale price

retail price maintenance *эк., торг.* = resale price maintenance

retail rate *марк.* розничный тариф; тариф для розничных торговцев *(особый тариф за рекламу, предлагаемый розничным торговцам)*

retail sale *торг.* розничная продажа *(продажа мелкими партиями, поштучно)* **EX: retail sales data** – данные о розничных продажах, статистика розничных продаж **SEE:** wholesale

retail sales expectations *торг., эк., стат.* ожидания в сфере розничной торговли *(один из опережающих индикаторов; статистический показатель, рассчитываемый как разница между позитивными и негативными ожиданиями в сфере розничных продажах; показатель позволяет судить о прогнозе потребительского спроса)*

retail salesroom *марк.* помещение для розничной торговли *(торговые залы и помещения для обслуживания покупателей)*

retail service *марк., упр.* отдел розничных продаж *(отдел на предприятии, который занимается сбытом продукции: строит дистрибьюторскую и дилерскую сеть, развивает каналы сбыта, организует информационную и маркетинговую поддержку сбыта, ищет пути повышения эффективности существующих каналов и создания новых)* **SEE:** dealer network, market channel

retail service company 1) *торг.* компания по обслуживанию розничной торговли* *(поставляет витрины, магазинные полки, устройства сигнализации и т. д.; предоставляет услуги мерчендайзинга)* **SEE:** merchandising **2)** *ЖКХ* компания энергетических услуг* *(любая компания, предоставляющая конечным потребителям услуги, связанные с энергоснабжением: энергоснабжение (электроснабжение, теплоснабжение), установка счетчиков, организация системы оплаты электричества, тепла и т. д.)* **3)** *торг.* предприятие розничных услуг, розничный торговец услугами *(перепродает различного вида услуги клиентам, напр., туристическая организация, торгующая путевками не от своего имени)* **4)** *торг.* розничная компания *(напр., розничный магазин или торговая точка)* **EX: Taco Bell created the kitchenless restaurant based on their belief that they are a retail service company, not a manufacturing company. Meat, beans, lettuce, tomatoes and cheese are prepared outside of the restaurant.** – В сети ресторанов «Тако Бэл» открылся ресторан без кухни, который стал воплощением идеи того, что «Тако Бэл» – это розничная компания, а не производственная. Мясо, бобы, салат, помидоры и сыр готовятся вне ресторана. **SEE:** retail store **SYN:** retail service firm, service retailer

retail service firm *торг.* = retail service company

retail services mix *марк.* комплекс услуг розничной торговли *(напр., специально организуемые показы товаров, удобные для покупателей часы* *работы магазина, беспроблемная система возврата и обмена товаров, парковка возле магазина и т. д.)* **SEE:** loyal consumer

retail shop *торг.* = retail store

retail store *торг.* розничный магазин, магазин розничной торговли *(магазин, в котором товары продаются в розницу конечным потребителям)* **SYN:** retail shop, retail outlet **SEE:** retail enterprise, store retailing, tradesman

retail-store audit *торг.* аудит розничной торговли *(исследование, которое проводится непосредственно в местах продаж и позволяет отслеживать объемы товарных рынков, доли торговых марок, дистрибуцию, розничные цены, товарные запасы и др. показатели, анализ которых помогает проследить развитие и тенденции отдельных параметров розничного рынка, а также дает наиболее полную и адекватную характеристику состояния и развития рынка в целом)* **SYN:** retail audit **SEE:** brand share, distribution, retail price, stock-in-trade

retail therapy *псих.* магазинная [розничная] терапия* *(совершение покупок или просто прогулка по магазинам как способ психологического расслабления)* **SEE:** shopping

retail trade *торг.* = retailing

retail trade system *торг.* = retail chain

retail trading zone *торг.* зона розничной торговли *(включает жителей пригородов, совершающих розничные покупки в городе)* **EX: Farrand Research has conducted retail trade zone studies in the fast food restaurant category.** – «Фэранд Рисеч» провел изучение зоны розничной торговли быстрой едой.

retail transaction *торг.* розничная сделка *(продажа товара конечному потребителю)* **SEE:** wholesale transaction

retail trend *торг., стат.* тренд в розничной торговле, тенденция розницы *(динамика объемов розничной торговли за определенный период, показатель позволяет судить об уровне спроса, является индикатором бизнес цикла)*

retail turnover *торг.* розничный (товаро)оборот *(суммарная стоимость реализованных в розницу товаров и услуг; обычно речь идет о товарах и услугах, проданных населению для личного, домашнего пользования; термин может относиться как к экономике в целом, так и к отдельному региону или отрасли производства)* **SEE:** wholesale turnover

retail volume *торг.* объем розничной торговли *(количество товаров или услуг, предназначенных для розничной продажи, рассчитывается как по отраслям, так и в экономике в целом)* **SEE:** retail turnover, wholesale volume

retailer *сущ. эк.* розничный торговец *(индивидуальный предприниматель или компания, продающая потребителям товары и услуги, предназначенные для личного пользования, последнее звено в каналах распределения, связывающих производителей и покупателей, основные функции розничного торговца: обеспечение ассортимента, дробление поступающих партий товаров, хранение запасов, обеспечение сервиса)* **EX: grocery retailer** – розничный торговец бакалейно-гастрономическими товарами **SYN:** retail dealer, petty dealer **SEE:** cash-and-carry retailer, catalogue retailer, established retailer, full-service retailer, general merchandise retailer, independent retailer, information retailer, limited service retailer, low-cost retailer, one-shop retailer, retailer display, retailer promotion, retailer tag, retailers' buying group, retailer's service program, self-selection retailer, self-service retailer, single-line retailer, specialty retailer, symbol retailer, warehouse retailer, retailing, wholesaler

retailer display **1)** *марк., торг.* экспозиция (розничного) товара *(размещение товаров на витрине, на стеллаже, полке)* **2)** *торг.* место экспозиции *(полка, стенд, стеллаж, ящик, используемые для размещения товара и выполняющие рекламно-оформительскую функцию в магазине)* **EX:**

retailer display basket for pastry sets – корзинка для демонстрации выпечки **SEE:** display shelf, merchandise, display stand, display bin

retailer promotion *марк.* стимулирование розничных торговцев *(мероприятия по стимулированию сбыта продукции, рассчитанные на то, чтобы заинтересовать розничных продавцов)*

retailer tag *рекл.* впечатка розничного торговца, ссылка на розничного торговца *(реквизиты местного розничного торговца в рекламном объявлении производителя или оптовика)* **SEE:** dealer tag

retailers' buying group *торг.* объединение [кооператив] розничных торговцев *(группа независимых розничных торговцев, объединивших свои усилия)* **EX: As in the case of most European countries specialist chain stores dominate the retail trade followed by independent retailers and the retailers buying groups.** – Как и в большинстве европейских стран, в розничное торговле доминируют специализированные сетевые магазины, а за ними идут независимые розничные торговцы и объединения.

retailer's service program *марк., амер.* программа помощи розничным торговцам *(услуги в области рекламы, продвижения товаров и других методов стимулирования продаж, разработанные специально для помощи независимым розничным торговцам для обеспечения их конкурентоспособности; напр., осуществление производителем или оптовым торговцем совместно с розничным торговцем кооперативной рекламы)*

retailing *сущ. эк.* розничная торговля *(любая деятельность по продаже продукции непосредственно конечным потребителям для их личного некоммерческого пользовании, не только продажа товаров в магазине, но и предоставление услуг; может включать в себя прямые продажи через консультантов, продажу по каталогам и т. п.)* **EX: retailing analyst** – аналитик розничной торговли **SYN:** retail business, retail merchandising, retail trade, retailment **ANT:** wholesale **SEE:** direct to home retailing, door-to-door retailing, in-home retailing, large-scale retailing, small-scale retailing, low-margin retailing, mail-order retailing, no-frills retailing, remote retailing, retailing form, retailing policy, retailing revolution, retailing unit, self-service retailing, store retailing, telecommunication retailing, wheel of retailing, non-store selling

retailing company *торг.* = retail firm

retailing firm *торг.* = retail firm

retailing form *торг.* форма розничной торговли *(способ организации в розничной торговли, где существует специализация на определенном ассортименте, напр., торговля одеждой, кожаными изделиями, книгами т. п.)*

retailing institution *торг.* розничное торговое предприятие **SEE:** shop, store, supermarket, convenience store

retailing management *торг.* = retail management

retailing policy *торг.* розничная (торговая) политика *(рассматривается как на уровне фирмы, так и в экономике в целом, где изучаются торговые ограничения)*

retailing revolution революция в розничной торговле **а)** *торг. (коренное преобразование розничной торговли)* **б)** *торг., амер. (в 1930-х гг. появление универсамов и магазинов с широким выбором ассортимента в розничной торговле после «Великой депрессии», которая дала предпринимателям возможность дешево скупать товары у попавших в бедственное положение поставщиков и за минимальную плату арендовать большие помещения, появление автомобилей способствовало распространению привычки совершать покупки раз в неделю, что ослабило нужду в услугах маленьких местных магазинчиков)* **SEE:** supermarket store, variety store

retailing unit *торг.* торговая точка *(розничный продавец, который заказывает продукцию и продает ее в своем магазине, или предоставляет набор услуг)* **SYN:** retail store

retailment *сущ. торг.* = retailing

retain the goods *торг.* удерживать товар *(хранить товар у себя в течение определенного периода; напр., заказчик может удерживать у себя товар, не принятый им по какой-л. причине, продавец может удерживать у себя еще не оплаченный товар и т. д.)* **EX: Please check the goods on arrival and notify us immediately of any damage. Retain the goods awaiting further instruction.** – Пожалуйста, проверьте доставленные товары по прибытии и проинформируйте нас о каких-л. повреждениях. Удерживайте товар у себя до получения от нас дальнейших инструкций.

retention cycle *марк., комп.* цикл сохранения *(продолжительность нахождения записи потребителя в компьютерном файле в неактивном состоянии, измеряемая в таких циклах, как время выхода шести номеров журнала или три месяца работы кабельного телевидения)*

retention rate *марк.* коэффициент сохранения клиентов* *(процент клиентов, которые продолжили отношения с данной фирмой после приобретения у нее товаров или услуг)*

retentive advertising *рекл.* = reminder advertising

retro *торг.* **сокр. от** retrospective discount

retro discount *торг.* = retrospective discount

retrodiscount *торг.* = retrospective discount **EX: The company offers a 0.75% retrodiscount, and no minimum order.** – Компания предлагает ретроспективную скидку 0,75% и не ограничивает минимальный заказ.

retrospective discount сокр. retro *торг.* ретроспективная скидка *(скидка, предоставляемая на основе общей стоимости заказов, размещенных данным покупателем в течение определенного периода, т. е. предоставляемая, если общий размер заказов достиг определенной суммы)* **SYN:** deferred rebate, retro discount, overrider **SEE:** cumulative discount

return *сущ.* **1)** *общ.* возвращение *(о перемещении в пространстве)* **EX: by return (of) mail, by return (of) post** –(с) обратной почтой **2)** *общ.* отдача, возмещение, возврат *(относительно действий одной стороны по отношению к действиям другой)* **EX: in return** – в ответ, в обмен, взамен; в свою очередь; в оплату, **return of goods** – возврат товара **SEE:** response **3) а)** *мн., торг.* возвращенные товары *(возвращенные покупателем продавцу либо розничным торговцем оптовому торговцу или производителю)* **SYN:** return goods, returned goods, comeback **SEE:** no-returns policy, newsstand returns, purchase returns, sales returns **б)** *мн., марк. (полученные ответы на прямую почтовую рекламу)* **SEE:** response rate **4)** *эк.* оборот **EX: quick return of capital** – быстрый оборот капитала **5) а)** *эк.* доход, прибыль, выручка, поступления **EX: to yield a good [poor] return** – приносить хороший [плохой] доход, **yielding a high return** – приносящий высокий доход **б)** *фин.* отдача, производительность, доходность, рентабельность *(выраженное в процентах отношение дохода к величине капитала, связанного с получением данного дохода)* **EX: to show good returns on capital employed** – демонстрировать высокую отдачу на вложенный капитал **6) а)** *общ.* отчет *(финансовый, статистический и т. п.)* **б)** *гос. фин.* налоговая декларация **7)** *мн., общ.* отчетные данные, сведения

return affidavit *торг., СМИ* документ о возврате *(документ, используемый продавцами киосков для информирования издателя, оптового торговца или дистрибьютора о числе непроданных экземпляров, стоимость которых должна быть возвращена продавцу киоска)* **SEE:** newsstand draw, newsstand returns, newsstand sales

return authorization сокр. R/A *торг.* предоставление права на возврат* *(подтверждение продавцом права покупателя возвратить товар с возмещением его стоимости или для замены на аналогичный товар; используется для упрощения ведения учета возвращенного товара производителем или* *продавцом)* **SEE:** return authorization number, blanket authorization

return authorization number **сокр.** RA number *торг.* номер разрешения на возврат*, номер возврата товара* *(номер (код), присваиваемый каждому проданному товару, покупатель которого обратился с просьбой о возврате денег, ремонте или замене товара; используется продавцом для учета и контроля возврата товаров; обычно перед отправкой товара продавцу покупатель должен получить такой номер и проставить его на упаковке отправляемого продавцу товара)* **SYN:** merchandise return number, return of goods number

return card *марк., связь* = reply card

return coupon *марк., связь* = reply coupon

return customer *марк.* повторный покупатель *(человек, купивший когда-то товар у данной фирмы, и через некоторое время решивший сделать покупку в той же фирме)* **EX: I am a return customer; I made my first purchase 2 years ago.** – Я ваш повторный покупатель; первый раз я сделал у вас покупку 2 года назад. **SYN:** repeat customer, repeat purchaser, repeat buyer

return envelope *марк.* = reply envelope

return goods *торг.* = return

return of goods *торг.* = merchandise return

return of goods number *торг.* = return authorization number

return on assets pricing *марк.* ценообразование по доходности актива* *(метод, при котором цена продукции устанавливается исходя из целевого значения рентабельности активов, участвующих в производстве данного товара или услуги)* **SEE:** rate of return pricing

return percentage *рекл.* = response rate

return policy *торг.* условия возврата, политика возврата* *(установленные продавцом условия, при выполнении которых покупатель может вернуть купленную продукцию, в том числе срок, в течение которого покупатель может вернуть товар и потребовать замены на аналогичный товар или возврата денег, необходимость возврата в неповрежденной упаковке, необходимость получения идентификационного кода перед отправкой товара продавцу и т. п.)* **SEE:** return authorization number, no-returns policy, sale or return, warranty return

return postcard *марк., связь* = reply card

return rate **1)** *рекл.* = response rate **2)** *общ.* доля возврата* *(отношение количества вернувшихся экземпляров чего-л. к общему количеству отправленных экземпляров, напр., отношение реально возвращенной и повторно использованной возвратной тары к общему количеству распространенной возвратной тары)*

returnable *прил. общ.* возвратный, подлежащий возврату *(о товаре, который может быть возвращен продавцу конечным потребителем или о принятых на реализацию, но непроданных розничным торговцем товарах, которые могут быть возвращены оптовому торговцу, либо о таре многоразового использования, которая должна быть возвращена поставщику и т. п.)* **EX: You should inquire about the return policy when you buy returnable goods.** – Когда вы покупаете возвратные товары, вам следует разузнать о политике возврата товаров. **ANT:** non-returnable **SEE:** sale or return, returnable bottle, returnable container

returnable bottle *торг.* возвратная бутылка *(бутылка, которая может быть возвращена поставщику/продавцу для повторного использования или переработки)* **SYN:** deposit bottle **ANT:** non-returnable bottle **SEE:** reusable bottle

returnable container *торг.* возвратная тара *(упаковка товаров, которая может быть возвращена поставщику/продавцу для последующего использования или переработки, часто — в обмен на возврат залоговой стоимости)* **SYN:** deposit container **ANT:** non-returnable container **SEE:** reusable container

returnable packing *торг.* возвратная упаковка **ANT:** non-returnable packing **SEE:** returnable container

returned goods *торг.* = return
returns inwards *торг., учет* = sales returns
returns inwards book *учет, торг.* = sales returns journal
returns inwards journal *учет, торг.* = sales returns journal
returns outwards *торг., учет* = purchase returns
reusable *прил. торг.* многоразового использования, многократного применения; многоразовый; многооборотный **EX:** **plastic reusable box** – пластиковая коробка многократного использования **SEE:** reusable bottle, reusable container, reusable pack, reusable tare
reusable bottle *торг.* бутылка многоразового использования [многократного применения], многоразовая [многооборотная] бутылка *(бутылка, которая впоследствии может быть повторно использована потребителем или продавцом)* **SYN:** refill bottle **SEE:** returnable bottle
reusable container *торг.* тара многоразового использования [многократного применения], многоразовая [многооборотная] тара; контейнер многоразового использования [многократного применения], многооборотный [многоразовый] контейнер *(тара, которая может быть повторно использована потребителем или продавцом для упаковки товара)* **SEE:** returnable container
reusable pack *торг.* упаковка многократного использования, многоразовая [многооборотная] упаковка *(упаковка, которую покупатель или продавец впоследствии может повторно использовать)* **SYN:** re-use package **ANT:** disposable package **SEE:** pack
reusable tare *торг.* тара многоразового использования [многократного применения], многоразовая [многооборотная] тара **SEE:** reusable container
reused container *потр.* повторно используемая тара, повторно используемый контейнер **SEE:** reusable pack
revealed preferences *эк.* выявленные предпочтения *(подход к определению того, увеличилась или уменьшилась полезность потребителя в результате изменения его выбора после изменения цен, который был предложен П. Самуэльсоном в его первой известной статье «A Note on the Measurement of Utility» в 1938 г.; поскольку непосредственно измерить полезность потребителя нельзя, можно только сравнить его предпочтения, выявляемые в той или иной ситуации; напр., если известно, что в одной ситуации индивид предпочел набор А набору Б, а в другой набор Б набору С, то мы можем с уверенностью сказать, что если в результате изменения цен потребитель переходит от набору А к набору С, его полезность уменьшается)* **SEE:** weak axiom of revealed preference, strong axiom of revealed preference, theory of consumer choice
reverse distribution *упр.* обратное распределение *(относится к возвращаемому потребителями некачественному или бракованному товару; включает в себя выявление брака и возвращение в торговую сеть в пригодном состоянии)*
reverse pricing *марк.* обратное ценообразование *(ситуация, когда потребитель описывает требования к товару или услуге и определяет, сколько он готов заплатить за такой товар или услугу, после чего направляет соответствующее предложение производителю или поставщику услуг, который принимает или отклоняет данное предложение)*
revised product *марк.* модифицированный [усовершенствованный] товар **SEE:** product modification
revival of trade *торг.* = recovery of business
revolving credit card *банк.* возобновляемая кредитная карта* *(кредитная карта, владелец которой может получать кредит в пределах общего лимита и периодически, по частям погашать задолженность, при этом проценты обычно начисляются толь-*

ко на величину непогашенного на определенную дату (обычно на конец месяца) остатка задолженности; большинство кредитных карт относятся к этому типу) **ANT:** non-revolving credit card **SEE:** credit card

rewholesaler *сущ. торг.* оптовый перекупщик *(фирма, которая приобретает товар у крупных оптовиков)* **EX: The benefit of buying from a rewholesaler is primarily convenience.** – Выгода от покупки у оптового перекупщика - это, главным образом, удобство.

RFM analysis *марк.* RFM-анализ; анализ давности, частоты и суммы покупок *(метод анализа данных о клиентах фирмы: разбиение списка клиентов на группы в зависимости от давности последней покупки, частоты покупок и средней суммы сделки; позволяет выявить наиболее «прибыльную» группу клиентов)* **SEE:** recency, frequency, monetary value; cloning of customers

rich media *рекл., комп.* мультимедийная реклама* *(термин из области интернет-рекламы, обозначающий новое поколение рекламы на веб-сайтах (баннеры, всплывающие окна и т. п.), активно использующей анимацию, звук и прочие «богатые» выразительные средства)* **EX: rich media ad** – мультимедийная реклама, **rich media banner** – мультимедийный баннер, **rich media mail** – мультимедийная электронная почта [электронное письмо], **Rich media usage continues to grow faster each quarter.** – Использование мультимедийной рекламы продолжает расти каждый квартал.

RICO Act *юр., рекл., амер.* **сокр. от** Racketeer Influenced and Corrupt Organization Act

ride-alongs *рекл.* приложение *(рекламное приложение к газете или журналу; это может быть каталог, компакт-диск или иной материал, содержащий сведения о рекламируемых товарах)* **SEE:** freestanding insert, package enclosure

rider *сущ.* **1)** *общ.* всадник; ездок **2)** *юр.* дополнительная поправка, дополнение *(к какому-л. документу)* **3)** *рекл.* дополнительное предложение *(в конце рекламного сообщения)* **4)** *торг.* бланк (заказа), прикладываемый к счету

rifle approach *марк.* принцип прицельного огня*прицельный подход*целевой подход* *(маркетинговая стратегия, при которой рекламная кампания направляется на выбранную целевую аудиторию, а рекламные материалы распределяются только внутри этой аудитории)* **SEE:** shotgun approach

rig

I *сущ.* **1)** *общ.* проделка, уловка, хитрость **2)** *торг.* спекулятивная скупка товаров **3)** *торг.* группа скупщиков-спекулянтов

II *гл.* **1)** *общ.* мистифицировать; одурачивать, обманывать **2)** *эк.* действовать нечестно; добиваться *(чего-л.)* обманным путем **EX: He's sure to have rigged up some method of beating the other firm to the contract.** – Скорее всего, он нашел какой-то нехороший способ заставить ту фирму подписать контракт. **3)** *эк.* манипулировать рынком *(искусственно повышать или понижать цены или курсы валют, ценных бумаг и т. п.)* **EX: to rig the market** – манипулировать рынком

right of return *торг., юр.* право возврата, право на возврат, право вернуть* *(право конечного покупателя вернуть товар продавцу и забрать деньги или потребовать замены товара, а также право розничного торговца вернуть нераспроданный товар оптовому поставщику или производителю)* **SYN:** right to return **SEE:** return authorization, newsstand returns

right quality *юр., торг., брит.* надлежащее качество (товара) *(согласно закону «О продаже товаров» 1979 г., регулирующему договор о продаже товаров в системе английского права, составляет обязанность продавца; подразумевает, что товар соответствует своему описанию, имевшему место в договоре, что он пригоден для* *продажи и т. п.; описание данной категории исчерпывается предполагаемыми условиями обязанности продавца предлагать товар надлежащего качества)* **SEE:** contract of sale of goods, duties of the seller, quality of the goods, caveat emptor, sale by description, merchantable quality, reasonable fitness

right to return *торг.* = right of return

rip-off *сущ.* **1)** *общ.* воровство; мошенничество **2)** *общ.* плагиат; недобросовестная компиляция или переработка **3)** *марк., разг.* ценовое ограбление *(значительное завышение розничных цен)* **EX: rip-off strategy** – стратегия ценового ограбления, **rip-off price** – грабительская цена, **rip-off pricing** – грабительское ценообразование **SEE:** penetration pricing

ripe audience *марк.* созревшая аудитория* *(аудитория, готовая к покупке какого-л. товара, принятию какой-л. информации или какому-л. действию)* **EX: ripe audience for the product or service** – созревшая аудитория для товара или услуги

risk management *банк., фин.* управление риском, рискология **а)** *(процедуры, направленные на снижение уровня различных рисков, с которыми инвестор сталкивается в своей деятельности; включают использование различных методов анализа и и мониторинга рисков, хеджирование, страхование и т. п.)* **б)** *(услуга, предлагаемая банками их корпоративным клиентам для снижения различных видов финансовых рисков)*

risk of delivery *эк., торг.* = delivery risk

risk prior to delivery *торг.* предшествующий поставке риск* *(риск неисполнения заказа о поставке по причине потерь на стадии производства)* **SEE:** delivery contract

risk reduction theory *марк.* теория снижения риска *(теория потребительского поведения, утверждающая, что выбор при покупке осуществляется исходя из минимизации осознанного риска, связанного с ошибочным выбором; такие товары как дезодоранты, краски для волос и детское питание, связаны с высоким осознанным риском, и поэтому потребители обычно покупают товары известных фирм; для товаров, связанных с меньшим осознанным риском, отмечается тенденция менять марки или фирмы в ответ на рекламу или изменение цены)* **SEE:** informed choice

risky goods *потр.* товары повышенного риска* *(товары, использование которых небезопасно для здоровья и жизни человека)*

road sign *рекл.* дорожный знак *(может использоваться для рекламы)*

roadblock *сущ.* **1)** *общ.* проблема; трудность **2)** *общ.* дорожная застава; дорожно-пропускной пункт **3)** *рекл.* полный охват* *(метод составления графика демонстрации рекламы по местным станциям и телесетям, когда одна и та же реклама демонстрируется всеми станциями данной географической зоны в одно и то же время или одновременно всеми сетями; применяется, когда необходимо быстро охватить рекламой широкую аудиторию)* **SEE:** horizontal saturation

roadside market *торг.* придорожный рынок, рынок у дороги **EX: The company invites you to visit our recently expanded Roadside Market where you will find the highest quality Georgia peaches, pecans and strawberries.** – Компания приглашает вас посетить наш недавно расширенный Придорожный рынок, где вы найдете высочайшего качества персики из Джорджии, орехи пекан и клубнику. **SEE:** market stall

Robinson v Graves *юр., торг., брит.* «Робинсон против Грейвза»* *(судебный прецедент 1935 г., предложивший критерии отличия типов договора о продаже от договоров об обучении и трудовых договоров; эти критерии действуют в настоящее время)* **SEE:** contract of sales of goods, contract of exchange, contract for the supply of service

rock-bottom price *эк.* крайняя цена, минимально возможная цена *(уро-*

вень, ниже которого цена не должна или не может упасть)

ROG dating *торг.* система оплаты по поставке, датирование по поставке *(по данной системе все покупки подлежат оплате в течение определенного периода после доставки товара покупателю; устанавливается определенный период (напр., 10 дней после поставки), оплатив товар в течение которого покупатель получает скидку за срочность оплаты)* **SYN:** receipt-of-goods dating **SEE:** end of month dating, ordinary dating, extra dating, cash discount

roll out *гл. марк.* выкатывать*, прокатывать* *(выпускать новый продукт в продажу, постепенно увеличивая количество розничных магазинов, в которых он представлен)* **SEE:** rolling launch

rolling billboard *рекл., амер.* передвижной рекламный щит *(носитель наружной рекламы, смонтированный на грузовике)*

rolling launch *марк.* постепенный выпуск *(вывод на рынок нового товара, при котором он в течение определенного периода постепенно появляется в разных частях рынка, а не сразу везде)* **SYN:** rollout **SEE:** roll out, national launch, local launch, soft launch

rolling store *торг.* автолавка *(обычно продуктовая)* **SYN:** mobile shop, shop truck, sales van

rollout *сущ.* **1)** *рекл.* основная рассылка* *(основная масса почтовых отправлений в рамках общей кампании прямой почтовой рекламы, в которой реклама рассылается по адресам, оставшимся в рассылочном списке после одной или нескольких пробных выборочных рассылок, показавших хорошие результаты)* **SEE:** test advertising, direct mail advertising **2)** *марк.* массовый выпуск* *(продвижение новой продукции на весь рынок после успешных пробных попыток)* **SEE:** test campaign, test marketing **3)** *марк.* = rolling launch

roof bulletin *рекл.* рекламная установка [щит] на крыше **SEE:** outdoor advertising

room service 1) *торг.* обслуживание номеров *(в гостинице — подача еды и напитков в номера)* **SEE:** front of the house **2)** *торг.* бронирование номеров *(бюро или агентство, предоставляющее услуги по подбору и бронированию номеров в гостиницах для клиентов)*

rotating display *торг.* вращающаяся витрина **SEE:** lazy Susan, fixed position display

rough cut сырой [черновой] монтаж* **а)** *СМИ (черновой монтаж фильма)* **б)** *рекл. (черновой или предварительный вариант рекламного ролика)* **EX: rough-cut commercial** – черновой рекламный ролик

rough store 1) *торг.* склад сырых материалов, склад сырья, сырьевой склад **SYN:** crude storage, raw material storage **2)** *торг.* склад полуфабрикатов **SYN:** work in process store

route business *торг., трансп. (предприятие, специализирующееся на регулярной доставке товара постоянным клиентам по определенному маршруту)*

route salesman *торг., амер.* шофер-продавец *(работник, уполномоченный продавать и развозить проданный товар)* **SYN:** driver salesman, truck route salesman

routed *прил. рекл., амер.* отсортированный по маршруту *(адрес в рассылочном списке, которому может быть присвоен код маршрута доставки в соответствии с файлом кодов, используемым отправителем)* **SEE:** mailing list

routine shopping *торг.* повседневные покупки *(продуктов, хозяйственных товаров и др. товаров, которые являются неотъемлемой частью повседневной жизни и покупаются регулярно)* **SEE:** convenience goods

royal poster *полигр., рекл., англ.* «королевский» плакат *(50,80 X 62,50 см)* **SEE:** poster, double royal poster

royalty *сущ.* **1)** *общ.* королевская власть **2)** *доб., юр. (плата за право добычи, за разработку недр)* **EX: a royalty on a natural resource** – плата за использование природного ресурса **3)** *пат.* лицензионный платеж, роялти *(периодический платеж, рассчитываемый в процентах от стоимости продаж за право пользоваться лицензией на товары, изобретения, патенты и т. п.)* **4)** *эк.* авторский гонорар *(отчисления автору с проданных экземпляров книги)*

rubber stamp **1)** *полигр.* резиновый штемпель [штамп], резиновая печать **2)** *упр.* штемпель* *(термин, используемый в отношении лиц, одобряющих, не задумываясь, все документы, проходящие через их рабочий стол)* **3)** *рекл.* интригующий гриф* *(изображение или надпись на комплекте прямой почтовой рекламы, имитирующие рукописную надпись и создающие впечатление срочности; напр.,: «Только привилегированным потребителям. Вскройте немедленно!»)* **SEE:** direct mail advertising, wafer seal

rule line *рекл.* линия *(прямая линия, используемая в качестве рамки или разделителя в печатной рекламе)*

rule of 300 *марк. рекл.* правило 300 *(эмпирическое правило прямой почтовой рекламы, утверждающее, что для того, чтобы получить надежные результаты, выборочная рассылка должна быть достаточно велика для получения 300 ответов в соответствии с ожидаемым показателем отклика; напр., если пробная рассылка будет сравниваться с контрольным комплектом, который обычно дает показатель отклика 5 %, то она должна включать не менее 6000 отправлений, которые могут дать 300 ответов)* **SEE:** response rate

Rules of the Supreme Court Правила Верховного суда **а)** *юр.* *(устав или свод распоряжений высшей судебной инстанции в ряде стран)* **б)** *брит.* *(разрешающие судебной власти нарушать право собственности при продаже товаров в силу причин, которые кажутся суду обоснованными)* **SEE:** sale by Order of the Court

rummage sale *торг.* распродажа старых [подержанных] вещей *(обычно с благотворительной целью)*; благотворительный базар **EX: The Rummage Sale is one of the fastest and simplest ways to raise funds.** – Распродажа старых вещей – это один из самых быстрых и простых способов получения денег. **SYN:** jumble sale

run of paper **сокр.** ROP *СМИ, рекл.* по усмотрению издателя, на усмотрение газеты *(один из вариантов размещения рекламы в газете, когда место для рекламного объявления выбирает сам издатель газеты; такое размещение рекламы имеет по прейскуранту самую низкую стоимость)* **SYN:** run-of-paper advertising **SEE:** run of schedule, run of station, guaranteed position

run-of-paper advertising *СМИ, рекл.* = run of paper

run of schedule **сокр.** ROS *рекл., СМИ* по усмотрению станции *(размещение рекламы в вещательном средстве массовой информации по усмотрению теле- или радиостанции)* **SYN:** run of station, best time available **SEE:** run of paper

run of station *рекл., СМИ* = run of schedule

run on tick *эк.* = go on tick

run T.F. *рекл.* = till forbid

rush demand *эк.* ажиотажный спрос **EX: Then before Hurricane Isabel hit the East Coast, there was a rush demand for wood panels to board up homes for the impending storm.** – Тогда перед приходом урагана Изабель на восточное побережье наблюдался ажиотажный спрос на доски для заколачивания окон и дверей перед надвигающимся штормом.

rush season *эк.* сезон ажиотажного спроса **EX: Our fall rush season is over.** – Осенний сезон ажиотажного спроса закончился.

S

sachet *сущ.* **1)** *потр.* саше *(сухие духи, сухое ароматическое вещество)* **2)** *торг.* пакет-саше, упаковка «саше» *(небольшая упаковка для жидкостей и порошкообразных продуктов)* **SEE:** package

sack

I *сущ.* **1)** *общ.* мешок, куль **2)** *связь* почтовый мешок *(парусиновый мешок, который содержит корреспонденцию, имеющую один пункт назначения)* **3)** *упр., разг.* увольнение с работы

II *гл.* **1)** *общ.* упаковывать [класть, сыпать] в мешок **EX: The grocer sacked the onions.** – Бакалейщик насыпал чеснок в мешок. **2)** *упр., разг.* увольнять *(с работы)* **3)** *общ., разг.* прикарманивать, присваивать **EX: sack profit** – прикарманить прибыль

sacker *сущ.* **1)** *общ.* упаковщик *(напр., покупок в магазине)* **2)** *тех.* мешконаполнитель; элеватор или спуск для насыпания (затаривания) в мешки

safe product *потр.* безопасный [безвредный] продукт *(продукт, не способный причинить вред здоровью потребителя)* **ANT:** unsafe product **SEE:** safety of goods

safety lead time *упр.* страховой промежуток времени* *(время, добавляемое при планировании ко времени, необходимому для выполнения операции или заказа, что позволяет досрочно выполнить заказ или компенсировать непредвиденные задержки при выполнении данного заказа)*

safety of goods 1) *потр.* безопасность товара *(предполагает, что потребление товара не повлечет за собой нанесение вреда здоровью человека)* **SYN:** product safety **SEE:** safe product **2)** *потр.* безопасность имущества *(предполагает, что использование имущества не повлечет за собой нанесение вреда здоровью человека)* **EX: safety of goods supplied in rented accommodation** – безопасность имущества, находящегося в арендованном помещении

safety stock *эк.* страховой [резервный, буферный] запас *(дополнительный запас материалов или готовой продукции, который поддерживается на случай непредвиденных событий, таких как неожиданное увеличение спроса либо задержка поставки сырья)* **SYN:** buffer stock **SEE:** inventory management

sagging sales *марк.* снижение продаж **EX: While the hotel and retail sectors have reported sagging sales during the past year and a half, the auto industry has been soaring.** – В то время как гостиничный сектор и сектор розничной торговли констатируют снижение продаж, автомобильная промышленность испытывает подъем. **SYN:** sales slump

salability *сущ. марк., амер.* = saleability

salable *прил. торг.* = saleable

sale *сущ.* **1)** *эк.* продажа; реализация, сбыт **EX: to be on [for] sale** – продаваться, **date [day] of sale** – дата [день] продажи **SEE:** credit sale, instalment sale, tie-in sale, international sale, export sales, sales contract, sales agent **2)** *торг.* распродажа *(продажа по сниженным ценам; любая продажа товара, при которой часть стоимости продаваемого товара является подарком, скидкой, субсидией покупателю)* **EX: sale advertising** – реклама распродаж, **sale price** – цена на распродаже, **When we went to the sale it was four of us and we had a jolly good time.** – Мы пошли на распродажу вчетвером и весело провели время. **SYN:** sell off, sales event, fair **SEE:** closeout, closing-down sale, bargain sale, clearance sale, one-cent sale, one-day sale, fire sale, anniversary sale, Christmas selling **3)** *торг.* продажа с аукциона, продажа с торгов **EX: saleroom** – помещение для проведения аукционов

sale agreement *юр., торг.* = agreement of purchase and sale

sale and delivery *торг.* продажа и доставка *(договор о продаже, предполагающий доставку товара покупателю)* **EX: conditions of sale and delivery** – условия продажи и доставки **SEE:** delivery contract

sale and return *марк.* = sale or return

Sale and Supply of Goods *юр., торг., брит.* «Продажа и предложение товаров»* *(рабочий документ Юридической комиссии Англии и Уэльса 1983 г.; регулирует некоторые вопросы продажи товаров, не получившие достаточного отражения в законе «О продаже товаров» от 1979 г., выполняющего функцию консолидированного акта в данной области, или отраженные достаточно противоречиво в судебных прецедентах)* **SEE:** Sale of Goods Act 1979

sale as seen *торг.* продажа после проверки* *(метод торговли, когда покупателю предлагается самому проверить качество товара, а затем принять решение о покупке; в случае покупки продавец не обязан предоставлять никакой гарантии качества покупателю)* **SEE:** sale by description, sale by sample

sale at retail *марк.* = sale by retail

sale audit *торг.* = sales audit

sale by agent *юр., торг., брит.* продажа агентом *(продажа товаров лицом, не являющимся их собственником, но являющимся агентом собственника; проблема английского торгового права; согласно закону «О продаже товаров» 1979 г., а также некоторым нормам общего права, касающимся прав собственности, если товары проданы агентом без разрешения собственника, покупатель не может вступить в права собственности на эти товары; однако согласно нормам общего права, касающимся отношений агента и принципала, если продажа товаров осуществлена на основе обычных или подразумеваемых полномочий агента, хотя и не на основе реальных его полномочий, собственник вынужден признать торговую сделку состоявшейся)* **SEE:** non-owner, Sale of Goods Act 1979, nemo dat quod not habet, protection of commercial transactions, estoppel by negligence, agent's usual authority, agent's ostensible authority, sales agent

sale by commission *торг.* комиссионная продажа *(продажа частными лицами принадлежащих им вещей при посредничестве специальных магазинов)* **SYN:** sale on commission **SEE:** commission fee, commission compensation, sale charge

sale by description *юр., торг.* продажа по описанию *(продажа товара с гарантией того, что он будет соответствовать оговоренному при продаже описанию; согласно закону «О продаже товаров» от 1979 г., продажа товаров, виденных покупателем или выбранных им также может относиться к разряду продажи по описанию)* **SEE:** sale as seen, sale by sample, Sale of Goods Act 1979, description, Grant v Australian Knitting Mills Ltd

sale by instalment *торг.* = instalment sale

sale by instalments *торг.* = instalment sale

sale by Order of the Court *юр., торг., брит.* продажа по приказу Суда* *(продажа товаров на основании приказа Верховного Суда; является нарушением права собственности, исключение из которого обоснованы Правилами Верховного Суда; один из случаев в системе английского торгового права, когда разрешается продажа товаров лицом, не являющимся их собственником)* **SEE:** Rules of the Supreme Court, nemo dat quod not habet

sale by retail *торг.* продажа в розницу **EX: a shop license for the sale by retail of liquor** – лицензия магазина на продажу спиртных напитков в розницу **SYN:** sale at retail

sale by sample *марк., торг., юр.* продажа (товаров) по образцам *(продажа на основании ознакомления покупателя с предложенными образцами товаров или их описаниями, содержащимися в каталогах или представленными в фотографиях, а также при условии, что весь объем купленного товара будет соответствовать представленному образцу)* **SEE:** sale by description, sale as seen, course of business

sale by the yard *торг., брит.* продажа на ярды *(напр., ткани)* **EX: We offer any of our materials for sale by the yard.** – Все предлагаемые нами материалы продаются на ярды.

sale by weight *торг.* продажа на вес **EX: When offered for sale by weight, you must show the price per lb.** – Когда вы продаете товары на вес, вы должны указывать цену в расчете на один фунт.

sale catalogue *торг.* торговый каталог, прейскурант *(справочник цен по видам и сортам товаров, а также по видам услуг)* **SEE:** price list

sale charge *торг.* комиссионные за продажу, процент от продаж *(получаемый агентом по продажам)* **SYN:** sale fee, sales commission **SEE:** sales agent, commission fee, sale by commission

sale commission *торг.* = sales commission

sale communications *рекл.* = sales communications

sale contract *юр., торг.* = sales contract

sale controller *торг., упр.* = sales controller

sale crop *с.-х.* = cash crop

sale cycle *торг.* = sales cycle

sale engineer *торг.* = sales engineer

sale executive *торг.* = sales executive

sale fee *торг.* = sale charge

sale follow-up *марк.* = sales follow-up

sale for cash *торг.* = cash sale

sale for future delivery *бирж., торг.* продажа с отсроченной поставкой *(ситуация, при которой клиент оплачивает поставку, которая будет осуществлена в будущем)* **SEE:** forward delivery, sell for the account

sale goal *марк.* требуемый [контрольный, целевой] показатель сбыта *(напр., определенный уровень продаж)* **SYN:** sales purpose, selling purpose, sales goal **SEE:** sales management, sales impact, sales performance, sales quota, sales analysis, sales level

sale impact *торг.* = sales impact

sale in bulk 1) *торг.* продажа оптом, оптовая продажа, продажа большого количества; продажа всего товарного запаса **EX: Cascade offers computers, laser printers, monitors and other equipment for sale in bulk to vendors at low wholesale prices.** – Фирма «Каскад» предлагает к оптовой продаже торговцам компьютеры, лазерные принтеры, мониторы и другое оборудование по низким оптовым ценам. **SYN:** bulk sale 2) *торг.* продажа без упаковки *(напр., на вес)*; продажа насыпью **EX: We offer many vegetable, flower, herb and compost (cover) crop seeds for sale in bulk or packaged.** – Мы предлагаем семена овощных, цветочных, травяных и покровных культур к продаже без упаковки или в упаковке.

sale in market overt *юр., торг., брит.* продажа на открытом рынке *(согласно определению закона «О продаже товаров» 1979 г., продажа на открытом рынке считается законной, если была осуществлена в соответствии с обычаями рынка, покупатель действовал добросовестно и с честными намерениями и не был предупрежден о том, что продавец не владеет или владеет не в полной мере правом собственности на проданный товар; в некоторых случаях если все эти условия соблюдены (т.е., если покупатель докажет, что не мог знать, что продавец не имеет права продавать товар), право собственности переходит к покупателю, даже если продавец не был собственником товаров и не имел права продать их)* **SEE:** market overt, Sale of Goods Act 1979, sale by agent, doctrine of estoppel, nemo dat quod not habet

sale in the course of business *юр., торг.* деловая продажа *(продажа то-*

вара покупателю, купившему данный товар с целью перепродажи или использования в качестве сырья или полуфабриката в производственной деятельности; законодательно регулируется иначе, чем потребительская продажа) **SEE:** consumer sale

sale invoice *торг., учет* = sales invoice

sale item *торг.* товар для продажи, товар на продажу **SEE:** saleable

sale of a mere chance *торг., юр., брит.* продажа чистого риска* *(согласно судебному прецеденту «Хауэл против Купленда»: продажа несуществующего товара, существование которого так и не наступает, но убытки несет покупатель)* **SEE:** sale of a spes, Howell v Coupland, future goods

sale of a spes *торг., юр., брит.* продажа риска* *(согласно закону «О продаже товаров» от 1979 г., подразделение класса продаж будущих товаров; продажа будущих товаров из определенного источника при существующей вероятности, что из данного источника товары не смогут быть получены, напр., покупка урожая с определенного участка земли; данный тип сделки попадает под определение азартной игры, поэтому регулируется не только законом «О продаже товаров» от 1979 г., но и законом «Об азартных играх» от 1845 г.; на основании судебного прецедента «Хауэл против Купленда» такая продажа может классифицироваться как вероятная продажа товаров, безусловная продажа и продажа чистого риска)* **SEE:** spes, future goods, Sale of Goods Act 1979, Gaming Act 1845, Howell v Coupland, contingent sale of goods, unconditional sale, sale of a mere chance

Sale of Goods Act 1893 *юр., торг., брит.* закон «О продаже товаров», 1893 г. *(консолидированный акт предпринимательского (торгового) права Великобритании, целью которого было представление в упорядоченном виде норм, касающихся продажи товаров, следующих из законодательных актов, и норм прецедентного права, нередко противоречащих друг другу; результатом принятия закона стало перемещение функции основного источника права в области этого института торгового права от прецедентов к законодательным актам, легко подвергающимся модификации, поскольку в основу их лег данный закон; наряду с своей модификацией (одноименным законом 1979 г.) является важнейшим источником английского права, регулирующего продажу товаров)* **SEE:** business law, commercial law, Sale of Goods Act 1979, law of sales of goods

Sale of Goods Act 1979 *юр., торг., брит.* закон «О продаже товаров», 1979 г. *(консолидированный акт, являющийся важнейшим источником английского права, касающегося продажи товаров; изменил одноименный закон 1893 г.; дает основополагающие определения договора о продаже товаров, торговой сделки, продажи, соглашения о продаже; закон подтвердил определение товарораспорядительного документа, первоначально сформулированное в законе «О торговых агентах», 1889 г.)* **SEE:** Sale of Goods Act 1893, law of sales of goods, contract of sale of goods, transaction, sale, unpaid seller, document of title, Factors Act 1889

Sale of Goods and Supply of Services Act, 1980 *юр., торг., ирл.* закон «О продаже товаров и предоставлении услуг»*, 1980 г. *(в Ирландии: специализированный правовой акт, регулирующий торговые отношения наряду с законом «О ценах» 1965 г. и судебными прецедентами)* **SEE:** Prices Act, 1965; Sale of Goods Act 1979

sale of work *торг.* (благотворительная) распродажа *(продажа товаров, пожертвованных или собранных среди, напр., сотрудников, с целью сбора средств в пользу какой-л. организации)* **EX: sale of work to aid hospice** – благотворительная распродажа в пользу приюта

sale on account *торг.* продажа в кредит [в рассрочку], продажа с отсроченной оплатой *(реализация товара или услуги с предоставлением покупателю возможность оплатить счет позже)* **EX: the transaction of a sale on account** – сделка по продаже в кредит, **The source document for a sale on account is called a sales invoice.** – Первичным документом для продажи в кредит является счет-фактура. **SYN:** sale on credit **ANT:** cash sale **SEE:** on account, sales invoice

sale on approval *торг.* пробная продажа* **а)** *(продажа с сохранением права покупателя отказаться от товара)* **SYN:** sale or return, approval sale **б)** *юр., амер. (согласно определению Единообразного торгового кодекса США: сделка в рамках соглашения о том, что покупатель может вернуть товары продавцу, даже в случае если они соответствуют договору о продаже, называется пробной продажей, если товары предназначены для использования, а не для перепродажи)* **SEE:** goods on approval, Uniform Commercial Code, sale or return, delivery, resale, contract for sale

sale on commission *торг.* = sale by commission

sale on credit *торг., фин.* = credit sale

sale or return *торг.* продажа или возврат, продажа и возврат **а)** *(условие торговли, по которой покупатель имеет право возвратить товар в течение определенного времени, либо условие, по которому розничный торговец может вернуть поставщику непроданный товар)* **EX: goods supplied on sale or return** – товары, поставленные на условии «продажа или возврат», **All machines are sold on sale or return basis.** – Все машины продаются на условии «продажа или возврат». **SYN:** sale and return **SEE:** no-returns policy, soft sell **б)** *юр., амер. (согласно определению Единообразного торгового кодекса США: сделка в рамках соглашения о том, что покупатель может вернуть товары продавцу, даже в случае если они соответствуют договору о продаже, называется «продажа или возврат», если товары предназначены, в первую очередь, для перепродажи, а не для использования покупателем)* **SEE:** Uniform Commercial Code, sale or return, delivery, resale, contract for sale

sale outlet *торг.* = sales outlet

sale party *торг.* = sales party

sale performance *торг.* = sales performance

sale permit *торг., юр.* = sales permit

sale person *торг.* = salesman

sale price 1) *эк.* = selling price **2)** *торг.* распродажная цена *(сниженная цена на распродаже)* **SEE:** sale-priced item

sale-priced item *торг.* товар по сниженной цене *(предназначен для распродажи)* **SEE:** sale price

sale proceeds *торг.* выручка от продаж [реализации] *(денежный доход, полученный предприятием от покупателей или заказчиков за проданную продукцию, за выполненные работы или услуги)* **EX: sale proceeds of immovable property** – выручка от продаж недвижимости **SEE:** products sold, cost of sales

sale programme *марк.* = sales programme

sale promotion *марк.* = sales promotion

sale quota *торг.* = sales quota

sale record *торг., учет* = sales record

sale report *торг.* = sales report

sale reporting *учет, торг.* = sales reporting

sale response function *марк.* = sales response function

sale results *торг.* = sales results

sale revenue *торг.* = sales

sale slump *марк.* = sales slump

sale support service *марк.* = sales support service

sale talk *марк.* = sales talk

sale team *марк.* = sales team

sale technique *марк.* = sales technique

sale under a voidable title *юр., торг., брит.* продажа спорного права собственности* *(продажа товара, право собственности продавца на который оспаривает какая-то третья сторона; в соответствии с законом «О продаже товаров» 1979 г., если в момент продажи право собственности про-*

давца никто не оспаривал и если покупатель докажет, что не был поставлен в известность о том, что продавец не является в полной мере собственником товара, право собственности переходит к покупателю) **SEE:** Sale of Goods Act 1979, transfer of title, nemo dat quod not habet, doctrine of estoppel, Criminal Law Act 1967

sale value *марк., учет* продажная стоимость **а)** *учет (категория, применяемая для оценки запасов, когда запасы оцениваются исходя из цен, по которым фирма надеется продать находящиеся в запасе товары)* **SEE:** value of sales **б)** *марк. (стоимость, получаемая за проданный товар)* **EX: Sale value is based upon many parameters, such as: location, size of home, and condition of home.** – Продажная стоимость основывается на многих параметрах, таких как местоположение, размер дома, бытовые удобства. **2)** *маркс.* стоимость *(в отличие от потребительной стоимости: количество труда, затраченное на производство товара; используется для сравнения количества товаров, подлежащих обмену; может измеряться в деньгах)*

sale with all faults *марк.* продажа в любом состоянии* *(продажа без ответственности продавца за качество товара, какие-л. повреждения и т. д.)* **EX: Each lot is to be offered for sale with all faults.** – Все предметы должен быть предложены на продажу в любом состоянии.

saleability *сущ. тж.* salability *марк.* рыночная привлекательность, ходкость; возможность сбыта, возможность продажи *(товаров или услуг)* **EX: What techniques do you use to increase the saleability of an article before you send it to an editor for consideration.** – Как вы пытаетесь увеличить привлекательность вашей статьи до того как она будет отослана редактору для принятия решения о публикации. **SEE:** saleable

saleable *прил. тж.* salable **1)** *торг.* пользующийся спросом, ходкий *(о товаре, профессии и т. д.)* **SEE:** saleable product **2)** *торг.* реализуемый, пригодный [предназначенный] для продажи **EX: salable producee** – продукция на продажу, **salable property right** – право собственности (которое можно продавать), **salable refuse** – реализуемые отходы **ANT:** unsaleable **SEE:** sale item, salable sample, saleability **3)** *торг.* сходный, приемлемый *(о цене)*

saleable article *марк.* = saleable product

saleable product *торг.* ходовой товар *(товар, имеющий спрос на рынке и быстро распродаваемый)* **SYN:** saleable article **ANT:** unsaleable product **SEE:** saleability

saleable sample *марк.* образец для продажи *(образец продукта, отличающийся от него меньшими размерами; продается по более низкой цене, давая потребителю возможность «попробовать» данный продукт)*

sales *сущ.* **1)** *эк.* товарооборот, объем продаж [сбыта], объем сбыта, продажи *(реализованные товары в денежном выражении; рассчитывается путем умножения количества проданных за определенный период товаров на цену товара)* **EX: sales information [sales data, sales figures]** – информация о сбыте, данные о сбыте, торговая статистика, количественные показатели сбыта, сбытовая статистика, **total sales** – общий объем сбыта, **industry sales** – объем продаж отрасли, отраслевой объем продаж, **decline/increase in sales** – снижение/рост продаж [объема сбыта], **sales opportunities** – конъюнктура рынка, возможность сбыта, **We cultivate sales opportunities, which bring new or incremental revenue and protects business at risk.** – Мы развиваем новые возможности сбыта, которые приносят новые или дополнительные доходы и защищают бизнес от риска. **They have had little time to explore profitable sales opportunities abroad.** – У них было слишком мало времени, для изучения возможности прибыльных продаж за границей. **sales volume, volume of sales** – объем продаж, **daily sales** – дневной оборот, продажи за день, **A tax hike on company-owned cars will likely further depress sales.** – Взвинчивание налогов на автомобили в собственности организаций будет, вероятно, еще больше подавлять продажи. **For the total year 2001, management anticipates a moderate decline in sales.**

– Руководство предполагает умеренное снижение продаж на протяжении всего 2001 г. **The sales objective is 1,000 litres per month.** – Наша задача – продавать тысячу литров в месяц. **SYN:** sales revenue, sale revenue, sales volume, sales amount, volume of sales, overall sales, sales level **SEE:** gross sales, net sales, purchase, cost of sales, advertising-to-sales ratio **2)** *торг.* торги, распродажа **EX: sales closing** – завершение распродажи, окончание торгов

sales activities *торг.* деятельность по сбыту, мероприятия по сбыту **SYN:** sales promotion, sales activity **SEE:** sales management, sales programme

sales activity *торг.* = sales activities

sales agency *торг.* агентство по продаже, агентство продаж *(организация, осуществляющая сбыт продукции или услуг от имени компании-производителя)* **SYN:** selling agency, commercial agency **SEE:** sales agent

sales agent *торг.* торговый агент *(представитель фирмы, предлагающий покупателям товары или услуги или предлагающий их заказать по имеющимся у него образцам, каталогам)* **SYN:** sales representative, salesman, selling agent **SEE:** selling commission, purchasing agent

sales agreement *юр., торг.* = agreement of purchase and sale

sales aids *марк.* средства продажи *(рекламные материалы в местах торговли товаром, направленные на стимулирование продаж, напр., образцы товара, рекламные брошюры, рекламные стенды)* **SYN:** merchandising material, promotional material **SEE:** advertising material, sales technique

sales allowance *торг.* = sales discount

sales amount *торг.* = sales

sales analysis *марк.* анализ возможностей сбыта *(оценка фактических продаж и сопоставление их с плановыми (по конкретным товарам, территориям и т. д.), анализ отклонений)* **SEE:** actual sales, planned sales, sales management, sales results, sales programme, sale goal, sales analyst

sales analyst 1) *марк.* специалист-аналитик по проблемам сбыта **SEE:** sales analysis, marketer **2)** *учет* аналитик продаж *(занимается учетом продаж по видам продукции и территориям сбыта)*

sales appeal 1) *марк.* покупательная привлекательность *(совокупность свойств, заставляющих покупать данный товар (качество, упаковка, известность марки, расположение в магазине и т. п.))* **SEE:** shopping behaviour **2)** *марк.* рекламная притягательность* *(свойство товара, возникшее в результате рекламно-коммерческой деятельности)* **SYN:** customer appeal, selling appeal **SEE:** sex appeal, snob appeal, immediate appeal, rational appeal, recreational appeal, mass appeal, masculine appeal, health appeal, game appeal, moral appeal, advertising appeal, price appeal, consumer appeal, marketing appeal, service appeal, emotional appeal, female appeal

sales approach 1) *марк.* торговый подход, ориентация на сбыт, подход с ориентацией на сбыт *(маркетинговый подход, при котором приоритетное место отводится повышению объему продаж и расширению рынка сбыта)* **SYN:** sales-oriented approach, salesmanship approach **2)** *марк.* подход к организации сбыта, методы стимулирования сбыта **EX: Our sales approach is based on strong relationship at the end user and distributor sales level.** – Наш подход к организации сбыта основывается на тесном общении дистрибьюторов с конечными пользователями. **SEE:** selling arsenal, selling inducement

sales area 1) *торг.* = selling space **2)** *торг.* район сбыта, рынок сбыта **SYN:** market, marketing outlet

sales assistance *торг.* помощь покупателю *(со стороны торгового персонала)* **SEE:** shop assistant, sales team

sales audit *торг.* аудит продаж *(проводимое независимыми экспертами исследование существующего процесса и поддержки сбыта, ожиданий потребителей, и эффективности стимулирования сбыта)* **EX: experts on sales audit** – эксперты в области аудита продаж **SYN:** sale audit **SEE:** sales record, sales reporting, sales promotion

sales budget *торг., учет* бюджет продаж *(оценка ожидаемых продаж товара на определенных территориях и в определенные периоды времени; обычно составляется в денежном и натуральном выражении)*

sales call *торг.* коммерческий звонок*, коммерческое предложение по телефону* **EX: A successful sales call is a call that is well planned and organized.** – Успешный коммерческий звонок – это звонок заранее спланированный и хорошо организованный. **SEE:** sales script

sales campaign *марк.* кампания по сбыту *(рекламная кампания по организации и стимулированию сбыта)* **SYN:** selling campaign, marketing campaign, advertising campaign, promotion campaign

sales clerk *торг.* продавец, торговец *(сотрудник отдела сбыта)* **SYN:** salesclerk, salesman, shop assistant

sales commission *торг.* комиссионные с продажи, комиссионный платеж за продажу, комиссионный сбор за продажу *(плата, взимаемая с покупателя за посреднические услуги в торговле)* **SYN:** sale charge

sales communications *рекл.* средства распространения коммерческой информации; коммерческая информация **EX: Rule 2-29 is a very comprehensive rule which contains both specific provisions and broad principles prohibiting misleading sales communications.** – Правило 2-29 является всеобъемлющим правилом, которое перечисляет два специальных обоснования и широкий спектр принципов, запрещающих коммерческую информацию, вводящую в заблуждения. **SYN:** sale communications **SEE:** sales script

sales conference *марк.* = sales meeting

sales consultant 1) *торг.* торговый консультант **2)** *торг.* = traveling salesman

sales contest *марк.* конкурс продавцов *(определение лучшего продавца определенных товаров и вручение ему приза (премии); метод стимулирования сбыта)*

sales contract *юр., торг.* соглашение [договор] о продаже, договор продажи, соглашение [договор] о покупке, договор купли-продажи, контракт на продажу *(соглашение между продавцом и покупателем, устанавливающее права и обязанности сторон в конкретной сделке купли-продажи)* **SYN:** sale contract, contract of sale, contract for sale, purchase contract, contract of purchase, contract of purchase and sale, contract of sale and purchase **SEE:** contract of exchange, contract of hire-purchase, credit sale contract, instalment sale, international sales contract

sales control *марк.* проверка состояния сбыта; контроль сбыта *(осуществляется руководством организации для получения информации, полезной при принятии управленческих решений)* **SEE:** sales management, sales audit, sales controller, activity quota

sales controller *торг., упр.* ведущий коммерческий специалист (фирмы); коммерческий директор *(определяет стратегию и тактику деятельности фирмы по реализации своей продукции, контролирует работу маркетингового отдела, отдела сбыта, отдела технической поддержки и др.)* **SYN:** sale controller **SEE:** sales control, sales support, marketing, sales function

sales conversion rate *марк.* показатель преобразования контактов в продажи *(число осуществленных продаж по отношению к числу имевших место контактов)* **SEE:** inquiry conversion, inquiry conversion rate

sales cost *учет* = selling cost

sales cycle *торг.* торговый цикл *(время между получением заказа, доставкой готовой продукции и оплатой)* **SYN:** sale cycle

sales day book *торг., учет* = sales journal

sales demonstration *марк.* торговая демонстрация, торговый показ *(товара в действии)*

sales density *торг.* товарооборот на единицу площади *(показывает насколько эффективно используются имеющиеся торговые площади магазина)*

sales department *торг.* = sales function

sales depot *торг.* сбытовая база **SYN:** warehouse, trading depot **SEE:** depot

sales-directed communication *марк.* коммерческое предложение *(направленное на заключение сделки купли-продажи)* **EX: This message gets to the buyer as «news» rather than as a sales-directed communication.** – Это сообщение приходит под видом новостей, а не как коммерческое предложение. **SEE:** sales transaction

sales director *торг., упр.* = promotion manager

sales discount *торг.* скидка при продаже, продажная скидка *(скидка, предоставляемая продавцом при продаже товара (та же самая скидка, с точки зрения покупателя, является скидкой при покупке))* **SYN:** sales allowance **SEE:** purchase discount, discount allowed, trade discount

sales drive 1) *марк., разг., амер.* распродажа *(продажа товаров по сниженным ценам)* 2) *марк.* стимулирование сбыта **SYN:** sales promotion **SEE:** sales push

sales effect *марк.* эффект (влияние) на уровень сбыта

sales effectiveness test *марк.* внутрирыночный тест, оценка эффективности рекламы *(исследование воздействия различных рекламных средств на изменение уровня продаж)*

sales effort *торг.* торговое усилие* *(действия по усилению эффективности торговли)* **EX: A little sales effort can turn your home business into a gold mine.** – Небольшое торговое усилие может превратить ваш домашний бизнес в золотой прииск.

sales engineer *торг.* инженер-сбытовик, инженер по сбыту, продавец-консультант *(агент по продаже сложной технической продукции, являющийся специалистом в этой области; консультирует покупателя до и после совершения покупки, а также дает советы маркетинговому отделу о том, как может быть модифицирован продукт и его оформление, чтобы наилучшим образом удовлетворять потребностям клиентов)* **SYN:** manufacturers' agent, sales representative, technical sales support worker, sale engineer **SEE:** sales support

sales engineering *торг.* профессионально-техническое обеспечение сбыта **SEE:** sales engineer

sales environment *торг.* торговая среда *(совокупность условий, в которых протекает торговля)*

sales event *торг.* = sale

sales executive 1) *марк.* сотрудник службы сбыта, специалист по связи с клиентами, торговый агент *(в его задачи входит поиск новых клиентов, ведение клиентской базы, переговоры с клиентами, консультирование клиентов и т. п.)* 2) *торг.* руководитель службы сбыта, специалист по организации сбыта *(руководит ежедневной работой службы сбыта)* **SEE:** sales team **SYN:** sale executive

sales exhibition *марк.* = trade show

sales expansion *марк.* расширение торговли *(увеличение торговли в объеме или в охвате рынка)*

sales expectation *торг.* = sales expectations

sales expectations *торг.* ожидаемый объем сбыта **SYN:** planned sales

sales finance company *фин., торг.* компания по финансированию продаж *(компания, осуществляющая краткосрочные вложения в предприятия розничной (иногда и оптовой) торговли путем покупки обязательств ее клиентов, приобретающих товары в рассрочку)* **SEE:** instalment sale, sales financing

sales financing *торг., фин.* финансирование продаж *(финансирование торговых предприятий путем выкупа обязательств покупателей, приобретающих товары в кредит или в рассрочку)* **SEE:** sales finance company

sales fluctuations *торг.* колебания сбыта *(циклические падение и рост сбыта в зависимости от экономиче-*

ского цикла и успешности сбытовой политики компании)

sales folder *рекл.* рекламно-коммерческий проспект **SEE:** advertising circular

sales follow-up *марк.* работа после продажи* *(работа по совершенствованию положительного образа фирмы и товара, наступающая после продажи товара, напр., гарантийное обслуживание и консультирование покупателя, получение у него положительных отзывов, анализ факторов, приведших к успешной продаже и т. п.)* **SYN:** sale follow-up, post sales support

sales force *торг., упр.* торговый персонал, торговый штат, штат продавцов *(персонал, осуществляющий продажу товаров и услуг путем прямого контакта с потребителями)* **EX:** **sales-force activity** – деятельность штата продавцов **SEE:** sales force composite

sales force composite *марк.* совокупное мнение торговых агентов *(метод прогнозирования спроса на основании опроса мнений персонала отдела сбыта, управляющего сбытом и некоторых торговых агентов)* **SEE:** sales force

sales-force structure *торг.* структура торгового персонала *(принцип организации деятельности торгового персонала: разделение труда между ними по географическому или продуктовому принципу и т. д.)* **SEE:** sales force, territorial-structured sales force, product-structured sales force

sales forecast *марк.* прогноз сбыта [продаж] *(оценка ожидаемого объема продаж в натуральных и стоимостных показателях)*

sales forecasting *марк.* прогнозирование сбыта [продаж, объема реализации] *(оценка возможного объема продаж в прогнозируемом периоде)*

sales function **1)** *торг., упр.* отдел сбыта [продаж], торговый отдел *(занимается реализацией продукции фирмы)* **SYN:** sales department, distribution department **2)** *торг.* функция сбыта *(расширение рынков сбыта и круга потребителей продукции)*; сбыт

sales gain *торг.* прирост объема продаж *(увеличение объема продаж по сравнению с предыдущим значением объема)* **SEE:** sales

sales girl *торг.* продавщица **SYN:** saleslady, saleswoman, salesgirl, shopgirl **SEE:** salesman

sales goal *марк.* = sale goal

sales history *торг.* торговая история, история сбыта *(документ, в котором фиксируются данные об уровне сбыта продукции фирмы за определенный период; служит ориентиром контрагентам фирмы для суждения об ее торговой эффективности)*

sales impact *марк.* уровень продаж, коммерческий результат **EX: to announce an increased sales impact** – объявлять об увеличении продаж **SYN:** sale impact, sales results

sales incentive *марк.* премия за продажу, вознаграждение продаж *(премия (в форме денег или подарков), которую получают продавцы за перевыполнение планов продаж)*

sales interview *марк.* коммерческая беседа* *(беседа продавца с потенциальным покупателем, в ходе которой покупатель получает информацию о товаре или услуге)*

sales invoice *торг., учет* счет-фактура продажи *(документ, выписываемый продавцом на имя покупателя с требованием оплатить поставленный товар; с точки зрения покупателя этот же счет-фактура является счетом-фактурой покупки)* **SYN:** sale invoice **SEE:** invoice, export invoice, sale on account

sales journal *торг., учет* журнал продаж *(журнал учета продаж в кредит)* **SYN:** sales day book, sold day book, journal of sales **SEE:** sales returns journal

sales killer *марк.* затрудняющий продажи фактор **EX: Another «sales killer» is the failure to learn the buyer's business.** – Другим затрудняющим продажи фактором является недостаточное изучение бизнеса покупателя.

sales kit *марк.* комплект рекламно-коммерческих материалов

sales lead *марк.* наводка [наметка] на продажу* *(потенциальный покупатель; лицо, готовое совершить покупку)* **EX: to develop sales leads** – обнаруживать потенциальных покупателей **SEE:** cost per lead, lead, qualified lead

sales leaflet *рекл.* рекламно-коммерческая листовка, рекламный листок **SYN:** circular, handbill, dodger, flier, handout

sales letter *марк.* рекламное письмо *(письмо, рассылаемое потенциальным покупателям с целью ознакомить с определенными видами продукции)* **SEE:** killer sales letter

sales level *торг.* уровень сбыта, объем продаж **SYN:** sales **SEE:** sale goal, sales results

sales life *торг.* = shelf life

sales literature *марк.* рекламная литература, рекламные материалы *(брошюры и проспекты, информирующие о товарах, услугах, финансовых инструментах)* **SEE:** advertising material, sales aids, advertising literature

sales management *марк., упр.* управление сбытом, управление продажами *(организация системы продаж и управление торговым персоналом фирмы, предопределенные маркетинговой стратегией фирмы)* **SEE:** marketing strategy, sale goal, sales programme, sales activities, sales analysis, sales control, allowable order cost, call report

sales margin mix variance *торг., учет* = sales mix variance

sales margin price variance *торг., учет* = sales price variance

sales margin volume variance *торг., учет* = sales volume variance

sales meeting *марк.* совещание по сбыту *(обсуждение результатов продаж и построение планов сбыта)* **SYN:** sales conference

sales message *рекл.* торговое обращение *(адресованное одному или нескольким конкретным лицам предложение о покупке товаров)* **SYN:** selling message

sales mix 1) *марк.* товарный ассортимент, продуктовый ассортимент *(совокупность всех товаров, предлагаемых конкретным продавцом)* **SYN:** merchandise mix, merchandise offering **2)** *марк.* структура продаж *(соотношение объемов продаж разных групп товаров конкретной фирмы)*

sales mix profit variance *торг., учет* = sales mix variance

sales mix variance *торг., учет* отклонение продаж по структуре *(изменение торгового оборота из-за разницы между запланированной и фактической структурами продаж)* **SYN:** sales margin mix variance, sales mix profit variance **SEE:** sales mix

sales network *торг.* сбытовая сеть, сеть продаж *(совокупность торговых точек, дистрибьюторов, независимых торговых представителей и т. п., реализующих продукцию данной компании)* **SEE:** distribution network

sales office 1) *торг.* коммерческое представительство; торговая контора **2)** *торг.* сбытовая контора, контора по сбыту; отдел сбыта **SEE:** joint sales office

sales order *торг.* заказ на покупку *(товаров)*

sales order processing system *марк.* система обработки заказов на покупку *(включает принятие заказов, проверку платежеспособности клиента, проверку наличия затребованного товара на складе, оформление заказа, организацию доставки и т. п.)*

sales orientation *марк.* = selling concept

sales-oriented approach *марк.* = sales approach

sales outlet *торг.* торговая точка; магазин **SYN:** store unit, sale outlet

sales party *марк.* торговая встреча на дому, презентация на дому* *(представление и коммерческое предложение продукта, проводимые торговыми агентами дома у одного из потенциальных покупателей с приглашением его знакомых, соседей, друзей)* **SYN:** sale party, home sales party, in-house party **SEE:** home-party selling

sales pattern *торг.* структура сбыта *(организация сбыта, характеризующаяся налаженными связями с торговыми партнерами)*

sales penetration *марк.* охват рынка сбыта *(определяется как отношение реальных продаж на данной территории к потенциальным)* **EX: A high level of sales penetration usually means there is little room for growth.** – Высокий уровень охвата рынка сбыта, обычно, означает мало возможностей для роста.

sales per employee *марк.* объем продаж на одного работника *(равен отношению объема продаж в стоимостном выражении к численности работников в организации)*

sales performance *торг.* характеристика реализации *(товара)*; результаты [данные] торговой деятельности; торговые успехи **SYN:** sales results, sale performance **SEE:** sale goal, sales management, sales impact

sales permit 1) *торг., юр.* разрешение на торговлю, лицензия на продажу *(выдается государственным органом фирме или предпринимателю, желающим заниматься торговлей)* **EX: to apply for a sales permit** – подавать заявление на получение лицензии на торговлю **SEE:** sales territory **2)** *торг., юр.* разрешение на реализацию *(выдается крупной компанией своим дилерам)* **SYN:** sale permit

sales person *торг.* = salesman

sales personnel *торг.* торговый персонал, торговый штат, штат продавцов **SYN:** sales staff **SEE:** sales rally

sales plan 1) *марк.* план стимулирования сбыта **2)** *торг.* = sales target

sales policy *марк.* стратегия продаж, сбытовая политика **SEE:** sales controller

sales portfolio *марк.* портфель продаж *(данные о продажах (цены, скидки, условия и объемы сделок), которые торговые агенты используют для планирования своей деятельности)*

sales potential 1) *марк.* ожидаемая реализация *(продукции фирмы)* **2)** *марк.* потенциал сбыта *(количество потребителей, на которых ориентирован товар, подлежащий сбыту в данном регионе)* **EX: Using census information, you can now accurately measure the sales potential for your trading area.** – Используя данные переписи, вы можете теперь точно измерить потенциал сбыта сферы вашей торговли.

sales presentation *марк.* торговая презентация *(мероприятия по демонстрации товара перспективным покупателям)*

sales price *торг.* = selling price

sales price variance *торг.* отклонение продаж по цене *(изменение торгового оборота из-за отклонения фактической цены единицы товара от плановой)* **SYN:** sales margin price variance, selling price variance **SEE:** sales volume variance

sales proceeds *торг.* = sale proceeds

sales productivity *торг.* торговая эффективность, эффективность продаж *(отношение количества проданных товаров к числу работников сбыта или торговых точек)*

sales programme *марк.* программа обеспечения сбыта *(совокупность планируемых мероприятий по стимулированию сбыта)* **SYN:** sale programme **SEE:** sales promotion, sales management, sales activities, sales analysis, planned sales

sales promotion 1) *марк.* стимулирование сбыта [продаж, торговли], продвижение товара, поощрение продаж *(комплекс методов, призванных увеличить продажи: реклама, конкурсы, распространение образцов, скидки и т. д.)* **EX: sales promotion action plan** – план проведения мероприятий по стимулированию сбыта, **sales promotion department** – отдел стимулирования сбыта, **sales promotion programme** – программа стимулирования сбыта, **Specialty advertising is a sales promotion medium.** – Специальная реклама является средством стимулирования сбыта. **SYN:** stimulation of trade, trade promotion, promotion of sales, sales drive, sale promotion **2)** *эк.* торговая деятельность *(работа, направленная на продажу товаров и услуг)* **SYN:** sales activities

sales promotion budget *марк.* = promotion budget

sales promotion manager *марк., упр.* менеджер по продвижению (продаж) **SYN:** promotion manager **SEE:** sales promotion

sales prospect *марк.* потенциальный покупатель [заказчик] *(товаров)* **EX: Our sales prospect database contains information on over 300,000 firms.** – Наша база данных содержит информацию о более, чем 300 000 фирм.

sales purpose **1)** *торг.* цель продажи *(в отношении некоторого актива)* **EX: Are you interested in arranging your house for sales purpose?** – Заинтересованы ли вы в отделке вашего дома с целью продажи? **2)** *торг.* = sale goal **SYN:** selling purpose

sales push *торг.* концентрированные усилия по сбыту* **SEE:** sales drive

sales quantity variance *торг., учет* = sales volume variance

sales quota *торг.* целевой показатель объема продаж *(минимальный объем продаж, устанавливаемый продавцом в качестве целевого ориентира)* **SYN:** sale quota **SEE:** sale goal

sales rally *марк.* конференция продавцов, встреча продавцов *(организуются для повышения мотивации персонала по продажам и координации их деятельности)* **SEE:** sales personnel

sales reaction function *марк.* = sales response function

sales record **1)** *учет, торг.* учет продаж **2)** *мн., торг.* торговая статистика *(фирмы)*; отчеты о сбыте, торговые отчеты **SYN:** sale record **SEE:** sales audit, sales report, sales reporting

sales report *торг.* отчет о продажах, торговый отчет **SYN:** sale report **SEE:** sales record, sales reporting

sales reporting *учет, торг.* торговая отчетность *(система отчетов по продажам)* **SYN:** sale reporting **SEE:** sales record, sales audit, sales report

sales representative *торг.* торговый представитель *(представитель фирмы, предлагающий оптовым покупателям товары или услуги по имеющимся у него образцам, каталогам)* **EX: salaried sales representative** – коммивояжер на окладе, **The sales representative makes the preliminary contact with customers, introduces the company's product, and closes the sale.** – Торговый представитель заключает предварительный контракт с потребителями, знакомит с продукцией компании и закрывает сделку. **SYN:** salesman, sales person, sales agent, selling agent, commission merchant, commercial agent, commercial representative, selling representative, selling person, sales engineer **SEE:** drummer, travelling sales representative, selling commission, purchasing agent

sales requirement *торг., упр.* требуемый объем сбыта [спроса, заказов на поставку продукции] *(объем сбыта необходимый для того, чтобы окупились производство и реализация данного объема продукции)*

sales research *марк.* изучение торговой конъюнктуры

sales resistance *марк.* сопротивление потребителя, отторжение покупки* *(нежелание потребителя покупать какой-л. не знакомый ему товар по тем или иным причинам)* **SYN:** consumer resistance **EX: Sales resistance is not a natural part of the buy-sell process, but rather a direct result of the salesperson's behavior.** – Сопротивление потребителя не естественная составляющая процесса купли-продажи, а прямое следствие поведения продавца.

sales response *марк.* реакция сбыта *(увеличение объема сбыта в ответ на меры по стимулированию продаж)*

sales response function *марк.* функция реакции сбыта *(прогноз вероятного объема продаж в течение определенного отрезка времени в зависимости от уровня затрат на те или иные составляющие комплекса маркетинга)* **SYN:** sales reaction function, sale response function

sales results *торг.* результаты [итоги] сбыта; результаты торговой деятельности *(напр., достигнутый объем продаж)* **SYN:** sale results, sales impact, actual sales **SEE:** sale goal, sales analysis, sales level

sales returns 1) *торг.* возвращенные продажи*, возвращенные проданные [реализованные] товары* *(товары, возвращенные покупателями)* 2) *учет* возврат(ы) проданного [реализованного] товара*, возврат продаж* *(счет, на котором учитывается возвращенный покупателями товар)* **SYN:** returns inwards **SEE:** sales returns journal, sales discount

sales returns book *учет, торг.* = sales returns journal

sales returns journal *учет, торг.* журнал [книга] возврата продаж*, журнал возврата проданных [реализованных] товаров* *(бухгалтерская книга, в которой содержатся записи о возврате товаров покупателями)* **SYN:** returns inwards journal, returns inwards book, sales returns book **SEE:** purchases returns journal, sales journal

sales revenue *торг.* = sales

sales risk *торг.* риск продаж* *(вероятность того, что не удастся реализовать планируемый объем продукции по планируемой цене)*

sales script *марк.* коммерческая заготовка* *(подготовленная заранее схема ведения эффективной коммерческой коммуникации; напр., разработка беседы с клиентом или сценарий торговой презентации)* **EX: telephone sales script** – коммерческая заготовка разговора по телефону, **sales script book** – сборник торговых клише **SEE:** sales call, sales communications

sales seminar *марк.* торговый семинар *(организуется производителем или дилером с приглашением потенциальных покупателей; совмещает обсуждение актуальных для потребителей вопросов или обучение полезным навыкам (связанным с предлагаемым продуктом) с непосредственной презентацией продукта)* **SEE:** seminar selling, how-to seminar, hands-on seminar

sales-service promoter *эк. тр., марк., амер.* промотер продаж* *(лицо, занимающееся продвижением продаж и созданием гудвилла для товаров или услуг фирмы посредством выставок, путешествий по стране, выступлений на съездах розничных торговцев и консультаций с отдельно взятыми торговцами относительно способов увеличения продаж)* **SEE:** goodwill

sales slip *торг.* квитанция о продаже *(выписывается при оплате кредитной картой и подписывается владельцем карты)* **SEE:** credit card

sales slump *марк.* падение продаж **EX: French engine maker reports sales slump.** – Французский производитель двигателей констатирует падение продаж. **SYN:** sagging sales, sale slump

sales staff *торг.* = sales personnel

sales support *торг.* поддержка сбыта, поддержка клиентов *(услуги, предлагаемые фирмой своим потенциальным или реальным клиентам с целью помочь им выборе и использовании продуктов фирмы)* **EX: sales support manager** – менеджер по поддержке сбыта, **sales support department** – отдел поддержки сбыта **SEE:** post sales support, pre sales support, customer service, technical sales support worker, sales engineer

sales-support programme *марк.* программа содействия сбыту, программа поддержания сбыта

sales support service 1) *торг.* дополнительное обслуживание при продаже* *(дополнительные услуги, оказываемые продавцом потенциальным и фактическим покупателям, напр., услуги по наладке купленного оборудования, услуги оптового продавца предприятию розничной торговли по консультированию торгового персонала розничной торговли о способах представления товара покупателю и т. п.)* **SEE:** sales support, after sales service, pre-purchase service 2) *торг.* служба содействия сбыту **SYN:** sale support service

sales talk *марк.* коммерческая [торговая] беседа*, разговор о покупке* *(способ стимулирования сбыта с помощью словесных аргументов продавца, а так же демонстрации товара)* **SYN:** sale talk

sales target *торг.* план продаж [сбыта], контрольный показатель продаж [сбыта] *(запланированный объем сбыта в расчете на продавца или район)* **SYN:** sales plan, sale goal

sales tax *гос. фин., торг.* налог с продаж *(косвенный налог, взимаемый в виде процента от розничной стоимости продаваемых товаров)*

sales team 1) *марк.* группа сбыта *(в состав группы могут входить должностные лица фирмы, торговые агенты, инженеры сбыта и другой персонал, связанный с организацией сбыта и сбытом продукции)* **SEE:** sales controller, sales engineer, sales executive, sales representative, sales force **2)** *торг.* коллектив продавцов (магазина), персонал магазина **SYN:** sale team

sales technique 1) *марк.* метод продаж [сбыта] *(способ реализации товаров)* **2)** *мн., марк.* методика торговли, техника продаж *(совокупность приемов и способов, с помощью которых осуществляется процесс продажи товаров)* **SEE:** sales aids **SYN:** sale technique

sales terms *торг.* условия продажи *(условия, предлагаемые фирмой при продаже своих товаров и услуг за наличные или в кредит, напр., условия платежа за товар)* **SYN:** terms of sale, selling terms

sales territory 1) *марк.* сбытовая территория *(сегмент рынка, занятый данным продавцом)* **SEE:** market segment **2)** *торг., юр.* территория торговли *(на которой могут осуществляться продажи данного продавца в соответствии с его лицензией)* **SEE:** sales permit

sales test *марк.* = sales testing

sales testing 1) *торг., упр.* торговое тестирование *(проходит продавец при найме на работу либо в рамках программы развития персонала)* **SEE:** salesperson **2)** *марк.* тестирование сбыта *(путем опроса потенциальных покупателей; часто проводится через Интернет)* **SEE:** product testing, copy testing

sales tool *торг.* средство [способ, метод] сбыта; средство [способ, метод] реализации **EX: The website can be used not only as a sales tool but also as a way to grow relationships with customers and to learn more about them.** – Обучение может быть использовано не только как средство реализации, но и как способ улучшить отношения с покупателями и узнать о них больше. **SYN:** selling tool, selling inducement **SEE:** selling arsenal

sales transaction *торг.* торговая сделка, акт [сделка] купли-продажи

sales unit *торг.* товарная единица

sales value 1) *торг., учет* стоимость продаж *(общая стоимость проданных товаров)* **2)** *торг.* = selling price

sales van *торг., амер.* магазин на колесах, автомагазин, автолавка *(способ продажи товара, когда торговым местом является грузовик или фургон)* **SYN:** mobile shop, shop truck, rolling store

sales visit *торг.* визит коммивояжера *(приезд торгового агента с образцами товара на место жительства или работы клиента)* **SEE:** sales agent

sales volume *торг.* = sales

sales volume-profit variance *торг., учет* = sales volume variance

sales volume variance *торг., учет* отклонение продаж по объему, отклонение по объему реализации *(изменение торгового оборота из-за отклонения фактического объема продаж от планового (при плановой цене за единицу))* **SYN:** sales quantity variance, sales margin volume variance, sales volume-profit variance

sales worker *торг.* торговый работник **EX: The category 'sales worker' is very heterogeneous, ranging from store managers and reasonably well-paid employees to low-income pavement traders.** – Категория «торговых работников» очень разнородна – в нее входят как директора магазинов и высокооплачиваемые специалисты, так и низкооплачиваемые уличные торговцы. **SYN:** salesman

sales zone *торг.* зона обслуживания *(в магазине)* **SYN:** selling space

salesclerk *торг., амер.* = sales clerk

salesgirl *сущ. торг.* = sales girl

saleslady *торг.* = sales girl

salesman *сущ.* **1)** *торг.* торговый агент, агент по продажам **SYN:** sales representative **2)** *торг.* продавец **SYN:** seller, salesperson, selling assistant, sale person, sales agent, sales clerk **SEE:** space salesman **3)** *торг.* комиссионер *(посредник при заключении сделок)* **4)** *торг.* = traveling salesman **SYN:** sales worker

salesman incentive *марк.* стимул для торгового персонала*, торговое поощрение *(дополнительно к комиссионным выплатам)* **EX: salesman incentive programme awards** – поощрения по программе стимулирования продавцов **SEE:** sale charge

salesman's itinerary *торг.* путеводитель продавца* *(список мест, которые должен посетить торговый агент в течение одного торгового рейса)*

salesmanship *сущ.* **1)** *торг.* торговля, профессия торговца, занятие продавца **EX: The small booklet is a useful handbook for anyone who aspires to make a career in salesmanship.** – Маленькая брошюра будет полезна тем, кто хочет сделать карьеру в торговле. **2)** *торг.* умение продавать [торговать], коммерческие способности **EX: his salesmanship is bad** – он плохой коммерсант, **Clever salesmanship can persuade you to buy things you don't really want.** – Хорошие навыки продавца могут убедить вас купить вещи, которые вам не нужны. **SEE:** salesmanship in print **3)** *общ., пол.* умение продать себя, умение протолкнуть идею *(умение представить себя или свою идею в наилучшем свете)* **EX: political salesmanship** – навыки политического убеждения

salesmanship approach *марк.* подход с точки зрения искусства продажи* **SYN:** sales approach

salesmanship in print *марк.* искусство продажи посредством печатного слова* **EX: Advertising is nothing more than salesmanship in print.** – Реклама является ничем иным, как искусством продажи посредством печатного слова.

salespeople *сущ. торг.* продавцы *(как группа)* **SEE:** tradespeople

salesperson *торг., амер.* продавец **SYN:** seller, salesman, selling assistant

saleswoman *торг.* = sales girl

salt name *рекл.* контрольное имя* *(включаемое в рассылочный список его владельцем с целью контроля его использования организацией, взявшей список в пользование, и фиксации случаев его несанкционированного применения; о рекламных материалах, поступивших на контрольное имя, сообщается владельцу списка; может быть именем реального лица, а может быть и вымышленным, придуманным специально для этой цели)* **SYN:** decoy name, seed name **SEE:** real seeds, mailing list, list owner

salvage goods *торг.* = damaged goods

salvage merchandise 1) *торг.* = damaged goods **2)** *торг.* спасаемый товар* *(данная категория товаров включает товары, которые были обменены на другие, возвращены в магазин или остались непроданными по иным причинам; продается по сниженной цене в том виде, в каком есть, также продаваемая партия может состоять из новых товаров, возвращенных товаров, распродаваемых товарных излишков или невостребованных товаров)* **SEE:** closeout

sample *сущ.* **1)** *эк.* образец, образчик **EX: sample of product** – образец товара, **sample of water** – проба воды, **standard sample** – типовой образец **SEE:** specimen **2)** *стат.* выборка, выбранная единица или группа, выборочная совокупность *(часть генеральной совокупности, которая отражает ее свойства)* **EX: large sample** – выборка большого объема, большая выборка, **small sample** – выборка малого объема, малая [небольшая] выборка, **cable TV sample** – выборка аудитории кабельного телевидения, **to draw a sample** – составлять [производить] выборку **SEE:** sampling, biased sample, control sample, convenience sampling, cost of sample, distribution of sample, ordered sample, reference sample, homogeneous sample, heterogeneous sample, original sample, periodic sample, sample information, random sample, nonrandom sample, random digit sample, house-to-house sampling, unrepresentative sample, simple random sample

sample basis *стат.* выборочный подход, выборочная основа *(подход к об-*

следованию, при котором анализу подвергаются только отдельные элементы объекта и по результатом этого анализа составляется представление об объекте в целом)

sample buyer *марк.* покупатель образцов, пробный покупатель *(лицо, покупающее по специальной цене или получающее бесплатно образец продукции, напр., пакетик шампуня)* **SYN:** trial buyer

sample case *марк.* ящик [чемоданчик, папка] с образцами *(товаров)* **SEE:** traveling salesman, sample

sample characteristic *стат.* выборочная характеристика *(характеристика, рассчитанная на основании выборки, а не генеральной совокупности)* **SEE:** sample

sample fair *марк.* ярмарка образцов, выставка образцов *(в отличие от ярмарки-продажи, выставляемые образцы, как правило, не продаются)* **EX: Leather Goods Sample Fair** – Выставка образцов изделий из кожи **SEE:** trade fair

sample information *стат.* выборочная информация; выборочные данные *(информация, полученная на основе выборочного наблюдения, выборки из имеющихся данных, в отличие от информации, полученной путем сплошного наблюдения)* **SEE:** sample

sample interview *соц.* выборочный опрос **ANT:** complete survey **SEE:** sampling

sample package 1) *марк.* = trial size **2)** *марк.* образец прямой почтовой рекламы *(макет образца или фактический образец прямой почтовой рекламы, представляемый пользователем рассылочного списка его владельцу на одобрение)*

sample quantity *марк.* опытная партия, пробная партия **EX: This sample quantity is checked to ensure that incoming goods meet required standards.** – Эта пробная партия проверяется, чтобы убедиться в том, что поставляемый товар отвечает необходимым требованиям.

sample questionnaire *соц.* пробная анкета *(анкета, которая используется для апробирования в целях выявления и исправления недостатков анкеты)*

sample reel *марк.* = demonstration reel

sample size *стат., соц.* объем [величина] выборки *(количество респондентов, которые дали интервью в ходе опроса; число изделий в выборке)* **SEE:** sample

sample survey *соц.* выборочный опрос, выборочное обследование *(опрос, когда в качестве объекта исследования выбирается не вся изучаемая совокупность, а какая-то ее часть)* **SYN:** sampling **SEE:** survey

sampler *сущ. марк.* сборник образцов **EX: You can order the sampler directly at our company, too, we only got a limited number of copies.** – Вы также можете заказать сборник образцов непосредственно в нашей компании, но у нас имеется ограниченное число экземпляров. **SEE:** sample case

sample-tested *марк.* протестированный, проверенный на образце *(товар, образцы которого прошли необходимую проверку)* **EX: Each production lot of filters is sample tested with live agents to assure filter carbon reliability.** – Образцы каждой партии фильтров протестированы с помощью активных веществ, чтобы убедиться в надежности угольной прослойки. **SEE:** sample quantity **2)** *марк.* протестированный образец **EX: As long as the product you sell is identical to the sample tested you can use the certificate.** – Вы можете пользоваться сертификатом во всех случаях, когда продукция, которую вы продаете, идентична протестированным образцам.

sampling *сущ.* **1)** *стат.* выборочный метод, выборочное исследование *(статистические методы, при которых статистические свойства совокупности каких-л. объектов (генеральной совокупности) изучаются на основе выборки)* **SYN:** selective approach **2)** *стат.* выбор, выборка, отбор **SYN:** sample **SEE:** non-profitability sampling, convenience sampling, purpose sampling, amount of sampling, house-to-house sampling, multistage sampling, optional sampling, quota sampling **3)** *марк.* сэмплинг, распространение образцов *(бесплатное или почти бесплатное предложение товара небольшой группе потенциальных покупателей с целью ознакомления покупателей с товаром и стимулирования спроса)* **SEE:** sampling by taste, sampling mailing, sampling campaign

sampling by taste *марк.* дегустация *(предложение покупателям попробовать на вкус продукцию какой-л. марки, организованное в магазине)* **SEE:** in-store promotion, product demonstration

sampling campaign *марк.* кампания сэмплинга, кампания по распространению рекламных образцов **SEE:** sampling

sampling frame 1) *стат.* основа выборки, рамка выборки *(список объектов исследования (напр., населения), из которого отбирается выборочная совокупность)* 2) *стат.* выборочная схема *(исходные данные о выборочных единицах и процедуры, предназначенные для преобразования этих данных в формы, готовые для проведения отбора, напр., адресные списки, географические карты с инструкциями)* 3) *стат.* представление выборочных данных в наглядной форме

sampling introduction *марк.* выведение посредством образцов* *(выведение товара на рынок с помощью распространения образцов)*

sampling investigation *стат.* выборочное исследование *(исследование, при котором качественные и количественные характеристики совокупности объектов определяются исходя из изучения данных свойств у части данных объектов, т. е. в выборке)* **SEE:** sample

sampling mailing *марк.* рассылка образцов товара

sampling observation *соц.* выборочное обследование, выборочное наблюдение

sampling procedure 1) *стат.* выборочный метод **SEE:** sampling 2) *стат.* методика выборочного обследования; методика составления выборки **SEE:** non-profitability sampling, convenience sampling, purpose sampling, house-to-house sampling, multistage sampling, optional sampling, quota sampling

sandwich board *рекл.* рубашка-штендер, сэндвич* *(рекламный щит, состоящий из двух плакатов, прикрепляемых спереди и сзади к несущему их человеку)* **SEE:** sandwich man

sandwich man *тж.* sandwichman *рекл.* человек-реклама, сэндвич-мэн, человек «бутерброд» *(человек с плакатами-объявлениями на груди и спине)* **SYN:** walking advertisement **SEE:** mobile advertising, sandwich board

sandwichman *сущ. рекл.* = sandwich man

satellite store *торг.* магазин сопутствующих товаров *(небольшой магазин, находящийся неподалеку от главного магазина и торгующий сопутствующими товарами)* **EX: The art and technical supplies had to be moved into a satellite store directly behind the main store.** – Предметы искусства и технические товары нужно было переместить в магазин сопутствующих товаров, находящийся прямо за главным магазином. **SEE:** sideline

satisfactory product *марк., эк.* = conforming product

saturated market *марк.* насыщенный рынок **SEE:** market saturation

saturation *сущ.* 1) *торг.* насыщение, насыщенность *(напр., рынка товаром)* **SEE:** market saturation 2) *рекл.* насыщение (рынка рекламы), интенсификация рекламы *(стратегия достижения максимального воздействия рекламы путем подъема охвата и частоты выше стандартного уровня)* **EX: saturation promotion** – интенсивное продвижение товара 3) *полигр.* насыщенность (цвета), интенсивность (цвета), чистота цвета

saturation advertising *рекл.* насыщающая реклама*, метод рекламного насыщения* *(подход к размещению рекламы, когда рекламодатель выбирает средство рекламы, которое наиболее соответствует его запросам,* *и покупает все рекламное место (время) в данном средстве распространения рекламы)*

saturation campaign *марк.* массированная кампания, кампания по насыщению *(рынка определенным товаром)* **SYN:** massive campaign

saturation of a market *марк.* = market saturation

saturation promotion *марк.* интенсивное продвижение товара [стимулирование сбыта], интенсивная [массовая] рекламная капания **EX: The public are taken in by saturation promotion.** – Обыватели поддались интенсивной рекламной кампании. **SEE:** massive campaign

Saturday night special 1) *торг., амер.* специальное субботнее предложение* *(сниженная цена на товары, устанавливаемая магазином на короткий срок в субботу вечером перед закрытием)* 2) *общ., амер., сленг* дешевый ствол *(дешевый короткоствольный револьвер 22-го калибра, который без труда можно приобрести на субботних распродажах в оружейных магазинах; часто используется преступниками)*

savvy consumer *марк.* опытный [грамотный, продвинутый] потребитель **EX: A savvy consumer makes the same money as the person next door, but they live better than the other person.** – Опытный потребитель зарабатывает столько же, как и его сосед, но живет лучше. **The savvy consumer is becoming more and more price-conscious and today, has the ability to get the best use of his money over the Internet.** – Продвинутые потребители становятся все более чувствительны к цене товара и имеют возможность совершать наиболее выгодные покупки через Интернет. **SEE:** comparison shopping, exacting customer

scale[1] *сущ.* 1) а) *общ.* шкала, градация; иерархия, лестница **EX: social scale** – социальная лестница [иерархия] б) *эк.* шкала *(упорядоченный перечень цен или ставок, напр., шкала заработной платы, шкала налоговых ставок, шкала цен, шкала комиссионных по различным банковским операциям и т. п.)* **SEE:** price schedule, discount scale в) *мет.* шкала *(для измерения чего-л.; напр., шкала для оценки социальной информации, собираемой в процессе опроса, наблюдения или анализа документов, шкала для оценки силы землетрясений и т. п.)* **SYN:** scale of measurement **SEE:** Bogardus scale, categorical scale, continuous scale, Guttman scale, interval scale, nominal scale, ordinal scale, preference scale, ratio scale, Thurston scale 2) *общ.* размах, охват, масштаб; объем; уровень **EX: scale of activity** – масштаб [размах] деятельности, **scale of production** – масштаб [объем] производства, **scale of living** – уровень жизни, жизненный уровень **SEE:** scale of advertising, economies of scale 3) *общ.* масштаб; относительный размер, относительная величина **EX: a scale of 1:10 000** – масштаб 1 к 10 000

scale[2]

I *сущ.* 1) *общ.* чаша [чашки, платформа] весов **EX: This was a fine fish, the bone of which measured 10 feet, and turned the scale at almost 20 cwts.** – Это была замечательная рыба, ее длина составляла 10 футов, а вес – почти 20 центнеров. 2) *мн., общ.* весы *(приспособление для взвешивания)* **EX: to put on scales** – класть на весы, взвешивать

II *гл. общ.* взвешивать, весить

scale diseconomies *эк.* = diseconomies of scale

scale of advertising *рекл.* рекламный размах, размах рекламы *(характеристика рекламной кампании с позиций интенсивности рекламы, широты охвата рекламной аудитории, количества задействованных средств рекламы и др. параметров, в зависимости от величины которых реклама может иметь большой и малый размах)* **SEE:** advertising intensity, advertising audience, audience share

scale of discounts *торг.* = discount scale

scale of measurement *мет.* шкала измерения *(система переменных величин, предназначенная для определения количественных или качественных характеристик тех или иных* *объектов)* **SYN:** scale **EX: What scale of measurement is this?** – Какая это шкала измерения? **SEE:** nominal scale, ordinal scale, continuous scale, interval scale, ratio scale

scale of prices *эк.* = price schedule

scamp *сущ. рекл.* набросок *(объявления, дизайна рекламы и т. п., демонстрирующий основную концепцию)*

scarce commodity *эк.* дефицитный товар **SYN:** commodity in short supply, scarce good

scarce good 1) *эк.* редкое благо, экономическое благо *(благо, для получения которого нужно отказаться от потребления некоторого количества других благ)* **SYN:** economic good **ANT:** free good **2)** *эк.* дефицитный товар *(товар, количество которого не является достаточным для удовлетворения спроса потребителей)* **SYN:** commodities in short supply **ANT:** abundant goods

scatter plan *рекл.* план «вразброс»* *(план рекламной трансляции, основанный на размещении рекламы клиента в максимальном количестве различных теле- и радиопрограмм)* **SEE:** magazine plan

scattered market *эк.* рассредоточенный рынок *(рынок сбыта, состоящий из географически отстоящих друг от друга мелких рынков; доступен компаниям с эффективной системой распределения товаров)*

scented advertising *рекл.* ароматизированная [пахучая] реклама *(реклама в косметических, кулинарных и детских журналах, когда читатель может потереть понравившуюся рекламную картинку (напр., духов или блюда) и почувствовать аромат рекламируемого товара)* **SEE:** scratch and sniff

schedule of delivery *упр., торг.* = delivery schedule

schedule of prices *эк.* = price schedule

scheduled delivery *торг.* плановая поставка, поставка по графику **SEE:** delivery schedule

scheduled prices *эк.* тарифные расценки *(стандартные расценки, запланированные производителем или поставщиком услуг и указанные в его прейскурантах; могут несколько отличаться от реальной цены вследствие особенностей конкретного заказа)*

scheduler *сущ.* **1)** *общ.* составитель графиков *(определенных действий)* **2)** *трансп.* = forwarder

scheduling variable 1) *эк.* переменный фактор планирования **EX: In process industry a typical scheduling variable is production rate.** – При непрерывном производстве, типичным переменным фактором планирования является производительность. **2)** *рекл.* переменный фактор размещения рекламы **SEE:** magazine plan, scatter plan

school agency 1) *обр.* школьное агентство *(организация, представляющее интересы школы или группы школ в какой-л. области, напр., осуществляющее закупки оборудования, распространяющее информацию об образовательных программах и курсах, сообщающая о вакантных преподавательских должностях и т. п.)* **2)** *марк.* школьное подписное агентство* *(подписное агентство, работающее в кооперации со школами и использующее их учеников в качестве продавцов подписок на журналы, за что школа получает комиссионные)* **SEE:** sponsor sales

science of commodities *торг.* товароведение *(научная дисциплина, изучающая потребительские свойства товаров, их классификацию и кодирование, стандартизацию; факторы, обусловливающие качество товаров, его контроль и оценку; закономерности формирования ассортимента товаров и его структуру; условия сохранения качества товаров при их транспортировке, хранении и эксплуатации)* **SEE:** knowledge of commodities, commodity expert

scientific marketing *марк.* научный маркетинг* *(подход к маркетинговой деятельности, делающий акцент на поиске, сборе, анализе и трактовке необходимой информации при ре-*

шении задач и проблем маркетинговой деятельности; другими словами, маркетинговая деятельность, построенная на знании реальной действительности (существующей ситуации на рынке, потребностях рынка) **SEE:** data-driven marketing

scrambled assortment *торг.* смешанный ассортимент *(включающий много разных, несвязанных между собой товаров, напр., книги и посуду)* **SEE:** broad assortment, deep assortment, exclusive assortment, assortment strategy

scrambled merchandising *торг.* смешанная торговля, торговля смешанным ассортиментом; смешанное выкладывание* *(расширение ассортимента специализированного магазина за счет товаров, не имеющих отношения к специализации, напр., детские игрушки в универсаме)* **SEE:** merchandising, cross merchandising

scratch and sniff *марк.* потри и понюхай* *(средство привлечения к активным действиям, используемое в рекламе; представляет собой поверхность, пропитанную ароматическим веществом, которое начинает благоухать, если ее слегка потереть)* **SEE:** scented advertising

scratch off *марк.* «сотри» *(средство привлечения к активным действиям, используемое в рекламе; представляет собой непрозрачный предмет, с которого надо стереть покрытие, чтобы появилось скрытое сообщение; часто используется в билетах моментальных лотерей)*

screen

I *сущ.* **1)** *общ.* экран **а)** *тех. (дисплей компьютера)* **б)** *СМИ (поверхность, на которую могут быть спроектированы реклама или фильм)* **2)** *общ.* ширма, щит, экран; доска; (экранирующая) сетка **3)** *общ.* завеса, прикрытие, заслон **SEE:** screening

II *гл.* **1)** *общ.* защищать, укрывать; прятать, скрывать; отгораживать; экранировать **2) а)** *общ.* сортировать; (тщательно) отбирать, отбраковывать **EX: The final stage is to screen ideas to select one idea.** – Последний этап – отбраковывание идей и выбор одной из них. **SEE:** screening **б)** *общ.* проверять *(напр., животных на наличие болезни)* **3) а)** *СМИ* демонстрировать *(фильм)*; показывать на экране **EX: The company will screen the advertisement in various key source markets including the United States, UK, Australia.** – Компания будет демонстрировать рекламу на различных ключевых рынках, включая США, Великобританию, Австралию. **б)** *СМИ, рекл.* просматривать *(рекламный ролик или фильм до его демонстрации широкой аудитории)*

screen advertising *рекл.* экранная реклама *(кинореклама, телевизионная реклама, слайд-проекционная реклама и др. формы рекламы, где рекламная информация передается путем отображения на каком-л. экране)* **SEE:** television advertising, cinema advertising, slide advertising

screening *сущ.* **1) а)** *общ.* отбор, отсев, сортирование; проверка с отбраковкой **SEE:** idea screening **б)** *общ.* (тщательная) проверка, рассмотрение *(напр., кандидатов на пост)* **2)** *общ.* экранирование, заслонение; укрытие *(чего-л. или кого-л.)* **3)** *СМИ* просмотр *(программы, рекламного ролика, фильма и т. п., в т. ч. до демонстрации данного материала широкой аудитории)* **EX: The screening of the film will be on the 2nd of April, 2002.** – Просмотр фильма состоится 2 апреля 2002 г. **4)** *эк.* просвечивание* *(получение информации о потенциальных партнерах сделки путем анализа их поведения при выборе конкретного контракта из различных предложенных вариантов)* **SEE:** screen

sea-borne commerce *торг.* = maritime commerce

sea-borne trade *торг.* = maritime commerce

seal of guarantee *торг.* гарантийная печать, гарантийное клеймо, гарантийный знак *(подтверждает качество, место происхождения товара и т. п.)*

sealed package *торг.* запечатанная упаковка *(контейнер с товаром, закрытый и закрепленный определенным образом, напр., при помощи печати, клейкой ленты, веревки и т. п.)* **SEE:** airtight packaging

seasonably *нареч. юр., торг., амер.* вовремя *(согласно Единообразному торговому кодексу США, действие считается произведенным вовремя, если оно произведено в то время, в какое было согласовано сторонами договора, если же такое время не было согласовано сторонами договора, то — если данное действие произведено в разумное время)* **SEE:** Uniform Commercial Code

seasonal *прил. общ.* сезонный **а)** *(относящийся к определенному времени года, происходящий в определенное время года)* **EX: seasonal increase /decrease in demand** – сезонное увеличение/падение спроса, **seasonal fluctuations** – сезонные колебания **SEE:** seasonal advertising, seasonal discount, seasonal goods, seasonal sales **б)** *(меняющийся в зависимости от времени года)* **SEE:** seasonal demand, seasonal price

seasonal rate *эк.* сезонный тариф (ставка, расценка) *(уровень оплаты каких-л. услуг (напр., рекламных), меняющийся в зависимости от времени года)*

seasonal advertising *рекл.* сезонная реклама, реклама сезонных товаров *(реклама товаров, особо необходимых в определенное время года (напр., зимней одежды (обуви), лекарств от гриппа) или производимых в определенное время года (напр., сельхозпродукции), осуществляемая в это определенное время года)* **SEE:** off-season advertising

seasonal amount *торг.* количество товара в сезон, сезонная потребность *(в товарах определенного вида)*

seasonal analysis *марк.* анализ сезонных изменений *(обычно, о сезонных изменениях спроса на рынке)* **SEE:** seasonal sales, seasonal pattern

seasonal demand *эк.* сезонный спрос *(спрос, объем которого меняется в зависимости от времени года, напр., спрос на мороженное возрастает летом и снижается в зимний период)* **SEE:** seasonal goods

seasonal discount *торг.* сезонная скидка *(скидка, предоставляемая в определенное время года в связи с сезонным падением спроса)* **SEE:** seasonal demand, seasonal goods

seasonal goods *потр.* сезонные товары *(товары, производимые или покупаемые только в определенное время года; напр., летняя или зимняя одежда, обувь, некоторые виды овощей и фруктов)*

seasonal pattern *марк.* структура сезонных колебаний, сезонная модель *(колебаний спроса)* **SEE:** seasonal analysis, seasonal sales

seasonal price *эк.* сезонная цена *(закупочная или розничная цена на некоторые товары, изменяющаяся в зависимости от времени года, т. е. под воздействием сезонного изменения спроса или предложения; характерно для сельскохозяйственной продукции)*

seasonal price movements *марк.* сезонные изменения цен *(изменение уровня цен на какой-л. товар в зависимости от времени года)* **SEE:** seasonal price

seasonal sales 1) *торг.* сезонная распродажа *(продажа части или всех товаров магазина по сниженным ценам в связи с наступлением нового сезона)* **SEE:** storewide sale **2)** *марк.* сезонные продажи, сезонный сбыт **SEE:** seasonal analysis, seasonal pattern

seasonal trade *торг.* сезонная торговля *(осуществляется в периоды сезонного изменения спроса или предложения)* **EX: spring trade** – торговля товарами весеннего сезона, **If your trade or business is seasonal, the off-season weeks when no work is required or available may be counted as weeks during which you worked full time.** – Если ваша торговля является сезонной, недели сезонного затишья, когда не требуется работы или она недоступна могут считаться, как недели, в течение которых выработали полный рабочий день.

second *сущ.* **1)** *общ.* сторонник *(напр., в дискуссии)* **2)** *общ.* реплика в поддержку *(какой-л. идеи или какого-л. лица во время дискуссии)* **EX: Do I hear a second?** – Это реплика в мою поддержку? **3)** *торг.* поврежденный [второсортный, уцененный] товар *(второсортный, бракованный или поврежденный в результате хранения товар, продающийся по сниженной цене)*

second cover *полигр.* = inside front cover

second degree price discrimination *эк.* ценовая дискриминация второй степени *(разновидность ценообразования несовершенно конкурентной фирмы, при котором цены продукции одинаковы для всех покупателей, но различаются в зависимости от объема покупки; напр., скидки на объемы поставки)* **SEE:** perfect price discrimination, third degree price discrimination

second-hand

I *прил.* **1) а)** *торг.* бывший в употреблении, подержанный, секонд-хенд *(напр., о товарах)* **EX: second-hand machinery** – подержанная техника, подержанное машинное оборудование, **second-hand farm machinery** – подержанная сельскохозяйственная техника **SEE:** second-hand price **б)** *торг.* секонд-хенд, торгующий подержанными вещами **EX: second-hand seller** – продавец подержанных товаров **SEE:** second-hand shop, second-hand dealer **2)** *общ.* заимствованный, неоригинальный *(напр., об идее)*; не из первых рук *(об информации и т. п.)* **EX: second-hand idea** – заимствованная идея, **second-hand information** – информация не из первых рук **SYN:** secondhand

II *нареч. общ.* не из первых рук; из вторых рук; с рук *(о покупке бывшей употреблении вещи)* **EX: Buying a product second hand will normally save you a lot of money off of the standard new retail price.** – Приобретение подержанного товара обычно позволяет сэкономить значительную сумму по сравнению с розничной ценой нового товара.

second-hand dealer *торг.* торговец по продаже подержанных товаров *(официальный вид деятельности во многих странах, требующий регистрации; представляет собой скупку и реализацию бывших в употреблении товаров, которые скупаются оптом у мелких скупщиков)* **EX: Under the Act, you cannot trade as a second-hand dealer unless you are registered.** – Закон запрещает выступать в качестве торговца подержанными товарами без регистрации. **SEE:** collector

second-hand goods *торг.* подержанные товары *(товары, бывшие в употреблении)* **SEE:** Sale of Goods Act 1979, contract of sale of goods, duties of the seller, right quality, merchantable quality

second-hand price *торг.* цена за [на] подержанный товар, цена подержанного товара *(цена на товар, бывший в употреблении)*

second-hand shop *торг.* магазин секонд-хенд, магазин секонд-хенда *(магазин, торгующий бывшими в употреблении товарами, принятыми за невысокую плату у населения)*

secondary audience *СМИ* = pass-along audience

secondary catchment area *торг.* = secondary trade area

secondary customer **1)** *марк.* неосновной [неключевой, неприоритетный] клиент [покупатель] **SEE:** key customer, preferred customer, minor customer **2)** *марк.* косвенный клиент [потребитель] *(потребитель товара фирмы, на которого она не рассчитывала, но который пользуется ее товарами)* **SEE:** primary customer

secondary data *соц., стат.* вторичные данные, вторичная информация *(информация, собранная из вторичных источников: газет, журналов, правительственных и специальных публикаций)* **SYN:** secondary information **ANT:** primary data **SEE:** armchair research

secondary demand stimulation *марк.* стимулирование вторичного спроса* *(маркетинговая деятельность, *ориентированная на создание спроса на конкретную марку товара)* **SEE:** brand advertising, primary demand stimulation

secondary information *стат.* = secondary data

secondary meaning 1) *общ.* второе значение *(слова, выражения и т. п.)* 2) *марк., пат.* альтернативное [вторичное] значение *(разговорное название товарного знака, возникающее в процессе его использования; может быть запатентовано наравне с первоначальным названием марки)* **EX: Secondary meaning is generally acquired only after long-term exposure to the mark as a brand identifier, or else from extensive advertising.** – Альтернативное значение появляется после продолжительного восприятия марки как идентификатора бренда, а иначе, после широкой рекламы. **SYN:** alternative meaning **SEE:** primary meaning

secondary package *торг.* внешняя [вторичная] упаковка *(упаковка, служащая защитой для внутренней упаковки и эстетического оформления товара)* **SYN:** outer pack, external package **ANT:** primary package

secondary product 1) *эк.* = co-product 2) *марк.* = sideline product

secondary research *мет.* = armchair research

secondary trade area *торг.* вторичная торговая зона *(более обширная, по сравнению с «первичной», географическая территория (обычно это территория, находящаяся более чем в 5 минутах до получаса езды от магазина), на которой проживают 15-20% покупателей торгового центра; их можно отнести к «тяготеющим» покупателям торгового центра)* **SYN:** secondary catchment area, secondary trading area **SEE:** primary trade area, tertiary trade area

secondary trading area *торг.* = secondary trade area

secondhand *торг.* = second-hand

sectional announcement *рекл.* выборочное объявление* *(транслируемое только на отдельные географические районы)* **EX: midsouth sectional announcement** – выборочное объявление для среднего юга

security interest *торг., юр.* залоговое право **а)** *(право кредитора вступить во владение собственностью, предложенной в качестве обеспечения)* **б)** *амер. (согласно определению Единообразного торгового кодекса США: право на личную собственность или движимое имущество, соединенное с недвижимым, которое служит обеспечением платежа или выполнения обязательства; включает такое право в данной сделке консигнанта или факторинговой компании, покупателя долговых обязательств; право на собственность покупателя товара как стороны договора о продаже не является залоговым правом, но покупатель также может иметь залоговое право; право продавца или арендодателя товаров удерживать или приобретать товары не является залоговым правом, но в определенных случаях продавец и арендодатель могут его обрести; удерживание и сохранение права собственности продавцом товаров не учитывая случаев отгрузки и поставки покупателю ограничено сохранением залогового права)* **SEE:** Uniform Commercial Code, fixtures, consignor, contract for sale

seed name *рекл.* = salt name

seen/associated *рекл.* «видели и знают рекламодателя» *(термин, используемый для указания на тех участников исследования, которые не только сказали, что они видели определенную рекламу, но также знают ее рекламодателя)*

segment

I *сущ.* 1) *общ.* часть, доля; участок, сектор **EX: all segments of the population** – все слои населения 2) *марк.* сегмент *(группа покупателей внутри рынка, выделенная по каким-л. признакам)* **EX: prime segment** – наиболее важный (первостепенный) сегмент, **target segment** – целевой сегмент, **attractive segment** – привлекательный сегмент *(рынка)*, **established segment** – устоявшийся/сформировавшийся сегмент, **business seg-**

ment – сегмент коммерческой/предпринимательской деятельности **SEE:** lifestyle segment, subsegment, attitude segment, behavioural segment, demographic segment, socioeconomic segment, social segment, psychographic segment, product segment, occasion segment, segmentation, market segment **3)** *марк.* = list segment **4)** *учет* сегмент, подразделение, отдел *(автономная часть организации, выделенная по функциональному или товарному признаку)*

II *гл. марк.* делить на части; сегментировать *(рынок)* **SEE:** segmentation

segmentation *сущ. марк.* сегментация, сегментирование *(разбиение совокупности всех потенциальных покупателей товара фирмы на четкие устойчивые группы (сегменты), у каждой из которых свои специфические требования к товару, а также отбор тех групп покупателей, с которыми фирма в дальнейшем будет работать)* **SEE:** segment, profiling, prioritizing, market potential

segmentation analysis *марк.* сегментный анализ рынка *(исследования по выявлению сегментов рынка)* **EX:** **Segmentation analysis is used to group individuals into segments with like characteristics.** – Сегментный анализ рынка используется чтобы сгруппировать индивидов по сегментам со схожими характеристиками. **SEE:** market segmentation

segmentation by behaviour *марк.* = behavioural segmentation

segmentation research *марк.* = segmentation analysis

segmentation strategy **1)** *марк.* стратегия сегментации *(маркетинговый план, предусматривающий направление всех усилий на один конкретный сегмент рынка, напр., реклама нацелена на элитных потребителей)* **SEE:** market segmentation **2)** *марк.* = differentiation strategy

segmentation variable *марк.* переменная сегментирования *(служащая в качестве основы при сегментировании рынка)* **SEE:** market segmentation

segmented marketing *марк.* = differentiated marketing

seized goods *торг., юр.* конфискованные товары *(товары, изъятые у владельца, напр., по решению суда)*

select audience *марк.* избранная [выбранная, целевая] аудитория **EX:** **Propaganda is a message designed to persuade a select audience to act or believe in a certain manner, one advantageous to the propagandist.** – Пропаганда – это сообщение, созданное, чтобы заставить определенную аудиторию действовать или безоговорочно верить в то, что выгодно пропагандисту. **Our site visitors are a motivated and select audience for your products and services.** – Посетители нашего сайта являются мотивированной и целевой аудиторией для ваших товаров и услуг. **SYN:** select group

select group *марк.* отобранная [избранная, целевая] группа **SYN:** select audience, selected group

selected group *марк.* = select group

selective advertising *рекл.* избирательная реклама **а)** *(пытается создать спрос на конкретную марку товара, в отличие от создания спроса на товарную категорию; в большинстве случаев она следует за общей рекламой, которая уже подготовила почву для избирательной рекламы)* **ANT:** general appeal **б)** *(реклама, направленная на определенную группу потребителей, напр., на представителей определенной профессии, на женщин или мужчин, на людей с высокими доходами)* **SEE:** demographic advertising, on-target advertising, mass advertising

selective approach *мет.* выборочный подход *(подход к изучению объекта, при котором анализу подвергаются только выбранные элементы этого объекта)* **SYN:** sampling

selective attention *псих.* селективное [избирательное, выборочное] внимание *(тенденция в поведении индивида, состоящая в склонности уделять внимание только той информации, которая соответствует его потребностям и интересам или согласуется с его суждениями и убеждениями)* **SEE:** selective reception

selective binding *марк.* селективный переплет *(метод переплетения рекламных изданий, когда для каждой группы покупателей отбираются и переплетаются различные элементы издания, в результате чего получаются различные окончательные издания одного тиража)*

selective demarketing *марк.* выборочный демаркетинг *(меры по снижению спроса на товар на тех участках рынка, которые менее доходны для данной продукции)* **SEE:** demarketing

selective distribution *марк.* селективное [выборочное] распределение **а)** *(размещение производителем своей продукции только среди тех торговцев, которые соглашаются продавать товары не ниже оговоренных цен и делать закупки не ниже оговоренных объемов)* **SEE:** resale price maintenance **б)** *(размещение производителем своей продукции среди нескольких, а не всех возможных торговых посредников на рынке)* **SYN:** selective market coverage **SEE:** exclusive distribution, intensive distribution

selective market 1) *марк.* требовательный рынок* *(рынок, на котором потребители предъявляют высокие требования к качеству товара)* **EX: It is not a selective market – the most common demand from Africa is for goods of moderate quality and suitable price.** – Этот рынок нельзя назвать требовательным, поскольку основной спрос в Африке предъявляется на недорогие товары среднего качества. **SEE:** consumer sophistication **2)** *эк.* конкурентный рынок*, рынок с высокими барьерами* *(рынок, на котором представлены крупные и сильные компании, в результате чего на этом рынке очень сложно утвердиться новой компании)* **EX: This is a highly selective market in which companies must demonstrate exceptional potential. OmniCluster Technologies is one of few companies that meet the criteria and have a product in a hot segment.** – Это высококонкурентный рынок, где компании должны демонстрировать исключительные возможности. OmniCluster Technologies – одна из немногих компаний, соответствующая требованиям рынка и способная работать в такой конкурентной среде.

selective market coverage *марк.* = selective distribution

selective perception *псих.* = selective reception

selective price cutting *марк.* выборочное снижение цен *(на отдельные товары, на отдельных территориях или для отдельных групп потребителей)*

selective reception *псих.* селективное [выборочное] восприятие *(игнорирование или искаженное понимание информации, не согласующейся с мнениями и убеждениями индивида)* **SYN:** selective perception **SEE:** selective attention

selectivity *сущ. марк.* селективность, избирательность *(модель поведения, характеризующаяся стремлением выбирать наилучшее из предложенного)* **SEE:** market selectivity

self-adhesive label *торг.* самоклеящаяся этикетка **SYN:** pressure-sensitive label, self-sticking label **SEE:** gummed label

self-administered questionnaire *соц.* анкета самостоятельного заполнения *(анкета, заполняемая самим опрашиваемым лицом)* **EX: The respondents were administered a 30-minute telephone interview, and then a self-administered questionnaire was mailed to them.** – С респондентами было проведено 30 минутное интервью по телефону, а затем им были посланы анкеты самостоятельного заполнения. **If a questionnaire is self-administered, such as a e-mail questionnaire, potentially several thousand people could respond in a few days.** – Если анкета предназначена для самостоятельного заполнения, например, как в почтовом опросе, то несколько тысяч людей могут быть опрошены в течение нескольких дней.

self-advertisement *рекл.* объявление саморекламы **SEE:** self-advertising

self-advertising *рекл.* самореклама *(рекламирование человеком или организацией своих достоинств)* **EX: A television talk show is an excellent vehicle for self-advertising.** – Участие в ток-шоу - отличная возможность саморекламы. **SYN:** self-promotion

self-completion *соц.* самозаполняемая анкета *(анкета, заполняемая респондентом самостоятельно, без присутствия интервьюера)* **SYN:** self-completion questionnaire, self-administered questionnaire

self-completion questionnaire *соц.* = self-completion

self-liquidating offer *марк.* = self-liquidator

self-liquidating premium *марк.* = self-liquidator

self-liquidating purchases самопогашающиеся покупки **а)** *марк. (покупки товаров, продающихся в нагрузку к другим товарам)* **б)** *эк. (покупки в кредит активов, создающих доход, достаточный для погашения кредита)*

self-liquidator *марк.* самоликвидирующаяся [самопогашающаяся, самокомпенсирующаяся] льгота [премия], «самоликвидатор» *(заманчивое предложение (напр., при покупке духов предлагается купить помаду со скидкой), стоимость которого все равно оплачивается самим покупателем)* **SYN:** self-liquidating premium, self-liquidating offer, purchase-privilege premium **SEE:** semi-liquidator

self-mailer отправление-конверт **а)** *рекл. (рекламный материал, отправляемый без конверта)* **б)** *связь (возвратный бланк с адресом продавца, который может быть послан по почте без конверта)* **SEE:** self-sealer

self-promotion *рекл.* = self-advertising

self-sealer *марк., связь* самозапечатывающийся бланк *(возвратный бланк, который может быть сложен и запечатан, как конверт, для отправки по почте; экономит средства на обратный конверт; используется при рассылке заказов)*

self-selection retailer *торг.* магазин со свободным отбором товаров, магазин самостоятельного выбора* *(предоставляет услуги продавцов-консультантов в отличие от магазинов самообслуживания)* **SYN:** self-selection store **SEE:** self-service store

self-selection retailing *торг.* розничная торговля по методу свободного отбора товаров, розничная торговля со свободным отбором товаров **SEE:** self-selection retailer

self-selection store *торг.* = self-selection retailer

self-service *сущ. торг.* самообслуживание *(метод продаж в магазине, когда покупатель сам выбирает товар, берет его с полки и оплачивает при выходе из магазина)* **SEE:** self-service cabinet, self-service store, shopping basket, check-out counter, shopping basket

self-service cabinet *торг.* витрина самообслуживания *(витрина, с которой покупатели могут брать товар, который они хотят купить)* **SEE:** self-service wall cabinet

self-service fittings *торг.* оборудование для магазинов самообслуживания* **SEE:** self-service cabinet, self-service store

self-service retailer *торг.* = self-service store

self-service retailing *торг.* розничная торговля по методу самообслуживания *(осуществляется через магазины, которые предлагают очень маленький перечень услуг или не предлагают их вообще; покупатели самостоятельно занимаются поиском, сравнением и подбором товара)* **SEE:** full-service retailer, specialty retailer

self-service shop *торг.* = self-service store

self-service store *торг.* магазин самообслуживания *(магазин товаров повседневного спроса и некоторых товаров предварительного выбора, где покупатели сами берут товары и расплачиваются за них при выходе)* **SYN:** self-service shop, self-service retailer **ANT:** service store **SEE:** retail enterprise, supermarket

self-service supermarket *торг.* = supermarket

self-service wall cabinet *торг.* настенная витрина самообслуживания* **SEE:** self-service cabinet

self-sticking label *торг.* самонаклеивающаяся этикетка* *(этикетка с клейкой полосой, с помощью кото-*

рой она крепится к товару) **SYN:** self-adhesive label

sell

I *гл.* **1) а)** *эк.* продавать, реализовывать *(отдавать товар, финансовый инструмент и т. п., другому лицу за определенную плату)* **EX: to sell retail** – продавать в розницу, **to sell wholesale** – продавать оптом, **to sell smth. at [for]** – продавать что-л. по *(какой-л. цене)*, **to sell through** – продавать через, продавать с помощью, **to sell through retail store [outlet]** – продавать в розничной торговой точке, **to sell through the Internet** – продавать через Интернет, **sell on quality, not price** – «продавайте за счет качества, а не цены» *(девиз американской фирмы «Джон Дир», выпускающей сельскохозяйственные машины)* **SYN:** market **SEE:** sell off, sell out, at a discount, at a premium, buy **б)** *эк.* продаваться, раскупаться, расходиться *(о товаре)* **EX: But the owner of said automobile most likely realizes that if he/she does not drop the price the car will never sell.** – Но владелец указанного автомобиля скорее всего осознает, что если он/она не снизит цену, то машина никогда не будет продана. **в)** *эк.* торговать, вести торговлю **2) а)** *общ.* внушать *(какую-л. мысль)*; убеждать **б)** *эк.* содействовать продаже; рекламировать, продвигать *(какой-л. товар, кандидата на выборах и т. п.)* **EX: All he needed to do was sell himself as the party leader with enough experience and integrity to do the job.** – Все что ему было нужно сделать – это разрекламировать себя как лидера партии, обладающего достаточным опытом и честностью для выполнения этой работы.

II *сущ. эк., разг.* продажа, реализация; сбыт **EX: With the money that I received from the sell of the items I have traveled all over the land.** – На средства, полученные от продажи этих предметов, я совершил кругосветное путешествие. **SEE:** sale, sell-through, sell-in

sell-by date *торг.* дата истечения срока годности *(крайний срок употребления продукта)* **SEE:** pull date

sell date *торг.* = pull date

sell for forward delivery *торг.* = sell for the account

sell for the account *торг.* продавать на срок, продавать с будущей поставкой **SYN:** sell for forward delivery **SEE:** forward delivery, sale for future delivery

sell-in *сущ.* **1)** *торг.* первоначальная [стартовая] продажа*, сэл-ин* *(продажа товара розничным торговцам в отличие от продажи конечным потребителям)* **SEE:** sell-through **2)** *торг.* первоначальные [стартовые] продажи* *(количество товара, закупленное розничными торговцами)*

sell off

I *гл. торг.* распродавать *(особенно со скидкой)* **EX: The success of the store depends on the ability of the retailer to sell off the goods i.e. the convincing power of the seller.** – Успех магазина зависит от способности розничного торговца продавать товары, т. е. от способности продавца убеждать покупателей.

II *сущ.* **1)** *торг.* = sale **2)** *рекл.* перепродажа *(перепродажа рекламного про[с]транства или эфирного времени, ко[]торое уже было продано другому рекламодателю)*

sell on credit *фин., торг.* продавать в кредит **SYN:** sell on tick **SEE:** credit sale

sell on tick *торг.* продавать в кредит **SYN:** sell on credit **SEE:** go on tick, buy on tick

sell out

I *гл. торг.* продавать, распродавать *(билеты, товары и т. п.)*

II *сущ. тж.* sellout, sell-out *торг.* продажа, распродажа *(продажа всех товаров определенного вида)*

sell-out *сущ. тж.* sellout **1) а)** *торг.* продажа, распродажа *(полная продажа чего-л., напр., запасов какого-л. товара)* **б)** *общ.* аншлаг *(напр., в театре)* **2) а)** *эк. (что-л. полностью распроданное)* **б)** *общ. (концерт, спектакль, выставка и т. п., на который проданы все билеты)*

sell-through *сущ.* **1)** *торг.* успешная продажа товара на рынке **2)** *торг.* «сквозная» продажа **а)** *(цепь продаж, которую проходит товар от производителя через оптового, далее розничного продавца, до потребите-*

ля) **б)** *(продажа товара разными путями, напр., продажа музыкального произведения телевидению в сопровождении с клипом и магазинам в виде кассет или дисков)* **3)** *торг.* сквозные продажи* *(при оценке количества распроданных товаров: количество товаров, распроданных розничными торговыми точками-клиентами данного производителя; часто выражается в виде процента от оптовых продаж данного производителя)* **SEE:** sell-in

sell well *гл. эк.* = be in demand

seller *сущ.* **1)** *торг.* продавец, торговец **SYN:** selling assistant, salesperson **а)** *(лицо, продающее что-л.)* **SYN:** vendor, salesman **б)** *(работник магазина, отпускающий товар покупателям)* **в)** *юр., амер. (согласно определению Единообразного торгового кодекса США: лицо, которое продает товары или вступает в договор о продаже товаров)* **SEE:** Uniform Commercial Code, buyer, sales contract **2)** *торг.* ходовой товар **EX: The book became the biggest seller in the history of publishing.** – Эта книга стала самым ходовым товаром за всю историю издательского дела.

seller in possession *юр., торг., брит.* продавец, владеющий товарами* *(в распоряжении которого находятся товары, но который не обязательно является их собственником; данная фигура представляет собой определенную проблему английского торгового права; согласно закону «О торговых агентах» 1889 г., если лицо, у которого находятся проданные товары, или документы, удостоверяющие права собственности на эти товары, осуществляет (само или посредством своего торгового агента) поставку этих товаров или документов в силу продажи, залога или еще какого-л. распоряжения (или в силу соглашения об этих действиях), то любое лицо, получившее эти товары, если оно действовало добросовестно и не было уведомлено о предыдущей продаже товаров, будет иметь точно такие же последствия своих действий, как если бы поставщик был законным собственником товаров; однако это положение не было воспроизведено законом «О продаже товаров» 1979 г., но все же имеет некоторое применение, открывая путь разным злоупотреблениям)* **SEE:** Factors Act 1889, Sale of Goods Act 1979, nemo dat quod not habet, doctrine of estoppel, sale by agent, sale in market overt, Criminal Law Act 1967

sellers' competition *марк.* конкуренция (среди) продавцов *(конкуренция с целью привлечения покупателей в ситуации, когда общий объем предложения выше общего объема спроса)* **SEE:** buyers' competition

sellers' cooperative *торг.* сбытовой кооператив *(объединение фирм для совместного сбыта продукции)* **SYN:** marketing cooperative

seller's damages for non-acceptance or repudiation *юр., торг., амер.* ущерб продавца из-за неприятия товара или отказа от товара* *(согласно определению Единообразного торгового кодекса США: размер такого ущерба определяется разницей между рыночной ценой товара в то время и в том месте, где было сделано предложение о покупке, и суммой неоплаченной цены товара, как она определялась договором о продаже товара, и косвенного ущерба продавца, за вычетом расходов, сэкономленных в результате разрыва договора о продаже покупателем)* **SEE:** Uniform Commercial Code, market price, seller's incidental damages

seller's incidental damages *торг., юр., амер.* косвенный ущерб продавца* *(согласно определению Единообразного торгового кодекса США: косвенный ущерб, нанесенный продавцу как потерпевшей стороне, включает коммерчески оправданные обременения, расходы и комиссионные, возникшие в результате остановки поставки товара, при транспортировке това-*

ра, обеспечении сохранности или охране товара после разрыва договора о продаже покупателем, когда последовал возврат или перепродажа товара или иное как результат разрыва договора) **SEE:** Uniform Commercial Code, seller's damages for non-acceptance or repudiation, commission, delivery, resale, contract for sale

sellers over *эк.* предложение превышает спрос *(ситуация на рынке, когда предложение больше спроса и цены могут упасть)* **SEE:** buyers over

sellers price *эк.* = offer price

seller's price *эк.* = offer price

selling *сущ. эк.* продажа, реализация, сбыт; торговля **EX: buying and selling of goods** – приобретение и продажа товаров, **selling at auction** – продажа с аукциона, **selling strategy** – стратегия сбыта [продаж] **SYN:** sale, disposal, market **SEE:** added selling, automatic selling, backdoor selling, blind selling, Christmas selling, consignment selling, consultative selling, direct selling, door-to-door selling, hard selling, home-party selling, nonstore selling

selling agency *торг.* = sales agency

selling agent *торг.* = sales agent

selling aids *марк.* = sales aids

selling appeal *марк.* = sales appeal

selling area *торг.* = sales area

selling argument *торг.* коммерческий [торговый] довод *(довод продавца в пользу осуществления покупки)* **EX: When you introduce assumption into a selling argument, you're guaranteeing lower sales.** – Если вы превращаете ваши предположения в торговые доводы, вы автоматически снижаете продажи.

selling arsenal *торг.* арсенал (стимулирования) сбыта *(совокупность используемых средств и методов стимулирования сбыта)* **EX: The materials you use to make presentations are as important in your selling arsenal as your brochures and ads.** – Материалы, подготовленные для презентации, также важны в вашем арсенале стимулирования сбыта, как рекламные брошюры и объявления. **SEE:** sales approach, sales tool, selling inducement

selling assistant *торг.* продавец; консультант-продавец *(в магазине самообслуживания)* **SEE:** self-selection retailer

selling campaign *марк.* = sales campaign

selling commission *торг.* комиссионные [комиссия] за продажу *(комиссионное вознаграждение, уплачиваемое владельцем товаров торговому посреднику, организующему сбыт этих товаров)* **SEE:** buying commission, sales agent, consignee, consignor

selling concept *марк.* концепция интенсификации коммерческих усилий, сбытовая ориентация, ориентация на сбыт *(подход к организации деятельности компании, согласно которому фирма должна использовать агрессивные методы продаж в своей сбытовой политике; подход основан на том, что потребители не будут активно покупать товар данной компании, если не предпринять специальных мер по продвижению товара на рынок и стимулированию сбыта)* **SYN:** sales orientation **SEE:** hard sell, hard-selling advertising, market orientation, product orientation

selling cost *учет* торговые издержки [затраты, расходы], коммерческие расходы, расходы по реализации, издержки сбыта *(расходы производителей по реализации произведенной продукции: реклама, комиссионные торговых агентов и т. д.)* **EX: sales cost budget** – бюджет коммерческих расходов **SYN:** selling overhead, sales cost, selling expense, merchandising cost **SEE:** marketing cost

selling department *торг., упр.* = sales function

selling exhibition *торг.* = trade show

selling expense *учет* = selling cost

selling floor *торг.* торговый зал *(в помещении магазина)* **SYN:** selling space **SEE:** floor manager

selling force *торг.* = sales force

selling hours *торг.* = shopping hours

selling idea *марк.* (рекламно-)коммерческая идея *(базовая творческая идея ведения рекламной кампании)* **EX: Then you begin defining your selling idea, you must create and define a strategy.** – Формулируя коммерческую идею, необходимо придумать и сформулировать стратегию. **The selling**

idea is a distillation of what marketers call the competitive consumer benefit. — Коммерческая идея есть квинтэссенция того, что маркетологи называют конкурентной покупательской выгодой. **SEE:** hotshop, competitive consumer benefit

selling inducement *марк.* инструмент сбыта *(метод или фактор стимулирования сбыта)* **SYN:** sales tool **SEE:** selling arsenal, sales approach

selling message *рекл.* = sales message

selling-out *торг.* = sell out

selling overhead *учет* = selling cost

selling person *торг.* = salesman

selling price *торг., бирж.* отпускная цена, цена продажи *(цена, по которой продается единица какого-л. товара; в биржевой и аукционной торговле термин относится к цене продавца)* **SYN:** sales price, sale price, offer price, selling value, sales value **SEE:** wholesale price, retail price, buying price, market price, step-up price, gross selling price

selling price variance *торг., учет* = sales price variance

selling purpose *торг.* = sales purpose

selling representative *торг.* = sales representative

selling season *марк.* торговый сезон **SEE:** seasonal sales, seasonal analysis, seasonal pattern

selling service *торг.* сбытовая фирма [компания] *(организует сбыт каких-л. товаров; занимается поиском покупателей, заключает с ними сделки купли-продажи)* **SEE:** buying service

selling space *торг.* торговая площадь (магазина), торговый зал (магазина) *(место демонстрации товаров и оказания услуг покупателям в магазине)* **SYN:** shopping space, selling floor, selling area, sales area, sales zone, display area, display space, merchandise space

selling terms *торг.* = sales terms

selling tool *торг.* = sales tool

selling value *торг.* = sales value

sellout *сущ. торг.* = sell-out

selvage *сущ.* **1)** *легк.* кромка ткани *(край ткани)* **2)** *связь, марк.* поля марочного листа *(прямоугольная кромка марочного листа, которая используется для размещения различной информации (короткое объявление или реклама))* **SEE:** stamp sheet

semantic differential *соц.* семантический дифференциал, метод семантического дифференциала, метод семантической дифференциации *(методика исследования, где респонденту предлагается оценить набор объектов по заданному набору шкал; шкалы имеют 7 градаций между двумя противоположными оценками)* **SEE:** semantic differential test

semantic differential test *соц.* исследование [отношения, установки] при помощи семантического дифференциала **SEE:** semantic differential, attitude

semi-display *рекл.* = semi-display advertisement

semi-display ad *рекл.* = semi-display advertisement

semi-display advertisement *рекл.* полуизобразительное [рубрично-изобразительное] [строчно-изобразительное] рекламное объявление *(текстовое рекламное объявление с дополнительными элементами (заголовками, иллюстрациями, обводкой) и более крупного размера)* **SYN:** semi-display, semi-display ad, classified display advertisement, semi-display box **SEE:** classified advertising, display advertising

semi-display advertising *рекл.* полуизобразительная [рубрично-изобразительная, строчно-изобразительная] реклама **SEE:** semi-display advertisement

semi-display box *рекл.* = semi-display advertisement

semi-durable goods *потр.* товары среднесрочного пользования* *(товары, предполагающие многократное использование в течение примерно одного года; напр., одежда, обувь, белье и др.)* **SEE:** durable goods, non-durable goods

semi-finished goods *эк.* полуфабрикаты *(продукты труда, которые должны пройти одну или несколько стадий обработки, прежде чем стать готовыми изделиями, годными для личного или производственного потреб* *ления)* **SYN:** semi-manufactured goods, semi-processed goods, half-finished goods, unfinished goods

semi-liquidator *марк.* частично самоликвидирующаяся [самопогашающаяся, самокомпенсирующаяся] льгота [премия], «частичный самоликвидатор» *(премиальное предложение, при котором премия частично оплачивается потребителем)* **SYN:** semi-self-liquidator, purchase-privilege premium **SEE:** self-liquidator

semi-manufactured goods *эк.* = semi-finished goods

semi-processed goods *эк.* = semi-finished goods

semi-self-liquidator *марк.* = semi-liquidator

semi-solus *рекл.* = semisolus

semidurable goods *потр.* = semi-durable goods

semifinished goods *эк.* = semi-finished goods

semimanufactured goods *эк.* = semi-finished goods

seminar selling *марк.* продажа на семинарах*, семинарная продажа* *(метод стимулирования продаж, при котором компания организует информационный семинар и товар представляется сразу большой аудитории)* **EX: One of the limiting beliefs that prevents sales teams from trying sales seminars is the false assumption that seminar selling is expensive.** – Одним из предрассудков, которые мешают продавцам попробовать торговые семинары, является ошибочное представление о том, что продажа на семинарах обходится слишком дорого. **Sales representatives can employ a technique called seminar selling, where a company team conducts an educational seminar for the customer company about state-of-the-art developments.** – Торговые представители также могут использовать метод, называемый семинарной продажей: работники компании-продавца организуют для компании-потребителя семинар, на котором сообщают о своих последних разработках. **SEE:** sales seminar

semisolus *сущ. тж.* semi-solus *рекл.* полуодиночная реклама* *(рекламное объявление, расположенное на одной странице газеты (журнала) с другим объявлением, отделенным от него текстом статьи)* **SEE:** buried advertisement

send goods on approval *торг.* послать товар для пробы* *(с предоставлением покупателю права покупки или отказа по его усмотрению)* **SEE:** goods on approval

sense-of-mission marketing *марк.* маркетинг с осознанием своей миссии [с осознанием общественной миссии] *(принцип просвещенного маркетинга, в соответствии с которым компания должна определить свою миссию не в узких производственных понятиях, а в широком социальном смысле)* **SEE:** enlightened marketing

sentence completion test *псих.* тест «незакоченное предложение» *(опрос, при котором респондентам предлагается завершить фразу, начало которой произносит проводящий опрос; при таком испытании выявляются заложенные в сознании респондента мнения и эмоции, свидетельствующие о его поведении; часто проводится при исследовании поведения потребителей)*

separation of goods *трансп., торг.* раздельное размещение товаров [грузов]; разделение товаров [грузов] *(перегородками и т. п. при хранении, перевозке)* **EX: the separation of goods inside the boxes** – раздельное размещение товаров в коробке

sequential sampling 1) *стат.* последовательный отбор [выбор], последовательная выборка *(включение в опрос новых респондентов до тех пор, пока не будет собрано необходимое количество информации)* **2)** *эк.* последовательный выборочный контроль, последовательный контроль

sequential strategies *марк.* стратегии последовательных действий* *(стратегии маркетинговой войны, предполагающие наличие подстратегий, ко-*

торые должны быть последовательно реализованы для достижения цели) **SEE:** marketing warfare

series discount 1) *торг.* = chain discount **2)** *рекл.* скидка за серийность* *(скидка за последовательное размещение нескольких рекламных сообщений или публикации серии рекламных вкладышей)*

series rate *марк.* тариф за серию *(рекламных объявлений)*

serve customers *гл. марк.* = service customers

serve-over *прил. торг.* обслуживаемый, с обслуживанием *(об оборудовании магазина с продавцами, обслуживающими покупателя)* **EX: refrigerated serve-over cabinet** – охлаждаемый прилавок-витрина (для магазинов с продавцами), **serve-over counters** – обслуживаемый прилавок, прилавок с продавцом **SEE:** self-service

service

I *сущ.* **1)** *общ.* услуга, одолжение; помощь **2) а)** *эк.* услуга, услуги, обслуживание, сервис *(работа, осуществляемая для заказчика в процессе экономической деятельности компании или организации)*; предоставление услуг *(деятельность в сфере услуг)* **EX: fee for service** – плата за услуги, **to provide a service** – оказывать услугу, обслуживать **SEE:** a la carte service **б)** *эк.* техническое обслуживание *(установка, подготовка к эксплуатации, сервисное обслуживание, чистка, ремонт оборудования или иной техники)* **3) а)** *эк.* служба, работа *(работа по найму в частной компании или в государственном учреждении)* **б)** *эк.* служба, работа, эксплуатация *(работа оборудования, техники)* **4) а)** *гос. упр.* служба, агентство, бюро *(государственный орган или предприятие, оказывающее услуги населению и в той или иной степени регулируемое государством)* **б)** *эк.* служба, отдел *(подразделение организации, обслуживающее ее основную деятельность; также фирма, оказывающая услуги другим фирмам)*

II *гл.* **1)** *общ.* обслуживать *(предоставлять или оказывать услуги)* **EX: The electric company services all nine counties.** – Эта энергетическая компания обслуживает все девять округов. **2)** *эк.* осуществлять [проводить] техническое обслуживание

service appeal *марк.* мотив обслуживания* *(привлекательность (напр., компании или магазина) из-за высокого качества обслуживания)* **SEE:** immediate appeal, rational appeal, recreational appeal, mass appeal, masculine appeal, health appeal, game appeal, moral appeal, advertising appeal, price appeal, consumer appeal, marketing appeal, snob appeal, sales appeal, emotional appeal, female appeal, sex appeal

service area *марк.* район обслуживания *(территория, охваченная деятельностью компании, т.е. территория, на которой проживает целевая аудитория компании; данная территория является рынком сбыта услуг фирмы)* **SEE:** marketing territory

service cabinet *торг.* охлаждаемый шкаф *(холодильник со стеклянной дверцей в магазине самообслуживания)* **SYN:** refrigerated cabinet, refrigerated counter **SEE:** chilled storage

service competition *эк.* сервисная конкуренция *(конкурентная борьба в форме стремления лучше обслужить покупателей)* **SEE:** price competition, advertising competition, product competition, quality competition, promotional competition

service customers *гл. торг.* обслуживать покупателей [клиентов] **EX: to service customers through traditional means** – обслуживать клиентов традиционным способом **SYN:** serve customers

service dealer *торг.* сервисный дилер *(наряду с продажей осуществляет гарантийное обслуживание, напр., сервис-центр при автосалоне)* **SEE:** dealer service

service desk *торг.* = accommodation desk

service director *эк. тр., торг., упр., амер.* директор по обслуживанию* *(сотрудник универсального магазина, который занимается вопросами,* *не связанными непосредственно с продажей товаров, напр., поддержанием здания в исправном состоянии, складированием, финансовыми вопросами и т. д.)* **SYN:** operating and occupancy manager, nonselling superintendent, operating superintendent

service fee for delivery *торг.* = delivery fee

service franchise *юр., торг., пат.* сервисный франчайзинг *(используется для эффективного оказания тех или иных услуг, являясь чем-то средним между товарным и производственным франчайзингом; франчайзи предоставляется право заниматься определенным видом деятельности под торговой маркой франчайзера; франчайзер имеет ряд запатентованных прав, которые на основании договора передаются франчайзи; самым известным примером сервисного франчайзинга является система «Макдоналдс»)* **SEE:** good franchise, industrial franchise, franchisor, franchisee

service mark *пат., торг.* знак обслуживания *(зарегистрированный знак, которым предприятия сферы услуг обозначают оказываемые ими услуги для индивидуализации своей деятельности; применяются предприятиями в сфере транспорта, страхования, банковского дела, бытовых услуг)* **SYN:** service trademark **SEE:** trademark

service retailer *торг.* = retail service company

service store *торг.* магазин с обслуживанием *(магазин, где выбор товара и др. стадии покупки осуществляются с помощью продавцов)* **ANT:** self-service store

service trademark *пат., марк.* = service mark

service wholesaler *торг.* оптовик с сервисным обслуживанием* *(оптовое предприятие, оказывающее покупателям разные услуги, связанные с продажей, напр., предоставление кредита)* **SEE:** distributor, full-service wholesaler, limited service wholesaler

services market *эк.* рынок услуг *(сфера купли-продажи услуг (напр., финансовых, медицинских, бытовых), в отличие от рынка товаров)* **SEE:** product market

services marketing *марк.* маркетинг услуг *(деятельность по продвижению и реализации услуг, напр., финансовых, медицинских, бытовых и т. д.; в отличие от продвижения и реализации товаров)* **SEE:** product marketing

set *сущ.* **1)** *общ.* комплект, набор; коллекция; ассортимент, партия изделий **SEE:** boxed set, total product set **2)** *потр.* сервиз; гарнитур; прибор *(туалетный, бритвенный, письменный)* **3)** *общ.* серия, ряд, совокупность

set price *эк.* = stated price

sex appeal 1) *псих.* сексуальная привлекательность **2)** *марк.* мотив сексуальной привлекательности *(использование сексуальной привлекательности в рекламе товара)* **SEE:** snob appeal, immediate appeal, rational appeal, recreational appeal, mass appeal, masculine appeal, health appeal, game appeal, moral appeal, advertising appeal, price appeal, consumer appeal, marketing appeal, service appeal, sales appeal, emotional appeal, female appeal

sex coding *марк.* = gender analysis

sex segment *марк.* сегмент по признаку пола* **SEE:** sex segmentation

sex segmentation *марк.* сегментирование по половому признаку **SEE:** demographic segmentation, sex segment, market segmentation, income segmentation

shadow box *торг.* застекленная витрина *(как правило используется для демонстрации небольших товаров в розничном магазине)* **SYN:** top display

sham bid *торг.* ложное [фиктивное] предложение*, ложная [фиктивная] заявка* *(на торгах)*

share of advertising *рекл.* = share of voice

share of audience *СМИ, марк.* = audience share

share of market 1) *эк.* = market share **2)** *марк.* = brand share

share of mind 1) *марк.* доля внимания*, ассоциирование [ассоциация] с маркой *(характеризует известность данной марки по сравнению с известностью других марок товаров из той же товарной категории; условно может быть определена как частота, с которой покупатели вспоминают о данной марке, когда намериваются приобрести товар из данной товарной категории)* **SYN:** brand association **2)** *марк., СМИ* доля завоеванного внимания* *(процент целевой аудитории, увидевший/прослушавший определенный материал)* **SYN:** mind share

share of voice **сокр.** SOV *рекл.* доля рекламного воздействия *(процент, который составляет реклама одной марки товара данной категории в рекламе всех марок этой категории; используется для того, чтобы оценить активность конкурентов в данной категории по отношению друг к другу)* **SYN:** share of advertising, advertising weight **SEE:** market share, advertising performance

share point *марк.* процент доли, процент общего объема* *(один процент общего рыночного объема продаж, общей рекламной аудитории и т. п.)* **EX:** **market share point** – процент доли рынка

shared mailing *рекл.* совместная рассылка *(ситуация, когда в отправление включены материалы двух или более лиц, напр., прямая почтовая реклама, рассылаемая несколькими отправителями по одному рассылочному списку с целью экономии средств на приобретение рассылочного списка и/или экономии на прямых почтовых расходах (стоимость конвертов, марок) за счет разделения издержек на всех отправителей)* **SYN:** cooperative mailing, co-op mailing, group mailing, marriage mailing, joint mailing **ANT:** solo mailing **SEE:** direct mail advertising

shelf barker *торг.* = shelf talker

shelf card *торг.* стеллажный [полочный] планшет* *(планшет с размещенным на нем списком товаров; находится на полке магазина или рядом с ней)*

shelf display **1)** *торг.* выставление [размещение] на полках (магазина), наполочная экспозиция [выкладка] *(размещение товаров и рекламы на полках магазина)* **EX:** **Bingo Markers are also available in a 6-pack, shrink wrapped for easy shelf display.** – Фломастеры «Бинго» также имеются в термоусадочной упаковке по 6 штук, для удобства размещения на полках магазина. **SEE:** ceiling display, window display, in-store display, counter display, off-shelf display, floor display **2)** *торг.* = shelf talker **EX:** **Electronic shelf display is an electronic device displaying the unit price, package price and other information.** – Электронный шелфтокер представляет собой электронное устройство, которое располагается на полке рядом с товаром и указывает цену единицы товара, упаковки товара и другую полезную информацию о товаре.

shelf facing **1)** *торг.* оформление лицевой стороны полки *(в магазине)* **SYN:** shelf-facing **2)** *торг.* выкладка (товаров) на полке *(магазина)* **SEE:** merchandising

shelf filler *торг.* укладчик товара *(работник магазина, ответственный за наличие и правильное расположение товара на полках и сопровождающих его ценников; помогает покупателю найти нужный товар на полках)* **SYN:** shelf-filler

shelf impact *марк.* эффективность выкладки *(влияние на повышение покупательской активности в отношении того или иного товара, вызванное соответствующим способом выкладки этого товара в магазине)* **EX:** **Improving of shelf impact helps maximize a brand's chance for success.** – Повышение эффективности выкладки товара помогает максимизировать шансы бренда на успех. **SEE:** merchandising

shelf life **1)** *торг.* срок жизни на полке, срок годности при хранении, срок годности *(максимальный срок хранения товара в магазине, после которого он считается непригодным к употреблению и снимается с прода-*

жи) **EX: A battery must be stored under specified conditions, so that it keeps its capacity.** – Аккумулятор необходимо хранить в специальных условиях, чтобы он не потеряла своих свойств. 2) *с.-х.* лежкоспособность *(способность продукта сохранять свойства при хранении)* **EX: Although sweet potato has many advantages its short shelf-life is a major constraint.** – Хотя сладкий картофель обладает многими достоинствами, короткий срок хранения является важным его недостатком. **SYN:** shelf-life, storable life, storage length, sales life, marketable life **SEE:** shelf-stable convenience, shelf stable

shelf marker *торг.* ценник, стеллажный [наполочный] ценник* *(карточка с указанием названия и цены товара, прикрепляемая к полке, на которой выложен товар)* **SEE:** shelf talker

shelf position *торг.* расположение товара*, полочное расположение* *(высота расположения полок с товарами в магазине)* **EX: Eye-level shelf position of the products is more profitable for brand.** – Расположение товаров на уровне глаз покупателя более выгодно для бренда. **SEE:** merchandising, eye-level shelf

shelf price *торг.* = store price

shelf pull merchandise *торг.* непокупаемый товар* *(плохо распродаваемый товар; снимается с продажи для замены другим товаром)* **SEE:** closeout, shelf warmer, job

shelf space 1) *торг.* площадь полок *(в магазине — суммарная площадь всех полок, предназначенных для размещения товара)* **SEE:** merchandise space, shelving 2) *торг.* торговая площадь **EX: Gaining shelf space is a guiding principle for most business enterprises.** – Увеличение торговых площадей – один из ведущих принципов большинства коммерческих предприятий. **SEE:** shopping space, selling area, sales area, display area 3) *торг.* место на полке *(место, которое занимает отдельный товар на полке магазина)* **EX: Gaining desirable shelf space means having your product at eye level for most adults (unless you sell for children).** – Достижение желаемого положения на полке и означает расположение товара на уровне глаз большинства взрослых (если вы не продаете товары для детей). **SEE:** shelf position, eye-level shelf

shelf stable *торг.* стойкий в хранении *(пригодный для длительного хранения)* **EX: shelf stable food** – пищевой продукт длительного хранения **SYN:** shelf-stable **SEE:** shelf-stable convenience, shelf life, storage variety

shelf-stable convenience *торг.* пригодность к длительному хранению **EX: Freeze-drying preserves freshness, colour and aroma similar to frozen food, while providing the shelf-stable convenience of canned food.** – Сушка сублимацией сохраняет свежесть, цвет и аромат замороженного продукта, в то же время обеспечивая ту же пригодность к длительному хранению, как у консервированных продуктов. **They develop new high-quality shelf-stable convenience foods for astronauts.** – Они разрабатывают высококачественные пригодные для длительного хранения продукты для астронавтов. **SEE:** shelf stable, shelf life

shelf stand *торг.* стеллаж *(стойка с укрепленными на ней в несколько рядов полками, обычно не закрытая снаружи)*

shelf stocking 1) *торг.* хранение на полках* *(хранение запасов товаров, сырья и т. п. на складе в стеллажах, в отличие от хранения в коробках и т. п.)* 2) *торг.* выставление товара на полках *(в отличие от создания специальной витрины, отдельного стенда и т. п.)* 3) *торг.* пополнение товара на полках **SYN:** shelf-stocking **SEE:** shelf facing, shelf filler

shelf storage *торг.* стеллажное хранение, хранение на стеллажах **SYN:** bin storage **ANT:** floor storage, bulk storage **SEE:** storage, storage rack

shelf strip *торг.* торцевая наклейка, наклейка на торце полки *(крепится на наружном торце магазинной полки и служит для размещения рекламных материалов и информации о ценах)* **SEE:** shelf talker, shelf wobbler

shelf talker *торг.* шелфтокер *(карточка с рекламной информацией, символикой и названием бренда или фирмы-производителя, размещаемая на пол-*

ке рядом с товаром) **SYN:** shelf barker, shelf display **SEE:** shelf strip, shelf wobbler

shelf tape *торг.* наполочная лента* **а)** *(используется для поддержания товара на полке)* **EX: anti-slip shelf tape** – лента, препятствующая скольжению товара на полке **б)** *(липкая лента для оформления торца магазинных полок (стеллажей), которая несет рекламную нагрузку)*

shelf warmer *торг., разг.* залежавшийся товар **SYN:** slow mover, slow-selling item, shelf pull merchandise, closeout **SEE:** slow sale, cold pig

shelf wobbler *торг.* навесная наклейка, удочка* *(рекламная карточка, укрепленная на прилавке с помощью картонной или пластиковой ножки; содержит сведения о товаре и производителе, используется для привлечения внимания к товару)* **SYN:** wobbler **SEE:** shelf strip, shelf talker

shelfware *сущ. потр., комп., разг.* полочное программное обеспечение*, софт на полку* *(лицензионные программные продукты, которые покупают, но почти или совсем не используют)*

shelving *сущ. торг.* полки, стеллажи *(места для выкладки товаров в магазине)* **SEE:** shelf space

ship

I *сущ.* **1)** *общ.* корабль, (морское) судно **EX: merchant ship** – торговое судно **SEE:** cargo ship, merchant ship **2)** *общ.* (судовой) экипаж, команда корабля **EX: to pay off a ship** – распускать [увольнять] экипаж судна **3)** *общ.* самолет

II *гл.* **1)** *трансп.* отправлять, перевозить, транспортировать *(товары или грузы морем, по железной дороге, по воздуху, автотранспортом)* **EX: to ship goods overseas** – отправлять товары за границу, **to ship goods to South Africa** – перевозить товары в Южную Африку, **It was among the first firms to ship cargo by air.** – Она была одной из первых фирм, специализирующихся на перевозке грузов по воздуху. **SEE:** shipper **2) а)** *трансп.* грузить, производить погрузку на корабль [судно]; грузиться **EX: to ship goods on board a ship** – грузить [погружать] товары на борт судна, **shipped cargo** – погруженный на корабль груз **б)** *трансп.* производить посадку на корабль, принимать людей на борт **SEE:** shipment

ship agent *трансп., мор.* = shipping agent

ship broker *тж.* shipbroker *мор., трансп.* судовой брокер *(посредник, которому судовладелец поручил заключать от его имени договоры фрахта, подыскивать грузы для перевозки и т. д.; обычно за свои услуги получает комиссионное вознаграждение в виде процента от суммы заключенных сделок)* **SYN:** shipping broker **SEE:** shipping agent

ship chandler *торг., мор.* шипчандлер, судовой поставщик *(торговец, снабжающий суда продовольствием и корабельным оборудованием)* **SEE:** shipping agent

shipbroker *сущ. мор., трансп.* = ship broker

shipment *сущ.* **1) а)** *торг., трансп.* погрузка, отгрузка **EX: shipment on board a vessel** – погрузка на судно, **inspection of the cargo before its shipment on board** – проверка груза до его погрузки на борт, **immediate shipment** – немедленная отгрузка **б)** *торг., трансп.* отправка, перевозка, транспортировка **SEE:** truck shipment **2)** *торг., трансп.* груз, партия *(отправляемого товара)* **EX: Your freight is the only shipment on board.** – На борту только ваш груз. **A shipment of medical supplies is expected to arrive very soon.** – Партия медикаментов должна прибыть очень скоро. **SEE:** cargo, freight

shipment contract *эк.* контракт с отгрузкой* *(контракт, согласно которому товары переходят в собственность покупателя сразу после их отгрузки продавцом и продавец не обязан доставлять товары к месту, указанному покупателем)* **SEE:** destination contract, factory price

shipper *сущ. трансп., торг.* грузоотправитель *(лицо, от имени которого осуществляется перевозка грузов)* **SEE:** consignor

shipping advice *трансп.* = shipping note

shipping agency *трансп., мор.* судовое [портовое] агентство *(компания, дей-*

ствующая как агент судовладельца или фрахтователя в портах погрузки или выгрузки, в том числе организующая выполнение различных портовых формальностей, обслуживание судна и т. д.) **SYN:** ships agency **SEE:** forwarder, shipping agent

shipping agent *трансп., мор.* судовой агент *(агент судовладельца или фрахтователя в портах погрузки или выгрузки, извещающий отправителей о времени прибытия судна, организующий выполнение различных портовых формальностей и обслуживание судна, контролирующий погрузку и разгрузку, оформляющий документы, защищающий интересы судовладельца и т. д.)* **SYN:** ship agent **SEE:** forwarder, shipping agency

shipping broker *мор., трансп.* = ship broker

shipping documents **1)** *эк.* грузовые [погрузочные, транспортные] документы *(выписываются грузоперевозчиком в подтверждение того, что товар принят им к перевозке)* **2)** *трансп.* товаросопроводительные [отгрузочные] документы *(документы, следующие вместе с грузом от грузоотправителя к грузополучателю, содержащие все необходимые сведения о товаре и условиях контракта, на основании которых грузополучатель принимает поставку товара)* **SEE:** documentary draft

shipping instruction *трансп.* погрузочная инструкция *(документ, содержащий инструкции владельца груза об организации перевозки; вручается перевозчику или его агенту содержит наименование груза, пункт назначения, сведения о грузополучателе и иные сведения, необходимые для осуществления перевозки)* **SYN:** loading instruction, loading order

shipping package *торг.* транспортная упаковка, упаковка для транспортировки *(в которой товары транспортируются или доставляются покупателю)* **SEE:** ship

ships agency *трансп., мор.* = shipping agency

shoddy goods *потр.* некачественные товары, товары низкого качества *(товары, не соответствующие принятым стандартам качества)* **SEE:** inferior goods

shoe store *торг.* обувной магазин

shoehorn *сущ.* **1)** *потр.* рожок для обуви **2)** *рекл., разг.* втискивание* *(разговорное название добавления текста в уже существующую рекламу)*

shop

I *сущ.* **1)** *торг., брит.* магазин; лавка *(небольшое предприятие розничной торговли, чаще всего торгующее каким-л. одним видом товара)* **EX: to keep a shop** – содержать магазин, **jumble shop** – магазин подержанных товаров **SYN:** store **SEE:** provision shop, pet shop, haberdashery shop, retailing institution, stall, counter, appliance shop **2)** *эк.* (производственный) цех, (производственный) участок **3)** *общ.* мастерская **EX: repairs shop** – ремонтная мастерская, **shoe repair shop** – мастерская по ремонту обуви, **tailor's shop** – мастерская портного **3)** *эк.* организация, учреждение; заведение; предприятие; дело **EX: to set up shop** – начать дело, основать предприятие **SEE:** lettershop **4)** *общ., разг.* профессиональные дела, интересы **5)** *упр.* профсоюз

II *гл.* **1)** *торг.* покупать, ходить по магазинам, делать покупки *(в магазине)* **EX: to shop at the stores** – покупать в магазинах, **Usually she shops for clothes at the local thrift shop store.** – Обычно, она покупает одежду в местном магазине подержанных товаров. **SYN:** go shopping, do the shopping **2)** *торг.* присматриваться к товарам; присматривать, подбирать (товар), подыскивать **EX: to shop the stores for gift ideas** – присматривать в магазинах что-нибудь подходящее для подарка, **I'm shopping for a safe investment.** – Я присматриваюсь, куда бы понадежнее поместить капитал **SYN:** shop around

shop around *эк.* искать наилучшую цену *(сравнивать предложения различных продавцов в поисках лучших условий приобретения какого-л. това-*

ра, ценной бумаги и пр.) **EX: Shop around and there's a good chance you'll uncover a lower price for the exact item or service you're looking for.** – Поищите лучшую цену и у вас появится хороший шанс найти более низкую цену для интересующего вас продукта или услуги. **SYN:** shop, comparison shop

shop assistant *торг., брит.* продавец *(сотрудник магазина, обслуживающий покупателей)* **SYN:** salesclerk, seller, salesman, selling assistant, salesperson, shopman

shop audit *торг.* = store audit

shop car *торг.* = mobile shop

shop display *торг.* = merchandise display

shop equipment *торг.* торговое оборудование, торговый инвентарь, оборудование магазина **SEE:** shop fixtures, store facilities

shop fixtures *торг.* стационарное магазинное оборудование *(напр., прилавки, шкафы и т. п.)* **SYN:** store fixtures **SEE:** shop equipment, store facilities

shop floor *сущ.* **1)** *торг.* = selling space **2)** *эк.* цех, производственное помещение **SYN:** shopfloor

shop front *торг.* = storefront

shop guide *торг.* путеводитель по магазинам, торговый путеводитель *(описывает расположение, специализацию и ценовой уровень магазинов города)* **SEE:** buying guide

shop layout 1) *торг.* планировка магазина **2)** *торг.* расположение товаров **SYN:** in-store display **3)** *эк.* размещение инструментов в мастерской

shop paper 1) *торг.* тонкая оберточная бумага **2)** *эк.* офисная бумага **3)** *СМИ* внутренняя газета *(распространяется только среди сотрудников организации)*

shop personnel 1) *торг.* работники магазина **SYN:** shopwalker **2)** *эк.* работники цеха

shop premises *торг., брит.* торговые помещения, помещения магазина *(помещения предназначенные для розничной торговли)* **EX: rent of shop premises** – аренда торговых помещений **SEE:** merchandise space, store facilities

shop price 1) *торг.* = store price **2)** *учет* цеховая себестоимость *(сумма затрат производственного подразделения предприятия на производство продукции)* **SEE:** segment

shop sales *торг.* магазинные продажи, продажи через магазин *(реализация товаров через предприятия розничной торговли, а также общая стоимость товаров фирмы, реализованных таким образом)* **EX: online shop sales** – продажи через интернет-магазины

shop-sign *сущ. торг.* вывеска [магазина], магазинная вывеска **SYN:** store-sign

shop-soiled *прил. торг.* поврежденные при хранении, испорченные в магазине *(о товарах, которые продаются по более низкой цене, чем должны были бы из-за отсутствия товарного вида или из-за каких-л. других дефектов, вызванных длительным нахождением на витрине магазина)* **SYN:** shop-worn, shopworn **SEE:** shopworn

shop trolley *торг.* = shopping cart

shop truck *торг.* магазин на колесах *(грузовой автомобиль, используемый для розничной продажи товара в рамках выездной торговли)* **SYN:** mobile shop, sales van

shop window *торг.* витрина *(в окнах магазина)* **EX: to dress a shop-window** – оборудовать витрину, оформлять витрину **SYN:** window, show-window, shop front, storefront **SEE:** show-case, display cabinet, display case

shop-within-shop *торг.* магазин в магазине* *(организация торговли в большом магазине через продажу торгового места мелким магазинчикам)*

shop-worn *торг.* = shop-soiled

shopboard *сущ. торг.* прилавок *(в форме стола; предназначен для раскладки товара)* **SYN:** counter **SEE:** display shelf

shopbook *сущ. торг., учет, брит.* книга учета товаров [торговых операций]* *(используется продавцом для первичного учета торговых операций; является материалом для последующего бухгалтерского учета)* **SEE:** tradesman, store register

shopboy *сущ. торг., брит.* помощник продавца, мальчик на посылках *(сотрудник магазина, выполняющий различные мелкие поручения)* **SEE:** shopgirl, shopman

shopfloor *сущ. торг., эк.* = shop floor

shopfront *сущ. торг.* = storefront

shopgirl *сущ. торг., брит.* продавщица **SYN:** shoppy, sales girl **SEE:** shopman, shopboy

shopkeeper *сущ. торг.* владелец магазина, лавочник **SYN:** shopman, shopster

shopkeeping *сущ. торг.* розничная торговля, занятие торговлей *(содержание магазина или др. точки розничной торговли)* **SEE:** shop, market stall

shoplift

I *сущ. торг.* кража в магазине, магазинная кража **SEE:** shoplifter, store burglary

II *гл. торг.* воровать в магазине; воровать с витрины **SEE:** shoplifter

shoplifter *сущ. торг.* шоплифтер, магазинный вор *(человек, крадущий товары, выставленные в магазине)* **SYN:** booster

shoplifting *сущ. торг.* шоплифтинг *(мелкое воровство в магазинах, магазинные кражи как занятие и как явление)* **SEE:** shoplift

shopman *сущ.* **1)** *торг.* = shopkeeper **2)** *торг.* = shop assistant **3)** *эк., амер.* рабочий

shoppe *сущ.* **1)** *торг., устар.* магазин *(специализирующийся на определенном виде товаров)* **EX: trunk shoppe** – магазин дорожных сумок **2)** *торг. (употребляется в названиях магазинов, кафе и т. п.)* **EX: Ye Olde Tea Shoppe** – «Старосветское кафе»

shopper *сущ.* **1)** *торг.* покупатель, закупщик **SYN:** buyer, purchaser **SEE:** apathetic shopper, casual shopper, shoppers' charter **2)** *торг., СМИ* бесплатная газета *(бесплатные справочно-информационные издания для покупателей, в основном с рекламой местных розничных предприятий: магазинов, ресторанов и т. п.)*

shopper profile *марк.* = customer profile

shoppers' catalogue *торг.* торговый каталог *(перечень предлагаемых фирмой, магазином и т. д. товаров с описанием и ценами)*

Shoppers' Charter *торг., юр., брит.* «Хартия прав покупателей»* *(документ, перечисляющий права и гарантии прав покупателей, принимаемый, как правило, объединением продавцов, носящим характер общественной организации, содержащий в этом случае односторонние декларативные обязательства продавцов перед покупателями; такой документ, одобренный местными государственными или муниципальными властями и получивший силу законодательного акта)*

shopping

I *сущ.* **1)** *торг.* покупки; осуществление покупок *(посещение магазина или магазинов потребителями с целью приобретения товаров)* **EX: to do shopping** – делать покупки, **to go shopping** – ходить за покупками, ходить по магазинам **SEE:** armchair shopping, comparison shopping, downtown shopping, shop, catalogue, customer, buyer, consumer, goods **2)** *торг.* покупки *(сами приобретенные товары)* **EX: Christmas shopping** – покупки к Рождеству, **Do you need help to carry your shopping?** – Вам нужна помощь, чтобы донести ваши покупки?

II *прил. торг.* покупочный, торговый, покупательский, закупочный *(предназначенный или связанный с покупками)* **EX: shopping basket** – корзина для покупок **SEE:** shopping behaviour, shopping channel, shopping centre

shopping area *торг.* торговый район; место оживленной торговли *(часть города, где сосредоточено множество магазинов, рынков, торговых лавок и т. д.)* **EX: The district is always bustling, and so crowded with cafes, restaurants, and discotheques that it is as much an entertainment center as it is a shopping area.** – Район очень многолюден и настолько переполнен кафе, ресторанами, дискотеками, что является не только торговым, но и развлекательным центром. **SYN:** shopping district **SEE:** downtown shopping, store cluster

shopping basket *торг.* корзина для покупок *(корзина, в которую покупатель складывает отобранные в магазине самообслуживания товары до их оплаты на контрольно-кассовом пункте)* **SYN:** wire basket **SEE:** shopping cart, shopping trolley, check-out counter, self-service

shopping behaviour *марк.* поведение покупателей, покупательское поведение, поведение при осуществлении покупки *(характеризуется частотой покупок, мотивами приобретения товаров, приверженностью маркам, реакцией на новинки и т. п.)* **EX: He is a consumer whose shopping behaviour is characterised by a determination to get good value at a low price.** – Он потребитель, чье покупательское поведение характеризуется стремлением получить хорошее качество по низкой цене. **SEE:** shopping habit, stimulus object

shopping capacity 1) *торг.* торговая площадь *(территория, измеряемая в квадратных метрах, на которой идет розничная торговля; определяется по стране, фирме-производителю или предприятию розничной торговли)* 2) *торг.* покупательские возможности, покупательский запрос *(объем товаров, который потребитель имеет желание и возможность приобрести)* **SEE:** overshopped area

shopping cart *торг.* тележка для покупок *(в магазине самообслуживания)* **SYN:** shopping trolley, shop trolley **SEE:** shopping basket, self-service, check-out counter

shopping cart software *торг., комп.* программа электронной торговли *(компьютерная программа, позволяющая просмотреть товары фирмы в ее каталоге на сайте, заказать и оплатить их через Интернет)* **SEE:** web store, electronic shopping

shopping centre *торг., брит.* торговый центр *(множество магазинов, расположенных под одной крышей и имеющих единую парковку)* **SYN:** emporium, mart, shopping precinct, mall, shopping mall, retail mall, trade centre, buying centre **SEE:** community shopping centre, out-of-town shopping centre, galleria

shopping channel *торг.* торговый канал [коммерческий] канал* *(кабельный канал телевидения, предлагающий товары, которые можно заказать по телефону)* **SEE:** armchair shopping

shopping comparison *торг.* сравнение при покупке* *(тщательное сравнение цены, качества и др. параметров товаров разных производителей в целях совершения наиболее выгодной покупки)* **EX: shopping comparison service** – услуга по сравнению товаров **SEE:** comparison shopping

shopping district *торг.* = shopping area

shopping expectations *торг.* покупательские ожидания *(ожидания потребителей, касающиеся цен и качества товаров, а также качества обслуживания в магазине)* **EX: We value every customer and pledge to meet and exceed your shopping expectations!** – Мы ценим каждого покупателя и ручаемся, что удовлетворим и превзойдем ваши покупательские ожидания!

shopping goods *марк.* товары предварительного выбора, выбираемые товары* *(товары, которые потребитель в процессе выбора и покупки, внимательно сравнивает между собой по степени пригодности, ценам и дизайну, напр., мебель, электробытовые приборы, одежда и т. д.)* **SYN:** high-involvement products **ANT:** convenience goods **SEE:** specialty goods, unsought goods, heterogeneous shopping goods, homogeneous shopping goods

shopping habit *марк.* покупательская привычка *(повторяющаяся схема поведения покупателя)* **EX: Variety seeking is a shopping habit, and people will choose products they have never heard of before.** – Стремление к разнообразию вошло в привычку у покупателей, и люди будут выбирать продукты, о которых они ничего раньше не слышали. **SEE:** shopping behaviour

shopping hours *торг.* часы торговли *(время работы магазина, рынка и т. д.)* **SYN:** selling hours, store hours **SEE:** dinner hour

shopping list *торг.* список покупок *(список товаров, которые планиру-*

ется приобрести) **EX: I'm impressed that you managed to make the shopping list and follow it.** – Я поражен, что ты смог составить список покупок и следовать ему.

shopping mall *торг.* торговый пассаж, торговые ряды *(крытая улица, состоящая из множества различных магазинов и торговых лавок)* **SYN:** shopping centre, mall **SEE:** shopping street, electronic mall

shopping newspaper *торг.* торговый вестник, газета для потребителей *(газета, публикующая рекламу магазинов, их рейтинги, аналитические материалы о ценах и качестве товаров, информацию о распродажах и т. п.)* **SEE:** advertisement, shopping rating, shopping comparison, bargain sale

shopping precinct *торг.* = shopping centre

shopping rating *торг.* торговый рейтинг, рейтинг магазинов *(выстраивается по параметрам посещаемости, оборота и т. п.)* **SEE:** shopping newspaper

shopping season *марк.* сезон покупок *(период времени (напр., начало учебного года, предпраздничные дни и т. п.), в который из года в год наблюдается повышение активности покупателей определенных видов товаров)* **SEE:** shopping spree, Christmas shopping, weekend shopping

shopping service 1) *марк.* изучение магазинов *(услуги, предлагаемые независимыми организациями и заключающиеся в направлении своих представителей в магазины для их сравнения с точки зрения условий продажи определенных товаров)* **SEE:** mystery shopping **2)** *торг.* заказ товаров *(услуги, предоставляемые абонентам кабельного телевидения или информационной системы и позволяющие им купить товары (обычно со скидкой), не выходя из дома)*

shopping space *торг.* = selling space

shopping spree *торг.* торговый [покупательский] всплеск*, покупательский бум* *(увеличение объема потребительских покупок, не связанное с сезонными колебаниями покупательской активности)* **SYN:** buying spree **SEE:** shopping season

shopping street 1) *торг.* торговый ряд *(в крупном торговом центре)* **SEE:** shopping centre **2)** *торг.* торговая улица *(улица, на которой расположено множество магазинов)* **SEE:** main-street shopping, shopping mall, high street

shopping terminal *торг.* стоянка при торговом центре *(для автомобилей покупателей)*

shopping time 1) *торг.* продолжительность покупок* *(время, затрачиваемое на совершение покупок)* **EX: Know in advance what you need and you'll find your shopping time has been reduced to minutes instead of an hour or so.** – Выясните заранее, что вам нужно и вы обнаружите, что ваше время покупок сократилось до нескольких минут вместо часа или около того. **2)** *торг.* посещение магазинов* *(день или период активного посещения магазинов и совершения покупок)* **EX: It was shopping time this weekend.** – В эти выходные мы ходили по магазинам.

shopping tour *торг.* поход за покупками, поездка за покупками, шопинг-тур *(предполагает длительное посещение различных магазинов или посещение магазинов, расположенных на значительном расстоянии от дома или места работы (часто, в другом городе или стране) с целью приобрести более дешевые или эксклюзивные товары)* **EX: guided shopping tour of New York City** – поход за покупками по Нью-Йорку с гидом **SYN:** shopping trip **SEE:** store shopping tour

shopping trip *торг.* = shopping tour

shopping trolley *торг.* = shopping cart

shoppy

I *прил.* **1)** *торг.* магазинный, торговый, торговый *(относящийся к торговле в магазине, связанный с розничной торговлей)* **SEE:** shoppy trolley **2)** *торг.* изобилующий магазинами, с большим числом магазинов **SEE:** shoppy neighbourhood **3)** *общ.* прижимистый, меркантильный, жадный, торгашеский *(о характере и поступках человека)*

4) *общ.* любящий покупки* *(о человеке, часто и с удовольствием совершает покупки, походы по магазинам)* **EX: I'd never been a shoppy kind of girl, but I accidentally said yes and we went to the local shopping mall.** – Я не из тех девушек, которые любит ходить по магазинам, но неожиданно согласилась и мы направились в местный торговый центр. **SEE:** shopping **5)** *эк., амер.* деловой *(относящийся к делу, работе, профессиональной деятельности)* **EX: shoppy talk** – деловой разговор

II *сущ. торг., брит., разг.* продавщица **SYN:** shopgirl

shoppy neighbourhood *торг.* район насыщенной торговли*, район с большим числом магазинов **SEE:** store cluster, shopping area, downtown shopping

shoppy trolley *торг.* торговая тележка, магазинная тележка, товарная тележка *(тележка укладчика товаров в супермаркете)* **SEE:** supermarket, shelf filler

Shops Act *торг., юр., брит.* закон «О магазинах»*, 1950 г. *(о регулировании часов работы магазинов)*

shopster *сущ. торг., брит., ист.* лавочник, владелец лавки **SYN:** shopkeeper

shopwalker *сущ.* **1)** *торг., брит.* дежурный администратор универмага *(обходящий его отделы с целью инспектирования)* **2)** *мн., торг., брит.* работники розничной торговли, персонал магазина **SYN:** shop personnel

shopworn

I *прил. торг., преим. амер.* = shop-soiled

II *сущ. торг., преим. амер.* поврежденный товар, потерявший вид товар *(товар, потерявший товарный вид в результате длительного хранения в магазине)* **SEE:** shop-soiled

short approach *рекл.* короткая дистанция обозрения*, кратковременное открытие* *(характеризует рекламный щит, открывающийся для полною обозрения с 12-20 м для пешеходов и с 30-60 м для транспортных средств)* **SEE:** flash approach, long approach, medium approach

short change *торг.* обсчитывать, недодать сдачу *(давать покупателю меньше сдачи, чем требуется, в надежде на то, что он не заметит)* **EX: I was recently in Italy vising Venice and several times people tried to short change me.** – Недавно я ездил в Италию в город Венеция и несколько раз меня пытались обсчитать.

short delivery *торг.* недопоставка *(поставка груза или товара в меньшем количестве, чем указано в договоре о поставке или коносаменте)* **SYN:** incomplete delivery, underdelivery **SEE:** delivery contract, bill of lading

short discount *торг.* короткая скидка*, низкая скидка* *(скидка, незначительная по сравнению со стоимостью товара или по сравнению со скидками, обычно предоставляемым по таким товарам)* **ANT:** long discount

short line *марк.* ограниченный [неполный] комплект [набор, модельный ряд]*, неполная линейка* **а)** *(наличие в ассортименте у дистрибьютора или торговца только некоторых типов какой-л. продукции или только части продуктового ряда какого-л. производителя)* **SEE:** short-line wholesaler **б)** *(наличие в ассортименте производителя только ограниченного круга типов какой-л. продукции)* **SEE:** short-line company **ANT:** full line

short-line company *эк.* *(небольшая фирма, выпускающая изделия ограниченного ассортимента)* **ANT:** full-line company **SEE:** short line, short-line wholesaler

short-line wholesaler *торг.* оптовик с узким ассортиментом *(специализируется на отдельных типах определенного продукта; напр., только на дорогих подарочных книгах)* **SYN:** speciality wholesaler **ANT:** full-line wholesaler, general-line wholesaler **SEE:** full-service wholesaler, limited-service wholesaler, short-line company

short-lived commodities **1)** *торг.* = perishable commodities **2)** *марк.* краткосрочные товары* *(товары, которые быстро становятся неинтересными для потребителей; напр., высокотехнологичные товары (мобильные телефоны, компьютеры и др.), которые ус-*

таревают за достаточно короткий промежуток времени из-за появления новых усовершенствованных моделей или информация, т. к. она быстро изменяется и теряет актуальность)

short of stock *эк.* не имеющий в наличии*, не имеющий в запасе*, не имеющий на складе* **EX: to be short of stock** – не иметь запаса; не иметь на складе, не иметь в наличии (о сырье, товарах и т. д.), **We normally ship goods within 1 week of receiving order, but, sometimes due to heavy orders we are short of stock.** – Обычно мы отгружаем товары в течение недели после получения заказа, но иногда из-за крупных заказов мы не имеем необходимых товаров в наличии. **You will save time on paper work, cut administration costs, never run short of stock and deliver better customer service.** – Вы сэкономите время на бумажной работе, сократите административные издержки, никогда не исчерпаете запасы и будете лучше обслуживать клиентов. **ANT:** long of stock

short rate *рекл.* штрафная доплата за недобор, штрафной тариф* *(выплачивается заказчиком рекламы в случае, если он использует меньше эфирного времени или печатного места, чем прописано в контракте, при условии, что оплата происходила по сниженному (в результате планируемого значительного объема рекламы) тарифу)* **SYN:** short rating

short rating *рекл.* = short rate

short-term rate *рекл.* кратковременный тариф *(тариф за демонстрацию рекламных объявлений или роликов на протяжении короткого периода времени, обычно выше, чем долгосрочный тариф)* **SYN:** short rate **SEE:** long-term rate

short-term sales *марк.* кратковременный сбыт, кратковременные [краткосрочные] продажи **EX: Although the impact of consumer promotions on short-term sales is consistently positive, the consequences for brand equity are still unclear.** – Несмотря на то, что влияние стимулирования потребителей на краткосрочные продажи несомненно положительно, последствия такого стимулирования для восприятия марки до сих пор вызывают сомнения.

short-term storage *торг.* кратковременное хранение **ANT:** extended storage, long-term storage **SEE:** storage, storage length

shortage *сущ.* **1)** *общ.* отсутствие нехватка, недостаток **2)** *эк.* недостача, дефицит, отрицательный уровень запасов **3)** *торг.* = incomplete delivery

shotgun approach *марк.* подход «пальбы из всех орудий»*, принцип пулеметного огня* *(маркетинговая стратегия, при которой проводится массированная рекламная компания с распространением рекламных материалов на максимально возможную аудиторию в надежде добиться наибольшего возможного объема продаж)* **SYN:** shotgun tactics **SEE:** rifle approach, slice-of-life approach

shotgun tactics *марк.* тактика «пальбы из всех орудий»* **SYN:** shotgun approach

shout shop *рекл., жарг.* говорильня*, крикуны* *(о рекламном агентстве)*

show card 1) *рекл.* витринный планшет, шоу-карта, плакат шоу-карта *(рекламный плакат, расположенный рядом с продаваемыми товарами)* **SYN:** display card, banner **2)** *рекл.* небольшой рекламный плакат, рекламный листок **SYN:** handbill, handout, fly-sheet, flier, leaflet, dodger **3)** *соц.* карточка ответов *(карточка с ответами на вопросы анкеты, показываемая респонденту, для облегчения выбора)*

show-case *сущ. общ., торг.* = showcase

show-window *торг.* = shop window

show-window advertising *рекл.* витринная реклама *(реклама в витрине магазина, напр., рекламные щиты, или образцы товара)* **SEE:** in-store advertising

shrink package *торг.* упаковка из усадочной пленки **SEE:** package

showcard *сущ. рекл.* = showcard

showcase *сущ.* **1)** *торг.* = display case **2)** *торг.* = display cabinet **3)** *общ.* афиша

showcase pack *торг.* упаковка (продукта) для продажи с витрины **SEE:** pack

showing *сущ.* **1)** *эк.* показатели, данные **2)** *рекл.* шоуингинтенсивность демонстрации* *(термин, указывающий на число мест, проданных для* *размещения наружной рекламы или рекламы на транспорте)* **3)** *общ.* выставка, показ, демонстрация **4)** *СМИ* освещение *(в СМИ)* **5)** *рекл.* = gross rating point

showroom warehouse *торг.* склад-магазин с демонстрационным залом **SEE:** warehouse

shrink wrap *торг.* термоусадочная упаковка *(прозрачное пластиковое защитное покрытие на упаковке товара, которое садится после нагревания и плотно облегает упаковку товара)*

shrinkage of goods *торг.* усушка (товара) *(сокращение веса товара из-за снижения в нем содержания влаги в процессе хранения)*

shrinkage of market *марк.* сужение рынка (сбыта), сокращение рынка (сбыта) **SEE:** shrinking market

shrinking market *марк.* сокращающийся рынок, сужающийся рынок *(рынок, характеризующийся устойчивым уменьшением территории сбыта или снижением объемов продаж в пределах прежней сбытовой территории)* **ANT:** expanding market

shuttle trade *межд. эк., торг.* челночная торговля *(торговля, которая осуществляется физическими лицами, совершающими поездки между двумя странами и перевозящими какие-л. товары в качестве своего багажа)* **SYN:** suitcase trade **SEE:** shuttle trader

shuttle trader *межд. эк., торг.* челнок *(человек, который занимается челночной торговлей)* **SYN:** suitcase trader **SEE:** shuttle trade

side loading truck *торг., пром.* погрузчик с боковой загрузкой [для боковой обработки груза] **SYN:** side-loading truck, sideload truck **SEE:** handling machinery, front-load truck

sideline *сущ.* **1)** *торг.* сопутствующие [дополнительные] товары **SYN:** satellite product **2)** *эк.* вторая профессия [работа]

sideline product **1)** *марк.* дополнительный [непрофилирующий] товар *(товар, который производится компанией в добавление к главному товару)* **SYN:** secondary product **SEE:** core product **2)** *эк.* = co-product

sideload truck *торг., трансп.* = side loading truck

sidewalk interview *соц.* уличный опрос, интервью на улице **EX:** **In a sidewalk interview setting, several people were asked questions about their sex lives starting with when was the first time they had sex.** – В уличном опросе нескольким людям были заданы вопросы об их сексуальной жизни, начиная с вопроса о том, во сколько лет у них был первый сексуальный опыт. **SEE:** interview

sign-age *сущ. марк.* = signage

signage *сущ. тж.* sign-age *марк.* идентификационный комплект (фирмы)* *(набор торговых знаков, вывесок, указателей и др. элементов, формирующих образ компании, сети ресторанов и т. д.)*

signature-based debit card *банк., торг.* дебетовая карточка [карта], основанная [базирующаяся] на подписи* *(дебетовая карта, операции по которой инициируются путем проставления владельцем карты подписи на квитанции за приобретенные товары или полученные услуги; персональный идентификационный код обычно не используется; такие карты могут использоваться по аналогии с кредитными картами: в банковском автомате по месту покупки или получения услуги проверяется наличие средств на счете, после чего владелец банковской карты подписывает квитанцию о покупке/получении услуг, а списание средств со счета владельца карты обычно производится через два-три дня)* **SYN:** deferred debit card, off-line debit card **SEE:** debit card, PIN-based debit card

silent salesman **1)** *марк.* безмолвный продавец *(оформление торгового помещения, печатная реклама, упаковка, выкладка товара, товарный знак)* **2)** *марк.* витрина в центре магазина

Silver Anvil Award *марк., амер.* приз «Золотая наковальня» *(присужда-*

ется Американской ассоциацией по связям с общественностью за выдающиеся программы в области отношений с общественностью) **SEE:** Public Relations Society of America

silver market 1) *марк.* рынок пенсионеров *(сегмент рынка, сформированный людьми старше 60)* **2)** *эк.* рынок серебра

similarity of products *марк.* сходство товаров *(по качеству, цене, функциям, дизайну и др. характеристикам)* **SEE:** like goods

Simmons *марк., амер.* = Simmons Market Research Bureau, Inc.

Simmons Market Research Bureau, Inc. *марк., амер.* Служба исследования рынка «Симмонс», «Симмонс Маркет Рисеч Бьюроу, Инк.» *(американская исследовательская фирма; изучает величину и состав аудитории общенациональных журналов и вещательных сетей, а также потребление отдельных товаров, а также публикацией соответствующих данных; создана в 1950-х гг. талантливым исследователем рынка Уиллардом. Симмонсом)* **SYN:** Simmons **SEE:** through-the-book method

simple random sample *стат.* собственно случайная выборка *(когда объекты для изучения отбираются по жребию, на основе таблицы случайных чисел и т. д.)* **SEE:** sample

singing commercial *рекл.* = advertising jingle

single blind *мет.* односторонний слепой [анализ, тест] *(эксперимент, в котором испытатель знает о реальной цели эксперимента, а испытуемый нет; напр., врач знает о том, какой группе испытуемых дается настоящее лекарство, а какой плацебо, но сами испытуемые этого не знают)* **SEE:** double blind

single brand name *марк.* единственное марочное название* *(марочное название товара, не сопровождаемое каким-л. дополнительным марочным названием — семейственным или корпоративным)* **SYN:** individual brand name **SEE:** individual brand name, family brand, corporate brand

single-column centimetre *рекл.* сантиметр колонки *(единица измерения рекламного места в периодических изданиях, равная по высоте одному сантиметру при обычной для данного издания ширине колонки)* **SYN:** column centimetre, single column centimetre

single-copy sales *марк.* продажа поштучно *(в розницу)*

single delivery *торг.* разовая поставка; разовая доставка **SYN:** occasional delivery **SEE:** monthly delivery

single-line retailer *торг.* торговец одной специализации *(розничный торговец, который специализируется на продаже одного вида товаров)* **SYN:** single-line store, limited line store, limited-line store, specialty retailer, category killer, destination store

single-line store *торг.* = single-line retailer

single-market dependence *марк.* зависимость от одного рынка* *(имеет место, когда фирма имеет только один рынок сбыта своего товара; в такой ситуации фирма подвержена риску потерь в случае возникновения неблагоприятной обстановки на этом рынке)* **EX: The Nepali carpets are selling mainly in Germany and this single market dependence is generally regarded as adversely affecting the industry.** – Непальские ковры продаются главным образом в Германии, и такая ситуация зависимости от одного рынка считается неблагоприятной для отрасли.

single price *эк.* единая цена *(на какой-л. продукт для всего рынка, для всех выигравших участников аукциона, на все продукты определенной товарной категории, на один и тот же продукт в разные периоды времени и т. п.)* **SEE:** single-price auction

single service 1) *торг.* единая услуга *(объединение нескольких услуг; напр., газоснабжение — объединение услуг продажи газа и доставки газа потребителю)* **2)** *марк.* = disposable product **3)** *марк.* одна услуга *(в отличие от набора услуг)*

single-service agency *рекл.* узкоспециализированное агентство* *(агентство, специализирующееся на одном виде услуг, напр., рекламное агентство, предоставляющее услуги только по разработке товарных знаков или только по закупке рекламного времени в средствах массовой информации)* **SEE:** limited-service agency, full-service agency, one-stop shopping, a la carte agency, limited-service agency

single-use goods *марк.* = non-durable goods

single-use product *марк.* = disposable product

sit-down restaurant *торг., устар.* = restaurant

site *сущ.* **1)** *общ.* местоположение **2)** *общ.* стройплощадка **3)** *рекл., комп.* сайт, интернет-страница **SEE:** site frequency, site reach, site session

site frequency *рекл., комп.* частота посещения сайта [страницы] *(усредненная величина, указывающая, как часто одни и те же пользователи посещают веб-сайт; измеряется в среднем количестве посещений уникальным пользователем за определенный период; чем выше частота посещения, тем быстрее будут сгорать баннеры)* **SEE:** banner burn-out, site, site session

site reach *рекл., комп.* охват сайта, аудитория сайта, размер аудитории сайта *(количество уникальных посетителей, побывавших на сайте за определенное количество времени; чем больше размер аудитории, тем медленнее будут сгорать баннеры, демонстрирующиеся на данном сайте)* **SEE:** site, banner burn-out, site session

site session *рекл., комп.* посещение сайта, сессия на сайте, визит *(посещение сайта одним пользователем)* **SYN:** user session **SEE:** site, ad impression, hit, site reach, site frequency, traffic, cost per visit

six-sheet poster *полигр., рекл.* 6-листовой плакат *(размером около 162,40 X 353,06 см)* **SEE:** poster

sixteen-sheet poster *полигр., рекл.* = 16-sheet poster

skew *гл. марк.* предубеждать* *(искажать результаты опроса путем изменения хода мысли респондента; напр., интервьюер, кивающий или улыбающийся при получении положительного ответа относительно товара, побуждает респондента к положительным ответам на другие вопросы относительно этого товара)*

skim pricing *марк.* = skimming

skimming *сущ.* **1)** *с.-х.* сепарирование, обезжиривание *(молока)*, снимание *(сливок)* **2)** *марк.* снятие сливок, стратегия высоких цен *(установление высокой цены на новый продукт с целью получить большую прибыль на начальном этапе, пока конкуренция недостаточно высока, а затем постепенное снижение цены)* **SYN:** high-price strategy, skim pricing, skimming pricing, price skimming **ANT:** penetration pricing **SEE:** cherry-picking

skimming pricing *марк.* = skimming

skip scheduling *рекл.* размещение «через один»* *(размещение определенного рекламного объявления в печатном издании, но не в каждом выпуске, а через выпуск)*

sky advertising *рекл.* = aerial advertising

sky sign **1)** *рекл.* реклама [рекламный щит] на крыше **2)** *рекл.* поднебесная реклама* *(короткое сообщение, написанное на небе самолетом при помощи дымовой струи, принимающей форму букв сообщения)* **SEE:** skywriting

skywriting *сущ. рекл.* писание по небу, скайрайтинг* *(средство распространения рекламы, представляющей собой короткое сообщение, написанное на небе самолетом при помощи дымовой струи, принимающей форму букв сообщения)* **SEE:** sky sign

slack business *торг.* = stagnant trade

slice-of-life *рекл.* = slice-of-life advertisement

slice-of-life advertisement *рекл.* реклама, использующая принцип «куска жизни» *(метод рекламирования товара, при котором реальная жизненная проблема представляется в драматической форме, а рекламируемая продукция становится решением этой проблемы)*

slice-of-life approach 1) *иск.* бытописательский подход, зарисовка с натуры 2) *марк.* бытописательский подход* *(рекламный подход, основанный на обращении к повседневным нуждам потребителей)* **SEE:** shotgun approach

slice-of-life commercial *сущ. рекл.* рекламный ролик типа «зарисовка с натуры»* **SEE:** slice-of-life advertisement, commercial

slick *сущ.* 1) *общ., амер.* издание *(журнал, листовка)* на мелованной бумаге 2) *полигр., рекл.* оттиск на мелованной бумаге *(высококачественный оттиск оригинал-макета рекламы, напечатанный на мелованной бумаге и направляемый в газеты и журналы для публикации)*

slide advertising *рекл.* слайдовая реклама *(реклама на слайдах)* **SEE:** screen advertising

sliding price *эк.* скользящая цена *(цена, меняющаяся в зависимости от конкретных условий сделки и окончательно устанавливаемая только во время исполнения договора; применяется, напр., в договорах на товары, требующие длительного срока изготовления: первоначально устанавливается исходная цена и ее структура, а также способ корректировки цены по оговоренной формуле; также о цене, которая корректируется исходя из типа клиента, особенностей конкретного товара или услуги и т. п.)* **SYN:** sliding-scale price

sliding-scale price *эк.* = sliding price

slim-jim *сущ.* 1) *общ.* кожа да кости *(о худом человеке)* 2) *марк., разг.* слимджим* *(рекламный каталог вытянутого формата)* **SEE:** catalogue

slippage *сущ.* 1) *упр.* перенос *(сроков)*; отставание *(по срокам)* 2) *эк.* снижение, сокращение *(напр., объема производства)* 3) *марк.* воспользовавшиеся скидками *(люди, которые покупают товар с намерением погасить купон или каким-л. другим образом получить часть денег назад и полностью реализуют это намерение)* 4) *марк.* процент воспользовавшихся скидкой *(отношение числа людей, воспользовавшихся скидками на сто имеющих возможность и собиравшихся это сделать)*

slogan *сущ.* 1) *пол.* лозунг, девиз *(призыв, выражающий в краткой форме руководящую идею, задачу, требование; является ключевым приемом агитации)* 2) *рекл.* рекламная формула, слоган *(фраза рекламного характера, употребляющаяся в качестве лозунга рекламной кампании или как товарный знак; напр., слоган Яндекса «найдется все», слоган БиЛайн «с нами удобно»)* **SEE:** brand, trademark slogan, brand name, brand mark, brand attributes

slogan mark *пат., марк.* = slogan trademark

slogan trademark *пат., марк.* товарный знак-слоган*, девизный товарный знак* *(определенная фраза или предложение, зарегистрированное как товарный знак данной компании и используемое ею применительно к своим товарам и услугам)* **SYN:** slogan mark **SEE:** word trademark, descriptive trademark, figurative trademark

slotting allowance *марк.* скидка за выделение места* *(скидка, предоставляемая производителем или оптовом торговцем розничному торговцу за то, что последний выделит данному товару место на полках в торговом зале)* **SEE:** slotting fee

slotting fee 1) *торг.* плата за торговое место *(плата торговца за место для торговли своим товаром, вносимая на имя администрации рынка или владельца розничного магазина)* 2) *марк.* плата за дистрибуцию*, плата за выделение места* *(оплата производителем услуг розничного торговца, связанных с организацией реализации товара, таких как подготовка места на складе и на полках магазина, внесение данных о товаре в компьютерную базу данных магазина и т. д.)* **SEE:** slotting allowance

slow delivery 1) *торг.* увеличенный срок поставки; продленный срок поставки; срыв срока поставки *(ситуация, когда поставка (выполнение заказа) требует большего времени, чем прописано в договоре)* **SYN:** slower delivery **SEE:** delivery contract, late delivery, delivery period, delivery date 2) *комп.* медленное обработка *(данных)* **EX: In order to minimise the problem of slow delivery, data compression is used.** – Чтобы минимизировать сложности медленной обработки, используют сжатие данных.

slow mover *торг.* неходовой товар *(товар, покупаемый редко)* **SYN:** slow-moving article, slow-selling item, shelf warmer **SEE:** slow sale

slow-moving article *торг.* = slow-mover

slow-moving goods *торг.* неходовой товар *(товары, реализуемые в течение длительного периода)* **SEE:** fast-moving goods

slow-moving product *марк.* неходовой товар **SEE:** slow-moving goods

slow sale *марк.* плохой сбыт, медленная продажа *(товара, недвижимости и т. д.)* **EX: Another reason for a slow sale is that the property may not «show» well against newer homes.** – Другая причина медленной продажи может быть в том, что недвижимость уступает по своему внешнему виду в сравнении с более новыми домами. **SEE:** shelf warmer, slow mover

slow-selling item *торг.* = slow mover

slower delivery *торг.* = slow delivery

slug *сущ.* 1) *эк.* жетон *(для торгового или телефонного автомата)* 2) *рекл.* логотип рекламодателя *(подпись рекламодателя на печатном объявлении; может выполнять функцию торговой марки или просто указывать имя рекламодателя)*

small ads *рекл., разг.* = classified advertisements

small-scale retailing *торг.* мелкомасштабная розница, мелкая розничная торговля *(продажа товаров небольшими партиями)* **SEE:** large-scale retailing

small-sized store *торг., амер.* маленький [небольшой] магазин **EX: Is a small-sized store carrying mostly frozen meats and canned goods.** – Это небольшой магазин, торгующий в основном замороженным мясом и консервами. **SEE:** medium-sized store, large-sized store

small-space advertisement *рекл.* малоформатное рекламное объявление *(небольшое по размеру рекламное объявление, напр., объявление рубричной рекламы)* **ANT:** broadside advertisement **SEE:** classified advertisements

smart card *банк., торг., комп.* смарт-карта, смарт-карточка, умная карта [карточка], микропроцессорная [чиповая] карточка, карточка [карта] с интегральной микросхемой, карточка [карта] на интегральной микросхеме *(пластиковая карта со встроенным микропроцессором, позволяющим хранить информацию и идентифицировать владельца карты; с помощью таких карт можно, в частности, получать деньги через банкомат, расплачиваться за покупки, входить в компьютерную систему, открывать дверь комнаты в гостинице и т. д.)* **SYN:** chip card **SEE:** plastic card, magnetic card, electronic cash, super smart card

smokables *потр.* табачные изделия *(предназначенные только для курения)* **SYN:** tobacco products

smoked fish *потр.* копченая рыба **SEE:** fish

smuggle *гл. межд. эк., торг., юр.* провозить контрабанду; заниматься контрабандой *(незаконно импортировать или экспортировать товары; особенно ввозить товары в обход таможенного оформления и без уплаты таможенных платежей)* **EX: to smuggle smth. into a country** – ввозить что-л. в страну контрабандой, **to smuggle smth. out of the country** – вывозить что-л. из страны контрабандой, **to smuggle smth. through customs** – провозить что-л. контрабандой через таможню **SEE:** import, export, smuggler, smuggled goods, contraband

smuggled goods *межд. эк., торг., юр.* контрабандный товар, контрабанда *(товары, ценности и иные предметы, незаконно перемещенные через государственную границу)* **SEE:** smuggle, smuggler

smuggler *сущ. межд. эк., торг., юр.* контрабандист *(лицо, незаконно импор-*

тирующее или экспортирующее товары) **SYN:** contrabandist **SEE:** smuggle, smuggled goods

smuggling *сущ. межд. эк., торг., юр.* контрабанда *(незаконный ввоз в страну и вывоз из страны товаров с целью обойти запрет на экспорт/импорт или не платить таможенные пошлины и налоги)* **SYN:** contraband **SEE:** smuggle, smuggler, smuggled goods

snack bar *торг.* = snackbar

snack food *потр.* закусочный пищевой продукт, закуска **SEE:** fast food

snackbar *сущ. торг.* закусочная, кафе *(в котором можно быстро перекусить)* **SYN:** eatery, lunchroom, luncheonette

snap up *гл.* **1)** *торг., разг.* раскупать, расхватывать *(какой-л. товар)*; достать, отхватить **SEE:** slow sale **2)** *общ.* накидываться, напускаться *(на кого-л.)*

snip *сущ.* **1)** *общ.* надрез, кусок; лоскут, обрезок **2)** *общ., разг.* «верняк», верное дело, пустяковая работа **3)** *торг., разг.* выгодная покупка, дешевая покупка; дешевый товар **SYN:** bargain

snipe *сущ.* **1)** *пол., амер.* «пиратский» (предвыборный) плакат *(обычно расклеивается в местах, где запрещена расклейка плакатов: в телефонных будках, на стенах, заборах и т. п.; традиция также запрещает наклеивать плакаты поверх плаката политического оппонента)* **2)** *рекл.* «пиратская» наружная реклама **SEE:** sniping **3)** *рекл.* дополнительная информация на рекламном щите *(листы с дополнительной информацией, приклеенные к нижней части стенда наружной рекламы)*

sniping *сущ. рекл.* пиратская реклама *(размещение средств наружной рекламы без формального разрешения, напр., прислонив их забору, бочкам и т. п.)* **SEE:** snipe

snob appeal 1) *марк.* обращение к снобизму *(маркетинговый подход, при котором предложение товаров и услуг базируется на поощрении стремления потребителя возвыситься над другими)* **2)** *марк.* снобистская притягательность* *(свойство товара, рассчитанное на стремления покупателя возвыситься над другими)* **SYN:** snob effect **SEE:** immediate appeal, rational appeal, recreational appeal, mass appeal, masculine appeal, health appeal, game appeal, moral appeal, advertising appeal, price appeal, consumer appeal, marketing appeal, service appeal, sales appeal, emotional appeal, female appeal, sex appeal, selling appeal, logical appeal

snob effect 1) *эк.* эффект сноба **а)** *(описанный Х. Лейбенстайном отрицательный сетевой внешний эффект, состоящий в том, что индивидуальный спрос на товар имеет отрицательную зависимость от спроса на этот товар или его наличия у других людей)* **б)** *(величина, на которую сократится индивидуальный спрос на товар в связи с тем, что этот товар покупают или имеют другие люди)* **2)** *марк.* = snob appeal **3)** *марк.* эффект «снобизма» [«сноба»] *(снижение привлекательности товара для элитных покупателей в результате появления многочисленных дешевых имитаций)*

snowball sampling *соц.* формирование выборки методом «снежного кома» *(неслучайная выборка; начинается с нескольких респондентов и затем каждого респондента просят рекомендовать нескольких знакомых для участия в исследовании)* **EX: Snowball sampling may simply be defined as a technique for finding research subjects. One subject gives the researcher the name of another subject, who in turn provides the name of a third, and so on.** – Техника формирования выборки методом «снежного кома» проще всего может быть определена как техника поиска субъектов исследования. Один респондент говорит исследователю имя другого, который, в свою, очередь, называет имя третьего и т. д.

social advertising *рекл.* = public service advertising

social advertising campaign *рекл.* кампания общественной [социальной] рекламы **SEE:** public service advertising

social assuredness *соц.* социальная одобрение, приемлемость для общества *(напр., поведения, методов привлечения покупателей и т. д.)*

social cause advertising *рекл.* = public service advertising

social channel *марк.* общественно-бытовой канал коммуникации *(лицо, оказывающее влияние на покупательское решение индивидуума или группы лиц целевого рынка благодаря личным взаимоотношениям, напр., друг, родственник, неформальный лидер или коллега по работе)* **SEE:** word-of-mouth advertising, opinion leader, two-step flow of communication

social goods **1)** *эк.* = collective goods **2)** *соц.* общественные ценности* *(напр., дружба, социальный статус, честь государства, семья и т. д.)*

social marketer *марк.* специалист по социальному маркетингу **SEE:** social marketing

social marketing **1)** *марк.* социальный маркетинг *(пропаганда социальных программ и таких идей, как охрана окружающей среды, безопасность на дорогах, планирование семьи, экономия энергии)* **2)** *марк.* общественный маркетинг *(разработка, претворение в жизнь и контроль за выполнением программ, имеющих целью добиться восприятия целевой группой (группами) общественной идеи, движения или практики; для достижения цели прибегают к сегментированию рынка, изучению потребителей, разработке замысла, разработке коммуникаций, приемам облегчения усвоения)* **SEE:** idea marketing

social marketing campaign *марк.* кампания общественного маркетинга **SEE:** social marketing

social segment *марк.* социальный сегмент *(группа потребителей, относительно близких по социальному статусу)* **SEE:** social segmentation

social segmentation *марк.* социальная сегментация *(разделение общества на относительно изолированные группы с низкой социальной мобильностью и жесткой стратификацией)* **SEE:** market segmentation, social segment

Social Survey Division *стат., брит.* Отдел социальных исследований *(основанный в 1941 г. отдел Службы национальной статистики, который занимается проведением социальных исследований различной тематики для правительства и других общественных организаций; напр., «Широкое обследование домохозяйств»)* **SEE:** Office for National Statistics

societal marketing *марк.* социально-этический маркетинг *(принятие решений в области маркетинга с учетом долгосрочных интересов общества в целом)* **SEE:** societal marketing concept

societal marketing concept *марк.* концепция социально-этического маркетинга *(ее суть в том, что компания должна определить потребности целевых рынков, а затем обеспечить удовлетворение потребностей более эффективными (по сравнению с конкурентами) способами, которые улучшают благополучие как клиента, так и всего общества)* **SEE:** enlightened marketing

societally conscious *сущ. марк., амер.* социально сознательный* *(лицо, ориентирующееся на собственные ценности, но распространяющее их не только на себя, но и на определенные группы общества и общество в целом; такие люди много знают об окружающем их мире, активно участвуют в общественной деятельности (в том числе безвозмездно выполняют общественно-полезные работы), а в потреблении обычно склонны к приобретению натуральных продуктов и добровольному упрощению быта; одна из групп внутренне управляемых потребителей)* **SEE:** VALS, inner-directed

societally-oriented marketer *марк.* специалист по социально-этическому маркетингу **SEE:** societal marketing

socioeconomic segment *марк.* социально-экономический сегмент *(вы-*

деленный по социально-экономическим показателям) **SEE:** socioeconomic segmentation, segment

socioeconomic segmentation *марк.* социально-экономическое сегментирование *(сегментирование по социально-экономическим показателям)* **SEE:** market segmentation, socioeconomic segment

sociological interview *соц.* социологическое интервью *(в прикладной социологии: метод сбора социологической информации, основанный на непосредственном контакте с информантом)* **EX: In order to find out preferences to the information being published in the database, we decided to conduct a small sociological interview.** – Для того, чтобы выявить предпочтения по отношению к публикуемой в базе данных информации, мы решили провести небольшое социологическое интервью. **SEE:** interview

sociology of consumption *соц., эк.* социология потребления *(социологическое исследование закономерностей, определяющих поведение потребителей; это направление в социологии усиленно развивалось в 1960 - 80-е гг.)* **SEE:** consumer culture

sociometric survey *соц.* социометрическое исследование, социометрический опрос *(опрос, направленный на получение информации о межличностных отношениях в группе путем фиксации предпочтений, чувства симпатии, антипатии и т. д.)* **SEE:** survey

soda fountain cabinet *торг.* охлаждаемый прилавок *(для продажи мороженого, напитков и газированной воды)*

soft commodities *потр., эк.* = soft goods

soft dollars **1)** *бирж., торг.* мягкие доллары *(плата посреднику или консультанту за то, что он способствует продаже услуг фирмы)* **2)** *эк.* косвенные [неденежные] преимущества *(дополнительные выгоды (помимо денежных) от какой-л. деятельности)*

soft goods **1)** *потр.* = non-durable goods **2)** *потр.* = dry goods **3)** *потр.* мягкие товары *(кофе, какао, сахар, хлопк, зерновые культуры и др.)* **4)** *эк., комп.* виртуальные товары* *(распространяемые посредством электронных средств связи: программное обеспечение, текстовые, графические и музыкальные файлы и др. информация)* **SEE:** hard goods **SYN:** soft commodities, softs

soft information *соц.* случайная информация *(данные, полученные без специальных заранее установленных методов и целей; из разговоров с поставщиками, покупателями и коллегами)* **ANT:** hard information

soft launch

I *сущ. марк.* мягкий запуск* *(выпуск нового продукта, при котором он становится доступным пользователям без рекламы или на отдельном сегменте рынка; реакция первых потребителей и их опыт использования продукта позволяют осуществить быструю доработку продукта; характерно для продуктов, которые не нужно выпускать сразу в большом количестве и в конструкции которых возможны изменения: для программных продуктов, веб-сайтов и т. п.)* **EX: Upon completion of your website, we will have a «soft launch», which is a period where you and your associates can review the website for accuracy and appropriateness.** – После завершения Вашего сайта мы осуществим «мягкий запуск», когда в течение определенного времени Вы и Ваши коллеги могут проверить точность и оправданность его содержания. **SEE:** local launch, rolling launch, marketing launch, blitz

II *гл. марк.* осуществлять «мягкий запуск» **EX: The goal is to soft launch the site this month.** – Целью является «мягкий» запуск сайта в этом месяце. **Microsoft is poised to soft-launch its long-awaited online music store late next month.** – Компания «Майкрософт» готова осуществить «мягкий» запуск долгожданного онлайнового магазина музыки в конце следующего месяца.

soft offer *марк.* мягкое предложение* *(предложение в прямом маркетинге, когда покупателю предоставляется возможность сначала проверить то-*

вар в работе, а затем оплатить его или вернуть продавцу) **SYN:** trial offer, tentative suggestion, free trial offer, free examination offer **ANT:** hard offer **SEE:** trial usage, goods on approval

soft sell *марк.* мягкая продажа *(техника продажи товаров, которая основана на мягком убеждении, низком уровне психологического давления на клиента)* **EX: soft sell approach** – подход в духе «мягкой продажи», увещевание **SYN:** low-pressure selling, low-pressure sales, low-key selling **ANT:** hard sell **SEE:** soft-selling advertisement, soft-sell campaign, soft seller

soft-sell campaign *марк.* кампания на принципах «мягкой продажи»; увещевательная кампания **ANT:** hard-sell campaign **SEE:** soft sell

soft-sell commercial *рекл.* мягкий рекламный ролик* *(рекламный ролик без давления на потребителя)* **SEE:** soft-selling advertisement, hard-sell commercial

soft seller *марк.* мягкий [податливый, неагрессивный] продавец *(продавец, использующий эмоциональный, имиджевый способ увещевания; часто соглашается на цену, значительно ниже той, по которой товар мог бы быть продан)* **ANT:** tough seller **SEE:** knock-down price, soft sell

soft selling *марк.* мягкий маркетинг *(подход к продаже с использованием эмоционального, имиджевого типа увещевания)* **ANT:** hard selling **SEE:** soft seller

soft-selling advertisement *рекл.* мягкая реклама, реклама в стиле «мягкой продажи», ненавязчивая реклама, увещевательное рекламное объявление **SYN:** soft-sell advertising **ANT:** hard-selling advertising **SEE:** soft sell

softs *потр., эк.* = soft goods

sold day book *торг., учет* = sales journal

sole distributor *марк.* = exclusive distributor

solicit *гл.* **1)** *эк., юр.* ходатайствовать; выпрашивать, просить; добиваться **EX: to solicit funds** – ходатайствовать о предоставлении средств **2)** *общ.* подвигать, заставлять, склонять, подстрекать **EX: to solicit to the membership** – подвигнуть к участию **3)** *торг.* настойчиво предлагать, навязывать **EX: to solicit goods and services** – навязывать товары и услуги

solicit order *марк.* добиваться заказов, поощрять заказы, стимулировать заказы *(воздействовать на людей определенным образом с целью побудить их заказать определенные товары)* **SEE:** advertising

solo mailing *рекл., связь* одиночная рассылка *(ситуация, когда почтовое отправление содержит сообщение только одного отправителя, напр., рекламную информацию только одного производителя)* **ANT:** shared mailing

solus *сущ. рекл.* одиночная реклама* *(рекламное объявление, расположенное на странице, на которой нет других рекламных объявлений; обычно окружено редакторским материалом или другим нерекламным текстом)* **SYN:** solus advertisement, island advertisement **SEE:** semisolus, buried advertisement

solus advertisement *рекл.* = island advertisement

solus position **1)** *рекл.* одиночное расположение, островное положение *(положение рекламного объявления на газетной полосе, когда оно полностью окружено редакционными материалами)* **SYN:** island position **SEE:** island display **2)** *рекл.* привилегированное расположение *(расположение рекламного объявления, когда оно занимает целую полосу либо расположено сверху над всеми редакционными материалами)* **SYN:** full position **SEE:** full-page advertisement

solus site **1)** *рекл.* изолированное расположение рекламного щита (панели) **2)** *торг.* фирменный магазин производителя* *(розничный магазин, торгующий продукцией только одной компании-производителя)*

solvent *прил. эк.* платежеспособный *(способный в срок погашать свои обязательства)* **EX: solvent purchaser** – платежеспособный покупатель **ANT:** insolvent **SEE:** credit sale

solvent demand *марк., упр.* платежеспособный спрос *(потребность в товарах или услугах вместе с наличием* *необходимых денежных средств для их приобретения, т. е. такая ситуация на рынке, когда потенциальные потребители имеют желание и возможность покупать товары фирмы)*

song plugger *эк. тр., рекл., амер.* включатель песни* *(лицо, склоняющее продюсеров и ведущих радио- и телевизионных музыкальных шоу передавать музыкальные записи клиента)*

sonor trademark *марк., пат.* = sound trademark

soothing price *марк.* успокаивающая цена* *(цена, устанавливаемая продавцом чуть ниже привычной круглой величины как психологический прием для привлечения покупателей, напр., $999 вместо $1000)* **SEE:** psychological pricing

sophisticated buyer 1) *марк.* = discriminating buyer **2)** *марк.* = experienced buyer

sophisticated product *марк.* = complicated product

sort *сущ.* **1)** *общ.* род, сорт, вид, класс, тип, разновидность; сорт, качество **2)** сортировка **а)** *комп. (обработка компьютерных файлов с целью организации их в нужном порядке)* **б)** *марк. (в прямой почтовой рекламе: процесс группировки почты по пунктам назначения перед ее отправкой или документов для дальнейшего распределения или обработки)*

sorting conveyor *торг., пром.* сортировочный конвейер *(конвейер, сортирующий поступающие предметы по форме, цвету, размеру и т. д. для дальнейшей раздельной транспортировки)* **SEE:** handling machinery, automatic identification system, automated storage and retrieval system

sought goods *марк.* товары активного спроса* *(товары, пользующиеся спросом, напр., продукты питания, одежда, бытовая техника, мебель, жилье, автомобили и т. д.; подразделяются на товары повседневного спроса, товары предварительного выбора и товары особого спроса)* **SEE:** convenience goods, shopping goods, specialty goods, unsought goods, high-interest product

sound mark *пат., марк.* = sound trademark

sound trademark *марк., пат.* звуковой товарный знак *(звук или набор звуков, зарегистрированных в качестве опознавательного символа; напр., позывные радиостанции или мелодия, сопровождающая начало телевизионной передачи)* **SYN:** sonor trademark **SEE:** word trademark, figurative trademark, three-dimensional trademark, station identification, visual trademark

source *сущ.* **1)** *общ.* источник, начало, первопричина **2)** *марк.* ресурс, источник *(канал продажи, привлекший заказ или потребителя)*

source count *марк.* подсчет по источникам* *(определение числа потребителей, полученных от каждого источника)*

source evaluation оценка источника **а)** *эк. (определение надежности источника, напр., информации)* **б)** *марк. (анализ долгосрочной прибыльности источников заказов с учетом всей выручки и различных элементов затрат)* **SEE:** depletion method, maintenance method, steady-growth method, original source

source incongruity *рекл.* противоречивость источника, несовместимость источника *(ситуация, в которой отношение или мнение потребителя относительно источника сообщения не совпадает с его отношением или мнением относительно содержания самого сообщения)* **SEE:** cognitive dissonance

source key *марк.* код источника *(цифровой знак, используемый при статистической обработке и прослеживании отклика на прямую почтовую рекламу; код источника печатается на возвратных бланках и вводится в компьютер вместе с информацией о заказе; с помощью этих кодов сводятся в таблицу данные по заказу, потребителю и другая статистическая информация)* **SEE:** unkeyed, direct mail advertising

source migration *марк.* движение источника* *(устойчивая модель поведения потребителя, использующего разные источники информации о продук-*

те, в том числе рекламные; напр., первую покупку он производит, получив рекламный буклет, вторую — по каталогу и т. д.; изучение такой модели важно для выявления наиболее действенного источника информации, побуждающего к повторным покупкам)

sources of commercial law *юр., торг.* источники торгового права *(формы, в которых находят выражение нормы торгового права, наиболее распространенными являются обычаи делового оборота, нормативные акты государственных органов, в системах кодифицированного права — гражданский кодекс, торговый кодекс, часто существующий обособленно от гражданского; в системах общего права — судебный прецедент; в сфере международного торгового права основным источником является договор нормативного содержания)* **SEE:** commercial law, usual business practice, commercial code

sovereign buyer *марк.* суверенный покупатель* *(покупатель, представленный правительством или каким-л. государственным органом)*

space *сущ.* **1)** *общ.* пространство, площадь; протяжение, расстояние; промежуток времени **2)** *общ.* помещение **3)** *рекл.* рекламная площадь *(совокупность продаваемых рекламных мест в средствах распространения печатной рекламы: газетах, журналах, рекламных плакатах)* **EX:** **space buying** – закупка места под рекламу

space allocation **1)** *эк.* распределение торговых площадей **2)** *торг.* место под товаром *(доля поверхности полок в розничном магазине, приходящаяся на демонстрацию данного товара)*

space broker *рекл.* рекламный брокер *(занимается продажей места под рекламу и получает процент от средств распространения)* **SYN:** advertising broker, media broker **SEE:** time broker, advertising

space buyer *рекл.* покупатель рекламного места *(специалист, ответственный за покупку рекламного места в печатных СМИ)* **SEE:** media buyer, time buyer

space charge *рекл.* цена рекламного места, плата за рекламное место *(в газете, журнале)*

space discount *рекл., СМИ* скидка за занятое пространство*, скидка за использованную площадь* *(скидка со стоимости рекламного места, предоставляемая в зависимости от суммарное количество использованного под рекламу места)* **SYN:** bulk space discount **SEE:** bulk discount

space position value *марк.* эффективность размещения наружной рекламы* *(показатель, измеряющий видимость и действенность наружной рекламы; базируется на следующих факторах: расстояние видимости, угол видимости, количество людей, имевших возможность видеть рекламу (за определенный период времени), число конкурирующих рекламных конструкций в округе)*

space salesman *торг.* продавец места [площади, пространства]* **EX:** **ad space salesman** – продавец места под рекламу, **web space salesman** – продавец места в сети, **floor space salesman** – продавец торговых площадей

space schedule *СМИ, рекл.* график использования рекламных площадей *(места под рекламу)*

spam *сущ.* **1)** *пат., амер.* «Спэм» *(товарный знак мясной гастрономии производства компании «Хормел»; мясные консервы с этим товарным знаком появились в 1937 г.; название является комбинацией слов SPices (специи) + hAM (ветчина))* **2)** *рекл.* спам, спэм **а)** *(массовая рассылка рекламы по электронной почте; происходит от названия вышеуказанной торговой марки, которая известна широкомасштабной рекламной кампанией)* **б)** *(непрошенное рекламное сообщение, рассылаемое по электронной почте в личные почтовые ящики или телеконференции)* **SEE:** opt-in marketing, opt-out marketing, advertising letter

spatial competition *эк.* пространственная конкуренция *(экономическое соперничество между фирмами, поставляющими похожую продукцию на одной и той же территории)* **SYN:** horizontal competition **SEE:** affinities

special *прил.* **1)** *общ.* особый, особенный, специальный **SYN:** specific **2)** *торг.* специальный, льготный, на особых условиях *(по сниженным ценам)* **EX:** **special offer** – специальное предложение (продажа товара со скидкой, распродажа), **special price** – льготная цена, **special purchase** – покупка на особых условиях

special advertising section *рекл.* специальный рекламный раздел *(рекламный раздел в издании, содержащий рекламные объявления определенной тематики, напр., объявления о купле-продаже недвижимости)* **SEE:** advertising page

special delivery *связь, торг.* = express delivery

special discount *торг.* специальная скидка; льготная [особая] скидка *(любая скидка, кроме обычных скидок, предоставляемых данным продавцом за объем покупки или быстрое погашение потребительского кредита, напр., скидка покупателю, разместившему заказ в течение определенного периода после получения сообщения о поступлении новых товаров в магазин, или скидка с входной платы в музей, парк развлечений и т. п., предоставляемая в определенные дни недели, или скидка для клиентов, с которыми поддерживаются длительные торговые отношения, или скидка на билет в музей для пенсионеров и т. п.)*

special display *торг.* особая выкладка, специальная выкладка *(необычная выкладка товара в торговом зале, служит для привлечения внимания покупателя к товару; напр., выкладка навалом)* **SEE:** bulk display, point-of-purchase display, merchandising

special event pricing *марк.* установление цен для особых случаев* *(политика снижения цен в связи с каким-л. праздником или другим событием для привлечения покупателей, напр., при проведении сезонной распродажи, рождественской распродажи и т. п.)*

special identification method *торг.* метод специальной идентификации *(метод оценки стоимости проданных товаров и запасов на конец периода, при котором суммируются стоимости специально выделенных единиц товаров типа ювелирных изделий или автомобилей, обычно больших и дорогих «штучных» товаров)*

special offer *марк.* специальное [особое] предложение *(обычно, продажа товара со скидкой, распродажа)* **SYN:** hot item

special position *СМИ, рекл.* = preferred position

special price *торг.* специальная [особая, льготная] цена *(любая цена, отличающаяся от стандартной цены и действующая в течение ограниченного промежутка времени; обычно речь идет о сниженных ценах на различных распродажах)* **SYN:** special sale price **SEE:** regular price, bargain sale price, privileged price

special price promotion *марк.* предложение льготной цены*, продвижение за счет специальной цены* *(метод стимулирования продаж, основанный на временном снижении цены, т. е. на организации распродаж, предоставлении действующих в течение ограниченного периода времени скидок и т. п.)* **SEE:** special price

special purchase *торг.* льготная покупка, покупка на особых [льготных] условиях

special sale *марк.* продажа на льготных условиях **EX:** **special sale price** – льготная цена, специальная цена, **This special sale is for a very limited time only.** – Продажа на льготных условиях действует только в ограниченный период времени.

special sale price *торг.* специальная [особая, льготная] цена *(сниженная цена, действующая в течение определенного времени, напр., сниженная цена во время сезонной распродажи ли* *при выводе нового товара на рынок)* **SYN:** special price

special sales price *торг.* = special sale price

specialist buyer 1) *марк.* = experienced buyer **2)** *торг.* = professional buyer

speciality wholesaler *торг.* = short-line wholesaler

specialized audience *марк., СМИ* специализированная аудитория *(группа зрителей (слушателей, читателей) с особыми, отличными от других групп, интересами и предпочтениями)* **EX: This journal is written for a specialized audience in a dry manner.** – Этот журнал издают для специализированной аудитории в сухом стиле.

specialized market 1) *марк.* специализированный рынок* *(сегмент рынка, где представлен товар, отличающийся по своим характеристикам от товара, предлагаемого на массовом рынке)* **2)** *марк.* = market segment **SYN:** specialty market

special-position rate *рекл.* тариф за особое расположение* *(более высокий тариф за право размещения рекламы в наиболее выгодных местах; напр., на обложке журнала)*

specialty *сущ.* **1)** *юр.* документ за печатью, договор за печатью **2)** *рекл.* (рекламный) сувенир **SEE:** advertising gift

specialty advertising *рекл.* = promotional advertising

Specialty Advertising Association International *марк.* Международная ассоциация сувенирной рекламы **SEE:** Promotional Products Association International, Advertising Association

specialty advertising industry *эк.* индустрия рекламных сувениров *(сфера бизнеса, в которой заняты фирмы, занимающиеся производством и распространением рекламной сувенирной продукции)* **SEE:** advertising gift, promotional advertising, Promotional Products Association International

specialty advertising item *рекл., потр.* = advertising gift

specialty clothing shop *торг.* специализированный магазин одежды *(небольшой магазин одежды, ориентированный на узкую группу покупателей; напр., магазин уникальной одежды, изготовленной вручную)* **EX: Now, I shop at a large department store, rather than a specialty clothing shop and I find the kind of clothes I want without pictures of supermodels staring me in the face.** – Теперь я покупаю вещи в большом универсаме, а не в специализированном магазине одежды и я нахожу ту одежду, которую хочу без бросающихся в глаза изображений супермоделей. **SEE:** specialty shop

specialty foods *потр.* = gourmet foods

specialty goods *марк.* товары особого спроса *(товары с уникальными характеристиками или отдельные марочные товары, ради приобретения которых значительная часть покупателей готова затратить дополнительные усилия)* **SYN:** specialty merchandise, high-involvement products **SEE:** convenience goods, shopping goods, unsought goods, prestige goods

specialty market *марк.* = specialized market

specialty merchandise *марк.* = specialty goods

specialty retailer *торг.* специализированный розничный торговец *(предлагает узкий ассортимент товаров значительной насыщенности, нацелен на удовлетворение нужд конкретных целевых рынков, напр., магазин одежды, цветочный и книжный магазин)* **SYN:** specialty store, single-line retailer, category killer, closed-door retailer, specialty shop **SEE:** limited line store

specialty shop *торг.* специализированный магазин *(магазин, торгующий товарами определенного ассортимента или товарами, предназначенными для узкого круга покупателей)* **SYN:** specialty store, specialty retailer **SEE:** specialty clothing shop

specialty store 1) *торг.* специализированный магазин *(магазин, торгующий только определенным набором товаров, обычно высокого качества)* **SYN:** specialty shop **SEE:** superstore, superspecialty store **2)** *торг., амер.* магазин одежды *(торгует только одеждой, обувью, сопут-*

ствующими товарами; к крупнейшим из них относится «Бергдорф Гудман»)

specific *прил.* **1)** *общ.* особый, специальный; конкретный; определенный **EX: in each specific case** – в каждом конкретном случае **2)** *общ.* специфический, характерный; своеобразный, необычный; индивидуальный **EX: functions specific to the e-commerce** – функции, характерные для электронной торговли **3)** *общ.* определенный; точный **EX: specific statement of fact** – точная констатация факта **4)** *гос. фин., межд. эк.* специфический *(о налоге или таможенном тарифе, устанавливаемом в зависимости от физических характеристик товара (количества, веса, размеров, мощности двигателя, и т. п.), а не как процент от стоимости)* **ANT:** ad valorem

specific goods *торг., юр., брит.* специфицированные товары* *(товары, идентификация которых осуществлена в момент подписания договора о продаже товаров, и обе стороны договора согласились с такой идентификацией; это определение приведено в законе «О продаже товаров» 1979 г., противоположное понятие — «неиндивидуализированные товары»; однако тот же закон признает более стандартной другую классификацию товаров — существующие и будущие)* **SYN:** identified goods **ANT:** unascertained goods **SEE:** Sale of Goods Act 1979, existing goods, future goods

specific rate *эк.* специфическая ставка *(ставка налогового платежа, сбора, тарифа за грузоперевозку и т. п., выраженная в виде фиксированной суммы на единицу товара или в зависимости от какой-л. физической характеристики товара, напр., веса товара, объема двигателя и т. п.)* **ANT:** ad valorem rate

specification of goods *торг.* спецификация товара *(подробное описание заказываемой или поставляемой партии товара с указанием качества (сорта), размера, количества, цены и других характеристик и свойств товара; обычно спецификация является приложением к договору о купле-продаже товара)* **SEE:** description of goods, sales contract

specimen *сущ.* **1)** *общ.* образец; образчик **2)** *общ.* экземпляр **3)** *торг.* пробный экземпляр *(товара)* **SEE:** sample

spectacular *сущ.* **1)** *рекл.* световой рекламный щит **SEE:** light box, illuminated advertisement **2)** *СМИ* грандиозное телешоу [театральное представление]*; блокбастер* *(крупное телешоу, кинофильм или театральная постановка, обычно с очень большим числом участников, дорогими костюмами, множеством спецэффектов, высокими затратами на постановку и высокими сборами от показа и продажи рекламного времени)*

speculative production *эк.* не обеспеченное заказами производство *(продукции)* **EX: The goal of the pull system is to eliminate speculative production and to provide the ability to produce to actual demand.** – Цель системы пулов – избежать необеспеченного заказами производства и сделать возможным производство, удовлетворяющее существующий спрос.

Speedball *пат., рекл.* «Спидболл» *(фирменное название плакатных перьев, используемых для написания букв различной величины)*

spes *сущ. юр., лат.* шанс, риск *(в терминах продажи товаров: обозначение товара, принадлежащего к классу будущих товаров — купленного, но еще не произведенного, который, возможно, так и не будет произведен)* **SEE:** future goods, unascertained goods, sale of a spes

spiff *торг.* = push incentives

spinner *сущ. торг.* вращающаяся [крутящаяся] витрина *(подставка для товаров в магазине, медленно поворачивая которую можно просмотреть все выставленные товары)*

spiral *сущ.* **1)** *эк.* спираль, виток *(постепенно ускоряющееся падение или повышение цен)* **2)** *марк.* спираль *(эволюция процесса принятия товара рынком: опережение, конкуренция, защита доли рынка)*

split payments *торг.* оплата частями, оплата по частям **SEE:** cash-only sale

split run *рекл., СМИ* публикация с разбивкой тиража, реклама с разбивкой тиража *(два различных варианта одной рекламы печатаются в рамках одного тиража издания таким образом, что в одной части тиража печатается один вариант, а в другой части - второй; издание распространяется как обычно, однако различные варианты рекламы распределяются в соответствии с заявкой рекламодателя)* **SYN:** split-run advertising

split-run advertising *рекл., СМИ* = split run

split test *марк.* сплит-тест, дробное тестирование *(применяется в прямом почтовом маркетинге; перед основной рассылкой возможные варианты материалов рассылаются по нескольким небольшим базам данных, выделенным из основной; затем проводится анализ откликов для выявления наиболее предпочтительного варианта предложения, который затем используется при рассылке по всей базе)* **SEE:** A-B split, nth-name selection

spoiled goods 1) *торг.* испорченный товар *(товар с просроченным сроком годности)* **2)** *торг.* бракованный товар, бракованная продукция *(товар, не соответствующий стандартам качества)* **SEE:** damaged goods, tainted goods

sponsor

I *сущ.* **1)** *эк.* спонсор *(лицо, финансирующее какое-л. мероприятие, организацию, особенно в благотворительных целях или в обмен на размещение рекламы)* **SEE:** sponsor identification, sponsor sales, ambush marketing **2)** *эк.* инициатор, организатор, устроитель; заказчик **3)** *эк.* поручитель, гарант

II *гл.* **1)** *эк. спонсировать, финансировать, субсидировать (телепередачу, какое-л. мероприятие и т. п.)* **EX: The programme is sponsored by the Department of Health.** – Программа финансируется Министерством здравоохранения. **2)** *общ.* предлагать, вносить *(напр., проект резолюции)*; выдвигать *(проект, кандидатуру)*; поддерживать, содействовать, способствовать продвижению *(законопроекта и т. п.)* **3)** *общ.* ручаться *(за кого-л.)*, гарантировать; быть поручителем, гарантом **SEE:** sponsorship

sponsor identification *марк.* обозначение спонсора *(графическое изображение, короткий аудио или видео ролик, представляющий спонсора продукта, проекта, передачи и т. п.)*

sponsor sales *марк.* спонсорские продажи* *(продажа подписок, осуществляемая благотворительными или общественными организациями, которые получают комиссионные с каждой подписки, а оставшиеся деньги уходят издателю или агенту по подписке)* **SEE:** school agency

sponsoring advertiser *рекл.* рекламодатель-спонсор* *(рекламодатель, реклама которого демонстрируется в спонсируемой им программе или во время спонсируемого им мероприятия, напр., фестиваля, чемпионата)*

sponsorship *сущ.* **1)** *общ.* поручительство, порука, гарантия **2) а)** *общ.* финансирование *(финансовая поддержка)* **б)** *рекл.* спонсорство *(финансовая поддержка в обмен на рекламу своей деятельности, продукции и т. п.)* **SEE:** advertising sponsorship, ambush marketing **3)** *общ.* инициатива, почин **4)** *общ.* одобрение, поддержка **SEE:** sponsor

spontaneous awareness *марк.* = unaided awareness

sporting goods *потр.* спортивные товары *(напр., спортивная одежда и обувь, различные тренажеры и др.)*

sports marketing *марк.* спортивный маркетинг *(маркетинг товаров, осуществляемый через спонсорство спортивных соревнований, спортивных команд или оборудования для спортивных соревнований)* **SEE:** events marketing

spot *сущ.* **1)** *общ.* место, местность; район **2)** «спот» **а)** *фин. (условия расчетов, при которых оплата и поставка осуществляются немедленно)* **б)** *рекл. (рекламное объявление (ролик) для включения в радио- и те-*

лепередачи (для радио продолжительностью не более 90 сек., для телевидения - 15-20 сек.)) **SYN:** spot announcement, spot advertising, spot commercial **в)** *рекл. (короткий промежуток времени между программами для рекламной передачи)* **SYN:** occasion **3)** точечный ролик* **а)** *СМИ (короткий теле- или радиофильм «точечной» трансляции, т. е. трансляции только в отдельных населенных пунктах)* **б)** *рекл. (рекламный ролик точечной трансляции (трансляции в определенном населенном пункте)* **SYN:** spot commercial **SEE:** spot advertising **4)** *общ.* точка

spot advertising **1)** *рекл.* = spot **2)** *рекл.* точечная реклама *(реклама, нацеленная на отдельный (региональный) рынок, в отличие от рекламы в национальном масштабе)*

spot announcement *рекл.* = spot

spot business *торг.* наличная торговля *(торговля с немедленной поставкой товара и с немедленной оплатой)*

spot buying *эк.* = cash purchase

spot commercial **1)** *рекл.* = spot **2)** *рекл.* = spot

spot display *марк.* точечная выкладка* *(выкладка товара в местах проходов для покупателей в магазине самообслуживания или рядом с кассой)* **SEE:** aisle

spot price *фин.* цена спот, наличная цена; курс по сделкам за наличные *(цена, по которой в данное время и в данном месте продается реальный товар или ценные бумаги на условиях немедленной поставки)* **SYN:** cash price

spot radio *рекл.* место для рекламы *(эфирное время на местном радио, зарезервированное для рекламы)* **SEE:** radio advertising, spot television

spot radio time *рекл.* время (для) точечной радиорекламы **SYN:** spot radio **SEE:** radio advertising

spot television *рекл.* местный телевизионный эфир [телеэфир] *(эфирное время на местном телевидении, зарезервированное для рекламы)* **EX:** **spot television commercial** – рекламный ролик в местном телеэфире, **spot television schedule** – расписание рекламных блоков в местном телевизионном эфире, **The media buy will include spot television, cable, and radio.** – Закупка рекламного времени будет производится в местном телевизионном эфире, на кабельном телевидении и на радио. **SEE:** spot advertising

spotted map *рекл.* пятнистая карта* *(план (схема) размещения установок наружной рекламы)*

spotting map *рекл.* = spotted map

spread posting *рекл.* растянутая расклейка* *(расклейка нескольких рекламных щитов последовательно во времени, а не одновременно)*

stacked lead time *упр.* = cumulative lead time

staggered schedule *марк., СМИ* рваный график *(предусматривающей публикацию рекламы в разных изданиях в разные сроки)*

stagnant trade **1)** *торг.* вялая торговля, деловое затишье *(осуществление небольшого количества сделок купли/продажи)* **SYN:** slack business **ANT:** brisk trade **2)** *торг.* = dull market

stall *сущ. торг.* ларек, киоск, стойка, лоток *(торговая точка в форме крытой витрины, прилавка или небольшого торгового помещения с открытой передней стенкой, расположенная, в отличие от магазина, вне здания на улице)* **EX:** **He is 62 and has a fruit and vegetables stall at the market.** – Ему 62 года, и у него есть место на рынке для продажи фруктов и овощей. **SEE:** shop, store, counter, stallholder, stallage, market stall

stallage *сущ. торг.* плата за место *(плата за право сооружать палатки, ларьки и торговать на рынке)*

stallholder *сущ. торг., брит.* владелец ларька [палатки], лоточник

stamp sheet *связь, марк.* марочный лист, блок марок **а)** *связь (лист почтовых марок, в которых они поступают в продажу)* **б)** *марк. (используемый агентами по подписке лист из марок, содержащих название журнала; подписчики выбирают марки и приклеивают их на бланк заказа,* *указывая таким образом те журналы, который они хотят выписать)*

stamp trading *марк.* раздача зачетных [товарных] талонов*, раздача магазинных марок* *(раздача покупателям специальных талонов, соответствующих определенному проценту от суммы их покупок, которые они потом могут обменять на товар или на деньги)* **SEE:** trading stamp

stamp-saver book *торг.* = book of stamps

stampsheet agent *рекл., разг.* = direct mail agency

stand *сущ.* **1)** *торг.* стойка, прилавок, отдел *(используется в названиях отделов магазина в пределах торгового зала; имеет доступную для обозрения витрину, где выкладываются товары этого отдела)* **EX: information stand** – информационный стол, **grocery stand** – бакалейный отдел **SYN:** counter **SEE:** merchandising **2)** *торг.* ларек, киоск *(располагается вне здания как отдельно торгующая точка; как правило имеет открытую для обозрения застекленную витрину)* **EX: newspaper stand** – газетный киоск, **hamburger stand** – ларек по продаже гамбургеров **SYN:** stall **3)** *общ.* стенд *(выставочный, демонстрационный)* **EX: advertising stand** – рекламный стенд, **application for stand reservation** – заявка на резервирование стенда (на выставке, ярмарке)

stand out test *марк.* тест размещения товара* *(оценка того, насколько хорошо товар заметен с полки магазина)* **SEE:** merchandising

Standard Advertising Register *рекл., амер.* «Стандартный рекламный регистр», «Стандард Эдвертайзинг Реджистер» *(два справочника — «Стандартный справочник рекламных агентств» и «Стандартный справочник рекламодателей» — ставшие важнейшими справочными средствами в области рекламы в США и Канаде)* **SEE:** Standard Directory of Advertisers, Standard Directory of Advertising Agencies, Red Book

standard advertising unit сокр. SAU *рекл.* стандартная рекламная единица *(единая мера колонки рекламы (в дюймах), установленная печатными средствами массовой информации для рекламы, распространяемой в общенациональном масштабе)*

standard art *рекл.* готовые элементы оформления (рекламы), типовые заготовки художественного оформления *(продаются фирмам подобно материалам фототек без права эксклюзивного использования)* **SYN:** stock art

Standard Directory of Advertisers *рекл., амер.* «Стандартный справочник рекламодателей», «Стандард Директори оф Эдвертайзерз» *(наряду со «Стандартным справочником рекламных агентств» входит в «Стандартный рекламный регистр» США иКанады)* **SYN:** Red Book **SEE:** Standard Advertising Register, Standard Directory of Advertising Agencies

Standard Directory of Advertising Agencies *рекл., амер.* «Стандартный справочник рекламных агентств», «Стандард Директори оф Эдвертайзинг Эдженсиз» *(наряду со «Стандартным справочником рекламодателей» входит в «Стандартный рекламный регистр» США и Канады)* **SYN:** Red Book **SEE:** Standard Advertising Register, Standard Directory of Advertisers

standard-form contract *юр.* договор стандартной формы *(договор, составленный так, как предписано в законодательстве о договорах и не содержащий оговорок, идущих вразрез с этим законодательством)* **SEE:** exemption clause

standard learning hierarchy стандартная [обычная, традиционная] познавательная иерархия* **а)** *псих.* *(модель поведения, при которой человек сначала собирает информацию по какому-л. вопросу, затем на основе этой информации формирует свое отношение к чему л., а затем на основе этого отношения совершает какое-л. действие)* **б)** *марк.* *(модель поведения потребителя, при которой он сначала знакомится с предлагаемыми на рынке товарами, оценивает их положитель-*

ные стороны, решает, какой товар ему больше подходит, и только потом совершает покупку) **SEE:** dissonance attribution model, low-involvement model, affective stage, cognitive stage, behavioural stage

standard merchandise *эк.* = standardized goods

standard metropolitan statistical area **сокр.** SMSA *марк., стат., амер.* = metropolitan statistical area

Standard Rate and Data Service **сокр.** SRDS **сокр.** SRDS *рекл., СМИ, амер.* Справочник по рекламным расценкам* *(периодическое издание, содержащее информацию о ценах на рекламу в различных средствах массовой информации)*

standardized commodities *эк.* = standardized goods

standardized goods *эк.* однородные товары, стандартизированные [стандартные] товары *(совокупность товаров, где все товары идентичны, т.е. полностью заменяют друг друга; такие товары являются результатом массового производства)* **SYN:** standardized commodities, standard merchandise **SEE:** mass production

standardized marketing mix *марк.* стандартизированный комплекс маркетинга *(совокупность управляемых элементов маркетинговой деятельности организации, используемая в неизменном виде на всех рынках организации; применение стандартизированного комплекса маркетинга сопровождается низкими затратами, так как фирма не несет дополнительных затрат по разработке комплекса маркетинга для каждого рынка)* **SEE:** global marketing, marketing mix

Standards of Practice of the American Association of Advertising Agencies *рекл., амер.* «Стандарты рекламной практики Американской ассоциации рекламных агентств»* *(некоторые стандарты компетентности, разработанные Ассоциацией: напр., рекламные агентства не должны препятствовать развитию конкуренции в отрасли; должны соблюдать рекламную этику, создавать правдивую рекламу и т. д.; соответствующие этим стандартам рекламные агентства могут претендовать на членство в Ассоциации)* **SEE:** American Association of Advertising Agencies

standby space *рекл., СМИ* резервное место, место недатированного использования *(в газете, журнале; продается по сниженным расценкам при условии, что реклама появится по усмотрению издателя только в том случае, если оно не будет выкуплено другим заказчиком по стандартному или повышенному тарифу)*

standing order **1)** *упр.* распорядок; правила внутреннего распорядка; регламент, постоянно действующая инструкция **2)** *торг.* постоянно действующий наряд-заказ **а)** *(наряд-заказ на регулярное производство определенного изделия)* **б)** *(заказ на обусловленное количество товара, которое должно периодически поставляться в магазин)* **SEE:** delivery order

Stapel scale *псих.* шкала Стейпеля *(шкала, имеющая градацию от +5 до -5 без нулевой (нейтральной) точки, и использующаяся в исследованиях, где респонденту предлагается указать степень и направление своего отношения к предложенным высказываниям)*

staple commodities *потр.* = staple goods

staple foods *потр.* главные [основные] пищевые продукты, массовые продукты питания *(мясо, молоко и др. продукты животноводства, мучные продукты, овощи, фрукты)* **SYN:** staple foodstuffs, basic foodstuffs, daily foods **SEE:** food

staple foodstuff *потр.* = staple foods

staple foodstuffs *потр.* = staple foods

staple goods *потр.* важнейшие товары, товары [предметы] первой необходимости, основные товары постоянного спроса *(товары повседневного спроса, которые люди покупают регулярно, напр., продукты питания, зубная паста и т. д.)* **SYN:** staple commodities, essential commodities, staple merchandise, staples, essential goods, goods of first priority, primary goods, basic commodities **SEE:** convenience goods, weekly shopping

staple merchandise *потр.* = staple goods

staples *марк.* = staple goods

star *сущ.* **1)** *общ.* звезда **2)** *эк.* «звезда» *(обозначение быстрорастущего направления деятельности или товара с большой долей рынка, которые зачастую требуют серьезного инвестирования для поддержания их быстрого роста)* **SEE:** Boston matrix, cash cow, dog

Starch ratings *рекл.* рейтинги «Старч и ассосиэйтс»* *(разработанная компанией «Старч и ассосиэйтс» система рейтингов рекламы, построенная на основе оценки притягательной силы рекламных объявлений; для составления рейтинга ежегодно проводится опрос читателей журналов, газет и т. п., с целью определения количества лиц увидевших и запомнивших определенное рекламное объявление)* **SEE:** noted score, read-most, seen/associated, attention value

state count *марк., амер.* итог по штату *(число записей в папке данных о клиентах, относящихся к одному штату; позволяет компании выяснить, на какой территории ее продукция продается лучше всего)*

state or condition *юр., торг., брит.* положение или условие* *(согласно английскому торговому законодательству, характеристики состояния товара, входящие в понятие «качество»; так, состояние или условия хранения продукта могут быть определены как «товар нуждается в упаковке», в этом случае состояние упаковки также является аспектом качества товара)* **SEE:** right quality, merchantable quality, Niblett v Confectioners' Materials Co Ltd

stated price *эк.* установленная цена, оговоренная цена *(цена, зафиксированная в контракте или ином соглашении между сторонами)* **SYN:** set price

statement *сущ.* **1)** *общ.* высказывание, заявление, утверждение, декларация, констатация **EX: formal statement** – официальное заявление **2) а)** *эк.* (официальный) отчет *(напр., о результатах хозяйственной деятельности)*; бюллетень **EX: statement of expenses** – отчет о затратах **б)** *эк.* ведомость; таблица; смета, расчет **3)** *юр., торг., брит.* положение* *(согласно закону «О продаже товаров» от 1979 г.: утверждение, которое является или не является частью договора (в зависимости от намерения сторон); отличается от заявления без ссылки на результат)* **SEE:** Sale of Goods Act 1979, contract of sale of goods, representation, misrepresentation

statement of goods *торг., трансп.* товарная ведомость *(документ, содержащий перечень и описание каких-л. товаров, напр., предназначенных для транспортировки или продажи)*

statement stuffer *рекл., фин.* = bill enclosure

station break *СМИ* перерыв в вещании [трансляции] *(перерыв в радио- или телепередаче или перерыв между передачами, используемый для заставки телекомпании или позывных радиостанции, а иногда также и для других рекламных сообщений)* **SEE:** station identification, commercial break, natural break

station identification **сокр.** station ID, I.D. *СМИ* позывные радиостанции, джингл; заставка телекомпании *(периодические вставки на радио и телевидении, сообщающие или показывающие название станции, номер канала вещания (частоты), местонахождение центра вещания)* **SYN:** identification commercial **SEE:** station break, sound trademark

station poster *рекл.* станционный плакат *(рекламный щит, размещаемый на железнодорожных вокзалах, аэрофлотах, автобусных станциях, остановках трамваев и троллейбусов, автозаправочных станциях)* **SEE:** poster

stationary flow *ТМО* стационарный (входящий) поток *(поток, в кото-*

ром вероятность поступления определенного числа требований за какой-то промежуток времени определяется только величиной этого промежутка и не зависит от момента его начала)

stationer's *торг.* = stationery shop

stationery *сущ.* **1)** *эк.* канцелярские принадлежности [товары] *(ручки, карандаши, бумага, печатные машинки и др.)* **SYN:** stationery goods **SEE:** manufactured goods, writing utensils, envelope, back-to-school goods, paper goods, printed products **2)** *потр.* почтовая бумага **3)** *марк.* представительская документация фирмы *(составная часть ее фирменного стиля)*

stationery goods *потр.* = stationery

stationery shop *торг.* канцелярский магазин, магазин канцелярских товаров [канцтоваров] **SYN:** stationer's **SEE:** stationery

status goods *соц., марк.* = positional goods

status-oriented *прил. марк., амер.* ориентированный на статус* *(в классификации VALS 2: о лицах, поведение которых базируется на действиях и мнении других людей; к этой категории относят «преуспевающих» и «старающихся»)* **SEE:** achiever, striver, VALS 2, action-oriented, outer-directed

stay-fresh package *торг.* упаковка, сохраняющая свежесть продукта **SEE:** package

steady buyer *марк.* = regular buyer

steady-growth method *марк.* метод устойчивого роста *(метод оценки источника подписки, при котором определяются стоимость и влияние на прибыльность роста с течением времени тарифной базы за счет различных источников)* **SEE:** depletion method, maintenance method

step-up *сущ.* **1)** *эк.* повышение по службе **2)** *торг.* = upgrade

step-up price *торг.* ступенчатые цены *(оптовые цены на новую продукцию, устанавливаемые последовательно на конкретные сроки)* **SEE:** wholesale price, purchases price, selling price, market price

stereo store *торг.* магазин стереоаппаратуры

sticker *сущ.* **1)** *общ.* наклейка, липкая аппликация, стикер *(картинка с клейкой оборотной поверхностью; часто применяются для рекламы: приклеивания рекламных плакатов на окна в транспорте, нанесения товарных знаков на товары и т. п.)* **EX: windscreen sticker** – наклейка на лобовом стекле **2)** *торг.* = price sticker

sticker damage *торг.* повреждение от ценника* *(повреждение поверхности товара, возникшее при удалении или попытке удаления наклейки с указанием цены)* **SEE:** damaged goods

sticker price *торг.* прейскурантная цена, цена на этикетке [ярлыке] *(цена, указанная на этикетке, прикрепленной к товару)* **SEE:** manufacturer's suggested retail price, list price

stimulating marketing *марк.* = incentive marketing

stimulation of trade *марк.* = sales promotion

stimulus *сущ.* **1)** *общ.* стимул, побуждение, толчок **2)** *рекл.* = stimulus object

stimulus object *рекл.* побудительное [стимулирующее] средство *(рекламное средство, вызывающее то или иное поведение покупателя)* **EX: In the field of advertising, stimulus object is operationalized as an advertisement or other communication product.** – В области рекламы побудительное средство воплощается в рекламном объявлении или других продуктах, направленных на общение с потребителями. **SYN:** stimulus **SEE:** shopping behaviour

stimulus-response approach *марк.* = canned approach

stipulated condition *юр.* оговоренное условие *(условие, сформулированное в официальном договоре)* **EX: What is the ruling on depositing money in banks sponsored by Muslim and non-Muslim governments, with the stipulated condition of receiving interest?** – Каковы правила вложения денег в банки, финансируемые мусульманскими и немусульманскими правительствами, при оговоренном условии получения процента?

stock

I *сущ.* **1) а)** *торг.* запас, резерв *(совокупность сырья, товаров и др., хранимая для покрытия будущих потребностей)*; фонд; инвентарь, имущество **EX: to keep in stock** – держать на складе, хранить на складе; иметь в запасе, **to have smth. in stock, to hold smth. in stock**– иметь что-л. в запасе; хранить что-л. на складе, **to carry stock** – хранить запасы, иметь в запасе, **to be short of stock, to be out of stock** – не иметь запаса; не иметь на складе, не иметь в наличии *(о сырье, товарах, ценных бумагах и т. д.)*, **to replenish stock** – пополнять запасы, **library stock** – библиотечный фонд, **stock of patience** – запас терпения **SYN:** reserve, inventory **SEE:** make-to-stock, short of stock, long of stock, buffer stock, ex-stock, in-stock, out of stock **б)** *торг.* ассортимент (продуктов, товаров) *(напр., в торговой точке)* **EX: varied stock** – богатый ассортимент *(товаров и т. п.)* **2)** *трансп.* парк, подвижной состав **EX: stock of cars** – автомобильный парк, парк автомобилей **3)** *эк.* акционерный капитал *(капитал, привлеченный путем выпуска и размещения акций)*; *преим. мн.* акции; пакет акций **4)** *пром.* сырье, исходный продукт *(основа для производства чего-л.)* **5) а)** *общ.* репутация, имя **б)** *общ.* вера, доверие *(к) кому-л. или чему-л.)* **EX: The jury put little stock in the evidence of the witness.** – Показаниям свидетеля присяжные не поверили.

II *гл.* **1)** *эк.* снабжать, поставлять, обеспечивать **EX: It was not difficult to persuade the local news distributor to stock the shop with papers and magazines.** – Было нетрудно убедить местного распространителя информационных изданий поставлять в этот магазин газеты и журналы. **2)** *общ.* создавать запасы; запасать(ся), накапливать *(приобретать и хранить товары, которые могут понадобиться в будущем)* **3)** *эк.* иметь в наличии, иметь в продаже; иметь в запасе; хранить на складе **SEE:** stocked

III *прил.* **1)** *общ.* имеющийся в наличии, наготове; имеющийся в запасе *(о товаре, имеющемся на руках у данного лица и готовом к продаже, отпуску в производство или другому использованию)* **SEE:** ex-stock, in-stock, out of stock **2)** *общ.* заезженный, избитый, дежурный* *(о фразах, шутках и т. п.)*; стандартный, трафаретный, шаблонный, типовой **SEE:** stock poster, stock size **3)** *с.-х.* скотоводческий; животноводческий **4)** *эк.* акционерный *(о компаниях, капитал которых сформирован за счет выпуска акций)* **5)** *эк.* складской *(связанный с проверкой количества и состояния запасов, управлением уровнем запасов, контролем отпуска сырья или товаров со склада и т. п.)* **SEE:** stock clerk, inventory management, stockman

stock art *общ.* типовой художественный материал*, художественный материал из фонда* *(изобразительный материал (иллюстрации, кадры из фильмов и т. п.), хранящийся в специальном фонде и по мере необходимости используемый в качестве вставки в новые работы; обычно речь идет о художественном материале, продаваемом в качестве базового оформления рекламы без права эксклюзивного использования)* **SYN:** standard art

stock balance *торг., упр.* баланс запасов* *(запасы сбалансированы относительно ожидаемых продаж, если имеют покрытие ассортимента и достаточную глубину ассортимента.)* **SEE:** stock breadth, stock depth, inventory management

stock breadth *торг., упр.* = fill rate

stock clerk *эк.* складской клерк* *(работник, ответственный за выявление того, запасы каких товаров необходимо пополнить, а также за само размещение заказов среди поставщиков)* **SEE:** stockman

stock depth *торг., упр.* глубина запасов [ассортимента] *(количество каждого продукта, которое имеется на складе)* **EX: to link stock depth to projected demand** – определять глубину запасов, исходя из предполагаемого спроса, **Their stock depth is**

much less and they are carrying much less inventory. – У них глубина ассортимента значительно ниже, что позволяет иметь меньший уровень товарно-материальных запасов. **SEE:** fill rate, stock balance, inventory management

stock holding *эк., фин.* = stockholding

stock-in-trade *сущ.* **1)** *эк.* товарно-материальные запасы *(товары, которые компания держит для производства и продажи: наличные запасы сырья и материалов, незавершенное производство, готовая продукция и товары, закупленные для перепродажи)* **SYN:** trading stock, inventory, inventory holdings **2)** *эк.* товарные запасы *(продукция, находящаяся в сфере обращения (на складах предприятий или сбытовых организаций, в розничной торговой сети) и предназначенная для реализации)* **SYN:** stock of goods, stock of commodities, commodity stock, inventory **3)** *общ.* шаблонные уловки [манеры, реплики и т. д.], стандартные приемы **EX: Mass media image-building is now every politician's stock in trade.** – Сейчас, создание имиджа при помощи средств массовой информации – стандартный прием для каждого политика.

stock keeper *эк., с.-х.* = stockkeeper

stock level *эк.* уровень запасов *(объем запасов)* **SYN:** stock size **SEE:** maximum stock level, inventory management

stock list *сущ. тж.* stocklist *эк.* список запасов [товаров], сток-лист; (товарная) номенклатура *(упорядоченный перечень имеющихся на складе или в ассортименте товаров, напр., товарная номенклатура данного продавца с указанием текущих цен)*

stock listing *эк.* листинг запасов*, составление списка запасов* *(составление списка материалов и товаров, имеющихся на руках у производителя или торговца, напр., составление и регулярное обновление списка товаров (с указанием цен), предлагаемых на продажу данной торговой точкой)*

stock poster *рекл.* типовой плакат *(рассчитан на определенную сферу деятельности и продается подобно материалам фототек без права эксклюзивного использования; на плакате проставляется товарный знак, марочное название, контактная информация и иные реквизиты конкретного рекламодателя без каких-л. изменений дизайна плаката)* **SEE:** poster

stock-taking sale *торг.* распродажа товарных остатков *(продажа по сниженным ценам нераспроданных остатков товаров, напр., при смене ассортимента, при завершении сезона, перед подготовкой финансовой отчетности и т. д.)*

stock size **1)** *общ.* стандартный размер *(наиболее распространенный размер обуви, одежды)* **2)** *эк.* объем запасов *(на складе, в магазине и т. п.)* **SYN:** stock level

stocked *прил.* **1)** *эк.* обеспеченный запасами*, заполненный запасами [товарами]* *(о магазинах, полках, емкостях для хранения и т. п.)* **EX: well stocked library** – хорошо обеспеченная книгами библиотека, богатая библиотека **2)** *учет* хранящийся; имеющийся в наличии *(о самом товаре, ожидающем отправки на производство или отгрузки покупателю на складе, на полках в магазине и т. д.)* **EX: Only items stocked in the store will be listed.** – В список будут включены только товары, хранящиеся на данном складе. **SEE:** in-stock, out of stock

stockholding *сущ. тж.* stock holding **1)** *эк.* хранение запасов *(как процесс, напр., поддержание запасов сырья с целью поддержания бесперебойности производства, запасов готовой продукции с целью своевременности обслуживания заказчиков и т. п.)* **EX: Logistics is the science of stockholding, delivery and customer service.** – Логистика представляет собой науку о хранении запасов, доставке товаров и обслуживании клиентов. **SEE:** in-stock, ex-stock, out of stock **2)** *эк.* (имеющиеся) запасы* *(сами хранящиеся запасы чего-л.)* **EX: The existing manual system was fragmented, with considerable duplication, poor availability of key materials and a high**

stockholding. – Существовавшая ручная система была разрозненной, со значительным дублированием, низкой доступностью ключевых материалов и высоким уровнем запасов. **SYN:** holding of stock

stockhouse *сущ. торг.* склад, складское помещение *(помещение, в котором хранятся запасы сырья, полуфабрикатов, готовой продукции и т. д.)* **SYN:** warehouse

stocking agent *торг.* складской агент* *(лицо, предоставляющие услуги по временному хранению товаров, а также обычно по погрузке/разгрузке и реализации; термин обычно относиться к международной торговле)*

stockkeeper *сущ. тж.* stock keeper **1)** *торг.* кладовщик; заведующий складом; учетчик на складе *(лицо, ответственное за учет поступлений/изъятий объектов со склада)* **SYN:** storekeeper, storeman, warehouseman **2)** *с.-х.* скотовладелец; животновод **SYN:** stockman

stocklist *эк.* = stock list

stocklisting *эк.* = stock listing

stockman *сущ.* **1)** *эк.* кладовщик, складской работник *(лицо, контролирующее поступление и изъятие товаров, материалов и т. п. со склада)* **SYN:** storekeeper, storeman, stockkeeper **SEE:** stock clerk **2)** *с.-х.* скотовладелец; животновод

stockpiling *сущ.* **1)** *торг.* накопление запасов; затоваривание *(приобретение товаров (запасов) задолго до появления фактической потребности в них, особенно — если запасы создаются в количествах, превышающих реальную потребность в товарах для удовлетворения спроса клиентов или поддержания бесперебойного производства, напр., запасы, создаваемые в случае, если ожидается повышении цен, перебои в поставках и т. п.)* **SYN:** forward buying, storage **2)** *торг.* складирование **SYN:** storage, warehousing

stockroom *сущ. эк.* склад, складское помещение; хранилище, кладовая *(помещение, в котором хранятся запасы сырья, полуфабрикатов, готовой продукции и т. д.)* **SYN:** storage room

stockroom manager *эк. тр., торг., амер.* = parts manager

stop an account *торг.* прекратить продажу в кредит *(перестать продавать товары в кредит определенному клиенту, пока он не погасил предыдущие долги)* **SEE:** sale on account

stop and hold *марк.* «приостановить и хранить» *(неактивный статус записи потребителя, используемый тогда, когда известно, что указанный в записи адрес неверен, или когда требуется временная приостановка обслуживания потребителя по другим причинам (напр., вследствие его отъезда); при таком статусе обслуживание приостанавливается без удаления записи)* **SEE:** record status, reinstatement, retention cycle, suspended, trailer

storable life *торг.* = shelf life

storable package *торг.* удобная для хранения упаковка **а)** *(в которой товар можно хранить)* **б)** *(товар в удобной для хранения расфасовке или таре)*

storage *сущ.* **1) а)** *торг.* хранение **EX:** **dangerous goods storage** – хранение опасных грузов **SYN:** warehousing, stockpiling **SEE:** Warehousing and Storage, storage conditions, extended storage, long-term storage, short-term storage, dead storage, storage length, storage expenses, storage in transit, storage container, storage contract, deterioration in storage **б)** *общ.* накопление, аккумулирование **EX:** **energy storage** – аккумулирование энергии, **knowledge storage** – накопление знаний **SYN:** stockpiling **SEE:** storage effect **2)** *торг.* хранилище, склад **EX:** **wooden storage** – деревянный склад **SYN:** warehouse, stores, storage building **SEE:** food storage, crop storage, grain storage, in-process storage, crude storage, raw material storage, ground storage, covered storage, storage capacity, ASRS, handling machinery, auxiliary storage, bag storage, cold storage, storage conditions, storage area, storage company **3)** *торг.* площадь [емкость] склада или хранилища, складская площадь **EX: The company has 1000 square meters of storage.**

– Компания располагает 1000 квадратными метрами складской площади. **SYN:** warehouse capacity, storage capacity, storage space, storage area **4)** *торг.* плата за хранение *(на складе)* **EX: We couldn't afford to pay the storage.** – Мы не могли позволить себе платить за хранение. **SYN:** warehouse charges, warehousing, charge for storage **SEE:** storage rate

storage and retrieval machine сокр. S/R *торг.* складской автомат *(аппарат для транспортировки груза от приемно-отправочного участка к месту хранения и обратно; как правило, управляемый компьютером)* **SYN:** storage/retrieval machine **SEE:** automated storage and retrieval system, handling machinery

storage area 1) *торг.* складской район, складская площадка, складская территория, склад **SEE:** warehouse, storage facility, storage yard **2)** *торг.* складская площадь, площадь для складирования *(площадь, предназначенная для складирования, а также ее численное измерение в квадратных метрах)* **SYN:** warehouse capacity **3)** *торг.* место хранения *(товара, груза)* **4)** *трансп.* грузовой отсек *(напр., на судне, самолете)* **SEE:** storage

storage bin 1) *торг.* складская ячейка *(на стеллаже)* **2)** *торг.* контейнер *(для хранения мелкого товара и сыпучих продуктов)* **SEE:** bin storage, storage, grain storage, display bin **3)** *с.-х.* бункер [закром] для хранения *(напр., зерна)*

storage building *торг.* хранилище, склад, здание склада **SYN:** warehouse, storage facility **SEE:** storage

storage capacity *торг.* емкость складирования, вместимость склада **SYN:** warehouse capacity **SEE:** storage

storage characteristic 1) *торг.* сохраняемость, стойкость при хранении, способность к хранению, лежкость, лежкоспособность *(материала, товара; особенно касается пищевых продуктов)* **SYN:** storage quality, keeping quality, storage stability **SEE:** deterioration in storage, storage variety **2)** *торг.* характеристики склада **SEE:** storage capacity, storage

storage charge 1) *торг.* = warehouse charges **2)** *торг., учет* = storage expenses

storage charges *торг.* = warehouse charges

storage company *торг.* складская компания *(фирма, занимающаяся оказанием складских услуг)* **SYN:** warehouse company **SEE:** storage

storage conditions *торг.* условия хранения *(товара, продукта)* **SEE:** storage, cold storage, chilled storage, deep freeze storage, hot storage, floor storage, shelf storage, bin storage, bulk storage, ground storage, covered storage, food storage, controlled storage, storage contract, storage temperature, storage length, RA storage, CA storage

storage container 1) *трансп., торг.* тара для хранения, упаковочная тара, складская тара **2)** *трансп., торг.* контейнер для хранения, емкость для хранения **SEE:** storage, storage bin, bin storage, bulk storage

storage contract *торг.* договор хранения, договор о хранении, контракт на хранение *(договор между владельцем товаров и владельцем склада, по которому последний разрешает хранить на складе товары за определенную плату)* **SEE:** storage, warehouse receipt, storage conditions

storage control 1) *торг.* контроль уровня запасов **SYN:** storage inspection **2)** *иссл. опер., торг.* = inventory management **SEE:** controlled storage, storage stability

storage cost *торг., учет* = storage expenses

storage-discharge curve *торг., иссл. опер.* кривая регулирования [изменения] запасов **SEE:** storage, storage control

storage drier *с.-х., торг.* сушильный бункер, силосная башня **SEE:** silo storage, storage, grain storage

storage effect 1) *торг.* эффект длительного хранения *(влияние длительного хранения на характеристики материала или товара)* **SEE:** deterioration in storage, shop-soiled **2)** *общ.* эффект накопления *(переход количества в качество)* **SEE:** storage

storage expenses *торг., учет* затраты на хранение *(издержки, связанные с хранением товарных запасов,* *напр., расходы на сооружение складов, их оборудование, фасовку и упаковку товаров, оплату труда складских работников и т. п.)* **SYN:** cost of storage, carrying charge, cost for storekeeping, cost of safekeeping, storage charge, warehouse charges **SEE:** distribution cost

storage facility *торг.* склад; складское сооружение; *мн.* склады, складские сооружения, складские мощности, складское хозяйство *(система складов промышленного предприятия или региона)* **SYN:** inventory storage facility, warehouse, storage structure **SEE:** storage, storage facilities

storage factor *торг.* коэффициент загрузки (складского помещения) *(характеристика товара или груза, отражающая отношение занимаемого им при хранении объема к массе)* **SEE:** storage, storage capacity

storage fee *торг.* = charge for storage

storage in transit **сокр.** SIT **1)** *торг., трансп.* транзитное хранение *(временное складское хранение, осуществляемое в ходе транспортировки груза)* **SYN:** in-transit storage **SEE:** storage-in-transit arrangement **2)** *торг., амер.* хранение при переезде *(временное хранение мебели и домашней утвари при переезде на новое место жительства)* **SEE:** storage

storage-in-transit arrangement *торг., трансп.* соглашение о транзитном хранении *(соглашение между промышленной фирмой и железной дорогой о льготе при остановке в пути следования для складского хранения груза)* **SEE:** storage in transit, storage

storage inspection 1) *торг.* проверка условий хранения *(товаров на складе)* **2)** *торг., иссл. опер* контроль состояния запасов **SYN:** storage control

storage length 1) *торг.* продолжительность хранения *(товара)* **SEE:** extended storage, short-term storage **2)** *торг.* срок хранения, срок сохранности, срок годности *(пищевого продукта)* **SYN:** storage life, shelf life, assigned storage time **SEE:** storage variety **SYN:** storage period, period of storage, storage time **SEE:** storage

storage life *торг.* = storage length

storage losses *торг.* потери при хранении **SEE:** deterioration in storage, storage

storage model *торг., иссл. опер.* = inventory model

storage of goods *торг.* = storing of goods

storage on hand *торг.* количество товара на складе; наличный запас **SEE:** storage

storage payment *с.-х., торг., амер.* выплаты за хранение запасов *(правительственные выплаты фермерам за хранение запасов зерна)*

storage period *торг.* = storage length

storage process 1) *торг.* помещение (товара) на склад **2)** *упр., торг.* процесс создания запасов **SEE:** storage

storage quality *торг.* = storage characteristic

storage rack *потр., торг.* складской стеллаж, стеллаж для хранения **SEE:** shelf storage, shelf life, storage

storage rate 1) *торг.* складской тариф *(складской сбор за единицу хранимого груза или единицу веса, объема или занимаемой грузом площади за некоторый период времени)* **SEE:** warehouse charges **2)** *торг., иссл. опер.* уровень запасов **SEE:** storage control **SEE:** storage

storage/retrieval machine *торг.* = storage and retrieval machine

storage room *торг.* складское помещение, хранилище, кладовая **EX:** **milk storage room** – отделение для хранения молока *(напр., на складе)* **SYN:** storage, warehouse **SEE:** storage

storage shelves *торг.* = storage rack

storage space *торг.* = storage area

storage space constraints *торг., иссл. опер.* ограничения на размеры места хранения *(запасов)* **SEE:** storage area, storage

storage stability 1) *торг., иссл. опер.* постоянство запасов **SEE:** storage control **2)** *торг.* устойчивость [стойкость] при хранении **SYN:** storage quality, storage characteristic, keeping quality **SEE:** storage

storage structure *торг.* складское сооружение, хранилище, сооружение для хранения, сооружение для складирования *(обычно употребляется в составе словосочетания с указанием предмета хранения)* **EX: manure storage structure** – сооружение для хранения навоза, **salt storage structure** – сооружения для хранения дорожной соли **SYN:** storage facility, warehouse **SEE:** storage

storage temperature *торг.* (допустимая) температура хранения **SEE:** storage conditions, storage, cold storage, hot storage, chilled storage, frozen storage, deep freeze storage

storage test *торг.* испытание характеристики сохраняемости [лежкоспособности] *(товаров, продуктов)* **SEE:** storage characteristic, storage

storage time *торг.* = storage length

storage track **1)** *трансп.* запасный путь *(для локомотивов и вагонов)* **2)** *трансп., торг.* приемно-отправочный путь, складской путь *(подъездной путь к прирельсовому складу для загрузки и разгрузки железнодорожных составов)* **SEE:** railroad warehouse **SEE:** storage

storage variety *торг., с.-х.* сорт, пригодный [предназначенный] для хранения; сорт для хранения **EX: winter storage variety** – сорт для зимнего хранения, **long storage variety** – сорт (для) длительного хранения, **a good storage variety** – сорт, хорошо переносящий хранение, **Detroit Dark Red was the main home-canning variety, although its solid roots also make it good as a storage variety.** – «Детройтская темно-красная» была основным сортом (свеклы) для домашнего консервирования, хотя, благодаря твердым корнеплодам, этот сорт хорошо подходит и для хранения. **SEE:** storage, storage characteristic, storage length, variety, shelf stable

storage warehouse *торг.* склад длительного хранения **SEE:** warehouse

storage yard *торг.* складской двор, двор-склад, площадка для хранения, склад открытого хранения **SYN:** ground storage, open storage, storage area

store

I *сущ.* **1)** *эк.* запас, запасы, припасы, сбережения, имущество, резерв, резервы **EX: store of money** – денежные сбережения, **emergency store** – неприкосновенный запас, **marine stores** – корабельное имущество, **stores oncost** – издержки хранения, **in store** – про запас, **to keep in store** – хранить, держать про запас, **to lay up in store** – откладывать про запас **2)** *торг., брит.* склад, хранилище **EX: vegetable store cellar** – овощехранилище **SYN:** storage, storehouse, storeroom **SEE:** bulk feed store, rough store **3)** *торг.* универмаг *(магазин с несколькими отделами, торгующими различными видами товаров)* **EX: mass merchandise store** – универмаг массовых продаж, **large-sized store** – крупный универмаг, **self-service store** – магазин самообслуживания, универсам, **store group** – объединение универмагов **SYN:** department store **4)** *торг., амер.* лавка, специализированный магазин **EX: country store** – сельская лавка **SYN:** shop, specialty store **SEE:** retailing institution, apparel store, box food store, camera store, drug store, video store **5)** *торг., амер.* пункт розничной торговли, розничный торговец *(любой магазин или какая-л. др. торговая точка, занимающаяся розничной продажи)* **EX: single-line store** – розничный торговец одной специализации, **store advertising** – реклама магазина, **store hours** – часы работы магазина, **store unit** – торговая точка, **store-checking** – мониторинг торговых точек, **to patronize a store** – быть постоянным покупателем (в каком-л. магазине), **to set up a store** – открыть магазин **SYN:** retailer **6)** *эк.* мастерская *(обычно, ремонтная)* **7)** *мн., с.-х.* складское хозяйство

II *гл.* **1)** *торг.* хранить, запасать, откладывать, складировать **EX: store in bulk** – хранить россыпью, хранить навалом, **regular air stored** – хранящийся в обычной газовой среде, **They store goods until consumers require them.** – Они хранят товары до тех пор, пока их не купят **2)** *торг.* помещать на склад, отдавать на хранение **3)** *общ.* снабжать, наполнять **EX: Don't store your mind with trivial things.** – Не забивай голову пустяками. **SYN:** supply

III *прил.* **1)** *торг.* магазинный, торговый *(относящийся к розничной торговле)* **EX: store circular** – торговый проспект, **store credit** – магазинный кредит, **storecast** – внутримагазинное вещание **2)** *потр.* покупной *(в отличие от сделанного в домашних условиях)* **EX: store teeth** – вставная челюсть **SYN:** store-bought **SEE:** homemade **3)** *торг.* складской *(относящийся к хранению на складе)* **EX: store cards** – складская картотека

store advertising *рекл.* реклама магазина **а)** *(реклама самого магазина как бизнес-единицы)* **б)** *(реклама товаров, организуемая магазином, в отличие от рекламы производителя)* **SEE:** retail advertising **2)** *рекл.* = in-store advertising

store audit *марк.* аудит магазина* *(исследование на предмет того, что пользуется наибольшим спросом в магазине; обычно проводится розничными магазинами в личных целях, данные исследования используются при разработке маркетинговой политики магазина)* **EX: store audit figures** – данные аудита магазина, результаты ревизии магазина **SYN:** shop audit

store-bought *торг.* купленный (в магазине) товар *(в отличие от сделанного на заказ)* **SEE:** store goods, made-to-order

store brand *марк.* марка розничной [торговой] сети, марка продавца [дилера, дистрибьютора], магазинная марка *(товарная марка торгового предприятия, а не производителя)* **SYN:** own-label brand, private label, house brand, private brand, dealer brand, own brand, own label, distributor's brand, middleman brand **SEE:** private label customer, manufacturer's brand, brand, brand name

store burglary *эк.* кража со взломом *(совершенная в магазине)* **SEE:** shoplift

store card 1) *торг.* магазинная карточка [карта] *(кредитная или платежная карта, выпущенная торговой группой либо сетью магазинов и принимаемая при покупке товаров только в магазинах этой группы/торговой сети)* **SEE:** plastic card, credit card, debit card **2)** *торг., учет* = bin card

store cards *учет, торг.* складская картотека *(система складских карточек)* **SEE:** store card, bin card

store chain *торг.* сеть магазинов, розничная сеть *(несколько магазинов (торговых точек), торгующих аналогичным ассортиментом товаров и принадлежащих одному хозяину)* **EX: department store chain** – сеть универмагов **SYN:** retail chain **SEE:** supermarket chain, primary store, store unit

store check *марк.* = store-checking

store-checking *марк.* мониторинг торговых точек *(проводимый неторговым персоналом контроль за наличием товара и состоянием розничных цен в магазинах розничный торговли)* **SYN:** store check

store circular *торг.* рекламный проспект магазина*, магазинный проспект* *(рассказывает о предлагаемых магазином товарах и особенно о товарах, продаваемых со скидкой)* **SEE:** advertising circular

store cluster *торг.* концентрация [скопление] магазинов *(объединение нескольких разнородных магазинов, расположенных рядом и взаимодополняющих друг друга)* **SEE:** clustered store, isolated store cluster, shopping area, downtown shopping

store credit *фин., торг.* магазинный кредит* *(кредит, предоставленный магазином своему клиенту; обычно существует в виде открытого счета или оформляется фирменной кредитной картой магазина)* **SEE:** open account, credit customer

store display *торг.* магазинная экспозиция, оформление магазина *(рекламно-информационное и товарное оформление магазина, включая внешнюю рекламу, оконные витрины, вывеску и пр.)* **SEE:** in-store display, shop window, shop-sign

store-door delivery *торг.* доставка на склад грузополучателя *(используя транспортное средство продавца или перевозчика)*

store facilities *торг.* средства магазина, здание и оборудование магазина *(помещение магазина, прилавки, кассовые аппараты, стенды и т. п.)* **SEE:** shop equipment, shop fixtures, shop premises

store fixtures *торг.* = shop fixtures

store goods
I *торг.* магазинный товар *(товары, продаваемые или покупаемые в магазине)* **SEE:** store-bought
II *торг.* помещать товар на склад; хранить товар (на складе)

store group *торг.* торговое объединение, объединение универмагов *(группа универмагов имеющих единого владельца, единое генеральное руководство и общую политику развития)*

store hours *торг.* часы работы магазина **SYN:** shopping hours, selling hours

store in bulk *торг., с.-х.* хранить россыпью [навалом, бестарным способом] **SEE:** bulk storage

store layout *торг.* внутренняя планировка магазина *(расположение отделов, полок с товарами, прилавков, касс наиболее удобным для покупателей и выгодным для представления товара образом)* **SEE:** in-store display

store-level prepacking *торг.* = in-store prepackaging

store name *торг.* название магазина; марка магазина

store order *торг.* заказ магазина *(заказ розничного торговца на поставку товаров от производителя или оптового поставщика)* **SEE:** purchase order

store price *торг.* магазинная цена, цена в магазине **SYN:** shelf price, shop price

store-redeemable coupon *торг.* купон, погашаемый в магазине* *(купон на получение скидки при покупке, который может быть использован только в магазине, продающем данный товар, в отличие от купона, который может быть погашен по почте)*

store register *торг., учет* учетная книга магазина* *(журнал для учета торговых операций магазина)* **SEE:** shopbook

store shopping tour *торг.* обход магазина* *(покупателем)* **SEE:** shopping tour

store-sign *торг.* = shop-sign

store traffic *торг.* посещаемость магазина, посетительский поток *(количество посетителей магазина за определенный период времени; напр., за день)*

store unit *торг.* торговая точка, отдельный магазин *(в сети)* **SYN:** sales outlet **SEE:** store chain

storecast *сущ. торг., СМИ* внутримагазинное вещание* *(радиовещание в местах розничной торговли)* **SYN:** storecasting

storecasting *сущ. торг., СМИ* = storecast

stored goods *торг.* товары на хранении, товары на складе *(товары, находящиеся на хранении в складском помещении)* **SYN:** merchandise in storage

stored-value card **сокр.** SVC *банк., торг.* карточка [карта] с хранимой суммой* *(смарт-карта, на которой хранится определенное количество денежных средств; позволяет оплачивать приобретаемые услуги или товары, при этом соответствующая сумма с помощью специального считывающего устройства снимается с карты; в отличие от банковских дебетовых карт, которые связаны с банковским счетом и обычно выпускаются на имя владельца счета, карты с хранимой суммой обычно неименные; термин часто используется как синоним термина «электронный кошелек»)* **SYN:** prepaid card **SEE:** electronic purse, smart card, electronic cash, debit card

storefront *сущ.* **1)** *торг., амер.* витрина магазина **SYN:** shop window **2)** *торг. (помещение на первом этаже магазина, выходящее на улицу (часто демонстрационный зал))* **SYN:** shop front, shopfront

storehouse *сущ.* **1)** *торг.* склад, хранилище **SYN:** warehouse, storage, depot **2)** *с.-х.* амбар **SYN:** crop storage, grain storage **3)** *общ.* кладовая **SYN:** storage room **4)** *торг.* = warehouse

storekeeper *сущ. торг.* кладовщик **SYN:** storeman, stockkeeper, warehouseman

storekeeping *сущ.* **1)** *торг., иссл. опер.* = inventory management **2)** *торг.* хранение запасов **SYN:** warehousing

storeman *сущ. торг.* = storekeeper

storeroom *сущ.* **1)** *общ.* кладовая **SYN:** storage room **2)** *торг.* склад, хранилище **SYN:** warehouse, storage

storeroom requisition *торг.* складское требование *(заказ на получение товаров со склада, с подробным их указанием)* **SEE:** storeroom

stores **1)** *пром., торг.* сырье, запасы, запасные части **SYN:** storage, store **2)** *торг.* склад **SYN:** warehouse, storage, store **3)** *торг.* торговые точки, магазины

storewide *торг.* охватывающий весь магазин, в масштабе всего магазина **SEE:** storewide sale

storewide sale *торг.* полная распродажа *(продажа всех товаров в магазине по сниженным ценам)*

storing of goods *торг.* хранение товара [груза] *(содержание товаров (грузов) на складе)* **SYN:** storage of goods

straight

I *прил. общ.* прямой, непосредственный, пропорциональный

II *сущ.* **1)** *общ.* традиционность *(образа жизни)* **2)** *полигр.* прямая склейка **3)** *эк.* без скидки *(о цене)* **SEE:** final price, discounted price

straight rebuy *торг.* повторная покупка без изменений *(ситуация, когда покупатель при размещении повторного заказа не меняет ни количество, ни спецификации заказываемого товара, ни условия поставки)* **SEE:** modified rebuy

strategic advertising *рекл.* стратегическая реклама *(реклама, нацеленная на увеличение продаж в долгосрочном периоде)* **SEE:** tactical advertising

strategic business unit **сокр.** SBU *эк.* стратегическая бизнес-единица, стратегическое хозяйственное (бизнес-) подразделение *(направление деятельности компании или подразделение, имеющее отдельную миссию и задачи, деятельность которой можно планировать и рекламировать независимо от других направлений)* **SEE:** Boston matrix, star, cash cow, question mark, dog

strategic goods *эк.* стратегические товары *(некоторые виды товаров, сырья, оборудования и технологий, экспорт которых запрещен или находится под контролем государства в интересах национальной безопасности)* **SYN:** strategical goods

strategic marketing *марк.* стратегический маркетинг *(прослеживание эволюции заданного рынка и выявление различных существующих либо потенциальных рынков или их сегментов на основе анализа потребностей, нуждающихся в удовлетворении)* **SEE:** operational marketing

Strategic Planning Institute **сокр.** SPI *марк., амер.* Институт стратегического планирования *(создан в 1975 г.; основная задача - поддержание программы PIMS, созданной им для оценки эффективности различных маркетинговых стратегий)* **SEE:** Profit Impact of Marketing Strategies

strategic withdrawal *марк.* стратегическое изъятие ресурсов*; стратегическая переброска ресурсов* *(одна из стратегий оборонительной маркетинговой войны, которая заключается в переводе ресурсов из неважных или неприбыльных сфер деятельности в более эффективные сферы; напр., прекращение производства невостребованных товаров или поддержания неприбыльных товарных линий (торговых марок), уход с рынка (с сегмента рынка); крайними мерами при осуществлении данной стратегии являются закрытие предприятия или сосредоточение всех ресурсов на одном сегменте рынка)* **SEE:** defensive warfare, product line, brand, market exit, market segment

strategical goods *эк.* = strategic goods

strategy of differential marketing *марк.* = differentiated marketing

strategy of diversification *фин., марк.* = diversification

strategy of marketing *марк.* = marketing strategy

straw bid *эк.* ненадежное [соломенное] предложение*, ненадежная [соломенная] заявка* *(на аукционе или конкурсе на размещение контракта: заявка, которую подавший* *ее участник не способен или не намерен выполнять)* **SEE:** auction

street advertising *рекл.* = outdoor advertising

street barrow *торг., брит.* ручная тележка для продажи товаров на улице

street encounter *марк., соц.* уличное интервью, интервью на улице, интервью прохожих

street market *торг.* уличный рынок *(рынок на открытом месте, где продавцы размещают свои товары в ларьках, палатках, на столах и других подобных витринах; ассортимент товаров на таких рынках широк: продовольствие, одежда, хозяйственные товары, подержанные товары, старинные вещи и т. д.)* **SEE:** street price, street trading, suitcase trader, vendor, hawker, pack peddler, peddler, packman, pitchman, wares

street of shops *торг.* улица с магазинами, торговая улица **EX: The main street in this town is the longest street of shops on the island.** – Главная улица этого городка является самой длинной торговой улицей на острове. **SEE:** shopping street, high street

street price *торг.* уличная цена *(оптовая цена, предлагаемая местными торговцами; ниже обычной розничной цены и прейскурантной цены производителя)* **SEE:** wholesale price, retail price, manufacturer's suggested retail price, street market

street sign *торг.* уличная вывеска

street trader *торг., брит.* уличный торговец **SEE:** street market, suitcase trader

street trading *торг.* уличная торговля **SEE:** street market, fair, suitcase trader

street vendor *торг.* уличный торговец **SEE:** street trader

strip advertising *рекл.* ленточная реклама *(реклама на краях страницы (экрана); может быть на верхней (нижней) кромке, на боковых кромках)*

strip shopping centre *торг.* вытянутый торговый центр* *(торговый центр, вытянутой в длину формы, которая считается удобной для крупных торговых центров, т. к. не дает покупателю «заблудиться» в торговых рядах)* **SEE:** mall

striver *марк., амер.* старающийся* *(по классификации VALS 2: потребитель, по ценностным установкам сходный с «преуспевающими», но обладающий меньшими доходами; при принятии потребительских решений стремятся подражать поведению «преуспевающих» и ориентируются главным образом на товары, которые могут свидетельствовать о высоком социальном статусе своего владельца; сходны с типом «последователь» в классификации VALS)* **SEE:** VALS 2, status-oriented, emulator, VALS

strong axiom of revealed preference *эк.* сильная аксиома выявленных предпочтений *(гласит, что если имеет место прямое или косвенное выявленное предпочтение одного товарного набора второму товарному набору и эти наборы не являются одним и тем же набором, то невозможно прямое или косвенное выявленное предпочтение второго товарного набора первому)* **SEE:** weak axiom of revealed preference

strong trademark *пат.* сильный товарный знак *(обладающий высокой охраноспособностью и узнаваемостью вследствие продолжительного использования или наличия высоких различительных свойств, в отличие от вводящего в заблуждение товарного знака)* **SEE:** weak trademark

structure marketing *марк.* структурный маркетинг **SYN:** multilevel marketing

structure of consumption *марк.* структура потребления *(распределение потребления по источникам и видам потребляемых благ)*

structured question *соц.* структурированный вопрос *(который предполагает, что ответ не может быть дан в свободной форме, но сводится к выбору предложенных вариантов ответа)* **ANT:** unstructured question

structured questionnaire *соц.* структурированная анкета *(составляется так, чтобы у интервьюера не было* *возможности изменять порядок или форму задаваемых вопросов)*

struggler *марк., амер.* борец* *(по классификации VALS 2: потребитель с наименьшими доходами и накопленным имуществом; объемы потребления незначительны, но в рамках совершаемых покупок такие лица обычно привержены определенным маркам)* **SEE:** VALS 2, brand loyalty

stuffer *сущ.* **1)** *общ.* вкладыш, листовка **2)** *рекл.* рекламный вкладыш, рекламное приложение, почтовая реклама **EX: statement stuffer** – рекламное приложение к счету, **package stuffer** – рекламный вкладыш в упаковке (товара)

stylized trademark *пат., марк.* стилизованный товарный знак* *(характеризуется тем, что буквы в слове (фразе) имеют необычную форму (наклон) или товарный знак содержит графические элементы, напр., треугольник, круг и т. д.)* **SEE:** word trademark, figurative trademark

subconscious perception *псих., рекл.* = subliminal perception

subject of sale *торг.* товар, предмет торговли

subject offer *эк.* свободная оферта, условная оферта, свободное предложение, предложение без обязательств *(предложение продавца продать товар, ценные бумаги и т. п., не связывающее его обязательством сделать это; по сути представляет собой предложение вступить в переговоры о возможной сделке; может быть выдана на одну и ту же партию товара нескольким возможным покупателям)* **SYN:** free offer

sublet *сущ. торг., трансп.* саблет *(передача чартера для исполнения одним фрахтователем другому при ответственности основного фрахтователя за выполнение принятых им обязательств)*

subliminal advertising *марк.* подсознательная реклама *(незаконная реклама, призванная воздействовать на подсознание путем слов, мелькающих на экране с интервалом не более 10 секунд)* **SEE:** emotional appeal

subliminal perception подсознательное восприятие **а)** *псих. (влияние стимулов, не фиксируемых сознанием, на мысли, чувства и действия человека)* **б)** *рекл. (восприятие рекламного сообщения без осознанного его понимания; индивид не всегда может оградить себя от влияния таких сообщений путем создания умственных барьеров)* **SYN:** subconscious perception

submarket *сущ. марк., эк.* = market segment

subpurchaser *сущ. эк.* перекупщик *(покупает у первоначального покупателя)* **SEE:** initial purchaser

subscribed circulation *марк.* оборот по подписке *(часть оборота периодического издания, приходящаяся на проданные по подписке экземпляры)* **SEE:** newsstand sales, subscription sale

subscriber *сущ.* **1)** подписчик **SEE:** subscription **2)** *связь* абонент *(телефонной сети)*

subscriber's account *торг.* счет абоненту *(за услуги)*

subscription *сущ.* **1)** *общ.* пожертвование; (подписной) взнос **EX: to raise [to get up, to make, to take up] a subscription** – собирать деньги по подписке **2)** *СМИ* подписка *(на газеты, журналы)* **3)** *эк.* абонемент *(право пользования определенной услугой в течение определенного срока; документ, подтверждающий это право)* **SEE:** active subscriber **4)** *эк., юр.* подписание *(документа и т. п.)* **5)** *эк., юр.* подпись *(на документе)* **SEE:** subscriber

subscription sale 1) *торг., СМИ* продажа по подписке *(продажа периодических изданий подписчикам в отличие от розничной продажи всем желающим через киоски)* **2)** *мн., торг., СМИ* объем продаж по подписке **SEE:** newsstand sales

subsegment *сущ. марк.* субсегмент *(выделенная по какому-л. дополни-*

тельному признаку подгруппа потенциальных покупателей внутри сегмента рынка) **SEE:** segment, subsegmentation

subsegmentation *сущ. марк.* субсегментация, субсегментирование *(разделение отдельного сегмента рынка на субсегменты)* **SEE:** subsegment, segmentation

subsequent delivery *торг.* последующая поставка; дополнительная поставка *(поставка по заказу клиента, чей первый заказ уже выполнен)* **SEE:** initial delivery

substantial defect *юр., торг.* = fundamental defect

substitute *сущ.* **1)** *общ.* заместитель **2)** *эк.* товар-заменитель, (товар-)субститут

substitution goods *эк.* = substitute goods

substitutional goods *эк.* = substitute goods

suburban shopping centre *торг.* = out-of-town shopping centre

suburban store *торг.* магазин в пригороде **SEE:** country store

subvertisement *сущ. рекл., соц.* антиреклама *(информация на страницах газет и журналов, имеющая антирекламную направленность)* **SEE:** uncommercial

Suez Canal cases *юр., торг., брит.* «прецеденты Суэцкого канала»* *(название судебных прецедентов 1959 и 1962 г., связанных с закрытием Суэцкого канала, иллюстрирующих применение доктрины прекращения обязательства в силу невозможности его исполнения применительно к договору о продаже товаров: Палата Лордов признала, что закрытие канала не является основанием к прекращению договоров о поставке суэцких орехов европейским покупателям, и продавцы несут ответственность за нарушение условий поставки, хотя, кроме Суэцкого канала существовала только одна дорога, по которой возможно было осуществить поставку, и она в силу ее протяженности и неудобств была практически не пригодна для использования)* **SEE:** contract of sale of goods

suggested price *торг.* рекомендуемая [предлагаемая, рекомендованная] цена **SEE:** manufacturer's suggested retail price

suggested retail price **сокр.** SRP *торг.* рекомендуемая [предлагаемая, рекомендованная] розничная цена *(цена, которая объявляется производителем товара как наиболее предпочтительная цена продажи конечному потребителю; без специального контракта розничные торговцы не обязаны следовать таким рекомендациям, но подобная практика способствует тому, чтобы они ориентировались на это значение цены; иногда эта практика является способом обманного ценообразования: производитель или розничный продавец сначала объявляет заведомо высокую цену SRP и одновременно с этим делает «большую скидку» с данной цены)* **SYN:** recommended retail price, suggested selling price **SEE:** manufacturer's suggested retail price, resale price maintenance, deceptive pricing

suggested selling price **сокр.** SSP *торг.* = suggested retail price

suggestion box *упр., марк.* ящик для предложений *(место в магазине, офисе и т. д., предназначенное для того, чтобы покупатели (сотрудники, посетители) могли высказывать свои пожелания, предложения и идеи, напр., ящик для предложений сотрудников о способах увеличения доходов фирмы)* **SEE:** feedback

suggestion selling *марк.* продажи по подсказке [совету] *(стратегия продаж, при которой покупателя одного товара побуждают покупать сопутствующие товары)* **SEE:** switch selling, added selling, optional product, ancillary product

suggestive selling *марк.* = cross-sell

suggestive trademark *пат., марк.* суггестивный товарный знак* *(то-*

варный знак, намекающий на свойства товара, но требующий определенного мыслительного процесса или фантазии, чтобы догадаться о товаре по его товарному знаку; напр., товарный знак «Памперс» (дословно «балует», «нежит») для подгузников или товарный знак «Хэд энд Шолдерс» (дословно «голова и плечи») для шампуня; притягательность суггестивных знаков объясняется тем, что они действуют как форма рекламы и могут создавать в сознании потребителей прямую связь между товарным знаком, определенными желательными свойствами и продуктом) **SEE:** descriptive trademark, fanciful trademark, arbitrary trademark, symbolic trademark

Suisse Atlantique case *юр., торг., брит.* «прецедент Сюис Атлантик»* *(знаменитый судебный прецедент 1967 г., остро поставивший проблему ответственности продавца как стороны договора о продаже товаров; прецедент был решен таким образом, что оговорки, освобождающие продавца от ответственности, сделанные в конкретном договоре, были поставлены выше требований закона, т.е. было признано, что стороны договора вправе договариваться между собой о чем они хотят и сделать оговорку, что обязанности, законодательно предусмотренные договором о продаже товаров, на них не распространяются; прецедент спровоцировал законодательные инициативы движения потребителей, права которых он нарушал, и законодательные ограничения оговорок освобождения от ответственности)* **SYN:** Suisse Atlantique Societe d'Armement Maritime, SA v NV Rotterdamsche Kolen Centrale **SEE:** contract of sale of goods, exclusion of seller's liability, exemption clause, limitation clause, doctrine of fundamental breach

Suisse Atlantique Societe d'Armement Maritime, SA v NV Rotterdamsche Kolen Centrale *юр., торг., брит.* = Suisse Atlantique case

suit the market *гл. марк.* удовлетворять требованиям рынка *(о товаре, который в состоянии удовлетворить потребности покупателей на рынке)* **EX: The product should be modified to suit the market.** – Необходимо модифицировать существующий продукт, чтобы он соответствовал потребностям рынка. **SEE:** market needs, market requirements

suitcase trade *межд. эк., торг.* = shuttle trade

suitcase trader *межд. эк., торг.* = shuttle trader

super smart card *банк., торг., комп.* супер смарт-карта* *(смарт-карта, в которую кроме микропроцессора встроены клавиатура и экран на жидких кристаллах)* **SEE:** smart card, plastic card

superette *сущ. торг.* суперетта *(небольшой продовольственный магазин самообслуживания с широким ассортиментом товаров)*

superior goods **1)** *потр.* = luxury goods **2)** *потр.* = normal goods **3)** *потр.* первоклассные товары, товары высокого качества **ANT:** inferior goods

supermarket *сущ. торг.* супермаркет, универсам *(крупный магазин самообслуживания по торговле товарами повседневного массового спроса (преимущественно продовольственными); для супермаркета характерны большие торговые залы и разнообразный ассортимент товаров; такие магазины обычно расположены либо в центре жилых кварталов, либо в пригородных зонах; основываются главным образом в системе крупных торговых компаний - торговых центров и других объединений розничной торговли)* **SYN:** self-service supermarket, supermarket store **SEE:** convenience store, convenience food retailing, supermarket chain, retailing institution, superstore

supermarket chain *торг.* сеть супермаркетов [универсамов] **SEE:** store chain

supermarket store *торг.* = supermarket

superspecialty store *торг.* узкоспециализированный магазин *(мага-*

зин, предлагающий крайне ограниченный ассортимент товаров; ставка делается на качество или эксклюзивность предлагаемой продукции) **SEE:** specialty store, shoppe

supermarket trolley *торг.* = shopping cart

superstore *сущ. торг.* супермагазин, гипермаркет, универсам широкого профиля *(огромный розничный магазин самообслуживания, в котором продают все виды продовольствия, одежды, бытовой техники и др. товаров; цены товаров в таком магазине часто ниже цен в специализированных магазинах)* **SYN:** hypermarket, mass merchandise store, mass merchandiser, mass merchandise retailer, mass merchandising outlet, hypermarche **SEE:** general goods, self-service, supermarket, specialty store

supervalue strategy *марк.* = good-value strategy

supplementary products [goods] *марк.* дополняющие [вспомогательные] товары* **SYN:** supplementary goods **SEE:** optional product

supplier *сущ. эк.* поставщик *(товара, услуги)* **EX: supplier search** – поиск поставщиков, **supplier of goods** – поставщик товаров, **power supplier** – поставщик электроэнергии **SEE:** supply

supplier credit *фин., торг.* кредит поставщика *(кредит, предоставленный поставщиком покупателю в виде отсрочки платежа за поставленные товары; часто осуществляется через банки на основе аккредитива или под векселя)* **SEE:** trade credit, letter of credit, credit sale, buyer credit

supplier identification *торг.* идентификация поставщика **EX: The supplier's identification is located in a recessed area on the container and includes the supplier's name, the container code, and the return location.** – Идентификация поставщика размещается на контейнере, в углублении, и включает название компании-поставщика, код контейнера и обратный адрес.

supplier lead time *упр.* время задержки у поставщика* *(промежуток времени между получением заказа поставщиком и отгрузкой заказанной продукции)* **SYN:** vendor lead time **SEE:** lead time

supplier transaction *торг.* сделка с поставщиком **EX: Each complete supplier transaction has three components, an order, invoice and payment.** – В каждой завершенной сделке с поставщиком наблюдаются три составляющих: заказ, счет-фактура и платеж. **ANT:** customer transaction

supplier's credit *фин., торг.* = supplier credit

supply

I *сущ.* **1)** *общ., преим. мн.* запас, припас, ресурс; *мн.* провиант, продовольствие **EX: inexhaustible supply** – неисчерпаемый запас, **labour supplies** – трудовые ресурсы, **supplies of money** – денежные ресурсы **2)** *общ.* снабжение, поставка **EX: water supply** – водоснабжение, **power supply** – электроснабжение; энергоснабжение **3)** *эк.* предложение *(общее количество какого-л. товара, которое отдельно взятый продавец или продавцы всего рынка готовы поставить по данной цене)* **EX: to be in low [short] supply** – быть дефицитным, поступать или иметься в недостаточном количестве, **to be in surplus supply** – иметься в избытке, **to be in finit supply** – иметься в ограниченном количестве **SEE:** elasticity of supply, demand

II *гл.* **1)** *эк.* снабжать, поставлять; доставлять **EX: to supply smb. with smth.** – снабжать кого-л. чем-л., **to supply goods** – поставлять товары, **to supply services** – предоставлять услуги **SEE:** supplier **2)** *общ.* восполнять, возмещать *(недостаток, дефицит)*; удовлетворять *(нужды, требования и т. д.)* **EX: to supply the needs of smb.** – удовлетворять чьи-л. нужды

supply agreement *эк.* договор поставки, договор на поставку, соглашение о поставке [о поставках] *(соглашение между поставщиком и заказчиком, в котором поставщик обязуется поставить определенное количество товара в течение определенного периода по условленной цене)* **EX: long-term natural gas supply agreement** – долгосрочное соглашение о поставках природного газа, **raw material supply agreement** – соглашение о поставках сырья **SYN:** supply contract **SEE:** delivery contract, sales contract

supply chain **1)** *торг.* цепочка поставок, сеть поставщиков *(совокупность взаимозависимых организаций, поставляющих материалы, товары и услуги клиенту)* **SEE:** supplier **2)** *упр.* логистическая цепочка **а)** *(процесс создания товара от материально-технического снабжения, через производственный процесс и складирование готовой продукции до системы доставки и розничных продаж)* **б)** *(методология управления, оптимизирующая процесс создания товара)*

supply contract *эк.* = supply agreement

supply depot *торг.* торговая база **SYN:** sales depot, trading depot, warehouse

supply of goods **1)** *эк.* предложение товара **SEE:** supply **2)** *торг.* поставка товаров **EX: The supply of goods to large customers.** – Поставка товаров крупным покупателям.

Supply of Goods (Implied Terms) Act 1973 *юр., торг., брит.* закон «О предложении товаров (с включенными терминами)»*, 1973 г. *(приравнял договор перехода собственности на недвижимое имущество к договору о продаже товаров)* **SEE:** contract of sales of goods, contract for the transfer of a possessory interest in a chattel

Supply of Goods Act 1973 *юр., торг., брит.* закон «О предложении товаров»*, 1973 г. *(регулирует договоры, касающиеся предложения товаров, не только продажи, но и продажи в рассрочку, обмена и т. п.)* **SEE:** contract of sales of goods, contract of hire-purchase, Sale of Goods Act 1979

Supply of Goods and Services Act 1982 *юр., торг., брит.* закон «О поставках товаров и услуг»*, 1982 г. *(устанавливает, что продавец несет ответственность за дефекты товаров, даже если они произошли не по его вине; в то время как ответственность продавца услуг распространяется на последнего только в случае проявления им халатности)* **SEE:** contract of sale of goods, contract for the supply of service, contract for the transfer of goods, Sale of Goods Act 1979

support customers *марк.* оказывать помощь покупателям [клиентам] *(консультировать, отвечать на вопросы и т. д.)* **SEE:** customer service, sales support, customer support

supporting marketing *марк.* поддерживающий маркетинг *(маркетинг, применяемый в условиях полноценного спроса, когда организация удовлетворена объемом сбыта; задачей поддерживающего маркетинга является поддержание существующего уровня спроса с учетом изменения системы предпочтений потребителей и усиления конкуренции)*

surplus goods **1)** *эк.* товарные излишки *(объем товаров свыше необходимого для удовлетворения имеющихся потребностей уровня; образуются в результате чрезмерного производства товаров или закупки магазином товаров больше необходимого уровня)* **SYN:** surplus of goods **2)** *торг.* невостребованные товары *(оставшиеся непроданными товары прежнего завоза или старых моделей; обычно продаются дешевле, чем вновь поступившие товары)* **SEE:** closeout

Surplus Marketing Administration *торг., с.-х., амер., ист.* Управление по реализации товарных излишков *(ведомство, существовавшее с 1933 по 1943 гг. в составе Министерства сельского хозяйства США)* **SEE:** Department of Agriculture

surplus of goods *эк.* = surplus goods

surplus-property disposal agent *эк. тр., торг., амер.* = property-disposal officer

surplus sales officer *эк. тр., торг., амер.* = property-disposal officer

survey

I *сущ.* **1)** *общ.* обзор, исследование; обозрение, осмотр **EX: a brief survey of some important books on economics** – краткий обзор некоторых важных книг по экономике **2)** *эк.* инспектирование, обследование **EX:**

quality survey – контроль качества 3) *соц.* опрос, анкетирование, обследование *(метод сбора первичной социологической информации посредством обращения с вопросами к определенной группе людей (респондентам))* **EX: readership survey** – опрос читателей, **mass survey** – массовый опрос, массовое обследование, **survey plan** – план обследования, **magazine audience survey** – опрос читательской аудитории журнала, **user survey** – обследование потребителей [пользователей], **user satisfaction survey** – обследование степени удовлетворенности потребителей [пользователей] **EX: The immediate result of this survey work was to observe the tremendous agricultural potential of the Codroy River Valley.** – Непосредственным результатом обследования стало выявление значительного сельскохозяйственного потенциала долины реки Кодрой. **SEE:** question, interview, press survey, representative survey, media survey, sociometric survey, joint survey, multipurpose survey, pilot survey, repeated survey, sample survey

II *гл.* 1) *общ.* оценивать, изучать, исследовать; инспектировать, обследовать, проверять **EX: I'd like to survey the house before buying it.** – Я хотел бы осмотреть дом перед тем, как купить его. 2) *соц.* проводить опрос, анкетирование **EX: to carry out a survey** – проводить опрос 3) *общ.* делать обзор, писать рецензию **SEE:** surveyor

survey design 1) *соц.* план [схема] опроса 2) *соц.* разработка опроса **SEE:** survey designer

survey designer *соц.* разработчик опроса

survey informant *соц.* опрашиваемое лицо *(человек, которого опрашивают при проведении обследования или опроса)*

survey research *соц.* исследование-опрос *(исследование методом опроса)* **SEE:** research, survey, poll

survey response *соц.* ответ, полученный в ходе опроса **SEE:** survey, response

survey technique [procedure] *соц.* метод [процедура] обследования **SYN:** survey procedure **SEE:** qualitative research techniques

surveyor *сущ.* 1) *общ.* исследователь 2) *страх.* сюрвейер *(специалист, осуществляющий осмотр имущества и дающий заключение о его состоянии или оценивающий размер повреждений)* **SEE:** cargo insurance, survey

survivor 1) *общ.* выживший; уцелевший; оставшийся в живых *(напр., переживший автокатастрофу)* 2) *марк., амер.* оставшийся в живых*, выживший* *(лицо с крайне низким доходом и накопленным имуществом, не имеющее особых возможностей для кардинального улучшения своего положения; обычно в эту группу попадают пожилые люди, люди с низким образовательным уровнем; в поведении такие лица обычно склонны придерживаться устоявшихся традиций и обычаев; одна из групп потребителей, гонимых нуждой)* **SEE:** VALS, need-driven

suspended *прил. марк.* «приостановленная» *(статус записи в файле потребителей, используемый для временной приостановки обслуживания потребителя при продолжении высылки счетов; в этот статус переводятся потребители, купившие подписку в кредит, но не оплатившие несколько первых счетов)*

sustainer *сущ. марк., амер.* держащийся за уклад [за существующий образ жизни]* *(лицо, находящееся на грани бедности, но в целом более обеспеченное, чем лица категории «выживший», и в отличие от последних имеющее реальные возможности для улучшения своего положения; в отличие от «выживших» такие люди часто открыто высказывают недовольство своим положением и экономической системой, которая, по их мнению, поставила их в плачевное положение; часто занимаются подпольной торговлей и другой незаконной деятельностью; одна из групп потребителей, гонимых нуждой)* **SEE:** VALS, need-driven, survivor

sustaining advertising *рекл.* = reminder advertising

sweeps *СМИ, рекл.* сезонные замеры* *(периоды времени, когда рассчитывается аудитория телесети для определения цен на рекламу на следующий сезон; эти периоды начинаются и кончаются в середине недели и охватывают четыре недели в феврале, мае, ноябре и июле)*

sweepstakes *сущ.* **1)** *общ., спорт.* тотализатор *(пари на скачках, в футболе и т. д.)* **2)** *марк.* лотерея *(метод стимулирования сбыта, при котором участнику предлагаются дорогие призы в случае выигрыша (победитель выбирается случайным образом), при этом для участия не требуется совершения покупки; цель лотереи — привлечение внимания покупателей к торговой марке или продукции)*

sweet goods *потр.* кондитерские изделия

sweet shop *торг.* кондитерский магазин **SYN:** candy store, pastry shop

switch advertising *рекл.* = bait advertising

switch selling *марк.* продажа с подтасовкой [подменой] **а)** *(реклама одной модели товара и попытки продать другую, более дорогую)* **б)** *(попытка убедить покупателя купить другой товар, а не тот, что он намеревался купить изначально)* **SEE:** suggestion selling

symbiotic marketing *марк.* симбиозный маркетинг* **а)** *(маркетинговая деятельность, заключающаяся в продаже производителем товара другому производителю, чтобы последний реализовал его под своей торговой маркой через свою хорошо организованную и отлаженную систему распространения; такая деятельность эффективна в том случае, если первый производитель не имеет организованной системы сбыта на данном рынке)* **SEE:** private label customer **б)** *(объединение двух и более отдельных фирм для увеличения их маркетингового потенциала, напр., лицензионные соглашения, франчайзинг, совместное продвижение товаров, создание сбытовых объединений)* **SYN:** affinity marketing **SEE:** cooperative marketing, marketing capability

symbol group *торг.* = symbol retailer

symbol retailer **1)** *торг.* картель розничных торговцев* *(группа независимых розничных торговцев, созданная на добровольной основе с целью совместных закупок товара у оптовиков по ценам ниже, чем если бы каждый из них осуществлял закупки самостоятельно)* **SYN:** voluntary retailer, symbol group **2)** *торг.* член картеля розничных торговцев*

symbolic trademark *марк., пат.* символический товарный знак *(состоит из общеизвестных символов (без дополнительных текстовых пояснений), которые раскрывают, какую продукцию производит фирма, каковы особенности ее производства и основные направления деятельности; это может быть рисунок (напр., клубок шерсти, символизирующий шерстяные изделия фирмы), аббревиатура какой-л. фразы, напр., DMP — Diana's Medical Products — Медицинские товары от Дианы)* **SEE:** suggestive trademark, word trademark, figurative trademark, three-dimensional trademark

sympathetic audience *рекл.* благожелательная [симпатизирующая] аудитория **EX: It doesn't take much to win over an already sympathetic audience.** – Расположить к себе симпатизирующую аудиторию довольно просто. **ANT:** hostile audience

synchro marketing *марк.* = synchromarketing

synchrographics *сущ. марк.* синхрографика *(информация о потребителе, относящаяся к таким значительным событиям в его жизни, как женитьба, рождение детей, покупка дома; такая информация полезна для продавца тем, что потребность в определенных товарах может появиться в связи с этими событиями, напр., молодым родителям направляют рекламу детской мебели)* **SEE:** marketing research, occasion segmentation

synchromarketing *сущ. марк.* синхромаркетинг, синхронный маркетинг *(изменение методов маркетингового воздействия, связанное с попытками синхронизировать непостоянные или сезонные уровни спроса и предложения, напр., организация фестивалей на лыжных курортах в летнее время для привлечения туристов)*

syndicated program *СМИ, амер.* синдицированная программа *(телепрограмма, которая продается разным телекомпаниям)*

syndicated research *эк.* общее исследование* *(исследование, проводимое независимыми информационными службами, результаты которого продаются всем заинтересованным фирмам)* **EX: This syndicated research and analysis will focus on the users of localization technology and services.** – Это синдицированное исследование и анализ будут сфокусированы на пользователях локализационных технологий и услуг. **SEE:** syndicated service, omnibus research

syndicated service информационная служба **а)** *эк. (собирает и анализирует информацию, а затем продает результаты исследования всем заинтересованным фирмам)* **б)** *СМИ (агентство печати, продающее различным газетам информацию, статьи для одновременной публикации)* **SEE:** syndicated research

syndication *сущ.* синдикация, синдицирование **а)** *эк. (объединение в синдикат)* **б)** *СМИ (распространение или продажа телевизионных программ одной или нескольким местным телевизионным станциям)* **в)** *СМИ (распространение или продажа газетного приложения или статьи нескольким изданиям для публикации в одно и то же время)* **г)** *марк. (предложение продажи результатов, полученных исследовательской компанией; этими результатами может быть информация о потребителях и определенных товарах, имеющихся на рынке, аудитории вещательных компаний, газет или журналов, использовании покупаемых товаров и т. д.)* **д)** *марк. (продажа или распространение рассылочных списков)* **SEE:** mailing list **е)** *эк. (распределение или продажа иллюстративного материала рекламодателям, рекламным агентствам)* **ж)** *СМИ (распространение телепрограмм по подписке)*

syndicator *сущ. марк.* синдикатор* *(компания, снабжающая другие компании рекламными листовками и брошюрами о товарах, которые могут рассылаться клиентам с ежемесячными счетами за иные товары и услуги, напр., вместе со счетами за телефон)*

systems selling *марк.* комплексные [системные] продажи *(продуктовая стратегия, которая состоит в скоординированных маркетинговых решениях в отношении удовлетворения некоторого числа потребностей клиентов; основана на понимании того, что клиенты приобретают решения своих проблем, а не продукты: продажа взаимосвязанных товаров единым пакетом, а не по отдельности, напр., компьютер с принтером, программами и т. д.)*

T

table of discounts *торг.* = discount table

tableware *потр.* столовые приборы, столовая посуда **SEE:** glassware, pottery, coffee pot, household goods

tactical advertising *рекл.* тактическая реклама *(реклама, преследующая краткосрочные (сиюминутные) цели, напр., задачу корректировки текущего уровня продаж)* **SEE:** strategic advertising

tactical marketing *марк.* = operational marketing

tag *сущ.* **1)** *марк.* бирка, ярлык, этикетка *(прикрепленная к товару карточка, содержащая информацию о товаре: производитель, ингредиенты, цена, свойства и т. д.)* **SYN:** label, tally, mark **2)** *рекл.* припев*, слоган *(повторяемая концовка рекламного объявления)* **3)** *рекл.* = dealer tag

tag sale *торг., амер.* гаражная распродажа с ценниками* *(гаражная распродажа с прикреплением бирок с ценой на продаваемые предметы)* **SEE:** garage sale

tagged merchandise **1)** *торг.* меченый товар* *(товар со специальной биркой, на которую реагирует электронная система безопасности магазина, не позволяющая вынести товар из магазина без оплаты)* **EX: If shoplifters don't remove the tag in the store, you'll get them when they try to take tagged merchandise out of the store.** – Если воры не снимут бирку с товара прямо в магазине, то вы сможете поймать их на выходе из магазина с меченым товаром. **SEE:** antitheft tag **2)** *марк.* товар с ярлыком* *(товар с прикрепленной к нему биркой, содержащей определенную информацию, напр., о скидке)* **EX: red-tagged merchandise** – товары с красным ярлыком

Tailby v Official Receiver *юр., торг., брит.* «Тэйлби против официального получателя»* *(название судебного прецедента 1888 г., обосновавшего в договоре о продаже будущих товаров принцип соответствия доктрине права справедливости, а не нормам общего права; противоречит закону «О продаже товаров» 1979 г., в системе английского права при продаже будущих товаров в некоторых случаях можно выбирать между прецедентом и законом)* **SEE:** future goods, equitable doctrine, Sale of Goods Act 1979, Holroyd v Marshall

taillight display *рекл.* хвостовая наружная реклама* *(располагается на задней части транспортного средства)* **SEE:** king-size display, queen-size display, front-end display, travelling display

tainted goods **1)** *торг.* испорченные товары, неисправные товары *(товары, не соответствующие принятым стандартам качества)* **EX: If the consumers receive tainted goods, they should voice out the problems and get the right and good products.** – Если потребители приобретут испорченные товары, они должны сообщить об этом и получить исправные и качественные товары. **SYN:** spoiled goods, damaged goods **2)** *эк.* бойкотируемые товары *(товары, бойкотируемые членами общества или странами по какой-л. причине, напр., по политическим мотивам или мотивам безопасности)* **EX: American farmers should know that GMO animal feed is**

considered tainted goods on the world market. – Американские фермеры должны знать, что генетически модифицированные корма для животных бойкотируются на мировом рынке. **3)** *общ.* порочный [испорченный] человек, испорченные [порочные] люди, порочное общество *(человек (люди, общество), совершающий плохие поступки)* **EX: Weapon societies are tainted goods.** – Милитаризованные общества порочны. **No matter how good we try to be, we have all inherited a sinful nature from Adam and Eve. We are all «tainted goods».** – Вне зависимости от того, какими хорошими мы пытаемся быть, мы все унаследовали греховную сущность от Адама и Евы. Мы все порочны.

take-and-pay contract *эк.* контракт «бери и плати»* *(договор, по которому клиент обязуется оплатить товар только после фактической поставки товара)* **SEE:** take-or-pay contract

take delivery *торг.* принимать поставляемый товар; получать выполненный заказ **EX: Why is payment due before I take delivery?** – Почему оплата следует раньше, чем я получу выполненный заказ? **SEE:** taking delivery

take-one **1)** *марк.* «возьми с собой» *(раздаточный материал для участников мероприятия)* **2)** *марк.* внутрисалонный рекламный планшет с карманом* *(рекламный щит в общественном транспорте, к которому прикреплен карман или конверт с рекламными листовками или возвратными бланками, которые пассажиры могут взять с собой)* **SEE:** transit advertising

take-or-pay contract *эк.* контракт «бери или плати [неустойку]»* *(договор, по которому клиент обязуется купить и оплатить товар или выплатить определенную минимальную неустойку, даже если фактически товар не был поставлен или был поставлен, но не был принят и использован клиентом; напр., соглашение между поставщиком и потребителем электроэнергии, по которому потребитель обязуется выплатить поставщику электроэнергии определенную сумму, даже если фактически не потреблял электроэнергию)* **SEE:** take-and-pay contract

take-out food *потр.* еда на вынос *(пищевые продукты, продаваемые кафе или рестораном на вынос)* **SEE:** carry-out service

take title to goods *гл. торг.* брать [принимать] право собственности на товар **SEE:** title in the goods

taking delivery *торг.* прием поставки *(прием поставки физического товара на основе товарораспорядительных документов)*

talent charge *рекл., СМИ* = talent payment

talent payment *рекл., СМИ* гонорар исполнителя *(оплата участников телевизионной (радио-) рекламы или программы)* **SYN:** talent charge

tally

I *сущ.* **1)** *общ.* бирка; этикетка; ярлык; марка; номер; опознавательный знак *(напр., на товаре)* **SYN:** label **2)** *общ.* согласие; соответствие, согласованность **3)** *общ.* число; счет; единица счета *(дюжина, десяток и т. п.)* **4) а)** *торг., фин., ист.* *(табличка, дощечка, палочка и т. п. для записи факта продажи в кредит или предоставления займа)* **б)** *торг., устар.* расчетная книжка* *(учетная книга для записей продаж в кредит)*

II *гл.* **1)** *общ.* соответствовать, совпадать, согласовываться, сходиться **EX: Their figures do not tally with results declared by the EC.** – Их данные не согласуются с результатами, объявленными Европейским сообществом. **2)** *общ.* подсчитывать, пересчитывать; подводить итог **EX: All tallied up, the total price is $1136.** – Все подсчитано, общая цена составляет $1136. **SEE:** tallyman **3)** *общ., устар.* вести счет [учет] по биркам; подсчитывать по биркам **4)** *общ.* прикреплять ярлык [этикетку, бирку и т. п.]; метить *(с помощью ярлыка, бирки и т. п.)* **5)** *торг., устар.* торговать в кредит, отпускать (товар) в кредит *(продавать товар на условиях от-*

срочки или рассрочки платежа; термин происходит от названия табличек, ранее использовавшихся для учета записей в кредит: при продаже в кредит продавец записывал наименование товара и сумму задолженности на двух половинках таблички или на двух парных табличках, после чего одна табличка (часть таблички) передавалась покупателю, а вторая табличка (часть таблички) оставалась у продавца; в случае неуплаты долга покупателем такая табличка могла предъявляться в суд в качестве доказательства покупки) **SEE:** tally trade, tally shop

tally shop *торг., устар. (магазин, торгующий в кредит или рассрочку)* **SEE:** tally trade, tally, tally

tally trade *торг., устар.* торговля в кредит; торговля с рассрочкой платежа [в рассрочку] *(торговля на условиях рассрочки или отсрочки платежа)* **SEE:** tally, tally, credit sale, instalment sale, tallyman

tallyman *сущ.* **1) а)** *общ.* счетчик, учетчик *(лицо, ведущее счет чего-л., напр., очков в играх)*; отметчик; контролер **б)** *трансп.* тальман *(лицо, контролирующее погрузку/разгрузку товаров и сверяющее погруженное/выгруженное количество с количеством, указанным в сопроводительных документах)* **2)** *торг., брит., устар.* продавец в кредит; продавец в рассрочку *(лицо, продающее товар на условиях отсрочки или рассрочки платежа)* **SEE:** tally trade, tally

tangible product **1)** *марк.* = actual product **2)** *эк.* = physical product

taped commercial *рекл.* записанный рекламный ролик*, рекламный ролик в записи* *(рекламный ролик, отснятый на видеопленку или записанный на магнитную ленту; передается в теле- или радиоэфир в нужное время)* **SYN:** recorded commercial **SEE:** filmed commercial, live commercial

tare weight *трансп., торг.* масса [вес] тары *(вес упаковки и контейнера, в котором перевозится товар без учета веса самого товара)* **SEE:** gross weight, net weight

targe-profit pricing *марк.* = target pricing

target account *марк.* целевой клиент *(клиент, с учетом особенностей и потребностей которого составляется маркетинговая программа)* **SEE:** target consumer

target advertising *рекл.* = on-target advertising

target area *марк.* целевая сфера *(коммерческой деятельности)* **EX: The number of potential prospects in a target area is a factor in determining how best to spend your marketing resources.** – Количество потенциальных потребителей в целевой сфере является фактором, определяющим то, как наилучшим образом использовать маркетинговые ресурсы.

target audience *марк.* целевая аудитория, целевая группа **а)** *(часть рекламной аудитории, на которую нацелена конкретная рекламная кампания; напр., целевой аудиторией рекламы подгузников будут родители маленьких детей)* **б)** *СМИ (часть аудитории читателей, на которую нацелено редакционное содержание определенной публикации; напр., целевой аудиторией статьи о финансовой стратегии будут инвесторы)* **EX: The final test of a questionnaire is to try it on representatives of the target audience.** – Заключительным тестом вопросника является попытка опробовать его на представителях целевой аудитории. **SYN:** primary audience, target group, target population **SEE:** consumer audience, audience

target buyer *марк.* = target consumer

target consumer *марк.* целевой потребитель **а)** *(потребитель, покупающий товары компании с большим предпочтением, чем товары конкурентов и принадлежащий к целевой аудитории данной фирмы)* **б)** *(потребитель, принадлежащий к целевой аудитории производителей и продавцов определенной группы товаров, напр., детских товаров)* **SYN:** target customer, target buyer **SEE:** target audience, consumer audience

target customer *марк.* = target consumer

target demographics **1)** *марк.* демографические характеристики целевой аудитории [группы] *(определяются в ходе маркетинговых исследований для выявления целевой группы)* **2)** *марк.* целевая группа [аудитория] *(обладающая определенными демографическими характеристиками)* **EX: The target demographics for this marketing plan includes current members and non-members of this community.** – Целевая группа этого маркетингового плана включает действительных членов этого сообщества, а также тех, кто не является его членами. **SYN:** target audience

target group *марк.* = target audience

Target Group Index *марк.* индекс целевых групп *(понятие, обозначающее исследовательский подход и сами исследования потребительского спроса, стиля жизни потребителей, отношения к различным брендам, к рекламе, к различным каналам радио и телевидения и прочим средствам массовой информации; получаемая информация позволяет составить представления о том или ином рынке, прогнозировать его развитие и на этой основе выстраивать стратегию бизнеса)*

target market *марк.* целевой рынок *(сегменты рынка, на которых фирма сосредотачивает свои основные усилия)* **SYN:** intended market, market target **SEE:** target audience

target marketing *марк.* целевой маркетинг *(разграничение сегментов рынка, выбор одного или нескольких из этих сегментов и разработка товаров и комплексов маркетинга для отобранных сегментов)* **SYN:** targeted marketing, geodemographic marketing

target population **1)** *общ.* целевая группа *(часть населения, для которой предназначена та или иная программа, мера и т. п.)* **EX: The Master of Continuing Education Program is geared toward professionals in a variety of disciplines.** – Магистерская программа последипломного образования создана для специалистов по множеству дисциплин. **2)** *марк.* = target audience

target pricing *марк.* целевое ценообразование, ценообразование на основе целевого дохода*, ценообразование на основе целевой доходности [отдачи]* *(метод ценообразования, при котором основная задача состоит в получении прибыли в желаемом (целевом) объеме или достижении желаемого уровня рентабельности вложенного капитала, и расчет цены производится исходя из величины целевых показателей)* **SYN:** target-return pricing, rate of return pricing **SEE:** return on assets pricing, break-even pricing

target rating point *рекл.* сумма рейтингов рекламной кампании в целевой аудитории, сумма рейтингов рекламной кампании *(сумма рейтингов всех рекламных сообщений (радироликов, публикаций в прессе и т. д.), составляющих рекламную кампанию для целевой аудитории)* **SEE:** target audience, gross rating point, media planning

target-return pricing *марк.* = target pricing

target segment *марк.* целевой сегмент **EX: A target segment is a group of individuals or organizations we focus our marketing efforts on.** – Целевой сегмент – это группа индивидов или организаций, на которых направлены наши маркетинговые усилия. **SEE:** target market

target selling price *эк.* целевая продажная цена, целевая цена реализации *(цена, по которой производитель или собственник какого-л. товара, финансового инструмента или другого актива планирует его продать)*

targeted marketing *марк.* = target marketing

targeting *сущ.* **1)** *воен.* наведение на цель, прицеливание **2)** *общ.* целеполагание, определение [установление] целей [задач, ориентиров, целевых показателей, ожидаемых результатов] **SEE:** customer targeting, market targeting **3)** *рекл., комп.* таргетинг, фокусировка, узконаправленная реклама, целевая реклама *(показ интернет-рекламы только определенному кругу пользователей (целевой аудитории), наиболее интересному для ре-*

кламодателя; возможностью фокусировок, к примеру, обладают рекламные сети, контекстный показ и т. д.) **SEE:** thematic targeting, time targeting, geographical targeting, advertiser network, context impression

task method *марк., учет* = objective-and-task method

task-objective method *марк., учет* = objective-and-task method

taste preference *псих., марк.* вкусовое предпочтение **EX: Humans' taste preference is motivated by both our culture and our biological make up.** – Человеческие вкусовые предпочтения определяются как нашей культурой, так и нашей биологической организацией.

tavern-keeper *сущ. торг., ист.* = innkeeper

taverner *сущ. торг., ист.* = innkeeper

taxi top advertising *рекл.* реклама на крыше такси* **SEE:** outdoor advertising

tea garden 1) *торг.* кафе [ресторан] на открытом воздухе **2)** *с.-х.* чайная плантация

tea house 1) *торг.* кафе, закусочная **SYN:** lunchroom, luncheonette **3)** *торг.* домик для чайной церемонии *(элемент японской культуры; на Западе представляет собой, как правило, заведение в стиле традиционного японского домика для чайной церемонии, в котором посетителям предлагается большой выбор сортов чая, а так же блюда японской кухни)*

team selling *торг.* бригадное обслуживание *(подход к сбыту продукции, при котором крупного заказчика обслуживают два торговых агента; это обеспечивает более частые и более стабильные контакты торговых агентов фирмы с клиентом)* **EX: One major disadvantage of a team selling approach is its high cost in time and personnel.** – Главным недостатком метода бригадного обслуживания являются связанные с ним высокие издержки времени и людских ресурсов.

tear sheet 1) *общ.* отрывной лист *(отрывной лист любого блокнота)* **2)** вырезка *рекл.* *(вырезанная из газеты (журнала) и отправленная рекламодателю страница в качестве подтверждения публикации рекламы)*

tear strip *торг.* отрывная полоска *(удаление которой вскрывает упаковку)*; язычок для открывания *(напр., на крышке консервной банки)* **SYN:** tearstrip

tearstrip *торг.* = tear strip

teaser 1) *рекл.* провокационная [дразнящая, игровая] реклама *(реклама, содержащая только намек на рекламируемый продукт и привлекающая внимание потребителей либо через какие-л. шокирующие или эксцентричные ассоциации с продуктом, либо через какое-нибудь выгодное предложение, напр., «шикарная обувь почти бесплатно»)* **SYN:** teaser ad, teaser advertisement, teaser advertising, teaser campaign **2)** *СМИ* наживка* *(короткий видеоклип перед началом телевизионной программы для привлечения внимания зрителей)*

teaser ad *рекл.* = teaser

teaser advertisement *рекл.* = teaser

teaser advertising *рекл.* = teaser

teaser campaign *рекл.* = teaser

teaser copy *рекл.* дразнящий [завлекающий] текст* *(тест на конверте почтовой рекламы, призванный привлечь внимание получателя и побудить его вскрыть конверт и прочитать сообщение)* **SEE:** corner card, direct mail advertising

technical presentation *марк.* техническая презентация *(часть маркетинговой деятельности фирмы, состоящая в демонстрации технических свойств продаваемой ею продукции)* **EX: A technical presentation is the presentation of an engineering project which may be design, analysis, development, testing, etc.** – Техническая презентация является представлением инженерного проекта, который может относиться к дизайну, анализу, разработке, тестированию и т. д.

technical sales support worker *торг.* сотрудник технической поддержки сбыта **SYN:** sales engineer **SEE:** sales support

technological environment *марк.* технологическая (окружающая) среда, научно-техническое окружение, научно-техническая среда *(напр., компьютеры, коммуникационные сети, программное обеспечение, ресурсы и т. д.)* **EX: Computers, automation, space colonies, energy, communications are forming the technological environment in the post-industrial world.** – Компьютеры, автоматика, освоение космоса, коммуникации формируют технологическую среду в постиндустриальном обществе.

telecollections *марк.* стимулирование оплаты с помощью напоминаний по телефону* *(использование телефонных звонков для вступления в контакт с должниками и сбора долгов в отличие от рассылки счетов по почте)* **SEE:** billing series

telecommunication retailing *торг.* розничная торговля с помощью средств телекоммуникации *(заказ товара по образцам по телефону или Интернет с доставкой на дом и расчетом через Интернет)* **SEE:** direct to home retailing

telecommunication shopping *торг., комп.* телекоммуникационная розничная торговля *(заказ товара по образцам по телефону с доставкой на дом и расчетами через компьютер)* **SYN:** electronic shopping, teleshopping **SEE:** armchair shopping, web store

telemarketer *марк.* специалист по телефонному маркетингу **SYN:** telephone marketer **SEE:** telemarketing

telemarketing *марк.* прямой маркетинг по телефону, телефонный маркетинг, телемаркетинг *(использование телефона и телекоммуникационных технологий совместно с системами управления базами данных для таких маркетинговых функций, как продажа товаров и услуг по телефону; организация телефонных центров обслуживания, проведение маркетинговых опросов, сбор и обработка необходимой информации)* **SYN:** telephone marketing **SEE:** inbound telemarketing, outbound telemarketing, direct marketing, teleselling, asterisk law, list, compiled list, response list, database marketing, lead, qualified lead, cost per lead, segmentation, merge/purge, prospecting, farming, prioritizing, profiling, finder number, abandon rate, call blockage

telemarketing agency *марк.* = telephone agency

telemarketing bureau *марк.* = telephone agency

telephone agency *марк.* агентство телефонного маркетинга* *(организации, осуществляющие телефонный маркетинг в отношении других организаций или частных лиц)* **SYN:** telemarketing agency, telemarketing bureau, telephone marketing agency **SEE:** telemarketing

Telephone Consumer Protection Act 1991 сокр. TCPA *потр., юр., амер.* Закон о защите потребителей от телефонного маркетинга 1991 г. *(правила и ограничения, соблюдение которых защищает права потребителей на ограничение нежелательных телефонных звонков)*

telephone interviewer *соц.* специалист по телефонным интервью, интервьюер по телефону, телефонный интервьюер

telephone marketer *марк.* = telemarketer

telephone marketing *марк.* = telemarketing

telephone marketing agency *марк.* = telephone agency

telephone order *торг.* заказ *(товаров)* по телефону **SEE:** mail order, Internet order

telephone-order retailing *торг.* розничная торговля по телефонным заказам **SEE:** direct to home retailing

telephone preference service сокр. TPS *марк., амер.* служба учета пожеланий адресатов телефонного маркетинга* *(служба, созданная Ассоциацией прямого маркетинга, которая следит за тем, чтобы телефонный маркетинг не затрагивал потребителей, не желающих принимать подобные звонки, и удаляет телефонные номера последних из маркетинговых рассылочных списков)* **SYN:** DMA telephone preference service **SEE:** Direct Marketing Association

telephone sales *марк.* = teleselling

telephone selling *марк.* = teleselling

telephone survey *соц.* опрос по телефону **EX: Telephone surveys are the fastest method of gathering information from a relatively large sample (100-400 respondents).** – Телефонные опросы являются наиболее быстрым способом сбора информации при помощи относительно большой выборки (100 - 400 респондентов). **SEE:** survey

teleselling *марк.* телепродажа, телефонная продажа, продажа по телефону *(реализация товаров или услуг посредством выхода на потенциальных клиентов по телефону и предложения им купить товар или услугу)* **SYN:** telephone selling, telephone sales **SEE:** telemarketing, direct marketing, direct selling

teleshopping *торг., комп.* = telecommunication shopping

television advertisement *рекл.* рекламный телеролик, телевизионный рекламный ролик, телевизионное рекламное объявление, телевизионная реклама **SYN:** television commercial **SEE:** commercial, television advertising, radio advertisement, film advertisement

television advertising *рекл.* телевизионная реклама, реклама на телевидении *(рекламные ролики и рекламные объявления, передаваемые по телевизору)* **SEE:** television advertisement, commercial, screen advertising, broadcast advertising, radio advertising, media advertising

television audience measurement *марк.* измерение телеаудитории *(определение количества людей, смотрящих программы определенного канала или национального телевидения в какой-л. стране)* **EX: Where television audience measurement is defined by demographic dimensions, newspaper and magazine advertising planning is more usually based on more specific rules.** – Когда измерение телеаудитории определяется демографическими переменными, планирование газетной и журнальной рекламы чаще основывается на более конкретных правилах.

television commercial *сущ. рекл.* = television advertisement

television household *марк., СМИ* семья с телевизором; домохозяйство с телевизором *(домашнее хозяйство, имеющее по крайней мере один телевизор – стандартная единица измерения, используемая компаниями, определяющими показатели популярности)* **SEE:** Nielsen rating

television marketing *марк.* телевизионный маркетинг *(вид прямого маркетинга, осуществляемого через телевидение путем показа рекламы (обычно с элементами обратной связи, напр., номера телефона) или использования специальных телевизионных коммерческих каналов; эти каналы предназначены только для передачи рекламной информации, ознакомившись с которой потребитель может заказать товар, не выходя из дома)* **SEE:** direct marketing

television support *рекл.* телевизионная поддержка *(передаваемая по телевидению реклама, выполняющая вспомогательную роль в рамках кампании в нескольких средствах массовой информации; напр., телевидение иногда используется для передачи объявления о рекламной вкладке в газете)* **SEE:** television advertising

temporary change of address *марк.* просьба о временном изменении адреса *(просьба потребителя о том, чтобы адрес, по которому ему направляется корреспонденция и счета, был изменен на некоторый период времени)* **SEE:** undeliverable-as-addressed, nixie

temporary storage **1)** *торг.* временное хранилище, склад для временного [краткосрочного] хранения **2)** *торг., комп.* временное [краткосрочное] хранение **3)** *комп.* временная память, краткосрочная память **SYN:** auxiliary storage **SEE:** storage

ten-cent store *торг.* = dime store

tender

I *сущ.* **1)** *общ.* предложение *(о чем-л., чего-л.)* **EX: tender of friendship** – предложение дружбы **2)** *эк.* предложение *(письменное)*, заявка *(на торгах)*, оферта, тендер **а)** *(предложение поставить* *товары, услуги, заключить контракт; заявка на проектное финансирование или на получение инвестиционного проекта (с конкретной ценой и прочими условиями), направляемая поставщиком/подрядчиком потенциальному клиенту)* **SYN:** bid **SEE:** tender of delivery, tender price, tender pricing **б)** *(официальное предложение уплатить долг или выполнить обязательство, напр., выписать и передать чек)* **EX: tender of payment** – предложение платежа **в)** *(официальное предложение купить ценную бумагу, напр., на вексельном аукционе или у акционеров; заявление о подписке на ценные бумаги)* **г)** *(акт продажи ценных бумаг в ответ на предложение купить их по объявленной цене)* **д)** *(уведомление, которое делается продавцом фьючерсного контракта о намерении поставить физический товар или финансовый инструмент)* **3)** *эк.* конкурс, тендер; торги **а)** *(форма размещения контрактов на подрядное выполнение работ или поставку товаров, при которой потенциальным поставщикам/подрядчикам предлагается объявлять свои условия выполнения контракта, и контракт выигрывает тот поставщик/подрядчик, который предложил наиболее выгодные для заказчика условия)* **EX: to hold a tender** – проводить торги **б)** *(форма продажи товаров, финансовых инструментов и т. п., при которой товар достается одному или нескольким участникам конкурса, предложившим наибольшую цену)* **4)** *эк.* средство платежа, платежное средство *(денежная единица, принимаемая в качестве платы за товары, услуги и т. п.)* **EX: lawful [legal] tender** – законное платежное средство

II *гл.* **1)** *общ.* предлагать *(что-л.)*, делать предложение *(о чем-л.)*; давать, приносить *(напр., клятву, извинения и т. п.)* **EX: to tender thanks** – приносить благодарность, **to tender one's services** – предлагать свои услуги **2)** *эк.* подавать заявку [предложение, оферту] *(при конкурсном размещении контракта на выполнение работ или поставку товаров, при конкурсном размещении нового выпуска ценных бумаг и т. п.)*; участвовать в тендере [конкурсе, торгах] **EX: to tender an offer** – предоставлять предложение, **to tender for the contract** – участвовать в конкурсе на размещение контракта **3)** *эк.* представлять [вносить] деньги *(в счет долга)*; оплачивать *(долг)* **EX: to tender payment** – предлагать платеж

tender of delivery *торг.* предложение доставки *(безусловное предложение покупателю получить заказанный товар в соответствии с контрактом; может быть сделано только при наличии указанного товара на складе производителя или продавца)* **SEE:** warehouse delivery, reasonable time of delivery, waiver of delivery time

tender price *эк.* тендерная цена *(цена, указанная оферентом в тендерном предложении на выполнение контракта; иногда термин трактуют только как цену, принятую заказчиком, т. е. цену, по которой в итоге был выполнен контракт)* **SEE:** tender

tender pricing *эк.* тендерное ценообразование* *(определение цены, которая будет указана в тендерной заявке; цена может устанавливаться в виде общей суммы за весь контракт либо с указанием расценок на конкретные товары/работы и указанием количества соответствующих товаров и работ)* **SEE:** tender price

tent card *рекл.* планшет-палатка, шатровая реклама *(стенд, используемый для демонстрации рекламы; шатровая реклама печатается и складывается таким образом, чтобы ее можно было прочесть со обеих сторон и она могла стоять на столе, прилавке или другой поверхности)*

tentative suggestion *марк.* = trial offer

term of delivery **1)** *торг.* срок сдачи; срок доставки **SYN:** delivery period **2)** *торг.* условие поставки *(любое из условий,* *описанное в договоре о поставке)* **SEE:** conditions of delivery, delivery contract

termination *сущ.* **1)** *общ.* конец; окончание, завершение; истечение срока; предел **EX: termination of employment** – окончание срока службы, работы по найму **2)** *общ.* исход, итог, результат **3)** *юр., амер.* окончание договора *(согласно определению Единообразного торгового кодекса США: происходит, когда обе стороны договора в соответствии с положениями, вытекающими из созданного ими соглашения, или в соответствии с положениями текущего законодательства закончили действие договора иным путем, чем его разрыв вследствие нарушения договора одной из сторон; при окончании договора стороны освобождаются от всех обязанностей, которые должны были исполнять в случае, если бы договор еще действовал; при этом все права, основанные на предыдущем нарушении или исполнении сохраняются)* **SEE:** Uniform Commercial Code

terms of delivery *торг.* = conditions of delivery

terms of sale *торг.* = sales terms

territorial extension *пат.* территориальное расширение* *(в контексте международной регистрации товарных знаков: получение охраны товарного знака в стране или странах, на которые не распространяется имеющаяся у владельца международная регистрация товарного знака; необходимость в увеличении числа стран, в которых испрашивается охрана знака, может возникнуть, в частности, в случае планируемого расширения экспорта товаров в другие страны и т. п.)* **SEE:** trademark extension, trademark registration, international trademark registration

territorial-structured sales force *торг.* географическая организация торгового персонала* *(разделение труда торговых агентов фирмы, каждый из которых предлагает весь ассортимент продукции фирмы на отдельной территории)* **SEE:** product-structured sales force, exclusive territory

territory potential *марк.* (сбытовой) потенциал территории *(характеризуется оценочным количеством потенциальных потребителей и возможным объемом продаж определенного товара или определенной услуги на данной территории)*

tertiary catchment area *торг.* = tertiary trade area

tertiary trade area *торг.* третичная [периферийная] торговая зона *(наиболее обширная зона обслуживания, с которой могут приезжать около 5-10% постоянных покупателей центра)* **SYN:** tertiary catchment area **SEE:** primary trade area, secondary trade area

test *сущ.* **1)** *общ.* проба; анализ; тест, испытание, испытания; проверка **а)** *упр. (определение соответствия знаний, компетенции или квалификации работника необходимым требованиям)* **б)** *марк. (продвижение на рынок новой продукции или проведение новой рекламной компании в малых масштабах с целью определения реакции потребителей)* **в)** *фин. (расчет какого-л. финансового коэффициента и сравнение его со стандартным или желаемым значением)* **2)** *мет.* показатель; критерий *(соответствия требованиям)*, признак *(напр., финансовый показатель, применяемый для оценки кредитоспособности заемщика)* **3)** *общ.* дегустация

test advertisement *рекл.* пробное рекламное объявление **SEE:** test advertising

test advertising *рекл.* пробная реклама *(проверка рекламы на отдельном рынке или нескольких рынках для определения целесообразности проведения крупномасштабной рекламной кампании)* **SEE:** test marketing, rollout

test campaign *марк.* тестовая [пробная] кампания *(маркетинговая кампания, проводимая для определения реакции клиентов до начала главной кампании активных продаж товаров)* **SYN:** testing campaign, preliminary campaign **SEE:** major campaign, rollout

test commercial *рекл.* пробный рекламный ролик **SEE:** test advertising

test group *соц., мет.* = experimental group

test market *марк.* пробный рынок *(рынок ограниченного масштаба (напр., один город или район), на котором производятся пробные выступления рекламного или маркетингового характера для определения степени эффективности новых идей, изучения реакции на новые товары и т. п.)* **SYN:** exploratory market **SEE:** control market

test marketing *марк.* пробный [тестовый] маркетинг, маркетинговый эксперимент *(продажи нового товара на определенных рынках с целью определения реакции потребителей до начала массированной маркетинговой компании)* **SYN:** market test, market testing, marketing experiment **SEE:** test advertising, rollout

test panel *соц., мет.* = experimental group

test store *марк.* экспериментальный магазин *(в котором проверяют скорость оборачиваемости товаров, исследуют покупательские привычки, опробуют новые приемы торговли)* **SEE:** consumer behaviour, shopping game

test the market *гл. марк.* протестировать рынок* *(предложить новый товар или услугу для продажи на одном или нескольких заранее выбранных рынках для оценки реакции клиентуры до начала массового маркетинга и массовых продаж)* **SEE:** test marketing, test market

testimonial

I *сущ.* **1)** *общ.* характеристика, рекомендательное письмо **2)** *марк., рекл.* свидетельство, рекомендация *(высказывание известного в обществе или в определенных кругах человека, выявляющее его положительное отношение к качеству определенного продукта, что используется в рекламных целях)* **SYN:** endorsement **SEE:** testimonial advertising, endorse a product **3)** *пол.* рекомендация *(пропагандистский прием, заключающийся в предложении поддержать что-л., поскольку это поддерживают широко известные люди; один из восьми основных приемов по классификации Института анализа пропаганды)* **4)** *общ.* удостоверение, сертификат, аттестат

testimonial advertisement *рекл.* рекомендательно-свидетельское рекламное объявление **SEE:** testimonial advertising

testimonial advertising *рекл.* рекомендательно-свидетельская реклама, рекомендательная реклама *(метод составления рекламного текста, при котором упоминаются лица, уже использовавшие рекламируемые товары, удовлетворенные их качеством и могущие дать о нем благоприятный отзыв)* **SEE:** informational advertising, advocacy advertising, analogy advertising, transformational advertising, advertising method, word-of-mouth advertising, endorse a product, opinion leader

testimonial commercial *рекл.* рекомендательно-свидетельский рекламный ролик* **SEE:** testimonial advertising

testing campaign 1) *марк.* = test campaign **2)** *тех.* серия испытаний *(агрегата)*

test-market sales *марк.* сбыт на пробном рынке; пробные продажи **SEE:** test market

text block текстовый блок, текст-блок **а)** *комп. (небольшой прямоугольный блок с текстовым содержанием; может быть выделен для редактирования, копирования, перемещения и т. д.)* **б)** *рекл. (рекламный носитель, используемый на веб-сайтах и при рекламной рассылке; текстовый блок не содержит графику и быстро загружается браузером; у пользователей он часто ассоциируется не с рекламой, а с рекомендациями, что создает больший кредит доверия)* **SEE:** banner

textile goods *потр.* = textiles

textiles 1) *потр.* текстильные изделия, текстиль *(ткани, трикотаж, нетканые и дублированные материалы, валяльно-войлочные изделия, вата, сети, текстильная галантерея, крученые изделия — швейные нитки,* *канаты и т. п.)* **SYN:** textile goods, dry goods **SEE:** fabric, Manchester goods, apparel textile **2)** *легк.* текстильная промышленность

thematic targeting *рекл., комп.* тематическая фокусировка *(в интернет-рекламе: показ баннеров поисковыми системами, которые подбирают баннер по сходству тематики запроса)* **SYN:** keywords targeting **SEE:** targeting, context impression

theme-setting display *марк.* тематическая выкладка *(товаров, дополняющих друг друга или связанных между собой, напр., по сезонному (для одежды) или вкусовому (для продуктов питания) признакам)* **SEE:** in-store display, merchandising

theme song *марк.* музыкальная тема *(звуковой эффект, идентифицирующий программу или рекламное сообщение)* **SEE:** advertising jingle, station identification

theory of consumer choice *эк.* теория потребительского выбора *(область микроэкономики, изучающая выбор потребителем того или иного товара или товарной группы с учетом цен, доходов и предпочтений; является частью теории спроса)*

theory of storage *торг., иссл. опер.* теория управления запасами **SYN:** storage control, inventory management

third cover *полигр.* = inside back cover

third degree price discrimination *эк.* ценовая дискриминация третьей степени *(разновидность ценообразования несовершенно конкурентной фирмы, при котором делается разграничение потребителей на группы, для каждой из которой устанавливается своя цена, напр., скидки для пенсионеров, студентов и т. д. на проезд в транспорте, входная плата в музеи для иностранцев, сезонные цены на непродовольственные товары и т. д.)* **SEE:** perfect price discrimination, second degree price discrimination

third-line forcing *торг., юр.* условие другого заказа* *(ситуация, при которой поставщик продукции осуществляет поставку оптовому или розничному торговцу только в том случае, если этот торговец закажет какие-л. товары у определенной третьей фирмы)* **SEE:** restrictive trade practice, tie-in

third party *юр.* третья сторона *(свидетели, очевидцы, эксперты и т. д., привлекаемые к сотрудничеству в различных финансово-юридических ситуациях)*; третье лицо **SEE:** third party referral, third party credit

third party credit *фин., торг.* кредит третьего лица* *(кредит для финансирования продажи товаров, организованный лицом, которое не является продавцом)*

third party referral *марк.* «рекомендация третьих лиц» *(схема привлечения новых клиентов, при которой текущие клиенты или иные третьи лица рекомендуют вашу компанию своим знакомым за некоторое вознаграждение, напр., скидку при покупке)* **SYN:** referral, referral marketing **SEE:** member-get-a-member, friend-of-a-friend

third-party sale *торг.* продажа с использованием третьей стороны *(продажа, выполненная агентством, действующим в качестве посредника между покупателем и продавцом)*

thirty-day rule *торг., амер.* = 30-day delayed delivery rule

thousand board feet **сокр.** mbf *торг., амер.* тысяча досочных футов *(единица объема древесины)*

three-dimensional display **1)** *тех.* трехмерное отображение **2)** *торг.* объемная экспозиция *(выкладка товара на объемном оборудовании)* **SEE:** flat display, counter display **3)** *торг.* объемное оформительское оборудование *(напр., манекены)*

three-dimensional mark *пат., марк.* = three-dimensional trademark

three-dimensional trademark *пат., марк.* объемный [трехмерный] товарный знак *(представляет собой трехмерный объект или фигуру в форме товара или упаковки товара;*

напр., оригинальная бутылка или баночка для крема необычной формы) **SYN:** three-dimensional mark **SEE:** fanciful trademark, figurative trademark, word trademark, mixed trademark, sound trademark

three-level channel *марк.* трехуровневый канал *(канал распределения, состоящий из трех уровней; как правило, эти уровни представлены оптовым торговцем, джоббером и розничным торговцем)* **SEE:** distribution channel, jobber, zero-level channel, one-level channel, two-level channel

three-sheet poster *полигр., рекл.* трехлистовой плакат *(плакат размером примерно 81 × 41 дюймов)* **SEE:** poster, outdoor advertising

threshold firm *марк.* = market nicher

threshold price *эк., бирж.* пороговая цена *(критический уровень цены, установленный с целью регулирования каких-л. хозяйственных операций; обычно речь идет о цене, ниже которой товар не может импортироваться в данную страну, может иметься в виду также уровень цены, при подъеме/снижении ниже которого брокер должен произвести от имени клиента какое-л. действие и т. п.)* **SEE:** gate price

thrift shop *торг., брит.* благотворительный магазин*, магазин для бережливых*, магазин поношенной одежды, магазин бывших в употреблении вещей *(магазин, торгующий бывшей в употреблении одеждой, мебелью, домашней утварью и т. п. товарами, которые завещают или отдают более состоятельные люди; нередко такие магазины связаны с религиозными или благотворительными организациями)* **EX: The next time you walk into a used bookstore, a thrift shop, an estate sale, or wherever you go to buy books, for every 100 or so books you look at, you might see one or two that have any value to you.** – В следующий раз, когда вы пойдете в «Старую книгу», благотворительный магазин, на распродажу имущества или куда бы то ни было еще, чтобы купить книги, на каждые 100 или около того книг, которые попадутся вам на глаза, может оказаться только одна или две, имеющие какую-то ценность для вас. **SYN:** thrift store

thrift store *торг., амер.* = thrift shop

throughput time *упр.* = manufacturing lead time

through-the-book method *марк.* «с просмотром всего журнала»* *(исследовательский метод, используемый фирмой Службой исследования рынка «Симмонс» для подсчета фактических читателей данного номера издания; респонденту, считающему себя читателем данного журнала, задаются вопросы о различных статьях; потом у респондента спрашивают, уверен ли он в том, что читал данный журнал; после этого только те респонденты, которые отвечают на этот вопрос положительно, рассматриваются как читатели данного номера журнала)* **SEE:** Simmons Market Research Bureau, Inc.

throwaway

I *сущ.* **1)** *общ.* предмет разового пользования **2)** *рекл.* = circular

II *прил. общ.* одноразовый, разового пользования **EX: throwaway bottles and cans** – одноразовые бутылки и консервные банки

throwaway package *марк.* упаковка на выброс* **SEE:** package, disposable package

thumb-nail *сущ. общ., комп., рекл.* = thumbnail

thumbnail *тж.* thumb-nail *сущ.* **1)** *общ.* миниатюра, краткое описание **2)** *комп.* уменьшенное изображение *(напр., в графической базе данных, дающее приблизительное представление об оригинале)* **SYN:** thumb-nail

Thurston scale *соц.* шкала Терстоуна *(позволяет выявлять социально-психологические характеристики респондентов на основе предварительного измерения их суждений)* **SEE:** scale

thurty day rule *торг., амер.* = 30-day delayed delivery rule

tie-in

I *сущ.* **1)** *общ.* соединение, связь **2)** *торг.* нагрузка* *(товар, продаваемый в нагрузку)*; навязывание принудительного ассортимента **3)** *марк.*

привязка* *(увязывание двух продуктов для взаимного маркетинга и стимулирования сбыта, напр., реклама фильмов компании «Дисней» в ресторанах Макдоналдс)* **SEE:** banded offer

II *прил. торг.* продаваемый с нагрузкой [на определенных условиях] **SEE:** tie-in sale, banded pack

tie-in advertisement *рекл.* сопутствующее рекламное объявление, связанная реклама *(дополняющее или конкретизирующее уже существующую основополагающую рекламу применительно к местным условиям)* **SEE:** tie-in promotion

tie-in advertising *рекл.* сопутствующая реклама*, связанная реклама* **а)** *(приуроченная по времени к какому-л. событию или мероприятию)* **б)** *(дополняющая или конкретизирующая уже существующую основополагающую рекламу применительно к местным условиям)* **SEE:** tie-in promotion

tie-in campaign *марк.* сопутствующая кампания *(маркетинговая или рекламная)* **SEE:** tie-in advertising

tie-in promotion *марк.* сопутствующее стимулирование [продвижение] *(вспомогательные мероприятия, связанные с проводимой рекламной кампанией; могут иметь форму лотерей, рекламы в месте продажи, премиальных продаж и других мероприятий, обеспечивающих непосредственную продажу, помогающих продвижению товара на рынок или поддерживающих общую рекламную кампанию)* **SEE:** tie-in advertising

tie-in sale *эк.* связанная продажа, продажа с нагрузкой* *(форма вертикального ограничения в неконкурентной деловой практике, при которой товар продается только при условии покупки у того же продавца другого товара)* **SEE:** tied products

tie-on label *торг.* привязываемая этикетка* *(этикетка с веревочкой, с помощью которой она крепится к товару)* **SEE:** label

tied products *эк.* связанные товары *(товары, продаваемые только в комплекте; такие товары возникают при связанной продаже, когда к востребованным товарам добавляются менее ценные товары, которые потребитель вынужден покупать, чтобы приобрести необходимый товар)* **SYN:** tying products **SEE:** tie-in sale

tied shop 1) *торг.* связанный магазин *(магазин, принявший на себя обязательство продавать товар только одного конкретного поставщика и неконкурирующие с ним товары)* **2)** *эк.* связанный бизнес* *(любое предприятие, владелец которого связан подобным обязательством со своим поставщиком; напр., бензозаправочная станция и т. п.)*

tiered pricing *марк.* многоуровневое [дифференцированное] ценообразование *(установление разных цен для разных групп покупателей; в случае торговли лекарственными препаратами речь обычно идет о международной системе, подразумевающей установление разных цен на одни и те же препараты для развитых и развивающихся стран: для развивающихся стран устанавливается более низкая цена, чтобы обеспечить этим странам возможность приобретать необходимые лекарства; при этом, чтобы избежать обратного вывоза лекарств из развивающихся стран в развитые с целью перепродажи, на дешевых лекарствах и сопроводительных документах проставляется специальный логотип, и таможенные органы обязаны проверять упаковки ввозимых в страну товаров на предмет наличия такого логотипа)* **SYN:** differentiated pricing, variable pricing, matrix pricing

till forbid **сокр.** TF *рекл.* до запрещения, до особого распоряжения *(указание продолжать публикацию рекламного объявления обусловленным порядком впредь до отмены этого распоряжения заказчиком)* **SYN:** run T.F.

time and materials pricing *марк.* ценообразование на основе затрат времени и материалов* *(общая сумма счета заказчику складывается из прямых затрат материалов, стоимости фактически отработанных часов, накладных расходов, исчисляемых в виде процента от прямых затрат, и нормы прибыли)*

time broker 1) *рекл.* брокер-закупщик рекламного времени **SEE:** media broker, space broker **2)** *общ.* менеджер досуга, социальный менеджер, брокер времяпрепровождения* *(работник банка взаимопомощи, который занимается организацией организацией досуга)*

time buy *рекл.* = time buying

time buyer *рекл.* покупатель рекламного времени *(специалист, ответственный за покупку эфирного времени на радио или ТВ для рекламы)* **SEE:** media buyer, space buyer

time buying *рекл.* покупка рекламного времени *(покупка эфирного времени на телевидении или радио для размещения рекламы)* **SEE:** time buyer, network buy, media buy

time discount *рекл., СМИ* скидка за время *(скидка за объем закупленного эфирного времени)*

time of delivery *торг.* = delivery period

time of peak demand *эк.* период максимального спроса* **EX: The time of peak demand for locally grown produce is in late spring and early summer.** – Временем максимального спроса на продукцию местных сельхозпроизводителей является конец весны и начало лета.

time period rating *СМИ, марк.* рейтинг временного периода [отрезка времени] *(рейтинг, рассчитанный для определенного временного интервала, 15-30 минут, в определенной программе)*

time targeting *рекл., комп.* временная фокусировка, фокусировка по времени *(в интернет-рекламе: показ баннеров только в определенное, напр., рабочее время)* **SEE:** targeting

time utility *марк.* полезность времени, полезность своевременности* *(появляется в результате своевременного предложения товара, т. е. товар имеется в наличии (доступен) тогда, когда потребители хотят его купить)* **SEE:** place utility

time-buying service *рекл.* служба [отдел] покупки рекламного времени *(у теле- и радиокомпаний)* **SEE:** media buying service

tinned food *потр., брит.* = canned food

tinned goods [products] *потр.* = canned goods

tip-in *марк.* вкладыш *(вставка в газету или журнал, напр., дополнительная страница рекламы или бланк подписки с обратным адресом)* **SEE:** tip-on, freestanding insert

tip-on *марк.* прикрепленный предмет*

tipping *марк.* прикрепление* *(возвратного бланка, купона, образца товара или рекламного вкладыша к периодическому изданию)* **SEE:** tip-on, tip-in, freestanding insert

title in the goods *торг., юр.* право собственности на товар *(право владеть, пользоваться и распоряжаться товаром, переходящее к покупателю либо сразу после доставки товара, либо после выплаты покупателем продавцу полной цены товара)* **SYN:** ownership in the goods, property in the goods

tobacco products *потр.* табачные изделия *(сигареты; сигары; курительный, жевательный и нюхательный табак)* **SYN:** smokables

toilet goods *потр.* = toiletry

toiletry *потр., часто мн.* туалетные принадлежности **SYN:** toilet goods **SEE:** personal care items, household goods

toll-free calling *марк., связь* бесплатный звонок *(звонок в организацию, находящуюся в другом городе или за рубежом, за ее счет)* **SYN:** 800-number calling **SEE:** Wide-Area Telephone Service, freepost

toll goods *эк.* = club goods

tombstone *сущ.* **1)** *общ.* могильная [надгробная] плита; надгробный памятник, надгробие **2)** *фин., амер., разг.* «надгробный камень»*, «эпитафия»* *(объявление о выпуске новых акций или облигаций, содержащее имя эмитента, информацию о выпускаемых ценных бумагах и имена андеррайтеров и других участников подписки; название связано с тем, что в объявлении приводятся только самые важные сведения о выпуске)* **SEE:** prospectus **3)** *рекл.* = tombstone advertisement

tombstone ad *рекл.* = tombstone advertisement

tombstone advertisement 1) *рекл.* узкопрофессиональная реклама *(разговорное название рекламы, которая направлена на таких профессионалов, как врачи, юристы или банкиры, или на такие организации, как финансово-кредитные учреждения, медицинские ассоциации или брокерские фирмы, и которая должна соответствовать специфическим юридическим правилам и требованиям, установленным для этих областей)* **2)** *рекл.* *(краткое рекламное объявление информационного характера)* **SYN:** tombstone ad, tombstone advertising, tombstone

tombstone advertising *рекл.* = tombstone advertisement

top brand *марк.* топ-марка, ведущая марка *(самая известная и популярная в мире)* **EX: The votes are in, and the top brand in the world is Google.** – Голосование закончено, и мировой топ-маркой признан Гугл. **SEE:** flagship brand, top-selling brand

top display *торг.* витрина со стеклом* *(позволяющая увидеть товар целиком, не имея к нему прямого доступа; для выкладки ювелирных украшений, коллекционных моделей)* **SYN:** closed display, shadow box **EX: top display cabinet** – коробка-витрина, **top display case** – прилавок-витрина

top market *марк.* = core market

top of mind *марк.* первая названная марка, первая вспоминаемая марка, топ-оф-майнд, марка из подсознания *(в маркетинговых исследованиях: термин, обозначающий торговую марку или товар, названный респондентом первым в ответе на соответствующий вопрос, т. е. приходящий на ум в первую очередь, напр., при упоминании сигарет некоторым потребителям сразу приходит на ум марка «Кэмел»)* **SYN:** top-of-mind brand

top of mind awareness *марк.* = unaided awareness

top-of-mind brand *марк.* = top of mind

top-quality merchandise *марк.* товар высшего [отличного] качества

top-selling brand *марк.* самый популярный бренд, самая популярная торговая марка *(марка товара, который занимает лидирующие позиции по объемам продаж на рынке среди конкурирующих торговых марок)* **SEE:** market leader, top brand, flagship brand

Torts (Interference with Goods) Act 1977 *юр., торг., брит.* закон «О гражданских правонарушениях (конфликтные ситуации при действиях с товарами)»*, 1977 г. *(наряду с некоторыми другими законами в системе английского торгового права разрешает продажу товаров лицами, не являющимися их собственниками; заменил аналогичный, но неудовлетворительно функционирующий закон «О неполученных товарах» 1952 г.)* **SEE:** sale by agent, doctrine of estoppel, Innkeepers Act 1878, Disposal of Uncollected Goods Act 1952 г.

total advertising *рекл.* суммарная реклама, общий объем рекламы *(общая площадь в газете или журнале, предназначенная для рекламы)*

total audience *рекл.* общая аудитория *(общее число лиц, которые могут воспринять рекламное сообщение)* **EX: Total audience is defined as circulation multiplied by readers-per-copy.** – Общая аудитория определяется как тираж, умноженный на число читателей на один экземпляр.

total audience rating **сокр.** TA *марк., СМИ* суммарный рейтинг, общий рейтинг, общий показатель популярности *(доля населения некоторой географической зоны, которая смотрела передачи данной телевизионной станции в данный период времени или определенную программу данной* *станции в течение не менее шести минут)* **SEE:** average audience rating

total consumer market **1)** *эк.* общий объем потребительского рынка *(общий оборот (объем продаж) на потребительском рынке региона или страны)* **2)** *марк.* общий рынок товара*, совокупный рынок товара* *(общее количество потребителей какого-л. товара на рынке)* **EX: to analyze consumer behaviour in the total consumer market including the public domain, industrial markets, reseller markets and government** – анализировать поведение потребителей на совокупном рынке товара, включая конечных потребителей, промышленных потребителей, торговых посредников и правительство

total cost of ownership **сокр.** TCO *марк.* совокупная стоимость владения, общая стоимость владения *(включающая помимо стоимости изделия, стоимость послепродажного обслуживания и др. расходы)* **SYN:** whole-life cost **SEE:** after-purchase cost

total invoice value *торг., учет, гос. фин.* = gross invoice price

total market area *марк.* общая территория рынка*, общая сбытовая территория* *(совокупность всех сбытовых территорий компании; может рассчитываться как: общее количество населенных пунктов, охваченных деятельностью фирмы; общая территориальная площадь, охваченная деятельностью фирмы; общее количество потребителей товаров или услуг фирмы)* **SEE:** marketing territory

total market potential *марк.* общий потенциал рынка, общий рыночный потенциал *(максимальный объем потенциальных продаж данной продукции отрасли за установленный период времени; определяется умножением числа потребителей на рынке на количество, покупаемое средним потребителем, и на цену единицы продукции)*

total price *эк.* общая [суммарная] цена *(итоговая цена, учитывающая как себестоимость товара или услуги, так и различные надбавки, наценки и т. д.)* **SEE:** full price

total product line *марк.* = product assortment

total product set **1)** *марк.* = product assortment **2)** *марк.* комплект товаров, товарный комплект *(несколько товаров компании, предлагаемых потребителю в наборе (комплекте); напр., дополняющие друг друга товары или связанные товары)* **SEE:** complementary goods, tied products

total response *соц., стат.* суммарный отклик **SEE:** response

tough seller *торг.* жесткий [агрессивный] продавец *(продавец, способный настоять на продаже по достаточно высокой цене путем прямого аргументированного увещевания)* **SYN:** aggressive seller, hard seller **ANT:** soft seller **SEE:** solicit, aggressive approach

tout

I *сущ.* **1)** *общ.* зазывала, приставала *(человек, усиленно предлагающий свой товар, зазывающий людей в гостиницу, игорный дом и т. д.)* **2)** *торг.* = traveling salesman

II *гл.* **1)** *общ.* навязывать товар; зазывать покупателей; докучать, надоедать **2)** *общ.* расхваливать, рекламировать; агитировать; агитировать за кандидата

toy shop *торг.* магазин игрушек **SYN:** toy store

toy store *торг.* = toy shop

tracking **1)** *общ.* слежение, отслеживание *(наблюдение за процессом или результатами действия)* **2)** контроль, мониторинг, отслеживание **а)** *марк. (действия, следующие после проведения мероприятий прямого маркетинга и включающие подсчет и анализ действенности различных элементов этой кампании)* **б)** *торг. (контроль за приобретением запасов, продажами и получением заказов с целью поддержания их на оптимальном уровне)* **в)** *упр. (контроль за выполнением отдельных производственных* *операций)* **г)** *СМИ (осуществление аудиозаписи при движении пишущего узла вдоль дорожки)* **д)** *СМИ (осуществление видеозаписи при прямолинейном движении камеры)*

trade

I *сущ.* **1)** *эк.* занятие, ремесло, профессия **EX: a jeweller by trade** – ювелир по профессии, **allied trade** – смежная [родственная] профессия [специальность] **2)** *эк.* торговля, коммерческая деятельность **EX: to promote trade** – способствовать развитию торговли, **to carry on, conduct, engage in trade** – вести торговлю, торговать, **to conduct trade with many countries** – вести торговлю со многими странами, **to restrain trade** – ограничивать торговлю, **to restrict trade** – запрещать торговлю, **to hamper trade** – затруднять торговлю, **to impede trade** – препятствовать торговле, **to promote trade** – содействовать развитию торговли, поощрять развитие торговли, **revive trade** – возобновлять торговлю, **restraint on trade** – ограничение торговли, **decrease in trade** – сокращение в торговле, **foreign trade** – внешняя торговля, **free trade** – свободная торговля, **home trade** – внутренняя торговля, **international trade** – международная торговля, **retail trade** – розничная торговля **SYN:** commerce **SEE:** trade advertising, domestic trade, export trade, fair trade, illicit trade, slave trade, wholesale trade **3)** *эк.* отрасль торговли, отрасль производства; отрасль промышленности; промышленность **EX: the building [the furniture] trade** – строительная [мебельная] промышленность, **the publishing [printing] trade** – издательское [типографское] дело, **the wine trade** – виноделие **4)** *эк.* клиентура, покупатели **EX: to wait on trade** – обслуживать покупателей, **to have a lot of trade** – иметь большую (богатую) клиентуру, **I think our products will appeal to your trade.** – Я думаю, что наши товары понравятся вашим покупателям. **5) а)** *эк.* торговцы *(в какой-л. отрасли или представители определенной профессии; обычно с определенным артиклем)* **EX: the ivory trade** – торговцы слоновой костью **б)** *эк.* торговцы, торговое сословие; купцы, купечество **EX: trade and gentility** – торговое и дворянское сословия **6)** *торг. (лица, имеющие право продажи спиртных напитков)* **7)** *торг.* розничная торговля, магазин розничной торговли **SYN:** retailer **8)** *эк.* обмен, сделка **EX: an even trade** – равноценный обмен, **in trade for smth.** – в обмен на что-л. **to make a good trade** – заключить выгодную сделку, **to take smth. in trade** – приобрести что-л. в порядке обмена **SYN:** barter, transaction

II *гл.* **1) а)** *торг.* торговать **EX: to trade in smth.** – торговать чем-л. **to trade with smb.** – торговать с кем-л. **SYN:** carry on trade **SEE:** trade down, trade off, trade up **б)** *торг.* ходить по магазинам, делать покупки **SYN:** shop **2) а)** *общ.* менять, обменивать *(один товар на другой)* **SYN:** barter **б)** *общ.* обмениваться

III *прил.* **1)** *торг.* торговый **EX: trade area** – торговая зона, **trade centre** – торговый центр **SEE:** trade credit, trade custom, trade discount, trade house, trade marketing **2)** *общ.* профессиональный; относящийся к профсоюзам **EX: trade jargon** – профессиональный жаргон

trade advertisement *рекл.* рекламное объявление для сферы торговли **SEE:** trade advertising, business advertisement

trade advertising *рекл.* реклама на сферу торговли, реклама в коммерческой прессе *(разновидность рекламы, адресованной розничным и оптовым продавцам, которая осуществляется с помощью прямой почтовой рассылки, а также в специализированных журналах; обычно такая реклама дешевле потребительской рекламы)* **SEE:** trade advertisement, business-to-business advertising

trade allowance *торг.* = trade discount

trade area *торг.* торговая зона, торговый район *(географическая территория, на которой проживает большая часть (95%) обслуживаемого торговым предприятием населения)* **SYN:** trading area, catchment area, commercial section, commercial district, commercial area **SEE:** primary trade area, secondary trade area, tertiary trade area

trade buyer *марк.* коммерческий покупатель*, торговый покупатель*, покупатель из сферы торговли* *(по-*

купает товар для последующей перепродажи) **SYN:** commercial buyer **SEE:** trade market, industrial buyer, final buyer

trade by barter *торг.* = barter

trade centre *торг.* торговый центр **а)** *(финансовый, политический и культурный центр города, где сосредоточены банки, самые крупные отели, торговые фирмы, правительственные учреждения, редакции газет и журналов, театры, кино и т. п.)* **SYN:** trading centre **б)** *торг.* = shopping centre

trade channel *марк.* = distribution channel

trade character *рекл.* рекламный персонаж, корпоративный герой, торговый персонаж, рекламное лицо *(человек, животное, мультипликационный персонаж, предмет и т. д., используемый в рекламе фирменной продукции и ставший символом этой продукции также, как торговая марка ассоциируется с продукцией)* **SYN:** advertising personality

trade company *эк., торг.* = trade firm

trade contract *юр., торг.* торговый договор [контракт] *(соглашение между продавцом и покупателем, в котором устанавливаются цены, количество и вид товара, форма платежа, условия доставки и страхования и т. п.)* **SEE:** sales contract, delivery contract

trade credit *фин., торг.* коммерческий [торговый, фирменный] кредит *(кредит, предоставляемый продавцом или поставщиком услуг покупателю в виде отсрочки платежа за проданные товары/оказанные услуги, напр., под векселя или по открытому счету)* **EX: Trade credit is often stated in such terms as «2/10 net 30» (2/10, n30) or «3/10 net 60». In the first case, your vendor offers a 2% discount of the invoiced amount if you pay within 10 days. If you don't take advantage of the discount, full payment is due within 30 days of the invoice. In the second case, your vendor offers a 3% discount if you pay within 10 days. Otherwise, payment is due in full within 60 days of the invoice.** – Торговый кредит обычно предоставляется на таких условиях как «2/10 нетто 30» или «3/10 нетто 60». В первом случае ваш поставщик предлагает скидку в размере 2% от фактурной цены, если вы платите в течение 10 дней. Если вы не воспользуетесь преимуществом скидки, то полный платеж причитается в течение 30 дней со дня выставления счета-фактуры. Во втором случае ваш поставщик предлагает скидку в размере 3% от фактурной цены, если вы платите в течение 10 дней. Иначе в течение 60 дней со дня выставления счета фактуры должен быть осуществлен полный платеж. **SYN:** commercial credit **SEE:** open account, supplier credit, credit sale, buyer credit

trade custody *торг.* = trade custom

trade custom *торг.* торговый обычай *(общепризнанное правило, регулирующее какой-л. аспект торговли, сложившееся на практике, но не отраженное в писаных законах)* **SYN:** custom of merchants, commercial custody, trade custody, custom of the trade, custom in trade, custom of trade **SEE:** commercial usage

trade delegation *торг.* = trade mission

Trade Description Act 1968 *брит., юр., торг.* Закон об описании товаров 1968 г. *(в этом законе признается преступлением ложные или вводящие в заблуждение описания товаров или услуг; к таким описаниям относятся цена, количество или размер, состав, предприятие-изготовитель и т. д.)* **SEE:** Trade Description Act 1972, consumer protection

Trade Description Act 1968 and 1972 *юр., торг., брит.* закон «Об описании товаров», закон «О торговых названиях» *(обязывающий фирму прилагать к товару инструкцию о пользовании им, а если дело касается импортных товаров, указывать страну их производства)* **SEE:** consumer protection

Trade Description Act 1972 *юр., торг., брит.* Закон об описании товаров 1972 г. *(дополняет соответствующий закон 1968 г.; в частности, применительно к импортным товарам предписывается ясно указывать страну-изготовителя)* **SEE:** Trade Description Act 1968

Trade Descriptions Act 1968 *юр., торг., брит.* закон «Об описании товаров в торговле»*, 1968 г. *(ввел ответственность за вводящие в заблуждение заявления и ложную рекламу розничных торговцев)* **SEE:** description

trade discount 1) *торг.* торговая [функциональная] скидка *(скидка с цены товара, предоставляемая производителем или продавцом торговым посредникам, розничным торговцам и т. п. за выполнение ими определенных маркетинговых и торговых функций, напр., за приобретение товара с целью перепродажи, хранения товара и за проведение работ по погрузке и доставке, закупку товара во время сезонного спада спроса, рекламирование товара и т. п.)* **SYN:** functional discount **SEE:** retail display allowance **2)** *торг.* торговая скидка *(скидка с цены товара, предоставляемая продавцом покупателю в связи с конкретными условиями сделки, напр., скидка, предоставляемая за покупку сверх определенного количества, либо скидка за оплату наличными или погашение задолженности ранее определенного, стандартного для данного продавца, срока, и т. п.)* **SYN:** trade allowance **SEE:** quantity discount, cash discount, chain discount

trade discounting *торг.* предоставление торговой скидки **EX: Trade discounting is a common practice in the market and the perception that we discount more heavily than others is incorrect.** – Предоставление торговых скидок является общепринятой практикой, а представление о том, что у нас более значительные скидки, чем у других, является неверным. **SEE:** trade discount

trade display 1) *марк.* торговая экспозиция *(презентация товара отдельной фирмы)* **2)** *рекл.* рекламно-оформительский материал *(для торговой экспозиции)* **EX: trade display stand** – стенд для презентации (содержит информацию о продукции конкретной фирмы)

trade down *эк.* менять *(продавать что-л. более ценное и/или дорогое с целью покупки более дешевого, напр., покупать квартиру с меньшей площадью после продажи квартиры с большей площадью)* **SEE:** trade up

trade dress *марк.* оформление товара* *(совокупность различных нефункциональных элементов товара или услуги, охраняемых законодательством; к таким элементам относятся дизайн товара; стиль, цвет, форма упаковки товара; надписи, наклейки, ярлыки на товаре, оформление витрины для товара; манера предоставления услуг, интерьер помещения для предоставления услуг и т. д.)* **SYN:** get-up of goods **SEE:** trade dress protection

trade dress protection *марк., пат.* охрана оформления товара* *(патентная защита оформления товара)* **SYN:** protection of attributes **SEE:** trade dress

trade fair *торг.* торговая ярмарка, выставка-продажа *(демонстрация разнообразных товаров на ярмарке, после завершения которой все выставленные образцы, как правило, распродаются)* **EX: international trade fair** – международная торговая ярмарка **SEE:** sample fair, international marketing, Bureau of International Expositions

trade firm *сущ. эк., торг.* торговое [коммерческое] предприятие, торговая [коммерческая] компания [фирма] *(компания, занимающаяся покупкой и продажей каких-л. товаров, произведенных другими предприятиями, с целью получения прибыли)* **SYN:** trade company, merchandising company, trading company **SEE:** commerce, wholesale firm, retail firm

trade house *торг.* торговый дом *(торговая компания, которая проводит операции за свой счет и по поручению клиентов)*

trade in *гл. торг.* менять с доплатой *(использовать какой-л. товар (как правило, старый или бывший в употреблении) в качестве частичной оплаты нового товара)*

trade-in *сущ.* **1)** *торг.* сделка на основе встречной продажи *(сделка по купле-продаже, при которой продавец в качестве частичной оплаты това-*

ра принимает старый товар аналогичного назначения) **EX: trade-in offer** – предложение (сделки на основе) встречной продажи **SYN:** trade-in deal **SEE:** trade-in allowance, trade-in value, trade in **2)** *торг. (товар, отдаваемый в обмен на другой товар в качестве полной или частичной оплаты, напр., старый компьютер, принимаемый магазином в качестве частичной оплаты нового компьютера)*

trade-in allowance *торг.* скидка при встречной продаже, товарообменный зачет *(уменьшение цены нового товара на себестоимость сдаваемого старого товара)* **SYN:** trade-in discount, trade-in rebate **SEE:** trade-in value

trade-in deal *торг.* = trade-in

trade-in discount *торг.* = trade-in allowance

trade-in price *торг.* = trade-in value

trade-in rebate *торг.* = trade-in allowance

trade-in value *торг.* стоимость [цена] при встречной продаже* *(сумма, в которую продавец оценивает старый товар, предлагаемый ему покупателем в качестве частичной оплаты нового товара)* **SYN:** trade-in price **SEE:** trade-in allowance

trade label *торг.* = label

trade mark *пат., марк.* = trademark

trade market 1) *эк.* рынок промежуточных продавцов, торговый рынок*, рынок сферы торговли* *(продавцы и покупатели товаров, которые покупаются для их дальнейшей перепродажи конечным или промышленным потребителям; покупателями товаров на данном рынке являются оптовые и розничные торговцы)* **SYN:** reseller market **SEE:** wholesale customer, retailer, business market, producer market, consumer market, government market, institutional market **2)** *эк.* рынок, биржа *(какого-л. товара)* **EX:** **footwear trade market** – рынок обуви **SEE:** mercantile exchange

trade marketing *марк.* торговый маркетинг *(маркетинг торговых услуг, таких как закупка товаров, формирование торгового ассортимента в соответствии со спросом покупателей, организация торговых процессов и обслуживание населения, внутримагазинная реклама и др.)*

trade marketing mix 1) *марк.* комплекс маркетинга для торговых посредников *(программа мероприятий маркетинга, направленных на создание спроса на уровне торговых посредников (дистрибьюторов, оптовых и розничных торговцев); напр., производитель может предложить торговцу специальные скидки в обмен на предоставление большей торговой площади его товарам в магазине)* **2)** *марк.* комплекс торгового маркетинга *(программа мероприятий маркетинга торговых услуг)* **SEE:** trade marketing

trade mart *торг.* выставочный комплекс **EX: TWTC's International Trade Mart is a meeting place for international buyers and sellers.** – Международный выставочный комплекс ТВТК является местом встречи международных покупателей и продавцов.

trade monopoly *эк.* торговая монополия *(монополия на торговлю какими-л. товарами или услугами)* **EX: foreign trade monopoly** – монополия внешней торговли **SYN:** commercial monopoly

trade name 1) *юр., эк.* фирменное наименование, название фирмы *(не обязательно является официальным наименованием фирмы; может быть зарегистрировано в качестве товарного знака)* **SYN:** business name **SEE:** trade mark **2)** *торг.* торговое наименование *(наименование товара, под которым данное изделие известны покупателю)*

Trade Navigation Code *торг., юр., мор.* Кодекс торгового мореплавания *(закон, в котором содержатся расположенные по определенной системе нормы права, регулирующие отношения, возникающие из торгового мореплавания; существует в ряде стран с ярко выраженным дуализмом частного права)*

trade off *торг.* сбывать **EX: trade off old goods** – сбыть залежалые товары **SYN:** sell off

trade operation *торг.* торговая операция *(отдельная законченная одно-*

родная часть торгового процесса) **SYN:** merchandising operation

trade partnership *эк., юр., торг.* торговое товарищество *(объединение лиц, которое занимается торговой деятельностью с последующим распределением полученной прибыли между участниками товарищества)* **SYN:** mercantile partnership, trading partnership

trade performance *торг., учет* результативность [эффективность] торговой деятельности *(напр., валовой доход от торговли, объем продаж)* **SEE:** sales

trade practice *эк.* торговая практика *(политика поведения продавца или покупателя на рынке; способ организации сбытовой или закупочной деятельности)* **EX: Such a trade practice is called predatory pricing, that is, selling below cost of production so as to eliminate a competitor or competition.** – Подобная торговая практика называется хищническим ценообразованием, т. е. цены устанавливаются ниже издержек производства с целью устранения какого-л. конкурента или конкуренции в целом. **SYN:** practice of trade, commercial practice, practice in trade **SEE:** monopolistic trade practice, restrictive trade practice, unfair trade practice

Trade Practices Act **сокр.** TPA *торг., юр., австрал.* закон «О торговой практике» *(австралийский закон, регулирующий ограничительную торговую практику и антиконкурентную деятельность; принят в 1974 г.)* **SEE:** restrictive trade practice

trade price *торг., бирж.* = trading price

trade profit *эк., торг.* = trading profit

trade promotion **1)** *марк.* = sales promotion **2)** *марк.* стимулирование сферы торговли, стимулирование торговых посредников *(маркетинговые мероприятия, направленные на создание спроса на уровне торговых посредников, напр., конкурсы дилеров, торговые купоны, премии дилерам за объемы закупок)* **SEE:** trade advertising, consumer promotion **3)** *эк., межд. эк.* содействие развитию торговли *(составная часть торговой политики, состоящая в стимулировании развития торговли между странами и регионами)* **SYN:** promotion of trade

trade puffery *торг.* = advertising exaggeration

trade rate *торг.* внутриотраслевая цена *(специальная цена, предлагаемая розничному торговцу производителем, дистрибьютором, оптовым торговцем или предлагаемая продавцом частным лицам и организациям в смежной отрасли)*

trade register *торг.* торговый реестр *(реестр предприятий и физических лиц, занимающихся производством товаров и торговлей, куда заносятся данные, имеющие правовое значение, напр., наименование и направление деятельности фирмы, фамилии членов товариществ или акционеров, несущих личную ответственность, данные об основном капитале фирмы и пр.)*

trade show **1)** *марк.* торговая выставка, торговое шоу *(выставка или демонстрация новых продуктов и изделий для увеличения продаж)* **SYN:** trade fair, sales exhibition **2)** *марк.* специализированная [отраслевая] выставка *(демонстрация товаров и услуг для частных лиц и компаний, работающих в определенной отрасли)*

trade system *торг.* торговая система *(форма организации, устройство торговли)*

trade up *общ.* менять *(продавать менее дорогую вещь с целью покупки более дорогой вещи)* **SEE:** trade down

trade usage *торг.* = trade custom

tradeable amount *торг.* единица сделки*, торгуемое количество* *(минимальная рыночная партия товара для заключения сделки)*

trademark *сущ.* **1)** **сокр.** TM *пат., марк.* товарный [торговый, фирменный] знак, торговая эмблема, торговая марка *(прошедшее государственную регистрацию обозначение, позволяющие отличать товары или услуги одних юридических или физических лиц от товаров или услуг других юридиче-*

ских или физических лиц) **SYN:** trade mark, commercial emblem, commercial mark, corporate identity **SEE:** trademark registration, brand, service mark, business name, word trademark, figurative trademark, three-dimensional trademark, sound trademark, symbolic trademark, registered trademark, counterfeiting **2)** *общ.* отличительное [характерное] качество, отличительная [характерная] черта [особенность]; символ *(какой-л. признак, свидетельствующий об определенном предмете, человеке, месте, ситуации и т. д.)* **EX: Quick exits are her trademark.** – Ей свойственно быстро исчезать (уходить).

trademark advertising *рекл.* = brand advertising

trademark commodities *торг.* = branded goods

trademark content 1) *пат.* элементы товарного знака *(названия, изображения, звуки, цвета и другие составляющие, ассоциируемые с конкретной фирмой, человеком или товаром)* **2)** *общ., марк.* характерное содержание *(напр., журнала, сайта, картин и т. д.; предполагает, что по темам статей в журнале, типу информации на сайте, художественному стилю картины можно судить о том, какой это журнал, сайт, чья картина)* **EX: The journal's trademark content was an anchor that served as a constant link with its readership.** – Характерное содержание журнала позволяло ему иметь постоянную читательскую аудиторию. **This work is definitely Sorayama but quite different from his very explicit trademark content.** – Эта работа определенно принадлежит кисти Сорайама, но она выполнена в несколько несвойственном ему стиле.

trademark design *марк.* дизайн товарного знака **а)** *(проектирование художественных форм, внешнего вида товарного знака)* **б)** *(художественно оформленный внешний вид товарного знака: стиль изображений, слов и иных составляющих товарного знака)* **SEE:** stylized trademark

trademark development *марк.* разработка товарных знаков, создание товарных знаков *(одна из основных задач при выпуске нового продукта; состоит из нескольких этапов: позиционирование на рынке (какова целевая группа потребителей, для которой создается товарный знак; какова выгода потребителя в результате приобретения именно этого товарного знака; какое положение занимает этот товарный знак на рынке по отношению к конкурентам; какая черта товарного знака должна активно использоваться для выделения его среди конкурентов); создание компонентов товарного знака (выбор уникального обозначения для себя и своих товаров или услуг — слово, изображение, слово с изображением и т. д. и художественное оформление данного обозначения с целью придать ему дополнительные отличительные черты и привлекательность; выделение формулы товарного знака — слово или фраза, выражающая сущность товарного знака); тестирование товарного знака (оценивается отношение потребителей к различным вариантам названия, изображения и дизайна товарного знака с целью выбора оптимального варианта из нескольких возможных))* **SEE:** word trademark, figurative trademark, three-dimensional trademark, trademark design, stylized trademark, trademark name, trademark image, trademark slogan

trademark differentiation *марк., пат.* дифференциация товарных знаков **SEE:** brand differentiation

trademark extension 1) *марк., пат.* расширение товарного знака *(выход товарного знака на новые рыночные сегменты или на новые рынки (на мировой рынок), т. е. предложение товаров или услуг, к которым применяется данный товарный знак, на новом рынке (сегменте рынка); примером расширения товарного знака может служить любой импортный бренд, продающийся на российском рынке — Mars, L'Oreal, Palmolive или Camel;*

данная стратегия позволяет повысить доход от использования товарного знака) **SEE:** territorial extension, international brand **2)** *марк.* растягивание [углубление] товарного знака *(применение товарного знака за пределами того товарного ряда, к которому он применялся изначально; ярким примером является товарный знак «Алла»: реальный персонаж – эстрадная певица Алла Пугачева - разрешила использовать имя сначала журналу «Алла», затем была создана обувь «Алла»; данная стратегия позволяет повысить доход от использования товарного знака)* **SEE:** brand extension

trademark goods *торг.* = branded goods

trademark holder *пат.* = trademark owner

trademark image *марк.* эмблема товарного знака, изображение [графема] товарного знака* *(символ или картинка, которая является компонентом товарного знака (дополнительно к названию и к формуле товарного знака))* **SEE:** trademark name, trademark slogan, device mark

trademark lettering *пат., марк.* шрифтовое оформление товарного знака* *(особенный дизайн шрифта, используемого в названии или в формуле товарного знака, напр., причудливая форма или нестандартный наклон букв в названии; обычно регистрируется в качестве интеллектуальной собственности вместе с товарным знаком)* **SEE:** trademark name, stylized trademark, trademark design

trademark name *марк., пат.* название [наименование] товарного знака *(часть товарного знака, которую можно произнести - слово или фраза, напр., Panasonic, Sony, Dove, Victoria's Secret, «Моя семья» и т. д.; является компонентом товарного знака, может дополняться эмблемой и формулой товарного знака)* **SYN:** trademark word, word mark **SEE:** trademark image, trademark slogan

trademark owner *пат.* владелец товарного знака *(лицо или организация, на имя которой зарегистрирован товарный знак)* **SYN:** owner of trademark, trademark holder **SEE:** registered trademark

trademark policy *марк.* товарно-знаковая политика *(действия компании по продвижению и защите своего товарного знака)* **EX: What is your company's trademark policy?** – Какова товарно-знаковая политика вашей компании?

trademark register *пат.* реестр товарных знаков *(документ, содержащий информацию о зарегистрированных товарных знаках; в реестр вносятся товарный знак, сведения о его владельце, дата приоритета товарного знака и дата его регистрации; перечень товаров, для которых зарегистрирован товарный знак; другие сведения, относящиеся к регистрации товарного знака, а также последующие изменения этих сведений)* **SYN:** record of trademarks **SEE:** trademark registration, trademark, trademark owner

trademark registration *пат.* регистрация товарного знака *(процедура, необходимая для обеспечения охраны товарных знаков; заключается в том, что владелец товарного знака официально оформляет на себя исключительное право использования определенного изображения, символа или слова для обозначения своей фирмы или своих товаров или услуг; данное право подтверждается документом, выдаваемым уполномоченными органами владельцу, и записью в специальном реестре товарных знаков)* **SEE:** registered trademark, unregistered trademark, brand protection, trademark register, international trademark registration

Trademark Registration Treaty сокр. TRT *пат.* Международный договор о регистрации товарных знаков*, Венская Конвенция о регистрации товарных знаков, Венский договор о регистрации товарных знаков *(был подписан в 1973 г. в Вене; согласно закону, заявитель на получение международной регистрации товарного* *знака должен быть резидентом одной из стран-членов соглашения; с целью защиты зарегистрированного товарного знака закон постановляет, что компания может не использовать данный товарный знак в течение 3-х лет после регистрации без отказа в регистрации)* **SEE:** Madrid Agreement

trademark slogan *марк., пат.* формула товарного знака, девиз [слоган] товарного знака* *(не изменяющаяся с течением времени основа представления товара; она концентрируется в одном слове (фразе) и выражает сущность товарного знака; напр., «Жилетт – лучше для мужчины нет», «Tefal – ты всегда думаешь о нас», «Knorr – вкусен и скор», «Россия – щедрая душа»; является компонентом товарного знака (совместно с названием и эмблемой товарного знака))* **SEE:** slogan, slogan trademark, trademark name, trademark image

trademark word *марк., пат.* = trademark name

trader *сущ.* **1)** *торг.* торговец *(любое лицо физическое или юридическое, которое торгует финансовыми инструментами, товарами или услугами)* **SYN:** merchant, dealer **2)** *бирж.* биржевой маклер; трейдер **а)** *(физическое лицо - участник биржевых торгов, клиент биржи, осуществляющий биржевые сделки за собственный счет или по поручению клиентов, не является биржевым работником, не находится в штате биржи, не организует биржевые торги)* **б)** *(работник брокерской фирмы, непосредственно участвующий в биржевой торговле)* **3)** *эк.* спекулянт **4)** *трансп., мор.* торговое судно

tradesfolk *торг.* = tradespeople

tradesman *сущ.* **1)** *торг., брит.* торговец; розничный торговец, владелец розничного магазина **SEE:** retail store, shopbook **2)** *эк.* ремесленник

tradespeople *сущ.* **1)** *эк., соц.* торговцы, купцы, торговое сословие *(общественная прослойка, состоящая из людей, занятых торговой деятельностью, и их семей)* **SYN:** tradesfolk **2)** *эк., торг.* торговцы, посредники *(осуществляют покупку товаров не для собственного потребления, а для последующей продажи с целью получения прибыли, т. е. выполняют функции посредника между производителем и потребителем)* **SEE:** salespeople

trading area *торг.* = trade area

trading centre *торг.* место сосредоточения магазинов *(в отличие от торгового центра)* **SYN:** trade centre

trading company *эк., торг.* = trade firm

trading cost *торг., учет* = distribution cost

trading depot *торг.* торговая база **SYN:** sales depot, supply depot, warehouse

trading fleet *торг.* = merchant marine

trading loss **1)** *торг.* убыток от торговли, торговый убыток *(возникающий из-за разницы в ценах розничной реализации и приобретения у оптового торговца или производителя)* **2)** *эк.* производственный [операционный] убыток *(отрицательная разница между выручкой от продаж и себестоимостью производства)* **SEE:** trading profit

trading partnership *эк., юр, торг.* = trade partnership

trading post *торг., ист.* фактория *(магазин в отдаленной местности, в котором продукты местного производства продаются или вымениваются на какие-л. иные блага)* **SYN:** trading station, factory

trading price *торг., бирж.* цена торгов* *(цена, по которой ценные бумаги или другие активы торгуются на рынке; термин применяется преимущественно в биржевой торговле)* **SYN:** trade price

trading profit **1)** *торг.* торговая прибыль, прибыль от реализации *(возникает из-за разницы между ценой реализации розничным торговцем и ценой закупки товаров у оптового торговца или производителя)* **SYN:**

trade profit 2) *эк.* производственная [операционная] прибыль, прибыль от реализации *(положительная разница между выручкой от продаж и себестоимостью производства)* **SEE:** trading loss

trading stamp *марк.* зачетный талон [купон], товарный талон [купон]*, талон [купон] на товар *(дающий право на скидку с цены или на получение товара на определенную сумму бесплатно при следующей покупке в том магазине, где получен талон; выдается покупателю при покупке товара в данном магазине, при этом сумма на купоне зависит от суммы покупки)* **SEE:** stamp trading, advertising coupon, cents-off coupon, ad-a-card, gift coupon

trading station *торг., ист.* = trading post

trading stock *эк.* = stock-in-trade

traditional advertising *рекл.* традиционная реклама *(реклама в общеизвестных и часто используемых средствах распространения рекламы, напр., на телевидении, на радио, в печати)* **SEE:** alternative advertising, advertising method

traditional market *марк.* традиционный рынок *(рынок сбыта компании, на котором она предлагала свои товары в течение длительного периода, в отличие от новых рынков сбыта)* **SYN:** conventional market

traffic *сущ.* 1) *общ.* движение; сообщение; транспорт **EX: to break traffic regulations** – нарушать правила дорожного движения 2) *трансп.* перевозки; грузооборот *(количество перевозимого груза или пассажиров)*; фрахт, грузы **EX: Air freight traffic is expected to grow at an average rate of 6% to 7% per year.** – Объем авиационного грузооборота, согласно ожиданиям, будет в среднем расти на 6-7% в год. 3) *связь (количество принимаемых и передаваемых телеграмм, радиограмм, переговоров)* 4) *связь. (интенсивность информационного потока)* 5) *комп.* траффик *(объем данных, получаемых сервером (входящий трафик) или отправляемых сервером (исходящий трафик))* 6) *комп., рекл.* посещаемость *(сайта или страницы в Интернет)* а) *количество посетителей веб-сайта или его определенной страницы за единицу времени* **SEE:** site session, site reach, site frequency б) *кол-во хитов за единицу времени* **SEE:** hit

traffic audit 1) *марк.* изучение движения *(исследование направлений и интенсивности уличного движения по отношению к объектам наружной рекламы)* 2) *марк., торг.* исследование потока *(посетителей в магазин)* 3) *марк., комп.* изучение трафика **EX: The traffic audit will enable the sponsor to monitor the amount of Internet traffic that is coming to his site.** – Изучение трафика позволит спонсору следить за количеством посетителей, приходящих на его сайт.

Traffic Audit Bureau *марк., рекл., амер. (название Бюро по контролю за уличным движением до 1990 г.)* **SEE:** Traffic Audit Bureau for Media Measurement

Traffic Audit Bureau for Media Measurement **сокр.** TAB *марк., рекл., амер.* Бюро по контролю за уличным движением *(некоммерческая организация, членами которой являются рекламодатели и владельцы средств наружной рекламы; задачи организации - проведение исследований по определению количества людей, проезжающих мимо наружной рекламы, установление методов оценки этого движения и измерение потенциального размера рынка)* **SEE:** Traffic Audit Bureau

traffic department 1) *трансп., амер.* отдел дорожного движения *(занимается установкой и поддержанием исправности дорожных знаков и других видов регулирования дорожного движения, а также их управлением)* 2) *рекл., упр.* отделение по учету и движению рекламы; отдел прохождения заказов, диспетчерский отдел *(отдел рекламного агентства, ответственный за координацию всех этапов производства рекламного материала, напр., за сроки выполнения* *заказов, за отправку рекламных материалов заказчику в соответствии с графиками)* **EX: A traffic department is literally overwhelmed by advertising orders.** – Отделение по учету и движению рекламы буквально переполнено рекламными заказами: **3)** *эк., упр.* отдел отгрузки и приемки грузов

trafficking *юр., торг.* торговля запрещенным товаром *(наркотиками, оружием, людьми и т. д.)* **EX: human trafficking** – торговля людьми, **drugs trafficking** – наркоторговля, **The program is designed to combat the trafficking of children.** – Программа направлена на борьбу с торговлей детьми.

trailer *сущ.* **1)** *трансп.* (авто)прицеп; трейлер, прицепная тележка, вагончик **2)** *марк.* дополнительные сведения, примечания; корзина* *(часть записи в файле потребителей, относящаяся к конкретному заказу; дополняет основную запись с информацией о потребителе (имя и адрес) информацией, относящейся к каждому заказу этого потребителя (наименование товара, количество, цена и состояние оплаты))* **EX: The trailer is being made to interest sales agents.** – Корзина создается для того, чтобы заинтересовать торговых агентов. **SYN:** contract

transact negotiates *общ.* = bargain

transaction *сущ.* **1)** *эк., юр.* сделка, трансакция; дело; (экономическая) операция **EX: financial transactions** – финансовые операции **SYN:** bargain **SEE:** contract of sale of goods, sale **2)** *учет* (хозяйственная) операция *(событие или условие, отражаемое на счетах бухгалтерского учета)*

transaction price *эк., марк.* цена сделки *(фактическая цена купли-продажи в данной сделке)*

transfer of goods *торг.* = transmission of goods

transfer of property *юр., торг., брит.* переход собственности *(на товар — от продавца к покупателю, согласно закону «О продаже товаров» 1979 г., отличается от перехода правового титула; переход собственности подразумевает переход прав и обязанностей, связанных с собственностью на товар, от продавца к покупателю, однако еще не предполагает права владения товаром покупателем, т. к. в законе это увязано с моментом оплаты; при продаже специфицированных товаров в состоянии готовности к поставке и при безусловном договоре собственность на товары переходит к покупателю в момент осуществления договора, не важно в момент оплаты или поставки; если же речь идет о переходе собственности на будущие товары, собственность не переходит к покупателю до того момента, пока эти будущие товары не станут существующими)* **SEE:** Sale of Goods Act 1979, transfer of title, duty to pay the price, specific goods, deliverable state, unascertained goods, ascertained goods

transfer of risk *юр., торг., брит.* передача риска *(в соответствии с законом «О продаже товаров» 1979 г., в рамках договора о продаже товаров передача риска от продавца к покупателю происходит вместе с передачей собственности, когда передача собственности произошла, товары находятся на риске покупателя независимо от того, осуществлена реальная поставка или еще нет)* **SEE:** Sale of Goods Act 1979, contract of sale of goods, transfer of property, delivery

transfer of title *юр., торг., брит.* передача правового титула *(от продавца к покупателю, согласно закону «О продаже товаров» 1979 г., отличается от передачи собственности; подразумевает, что правовой титул переходит к покупателю, так что третьи лица (не являющиеся продавцами) не могут оспорить этот правовой титул у покупателя)* **SEE:** Sale of Goods Act 1979, transfer of property

transformational advertising *рекл.* трансформационная реклама *(базируется на наличии у членов целевой группы стремления к дополнитель-*

ному наслаждению, социальному одобрению, интеллектуальному стимулированию; рекламное сообщение построено таким образом, чтобы позволить членам целевой аудитории выявить данные потребности и понять, что именно рекламируемый товар позволит удовлетворить их) **SEE:** informational advertising, testimonial advertising, emotional appeal

transient rate *рекл.* = one-time rate

transit advertisement *рекл.* = car card

transit advertising *рекл.* транзитная реклама, реклама на транспорте *(разновидность рекламы, достигающей людей, которые пользуются общественным транспортом; различают три вида такой рекламы: внутрисалонные рекламные планшеты; наружные рекламные планшеты (на задней, передней и боковой сторонах транспортных средств); плакаты на станциях, остановках общественного транспорта)* **SYN:** transportation advertising **SEE:** car card, adshel, indoor advertising, outdoor advertising, mobile advertising

transit spectacular *рекл.* реклама на транспорте, транспортная реклама *(располагается на внутренней и внешней стороне или на одной из сторон транспортного средства)*

transit station poster *рекл.* = transportation display

transit storage *торг., трансп.* = storage in transit

transmission of goods *эк.* перемещение товаров, передвижение товаров *(от продавца к покупателю, со склада в магазин и т. д.)* **EX: fast transmission of goods to the customer** – быстрое перемещение товаров к покупателю **SYN:** transfer of goods

transport of goods *торг., трансп.* = transportation of goods

transportation advertising *рекл.* = transit advertising

transportation cost *учет* транспортные расходы, стоимость транспортировки, расходы по перевозке *(затраты на фрахт, перевозку, погрузку-разгрузку товаров и т. п.)* **SEE:** freight, freight in, freight out, freight prepaid, freight collect, distribution cost, haul cost

transportation display *рекл.* остановочная [станционная] реклама **SYN:** transit station poster **SEE:** adshel

transportation in *учет* = freight in

transportation of goods *трансп., торг.* транспортировка товаров [грузов], перевозка товаров [грузов] *(перемещение товаров (грузов) от поставщика покупателю или из страны производства в страну потребления посредством железнодорожного, воздушного, морского или иных видов транспорта)* **SYN:** transport of goods

transportation out *учет* = freight out

traveling agent *торг.* = traveling salesman

traveling salesman *торг.* коммивояжер *(торговый представитель, посещающий потенциальных клиентов в разных населенных пунктах, имея при себе образцы товара, прейскуранты, каталоги и т. п.)* **SYN:** travelling salesman, commercial traveller, traveling agent, travelling agent, traveller, commission merchant, salesman, travelling sales representative, sales consultant, tout, drummer

traveling shop *торг.* = mobile shop

traveller *сущ.* **1)** *общ.* путешественник **2)** *общ.* турист **3)** *торг.* = travelling salesman

travelling agent *торг.* = travelling salesman

travelling buyer *торг.* разъездной торговец*, разъездной скупщик* *(посещает различные места с целью покупки определенного товара)*

travelling display **1)** *рекл., амер.* компакт-планшет* *(самый маленький из применяемых в США на средствах общественного транспорта наружных рекламных планшетов)* **SEE:** king-size display, front-end display, queen-size display, taillight display **2)** *марк.* передвижная экспозиция [выставка] **3)** *марк.* передвижное выставочное оборудование **EX: travelling display panel** – переносной выставочный стенд **SYN:** portable display, movable display

travelling sales representative *торг.* = travelling salesman

travelling salesman *торг.* коммивояжер *(торговый представитель, посещающий потенциальных клиентов в разных населенных пунктах, имея при себе образцы товара, прейскуранты, каталоги и т. п.)* **SYN:** commercial traveller, travelling agent, traveller, commission merchant, salesman, travelling sales representative, sales consultant, tout, drummer

travelling shop *торг.* = mobile shop

tray **1)** *общ.* поднос **2)** легкая закуска **3)** *торг.* лоток **SEE:** tray packing **4)** *общ.* канцелярский ящик, проволочная канцелярская корзина **5)** *тех.* поддон; поддон, кювета

tray pack *торг.* упаковка-лоток *(элемент рекламы в месте продажи, представляющий контейнер с товаром, крышка которого может открываться и складываться, в результате чего контейнер превращается в поднос с товаром, который может устанавливаться на полку или на прилавок магазина)* **SEE:** pack

tray packing *торг.* лоточная паковка* *(упаковка продовольственных расфасованных товаров на лотках)* **EX: The advantage of tray packing is that food pieces remain loose.** – Преимуществом лоточной паковки является то, что продукты остаются свободно лежащими.

trend analysis *мет., стат.* трендовый анализ, анализ тренда, анализ тенденции *(сравнение значений одного и того же показателя за несколько периодов времени для выявления основной тенденции изменения показателя)*

Trendex *марк., амер.* «Трэндэкс» *(компания, занимающаяся исследованиями рынка и продающая результаты заинтересованным лицам)*

Trendex Commodity Corporation *марк., амер.* «Трэндэкс Коммодити Корпорейшн» *(компания, занимающаяся исследованиями рынка и продающая результаты заинтересованным лицам)*

tri-vision panel *рекл.* щит тройного изображения, щит «тризо» *(обычно рисованный, в виде конструкции из треугольных поворотных элементов типа жалюзи с разными изображениями на каждой грани; изображения возникают и сменяются последовательно при синхронном повороте элементов)*

triad *соц.* триада *(форма глубинного интервью с участием трех респондентов)* **EX: Some researchers maintain that the limited number of participants in a triad permits the moderator to get more information from them than is possible in a minigroup of full group.** – Некоторые исследователи полагают, что ограниченное количество участников триады позволяет модератору получить больше информации от респондентов, нежели в полной или минигруппе. **SEE:** interview

trial-and-error pricing *марк.* ценообразование методом проб и ошибок* *(метод ценообразования, при котором продавец случайным образом выбирает точку в интервале цен, действующих на рынке, затем периодически оценивает прибыль и корректирует цену на случайным образом выбранную сумму, а по истечении некоторого периода возвращается к цене, при которой был достигнут максимальный уровень прибыли)*

trial buyer *марк.* = sample buyer

trial offer *марк.* пробное предложение *(предложение в прямом маркетинге, когда покупателю предоставляется возможность сначала проверить товар в работе, а затем оплатить его или вернуть продавцу)* **SYN:** free trial offer, tentative suggestion, soft offer, examination offer, free examination offer **ANT:** hard offer **SEE:** trial usage

trial package *марк.* упаковка «на пробу» **SEE:** package

trial rate *марк.* интенсивность опробования *(товара)* **EX: The percent of consumers buying the test product is weighted according to marketing spending plans to yield a net trial rate.** – Процент потребителей, покупающих тестируемый продукта взвешивается с учетом планов маркетинговых расходов, что дает чистую интенсивность опробования.

trial size *марк.* пробная расфасовка *(меньшая, чем обычно, расфасовка товара; товар в пробной расфасовке обычно раздается бесплатно в рекламных целях)* **SYN:** sample package

trial subscriber *марк.* пробный подписчик *(подписчик, совершающий первую подписку на журнал по сниженной цене и/или получающий подписку на короткий срок)*

trial usage *марк.* пробное использование *(использование товара в течение определенного периода до принятия решения о его покупке или возврате в магазин)* **SEE:** trial offer

trial use *марк.* = trial usage

truck *гл.* **1)** *эк.* обменивать, вести меновую торговлю; получить в результате обмена; платить натурой **SYN:** barter, exchange **2)** *торг.* торговать вразнос, в розницу **SYN:** retail **3)** *общ.* вести переговоры, договариваться, иметь дело *(с кем-л.)* **SYN:** bargain **4)** *с.-х., амер.* заниматься промышленным овощеводством *(выращивать продукцию для продажи)*

truck delivery *трансп., торг.* доставка автотранспортом, доставка грузовиками **SYN:** truck shipment

truck distributor **1)** *торг.* = truck wholesaler **2)** *торг.* дистрибьютор грузовиков *(лицо, представляющее производителя грузовиков и распространяющее его продукцию)* **EX: Volvo truck distributor** – дистрибьютор грузовиков фирмы Вольво

truck jobber *торг.* = truck wholesaler

truck route salesman *торг., амер.* = route salesman

truck shipment *трансп., торг.* доставка [грузов] автотранспортом, автотранспортировка **SYN:** truck delivery

truck wholesaler **1)** *торг.* оптовик-коммивояжер *(доставляет товары своим транспортом и продает их за наличный расчет, занимается ассортиментом продуктов кратковременного хранения)* **SYN:** truck jobber **2)** *торг.* оптовый торговец грузовиками

true-false question *соц.* вопрос «правда-ложь» *(вопрос, предполагающий определение истинности предложенного утверждения)* **EX: Each exam question will be either a multiple-choice question or a true-false question.** – Каждый экзаменационный вопрос будет либо многовариантным, либо вопросом, предполагающим выбор ответа «да» или «нет». **SEE:** question

trust

I *сущ.* **1)** *общ.* вера, доверие **EX: Companies that lose the trust of customers and investors risk losing much more.** – Компании, которые теряют доверие потребителей и инвесторов, рискуют потерять много больше. **2)** *общ.* надежда **EX: to put trust in God** – надеяться на Бога **3)** *фин.* кредит **EX: to sell or buy goods on trust** – продавать или покупать товары в кредит **4)** *юр., фин.* доверительные имущественные [фидуциарные] отношения *(отношения между доверительным собственником и бенефициаром, при которых доверительный собственник распоряжается титулом собственности на имущество в интересах бенефициара)* **SEE:** beneficiary **5)** *юр., фин.* управление собственностью [имуществом] по доверенности, трастовое управление, опека над имуществом **EX: to revoke [to terminate] the trust** – аннулировать управление имуществом по доверенности, **The property is held on trust.** – Имущество управляется по доверенности. **6)** *юр., фин.* доверительная [доверенная] собственность; имущество, вверенное попечителю [управляемое по доверенности] *(в англо-американском праве: особая форма собственности, переданная ее учредителем доверительному собственнику, который управляет переданной ему собственностью только в соответствии с целями, указанными учредителем, в пользу выгодоприобретателей (бенефициаров))* **7)** *эк., юр.* траст, трастовая компания, трастовый [доверительный] фонд *(компания, кото-*

рой управляет группа доверенных лиц) **EX: to constitute [create, declare, establish] trust** – учреждать [создавать] траст; **8)** *эк., амер.* трест *(форма монополии, объединение предприятий с целью контроля над рынком и ценами)* **9)** *эк.* концерн *(форма объединения предприятий разных отраслей (промышленности, торговли, транспорта, банковской сферы) с высоким уровнем концентрации и централизации капитала)*

III *гл.* **1)** *общ.* верить, доверять(ся), полагаться **2)** *общ.* вверять, доверять, поручать попечению **3)** *общ.* надеяться, считать, полагать **EX: I trust to receive a positive replay from you and I send you my best regards.** – Надеюсь получить от вас положительный ответ и шлю свои наилучшие пожелания. **4)** *фин.* кредитовать, давать в кредит **EX: The seller does not have to trust the consumer.** – Продавец не обязан продавать в кредит клиенту.

trust receipt financing *фин., торг.* = floor planning

Truth in Packaging Act *марк. амер.* = Fair Packaging and Labeling Act

truthful advertising *рекл.* правдивая реклама *(реклама, сообщающая достоверную информацию о товаре, не содержащая преувеличений)* **ANT:** deceptive advertising

truth-in-advertising *рекл., амер.* требование правдивости рекламы *(требование Федеральной торговой комиссии и различных административных органов, заключающееся в том, что реклама не должна вводить в заблуждение, содержать ложные или недобросовестные утверждения)*

TV-Free America *соц., амер.* Безтелевизионная Америка* *(первоначальное название организации «Безтелевизионная сеть»)* **SEE:** TV-Turnoff Network

TV-Turnoff Network *соц., амер.* Безтелевизионная сеть* *(организация, ставящая целью уменьшить количество времени, которое люди проводят перед телевизором, чтобы способствовать более здоровому образу жизни и более здоровому сообществу; организует проекты «Неделя без телевизора» и «Больше чтения, меньше телевизора», которые поддерживают многие общественные организации США; первоначальное название «Безтелевизионная Америка», основано в 1994 г.)* **SEE:** TV-Turnoff Week; More Reading, Less TV;

TV-Turnoff Week *соц.* Неделя без телевизора* *(неделя добровольного отказа от включения телевизора, которую организует «Безтелевизионная сеть»; обычно — последняя неделя апреля)* **SEE:** Adbusters, Buy Nothing Day, TV-Turnoff Network

twenty-foot equivalent unit **сокр.** TEU *трансп.* двадцатифутовый контейнер *(стандартная единица измерения контейнерных грузов, соответствующая транспортному контейнеру длиной 20 футов, шириной 8 футов и высотой 8,5 футов (соответственно 6,10 м × 2,44 м × 2,59 м))* **SEE:** forty-foot equivalent unit, container

twenty-four-sheet poster *полигр., рекл.* = 24-sheet poster

twin pack *торг.* двойная упаковка, сдвоенная упаковка *(розничная упаковка товара, состоящая из двух соединенных вместе емкостей с одним и тем же продуктом или сходными продуктами; двойная упаковка продается обычно дешевле, чем две одинарные упаковки, но дороже, чем одна одинарная упаковка)* **SEE:** bonus pack, combo pack

twin-size *прил. потр.* полуторный, полуторного размера* *(самый маленький стандарт кроватей, размером 39 на 75 дюймов (1 на 1,9 метра), а также соответствующих постельных принадлежностей: матрасов, простыней и т. п.)* **EX: twin-size bed** – полуторная кровать **SEE:** queen-size, full-size, king-size

two-level channel *марк.* двухуровневый канал *(маркетинговый канал, в котором имеется два уровня посредников между производителем и конечным потребителем; как правило,* *эти уровни представлены оптовым и розничным торговцами)* **SYN:** two level channel **SEE:** distribution channel, zero-level channel, one-level channel, three-level channel

two-page advertisement *рекл.* = double-truck advertisement

two-page spread *рекл.* = double-page spread

two-part pricing *марк.* двойное ценообразование* *(установление цен на обязательные принадлежности применительно к сфере услуг; предполагает разделение цены услуги на постоянную и переменную части; напр., абонентская плата за телефон (постоянная часть) плюс плата за звонки, когда количество звонков за месяц превышает определенное число (переменная часть); задача компании по обслуживанию состоит в том, чтобы установить такую абонентскую плату, которая бы стимулировала спрос на услугу и позволила получать прибыль от переменной части оплаты)* **SEE:** captive product pricing, product-mix pricing

two-sheet poster *полигр., амер.* двухлистовой плакат *(152,40×106,68см; используется главным образом на железнодорожных вокзалах и автостанциях)* **SEE:** poster

two-sided appeal *СМИ, рекл.* = two-sided message

two-sided message *СМИ, рекл.* двустороннее сообщение *(убеждающее сообщение, содержащее две точки зрения, а затем представляющее аргументы против одной из них)* **SYN:** two-sided appeal **SEE:** one-sided message

two-step flow of communication *марк.* модель двухступенчатого потока коммуникации [информации], концепция двухуровневой коммуникации *(теория, согласно которой распространяемая информация не оказывает прямого воздействия на все общество; ее воспринимают отдельные лица (неформальные лидеры), которые изменяют свое мнение и, пользуясь влиянием на общество, доносят его до остальных людей)* **SEE:** opinion leader

two-step selling *марк.* двухступенчатая продажа* *(одна из стратегий рекламы, цель которой добиться звонка или иного отклика от потенциального потребителя с просьбой дополнительной информации о товаре, а затем попытаться убедить его приобрести товар; в отличие от одноступенчатой продажи, предполагает размещение или рассылку рекламы, сообщающей о наличии данного товара с описанием его основных свойств; чаще всего используется в прямой почтовой рекламе)* **SYN:** lead generation **SEE:** direct mail advertising, one-step selling

two-supplier system *упр.* система двух подрядчиков* *(при которой крупная компания может иметь двух подрядчиков для каждой заказываемой детали с целью сравнения их эффективности и повышения мотивации)*

two-way stretching *марк.* двустороннее удлинение товарной линии* *(добавление как дорогих, так и дешевых товаров к уже существующей товарной линии)* **SEE:** product line stretching, downward stretching, upward stretching

tying agreement *марк.* = tying arrangement

tying arrangement *марк.* связанный контракт*, связанное соглашение* *(торговое соглашение, при котором производитель или оптовый продавец, доминирующий в предложении определенного товара, продает товар на условии, что потребитель или розничный распространитель приобретет и другие товары данного производителя (оптового продавца); является проявлением недобросовестной конкуренции, во многих странах запрещено)* **SYN:** tying agreement, tying contract

tying contract *марк.* = tying arrangement

tying products *эк.* = tied products

type of goods *торг.* тип товара *(определенная разновидность товара в рамках конкретной товарной категории, напр., «одежда для детей» в товарной категории «одежда»)* **SYN:** product type, product form **SEE:** class of goods

U

U. S. Standard Industrial Classification System **сокр.** SIC или SIC 1987 *эк., стат., амер.* стандартная классификация отраслей США *(система классификации отраслей США; существовала с 1987 г. по 1997 г.; была заменена на систему классификации отраслей Северной Америки)* **SYN:** Standard Industrial Classification **SEE:** North American Industry Classification System

ultimate consumer *марк.* = end consumer

ultimate customer *марк.* = end consumer

umbrella approach зонтичный подход **а)** *упр. (управленческая стратегия, состоящая в комплексном охвате индивидуальных особенностей организации для достижения единой цели, работы в одном направлении и т. д.)* **б)** *марк. (маркетинговая стратегия, состоящая в создании и поддержании одной компанией нескольких торговых марок)*

umbrella pricing *марк.* зонтичное ценообразование* *(стратегия ценообразования, при которой крупные фирмы поддерживают относительно высокий уровень цен, что дает возможность мелким фирмам существовать на этом рынке; используется, напр., олигополистами)* **SEE:** oligopoly, price umbrella, keep-out pricing

umbrella promotion *марк.* зонтичная раскрутка* *(осуществляется фирмой-принципалом в поддержку своих торговых посредников или дочерних компаний)*

unacceptable advertising *рекл.* ненадлежащая [недопустимая] реклама *(реклама, не соответствующая официально принятым стандартам, и поэтому не принимаемая для демонстрации в средствах распространения рекламы)* **SEE:** advertising acceptance policy, offending advertiser

unacceptable product *эк* = non-conforming product

unadvertised brand *рекл.* нерекламируемая марка *(марка товара или товар, который продается на рынке, но не рекламируется)* **SEE:** anonymous product

unaided awareness *марк.* спонтанная осведомленность; осведомленность без подсказки *(отношение потребителя к бренду, при котором он без подсказки вспоминает и называет этот бренд первым в списке известных ему фирм, работающих на том же рынке)* **SYN:** spontaneous awareness, top of mind awareness **SEE:** aided awareness, advertising awareness

unaided recall *рекл.* припоминание без подсказки* *(метод исследования эффективности рекламы, при котором выясняется, знаком ли респондент с определенной торговой маркой или иным аспектом рекламной кампании; при использовании этого метода респондентам не дают подсказок, как это делается при использовании метода припоминания по подсказке)* **SEE:** aided recall

unaided recall test *рекл.* = unaided recall

unascertained *прил.* **1)** *общ.* неустановленный; невыясненный **EX: unascertained facts** – неустановленные факты **2)** *торг., юр.* неиндивидуализированный *(о товаре)* **SEE:** unascertained goods **ANT:** ascertained

unascertained goods *торг., юр., брит.* неиндивидуализированные товары* *(товары, не зарезервированные для исполнения контракта продажи на момент заключения контракта; должны быть взяты из определенных запасов либо произведены на момент исполнения контракта; закон «О продаже товаров» 1979 г. делит товары на основании их реального существования на существующие и будущие, однако есть и иная классификация — на специфицированные и индивидуализированные)* **SYN:** future goods **ANT:** identified goods **SEE:** Sale of Goods Act 1979, spes

unauthorized distribution *эк., юр.* незаконное распространение *(распространение товаров, запрещенное законом по причине нарушения авторских прав, запрета на сам товар (оружие, наркотики) или другим причинам)*

unbranded product *марк.* = generic product

unbundled service *торг.* отдельная услуга *(не связана ни с какой другой услугой или набором услуг)*

UNCITRAL Model Law on Electronic Commerce *торг.* типовой закон ЮНСИТРАЛ «Об электронной торговле [коммерции]» *(типовой закон, принятый в 1996 г. Комиссией ООН по международному торговому праву; регулирует порядок осуществления международных торговых операций через Интернет или с использованием иных электронных информационных средств)* **SEE:** e-commerce

unclaimed goods *торг.* невостребованный товар *(товар, не забранный владельцем или заказчиком, напр., с таможенного склада; обычно такой товар подлежит реализации или распределению в соответствии с решением уполномоченных органов)* **EX: to donate all seized and unclaimed goods to needy persons** – пустить весь конфискованный и невостребованный товар на благотворительные цели

uncommercial

I *прил.* **1)** *эк.* некоммерческий, бесприбыльный *(не соответствующий коммерческим принципам, т. е. не имеющий целью получение прибыли; об организациях, проектах и т. д., целью которых является не получение прибыли, а выполнение каких-л. социально значимых функций, напр., об образовательных организациях)* **EX: uncommercial undertaking** – некоммерческое предприятие **SYN:** nonprofit, non-profit, not-for-profit, non-commercial, noncommercial **2)** *эк.* неторговый *(не имеющий отношения к торговле)* **3)** *эк.* неприбыльный *(не приносящий прибыль или не сулящий прибыли)* **EX: uncommercial book** – неприбыльная книга **SEE:** commercial

II *сущ. рекл., соц.* антиреклама* *(теле- или радиоролик, имеющий антирекламную направленность)* **SEE:** subvertisement

unconditional appropriation *юр.* безусловное присвоение, безусловное обращение в свою собственность *(имеет место, когда никакие права распоряжения на объект безусловного присвоения не закреплены за кем-л. еще кроме лица, осуществившего акт безусловного присвоения)*

unconditional sale *торг., юр., брит.* безусловная продажа *(один из случаев продажи риска, согласно судебному прецеденту «Хауэл против Купленда»: продажа несуществующего товара, существование которого так и не наступает, однако продавец при этом несет полную ответственность за срыв поставки)* **SEE:** sale of a spes, Howell v Coupland, spes, future goods

undeliverable-as-addressed *связь* недоставленный по адресу *(почтовое отправление, возвращенное отправителю из-за невозможности доставки, т. к. указано неправильное имя, неправильный адрес и т. п.)* **SYN:** nixie

undelivered *прил.* **1)** *общ.* недоставленный, непоставленный, непереданный **EX: undelivered mail** – недоставленная почта, недоставленные почтовые отправления, **undelivered goods** – недоставленные [непоставленные] товары 2) *общ.* непроизнесенный; непрочитанный **EX: undelivered speech** – непроизнесенная речь, **undelivered lecture** – непрочитанная лекция **ANT:** delivered

under-priced *эк.* = underpriced

underbid *гл.* 1) *эк.* предлагать более низкую цену *(по сравнению с конкурентами, напр., предлагать цену, меньшую, чем предложили другие лица, претендующие на покупку данного товара или получение данного контракта)* **EX: Reverse auctions are designed so that suppliers vying for potential contracts lower their prices to underbid each other.** – Обратный аукцион построен таким образом, что разные поставщики, соперничая за потенциальные контракты, понижают свои цены, чтобы предложить цену меньшую, чем предлагают другие. **SEE:** underbidder, auction, overbid 2) *эк.* предложить более низкую цену* *(чем реальная стоимость торгуемого объекта)*; занизить цену* **EX: A contractor could estimate unforeseen conditions and be completely incorrect and underbid the item.** – Подрядчик мог оценить непредвиденные условия и быть абсолютно неточным и занизить цену объекта.

underbidder *сущ. эк.* предлагающий меньшую цену* *(лицо, предложившее меньшую цену, чем конкуренты, напр., участник аукциона, предложивший цену меньшую, чем предложенная другими лицами, желающими купить данный товар или получить данный заказ)* **SEE:** underbid

underdelivery *торг.* недопоставка *(доставка товаров в меньшем количестве, или худшего качества, чем указано в договоре о поставке)* **SYN:** short delivery **SEE:** delivery contract

underprice

I *гл. эк.* занижать цену *(устанавливать неоправданно низкую цену, напр., устанавливать цену товара на уровне, не покрывающем реальных затрат по его производству)*; недооценивать, слишком низко оценивать **EX: Up until a few years ago it was common for government to underprice services or products it sold.** – Еще несколько лет назад для правительства было характерно занижение цены на оказываемые им услуги и продаваемые им товары.

II *сущ. эк.* заниженная цена *(неоправданно низкая цена по сравнению с обычной ценой или реальной стоимостью объекта)*;недооценка*, заниженная оценка* **EX: This is an underprice for this item.** – Это неоправданно заниженная цена для данного предмета. **ANT:** overprice **SEE:** price

underpriced *тж.* under-priced *эк.* с заниженной ценой*, недооцененный*, слишком дешевый* *(о ценной бумаге, товаре или другом активе, продаваемом по цене ниже реальной стоимости)* **EX: We would consider it an unfair practice to buy underpriced goods from distressed people.** – Мы бы сочли нечестным скупать у находящихся в затруднительном положении людей товары по заниженным ценам.

underpricing *сущ. эк.* занижение цены, недооценка, установление заниженной цены *(установление слишком низкой цены по сравнению с реальной стоимостью актива или услуги, напр., размещение нового выпуска ценных бумаг по цене значительно ниже, чем реальная оценка фондовым рынком ценных бумаг данной компании, либо установление цены на товар на уровне, непокрывающем себестоимости)* **ANT:** overpricing **SEE:** pricing

underwear *потр.* нижнее белье

underwriter sales director *эк. тр., рекл.* = underwriter solicitation director

underwriter solicitation director *эк. тр., рекл., СМИ, амер.* директор по спонсорской поддержке* *(пециалист, занимающийся планированием и управлением деятельностью, связанной с обеспечением спонсорской поддержки вещательных теле- и радиопрограмм; изучает периодические издания и другие материалы с целью выявления потенциальных источников спонсорских поступлений для предполагаемой вещательной программы; относится к группе «специальности, связанные с управлением продажами и распределением»)* **SYN:** underwriter sales director

undifferentiated marketing *марк.* недифференцированный маркетинг, стратегия недифференцированного маркетинга *(метод охвата рынка, при котором компания игнорирует различия внутри рынка и стремится привлечь весь рынок единственным ассортиментом продукции)* **SYN:** undifferentiated marketing strategy **SEE:** mass marketing, market coverage strategy, differentiated marketing, concentrated marketing

undifferentiated marketing strategy *марк.* = undifferentiated marketing

undiscounted *прил.* **1)** *торг.* неуцененный, без скидки* *(о товарах и услугах, которые продаются по полным ценам без каких-л. скидок; обычно так торгуют товарами, на которые есть стабильный спрос и цены меняются редко)* **EX: undiscounted goods** – товары, продаваемые без скидки **2)** *фин.* недисконтированный *(о будущих значениях экономических показателей, не пересчитанных для приведения к текущей стоимости)* **EX: undiscounted cash flow** – недисконтированный денежный поток **SEE:** discounting

unduplicated audience *рекл.* = cumulative audience

unearned discount незаработанная скидка* **а)** *торг. (скидка, полученная покупателем, несмотря на то, что он не выполнил обычные условия предоставления скидки (напр., покупатель может получить скидку за быстрый расчет, даже если реально не успеет рассчитаться к указанному сроку); продавцы часто и не пытаются вынудить покупателей возместить суммы этих скидок и используют такие снижения цен для поддержания конкурентоспособности и стимулирования продаж, особенно — во время сезонного спада спроса)* **SEE:** discount loss, cash discount **б)** *фин. (расходы по кредиту, оплаченные заемщиком в момент выдачи кредита; могут считаться доходом кредитора только спустя определенное время с момента выдачи кредита)* **SEE:** discount

unfair advertising *рекл.* = denigratory advertising

unfair competition *эк.* недобросовестная конкуренция *(любые действия, направленные на приобретение преимущества в предпринимательской деятельности, которые противоречат положениям законодательства, обычаям делового поведения и т. д.)* **ANT:** fair competition **SEE:** unfair trade practice

unfair consumer practice *торг., юр.* недобросовестное отношение к потребителям, недобросовестная практика по отношению к потребителям *(нарушение прав потребителей при обслуживании)* **SEE:** consumer legislation, unfair competition

Unfair Contract Terms Act 1977 *юр., торг., брит.* закон «О недобросовестных условиях контракта»*, 1977 г. *(законодательный акт, являющийся одним из источников английского контрактного права и права, касающегося продажи товаров)* **SEE:** law of sales of goods

unfair methods of competition *торг., юр., амер.* нечестные методы конкуренции *(в торговом праве США: незаконные виды предпринимательской практики, влекущие за собой существенное ослабление конкуренции или тенденцию к созданию монополии; в частности, таковым признается соглашение о разделе рынка или о фиксированных ценах)* **SEE:** antitrust laws, cartel agreement, price fixing

unfair trade practice *эк.* недобросовестная торговая практика *(любые действия, направленные на приобретение преимущества в предпринимательской деятельности, которые противоречат положениям законодательства и принятым нормам делового поведения; в рамках правил ВТО также может означать использование субсидий и демпинга)* **SEE:** unfair competition, deceptive pricing, deceptive advertising

unfilled order **1)** *торг.* = back order **2)** *пром., эк., стат., мн.* невыполненные заказы *(по поставке товаров; за-*

казы на производство товаров, еще не выполненные производственными предприятиями, или объем заказанной, но еще не изготовленной и не отгруженной заказчику продукции)

unfinished goods *эк.* = semi-finished goods

unfulfilled order *торг.* = back order

unidentified product **1)** *марк.* немаркированный продукт* *(не имеющий какой-л. бирки или этикетки с информацией об ингредиентах продукта, его свойствах, способе применения, противопоказаниях или опасности применения и т. п.)* **SEE:** marking of goods **2)** *марк.* неназванный продукт [товар]* *(продукт, имя или торговая марка которого по какой-л. причине не указываются, напр., чтобы исключить влияние торговой марки на принятие покупателем решения)*

uniform auction *торг., фин.* = single-price auction

Uniform Code Council **сокр.** UCC *торг., юр., амер.* Совет по универсальному штрих-коду, Совет по единому коду *(некоммерческая организация, занимающаяся установлением и продвижением стандартов идентификации продукции и соответствующих средств электронных коммуникаций; присваивает универсальный товарный код)* **SEE:** universal product code

Uniform Commercial Code **сокр.** UCC *торг., юр., амер.* Единообразный [Единый] торговый кодекс (ЕТК), Единообразный [Единый] коммерческий кодекс *(кодекс стандартных законов в области коммерческого права; представляет собой единственный кодекс в системе некодифицированного права США; разработан в 1962 г. Национальной конференцией уполномоченных по унификации права штатов; является единственной удачной попыткой этого органа сблизить законодательства штатов; несколько раз пересматривался по требованию отдельных штатов; в настоящее время действует официальный текст 1978 г.; ЕТК принят с небольшими поправками всеми штатами США, кроме Луизианы, на территории которой действует кодифицированная система права, унаследованная от Франции, но и там с 1974 г. действуют многие разделы ЕТК; в силу всего этого ЕТК является важнейшим общеамериканским источником права; регулирует весьма широкий круг вопросов, связанных не только с внутренней и внешней торговлей, но и с рядом других правоотношений; рассчитан на максимальное развитие торговли в системе свободного предпринимательства в сочетании с гарантиями от злоупотреблений для участников сделок, и прежде всего потребителей; определяет стандартные правила по продажам, торговым бумагам, банковским депозитам и инкассовым операциям, аккредитивам, комплексному отчуждению, складским свидетельствам, коносаментам, другим товарораспорядительным документам, инвестиционным ценным бумагам, по обеспечению сделок; раздел 3 кодекса посвящен оборотным инструментам, раздел 4 — банковским депозитам и инкассовым операциям; раздел 7 — складским распискам и иным товарораспорядительным документам)* **SEE:** Commercial Code, commercial law, National Conference of Commissioners on Uniform State Laws, letter of credit, warehouse receipt, bill of lading, document of title

Uniform Consumer Credit Code **сокр.** UCCC *потр., фин., юр., амер.* Единообразный [Единый] кодекс потребительского кредита [потребительского кредитования]* *(принятый в ряде штатов кодекс законов, направленных на защиту интересов пользователей потребительского кредита, в частности путем закрепления стандартов соглашений о потребительском кредите и продаже в рассрочку)* **SEE:** consumer credit, instalment sales contract

uniform delivered price *марк.* единая цена поставки* *(единая цена, устано-*

вленная для покупателей из всех географических зон, т. е. независимо от стоимости транспортировки; обычно устанавливается исходя из средних для всех зон затрат на транспортировку) **SYN:** uniform delivery price **SEE:** uniform delivered pricing, zone pricing

uniform delivered price system *марк.* система единой цены доставки* **SEE:** uniform delivered pricing

uniform delivered pricing *марк.* установление единой цены доставки*, ценообразование по типу почтовой марки* *(метод ценообразования, при котором для потребителей из всех географических зон устанавливается одинаковая цена, рассчитанная с учетом средних затрат на транспортировку)* **SYN:** postage-stamp pricing, uniform delivery pricing, uniform geographic pricing **SEE:** uniform delivered price, zone pricing, phantom freight, geographic pricing

uniform delivery price *марк.* = uniform delivered price

uniform delivery pricing *марк.* = uniform delivered pricing

uniform geographic pricing *марк.* = uniform delivered pricing

Uniform Law Commissioners *юр., амер.* = National Conference of Commissioners on Uniform State Laws

uniform pricing *марк.* унифицированное ценообразование*, назначение единой цены* *(метод ценообразования, при котором не производится дифференциации цены по группам потребителей или другим параметрам)* **SYN:** one-price policy **SEE:** variable pricing, price discrimination

Uniform Sale of Goods Act *торг., кан., юр.* Единый закон «О продаже товаров»*, 1981 г. *(принят в Канаде, в дальнейшем усовершенствован)*

Uniform Warehouse Receipts Act *юр., торг., фин., амер.* Единообразный закон «О складских свидетельствах», 1906 г. *(федеральный закон, до принятия Единого торгового кодекса, регулировавший в США выпуск и обращение складских свидетельств)* **SEE:** Uniform Commercial Code, warehouse receipt

Uniforms Bills of Lading Act *юр., торг., фин., амер.* Единообразный закон «О коносаментах», 1909 г.* *(закон, явившийся основой для подписания в 1916 г. действующего в настоящее время федерального закона «О коносаментах»)* **SEE:** bill of lading, Federal Bills of Lading Act

unilluminated *общ.* неосвещенный, без подсветки; несветовой; несветящийся; неиллюминированный **EX:** **unilluminated panel** – неосвещенная (рекламная) панель, (рекламный) щит без подсветки, **illuminated billboard** – несветовая рекламная панель, несветовой рекламный щит **ANT:** illuminated **SEE:** illuminated advertisement

unique selling proposition **сокр.** USP *марк.* уникальное торговое предложение (УТП) *(теория, разработанная американским специалистом рекламы Россером Ривсом; УТП предусматривает обязательное наличие в рекламе трех составляющих: реклама должна предлагать потребителю конкретную выгоду, предложение должно быть уникальным в данной сфере, предложение должно быть актуальным и достаточно привлекательным)*

unit fill rate *торг., упр.* штучное покрытие заказов* *(доля общего количества единиц продукции в заказах, которые были выполнены благодаря наличию товаров на складе, к общему количеству единиц продукции во всех поступивших заказах; один из показателей наличия ассортимента)* **SEE:** fill rate

unit pack *торг.* = unit package

unit package **1) а)** *торг.* штучная [индивидуальная, единичная] упаковка *(упаковка для единицы товара)* **б)** *торг.* единичная упаковка *(любая обертка или контейнер, использованные для определенного количества товара или для группы товаров с одним инвентарным номером, которые образуют единую идентифицируемую совокупность)* **SEE:** packing unit **2)** *мед., потр.*

дозированная упаковка *(содержащая лекарственное средство в дозах на один прием)* **SEE:** package **SYN:** unit pack

unit price *торг.* цена единицы продукции, единичная [штучная] цена, цена товарной единицы *(цена товара в расчете на единицу товара)* **SEE:** package price

unit pricing *марк.* указание единичных цен *(указание цены товара в расчете на стандартную товарную единицу, в отличие от цены упаковки; единичная цена обычно приводится рядом с ценой упаковки на ценнике и позволяет потребителю сравнить стоимость товаров разных марок)* **SEE:** unit price

unit retailer *торг.* = one-shop retailer

unit sales *марк.* штучная продажа, продажа штуками; показатели продаж в штуках

United States Food and Drug Administration **сокр.** US FDA *торг., амер.* = Food and Drug Administration

unitizing **1)** *общ.* агрегирование, агрегатирование *(объединение элементов в одно целое)* **SYN:** aggregation **2)** *торг., трансп.* пакетирование *(процесс формирования грузовых пакетов, т. е. процесс объединения отдельных товаров в единую грузовую единицу)* **EX: The programme includes transportation, order processing, packaging and unitizing.** – Программа включает в себя транспортировку, обработку заказов, упаковку и пакетирование.

universal product code **сокр.** UPC *торг., амер.* универсальный товарный код (УТК), универсальный код продукта [изделия] *(информация о товаре, представленная в виде 12 цифр; первая цифра — вспомогательная и обозначает тип продукта, следующие пять цифр - код производителя, другие пять цифр несут информацию о самом продукте, последняя цифра - контрольная, и предназначена исключительно для сканера и компьютера, чтобы определить корректность считывания всего кода; на товаре универсальный товарный код изображается рядом со штрих-кодом, в котором та же информация о товаре представлена в виде нескольких линий и пробелов, распознаваемых электронными кассовыми аппаратами)* **SEE:** Uniform Code Council, article numbering system, bar code

University of Michigan Consumer Sentiment Index *эк., стат., амер.* Мичиганский индекс потребительских настроений, индекс настроения потребителей Мичиганского университета *(в США — публикуемый два раза в месяц отчет о результатах опроса потребителей на предмет уверенности в текущей экономической ситуации; опрос проводится сотрудниками Мичиганского университета; индекс отражает желание потребителей тратить деньги; рост показателя свидетельствует о восходящей стадии экономического цикла, инвестиционной привлекательности экономики и способствует росту акций и валюты)* **SEE:** Consumer Confidence Index

unkeyed *марк.* бескодовый *(материал прямой почтовой рекламы, не снабженный кодом источника, что не позволяет отслеживать результаты маркетингового мероприятия)* **SEE:** source key, keyed advertisement

unmarketable *прил.* **1)** *эк.* неходовой, не пользующийся спросом *(о товаре)* **2)** *эк.* не пригодный для продажи, не могущий быть проданным *(напр., по причине низкого качества)* **SEE:** unmarketable goods **SYN:** unmerchantable, unsaleable **ANT:** marketable

unmarketable goods **1)** *торг.* неходовые товары *(товары, не пользующиеся спросом, и поэтому трудно реализуемые)* **2)** *торг.* *(непригодные для продажи товары, напр., по причине брака или просроченности)* **ANT:** marketable commodities

unmerchantable *прил. торг.* непригодный для рынка, непригодный для продажи **EX: Unmerchantable stands were excluded from the timber harvesting land base**

in the analysis on the basis of inventory type group. – Непригодные для продажи лесопосадки были исключены из сбора древесины. **SYN:** unmarketable, unsaleable, unsalable **ANT:** merchantable

unmerchantable goods *торг.* непригодные к продаже товары *(в силу каких-то своих дефектов, недостатков, порчи, неправильной или испорченной упаковки и т. п.)* **SEE:** merchantable quality

unpaid seller *юр., торг., брит.* продавец, не получивший платы* *(согласно закону «О продаже товаров» 1979 г., продавец, не получивший плату в размере цены проданного товара, а также получивший ее не полностью или же получивший вексель или иной платежный документ как условный платеж, однако вексель или иной платежный документ был опротестован)* **SEE:** Sale of Goods Act 1979, unpaid seller's lien, unpaid seller's right of resale, unpaid seller's right of stoppage in transit

unpaid seller's lien *юр., торг., брит.* право удержания товаров продавцом, не получившим плату* *(согласно закону «О продаже товаров» 1979 г., продавец, не получивший плату от покупателя, имеет право задержать у себя проданные этому покупателю товары и утрачивает это право в случае оплаты, поставки этого товара перевозчику или зависимому держателю с целью передачи их продавцу без оставления за собой права распоряжаться товарами, в случае когда покупатель или его агент законно вступают во владение товарами, или путем отказа от своего права)* **SEE:** unpaid seller, Sale of Goods Act 1979

unpaid seller's right of resale *торг., юр., брит.* право продавца, не получившего плату, перепродать товар* *(согласно закону «О продаже товаров» 1979 г., продавец, не получивший плату за товар и осуществляющий свое право задержки у себя товаров несостоятельного покупателя или право задержки товаров в пути, имеет право перепродать товар)* **SEE:** Sale of Goods Act 1979, unpaid seller, unpaid seller's right of stoppage in transit, unpaid seller's lien

unpaid seller's right of stoppage in transit *юр., торг., брит.* право продавца, не получившего плату, задержать товары в дороге* *(согласно закону «О продаже товаров» 1979 г., в случае неспособности покупателя оплатить товар продавец имеет право задержать товары в пути и удерживать их до того момента, пока они не будут оплачены)* **SEE:** Sale of Goods Act 1979, unpaid seller, unpaid seller's lien

unprepacked *торг., потр.* нерасфасованный, неукомплектованный *(о товаре)* **EX: Where meat is sold unprepacked, for example in a butcher's shop or delicatessen, the health mark will not usually be visible to the purchaser.** – Там, где мясо продается нерасфасованным, напр., в мясной лавке или кулинарном магазине, отметка о здоровье скота обычно не видна покупателю. **ANT:** prepacked

unpriced *прил.* 1) *эк.* без определенной цены, без обозначенной цены, неоцененный; без указания цены **EX: Do you want to invite people in when you have no shelves and all your product is unpriced in cardboard shipping boxes?** – Захотите ли вы приглашать посетителей, когда у вас нет полок и все ваши товары лежат без ценников в картонных транспортных коробках? **ANT:** priced 2) *общ.* бесценный, неоценимый **EX: Comparison may be between two unpriced goods, eg air quality vs water quality.** – Возможно сравнение двух бесценных благ, напр., сравнение качества воздуха с качеством воды.

unregistered trademark *пат., юр.* незарегистрированный товарный знак *(не оформленный его владельцем официально на свое имя, в результате чего другие лица (фирмы) могут использовать данный товарный знак безнаказанно)* **SEE:** registered trademark, trademark owner

unrepresentative sample *стат.* нерепрезентативная [непредставительная] выборка *(выборка, несоответствующая по структуре или другим свойствам генеральной совокупности)* **ANT:** representative sample **SEE:** sample

unsafe product *потр.* опасный товар *(товар, который может причинить вред здоровью потребителя)* **SYN:** harmful product **ANT:** safe product **SEE:** consumption safety

unsalable *прил. торг.* = unsaleable

unsaleable *тж.* unsalable *прил.* 1) *торг.* непригодный к продаже, не могущий быть проданным *(в силу пожеланий собственника, завышенной цены, окончания срока годности продукта или др. причин)* **EX: «Unsaleable liquor merchandise» means merchandise that is unsaleable because it is unlabeled, leaky, damaged, difficult to open, partly filled, or is in a container having faded labels or defective caps or corks.** – «Непригодный к продаже спиртной товар» означает товар, который не имеет соответствующей маркировки, протекает, имеет повреждения, с трудом открывается, находится в неполностью заполненной бутылке либо контейнере с выцветшими ярлыками или поврежденными пробками/крышками. **SYN:** unmerchantable, not for sale **SEE:** shelf life 2) *торг.* неходовой, не пользующийся спросом *(напр., о товаре)* **EX: unsaleable product** – неходовой товар **ANT:** saleable

unsaleable product *торг.* неходовой товар *(товар, непользующийся значительным спросом, медленно распродаваемый или возвращаемый продавцу по каким-л. причинам)* **ANT:** saleable product

unsatisfactory product *марк., эк.* = nonconforming product

unsegmented marketing *марк.* = mass marketing

Unsolicited Goods and Services Act 1971 *торг., юр., брит.* закон «О предоставляемых товарах и услугах»*, 1971 г. *(закон, регулирующий предложение купить товар, сопровождаемый предоставлением этого или другого товара или услуги потенциальному покупателю; такое предоставление может трактоваться как дар в случае, если покупатель не вернет товар в установленный срок; согласно этому акту незаконно требовать с физического или юридического лица платежа за товары или услуги, которые были ему предоставлены без заказа с его стороны)* **SEE:** inertia selling

unsought goods *марк.* товары пассивного спроса *(товары, которых потребитель не знает или знает, но обычно не задумывается об их покупке; классическими примерами таких товаров служат страхование жизни, могильные участки и надгробия, энциклопедии; новинки типа индикаторов дыма и кухонных машин для переработки пищевых продуктов пребывают в разряде товаров пассивного спроса до тех пор, пока реклама не обеспечивает осведомленность потребителя об их существовании; сбыт товаров пассивного спроса требует значительных маркетинговых усилий в виде рекламы и методов личной продажи)* **SEE:** sought goods, convenience goods, shopping goods, specialty goods

unstructured question *соц.* неструктурированный вопрос *(вопрос, предполагающий свободную форму ответа, а не выбор из предложенных вариантов ответа)* **EX: The unstructured question allows for deeper and more thoughtful responses, but may pose difficulties for people who are not good at expressing themselves verbally.** – Неструктурированный вопрос позволяет получать глубокие и более содержательные ответы, но может быть затруднителен для тех, кто не очень хорошо умеет выражать свои мысли устно. **ANT:** structured question **SEE:** question

Unswoosher *соц.* = Blackspot sneaker

untapped market *марк.* нетронутый рынок, неосвоенный рынок, неиспользованный рынок *(рынок, на котором имеется спрос, не удовлетворяемый существующей продукцией, или рынок, который может использовать существующую продукцию новым способом; наличие такого рынка часто бывает стимулом к созданию новой продукции или приспособлению старой к новым потребностям)*

untruthful advertising *рекл.* = deceptive advertising

unwholesome demand *эк.* нерациональный [иррациональный] спрос

(спрос на товары, потребление которых может уменьшить уровень благосостояния потребителя, напр., вредные для здоровья или нелегальные товары; в рамках экономической теории любой спрос считается рациональным, так как потребитель всегда выбирает лучшее худшему, вопрос только в его системе ценностей, поэтому понятие нерационального спроса является бессмысленным; но за пределами экономической теории такое понятие считается возможным) **SYN:** irrational demand **SEE:** demand

up-front money *торг.* авансовая выплата **EX: Up-front money is the bane of broker-dealer recruitment, because it is necessary to attract the best veterans, but difficult to recover when the broker leaves too soon.** – Авансовые платежи – это бич для дилерско-брокерских отношений, поскольку они необходимы для привлечения ветеранов, но их трудно компенсировать в случае скорого ухода брокера.

up-grade *общ.* = upgrade

up-market *сущ. марк.* = upscale market

up-sell

I *сущ. марк.* = up-selling

II *гл. марк. (убеждать потребителя купить более дорогую версию продукта)* **EX: ability to confidently up-sell and cross-sell compatible products** – умение продавать более дорогие версии продукта и дополнительные продукты **SEE:** upgrade

up-selling *марк. (убеждение потребителя приобрести более дорогую версию продукта, которая обладает какими-либо дополнительными качествами)* **SYN:** upgrade **SEE:** cross-selling, up-sell

up to sample *общ.* в соответствии с образцом **EX: We are disappointed that quality is not at all up to sample.** – Мы разочарованы, что качество товара не соответствует качеству образца.

upbeat market *эк.* горячий рынок* *(рынок товара, характеризующийся высоким уровнем спроса и растущими объемами сбыта; такой рынок очень привлекателен для поставщиков товара, поскольку деятельность на нем позволяет получить значительные прибыли)* **SEE:** lucrative market

upgrade *тж.* up-grade

I *сущ.* **1) а)** *общ.* улучшение, усовершенствование, модернизация **EX: upgrade of equipment** – модернизация оборудования, **constant upgrade of quality** – постоянное повышение качества **б)** *комп.* апгрейд, обновление, модернизация *(компьютерных составляющих)* **2)** *общ.* подъем **EX: People are more willing to take a chance on a new location when business is on the upgrade than when payrolls are shrinking and times are getting hard.** – Люди предпочитают попытать счастья на новом месте, когда дела на подъеме, а не когда заработная плата снижается и дела идут все хуже и хуже. **3)** *марк.* повышение стоимости заказа *(повышение стоимости заказа во время покупки, оплаты кредитного заказа или оформления второго заказа; бланк заказа может включать возможность повышения стоимости, напр., при оформлении подписки на год, а не на два)* **SYN:** step-up, up-grade, upgrading, up-sell

II *гл.* **1) а)** *общ.* улучшать, модернизировать, реконструировать *(напр., оборудование);* повышать качество *(напр., продукции);* совершенствовать(ся) **EX: to upgrade equipment** – модернизировать оборудование, **Unskilled workers of today need to upgrade themselves to become the skilled workers of tomorrow.** – Сегодняшние неквалифицированные работники должны самосовершенствоваться, чтобы стать квалифицированными работниками завтрашнего дня. **б)** *комп.* обновлять*, модернизировать*, усовершенствовать*, *разг.* апгрейдить* *(заменять отдельные части компьютера на более современные либо заменять старую версию программного обеспечения новой)* **EX: to upgrade a computer** – модернизировать компьютер, **to upgrade a software package** – модернизировать программное обеспечение **2)** *общ.* повышать *(в звании, должности, статусе, оценке и т. п.);* переводить в более высокую категорию; повышать *(разряд и т. п.)* **EX: The job was upgraded to the**

grade that has min salary 40,000 and max salary 60,000. – Работа была переведена в более высокий разряд, для которого минимальная заработная плата составляет 40.000, а максимальная – 60.000. **He transferred to Southwest Area in 1986, where he was upgraded to Senior Sergeant.** – В 1986 г. он перевелся в юго-западную зону, где был повышен в звании до старшего сержанта. **SYN:** up-grade

upgrading *сущ. общ.* = upgrade

upmarket *прил. марк.* = upscale

upper-income *марк.* с высоким уровнем доходов, высокодоходный *(с уровнем дохода выше среднего)* **EX: upper-income consumer** – потребитель с высоким уровнем доходов, высокодоходный потребитель, **upper-income worker** – работник с высоким доходом, **upper-income family** – семья с высоким доходом **SEE:** low-income

upscale

I *прил.* **1)** *эк.* высококачественный, высокого качества *(о товаре)* **EX: Upscale merchandise would decline in sales as consumers shifted to downscale goods.** – Продажи высококачественных товаров могут упасть, если потребители перейдут на менее качественные, более дешевые товары. **2) а)** *марк.* состоятельный, высокообеспеченный *(о лице, имеющем большие доходы, высокий уровень образования или профессионального статуса)* **SEE:** upscale audience, upscale store **б)** *марк.* высокодоходный *(о сегменте рынка, включающем хорошо обеспеченных покупателей)* **SEE:** upscale segment **SYN:** upmarket **ANT:** downscale

II *гл. общ.* увеличиваться* *(в размере, масштабе и т. п.)* **EX: to upscale purchases** – увеличить объем закупок, **The size of the project is upscaled from 170,000 tonnes to 200,000 tonnes.** – Размер проекта увеличен с 170 тыс. тонн до 200 тыс. тонн.

upscale audience *марк.* высокообеспеченная аудитория [часть аудитории] *(по социально-демографическим показателям)* **ANT:** downscale audience **SEE:** audience

upscale market *марк.* элитный рынок, рынок богатых потребителей, верхние эшелоны рынка *(рынок товаров для состоятельных интеллигентных потребителей с уровнем дохода и образования выше среднего)* **SYN:** high end of the market, high-income market **SEE:** downscale market, mid-range market

upscale segment *марк.* высокодоходный сегмент *(часть населения или покупателей на рынке какого-л. товара, обладающая высокими доходами)* **ANT:** downscale segment **SEE:** upscale market

upscale store *торг.* фешенебельный магазин, элитный магазин *(магазин для богатых людей)* **EX: This upscale store features a wide variety of large, ornate pieces of furniture as well as oil paintings.** – В этом фешенебельном магазине имеется большой выбор крупной изысканно украшенной мебели крупных размеров, а также живописи масляными красками. **SYN:** exclusive shop, luxury shop, high-class store

upselling *марк.* = up-selling

upstream integration *эк.* = backward integration

upward stretching *марк.* восходящее удлинение (товарной линии)* *(введение новых товаров в товарную линию, которые имеют более высокую цену, чем уже существующие товары)* **SEE:** product line stretching, downward stretching, two-way stretching

urgent delivery *торг., связь* = express delivery

US Food and Drug Administration *торг., амер.* = Food and Drug Administration

usage of trade *торг.* = commercial usage

usage pattern паттерн использования **а)** *стат. (статистическая характеристика интенсивности использования изделия)* **б)** *марк. (особенности использования товара, характерные для определенного потребителя или группы потребителей)*

use in commerce **1)** *пат., амер.* использование в коммерции*, использование в коммерческой деятельности, использование в торговой практике* *(честное использование торговой марки в отношении товаров или услуг в процессе экономической деятельности компаний; предполагает нанесение на товар, его упаков-*

ку, контейнер, рекламные плакаты, товарные документы и т. д. определенной торговой марки; использование знака обслуживания в рекламе и представлении услуг) **SEE:** trademark, service mark **2)** *пат., амер., юр.* использование в торговой практике* *(условие регистрации товарного знака по закону Лэнхема; предполагает, что заявитель на регистрацию товарного знака должен предъявить доказательства его использования в торговой практике для получения разрешения на регистрацию)* **SEE:** Lanham Act

used bookstore *торг.* букинистический магазин, магазин «Старая книга»

user *сущ.* **1)** *комп.* пользователь *(человек, использующий персональный компьютер)* **EX: advanced user** – опытный пользователь **2)** *марк.* = consumer

user orientation *марк.* ориентация на пользователя *(направленность деятельности на производство и/или продажу товаров, которые пользуются спросом, а также на удовлетворение потребителя, способствующее поддержанию существующего уровня спроса и его увеличению в дальнейшем)* **SYN:** consumer orientation

user population *марк.* группа [контингент, доля, численность] пользователей [потребителей] **EX: the WWW user population** – группа [число] пользователей сети интернет

user session *рекл., комп.* = site session

user status segmentation *марк.* сегментирование по потребительскому статусу *(напр., постоянный потребитель, потенциальный потребитель, бывший потребитель и т. д.)* **SEE:** market segmentation

usual business practice *эк.* обычная деловая практика *(устоявшийся порядок ведения деловых операций)* **EX: The supplier may cancel your account if you do not pay bills according to usual business practice.** – Поставщик может аннулировать ваш счет, если вы не оплачиваете счета в соответствии с обычной деловой практикой. **SEE:** sources of commercial law

usual price *эк.* = current price

utilitarian product *марк.* утилитарный товар* *(товар, который покупается просто потому, что он нужен для какой-л. цели: зубная паста, продукты питания, одежда, лекарства и т. д.; покупатель не склонен тратить много денег и времени при покупке таких товаров)* **SEE:** convenience goods, hedonic product

utility

I *сущ.* **1)** *общ.* полезность, практичность; выгодность, эффективность; общественная полезность **EX: of no utility** – бесполезный **2)** *эк.* полезность *(субъективное ощущение удовлетворения от потребления чего-л., которое испытывает человек; не имеет отношения к полезности для здоровья)* **SEE:** marginal utility **3)** *общ.* что-л. полезное [практичное, выгодное]; полезная вещь **4)** *комп.* утилита, вспомогательная программа, обслуживающая программа **EX: An antivirus utility is a program that prevents, detects, and removes viruses from a computer's memory or storage devices.** – Антивирусная утилита – это программа, которая предотвращает появление вирусов, обнаруживает и удалят вирусы из памяти компьютера или других запоминающих устройств.

II *прил.* **1)** *общ.* утилитарный, практичный **EX: utility clothes** – практичная одежда **2)** *эк.* (экономически) выгодный, рентабельный *(используемый для извлечения прибыли, напр., о домашних животных, разводимых с целью получения мяса, шерсти и т. п., а не содержащихся как выставочные экземпляры или домашние любимцы)* **3)** *общ.* вспомогательный, второстепенный; подсобный **EX: utility room** – подсобное помещение **4)** *эк.* коммунальный *(относящийся к коммунальному хозяйству, деятельности коммунальных предприятий; связанный с коммунальными услугами)* **5)** *торг.* дешевый, невысокого качества, низкосортный; второсортный **EX: utility beef** – низкосортная говядина, говядина низкого сорта

V

vacation marketing *марк.* маркетинг мест отдыха *(деятельность по привлечению отдыхающих и туристов на курорты, в конкретные города, страны; подобной деятельностью занимаются турагентства, авиакомпании, автомотоклубы, нефтяные компании, отели, государственные учреждения)* **SEE:** place marketing

VALS **сокр. от** values and lifestyles *марк., амер.* «Вэ-Эй-Эл-Эс», ценности и образ жизни*, классификация VALS* *(система классификации потребителей, разработанная для предсказания их покупательского поведения; выделяется девять групп потребителей, объединенных в четыре класса)* **SEE:** need-driven, outer-directed, inner-directed, integrated lifestyle, VALS 2, psychographic segmentation, lifestyle segmentation

VALS 2 **сокр. от** values and lifestyles 2 *марк., амер.* классификация VALS-2* *(обновленный вариант классификации VALS; потребители классифицируются на основании демографических факторов и жизненного стиля; выделяется восемь групп: реализаторы, исполнители, верующие, добивающиеся, старающиеся, экспериментаторы, созидатели и борцы)* **SEE:** actualizer, fulfilled, believer, achiever, striver, experiencer, maker, struggler, principle-oriented, action-oriented, status-oriented, VALS, psychographic segmentation, lifestyle segmentation

value

I *сущ.* **1) а)** *общ.* ценность; важность, значимость; полезность **EX: to set too high a value upon smth./smb.** – переоценивать что-л., кого-л., **to be of no value** – не иметь никакой ценности, **to be of great value** – иметь большую ценность **SEE:** advertising value, attention value, brand value, customer value, low-value, good-value strategy, marketing value, perceived value, value marketing **б)** *мн., соц.* ценности *(представления субъекта, общества, класса, социальной группы о главных целях жизни и работы, а также об основных средствах достижения этих целей; формируются на основе потребностей и интересов)* **EX: cultural values** – культурные ценности, **moral values** – моральные ценности **SEE:** VALS, VALS 2 **2)** *эк.* стоимость, цена, ценность *(денежный эквивалент какой-л. вещи; т. е. сумма денег, за которую эта вещь может быть продана или куплена; можно говорить об индивидуальной ценности вещи для отдельного человека — она измеряется количеством денег (благ), которые этот человек готов отдать за приобретение этой вещи, и рыночной ценности (цене, стоимости) вещи, которая устанавливается на рынке через взаимодействие спроса и предложения)* **EX: market value of goods and services** – рыночная ценность [стоимость, цена] товаров и услуг, **to pay the value of the house to the owner** – выплатить стоимость дома его владельцу, **contract value of the goods** – стоимость товаров по контракту **SEE:** cost, price, consumer value, fair value, market value, sale value, trade-in value, value analysis, value added tax **3)** *маркс.* стоимость, ценность *(непосредственно ненаблюдаемое внутренне присущее каждому товару свойство; измеряется общественно-необ-*

ходимыми затратами труда на его производство; дореволюционный и современный вариант перевода на русский язык — «ценность»; в советское время переводилось исключительно как «стоимость») **4)** *фин.* сумма *(векселя, облигации и т. п.)* **5)** *мат., комп.* величина, значение **EX: numerical value** – численное значение, **the mean value of the variable** – среднее значение переменной

II *гл.* **1)** *общ.* оценивать, производить оценку, устанавливать цену *(в денежном эквиваленте)* **EX: The parties agreed to employ an appraiser to value the company.** – Стороны согласились нанять оценщика, чтобы оценить компанию. **2)** *общ.* дорожить, ценить, быть высокого мнения, отдавать должное; гордиться, хвалиться **EX: We value highly the many long-term business relationships we enjoy with both current and past clients.** – Мы высоко ценим многие из наших долгосрочных деловых связей, которые мы поддерживаем как с ныне существующими, так и с бывшими клиентами. **SEE:** price

value accounting *марк.* = customer value accounting

Value-Added Reseller **сокр.** VAR *торг.* активный посредник *(фирма-перепродавец, предоставляющая дополнительные возможности или услуги, повышающие стоимость товара)*

value added tax **сокр.** VAT *гос. фин.* налог на добавленную стоимость, НДС *(косвенный налог, взимаемый со стоимости, добавленной на каждом этапе производства и обмена товаров и услуг, т. е. с разницы между стоимостью продукта или услуги и стоимостью ресурсов, использованных при производстве данного товара или оказании данной услуги)* **SEE:** VATable

value analysis (функционально-)стоимостной анализ **а)** *упр., учет (выявление и оценка способов снижения себестоимости при неизменном качестве конечного продукта)* **б)** *марк. (сравнение нескольких товаров одной категории с целью выбрать товар с оптимальным сочетанием цены и качества)* **SYN:** functional and cost analysis

value-based pricing *марк.* = perceived value pricing

value chain **1)** *учет* цепочка приращения [наращивания] стоимости *(процедура наращивания стоимости продукции или услуг в процессе ее вычисления: стоимость материалов + стоимость трудовых затрат и т. д.)* **2)** *упр., учет* цепь [цепочка] создания [добавления] стоимости [ценности]*, стоимостная цепочка [цепь]* *(последовательность операций по созданию продукта (ценности): исследования и разработки, дизайн продукта, производство, маркетинг, сбыт, послепродажное обслуживание; пропонятие введено М. Портером в 1985 г.)* **SYN:** commodity chain, supply chain, distribution network **SEE:** primary goods, final product, global value chain

value equation *марк.* уравнение ценности **SYN:** price-value equation

value-in-use pricing *марк.* = perceived value pricing

value map *марк.* = customer value map

value marketing *марк.* маркетинг ценностных достоинств *(принцип просвещенного маркетинга, в соответствии с которым компания должна вкладывать большую часть своих ресурсов в повышение реальной ценности предлагаемых товаров и услуг (улучшение их качества, совершенствование функциональных возможностей товара, повышение удобства товара для потребителей и т. д.))* **SEE:** enlightened marketing

value of sales *марк., учет* = sale value

value-oriented pricing *марк.* = perceived value pricing

valued impression per pound **сокр.** VIP *рекл.* оценочное впечатление в расчете на один фунт* *(переменная, отражающая соотношение между оценкой эффекта рекламы и затратами на нее)*

values and lifestyles *марк., амер.* = VALS

values and lifestyles 2 *марк., амер.* = VALS 2

van design 1) *общ.* модель грузовика **2)** *рекл.* оформление автофургонов *(нанесение различной рекламы на автофургоны)*

variable price *эк.* изменяющаяся цена *(цена, которая колеблется в зависимости от изменения рыночных условий, напр., цена ценной бумаги, меняющаяся в результате изменения спроса и предложения на нее)* **SEE:** variable pricing, fixed price

variable pricing *марк.* гибкое [динамическое, переменное, дифференцированное, ассортиментное] ценообразование, установление дифференцированных цен *(маркетинговая стратегия, предполагающая установление разных цен на товар для разных клиентов (напр., скидки для весомых клиентов), в разные периоды времени (напр., сезонные скидки, либо скидки, предоставляемые в определенные дни недели или время суток) или в разных ситуациях (напр., оптовые скидки, скидки при оплате наличными))* **SYN:** flexible pricing, multiple pricing, dynamic pricing, multiple-product pricing, differential pricing, differentiated pricing, tiered pricing **SEE:** price discrimination, uniform pricing

variable pricing model *марк.* модель гибкого [динамического, переменного] ценообразования **SEE:** variable pricing

variable safety stock *эк.* переменный страховой запас* *(страховой запас, величина которого не остается одной и той же в течение длительного периода, а периодически пересматривается и корректируется в соответствии с прогнозами относительно будущего спроса и других экономических показателей)* **SEE:** safety stock

variety *сущ.* **1)** *общ.* разнообразие, многообразие, ряд, множество **2)** *мат.* ряд, множество **3)** *эк.* выбор, ассортимент *(товаров, продукции)* **4)** *общ.* разновидность; вид; сорт; модификация **5)** *общ.* различие, расхождение **6)** *торг., амер.* = variety store **7)** *с.-х., торг.* сорт *(овощей, фруктов и т. д.)* **SEE:** storage variety

variety of goods *марк.* разнообразие ассортимента *(наличие большого количества различных товаров, напр., в магазине)* **EX: to deal in a variety of goods** – предлагать широкий ассортимент товаров, предлагать большой выбор товаров

variety shop *торг., брит.* = variety store

variety store *торг.* универсам широкого профиля *(магазин самообслуживания, который специализируется на широком ассортименте товаров; имеет достаточно высокий объем продаж и низкие цены)* **SYN:** mass merchandise store, variety shop **SEE:** store retailing, specialty store

VAT *гос. фин.* **сокр. от** value added tax

VAT invoice *гос. фин., учет, торг.* счет-фактура с выделенным налогом на добавленную стоимость [с выделенным НДС] *(отдельной строкой показывает сумму НДС, уплаченную при приобретении товара или услуги, и указывает регистрационный номер компании, выписавшей счет-фактуру)* **SEE:** value added tax

VATable *прил. гос. фин.* облагаемый НДС [налогом на добавленную стоимость] *(о товарах и услугах при реализации которых уплачивается НДС)* **EX: VATable turnover** – облагаемый НДС оборот, **VATable and non-VATable goods** – облагаемые и необлагаемые НДС товары **SEE:** value added tax

Veblen, Thorstein Bunde *эк.* Веблен, Торстейн Бунде *(1857–1929; американский экономист и социолог, основатель старого институционализма; к числу наиболее известных его идей относится разделение капиталистического общества на дельцов и инженеров с объяснением развития общества их взаимодействием, а также эффект Веблена)* **SEE:** conspicuous consumption, leisure class, Veblenian model

Veblenian model *марк.* модель Веблена* *(предложенная Т. Б. Вебленом*

теория покупательского поведения, в которой большая часть потребительских решений объясняется в терминах социального воздействия и взаимодействия, а не с точки зрения экономических выгод и затрат) **SEE:** Veblen, Thorstein Bunde; conspicuous consumption

vehicle *сущ.* **1)** *трансп.* автомобиль, автотранспортное средство, машина **2)** *мн., трансп.* автотранспорт; средства транспорта, средства перевозок **3)** *трансп., брит.* транспортное машиностроение ; производство транспортных средств **4)** *общ.* средство, орудие *(распространения)* **EX: vehicle for propaganda** – средство пропаганды **5)** *рекл.* = advertising vehicle **EX: What vehicle (television, newspapers, magazines, outdoor) will best reach the target audience?** – Какой носитель (телевидение, газеты, журналы, щиты) лучше всего достигнет целевой аудитории?

vehicle for advertising *рекл.* = advertising vehicle

vehicle sales *торг., стат., пром.* продажи автомобилей *(статистический отчет, позволяющий судить о состоянии спроса и фазе экономического цикла)*

vend *гл.* **1) а)** *торг.* продавать, торговать *(особенно в разнос или с лотка)* **SEE:** vendor, vendee **б)** *эк., юр.* продавать *(используется в юридических и др. формальных документах, особенно по отношению к операциям с недвижимостью)* **2)** *торг.* продавать через торговые автоматы **SEE:** vending machine **3)** *общ.* распространять, выдвигать *(публично выражать идеи, мысли и т. д.)* **EX: to vend the idea** – распространять идею

vended merchandise 1) *торг.* товары из торговых автоматов* *(товары, продаваемые через торговые автоматы)* **SEE:** vending machine **2)** *торг.* торгуемые [продаваемые] товары *(товары, реализуемые в определенном месте или определенной фирмой)* **SYN:** vendible product

vendee *сущ. торг.* покупатель *(лицо, которому что-л. продают)* **SYN:** buyer, purchaser **SEE:** vendor

vender *сущ. торг., амер.* = vendor

vendible product 1) *марк.* товар *(предмет, производимый для продажи)* **2)** *торг.* = vended merchandise

vending *сущ.* **1)** *торг.* продажа через торговые автоматы *(розничная торговля с использованием торговых автоматов)* **SYN:** automatic merchandising, automatic vending **SEE:** vending machine **2)** *торг.* мелочная [мелкая, уличная] торговля, торговля вразнос *(продажа товаров вразнос как вид трудовой деятельности)* **EX: He had his street vending licence taken away.** – У него забрали лицензию на уличную торговлю. **SYN:** peddling **SEE:** street market

vending machine *торг.* торговый автомат *(специальная машина для продажи товаров, в основном продуктов питания и прохладительных напитков, без помощи человека, устанавливаемая в магазинах, на улицах и др. общественных местах)* **EX: newspaper vending machine** – автомат для продажи газет, **soft drink vending machine** – автомат газированной воды, автомат газводы **SYN:** merchandising machine, automatic selling machine, penny-in-the-slot machine, vendor **SEE:** vended merchandise, coin-operated vending machine, cashless vending machine

vendor *сущ.* **1)** *тж.* vender *торг.* продавец, торговец *(как правило, уличный торговец, торговец вразнос)* **EX: street vendor** – уличный торговец, **ice cream vendor** – торговец мороженным **SYN:** seller, hawker, pack peddler, peddler, packman, pitchman, suitcase trader, street trader **SEE:** vendee, street market **2)** *торг.* = vending machine **3)** *эк.* поставщик *(компания, которая производит какие-л. комплектующие или продукты, которые поставляет, как правило, другим компаниям; часто применяется в IT отрасли)* **SYN:** supplier **SEE:** direct vendor delivery, vendor contract, vendor marketing

vendor contract *эк.* договор (на) поставки, договор с продавцом *(рамочный договор между покупателем и продавцом, определяющий основные условия, по которым покупатель в течение определенного времени смо-*

жет размещать конкретные заказы на покупку одного или ряда товаров или услуг у данного поставщика) **SEE:** indefinite quantity contract

vendor delivery *торг.* доставка средствами поставщика **SEE:** direct vendor delivery

vendor lead time *упр.* = supplier lead time

vendor marketing *марк.* маркетинг [маркетинговая политика, реклама] производителя* *(действия, которые осуществляет непосредственный производитель продукта для рекламы и продвижения своего продукта)* **EX: We believe IT research shouldn't be influenced by vendor marketing and payola.** – Мы считаем, что исследования в области информационных технологий не должны попасть под влияние маркетинговой политики производителей и взяток. **Don't be fooled by vendor marketing. Take an extra rigorous look at the selection criteria, functionality and end-users preferences.** – Не попадайтесь на рекламную удочку производителей. Уделите дополнительное внимание критериям выбора, функциональным качествам и предпочтениям конечных потребителей. **SEE:** vendor, consumer promotion, trade promotion

verbal rating scale *псих.* словесная оценочная шкала *(шкала оценки, в которой опрашиваемый оценивает какое-л. явление, располагая его на заданной шкале утверждений, напр., «отлично, хорошо, удовлетворительно, неудовлетворительно»)* **SEE:** numerical rating scale, rating scale

vertical audit вертикальный аудит, вертикальная ревизия **а)** *ауд. (прослеживание всех процессов, операций, процедур, документации в рамках отдельного подразделения, по конкретному проекту и т. п.; в данном случае проверка не затрагивает каких-л. других отделов, проектов и т. п. данной организации)* **SEE:** vertical audit **б)** *марк. (проверка функционирования одной из сторон маркетинговой стратегии фирмы, напр., планирования ассортимента продукции)* **SEE:** marketing, marketing audit, vertical audit **в)** *ауд. (проверка сразу нескольких аспектов проверяемой области или объекта, напр., всей учетной документации, всей системы контроля качества, всей кадровой политики и т. п.)* **SEE:** horizontal audit

vertical competition *эк.* вертикальная конкуренция *(экономическое соперничество между фирмами, производящими взаимодополняемые товары, напр., конкуренция между производителями компьютеров и программного обеспечения)* **SEE:** complement, horizontal competition

vertical contiguity *рекл., СМИ* вертикальная смежность* *(принцип покупки нескольких одинаковых по стоимости интервалов рекламного времени, при котором рекламный ролик будет демонстрироваться несколько раз в течение одного дня)* **SEE:** horizontal contiguity, contiguity rate, contiguity

vertical cooperative advertising *рекл.* вертикальная (совместная) реклама* *(частичное финансирование производителем рекламы своих товаров, организуемой розничным торговцем)* **SEE:** horizontal cooperative advertising, cooperative advertising

vertical discount *рекл., СМИ* вертикальная скидка* *(специальная скидка для тех, кто покупает несколько блоков рекламного времени на день; называется вертикальной, так как в расписании рекламного времени часы указывается по вертикали, а дни по горизонтали)* **SEE:** horizontal discount

vertical half page *СМИ, рекл.* полполосы вертикально* *(рекламное место в журнале, когда страница поделена пополам вертикально)* **SEE:** horizontal third page, vertical third page, horizontal half page

vertical integration *эк.* вертикальная интеграция [комбинирование] *(слияние компаний, специализирующихся на разных фазах производства, реализации и потребления одного продукта; с точки зрения современной неоинституциональной экономической теории, экономический смысл *вертикальной интеграции, главным образом, сводится к экономии трансакционных издержек)* **SEE:** horizontal integration

vertical market *марк.* вертикальный рынок* *(рынок, на котором предложение какого-л. товара ограничено, в то время как все покупатели на этом рынке сильно нуждаются в данном товаре)*

vertical marketing system *марк.* вертикальная маркетинговая система *(производитель, оптовый торговец и розничный торговец, действующие как единая система; фирмы в рамках этой системы могут находиться в общей собственности либо быть связанными долгосрочными контрактами)* **SEE:** contractual vertical marketing system, corporate vertical marketing system, administered vertical marketing system, horizontal marketing system

vertical price fixing *торг.* вертикальное фиксирование цен(ы), вертикальная фиксация цен(ы) *(ситуация, когда в сговоре об искусственном поддержании цен участвуют фирмы, действующие на разных уровнях производства и распространения товара; обычно имеется в виду ситуация, когда производитель договаривается с оптовыми или розничными продавцами о том, что они не будут продавать его продукцию по цене ниже определенного уровня, либо когда оптовый торговец договаривается с розничными торговцами о поддержании определенного уровня цен)* **SYN:** resale price maintenance **SEE:** price fixing, horizontal price fixing

vertical saturation *СМИ, рекл.* вертикальное насыщение *(интенсивное использование эфирного времени за определенный период времени)* **EX: Try it out, in what I call «vertical saturation», namely no less than five spots a day, to make the most impact.** – Попробуйте использовать то, что я называю «вертикальным насыщением», а именно, не менее пяти рекламных пауз в день, чтобы достичь наибольшего воздействия. **SEE:** horizontal saturation

vertical third page *СМИ, рекл.* вертикальная треть страницы [полосы]* *(рекламное место в печатных изданиях, равное одной трети страницы, разделенной по вертикали)* **SEE:** horizontal third page, vertical half page, horizontal half page

viable product *марк.* жизнеспособный товар* *(товар, соответствующий запросам потребителей, а поэтому пользующийся спросом на рынке и приносящий доход фирме-производителю)*

video commercial *рекл.* реклама на видеокассетах *(рекламный ролик, который предшествует фильму на видеокассете)*

video marketing *марк.* видеомаркетинг *(маркетинговая деятельность с помощью рекламы, записанной на видеокассетах)*

video store *торг.* магазин видеотехники, видеомагазин *(магазин, торгующий видеотехникой и видеокассетами)* **SEE:** record store

video systems *рекл.* видеосистемы *(видеомониторы, предлагающие информацию о продукции; существуют два основных типа видеосистем - электронные каталоги и видеосети; электронные каталоги (устанавливаются в зонах оживленного пешеходного движения) предоставляют информацию о товарах фирмы; видеосети (в супермаркетах и универмагах) состоят из нескольких видеомониторов, демонстрирующих рекламу товаров, продающихся в зоне работы сети)*

view impression *комп.* число посещений сайта, число заходов на сайт *(аудитория сайта или веб-страницы, измеренная в общем количестве заходов на сайт за определенный период)*

viewer impression *марк.* зрительское восприятие [впечатление] *(реакция человека на рекламу во время просмотра телевидения)*

viewers per viewing household **сокр.** VPVH *СМИ, марк.* число зрителей в домохозяйстве *(рассчитанное число людей, составляющих зрительскую аудиторию в любом домохозяйстве тогда, когда телевизор настроен на определенную программу или станцию, либо когда телевизор включен в определенный период времени)*

viral marketing *марк.* вирусный маркетинг* **SYN:** buzz marketing

virtual mall *торг.* = electronic mall

virtual reality виртуальная реальность **а)** *комп. (созданная компьютером трехмерная модель какой-л. среды (напр., морского побережья), позволяющая пользователю ощутить иллюзию реальности происходящего)* **б)** *марк. (способ рекламы, который позволяет потребителю ощутить все преимущества товара или услуги; напр., строительные компании дают своим покупателям возможность увидеть будущий дом и погулять по комнатам, оценить удобство планировки и подобрать цвет стен благодаря созданной компьютером модели виртуальной реальности)* **в)** *соц. (разновидность субъективного восприятия и видения социальной действительности, которая представляет мир как плод воображения, в отличие от признания материального ее начала)*

virtual shop *торг.* = e-shop

virtual storefront *торг.* виртуальная витрина *(форма интерактивной торговли, позволяющая делать покупки с помощью компьютера)*

vis major *юр., лат.* = force majeure

visual advertising *рекл.* визуальная реклама *(зрительно-воспринимаемая реклама, напр., телереклама, кинореклама, экранная реклама, наружная реклама, печатная реклама и др.)* **SEE:** audiovisual advertising, television advertising, cinema advertising, screen advertising, outdoor advertising, print advertising

visual merchandising *марк.* визуальный мерчендайзинг, оформления торгового места*, оформление места продажи* *(деятельность по оформлению места продажи товара с целью стимулирования сбыта; включает в себя следующие элементы: выбор места торговой точки; оформление наружной рекламы или вывесок; внутренняя компоновка торговой площади; дизайн интерьера; расположение выставляемых товаров; упаковка, маркировка товаров; оформление ценников и т. д.)* **EX: Creative visual merchandising that grabs the consumer's attention is the first rule in advertising.** – Творческое оформление торгового места, захватывающее внимание потребителя, является первым правилом рекламы. **SEE:** merchandising, Visual Merchandising and Store Design

Visual Merchandising and Store Design **сокр.** VM+SD *марк.* «Вижуал Мерчендайзинг энд Стор Дизайн» *(ежемесячный журнал, издающийся с 1922 г. и посвященный оформлению витрин и магазинов, маркетинговым стратегиям розничной торговли и т. п.)* **SEE:** visual merchandising

visual trademark *марк., пат.* визуальный товарный знак* *(рассчитанный на зрительное восприятие человека, в отличие от звукового товарного знака; к зрительным товарным знакам относятся буквенные, словесные, изобразительные, объемные товарные знаки, т. е. те знаки которые можно увидеть)* **SEE:** letter trademark, word trademark, figurative trademark, three-dimensional trademark, sound trademark

VNU *марк., межд. эк., СМИ* «Вэ-Эн-Ю» *(одно из крупнейших международных медиа-корпораций, которая возникла в 1964 г. как голландское издательство; название возникло из аббревиатуры V.N.U. (Verenigde Nederlandse Uitgeversbedrijven — в пер. с датского «Объединенные издатели Нидерландов»); владеет множеством филиалов и дочерних компаний, выполняющих широкий спектр услуг: от маркетинговых исследований до издания справочников и каталогов)* **SEE:** ACNielsen company

vocational advertising 1) *рекл.* = business-to-business advertising 2) *рекл.* = professional advertising

voiceover commercial *рекл.* рекламный ролик с закадровым комментарием* *(рекламный ролик, в котором голос за кадром описывает и объясняет происходящие события и призывает купить товар или услугу)*

volume discount *торг.* = quantity discount

volume of delivery *торг.* объем поставок *(обычно, измеряется в денежной оценке стоимости поставляемых товаров)*

volume of sales *торг.* = sales

volume production *эк.* = mass production

volume rebate *торг.* = quantity discount

volume sales *торг.* (крупно)оптовая продажа [торговля] **SEE:** wholesale

voluntary control добровольное ограничение, добровольное регулирование **а)** *общ. (людьми или организациями своей деятельности без вмешательства государства или общественности)* **б)** *рекл. (в рекламном бизнесе: добровольное следование определенным правилам в рекламе для избежания причинения вреда потребителям)* **EX: The Directive does not exclude voluntary control of misleading advertising by self-regulatory bodies if such means of redress are provided for in addition to the court or administrative proceedings.** – Директива не исключает добровольного регулирования со стороны органов саморегулирования, если эти средства корректировки предоставляются в дополнение к судебным или административным процедурам.

voluntary response *соц.* спонтанный ответ, спонтанная реакция; добровольный отклик **SEE:** response

voluntary retailer *торг.* = symbol retailer

vulnerable audience *марк.* уязвимая аудитория **EX: Children are the most vulnerable audience targeted by alcohol and cigarette marketers.** – Дети являются самой уязвимой аудиторией продавцов алкоголя и сигарет. **SEE:** vulnerable group

vulnerable group 1) уязвимая группа **а)** *соц. (социальная группа, менее защищенная от негативных процессов и явлений, протекающих в обществе)* **б)** *рекл. (группа потребителей, наиболее беззащитная перед воздействием рекламы конкретных видов продуктов)* **EX: Restrictions on tobacco advertising are justified when a vulnerable group, such as children, is being targeted and possibly endangered by advertisements.** – Ограничения на рекламу табака справедливы в том случае, если уязвимая группа, напр., дети, становится мишенью и потенциально подвергается опасности со стороны рекламы. **SEE:** vulnerable group

wafer seal 1) *общ.* печать* *(небольшой красный кружок, приклеиваемый на документ или письмо вместо печати)* **2)** *рекл.* печать* *(яркая или блестящая наклейка в виде круга или звезды с надписью типа «Загляните внутрь!», которую помещают на рассылаемые конверты для привлечения внимания)* **SEE:** rubber stamp

wagon jobber *торг., амер.* автооптовик* *(оптовик, доставляющий грузовиком товары розничным торговцам)* **SYN:** truck jobber

wagon peddler *торг.* торговец с фургоном; автолавка

wagon retailer *торг.* передвижная лавка, автолавка **SYN:** wagon peddler

wait order *рекл., СМИ* распоряжение о задержке [отсрочке] публикации* *(просьба рекламодателя не публиковать уже готовое рекламное объявление до особого распоряжения)*

waiver of delivery time *юр., торг., брит.* отказ от времени поставки* *(согласно английскому коммерческому законодательству, продавец не имеет право отказаться от разумного времени поставки, также не имеет права отказаться от поставки в более позднее время, чем разумное, в силу пункта закона «О продаже товаров» 1979 г., согласно которому право отказаться от условия договора о продаже товаров, представляющего собой обязанность продавца, имеет только покупатель, и в силу права лишения прав возражения на основе данного обещания; продавец имеет право отказаться от поставки, если она осуществляется с опозданием по сравнению с разумным временем, но, как правило, им не пользуется)* **SEE:** reasonable time of delivery, Sale of Goods Act 1979, contract of sale of goods

walking advertisement *рекл.* = sandwich man

wall advertising *рекл.* настенная реклама *(рекламные объявления, плакаты, щиты, висящие на стенах зданий)* **SEE:** wall media, wall panel, wall banner

wall banner *рекл.* настенный баннер *(рекламный плакат, который вешается на стену)* **SEE:** wall advertising

wall counter *торг.* пристенная витрина

wall media *рекл.* средства настенной рекламы *(настенные рекламные плакаты и щиты)* **SEE:** wall advertising, wall banner, wall panel

wall panel *рекл.* настенная рекламная панель, настенный рекламный щит **SEE:** wall advertising

wallet flap *общ.* *(конверт с большим клапаном, который закрывает всю сторону конверта и приклеивается широкой полосой клея к самой кромке)* **SYN:** wallet flap envelope

wallet flap envelope *общ.* = wallet flap

Wallscape *рекл.* стенорама* *(реклама, нарисованная или прикрепленная к наружной стене здания)* **SEE:** painted wall

want ad *сущ.* **1)** *мн., рекл., амер.* = classified advertisements **2)** *упр., рекл.* объявление о найме [вакансиях; приеме на работу] **SYN:** recruitment advertisement, recruitment advertising, recruitment media, help wanted advertising

want ads *рекл., разг.* = classified advertisements

want advertisements *рекл.* = want ads

want of goods 1) *торг.* товарный дефицит, дефицит товаров *(ситуация недостаточного количества товаров для удовлетворения имеющихся потребностей)* **EX: Poverty arises from faulty distribution and not for want of goods to distribute.** – Бедность является результатом неправильного распределения благ, а не товарного дефицита. **2)** *эк.* потребность в товарах *(ощущение необходимости тех или иных товаров)*

want-satisfying *марк.* удовлетворяющий потребности*, соответствующий нуждам* *(напр., о товарах или услугах, способных удовлетворять определенные нужды потребителей)* **EX: want-satisfying power of a good or service** – способность товара или услуги удовлетворять потребности, **want-satisfying products [goods]** – товары, соответствующие нуждам (потребителей); товары, удовлетворяющие потребности (потребителей)

wanted product 1) *марк.* искомый товар *(товар, который потребитель ищет с целью купить)* **2)** *марк.* востребованный товар *(товар, соответствующий нуждам потребителей и пользующийся спросом)*

War Advertising Council *рекл., амер.* Военно-рекламный совет *(образован в 1941 г. для пропаганды военных усилий правительства и рекламы облигаций военных займов; после войны преобразован в Рекламный совет)* **SEE:** Advertising Council

ware *сущ.* **1)** *потр.* однородные изделия *(напр., глиняные, металлические)* **EX: silverware** – изделия из серебра **SEE:** glassware **2)** *потр.* керамическая посуда **SYN:** brown ware **3)** *мн., эк.* товары **SEE:** wares

warehouse

I *сущ.* **1)** *торг.* (товарный) склад, пакгауз **SYN:** storeroom, stockroom, stock, depositary, depot, warehouse, storage structure, storage facility, stores, stockhouse, storage, store, storehouse **SEE:** automated warehouse, captive warehouse, cash and carry warehouse, chain warehouse, cold-storage warehouse, distribution warehouse, internal revenue bonded warehouse, private warehouse, public warehouse, railroad warehouse, refrigerated warehouse, showroom warehouse, storage warehouse, warehouse receipt, warehouse retailer, warehouse showroom, warehouse store, ex warehouse **2)** *торг.* большой розничный магазин; оптовый магазин; магазин-склад **SYN:** storehouse

II *гл. торг.* помещать на склад; складировать, хранить на складе **SYN:** storage, store **SEE:** warehousing

warehouse bond *гос. фин., торг.* складская гарантия*, складская закладная* **а)** *(разновидность поручительской гарантии, которая гарантирует, что товары, хранящиеся на складе, будут выданы по предъявлению складской расписки)* **SEE:** warehouse receipt **б)** *(разновидность гарантийного обязательства, которое гарантирует, что либо владелец хранящихся на таможенном, акцизном и т. п. складе сам уплатит в указанный срок причитающиеся налоги и сборы, либо необходимую сумму внесет поручитель)*

warehouse capacity *торг.* вместимость склада *(измеряется в квадратных или кубических метрах, в тоннах или в количестве единиц груза, которые можно разместить на складе)* **SYN:** storage area, storage capacity **SEE:** warehouse

warehouse certificate *торг., юр., фин.* складское свидетельство, складская расписка *(документ, вручаемый складом владельцу товара и подтверждающий принятие на хранение на определенный срок и за установленную плату указанных в нем предметов; складское свидетельство выдается либо самому владельцу, либо лицу, действующему по надлежаще оформленной доверенности; в Великобритании закон «О торговых агентах», 1889 г. и закон «О продаже товаров», 1979 г. признают складское свидетельство товарораспорядительным документом, однако судеб-*

ная практика его таковым не признает) **SYN:** warehousekeeper's certificate **SEE:** document of title, Factors Act 1889, Sale of Goods Act 1979

warehouse charges 1) *учет, торг.* складские расходы [затраты], расходы [затраты] по хранению на складе, затраты на складское хранение **2)** *торг.* плата [сбор] за хранение (на складе) **SYN:** charge for storage, storage charge, storage, warehousing **SEE:** warehouse, storage rate

warehouse company *торг.* = storage company

warehouse delivery *торг.* поставка со склада *(производителя или оптовика)* **SEE:** ready delivery, tender of delivery

warehouse distribution channel *торг.* складской канал распространения *(канал распространения товаров со склада)* **SEE:** warehouse

warehouse financing *торг., фин.* финансирование складских запасов* *(финансирование (покупки) запасов товаров и материалов за счет заемных средств; эти запасы одновременно выступают в качестве залога и хранятся на складе должника или третьих лиц)* **SEE:** warehouse, floor planning

warehouse foreman *торг., упр.* старший кладовщик

warehouse keeper *сущ. торг.* = warehouseman

warehouse-keeper's receipt *торг., юр.* = warehouse receipt

warehouse location problem *иссл. опер., торг.* задача о размещении складов *(задача, заключающаяся в минимизации общей суммы транспортных и складских расходов при определенных ограничениях)* **SEE:** warehouse

Warehouse Management System сокр. WMS *торг.* (компьютерная) система управления складом *(компьютерная система управления запасами на складе; использует компьютерные терминалы для контроля приема, складирования, отправки грузов и др.)* **SYN:** automated storage and retrieval system

warehouse receipt сокр. WR *торг., юр.* складская расписка **а)** *(документ, удостоверяющий право собственности на товары, хранящиеся на складе; может использоваться для передачи права собственности на данные товары без их физической поставки новому владельцу)* **SYN:** warehouse-keeper's receipt **SEE:** warehouse, negotiable warehouse receipt, storage contract, warehouse financing, dock receipt, document of title **б)** *амер. (согласно определению Единообразного торгового кодекса США: расписка лица, получающего во временное владение товары со склада)* **SEE:** Uniform Commercial Code, Uniform Warehouse Receipts Act

warehouse retailer *торг.* розничный склад-магазин *(торговое предприятие сниженных цен с ограниченным объемом услуг, цель которого - продажа больших объемов товаров по низким ценам, напр., торговый комплекс, продовольственный магазин сниженных цен, мебельный склад-магазин)* **SYN:** warehouse store **SEE:** cash-and-carry retailer, limited service retailer, warehouse

warehouse retailing *торг.* розничная торговля со складов-магазинов *(продажа больших объемов товаров по низким ценам, как правило, без дополнительных услуг)* **SEE:** limited service retailer

warehouse risk *страх., торг.* складской риск *(риск порчи или пропажи товара во время пребывания на складе)*

warehouse sale *торг.* распродажа со склада **SEE:** warehouse retailer, warehouse showroom

warehouse showroom *торг.* склад-магазин с демонстрационным залом **SEE:** warehouse, warehouse sale

warehouse storage *торг.* складское хранение **SEE:** storage

warehouse store *торг.* склад-магазин **SYN:** warehouse retailer **SEE:** warehouse

warehouse to warehouse clause *страх., торг.* = warehouse to warehouse coverage

warehouse to warehouse coverage *страх., торг.* страховая защита «от склада до склада» *(оговорка, кото-*

рая может быть включена в полис страхования внутренних перевозок или в полис морского страхования с целью расширения их действия и обеспечения страховой защиты имущества в процессе транспортировки от склада грузоотправителя до склада грузополучателя) **SYN:** warehouse to warehouse clause, warehouse to warehouse insurance **SEE:** cargo insurance

warehouse to warehouse insurance *страх., торг.* = warehouse to warehouse coverage

warehouse warrant *торг., юр.* складской варрант, складское свидетельство *(документ о получении груза, который выдается управляющим складом лицу, поместившему товары на склад, с указанием наименования складированных товаров; варрант используется в качестве залогового свидетельства; является товарораспорядительным документом, передаваемым в порядке индоссамента)* **SYN:** warehouse receipt

warehoused goods *торг., трансп.* складированные товары *(товары на складе)*

warehousekeeper *сущ. торг.* = warehouseman

warehousekeeper's certificate *торг., юр.* = warehouse certificate

warehouseman *сущ.* **1)** *торг., упр.* рабочий или служащий на складе **2)** *торг., упр.* владелец склада **3)** *торг., упр.* управляющий складом **4)** *торг., юр., амер.* владелец склада, управляющий складом *(по Единообразному торговому кодексу США: лицо, которое предоставляет склад для временного содержания товаров и отвечает за сохранность товара, временно размещенного на складе)* **SEE:** Uniform Commercial Code **5)** *торг.* оптовый торговец *(обычно текстильными изделиями)* **SEE:** Italian warehousemen **SYN:** storekeeper, stockkeeper, warehouse keeper

warehouse's receipt *торг., юр.* = warehouse receipt

warehousing *сущ.* **1)** *торг.* складское хозяйство **2)** *торг.* складирование, хранение на складе, хранение на (товарной) базе **SYN:** storage, storekeeping, stockpiling **3)** *торг.* плата за хранение на складе **SYN:** warehouse charges, storage

wares *эк., мн.* товары *(как правило, этим словом обозначаются мелкие предметы продажи, торговля которыми ведется обычно не в магазине, а с рук (на улице, на рынке и т. д.); в единственном числе не употребляется)* **EX: The stall-holders began to sell their wares at half price.** – Лоточники начали продавать свой товар за полцены. **Many vendors said they collected their wares from garbage sites.** – Многие уличные торговцы говорят, что собирают свои товары на помойках. **SYN:** goods, commodity, merchandise **SEE:** street market

warranty *сущ.* **1) а)** *юр., эк.* гарантия; поручительство, ручательство **SEE:** express warranty, implied warranty **б)** *торг.* гарантия *(обязательство производителя или продавца заменить или бесплатно отремонтировать неисправный товар в течение оговоренного периода времени после продажи)* **SYN:** product warranty **SEE:** express warranty, implied warranty, extended guarantee, full warranty, limited warranty **в)** *юр., торг., брит.* простое условие, гарантия *(согласно закону «О продаже товаров», 1979 г.: положение контракта, нарушение которого дает право другой стороне на взыскание убытков, но не на расторжение договора)* **SEE:** Sale of Goods Act 1979, contract of sale of goods, contractual obligation, fundamental terms, innominate terms **г)** *страх.* гарантия *(условие в страховом полисе, требующее выполнения или невыполнения какого-л. действия, при нарушении которого держатель полиса может потерять право на страховое возмещение; напр., при страховании имущества от кражи в полисе может содержаться определенное требование к типу замков)* **2)** *юр.* разрешение, (официальная) санкция

warranty of freedom from encumbrances *юр., торг., брит.* гарантия свободы от залога* *(положение анг-*

лийского коммерческого законодательства, в частности, закона «О продаже товаров» 1979 г., согласно которому товары, продаваемые в силу договора о продаже товаров, являются свободными и будут оставаться свободными во время перехода прав собственности от продавца к покупателю от залога и любого вида обложения независимо от того, известно об этом покупателю или нет до подписания договора, за исключением тех случаев, когда в качестве товара выступает доля в собственности; данное положение имеет цель оградить покупателя от расходов, больших, чем цена товара, напр., если покупатель будет вынужден еще нести расходы по выкупу купленного им товара из заклада, договор о продаже товара становится незаконным) **SEE:** Sale of Goods Act 1979, contract of sale of goods, warranty of quiet possession

warranty of quiet possession *юр., торг., брит.* гарантия мирного владения* *(положение английского коммерческого законодательства, в частности, закона «О продаже товаров» 1979 г., согласно которому, покупатель товара вступает в права мирного владения товаром за исключением тех случаев, когда это может быть оспорено собственником или иным лицом, имеющим законный интерес в товаре на предмет обязанности покупателя нести расходы по закладной товара или иные расходы, связанные с владением товаром, во всех случаях кроме тех, когда товаром является доля в собственности; данное положение преследует цель оградить покупателя от затрат, превышающих цену товара, напр., если покупатель автомобиля вынужден платить за этот автомобиль таможенную пошлину, это может быть либо признано незаконным, либо попадает под случай, когда лицо имеющее, законный интерес в товаре (таможенная служба), может обязать покупателя нести иные расходы; положение не вполне ясно и по-разному трактуется судебными прецедентами, кроме того оно сталкивается с проблемой случая, когда продавец не является собственником)* **SEE:** Sale of Goods Act 1979, contract of sale of goods, warranty of freedom from encumbrances

warranty return *торг.* возврат по гарантии, возврат по рекламации, гарантийный возврат* **а)** *(возврат покупателем продавцу бракованного или поврежденного товара в течение срока действия послепродажной гарантии для замены на новый товар, ремонта или возврата денег)* **SEE:** warranty, return policy **б)** *мн. (возвращенные в течение гарантийного срока товары)*

waste circulation **1)** *рекл.* бесполезный [бросовый] тираж *(часть тиража рекламных материалов, попадающая к людям, которые не являются потенциальными покупателями рекламируемых товаров)* **2)** *рекл. (реклама продукта в географическом районе, где этот продукт не распространяется)*

water consumer *ЖКХ* водопотребитель, водопользователь *(юридическое или физическое лицо, получающее воду из сети водоснабжения для обеспечения своих нужд)* **SEE:** consumer

waterproof packing *торг.* водонепроницаемая упаковка *(изготовлена из материалов, не пропускающих воду; защищает товар от влаги)* **SEE:** airtight packaging

way bill *трансп., торг.* = waybill

waybill *сущ.* **сокр.** WB *трансп., торг.* транспортная накладная *(документ, который выдается перевозчиком грузоотправителю в подтверждение принятия груза к перевозке; содержит описание груза, сведения об отправителе и получателе груза, пунктах отправления и назначения, иную информацию об условиях перевозки; в отличие от коносамента не* *является товарораспорядительным документом)* **SEE:** air waybill, bill of lading, document of title

we offer retail **сокр.** WOR *торг.* мы предлагаем в розничной форме *(предложение ценных бумаг или товаров покупателю по нетто-цене, т. к. все затраты по сделке оплачиваются продавцом)*

weak axiom of revealed preference *эк.* слабая аксиома выявленных предпочтений *(гласит, что если имеет место прямое выявленное предпочтение одного товарного набора второму товарному набору и эти наборы не являются одним и тем же набором, то невозможно прямое выявленное предпочтение второго товарного набора первому)* **SEE:** strong axiom of revealed preference

weak trademark *пат.* слабый товарный знак *(не обладающий высокой охраноспособностью и узнаваемостью из-за непродолжительного использования или низких различительных свойств, напр., содержащий какие-л. обычные, часто используемые слова или выражения, описывающий товар или услугу)* **SEE:** strong trademark, descriptive trademark, confusing trademark

wear-out factor **1)** *эк.* коэффициент износа **2)** *рекл.* = advertising wearout

wearout factor *эк., рекл.* = wear-out factor

web catalogue *рекл.* = electronic catalogue

web mall *торг.* = electronic mall

web site banner *рекл.* баннер веб-сайта *(реклама веб-сайта, размещенная на другом сайте)* **SEE:** banner, internet advertising, personal banner, business banner

web store *торг., комп.* интернет-магазин, веб-магазин **SYN:** Internet store, e-shop, e-store **SEE:** electronic shopping, shopping cart software, armchair shopping

Weber's law *псих., марк.* закон Вебера *(концепция, согласно которой решение потребителя о покупке с наибольшей вероятностью базируется на различиях между товарами, а не на свойствах того или иного товара)* **SEE:** just noticeable difference

weekend sale *торг.* субботняя [воскресная] распродажа **EX: This weekend sale is your chance to get clever designs for you and your place while saving at least 50%.** – Эта субботняя распродажа – ваш шанс получить остроумные варианты дизайна для вас и для вашего помещения и сэкономить, по меньшей мере, 50%.

weekend shopping *торг.* покупки в выходные

weekly shopping *торг.* еженедельные покупки; закупка на неделю *(обычно продуктов питания и др. товаров первой необходимости)* **EX: My friend and I normally do our weekly shopping together at this supermarket.** – Мы с другом обычно закупаем продукты на неделю в этом супермаркете. **SEE:** staple goods

weigh count *марк.* счет по весу *(определение объема откликов на прямую почтовую рекламу по весу пачек с откликами)* **SEE:** weigh count scales

weigh count scales *торг.* счетные весы* *(определяющие количество листов бумаги или мелких предметов путем взвешивания)* **SEE:** weigh count

weight

I *сущ.* **сокр.** wt **1)** *общ.* вес, масса *(количество чего-л., измеряемое в кг., тоннах и т. д.)* **EX: to sell by weight** – продавать на вес **SEE:** delivered weight, gross weight, net weight, tare weight **2) а)** *общ.* тяжесть, груз **б)** *общ., перен.* бремя, тяжесть **3) а)** *общ.* единица массы **б)** *общ.* система мер массы, система единиц массы **4)** *общ.* авторитет, влияние, значение; важность, значимость **EX: to throw one's weight about** – командовать; подавлять своим авторитетом, **This is an argument of weight.** – Это очень веский довод. **5)** *мат., стат.* вес *(показатель, используемый для придания относительной значимости («весомости») значениям другого показателя, напр., при расчете средневзвешенного значения)*

II *гл.* **1) а)** *общ.* нагружать; увеличивать вес; утяжелять **б)** *общ., перен.* отягощать, обременять *(кем-л./чем-л. — with)* **2)** *общ.* придавать значимость, вес, силу, определенную направленность **EX: circumstances weighted in his favour** – обстоятельства сложились в его пользу **3)** *мат., стат.* взвешивать, присваивать веса *(при расчете средневзвешенного показателя)*

weight certificate *торг.* = weight note

weight goods весовые товары* **а)** *торг. (товары, продаваемые на вес; напр., фрукты или овощи, сыр, колбаса и т. д.)* **SEE:** cut goods, yard goods, count goods **б)** *трансп. (товары, плата за перевозку которых взимается в зависимости от веса)* **SEE:** measurement goods

weight note *торг.* весовой сертификат *(документ, составляемый продавцом товаров, экспортером или иным лицом и подтверждающий вес поставляемых упаковок с товарами)* **SYN:** certificate of weight, weight certificate **SEE:** quality certificate

weight slip *торг.* квитанция о взвешивании *(расписка, в которой указывается чистый вес транспортного средства, продаваемого животного, отправляемого груза и т. п.)*

Weights and Measures Act 1963 *торг., юр., брит.* закон «О весах и мерах», 1963 г. *(уполномочил Министерство торговли и промышленности предписывать веса и меры для продажи определенных продуктов)* **SEE:** Weights and Measures Act 1979

Weights and Measures Act 1979 *торг., юр., брит.* закон «О весах и мерах», 1979 г. *(усилил защиту потребителей, в частности подчеркнул, что потребитель не снабжен эталонами, позволяющими с точностью определять вес и меру небольшого размера)*

Weights and Measures Act 1985 *торг., юр., брит.* закон «О весах и мерах», 1985 г. *(определил меры веса и длины, используемые для торговли и в других целях)*

well-designed product **1)** *марк.* хорошо спроектированный товар* *(товар, который полностью соответствует потребностям покупателей; такой товар отвечает установленным стандартам качества, высоко функционален, имеет все указанные свойства и характеристики, прост в обращении (не вызывает проблем при использовании))* **2)** *марк.* товар с хорошим дизайном* *(товар, имеющий привлекательный внешний вид; при этом он может не соответствовать требованиям качества, функциональности и т. д.)*

wet goods **1)** *потр.* жидкие товары *(которые продаются в жидкой форме, напр., соки)* **2)** *потр.* сырые товары* *(напр., рыба, мясо, фрукты, овощи)* **SEE:** dry goods

wharfage *сущ.* **1)** *мор., трансп.* причальный сбор *(плата, взимаемая за пользование пристанью)* **SEE:** dockage, berthage **2)** *мор., трансп.* погрузка на пристани; хранение грузов на пристани; использование пристани **3)** *мор., трансп.* причальные [пристанские] сооружения *(совокупность сооружений и устройств для проведения грузовых работ и хранения грузов, которыми оборудована пристань)*

wheel of retailing *марк.* колесо розницы *(концепция эволюции розничных магазинов, которые появляются как недорогие удобные магазины, но по мере успеха вводят новые услуги и товары и начинают вытесняться новыми недорогими магазинами)*

Wheeler-Lea Amendment *рекл., торг., юр., амер.* поправка Уилера-Ли, 1938 г. *(предоставила Федеральной торговой комиссии важные рычаги воздействия на ложную рекламу продуктов питания, лекарств, косметики и терапевтических средств)* **SEE:** Federal Trade Commission, food legislation

white box **1)** *марк.* = white label **SEE:** generic product **2)** *марк., комп.* немарочной сборки *(о компьютерах, которые собираются небольшими розничными торговцами и на которые не ставится никакой марки; такие компьюте-*

ры обычно не уступают марочным компьютерам по качеству, но стоят дешевле; название происходит от светлых коробок, в которых поставляются корпуса и в которых сборщики продают свои компьютеры потребителям) **EX: white-box market** – рынок компьютеров немарочной сборки, **It is estimated that white boxes make up at least 25% of the PC market.** – По оценкам, компьютеры немарочной сборки занимают как минимум 25% рынка. **The company plans to set up a business unit to focus on delivering PC components to builders of so-called white-box systems, or generic PCs.** – Компания планирует создать подразделение для продажи комплектующих для немарочных сборщиков компьютеров. **We considered IBM, Compaq, Dell, and generic white box options.** – Мы рассматривали варианты IBM, Compaq, Dell, а также немарочной сборки. **3)** *мет.* прозрачный ящик* *(в методике тестирования: формирование теста с учетом знания о испытываемом объекте; напр., тест для компьютерной программы составляется с учетом знания о ее внутренних алгоритмах; противопоставляется принципу «черного ящика», когда об устройстве тестируемого объекта неизвестно ничего)*

white-coat rule *марк., амер.* запрет на белые халаты* *(запрет использования людей в белых халатах в рекламных роликах, чтобы не вводить в заблуждение зрителей)*

white goods *потр.* белые товары **а)** *(техника, используемая в домашнем хозяйстве и обычно окрашенная в белый цвет (отсюда название): холодильники, посудомоечные машины, микроволновые печи, стиральные машины и т. д.)* **б)** *потр. (белье, скатерти, полотенца и т. д.)* **SEE:** brown goods, red goods, orange goods, yellow goods, white sale

white label *марк.* немарочный *(о продукте, который выпускается без какой-л. марки, но предоставляет возможность поставить марку розничному торговцу или дистрибьютору)* **EX: white label product** – немарочный продукт, **white label goods** – немарочные товары, **I was always apprehensive about purchasing those economy white label goods but after trying some of the items I realised they are just as good quality only cheaper.** – Меня всегда пугали эти дешевые немарочные товары, но потом я попробовал и понял, что они ничуть не хуже, а стоят меньше. **SYN:** generic, white box **SEE:** manufacturer's brand, store brand

white mail 1) *марк.* чистые заказы* *(без ссылок на конкретную рекламу, послужившую их основой)* **2)** *марк.* белая почта* *(присылаемая клиентами в их собственных конвертах по собственной инициативе и, как правило, связанная с изменением адреса, счета и пр.)*

white sale 1) *торг.* распродажа белых товаров* **а)** *(распродажа бельевого товара (постельного, столового белья))* **б)** *(распродажа холодильников, плит и др. предметов домашнего обихода, обычно покрытых белой эмалью)* **SEE:** white goods **2)** *торг.* рождественская (зимняя) распродажа

white space *рекл.* свободное место* *(ничем не заполненное место на рекламном плакате, которое олицетворяет успешность компании или высокие качества продукта)* **SEE:** poster, advertising space

whole-life cost *учет, марк.* (общие) затраты в течение срока службы *(сумма затрат, осуществляемых продавцом/производителем в течение срока службы продаваемого/производимого товара, включая послепродажные затраты)* a, after-purchase cost

whole-life costing *упр., учет, марк.* = life-cycle costing

whole sale price *торг., эк., стат.* = wholesale price

wholesale

I *сущ. торг.* оптовая торговля *(предпринимательская деятельность по продаже товаров или услуг тем, кто приобретает их с целью перепродажи организациям розничной торговли или другим оптовым организациям)*

SYN: wholesale business, wholesaling, wholesaling activity, wholesale merchandising **ANT:** retailing

II *прил. торг.* оптовый **EX: wholesale and retail trade** – оптово-розничная торговля, **wholesale business** – оптовая торговля, оптовое предприятие, **wholesale circulation** – оптовый товарооборот, **wholesale dealer, wholesale merchant** – оптовый торговец, оптовик, **wholesale depot** – оптовая база, **wholesale fair** – оптовая ярмарка, **wholesale house, wholesale firm** – оптовая фирма, **wholesale store** – оптовый склад, **wholesale transaction** – оптовая сделка, **wholesale purchase** – оптовая закупка **SEE:** wholesale price, wholesale broker, wholesale customer, wholesale inventory, wholesale market, wholesale merchandising, wholesale turnover **2)** *общ.* массовый, в большом количестве **EX: wholesale discharge of workers** – массовое увольнение рабочих

III *нареч. торг.* оптом *(крупными партиями, большими количествами (о купле-продаже товаров) и по оптовым ценам, которые ниже розничных)* **EX: to sell (by, at) wholesale** – продавать оптом, **to buy (by,at) wholesale** – покупать оптом **SYN:** at wholesale, by wholesale **ANT:** retail

IV *гл. торг.* продавать оптом **EX: Each product will be wholesaled in lots of 50.** – Все продукты будут продаваться оптом по 50 шт. **Our company manufactures and wholesales knives to German.** – Наша компания производит и продает оптом ножи в Германию. **About 60% of the fruit is wholesaled, 38% is processed, and 2% is retailed through a roadside market.** – Около 60% фруктов продается оптом, 38% обрабатывается, а 2% продается в розницу у дороги. **SEE:** retail

wholesale and retail trade *торг.* оптово-розничная торговля *(торговля одновременно оптом и в розницу)*

wholesale broker *торг., бирж.* оптовый брокер *(товарный брокер, заключающий сделки по оптовой продаже товара)* **SEE:** retail broker, wholesale business

wholesale business *торг.* = wholesale

wholesale chain *торг.* сеть оптовых магазинов *(совокупность оптовых предприятий, торгующих одним товарным ассортиментом и от одного производителя)* **SEE:** retail chain

wholesale circulation *эк.* = wholesale turnover

wholesale company *торг.* = wholesale firm

wholesale customer *торг.* оптовый покупатель *(лицо, покупающее товар оптом (в больших количествах), как правило, для дальнейшей перепродажи)* **SYN:** bulk buyer **SEE:** retail customer

wholesale dealer *торг.* = wholesaler

wholesale depot *торг.* оптовая база *(торгово-производственный комплекс, занимающийся хранением и снабжением товаров оптом)* **SYN:** wholesale store, wholesale warehouse, distribution centre, warehouse

wholesale discount *торг.* оптовая скидка *(скидка, предоставляемая при покупке товаров крупными партиями)* **SYN:** quantity discount

wholesale distribution *торг.* оптовое распределение *(определение последовательности оптовых продаж, напр., по рыночным сегментам)*

wholesale distributor *торг., амер.* = wholesaler

wholesale establishment *торг.* = wholesale firm

wholesale fair *торг.* оптовая ярмарка *(ярмарка, на которой торговые организации, как совокупный представитель интересов потребителя, осуществляют непосредственный заказ соответствующей продукции)* **SEE:** merchandise mart

wholesale firm *торг.* оптовая фирма *(торговая фирма, реализующая продукцию оптовыми партиями)* **SYN:** wholesaling firm, wholesale house, wholesale company, wholesale establishment **ANT:** retail firm **SEE:** trade firm

wholesale house *торг.* = wholesale firm

wholesale inventory 1) *торг., стат.* оптовый запас, запас (товаров) на оптовых складах *(имеющиеся в наличии, поставляемые, хранимые или получаемые товары, которые подлежат оптовой продаже)* **2)** *мн., эк., стат.* торговые [коммерческие товарные] запасы, (товарные) запасы на оптовых складах [на складах оптовой торговли] *(показатель, представляющий собой ежемесячный стоимостной индекс запасов всех произведенных и хранимых на складах товаров; характеризует отношения между оптовой и розничной торговлей; рост данного показателя говорит о слабом сбыте товаров, затоваривании складов, отрицательно характеризует состояние экономики)* **SEE:** retail inventory

wholesale market *торг.* оптовый рынок *(на котором товары продаются и покупаются крупными партиями, обычно для перепродажи)* **SEE:** retail market

wholesale merchandising *торг.* оптовая торговля *(продажа товаров другим торговым предприятиям розничной или оптовой торговли)* **EX: A retail merchandising business sells to those who use or consume the goods, while a wholesale merchandising business buys and resells merchandise to other merchandising businesses.** – Предприятие розничной торговли продает товары тем, кто их потребляет, а предприятие оптовой торговли покупает и перепродает товары другим торговым предприятиям. **SYN:** wholesale **SEE:** merchandising

wholesale merchant *торг.* = wholesaler

wholesale pack *торг.* оптовая упаковка *(предназначена для безопасной и удобной транспортировки товара; иногда используется в магазинах в качестве емкости для выкладывания товара)* **SEE:** retail pack, catering pack, bulk display, display bin

wholesale price 1) *торг.* оптовая цена *(цена на продукцию при продаже ее крупными партиями предприятиям, фирмам, сбытовым, коммерческим и посредническим организациям, оптовым торговым компаниям; обычно это относиться к ценам товаров, закупаемых крупными партиями с целью последующей перепродажи или использования в производстве)* **SEE:** buying price, selling price, market price, step-up price, retail price **2) сокр.** WP *мн., эк., стат.* оптовые цены *(данные о динамике оптовых цен для страны)*

wholesale proceeds *торг.* выручка от оптовой реализации [продажи] *(выручка, которую получает производитель в результате продажи произведенного товара оптовым торговцам)* **EX: Wholesale proceeds from sales of the book will go to the Kids Relief Fund.** – Выручка от оптовой продажи книги поступит в Фонд помощи детям. **SEE:** wholesale turnover, sale proceeds, cost

wholesale store *торг.* = wholesale depot

wholesale system *торг.* система оптовой торговли *(как правило, компьютерная) система обработки и удовлетворения различных требований по оптовой торговле какими-л. товарами)* **SEE:** wholesaling system

wholesale trade *эк.* оптовая торговля *(сфера торговой деятельности, связанная с продажей товаров и услуг в большом количестве тем, кто приобретает их с целью перепродажи организациям розничной торговли или другим оптовым организациям)* **SYN:** wholesaling, wholesale

wholesale trader *торг.* = wholesaler

wholesale transaction *торг.* оптовая сделка, оптовая продажа **EX: Due to a wholesale transaction, we are currently out of stock on all our items.** – Из-за одной оптовой сделки у нас кончился запас всех наших товаров. **SEE:** wholesale trade

wholesale turnover *эк.* оптовый (товаро)оборот *(суммарная стоимость реализованных оптом товаров и услуг, проданных крупными партиями перепродавцам или крупным потребителям, напр., производственным предприятиям; термин может относиться как к экономике в целом, так и к отдельному региону или отрасли производства)* **SYN:** wholesale circulation, wholesale volume **SEE:** wholesale trade, retail turnover

wholesale volume *эк.* = wholesale turnover

wholesale warehouse *торг.* = wholesale depot

wholesaled *прич. торг.* проданный оптом **EX: This measure would impose an addi-**

tional sales tax on cigarettes and a surtax on wholesaled tobacco products. – Эта мера предполагает дополнительный налог с продаж сигарет и еще вспомогательный налог на оптовые продажи табачных изделий.

wholesaler *сущ. торг.* оптовик, оптовый торговец *(крупное коммерческо-посредническое предприятие, реализующее товары другим перепродавцам, розничным торговцам или крупным промышленным и коммерческим учреждениям, а не конечным потребителям)* **EX: clothing wholesaler** – оптовый торговец одеждой, **drug wholesaler** – оптовый торговец лекарствами, **seafood wholesaler** – оптовый торговец морепродуктами, **wholesaler brand** – торговая марка оптовика **SYN:** dealer, dealer in gross, wholesale distributor, wholesale trader, wholesale dealer, jobber, wholesale merchant **SEE:** rewholesaler, full-service wholesaler, limited-service wholesaler

wholesaler-sponsored voluntary chain *торг., англ.* добровольная сеть независимых розничных торговцев под эгидой оптовика *(объединение розничных торговцев, организованное оптовым предприятием с целью совместных закупок товара, одна из разновидностей договорных маркетинговых систем)* **SYN:** wholesaler-sponsored voluntary group **SEE:** retailer

wholesaler-sponsored voluntary group *торг., англ.* = wholesaler-sponsored voluntary chain

wholesaling *сущ. торг.* = wholesale

wholesaling activity *торг.* = wholesale

wholesaling firm *торг.* = wholesale firm

wholesaling sector *торг.* сфера оптовой торговли **SEE:** Wholesale Trade

wholesaling system *торг.* = wholesale system

Wide-Area Telephone Service сокр. WATS *связь* телефонная служба дальней связи* *(предоставляет услуги междугородной и международной связи, при которой звонок оплачивает принимающая сторона, а не вызывающая)* **SEE:** toll-free calling

widely distributed *общ.* широко распространенный **EX: widely distributed name** – широко распространенное имя, **widely distributed equipment** – широко распространенное оборудование, **widely distributed products** – широко распространенные товары, **The world's best-selling and most widely-distributed book is the Bible.** – Библия – наиболее продаваемая и широко распространенная книга в мире. **SYN:** widely spread

widely spread *общ.* = widely distributed **EX: widely spread game** – широко распространенная игра, **widely spread name** – широко распространенное имя, **special and widely spread products** – особые и широко распространенные товары

wild cat *марк.* = question mark

window *сущ.* **1)** *общ.* окно **2)** *торг.* = shop window **SEE:** window dressing, window banner

window banner *рекл.* витринная наклейка [баннер, вымпел]

window display *торг.* витринная выставка *(товаров)* **EX: Indoor window display is your window of opportunity to reach more customers.** – Внутренняя витринная выставка – это ваша возможность получить больше посетителей. **SEE:** ceiling display, shelf display, in-store display, counter display, floor display

window dressing **1)** *торг.* украшение витрины *(для привлечения покупателей)* **2)** *общ.* приукрашивание *(любая деятельность, направленная на то, чтобы представить ситуацию в более выгодном свете, чем на самом деле, напр., действия, направленные на придание финансовой отчетности желаемого вида, т. е. на создание видимости более хорошего финансового положения, чем оно есть на самом деле)*

window poster *рекл.* витринный плакат **SEE:** poster

window shopper *торг.* созерцатель витрин, зевака* *(человек, рассматривающий витрины без намерения или возможности совершить покупку)* **SEE:** go windowshopping, window shopping

window shopping **1)** *марк.* осмотр уличных витрин *(с целью выбора товаров)* **2)** *марк.* разглядывание витрин *(без совершения каких-л. поку-*

пок) **SEE:** go windowshopping, window shopper **3)** *марк.* импульсивная покупка* *(совершение покупок под влиянием витрины; покупка товаров, выбранных на витрине)*

window streamer *рекл.* витринный рекламный плакат [баннер, вымпел] *(рекламный плакат, вывешиваемый в витрине магазина)* **SYN:** window strip

window strip *рекл.* = window streamer

winehouse *сущ. торг.* винный магазин **SYN:** wineshop

wineshop *сущ. торг., брит.* = winehouse

winter footwear *потр.* зимняя обувь **SEE:** footwear

wire basket 1) *торг.* корзина, проволочная корзина **а)** *(для отбора продуктов в магазине самообслуживания)* **SYN:** shopping basket **б)** *(для выкладки товара или для размещения товара в охлаждаемых витринах)* **2)** *потр.* проволочное изделие *(любая проволочная емкость; напр., намордник для собаки или проволочная полочка для ванной)*

with-pack premium *марк.* премия при упаковке* *(помещается внутри или снаружи, когда покупателю определенного товара дополнительно предлагается бесплатный подарок или скидка)* **SEE:** on-pack premium, in-pack premium, premium pack

withdraw from the market *гл. марк.* уйти с рынка, покинуть рынок, снять товар с рынка *(прекратить свое присутствие на рынке определенного товара)* **EX: Court awarded Polaroid a $900 million judgment against Kodak. Kodak was forced to withdraw from the market.** – Суд вынес решение о выплате компании Полароид суммы в размере 900 млн долларов по иску против компании «Кодак». В результате «Кодак» была вынужден уйти с рынка.

withhold delivery *торг.* приостановить сдачу; приостановить поставку *(товаров)* **EX: Seller can withhold delivery of all goods if Buyer is insolvent.** – Продавец может приостановить поставку всех товаров, если покупатель является несостоятельным должником.

wobbler *сущ. торг.* = shelf wobbler

woolen goods *потр.* шерстяные изделия *(товары, изготовленные из шерсти)*

word association test *псих.* словесно-ассоциативный тест, тест словесных ассоциаций, тест на словесные ассоциации *(метод исследования, при котором испытуемому дается набор заранее подготовленных слов с предложением сообщить для каждого слова самую первую ассоциацию, которая приходит в голову, напр., корова может ассоциироваться с полем, стол — с едой и т. д.; тест используется в маркетинговых исследованиях для определения мнений потребителя и понимания потребительского поведения)*

word mark 1) *марк.* = brand name **2)** *пат.* = word trademark **3)** *пат.* = trademark name

word of mouse 1) *общ.* *(игра слов от word of mouth; передача информации от человека к человеку путем электронной почты, чатов, форумов и т. п.)* **SEE:** word-of-mouth advertising **2)** *марк.* = buzz marketing

word of mouth *юр., торг.* слово *(обязательство выполнить что-л., обещание; в английском праве договор о продаже товаров во всех случаях, не относящихся к продаже товаров может быть заключен на основе слова; исключение составляют договора о продаже в рассрочку и в кредит, которые регулируются законом «О потребительском кредите» 1974 г.; кроме того, исключение составляют договоры о продаже британского судна, регулирующиеся законом «О коммерческой перевозке» 1894 г.)* **SEE:** contract of sale of goods, contract of hire-purchase, credit-sale contract, Consumer Credit Act 1974, Merchant Shipping Act 1894

word-of-mouth advertising *рекл.* реклама из уст в уста *(распространение информации о продукте путем его рекомендации друзьям, родственникам и пр.)* **SEE:** testimonial advertising, social channel, endorse a product, opinion leader

word trademark *марк., пат.* словесный товарный знак, текстовой товарный знак, буквенный товарный знак *(состоит из одного или нескольких слов; слово должно быть емким и запоминающимся)* **SYN:** word mark, letter trademark **SEE:** descriptive trademark, fanciful trademark, arbitrary trademark, figurative trademark, three-dimensional trademark, mixed trademark, sound trademark, stylized trademark

work in process store **сокр.** WIP store **1)** *торг., пром.* склад незавершенного производства, склад полуфабрикатов **SYN:** rough store, in-process storage **2)** *торг., пром* запас незавершенного производства, запас полуфабрикатов

working area **1)** *упр.* рабочая зона, рабочая площадь, рабочее место, место для работы, рабочее пространство *(часть помещения или территории, на которой производятся работы)* **EX: You must provide suitable working area to allow disassembly and reassembly of the machine.** – Вы должны обеспечить подходящую рабочую площадь, достаточную для разбора и сбора станка. **2)** *эк. тр.* рабочая поверхность, рабочая площадь *(часть рабочего места, на которой производятся операции над предметом)* **EX: table working area** – рабочая поверхность стола **3)** *упр.* производственное помещение, служебное помещение, рабочее помещение; производственная площадь *(предназначенная для производства или работы)* **SYN:** back of the house **4)** *торг.* площадь торгового предприятия *(за вычетом площади торгового зала; служебные помещения, не предназначенные для торговли)*

working example рабочий [опытный] образец, опытная модель **а)** *пат. (образец изобретения, новой модели или модификации устройства, еще не поступивших в производство и продажу; предназначен для демонстрации и дальнейшей разработки)* **б)** *марк. (образец изделия, предназначенный для рекламной демонстрации возможным потребителям)*

works mark *марк., пат.* = manufacturer's brand

World Association of Opinion and Marketing Research Professionals *марк., соц.* Всемирная ассоциация профессионалов маркетинговых и социологических исследований **SEE:** European Society for Opinion and Marketing Research

World Intellectual Property Organization **сокр.** WIPO *межд. эк., пат.* Всемирная организация интеллектуальной собственности, ВОИС *(международная межправительственная организация, созданная в 1967 г. для содействия охране интеллектуальной собственности; с 1974 г. имеет статус специализированного учреждения ООН; в настоящее время членами ВОИС являются более 170 стран мира)* **SEE:** Madrid Agreement, international trademark registration, Madrid Agreement for the Repression of False or Deceptive Indication of Source on Goods

world-known trademark *марк.* мировой товарный знак *(известный на мировом рынке)* **SYN:** world-renowned trademark **SEE:** global brand

world market **1)** *межд. эк.* мировой [всемирный, глобальный, международный] рынок *(совокупность национальных рынков отдельных стран, связанных друг с другом торгово-экономическими отношениями)* **EX: Over 70% of the coffee on the world market is imported by just nine countries.** – Свыше 70% всего кофе на мировом рынке импортируется всего девятью странами. **2)** *марк.* общемировой [мировой, всемирный] спрос *(потенциальный спрос на какой-л. товар со стороны потребителей всех стран)* **EX: The world market for cars is estimated at over 2.5 times the size of the North American market.** – Установлено, что общемировой спрос на автомобили в 2,5 раза превышает спрос на автомобили в США. **SEE:** international trade, domestic market

world marketing *марк.* = global marketing

world-renowned trademark *марк.* = world-known trademark

worth differential *марк.* = differential worth

would-be customer *марк.* = potential consumer

would-be user *марк.* = prospective consumer

wraparound *сущ. рекл. (рекламный баннер, который размещается вокруг витрины в розничной торговле)* **SEE:** banner

wrapper *сущ.* **1)** *потр.* упаковка, обертка, оберточный материал *(материал, используемый для тары)* **SYN:** package **2)** *потр.* = book wrapper

writing utensils *потр.* письменные принадлежности **SEE:** stationery

written advertising *рекл.* письменная реклама *(форма рекламы, когда рекламная информация написана или напечатана на рекламном носителе, напр., реклама в газетах, журналах, на рекламных щитах, в бегущей строке и т. д.)* **SEE:** oral advertising, visual advertising, audiovisual advertising

yard goods *эк.* ткани *(текстильные изделия, представляющие собой большие полотна материала, продаваемые частями определенной длины, напр., 2 метра ткани)* **SYN:** piece goods **SEE:** cut goods

yard sale *торг.* = garage sale

yea-sayer *сущ.* **1)** *общ.* человек, уверенный в себе **2)** *общ.* подпевала, подхалим **2)** *соц.* говорящий «да»* *(респондент, отвечающий «да» на все вопросы анкеты, независимо от их содержания)*

year of delivery *торг.* год поставки **SEE:** delivery day

year of purchase **1)** *торг.* год покупки **EX: the price of a car in the year of purchase** – цена автомобиля в год покупки **2)** *торг.* год с момента покупки **EX: within 2 years of purchase** – в течение двух лет с момента покупки, **After the first 30 days and within 1 year of purchase the console will be repaired at no cost, by the nominated service provider.** – По истечении тридцати дней и в течение года с момента покупки пульт будет бесплатно отремонтирован указанным поставщиком услуг.

yearly sale *эк.* = annual sales **EX: The yearly sale is more than 10 million.** – Годовой объем продаж превышает 10 миллионов.

yearly sales *эк.* = annual sales

yellow goods *потр.* желтые товары *(хозяйственные товары длительного пользования, напр., холодильники, стиральные машины, которые имеют высокую стоимость и заменяются только после многих лет эксплуатации)* **SEE:** red goods, orange goods, white goods, brown goods

yellow pages advertising *рекл.* реклама на «желтых страницах» *(реклама в телефонном справочнике)* **SEE:** directory advertising

yes-no question *соц.* альтернативный вопрос, вопрос с двухвариантным выбором ответа «да-нет» **SYN:** true-false question **SEE:** question

young upwardly-mobile professional *соц.* = yuppie

young urban professional *соц.* = yuppie

yuppie *сущ. соц.* яппи *(группа высокооплачиваемых специалистов 30-40 лет с растущим уровнем жизни; составляют целевой рынок для некоторых рекламодателей, напр., продающих автомобили БМВ; при обращении к конкретному человеку термин считается оскорбительным)* **SYN:** young upwardly-mobile professional, young urban professional

Z

zapping *сущ. рекл.* «бегство от рекламы», зэппинг *(сознательное переключение на другой канал во время рекламной паузы в просматриваемой телепрограмме)* **SEE:** media planning

zero-level channel *марк.* канал прямого маркетинга *(система распределения товаров непосредственно от производителя к потребителю)* **SYN:** zero level channel **SEE:** distribution channel, one-level channel, two-level channel, three-level channel

zip code analysis *марк., амер.* анализ почтовых индексов *(метод, используемый осуществляющими прямой маркетинг фирмами с целью определения места жительства своих наилучших и наихудших потребителей и установления, насколько эффективны маркетинговые мероприятия в зонах с различными почтовыми индексами; предполагается наличие взаимосвязи между характером потребительского поведения и почтовым индексом, поскольку люди с аналогичным поведением живут (или работают) недалеко друг от друга)* **SYN:** zip code count

zip code count *марк., амер.* = zip code analysis

zip code omission *марк.* удаление почтовых индексов *(процесс удаления из рассылочного списка записей с определенным почтовым индексом, т. к. по результатам анализа почтовых индексов владельцы этих индексов не были признаны потенциальными потребителями данного товара)* **SEE:** zip code analysis, mailing list

zonal price *марк.* = zone price

zonal pricing *марк.* = zone pricing

zone price *марк.* зональная [поясная] цена *(цена, установленная для потребителей, расположенных в данной географической зоне)* **SYN:** zonal price, area rate **SEE:** zone pricing

zone pricing *марк.* зональное ценообразование *(метод ценообразования, при котором рынок разбивается на несколько географических зон и для каждой зоны устанавливается своя цена (с учетом затрат на доставку товара в эту зону))* **SYN:** zonal pricing **SEE:** zone price, uniform delivered price, area rate

zone sales manager *упр., марк.* управляющий зональной службой сбыта*, зональный управляющий по сбыту* **SYN:** field sales manager, district sales manager, regional sales manager

1-9

100 showing *рекл.* = full showing

16-sheet poster *полигр., рекл.* 16-листовой плакат *(304,80×457,20 см)* **SYN:** sixteen-sheet poster **SEE:** poster

2 percent rule *марк., СМИ, амер.* правило двух процентов *(правило Бюро по контролю за тиражами, согласно которому подписки, проданные по цене меньше базовой на величину, не превышающую 2%, могут значиться в отчетности как проданные по базовой цене; издатели получают выгоду от этого правила благодаря психологическому эффекту при минимальной скидке — продают за $14, 95 при базовой цене $15)* **SEE:** Audit Bureau of Circulations

24-sheet poster *рекл., полигр., амер.* 24-х листовой щит* *(используемый в наружной рекламе основной размер панели или щита в США, составляющий 104×234 дюйма; первоначально для заклейки этой площади требовалось 24 листа бумаги)* **SYN:** twenty-four-sheet poster **SEE:** poster, outdoor advertising, one-sheet poster, 16-sheet poster, 48-sheet poster, four-sheet poster

30-day delayed delivery rule *торг., амер.* правило тридцати дней, правило 30-дневной поставки *(правило Федеральной торговой комиссии, устанавливающее, что если заказанные по почте товары не были доставлены в обещанный срок или в течение 30-ти дней с момента получения заказа, потребителю должно быть предоставлено право аннулировать заказ с возвратом всех уплаченных денег)* **SYN:** delayed delivery rule, thirty-day rule, FTC rule **SEE:** Federal Trade Commission

48-sheet poster *полигр., рекл.* 48-листовой плакат *(3048 × 6096 мм)* **SYN:** forty-eight-sheet poster **SEE:** poster, one-sheet poster, 16-sheet poster

800-number calling *марк., связь* = toll-free calling

80-20 law *эк.* «правило 80-20», «принцип 80/20» *(теория, согласно которой практически любая деятельность на 80% осуществляется 20% лиц, в ней участвующей, практически любое явление на 80% объясняется 20% процентами причин его вызвавших и т. д.; исторически связана с теорией Парето о том, что 80% дохода приходится на 20% населения, в настоящее время имеет множество приложений, напр.: менеджмент должен концентрироваться на производстве 20% товаров, которые приносят 80% доходов; 80% доходов поступает от продаж 20% клиентов; 80% всех поставок приходится на 20% поставщиков, 80% производства приходится на 20% работников, 80% идей приходится на 20% научно-технического персонала, 80% полученных результатов достигается в течение 20% времени и т. д.)* **SYN:** 80/20 principle, 80/20 Law, law of the trivial many and the critical few **SEE:** Pareto's law

Сокращения и условные обозначения

A&M = art and mechanical
A-B split SEE: стр. 11
A county SEE: стр. 11
A-frame SEE: стр. 11
a/v 1) = ad valorem 2) аудио-видео, аудио- и видеооборудование **EX: a/v contractor** – поставщик аудио- и видеооборудования **SEE:** home video equipment
AA rating = average audience rating
AAA = American Academy of Advertising
AAAA = American Association of Advertising Agencies
AAF = American Advertising Federation
AANA = Australian Association of National Advertisers
AARDS = Australian Advertising Rate and Data Service
AAW = Advertising Association of the West
ABA = area-by-area allocation
ABC 1) = Audit Bureau of Circulations **SEE:** ABC analyzed issue, ABC data bank, ABC statement 2) = attention, benefit, close **SEE:** ABC method
ABC account classification SEE: стр.12
ABCD counties SEE: стр. 12
ACB = Advertising Checking Bureau
ACCC = Australian Competition and Consumer Commission
ACEC = Advisory Commission on Electronic Commerce
ACG = Anti-Counterfeiting Group
ACI = Advertising Council, Inc.
ACS = Address Change Service
ACSI = American Customer Satisfaction Index
ad val = ad valorem
AE = account executive
AF = advance freight
AFA = Advertising Federation of America
AFS = available for sale
agcy = agency
AGV = automated guided vehicle
AGVS = automated guided vehicle system
AIA = Association of Industrial Advertisers
AID analysis = automatic interaction detector analysis
AIDA = awareness-interest-desire-action, attention-interest-desire-action **SEE:** стр. 46
AIDMA *соц.* = Attention, Interest, Desire, Memory, Action **SEE:** стр. 46
AIO = activities, interests, and opinions
AMA = American Marketing Association
AMS = Agricultural Marketing Service
ANA = Association of National Advertisers
ANPA = American Newspaper Publishers Association
AO = accepted offer
AP = American Plan
ARF = Advertising Research Foundation
AS/RS = automated storage and retrieval system
ASA = Advertising Standards Authority
ASRS = automated storage and retrieval system
ATL = above-the-line advertising
ATMIC = Agricultural Trade and Marketing Information Center
ATO = assemble-to-order
ATR 1) = awareness-trial-repeat 2) = awareness-trial-reinforcement
AV = ad valorem
AVS 1) = address verification system 2) = address verification service
AWB = air waybill
AWNY = Advertising Women of New York

B county SEE: стр. 69
B/L = bill of lading
B. O. T. = board of trade
B/PAA = Business/Professional Advertising Association

B/S = bill of sale
B2B = business-to-business
B2C = business-to-consumer
BBS = bulletin board system
BDI = brand development index
BMA = Bank Marketing Association
BNEF = Brand Names Education Foundation
BNF = Brand Names Foundation
BOL = bill of lading
BPA = Business Publications Audit of Circulations
BRC = business reply card
BRE = business reply envelope
BRM = business reply mail
BS 1) = bill of sale 2) = British Standard
BSI = British Standards Institution
BTA = best time available
BTL = below-the-line advertising

C and F, C&F, C+F, CAF, CFR = cost and freight
C&F price, CFR price = cost and freight price **SEE:** стр. 129
C&I = cost and insurance
C county SEE: стр. 129
C. O. D. = collect on delivery
CA storage = controlled atmosphere storage
CA stored = controlled atmosphere stored
CAD = cash against documents
CAM = Communication, Advertising and Marketing Education Foundation
CAPI = Common Application Programming Interface
CAT = customer activated terminal
CBBB = Council of Better Business Bureaus
CE mark = Conformite Europeen **SEE:** стр. 141
CI = Consumers International
CIA = cash in advance
CIF = cost, insurance, freight
CIF and C, CIF&C, CIFC = cost, insurance, freight and commission
CIF and C and I, CIFCI = cost, insurance, freight, commission and interest
CIF and E, CIF&E, CIFE = cost, insurance, freight and exchange
CIF price SEE: стр. 148
CIFC and I, CIF&I = cost, insurance, freight, commission and interest
CIM = Chartered Institute of Marketing
CIP = carriage and insurance paid to **SEE:** стр. 148
CIP price SEE: стр. 148
CKD = completely knocked down
CKD products = completely knocked down products
class A commercial SEE: стр. 149
class B commercial SEE: стр. 149
class C commercial SEE: стр. 150
cnee = consignee
co-op mailing = cooperative mailing
COD = collect on delivery
COGSA = Carriage of Goods by Sea Act of 1936
coop mailing = cooperative mailing
CPA 1) = cost per action 2) = cost per acquisition
CPC = cost per click
CPGRP = cost per gross rating point
CPI 1) = consumer price index 2) = cost per inquiry
CPM = cost per mile
Cpn = coupon
CPO = cost per order
CPR = cost per response
CPS = cost per sale
CPSC = Consumer Product Safety Commission
CPT 1) = carriage paid to **SEE:** стр. 218 2) = cost per thousand
CPV = cost per visitor
CRM = customer relationship management
CSR = customer service representative
CTAM = Cable Television Administration and Marketing Society
CTR = clickthrough rate
CU = Consumers Union
CVM = customer value management
CWO = cash with order

D county SEE: стр. 231
D/A = documents against acceptance
D/P 1) = documents against payment 2) = documents against presentation
DAF = delivered at frontier **SEE:** стр. 231
DAGMAR = Defining Advertising goals for Measured Advertising Results
DAGMAR model = Defining Advertising goals for Measured Advertising Results
DAR = day-after recall
DDP = delivered duty paid
DDU = delivered duty unpaid
DEC = daily effective circulation
DENKS = dual employed, no kids
DEQ = delivered ex quay
DES = delivered ex ship

DEWKS = dual employed, with kids
DF = dead freight
DINKS = dual income, no kids
Disct = discount
DIY product = do-it-yourself product
DMA = Direct Marketing Association
DMA telephone preference service = telephone preference service
DMLRD = direct-mail lists, rates and data
DMMA = Direct-Mail Marketing Association
DMU = decision-making unit
DSD = direct store delivery
DRTV = direct response television
DVD **1)** = digital video disc **2)** = direct vendor delivery

EDLP **1)** = every day low pricing **2)** = every day low price
EDMA = European Direct Marketing Association
EFTPOS = electronic funds transfer at point of sale
EOM **1)** = end of month **SEE:** стр. 275 **2)** = end of month dating
EOM dating = end of month dating
EPOS = electronic point of sale
ESOMAR = European Society for Opinion and Marketing Research
ETO = engineer-to-order
EXQ = ex quay
EXS = ex ship
EXW = ex works
EXW price = ex-works price

FAK = freight all kinds
FAS = free alongside ship
FAS price = free alongside ship price **SEE:** стр. 315
FCA = free carrier
FCL = full container load
fco **сокр от.** franco
FEDIM = Federation of European Direct Marketing
FEDMA = Federation of European Direct Marketing
FEU = forty-foot equivalent unit
FFA = flat fee advertising
FGI = finished goods inventories
FI = free in
FIO = free in and out
FIOS = free in and out, stowed
FIOST = free in and out, stowed and trimmed
FIOT = free in and out, trimmed
FMV = fair market value
FO = free out
FOB = free on board
FOB airport = free on board airport
FOB destination = free on board destination
FOB factory price = free on board factory price
FOB mill = free on board mill
FOB mill price = free on board mill price
FOB mine price = free on board mine price
FOB origin = free on board origin
FOB plant = free on board plant
FOB plant price = free on board plant price
FOB price = free on board price **SEE:** стр. 329
FOB shipping point = free on board shipping point
FOB vessel = free on board vessel
FOQ = free on quay
FOR = free on rail
FOR price = free on rail price
FOT = free on truck
FPT = freight pass-through
frt = freight
FSI = free standing insert
FTC = Federal Trade Commission

GH seal = Good Housekeeping Seal
GHI = guaranteed home impressions
GHR = guaranteed homes ratings
GHS = General Household Survey
GNH = gross night hour
GRN = goods received note
GRP = gross rating point
GSR = galvanic skin response

HABA = health and beauty aids
HBA = health and beauty aids
HHI = Herfindahl-Hirschman Index
HICP = harmonized index of consumer prices
HP = hire-purchase
HP agreement = hire purchase agreement
HPRP = homes per rating point

I.D. = station identification
IA = Internet Alliance
IAA = International Advertising Association
IAB = Internet Advertising Bureau
ICC = International Chamber of Commerce
IFABC = International Federation of Audit Bureaux of Circulations

IFB = invitation for bids
In-WATS = Inward Wide-Area Telephone Service
Incoterms = International Commercial Terms стр. 400
INWATS = Inward Wide-Area Telephone Service
IPR = Institute of Public Relations
ISBA = Incorporated Society of British Advertisers
ISO 1) = independent sales organization 2) = independent service organization

KBI = key buying influence
KD = knocked down
KD goods = knockdown goods
KDC = knocked down condition
KDD = knowledge discovery in databases
KIPS = key influence people

L/C = letter of credit
LAA = League of Advertising Agencies
LCL = less than container load
LED display = light-emitting diode display
liab. = liability
LNA = Leading National Advertisers
LOC = letter of credit
LOH = lady of the house

M/R = mate's receipt
MAB = magazine advertising bureau
mada = money, authority, desire, access
MAP = modified American plan
mbf = thousand board feet
mdse = merchandise
MES = minimum efficient scale
MFSA = Mailing & Fulfillment Service Association
MGM = member-get-a-member
MKM = marketing management
MLM = multilevel marketing
MLT = manufacturing lead time
mm = merchant marine
MRI = Mediamark Research, Inc.
MRP = Maximum Retail Price
MRS = Market Research Society
MSI = Marketing Science Institute
MSP = merchant service provider
MSRP = manufacturer's suggested retail price
MTO = made-to-order
MTS = make-to-stock

NABS = National Advertising Benevolent Society
NAC = net advertising circulation
NAD = National Advertising Division
NARB = National Advertising Review Board
NARC = National Advertising Review Council
NARM = National Association of Recording Merchandisers
NASA = Newspaper Advertising Sales Association
NAW = National Association of Wholesaler-Distributors
NBA = net book agreement
NCCUSL = National Conference of Commissioners on Uniform State Laws
net OTS = net opportunity to see
NPD = new product development
NRP = net rating point

O/A 1) = open account 2) = on account
O/S = out of stock
OAA = Outdoor Advertising Association of Great Britain
OAAA = Outdoor Advertising Association of America
OTS = opportunity to see
OUTWATS = Outward Wide-Area Telephone Service

P/L = product liability
PCard = procurement card
P-card = procurement card
PIMS = Profit Impact of Marketing Strategies
PIN = personal identification number **SEE:** PIN-based debit card
PLC = product life cycle
PMAA = Promotion Marketing Association of America
PO = purchase order
POG, P-O-G = planogram
POP = point of purchase
POPA = point-of-purchase advertising
POPAI = Point-of-Purchase Advertising Institute
POS = point of sale
POSS = point-of-sale system
POST = point-of-sale terminal
PP = purchase price
PPAI = Promotional Products Association International
PR = public relations
PR&D = product research and development
ProCard = procurement card
PRIZM = Potential Rating Index by Zip Market
PRSA = Public Relations Society of America
PSA = public service advertising

PUCA = Public Utilities Communicators Association
PVD = payment versus delivery

Q&A format = question-and-answer format
QC 1) = quality circle **2)** = quality control
QFD = quality function deployment
qlty = quality
QR = Quick Response

RA = return authorization
RA number = return authorization number
RA storage = regular air storage
RAB 1) = renewal-at-birth **2)** = Radio Advertising Bureau
rep 1) = representative **2)** = customer service representative **3)** = sales representative
retro = retrospective discount
RFM = recency, frequency, monetary value **SEE:** RFM analysis
RFQ = request for quotation
RICO = Racketeer Influenced and Corrupt Organization Act
RICO Act = Racketeer Influenced and Corrupt Organization Act
ROP = run of paper
ROS = run of schedule
RPC = Restrictive Practices Court
rpm = resale price maintenance
RRP = recommended retail price
RSU = remote service unit

S/R = storage and retrieval machine
SAU = standard advertising unit
SBU = strategic business unit
SIT = storage in transit
SOV = share of voice
SPI = Strategic Planning Institute
SRDS = Standard Rate and Data Service
SRP = suggested retail price
SSP = suggested selling price
SVC = stored-value card

TA = total audience rating
TAB = Traffic Audit Bureau for Media Measurement
TEU = twenty-foot equivalent unit
TF 1) = trade fair **2)** = till forbid
TM = trademark
TPA = Trade Practices Act
TPS = telephone preference service
TRP = target rating point
TRT = Trademark Registration Treaty

UCC 1) = Uniform Commercial Code **2)** = Uniform Code Council
UCCC = Uniform Consumer Credit Code
UPC = universal product code
US FDA = Food and Drug Administration
USDA = United States Department of Agriculture **SEE:** Department of Agriculture
USP = unique selling proposition

VALS, VALS 2 **SEE:** стр. 802
VAR = Value-Added Reseller
VAT = value added tax **SEE:** VAT invoice
VIP = valued impression per pound
VM+SD = Visual Merchandising and Store Design
VNU **SEE:** стр. 808
VPVH = viewers per viewing household

WATS = Wide-Area Telephone Service
WB = waybill
WIP store = work in process store
WIPO = World Intellectual Property Organization
WMS = Warehouse Management System
WOR = we offer retail
WR = warehouse receipt
WT = weight

Справочное издание

Англо-русский толковый словарь
«Маркетинг и торговля»

Литературный редактор *Е. Е. Босбос*
Художественный редактор *М. А. Сторчевой*
Технический редактор *О. Е. Монастырская*
Верстка *С. А. Григорьев*

Подписано в печать 31.08.05.
Формат $70\times108^1/_{32}$. Бумага офсетная.
Гарнитура «Школьная». Печать офсетная.
Усл. печ. л. 36,4. Тираж 2500 экз.
Изд. № 05-7675. Заказ № 979.

«Экономическая школа»
192241, Санкт-Петербург, ул. Пражская, д. 30, корп. 1

Издательство «ОЛМА-ПРЕСС Образование»
129075, Москва, Звездный бульвар, 23А, стр. 10
«ОЛМА-ПРЕСС Образование» входит в группу компаний
ЗАО «ОЛМА МЕДИА ГРУПП»

Отпечатано в полном соответствии
с качеством предоставленных диапозитивов
в полиграфической фирме «КРАСНЫЙ ПРОЛЕТАРИЙ»
127473, Москва, Краснопролетарская, 16